王卫平 主编

吴文化研究丛书

「十二五」国家重点图书出版规划项目

传统工匠现代转型研究

——以江南早期工业化中工匠技术转型与角色转换为中心

余同元 著

天津出版传媒集团

天津古籍出版社

图书在版编目（CIP）数据

传统工匠现代转型研究：以江南早期工业化中工匠技术转型与角色转换为中心 / 余同元著. — 天津：天津古籍出版社，2012.10
（吴文化研究丛书 / 王卫平主编）
ISBN 978-7-5528-0062-3

Ⅰ. ①传… Ⅱ. ①余… Ⅲ. ①手工业史－研究－华东地区－明清时代 Ⅳ. ①F426.899

中国版本图书馆CIP数据核字（2012）第245943号

传统工匠现代转型研究
——以江南早期工业化中工匠技术转型与角色转换为中心

余同元/著

出版人/刘文君

*

天津古籍出版社出版
（天津市西康路35号 邮编300051）
http://www.tjabc.net

三河市富华印刷包装有限公司印刷
全国新华书店发行

开本880×1230 毫米 1/16 印张38.25 字数870千字
2012年10月第1版 2012年10月第1次印刷

ISBN 978-7-5528-0062-3
定 价：120.00元

序

明清以来早期工业化进程，是研究近代中国工业化进程的重要课题。有关这方面的问题，当代中外学术界已有不少突出的成果问世。但大多数学者都是从资本、组织、市场、劳动生产率等角度进行考察，较少注意到在工业化进程中，人力资源的开发和转化问题，具体而言，即中国传统工匠如何向现代技术工人、工程师等技术理论专家或企业家转变，以及转变过程中所表现的技术转型和角色转换。我国传统技术多为经验型技术，是靠父子、师徒相传承的，主要凭借经验，缺少理论化，客观上限制了技术的进一步发展，延缓了近代工业化的进程。因此，传统经验技术型工匠向理论型技术人员和工程师甚至企业家的技术转型和角色转换，是中国近代化过程中十分重要的驱动因素，也是传统社会经济发展向现代化社会转型的重要标志。由于江南地区是我国最早进入现代化的典型地区，中国现代技术工人队伍也最早在此形成，因此本课题的研究即以江南地区为中心，集中从技术转型与角色转换两方面探讨江南传统工匠现代转型的动力、途径、表现与规律，借以展示中国文化背景下区域工业化与技术科学化的互动关系，并揭示中国文化背景下江南技术科学化与科学技术化互动的区域经济发展特色。

考古资料表明，早在新石器时代，我国已有专业的工匠出现，秦汉以后又出现专门从事劳作身份的"匠籍"、"匠户"，反映到社会上则出现了专门从事各种专业技术匠作的群体。在清初废除"匠籍"制度以前，漫长的专制主义社会里，传统工匠一直处于社会的下层，对封建国家具有较强的人身依附关系。直至明代中叶，这种情况才开始有所改变。本书的时限上起16世纪上半叶（1520年），具体标志是明嘉靖年间官营手工业已开始向外雇募工匠，说明工匠已成为具有独立身份的技术人员。同时，传统工匠总结性的著作大量出现，反映出传统工匠技术已由经验型向理论型发展。下限为20世纪20年代。自清末洋务运动兴起后，一批新兴现代化企业建立，随之而出现的现代化技术工人与工业科技家群体以及工程师学会的成立，表明传统工匠的技术转型与角色转换已基本实现。

《中国科学技术史》建筑卷云："清代前中期政治稳定，经济发展，皇家、政府和民间都进行了大量工程,建筑水平有很大的提高。从建筑规模和水平分析,必有很多卓越的建筑技术人员和匠师从事其中。但中国古代轻视工程技术和工匠社会地位低下的传统一直延续到清末,故有清一代真正匠师的事迹记载下来的极少,只有梁九和'样式雷'家族等寥寥数人。"①辛亥革命以后,前辈科学家开展对传统工匠著作的整理和研究,已出现了一批水平较高且足以传世的著作。其中,朱启钤、梁思成、刘敦桢诸先生更是功不可没。20世纪50年代以来,我国科技史界对传统工匠技术的探索和研究,成果也属累累。此在本书绪论一章,均有详述。然而关于传统工匠向现代技术工人、工程师的技术转型和角色转换的研究,目前为止,尚无专门的论著问世。特别是关于传统工匠技术转型问题及其相关的技术经济史研究,是一个全新的课题。因此可以说本课题填补了我国早期工业化历史过程中的研究空白,具有相当的创新的意义。

  然而本课题的研究客观上有不少难点。难点之一,是资料的收集。我国传统工业技术门类繁多,有建筑、兵器、造船、纺织、陶瓷、采矿、水利、食品、园林、文具等等。单单收集这些文本,需要极大的时间和精力。而这些文本的收集,又是研究传统工匠如何向现代技术工人、工程师等技术理论专家或企业家转变过程中,所表现的技术转型和角色转换问题的起点。本文作者共胪列20世纪20年代前流传至今的科技文献有1003种之多,并在附表里列出书名、成书时间、内容、著者、籍贯、职务、版本。书后并附有关20世纪20年代前著名工匠人物和各种有关情况的种种附表和附图。这一庞大的资料库的收集和整理,反映了作者在研究此课题前下了何等大的功夫,下了何等大的力气,才克服了这个难点。

  难点之二,是解读文本。解读文本是本课题必需的功课。正如上文所述,我国传统工业门类繁多,每一门有每一门行业的专门术语和工艺程序,而文本大多又非工匠自著,而是由文人代为笔录,不免与实际有差距。故研究者如要读懂文本,必须先对此门工艺术语和流程有基本了解,需明白传统技术记录如何从"概数化"到"数量化",最后发展到"法式化"、"则例化"的过程。这是探索技术由经验型向理论型发展的前提。在此基础上方可研究传统工匠技术转型问题,说明传统工业技术的理论化是产业技术科学化的核心内容和主要标志。特别是其中经验型技术向理论型技术的转型过程中,如何实现传统技术的科学化,"学者传统"与"工匠传统"如何结合,既是探讨中国近代科学生长发展的途径问题,也是认识现代知识经济与技术经济如何产生的关键问题。这就需要对每一门技术作非常细致、周到、耐心的深入研究。

  难点之三,是传统工匠通过何种途径实现角色转换的。从本书论述,大体上可说是经过了三个步骤:明清传统工匠凭借自身技术本领由政府褒奖、推荐、传奉,或内旨授官、或直接选拔等途径入仕工部等部门担任各级官职,是角色转换的第一步。本文附有《明代江南八府一州工匠入仕情况表》,列举了248位入仕的匠户,包括工匠技术入仕和科举入仕的实例。这种入仕无疑对工匠社会身份的提高有很大的影响。由于其身份的提高,得以结交高官显宦、文人学士,有利于提高本人文化素养。第二步是江南传统工业技术的精致化,得到了文人的欣赏,而明代中期以来形成的经世致用思潮,使得一部分文人学者主动投入工业技术的研究,两者结合,出现了一批技术专家群

---

① 科学出版社,2008年,第806页。

体。部分技术专家最后总结经验技术写出文字著作,不仅是操作的规范,而且已有相当高的科学理论水平。第三步是晚清洋务运动、西方技术的引进,包括机器的购入、技师的延聘,最后形成现代意义工程技术人才队伍和企业家队伍。此外还有工匠群体、组织及传承方式的转变,都离不开技术转型的内在条件和江南早期工业化社会形成与发展的社会历史基础,其中过程十分复杂,实质内容是由传统技术主体角色(传统工匠)向社会化工业体系背景下的科技知识主体角色(如操作和应用角色、探索和研究角色、教育和传播角色以及相关的管理角色等)的转化。技术主体处在不同的社会地位,从事不同的社会职业都要有相应的个人行为模式,即扮演不同的社会角色,工业生产者的社会角色就是工业技术职业化的结果。传统工匠社会角色转换能否顺利实现,关键在于传统工匠角色在向现代工程师等技术专家转变中的技术科学化与角色社会化过程是否成功。这些转换并非顺风顺水的,而是由于中国传统社会体制、观念的影响,走过一段曲折迂回的道路。但终究还是完成了技术转型和角色转换。

从地域而言,江南及其周边地区成为我国最早完成工匠技术转型和角色转换的区域,主要有三大历史地理背景因素的结合:一是江南地区是我国最早形成手工业规模生产的地区,这是与本区商品经济发达有关;二是明代以来江南地区就出现一批高水平专业技术的工匠和技术文献;三是近代西方资本主义技术的引进和传入。这些因素的具体论述,使我们对江南及其周边地区较全国最早接受先进文明的社会背景,有了更深入的了解。同时也说明本课题的研究,已经不仅仅限于科技史问题。从深层次看,则是从科技史角度跨入技术经济史研究,并进而考察我国社会近代化的历史过程。

本书作者余同元教授,原为明清社会经济史专家,已有多部有关专著在海内外问世。数年前开始涉足明清技术史和江南技术经济史领域。对一个在一定史学领域里已有相当成就的他来说,重新进入一个新的领域,需要相当的胆识和勇气。由于他对明清社会史的了解,他知道明清时期江南早期工业化对整个中国社会的影响,晚清的变法和新政所以发轫于江南,这又与当地传统的工业技术有关。因此抓住了这个课题深入下去,经过数年的努力,终于写成了这部专著。在我国科技史和经济史学上辟出了技术经济史研究新领域,修筑了一座新的平台。这种潜心学术,不斤斤于得失的精神,实在令人钦佩。至于本书的学术价值,作为一个外行的我,很难作全面的评估。我想读者中必有内行的专家,当会给予应有的评价。

邹逸麟
2011 年 3 月初于复旦 12 宿舍

内 容 提 要

本书以16世纪20年代—20世纪20年代(简称"明清时期"),江南及其周边地区工业人力资源中的技术主体——传统工匠及其现代转型(包括传统工匠技术转型与角色转换两方面)问题为主要研究对象,力图从技术经济史和人力资源开发的角度,对江南区域传统工匠的技术形态转变(即以经验型技术向理论型技术转化为主要内涵的技术转型)、角色地位变化(即以传统工匠向现代技术工人工程师或企业管理者转变的角色转换)及其相关问题进行区域经济地理学、演化经济学、技术经济史学的动态考察和实证研究,以揭示明清以来江南区域社会经济发展的基本脉络及内生能力,探讨江南早期工业化中人力资源开发与使用、科学技术生成与创新、产业经济增长与发展等特征及其相互之间的作用关系,并重点勾勒出中国历史时期工匠传统与学者传统结合中的技术科学化途径与特点,从而从根本上去把握中国现代化进程的基本内涵与变化规律。全书集中从技术转型与角色转换两方面探讨江南传统工匠现代转型的动力、途径、表现与规律,借以展示中国文化背景下区域工业化与技术科学化的互动关系,并揭示中国文化背景下技术科学化与科学技术化互动的区域经济发展模式。本书认为明清江南区域社会经济近代化发展,本质上是一个以早期工业化为表现、工业人力资源开发为内涵、工业科技进步为动力的社会历史进程;这一历史进程中,传统工匠现代转型是江南区域早期工业化的内在动力和根本标志,以技术转型与角色转换为要素的工业人力资源开发是传统工匠现代转型的本质内涵。

关键词:传统工匠 技术转型 角色转换 人力资源开发 江南早期工业化

Study on Issues of Modern Transformation of Chinese Traditional Artisans

——Centered on Artisans' Technical Transformation
and Role Change in Jiangnan(1520 – 1920)

Abstract

During Proto-industrialization and The Early Period of Industrialization in Jiangnan (1520 – 1920) With the issues of changes of technical subjects among the human resources in Jiangnan's industry—traditional artisans' modern transformation (including traditional artisans' technical transformation and role change) in Ming and Qing Dynasties (1520 – 1920) as the main research object, this dissertation gives a dynamic exploration on the change of technical forms of traditional artisans (technical transformation from experience-oriented technology to science-oriented technology) and the role change (from traditional artisans to modern technical workers, engineers) and their related problems in Jiangnan mainly from the perspective of history, science and technology, geography and human resources development and also studies on its social and economic history with concrete evidence, displays the inherent impetus and basic clue of social and economic development in Jiangnan since Ming and Qing Dynasties, explores the characteristics of several essential factors such as development and allocation of human resources, generation and composition of science and technology, construction and structure of production system and interaction of these factors in the early period of industrialization in Jiangnan, and try to draw the outline of the approach and mode of scientificalization of technology under the background of Chinese culture with the aim at fundamentally mastering the basic connotation and the law of change of China's modernization.

This dissertation focuses on technological transformation and role change to explore the impetus, channe, apperance and developing rule of traditional artisan's modern transformation in Jiangnan, and exposes the reaction – mode of techonology – scientificalization and science – technologization under Chinese cultural background. It can not be sure that this study has finished the target, just put forward the questions, combed the basic materials, groped the study – clue and constructed the structure. This dissertation has such a conclusion that development of early industrialization and the early period of modern industrialization in Jiangnan region, actually, is social – historical course that consists of the fundament of industrial development(early industrialization and the early period of modern industrialization) , lead of industrial science – technology progress(industrial technology – education and scientifical study) , and essence of human resource development(technological transformation and role change of traditional artisan). This artery of historical evolution displays that Early industrialization and the early period of modern industrialization is the core of Jiangnan regional development in Ming and Qing Dynasties. Traditional artisan's modern transformation is fundamental impetus of Jiangnan regional development in Ming and Qing Dynasties. Development of Industrial human resource is essential to traditional artisan's modern transformation.

Key words: Traditional Artisans; Technical Transformation; Role Change; Development of Human Resource; Proto – industrialization and The Early Period of Industrialization in Jiangnan

目　录

绪　论

第一章　研究对象、宗旨、方法及资料	3
第一节　选题依据与研究宗旨	3
第二节　研究范围与研究对象	8
第三节　研究方法与研究资料	18
第二章　中国传统工匠的概念及其制度沿革	26
第一节　"工匠"与"传统工匠"的内涵要素	26
第二节　"工匠"与"传统工匠"的特征	31
第三节　中国传统工匠制度沿革	35
第三章　传统工匠现代转型及其历史意义	48
第一节　传统工匠现代转型之含义	48
第二节　传统工匠现代转型与近代科学革命	51
第三节　传统工匠现代转型与区域早期工业化	54
第四章　学术史回顾	57
第一节　国内相关综合研究	57

第二节　国内主要产业技术理论化相关研究 ················ 61
第三节　国外有关江南传统工业与工匠研究 ················ 70

上编　江南传统工匠技术转型

第五章　技术理论化是传统工匠技术转型的标志 ················ 77
　　第一节　技术理论化与传统工匠技术转型之关系 ················ 77
　　第二节　传统工业技术理论化的逻辑起点 ················ 84
　　第三节　传统工业技术理论化要素及过程 ················ 91
　　第四节　明清江南工业技术理论化途径 ················ 96

第六章　明清江南工业技术的文本化 ················ 104
　　第一节　20世纪20年代前中国传统工业文献的初步统计 ················ 104
　　第二节　建筑营造业及水利工程技术文本化 ················ 108
　　第三节　矿冶、车船及军器业技术文本化 ················ 115
　　第四节　纺织、陶瓷及食品加工业技术文本化 ················ 122
　　第五节　文化用品及综合杂业技术文本化 ················ 128

第七章　江南传统工业技术的数学化与标准化 ················ 134
　　第一节　数学的科学特征及其产业科技功能 ················ 134
　　第二节　传统工业技术的数量化 ················ 138
　　第三节　传统工业技术的数理化 ················ 154
　　第四节　传统工业技术的标准化 ················ 158

第八章　明清江南工业技术理论的学科化 ················ 166
　　第一节　建筑业技术理论的学科化 ················ 166
　　第二节　水利工程业技术理论的学科化 ················ 172
　　第三节　纺织业技术理论的学科化 ················ 174
　　第四节　食品工业技术理论的学科化 ················ 178
　　第五节　机械制造与冶铸业技术理论的学科化 ················ 180
　　第六节　传统化学工业技术理论的学科化 ················ 183

第九章　明清江南工匠著作数量增加与质量提高 ················ 187
　　第一节　明清江南工匠著作的数量增加 ················ 187
　　第二节　明清江南工匠著作理论水平的提高 ················ 188
　　第三节　明清江南建筑工匠著作中的科技成就 ················ 196

第十章　明清江南工业技术理论化之关联性与差异性 ················ 202
　　第一节　明中后期至明末清初技术文本化的关联性 ················ 202
　　第二节　清中期至清末民初技术文本化的关联性 ················ 208
　　第三节　晚明到晚清江南技术理论化的差异性 ················ 213
　　第四节　晚明到晚清江南技术理论化的关联性 ················ 214

第十一章　明清江南织布技术理论化研究案例 ················ 218
　　第一节　整经技术理论化 ················ 219
　　第二节　浆纱技术理论化 ················ 222
　　第三节　织造技术理论化 ················ 226

中编　江南传统工匠角色转换

第十二章　传统工匠角色转换的范畴及内容 ················ 235
　　第一节　角色与角色转换的含义 ················ 235
　　第二节　传统工匠角色转换的内容、标志与途径 ················ 239
　　第三节　江南传统工匠社会变动型角色转换 ················ 246

第十三章　工匠除籍入仕与江南传统工匠社会地位提升 ················ 258
　　第一节　雇佣关系演变反映工匠社会地位变化 ················ 258
　　第二节　匠籍制度废除反映工匠社会身份改变 ················ 260
　　第三节　明清江南工匠入仕显示工匠角色转换 ················ 262
　　第四节　清代"样式雷"建筑世家的世代入仕 ················ 267

第十四章　江南传统工匠角色转换之典型 ················ 270
　　第一节　从工匠到造园专家的计成与张涟 ················ 270
　　第二节　薄珏和戴梓：近代实验家与发明家 ················ 279
　　第三节　传统成衣匠到现代企业家叶成忠 ················ 285
　　第四节　传统工匠到现代"工界伟人"杨斯盛 ················ 288

第十五章　江南传统工匠群体之角色转换 ················ 293
　　第一节　明清江南及其周边地区工匠队伍壮大 ················ 293
　　第二节　明清以来镇湖镇刺绣业的兴起与发展 ················ 298
　　第三节　明清丁蜀镇陶艺业的兴盛与发展 ················ 299
　　第四节　明清香山建筑帮的兴起与发展 ················ 301
　　第五节　晚清江南工业科技专家与专家群出现 ················ 302

第十六章	江南传统工匠组织的角色转换	307
	第一节　明清时期江南工商业组织演变	307
	第二节　江南会馆公所对工匠利益的维护	310
	第三节　清末民初江南工会组织与市民公社出现	314
	第四节　江南传统工业团体组织的社会责任承担	316

下编　江南传统工匠现代转型的背景与特征

第十七章	行业分化、职业分工与江南工匠现代转型的时代特征	321
	第一节　明清之前工业行业与工匠职业变化概况	321
	第二节　明清工业行业分化与江南工匠职业分工的发展	327
	第三节　明清江南重点工业行业及其分工的发展	334
	第四节　江南传统工匠转型起步较早进程缓慢	341
第十八章	实学发展、科技引进与江南工匠现代转型的地域特征	344
	第一节　江南实学发展与西学东渐	344
	第二节　西方科技书引进与江南机器工业兴起	351
	第三节　江南职业教育兴起与技术传承方式改变	358
	第四节　传统工匠南北差异与江南工匠转型之地域特征	369
第十九章	明清社会近代转型呼唤工匠角色转换	377
	第一节　明清社会转型定义及研究范式	377
	第二节　明清社会近代转型的开启时间及条件	383
	第三节　明清社会近代转型的要素、过程与表现	387
	第四节　明清社会近代转型曲折缓慢的原因	393
第二十章	中国文化背景下的技术科学化及相关问题	399
	第一节　习艺求名志在不朽的匠人信仰	400
	第二节　制度文化与社会制度性问题	408
	第三节　文化观念与思想认识问题	418

附录

附录一　附表目录

　　附表1：20世纪20年代前中国历代工业科技文献统计总表　425

　　附表2：20世纪20年代前江南及其周边地区名工匠统计总表　461

　　附表3：江南制造局翻译科技书统计表　497

附表4：嘉靖十年匠役工匠分类表 505
　　附表5：嘉靖四十一年重定班匠银数表 511
　　附表6：明代江南八府一州工匠入仕情况表 512
　　附表7：《考工记》行业职业一览表 519
　　附表8：《考工记》之外的《周礼》工官职业名称表 520
　　附表9：徐寿工业科技译作、著作统计表 522
　　附表10：徐建寅工业科技译作、著作统计表 524
　　附表11：明清西方传教士在华所著科技书统计表 525
　　附表12：《哲匠录》明清营造叠山类传记人物统计表 527
　　附表13：明清宜兴紫砂陶艺名人表 531

附录二　插表目录
　　插表1：夏商周三代官府工业管理情况表 37
　　插表2：明清江南及其周边地区工业文献数量增长变化总表 106
　　插表3：明清江南及其周边地区建筑业文献数量增长变化表 110
　　插表4：明清江南及其周边地区园林园艺业文献数量增长变化表 112
　　插表5：明清江南及其周边地区水利工程文献数量增长变化表 114
　　插表6：明清江南及其周边地区矿冶业文献数量增长变化表 115
　　插表7：明清江南及其周边地区车船业文献数量增长变化表 117
　　插表8：明清江南及其周边地区军器业文献数量增长变化表 120
　　插表9：明清江南及其周边地区纺织刺绣业文献数量增长变化表 124
　　插表10：明清江南及其周边地区食品加工业文献数量增长变化表 125
　　插表11：明清江南及其周边地区陶瓷业文献数量增长变化表 127
　　插表12：明清江南及其周边地区文化用品业文献数量增长变化表 130
　　插表13：明清江南及其周边地区综合杂业文献数量增长变化表 133
　　插表14：清代官窑产品名称一览表 141
　　插表15：清代官窑产品尺寸规格一览表 142
　　插表16：清代工部砖瓦用料及用工统计表 142
　　插表17：圆明园内工用瓦规格 143
　　插表18：清内廷工程各斗口墩木用料统计表 146
　　插表19：清内廷工程斗口单昂平身斗科制作所需物料与功限 146
　　插表20：明清江南及其周边地区工匠著作表 187

插表21:《雪宧绣谱》附线色正色类目表 ……… 194
插表22:《髹饰录》主要内容统计表 ……… 198
插表23:美国1940年工业研究人员职业分类表 ……… 242
插表24:《明实录》成化二十一年二月己未条各监局匠官数目表 ……… 264
插表25:《中国历代名匠志》所收工匠数量变化表 ……… 294
插表26:《历代工艺名家》所收工匠数量变化表 ……… 294
插表27:《哲匠录》明清江南营造与叠山类工匠表 ……… 295
插表28:《哲匠录》营造与叠山类工匠数量变化表 ……… 296
插表29:《中国历代名工匠统计总表》所收工匠数量变化表 ……… 297
插表30:《苏州市志》所列苏州行业会馆公所统计表 ……… 340
插表31:江南制造局翻译40部工业科技书列表 ……… 352

附录三 插图目录

插图1:明清江南暨周边府州图
插图2:古江东暨明清江南图 ……… 9
插图3:汉志三江流域暨明清江南水系图 ……… 11
插图4:古中江暨今芜申运河图 ……… 13
插图5:20世纪20年代前中国历代工业文献数量分布图 ……… 105
插图6:20世纪20年代前中国工业文献数量对比图 ……… 106
插图7:明清江南及其周边地区工业文献数量分布图 ……… 107
插图8:明清江南及其周边地区建筑业文献数量增长对比图 ……… 110
插图9:明清江南及其周边地区园林园艺业文献数量增长对比图 ……… 112
插图10:明清江南及其周边地区水利工程文献数量增长对比图 ……… 114
插图11:明清江南及其周边地区矿冶业文献数量增长对比图 ……… 115
插图12:嘉靖《船政》快船式样图 ……… 116
插图13:嘉靖《船政》平船式样图 ……… 116
插图14:明清江南及其周边地区车船业文献数量增长对比图 ……… 117
插图15:明清江南及其周边地区军器业文献数量增长对比图 ……… 121
插图16:御制棉花图册·纺线图 ……… 123
插图17:御制棉花图册·织布图 ……… 123
插图18:明清江南及其周边地区纺织刺绣业文献数量增长对比图 ……… 124
插图19:明清江南及其周边地区食品加工业文献数量增长对比图 ……… 126

插图20：明清江南及其周边地区陶瓷业文献数量增长对比图	127
插图21：明清江南及其周边地区文化用品业文献数量增长对比图	130
插图22：明清江南及其周边地区综合杂业文献数量增长对比图	133
插图23：《清代营造则例》斗拱原型图	155
插图24：《清代营造则例》斗拱结构图	155
插图25：姚承祖原照	199
插图26：《营造法原》插图	200
插图27：整经图	221
插图28：刷纱图	224
插图29：明代江南八府一州工匠入仕数量分布图	266
插图30：明代江南八府一州工匠入仕数量对比图	266
插图31：《皇朝礼器图式》中的望远镜	282
插图32：明清江南及其周边各府工匠数量分布图	297
插图33：明清江南及其周边各府工匠数量对比图	297
附录四　参考文献	534
后　记	586

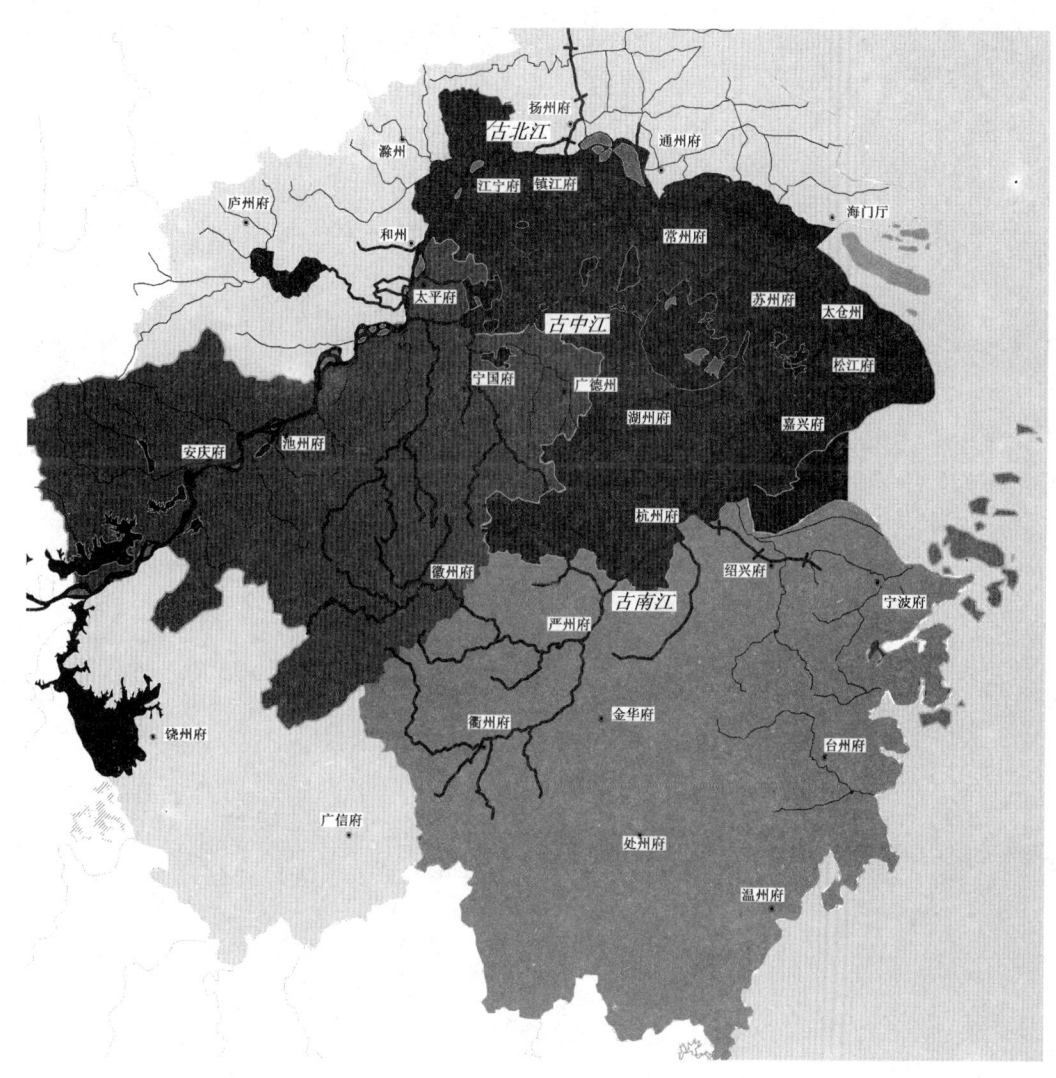

插图1：明清江南暨周边府州图（本图数据源自 CHGIS V4）

绪论

第一章　研究对象、宗旨、方法及资料

第一节　选题依据与研究宗旨

传统工匠现代转型指明清以来中国传统工匠向现代技术工人、工程师等科技理论专家或企业家转变过程中的技术转型与角色转换两大内涵的双轨并行发展。工匠技术转型主要指经验性技术或技术的经验形态向理论知识形态转变(简称产业技术理论化或技术科学化)，工匠角色转换主要指传统工业技术主体向现代工业技术主体(现代技术工人、工程师、科学家、企业家、技术官员等)的转变。传统工匠现代转型作为区域工业化中人力资源开发的主要内容，既是明清社会经济现代转型的驱动因素，也是中国早期工业化社会成长的核心标志。

研究中国传统社会的现代转型，首先要研究明清江南区域社会经济发展史；而研究江南区域工业化进程，又要先研究江南早期工业化历史，这是本书写作的认识前提之一。早期工业化时期包含了人们常说的原始工业化阶段和工业化初级阶段①。所谓原始工业化，是指在以动力机器出现为基础的近代工业产生之前的、以商品生产为目的的、以手工工具为基础、程度不同地在手工作

---

① 关于中国早期工业化问题的认识，本文基本同意马敏教授《中国早期工业化的若干问题》(《光明日报》2003年9月7日)一文中的说法，即认为"对中国早期工业化的研究，实际上应包括对两个相互衔接的历史过程的研究，即中国的原始工业化和近代工业化的研究"。这个早期工业化时期，大体包括李伯重教授《江南的早期工业化(1550—1850)》一书中的"早期工业化"(Early Industrialization)时期和费维凯教授《中国早期工业化：盛宣怀(1844—1916)和他的官督商办企业》一书中的"早期工业化"(The Early Period of Modern Industrialization)时期两个阶段。本书中编第十二章有"江南早期工业化社会形成与发展"的论述。

坊、手工工场或在家庭内与农业生产相结合的工业生产时期,是家庭手工业到现代机器工业的过渡形态。原始工业化与自给自足的家庭手工业的共同点在于它们都是手工业,都是手工形态为主的工业生产;不同点在于它以商品生产为主,技术主体身份角色和生产目的发生变化,属于市场经济范畴,从一开始就是为了出售,而自给自足的家庭手工业则主要为了自给,自给有余才出售。原始工业化与近代工业化的共同点在于都是商品生产;区别在于它是自然经济基础上手工业生产,而近代工业是技术经济基础上的动力化机器生产。原始工业化阶段和工业化初级阶段虽然有区别,但有着共同的本质特征,除了都表现为商品性生产以外,还共同表现为工业生产过程中技术科学化(即下文所说的经验型技术向理论型技术转变)并向科学技术化(即下文所说的科学理论转化为新生产技术)发展的继承性和趋向性。本书将勾勒江南传统工匠现代转型中经验技术理论化与技术主体角色转变的历史延续性和内涵承继性发展脉络。

对传统工匠现代转型的选题及其研究,不仅意在填补关于传统工匠课题系统研究的空白,而且力图从人力资源开发的角度,重点通过江南传统工匠的技术转型与角色转换的跨学科研究,来探讨明清以来江南区域社会经济现代化转型中的契机与问题。历史上江南区域社会经济特别是工商业经济在全国领先发展,其区域化、市场化发展模式的内在动力需要进一步研究。当前江南长三角区域社会经济发展日新月异,新的势头所带来的新问题更需要认真解决。因此,本选题研究的学术理论价值和社会实践意义是显著的。谨述学术意义和研究宗旨如下:

一、以传统工匠现代转型为核心的技术经济史研究

《孟子·滕文公》曰:"一人之身,百工之所为备。"工匠,作为传统社会的工业技术主体,不仅是传统社会中工业产品和财富的直接创造者,也是传统科学技术的重要创造者、实践者和传承者。"人无贵贱,家无贫富,饮食器皿,皆所必须。"[①]工匠经验直接带来工业技术发展,不仅可以提升科学理论,而且还承担着传统社会中创造发明的职责。为解决生产、生活以及社会各种需求而产生和发展起来的工匠队伍及其生产技术,有着丰富的内容体系和显著的时代性及地方性特点,是工业社会生产力的主要组成部分,不仅为推动社会经济发展起着不可替代的重要作用,而且在传统社会向现代社会转型的现代化进程中也有着辉煌灿烂的历史。

邹逸麟先生在《中国历史人文地理》中指出:"在漫长的中国传统社会里,冶炼业和手工业的发展,推动了整个社会生产力,改变了我国社会经济结构,增加了商业的流通,改变城市和交通布局,促进区域之间的联系;同时对人们的政治、经济、文化观念的改变都有过重大影响。"[②]传统工业的发展是传统经济发展的核心内容,传统工业技术的现代转型更是传统社会现代化的基本动力。传统工匠不仅是传统社会经济发展中的技术主体,同时也是早期工业化阶段人力资源中的核心力量。其作为明清时期工业生产中的一个劳动力群体,又是当时社会生产力发展的中坚力量。明清时期江南工匠的现代转型,无疑是当时经济发展和社会现代转型的核心内容。但迄今为止,国内

---

① 李渔:《闲情偶寄·器玩部》,万卷出版公司,2008年,第454页。
② 邹逸麟主编:《中国历史人文地理》,科学出版社,2001年,第238页。

关于传统工匠现代转型问题的专门研究还近乎空白。

随着社会经济不断发展,社会关系也日益复杂,对人们的职业技术素质和社会角色定位提出了新问题。如何实现技术主体的现代转型(即技术转型和角色转换),既是区域社会实现现代化发展的关键之所在,也是区域人力资源开发的关键之所在。同时,对明清江南区域传统工匠现代转型的研究,既是探讨区域工业化中人力资源开发问题的基本途径,又是研究区域经济和社会现代化发展的题中之意。不仅如此,以技术经济为主体的知识经济日益成为现代经济的龙头,所以考察一个区域科技发展与经济发展之间关系的变迁,无疑是知识经济和技术经济史研究的核心内容。"从技术结构与产业结构的关系来看,一方面,有什么样的技术结构才可能建立起什么样的产业结构。从这个意义上可以说技术结构决定了产业结构的本质属性,产业结构不过是技术结构外化的实体运行状态;但另一方面,有什么样的产业结构才需建立什么样的技术结构。从这个意义上又可以说产业结构也决定了技术结构的变革方向,成为技术结构存在和发展的环境和条件。因此,技术结构与产业结构在历史的演进中是统一在一起的。"①

唯其如此,本书拟对江南传统工匠这一技术主体的技术转型与角色转换问题进行技术经济史的专门考察,以便从演化经济学的层面研究江南早期工业化中人力资源的开发与利用规律,从而把握江南区域社会经济发展的内在理路。不唯讲论道理,亦冀提出问题、搭建框架、博取材料、启蒙思路,以期探赜钩沉、索隐抉微和发凡起例。

二、开拓区域工业化及现代化研究新途径

现代化是一个历史范畴,从时间上说,主要指公元16世纪西欧开始出现的、特别是经过18世纪后期工业革命后才正式产生的大工业时代,直到20世纪,工业化向全球扩展,成为人类历史进程中的特定阶段。从内涵上讲,这个新时期的中心内容是在现代生产力引导下人类社会从农业世界(社会)向工业世界(社会)的大过渡。因此,现代化的核心内容是工业革命或工业化。尽管现代化不能完全等同于工业化(其涵盖面超过工业化),但追求工业文明已成为全球现代化历史进程的共同特征②。

关于"区域现代化"概念,学术界有诸多不同解释,仅在区域社会经济现代化方面就有工业化、市场化、资本主义化、城市化等说法。吴承明先生认为,现代化与近代化是同义语,总的说是从传统社会向现代社会演变,包括多个方面。张玉法先生在《中国现代化的动向》中认为,现代化的演变是向深度和广度双向推进的。深度指由物质层次向制度层次,再向思想层次;广度则有知识、政治、经济、社会、心理五个方面。人们对现代化内涵的认识总是与时俱变的:16世纪到17世纪重商主义以贸易增长为标志;18世纪到19世纪以工业革命与新技术装备为标志;19世纪后期开始注重资源的有限性并强调边际效益;20世纪前期强调国民生产总值(GDP)增长;20世纪60年代后舒

---

① 米加宁:《产业结构与技术结构的关系——对英国工业革命的考察》,《自然辩证法研究》,1997年第9期,第58—61页。

② 参见罗荣渠《现代化新论——世界与中国的现代化进程·序言》,商务印书馆,2004年;《从西化到现代化》,黄山书社,2008年,第25—28页。

尔茨提出了人力资本理论并开始注意智力投资;70年代提出了人文指数;80年代提出精神文明指标;90年代提出知识经济和可持续发展的新指标。实际上,西欧现代化在经济上的萌动实始于16、17世纪重商主义时代,而16世纪到19世纪属于西欧早期现代化时期①。马克思、恩格斯在《德意志意识形态》中有"交往和生产力"一节,详述了西欧早期现代化的历程。这个历程就是16世纪脱离行会的商人阶级形成,他们造成城市间的生产分工,从而推动工场手工业兴起;随之竞争使得商业政治化,民族国家形成以至于海上战争;到18世纪晚期世界市场的巨大需要产生了机器大工业,早期现代化开始向工业现代化过渡②。

可见现代化是一个历史过程,是一个由传统社会向现代社会转型的整体过程。在这个整体过程中,区域工业化是人们首先关注和研究的重点。英国学者罗伯特·杜普莱西斯(R. Duplessis)在《早期欧洲现代资本主义的形成过程》一书中认为,近代早期的欧洲,经历了从16世纪开始到19世纪中后期的350年左右的动荡时期,即是西方工业化的早期阶段③。与现代化历史分期相对应的是,工业化也分早期工业化与工业现代化两个发展阶段。早期工业化时期相当于早期现代化时期。工业现代化"一般是指在一国或地区的经济现代化过程中,在现代科学技术的推动下,新兴工业部门不断产生和增长,原有的工业部门持续变革和发展,并由此导致工业结构变化和整体工业生产力水平提高,最终达到现今世界先进水平的过程"④。传统产业技术转型中的技术科学化和科学技术化过程可以是分阶段完成的,也可以是同步完成的,只是在中国明清江南地区表现出一定的历史阶段性。大体说来,技术科学化阶段大约从明代后期嘉靖、万历以后开始发轫,表现为明末清初工匠和学者结合撰写科技著作的明显增多;以江南地区的职业技术教育兴起为主要标志的科学技术化,则普遍兴起于清末民初。传统产业技术主要是一种经验型的技术,产业技术的理论化进程显示着传统社会向现代社会转型中区域经济发展的内在动力与外在表现。明清江南工业技术的科学化领先于全国,为明清江南区域社会经济自主发展提供了内部动力。

由此说明,探讨江南早期工业化中人力资源开发与配置、产业技术生成与构成、经济社会建构与结构等要素特征及诸要素之间的互动关系,并重点勾勒出中国历史时期产业技术科学化及技术主体现代化的途径,才能认识明清以来江南区域社会经济发展的内在动力与基本脉络,才能从根本上去把握区域社会经济现代化进程的基本内涵与变化规律。

三、拓展中国传统社会现代转型问题研究新渠道

中国社会全面转型的主要内容有:一是从农业社会向工业社会转化;二是从乡村社会向城镇社会转化;三是从半自给的产品经济社会向市场经济社会转化;四是从封闭半封闭社会向开放社

---

① 参见吴承明的《中国的现代化:市场与社会·序言》,三联书店,2001年,第1—2页。
② 马克思、恩格斯:《马克思恩格斯选集》,人民出版社,1972年,第35—39页。
③ (英)罗伯特·杜普莱西斯著,朱智强等译:《早期欧洲现代资本主义的形成过程》,辽宁教育出版社,2001年,第1—7页。
④ 陈佳贵、黄群慧:《工业现代化的标志、衡量指标及对中国工业的初步评价》,《中国社会科学》,2003年第3期,第18—28页。

会转化;五是从伦理社会向法治社会转化;六是从同质单一性社会向异质多样性社会转化。这一社会转型的过程开始于何时,学术界向来争议较大。有宋代为中国"近世"开始的说法,有中国"近代化"(即现代化)开始于明代中后期的主张,大多数学者认为中国"近代史"开始于清代道光二十年(1840年鸦片战争)。本文试图从江南传统工业经济及其技术主体转型的角度去论证中国早期现代化(即近代化)肇始于明代嘉靖、万历之际,并确认明清江南区域早期工业化发展是中国传统社会现代化转型的典型代表,从而说明中国传统工匠现代转型问题就是明清以来中国现代化发展的核心问题。

传统社会的现代转型在形式上既是以民族国家为基点的社会整体转型的过程,又是一个国家内部某一区域率先转型带动其他区域发展的过程。社会经济领域由农业国工业化与农业产业化基础上的自然经济模式向市场经济模式转变;思想文化领域由封闭、单一、僵化的传统文化向开放、多元、理性的现代文化转变;社会政治领域由专制集权制度向民主共和制度的转型。这种多元转型首先是一种自然的社会历史过程,表现在社会转型的实体——社会结构本身是一种客观的社会事实和社会存在,它是人们在自己生活的社会生产中发生的、必然的、不以他人的意志为转移的演化关系。同时社会转型的动力是物质生活的生产方式,而生产方式是一种客观的力量,它推动着人类社会由低级向高级发展。此外,社会转型受客观规律的制约,不管人们是否意识到规律,但规律总是外在于人们的意识在起作用。

传统社会近代转型主要途径大多表现为经济主导型的社会转型带动政治主导型的社会转型与文化主导型的社会转型。首先是从农业社会向工业社会转化,伴随着商品经济社会向市场经济社会转化、乡村社会向城镇社会转化、封闭半封闭社会向开放社会转化、同质单一性社会向异质多样性社会转化、伦理社会向法治社会转化等过程。这个过程是漫长的,要几百年才能完成。所以说社会转型的"转",是一种状态、一个历史阶段、一种趋势,更是一个动态的过程,因而明清以来中国社会转型具有明确的时代特色。

明清社会转型实质上是要建立工业化社会,而江南早期工业化问题必然是中国传统社会近现代转型问题研究的重中之重。由于中国社会近代转型的特征是从传统农业文明向现代工业文明、从传统的自然经济向现代市场经济的转变过程,这种由传统的生存方式向现代生存方式转变首先是生产方式的转变,它推动着人类社会由低级向高级的发展。同时,这种社会转型本质上属于人的自觉历史行为,同以人为中心的社会发展的根本目标相一致,目的是为了促进人的全面发展和社会的全面进步。此外,社会转型有多种形式。从转型的内容看,有政治主导型社会转型、经济主导型社会转型、文化主导型社会转型;从转型的途径看,则可分为内生性社会转型与外发性社会转型。本书通过江南早期工业化中工匠的现代转型问题研究,说明中国传统社会转型是以内生性社会转型为主,这种内生的动力首先来自国内发达区域人力资源开发基础上的知识经济与技术经济的发展。

先贤徐光启著《农政全书》,以严肃认真为著述宗旨,"求其故而不得,虽先儒所因仍,名流所论述,援引辩证,如云如雨,必不敢轻信所疑①。先贤顾炎武和胡适之所提倡的学术原则,分别是"古人所未及今人所必需而为之","性之所近力之所及而事之"两方面。凡陈鄙见,一以此为准。陈寅恪先生曾赞扬王国维学术成就说:"自昔大师巨子,其关系于民族盛衰学术兴废者,不仅在能承续先哲将坠之业、为其托命之人,而尤在能开拓学术之区宇、补前修所未逮。故其所作,可以转移一时之风气,而示来者以轨则也。"②先哲明示在前,必当奉为圭臬。吾辈才能浅薄,岂敢求胜前人,但思于先贤之学术轨则与科学精神瞻之仰之、遵之守之而已。

第二节 研究范围与研究对象

本书以明清江南传统工匠的现代转型问题作为主要研究对象。其时间和空间范围如下。

一、以江南及其周边地区为基本研究区域

以太湖平原为中心的江南八府一州,唐宋时期就开始成为经济发达的地区,是本书所说的狭义"江南"范围。以此八府一州为中心向皖南、苏中、浙东等四周扩展的"江南"及其周边地区,是本书研究的广义江南(或"大江南")范围。"江南"在历史地理学上所指称的地域范围,历代是在不断变化的。③明清时期"江南"的地域范围,也有大、中、小之别。大体上,以苏州、松江、常州、杭州、嘉兴、湖州六府为江南,是最小的"江南"范围划定④;而最大范围的"江南"界定者则认为:"按照明代和清初的行政区划,以及当时人们的习惯用法,包括以下地区:明代南直隶14府4州;浙江布政使司11府;江西布政使司13府;清初的江南省、浙江省、江西省。这些地区均属长江中下游、淮海地区和赣江流域,约相当于今天的江苏、浙江、安徽、江西和上海四省一市。"⑤

综观各种界定,明清时期"江南"的地理范围,广义的包括长江下游地区(俗称"下江地区"),中性的涵括整个长江三角洲地区,狭义的则指太湖流域或太湖平原地区。而本文所研究的"江南传统工匠"的地域范围,虽然不得不参考广义的、中性的、狭义的各家"江南"之界说,但主要采用李伯重教授在《江南早期工业化》一书中关于"江南地区"的划定,即指明清时期的苏州(含太仓州)、松江、常州、镇江、江宁、杭州、嘉兴、湖州等八府地区(或曰八府一州地区),同时兼顾这八府一州的周边地区,大体相当于《汉书·地理志》所言三江流域,简称"汉志三江",与"魏晋江东"、"唐宋江

---

① 徐光启:《毛诗六帖讲意·自序》,见《徐光启著译集》,上海古籍出版社,1983年。
② 陈寅恪:《王静安先生遗书·序》,《金明馆丛稿二编》,上海古籍出版社,1980年,第220页。
③ 周振鹤:《释江南》,见《中华文史论丛》第49辑,上海古籍出版社,1992年,第141—147页。应岳林:《"江南"初析》,《江南论坛》,1998年第8期,第44—45页。
④ 樊树志:《明清江南市镇探微》,复旦大学出版社,1990年,第64页。
⑤ 承载:《17世纪江南文人生活论》,见李禹阶、赵昆生等的《区域、社会、文化:区域社会比较国际学术研讨论集》,重庆出版社,2009年,第264页。

左"一脉相承(参见插图2《古江东暨明清江南图》)。北起皖江扬子江流域,南至新安江、钱塘江流域,中间是以胥溪运河为中心的中江——西起芜湖青弋江与皖江相连,东出太湖达上海。楚山绵绵,越水滔滔;楚水漫漫,吴波漾漾,"大江南"因水而成一整体区域,号"三江五湖",是明清的江南区域。

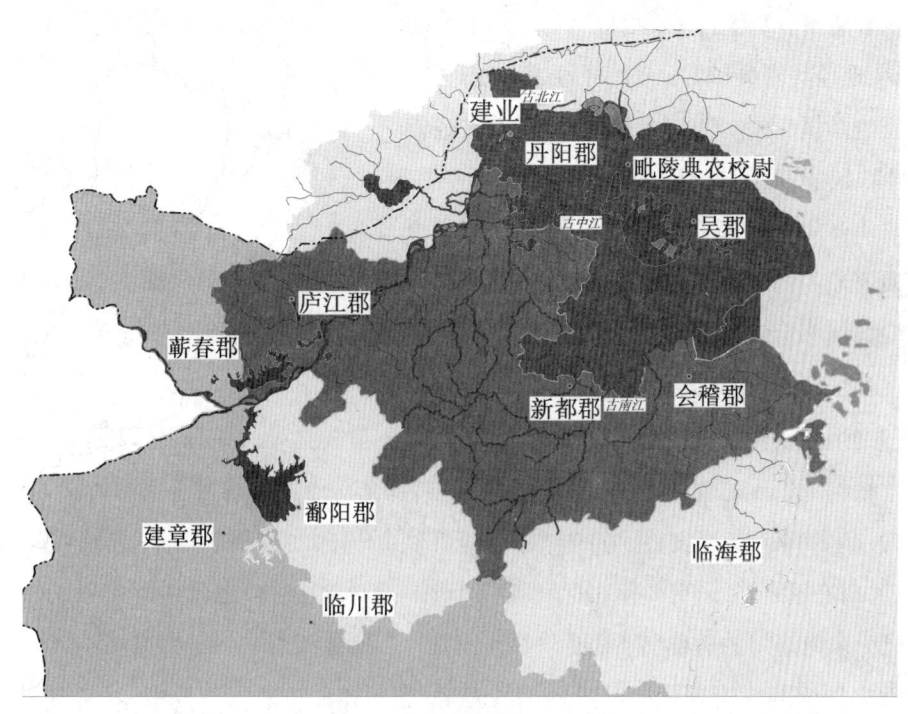

插图2:古江东暨明清江南图(本图数据源自CHGIS V4)

二、江南及其周边地区与"汉志三江流域一体说"

关于三江地理位置说法很多,如《国语·越语》上"吴之于越,三江环之",韦昭注以吴江、钱塘江、浦阳江为三江。《吴越春秋·夫差内传》"出三江之口"赵晔注"吴江"作"松江"。晋郭璞以岷江、松江、浙江为三江。《禹贡·释文》引《吴地记》以松江、娄江、东江为三江。《汉书·地理志》之三江说,源自《尚书·禹贡》和《周礼·职方》。《尚书·禹贡》曰:"淮海惟扬州,彭蠡既潴,阳鸟攸居。三江既入,震泽底定。"《周礼·职方》曰:"东南曰扬州,其山镇曰会稽,其泽薮曰具区,其川三江,其浸五湖。"这两部经典中的"三江"方位,孔安国、桑钦、班固、郑玄、郭璞、郦道元、顾炎武、孙诒让等历代专家学者各执一说,其中"北江、中江、南江"三江说最有代表性,该说源自班固《汉书·地理志》。《汉书·地理志》上"三江既入"注"以北江、中江、南江"为三江。《汉书·地理志》毗陵县下曰"北江在北东入海"(今扬子江);丹阳郡芜湖县下曰"中江出西南,东至阳羡入海"(即今"芜申运河",原称"胥溪运河",后称"芜太运河");会稽郡吴县下曰"南江在南,东入海",即今新安江与钱塘江。该说经《水经注》等补充完善,渐成"汉志三江流域说"。

关于中江,《汉书》说:"在丹阳芜湖县南,东至会稽阳羡县入于海。……禹贡所谓中江、北江,自彭蠡出者也。"①关于南江,郦道元《水经注》承接《汉书·地理志》说法做了进一步说明:"沔水与江合流,又东过彭蠡泽,至石城县分为二。其一过毗陵县北为北江,其一为南江,东至会稽余姚县东入于海。"《水经注·沔水》曰:"南江又东,经宣城之临城县南,又东合泾水,南江又东与桐水合,又东经安吴县,号曰安吴溪。又东,旋溪水注之。水出陵阳山下,经陵阳县西,为旋溪水。分江水自石城(今安徽池州市贵池区)东出后,经过临城县南(今安徽青阳县),到达安吴县,又东经安吴县,号安吴溪(现泾县安吴镇)"。对于《汉书·地理志》和《水经注》所言分江水和南江,《大清一统志》认为:"言之凿凿,必非无据,今其道虽湮,未可轻訾。"②

支持班固"汉志三江"说者有朱鹤龄的《禹贡三江辨》、钱塘的《三江辨》、许宗彦的《禹贡三江说》、张澍的《三江考》、张海珊的《三江考》、萧穆的《禹贡三江说》、汪士铎的《三江说》、胡薇元的《三江说》、黄家辰的《三江既入解》、邹汉勋的《三江彭蠡东陵考》,等等。顾炎武的《日知录·三江》、王鸣盛的《尚书后案》、阮元的《浙江图考》亦持类似观点。晚清朴学家孙诒让在《周礼正义》中认为:"三江之说,以《汉志》最为近古可信。"

已故安徽师范大学教授、著名历史地理学家陈怀荃先生在20世纪80年代初就分别在《历史地理》和《中国历史地理论丛》等杂志发表《〈汉志〉分江水考释》、《〈禹贡〉江水辨析》、《〈禹贡〉东陵考释》等著名论文,认为:"《禹贡》三江实际包括的地理范围,从九江以下,除今皖南沿江平原和太湖流域之外,还有皖南山区和浙江流域。江水的名称,也就由此扩展到钱塘、会稽一带,并逐步成为东南诸川的通称。"③可见,"汉志三江"、"魏晋江东"、"唐宋江左"与"明清江南"区域皆"因水而兴",实际含有现代行政区划上的皖南、苏南和浙东北三片地域,其中水系相通,源头皆系于皖南。

"皖南"即清代皖南道所属地。皖南道原名安徽道,雍正十一年(1733年)置,驻安庆府,领安庆府、徽州府、宁国府、池州府、太平府、广德州;十二年移驻芜湖县;咸丰五年(1855年)移驻宁国府;十年(1860年)移驻祁门县;同治四年(1865年)移驻芜湖县;光绪三十四年(1908年)更名皖南道,民国二年(1913年)废。皖南与浙江有新安江、钱塘江一脉相连自不用说,皖南与苏南地区不仅自然地理上属"三江"流域这一整体区域,而且行政区划上也很晚才有分治。两地原称"江东"、"江左",在明代同属南直隶,清初同属江南行省,均属古代"三江"和近代"江南"区域,康熙年间江苏、安徽分省后才有"皖南"与"苏南"之称。有人统计,太湖流域行政区划分属江苏、浙江、上海、安徽三省一市,其中江苏19399平方公里,占52.6%;浙江12093平方公里,占32.8%;上海5178平方公里,占14%;安徽225平方公里,占0.6%④。这里所说安徽流域面积应远远大于225平方公里。

---

① 转引自毛晃撰的《禹贡指南》卷《三江》,《四库全书》第56册,上海古籍出版社,1987年,第14页。
② 穆彰阿、潘锡恩:(乾隆)《大清一统志》《池州府》卷,《四库全书》第47册,上海古籍出版社,1987年,第631页。
③ 陈怀荃:《黄牛集》,安徽教育出版社,2000年,第144—145页。
④ 转引自李有军的《归去来兮太湖美·延伸阅读》,《人民日报》海外版,2009年7月25日第3版。参见钱益春、何平的《1998—2006年太湖水质变化分析》,《江西农业大学学报》2009年第2期;李运宝的《太湖流域水资源管理研究》第一章《太湖流域基本状况》第1页,上海交通大学2005年工商管理硕士论文。

日本学者斯波义信在《宋代江南经济史研究》中认为,宋代江南五大水系并列——即中江水系与天目山水系、吴淞江水系、钱塘江水系和杭州湾南岸北流的一组水系互动。其实这五个水系就是历史上的"汉志三江"水系(参见插图3《汉志三江流域暨明清江南水系图》)。斯波义信在书中云:"据说长江曾在芜湖附近分为两条支流,向南分流的是中江,东流的江水一旦注入太湖,这一太湖水又通过吴淞江的导引而注入海。"①中国学者姚汉源在《中国水利发展史》中也认为:"相传自太湖向西,大约经今芜湖附近,还有一条胥溪运河,《汉书·地理志》的中江似即这一水道。"②历史事实说明,这两位学者使用"据说"和"相传"这样的"帽子"都可以摘掉。

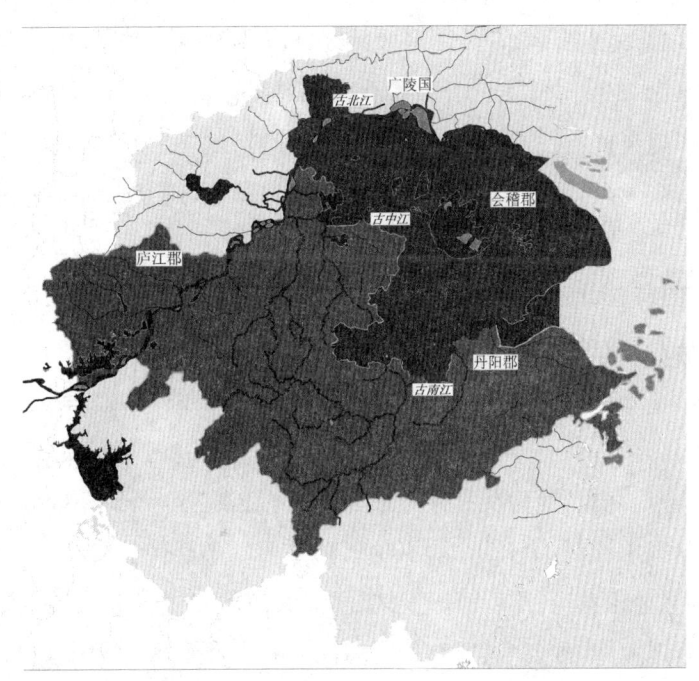

插图3:汉志三江流域暨明清江南水系图(本图数据源自 CHGIS V4)

"汉志三江流域"的核心区域是太湖流域,即太湖水系流经范围,有上游与下游之分。太湖下游主要经太浦河、吴淞江、黄浦江、胥江、望虞河、梁溪河、京杭大运河等河道流入长江,向东归入大海,构成长江三角洲上一个独立的太湖下游水系。而太湖上游主要水源,大多认为是来自天目山苕溪水系及宜溧山地的南溪水系,其实还有来自古代胥溪运河和近现代"芜太运河"(亦称"芜申运河")的"中江"水源。所以说:"太湖上流之堰渎溪港,其最著者凡三十有五。五堰在溧阳县西八十里,高淳县东五十里,一曰银林堰,长二十里。少东曰分水堰,长十五里,又东五里曰苦李堰,长八里,又五里曰何家堰,长九里,又五里曰余家堰,长十里,所谓鲁阳五堰也。西有固城、石臼、丹阳南湖受宣、歙、金陵、姑孰、广德及大江水,东连三塔湖、长荡湖、荆溪震泽。中有三五里颇高阜,春秋时,阖闾伐楚,用伍员计,开渠运粮,今尚名胥溪镇。西有固城邑遗址,则吴所筑以拒楚者也。自

---

① (日)斯波义信著,方健、何忠礼译:《宋代江南经济史研究》,江苏人民出版社,2001年,第190页。
② 姚汉源:《中国水利发展史》,上海人民出版社,2005年,第39页。

是湖流相通,东南连两浙,西入大江。"①

关于汉志所述"中江"是否为胥溪运河,向来争论不已。顾颉刚在《苏州史志笔记》中说:"史念海君《中国的运河》谓伍子胥伐楚时,曾凿运河,由芜湖江边向东经丹阳、石臼、固城诸湖而连接太湖,此即为后来经学家说《禹贡》时指中江者也。"谭其骧先生主编的《中国历史地图集》中,从春秋战国到两晋时期,均明确标出中江水系,大致自芜湖青弋江起首,东流穿越江苏高淳、溧阳、宜兴,注入太湖进而入大海。

胥溪运河又名伍堰河,位于江苏宁镇地区茅山山脉南麓高淳、溧阳县境,西经固城、石臼、丹阳诸湖在安徽芜湖通长江,东接荆溪至江苏宜兴入太湖,长30.6公里,流域面积225平方公里。胥溪河以东坝为分水坝,坝西为水阳江、青弋江水系,坝东为太湖水系。黄钺的《泛桨录》述其自芜湖至杭州路线云:"乾隆五十二年(丁未)正月十八日,由芜湖买舟至东坝。十九日,泊高淳县。二十日,过高淳湖,抵东坝,换船至杭。二十三日,至苏州,泊阊门外。二十五日,到杭州。"②证明确有一条水路从芜湖,经太湖,至苏州,再到上海、杭州。这条水路即中江胥溪运河,它利用自然的河流、湖泊连接而成。

有关胥溪成因,向有"天然河道说"和"人工运河说"两种。"人工运河说"认为是春秋伍子胥所开凿,最早提出这种看法的可能为北宋钱公辅。单锷的《吴中水利书》云:"公辅(即北宋钱公辅)以为(伍堰者),自春秋时吴王阖闾用伍子胥之谋伐楚,始创此河以为漕运,春冬载二百石,而东则通太湖,西则入长江。"③明代韩邦宪在《广通文考》中谓:"春秋时吴王阖闾伐楚,用伍员(即伍子胥)计,开河以运粮,今尚名伍胥河,及旁有伍牙山云。左氏襄三年(前570年),楚伐吴,走鸠兹(今安徽芜湖市东),至于衡山;哀公十五年(前480年),楚子胥子期伐吴,至于桐汭(今安徽广德县西桐水,北流入丹阳湖),盖由此道。"清代地理学家胡渭的《禹贡锥指》卷六谓:"通江于淮,即夫差所开之邗沟;通湖于江,则阖庐(即阖闾)所开之胥溪也。"④(见插图4《古中江图暨今芜申运河图》)

但也有人认为在伍子胥开凿胥溪运河之前已有天然河流,此处水源本来相通,只是被利用于航行,又经多次整治才被改造成为运河。复旦大学魏嵩山先生就认为胥溪运河原是一条自然河流,很早就被用来航行,经过大规模整治后被改造成运河⑤。南京大学、高淳县文物管理所等单位的专家调查研究证明,古中江流经高淳,胥溪河就是在古中江的基础上形成的,并认定这里在远古确有天然河流遗迹。说明吴国开凿胥溪运河之前,该处存在过规模较大的天然河流,后来河道经历了淤塞,河流沉积物经历了很长的成土过程形成土壤层。调查发现,胥溪河流域在大地构造上属于"南京凹陷"南缘,从地貌调查看,这一地区地质构造及地貌特征与《禹贡》"三江"的"古中江"位置可以对应⑥。

---

① 黄之隽:乾隆《江南通志》卷61《河渠志·水利·太湖》,上海古籍出版社,1987年,第738页。
② 黄钺:《泛桨录》,见《小方壶斋舆地丛钞》第5帙,光绪六年南清河王氏刻本,第96页。
③ 单锷:《吴中水利书》,《四库全书》第576册,上海古籍出版社,1987年,第11页。
④ 胡渭:《禹贡锥指》卷6,《四库全书》第67册,上海古籍出版社,1987年,第392、393页。
⑤ 魏嵩山:《胥溪运河形成的历史过程》,《复旦学报》,1980年第S1期。
⑥ 详见朱诚等《对江苏胥溪河成因及其开发利用的新探讨》,《地理学报》,2005年第4期。

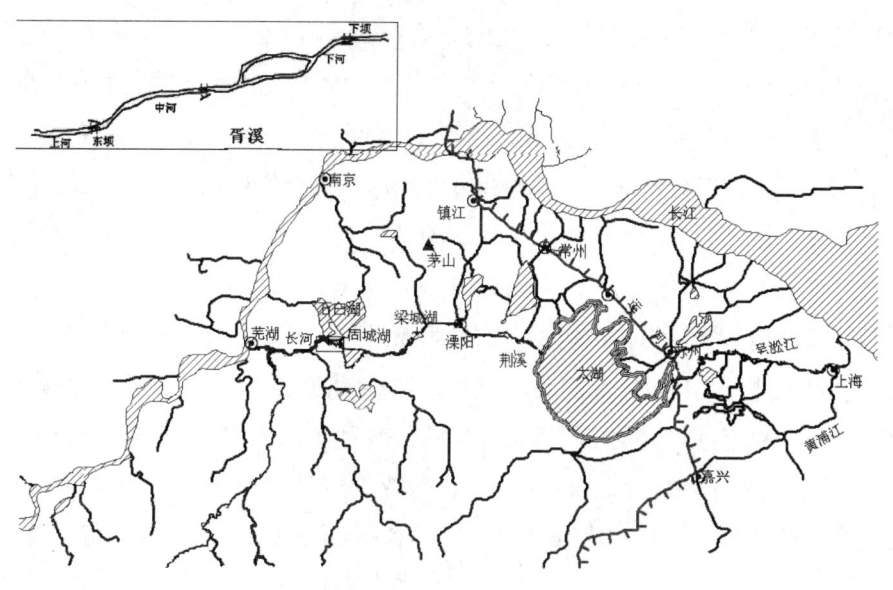

插图 4：古中江暨今芜申运河图

古三江之中，虽然北江扬子江与南江钱塘江经流不改，但中江胥溪运河则曲折多变。宋时胥溪 15 里间设有 5 处堰埭，故又名五堰。自东而西为余家堰、何家堰、苦李堰、分水堰、银林堰。分水堰和银林堰位置最高。高淳胥溪古河，横穿茅山山脉西南丘陵地带，跨越分水岭，沟通太湖和青弋江两个流域。岭脊在今上坝附近，高程为吴淞零点以上 20 米左右。河道分别向东西倾斜，而水位则西高东低。汛期西水东汪，增加太湖地区洪水威胁。冬季溪水干涸，不能通航。针对这一地形特征，在今东坝镇至定埠间河段上，修筑土堰五道，古称"五堰"，借以蓄水通舟，并节制西水东流。唐末废去五堰，北宋在五堰东西两端建东西两坝。到明初复浚胥溪，改建广通镇闸。永乐初，改闸为坝，又称上坝，即东坝。嘉靖时，在坝东再筑一坝，称为下坝，自此水道隔开，航运经此需要盘行。

顾祖禹在《读史方舆纪要》中考证，在"太平府芜湖县"下指出："中江，在县南，'汉志'注云在县西南，东至阳羡入海，今县河东达黄池，入丹阳、石臼等湖，至银林堰乃中江故道也。苏、常承此下流，常病漂没，及银林五堰筑而中江不复东，而宣歙之水皆系县西达于大江。"①"县河"就是青弋江，"黄池"即水阳江。循《汉书·地理志》所述中江走势，由青弋江转水阳江经丹阳、石臼等湖至银林五堰为止一段就是中江故道的上游；太湖附近苏州、常州地区原本承接其下流，但自五堰截断中江后，迫使可以经中江分流的宣歙之水包括青弋江全部西行自芜湖入长江。可见中江是沟通芜湖青弋江流域和太湖流域的重要通道，五堰则是中江的咽喉，其兴废关乎太湖历史全局。

顾炎武《日知录》卷二《三江》曰："北江，今之扬子江也。中江，今之吴淞江也。不言南江，而以'三江'见之。南江，今之钱塘江也。《禹贡》该括众流，无独遗浙江之理，而会稽他日合诸侯计功之地也，特以施功少，故不言于导水尔。'三江既入'，一事也；'震泽底定'，又一事也。后之解

---

① 顾祖禹：《读史方舆纪要》卷 27，商务印书馆，1937 年，第 1242 页。

《书》者必谓三江之皆由震泽，以二句相蒙为文，而其说始纷纭矣。"①顾说与"汉志三江"说基本相同，唯中江只言太湖下游吴淞江而不言太湖上游胥溪运河，理由是在固城湖和溧水之间是一块高阜地，即《读史方舆纪要》中所说的银林五堰所在地，太湖水系与芜湖水系因此而水分东西。其实，经过现代地理学家勘察与研究，从整体上看，胥溪运河西部略高于东部，是太湖上游水源之一。

朱诚、王心源等《对江苏胥溪河成因及其开发利用的新探讨》认为："表面看来，胥溪河在穿过太湖流域与水阳江流域的分水岭岗地部位处海拔20米左右，而分水岭两侧水系的海拔在7—8米，似乎与古中江之说有矛盾，但仔细分析可知，此分水岭并非由基岩构成，而是由坡积物堆积而成，它完全可能是茅山南麓的坡积物在古代受多次洪水搬运作用造成古中江被埋塞的产物。"另据该文作者之一高淳县文物管理所濮阳康京先生多年来实地调查走访，发现以东坝为界，在东坝以西地区胥溪河南岸1公里范围内以及东坝以东胥溪河北岸1公里范围内，均发现地表数米以下便是厚度达数十米的淤泥层，这更是古中江在青溪河一带存在的重要证据。张爱华《舞动的河流——皖南青弋江历史源流考》一文认为，从地理学的角度看，《汉志》所描述的中江走势是符合地形条件的。"在长江下游地区，九江海拔标高为18米，但到了芜湖以下流域，其坡度极为平坦，约为十万分之一的倾斜角。因此长江在芜湖分流入海的可能是存在的，事实上，芜湖一直到当代，在洪峰季节，依然出现长江泄流不及，倒灌青弋江的情况。长江水的倒灌能力很强，一直能上溯到36公里之外的芜湖县城湾沚。倒灌时间长达4—8个月。根据地形，长江沿青弋江、水阳江可进入丹阳、石臼、固城湖区，再经溧水、荆溪可以通太湖进而入海。"②

太湖流域是长江江南三角洲的主体。该流域以太湖水系为中心，上有长江及太湖上游来水，下有海潮倒灌，是中国河网密度最高的地区，平均每平方公里河网长度达五六公里，是古代"汉志三江"到"明清江南"再到现代长江三角洲经济圈的核心区域。由"汉志三江"到"明清江南"沿革而成的长江江南三角洲，西高东低，楚水、越水、吴水绵延一体。从经济地理上看，从明代开始，"织造尚松江，浆染尚芜湖"③的江南区域内相关经济格局就已逐步形成。以上海为一端点，再以芜湖为一端点，形成东西直线运河的芜申运河（即芜太运河）前身就是古代中江基础上形成的胥溪运河。1984年，国家计委计划修复芜申运河，与长江这一段的距离缩短100多公里。为什么要有一条运河来辅助长江水运呢？就是因为这个经济区域互补相关性日益加强，经济文化联系密不可分，必须再通过中江运河及其沿线高速公路加强物资运输、沟通东西联络。

邹逸麟先生在《论长江三角洲地区人地关系的历史过程及今后发展》一文中指出："长江三角洲地区在明代以前一直是在一个高层次的政区管辖之下，而朱元璋硬将嘉兴、湖州两府划给了浙江，于是太湖流域分为两个高层次的政区，不利于当地的管理。但这仍不妨碍自明、清以来长江三角洲地区形成一个自然的经济区，即所谓'杭、嘉、湖、苏、松、常'的说法。出生于昆山的明代大臣顾鼎臣说：'苏、松、常、镇、杭、嘉、湖七府，供输甲天下'，乃'东南财赋重地'。事实上明代苏州一府

---

① 顾炎武：《日知录》卷2，《四库全书》第858册，上海古籍出版社，1987年，第427页。
② 朱诚、王心源：《对江苏胥溪河成因及其开发利用的新探讨》，《地理学报》，2005年第4期；张爱华：《舞动的河流——皖南青弋江历史源流考》，《社会科学杂志》，2010年第3期。
③ 宋应星：《天工开物》卷上《乃服》篇，商务印书馆，1933年，第38页。

的税粮占全国税粮近1/10,而六府(除镇江)税粮占全国税粮的1/5至1/4间。这说明当时人们眼中这7个府自成一个整体。近代以来,长江三角洲地区经济发展的特点是上海一枝独秀。"①明清时期,"晚至清代,江南地区已经初步形成了三个相对集中的农作物生态分布格局:首先是滨海地区以棉为主或棉稻并重的'棉稻产区',包括松江、太仓的大部分和苏州府属常熟、昭文等县;其中,松江府的上海、南汇、川沙、奉贤和太仓州的嘉定等地棉田种植比例高达60%—70%。二是太湖以南地区,基本上'北不逾淞、南不逾浙、西不逾湖、东不至海,不过方千里',包括了湖州府属德清、归安、乌程,嘉兴府属石门、桐乡、秀水、海盐以及杭州府属钱塘、仁和与苏州府属吴江、震泽等县,为'蚕桑区'或'桑稻并重区'。三是以种稻为主的'稻产区',包括太湖北部的常州府属无锡、宜兴,松江府属的华亭、青浦等'西乡地区'。"②明清时期江南的发展首先是合理利用既有农业资源,进一步提高生产的集约化程度。在此基础上,商品经济迅速发展,城镇市场日益繁荣。其中农副产品加工业,特别是丝、棉纺织业的发达是江南经济的主要特色。由于市场发育起步较早,以农副产品加工集散为主的市镇密布,城镇工商业人口和非农业人口比例日益增高,工业化与都市化程度远远走在全国前列③。与此同时,"伴随着全国经济中心的南移,太湖地区的文化地位越来越突出,终究成了全国文化重心所在。……透视文化重心南移的过程,可以发现,其轨迹又有移往东南的倾向。换言之,南方文化地位的上升,主要表现在太湖地区文化的发展。在整个南方文化中,太湖地区文化占着主导地位"④。这些表明,明清江南及其周边地区社会经济发展具有很大程度上的同质性和均质性。

可见古代"汉志三江"流域相当于明清"江南及其周边地区",其"不但是一个地域概念——这一概念随着人们地理知识的扩大而变易,而且还具有经济含义——代表一个先进的经济区,同时又是一个文化概念——透视出一个文化发达的范围"⑤。江南及其周边地区内部人力物力资源与科技文化互动构成江南区域社会现代转型的内在动力,而同时这种人力物力资源与科技文化互动关系又构成江南早期工业化社会形成与发展的本质内涵,正是在这个关键的结合点上,透视了江南传统工匠现代转型问题与江南早期工业化中的人力资源开发问题的同质性。

三、以16世纪20年代到20世纪20年代简称"明清时期"

16世纪20年代到20世纪20年代,正是包含了历史上明末清初到清末民初这一社会大转型时期,或者说是明中后期至清中后期社会大变革时期,本文简称"明清时期"。之所以对这一时期江南工匠历史进行整体研究,除了意在改变以往明史、清史研究中人为地分割道光二十年(1840

---

① 邹逸麟:《论长江三角洲地区人地关系的历史过程及今后发展》,原载《学术月刊》2003年第6期,收入《椿庐史地论稿》,天津古籍出版社,2005年。
② 冯贤亮:《明清江南地区的环境变动与社会控制》,上海人民出版社,2002年,第244—245页。
③ 许檀:《明清时期中国经济发展轨迹探讨》,《天津师范大学学报》社会科学版,2002年第2期,第43—47页。
④ 王卫平:《论太湖地区文化重心地位的确立》,《史学月刊》,1993年第4期,第1—7页。
⑤ 周振鹤:《随无涯之旅》,三联书店,1996年,第334页。

年)前后所谓"中国古代"与"中国近代"的历史以外,还因为这一时期,中国传统工匠制度发生了几次大的变化,工匠技术形态与角色地位同时发生了新变化,直接反映了中国社会早期工业化向工业现代化转型的历史进程。明代中后期工匠阶层身份地位和技术素质的变化也是当时社会巨大变化的重要组成部分。

书中以16世纪20年代作为中国传统工匠现代转型问题的研究上限,具体标志性事件:一是嘉靖元年(1522年),"浙江、江西、福建、湖广布政司,并南直隶苏州等府,岁额弓箭弦,征价解部,于军器局雇匠团造"[①],说明官手工业已开始雇佣工匠进行生产。无独有偶,龙江船厂到后来也是"每一兴工,辄募外匠"[②]。二是嘉靖八年(1529年)二月,在全国实施班匠银制度。"工部尚书刘麟等应诏陈言:'各府州县工匠,近多冒替影射……宜令纳价以助大工。每匠一名,照旧例每季纳银一两八钱,遇闰则纳银二两四钱。其见在当差班匠,既无正身,则将角羊到匠银减半支给,每班给银九钱,闰月量增。非奉钦依者不得支价。'从之。"[③]但最主要的标志还是自明代中后期开始,工业技术与技术理论发展出现了新气象。如阮元的《畴人传》卷29至卷39所载明代39名科技人物中,属于明代中后期的就有33人,占总数的90%以上[④]。与此同时,从明后期开始,江南及其周边地区也出现了传统工匠现代转型的多方面历史背景和历史事实。

本书以20世纪20年代为中国传统工匠现代转型问题的研究下限。清代同治年间(1862年—1874年)洋务运动兴起后,江南制造总局建立,江南及其周边地区开始出现现代技术工人、工程师与工业科技专家,到1913年"中华工程师会"成立,1918年"中国工程学会"创立(1931年两会合并为"中国工程师学会")[⑤],再到1923年建筑学家刘敦桢、柳士英等在苏州创办工业专门学校及中国最早的建筑工程系,特别是1925年朱启钤先生创立营造学会[⑥],后又在此基础上成立了中国营造学社、创办了《中国营造学社汇刊》以及1927年中国建筑师学会和中央大学建筑系(即现东南大学建筑系前身)成立,等等[⑦],表明中国工程师、技术专家和技术型科学家群体发展壮大及其学术组织出现,说明江南及其周边地区传统工匠的技术转型与角色转换已基本实现。

清末民初是中国近现代民族工业发展的黄金时期,其中民族资本在1920年已超过外国在华投资。江南及其周边地区成了中国现代工业经济龙头,其中上海处于中国最发达的长江三角洲的"端口"位置,又成了龙头中的龙头。早在1853年,上海对英贸易(当时中国主要的对外贸易)总值就超过广州,"经由上海的对英进出口货值,已分别占全国各港口对英进出口总值的59.7%

---

① 申时行重修:《大明会典·军器》卷121,江苏广陵古籍刻印社,1989年影印本。
② 李昭祥:《龙江船厂志·官司志》卷3,江苏古籍出版社,1999年。
③ 《明世宗实录》卷98,嘉靖八年二月壬辰。有人根据《大明会典》卷189中"自本年(嘉靖四十一年)春季为始,将该年班匠通行征价类解,不许私自赴部投当"的记载,认为是嘉靖四十一年在全国实施班匠银制度,实则是进一步完善。如《大明会典》卷189亦载:嘉靖八年,"奏准各处轮班匠役,每名按季征银……通行各府州县。"
④ 阮元:《畴人传》卷29—35,商务出版社,1955年,第286—351页。
⑤ 吴熙敬:《中国近现代技术史》,科学出版社,2000年,第420页。
⑥ 朱启钤:《蠖公纪事——朱启钤生平纪实》,《朱启钤自撰年谱》,中国文史出版社,1991年。
⑦ 崔勇:《中国营造学社研究》,东南大学出版社,2004年,第13页。

和52.5%",成为中国外贸重心地①。1933年,2435家现代工厂中,有1200家在上海。资本投资额、机器与劳动力的规模等,上海都占一半以上。与此同时,由于明清时期江南地区庞大的工匠群体形成,也为现代工人阶级队伍的壮大奠定了基础,使中国现代工人阶级队伍的中间力量也主要集中在上海。这些都标志着江南及其周边地区传统工匠的现代转型取得了革命性的成果。

从明末清初到清末民初,江南及其周边地区工匠不仅数量日益增多,而且身份地位也逐渐提高,代表自己利益的行会组织也有了新变化,特别是工匠技术有了变化的新动向,出现了技术与科学结合的学科化运动与工匠传承方式的变化。加上外国资本主义工业技术的传入,更促进了江南及其周边地区传统工匠向现代技术工人和科技专家的转型。本书在对明清江南及其周边地区工匠现代转型的具体论述中首先分出明中后期、清中前期和清末民初三个重点时段,再突出江南工匠数量增长、技术转型和角色转换等核心内容,对江南传统工匠的现代转型问题进行点、线、面结合的学术考察。

全书内容包括绪论、正文上中下共三编20章和附图附表。《绪论》分为四章:第一章,"研究内容、方法与资料",介绍全书的研究对象,研究思路、研究目标、研究方法和基本研究资料;第二章,"中国传统工匠含义及其制度沿革",分别论述"工匠"与"传统工匠"的基本定义、基本要素、基本特征及传统工匠制度沿革;第三章,"传统工匠现代转型及其历史意义",叙述中国传统工匠现代转型的含义及其在推动中国传统社会现代转型中的历史作用;第四章,"学术史回顾",主要介绍国内外有关明清江南传统工匠研究的历史与现状,总结成绩,发现问题,是为本书学术起点之所在。

上编《江南传统工匠技术转型》共七章,即:第五章,技术理论化是传统工匠技术转型的标志;第六章,江南传统工业技术的文本化;第七章,江南传统工业技术的数量化、标准化与数理化;第八章,明清江南工业技术理论的学科化;第九章,明清江南工匠著作数量增加与质量提高;第十章,明清江南工业技术理论化的关联性与差异性;第十一章,明清江南织布技术理论化个案研究等。这部分论述16世纪20年代到20世纪20年代江南工匠技术转型的主要内容和基本表现。

中编《江南传统工匠角色转换》共五章,即:第十二章,江南传统工匠角色转换的范畴与内容;第十三章,工匠除籍入仕与江南传统工匠身份地位的提升;第十四章,江南传统工匠角色转换之个案;第十五章,江南传统工匠群体的角色转换;第十六章,江南传统工匠组织的角色转换等。这部分论述传统工匠向近代专业技术工人和工程师等科技专家与企业家角色转换的途径与标志。由此展开技术科学化与科学技术化过程中科技主体角色变化的生成性研究。

下编《江南传统工匠现代转型的背景与特征》共四章,即:第十七章,行业分化、职业分工与江南工匠现代转型的时代特征;第十八章,实学发展、科技引进与江南工匠现代转型的地域特征;第十九章,明清社会近代转型背景下的工匠角色转换;第二十章,中国文化背景下的技术科学化及相关问题等。这部分论述明清江南工匠现代转型的背景、特征、动力、契机与问题,探讨明清江南区域发展中人力资源开发的优势和障碍,并揭示江南区域发展中的资源配置、技术构成、制度变迁诸因素的互动关系及变化规律。

---

① 戴鞍钢:《港口·城市·腹地——上海与长江流域经济关系的历史考察(1843——1943)》,复旦大学出版社,1998年,第23—26页。

第三节　研究方法与研究资料

"工欲善其事,必先利其器。"在与本课题相关的区域早期工业化研究和江南区域社会经济史与科技文化史等学科研究中,学术界虽强调社会、经济、文化与环境资源的综合研究,但常常忽视技术主体的现代转型在人力资源开发和社会经济发展中的主导作用;有些人虽然重视生产力或生产关系某一方面的专门研讨,但又忽视了技术转型和角色转换等问题的跨学科的综合研究。最重要的是在研究方法上陈旧单一或失之偏颇,以致长期跳不出原地踏步的现状。本文借鉴区域历史地理学、技术经济学、演化经济学、人力资源开发理论和社会角色转换理论等理论方法,跨学科地考察江南及其周边地区传统工匠这个技术主体的角色转换过程;同时又从科学技术史及技术经济史角度探讨江南及其周边地区传统工匠的技术转型过程,并力图在此基础上找出江南及其周边地区传统工匠现代转型的基本脉络,从而勾画出江南早期工业化进程中工业人力资源开发的整体图景。

一、区域经济发展的历史地理学研究

任何学科研究对象都离不开时间与空间的基本规定,离开时间与空间的要素,一切科学研究都无立足和用武之地。历史地理学的主要特点就在于,它既在时间上强调长时段的过程性研究,又在空间上强调有界限的地域性研究,更在时空互融方面强调时空差异性与规律性研究。过程性研究强调持续的变化与发展,地域性研究强调有机的结构与功能,规律性研究强调内在的动力和脉络。这三者有机结合,构成了区域地理系统或人地关系地域系统变化的主要研究内容。所以准确地说,江南区域历史地理学研究历史时期人地关系地域系统变化脉络及其变化规律。人地关系地域系统主要指区域地理系统[1],区域经济地理的系统变化是以区域资源(包括人力资源、物力资源)开发为基础的,并以区域科技发展为动力的,区域空间结构、区域经济结构和区域社会结构互动的历史变迁。江南区域历史经济地理研究重点要研究历史时期江南区域经济系统或人地关系地域系统各要素之间的内在联系及其变化规律。所谓区域经济地理系统要素及其内在联系,是指这个区域是一个内在联系紧密的社会经济综合体,特别是在自然生态环境、经济环境、人文环境以

---

[1] 吴传钧先生认为人地关系地域系统是地理学研究的核心,也是一个跨学科的大课题。其主要内容包括:"人地关系的形成过程、结构和发展趋向的理论;各子系统相互作用强度的分析、潜力估算、后效评价与风险分析;两大关系间相互作用和物质传递与转换的机理、功能、结构和整体调整的途径与对策;地域的人口承载力分析;根据一定地域人地系统的动态仿真模型以及系统内各要素的相互作用结构潜力,预测特定的地域系统演变趋势;地域分异规律和地域类型分析;不同层次、不同尺度的各种类型地区人地关系协调发展的优化调控模型。从而对人地关系地域系统研究给出了明确的目标与研究方法,使人文地理研究得以升华。"(引自邹逸麟主编的《中国历史人文地理》序二,科学出版社,2001年。)

及政治环境等方面一致或相近的地理空间内,人们从事社会经济活动所逐渐形成的共同体系与基本特征。只有抓住人地关系地域系统中的关键要素——区域人力资源中的产业人力资源开发问题,才能把握江南区域近现代社会经济变迁的内在脉络①。

一般说来,历史地理学是研究人类历史时期地理环境变迁及其与社会发展之关系。地理环境也有广义和狭义的两种界说。广义的地理环境是指一切对社会发展有用的,能被人们加以利用的条件,包括自然环境、社会环境、文化环境等。狭义的地理环境又称自然环境、地理条件、自然条件、自然基础等,主要指的是自然资源。根据它在生产过程中的作用可分为作为人们直接生活资料的自然资源和作为劳动资料的自然资源两大类;如按其形态可分为生物资源(包括动植物、微生物)、生态环境资源(光、热、风、水、土等相结合的资源)、矿物资源(非再生性、不可更新性资源)三大类;若按性质可分为土地资源、水资源、气候资源和矿物质资源等几大类。狭义地理环境强调的是人类社会周围的,对人类经济活动有影响的自然界的地形、气候、水、岩石圈、生物圈等各个自然要素。它不仅包括在历史上形成的与人类社会活动相互起作用的那些自然条件,如地理位置、地形、土壤、水文、矿藏、动植物等等,还包括了上述诸方面及其交互作用下形成的复杂的综合体;它不仅是相对静态的单纯的自然现象,而且是动态的平衡的复杂系统。如果把这一复杂系统统称为资源,则又要加进人力资源,合为人力资源、物力资源两大类。它的基本规定性不仅在于它的自然属性,而且还包括它的社会属性。

从历史人文地理学的角度看,江南及其周边区域不仅是一个独具特色的区域社会或地域单位,而且这个区域社会还被看做是一个有机的整体。作为一个有机体的区域社会的发展,首先要受"内在规律"②的支配,建立在内在规律之上的内生力量是区域发展的主导力量。在江南早期工业化发展中,开发以传统工匠现代转型为内涵的人力资源,实现工业生产者的技术转型和角色转换,无疑是明清转型时期江南区域发展的主要内生力量。正如人们所说的:"'地域社会'研究已不是原来意义上的地域史(或区域史)研究,以中国地域之大和差异之巨,地域(区域)研究从来就被学者注意,新的'地域社会'研究的核心,不在于考究此地与彼地的差异或特色,而在于寻求地域内部社会的'统和'。"③这一研究思路也就是我们尝试和追求的区域历史地理学的基本研究方法。

---

① 所谓自然生态环境,是指地理位置、气候、地形、土壤、生物等人类社会生活所赖以存在和发展的自然资源,它对人类的生产方式、经济活动、社会生活等都有直接的影响,是判断可否构成一个特定社会经济区域的重要条件。所谓经济环境,是指在一定的自然生态环境之下,人们所从事的生产活动、交换活动、消费活动都处在同一个相互联系的经济圈内,这也是构成特定社会经济区域的重要成分。所谓人文环境,是指在一定的自然生态环境和经济环境之下,无论是人口构成、家庭与家族构成、民族构成,还是风俗习惯、社会意识,都表现出相同或相近的特征。"政治环境,则集中体现于行政区域。在这个行政管理体系内,人们具有相同或相近的地方利益,一个特定的社会经济区域,往往就限于同一个行政区域里面。"(李金铮:《关于区域社会经济史研究的几个基本问题》,《河北学刊》,1998年第6期,第75—78页。)

② 受培根和休谟等人影响,亚当·斯密在1776年出版的《关于国民财富的性质和原因的研究》一书中,把社会看做一个有机体,它受某种内在规律支配,其中有一只看不见的手支配着人们的经济活动。但这只手是通过引起人们行动的六种动机(利己心、同情心、自由心、正义感、劳动习惯、交换倾向)起作用的。

③ 陈锋:《日本明清社会经济史研究的进展》,《光明日报》,2000年11月10日。

二、传统工匠现代转型的演化经济学研究

首先是演化经济学（Evolutionary Economics）研究方法的运用。新古典经济学在经济人稳定偏好的条件下，给定技术和制度约束，只是局限于对可供使用的资源禀赋如何配置进行研究，这种经济学目标已经不适应知识经济和技术革命的时代要求。演化经济学强调用动态的、演化的方法看待经济发展过程，看待经济变迁和技术变迁。与新古典经济学的静态均衡分析相比，演化经济学注重"动态变化"研究，强调时间与历史在经济演化中的重要地位；强调制度变迁，并了解经济组织的内部结构，以便更好地了解技术进步以及行业和产品的变迁，理解创新发生的过程，更好地了解经济的演化过程；强调惯例、创新和对创新的模仿在经济演化中的作用，其中科技创新是核心；强调经济变迁的路径依赖，制度演化遵循路径依赖的规律，今天的制度是昨天的制度甚至几个世纪前的制度的沿革；强调经济变迁过程中偶然性和不确定性因素的影响①。

其次是运用人力资源开发理论研究传统工匠现代转型的途径。知识经济的核心问题是技术和资源创造，而不是新古典的资源配置。所谓资源主要包含物质资源与人力资源两个方面。作为"劳动资源"或"劳动力资源"的人力资源，既可以视为一定社会组织范围内人口总体所蕴含劳动能力的总和，又可以视为包含在人体内生产能力的"人力资本"。随着西方人本管理思想的出现，行为科学研究的深入以及人力资本理论和人力资源学说的形成，人力资源开发这一概念逐渐为人们所接受。关于人力资源开发这一概念的定义，一说是对社会人一生各阶段的使用、管理与调配过程，重点在组织一切力量，有效地对全社会进行智力开发；一说是通过规划、培养、教育等手段，提高人对自然界开发利用能力的过程；还有一说是指培植人的知识技能、经营水平和价值观念的过程，即提高人的素质和挖掘人的潜力的过程。事实上，人力资源开发，既是培植人的知识、技能、价值观念和经营管理水平的过程，也是使劳动者在经济、社会、政治各方面不断获得发展并得到最充分发挥作用的过程。也就是说，人力资源开发主要是一个提高人的素质，挖掘人的能力和体现人的价值的过程②。

一个地区发展快慢首先取决于人力资源开发与人力资本配置好坏。本书从两个视角看待江南早期工业化过程中工业人力资源开发过程：一是从科学技术能力发展的视角，强调劳动力技术转型的作用；一是从身份地位变化的视角，强调角色转换的影响。在技术转型与角色转换的作用

---

① （美）理查德.R·纳尔逊、G·温特著：《经济变迁的演化理论》，商务印书馆汉译，1997年，第47—53页。
② 关于人力资源开发与人的能力发展的具体内容如下：

开发途径	开发主体	开发客体	开发目的	开发手段
自我性开发	自身	个体	自我实现	确立志向并为之努力
培养性开发	教师	学生	成人成才	传授知识技能提高素质
使用性开发	企业单位	职工	人尽其才	合理使用
政策性开发	政府单位	工作人员	人才辈出	制定政策措施改革体制

能力与素质定义：指直接影响活动效率的心理特征与生理特征，分一般能力与特殊能力两类。一般能力即智力，有类型差异、水平差异、表现差异。素质是个性中除能力以外的心理属性。个性心理特征包括能力、气质和性格。个性的倾向性是个人行为的动力，包括需要、兴趣、理想、价值观、世界观、信念等。

方面也分两个视角考察:一是从社会群体视角看,即通过教育、培养、配置、管理、规划等手段,着眼于提高整体劳动力的素质,发挥人力资源的综合效益;一是从劳动者个体视角看,即通过接受教育、培训等手段挖掘个人潜能,提高个人适应社会、改造自然的能力。

人力资本是对人进行投资而形成的资本存量,体现为知识和技能。正是这种知识和技能的提高推动了经济发展,所以说经济发展首先取决于人的质量,而不是自然资源的丰瘠或资本存量的多寡。提高人力资本水平是刺激经济增长、缩小收入差距、实现社会富裕的根本所在。人力资源开发的过程实际上也就是受教育人数由少到多,受教育层次由低到高的过程。教育水平的提高就是提高人们在经济活动中的生产率水平,教育所产生的生产率效应则随着国家、地区和行业的分布不同而产生差异。学校教育是人力资源开发的主要途径,社会教化是另一种形式。舒尔茨的《制度和不断增长的人的经济价值》认为:人的经济价值增长对于制度提出新要求;道德建设投资与法律建设投资并重。西蒙·库兹勒茨的《现代经济的增长:发现和反映》也认为:经济增长的同时必定伴随着流行价值观念的迅速变化,这种变化既是经济增长的结果,又是推动经济进一步增长的原因①。

再次是运用社会转型和角色转换理论研究江南及其周边地区现代化与工业化的历史模式。

角色转换指个体根据情境的改变而相应地变换角色行为的过程,是经常的、普遍的个体社会关系和社会地位变化的动态形式。社会发展是一个由低级到高级、由简单到复杂的过程,因而,个人的社会化过程不仅是个人社会角色的获得过程,而且也是个人社会角色不断转换的过程。社会角色能否顺利实现转换,乃是个人社会化是否成功的标志,同时对于社会转型与协调发展也具有重要的现实意义。运用角色转换理论研究中国社会转型与江南区域社会现代化的历史是一个具有重要学术意义的科学研究的新尝试。

一般说来,社会问题大体可分为三类:一是变迁型社会问题,主要发生在农业社会向工业社会及传统社会向现代社会变迁过程中伴生的社会问题;二是结构型社会问题,它是由社会结构内部存在的各部分之间的不协调状况,制度性、政策性因素或社会发展中不可逾越的阶段性引起的;三是越轨型社会问题,也称离轨行为或偏差行为问题,主要属于个人行为偏差现象。这三类社会问题以变迁型社会问题为中心,且变迁型社会问题主要指社会转型问题。社会转型(Social transformation)的历史内涵十分丰富,但基本上是指传统社会向现代社会转变。正如德国社会学家沃尔夫冈·查普夫所说:"现代化是从简单的、贫困的农业社会向复杂的、分化的和富裕的工业社会的发展。"中国社会学家郑杭生教授也认为,"社会转型"意指社会从传统型社会向现代型社会转型的过程,说详细一点,就是从农业的、乡村的、封闭的半封闭的传统社会,向工业的、城镇的、开放的现代型社会的转型②。

传统社会的近代转型是一个动态的过程,是社会近代化(即现代化)的自然过程。这种转型总

---

① (美)舒尔茨:《论人力资本投资》,北京经济学院出版社,1990年,第28—39页;(美)西蒙·库茨涅兹:《现代经济的增长:发现和反映》,《现代国外经济论文选》第2辑,商务印书馆,1981年。
② 参见张辉美的《社会转型与社会问题》,湖南大学出版社,2004年,第1—7页。

体上以建立现代工业化社会为基本内容,模式上表现为社会经济结构与社会组织结构的转变,本质上属于人的自觉与文化自觉的历史行为,同以人为中心、为目的的社会发展过程相一致,以促进人的全面发展和社会的全面进步为目标。传统社会的近代转型过程主要体现为三个阶段的转变:

一为社会经济的转型阶段。首先是经济结构转型,以农业、工业、商业之间的比例作为指标。现代社会工商业比例较大,其中重工业和轻工业之间的比例取决于政府导向或自然选择。这种经济结构的转型是基础,现代化就是从简单的、贫困的农业社会向复杂的、分化的和富裕的工业社会的发展[①]。

二为社会制度的转型阶段。转型中的变有量变、质变之别。量变则是改良,质变则是改制。改良和改制是两个概念,只有改制才是社会转型。改制亦有文改、武改之别。文改则为"变法",武改则为"革命"。社会政治转型是质变。中国社会在殷周、秦汉、明清为三大社会政治转型的改制时期[②]。

三为社会文化的转型阶段。社会有机系统转变过程虽然以社会经济结构变化和政治制度变化为外在标志,但其中心环节是文化转变,特别表现为人的轴心时代再建。所以吴承明先生认为,文化、经济、政治三大动力要素之中,说到底文化(含科学技术在内)起最根本的作用。

三、知识社会学与技术经济史的研究

当前,理论与经验、科学与技术、知识与行动关系的研究已成为包括知识社会学在内的社会学研究的焦点领域。波兰学者弗洛里安·兹纳涅茨基(1882—1958年)的《知识人的社会角色》一书提出"知识人"和"行为人"的区别,以"知识人"为研究对象,以角色演变为线索,以文化知识系统为背景,深入剖析了知识人的类别、行动模式以及所创造的知识形态。如何认识社会变革时期各种"知识人"和"行动人"的社会作用?书中特别对知识人所扮演的各种角色进行了分类,描述各种角色的功能,并从发生学角度考察各种"知识人"与"行为人"的社会角色和角色成分的关系、角色定义与知识类型的关系、知识类型与社会成员评价的关系、规范的角色定义与对于实用的理论知识所抱态度之间的关系,等等。他把知识人的社会角色区分为技术顾问、圣哲、学者和知识创造者四类。技术顾问类执行参谋或顾问的功能,圣哲类则为其团体和阶层提供知识上的证明;学者类又分为神学学者和世俗学者,其中世俗学者又分为真理的发现者、组织者、贡献者及真理的战士、散播者;而知识的创造者类主要是发现事实或发现问题以求加以解决。可见同样是学者,其类型中又分很多亚类,有"真理发现者",有"知识创造者",有"知识传播者"。各类知识人社会角色划分的依据是参与的知识系统和对知识的参与方式。比如,科学家,他们参与的知识系统是科学知识领域,参与的方式是专门致力于知识的开发,是知识的创造者[③]。

知识经济学与技术经济学要求从科技史与技术经济史角度探讨江南传统工匠技术与科学互

[①] (德)沃尔夫冈·查普夫:《现代化与社会转型》(汉译本),社会科学文献出版社,2000年,第151页。
[②] 参见唐德刚的《晚清七十年·中国国家转型论提纲》,岳麓书社,1999年;金耀基的《从传统到现代》,中国人民大学出版社,1999年。
[③] (波兰)弗洛里安·兹纳涅茨基,郑斌祥译:《知识人的社会角色·再版前言》,译林出版社,2000年。

动规律。

尽管科学家李约瑟先生早已明确提出"中国科学技术史"概念并发表了大部头的《中国科学技术史》这一研究成果,但仍然有人对中国古代的知识活动能否被称作科学表示疑问。他们认为中国古代经验知识和经验技术多得很,却缺乏理论知识和理论技术,因而中国古代只有"技术史"而没有"科学史"。这一看法虽然有效地区分了"技术——科学"与"技术史——科学史"概念并揭示了前现代知识活动的主要特征,但却割断了"技术——科学"与"科学史——技术史"之间的内在联系。实际上,科学包含着技术的内容,技术体现了科学的原理,两者密切关联、互为因果。只是从科学技术的基本范型上看,中国古代知识活动具有较强的技术性、实用性和经验性倾向,因而具有明显的经验特征与技术特征。一旦经验性技术上升到理论性技术,技术科学化与科学技术化就会彼此互动起来。

中国科学技术史学界一直热切关注"李约瑟难题",即所谓"为什么近代科学只在欧洲而没有在中国文明(或印度文明)中产生?"或追问"中国近代科学技术落后的原因是什么?""李约瑟难题"不管在多大程度上存在或不存在,它所揭示的一个重大问题是学术界不能回避的,那就是,中国文化背景下的技术科学化途径与特点是什么?本书中篇通过明清江南工业技术文献作品,特别是其中工匠专业技术著作及其科技内涵的生成史研究,重点探讨中国文化背景下技术科学化与科学技术化的途径和规律,以期揭示与西方近现代科学技术发展史不同过程特征的中国式近现代科学生成与技术发展道路。

技术经济史(即技术经济学)是研究技术和经济关系的变化,主要研究科学技术如何提高社会经济效益和产业经济效率问题,寻找技术和经济互动的合理关系,包括最佳关系和协调关系,总结技术经济发展的客观规律,借以正确地认识和处理区域发展中技术和经济之间的矛盾。传统工匠技术转型,特别是产业技术理论化与产业经济发展的关系及其历史变化是本书研究的重要对象。

围绕知识与行动进而知识与社会之关系研究所建构的社会学理论,不仅是今后社会学理论的发展取向,而且还可能成为一种普适性知识形态。特定的知识对特定的个人来说是后验的,但是社会性知识对行动者来说则具有先验性质。知识不直接是行动,但它可以是行动的前提、过程和结果。知识的研究与行动的研究以及研究知识与行动在知识世界与行动所建构的世界中共融共存之机制,是技术科学化与科学技术化理论的基本内容之一。行动前的构想基于理论知识,而这些知识有的是文本化与类型化的。"类型化知识发挥作用的机制,是把不断变化的情境标准化(standardization),然后进行例行化,以处理不断变化的情境。知识社会学知识融进社会学主流理论,和社会学主流理论对知行问题的关注与探索,为这种理论领域的拓展提供了基础。"[1]

四、历史文献资料诠释及实证研究

陈寅恪先生在为陈垣的《敦煌劫余录·序》中强调:"一时代之学术,必有其新材料与新问题。取用此材料,以研求问题,则为时代学术之新潮流。治学之士,得预于此潮流者,谓之预流。"由此

---

[1] 郭强:《知识与行动——结构化凝视》,《社会杂志》,2005年第5期。

可见,学术研究的方法主要表现为发现新材料、提出新问题和综合运用多种方法研究新问题并得出新结论的自觉过程。史学研究之所以有诸多的局限,主要原因是史料方面的限制。由于缺乏史料,在研究工作中,将时间、地点、背景各不相同的一些文献记载片断恒钉缀合,以论证某种观点,这样做不是真正的科学研究。在社会经济史研究中,往往是引用文献记载者多,利用文献档案者少;从宏观角度论述者多,作微观分析者少;进行静态分析研究者多,进行个案追踪溯源、探寻发展轨迹者少。要改变这种状况,在研究方法上必须做到多重结合,即尽可能地做到继承与创新相结合,文物研究与文献研究相结合,定性与定量研究相结合,微观分析与客观考察相结合①。在经济学上,宏观经济学是以微观经济理论为基础的。在经济史学上,宏观研究也必须以微观分析为根底。在对江南传统工匠这个技术主体的技术转型与角色转换研究中,除了对专门的资料进行细致的分析研究以外,还要充分地运用计量分析的方法,编制相关的统计资料和表格,力求实现系列疑难问题的实证性研究和诠释上的新突破。

中国历代手工业与工匠资料之特点可谓既多得汗牛充栋又零散得漫天遍野,而对其进行整理的成果却是凤毛麟角②。除了梳理一些常见历史文献和江南地方志中的工匠资料外,本文最基本的研究资料主要有以下几种:

第一,中国历代手工业科技文献资料。按传统工业行业划分为纺织印染业、食品加工业、建筑营造业、车船制造业、军器制造业、矿冶铸造业、文化用品制造业、陶瓷业等几大行业。如现存中国历代建筑业文献资料多达数百种,仅传统的建筑堪舆文献就不下二百种。此外,梁思成先生整理的《清式营造则例》(中国营造学社1934年版),王世襄先生编著的《清代匠作则例汇编》(北京古籍出版社2002年版)与王世襄先生主编的《清代匠作则例》(影印2卷,大象出版社2000年版)等书,都是研究传统工匠现代转型问题的宝贵资料。尤其是《清代匠作则例》,收入清代匠作则例手抄本50多种、400多册。包括佛作、门神作、搭材作、石作、琉璃作、雕銮作、装修作、泥金作、镀金作、珐琅作、帘子作、箭作、缠筋作、缨作、毛皮作等各种门类,按行业分辑影印。所谓匠作则例是指传统手工业包括官营作坊、内廷匠作所定工艺规范和用料定例,它具体反映了传统工匠的工业生产过程、分工、管理、检验制度和物料价格等,具有很高的文献价值,是研究手工业科技史不可多得的珍贵史料。但清代流传下来的《营造则例》、《工程做法则例》、《营造算例》、《匠作则例》等很多,除梁思成先生与王世襄先生等进行过专门的搜集整理出版的几部外,还有很多没有整理出版。仅王世襄先生搜集的就有73种,另外还有清华大学图书馆收藏的26种③。

第二,《中国历代考工典》与中国近代工业工人资料。《哲匠录》只介绍著名的匠官、匠师和手工业技术专家,而普通的传统工匠的历史状况及其角色转换方面的资料则主要有《古今图书集成·经济汇编·考工典》(华中科技大学出版社2008年版)、《中国历代考工典》(江苏古籍出版社2003年版)和《中国工会历史文献》5卷、《中国工运史料》(中华全国总工会中国职工运动史研究

---

① 栾成显:《明代黄册研究》,中国社会科学出版社,1998年,第474—475页。
② 余同元:《中国传统工业文献的初步统计与明清江南工业著作的地域分布》,《明清时期江南社会经济研究》,北京群言出版社,2006年,第1—52页。
③ 王世襄主编:《清代匠作则例》卷1,大象出版社,2000年,第6—9页。

室1958年创刊)以及刘明逵的《中国近代工人阶级和工人运动》(共14册史料集,中共中央党校出版社2002年版)等。《钦定古今图书集成》为清代著名学者陈梦雷等主持编辑,于康熙四十年至四十五年完成初稿,由康熙钦赐书名,雍正御笔题序刊行。其中经济汇编(集成的6个总纲之一,下设8个分典)收集大量的建筑文献,编选了木工部、金工部、石工部、土工部、陶工部、织工部、染工部、漆工部、城池部、桥梁部、宫室总部、宫殿部、园林部、山居部、池沼部、馆驿部、坊表部、窗牖部、厨灶部、厕部、梁柱部、墙壁部、阶砌部、轩部、楼部、台部、阁部、亭部、砖部、瓦部、规矩准绳部、度量权衡部、工巧部等与建筑建工密切相关并具有重要学术价值的47个部。每部又分汇考、总论、图表、列传、艺文、选句、纪事、杂录等细目。该书体例完备,结构严谨,人称"康熙百科全书"中的"建筑建工全书"。江苏古籍出版社2003年出版的《中国历代考工典》就是在此基础上编辑而成的具有重要史料价值的系统资料。

第三,《哲匠录》与《女红传征略》(《中国建筑营造学刊》1—7卷)。《哲匠录》的编辑工作是由朱启钤先生领导进行的,早在中国建筑营造学社成立前就已开始。后来朱启钤指定梁启雄、刘汝霖协助他从事这项整理工作,并陆续将整理成果在《中国营造学社汇刊》上发表。《中国营造学社汇刊》自第三卷至第六卷均辟《哲匠录》一栏对自古以来的工匠进行专门的辑录。朱启钤在中国建筑营造学社第一次工作报告中说:"中国史家,于工师行宜,向不注意。奇伟如李明仲,宋史尚不为立传。因此取群籍之涉及艺术而有姓名可纪者,分类录出,注重记实,力求严格。……本录现分营造、叠山、锻冶、陶瓷、髹饰、雕塑、仪象、考具、机巧、攻玉石、攻木、刻竹、细书画、异画、女红,凡千有余人,此外尚在征集中。"①《哲匠录》与《女红传征略》(女性哲匠录)中列出著名的中国历代男女工匠姓名有一千多位,实际收集到传记资料的或有零星材料的,《哲匠录》中只有400多人,《女红传征略》中只有百人左右。尽管这项工作没有完成,但所收集的传记资料为我们进行传统工匠的研究提供了很大的方便。

第四,明清工商碑刻资料与近代手工业资料。苏州、上海现已有明清以来4部碑刻资料集提供了有关工商业人口与行业职业的资料;中国社会科学院经济研究所编的《中国近代经济史参考资料丛刊》和《中国资本主义工商业史料丛刊》主要包含:彭泽益编的《中国近代手工业史资料》、孙毓棠编的《中国近代工业史资料》第一辑上下册、汪敬虞编的《中国近代工业史资料》第二辑上下册、陈真编《中国近代工业史资料》第三辑等。其中包括了大量江南传统工匠及其现代转型问题的史料。

第五,传统工匠及工艺名家著作。如《营造法式》、《髹饰录》、《园冶》、《鲁班经》、《梓业遗书》、《营造法原》、《丁佩绣谱》、《雪宦绣谱》、《匡几图》、《镜镜诊痴》、《七巧新谱》、《红术轩紫泥法》、《考工创物小记》、《竹人录》等等,都是特别重要的有关各行各业传统工匠技术转型的研究资料。

---

① 参见崔勇的《中国营造学社研究》,东南大学出版社,2004年,第65页。

第二章 中国传统工匠的概念及其制度沿革

本章重点对本书研究对象中的"工匠"、"传统工匠"、"传统工匠现代转型"等概念和范畴加以专门界说。

第一节 "工匠"与"传统工匠"的内涵要素

何谓"工匠"？《辞海》"工"部说工匠即"手艺工人"；"匚"部又说工匠是指"有专门技术的工人"。这两个说法存在歧异，特别是后一说法容易与现代技术工人概念混淆。有人提出不同的界定，认为工匠是指"手工业劳动者"，或"手工业品的制造者"①。这两个说法比《辞海》中的定义要准确一些，但过于简单化，难以涵盖"工匠"概念的基本要素和主要特征。

其实，"工"、"匠"与"工匠"的含义在汉语史上有一个演化的过程。根据古文字学家杨树达的《积微居小学述林·释工》解释："工，象曲尺之形，盖工即曲尺也。"《考工记》曰："知者创物，巧者述之，守之世，谓之工。"后来人注解："守之世"指"父子世以相教"；"其曰某人者，以其事名官也；其曰某氏者，官有世功，若族有世业，以氏名官者也。"《考工典》引王昭禹语曰："兴事造业之谓工。"②经过演变，"工"由"曲尺"发展为工人和工业的意思。

"工"的用法虽多，但主要的含义是指有工艺技术的工业劳动者，与人们常说的"匠"是同义词。《辞海·工部》说："工，匠也。凡执艺事成器物以利用者，皆谓之工。"故工匠又有"匠"与"匠人"的

---

① 曹焕旭：《中国古代的工匠》，商务印书馆国际有限公司，1996年，第1页。
② 《周礼·考工记·篇首》，见《十三经注疏》上册，中华书局，1980年，第906页；何庆先整理的《中国历代考工典》卷1《考工总部·汇考一》第1册，江苏古籍出版社，2003年，第3页。

称呼。

"匠"起初专指木工。《说文解字·匚部》说:"匠,木工也。从匚,从斤。斤,所以作器也。"清代学者段玉裁在《说文解字注·匚部》注解中说:"匠,以木工之称,引申为凡工之称也。"又曰:"百工皆称工,称匠独举木工者,其字从斤也。"木工除用"斤"作工具外,还用"绳墨"作为画线的规矩准则。故《孟子·尽心》上有"大匠不为拙工改废绳墨"的说法。"匠人"主要负责营建宫室城邑,如《考工记·匠人》曰:"匠人营国,方九里,旁三门,国中九经九纬,经涂九轨,左祖右社,面朝后市。"另外,先秦时期的"匠人"还包括修建沟洫等农业水利工程的建设者。故《考工记·匠人》又曰:"为沟洫,耜广五寸,二耜为耦。"

历史发展到封建社会,随着国家职能的加强和完善,工与匠开始有了单独的户籍管理制度,称做"匠籍",于是便有"工在籍谓之匠"的说法①。工与匠从此合为一体。所谓"工在籍谓之匠",主要强调工匠是有专门户籍和有专业技术的职业人员。但即使是有单独的户籍管理的时期,也有在匠籍而不事匠业或不在匠籍却从事匠作的情况存在。

因为工匠是"执艺事成器物以利用"的"兴事造业"之人,也就是通常所说的手工业生产者,所以要弄清"工匠"一词的意义,还必须了解"工业"的含义。对于"工业"的定义,有广义的、中性的与狭义的区分②。

广义的"工业说"认为,一种工业是指生产同一商品的一群生产单位,任何具有相同经济活动的组合或集团,不论是生产的或是消费的,都是工业。

中性的"工业说"则认为,工业是对自然界取得物质资源和对工农业提供的原料进行加工和再加工的社会物质生产部门,或者说,工业是指通过劳动力与生产资料相结合,将劳动对象(材料、矿藏等)加工转化为生产资料、消费品以及服务的过程。

狭义的"工业说"主要指现代制造、采矿、建筑及机械生产,同时"还要包括现代工厂制度建立以前的手艺或手工业。"

清末民初又称工业为"实业"。严复认为,实业,即西名 industry,指工业制造之业。"大抵事由学问,science,施于事功,展用筋力,于以生财成器,全民生而厚民用者,皆可谓之实业。""实业之事,将以转生货为熟货,以民力为财源,被之以工巧,塞一国之漏卮,使人人得饱暖也。言其功效,比隆禹稷,岂过也哉?"③人们或认为工业就是机械化生产,但在本文中只采用狭义的工业范畴,即

---

① 何庆先整理:《中国历代考工典》第4卷《考工总部》,江苏古籍出版社,2003年,第42页。
② 就广义的"工业"而言,农业只是诸多工业的一种。西方经济学家里昂惕夫(Wassily W. Leontief, *The Structrue of the American Economy*, 1919—1929, Harvard University Press, 1941, pp. 69—72)将工业分为十类,即农业及粮食、矿业、金属、燃料、纺织及制革、蒸汽铁路、国际贸易、杂项工业、不分配者、家庭;科林·克拉克(Colin Clark, *Conditions of Economic Propress*, Macmillan, London, 1940, pp. 182)将工业分为三类,即初级工业(包括农业、林业及养鱼等)、次级工业(包括制造、采矿、建筑业等)和第三级工业(包括商业、运输、服务业等);布莱克(John D. Black, *Introduction Economics*, Holt, New York, 1926, pp. 66-86)也将工业分为三类,即开采工业(包括采矿、伐木、捕鱼、狩猎及水力利用)、生长工业(包括农业、造林及养鱼等)、制造及机械工业(详见张培刚著,曾启贤、万典武汉译的《农业与工业化》上卷《农业国工业化问题初探》,华中工学院出版社,1984年,第228—237页)。
③ 严复:《严复集》,中华书局,1986年,第203—207页。

所谓"工业"指的是将原材料加工成非农业产品并在市场上进行销售的各种生产和服务过程。这个过程主要包括制造业、建筑业和加工业等行业门类,并大体上划分为传统手工生产与现代机器生产两个发展阶段。

传统工匠是从事传统手工业生产的劳动者,它主要指在家庭、作坊或在手工工场里劳动的技术工人,所以又常常与"工"或"工人"同称。《论语·卫灵公》曰:"工欲善其事,必先利其器。"《管子·问霸》曰:"处女操工事者几何人?"这两处"工"指的都是工人的"工"。"工人"一词常见于古代文献中,以下略举数例加以说明:

《韩非子·解老》云:"工人数变业则失其功,作者数摇徙则亡其功。"《史记·张仪苏秦列传》记载张仪到燕国游说燕昭王的话说:"昔赵襄子尝以其姊为代王妻,欲并代,约与代王遇于句注之塞。乃令工人作为金斗,长其尾,令可以击人。与代王饮,阴告厨人曰:'即酒酣乐,进热啜,反斗以击之。'于是酒酣乐,进热啜,厨人进斟,因反斗以击代王,杀之,王脑涂地。"

《史记·孟子荀卿列传》记载孟子见梁惠王之事,《史记·索隐》注曰:"方枘是笋也,圆凿是孔也。谓工人斫木,以方笋而内之圆孔,不可入也。故《楚词》云:'以方枘而纳圆凿者,吾知其龃龉而不入也'。"①

此处"工人"皆指工巧之人,与"工匠"同义。后来"工人"主要指工业生产的体力劳动者,相当于现代工人阶级中的普通工人和熟练工人。

此外,在古代文献中,"工"往往又称"百工"。《考工典·考工总部·汇考》引文曰:"工,百工也,考察也。以其精巧工于制器,故谓之工。"②"百工"原为周代的官职,指主管营建制造的职官,后来泛指工匠。《考工记》曰:"审曲面势,以饬五材,以辩民器,谓之百工。"又说百工之事是"烁金以为刃,凝土以为器,作车以行陆,作舟以行水。""百工"属"工师"管辖(《扬簋铭》有"司工"、"司工事"的官),工师是监工者,负考察工人之责。"工有不当,必行其罪",足见百工是隶属于官府的、并非完全自由的人③,其含义及其职责范围基本涵盖了"工匠"一词的主要内涵,所以《庄子·徐无鬼》曰:"庶人有旦暮之业则劝,百工有器械之巧则壮。"

工匠还有"梓人"、"梓匠"的别称。梓者,木名也。《山海经·南山经》曰:"虏勺之山,其上多梓柟,其下多荆杞。"《格物粗谈·树木》曰:"林有梓,则诸木皆内拱。"《说文》曰:"梓,楸也。"梓木,亦名楸木,为木中之王。《埤雅·释木》曰:"梓,旧说椅即是梓,梓即是楸,盖楸之疏理而白色者为梓,梓实桐皮曰椅。其实两木大类同而小别也。今呼牡丹谓之华王,梓为木王,盖木莫良于梓。"由于梓木被称为木中之王,所以"梓"便引申为治木器或指治木器的人。《诗·小雅·小弁》:"维桑与梓,必恭敬止。"《尚书·梓材》曰:"若作梓材,既勤朴斫。"陆德明对此解释曰:"治木器曰梓。"《孟子·书心》下曰:"梓、匠、轮、舆,能与人规矩,不能使人巧。"晋左思《魏都赋》亦曰:"儓拱木于

---

① 司马迁:《史记》卷70《列传10》、卷74《列传14》,第10册,中华书局,1957年,第2297页、第2345页。
② 何庆先:《中国历代考工典》第1卷《考工总部汇考一·考工记》,第1册,江苏古籍出版社,2003年,第4页。
③ 《周礼·考工记》,见《十三经注疏》上册,中华书局,1980年,第905页;参见童书业的《中国手工业商业发展史》,齐鲁书社,1981年,第4页。

林衡,授全模于梓匠。"①可见"梓人""梓匠"就是工匠的意思。

大约自春秋战国时期开始,人们常常将工业和商业放在一起,统称为"末业",因而将从事工业和商业的人统称为"商人"。秦汉以后所谓"重本抑末"或"重农抑商"中的"末业"和"商人"都是包括工业和工匠在内的一种统称。其实,明清时期的不少作坊就是前店后坊工商一体的。

另外,《管子·七臣七主》曰:"主好宫室,则工匠巧。"《史记·孝文帝本纪》曰:"尝欲作露台,召匠计之,直百金。"清魏源的《道光洋艘征抚记上》曰:"赴粤司造船局、火药局,而择内地巧匠精兵以传习之。"这里"匠"与"巧匠"均指有专门技术的工人或技术专家,即人们常说的能工巧匠,其中成绩突出者称为"哲匠"。"夫工虽贱,而治天下者,于此考其成。是故纪治之成者必曰:吏称其职,民安其业。而赞之曰:技巧工匠咸精其能,夫咸精其能,是于细事不敢欺也,而不谓之治成乎?"②这里所谓的"技巧工匠",主要指的是技术水平高的能工巧匠,他们的技术素质随着时代的发展而发展,最终出现技术转型和角色转换,从而推动科学技术发展与社会进步。所以说:"圣人事事物物,无不全备工者,金工、土工、石工、木工、兽工、草工之类,与后世技巧工匠,咸精其能者,事同而意异也。"③

从词义演变上看,"工"、"匠"与"工匠"在古汉语中往往相互通用,均指有专门技艺的手工业劳动者。但作为研究范畴上的"工匠",既含有专门的技术制作擅长,还含有一定的艺术设计能力;不仅是传统工业的主要劳动力,而且还是传统工业的技术主体。所以准确地说,工匠是指具有专业技艺特长的手工业劳动者。这个定义包含了传统工匠所具有的各项基本要素和基本特征。

"工匠"作为有专业技术与艺术特长的手工业劳动者,其基本要素主要有以下三项。

一是专业的(专业人员)或手工业行业分工的要素。《荀子·王霸》曰:"百工分事而劝",即手工业者要各自努力进行自己本专业的生产。在中国古代,很早就形成了手工业内部的专业分工。不仅官府手工业内部有详细发达的分工,民间手工业工匠也都是分工协作,各专其业的。所以说:"能(才能)不能兼技,人不能兼官(管);离居不相待则穷,群而无分则争,穷者患也,争者祸也。救患除祸,则莫若明分使群矣。"(《荀子·富国篇》)

《小尔雅·广诂》曰:"匠,治也。"《楚辞·天问》曰:"女娲有体,孰制匠之?"唐代程晏的《工器解》则曰:"匠刀者不必自用割,匠弓者不必自用射,善为器而已。"这三处"匠"都是指专门地或专业地"治什么"、"做什么"和"制造什么"的意思。

二是技艺(技术)的或专门技术(技能)的要素。在传统的手工业生产中,工匠就是技术的主体。《说文解字》云:"工,巧饰也。"《广雅·释诂三》亦云:"工,巧也。"都说明"工"或"工人"首先是具有专门工巧和技巧的劳动者(或技师)。《孟子·滕文公》下说:"梓匠轮舆,其志将以求食也。"就是说,工匠要有"器械之巧",要通过自己所精通的技能来维持生活。"匠"有"治"、"做"、"制造"、"构思"、"设计"等含义,说明"匠人"也必须具备专门的生产技术去制造某种产品。另外"匠"还有"教"、"教育"的意思。如《抱朴子·外篇·备阙》说:"责大体而论细礼,则匠世济民之勋

---

① 参见徐仲舒主编的《汉语大词典》"梓"条,湖北辞书出版社与四川辞书出版社联合出版,1992年。
② 史浩:《尚书讲义》卷2,见《四库全书》第56册,上海古籍出版社,1987年,第184页。
③ 时澜:《增修东莱书说》卷2,见王云五主编的《丛书集成初编》第1册,上海印书馆,1936年,第25页。

不著矣。"楚辞中东方朔的《七谏·哀命》云："念私门之正匠（王逸注：匠，教也）兮，遥涉江而远去。"《北史·献文六王传·咸阳王禧》曰："选忠信博闻之士为之师傅，以匠成之。"这三个"匠"都可以作"教"或"教育"来理解，说明工匠技术必须通过某种教育方式加以传承。

三是艺术的或工艺的要素。以"工"、"匠"或"梓人"等相称的传统工匠，往往又指有专门技艺的工艺品生产者或某一方面造诣与修养较深的艺人。唐代李白《登金陵治城西北谢安墩》诗云："哲匠感颓运，云鹏忽飞翻。"这里"哲匠"、"大匠"指的是艺术家。《文心雕龙·章句》曰："夫裁文匠笔，篇有小大。"唐代张祜的《题王右丞山水障二首》之一云："精华在笔端，咫尺匠心难。"宋代李格非的《洛阳名园记·富郑公园》曰："亭台花木，皆出其目营心匠。"此三处"匠"都可作"构思"、"设计"解。能集技术构思、艺术设计和专业制作三者于一身者，谓之"哲匠"①。

定义是逻辑推理的前提，也是理论思考的基础，只有前提和基础一致，讨论才有意义。

上文所论述的"工匠"实际上就是"传统工匠"的简称，指的是与从事现代机器生产的工业生产者（以技术工人和工程师为主）相对应的传统手工业生产者（在本文研讨中，特别指清末民初现代技术工人与工程师队伍形成之前的明清时期江南地区从事商品生产的手工业生产者）。这种手工业者起源于原始社会（即中国文献记载中的"三皇五帝"时代）的氏族工人，后来虽然身份几经变迁，但作为技术的主体，直到现代机器工业时代依然广泛存在。据有关文献记载："陶冶之事始于遂人，盖有人事则有之。若圣人每创一事，必尽其变而后已。……室立则有隅门墙之制谷艺而烹蒸杵铚之用，兴椎轮，为大辂之始，理势之来，事有必至。此遂人出火而陶冶之事，有不待于后世也。""黄帝有熊氏始建宫室，命宁封等作诸器物以利民用。"②

在国家形成之前，氏族工匠是介于后来的官府工匠与民间工匠之间的氏族手工业生产者，他们以氏族与家族组织的形式世袭族居，如陶工陶氏、绳工索氏、椎工终葵氏、釜工锜氏、篦笆工樊氏，都是擅长某种专门手工业技艺的氏族。在国家形成的过程中，官手工业体系逐步形成，原有的氏族工业结构逐渐被打破，氏族工业中的劳动者也由此分化成食官之工（即官府百工）与民间工匠两大类③。《左传》定公四年曰："昔武王克商，成王定之，选建明德，以藩屏周。故周公相王室，以尹天下，于周为睦。分鲁公以大路、大旂、夏后氏之璜、封父之繁弱（注：繁弱即大弓），殷民六族，条氏、徐氏、萧氏、索氏、长勺氏、尾勺氏，使帅其宗氏，辑其分族，将其类丑，以法则周公，用即命于周。是使之职事于鲁，以昭周公之明德。分之土田陪敦，祝、宗、卜、史，备物典策，官司彝器。因商奄之民，命以伯禽，而封于少皞之虚。分康叔以大路、少帛、綪茷、旃旌、大吕，殷民七族，陶氏、施氏、繁氏、锜氏、樊氏、饥氏、终葵氏，封畛土略，自武父以南，及圃田之北境，取于有阎之土，以共王职。取

---

① 参见徐仲舒主编的《汉语大词典》"工"、"匠"条，湖北辞书出版社与四川辞书出版社联合出版，1992年。
② 何庆先整理：《中国历代考工典》卷1《考工总部·汇考一》，江苏古籍出版社，2003年，第1页。
③ 关于中国古代民间工匠出现的时间，学界有不同的说法。刘ండ良先生编著的《中国工业史》古代卷（第59页）认为：在氏族工业向官手工业转化的过程中，"很大一部分手工业者转变为完全自由人，他们拥有自己的生产资料，独立生产经营。"祝慈寿先生新著《中国工业劳动史》（第57页）则认为：到了春秋后期，"在官府工业之外，出现了民间工业（私营工业）和个体手工业者"。本文基本同意前一说法，但认为以独立的个体工匠为主体的民间手工业队伍，到春秋战国时期，由于社会分工的扩大与生产专业化的加强，开始发展和壮大。

于相土之东都,以会王之东蒐。聘季授土,陶叔授民,命以《康诰》,而封于殷墟,皆启以商政,疆以周索。分唐叔以大路、密须之鼓、阙巩、沽洗,怀姓九宗,职官五正。命以《唐诰》,而封于夏虚。"①

引文中"殷民六族"中的条氏、徐氏、萧氏、索氏、长勺氏、尾勺氏,"殷民七族"中的陶氏、施氏、繁氏、锜氏、樊氏、饥氏、终葵氏等氏族成员中分化出来的家族成员,都是以姓为单位的、有着专门手工技艺的手工业家族,到了周朝皆转变为官府百工和民间工匠;其他几支,如封到"夏虚"的"怀姓九宗",以及封在"少暤之虚"和鲁国的周公、康叔等封国属民,其中也有很多是不同行业的手工业工匠。当时,原来氏族家族的首领也具有双重身份——既是工匠又是代表周王室管理工匠的工官。同时,在氏族工业向官府工业转化的过程中,作为民间工匠的大部分手工业者都变成了拥有自己的生产资料,并独立生产经营的私营手工业生产者②。

第二节 "工匠"与"传统工匠"的特征

与现代技术工人和工程师相比,传统工匠在劳动手段、生活方式和身份地位上都不一样,但关键的区别还在于技术形态与角色构成的不同。在技术角色构成上,传统工匠作为传统工业技术的主体,具有三个突出的特点:

一是人身依附关系强,身份地位低下。传统工匠在古代等级社会中一直处于社会下层,对封建国家具有较强的人身依附性。金文中的"百工"是近似于奴隶的手工业劳动者。后来官府工匠中,不少来自罪犯刑徒。如汉代"大农置工巧奴与从事,为作田器"③、"卒、徒、工匠以县官日作公事"④、直到明代还是"造作工役,以因人罚充"⑤。唐宋以后,手工业者的身份地位有所提高,但各级政府依然奉行"重农抑商"(即"农桑为本,工商为末")的基本国策,将工商业视为末业,对工商业者进行压制,加上元代又开始通过严格的匠户户籍制度对工匠进行种种限制和奴役,使传统工匠一直难以获得与普通劳动者相平等的社会身份和社会地位。

二是身份世袭,职业固定。在清初废除匠籍制度以前,工匠都受政府匠户和军户等户籍制度的严格限制,不仅职业世袭而且一业终生。由于诸多因素,特别是经济因素的制约,后来虽废除了匠籍制,但工匠职业终身和世守家业的现象却依然存在。因为工匠家业世传制度带有法律与伦理的双重作用,既有外在约束,又有内在自觉,是传统工匠的职业伦理与家庭伦理的统一。工匠技艺世代相传,撇开其传子不传婿的消极影响不说,一定程度上也有利于劳动经验积累与技术水平提

---

① 杜预注、孔颖达疏:《春秋左传集解》定公四年,第5册,上海人民出版社,1977年,第1620—1621页。
② 童书业:《中国手工业商业发展史》,齐鲁书社,1981年,第4页。
③ 班固:《汉书》卷24《食货志》上,第4册,中华书局,1957年,第1139页。
④ 桓宽:《盐铁论》卷6《水旱》第36,中华书局,1991年,第180页。
⑤ 申时行重修:《大明会典》卷188《工部》8,第5册,江苏广陵古籍刻印社,1989年影印本,第2563页。

高。正是这一点使中国传统的手工业技术在整体上尚保持领先地位。正如《韩非子·解老》所云:"工人数变业则失其功,作者数摇徙则亡其功。一人之作,日亡半日,十日则亡五人之功矣。万人之作,日亡半日,十日则亡五万人之功矣。然则数变业者,其人弥众,其亏弥大矣。"这就是说,在中国传统的职业观念中,频繁地变动职业必然会延误生产时间并降低劳动效能。

三是组织封闭,群体话语权微小。在中国古代,很早就有管理工匠的职官和工匠制度,但工匠自己的组织却很晚才兴起,而且发展程度不高。到隋唐时期,国家不仅在中央设置工部作为主要的政府工匠组织管理机构,而且对地方和民间工匠也进行全面的编制管理。唐代,"凡工匠以州县为团,五人为火,五火置长一人"①。在工匠产品管理上,早在春秋战国时期实行产品责任制,时称"物勒工名"法,《吕氏春秋·孟冬记》曰:十月,"工师效功,陈祭器……比工致为上,物勒工名,以考其诚。工有不当,比行其罪,以穷其情"。要求工业产品上刻写制造者的姓名,防止伪劣产品和欺诈行为发生,体现了政府对工匠的工艺规范和产品质量的组织管理。但作为工匠自己的社会组织,则兴起较晚,发展程度亦复不高。因为民间手工业往往都是与农业相结合的家庭手工业,其生产组织大多是家庭农场与家庭作坊相结合的混合物,其相应的社会组织也往往寓于家族组织和政府组织体系之中。较早的工商业者地缘性组织,"行"兴起于隋唐时期,"会馆"、"公所"兴起于明清时期;而民间工商业雇工性质的"行"、"帮"组织,出现的时间还要再晚一点。与西欧中世纪的行会基尔特(行会)占领城市,并在同乡村城堡中的封建领主斗争中取得城市自治权等情况相比,中国古代工商业者所组织的行会则只是处于城市居民中下层工商业者的民间组织,主要职能是制订行规,限制和规范同行业成员的各种活动,而组织和领导反剥削反压迫的斗争功能则不强。这就决定了中国古代工匠缺少自身强有力的组织代言人,甚至长期处于群体失语的状态。

传统工匠在技术形态上也有诸多的特点。

在技术主体要素方面,传统工匠的共同特征主要有三点:一是手工操作(work-as-craftsmanship)的而非机器生产的。传统工业称为手工业,工人基本上都是手工业生产者。《商君书·算地》曰:"技艺之士资在于手"②,《五礼通考》曰"上户自有蓄积,军人自有衣粮,公吏自有廪禄,市户自有经纪,工匠自有手作,僧道自有常住,并不在收籴之限"③,都是说传统工匠主要是靠手工技能求得生存的,与现代从事机器生产的工业工人不同,所以工匠大都被称为"手艺人"。但传统工匠不是绝对不使用机器,实际上在传统的工业器具之中,有不少都是重要的生产机器。只不过传统的机器缺乏现代动力,而且传统工匠运用机器生产与现代产业工人使用机器生产的性质也有所不同。特别是在劳动者与机器的主客关系上,现代工厂工人是机器的附庸,机器是主,劳动主体成了机器的附属;传统工匠则始终是生产过程中的主体,其"机器的使用不过是加快了生产的进行(而这一点又具有收入增加的好处),并未取代他们所具有且自豪的技术。换句话说,在传统作坊中,机器正如同手工工具一般,是劳动者的身体的延伸"④。

---

① 欧阳修:《新唐书》卷46《百官志》,中华书局,1957年,第1201页。
② 商鞅:《商君书》,《诸子集成》,上海人民出版社,1974年,第14页。
③ 秦蕙田:《五礼通考》卷248,《四库全书》第142册,上海古籍出版社,1987年,第99页。
④ 侯念祖:《确当的劳动、教育与文化:工匠劳动的意义》,《思与言》,2004年第1期,第111—113页。

二是家传的(世袭的)与学徒(学徒的身份)的技术传承。《荀子》卷四《儒效篇》曰:"工匠之子,莫不继事。"说的是工匠技术世袭家传,这是官府工匠技术传承的主要方式。《国语》卷6《齐语》曰:"今夫工,群萃而州处,相良材、审其四时,辨其功苦,权节其用,论比协材,旦暮从事,饬其子弟,相语以事,相示以巧,相陈已功。少而习焉,其心安焉,不见异物而迁焉,是故其父兄之教不素而成,其弟子之学不劳而能。夫是,故工之子恒为工。"民间工匠的技术传承,除了采取同官府工匠一样的世袭形式以外,还有拜师学艺、师徒传承的"学徒制"(学徒的身份),与家传绝技一样,也是严重的技术保守型的工匠生成制。

三是技术评价的艺术化伦理化取向。传统工匠在长期的持续的专业生产劳动中积累着他们的生产经验和技术。这种工匠的经验和技术不仅表现在物质的技术层面,同时还表现在文化的艺术层面。工匠对于技术水平的追求,同时也包含着文化艺术的追求。在不同地域与不同文化背景下,人们对技术和艺术的价值取向有着不同的选择。中国传统工匠在技术价值与艺术价值取向上,艺术的价值取向往往高于技术的价值取向。因为,只有侧重文化艺术上匠心匠意的追求,才符合中国文化中"形而上者谓之道,形而下者谓之器"与"重道轻器"的道德价值标准,同时也才符合"重义轻利"与"不尚技巧"的"圣贤"要求,否则就是"玩物丧志"或"离经叛道"。

在技术客体要素方面,《礼记·月令》和宋代《百工由圣人作赋》记述了古代对工匠的技术伦理要求与技术监督的情况。

《礼记·月令》曰:每年农历十月,"命工师效工,陈祭器,案度程,毋或作为淫巧以荡上心,必功致为上。物勒工名,以考其诚。功有不当,必行其罪,以穷其情"。

宋代陈襄的《百工由圣人作赋》曰:

统尔六职,良哉百工。何艺事以斯作,由圣人而是崇。辨器成能自乃神而立制,化材适用本惟睿以兴功。赜姬旦之明文,见东官之盛典。谓夫智之出也,始创物以兴制;工之立也,乃成器而尽善。嘉众艺之勃兴,本圣谋而丕阐。攻金攻木资浚哲以裁成,作舟作车由灵机而洞显。自兹立器为利,因材究奇。虽大匠之述作,皆往哲之规为。既执技而纷若,诚取法以宜。其所以兔氏成钟,自高辛而立范;车人作耒,本炎帝以垂规。且夫国有四民,工分百事。或居肆以成业,或饬材而兴利。率皆因上圣以资始,致宏规而绰备。依于法而游于艺,肇自神谟。智者忧而巧者劳,出由睿意。岂不以工之立事者,盖本于前。修事之经始者,必资于善谋。伊众制之虽盛,非圣作以奚由。网罟以畋,寔庖牺之肇用;杵臼之利,因熊氏以垂休。自然众伎靡纷,大模率正。虽云代守其业,但见作者之圣。亦犹五声兆黄钟之律,节奏爰彰;大辂起椎轮之姿,雕几冞盛。此则艺能交举,物用具陈。祖述虽资于匠者,经营率自于古人。按乃度程,寔聪明之制作勤乎,朴斲资睿哲之经纶。噫夫世变浇漓,时躅朴略。高曾之矩交丧,器用之资惟错。今上方稽古,道而复淳,立是工也,体圣明之所作。①

这两段话中所包含的工匠应遵循的技术准则主要有:

---

① 《中国历代考工典》卷4《考工总部·汇考四》,见何庆生整理:《中国历代考工典》第1册,江苏古籍出版社,2003年,第40页。

一是遵守"由圣人而是崇"和"体圣明之所作"的技艺宗旨。圣人之作,"依于法而游于艺"。所谓"依于法",就是重道、求道与体道。工匠之道,"高曾之矩","器用之资"也。故道在上器在下,"以礼节事,以乐道志"。道在哪里?"祖述虽资于匠者,经营率自于古人。"首先要向先圣先贤处寻找。所谓"游于艺",就是要在旧法的基础上有所变通,有所创新,但变通和创新的目的宗旨是"道而复淳"。只有这样,才能"艺能交举,物用具陈"。

二是技术造作上要"按乃度程","毋作淫巧"。即要求遵循"度程"。"虽大匠之述作,皆往哲之规为。既执技而纷若,诚取法以宜"。"依于法而游于艺,肇自神谟。智者忧而巧者劳,出由睿意。"技术度程就是工匠所制作产品的技术标准,每种产品都有特定的技术标准与技术要求,工匠必须严格执行。"考工匠人,葺屋三分,瓦屋四分。葺,茅屋也。茅屋欲峻,而走水从檐,至栋二分,加一分为峻。瓦屋差平,从檐至栋,四分加一分为峻。三分者,假如檐柱一丈,即栋柱一丈五尺也;四分者,假如檐柱一丈,即栋柱一丈二尺五寸也。"①同盖房子有严格的法则规定一样,工匠生产任何产品都要有本有则。但在生产过程中又提倡变通和创新,反对一味地机械照搬。如:"造八音之法,总以黄钟为本,加减比例而得之,律吕正义有加减分形比例表,最精妙。此欲凭工匠之手,且欲求诸僧道,其术疏矣。""外径三分六厘三毫,若遣良工造律管者,惟据此篇度数足矣。前项律度、方、圆、积等则皆不必讨论。恐其文烦难省易惑,亦非工匠所当知也。若夫大儒君子留心律学,推穷理数,须将前项,每段算术次第钻研——亲手算过,方得其趣。乃至一句一字不可遗也。"②

三是以"工则"为"工巧之元气"。"工则"是"则例"的意思,主要指依据成案作为定例(法则或标准)。"则"就是法则、准则或规则,"例"就是先例、成例或定例。其中与考工、建筑、工艺有关的统称为"匠作则例",就是把已完成的建筑和已制成的器物开列其整体或部件的名称规格,包括制作要求、尺寸大小、限用工时、耗料数量以及重量、运费等,使它成为有案可查、有章可循的规则和定例,如《清代匠作则例》就收入了有关圆明园、万寿山等处的匠作则例抄本。虽不追求工巧雕琢,但要匠心独运,不失元气。工巧之元气运转,阴极生阳,阳极生阴,并且阴阳交注,就是器具之形神,即所谓"立器为利,因材究奇"。"智之出也,始创物以兴制;工之立也,乃成器而尽善。"这是关于工匠技术指标的规定。

四是"物勒工名"。就是工匠必须将自己的名字刻在其制作的产品上,以备工师检查考核。"孔氏曰:于是之时,冬闲无事。命此工官之长,效实百工所造之物,陈列祭器,善恶案此器。旧来制度大小,及容受程限多小,或有也,勿得有作过制之巧,以摇动在上,生奢侈之心,必功致为上者。言作器不须靡丽华侈,必功力密致为上,又每物之上刻勒所造工匠之名于后,以考其诚信与否。若其用材精美,而器不坚固,则功有不当,必行其罪罚,以穷其诈伪之情。"③

五是"工师效工"。就是工匠产品检查考核制度,即工师检验、考核工匠制作产品的成绩。"功有不当"(质量不合规格)者加以治罪,高功效者予以奖赏。工师的职责是负责监督管理,督促工匠

---

① 郑方坤:《经稗》卷9,《四库全书》第191册,上海古籍出版社,1987年,第722页。
② 朱载堉:《乐律全书》卷21《校正条例》,《四库全书》第213册,上海古籍出版社,1987年,第573页。
③ 陈澔:《礼记集说》卷45,《四库全书》第117册,上海古籍出版社,1987年,第892页。

保质保量完成任务,按期把他们制作的产品陈列出来,用规定的技术标准进行检查、考核①。

总体上看,中国传统工匠(Chinese traditional artisan)从专业技术和工艺制作水平上可分为上、中、下三个不同的技术层次:一般说来,普通的工匠可统称为"百工"、"工人"等,相当于现代所谓的普通工人(worker);分布在各个行业里的专业技术工匠,如被称为机匠、木匠、铁匠等职业化的匠人,相当于现代所说的技术工人(craftsman or technician),可视为传统工匠的主体;高水平的工匠则称巧匠、哲匠、匠师等,相当于现代的工程师、建筑师和机械师之类的技术专家(engineer)。所以说,传统工匠基本涵盖了现代工业劳动力中的普通熟练工人、专业技术工人和工程师技术专家等各个阶层系列。学术界一般说的传统工匠往往有三大特色,一为官府工匠,包括知识传承的工官,二为杰出的技术工人出身的工匠收编为官制工匠,三为民间专业分工下的职业社群,有明确的师徒制与祭祀仪礼。这三种工匠也正是本文所说的江南传统工匠中的三个技术层次。从劳动力形态上看,传统工匠主要由城市作坊手工业者(匠籍制度废除之前亦称官府工匠)、乡村家庭手工业者(包括后来出现的家庭作坊)与游离于城乡之间的专门手艺人(包括后来手工工场中的雇佣工匠)三部分组成。他们既是现代工程师、技术工人与科技专家的前身,又是现代城乡手工业生产的主力军。研究传统工匠技术素质和社会角色的演化与变迁,直接关系到社会经济发展中的人力资源开发和利用问题②。

第三节　中国传统工匠制度沿革

手工业生产始于人类社会形成之际。《中国历代考工典》说,"制器"之事"盖有人事则有之"。大量的考古发掘材料证明,原始的手工业生产开始于石器时代。根据文献记载:"古圣人每创一事,必尽其变而后已。是故室立则有宫隅门墙之制,谷艺而烹蒸,杵臼与椎轮为大辂之始。理势之来,事必有至。"据说"太昊伏羲氏始取易象以制器","炎帝神农氏始课工,定地,置城邑,设陶冶","黄帝有熊氏始建宫室,命宁封等诸器物以利民用","大禹始作祭器,及食用之器咸备",这些都表明中国手工业早在原始社会就已经发展起来③。到了新石器时代,各种石器、骨器、陶器等手工业制品,不仅数量多,而且制作技术和工艺都达到了相当的水平。在华北和中原各地的仰韶文化遗址中,有农业生产中使用的石刀、石斧、石锄和石镰等,有纺织用的石制纺轮和生活中使用的陶钵、陶鼎等,都表明当时已有专门从事手工制造的工匠。

传统工匠阶层形成后,根据其身份地位分为官府工匠和民间工匠两大类。官府首先通过户籍

---

① 参见徐少锦的《中国传统工匠伦理初探》,《审计与经济研究》,2001年第4期,第14—17页。
② 余同元:《传统工匠及其现代转型界说》,《史林》,2005年第4期。
③ 本段引文均见何庆生整理的《中国历代考工典》第1册卷1《考工总部·汇考一》,江苏古籍出版社,2003年,第2页。

制度对工匠进行身份地位限制和征收徭役赋税,同时设立中央和地方手工业管理机构,对工匠的产品生产、技术质量和产品市场等事项进行统一的监督管理。王家范先生认为:"中国古代手工业的经营模式,细分有家庭手工业、官府手工业、民营手工业三种基本类型,后者还可以细分出单纯的私人手工业与商业资本型手工业。三类基本形态的分布态势,极像哑铃,两头粗壮,中间细长。细长者即为民营手工业,备受歧视。"①本文将传统工匠制度分为官府工匠制度与民间工匠制度两方面叙其历史沿革,其中民间工匠包括王家范先生所说的家庭手工业者和民营手工业者在内。

一、元代以前官府工匠制度的沿革

为了保证王朝政府和王室、皇室贵族的各种需要,古代社会所举办的各种官营手工业作坊和各种各样的建设工程以及军事武器装配生产等,都必须组织和集中大批工匠去劳动生产,这些工匠统称为官府工匠。

劳役工匠是官府工匠的主体,主要有政府差役工匠(称"官匠"或"民匠")和军队兵役工匠(称"军匠")两大类。从秦汉王朝开始,政府建立一整套征调工匠与按户籍管理的匠籍制度(元代称"匠户制度")。凡在籍的手工业工匠,必须受中央政府和地方政府主管机关的工役支配,按各级工役主管机关的指令无条件地为政府服劳役,其社会地位和人身自由受到种种限制。匠役主管机构,如汉代有大司农、少府、将作大匠、水衡都尉及盐官、铁官、铜官等匠役主管机构。唐代除工部外,还有专门的少府监、军器监、将作监等。服役工匠,唐代称长上匠、短番匠和明资匠,元代称官匠、民匠和军匠,明代则称住坐匠和轮班匠。军匠与服役的民匠相比,区别之一是军匠于匠籍之外还有军籍,区别之二是军匠是在服役过程中受到更为严格的监督,区别之三是军匠受奴役和剥削更重。

商朝的手工业非常发达,手工业行业种类很多,工种与职业已有较细的分工。特别是青铜工业和土木建筑工业生产技术高、生产规模大,从事手工业的专门工匠队伍也很庞大。根据甲骨文和有关文献记载,当时全国各地分布着数以百计的职业氏族,其中大部分是世代从事各种手工业生产的。商朝官手工业特别发达,官府掌管着大批的手工业工匠。《尚书·酒诰》篇中有"献臣百宗工"的记载,有人考证"百宗工"就是国家管辖下的手工业专业工匠。《左传》定公四年记载,商朝灭亡后,有十三族遗民归属周朝(六族分给鲁国,七族分给卫国),成了周代的官府"百工"。其中有经营绳工的索氏、进行酒器生产的长勺氏和尾勺氏、专门生产陶器的陶氏,以及旗工施氏、马缨工繁氏、锉刀工与釜工的锜氏、篱笆工樊氏、椎工终葵氏等氏族专门从事手工业生产。

西周时期,官府手工业制度已经十分完备。西周金文中出现不少百工的记载,他们就是专门从事手工业生产的百工②。西周时期的官手工业进一步发展,在"工商食官"等政策、制度管理下,官府手工业经营中的工匠管理制度也基本形成。从下列《夏商周三代官府工业管理情况表》(表

---

① 王家范:《中国历史通论》,华东师范大学出版社,2000年,第209页。
② 裴文中:《郑州商代遗址的发掘》,《考古学报》,1957年第1期,第53—73页;李学勤:《评陈梦家殷墟卜辞综述》,《考古学报》,1957第3期,第119—129页。

1)中可以看出,西周官营手工业与工匠管理制度比夏、商时期更加完善,已经形成了完备的官府工业生产经营体系。

插表 1:夏商周三代官府工业管理情况表

行业系统	职官名称			职责
	夏	商	周	
政府工业系统	司空、共工	司空	大司空卿	总管政府工业
			中大夫	辅助大司空
		石工、木工	匠师下大夫、梓人	主管土木工程
			冬官上士	辅助管理土木工程
			冬官中士	
			冬官下士	主管石工、木工、文书事宜
			虞人	掌山泽采捕、陶冶用器之事
			山虞中士、泽虞中士	虞人之副手
			山虞下士、林衡下士、川衡下士、泽虞下士	主管虞人部门文书事宜
			司险中士	掌水利、舟船制造
			凌人下士、司险下士	管司险文书
		金工、兽工、草工	工师	政府手工业生产的具体管理员
			工人士	政府手工业生产的施工管理员
	陶正	土工	陶正	主管陶器工业
			候狼氏下士	管理和维修街道
王室工业系统			匠人	负责宫殿营造
			典丝、典桑下士	负责王室纺织生产
			典丝、染人、掌染草下士	负责王室染色生产
			司工司矢中士、缮人上士、藁人中士	负责王室武器生产(弓矢)
			司甲下大夫、中士、司兵中士、司戈盾下士	负责王室武器生产(矛盾)
			幕人下士、掌次下士	负责华盖、旗帜、帐篷制作
			冶人、桃人、函人、矢人、梓人、庐人、弓人	王室手工业施工技术人员
			膳夫上士、中士、下士、内饔下士、外饔下士、烹人下士	负责王室食品加工
			笾人	负责王室珍馐加工
			酒正中士、下士	负责王室用酒的酿造
			醢人	负责王室盐、酱、蜜加工
			囿人	负责王室园林管理和维修
铸币系统			泉府上士、中士、司市下大夫、上士、中士	掌管铸币业
			泉府下士、司市下士	辅助管理铸币业
军器系统			司甲下大夫、司弓矢下大夫	掌管军用武器的制造
			司甲中士、司弓矢中士、司兵中士	辅助下大夫工作
			司戈盾下士	管理本部文书事宜

(资料来源:刘国良:《中国工业史》古代卷,第 96—97 页)

《考工典》曰:"周制,司空掌邦土,大宰使百工,饬化八材,定工事之式。"又曰:"司空掌邦土,居四民,时地利";"司空执度,度地居民、山川沮泽,时四时,量地远近,与事任力。"又曰:《周礼·天官》大宰之职,以九职任万民,五曰百工,饬化八材。"所谓"八材":"珠曰切,象曰瑳,玉曰琢,石曰磨,木曰刻,金曰镂,革曰剥,羽曰析。"

《逸周书·作雒篇》曰:"凡工贾胥市,臣仆州里,俾无交为。"《逸周书·程典篇》曰:"士大夫不杂于工商……工不族居,不足以给官;族不乡别,不可以入惠……工攻其材,商通其财。"说明当时官府工匠有专门的聚居区。

《考工记》所述周代官手工业技术已分6大类30个专业,各专业均有工官管理生产。工官称谓有"人"、"氏"、"师",如有"轮人"、"匠人"、"冶氏"、"梓师"等。"人"、"氏"是下级工官(类同职能工长),因为掌握了更多的技术,所以被安排去直接管理制作器物的工匠;"师"则为高级工官,地位在"人"、"氏"之上,权限更大一些,对工匠不仅有监督权,也有处罚权;"师"之上有"司空",为最高技术管理职务。

《礼记·月令篇》曰:"命工师令百工审五库之量:金、铁、皮革、筋、角、齿、羽、箭干、脂胶、丹漆,无或不良;百工咸理,监工日号,无悖于时,无或作为淫巧,以荡上心。"又曰:"工师效功,陈祭器,案度程,无或作为淫巧,以荡上心。必功敬为上,物勒工名,以考其诚,工有不当,必行其罪,以穷其情。"说明"百工"属"工师"管辖。"工师效功","物勒工名","工有不当,必行其罪。"表明工师是监工者,负责考察工匠。

周代官府"百工"又称"在官之工",即《国语·齐语》所谓"处工就官府"和《国语·晋语》所谓"工商食官"者是也。他们在劳动形态上主要是徭役劳动和无偿劳动。《吕氏春秋·季春纪》云:季春之月"命工师令百工,审五库之量,金、铁、皮、革、筋、角、齿、羽、箭干、脂胶、丹漆,毋或不良,百工咸理,监工日号,无悖于时,无或作为淫巧,以荡上心。"又云:季夏之月"命妇官染采黼黻文章,必以法故,无或差忒,黑黄苍赤,莫不质良,勿敢伪诈,以给郊庙祭祀之服,以为旗章,以别贵贱等级之度"①。

春秋时期,各地方都有专业工匠进行手工业生产,所谓"郑之刀,宋之斤,鲁之削,吴、越之剑,迁乎其地而弗能为良",反映了手工业生产的地域分工及其产品的地方特色。《左传》成公二年载:"孟孙请往赂之,以执斲、执针、织纴,皆百人。"这里说的是楚人伐鲁,鲁国用手工业者作贿赂品,以求和平,从侧面说明了鲁国手工业的发达。所以《礼记·檀弓》说,春秋末年,鲁国有巧匠公输般,能制造奇巧的手工机器。同时,春秋时期已出现官府手工业工场。如《论语·子张》曰:"百工居肆,以成其事",童书业先生认为,这里的"百工"是自由手工业者,"肆"即工场兼商店的制卖所。齐侯钟铭载齐灵公对宠臣叔弓说:"余命汝司予莱,陶铁徒四千,为女(汝)敌寮。"可见不仅出现了专业化的手工业工场,而且生产规模很大②。另外,春秋时期铁器已经普遍使用于生产之中。《国语·齐语》载:"美金以铸剑戟,试诸狗马;恶金以铸锄夷斤劚,试诸壤土。"《左传》昭公二十九年曰:"晋赵鞅、荀寅帅师城汝滨,遂赋晋国一鼓铁,以倚靠刑鼎,著范宣子所为刑书焉。"能用铁铸造铭刻刑法的鼎,可见工匠冶铁技术之高。这些都表明当时手工业空前发达,工匠队伍也随之空前扩大,成了一个重要的社会阶层。如《国语·周语上》曰:"百工谏,庶人传语。"《国语·晋语四》曰:"公食

---

① 吕不韦:《吕氏春秋》卷3《季春纪》、卷6《季夏纪》,见王云五主编的《万有文库》第12集,商务印书馆,1937年,第35—36页;第76页。
② 童书业:《中国手工业商业发展史》,齐鲁书社,1981年,第20页。

贡,大夫食邑,士食田,庶人食力,工商食官,皂隶食职,官宰(家臣)食加。"正因为这样,管子才主张"四民分居定业",将国民按职业划分为士、农、工、商四个社会集团,世代相传而不改业。

战国时期,手工业经济比春秋时期更加发达。特别是铁制工具的大量生产和广泛使用,带动了其他手工行业的迅速发展。如《荀子·强国》说:"刑(型)范(范)正,金锡美,工冶巧,火齐(剂)得,剖刑而莫邪已。"表明当时铁器制造技术水平很高。《墨子·鲁问篇》和《墨子·公输》载公输般(班)为楚人作"舟战之器"与"云梯之械","守御有余",则表明当时社会上活跃着不少的手工业能工巧匠。

由于工商业的空前发展,战国时期出现了人口集中的大都市,工商业队伍日益壮大。《战国策·赵策三》说当时"千丈之城,万家之邑相望。"《战国策·齐策一》说当时齐国的临淄城中有居民七万户,大都从事工商业,"甚富而实,其民无不吹竽鼓瑟,击筑弹琴,斗鸡走犬,六博蹋踘者;临淄之途,车毂击,人肩摩;连衽成帷,举袂成幕,挥汗成雨;家敦而富,志高而扬"。可见当时城市中从事手工业生产的人口和手工业生产规模都远远超过乡村,工商业阶层的经济势力与政治地位更在日益提高。《孟子·滕文公》曰:"百工之事,固不可耕且为也。"由于当时手工业已与农业并立,故种田的许行要"与百工交易"。不仅如此,《墨子·尚贤》上还主张:"虽在农与工肆之人,有能则举之。"表明工匠是自由的生产者,在政治上与平民享有同等的地位。

随着工商业阶层政治经济地位日益提高,手工业与商业出现了结合的趋势。"手工业企业家与商业经营者统称为商人",手工业者"势力逐渐扩大……商人利用高利贷剥削农民,乘农民贫困,兼并农民的土地。"[1]这就使得新兴的地主阶级代表人物不得不推行抵制商人的政策。首先是魏国李悝提出"重本禁技巧",接着商鞅提倡"令商贾技巧之人无繁",荀子也力主"务本禁末"[2]等等,表明"农本工商末"的思想已然成为社会新思潮。随着工商业为"末业"理论的盛行,政府抑末政策也渐次出台。

秦汉时期的手工业工匠不仅政治地位下降,而且经济负担加重。特别是秦朝,大兴土木工程,大量役使工匠,并对工匠进行残酷的剥削和迫害。据《史记》卷6记载:"秦二世曰:先帝后宫非有子者,出焉不宜,皆令从死,死者甚众。葬既已下,或言工匠为机藏,皆知之藏重,即泄大事,毕已藏闭中羡,下外羡门,尽闭工匠,藏者无复出者。"《汉书》卷36亦曰:秦始皇"棺椁之丽,宫馆之盛,不可胜原。又多杀宫人,生薶工匠,计以万数。天下苦其役而反之"。秦始皇在琅玡刻石中表示,他要继承商鞅"上农除末"的政策。《汉书·晁错传》载:"秦时谪及赘婿、贾人,后以尝有市籍者,又后以大父母、父母尝有市籍者,后入闾取其左。"可见秦朝商人与有罪者、贱民(赘婿近奴隶,闾左贫民也是贱者)同等待遇,要被谪发戍边。汉承秦制,如《史记·平准书》载:"天下已平,高祖乃令贾人不得衣丝乘车,重租税以困辱之。孝惠皇后时,为天下初定,复弛商贾之律,然市井之子孙,亦不得仕宦为吏。"总之,秦汉时期,政府继续完善"抑末政策",并重点打击私营工商业,实行政府对工

---

[1] 童书业:《中国手工业商业发展史》,齐鲁书社,1981年,第25页。
[2] 刘向:《说苑》卷20,中华书局,1987年,第204页;商鞅:《商君书》卷5,上海人民出版社,1974年,第71页;王先谦:《荀子集解》,商务印书馆,1933年,第237页。

商业的全面垄断。从此官府工业规模日益扩大,官府工匠制度也日益完备。

魏晋南北朝时期,政治上长期分裂割据,社会动荡不安,为了组织工匠服役,封建政府便大力加强对工匠的控制。这个时期官府工匠主要有两大类:一类是世代服役、终身系官的"在籍工匠",一类是临时征发的"应役工匠"[①]。由于战乱造成工匠缺乏,割据政权又急需大量工业劳力,俘虏、刑徒和额外征发便成了官府工匠的重要来源。被束缚在官府工业中的在籍工匠,不仅备受奴役,而且大多长期服役而得不到休息。宋朝时期,官府工匠制度有了新的变化。唐王朝将全国工匠进行组织编制,让他们每年自备粮用到官府工业服务20天,即轮番给官府服役,称为"番匠",是官府工匠的主体。此外,官府工匠中还有奴婢和刑徒,还有"明资匠"(精湛技艺的工匠)和"和雇匠"(即募集工匠)等雇工劳动,是当时官府工匠的补充。北宋官府手工业分属四大系统,一是少府监,二是将作监,三是军器监,四是内侍省。南宋将少府监、将作监、军器监并归工部。宋代官府工匠实行"差雇"制(介于雇募与征差之间,差匠雇匠同受雇值),以"募匠"(又称"和雇匠")为主,以"差匠"(即"番匠")为辅。在官手工业中采用雇佣劳动制度,打破了唐代以前长期存在的封建徭役制生产关系,标志着工业商品生产关系出现和工匠社会地位开始提高,无疑是中国劳动史上的一大进步[②]。

但元代实行严格的匠籍制度,对官府工匠的奴役又有所强化。根据元代匠户制规定,匠户大致可分为三类:第一类是系官人匠,他们在官局工作,物料自官局支领,或支领物料钱,由官局或匠人自行收买。第二类是军匠,他们的户籍在军籍中,战时是工兵,平时设局为军人制造武器。第三类是民匠,他们可自由生产和买卖,有时也有定额课程,有时还受官府差遣,但皆依例付给工价。系官匠户主要来自"俘虏"、"籍括"、"籍拨",以及抽调、招募、投充而来的人口。匠户待遇不同于一般民户,不仅户籍单列、身份世袭,而且匠户间词讼的管辖机构也与庶人有别[③]。这种严格的匠户制度,是对宋代官手工业生产中雇募劳动制度的一个反动。元代工匠最主要的是"系官人匠",身份近似奴隶,是在官府严格监视下进行生产劳动的工奴。

二、元代以前民间工匠制度的沿革

民间工匠同官府工匠一样,是手工业劳动力的重要组成部分。

远在公刘时代,周人已经懂得"取厉取锻"(《诗·大雅·公刘》)。《诗经》中有不少关于周代手工业生产行业的记载,如:

《陈风·东门之枌》曰:"不绩其麻,市也婆娑。"

《豳风·七月》曰:"八月载绩,载玄载黄,我朱孔阳,为公子裳。"

《豳风·七月》又曰:"取彼狐狸,为公子裘。"

《小雅·巷伯》曰:"萋兮斐兮,成是贝锦。"

[①] 刘国良:《中国工业史》(古代卷),江苏科学技术出版社,1990年,第244页。
[②] 徐松:《宋会要辑稿》,《职官》一六之七、《刑法》二之四七,第3册,中华书局,1957年,第6519页,第2725页。
[③] 鞠清远:《元代系官匠户研究》,《食货》,1935年第9期。

《小雅·大东》曰:"小东大东,杼柚其空。"

《小雅·大东》又曰:"跂彼织女,终日七襄,虽则七襄,不成报章。"

《大雅·瞻卬》曰:"妇无公事,休其蚕织。"

从这些文句里面可以看到,西周的纺织业很发达,包括葛布、麻布、蚕丝、皮裘等纺织业,它们都需要专门的纺织工匠进行专业生产。童书业先生认为,西周的手工业者多是"自由人",但其社会地位低于普通民众。奴隶大概也有从事手工业的,但似乎不占多数①。

到了春秋战国时期,随着"工商食官"局面被打破,大批的民间私营手工业者从官府手工业中分化出来,成为独立的私营手工业者,从此民间工匠队伍迅速壮大。春秋战国时期是中国思想文化史上百家争鸣的轴心时代,作为手工业者的代言人和代表学说——墨子及墨家思想成了与孔子儒家分庭抗礼的名家和显学。墨子(前468年—前382年)发明了很多重大的"守御"器械。《墨子·公输》载:"公输般九设攻城之机变,墨子九拒之。公输般之攻械尽,墨子之守御有余。"在《墨子》一书中,有很多专论守备器物构造原理的工业科技篇章。如《备城门》中的"堑县梁"(即吊桥)和《备穴》中的"罂听"(即监听器)都是先进的军事器械。墨子根据力学原理造车,并发明"车辖"(既车轴)。作为杰出的制造发明家,墨子不仅是杰出的工匠,而且是伟大的工匠学者和工匠思想家。他代表手工业阶层中贱人、役夫、小人、瘠墨的阶级利益,提出了以"兼爱""非攻"为中心思想的大平等思想,企图打破亲疏、贵贱、贫富、强弱等大不平等。所以,"用今人的话来说,墨子是先秦诸子百家中的劳动者,在劳动者中是手工业者。手工业者与农民相近而不是正式农民。墨子在先秦在古代是唯一的一个主张工农参政者"②。墨家学说的突出发展充分说明当时工匠阶层已成为社会经济中的重要力量。

《史记·货殖列传》中所载战国时期的大富豪,许多是以铁业和盐业起家的,如蜀卓氏、宛孔氏等。《盐铁论·复古篇》说,当时"浮食豪民,好欲擅山海之货,以致富业,役利细民"。又说:"往者豪强大家,得管山海之利,采铁石鼓铸煮盐,一家聚众或至千余人,大抵尽收放流人民也。远去乡里,弃坟墓,依倚大家,聚深山穷泽之中,成奸伪之业,逐朋党之权。"其后各朝各代,无论官府对手工业垄断到何种程度,民间手工业总是不停地发展着,民间工匠也总是活跃在城乡民用手工业的各个行业生产之中。

秦汉时期,政府逐渐实行垄断工商业和打击私营工商业的政策。特别是汉武帝时期,实行盐铁官营,国家不仅从税收政策、货币政策等一系列经济政策上打击私营工商业者,还在政治上"把手工业者与罪犯看成是一类人"③。王莽又推行"五均""六莞"政策,实行国家经营工商业和专卖制度,对民间工商业者课以重税,严重影响了民间工匠的生产与生活。

魏晋南北朝时期,长期的社会动荡不利于民间手工业发展。民间手工业者往往同时是农民。期间唯"北朝时期民间工业有所发展。……民间独立手工业者,一部分是官府逐渐放免的工匠,另

---

① 童书业:《中国手工业商业发展史》,齐鲁书社,1981年,第7页。
② 蔡尚思:《墨子十大宗旨的主次问题》,见张知寒主编的《墨子研究论丛》(四),齐鲁书社,1998年,第14—15页。
③ 刘国良:《中国工业史》(古代卷),江苏科学技术出版社,1990年,第234页。

一部分是从农民中逐渐分化出来的手工业劳动者。"①

唐宋时期，随着官手工业中轮番服役和雇募制度的出现，民间手工业者也有了一定的人身自由，使民间手工业获得了较大的发展。特别是在宋代，明显地出现了小农、小工、小商三位一体化的发展趋势。李晓的《宋代工商业经济与政府干预研究》认为，宋代农民兼业的情况非常普遍。宋人王柏的《鲁斋集》曰："今之农与古之农异。秋成之时，百逋丛身，解偿之余，储积无几，往往负贩佣工以谋朝夕之赢者，比比皆是也。""士农工商虽各有业，然锻铁工匠未必不耕种水田。纵使不耕种水田，春月必务蚕桑，必种园圃。"②匠户、炉户亦工亦农，或农主工辅，或工主农辅。

雇佣工匠，宋代较唐代更多。除了官府雇募外，私家也招雇。根据童书业先生研究，宋代都城中受雇的工匠很多。如《东京梦华录》载："即早辰桥、市、街、巷口，皆有木竹匠人，谓之杂货工匠，以至杂作人夫，道士僧人，罗立会聚，候人请唤，谓之罗斋。"雇工制度发展说明农民转化为工匠的逐渐增多。宋代民间手工业中，作坊非常兴盛。私家手工业的工场同时还兼商店的性质。特别是纺织专业户"机户"，又称"机织户"，是新出现的名词。《武林旧事》载："都民骄惰，凡买卖之物，多于作坊行贩已成之物，转求什一之利。或有贫而愿者，凡货物盘架之类，一切取办于作坊，至晚始以所值偿之，虽无分文之储，亦可糊口：此亦风俗之美也。"作坊中有主人有工匠，有师傅有徒弟，主人往往是师傅兼工头。大的作坊和分店，主人甚至可能雇用经理人来代理。有规模相当大的，如《东京梦华录》载："凡饼店，……每案用三五人，擀剂、卓花、入炉。自五更卓案之声，远近相闻。唯武成王庙前海州张家，皇建院郑家最盛，每家有五十余炉。"50 余炉的饼店，用人至少当在五十人以上，这已近于手工业工场的规模了③。

过去有人认为元朝官府严格控制手工业生产，推行反动落后的工匠制度，严重阻碍了民间手工业的发展。胡小鹏在《元代的民匠》一文中则提出了不同看法。该文对元代民间工匠的发展问题做了全面的研究和介绍④。元代的民间工匠与官府工业中的系官工匠和军事工业中的军匠并行存在，一部分属于匠户户籍，大部分则隶属民籍。文章认为，元代由于匠户制度的确立，官局人匠及军匠的大量存在，客观上为民间手工业者提供了一定的发展空间。在民匠差雇方面，元朝官府也有较新的制度，如专门编制民匠簿籍，设专门机构管理民间工匠，让民间工匠实行轮番应役等。只是随着元代官营局院的衰败、吏治的恶化和匠役制度的弛坏，民间工匠生产才受到较大影响。

三、明清时期官府工匠制度的沿革

明代的官府工业，按不同的领导机构可分中央、军队和地方三个系统。中央系统分几个部分：一是属于工部系统，即工部领导下的官手工业组织，直接为中央政府服务；二是属于内官监系统，

---

① 祝慈寿：《中国工业劳动史》，上海财经大学出版社，1999 年，第 78 页。
② 王炎：《双溪类稿》卷 22，引自李晓的《宋代工商业经济与政府干预研究》（中国青年出版社 2000 年版）第 23 页。
③ 孟元老：《东京梦华录》卷 4"修整杂货及斋僧请道"条；周密：《武林旧事》卷 6"作坊"条；孟元老：《东京梦华录》卷 4"饼店"条，均引自童书业：《中国古代工商业史》，第 162 页。
④ 胡小鹏：《元代的民匠》，《西北师范大学学报》，2002 年第 6 期，第 63—68 页。

即内府领导下的官手工业组织,基本上是为皇室的消费生活服务的;三是属于户部系统,即户部领导下的官手工业组织,以制盐工业为主。军队系统有都司卫所领导下的官手工业组织,属于兵部而分隶于各卫所的军匠。地方官府(有司)领导下的官手工业组织,管理地方"存留工匠",领导地方手工业生产。另外,为保证官手工业的生产有效运行,以都察院监察御史和六科给事中为骨干的监察组织也予以配合。明代官营手工业范围十分广泛,规模相当可观。以明代官营织造(织染)工业为例,属于中央官局系统者,有分设在南京和北京的四个织染局;属于地方官局系统者,有分设在浙江、南直隶等八省的22处织染局①。

明代官手工业的最高管理机构是工部,设尚书一人,正二品,左、右侍郎各一人,正三品。下属司务厅、营缮、虞衡、都水、屯田四清吏司、都水司主事、营缮司主事、虞衡司主事、屯田司主事等机构。其中营缮司管辖营缮所、文思院、皮作局、鞍辔局、宝源局、颜料局、军器局、节慎库、织染所、杂造局、广积、通积、卢沟桥、通州、白河各抽分竹木局、大通关提举司、柴炭司等。

其中,营缮司经营兴作之事。凡宫殿、陵寝、城郭、坛场、祠庙、仓库、廨宇、营房、王府邸第之役,鸠工会材,以时程督之。凡卤簿、仪仗、乐器,移内府及所司,各以其职治之,而以时省其坚洁,而董其窳滥。凡物料储偫,曰神木厂,曰大木厂,以蓄材木;曰黑窑厂,曰琉璃厂,以陶瓦器;曰台基厂,以贮薪苇,皆籍其数以供修作之用。

虞衡典山泽采捕、陶冶之事。凡诸冶,饬其材,审其模范,付有司。钱必准铢两,进于内府而颁之。牌符、火器,铸于内府,禁其以法式泄于外。都水典川泽、陂池、桥道、舟车、织造、券契、量衡之事。水利曰转漕,曰灌田。凡舟车之制,曰黄船,以供御用;曰遮洋船,以转漕于海;曰浅船,以转漕于河;曰马船、曰风快船,以供送官物;曰备倭船、曰战船,以御寇贼;曰大车,曰独辕车,曰战车,皆会其财用,酌其多寡、久近,劳逸而均剂之。凡织造冕服、诰敕、制帛、祭服、净衣诸币布,移内府、南京、浙江诸处,周知其数而慎节之。凡祭器、册宝、乘舆、符牌、杂器皆会则于内府②。

屯田清吏司只管理部分手工业事务,主要为竹木抽分等工业材料供应事务。

都水清吏司的职责是"掌川渎、陂池、桥道、舟车、织造、衡量之事"。其中官府织造机构又分内织染局和外织染局,"内局以应上用,外局以备公用"③。对于一些任务特别繁重的工作则另设分支机构,特派专官莅事,借以加强领导和监督。这种分支机构大约有两种:一种是"分司",即工部各司的分司,通常以员外郎、主事等高级官员出任,地位较高,可与各司相比,故称为分司;另一种是"所属衙门",主管官员是大使,地位较低,要服从有司的领导。以虞衡清吏司为例,分司有:(1)宝源局,有关防、有鼓铸公署,所属有宝源局大使。(2)皮作局,有皮作局大使、副使各一员。(3)军器局,辖有盔甲厂和王恭厂,盛时有工匠近万人。(4)验试厅,负责验收物料和产品④。

---

① 彭泽益:《从明代官营织造的经营方式看江南丝织业生产的性质》,《历史研究》,1963年第2期,第33—56页。
② 张廷玉:《明史》卷72《职官一》,第6册,中华书局,1974年,第1759—1761页。
③ 申时行重修:《大明会典》卷196、卷201,江苏广陵古籍刻印社,1989年影印本,第2647页、2703页。
④ 张廷玉:《明史》卷72《职官一》,第6册,中华书局,1974年;申时行重修:《大明会典》卷181—196,江苏广陵古籍刻印社,1989年。

明宣宗曾作《工部箴》曰：

虞舜之世，垂若百工。暨于成周，乃设司空。汉置水衡，将作少府。备物致用，必谨其度。我朝建官，列次六卿。率属有四，各底于成。凡诸缮作，仪品有秩。辨其楛良，去华就实。凡厥有位，宜慎其官。顺理而治，勿苛以残。山泽之利，羽毛齿革，金矿丹漆，暨木与石，为所当为。毋耗于材，逸所当逸。毋殚其力。毋纵己私。纵则召蠹，毋溺于贿。溺则取败，必祗必勤。必施以公，百役具宜。惟尔之功，其懋敬哉。视古仁智，率履弗愆，用保禄位。①

从此箴言可以看出，工部职责是"山泽之利、羽毛齿革、金矿丹漆、暨木与石"等"百役具宜"，无所不为。

内府管辖的官手工业是仅次于工部系统的一个庞大的工业生产体系。明代将直接服务于皇帝的四司八局十二监共24个衙门统称为内府。内府十二监主掌内府制作，分别是司礼监、内官监、御用监、司设监、御马监、神宫监、尚膳监、尚宝监、印绶监、直殿监、尚衣监、都知监。其中内官监管理住坐工匠，下辖木作、石作、瓦作、土作、搭材作、东行、西行、油漆作、婚礼作、火药作十作，生产规模庞大。御用监负责皇帝器用造作，生产规模也十分庞大。内府四司（惜薪司、钟鼓司、宝钞司、混堂司）与八局（兵仗局、银作局、浣衣局、巾帽局、针工局、内织染局、酒醋面局、丝苑局）也管理着很多手工业生产部门，并管辖着各自的工匠队伍，如兵仗局最多时拥有工匠达3000多人。另外，明代内府除北京内府外，还有南京内府，下辖南京司礼监、南京内官监、南京内织染局、南京兵仗局前厂等，也拥有诸多的手工业部门和庞大的工匠队伍。

明代户部所辖的手工业部门主要是制钞业、制盐业和制钱业等。明代地方官府手工业主要是十三布政司及其下设府州县管辖的官营手工业。其中属布政司管辖的有杂造局、织染局、军器局、宝泉局等，府属也有杂造局、织染局等。明代的军事工业除中央和布政司所辖军器局与兵仗局以外，主要是各地军事卫所管辖的军器局的军器制造业。卫所手工业的工匠称军匠，实行定额生产，生产的军器主要是盔甲、火器与刀箭之类，部分卫所军器局承担有兵车、战船等生产任务。

明代的匠户由元代遗留的工匠和部分新补充的工匠组成，是有别于普通民户的一种劳役式的手工业户。所有编入匠籍的工匠都要到官府服役，凡是住在京城的工匠每月到官府上班十天，称"住坐匠"；凡是住在京城以外的工匠每年或每几年一次（景泰五年一律改为四年一班）轮班到京师服役，称"轮班匠"。"凡军、匠、灶户，役皆永充。军户死若逃者，于原籍勾补。匠户二等：曰住坐，曰输班。住坐之匠，月上工十日。不赴班者，输罚班银，月六钱，故谓之输班。监局中官，多占匠役，又括充幼匠，动以千计，死若逃者，勾补如军。灶户有上、中、下三等。每一正丁贴以余丁，上、中户丁力多，或贴二三丁，下户概予优免。他如陵户、园户、海户、庙户、幡夫、库役，琐末不可胜计。"明代官手工业规模庞大，官手工业工匠所受剥削沉重，生活非常艰苦。"明初，工役之繁，自营建两京宗庙、宫殿、阙门、王邸。采木、陶甓，工匠造作，以万万计。所在筑城、浚陂，百役具举。迄于洪、宣，郊坛、仓庾犹未迄工。正统、天顺之际，三殿、两宫、南内、离宫，次第兴建。"弘治时礼部尚

---

① 《考工典》第4卷《考工总部·汇考四》，见何庆生整理的《中国历代考工典》第1册，江苏古籍出版社，2003年，第40页。

书倪岳上书言:"诸役费动以数十万计,水旱相仍,乞少停止。"武宗时,乾清宫役尤大。"以太素殿初制朴俭,改作雕峻,用银至二千万余两,役工匠三千余人,岁支工食米万三千余石。又修凝翠、昭和、崇智、光霁诸殿,御马监、钟鼓司、南城豹房新房、火药库皆鼎新之。权幸阉宦庄园、祠墓、香火寺观,工部复窃官。"所以,"给事中张原言:工匠养父母妻子,尺籍之兵御外侮,京营之军卫王室。今奈何令民无所赖,兵不丽伍,利归私门,怨丛公室乎?"①

明代将工匠正式著籍为匠户,原则上户役一丁,每户正匠可免杂差,另免一丁帮贴应役,余丁每名每年只需出办工食银三钱,而正匠在应差时间外,还可以自由从事其他工作,所以匠户之正丁、余丁,身份上的限制基本上比军户少。此外,匠户也比其他职业户更有经济能力,明代除顺天、应天两府有其文化、经济背景之外,直隶浙江地区因民营手工业的发展,一些匠户因此得以凭自身技艺受雇为工,领取报酬,或自行经营,以获取更多利润。明初的工匠,有轮班工匠和住坐工匠两类。凡籍隶京师的工匠,皆为住坐匠,每月服役二十日;凡籍隶各行省的工匠,每三年或两年赴京师轮作三月,更番交替,谓之轮班。住坐匠隶属内府官监,由匠官管理;轮班匠隶属工部,由工部量地远近以定班次,如期各赍勘合至部分配工作。

明代工匠制度的变化始于以银代役,称"班匠银",最先在轮班工匠中推行。成化二十一年(1485年),明政府颁发了轮班匠"以银代役"的法令。这一年工部奏准:"轮班工匠有愿出银价者,每名每月南匠出银九钱,免赴京(服役),所司类赍勘合,赴部批工;北匠出银六钱,到部随即批放。不愿者,仍归当班。"②嘉靖八年(1529年)二月,在全国实施班匠银制度,嘉靖十一年全国班匠一律以银代役。因施行工匠纳银制,纳银即可免役,匠户更自由,这使匠户丁男较其他职业户更有机会学习和研究技术。

在班匠银制度基础上,清顺治二年(1645年)宣布废除匠籍制度,"令各省俱除匠籍为民","免征京班匠价"(《清世祖实录》卷16五月十九日上谕)。工匠匠籍身份从此在法律上获得了解放,官府工业中匠役也改为记工给酬的雇募制。康熙年间开始将班匠银均于地丁摊征。康熙三十七年(1698年)到雍正四年(1726年)"摊丁于地"政策逐步推行以后,各省陆续将班匠银归并田亩或地丁带征,使"手艺贫民受益良多"③。从此,中国传统工匠获得了与普通农民一样的身份地位,有了较多的自由,大大提高了生产劳动的主动性和积极性。

清代的官手工业管理机构及其职能基本上继承了明代的模式:工部设尚书和左、右侍郎,俱满、汉一人,下属营缮、虞衡、都水、屯田四清吏司等部门,并设有笔帖式、制造库郎中、司库、司匠,及节慎库、硝磺库、铅子库、司务厅司务、缮本笔帖式等官职④。

清代官营织造手工业只在江宁、苏州、杭州和北京四处设局,比明代的范围和规模要小。顺治八年(1651年)实行"买丝招匠"以后,江南三处织造局都改变了明代的领织方式,照额定织造钱粮

---

① 张廷玉:《明史》卷78《志第五十四·食货志二·赋役》,中华书局,1974年,第7册,1907页。
② 申时行重修:《大明会典》189《工部九·工匠二》,第5册,江苏广陵古籍刻印社,1989年影印本,第2569页。
③ 彭泽益:《中国近代手工业史资料》卷1,中华书局,1957年,第391—393页、162—163页。
④ 赵尔巽:《清史稿》卷114《志第八十九·职官一》,中华书局,1977年,第3291—3292页。

购买丝料,从民间招募工匠,在局按式织造;同时改革明代金派堂长管理、机户供役的旧制,对民间丝染织手工业者采用"承领机帖"、"轮值"的方式加以控制利用;另外还注意裁减官局匠役,如康熙十六年(1677年)令苏州织造局裁减织机191张,康熙二十五年(1686年)令京内织染局裁减项匠役150名等①。

四、明清时期民间工匠制度的沿革

到明清时期,民间私营手工业者除了手工作坊和手工工场生产以外,以家庭为生产单位("家庭农场"或"家庭作坊")的经营方式还普遍存在。其中分几种类型:

一是家庭手工业。以家庭为生产单位,夫妻协作,亦农亦工,工商结合的个体工匠,这种形式也就是人们常说的"男耕女织"、工农结合型的民间工匠。他们在经营手工业的同时,又必须以生产物作为赋税去供给官府。这种类型在中国历史上早已出现,到明清时期更发展出"男耕女织"的农业与手工业紧密结合的"家庭农场",也称自给自足的小农经济。这种乡村手工业者,半农半工,在身份上只能算做半工匠或准工匠,其主要特点是生产目的由以工辅农向以农辅工发展,生产性质由小农经济向"家庭农场"过渡。特别是明清时期江南纺织业等主要行业中的大批纺织劳力,不仅这个特点日益显著,而且生产的商品性日益加强,生产的目的已经过渡到以农辅工型。同时,这种专业手工业家庭内部的男女分工实际是一种家庭手工业作坊,其中不少人采取了前店后坊、产销结合与工商合一的经营方式。这个时期的生产目的是以交换为主,生产性质主要是商品生产。

二是作坊手工业。作坊手工业往往也是家庭作坊,但比家庭手工业专业性强一些、规模大一点,资本多一点,生产的产品完全进入市场。明清时期江南及其周边地区的作坊手工业大多数是从家庭手工业发展起来的,也有一些作坊是由商人投资经营的,在纺织业中比较多见。如明代成化年间南京机户陈㝮,独自承接了100两银子的36匹纻的织造,其家中至少有五台织机,动用织作人手至少在5人以上②。

三是工场手工业。中国民间手工业工场出现的时间在学术界虽有不同说法,但大都认为在明代中后期。万历时杭州人张瀚说:"余尝总览市利,大都东南之利,莫大于罗、绮、绢、纻,而三吴为最。即余先世亦以机杼起,而今三吴之以机杼致富者尤众。"③张瀚又记述其先祖发迹过程道:"因罢酤酒业,购机一张,织诸色纻币,备极精工。每一下机,人争鬻之,计获利当五之一。积两旬复增一机,后增至二十余。商贾所货者常满户外,尚不能应。自是家业大饶。后四祖继业,各富至数万金。"④在苏州,万历时"潘氏,起机房织手,至名守谦者,始大富至百万"⑤。又有王翁鼎者,"以织

---

① 彭泽益:《清代前期江南织造的研究》,《历史研究》,1963年第4期,第91—116页。
② 转引自范金民和《江南丝绸史研究》,农业出版社,1993年,第209页。
③ 张瀚:《松窗梦语》卷四《商贾记》,上海古籍出版社,1986年,第76页。
④ 张瀚:《松窗梦语》卷六《异闻记》,上海古籍出版社,1986年,第106页。
⑤ 沈德符:《万历野获编》卷28《果报·守土吏狎妓》,中华书局,1959年,第713页。

机为业,家颇饶"①。还有一个接受千金订货的"织人周甲家",能够应承千金织造缎匹②。在南京,有织罗俞四老,宦官钱宁"将银二三万与之织造"③,其生产规模可以想见。

　　明代嘉靖、万历(1522—1620年)以后,随着工匠制度的逐步瓦解,江南及其周边地区民间手工业迅速超过官营手工业,成为手工业的主体部分;民间手工业的行业分工与专业化发展迅速,特别是江南及其周边地区手工业生产的商品化与市场化程度空前加强;在分工与专业化空前发展的基础上,作坊手工业开始向工场手工业发展。与此同时,手工业生产中的民间工匠队伍也日益壮大,成了江南及其周边地区工业劳动力的主力军;工匠身份地位也随着传统工匠制度的瓦解而有所改变。总之,在江南及其周边地区的纺织业、制造业和建筑业等发达行业中,具备了传统工匠技术转型和角色转换的历史条件。

---

① 李乐:《见闻杂记》卷11,见《瓜蒂庵明清掌故丛刊》,上海古籍出版社,1986年,第1011页。
② 凌蒙初:《二刻拍案惊奇》卷39,上海古籍出版社,1983年,第1362—1363页。
③ 周晖:《金陵琐事卷四·钱宁后身》,见《南京稀见文献丛刊》,南京出版社,2007年,第163页。

第三章 传统工匠现代转型及其历史意义

第一节 传统工匠现代转型之含义

传统工匠现代转型首先体现为以经验技术理论化为主要内容的技术转型。技术转型主要指工匠技术在知识形态和物质形态上的转变,早期工业化时期表现为工匠经验型技术向科学理论型技术转变为主要标志的学者传统与工匠传统相结合,工业现代化时期表现为科学技术化中的以现代职业技术教育兴起和现代机器工业产生为主要标志的技术生成方式和技术操作方式的转变。

在传统社会中,工匠属于劳力者阶层,学者属于劳心者阶层,学者地位高于工匠,因而形成截然有别的工匠传统与学者传统。一般认为,工匠传统与学者传统区别主要体现在以下几方面:一是工匠注重解决实际问题而拥有从实践中磨炼出来的操作能力和经验技能,学者注重知识理论研究而擅长运用统计与推理的方法将经验技术理论化;二是工匠注重问题的直接原因而很少顾及事物的深层原因,学者因注重追寻事物最终原因而重视理论诠释;三是工匠因注重与效果直接相关的因果联系而较多具有形象的整体思维,学者因深入事物本质而更多具有分析的逻辑思维;四是工匠重器与学者重道之别。

近世以来,学者传统与工匠传统日益走向结合,一方面经验技术理论化空前加速,各行各业技术总结和理论著作日益增多,产业技术理论化与科学化形成潮流;与此同时,新科学理论不仅更多地运用于生产实践,而且迅速进入学校以学者模式来培养学生,从而将理论转化为技术工程师阶层。拥有近代科学的新学校要求学生从科学原理出发去分析问题,从根本原因出发去寻求问题的解决方法,学者传统被普遍接受而成为经典思维模式。由此可见,传统工匠技术转型主要指中世纪分离了的工匠传统与学者传统重新走向结合,包括文人学者大批投入工匠技术的理论总结与研究工作,工匠自己进行试验研究与专业理论总结以及传统工匠技术传承方式的改变(师徒制变为学校制)等方面。

角色转换则指传统工匠向现代技术工人、工程师及科技专家等转变中技术主体身份、地位与职业角色的转化。传统工匠现代转型是工业生产劳动者技术转型与角色转换的双轨式发展过程。一方面,作为工业化动力的技术转型是长期分离的科学理论传统与工匠经验传统联姻的结果;另一方面,作为科学技术现代化标志的"技术科学化"与"科学技术化"过程,本质上也是传统工匠向现代技术工人与工程师等科技专家转型中科技主体的身份地位转化和职业角色转换的过程①。传统工匠在社会中的身份地位及角色扮演决定其特有的行为模式和行为规范,同时也决定其技术转型与角色转换两者之间互为基础,彼此互动。

兹纳涅茨基的《知识人的社会角色》第二章"技术专家与圣哲"提出:"为什么科学家,那些沉醉于创造知识而放弃了积极有效的行动的人,不仅能为行动者所容许,而且他们生活于其中的共同体还授予他们一定的社会地位,并且认为他们正在执行一种人们所期望的社会功能?……什么时候对科学家的知识的需求是自发产生的,什么时候应归之于某些传统文化的影响?"②在研究知识专家时,兹纳涅茨基为自己设立了两大类问题。第一类问题属于分类学范畴:各种类型的科学家的社会角色的成分与结构是什么?角色之间的内在联系是怎样的?角色的发展道路如何?第二类问题,在社会秩序中,限制科学家行为的规范模式如何(假如完全地)影响知识系统与博学方法?每一个知识人都可能兼任几个在分析上加以区别的角色,因此由各种角色集于一身所带来的种种冲突与矛盾成为传统科学技术者角色转换等现象的缘起。于是,兹纳涅茨基把社会角色设想为一个动态社会系统,它包括四个相互作用的元素。(1)社会圈子:一群与行动者相互作用并评价他的成绩的人(即一群有力的拥护者)。(2)行动者的自我:由于地位而赋予他的身体与心理特征。(3)行动者的社会地位:由于其地位而固有的特许权与免疫权。(4)行动者的社会功能:他对社会圈子做出贡献。这一范式规定了对社会角色进行系统比较时必须加以分析的最起码的东西。R.K·默顿对此评价道:"兹纳涅茨基假设角色是通过连续分化形成的,这尚需待经验检验;同时若能更充分地把角色——范式(社会圈子、自我、地位、功能)运用于分析每一个所讨论的角色之中,就会更大地提高这一项工作的价值;事实上,他较多地注意到了角色的功能,对角色成分之间的结构性关系还关注得不够充分。"③

科学与技术之间始终呈现着复杂的互动关系,这种关系的发展在不同的历史时期具有不同的特点,从而在根本上决定了人类社会历史发展进程的时代性特征。美国社会学家默顿(Robert King Merton)在他著名的博士论文《17世纪英格兰的科学、技术与社会》中认为,17世纪英国的工匠传统和培根所倡导的实验科学,有力地推动了近代科学的实质性变革,并使科学更加具有实用价值。

---

① 余同元:《传统工匠的现代转型》,《光明日报》(理论版),2005年7月20日。
② (波兰)弗洛里安·兹纳涅茨基,斌祥译:《知识人的社会角色》,译林出版社,2000年,第17页。
③ 摘自(美)R.K·默顿的《科学社会学》收入兹纳涅茨基的《知识人的社会角色》,商务印书馆,2009年,第43页。

在17世纪的英国,经验主义和功利主义逐渐形成教育的主调,职业技术教育迅速发展,从而大大推动了技术科学化和科学技术化的历史进程。"人们所熟悉的科学活动的主要根基不在于学识渊博的大学传统,而往往在于已有的技艺之中,他们全部严格依赖于往往由工匠们帮助引进新的科学实验程序和新的仪器。"①这就是"默顿命题"中的一项重要内容:即17世纪的工匠传统与试验科学开始结合并推动了近代科学发展,它一方面促成了长期分离的学术理论传统与工匠经验传统的联姻,另一方面又促成了科学理论的技术化及科技主体的社会化运动②。

文艺复兴之后,西方出现了经验技术的科学理论化现象。一些学者除研究理论外,还积极地参与军事、海运、工业和农业中技术问题研究。此时虽然科学与技术在职业上进一步分道扬镳,科学研究主要是由学者承担,而技术工作主要由工匠和技师承担,但科学与技术这两个系统相互作用开始出现。一方面科学家总结产业技术并研究从技术中产生出来的问题,另一方面技术工作者们也求助于科学家们来帮助他们解决技术难题。由于这种科学与技术的相互需要,导致了技术发展的科学理论化趋势。根据英国学者斯蒂芬.F·梅森的研究,西欧的科学理论传统与工匠经验传统走向结合开始于16世纪。意大利冶金工人比林古邱(Biringuccio)于1504年出版了《论火法》一书,谈到冶炼金属,铸造大炮、炮弹和钱币以及火药的制造等。1581年,伦敦的一个退休海员和罗盘制造者罗伯特·诺曼(Robert Norman)出版了一本小册子《新奇的吸引力》,总结磁针下倾现象,说一根磁针用绳子在半中间吊起来,不但指向北方,而且跟水平形成一倾角,这就叫"磁倾角"。他还把磁化以前和磁化以后的铁屑称重,看磁力是否有重量,并得出否定的结论。他又把一个装在软木上的磁针浮在水平面上,发现磁针仅转动到指向南北而不是向南方或北方移动,从而得出磁力只是一种定向力,而不是运动力的结论,并认为这些现象是通过经验、理性和证明这几项学术根据而发现的。斯蒂芬.F·梅森在他所著的《自然科学史》第三部分《16、17世纪的科学革命》第13章"吉尔伯特、培根和实验方法"中指出:"存在于工匠传统和学者传统之间的障碍,一直把机械技术和人文科学隔离开来,这种障碍到了16世纪就开始崩溃了。行会秘密消失了,工匠把他们的传统记录了下来并吸收学者们的一些知识,有些学者还开始注意到匠人的经验和方法。"③所以说:"公元1500年到1750年,科学与技术在职业上进一步分道扬镳,但在'解决技术问题'上却开始合作,于是出现了一种不同于以往经验技术的新的技术,学术界称之为'科学的技术'(scientific technology)。"④

关于"知识人"和"行动人"之间的"知识"与"行动"中的知行关系,以及经验技术上升到理论科学的价值问题,郭强在《知识与行动——结构化凝视》一文中有论述(《社会》2005年第5期)。

---

① (美)库恩著,纪树立译:《必要的张力》,中华书局,2002年,第116页。
② (美)R.K·默顿在发表于1938年的博士论文《17世纪英格兰的科学、技术与社会》中试图解释英格兰的科学为什么在17世纪特别地突飞猛进,这个解释被称为"默顿命题"。详见默顿著、范岱年等译的《17世纪英国的科学技术与社会》第20—31、46页。参见徐道稳的《科学与社会的互动——"默顿命题"评析》,《深圳大学学报》,1998年第1期,第83—89页。
③ (英)斯蒂芬.F·梅森,上海外国自然科学哲学著作编译组译:《自然科学史》第三部分"16、17世纪的科学革命"第13章"吉尔伯特、培根和实验方法",上海译文出版社,1981年,第72—75页。
④ 王顺义:《西方技术发展科学化的历史变迁》,《历史教学问题》,2002年第4期,第23—27页。

他认为,从行动者的意义自知(即理解的一种形式),到行动者动机的显现,可以提供对这种行动理解的线索和自知的形成结构。他说:"源(原)于体察、源(原)于经验和源(原)于理论的行动意义自知,才是解决理解问题的关键和根本。知识,也只有知识,这时才成为行动意义自知的依据。"没有对生活体察的沉淀和激起,没有对过去和现在自己和他人经验的借鉴和应用,以及没有对理论知识的学习掌握,或许就没有行动意义的认知与赋予。行动的语言学或语用学解释开启和延伸了行动的知识学解释,而行动的知识学解释的哲学化迫使行动走向社会学,社会学对行动意义探索的延伸和行动的知识社会学解释产生了这样一种可能:重构一种新的行动论。这种行动论称之为知识行动论。在对社会行动的结构式把握中,没有对行动的知识结构的解析与重构是无效的,行知体(结构)作为行动的载体和行动论的载体,更可能使社会行动的视阈清晰呈现。他还引用舒茨理论解释说,当"我"处于"行动"状态时,"我"就沉浸在绵延的时间流中,是不可能发现任何清晰的、可相互分辨的经验的;一旦当"我"意识到这一绵延,这种意识本身就使我脱离了这种时间流,使我借助时间的回溯,通过反思的态度,关注"我"的体验,区辨、挑选、勾画经验,从而使持续的意识流转化为冻结的、空间化的完成状态,将"行动"构成"行事",最后从中构成行动的意义①。

第二节 传统工匠现代转型与近代科学革命

传统工业技术主要是一种经验型技术。传统工匠或传统工业技术转型,首先是指工匠经验型技术向理论型技术转化的技术形态之间的转型,呈现出"生产—技术—科学"的序列关系,即所谓工匠经验技术的科学理论化。随着西方资本主义国家技术的大量引进,又有了各种技术形态自身的转型和技术要素系统整体转型的开始,特别是知识形态的技术一旦产生,就会导致现代学科教育与职业教育的发展,从而对科学的技术转化起到前所未有的催化作用。所以,在近代前期的历史上主要是"生产—技术—科学"的序列关系(简称技术科学化),只有到了近代中期以后才开始有了"科学—技术—生产"的序列关系(即科学技术化,其主要标志是职业技术教育的兴起与生产动力化的出现)。一旦经验性技术或技术的经验形态向理论知识形态转变和新的理论知识通过教育等手段转化为新的科学性技术,传统工匠的生产技术便在这个双向互化的过程中实现了最后转型,其相应的社会角色也发生了新的变化②。

近代科学为什么没有在中国产生?近代自然科学率先兴起的为什么是西方而不是中国?这就是所谓的"李约瑟难题"或称"李约瑟问题"(Needham Problem,或 Needham Question)、"李约瑟之谜"(Needham Puzzle)、"李约瑟命题"(Needham Thesis)等,所有这些名称都译自英文。英国李约瑟博士(Joseph Needham,1900—1995)1964 年在《东西方的科学与社会》一文中曾提出:"为什么近

---

① 郭强:《知识与行动——结构化凝视》,《社会杂志》,2005 年第 5 期(总第 243 期)。
② 王树松:《从近代科学技术发展历史辨析科学与技术的关系》,《高师理科学刊》,2002 年第 4 期,第 100 页。

代科学只在欧洲而没有在中国文明中产生?"其实,早在李约瑟提出问题很早之前,在西方列强强行打开中国国门之前,中国知识分子就开始思考西方科学技术日益赶超中国的问题了。从明朝末年徐光启提出"欲求超胜,必先会通"号召,到洋务派检讨中国武器、工业不如人,再到维新派检讨政体制度不如人,最后到新文化运动检讨文化传统不如人,中国人为着自强的目标,一直在检讨着自己。为什么在公元前1世纪到公元16世纪之间,古代中国人在科学和技术方面的发达程度远远超过同时期的欧洲?为什么近代科学没有产生在中国,而是产生在17世纪的西方,特别是文艺复兴之后的欧洲?自从李约瑟博士在其15卷本《中国科学技术史》中正式提出这个问题之后,更加引发了众多学者从各种角度解答。在从经济制度、政治制度、文化传统等不同角度回答之同时,又引发出对"李约瑟问题"质疑和"中国古代有无科学"之争论。其实,中国古代在探求自然知识并用之于社会生产生活方面取得了辉煌的成就,其中的智慧和经验在宋代就已达到一个高峰。宋代被国外历史学家称为是"中国的文艺复兴(Chinese Renaissance)",后来发展何以又落后于西欧?早在16世纪末,第一个把西方科学传统大量介绍到中国的耶稣教会士利玛窦在考察当时的中国科学之后,就发出了中国的天文历算何以停滞不前的疑问。很多学者都不约而同地从"道""器"关系的价值取向和行为选择上进行中西古今之纵横比较,希望从中得出准确答案。

2010年1月人民出版社出版了楚渔著的《中国人的思维批判》一书,在全国引起较大的关注。《中国人的思维批判》涉及的三个问题:为什么中国科学在近代没有发展起来(李约瑟难题)?为什么中国的教育出不了杰出的人才(钱学森之问)?现代中国人应该具备什么样的思维方式?书中认为中国"术"多而"学"少,渊源于中国人的传统思维模式是感性、直观的而缺少逻辑思维。中西方思维方式的不同缘于解决问题的重点不同,中国传统思维重视解决人与人之间的关系问题,西方思维则重视解决人与自然的关系问题。中国人的思维模式是一种感性思维即形象思维,特点是直观性、模糊性和经验性,通过知觉得到一个整体的印象,而不是作周密详细的分析,所以对事物的规律就容易产生不可知论。特别是概念模糊,这可以说是中国人致命的思维弱点,因为概念模糊就不可能产生抽象的逻辑思维,而逻辑思维又是理性思维的基本形式。所以中国人思维中缺少了重要的一步,那就是理论升华。因为逻辑思维的忽视让中国人不重视将具体事物上升到精神层面,形成真理,从而进一步指导人们实践。中国人不关心缺少实用价值的东西,对于注重思辨的做法也不重视,充分体现了过强的功利性。太多的功利性使人们做事情时顾虑重重,又不利于了思维正常运转,从而妨碍了创造性思维的发挥。"天下熙熙,皆为利来,天下攘攘,皆为利往。"中国古代有四大发明等诸多发明创造,但这些不计其数的发明创造是生长在无数实践经验之上的,并且多为具体事物,没有上升到理论科学的高度。过于讲求"和合"使中国人善于总结一些实践经验,但是在总结过程中人们却忽略了"拆分",即对事物分门别类加以深入研究,而这恰恰又是技术上升为理论的必不可少的一步。

梁启超1920年在他的《清代学术概论》中提出,中国自然科学不发达(但他认为清代"朴学"研究法已近于科学),是因为国人有"'德成而上,艺成而下'之观念,因袭已久,本不易骤然解放,其对于自然界物象之研究,素乏趣味"。冯友兰在《为什么中国没有科学——对中国哲学的历史及其后果的一种解释》一文中认为,探讨中国没有自然科学的原因主要应归之于中国人的价值观和中国人的哲学。中国古代有三大学派,道家主张自然,墨家主张人为,儒家主张中道,而后墨家失败,人为路线消亡。儒家中荀子一派主张"制天命而用之",类似于培根的征服自然的观念,但荀子一派在秦亡以后也衰落了。宋代兴起的新儒家吸收了佛家与道家的学说,强调存天理,灭人欲,不寻求控制外部世界,而只求控制内心。这样,中国民族思想注重人伦实用,只在人心之内寻求善与幸福,而不寻求认识外部世界的确定性;只寻求对人的治理,而不寻求对自然界的征服。1945年,竺可桢发表了《为什么中国古代没有产生自然科学?》一文,论及"为什么在中国历史上农业社会能保持这种压倒的势力如此之久?"认为"中国人对实际活动的兴趣,远在其对于纯粹活动之上。""中国人讲好德如好色,而绝不说爱智爱天。古西方人说爱智爱天,而绝不说好德如好色。"竺可桢进一步指出"中西文化在这种价值意义上的差异","也是因为中国社会一直以农业为核心的关系"①。这些回答虽然都有一些偏颇,但都在逐步接近历史的实际。

日本学者薮内清在《中国·科学·文明》前言中认为:"如果与欧洲的近代科学的发生相比较来研究的话,可以说,在中国的文明中,工匠的传统比较强,而学者的传统比较弱。在欧洲,有以柏拉图、亚里士多德、阿基米得、托勒玫等人为代表的科学传统,然而中国的学者呢?可以说几乎所有人都倾心于儒教,很少有人去建立成体系的科学理论。"②这段话可以看做对中国古代科技主体特征③的一种描述,也可以看做对中国何以实用科学和经验技术得以迅速发展的一种解释。正如《庄子·天道》篇中所说:"得之于手而应之于心,口不能言,有数存焉于其间。"主要靠经验判断,这就是工匠传统中的工匠习惯。工匠习惯于重复自己已经掌握的职业技艺,工匠身份习惯于被动接受任务,按照业主的要求干活,唯命是从是其基本心态,也就是常说的"工匠心态"。在传统等级社会里,工匠没有资格让人按照他自己的设计接受工件,也缺少作为"专家"的职业荣誉感和作为企业家而为自己设计成功的自豪感,不能随时为自己的创造进行辩护,无法养成作为一个"专家"和"企业家"的独立人格。工匠心态最常见的表现是习惯于重复作业,千篇一律,一张简单的图纸复制了又复制。同时工匠缺乏专家学者和企业家的职业尊严,别人要他怎么干就怎么干。这是造成中国科技互动与科技创新不足的一个重要原因。

工匠传统一旦与学者传统结合,经验技术一旦上升为科学理论,科学理论一旦发展出新技术,所谓的近代科学革命与产业革命便不期而至。如潜热理论用于提高蒸汽机效率开创了科学技术化的先河,便极大地推动了生产力发展。牛顿力学及热力学开创了机器时代,电磁理论催生出电力时代,科学走在技术前面成为生产力主导,创造了辉煌的科学技术新时代,这就是近代西方历史上的科技革命和与之相伴的工业革命。

---

① 刘钝、王扬宗:《中国科学与科学革命:"李约瑟难题"研究的学术回顾》,辽宁教育出版社,2002年。
② (日本)薮内清:《中国·科学·文明》前言,中国社会科学出版社,1987年。
③ 郑美珍、李兆友:《论我国古代技术创新主体》,《东北大学学报》,2006年第1期。

第三节 传统工匠现代转型与区域早期工业化

现代化是一个历史过程,是一个由传统社会向现代社会转型的过程。在这个过程中,区域工业化是人们首先关注和研究的重点。英国学者认为,近代早期的欧洲经历了从16世纪开始到19世纪中后期350年左右的动荡时期,即是西方工业化的早期阶段①。与现代化历史分期相对应的是,工业化也分早期工业化与工业现代化两个发展阶段。早期工业化时期相当于早期现代化时期(本书中有时以"中国近代"相称)。工业现代化(本书中有时以"中国现代"相称)"是指在一国或地区的经济现代化过程中,在现代科学技术的推动下,新兴工业部门不断产生和增长,原有的工业部门持续变革和发展,并由此导致工业结构变化和整体工业生产力水平提高,最终达到现今世界先进水平的过程"②。

以早期工业化为核心内容的江南区域早期现代化历程不仅是中国各地早期现代化的光辉典范,而且在世界各地多种多样的现代化发展途径与模式中独树一帜。由于早期工业化的根本动力和基本标志是以技术转型为主要内容的产业科技革命,而这种产业技术转型又与技术主体的身份地位变化密切相关。所以本书选取早期工业化中经验技术的科学理论化与技术主体的社会角色化问题,即江南及其周边地区传统工匠的技术转型与角色转换问题进行专门研究。明代中后期以来③,江南区域社会经济发展较快,以苏州、松江、常州、杭州、嘉兴、湖州等府地为核心的长江江南三角洲地区,相继经历了植桑种棉业等商品生产日益扩大、丝织棉织业等生产技术不断革新,从而带动其他工商业部门相关发展、并推动了地区经济市场化和区域社会经济结构调整转型等系列历史过程。与此同时,江南及其周边地区自然经济形态受到冲击,男耕女织的家庭生产模式日益突破,使区域内的早期工业化时代率先到来,从而启动了中国社会近代化与现代化的历史进程。

早期现代化过程中的早期工业化出现,就是以经验性技术向科学性技术转变为标志的。明清江南早期工业化进程中,蕴含着经验性技术发展到科学性技术的技术转型过程。吾淳在《古代中国科学范型》中认为,中国古代知识活动中有着深刻的工匠因素,因而经验特征与技术特征特别突出。"经验特征与技术特征息息相关且成正比关系。如果说技术乃是知识主体运用其知识的样式以及这种样式在成果或产品上的体现,那么经验则是这种样式在思维或工作方式上的具体展开。

---

① (英)罗伯特·杜普莱西斯著,朱智强等译:《早期欧洲现代资本主义的形成过程》,辽宁教育出版社,2001年,第1—7页。
② 陈佳贵、黄群慧:《工业现代化的标志、衡量指标及对中国工业的初步评价》,《中国社会科学》,2003年第3期,第18—28页。
③ 本文为表述方便,特将明、清两朝分别划分为前、中、后三期。其中明代大致以"土木之变"(1449年)之前为明前期,"隆庆和议"(1571年)以后为明后期;清代大致以康熙元年(1662年)以前为清前期,鸦片战争(1840年)以后为清后期。

技术更多地表示着作为物化的知识方面,而经验则更多地表示着作为精神活动的思维方面。古代中国(包括绝大多数古代文明)与古代希腊知识活动的区别的又一表现在于:古代中国的知识是'经验'的,古代希腊的知识是'理论'的。换言之,是'经验'的知识,抑或是'理论'的知识,成为了解或把握古代不同知识系统也即科学技术活动的另一关键。"中国古代科学技术活动中的技术倾向与经验特征,从根本上预留下明清江南工匠现代转型中技术转型和角色转换的要求。工业生产劳动者技术转型与角色转换构成工匠现代转型的主要内容。一方面,技术转型是角色转换的基本途径;另一方面,角色转换又是技术转型的基础和结果。社会角色就是个人在社会关系体系中处于特定的社会地位并符合社会要求的一套行为模式,角色转换必然伴随着新旧角色冲突,协调新旧角色冲突的有效方法是技术转型,即通过观念培养和技能训练,以提高角色扮演能力,使角色得以成功转换。

传统社会到现代社会转型中的社会系统的结构性变化首先是指社会经济结构的变化。人们把以产业结构为主要内容的社会经济结构划分为核心结构(加工工业)、外围结构(商业流通消费等部门)和基础结构(动力交通通信等服务产业)三个子系统。核心结构的条件来自于本身技术能力和外围结构、基础结构的输入。而其输出功能,一方面满足消费系统需要,一方面也在构成外围结构和基础结构这两个子系统条件。再进一步分析,又可见三个子系统实质上还只是产业结构外在的表象结构。考察"产业结构中各个子结构功能的产生,就会发现在这种表象结构的里层还存在着一个更为本质的结构体系,那就是技术结构"。作为技术结构的技术体系具有三个特点:第一,加工手段的变革与动力机器生产的出现,导致了工厂制度及其相关的机器生产体系;第二,和商品经济相联系的运载手段的变革,导致了铁路运输和轮船运输方式的出现;第三,和资源开发及消耗相联系的采掘手段变革,导致了新材料和燃料的广泛使用。"这三个特点反映了第一次工业革命在社会经济大系统的形成过程中,即核心结构、外围结构、基础结构的相互调节和耦合的过程中对技术发展的内在要求。"①

传统工匠现代转型过程与区域工业化过程是一体两面的发展关系,一个是内在的发展脉络,一个是外在的表现过程。由工场手工业进入到机器大工业的变革,其形式就是工厂出现并最终在制度上确定工厂生产体系,即人们常说的工业现代化,是以动力机器和机器体系作为主要劳动手段,采掘自然资源并对工农业原料进行加工的社会生产方式。它的基础是近代技术不断创造出来的新生产手段,加入到社会经济大系统的加工环节这一重要生产领域,从而改变了生产的技术条件。从纺织机械革新到火车头出现,这一系列在技术上的新发明无一不是在日益扩大着的工厂生产体系中得以广泛应用的。工厂体系的确立和发展又最终导致机械制造技术和机械制造业兴起。马克思在《资本论》中强调:"大工业必须掌握它特有的生产资料,即机器本身,才能生产其他机器。这样,大工业才建立起与自己相适应的技术基础。随着19世纪最初30年大工业的发展,机器逐渐掌握了工具机的制造。但只是到了19世纪中叶,由于大规模的铁路建设和远洋航运事业的发展,

---

① 米加宁:《产业结构与技术结构的关系——对英国工业革命的考察》,《自然辩证法研究》,1997年第9期,第58—61页。

用来制造原动机的庞大机器才产生出来。"开启了早期工业化(近代社会)向工业现代化(现代社会)转变的历史进程。

  区域现代化是以科技革命为直接推动力,以工业革命为核心内容,实现社会生产方式根本变革的、由传统农业社会向现代工业社会的转型。这一社会转型是使工业文明渗透到经济、政治、文化、思想各个领域,并引起社会组织与社会行为深刻变革的过程。工业从产生时起就在按照自身的因素改造着整个社会经济和产业结构,所以工业化的进程使得工业在国民经济及产业结构中始终处于主导地位,而且随着社会生产力的发展,工业的主导地位还在不断地加强。从传统社会向近现代社会转型,在社会经济形态上主要表现为传统农业国的工业化过程,因此人们常常又将现代化等同于工业化。工业化过程至少包含三个方面的主要内容:第一,是一个从早期工业化到工业现代化的演进范畴,早期现代化也就是早期工业化;第二,早期工业化完成的基本内容是以动力机器的发明和使用为主要标志的工业革命,早期工业化发展的根本动力则是以技术科学化为核心的科技革命;第三,在科技革命和工业革命中,作为技术主体的传统工匠的现代转型问题,本质上就是现代区域经济发展中人力资源开发的问题,或者说,是现代知识经济的核心——现代技术经济如何兴起的问题,无疑是各个学科都不容忽视的重大学术问题。从社会学意义上说,工业化就是从人力能源到动力能源的转变以及工厂化工作组织体制的兴起,其社会后果表现为人类物质生活水平提高、人口职业构成发生变化以及相应的社会关系和社会组织结构发生重大变化。说到底,现代化过程就是人自身的再塑造过程,如何使人的个性化与规范性达到自觉和谐,最大限度地挖掘人的科技潜力,以促进经济发展,推动社会进步,就是我们常说的文化自觉的问题,是人类面临的共同课题。

  学界流行的"近代社会转型"说,在历史学和社会学上是指社会从传统型向现代型转变,或者说是一种由传统社会结构向现代社会结构的转变过程。正如人们所说的,是由传统的"静如处女"的社会向现代的"动如脱兔"的社会转变,由传统的自然经济社会向现代的市场经济社会转变,由传统的专制社会向现代的民主社会转变。这种社会转型过程也就是人们通常所说的社会现代化过程。可见传统工匠技术转型既是传统社会近代转型的根本动力,又是工业化发展突破转型瓶颈的关键要素。

第四章 学术史回顾

关于明清时期江南地区传统工匠及其现代转型的历史,尚未有专门的研究论著问世。但作为传统四民社会(士、农、工、商)的重要组成部分之一,手工业工匠的生产生活情况与整个社会经济文化发展息息相关。所以,以往的明清经济史(如工商业史方面)研究,特别是资本主义萌芽问题讨论和江南区域社会经济史研究中,不少学者都在自己的论著里讨论过与传统工匠及明清江南工匠、工业历史相关的一些问题,并且取得了十分重要的研究成果。

第一节 国内相关综合研究

首先要提到的是朱启钤先生创办的中国营造学社及《中国营造学社汇刊》的有关研究。朱启钤(1871—1964),字桂莘,号蠖园,1912年任中华民国交通部总长,1913年兼代国务总理,7月转任内务部总长,1919年发现并开始整理《营造法式》,1925年创立"中国营造学会",1929年改中国营造学会为中国营造学社并任社长。新中国成立后,朱启钤历任中华人民共和国文物整理委员会委员、中央文史馆馆员、全国政协委员等职,并担任北京城多处修缮工作顾问,参与扩建天安门广场工程设计等工作。在建筑学上,他整理出版了《营造法式》,开拓了中国建筑史学科研究新领域,不仅为中国古建筑史研究、教学和古建筑的保护、设计、施工等工作培养了一批人才,而且提出"修旧如旧"的文物保护观念,整理、撰写并出版了《哲匠录》等数十种建筑学著作。

1929年朱启钤改中国营造学会为中国营造学社①,下设法式部,由建筑学家梁思成主持工作,同时设文献部,由建筑学家刘敦桢主持工作。中国营造学社的主要任务是:"第一年工作,整理故籍,拟定表式;第二年工作,审定已有图释之名词;第三年工作,制图撰说;第四年工作,分科编纂;第五年工作,编成正式全篇。"②自1930年到1937年学社完成了如下研究工作:一是编辑出版了《中国营造学社汇刊》。该刊创刊于1930年7月,共出版七卷23期,发表各类文章141篇,基本实现了"编译古今东西营造论著及其轶闻,以科学方法整理文字,汇通东西学说,藉增世人营造之智源"的办刊宗旨③。二是编纂了"营造词汇",校订整理了《营造法式》④。三是收集整理出版了重要的古代建筑典籍,如《园冶》、《梓人遗制》、《工段营造录》、《明代营造史料》等。四是收集整理了营造算例。通过搜集整理,使分散的大木做法、小木做法、土作做法、瓦作做法、石作做法、桥作做法、琉璃瓦料作做法等方面的则例统一为"营造算例",由梁思成负责整理与研究并编成《清式营造则例》。五是保护收集珍贵的建筑文物和样式雷图样,因有关样式雷的资料和图样散失严重,朱启钤特向中美庚款基金会申请获得一笔专款购得样式雷的资料及图样,并对之进行了系统的整理与研究。

差不多与朱启钤创立中国营造学社、开展中国建筑史学研究的同时,全汉升等人也进行了关于传统工匠组织史的研究,出版了全汉升著、陶希圣校的《中国行会制度史》,对中国工商业行会的历史进行专门系统的研讨,特别对手工业行会的渊源流变以及手工业工匠的家传制度、学徒制度、近代会馆、公所组织等问题进行了全面的叙述。其中关于江南地区手工业历史及江南传统工匠团体组织变迁的问题也有过初步的介绍。

1949年以后的相关研究,首推资本主义萌芽问题的讨论。在明清资本主义萌芽问题研究中,一些学者对明清时期的匠户匠籍与匠役制度的演变、班匠银的实施、手工业雇工情况、工商业行会与会馆、公所性质、行业工匠反封建斗争等问题进行过专题研究。其中要特别提到的是傅衣凌先生的有关研究。1954年,傅先生在《厦门大学学报》上发表《明代苏州织工、江西陶工反封建史料类辑》,1963年又于上海人民出版社出版的《明代江南市民经济试探》一书中专辟"明代江南的纺织工业与职工暴动"、"明代后期江南城镇下层士民的反封建运动"两节,对江南苏松杭地区纺织工匠的生产生活状况及其抗税斗争问题做过概要的介绍,眼光独到,旨意深远。

除了傅衣凌先生的有关研究以外,在明清资本主义萌芽问题讨论中所取得的有关重要研究成果还有:严中平先生的《中国棉纺织史稿》,陈诗启先生的《明代的工匠制度》和《明代官手工业的研究》,许涤新、吴承明先生主编的《中国资本主义发展史》第一卷《中国资本主义的萌芽》和第二

---

① 关于中国营造学社成立的时间,中国大百科全书出版社1988年版《中国大百科全书·建筑·城市规划·园林》第256页认为是1929年,中国建筑工业出版社1995年版林洙的《叩开鲁班的大门——中国营造学社史略》第15页和东南大学出版社2004年版崔勇的《中国营造学社研究》第61—62页认为是1930年,本文取前说。
② 朱启钤:《社事纪要》,《中国营造学社汇刊》,1930年7月第1卷第1期。
③ 朱启钤:《中国营造学社缘起》,《中国营造学社汇刊》,1930年7月第1卷第1期。
④ 《营造法式》,宋代李诫著,以元祐六年(1091年)的初稿为基础,从绍圣四年(1097年)开始重新编纂,至元符三年(1100年)成书,为当时营建工程的通行法式。全书分看详、目录各1卷,总释总例2卷,诸作制度13卷,诸作功限10卷,诸作料例并等第3卷,诸作图样6卷,共36卷357篇3555条,其中石作、砖作、小木作、彩画作均附有说明图样。朱启钤发现并整理出版的,称"丁本"。

卷《旧民主主义革命时期的中国资本主义》等。有关成果目录详见陈忠平、唐力行主编的《江南区域史研究论著目录(1900—2000)》[①]。

同时,在明清与近代社会经济史研究中,出版与江南传统工匠转型问题研究有关的论著很多,主要有:柴德赓的《记永禁机匠叫歇碑发现经过》、齐功民的《明末市民反封建斗争》、刘永成的《乾隆苏州元长吴三县"议定纸坊条议章程碑"》《试论清代苏州手工业行会》、刘炎的《明末城市经济发展下的初期市民运动》、汪槐令的《明万历年间的市民运动》、李华的《从"盛世滋生图"看清代前期苏州工商业的发展》、彭泽益的《清代前期江南织造的研究》《鸦片战争前清代苏州丝织业生产关系的形式与性质》、廖志豪的《概述明朝末年苏州手工业工人和市民斗争》、洪焕椿、罗仑等的《清代苏州手工业工匠的工资状况和叫歇斗争》《论明清苏州地区会馆的性质及其作用——苏州工商业碑刻资料剖析之一》《明清苏州地区资本主义萌芽的初步考察》《明清苏州农村经济资料》《长江三角洲地区社会经济史研究》、段本洛的《苏州手工业史》、徐新吾的《近代江南丝织工业史》《江南土布史》《近代缫丝工业史》、范金民等的《苏州地区社会经济史》(明清卷)《江南丝绸史研究》《明清江南商业发展史》、沈关宝的《一场悄悄的革命——苏南农村工业与社会》、樊树志的《明清江南市镇探微》《苏松棉布业市镇的兴衰》、曹幸穗的《旧中国苏南农家经济研究》、王卫平的《明清时期江南城市史:以苏州为中心》、刘国良的《中国工业史》(古代卷)、郑学檬的《中国企业史》(古代卷)、吴承明的《中国企业史》(近代卷)、李海清的《中国建筑现代转型》、张海林的《苏州早期城市现代化研究》、林刚的《长江三角洲近代大工业与小农经济》等。蒋兆成的《明清杭嘉湖社会经济研究》第四编《官私手工业》分期叙述了明清杭、嘉、湖地区官府手工业和民营手工业的历史,曹焕旭的《中国古代的工匠》则以通俗的形式全面概要介绍了中国古代工匠的生产生活状况。喻学才编写的《中国历代名匠志》,收集了中国历代著名建筑工匠700多人,比朱启钤先生主编的《哲匠录》所收人数多出一倍以上。田自秉、华觉明主编的《历代工艺名家》收录了古代至20世纪60年代出生的工艺名家和工匠,除去20世纪20年代后的工匠人数还有4000多人。

尤其是近年来出版的吴承明先生的《中国的现代化:市场与社会》、李伯重教授的《江南的早期工业化》、魏明孔主编的多卷本《中国手工业经济通史》等著作,与本书所论述的江南传统工匠现代转型问题关系甚多。

在三联书店2001年版的《中国的现代化:市场与社会》序言里,吴承明先生提出了中国"现代化因素"产生于明后期的看法,以及在现代化过程中,经济变迁与社会制度、文化思想的关系。其中《16、17世纪中国的经济现代化因素与社会思想变迁》一文,实证地探讨16、17世纪中国的经济变迁、社会变迁和思想变迁史,认为这些变迁中的现代化因素没能顺利发展,是因为它没能引起根本性的制度变迁。进入18世纪,又受到各种"逆流"的冲击,到19世纪才出现起色。这个研究结论,可以说既是本书对中国传统工匠现代转型问题研究的一个历史认识基础,又是本书力图进一步论证的重要问题之一。吴承明的《论工场手工业》(载《中国经济史研究》1993年第4期)认为,在世界范围内手工业并不只是古代社会的专利,工业革命之初,以蒸汽机代替人力、畜力,改变了

---

① 陈忠平、唐力行主编:《江南区域史研究论著目录(1900—2000)》,北京图书馆出版社,2007年。

人类历史发展的进程,人类的社会实践活动开始将动力区分为机器和手工。然而水力发达区域常以古老的水轮机代替蒸汽机,也不妨碍技术革命。再如历史悠久的磨坊,曾经历人力、畜力、风力、水力诸阶段,直到19世纪末发明滚筒制粉和联动装置后才实现了技术革命,而其前均为手工业。即使进入20世纪,手工业乃至家庭副业手工业也没有完全退出生产领域。李伯重教授先后出版了《江南的早期工业化(1550—1850)》、《发展与制约:明清江南生产力研究》、《多视角看江南经济史(1250—1850)》、《理论、方法、发展趋势:中国经济史研究新探》等系列专著,同时发表了《从"夫妇并作"到"男耕女织"——明清江南农家妇女劳动问题探讨之一》、《"男耕女织"与"半边天"角色的形成:明清江南农家妇女劳动问题探讨之二》、《清代前中期江南人口的低速增长及其原因——清代江南人口问题探讨之一》、《节制生育,控制增长——清代前中期江南人口问题探讨》、《"人耕十亩"与明清江南农民的经营规模——明清江南农业经济发展特点探讨之五》、《工业发展与城市变化:明中叶至清中叶的苏州》(上、中、下)、《历史上的经济革命与经济史的研究方法》等系列研究论文,其中《江南的早期工业化(1550—1850)》一书,共分11章,对明清江南的工具制造业、造船业、建材业、纺织业、食品工业、日用百货制造业、烟草加工业、造纸业、印刷业等重工业和轻工业的发展情况进行了全面的分析研讨。作者从明清以来江南经济发展的实情出发,探讨江南早期工业化问题,对引起争议的早期工业化、英国模式、江南道路与资本主义萌芽、过密化等问题提出了自己的见解。特别是第九章"江南早期工业化中的人力资源问题",对明清江南人口总数的变化及其工业中劳动力数量、质量的变化问题进行了专门的研究,为明清江南早期工业化中的人力资源开发问题研究提供了示范。而在《理论、方法、发展趋势:中国经济史研究新探》之《英国模式、江南道路与资本主义萌芽理论》一文中,作者认为近年来欧洲经济史研究最新成果证明,英国模式有其特殊性,即使在欧洲也不具有普遍意义;通过对英国模式和中国明清江南模式的比较可以发现,如果没有西方的入侵,江南几乎不可能出现英国式的近代工业革命,中国的工业化有着自己的发展道路。

祝慈寿先生早在20世纪50年代就开始中国工业史研究,先后出版了《中国古代工业史》、《中国近代工业史》、《中国现代工业史》、《中国工业技术史》、《中国工业劳动史》等著作,从中国工业史、中国工业技术史研究延伸到中国工业劳动史研究。其《中国工业劳动史》一书,从劳动力经济学的角度研究中国古代和近现代工业劳动政策、制度和工业劳动力的组织管理情况,资料搜罗宏富,内容系统充实。由魏明孔主编的、福建人民出版社出版的多卷本《中国手工业经济通史》,是一部规模较大的、水平较高的多卷本中国手工业通史。该书利用经济学与历史学的方法,从经济史与手工业史跨学科结合的角度,对中国从先秦至鸦片战争时期的手工业经济进行了较为全面的理论分析和实证研究,初步建立起手工业经济史基本理论框架和手工业本身发展变化的动态体系。其中,李绍强、徐建青教授撰写的"明清卷",从经济史与手工业史跨学科结合的角度,对中国明清时期手工业经济进行了系统的研究和全面概括的叙述,为明清手工业经济史研究提供了基本框架,并梳理了当时手工业发展变化的脉络体系。明清卷内容分为农业和手工业生产技术、工艺美术、科技发明、商品经济、户籍和土地制度、工商业政策、阶级分化等九部分。

学术界关于手工业经济的通史性著作,主要还有童书业的《中国手工业商业发展史》(齐鲁书社1981年版);祝慈寿的《中国古代工业史》(学林出版社1988年版);刘国良的《中国工业史》(江苏科学技术出版社1990年版);季如迅的《中国手工业简史》(当代中国出版社1998年版);郑学檬的《中国企业史·古代卷》(企业管理出版社2002年版)。另外,一些通史和断代史著作,尤其一些经济史论著对手工业经济研究多有涉及。

此外,冯天瑜的《从明清之际的启蒙文化到近代科学》(《历史研究》,1985年第5期),席泽宗先生的《中国传统文化里的科学方法》(上海科技教育出版社1999年版),熊月之的《西学东渐与晚清社会》(上海人民1994年版),复旦大学历史系、复旦大学中外现代化进程研究中心编的《中国现代学科的形成》,及书中所收章清的《中体西用论与中西学术交流——略论体用之辩的学科史意义》(均为上海世纪出版股份有限公司、上海古籍出版社2007年出版),等等,都论述了中国传统科学向近代科学转化和中国近代科学技术教育学科化的问题。

港台地区出版的中国传统工匠与工业的相关研究成果主要有:罗丽馨的《明代匠户之仕官及其意义》、汉宝德的《明清建筑二论》、杜仙洲的《中国古建筑修缮技术》、井庆升的《清式大木作操作工艺》、台湾民政司《台闽地区传统工匠之调查研究》、杨裕富的《从传统工匠系统中分析建筑与工业设计的设计资源》《从传统工匠系统中分析建筑与工业设计的设计资源(二)设计的史学基础》《建筑与工业设计的设计资源(四)传统工匠的转型基础》、《设计、艺术史学与理论》、杨裕富编的《设计史文选:设计、本土与设计史》、李干朗的《传统营造匠师派别之调查研究》、李国豪的《中国土木建筑史料汇编》、马炳坚的《中国古建筑木作营造技术》、陈宏忠的《工匠转型对空间设计影响之探讨:以台中地区室内设计变迁为例》、盖瑞忠的《中国工艺史导论》等,都取得了重要的研究成绩。

第二节 国内主要产业技术理论化相关研究

一、建筑营造业方面

20世纪30年代开始,中国营造学社主要从文献和实物调查两个方面进行。首先对《营造法式》进行考证注释工作,对《园冶》、《梓人遗制》、《工段营造录》、《一家言·居室器玩部》、《营造法原》、《清内廷工程档案》等校订、编辑和出版。梁思成把相关匠籍整理成《营造算例》,后又特地编著了《清式营造则侧》,同《营造算例》相辅刊行。朱启钤等人搜集了大量匠人世代口授的操作秘诀与工程籍本,编辑有《哲匠录》、《明代营造史料》、《同治重修圆明园史料》等营造文献汇编。学社所收集的还有《万年桥志》、《京师坊巷志稿》、《燕京故城考》、《惠陵工程备要》、《正阳门箭楼工程表》、《如梦录》、《长安客话》(八卷)等古籍。在1930年至1937年之间,学社调查了2783处古建筑,测绘了重要古建筑206组①。其中关于江南传统建筑的有梁思成的《杭州六合塔复原状计划》②和刘敦桢的《苏州古建筑调查记》③等。1944年梁思成完成了《中国建筑史》④的编写工作,对营造学社研究作了全面总结。

20世纪50至60年代中期,建筑科学研究院完成了《中国古代建筑史》的编著工作,梁思成的《中国建筑史》第二版⑤和刘敦桢的《中国古代建筑史》书稿⑥分别完成。1959年刘敦桢先生开始倡导研究东方建筑,即将建筑理解为一个文化载体,从哲学、宗教信仰、社会制度、艺术美学、科学技术以及生产经济活动等多角度展开研究。此后关于江南传统建筑技术的研究文章有齐铉的《试论形成苏州园林艺术风格与布局手法的几个问题》和郭黛姮、张锦秋的《苏州留园的建筑空间》⑦,均从艺术美学的角度分析了江南传统建筑技术在园林空间布局上的特点。

20世纪70年代后期,中国科学院自然科学史研究所编写《中国古代建筑科技史》,至1979年完稿⑧。该书中第15章对曾经在江南流传的《营造法式》、《鲁班经》和《园冶》三部文献,做了专门研究,并对江南工匠蒯祥等做了介绍。潘谷西的《中国建筑史》稿本也于1979年成书⑨,书中第6章部分内容从建筑布局方面讨论了江南传统建筑技术。20世纪80年代以后,有关研究成果迅速增加。陈明达的《营造法式大木作研究》对《营造法式》大木作部分作专门研究。井庆升的《清式大木作操作工艺》和王天的《古代大木作静力初探》均完稿于1984年⑩。郭华瑜的《明代官式建筑大木作研究》⑪一书则利用现存明代营造资料构建了明代北方官式建筑技术发展的解释框架。研究江南木构建筑技术的著作有吴肇钊的《夺天工——中国园林理论、艺术、营造文集》,吴县政协文史资料委员会编的《蒯祥与香山帮建筑》和苏州民族建筑学会等编的《苏州古典园林营造录》等。

---

① 林洙:《叩开鲁班的大门——中国营造学社史略》,中国建筑工业出版社,1995年,第124页。
② 参见《营造学社汇刊》第5卷第3期,中国营造学社,1935年3月版。
③ 参见《营造学社汇刊》第6卷第3期,中国营造学社,1936年9月版。
④ 此书后经陈明达先生校注。今有梁思成著的《中国建筑史》(百花文艺出版社1998年版)可供参考。在梁先生的《中国建筑史》完成之前,国内尚有乐嘉藻的《中国建筑史》,然而此书编写质量较差,梁先生的《中国建筑史·附文》中对此书已作批评,此处不再赘述。乐嘉藻的《中国建筑史》现有团结出版社2005年版可供参考。
⑤ 梁思成:《中国建筑史》,中华人民共和国高等教育教材编审处,1955年。
⑥ 此书初稿于1966年之前完成。参见刘敦桢的《中国古代建筑史》(中国建筑工业出版社1984年版)"说明"第1页。20世纪80年代后期刘叙杰、傅熹年、郭黛姮、潘谷西、孙大章等人对刘先生的《中国古代建筑史》进行内容的扩充,后来出版了《中国古代建筑史》(五卷集),现有中国建筑工业出版社2001年版可供参考。
⑦ 两篇文章均写于20世纪60年代初。参见清华大学建筑系的《建筑论文集》第1辑,清华大学出版社,1983年,第34页和第55页。
⑧ 中国科学院自然科学史研究所主编:《中国古代建筑技术史》前言,科学出版社,1985年,第2页。
⑨ 潘谷西:《中国建筑史》前言,中国建筑工业出版社,2001年,第3页。
⑩ 参见陈明达的《营造法式大木作研究》上、下册,文物出版社1981年;井庆升著的《清式大木作操作工艺·前言》,文物出版社,1985年,第2页;王天著的《古代大木作静力初探》,文物出版社,1992年。
⑪ 该书成稿于2001年。现有书名是《明代官式建筑大木作》(东南大学出版社2005年版)的可供参考。

此外,对江南传统建筑技术研究的文章有杨鸿勋的《略论中国江南古典园林艺术》①、张十庆的《南方上昂与挑斡作法探析》、《〈营造法式〉的技术源流及其与江南建筑的关联探析》②等。这些著作和文章表明学术界已经逐渐注重对江南传统建筑技术的研究,且重点放在园林设计理论和文献研究上。李伯重的《明清时期江南建筑材料生产的发展》(《东南文化》1986年第1期)一文选题新颖,论述内容别开生面。

与此同时,港台学者却在"东方建筑"道路上进一步探讨。台湾学者汉宝德经过多年研究出版了《建筑的精神向度》一书,该书主要收集了他在20世纪50至60年代论述传统建筑文化的16篇文章,内容包括建筑思想与情感、建筑理论及历史等方面。之后陆续出版了《环境心理学——建筑之行为因素》③等多部著作。与汉宝德研究角度相似的还有香港学者李允鉌的《华夏意匠——中国古典建筑设计原理分析》④一书,通过对比东西方建筑设计理念存在的差异,证明了中国古典建筑的设计和规划理论多方面内容在世界上都居于领先地位。李乾朗从1995年开始陆续出版《台湾传统建筑匠艺》,至2005年已经出版了八辑⑤。徐裕健则从传统匠师那里收集了不少的图稿和文字史料,发表《台湾传统建筑大木匠艺史料图文手稿架构之剖析——以清末来台大木匠师王益顺匠派为个案》⑥等文,对传统建筑技术文献做了深入的研究。

二、纺织业方面

研究中国传统棉纺织业较早的著作是严中平的《中国棉业之发展》。本书初版于1942年,后来作者对全书进行了修补,改名为《中国棉纺织史稿》,1955年再版。该书内容丰富,不仅保存了珍贵的传统棉纺织技术史料,而且提供了大量有关世界近代棉纺织业机器生产技术及国内棉纺织业机具革新的资料⑦,是中国第一本系统论述棉纺织业发展史的专著。陈维稷主编的《中国纺织科学技术史》(古代部分)于1984年科学出版社出版,是我国全面论述纺织科学技术史的首部著作。本书主要介绍了丝、麻、棉、毛等纤维的纺织技术,详细介绍了纺车的种类、织机的发展和染整技术的类别等,首次把染色、整布技术纳入棉纺织业研究领域,这是以前著作中所少见的。吴淑生、田自

---

① 吴肇钊的《夺天工——中国园林理论、艺术、营造文集》(中国建筑工业出版社1992年版)可供参考;吴县政协文史资料委员会编的《蒯祥与香山帮建筑》(天津科学技术出版社1993年版)可供参考;苏州民族建筑学会等编的《苏州古典园林营造录》(中国建筑工业出版社2003年版)可供参考;清华大学建筑系的《建筑史论文集》第10辑,清华大学出版社,1988年,第68页。

② 张复合编:《建筑史论文集》第16辑,清华大学出版社,2002年,第31页;张复合编:《建筑史论文集》第17辑,清华大学出版社,2003年,第1页。

③ 汉宝德著:《建筑的精神向度》,台北境与象出版社,1983年;汉宝德编:《环境心理学——建筑之行为因素》,境与象出版社1986年版可供参考。

④ 该书最早由香港广角镜出版社1982年出版,1984年曾经再版;2005年天津大学出版社再版。

⑤ 《台湾传统建筑匠艺》共分成8辑,由(台北)燕楼古建筑出版社在1995年至2005年之间陆续出版。这部书现藏于中国台北市立图书馆。

⑥ 该文章收录于陈捷先等主编的《清史论集》上卷,人民出版社,2006年,第335—350页。

⑦ 严中平:《中国棉纺织史稿》,第二章第二节"棉工业生产工具的革新与守旧",科学出版社,1955年,第20页。

秉著《中国染织史》(上海人民出版社1986年版)从棉纺织业技术的角度看,第六章(秦汉的染织工艺)到第十二章(清代的染织工艺)都叙述棉纺织业技术,其中第六章到第九章(从秦汉到五代、两宋)介绍了棉花在我国的传播经过,第十章粗略介绍了棉纺织业技术的各种工具,第十一、十二章讲述了棉布的种类。赵翰生著的《中国古代的纺织与印染》(天津教育出版社1991年版)中第四章讲古代棉织业的分布、黄道婆对棉纺织的贡献及棉织业在全国的普及,第五章叙述纺纱工具和织造工具的变革和种类,第六章讲述染色和印染的两种方法。徐新吾的《江南土布史》(1992年上海社会科学院出版社出版)是一本研究江南棉纺织业的史料集,全书选编了150余种地方志,不仅有书中所指的江南各地——松江、江阴、常熟、无锡、苏州、南通、慈溪、平湖、硖石等地的地方志,而且江浙其他地方也多有涉猎。时间跨越了明、清、民国三代,内容涉及土布业生产、销售、技术改良、资本操作、市场等方面。单从棉纺织业技术看,文中第一章第二节介绍了传统棉纺织业技术在上海的发展情况,通过明清上海地方志及农书叙述了搅车、弹弓、纺车、经车、布机等技术的演变[①]。第五章第一、二节搜集了清末上海地区织布机的改良和从投梭机到手拉机到铁木机的变化[②]。

何堂坤、赵丰撰的《纺织与矿冶志》,是陈美东主编的《中华文化通志·科学技术典》第七卷,1998年上海人民出版社出版,书中先后叙述了棉花的种类、轧棉、弹棉、纺纱、织造、印染等技术以及近代棉纺织技术的引进和改良等,在第九章作者搜集整理了历代的纺织名家、纺织名著和纺织精品,并配有简要说明,这是此前研究中所不曾有的[③]。科学出版社1998年出版的卢嘉锡总主编的《中国科学技术史》丛书,共计30卷,纺织卷、机械卷、化学卷等分卷中介绍了中国棉纺织业科技史。《中国科学技术史》之纺织卷,由赵承泽主编,2002年科学出版社出版;第二编为技术篇,阐述古代纺织工艺技术,包括缲、纺、捻、络、织、染工艺和织具结构、织物品种,介绍轧棉、弹棉、纺车、织机、染整机具和技术的演变过程[④];近代篇则阐述鸦片战争以后棉花品种、轧棉技术、纺纱机具、织机、染整、纺织机器制造上的改革情况[⑤]。《中国科学技术史》之机械卷;陆敬严、华觉明主编,2000年科学出版社出版,其后八章把机械的分类和发展巧妙结合起来,分别介绍工具与简单机械、机构、机械零件与制图、材料制造工艺与质量管理、动力、整体机械、农业机械、纺织机械,最后一章介绍了西方机械的传入和影响。《中国科学技术史》之《化学卷》由赵匡华、周嘉华著,1998年科学出版社出版;第九章详细介绍了我国古代染色化学史,系统介绍了植物染料、矿物颜料、染色程序、染色工具等方面的工艺及历史发展情况。

港台地区棉纺织业科技史研究成果首推赵冈、陈钟毅合著的《中国棉纺织史》,1977年台湾联经出版事业公司出版,1997年又在中国农业出版社出版。该书分九章叙述了从秦汉时期棉花传入

---

① 徐新吾:《江南土布史》,第一章第二节"上海地区棉手纺织业的生产关系和生产力",上海社会科学院出版社,1992年,第40页。
② 徐新吾:《江南土布史》第五章第1、2节"织布工具的改革",上海社科院出版社,1992年,第400页。
③ 何堂坤、赵丰撰:《纺织与矿冶志》,第九章"名家、名著与名作",上海人民出版社,1998年,第193页。
④ 赵承泽主编:《中国科学技术史》(纺织卷),第二篇"技术篇",科学出版社,2002年,第119—373页。
⑤ 赵承泽主编:《中国科学技术史》(纺织卷),第四篇"近代篇",第十一章"近代纺织工业的兴起",科学出版社,2002年,第421页。

到 20 世纪 30 年代传统棉纺织业技术衰退和新纺织技术兴起的棉纺织业发展历程,着重讲述了棉花的传入及推广、棉纺织业的生产工艺、棉纺织业对江南市镇的影响和新式棉纺织工业的兴起四方面内容,将纺车、织布机与同时代的英国进行了对比,认为在 1313 年以前中国人对纺织工具的设计远比 18 世纪初期的英国人高明①。赵冈先生的论文《19 世纪末以前为什么我国没有手工棉纺织工厂》(1995 年发表在《中国社会经济史研究》第 3 期)从新古典经济学的角度分析了我国没有出现手工棉纺织工厂的原因,认为是我国农村始终是以个体小农户为主要生产单位,它以家庭成员为劳动骨干,自负盈亏,在既有资源约束下,追求最大的经济成果所致。

在丝织业技术史研究方面,朱启钤的《丝绣笔记》是全面研究中国丝绸史的重要著作,它初版于 1930 年,两年后增补重印。卷上"纪闻",卷下"辨物",篇幅不很大。但作者对若干问题特有的关注和材料搜集之丰富,充分显示出它的研究价值。其后有关丝绸研究方面的著作层出不穷。专门的江南丝织业研究始于 20 世纪 60 年代初,由翟翕武、朱新予等发起并成立浙江丝绸史料编集委员会,开始对古代至民国有关浙江丝绸史料的搜集整理和初步研究。其成果以断代史话形式,陆续发表在 1962 年至 1964 年《浙江丝绸》月刊上,杭州市工商联还编印了《杭州市丝绸业史料》。与此同时,邓白的《继承和发扬我国丝绸图案的民族遗产》(《丝绸》,1963 年第 2 期)提出要系统地研究中国古代丝绸图案的问题,陈炎的《古代浙江在海上"丝绸之路"中的地位》和金敏、慧馨的《试论浙江古代丝绸贸易的发展》(均载《浙江商业史研究文选》第 1 辑,1982 年)从海路论述了浙江历代的丝绸贸易情况,蒋猷龙的《石桥古缫丝工具初探》(《蚕业科学》,1983 年第 3 期)则在调查和实物考察基础上进行研究。

1980 年,朱新予教授在浙江丝绸工学院创办丝绸史研究室,致力于丝绸史研究,他的主编《浙江丝绸史》(浙江人民出版社,1985 年)和《中国丝绸史》,搜集并运用大量史料,论证了浙江丝绸的起源,提出了我国长江中下游也是家蚕起源地之一的观点,并对历代浙江地区丝绸经济的发展、蚕桑丝绸生产技术的应用和发展以及"丝绸之府"的形成过程、近代浙江民族资本丝绸业的兴衰都有详尽的论述。1983 年 9 月在杭州召开了全国丝绸史学术讨论会,开展了广泛的学术交流和合作,使杭州逐渐成为国内丝绸史研究中心。1984 年起,浙江丝绸史研究室编辑出版了《丝绸史研究》(季刊,全国公开发行)。陈学文先生的《明清时期湖州的丝织业》(《浙江学刊》1993 年第 3 期)全面分析了湖州丝织业的生产与销售的主要特点及其对当地市场的主导性影响。许涤新先生、吴承明先生的《中国资本主义的萌芽》(人民出版社 2005 年版)对苏杭丝织业、苏松棉织业、上海沙船业中的商人资本与资本主义萌芽也有专门章节探讨。

范金民教授的《江南丝绸史》追溯了宋以前江南丝绸业的起步和崛起,论述了宋元时期江南丝绸业成为全国重心与中心的重大发展,以明清时期江南丝绸业研究为重点,叙述了蚕桑生产商业化与专业化的历史。范金民、夏维中还论述了明代江南丝绸业国内贸易的盛况及其互市、民间贸易两种形式,并根据江南的官局织机数和额定织机数及民机的实际生产能力估算出明后期江南丝绸贸易的商品量(《明代江南丝绸的国内贸易》,《史学月刊》1992 年第 1 期)。关于明清江南丝绸

---

① 赵冈、陈钟毅:《中国棉纺织史》,第四章第一节"纺车",中国农业出版社,1997 年,第 78 页。

的国内贸易,范金民教授发表了《明代江南丝绸的国内贸易》(《史学月刊》1992 年第 1 期)、《清代江南丝绸的国内贸易》(《清史研究》1992 年第 2 期)、《清代江南与新疆官方丝绸贸易的数量、品种和色彩诸问题》(《西北民族研究》1989 年第 1 期)、《清代江南与新疆地区的丝绸贸易》(《新疆大学学报》1988 年第 4 期,1989 年第 1 期)、《清代江南丝绸的国内贸易》(《清史研究》1992 年第 2 期)等,认为江南丝绸的主要市场在国内而不在国外,销售范围遍及全国各地,鸦片战争后受"洋绸"涌入的影响,市场逐渐缩小。林永匡的《清代江宁织造与新疆的丝绸贸易》(《中央民族学院学报》1987 年第 3 期)、《杭州织造与清代新疆的丝绸贸易》(《杭州大学学报》1986 年第 2 期)和徐新吾、张宁愚的《江南丝绸业历史综述》(《中国经济史研究》1991 年第 4 期)等著作对江南丝绸贸易也做了进一步的剖析和论证。王翔教授的《明清商业资本的动向与江南丝绸业资本主义萌芽》(《江海学刊》1992 年第 4 期)、《论江南丝绸业中的资本主义萌芽》(《苏州大学学报》1992 年第 2 期),《近代丝绸生产发展与江南社会变迁》(《近代史研究》1992 年第 4 期),《论"绸领头"》(《中国经济史研究》1987 年第 3 期),认为商业资本活动在促进中国丝绸资本主义萌芽的产生中扮演了重要角色,包买形态的演进则是孕育江南丝绸业资本主义萌芽的主要途径。

三、水利工程技术与船舶技术方面

"东南民命,悬于水利,水利要害,制于三江。"①水利工程(water project,hydro project)指调配和控制自然界的地表水和地下水以除害兴利而修建的工程,水利工程技术是指完成水利工程建设中所使用的各种技术手段及方式方法。邹逸麟先生的《我国水资源变迁的历史回顾》(刊于《复旦学报》2005 年第 3 期)一文指出,当前我国环境问题,特别是河道淤浅,湖泊淤塞,水环境在逐渐恶化,实由历史积渐而成。其《论长江三角洲地区人地关系的历史过程及今后发展》(收入《椿庐史地论稿》,天津古籍出版社 2005 年版)一文指出:"明清时代太湖水利的重点仍在排泄洪涝,为了减轻太湖下游地区的洪水来源,在今江苏高淳县境胥溪上筑东坝,控制长江水进入太湖,同时疏浚太湖下游浏河、吴淞江,排泄洪涝。自明代以来,太湖上下游地区为水的问题经常发生矛盾。近代以来太湖水利问题一直是一个棘手的问题。"

郑肇经一贯注重我国古代水利科学技术的光辉成就。早在 20 世纪 20 年代,他就大声疾呼要总结我国千百年来的治黄经验,并在自己编写的《河工学》一书中系统地总结了我国古代的治河技术。1933 年他在中央大学内办起北极阁水工实验室(又名"临时水工实验室",现在东南大学校园内),领导了水工模型与原建筑物相似律的研究,得出模型比率,绘制出各种曲线,成为我国水工模型试验的发端。1934 年定名为"中央水工试验所",在南京清凉山修建当时亚洲最大的水工试验大厅(即现水利部、交通部、电力部南京水利科学研究院水工试验大厅),后又陆续创建水利航空测量队(包括控制测量分队和航空摄影分队)、水利文献研究室等,进行水工、土工及测量等方面的试验研究工作。1937 年,抗日战争爆发,中央水工试验所西迁重庆,他亦随之入川。到重庆后,他克服

---

① 沈几:《东南水利议》,载张国维的《吴中水利全书》卷 22《议》,见《四库全书》第 578 册,上海古籍出版社,1987 年,第 809 页。

了多方面困难,在磐溪创办水工试验室,又在石门创办水文研究站和水工试验室,在十分简陋的条件下继续进行为抗战服务的水工、水文科技研究。他主持编写了《再续行水金鉴》、《中国水利图书提要》、《中国河工辞源》、《中国水道地形图索引》等水利史研究史料。1939 年,他的专著《中国水利史》由商务印书馆出版,这是中国水利史研究的开创之作。农业出版社 1987 年出版了郑肇经著的《太湖水利技术史》一书,该书对历史时期太湖水利工程技术的论述较为详尽,对当时工程技术(比如海塘结构设计与材料技术等)进行了分析和归纳。

明清时期太湖流域的水工建筑工程主要包括海塘、圩田、入海河道以及其他的修筑工程,这些都具有系统性和综合性特点。这些工程技术复杂,工期漫长,对环境影响较大。冯贤亮博士论文《明清江南地区的环境变动与社会控制》[①]专辟一节回顾明清江南水利研究,认为江南地区的核心是环太湖流域,地势低洼,湖荡汊港等水体形态密集分布于内。其水源主要来自西部茅山、天目山的溪流,经苕溪(分东苕、西苕)、荆溪等大流汇入太湖,再经由"三江"下泄入海(明清时期的"三江"系指吴淞江、浏河、望虞河等)。从整体上对太湖流域水利建设进行研究的主要还有潘清的《明代太湖流域水利建设的阶段及其特点》、《清代太湖流域水利建设述论》以及《太湖水系结构特点及其功能的变化》、《太湖流域水灾演变与环境变迁的相关分析》等著述。认为明代江南太湖流域水利工程兴修主要有两项,一是对太湖排水系统进行大规模整治,二是对传统的圩田塘埔进行恢复和发展;清代则体现为三项:一是坚持浚治三江为主兼治大浦为辅的方针对太湖排水系统浏河、吴淞江以及白茆等实现了有效控制,二是对圩田进行修筑与管理,三是海塘建设中进行了大规模的鱼鳞大石塘的修筑[②]。

冀朝鼎先生的《中国历史上的基本经济区与水利事业的发展》论述了水利建设与农业发展的相互关系,对历代各地区水利工程进行了统计[③]。卢嘉锡先生主编的《中国科学技术史·水利卷》从科技史的角度对中国传统的水利工程技术(如配水和输水修筑施工技术、系统堤防与埽工技术、土石方开挖与疏浚技术等)进行了概述,还对修筑沿湖大堤、闸的技术有所阐述,不少篇幅涉及江南水利技术史研究。张修桂先生的《中国历史地貌与古地图研究》[④]第四章"上海地区成陆过程研究中的几个关键问题"有关下沙捍海塘的地望问题、关于里护塘的始筑年代问题、关于旧瀚海塘的位置与年代问题,分别研究了历史时期上海地区海塘工程的沿革。张芳的《明代太湖地区的治水》(载《太湖地区农史论文集》1985 年第一辑,95—10 页)、缪启愉的《太湖塘浦圩田史研究》(农业出版社 1985 年版)、彭雨新和张建民的《明清长江流域农业水利研究》(武汉大学出版社 1993 年版)、冯利华和陈雄著的《钱塘江流域水利开发史研究》(中国社会科学出版社 2009 年版)以及《太湖地区农业史稿》(南京农业大学农业遗产研究室编著,农业出版社 1990 年版)、《太湖水利史稿》(太

---

① 冯贤亮:《明清江南地区的环境变动与社会控制》第六章,上海人民出版社,2002 年,第 235—285 页。
② 潘清:《明代太湖流域水利建设的阶段及其特点》,《中国农史》,1997 年第 2 期,第 29—35 页;《清代太湖流域水利建设述论》,《学海》,2003 年第 6 期,第 110—114 页。
③ 冀朝鼎著,朱诗鳌译:《中国历史上的基本经济区与水利事业的发展》,中国社会科学出版社,1981 年。
④ 张修桂:《中国历史地貌与古地图研究》第四章"上海地区成陆过程研究中的几个关键问题",社会科学文献出版社,2006 年,第 225—243 页。

湖水利史稿编写组编著,河海大学出版社1993年8月出版)、《太湖塘埔圩田史研究》(缪启愉著,农业出版社1985年版)等都是专门的太湖水利技术经济史著作。运河工程是江南水利工程史研究的重要内容之一。邹逸麟先生的《从唐代水利建设看与社会经济有关的两个问题》(《历史教学》1959年12期)、《从地理环境考察我国运河的历史作用》(《中国史研究》1982年3期)、《试论我国运河的历史变迁》(《历史教学问题1982年3期)等论文开启了江南大运河等水利工程的历史研究(参见晏雪平《20世纪80年代以来中国水利史研究综述》,《农业考古》2009年第1期)。冯贤亮教授《明清江南地区的环境变动与社会控制》第六章"明清江南的水利防护与社会调控"围绕湖州府的溇港管理,来探讨明清江南水利防护重点的变化及其原因。其新著《近世浙西的环境、水利与社会》(中国社会科学出版社2010年版)也为水利工程经济史研究提供了有意义的尝试。

海塘是我国东汉以后历代在东南沿海为防御潮水灾害修筑的江海堤防工程,它北起常熟,南至杭州,分江苏海塘和浙西海塘两大部分,其中浙西海塘规模最大,历史上投入人力物力最多。海塘在长江南岸江苏省常熟市境到上海市沿海一带称江南海塘;浙江省钱塘江口两岸,北至金丝娘桥,南至曹娥江口称浙江海塘或钱塘江海塘。浙西海塘沿杭州湾北岸,自平湖经海盐,海宁,南至杭州钱塘江口。江浙海塘始建于东晋咸和年间,于唐宋年间有较大发展,至明清趋于完善,从局部到连成一体,从早期的土塘逐渐演变为石塘,使江浙沿海地区成为明清时期最发达的农业区。专门研究海塘者则以《江浙海塘建筑史》、《海塘——中国海岸变迁和海塘工程》等为代表。其中《江浙海塘建筑史》主要记载了江浙海塘变迁及其历代建筑工程,总结了江浙历代海塘建筑的技术经验。而《海塘——中国海岸变迁和海塘工程》则重点论述了明清两浙以及江南海塘修建的历史,兼及我国东部平原海岸变迁史和闽粤海塘史,从而对我国海塘工程的历史经验进行了总结[①]。谷依《清朝前期对浙江海塘的修筑》(《史学月刊》1958年第10期)、马湘泳的《江浙海塘与太湖地区经济发展》(《中国农史》1987年第3期)、陶存焕和戴泽蘅的《明清时期钱塘江海塘》(《水利规划》1997年第3期)、凌申的《历史时期江苏古海塘的修筑及演变》(《中国历史地理论丛》2002年)、陶存焕的《钱塘江古海塘的塘型演变和经验探讨》(《水利水电科技进展》1999年第4期),周素芳《钱塘江明清古海塘加固技术研究》(《水利水电技术》2004年第1期)等。涉及海塘技术史的相关论文还有《鱼鳞石塘的结构及其影响》、《论清代浙江水资源的开发利用与海塘江坝的修建工程》、《中国历史时期海面变化——塘工兴废与海面波动》、《杭嘉湖地区历代海塘工程的状况与发展》、《江浙海塘与太湖地区经济发展》等。这些论文主要围绕海塘结构设计进行分析,论述了海塘结构的演变和材料技术发展,对附属于海塘工程的设施如坦水、埽工等技术也有叙述。

2008年上海市学术著作出版基金博士文库出版了王大学的《明清"江南海塘"的建设与环境》一书,将明清"江南海塘"放在具体的历史时空中加以考察,从海塘兴工到工程用料来源、从社会到环境、从帝王旨意到民间运作,全方位展现了与海塘建设紧密相关的复杂过程。作者抓住海塘兴建与善后维修中的取土、采石、运石、雇募工匠等各个环节,将环境、社会等因素融入对人与环境互

[①] 朱偰:《江浙海塘建筑史》,学习生活出版社,1955年;陈吉余:《海塘——中国海岸变迁和海塘工程》,人民出版社,2000年;汪家伦:《古代中国海塘工程》,中国水利水电出版社,1990年。

动关系的深入探讨。通过对江南海塘工程中原料、技工和善后制度等问题的系列研究,考察这些问题背后复杂交织的环境及社会因素,探讨在整个生态系统内,人、自然和社会是如何有机地联系在一起,探讨明清江南海塘的修筑过程以及施工中技术、原料问题所受的因素制约,同时考察中国古代大型公共水利工程中生态、社会因素的影响以及施工中的人地关系问题。如传世史料对崇祯年间华亭石塘修筑的记载集中于明末清初,对这段历史的回忆,可以分做竣工后的歌功颂德、清初面对现实追思前朝以及利用那段历史作为象征符号的三个层面。它们共同塑造出明末石塘修筑史的完美形象,但均与吴嘉允等修筑石塘时的工程质量无关,其中折射出不同历史时期社会巨变的社会背景以及大型公共水利工程中经费和劳力动员的制度困境。清代江南海塘工程引起连锁反应,导致乾隆年间北段工程的接续修筑,长官意志的作用远大于当时的客观需要。此后,江南海塘的景观变化分途发展,并且呈现出明显的时空差异。说明在明清江南海塘的通塘体系形成过程中,海塘不是单纯的冰冷建筑物,其背后蕴含着丰富的政治、经济、社会和文化的内容。通过对江南海塘工程中原料、技工和善后制度等问题的系列研究,可以发现这些问题的背后是环境、社会因素的复杂交织,在整个生态系统内人、自然和社会是有机联系在一起的。关于海塘工程上述层面的研究,将和自然科学界现有海塘工程技术史的研究一道,加强学人对中国古代海塘历史的全面认识,为海塘史的研究拓展了新领域。

其他如《太湖塘埔圩田史研究》则专门介绍了圩田的构筑维护及其技术发展的趋势。涉及圩田的论文还有《耿桔和〈常熟县水利全书〉》、《太湖地区圩田、潮田的历史考察》、《太湖地区塘浦圩田的形成与发展》、《历史时期嘉湖地区水利事业的发展与兴废》、《明清杭嘉湖农田水利设施》等,叙述了圩田修筑技术(详见赵崔莉、刘新卫论文《近半个世纪以来中国古代圩田研究综述》,《古今农业》2003年第3期)。

郑鹤声先生的《郑和出使之宝船》(《东方杂志》1944年第40卷)、管劲丞的《郑和下西洋的船》(《东方杂志》1947年第43卷)等是较早的中国江南船舶史论著。1962年中国造船工程学会上,杨槱教授发表了《中国船舶发展简史》,是中国传统船舶研究的开山之作[1]。沙船是我国古代木帆船的代表性船型之一,与鸟船、福船、广船并称为我国古代四大船型,周世德研究员发表了《中国沙船考略》。武汉海军工程大学的唐志拔教授著《中国舰船史》(海军出版社1989年出版),这是新中国成立以来首部系统论述中国战船的通史。中国历史博物馆王冠倬研究员编著的《中国古船》(海洋出版社1991年出版),主要介绍中国古代造船技术的发展概况。张铁牛、高晓星著《中国古代海军史》(八一出版社1993年出版),第六、七、八章介绍明清海军的造船、舰载火器、建置、郑和下西洋以及水师、海战情况。席龙飞教授著的《中国造船史》(湖北教育出版社2000年出版),内容涉及历史各个时期航运、船舶技术、造船业发展等方面[2]。

---

[1] 席龙飞:《中国传统船舶研究现状》,《中国科技史杂志》,2009年第3期。
[2] 参见席龙飞的《中国造船史》,湖北教育出版社,2000年。

第三节　国外有关江南传统工业与工匠研究

从 20 世纪 30 年代到 70 年代,以日本京都大学人文科学研究所中国科学史研究班为中心,开展了中国传统科学技术专题研究,取得了不少的研究成果。仅研究所所长薮内清教授本人就出版了《中国古代の科学》(角川书店,1964 年)、《中国の科学文明》(岩波书店,1970 年)、《中国文明の形成》(岩波书店,1974 年)等专著。与此同时,他还先后花费了 20 年时间,主持研究所科学史班集体研读《天工开物》、《齐民要术》、《梦溪笔谈》、《物理小识》等中国传统科技文献书籍,并在此基础上主编出版了《天工开物の研究》(恒星社,1953 年)、《中国古代科学技术史の研究》(京大人文研,1959 年),《中国中世科学技术史の研究》(角川书店,1963 年)、《宋元时代の科学技术史》(京大人文研,1967 年)、《明清时代の科学技术史》(京大人文研,1970 年)等。同所的吉田在中国科学技术史方面的主要成果有《炼金术—仙术と科学の间》(中心公论社,1963 年)、《中国科学技术史论集》(日本放送出版协会,1972 年)、《中国の构图—现代と历史》(骎骎堂,1980 年)、《日本と中国——技术と近代化》(三省堂,1989 年)等。

中国商务印书馆 1959 年出版了薮内清等著,章熊、吴杰汉译的《天工开物研究论文集》,辑录有关的专题研究论文 11 篇,并附《天工开物》文本的日译和原文,汇为《天工开物的研究》一书,于 1953 年出版。薮内清的《关于〈天工开物〉》一文,论说《天工开物》的重要性及其对日本产业技术所起的作用,分析了该书的内容,并指出其优劣点。大岛利一的《〈天工开物〉的时代》对此有所解释,认为明末社会经济有了新的变化,且江南地区财富相当集中,在封建经济的解体过程中,都使宋应星在思想上具有一种感性认识,觉得当时所处的社会是"极盛之世"。天野元之助的《〈天工开物〉和明代的农业》特别说明《天工开物》记述的大量事物和生产技术,从古到今还存在或还在继续使用。筱田统的《明代的饮食生》简略介绍了当时的主食和副食,然后就《天工开物》原文中有关食盐、砂糖及其他调味品等部分加以注释。太田英藏的《〈天工开物〉中的机织技术》论述了养蚕、机织和各种织物技术等等。木村康一的《中国的制陶技术》阐释制陶技术的变迁,指出《天工开物》关于这方面的记载是很贵重的。吉田光邦的《〈天工开物〉的冶炼、铸造技术》论述银、铜、铁的冶炼,并与日本的情形作一比较,同时亦涉及铸造技术的问题。木村康一的《纸和墨》分析制纸和制墨的原料及技术。薮内清的《关于粮船》叙述明代遭运与粮船的构造。吉田光邦的《明代的兵器》就《天工开物》中记述的兵器如弓箭、弩(机械地发射箭的弓)和各种火器加以考察。薮内清的《珠玉考》把有关珍珠、宝石、玉的一些问题提出来研究。凡原文引书未注明出处的,译者都参考有关材料,作成译注加以补充。总括来说,本论文集的内容着重于下列几个方面:第一,对《天工开物》做出了整体的评价,说明其时代背景,亦就明末政治和经济的情况加以分析。第二,结合着近代中国农业、工业的实际情况做出说明和补充,指出《天工开物》的现实性。第三,结合着现代科学的分析,说明宋应星特别注重实事求是的精神,用观察试验的方法从事实践,一反明代学术崇尚空谈的态度。

薮内清和他的研究班在中国科技史研究方面取得了较多成绩。在此基础上,他提出:"在中国的文明中,工匠的传统比较强,而学者的传统比较弱。"①

日本学者研究中国传统建筑的著作比较早的是伊东忠太所编的《中国建筑史》,其中对中国建筑的研究时间范围从先秦一直到南北朝时期,他是从艺术的角度来研究中国建筑史的②。还有关野贞和常盘大定在1925年合作出版了《支那佛教史迹》,成为当时日本的中国建筑大全③。20世纪40年代之后,日本学者对中国建筑研究的兴趣发生变化,转而注重对现存日本国内的中国式建筑的研究④。20世纪50至60年代陆续出版了浅野清的《法隆寺建筑综观》(便利堂版,1953年)、大森健二所著《中世建筑构造与技法的发达》(私家版,1966年)和横山秀哉的《禅の建筑》(彰国社版,1967年)以及关口欣也所著《中世禅宗样建筑的研究》(私家版,1969年)。近年来研究日本国内的中国式建筑的成果主要是川端俊一郎所著的《法隆寺のものきし》(レネルウク书房版,2004年)。这部著作常被研究中国传统建筑学的学者所关注。

日本有关明清江南工业史研究成果也不少,宫崎市定的《明清时代の苏州と轻工业の发达》、佐伯有一的《明代匠役制の崩坏と都市绢织物业流通市场の展开》,安场保吉与斋藤修主编的《原始工业化期经济社会》(フロト工业化期の经济と社会),寺田隆信的《苏州踹布业の经营形态》,斋藤修的《原始工业化时代》(フロト工业化の时代),斋藤修的《プロト工业化の时代》,小岛淑男的《辛亥革命期苏州府吴江县の农村绢织手工业》,田中正俊的《16、17世纪の江南の农村手工业》,西岛定生的《中国早期棉业的形成》等,这些著作都是直接研究明清江南工业史的论著,均在一定程度上涉及传统工匠的历史。

在中国建筑业等工业技术史的研究方面,日本村田治郎(1895—1985)和竹岛卓一的研究引人注目。前者的代表作有《东洋建筑史》(彰国社,1972年版)、《中国建筑史论丛佛寺佛塔篇》(中央公论美术出版,1985年版);后者有《中国の建筑》(中央公论美术出版,1970年版)、《营造法式の研究》三卷(中央公论美术出版,1970—1972年版)。京都大学经济学部的天野元之助曾经用了大量的时间对《齐民要术》、《王祯农书》、《农政全书》等基本史料进行了各版本之间的详细校勘,著有《中国农业史研究》(御茶の水书房,1962年版,增补版1979年版)、《中国古农书考》(龙溪书舍,1975年版)等著作,对中国传统农作物、栽培、农具制作技术的发展进行了阐述。田中淡的古代建筑史著作《中国の传统的木造建筑》(《建筑杂志》,1983年版)、《中国建筑史の研究》(弘文堂、1989年版)等,先后受到东京大学太田博太郎的近代建筑史学和京都大学人文科学研究所林巳奈夫文献实证的影响,形成了自己的研究方法和研究领域。

---

① (日)薮内清:《中国·科学·文明》前言,中国社会科学出版社,1987年,第2页。
② (日)伊东忠太:《中国建筑史·总论》,上海书店,1984年,第4页。此书最早有商务印书馆1937年版。
③ 崔勇:《中国营造学社研究》,东南大学出版社,2004年,第52页。
④ 参见张十庆的《古代建筑的设计技术及其比较——试论从〈营造法式〉至〈工程做法〉建筑设计技术的演变和发展》,见《华中建筑》1999年第17卷第4期,第93页。

在技术史研究方面有伊藤武敏的两部著作:《中国古代工业史の研究》(吉川弘文馆,1962年版)、《中国古代绢织物史の研究》(上下、风间书房,1977—1978年版)。涉及中国传统食品加工业技术史的著作有筱田统的《中国食物史》(柴田书店,1974年版)、《中国食物史の研究》(八坂书店,1978年版);另与田中静一合编了《中国食经丛书》(书籍文物流通会,1972年版)。坂出祥伸的《中国近代の思想と科学》(同朋舍,1983年版)、坂出祥伸的《中国古代养生思想の总合研究》(平河出版社,1988年版)。坂出祥伸的《中国古代养生丛书》(谷口书店,1988年版)、山田庆儿译的《东と西の学者と工匠》(Clerks and Craftsmen in China and the West, Cambridge university,河出书房新社,1974—1977年版),概要叙述了东西方传统工匠与学者的关系。

20世纪70年代,本多健吉的《关于中国棉业近代化过程的考察》(《六合甲论集》,1958年,5—3),概述了清末民族资本棉纺织业的发展情况。田中正俊的《中日战争后上海外资纺织业与中国市场》,论述了日本在华棉纺织企业的经营情况。清川雪彦的《中国棉纺织工业技术过程中的意义——日、中、印(度)的棉纺织业的比较研究》,对清末民初时期日、中、印三国棉纺织技术进行了对比研究。铃木智夫先后发表的论文有《清末民初民族资本的展开——广东生丝业》(收于《中国近代化和产业改造》)、《上海机械制丝业的形成》、《清末在无锡的上海缫丝业和缫丝资本的活动》等篇。久保田文次的《清末川北蚕丝业的发展》和法国学者巴斯底的《1984年广东近代缫丝业》,都论述了近代丝业的兴起状况。秦惟人的《清末湖州的养蚕业和生丝的输出》一文,考察了一些专业养蚕村庄的半殖民地化。藤原康晴的《清末丝织业经营形态的考察》、小岛淑男的《清末民初苏州府的丝织业和机户动向》、曾田三郎的《中国近代丝织业的发展》等等,就各自问题做了探讨和论述。对缫丝业的研究,清川雪彦在《关于战前中国蚕丝业的若干考察》(《经济研究》1975年)一文中认为,技术停滞落后、经营者缺乏企业家精神是导致该业衰落的重要原因。曾田三郎的《世界生丝市场上的上海机缫生丝》(《史学研究》),如篇名所示,叙述了上海生丝在世界市场上所处的景况。奥村哲研究了20世纪30年代世界经济恐慌影响下的中国蚕业,写成专题论文若干篇,如《恐慌前夜的江浙机器制丝业》(《史林》1979年)、《恐慌下的江浙蚕丝业再编》(《东洋史研究》1978年)。另外,L.M.李的《中国生丝贸易:近代世界的传统手工业,1842—1917》(L. M. Li China's silk Trade,Traditional Industry in the Modern World,1842—1917)。研究丝的生产和出口的,有夏明德的《商人、农民及国家:无锡的丝绸生产组织及策略,1870—1937年》,(Bell, Lynda Schaefer: Merchants, Peasants and the State: The Organization and Politics of Chinese silk Production, Wuxi Country, 1870—1937)。

18世纪以来,欧美学者对中国建筑的研究大致分为三个阶段[①]:第一阶段是18至19世纪"中国热"(Chinoiserie)时期,主要是英国人钱伯斯(W. Chambers)在1757年出版的《中国人的房屋、家具、服装、机器与器皿之设计》(Designs of Chinese Buildings, Furniture, Dresses, Machines and Utensils)以及1773年出版的《东方园艺论》(A Dissertation on Oriental Gardening)。第二阶段是19世纪末至"二战"结束,主要是英国人佛莱切尔(Banister Fletcher)1896年出版《世界建筑史》(A History

---

① 赵辰:《域内外中国建筑研究思考》,《时代建筑》1998年第4期,第46页。

of Architecture on the Comparative Method for the Student,*Craftsman and Amateurs*),此书至1996年已经再版20次,逐渐修改了原先轻视欧洲以外地区建筑的观点。第三阶段是20世纪70年代以来的全面研究时期,主要有英国人李约瑟(J. Needham)1971年出版的《中国科学技术史》(*Science and Civilization in China*),丹麦人格朗恩(Else Glahn)1981年发表的《12世纪时的中国建筑规范》(*Chinese Buiding Standards in the 12th Century*),荷兰人鲁腾比克(Klass Ruitenbeek)1993年出版了其翻译和注解的"鲁班经",命名为《中国古代晚期的木工与营造》(*Carpentry and Building in Late Imperial China*,*a study of the 15th Century capenters Manual*,*Lu Ban Jing*)等等。国外学者对中国建筑史研究大量吸收了中国学者的研究成果。

李约瑟(Joseph Needham)在中国助手王玲和鲁桂珍的协助下,1946年开始编写巨著《中国科学技术史》,全书共7卷28分册,目前已出版23分册。第一卷总论(1954年版),首先介绍全书总的计划。第二卷论中国科学思想史和科技发展的思想背景(1956年出版),论述了中国古代哲学各流派(如儒家、道家、法家、墨家、名家、释家及宋明理学)和科学思想的演变发展。第三卷论数学、天文学、气象学和地学(1959年出版)。第四卷论物理学及相关技术,共三个分册。第五卷论化学及相关科学技术,是全书最大的一卷,共有13个分册,其中第三分册研究炼丹术(外丹)的发展与早期化学史,从古代的丹砂一直讲到合成胰岛素,1976年出版;第四分册比较研究中西化学仪器的发展、中国炼丹术的理论基础及其在阿拉伯、拜占庭及欧洲的传播,以及对文艺复兴时期斯帕拉塞斯(Paracelsus)药化学学派的影响,1980年出版;第九分册研究纺织技术,包括纺纱与纺车技术。第十分册讨论织造与织机技术。第六卷是生物科学及相关技术,包括农业和医学。第七卷分析传统中国文化社会和经济结构,讨论知识分子的世界观、特殊思想体系的作用,刺激或抑制科学发展的各种因素,最后回答为什么中国没有自发地产生近代科学。

《中国科学技术史》机械工程分册初版于1965年,后被翻译成日文和中文,是国外学者了解中国机械技术传统的重要著作。其第4卷第3分册《土木工程与航海技术》第二十九章论述"航海技术",依次介绍帆船的形态比较与演变,中国帆船和舢板的构造特点。书中特别从三个角度解析船舶技术:一是船舶的操纵包括操舵技术和航海导航技术;二是从物理力学角度对船舶的推进装置即帆和桨进行分析;三是对船舶在航行时的水上技术进行论述,包括拉纤、撞角等。书中认为"在船舶推进方面,中国的航海技术要比欧洲领先一千多年","在船舶操纵方面,操舵装置有了很大的发展"。另外还从中国船舶自然发展史以及从文献学和考古学角度解读中国船舶史[①]。《中国科学技术史》水利工程分册(科学出版社1975年)对中国水利工程技术有专门介绍。

关于现代工业文明的起源问题,美籍华裔学者余英时在介绍John U. Nef教授1958年出版的*Cultural Foundations of Industrial Civilization*著作时认为:"早期工业革命与知识革命相结合才使十六七世纪之交成为近代工业发生的时代,而17世纪中叶的欧洲人之所以远较一百年前更为接近工业化世界者,则主要并不是由于物质的发展。相反的,这是因为人们的思想已发展了新的倾向。如追求量的价值与量的推理方法、征而后信的科学知识以及综合性的数学等。而这些发展则都有

---

① (英)李约瑟:《中国科学技术史》第4卷第3分册,科学出版社,2008年,第760—761页。

其精神的根源。人类唯赖有精神的力量始能超拔于时间、空间与环境之上而影响长期的历史进程。"① 剑桥大学出版社出版的《欧洲历史新探索》系列丛书之一，罗伯特·杜普莱西斯（R. Duplessis）所著《早期欧洲现代资本主义的形成过程》一书认为，近代早期的欧洲经历了从16世纪开始到19世纪中期的350年左右的动荡时期。在书中，作者专辟"农村工业黄金时代"、"朝着资本主义工业化迈进"、"转型时代劳动者的状况"等章节，对这个时期的欧洲经济史特别是工业发展情况进行了深入细致的研究。其中第四章"工匠和企业主"认为："欧洲工业发展的主要决定因素在于欧洲自身的内部。欧洲人口从1500年的6100万增加到一个世纪后的7800万；与此同时，居住在人口达一万以上的城市的欧洲人——他们的生活依赖于市场消费的比例也从不到6%上升近8%。""英国工业的发展并不完全归功于国外市场。虽然原始资料不足，但是国内消费也是重要的——也许像某些历史学家所称，是至关重要的。"② 这些研究为我们了解欧洲早期工业化中的西方工匠及其技术情况提供了良好的参考资料和认识方法。此外，国外学者有关研究成果还有：

曼.素恩（Mann Susan）的《家庭手工业与清代国家政策》（Household Handicrafts and State Policy in the Qing Times），in Jane Kate Leonard and John R. Watt，eds. ，"To Achieve Wealth and Security：The Qing Imperial State and the Economy，1644—1911"，王国斌（Wong R. Bin）《中国与西欧的农村工业及人口变化》、《中国与西欧农村工业和经济发展的比较研究》、《转变中的中国：历史变迁与欧洲经验的局限》（China Transformed：Historical Change and the Limits of European Experience），赵冈（Chao Kang）《近代纺织业的成长及其与手工业的竞争》（The Growth of Modern Textile Industry and the Competition with Handicrafts），《中国棉布史》（The Development of Cotton Textile Production in China），Elvin Mark《帝国晚期的技术和资源》（Skills and Resources in Late Imperial China）、《高水平的装备的危机：中国传统纺织业发明衰落的原因》（The High-Level Equipment Trap：the Causes of the Decline of Invention in the Tradititional Chinese Textile Industry），Dwight H. Perkins《政府成为工业化的障碍：19世纪中国的案例》（Government as an Obstacle to Industrialization：The Case of Nineteenth-century China.），黄宗智的《长江三角洲的农民家庭与乡村发展，1350－1988》（The Peasant Family and Rural Development in the Yangzi Delta ，1350－1988），Van Glahn, Richard，《晚明江南的市政改革和城市居民的社会冲突》（Municipal Reform and Urban Social Conflict in Late Ming Jiangnan），Dwight H. Perkins：Agricultural Development in China，1368－1968③等，都涉及江南产业技术及技术经济史研究。

---

① 余英时：《工业文明之精神基础》，收入何俊编的《余英时学术思想文选》，上海古籍出版社，2010年，第143—147页。
② （英）罗伯特·杜普莱西斯著，朱智强等译：《早期欧洲现代资本主义的形成过程》，见《欧洲历史新探索》系列丛书之一，剑桥大学出版社，第118、148、189页。
③ Dwight H. Perkins：Agricultural Development in China，1368－1968，Aldine Publishing Company（Chicago），1968 edition；（英）李约瑟著，《中国科学技术史》翻译小组译：《中国科学技术史·水利工程》，科学出版社，1975年。

上编

江南传统工匠技术转型

SHANG BIAN

第五章 技术理论化是传统工匠技术转型的标志

第一节 技术理论化与传统工匠技术转型之关系

一、技术及技术转型之含义

"技术"(technology)一词,源于希腊文,本义指专门的手段和方法体系。这种手段和方法是经过反复练习,达到一定的熟练程度,而获得的经验、技能和技艺,或者说是人类为实现社会需要而使用的手段、方法和技能的总和。广义的技术不仅指自然科学技术和生产技术,也包括非物质生产领域的技术,如社会技术、语言技术、教育技术等。"在社会生活的各个领域,都有技术在起作用,整个社会的经济、政治、文化都以技术为中介,凡是一切讲究方法的有效活动都可以称之为技术。"狭义的技术主要指生产技术,是人们将自然科学知识应用于生产过程,以达到利用和改造自然之目的、手段和方法体系。所以说技术可以"理解为根据生产实践经验和自然科学原理发展而成的各种工艺操作方法、技能及其相应的生产工具、其他的物质设备及生产的工艺过程或作业程序和方法"①。仅仅从狭义的技术概念上看,技术便是成套的生产知识,包含硬件(设备、生产工具等)和软件(规则、工艺、方法、制度等)系统内容。

在现代社会,"科学"与"技术"的关系越来越密切,甚至有时到了难分难解的地步,但是"技术"毕竟有着自己的内涵与特点。如果说"古代技术"主要指劳动者的技能,是劳动者通过自己双

---

① 常向阳:《中国技术市场建构论略》,中国矿业大学出版社,2000年,第1—2页。

手表现出来的对物体进行加工、制作的能力①,那从近代开始,"技术"就逐渐有了多方面多层次的系列含义,人们开始从不同的方面和不同的角度去认识它、理解它、阐述它。有人把技术理解为各种劳动手段的总和,其中一些学者认为技术是社会生产的劳动手段的总和,另一些学者则认为技术是劳动手段的体系。这两种看法都主要强调了技术与劳动以及劳动手段之间的关系。所谓的劳动手段其实就是指劳动资料,即人们在劳动过程中用来影响和改变劳动对象的物质资料的总和,这其中包含了劳动工具,它与技术有着密切的关系,但是还包含了一些自然的物质条件。

有一些学者则将"技术"看成是"科学"的应用,如美国的布雷诺说:"有一种和科学完全不同的事业,那就是科学的应用——技术。"②这种观点在加拿大物理学家、哲学家邦格的理论中也有体现,他在《作为应用科学的技术》一文中就说:"我将把技术与应用科学当作同义词来使用"。这种观点主要是强调技术要以科学为理论基础。也有学者将技术看成是知识,梅森说技术是用以完成实际目的的知识体系。③ 不可否认,技术需要一定的知识作基础,但是技术并不完全是知识。

英国学者麦吉恩说:"我把技术看成是人类活动的一种形式",随后他又说:"我建议把命题扩展为技术是物质生产制作或改造物质客体的活动。"④不能否定麦吉恩将技术理解为物质生产制作或改造物质客体的活动的合理性,其强调技术要付诸行动,但是技术不仅仅指技术活动,还包括其他东西,比如说信息等。陈昌曙在《技术哲学引论》中认为,技术是"在一切人类活动领域中通过理性得到的(就特定发展状况来说)具有绝对有效性的各种方法的整体"⑤。这就是将技术理解为人类一切有效的活动。近现代最有效的产业生产主要指机器大生产,所以人们一提到技术就很容易联想到机器、计算机等高科技含量的东西,其实这些技术只能成为"现代技术",它们都是与科学建立某种联系或者是自觉地运用到了自然科学原理后才成为技术的,因而这种技术叫做 Technology。古代也有生产方法和生产工具,由此构成的传统技术可能更依赖于人类的双手,但这不等于现代技术产生以前就没有技术。早在 17 世纪,英国学者培根就提出要把技术作为操作性学问来研究。到 18 世纪末,法国哲学家狄德罗在他主编的《百科全书》条目中列入了"技术"条目,指出:"技术是为了某一目的共同协作组成的各种工具和规则体系。"⑥

如此看来,技术至少有三种形态:

一是"人化"形态,亦称主体技术或人化技术。这种技术主要以活动主体——人为载体,是技术的人格化,以操作技术为主要内容。它的第一个要素是技术主体经过学习、训练达到熟练程度后的经验系统;第二个要素是通过主体的动作和行为来加以示范或表达的实践能力;第三个要素是技术主体在操作实践中具有主观能动性和创造性。

二是"物化"形态,表现为以实物为载体的,为实现某种目的之物质手段或物质手段体系的总

---

① 林宏德:《科技哲学十五讲》,北京大学出版社,2004 年,第 218 页。
② 邹珊刚:《技术与技术哲学》,知识出版社,1987 年,第 235 页。
③ 林宏德:《科技哲学十五讲》,北京大学出版社,2004 年,第 219 页。
④ 邹珊刚:《技术与技术哲学》,知识出版社,1987 年,第 224—225 页。
⑤ 陈昌曙:《技术哲学引论》,科学出版社,1999 年,第 95 页。
⑥ 文兴吾:《现代科学技术概论》,四川人民出版社,2007 年,第 6 页。

和,集中体现在工具、机器、仪器、设备等要素上面。其在早期工业化发展中主要表现为动力机器的发明和使用,并逐渐替代传统的手工业生产,所以又称为"机器生产"或"机器工业"。其特点之一在于可以在技术主体之外长期独立的保存、延续与传播;其特点之二是人类知识、技能、经验等要素的凝结;其特点之三是可以扩充、延长或替代人体机能。

三是"知识"形态,亦称书本技术或理论技术。它是以语言、文字、图形或符号等要素来表达的技术。一般体现为工艺、流程、程序、规则、标准、信息、图表等文献信息资料或技术专利文本。其特点之一是以抽象理论的方式存在于人化技术和物化技术之外,并对其他两种形态的技术发展具有指导作用;特点之二是可以供人们共享并反复使用;特点之三是易于保存、传播、研究和开发。

所谓技术转型则是指技术三种形态及其系统结构的转化。"型"者,原指铸造器物的模子。《说文·土部》曰:"型,铸器之法也。"段玉裁注解说:"以木为之曰模,以竹曰范,以土曰型。"引申为"类型"、"样式"、"形态"、"法式"、"模式"和"模型"等。所谓"转型"是指某种类型样式或某种形态模式的转化与转变,主要是指由一种形态向另一种形态转换,英语为 transformation,即转变、变化、过渡、变迁等意思,强调事情由一种情况(样式)变到另一种情况(样式)。凡是影响我们生活、思维、工作和游戏等方式、方法的广泛、彻底的变化都是转型。其中,人化形态的技术转型表现为技术主体身份地位、生产方式和社会组织等转变,即本文所说的角色转换的主要内容;知识形态的技术转型是以技术转型为核心内容,既表现为经验型技术上升到理论型技术的技术科学化过程,又表现为通过职业技术教育和人力资源开发而实现的科学技术化过程(同时也是角色转换过程的完成);物化形态的技术转型是技术转型的外在标志,主要表现为生产手段和生产工具的改变,在早期工业化过程中突出表现是动力机器的发明和使用。一般说来,上述技术三种形态的转变是彼此互动、相辅相成的,其中知识形态的技术转型起主导作用。尽管三者相互之间作用有主次先后,而且在不同国家不同区域有不同表现,但基本上都有一个渐次发展的过程。在明清江南地区,这三种技术形态转变过程中,知识形态技术转型,特别是经验型技术上升到理论型技术的技术理论化过程,是整个技术转型的枢纽,明显地表现出"知识技术转型—技术主体转型—物化技术转型"的变化次序。

技术理论化过程本质上也就是技术科学化过程。"技术"与"科学"二者从一诞生便有了密切关联。"科学"的根本职能是在认识世界,回答"是什么"、"为什么";"技术"的根本职能是在改造世界,回答"做什么"、"怎么做"。现代科学有"哲学传统"与"工匠传统"两个来源,既起源于巫师、僧侣和哲学家的逻辑思辨,也起源于工匠的实际操作和经验知识,形成了上文所说的"学者传统"与"工匠传统"。任何科学理论都是经验事实证实的结果,都成为可以逻辑分析的形式结构[1],现代人重视学者传统往往超过工匠传统,重视逻辑分析而轻视经验事实。科学家默顿的《17世纪英格兰的科学、技术与社会》则集中关注如下问题:(1)分析作为一种活动领域的科学在当时、当地的制度化,并把它同在一定程度上与之相竞争的其他兴趣领域加以比较;(2)分析作为一种缓慢出现的社会制度的科学与其他制度的互动方式;(3)分析在近代早期的这个阶段科学与技术在其发展中

---

[1] (奥)波普尔:《科学知识进化论》(中译本)前言,三联书店,1987年,第12页。

的直接和间接的联系方式;(4)追溯这个时期的经济和军事利益对科学研究问题的选择是否有直接和间接的影响。① 他认为首先要从知识社会学的角度研究科学知识产生的条件、形式、存在基础等问题;其次再以知识社会学的范式为基础,展开科学社会学的研究工作,重点讨论科学与社会、文化、技术、军事等领域的关联;然后具体展开科学的精神特质及其具体内涵的研究。这些为读者展现了科学社会学研究途径。默顿认为,普遍主义、公有性、无私利性及有组织的怀疑构成了现代科学的精神特质,强调科学知识是奠定在经验事实和逻辑基础之上,17世纪的工匠传统和培根所提倡的实验科学有力地推动了近代科学的实质性变革并使科学更具实用价值;科学规范是由科学的制度性目标所决定的,科学的制度性目标是"扩展被证实了的知识",而"知识是经验上被证实的和逻辑上一致的规律的陈述"②。

二、技术与科学互化中的工匠转型

手工业发展使工匠作为一种社会职业,兼而背负技术发明创造和应用于一身,成为继承和推动古代技术发展的主要力量。经验技能是古代技术的基本范式,也是当时技术主体要学习和掌握的主要内容,其传承方式为家传制和师徒制。现代技术工人群体、技术科学家队伍和技术工程师队伍主要依靠专门学科进行专业培养,关键是如何实现传统工匠经验技术的科学理论化,它是学科化的前提条件,也是现代知识经济与技术经济出现的主要基础。

作为理论的科学是个很宽泛的概念,包括自然科学、社会科学、人文科学与工程技术学。爱因斯坦认为科学是一本永远写不完的书,人们对于科学认识的每一次进步,都会导致人们对于什么是科学的不同理解。康德的《自然科学的形而上学起源》对科学一词定义说:"每一种学问,只要其任务是按照一定的原则建立一个完整的知识系统的话,皆可被称为科学。"这个解释对我们理解什么是科学具有很大启发,首先因为科学与知识密切相关,要求科学中的所有表达必须是有根有据;其次因为科学是那些有根据的陈述所组成的一个完成系统,不是单一的陈述;第三这个系统是按照一定的原则来建立的完整的知识系统。所以有人甚至说:"科学是由句子作用(即陈述形式)或者完整的句子形式(即陈述)组成的一个在所有陈述之间没有矛盾的联合体。这些陈述符合一系列固定的句子生成规则以及句子转换规则(即具有逻辑性的引申规则)。或者说我们的理解是,科学是由陈述句型构成的句子之间没有矛盾的联合体。这些陈述是描写、归类以及(或者)证明、引申,部分是普遍的全称描述,部分是单一性(单称描述)。但最起码是间接的可以得到体检的对事实的描述。同时这些陈述符合一系列固定的句子构成规则以及句子转化规则,即引申规则。"③

但由于历史的原因,近现代的科学特指自然科学。1960年,贝尔纳在《历史上的科学》一书中曾从不同侧面考察了科学的性质,认为科学可以作为"一种建制","一种方法","一种积累的知识传统","一种维持或发展生产的主要因素"以及"构成我们的诸信仰和对宇宙和人类的诸态度的最

---

① (美)R. K. 默顿:《17世纪英格兰的科学、技术与社会》(中译本)前言,商务印书馆,2000年
② (美)R. K. 默顿:《科学社会学——理论与经验研究》(中译本),商务印书馆,2003年,第365页。
③ (德)汉斯·波赛尔:《科学:什么是科学》(中译本),上海三联书店,2002年,第11—12页。

第五章 技术理论化是传统工匠技术转型的标志

强大势力之一"。其中,"科学作为建制和作为生产要素的两种形象,几乎是专属于现代的"。他认为科学比任何其他人类事业变化都要快,因而不能用一种定义一劳永逸地固定下来[①]。拉丁语中scientia(scire,学或知)就其最广泛的意义来说,是学问或知识的意思。但英语词汇science却是natural science(自然科学)的简称,虽然最接近的德语对应词wissenschaft仍然包括一切有系统的学问,不但包括人们所谓的science(科学),而且包括历史学、语言学和哲学。所以,科学既可以说是关于自然想象的有条理的知识,也可以说是对于表达自然现象各种概念之间关系的理性研究。著名的学者培根就把科学理解为对自然的解释。他说:"人是自然的仆役和解释者,因此他所能做的和所能了解的,就是他在事实上或在思想上对于自然过程所见到的那么多,也就只是那么多。除此,他既不知道什么,也不能做什么。"[②]实证主义的创始人孔德说:"从弗兰西斯·培根以来一切优秀的思想家都一再地指出,除了以观察到的事实为依据的知识以外,没有任何真实的知识。"[③]因此实证主义认为科学是由观察到的事实来证实的知识,科学来自于经验。加拿大的物理学家、哲学家邦格则认为科学是一种复杂的存在,具有多方面的本质属性,因此科学划界的标准也应当是多元的。邦格说:"我们看一块金属是不是真金,除了看颜色和光泽外,还要考虑许多其他属性。同样,判断一个知识领域是不是科学也要考察它的许多特征。"[④]

科学哲学家托马斯·库恩(Thomas S. Kuhn)将科学纳入了历史的发展过程中,他认为科学不仅是一种知识,也是一种社会事业和活动,同各种社会因素、心理因素密切相关,所以对科学划界问题不能只从科学理论与经验事实的关系方面来思考,应当从历史的、社会的角度来思考[⑤]。他强调必须形成"范式"才能称得上是科学,而库恩所谓的"范式"(paradigm)是指科学在某一时期内,其理论假设、应用方法是以一些特定学科的"科学家共同体"所接受的方式存在的。他认为,从科学发展史来看,科学的发展是范式更替的过程。科学有一套范式,这个范式里面包括世界观、方法论,包括一些基本理论、基本概念,这套范式是共同进行这一科学领域研究的人必须共同遵守的。概括地说,范式的科学进步有如下的步骤:前科学—常态科学—危机—革命—新的常态科学—新的危机。这就是"库恩范式",实际上就是我们所理解的技术科学化与科学技术化互动的过程。这个理论是托马斯·库恩在《科学革命的结构》中阐述的,是诸多解释科学概念中的一种结构论[⑥]。人们按照这套理论、方法、规则进行工作就是常规科学。科学发展过程是由常规科学到发生疑难、发生危机,产生科学革命,比如牛顿力学演变成相对论,这是革命性的变化。革命成功以后又是一套范式,再继续常规科学。到了一定的时候又出现新的理论,又解决不了,又有危机,就又有一次科学革命。库恩认为,新范式和旧范式是根本不同的两种概念,谁也不能说对方一定是错的,革命

---

① 引自文兴吾的《现代科学技术概论》,四川人民出版社,2007年,第4页。
② (英)W.C.丹皮尔:《科学史》,商务印书馆,1997年,第9页。
③ 洪谦:《西方现代资产阶级哲学论著选集》,商务印书馆,1964年,第7页。
④ (加)邦格:《什么是伪科学》,《哲学研究》,1987年第4期。
⑤ 林宏德:《科技哲学十五讲》,北京大学出版社,2004年,第141页。
⑥ (美)托马斯·库恩著,金吾伦、胡新和汉译:《科学革命的结构·前言》,北京大学出版社,2003年,第1—2页。

以后又产生新的常规科学。

由上可见,科学一词既是名词又是动词。作为名词的科学是静态地认识世界的一种知识体系,这个认识的客体不仅仅是指自然界的科学,还应该包括社会、文化、思维等其他事物。科学作为一种知识体系,它应该包括实验事实、基本的概念、所用到的原理定律、思维方法以及结论等。作为动词的"科学",是一种动态的和发展的过程,首先是指经验知识上升到理论知识的过程。人类在生产实践中对客体知识体系进行认识和总结,产生理论知识与科学方法,再按照一定规律和原则去构建这个不断更新的理论知识体系。这个知识体系的内容和结构不是终极的和密封的,而是随着时间推移而不断增长和更新,使知识体系本身在演进过程中保持新陈代谢与开放的特性,新鲜的知识被补充进来,陈旧的知识被淘汰出去[①]。这就是产业技术理论化的本质过程,也就是我们上文所说的经验技术科学理论化的过程。知识技术转型和物化技术转型都强调技术科学化与科学技术化中科技互化的过程。

技术主体包括个体主体,如技术工人、技术专家和发明家、企业家,也包括群体主体,如技术工人群体、技术科学家队伍和技术工程师队伍、企业家群体等。在清末实业教育体系里,建筑技术学科化首先崭露头角。以职业技术教育为主要内容的技术理论学科化,不仅改变了专业技术传承方式,而且使传统产业技术知识也得到了应有的保护和传承,大大加强了行业技术自身的完善。在技术学科化基础上开展的职业技术教育(实业教育),培养新型技术人才去从事产业技术工作,就是上文所说的科学技术化。清末民初江南地区在完成技术学科化的同时,也开启了以实业教育为标志的科学技术化进程,它是早期工业化社会开始向工业现代化社会发展的基本标志。技术主体的职业技术是随着社会历史发展而发展的,在不同的历史时期和不同的地域,它既有个性的差异,也有共同的时代特点。在前工业社会向现代工业社会转型初期,工匠是主要的技术主体。其经验性技术向科学性技术转变的趋势,哪怕只是一种萌芽状态的技术转型,实质上都是科学与技术互化(即技术科学化,科学技术化及科技社会化)过程的开始,其中技术主体的现代转型(即传统工匠的技术转型与角色转换)是其中的核心内容。

三、技术理论化是传统工匠技术转型的主要标志

传统工业技术的理论化是产业技术科学化的核心内容和主要标志。科学技术化必须以技术科学化为前提和基础,其基本过程是:经验技术上升为科学理论,经过专业技术教育和实验研究转化为新的生产技术。到底如何实现科学技术化,伽利略以科学家的思维把当时哲学观念变成可以操作的科学方法,建立了真正意义上的自然科学,从而认识了许多对人类至关重要的自然现象和规律,为新技术产生奠定了基础,从此出现了超越经验和常识的技术群。新技术的发展又把科学推向新领域,这种互动过程也从此延续下来。西方社会在经历了两次工业革命后,更加成为科技进步与经济发展互相结合、互促互进的典型。特别是19世纪中叶以后,西方国家与企业纷纷兴办工业研究实验室。德国化学工业中,普遍雇佣专业化学家,并形成研究生培养制度,从事工业管理

---

① 钟义信:《信息科学与技术导论》,北京邮电大学出版社,2007年,第2页。

和技术创新的研究开发工作,使科学开始从一门科学理论或某几门科学理论渗透到一种具体的技术理论中去,形成了新的理论技术(theoretical technology)。所以说,科学与技术互动中的技术科学化与科学技术化是一个相辅相成的永恒提升的变化过程,总的取向是在技术实验和科学研究的基础上追求更加科学的技术①。

一旦经验性技术或技术的经验形态向理论知识形态转变,一旦新的理论知识通过学科教育等手段转化为新的科学技术,传统工匠的生产技术便在这个双向互化的过程中实现了现代转型,其相应的社会角色也发生了新的变化。所以王树松在《从近代科学技术发展历史辨析科学与技术的关系》一文中,通过对西方近代科学技术发展的历史分析,认为科学与技术关系是由相互并行到相互作用,形成"技术科学化"和"科学技术化"的历史过程②。

明清工业文献中,无论是官员著作、学者著作、还是工匠著作,在明中后期到清初江南地区都出现了作品数量和科技含量空前增长的趋势,是全国其他地区难以比拟的。这标志着中国传统科技的发展到明代后期发生了新的变化,正式开启了"技术科学化"的历史进程。那些所谓中国近现代科学技术产生很晚或谓中国不能产生近现代科学技术的说法是完全错误的。正如陈进传在《峰回路转:明代的科技》一文中所说的那样:"明代中叶以前的科技,似乎已走到'山穷水尽疑无路'的地步;但神宗以后,却有'柳暗花明又一村'的转机,造成晚明科技的重光再兴,使得科学思想、科学方法及科学成就足与同时代的欧洲比肩抗衡。"③

与此同时,技术科学化的过程也是主体技术再次技术化的过程,突出表现为社会生产中知识技术转型(已有的科学理论通过教育科研而实现创新)与物化技术转型(即机器技术转型,主要表现为机器工业代替手工工业)的过程。例如纺织工业中,传统纺织产业从粗放型、劳动密集型产业逐步转变成集约型、资本和技术密集型产业,是技术实现现代转型的典型表现。现代纺织设备集中运用了光、机、电、气动、液压等多种新技术成果,同时采用了高性能工业控制器,完成复杂的运算和逻辑控制,以及对各种指令的快速实时响应和高速通讯。这些新技术的结合,使新型纺织机械具备了智能化的控制功能。这样一种工业技术转型,必定要经过一个长期的发展过程。它既要受纺织技术自身发展规律的支配,同时又要受其他技术和社会文化发展规律的制约。

中国古代工业科技的发展,到明代后期发生了新的变化,开启了"技术科学化"的历史进程。江南早期工业化中出现的经验性技术向科学性技术转变的趋势,虽是一种萌芽状态的技术转型,实质上却是科学与技术互化过程中初级阶段的开始。在这个转型的初级阶段,技术主体的现代转型是核心内容,其中最关键的是如何实现传统工匠的技术理论化与科学化。只是到了鸦片战争后,特别是到了清末民初这一社会大变革的历史时期,随着西方资本主义国家技术的大量引进,才有了上述三种技术形态自身的转型和技术各要素系统整体的转型。

工业技术理论化主要表现为明清江南及其周边地区工业技术的文本化与科学化,它既是工匠

---

① 肖峰:《论技术的社会形成》,《中国社会科学》,2002年第6期,第68—77页。
② 王树松:《从近代科学技术发展历史辨析科学与技术的关系》,《高师理科学刊》,2002年第4期,第100—102页。
③ 刘岱主编:《中国文化新论·科技篇:格物与成器》,台北联经出版社,1983年,第229—282页。

传统与学者传统走向结合的必经途径,又是传统工匠实现技术转型的关键标志,还是江南区域早期工业化社会形成与发展的根本动力。如果说近代科学的技术化是工业现代化的内涵特质,那么传统工业技术的理论化则无疑是早期工业化的核心标志。

第二节 传统工业技术理论化的逻辑起点

古希腊的科学与技术是密切联系的整体,后来因为宗教唯心主义盛行,科学停滞不前,技术仍在发展,公元500—1500年西方科学与技术发生分离。到16—17世纪,西方科学与技术再次走向统一,表现为以技术科学化(近代科学产生)为中心的工匠传统与学者传统重新走向结合。同时,科学指导技术发明创造,技术科学化与科学技术化彼此互动。1678年,牛顿《自然哲学的数学原理》一书出版,确立了近代科学思想体系,是近代科学与古代科学的分水岭。于是,1600—1700年科学与技术在职业上分离,但在解决技术问题上开始合作,出现了不同于经验技术的理论技术(即"科学技术")。文艺复兴后,西方科学开始制度化,促使"科学技术化"成果蒸汽机出世。1673—1680年荷兰物理学家惠更斯提出了真空活塞式火药内燃机工作原理,1690年其弟子及助手法国德尼·潘伯用蒸汽机代替燃烧火药,发明了活塞式蒸汽机。这一技术是在近代科学思想指导下进行的。人们从科学理论上研究出大气压、作用力与活塞做工的关系,提出了常压蒸汽机工作原理。在此基础上,1712年,英国托马斯·纽可门发明了常压蒸汽机,并成功应用于矿井排水,但工作效率不高。因此,英国技术工程师瓦特根据力学家布莱克的潜热和比热理论,找到了蒸汽机工作效率低的原因,提出在蒸汽机中加一个冷凝器的设想,并于1765年研制出一台分离冷凝器的小蒸汽机,1781年发明了旋转式蒸汽机,使直线运动机械变成了万能运动机械。1804年,分离冷凝蒸汽机在英国棉纺织业中普遍使用[①]。

中国古代科学以元气论的有机宇宙观为主流指导思想,凡是与农业生产关系密切的学科优先发展,经验性、实用性、描述性及本土性强,但也有一个科学与技术由分到合的发展过程。

一、工匠传统与学者传统的结合

西方发达国家历史显示,古代一体化的科学与技术,到中世纪分道扬镳,以至于在相当长的历史时期内,科学在很多地方依附于哲学传统之上,技术则长久地依附在工匠传统之上。直到17世纪,这两种分离的传统才开始再次结合并进入互动过程,两者之间的关系才发生了质的变化。在早期工业化时期,经过长期积累的工匠传统及其经验技术的总结提高,逐渐上升为理论科学,称为技术科学化;反过来,这种传统技术科学化的理论又指导专业技术,促进新的技术产业化,出现新

---

① 参考高志利的《中西方科学文化的历史发展及启示》,华东师范大学研究生课程论文(2010年4月15日)。

的产业部门,推动了行业经济的快速发展,则称为科学技术化。无论是技术科学化还是科学技术化,都离不开经验型技术上升到理论型技术这个中心环节,说到底就是技术的社会化与理性化。因为"技术无论作为实物(如工具、机器、装置等),还是作为观念(如技能、技巧、经验、知识等),或是作为过程(如发明、设计、制造、使用等),都是被社会介入的,只有被赋予了'工具'和'手段'意义的东西才成其为技术"。所以,"科学、巨大的生产力、社会的群众性劳动都体现在机器体系中"。正是这些"社会的群众性"因素,才铸造了作为人工手段而存在的技术。或者说,是社会生产者意愿的合力造就了技术,而"人之所以运用技术手段来帮助自己达到目的,是求效的技术理性使然"[1]。

中国古代的手工业很发达,在世界上曾经居于领先地位。在纺织业方面,中国是世界上最早发明丝织技术的国家,半坡氏族遗址中有麻纺织业遗存,大汶口文化中晚期丝织技术有了进步,汉代新疆地区种植棉花,南宋时棉织业扩展到江南地区,元朝松江成为棉纺织中心,江南的一批村镇也因棉纺织业而兴盛起来。在陶瓷业方面,半坡的彩陶、大汶口的黑陶和白陶等都是精美的工艺品,隋唐时瓷窑分布于中原和江南许多地区,著名的唐三彩和青瓷中的秘色瓷在唐朝出现,北宋出现定窑、汝窑等五大名窑,江西景德镇的青白瓷行销海内外。在造纸业方面,西汉发明了造纸术,甘肃天水放马滩出土的绘有地图的纸是目前世界上所知的最早的纸,东汉蔡伦改进造纸术,至魏晋南北朝时期,纸张白度增加、质地细薄,产量大增,逐渐取代简牍,成为最主要的书写材料,几个世纪后向东传到朝鲜、日本,向西传到大食(阿拉伯),经阿拉伯传到欧洲、北非。在冶铁业方面,西周时开始使用铁器,春秋战国时期发明了铸铁柔化处理技术,西汉时煤成为冶铁的燃料,发明了淬火技术;东汉时杜诗发明水排,使中国冶铁水平长期领先世界;隋唐时期普遍采用了切削、抛光、焊接等工艺;明朝中后期,广东佛山冶铁业,一天出铁六七千斤。在造船业方面,汉代时发明了橹、舵和布帆,还使用锚;隋唐时期战舰使用推进器,是最早使用机械动力的轮船;两宋造船技术在世界上处于领先地位,南宋的明州、泉州、广州是造船中心,远洋海船可载粮食几万石;明朝郑和下西洋船队反映了当时高超的造船技术。除这五大行业外,还有制漆业、制盐业和青铜业在中国古代都很发达。这些技术的进步,必然为传统工匠技术理论化奠定厚实的基础。但除了文人学者投入传统工艺的理论总结及政府文化行为以外,普通传统工匠要将自己的技术总结为理论知识,必须接受基本的文化知识教育,同时还要伴着身份地位和经济地位的提高,才能利用新兴的印刷技术来著书立说。这些学术文化发展的前提条件到明清时期才具备。

明代之前,自己总结经验技术并写成文本的工匠,著名的有北宋建筑专家喻皓、元代木匠薛景石等人为代表,都还是个别现象。喻皓本是宋初的一个都料匠(掌管设计、施工的木工),由于他长期从事建筑实践,又勤于思索,因而在木结构建筑技术方面积累了丰富经验,在建筑多层的宝塔和楼阁上取得杰出成就。薛景石,宋末元初人,具体生卒年不详,出身木匠,长期从事织机修造业。薛景石撰《梓人遗制》一书,中统二年(1261)刊行,明《永乐大典》收入卷18245之"十八样匠字诸书十四"中。《梓人遗制》是制作织机的木工技术规范的专著,书中分织机为四类,即华机子(提花

---

[1] 肖峰:《论技术的社会形成》,《中国社会科学》,2002年第6期,第68—77页。

织机)、罗机子(罗织机)、立机子(立织机)、布卧机子(平织机),均有零件及总装图,以及整经、浆纱等工具图形,附有制作和安装工序的工时计算方法。到了明代中后期,一方面文人学者大批投入到工艺技术的理论总结、学术研究和生产商贸实践之中,与此同时,普通有文化的工匠也开始总结自己的经验技术,写成文本,形成文献,并用之于技术传承和生产实践。16—17世纪江南及其周边地区工业文献的空前增多(详见附表1),说明工匠传统与学者传统结合,科学理论与技术生产结合,技术科学化与科学技术化互动,皆已进入新的历史阶段。

明清江南早期工业化进程包含着经验性技术发展到科学性技术的技术转型过程。传统工业技术转型,特别是工匠经验型技术向理论型技术转化的技术形态之间的转型,呈现出生产—技术—科学的序列关系,即工匠经验技术的科学理论化,本质上体现为工匠传统与学者传统开始结合。"经验特征的突出,同时也表明在知识活动中有深刻的工匠因素。因为按照常规,学者在主流上多占有理论,而工匠在主流上则更依赖于经验,这是与其所接受的训练密切相关的。工匠这一阶层很难享受到文字训练的权利与机会,因此必然会导致对经验的亲近和对理论的疏离这样一种结局,或者说必然会导致稀释理论浓度、增加经验成分这样一种结果。"[①] 经验型技术向科学理论型技术转型的同时,技术主体也开始由经验型向经验与理论结合的素质型生产劳动者转变,从而实现传统工匠角色向现代技术工人和工程师角色的转换。

自主创新能力是区域发展的核心力量,突破制约社会经济发展的科技因素是实现自主创新的关键,其中技术科学化是区域社会经济自主发展的根本动力。历史发展表明,传统工业技术发展与转型无疑是推动传统农业国走向工业化的关键所在。随着西方现代技术的大量引进,又有了各种技术形态自身的转型和技术要素系统整体转型的开始,特别是知识形态的技术一旦产生,导致职业技术教育的发展,从而对科学的技术化发挥前所未有的催化作用。

二、传统工业著述从农学著作中分离

从人类创造知识的过程来讲,人类最先创造的不是科学,而是技术。经验技术理论化过程,也就是科学产生的过程。中国传统技术的知识形态化或技术理论化,首先表现在农学方面。

中国古代很早就出现了农学专著,广义的农书,内容包括农、林、牧、副、渔等多方面,主要有大田作物、果树、蔬菜、花卉、林木、蚕桑、畜牧、兽医、水产、农具、农田水利、农副产品加工与贮藏等方面,不但内容丰富,而且农书数量众多,绝对世界第一。清代类书《古今图书集成·考工典》索引开列有关农书目录600余种,北京图书馆主编的《中国古农书联合目录》收录643种,包括农具资料。日本天野元之助的《中国古农书考》论及243种,王毓瑚先生的《中国农学书录》载录542种,其中约300种流传至今。这些农书可分两大类:一类是综合性农书,以作物栽培、园艺、畜牧和蚕桑作为基本内容,又以大田生产为主,还包括水产以及农具、水利、救荒、农产品加工等;另一类是专业农书,包括关于天时、耕作的专著,各种专谱,蚕桑专书,兽医书籍,野菜专著,治蝗书等。综合性农书又可分三种:第一种是农家月令书,它创始于3世纪东汉崔实的《四民月令》,以后的如《四时纂

---

① 吾淳:《古代中国科学范型》,中华书局,2002年,第19页。

要》、《农桑衣食撮要》、《经世民事录》、《农圃便览》等;第二种以6世纪北魏贾思勰的《齐民要术》作为代表,着重于农、林、牧、副、渔各项技术知识的系统记述;第三种是综合性质的农书,主要是指民间的日用百科全书,如元代的《居家必用事类全书》,明代的《便民图纂》、《多能鄙事》等。从现存最早最完整的农书《齐民要术》(书写于北魏孝武帝永熙二年到十三年间,即533年到544年间)到南宋高宗绍兴十九年(1149年)写成专门总结江南水田耕作的综合性农书《陈旉农书》,再到元代大型农书《王祯农书》,最后汇为传统农学空前巨著《农政全书》(总共约有70多万字,所采用的文献共229种),建立了一个完整的中国农学体系。在传统农学著作中,最重要的有北魏贾思勰的《齐民要术》,元大司农司撰的《农桑辑要》,元代的《王祯农书》,明徐光启撰的《农政全书》和清乾隆官修的《授时通考》等。这五大农书既有综合性的共同点,为最早记述和研究农具的古籍,又在历史背景和内容方面各具特色,是中国传统农业技术理论化的典型代表。

徐光启的《农政全书》中有很多工业技术总结。其中有些来自前人研究结果的总结,有些是结合明代实际生产情况提出新论,也有一些是介绍由西方传教士带来的工业技术理论,构成了徐光启工业技术总结的三大来源。书中通过对丝织业、绵纺织业、水利工程技术、食品加工业以及农具的制造业五个方面的技术总结和分析,可以看出徐光启在研究工业技术方面"主于实用,注重实践"的特点,看出他"农工并重"以及希望通过工业技术改进推动农业发展的思想脉络。与徐光启《农政全书》(崇祯十二年刊印)差不多同时,宋应星的《天工开物》(崇祯十年刊印)虽然也有"乃粒"等农学篇幅,但却是公认的手工业科技专著。可见明代中后期,传统工业科技著作已从农学著作中基本分离出来。

农学发展离不开气象历法等天文学的密切支持,中国古代天文学与农学并驾齐驱。据甲骨文记载,殷商时代已经有了关于日食、月食的记录,并出现了原始历法《阴阳历》。春秋战国之际,二十八宿体系已经建立,人们在观测日月星辰及五星运动时,沿天球黄、赤道带所划分的二十八个区域,分别是:角、亢、氐、房、心、尾、箕;斗、牛、女、虚、危、室、壁、奎、娄、胃、昴、毕、觜、参;井、鬼、柳、星、张、翼、轸。二十八宿的建立为观测天象提供了一个较为准确的量度标志。对异常天象的观测,除了多次记录了日、月食外,《春秋·文公十四年》中还有关于哈雷彗星的记载。战国时魏人石申绘制了人类历史上第一张星象表。历法中的二十四节气到战国时已完备,把周年平分为立春、雨水、惊蛰、春分、清明、谷雨、立夏、小满、芒种、夏至、小暑、大暑、立秋、处暑、白露、秋分、寒露、霜降、立冬、小雪、大雪。春秋战国时古四分历,取周年长度为365又1/4天,采用十九年七闰方法。秦汉时期天象观测更为精确,《汉书·五行志》中记载:"成帝河平元年己未,日出黄,有黑气,大如钱,居日中央。"这段话对太阳黑子出现的时间、位置、形状做出了准确记录。两晋南北朝时期,祖冲之在刘宋大明六年(462年)完成的《大明历》是一部精确度很高的历法,其计算的每个交点月(月球在天体上连续两次向北通过黄道所需时间)日数为27.21223日,同现代观测的27.21222日只差十万分之一日。隋唐时期,在天文学家僧一行的倡议和指导下,唐政府派人到全国13个点进行天文观测,在世界上最早实测到子午线(地球上通过南北两极的假想线)长度。北宋时期,苏颂等人创建水运仪象台,采用民间使用的水车、筒车、桔槔、凸轮和天平秤杆等机械原理,以水为动力,带动一套精密的机械,既可观测天象,又可演示天象,还能自动报时,把观测、演示和报时设备集中起来,组成一个整体,成为一部自动化的天文台。北宋沈括创制《十二气历》，比英国早 800 多年。元代郭守敬主持和亲自参加了元朝规模空前的天文测量，最北观测点是北海（在今西伯利亚），最南观测点是南海（在今西沙群岛）。他不仅制造出居世界领先地位的简仪，还创造了中国古代最精密的历法《授时历》，定一年为 365.2425 天，和现行格里高利历一样，但比格里高利历早 300 多年。

三、传统工业著述对传统数学的借镜

传统理论科学的产生和发展在很大程度上源自传统产业技术的进步。随着古代农业发展和城镇出现，文明进程加快了，理论者和实践者之间的界限日益确立，出现了学者和工匠的分离。到近代科学革命和工业革命以前，科学与技术大都独自以自己为中心独立进化，16、17 世纪科学研究成果到 19 世纪转化为新的技术，而在 18 世纪末之前，工业技术向理论科学提供的知识多于理论科学向工业技术提供的知识。进入 19 世纪后，二者的关系发生变化，理论科学开始转化为应用技术，以化学发展及其工业技术影响最突出。第二次工业革命之后，在化学和电学等领域，产业技术发展和科学理论进步开始自觉结合，科学和技术关系不断深化，科技概念也随之产生。科学学的创立者、英国著名科学家贝尔纳认为，科学发展与技术发展之间存在着交互作用，彼此不可或缺，没有科学的发展，技术就会老化为传统工艺；没有技术的促进，科学就会成为单纯的学问①。随着科学理论和工业生产的一起进步，工业技术中的科学比重逐渐增加，科学技术化与技术科学化互动成了现代科学技术发展的突出特征。

不过，中国传统的工业技术理论化进程比传统农业生产技术理论化要慢一些。除了宋代《营造法式》等古代建筑业方面技术理论化著作较早出现以外，其他手工业行业的技术总结多与传统农学著作混为一体。如北宋《梦溪笔谈·技艺》中间接保存了大量具有工业档案性质的珍贵史料。其中有水工高超的三节合龙巧封龙门的堵缺方法、喻皓的《木经》及其建筑成就、河北"团钢""灌钢"技术、羌人冷作冶炼中"瘊子"应用、"浸铜"生产等，特别详细记载了"布衣毕昇"发明的泥活字印刷术，是最早的关于活字印刷的可靠史料。到了明代中后期，传统工业技术著作普遍出现，中国传统工业技术理论化进程空前加速。在传统的技术科学化的基础上，形成了独立发达的中国古代科学，特别表现在中国传统数学等学科之中。古代数学成就也很辉煌，在殷墟甲骨文中就有数字记录，包括从一至十，以及百、千、万，最大的数字为三万；《易经》包含组合数学与二进制思想，《史记》记载大禹治水使用规、矩、准、绳等作图和测量工具，运用"勾三股四弦五"等理论；湖南秦代古墓中发现了距今大约 2200 多年的九九乘法表，与现代使用的乘法口诀"小九九"相似。中国古代计算工具算筹最发达，建立在筹算基础上的中国数学与西方及阿拉伯数学相比，具有明显的特点。《算数书》成书于西汉初年，是传世的中国最早的数学专著。《周髀算经》编纂于西汉末年，包括勾股定理和"陈子测日法"两项数学成就。成书于东汉时期的《九章算术》收集了 246 个数学问题及解法，内容包括分数四则和比例算法、各种面积和体积的计算、关于勾股测量的计算等，是世界数学史上最早提出负数概念及正负数加减法法则，将劳动技能、方法和规则、劳动手段、技术与知识

---

① （英）J.D·贝尔纳：《科学的社会功能》，商务印书馆，1982 年，第 191 页。

等要素以一定方式结合而成一个有机系统。

明代中后期数学家王文素认为,数学是"普天之下,公私之间,不可一日而缺者也"①。他用30年时间,于明嘉靖三年(1524年)完成了54卷总计1500多问近50万字的《新集通证古今算学宝鉴》。这是一部博大精深的数学巨著,其中解高次方程的方法较英国的霍纳(Hirner,1786—1837)、意大利的鲁非尼(Ruffini,1765—1822)早300年;在解代数方程上,他比17世纪牛顿和拉夫森(J. Raphson,1648—1715)早140多年率先用导数逐步迭代求解,亦即17世纪微积分创立时使用的导数,王文素在16世纪已率先发现并使用。王文素利用"开方本源图",解出像 $x^9 + 25x^8 + 235x^7 + 1035x^6 + 2160x^5 + 1728x^4 = 27993600000$ 这样的高次方程。国外类似的图首见于德国数学家斯蒂非尔(M. Stifel,约1487—1567)1544年著的《算术大全》中,较《算学宝鉴》迟20年且不如该图完备。该书立体插图采用现代轴测图法中常用的正等测图法,使三轴的轴间角两两成120度,是在中国算书插图中最早采用这一先进方法的著作。书中加、减、乘、除、开方等由简单到复杂的运算,均是用珠算完成的。

徐光启"格物穷理之学"的核心就是以数学演绎推理和数量计算来探求客观事物规律,具有近代科学特征。他把数学作为科学发展的前提,认为数学是其他一切自然科学和工程学的基础。这比马克思、恩格斯论述数学在自然科学中的作用早了数百年。徐光启在崇祯二年(1629年)七月二十六日,给崇祯帝上奏的《条议历法修正岁差疏》中说:"盖凡物有形有质,莫不资与度数故耳。"他在奏疏中提出"分曹"料理,即分学科研究的思想,认为数学是"从用之基"。他还提出"度数旁通十事",分别为"治历、测量、音律、军事、理财、营建、机械、舆地、医药、计时"。其文曰:

其一、历象既成,除天文一家言灾祥祸福、律例所禁外,若考求七政行度情性,下合地宜,则一切晴雨水旱,可以约略预知,修救修备,于民生财计大有利益。其二、度数既明,可以测量水地,一切疏浚河渠,筑治堤岸、灌溉田亩,动无失策,有益民事。其三、度数与乐律相通,明于度数即能考正音律,制造器具,于修定雅乐可以相资。其四、兵家营阵器械及筑治城台池隍等,皆须度数为用,精于其法,有裨边计。其五、算学久废,官司计会多委任胥吏,钱谷之司关系尤大。度数既明,凡九章诸术,皆有简当捷要之法,习业甚易,理财之臣尤所亟须。其六、营建屋宇桥梁,明于度数者力省功倍,且经度坚固,千万年不圮不坏。其七、精于度数者能造作机器,力小任重,及风水轮盘诸事以治水用水,与凡一切器具,皆有利便之法,以前民用,以利民生。其八、天下舆地,其南北东西纵横相距,纡直广袤,及山海原隰,高深广远,皆可用法测量,道里尺寸,悉无谬误。其九、医药之家,宜审运气;历数既明,可以察知日月五星躔次,与病体相视乖和逆顺,因而药石针砭,不致差误,大为生民利益。其十、造作钟漏以知时刻分秒,若日月星晷,不论公私处所、南北东西,欹斜坳突,皆可安置施用,使人人能分更分漏,以率作兴事,屡省考成。②

现代学者席泽宗先生解释此"十事"分别为:

第一,数学是天文学、气象学的基础,"利用数学可以计算日月五星的运行,从而推测晴雨水

---

① 王文素著,刘五然校:《算学宝鉴校注》自序,科学出版社,2008年,第13页。
② 引自王重民的《徐光启》,上海人民出版社,1981年,第149页。

旱"。

第二,数学是机械工程学的基础,"精于度数,能造作机器,力小任重",制作各种机械,"以供民用,以利民生"。

第三,数学是测绘学的基础,"天下舆地,其南北东西,纵横相距,纡直广袤,山海原野,高深广远"都可以用数学方法测绘,"道里尺寸,悉无谬误"。

第四,军事学上,数学可以用于"兵家营阵器械及筑治城台等","精于其法,有裨边计"。

第五,建筑学上,"营建屋宇桥梁等,明于度数者力省功倍,且经度坚固,千万年不圮不坏"。

第六,财政、会计学上,数学对"官司计会"颇有用处,"理财之臣,尤所急需"。

第七,水利学上使用数学,"度数既明,可以测量水地。一切疏浚河渠,筑治堤岸,灌溉田亩,动无失策,有益民事"。

第八,医药学上使用数学,"因而药石针砭,不至误差,大为生民利益"。

第九,音律学上使用数学,"明于度数,即能考正音律,制造器具"。

第十,计时上使用数学,掌握了数学力学原理,可以"造作钟漏,以知时刻分秒","使人人能更分更分漏,以率作兴事,屡省考成"。①

中国古代数学的特点是偏重以计算解决实际问题,因而被称为"算学"。明清时期由于商品经济发展,社会实用技术进步,对于应用数学要求迫切,特别对于计算技术要求简单、快速。实际从业人员不能不掌握有关实用问题的解答方法和计算方法,社会需求应用数学、计算的普及,使数学发展出现了新的特点。首先表现在强化了数学的社会实用性,并且改变了应用方向,扩大了应用范围。同时在数学教育方面体现为官方数学教育没落和民间数学教育兴起。此外,明代中后期的数学著作所论主要是直接应用于工商业等方面的计算技术,例如吴敬的《九章详注比类算法大全》和程大位的《算法统宗》都是明代重要的数学著作,代表了明代算学研究的主流,其主要内容就是跟社会生活有关的应用问题及其算法。程大位十分重视数学的应用,他认为数学有广泛的用处:"远而天地之高广,近而山川之浩衍;大而朝廷军国之需,小而民生日用之费,皆莫能外。"他在《算法统宗》中说:"世间六艺任纷纭,算乃人之根本;知书不知算法,如临暗室昏昏。"王文素的《算学宝鉴》是一部应用数学书,书中例题均取材于当时社会生活的实际。除古题原题照搬外,书中对当时社会商品流通中米、麦、棉、马、牛、羊、鸡、绫、罗、麻、绢、人参、红花等等价格资料应有尽有,船费、脚银、军饷、税种、税率等经济史料不胜枚举,书中还有"秦至燕二千八百八十里"的较精确的距离资料,与今相差无几。尤其《直指算法统宗》是古代一部著名的算学教科书,该书的问世,适应了社会对实用数学的要求,推动了珠算的普及与推广,在工商业活动中广泛运用。书中大量使用口诀,说明我国在十三十四世纪便出现了便于记忆的口诀。1537年刊出的何平子著《详明算法》中出现的口诀,和今天常用珠算口诀已完全一致,标志着算法口诀的完善与定性。如朱世杰的《算学启蒙》卷上"留头乘法门"记载的口诀:

留头乘法别规模,起首先从次位呼。

---

① 席泽宗、吴德铎主编:《徐光启研究论文集》,学林出版社,1986年,第40页。

言十靠身如隔位,造临头喂破身铺。

又如吴敬与的《九章详注比类算法大全》所载"乘除易会算决":

乘法除双还倍数,须知去一要添原。

归除满法过身一,实无折半当身五。

不用九归并小九,之将二十字为先。

乘除加减皆由此,万两黄金不与传。

各种基本算法的口诀化,对明清时期民间应用数学教育也起了重大促进作用。这些口诀朗朗上口,便于记忆。只要能够纯熟利用这些口诀,运算起来就很省力、迅速和准确,而不必真正懂得其所以然[①]。以前已经有了的数学口诀,在这个时期发展得特别快,加速了数学知识的普及,使工匠们能够获得基本的数学知识,并利用这些数学知识改进传统工业技术,开始精确控制预算、精确制造产品构件和利用几何学知识将产业技术科学化,并进一步促进产业技术的数量化和标准化。

第三节 传统工业技术理论化要素及过程

学者传统与工匠传统结合,总结各行各业生产经验与程序规范,写成文本和文献,这个经验技术的科学理论化过程具体体现于传统工业技术总结基础上的数量化、标准化和数理化等内涵要素及其发展过程之中。

一、传统技术理论化的内涵要素

技术理论化首先包含文本化、数量化、标准化、数理化和学科化几大内涵要素。

所谓文本化,是指工业技术理论在学科化之前多种文本形式生成的过程。工业技术知识的文本化是产业技术科学化的主要标志,它表明江南及其周边地区传统工业技术由经验形态向理论形态转变。传统工业技术的文本化是产业技术科学化的前提,它在明清江南及其周边地区的空前发展,表明江南及其周边地区传统工业技术已具备经验形态向理论形态全面转变的条件,其主要内容是传统工业文献形成及其科学内涵增长。

所谓数量化,是指传统工业技术理论总结中数量的概数化和实数化。所谓概数是指工艺理论总结中简单而不确切数字的使用。所谓实数是指比较精确数字的使用。如《鲁班营造正式》卷二"三架屋后连三架"中说:"造此小屋者,切不可高大。凡步柱只可高一丈零一寸。栋柱高一丈二尺一寸……间阔一丈一尺一寸,次间一丈零一寸。此法则相称也。"[②]又如"正七架三间"、"正九架五间堂屋"等多种房屋样式,这些样式中所规定的数据都是实数。概数化和实数化构成数量化,它使

[①] 蒋术亮:《中国在数学上的贡献》,山西人民出版社,1984年,第86页。
[②] (明)宋应星:《天工开物》,岳麓书社,2002年,第207页。

工艺操作更加准确和灵活,大大提高了产品的质量。

所谓标准化,主要内容是"法式化"基础上的"则例化",即指某一行业技术理论在"法式化"基础上再以"则例"(标准)的形式出现、流传和使用。中国传统工匠在很早就重视运用数学方法设立规格制定标准,《周礼·考工记》中百工制作就有一定的比例标准,宋代《木经》和《营造法式》更是集当时建筑营造法式化之大成。宋代哲宗元祐六年(1091年),将作监编成《营造法式》颁行曰《元祐法式》。北宋绍圣四年(1097年)工程专家李诫重新编修。他收集工匠讲述的各工种操作规程、技术要领及各种建筑物构件的形制、加工方法,编成流传至今的《营造法式》,于崇宁二年(1103年)刊行全国。《营造法式》主要分为5个主要部分。其中第3至第15卷是壕寨、石作、大木作、小木作、雕作、旋作、锯作、竹作、瓦作、泥作、彩画作、砖作、窑作等13个工种的制度,详述建筑物各个部分的设计规范,各种构件权衡、比例的标准数据、施工方法和工序,用料的规格和配合成分;第16至25卷按照各种制度的内容,规定了各工种的构件劳动定额和计算方法,各工种所需辅助工数量,以及舟、车、人力等运输所需装卸、架放、牵拽等工额;卷28之末附有"诸作等第"一篇,将各项工程按其性质要求、制作难易,各分上、中、下三等,以便施工调配适合工匠。第29至第34卷是图样,包括当时的测量工具、石作、大木作、小木作、雕木作和彩画作的平面图、断面图、构件详图及各种雕饰与彩画图案。在此基础上,明清建筑技术的则例化以建筑的各种设计标准、规范和有关材料、施工定额、指标规范化为主要内容,借以明确房屋建筑的等级制度、艺术形式及料例功限等。则例化是生产率提高与工艺水平提高的前提条件,是传统工业产业化的基础。

所谓数理化,是指技术客体在数量上的逻辑关系或在逻辑上的数量关系规律化。技术数理化中的数,主要考虑数量之间的因果联系和数学规律的使用,其中因果联系必须建立在技术客体内,在运行规律的基础上,才能构成为数理化的基本要素。技术文本数理化过程中数与理的不同组合构成了数理化的几种主要类型:一是数在人为制定的规则中应用;二是采用几何方法对物体构型进行解释;三是数与物理学相结合。

所谓学科化,特指专业学科的形成过程。工业技术理论的学科化,必须完成自己的语言标准、学术规范和学科范式。因为学科既是与知识相联系的学术概念,是自然、社会、人文三大知识系统内知识子系统的集合概念,又是科学知识体系的分类,不同的学科就是不同的科学知识体系。专业是在一定学科知识体系的基础上构成的,离开了学科知识体系,专业也就丧失了其存在的依据。一个学科可以组成若干专业,在不同学科之间也可以组成跨学科专业。宋代胡安定苏湖教学法中的分斋(即分科)教学,发展到明末清初便出现学科和课程教学,到清代中后期江南主要工业部门技术学科化已初步完成。顾炎武提倡"博学于文,行己有耻"。颜元在其《四书正误》卷二中指出:"博学之,则兵、农、钱、谷、水、火、工、虞、天文、地理,无不学也。"略似近代的军事学、农林学、财务会计学、水利学、热力学、工艺学、织造学、天文学、地理学①。

杨向奎先生对于明末清初陆世仪倡导的学校教育评价曰:他所主张的学校制度已接近近代规

---

① 陈遇春:《明清科技教育课程的兴起及其原因浅析》,《西北农林科技大学学报》(哲学社会科学版),2003年第6期。

模,不仅是道德教育,也不仅限于经义教育,而兼有科学教育,天文、地理、水利、兵法都有,而小学亦不仅识字教育,还有歌诗学礼。这比后来颜习斋的教育理想还要完备。如果见诸实行,中国近代科学的发展会早若干年①。

陆世仪提倡自然科学教育不以六艺为限,他明确指出数学是"天文、律历、水利、兵法、农田"之学的基础,如果"不知算,虽知其而不精,未可用世也"。他对数学作用的论述已不同于先儒所说"数为天地人之统系"一类抽象的话,而揭示了数学的工具作用,并告诫后学:"数为六艺之一,似缓而实急",要求抓紧数学学习,打好基础,才能深造和应用。

清代学者万斯同十分推崇明末清初的大科学家梅文鼎,称赞他"所著《古今历法考》、《中西算学通》诸书详而核、博而辨,卓然可垂世行边"。对于梅氏"既贯通旧法,而兼精乎西学","又能制器",更是钦佩备至②。

在建筑技术理论化过程中,明末清初建筑文献《鲁班经》、《园冶》等文本形成了自己的规范用语和专门概念,它是江南传统建筑技术理论化发展的标志。到清代中后期,建筑技术文献中有关概念方面有了比较完整的界定,而传统建筑技术理论也逐步被划分到现代学科分类体系之中,以形成自己的专门学科。这是学科化的重要标志。其流传的方式不再限于抄本或私家著述,而是采用比较完整的教材进入专业教学之中。在清末实业教育体系里,建筑技术教学开始崭露头角。以职业技术教育为主要内容的技术理论学科化,不仅改变了专业技术的教育传承方式,而且使传统产业技术知识也得到了应有的保护和传承,成批地培养新型技术人才去从事产业技术工作,就是上文所说的科学技术化。这说明江南产业在完成技术学科化的同时,也开启了实业教育为标志的科学技术化进程,它是早期工业化社会开始向工业现代化社会发展的标志。

二、传统技术理论要素化过程

英国剑桥大学圣约翰学院美籍学者周绍明教授(Joseph P. McDermott)著的《书籍的社会史:中华帝国晚期的书籍与士人文化》③,以广阔的视野,全景式地展现了从宋代到清中叶中国书籍的生产、发行、阅读、流传的历史概况,附带探究书籍与士人文化之间的关系,是近年来西方学者研究中国书籍史和图书文化的力作。书中对印本与手抄本的兴替、中国古代藏书文化与"知识共同体"以及中西书史比较的论述,反映了近年来西方中国史学界兴起的书籍史研究热的最新成果。书籍形成的历史是技术文本化的核心内容,但除了文本化外,技术理论化同时还表现为技术理论的文本化、标准化、数量化、数理化和学科化几大要素的发展过程。传统工业技术理论化的本质要求是文本中技术理论的科技含量日益提高,表现在明代中后期到清末民初江南工业文献的文本化、数量化、数理化、标准化,学科化等各个发展阶段中。

---

① 梅汝莉、李生荣:《中国科技教育史》,湖南教育出版社,1992年,第395—402页。
② 梅汝莉、李生荣:《实学传授科技知识的基本形式》,《中国科技教育史》,湖南教育出版社,1992年,第386—402页。
③ (美)周绍明著,何朝晖译:《书籍的社会史:中华帝国晚期的书籍与士人文化》,北京大学出版社,2009年。

1. 文本化与文献化写译过程

工业技术文献数量的增长是衡量技术理论化水平的刻度尺。与明清江南工业技术理论化三个主要途径相对应,明清江南工业理论文本作者也有官员、文人学者及工匠三个来源。官员及文人学者,如唐代文学家陆龟蒙和柳宗元,宋代营造家李诫,元代著名天文学家和水利专家郭守敬,明代科学家徐光启、宋应星等等,都是文人和政府官员出身的科技专家。陆龟蒙所著《耒耜经》是中国古代最早的一部农具专著,柳宗元的《梓人传》描述了一位杨氏木工匠师的营建设计的见解。李诫从宋哲宗元祐七年(1092年)开始在将作监供职,前后共达13年,历任将作监主簿、监丞、少监和将作监,主持营建了不少有名的宫殿、府邸、寺庙等大型建筑工程。绍圣四年(1097年)受命编修《营造法式》。《营造法式》体系严谨,内容丰富,对后世建筑技术发展产生了深远的影响。郭守敬先后担任过副河渠使、都水少监、都水监、工部郎中等官职,曾主持华北一带的水利工程和西夏沿黄河一带古灌溉渠道的兴修。至元十三年(1276年)郭守敬从工部调入太史局,和王恂等人负责制定新历。郭守敬先后研制出十多种天文仪器,并设立天文观测站、台,组织大规模的天文观测活动,然后根据大量观测资料编制出新历法——《授时历》。

另外还有翻译西方的工业科技书与传教士所写中国传统工业科技书。翻译西方的工业科技书属于西方近代科技成果的引进,直接应用到中国工业生产之中,促进了中国工业技术的现代转型,大大加速了中国早期工业化的进程。汉译西方近代科技书自明代后期就已开始,但真正规模化的翻译西方近代工业科技著作还首推江南制造总局翻译馆。如该馆傅兰雅译、徐建寅笔录的《汽机新制》(1864年),傅兰雅翻译、丁树棠笔述、李乘时校对的《制火药法》(1870年),伟烈亚力翻译、徐寿笔述的《汽机发轫》(1871年),傅兰雅翻译、徐建寅笔述、赵元益校对《汽机必以》(1872年),等等,属于专门的工业科技文献就有一百多种。

2. 数量化与数理化过程

明清江南及其周边地区工业技术的理论化不仅表现为工业著作数量的增长,更重要的是表现为工业著作中科学技术含量——数量化与数理化成分的增加,而这种科学技术含量增加的过程也就是传统工业技术的科学化过程。构成数量化与数理化的基本要素是数与理,数与理的不同组合构成了数理化的各种类型。根据库恩的"范式论",因果关系和规律即被认为是"公认的模型或模式"的规范或范式。而在科学中,它们是"需要进一步分析并具体化的东西"[①]。传统工业技术中的数理关系属于库恩范式的第二个层次[②],即"基本定律和基本理论"。因此,技术的数理化就是技术的范式化,或是技术的科学化。数理化是科学化的具体表现,科学化是数理化的抽象概括。

3. 则例化与标准化过程

明清江南传统工业技术理论化过程中,标准化(则例化)主要表现在建筑技术理论化过程中,体现在"则例"(标准)的形式使用和职业传承等方面的是江南传统建筑技术理论化的高级阶段。

[①] (美)托马斯·库恩:《科学革命的结构》,上海科学技术出版社,1980年,第19页。
[②] 范式是一种对本体论、认识论和方法论的基本承诺,是科学共同体接受的一组假说、理论、准则和方法的总和,这些东西在心理上形成科学家的共同信念。范式有三个层次,它的最高层次是世界观和价值观,第二个层次是某一特定时代和特定领域中的基本定律和基本理论,第三个层次是模式、技术或方法。

传统建筑技术的则例化在清代江南非常普遍，突出反映在清代中期官式建筑技术对民间建筑技术的影响上，而这种影响又主要表现在建筑技术的标准化和工程管理的科学化两方面。自雍正十二年《工程做法》颁行之后到乾隆时期，由于政府屡兴大工，陆续形成了许多则例。这种编著则例的做法在民间也被纷纷效仿①。民间工匠为了施工方便，将工程经验和师徒传授的做法算法辑成文本小册世代相传。由于清代官府工程改变了明代由工部营缮司承办的旧规，临时派专员招营造厂承建采办，官办一变为民办，出现了承包、联包、分包等多种经营形式。大小营造厂在承建中为了核算工本，积累了大量的工程做法清册和图样等，以供工匠工徒们在生产中遵照实行。另外，供职内廷算房、样房的匠师以及一些文人学者也抄录一些则例，都以抄本形式在民间流传。

科学与技术互化是现代技术经济中科学技术与社会生产互相依赖、相互促进的前提条件，同时也是生产劳动者实现技术转型与角色转换的基本途径。因为科学技术的本质与人的本质是彼此相关的。人创造科学技术，人的目的规定科学技术的本质，人的社会实践是科学技术发展的内在根据。而科学技术又是人的一种理性追求，科学技术在它的起点及其获得本质特征的一般规定性环节上是被社会所铸造的东西。科学技术植根于社会和依赖社会，其内在的规定性是从社会中获得的。所以，工业生产劳动者身份地位的改善，特别是作为工业科技主体的传统工匠职业角色的社会化，无疑是传统工匠现代转型的重要途径之一。所以，作为传统工匠角色向现代技术工人和技术专家或企业管理者角色转变的角色转换既表现为个体身份地位的改变，也表现为群体的社会组织结构和功能的转变。传统工业技术理论化进程显示着传统社会向现代社会转型中区域经济发展的基本动力与内在理路。社会的早期现代化过程中大都经历以经验性技术向科学性技术转变为核心标志的早期工业化阶段，明清江南早期工业化进程中也经历了经验性技术发展到科学性技术的技术转型过程②。传统工业技术精确化（则例化）促使江南传统产业技术在设计和施工方面的标准化，为传统产业技术进一步科学理论化奠定了基础。

4. 学科化过程

英国学者迈克尔·奥克肖特说："可以认为，科学思维是在'自然史'（对感知世界中的一致性所进行的一种部分客观性的考察）这个点上从经验主干上生发出来的；而推动科学思维前进的欲望在此也摆脱了私人化、不可言传的私人经验，进入到共同的、可以交流的经验世界之中，进入到可以达成普遍一致性的经验世界当中。整个科学史可以看作是一个面对令人难以置信的苦难，力图寻求一个确定的可明证的经验世界的可悲过程。这个世界独立于纯粹个人联系，独立于具体观察者的个性偏好，是一个绝对非个人的和稳定的世界。科学观念的唯一明确标准是它们的绝对可

---

① 民间则例抄本大多取材于政府营造司、估料所或皇家特定工程中的则例。民间私辑的匠作抄本从内容上分类大致有五种：一是分法，即记载建筑形体设计的比例关系，以确定木、石构件尺寸的规定；二是做法，即有关工程的原则作法，以便确定工料、估定预算；三是则例，即有关工程中作法、工料、价值、材料重量的定额性规定；四是查工簿，即为修缮、保养某项工程之前，营造厂所拟定的修缮工程项目清单；五是销算簿，即工程材料报销清单。参见孙大章的《中国古代建筑史》第五卷，中国建筑工业出版社，2002年，第401—402页。

② 余同元：《传统工匠的现代转型》（理论版），《光明日报》，2005年7月30日。

言传性。"①传统产业技术理论化与学科化(详见本书《上编》第8章)是现代职业技术教育与人力资源开发的前提。虽然江南地区的职业技术教育于宋代便已兴起(如北宋范仲淹兴苏州府学与胡瑗创立"苏湖教学法"),但以江南及其周边地区普遍的职业技术教育(后来又称实业教育)兴起为主要标志的科学技术化则兴起于晚清。从地域范围论,中国明末清初到清末民初产业科技及相关科技教育的发展和走向现代化,领风气之先又独占龙头地位的也是江南及其周边地区。

三、明清江南工业技术理论化的阶段区分与总体趋势

明清江南及其周边地区工匠技术转型过程中,技术科学化和科学技术化表现出一定的历史阶段性:技术科学化大约从明后期嘉靖万历年间发轫,而在此之前,江南地区的职业技术教育业已开始(详见本书《下编》第18章第3节),它是技术与科学互化的根本途径;近代机器工业的兴起则至清代后期才开始。综合各方面技术理论化发展情况看,大体上表现为明中后期以工业技术文本化阶段为主、明末清初以工业技术数理化阶段为主、清中后期以工业技术则例化(即标准化)阶段为主、清末民初以工业理论学科化阶段为主四个发展阶段。

总体发展趋势表明,1520—1920年代江南及其周边地区工业生产的经验技术上升到理论技术和科学理论学科化速度,不仅遥遥领先于全国其他地区,而且在本区域内也是前所未有的。从工业书在各大行业部门的分布情况看,在明末清初到清末民初这一历史时期,除了新兴电力工业书和化学工业书多译自欧美等国以外,其余每个工业部门的科技著作主要都由国内学者专家研究撰写,而且大都与此前的科技著作一脉相承,在类型数量和科技质量上大大提高,出现了明显的技术科学化和学科化趋势。

特别是在明清江南建筑营造业中,各个不同历史时期的建筑格局和建筑形制都体现了中国古代等级森严的体制准则。因此,对建筑的形制、建筑构件的大小、房屋的开间以及不同的建筑彩绘的色彩图案等进行规范,不仅仅是建筑设计、营造以及建筑造型等单纯的建筑问题,也是维系当时社会体制和礼仪规范的一种方法。随着社会生产力水平的发展和建筑技术手段的提高,尤其是建筑数量增多,人们对建筑的每一个过程和各个建筑构件进行细致的管理,客观上更需要对各种施工进行管理和程序的规范化,因而形成更加规范的程序及严格的评估条例,而这些都促进了工业技术理论化过程中的科学化与学科化进程。

第四节 明清江南工业技术理论化途径

"每一位执行某项社会角色的个体,都被他的社会圈子认为具有或者他自信具有正常的角色

---

① (英)迈克尔·奥克肖特著,吴玉军译:《经验及其模式》,文津出版社,2005年,第166页。

执行所必不可少的知识。"①如同社会转型艰难漫长一样,传统工匠技术转型也不是一帆风顺的。它既有自身发展变化的规律,同时又受社会发展变化规律的支配。因为技术既是对自然力的利用,同时又是一种社会化过程,在中国古代就是对"方技"与"术数"的合称。方技术数是以社会产物或社会角色方式出现的人工现象,是自然属性与社会属性的有机结合。"任何技术都体现人的目的要求,人将自己在社会中形成的生活与生产目的注入技术中,使技术具有在社会中形成的意义"。另外,技术也是作为技术理性的体现而存在的,人有役使外物、将其工具化,并有效地认识与改造自然,从而获取更大收益的技术理性,这种理性"是一种以支配自然为前提的集中于工具选择领域的一种理性,即通过对技术的运用来达到以最少的耗费取得最大的效益,或罗蒂所说的'生存技巧'"②。

一、地方官员及工官撰写工业技术著作

关于政府官修及官员编撰的传统工业文献,按管理对象的不同可以分为两类。一是针对某种行业或事务而编定的综合文献,如《河工器具图说》、《铁模图说》等,即属于该类;二是各种官修工程做法图式和则例,如《皇朝礼器图式》、《钦定工部军器则例》、《工部工程做法则例》、《工部修辑军器则例》、《军器则例》等可属于此类。在中国历代国家机器中,工官是加工制造等官营手工业中不可缺少的管理者。工官制度下各项工程修建有周密计划和统一标准。工程主管官员身居管理岗位,若有志于"立言"和追求"不朽",有心为继任者提供参考依据,就会根据工程实际编定技术著作,创为论说,并作为控制工程预算、作法、工料之依据而流传后世。

明嘉庆间任苏州造砖官的张问之撰《造砖图说》一卷。张问之是嘉靖癸未进士,官至工部郎中。《造砖图说》记载了明代苏州金砖的制造工艺,其书现已散失,据《四库全书总目·造砖图说》条载:"自明永乐中始造砖于苏州,责其役于长洲窑户63家。砖长二尺二寸,径一尺七寸。其土必取城东北陆墓所产干黄作金银色者。掘而运,运而晒,晒而椎,椎而舂,舂而磨,磨而筛,凡七转而后得土;复澄以三级之池,滤以三重之罗,筑地以晾之,布瓦以晞之,勒以铁弦,踏以人足,凡六转而后成泥。揉以手,承以托版,斫以石轮,椎以木掌,避风避日,置之阴室,而日日轻筑之,阅八月而后成坯。其入窑也,防骤火激烈,先以糠草熏一月,乃以片柴烧一月,又以棵柴烧一月,又以松枝柴烧40日,凡百三十日而后窨水出窑。或三五而选一,或数十而选一,必面背四旁,色尽纯白,无燥纹,无坠角,叩之声震而清者,乃为入格。其费不赀。"③根据《四库全书总目提要》介绍,嘉靖年间京师营建宫殿,张问之"往督其役,凡需砖五万,而造三年有余乃成"。"乃以采炼烧造之艰,每事绘图贴说,进之于朝。"

明清时期出现一些由主管河工的官员所撰写的水利工程技术著作,如《木龙书》和《河工器具图说》等,这些书籍的内容主要是介绍当时水利工程中所运用的各种工具,其中的文字叙述和插图

---

① (波兰)弗·兹纳涅茨基著,郑斌祥译:《知识人的社会角色》,译林出版社,2000年,第17页。
② 肖峰:《论技术的社会形成》,《中国社会科学》,2002年第6期,第71页。
③ 纪昀:《四库全书总目》卷84《史部·政书类存目二》,中华书局,1965年。

成为今人研究历史时期黄河、运河治水工程的重要资料。《河工器具图说》四卷,是麟庆在道光十六年于江南河道总督任上,根据自己的所见所闻并参考多种文献研究撰写的一部专门性水利器具著作。他在书中说:"每莅一工,治一事,率循成案,谨慎宣防。凡遇幕僚将佐练达河务者,不惮虚衷延访。越今三载,而后知古今殊势,执陈说不足以图功也;南北异宜,就一隅不足以定论也。"全书以图说的方式全面地介绍了当时治理黄河和运河所使用的各种水利器具,是对清代及其以前河工工程物化技术的一次总结。道光十三年至道光二十二年,麟庆担任了近十年的江南河道总督。经过三年的准备,麟庆终于完成了这部书的写作。

江南河道水情复杂,范围广袤,工程险要,管理不易,每遇旱涝都必须遵循先例,谨慎对待。为了给后人提供参考依据,历代管理河工的官员,自元朝的贾鲁到明朝的潘季驯再到清朝的靳辅等人,都留下了不少的资料和文献。搜集资料和著书立说似乎成了管理河工人员的一条不成文规定。

雍正、乾隆两朝督陶官唐英著《陶冶图说》一卷二十条。唐英,字俊公,汉军旗人。在督陶官任十余年,他向当地工匠学习制瓷技术,讲求陶法,于泥土、釉料、坯胎、火候,俱有心得,躬自指挥。乾隆八年,唐英秉承皇帝之命,对《陶冶图》进行注释,进呈御览。内容如下:其一为采石制泥,其二为淘炼泥土,其三为炼灰、配釉,其四为制造匣钵,其五为圆器修模,其六为圆器拉坯,其七为琢器做坯,其八为采取青料,其九为拣选青料,其十为印坯、乳料,其十一为圆器青花,其十二为制画琢器,其十三为蘸釉、吹釉,其十四为旋坯、挖足,其十五为成坯入窑,其十六为烧坯、开窑,其十七为圆琢洋彩,其十八为明炉、暗炉,其十九为束草、装桶,其二十为祀神、酬愿。另外,唐英还著有《陶成纪事碑》、《陶人心语》等。

二、传统文人投入工业技术总结

关于文人学者的传统工业技术著述,按照内容可划分为四种。一种为描述性及诗词性的考工艺文,现有《中国历代考工典·考工艺文》等专辑,多属文学作品;二是资料性及考据性技术文献,如《利器图考》、《武备志·军资乘》、《车制考》、《中国历代考工典》中所收各类考工文献著作等;三是集多种行业于一体的类书,又称为博物书,如《多能鄙事》、《农政全书》、《天工开物》、《长物志》、《废艺斋集稿》等;还有一种是专业工业技术文字叙述与量化分析的专门文献,如《考工创物小志》、《造砖图说》、《铁冶志》、《考工记车制图解》、《考工释车》、《铸炮说》、《火器真诀》等。

中国几千年来绵延不绝的文明中有着独立的价值取向,在人与物的关系问题上始终是重人不重物。在对待物的态度上,寓意于物而非留意于物,"道"始终占了上风,"器"的衰微对于中华文明发展带来的消极影响,导致许多人对技术忽视。但明中后期以来,江南地区的手工业和商业经济得到了恢复和进一步发展,随着商品经济发展,工匠经济地位提高,与此相应的,在思想和文化领域也出现了深刻的变化。社会重道轻器观念的转变,反映在技术方面即是"道器"观念在道器关系上日益倾斜,一些文人主动投入传统工艺的研究。

历代王朝采用分科养士的办法,再通过科举考试选拔官吏,要想入仕和保持家族的社会地位,人们必须为科举考试做好充分准备。但明清时期读书人日益增多,除少数人能在仕途上顺利进取外,大多数人都要成为普通平民或一般知识分子。于是,一些科举考试失败者不得不凭借自身的文化修养及知识能力从事教学、书写、行医治病等职业;同时,也有一些读书人转向方技、术数等实用技术研究和运用,有的干脆一边科考一边投身产业科技研究,试图走另外一种途径来实现人生理想。如《天工开物》的作者宋应星即是在数次科举考试过程中开始技术研究和理论总结的。宋应星,字长庚,奉新北乡人,青年时期入县学为庠生,万历四十三年与兄宋应升一道赴南昌参加乙卯科乡试,于一万多名考生中考取全省第三名举人,其兄应升名列第六。乡试成功后,兄弟二人曾先后五次赴京参加会试,均名落孙山,只得放弃科举之念。但五次赴京赶考,水陆兼程、长途跋涉,使宋应星拓开了眼界,扩充了见闻。他沿路经历江西、湖北、安徽、江苏、山东、河北等各地城市和乡村,调查搜集了大量农业和手工业生产技术知识,为日后写作积累了丰富素材。崇祯十年,宋应星在友人涂绍烽资助下刊刻并发表了他一生中最重要的著作《天工开物》,同年他还写出了《论气》、《谈天》等自然科学著作。《天工开物》共分为三编、十八卷(类)。先后有乃粒(粮食生产)、乃服(衣料织造)、彰施(染色)、粹精(粮食加工)、作成(制盐)、甘嗜(制糖)、陶埏(陶瓷生产)、冶铸、舟车、锤锻、燔石(矿石的烧制)、膏液(油脂生产)、杀青(造纸)、五金、佳兵(兵器)、丹青(朱墨)、曲蘖(酿造)、珠玉等部分。内含技术经济数据130多条,插图123幅。《天工开物》全书的具体内容有工业方面的矿石、煤炭的开采、缫丝、纺织、染料、粮食加工、毛皮处理、颜料制作、榨油、制糖、产盐、制曲、造纸、陶瓷、冶炼、铸造、车船和兵器制造以及海底采珠等各项工艺的记述;还有针对原料的品种、用量、产地、工具构造等生产加工的操作过程的详细说明。在农业方面,介绍了主要粮食作物、油料作物、棉、麻、桑、甘蔗、染料作物种植,以及蚕和蜂的饲养等方面知识。书中文字简练、典雅,所介绍知识翔实可靠,具有很高的理论价值。

三、传统学者热衷生产技术的理论研究

中国古代学者往往忽视理论的实用价值,不注重将理论成就应用于生产实践,容易造成理论与生产之间脱节。但是,随着社会经济发展和技术进步,生产过程中出现了技术革新的迫切需求。明代嘉靖、隆庆年间,江南及其周边地区商品经济与市场经济日益发达,加上国家逐渐开放了海禁、银禁和边禁,人们弃本逐末,文人价值观念大变,弃儒从商风气于正德、嘉靖之际勃兴(参见本书"下编"第19章第3节所述)。如果生产的需要不能迅速地反映到学者那里,就使得学者的研究工作疏离社会生活而失去正确方向。这些都表明学者传统与工匠传统结合将成为必然的历史趋势。明代万历以后,随着西方传教士如利玛窦、庞迪我、熊三拔、汤若望等来到中国,他们不仅带来了西方的宗教教义,而且也带来了天文历算、地理、农学等科学技术和知识,使明代学者传统的"重德轻艺"观念受到很大冲击,不得不开始关注与富国强兵相关联的实用学问。于是出现了徐光启、宋应星、徐霞客等一批杰出的科学家,推动了明代科学研究的发展。正如梁启超所说:"在这种新环境之下,学界空气当然变换,后此清朝一代学者,对于历算学都有兴味,而且最喜欢谈经世致用之学。大概受利、徐诸人影响不小"[1]。

---

[1] 梁启超:《中国近三百年学术史》,中国书店,1985年,第9页。

以徐光启为例,他既注重科学研究又重视技术实践。《明史·徐光启传》载其"雅负经济才,有志用世"。其学生陈子龙也说"其生平所学,博究天人,而皆主于实用"。他尽力把自己所掌握的科学技术服务现实。崇祯十二年(1639年)成书的《农政全书》,原名《种艺书》,后经陈子龙修订出版。《农政全书》60卷,分为农本、田制、农事、水利、农器、树艺、蚕桑、蚕桑广类、种植、牧养、制造、荒政十二大类,每类又分若干细目,约50余万字,图文并茂。所谓全书,即杂采众家,又不是无的放矢、良莠不分的文献汇编,而是系统地、有选择地摘取精华,同时又以评注的方式发表自己的研究成果和独到见解。据统计,其中"徐光启本人的文字有六万一千四百余言,约占全书的九分之一"①。

《农政全书》中属于加工业和制造业以及民间手工艺行业的内容很多。除了辟有制造一项对宫室营造和农产品加工进行专门研究以外,还在水利、农器、蚕桑、树艺等项中论述了诸多的手工业生产内容。如水利九卷(西北水利、东南水利、水利策、水利疏、灌溉图谱、泰西水法),主要论述中国水利建设,并介绍了西方的水利方法和器械;农器四卷主要介绍耕作、播种、收获和加工农具的制造和使用;蚕桑四卷(养蚕法、栽桑法、蚕事图谱、桑事图谱、织纴图谱),主要是关于栽桑养蚕缫丝织丝技术;第八大类蚕桑广类二卷,主要是关于棉、麻、葛等纤维作物的栽培和棉纺织业技术;第十一大类制造一卷,是关于农产品贮藏加工、房屋建造及日常生活常识方面的记述。书中强调"水利者,农之本也。"故"水利"一项九卷(卷12—20)占全书内容15%以上。又如"农器"四卷(卷21—24)专论各类"佃作之具"132种。此外,如"蚕桑"中的"桑事图谱"介绍各种种桑养蚕的生产工具,"织纴图谱"中有络车、织机、经架等纺织工具的介绍,"蚕桑广类"中有大纺车、小纺车、绳车、纫车、蟠车等生产工具的介绍,都是极有价值的手工业科技资料。所以说,《农政全书》不仅是一部农业科学专著,同时也是一部重要的工业科技文献。或者说,它是一部以记述农业生产技术为主,手工业生产技术为辅的工农业百科全书。

著名的"桐城方氏"以易学传家,拥有中华文化的厚重衣钵。方以智的祖父方大镇、父亲方孔炤均学习西方天文学,师从意大利籍传教士熊三拔,著作《崇祯历书约》是一部重要的天文著作。方以智与汤若望、毕方济等很多传教士均有深交,其《物理小识》尤为杰出。方以智之子方中通师从波兰人穆尼阁,其数学专著《数度衍》系统介绍了对数的理论和应用。

另外还有大批文人积极投身实用技术的研究。孙云球制造放大镜、显微镜等几十种光学仪器,并著《镜史》。王徵自制出自行车、自转磨、虹吸、鹤饮、刻漏、水铳、连弩、代耕、轮壶。王徵和西方传教士邓玉函合作翻译编写创作了《远西奇器图说》,这是中国第一部系统引进西方机械工程学与物理学的著作。

四、工匠对理论需求及其技术总结

在历史上,科学一般来源于学者对基础理论的研究,技术一般来源于工匠生产实践经验。以技术为谋生手段的传统工匠大都生活在社会最底层,工匠这一群体通常文化水平不高,缺乏理论

---

① 黄世瑞:《中国古代科学技术史纲·农学卷》,辽宁教育出版社,1996年,第52页。

研究的文化素质和经济条件,这必然会导致对理论的疏远和对经验的亲近。另外,传统工匠的思考方法常常局限于对自身经验的总结和归纳,极少进行模拟过程的实验和对经验材料简单的量化分析。但当工业技术的内容因为不断变化的技术要求逐渐变得庞大而复杂的时候,传统工匠就必须求助于掌握专业理论的学者。

在宜兴丁蜀镇陶艺业中,据《江苏省志·陶瓷工业志》编制的《陶艺名人选录》统计20世纪20年代以前的紫砂陶艺名家105人,不少陶艺工匠与知识分子结合而生产出传世佳品,显示了经验与理论结合的新气象。如"大影壶"上刻有文人汪森为工匠时大影撰写铭文,著名画家吴昌硕为黄玉麟壶拟写铭文①。与此同时,一些工匠也自觉学习文化,研究书画,结交文人画家,使"文人壶"一时大盛。如"曼生壶"创作者陈鸿寿(1768—1822年),号曼生,浙江钱塘人,生活在乾隆、嘉庆年间,精通文学、书画和篆刻。他在宜兴任县宰期间,亲临陶工生产现场,手绘十八壶式,与当时宜兴制壶高手杨彭年、杨宝年、杨凤年三兄妹合作,创作出"曼生壶"。将紫砂茗壶与诗、书、画、印等艺术相结合于一体②。

知识分子直接参与技术理论化的又一典型事例是清代吴骞的著作《阳羡名陶录》。骞字槎客,海宁人,家有拜经楼,是著名藏书家。其书上卷为"原始"、"选材"、"本艺"和"家溯"等部分,下卷为"丛谈"、"文翰"等内容,分别对宜兴紫砂陶器的起源、选材、工艺和工艺制作名家等作了详细的记述。写作此书的目的,吴骞在《自序》中说是对宜兴紫砂的推崇。他认为"上古器用陶匏,尚其质也",而"三代以降官失其职……而陶之道益微","惟宜兴之陶,制度精而取法古,迄乎胜国诸名流出,凡一壶一卣,几与商彝周鼎并为赏鉴家所珍"。另一写作目的是欲为地方陶器匠人立传。他"雅慕诸人之名,欲访求数器,破数十年之功",未能寻得名器,为此"虑岁月滋久,并作者姓氏且弗章,拟缀辑所闻,以传好事"③。

除了工匠与文人直接合作情况以外,明清时期还有一批文化匠师和文人工艺师。特别是在园林工艺名家中,多见文人学者型工艺名师。如明代苏州博雅多能的文人才子文徵明和其后裔多才多艺的著名学者文震亨,及明末出生于雉皋(如皋)清初移居杭州南京的大戏剧家李渔,清代扬州戏曲家李斗等,都是杰出的文人学者型造园大师。文徵明参与规划设计苏州拙政园,作《拙政园记》、《拙政园诗画册》等,诗文书画毕集。文震亨不仅著有《长物志》等著名的园林理论著作,还建造苏州香草坨(苏州高师巷)、碧浪园(苏州西郊)、南京水嬉堂等,水木清华,皆成名胜。

李渔少年时酷爱读书,诗书百家无不毕览,成年后创作戏剧小说。顺治十七年(1651年)李渔由杭州移居南京,营建芥子园,经营芥子园书坊,成为著名的园林审美鉴赏专家。其诗文集自号《一家言》,亦称《闲情偶寄》。《闲情偶寄》的"居室部"与"器玩部"论述陈设品的"制度"和"位置"理论,站在现代设计的角度,结合艺术理论和系统观点,以发展的眼光重新认识李渔的传统住宅室内陈设艺术理论与设计,总结其艺术风格、设计作风及艺术精神,是园林房舍建造技术及室内装修

---

① 史俊棠、盛畔松著:《紫砂春秋》,文汇出版社,1991年,第254—256页。
② 丁蜀镇志编纂委员会编:《丁蜀镇志》,中国书籍出版社,1992年,第272—275页;《宜兴紫砂名壶"曼生壶"》,人民政协报,2004年3月25日。
③ 吴骞:《阳羡名壶系》自序,见娱园丛刻十种。

技术的理论杰作。

李斗,字北有,号艾塘,江苏仪征人,生卒年不详,生活于乾隆年间,诸生。李斗著有《扬州画舫录》,自乾隆二十九年(1764年)至乾隆六十年,历时30年始著完。书中根据目见耳闻,李斗详细地记载了扬州一地的园亭奇观、风土人物等情况。除了戏曲史料之外,其中第17卷《工段营造录》,全文49章,记载清乾隆时代扬州城市沿革、园林名胜、寺观祠宇、梨园酒肆、先贤名士、风俗营造等。《工段营造录》取材于《大清工部工程做法则例》与《圆明园则例》,是一部有关传统建筑学的著述。

明代由鸠匠画师发展为造园大师的计成,明末清初华亭人张涟及其子张然、张熊,其孙张淑,都是文化匠师与学者匠师的典型代表。计成生于明万历十年(1582年),少小读书习画,写得一手好诗文。因通晓文人画又擅长工匠画①,计成成年后便成为工匠画师,中年移居润州(今江苏镇江)成为造园名师,晚年总结造园理论,著作有《园冶》。张涟及其子孙的造园情况可见本书《中编》第14章第1节《从工匠到造园专家的计成与张涟》。

中国传统产业技术的传授主要通过历代工匠在实际操作过程中以口授和秘本的形式代代相传,由工匠自己编著的书非常少。以建筑业为例,宋代木工喻皓写的《木经》早已失传,只在《梦溪笔谈》里有少量保存。至明代中期口授和秘本已经不能满足行业发展的需要,便出现了一本流传至今的民间木工行业的专用书《鲁班经》。《鲁班经》在长期的流传过程中,随着建筑技术的发展,工匠们不断对其进行修订,因此出现了多个不同的版本。此后的翻刻本流传于长江中下游东南诸省,长达五六百年之久②。

在其他行业里也有这种情况出现,如安徽省图书馆藏松江"掌作大匠"撰写的《布经》抄本一册,成书于嘉庆、道光年间。该书以"配布总论"、"看白布诀"、"门庄买布要诀"、"染坊总诀"、"看光布秘言"、"石上踹布法"等为标题,分列为28个章节,不仅记载了清代松江地区手工机器纺织阶段高度发达的棉纺织和棉布染整工艺技术,而且记载了布庄收购棉布时的评判标准和经验,还有匠人工价、染价、原材料价格、产地、耗用量等记录,是一部很有价值的染织技术专著③。

周绍明的《书籍的社会史:中华帝国晚期的书籍与士人文化》中对清代苏州匠人钱近仁学习文化知识的个案研究,充分反映了明清江南工匠对理论知识的追求情况。钱近仁,清乾隆时人,父母早丧,寄食皮匠家,遂习其业。他业余读遍经史子集、九流百家,尤致力于《孝经》、《论语》,人称补履先生。时人如彭绍升、汪缙、王丙、薛起凤等对他推奖有加,并把晚年贫病交加的钱氏接到自己家里。吴中士大夫尊他为处士,葬于虎丘,江苏按察使汪志伊为之书碑额,其事迹也被写入《苏州府志》。其墓现为苏州市文物保护单位。

匠人撰述如《髹饰录》、《鲁般营造正式》、《园冶》、《工师雕斫正式鲁班木经匠家镜》、《镜史》、《梓人遗制》、《工段营造录》、《丁佩绣谱》、《梓业遗书》、《雪宧绣谱》和《营造法原》等。历史事实

---

① 岳毅平:《中国古代园林人物研究》,三秦出版社,2004年,第121页。
② 中国科学院自然科学史研究所:《中国古代建筑技术史》,科学出版社,1985年。
③ 李斌:《清代染织专著〈布经〉考》,《东南文化》,1991年第1期,第79—86页。

证明,工匠作为传统社会的技术主体,不仅是传统社会中工业财富的直接创造者,也是科学技术的重要创造者、实践者和传承者。工匠传统直接带来技术发展,不仅可以提升科学理论,而且还担负起创造发明的重责。为解决生产、生活以及社会各种需求而产生和发展起来的工匠队伍及其生产技术,不仅有着丰富的技术理论内容体系,而且带有显著的时代性及地方性特点,是工业社会生产力的主要组成部分。既对推动社会经济发展起着不可替代的重要作用,又在传统社会向现代社会转型的现代化进程中书写着辉煌灿烂的历史。工匠著作的出现,标志着工匠经验技术开始上升为理论技术,是传统工业技术理论化的核心标志。

第六章 明清江南工业技术的文本化

第一节 20世纪20年代前中国传统工业文献的初步统计

这里所讲的文本,不是哲学与文学意义上的文本,而是指历史文献学上的工业技术文献的文本形成过程。研究这些文献由谁去写作?如何写作?内容如何?体例如何?版本如何?如何传播?如何使用?如何完善?如何继承?如何创新?重点探讨传统产业文献中科学技术内容是怎样生成的?其科学理论水平是怎样提高的?又是如何推动经济生产发展的?以揭示技术文献在生成论上的历史内涵和特征。

20世纪20年代前中国工业文献(主要指工业科技著作)到底有多少,因为统计的难度大,所以至今没有全面系统的统计成果。由于中国古代产业与行业分类的方法特殊,如农业与工业、工业与商业、重工业与轻工业往往都放在一起,所以统计中难度最大的是工业著作的鉴别工作。虽然明末到清末西方工业科技书翻译介绍到中国,但新的产业分类法尚未介绍过来。大约到江南制造总局大规模译书,西方工业分类法才开始被中国学术界接受,直到20世纪20年代中国营造学社成立后采用的四部分类法研究传统建筑行业(即甲部:释名;乙部:论著;丙部:法式;丁部:诸例)还是土洋结合,以土为主。不过此时中国现代工业科技研究已成为独立的工学学科系列,主要标志有1928年上海商务印书馆出版《工程丛书》(收录当时出版的工程科技书3种)和1932年上海商务印书馆出版《工学小丛书》(收录当时出版的工业科技书120多种,其中多数著作皆成于20世纪20年代或20年代之前)。

由于受《周礼·考工记》影响,《文献通考》、《古今图书集成》及《丛书集成》等大型丛书分类都将工业科技著作列在"考工"或"考工艺文"中。这种"考工"和"艺文"概念很宽泛,所收文献往往与文学作品混在一起。如雍正四年编成的《古今图书集成》中的《经济汇编·考工典》中"考工艺文"就主要收录工、农业题材的文学作品。又由于中国古代农业与工业、工业与商业等产业分工不分类,加上历代中央政府推行"重农抑商"政策,致使很多工业科技著作包含在农书之中。从汉代《氾胜之书》、北魏《齐民要术》到明代《农政全书》和清代的《补农书》都将农产品加工业、食品工业、纺织工业、庭院工业等列入农学类。为了便于对传统工匠技术转型问题进行研究,我们在统计中剔除了"考工艺文"类的著作,而将包含了较多的工业和农业加工业生产技术方面的古农书加以收录,并且参考《中国科学技术典籍通汇》[①]等书,重点收录现存或原书内容尚存的由传统工匠经验技术上升到理论技术方面的工业科技著作。这些传统工业科技著作大多分散在古代图书"四部分类法"的经、史、子、集各大类之中。其中,"经部"周礼类、仪礼类、礼记类的"分篇之属","史部"政书类、地理类、目录类、金石类、杂史类的"考工之属"、"水利之属"、"军政之属"、"版刻之属"、"竹木之属"、"金玉之属","子部"工艺类、农家类、兵书类、艺术类、典故类、杂学类的"器物之属"、"食品制造之属"、"农具之属"、"格致之属"、"园艺之属"、"文房器物之属","集部"总集类、别集类,等等,都包含了不少的工业科技著作,此是本文统计的主要对象。清末翻译西方的工业科技书主要根据《在华耶稣会士列传及书目》、《江南制造局记》译书数等进行统计。民国初年的工业科技书主要根据《中国近现代丛书目录》中的工业丛书目录进行统计。

插图5:20世纪20年代前中国历代工业文献数量分布图

根据上述收录原则,对上海图书馆编的《中国丛书综录》和《中国近现代丛书目录》中收录的工业科技书目加以分别,对照《四库全书》(包括《四库全书总目提要》《续修四库全书总目》、《四库全书存目丛书》、《四库禁毁书丛刊》、《四库未收书辑刊》)、《丛书集成》(初编、续编、三编、新编)、

---

① 任继愈主编:《中国科学技术典籍通汇》共11卷,河南教育出版社,1993—1996年。

《江南制造局记》(译书表)中收列的工业科技书目,再参照《中国农学书目》、《中国科学技术典籍通汇》、《中国古建筑文献指南》、《中国古代科技要籍简介》、《中国古农书考》①等专业书目所收列的工业科技文献,初步统计出20世纪20年代前工业科技著作1003种,分为"车船类"、"纺织刺绣业(含印染、裁缝、缫丝、等纺织辅助业)"、"建筑类"、"军器类"、"矿业类"、"食品工业类"、"水利工程类"、"陶瓷类"、"文化用品类"、"园林园艺类"、"综合杂业类"等十一大系列,列成《20世纪20年代前中国工业科技书系列统计表》(详见本书附表1)。

从附表1初步统计情况看,1003种工业科技著作中,除北宋建筑专家喻皓所撰《木经》(书已佚)、李诫于绍圣四年(1097年)受命编纂的《营造法式》、元薛景石撰《梓人遗制》(1261年刊行)等数量有限的一些工业书以外,大部分工业著作都是明清时期、特别是在明中期以后江南及其周边地区出现的。至于工匠著作的真正产生和工匠学者的出现,则主要是明中后期到清末民初(1520—1920年代)的事情。

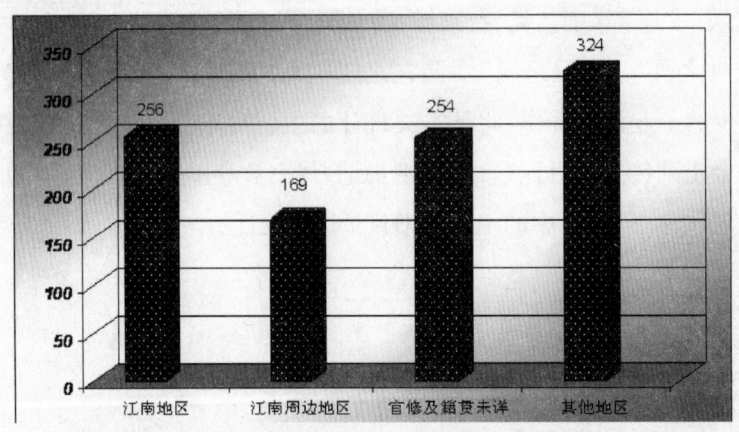

插图6:20世纪20年代前中国工业文献数量对比图

插表2:明清江南及其周边地区工业文献数量增长变化总表(剔除时间不明文献)

数量\行业\时间	车船	纺织刺绣	建筑	军器	矿业	食品加工	水利工程	陶瓷	文化用品	园林园艺	综合杂业	总计(种)
明代前期	0	1	6	1	0	0	0	1	1	1	2	13
明中后期	4	1	4	15	2	17	14	1	12	6	10	86

---

① 上海图书馆编:《中国丛书综录》,上海古籍出版社1982年版;永瑢、纪昀:《四库全书》,台湾商务印书馆1986年版;《续修四库全书》、《四库全书存目丛书》分别为齐鲁书社1999年、1997年出版;《四库禁毁书丛刊》、《四库未收书辑刊》分别为北京出版社1997年、1998年出版;《丛书集成》初编、续编、新编分别为商务印书馆、上海书店和新文丰出版公司1937年、1994年、1984年出版;王毓瑚:《中国农学书录》,农业出版社1964年版;麦群忠、魏以诚编著:《中国古代科技要籍简介》,山西人民出版社1984年版;陈春生、张文辉、徐荣编著:《中国古建筑文献指南》,科学出版社2000年出版;《中国科学技术典籍通汇》,大象出版社1997年版;《中国近现代丛书目录》,上海图书馆1979年编印;魏允恭著:《江南制造局记·译书表》,齐鲁书社《续修四库全书》第89册。

明末清初	2	2	17	18	0	6	10	4	10	15	16	100
清中后期	5	5	19	4	3	6	12	3	15	13	9	94
清末民初	0	7	11	9	1	4	4	4	3	7	3	53（另有江南制造局翻译133种西方工业著作）

由上表中各大工业行业中传统文书的分布可以看出：属于明前期工业类书只有13种，从明后期至清前期工业类书籍层出不穷。其中，明中后期的工业类书约占总书目的25％左右，明末清初约占29％，清中后期约占27％，清末民初工业书占总书目的15％左右（若加上晚清江南制造总局翻译的133种西方工业科技书，清末民初共有186种）。前三项累计，从明中后期至清中后期工业类书共占总数的81％。其中建筑、军器制造和综合杂业书籍呈明显增长的趋势。因为本文主要研究范围限于明清江南及其周边地区，明清翻译西方的工业科技书、地点年代不详的工业文献与王世襄先生收集的70多种《清代匠作则例》（见《清代匠作则例汇编》，北京古籍出版社2002年版）等未统计进来。

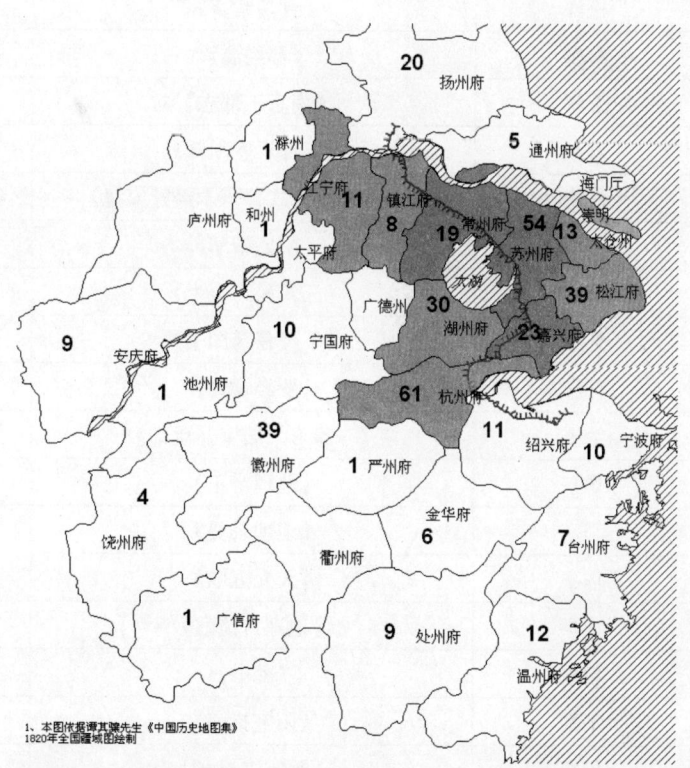

插图7：明清江南及其周边地区工业文献数量分布图

第二节　建筑营造业及水利工程技术文本化

一、建筑营造业

年代	籍贯	著作	作者
明前期	山阴	《山洋指迷》	周景一
明前期	青田	《澉浦钳记》	托名刘基
明前期	青田	《披肝露胆经》	托名刘基
明前期	青田	《安徽名地钳记》	托名刘基
永乐	南京	《地理正言》	朱权
明英宗	祁门	《谢氏地理》	谢复
景泰	苏州	《造砖图说》	张问之
嘉靖	钱塘	《相宅要说》	高濂
隆庆	松江	《青鸟绪言》	李豫亨
万历	海虞	《葬经冀》	缪希雍
天启	上海	《南京工部志》	朱长芳
天启	宜兴	《工部厂库须知》	何士晋
明末	江南	《工师雕斫正式鲁班木经匠家镜》	午荣
明末	新城	《阳宅指掌》	黄海山人
明代	怀宁	《三式秘窍全书》	甘霖
明代	怀宁	《罗经秘窍图书》	甘霖
明代	怀宁	《罗经秘窍》	甘霖
明末清初	兰溪	《一家言·居室器玩部》	李渔
明末清初	华亭	《地理辨正》	蒋平阶
明末清初	华亭	《地理录要》	蒋大鸿
明末清初	华亭	《天元五歌》	蒋大鸿
明末清初	华亭	《地理古镜歌》	蒋平阶
明末清初	新仓	《葬书》	陈确
明末清初	华亭	《阳宅指南》	蒋平阶
明末清初	华亭	《阳宅三格辨》	蒋平阶
明末清初	华亭	《相地指迷》	蒋平阶
康熙	望江	《地学》	沈镐

年代	籍贯	著作	作者
康熙	古娄	《理气三诀》	叶九升
康熙	华亭	《正义六种》	张受祺
康熙	鄞县	《庙制图考》	万斯同
雍正	溧阳	《钦定工部则例》	史贻直
雍正	溧阳	《钦定工部续增则例》	史贻直
乾隆	仪征	《工段营造录》	李斗
乾隆	武进	《青囊天玉通义》	张惠言
乾隆	太仓	《葬考》	邵嗣宗
乾隆	海昌	《丧葬杂说》	张朝晋
乾隆	临海	《地理枝言》	洪枰
乾隆	华亭	《阴宅集要》	姚廷銮
乾隆	华亭	《阴阳二宅全书》	姚廷銮
乾隆	金陵	《地学形势集》	倪化南
嘉庆	全椒	《阳宅撮要》	吴鼒
嘉庆	归安	《阳宅辟谬》	姚文田
嘉庆	新安	《钦定工部则例》	曹振镛
清中期	湖州	《阴阳指正》	姚承舆
嘉庆道光	青田	《周易葬说》	端木国瑚
嘉庆道光	青田	《周易葬经》	端木国瑚
嘉庆道光	青田	《地理元文》	端木国瑚
道光	无锡	《堪舆指原》	邵涵初
道光	上虞	《地理辨正图说》	徐迪惠
道光光绪	钱塘	《沈氏玄空学》	沈竹礽
清末	上海	《地理八窍》	朱冠臣
清代	松江	《翻卦挨星图诀考著》	戴鸿
民国初年	吴县	《营造法原》	姚承祖
民国	武进	《辨正谈氏新解》	谈浩然
民国	义乌	《金氏地学粹编》	金志安
民国	杭县	《玄空古义四种》	沈祖绵
民国	广德	《钱氏辨正参解》	钱文选
民国	杭县	《玄空秘旨通释》	沈祖绵
民国	杭县	《玄机赋通释》	沈祖绵
民国	杭县	《飞星赋通释》	沈祖绵
民国	杭县	《紫白诀通释》	沈祖绵

明清江南建筑技术(包含建筑堪舆技术)发展主要历经了三个阶段。第一个阶段从明代中后期开始到清代前期为止。这个阶段江南建筑技术内容和技术标准,尚处于上接宋代法式,下启清代官式建筑技术则例的历史过渡之中。第二个阶段是清代中期,在这个阶段,随着官方建筑技术标准的最终确立,江南官式技术日趋统一,并逐渐对江南民间建筑技术产生影响。第三个阶段是晚清时期(含清末民初),在这个阶段,由西方传入的新建筑元素逐渐影响江南传统建筑技术体系的转变,并对建筑技术的转型产生了一定的推动效应。这个转变的过程一直延续到20世纪20年代。

插表3:明清江南及其周边地区建筑业文献数量增长变化表(剔除时间不明文献)

行业\数量\时间	明代前期	明中后期	明末清初	清中后期	清末民初
建筑	6	4	17	19	11

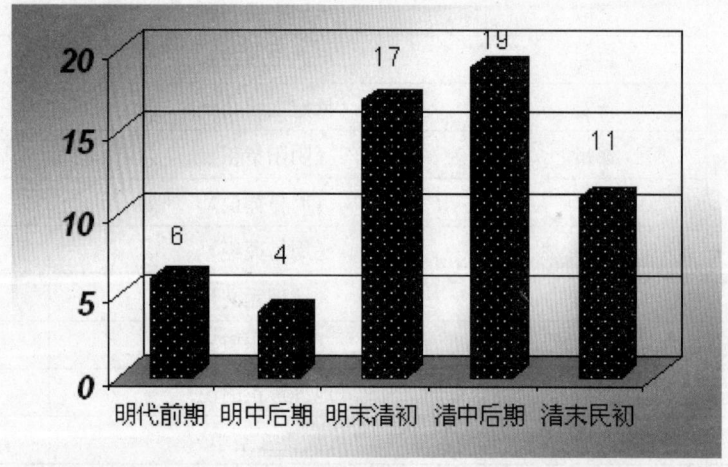

插图8:明清江南及其周边地区建筑业文献数量增长对比图

二、园林园艺类

年代	籍贯	著作	作者
弘治	吴县	《艺菊》	黄省曾
嘉靖	长洲	《吴下名园记》	文徵明
嘉靖万历	太仓	《学圃杂疏》	王世懋
明中期	嘉定	《罗钟斋兰谱》	张应文
万历	钱塘	《艺花谱》	高濂
万历	嘉兴	《菊谱》	周履靖

年代	籍贯	著作	作者
万历	钱塘	《兰谱》	高濂
天启元年	长洲	《长物志》	文震亨
崇祯四年	吴江	《园冶》	计成
崇祯	嘉兴	《老圃良言》	巢鸣盛
崇祯	嘉兴	《花佣月令》	徐石麒
明末	新成	《群芳谱》	王象晋
明代	华亭	《种菊法》	陈继儒
明代	新安	《花历》	程羽文
明代	新安	《花小名》	程羽文
明末清初	金陵	《将就园记》	黄周星
明末清初	慈溪	《兰史》	冯京第
明末清初	如皋	《兰言》	冒襄
明末清初	钱塘	《石谱》	诸九鼎
清初	江都	《琼花志》	朱显祖
顺治康熙	钱塘	《石友赞》	王晫
康熙	杭州	《群芳花镜》	陈淏子
康熙	和州	《选石记》	成性
康熙	萧山	《后观石录》	毛奇龄
康熙	余姚	《北墅抱瓮录》	高士奇
乾隆	钱塘	《九华新谱》	吴昇
乾隆	武进	《洋菊谱》	邹一桂
乾隆六十年	仪征	《扬州画舫录》	李斗
清中期	扬州	《花木小志》	谢堃
清中期	秀水	《菊说》	计楠
清中期	钱塘	《凤仙谱》	赵学敏
嘉庆十六年	海宁	《绉云石图记》	马汶
嘉庆十六年	荆溪	《兰蕙镜》	屠用宁
嘉庆	上海	《巩荷谱》	杨钟宝
道光十八年	乌程	《养菊法》	闵廷楷
道光	仪征	《艺兰记》	刘文淇
道光	秀水	《艺兰四说》	杜文澜
道光	德清	《琼英小录》	俞樾
咸丰	吴县	《艺菊须知》	顾禄
咸丰	嘉兴	《唯自勉斋长物志》	唐翰题
同治	江宁	《艺兰琐言》	杨鹿鸣
同治	江宁	《评兰琐言》	杨鹿鸣

年代	籍贯	著作	作者
光绪	武进	《品芳录》	徐寿基
清末	金陵	《蠹仙石品》	汤蠹仙
清末	震泽	《花信平章》	王廷鼎
清代	歙县	《笺卉》	吴菘
清代	元和	《艺兰要诀》	吴传澐
清代	仁和	《怪石录》	沈心

明代的造园理论在许多明人著述中都有反映，如刊行于万历年间的《鲁班经》，计成的《园冶》，文震亨的《长物志》等。但作为造园技术与理论的最高规范，当首推计成的《园冶》，它是中国最早的专门以造园为内容的园林典籍，其中造园设计技术完全体现了中国设计文化的内蕴，其中园林修造理论也反映了中国传统造园家天人合一的高超意境与人生追求，是当时造园技术经验全面而精辟的总结。

插表4：明清江南及其周边地区园林园艺业文献数量增长变化表（剔除时间不明文献）

数量\\时间\\行业	明代前期	明中后期	明末清初	清中后期	清末民初
园林园艺	1	6	15	13	7

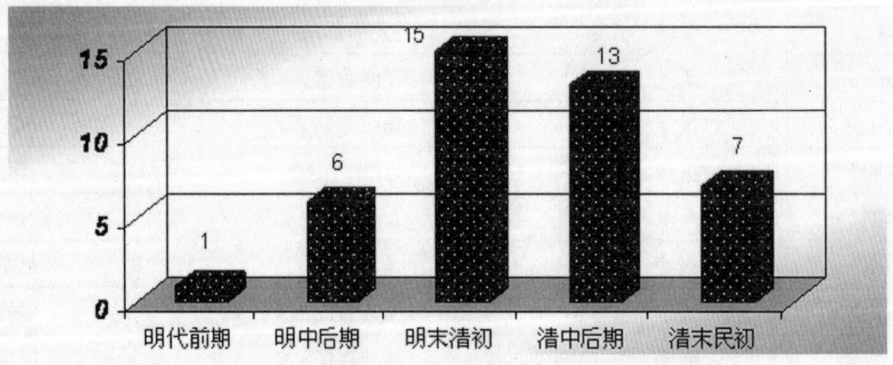

插图9：明清江南及其周边地区园林园艺业文献数量增长对比图

三、水利工程类

年代	籍贯	著作	作者
嘉靖十七年	华亭	《全吴水略》	吴韶
嘉靖二十五年	钟祥	《河南管河道事宜》	商大节
嘉靖三十五年	平湖	《沽头闸志》	陆梦韩

年代	籍贯	著作	作者
嘉靖	吴江	《吴江水利考》	沈棨
嘉靖	绩溪	《筑海图编》	胡宗宪
隆庆三年	昆山	《三吴水利录》	归有光
隆庆	太仓	《河渠考略》	曹胤儒
万历十五年	海盐	《海塘录》	仇俊卿
万历十八年	乌程	《河防一览》	潘季驯
万历三十二年	嘉善	《皇都水利》	袁黄
万历	上海	《东吴水利考》	王圻
万历	乌程	《两河管见》	潘季驯
万历	乌程	《河防一览榷》	潘大复
万历	淮安	《淮南水利考》	胡应恩
明末	上海	《泰西水法》	熊三拔、徐光启
明末	太仓	《筑围说》	陈瑚
明末	华亭	《南河全考》	朱国盛
南明	东阳	《吴中水利书》	张国维
明代	山阴	《闸务全书》	程鹤
清初	归安	《东南水利》	沈恺曾
清初	新安	《河防刍议》	崔维雅
康熙九年	天长	《河防一览纂要》	陈于豫
康熙二十二年	华亭	《看河纪程》	周洽
康熙二十二年	山阴	《三江闸务全书》	程鸣九
康熙	仁和	《河工见闻录》	邵远平
乾隆	仁和	《海塘录》	翟均廉
乾隆	黄岩	《黄岩河闸志》	刘世宁
嘉庆四年	乌程	《五省沟洫图说》	沈梦兰
道光元年	桐城	《历代河防类要》	徐璈
道光九年	德清	《安澜纪要》	徐端
道光十二年	婺源	《楚北江汉宣防备览》	王凤生
道光十五年	仁和	《东西两防海塘图及有关资料》	严烺
道光二十年	杭县	《芙蓉湖修堤录》	张之果
道光二十五年	仁和	《甲午海塘图记》	严烺
道光	黟县	《高家堰记》	俞正燮
道光	嘉兴	《马棚湾漫工始末》	范玉琨
道光	德清	《回澜纪要》	徐端
咸丰	崧厦	《上虞塘工纪略》	连仲愚
光绪二年	盐城	《淮扬水利图说》	冯道立

年代	籍贯	著作	作者
光绪三十年	崧厦	《上虞塘工纪要》	连蘅
光绪	临海	《治河管见》	董毓琦
清代	江宁	《河工摘录》	黄之纪
清代	吴县	《太湖备考》	金友理

水利著作中的科技理论文献首推浙江乌程人潘季驯所著《河防一览》。《河防一览》"第一次明确提出黄河之患在于泥沙"的科学论断,将数千年来黄河治理中"治水为主"的主导思想一转而为"治沙为主"和"水沙并治"的主张,不仅在当时发挥了巨大的指导作用,而且至今还直接为黄河综合治理思想的产生奠定了认识论基础。潘季驯认为"河性湍悍,而善溃多徙者,流漫而沙壅也",指出"水分则势缓,势缓则沙停,沙停则河饱",因此他提出"筑堤束水,以水攻沙"的著名治河方针,并在此基础上提出了治河筑堤的系列方法:诸如筑缕堤,束狭河床,固定河槽,借水力冲刷河床;在缕堤外适当距离修遥堤,与缕堤并峙,解决攻沙和防洪的矛盾;又在缕堤和遥堤之间筑格堤,洪水溢出,遇格堤而止,不至形成堤河;再筑月堤、护缕堤和减水坝,用以溢洪;还在高家堰蓄清刷黄,以清释浑,等等。原中国历史地理学会理事长邹逸麟教授认为:"历史上治河观点的变化经过了障—疏—堤—分—束—综合治理的发展过程。鲧治水为障,大禹为疏,贾让为堤,刘大夏为分(河北筑太行堤,南分颍、涡、濉,入泗、入淮),潘季驯治河观点是分—束的转折点。"①可见潘季驯治河理论已接近现代人的治河思想。

插表5:明清江南及其周边地区水利工程文献数量增长变化表(剔除时间不明文献)

数量\时间\行业	明代前期	明中后期	明末清初	清中后期	清末民初
水利工程	0	14	10	12	4

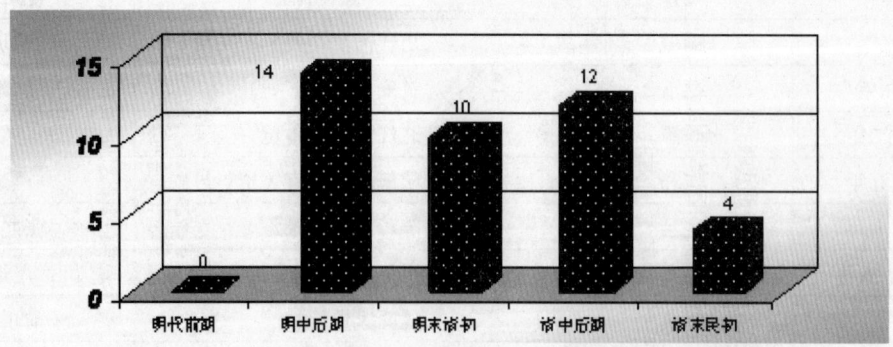

插图10:明清江南及其周边地区水利工程文献数量增长对比图

---

① 邹逸麟:《明代治理黄运思想的变迁及其背景——读明代三部治河书体会》,《陕西师范大学学报》2004年第5期,第26页。

第三节 矿冶、车船及军器业技术文本化

一、矿冶类

年代	籍贯	著作	作者
明中期	太仓	《寂园杂记》卷14	陆容
万历	钱塘	《古器具名》	胡文焕
乾隆、嘉庆	望江	《滇海虞衡志》志金石	檀萃
嘉庆十四年	松江	《自鸣钟表图说》	徐朝俊
清中期	松江	《采铜炼铜记》	倪慎枢
清末	宝应	《矿政辑略》	刘岳云

插表6：明清江南及其周边地区矿冶业文献数量增长变化表（剔除时间不明文献）

数量＼时间＼行业	明代前期	明中后期	明末清初	清中后期	清末民初
矿冶	0	2	0	3	1

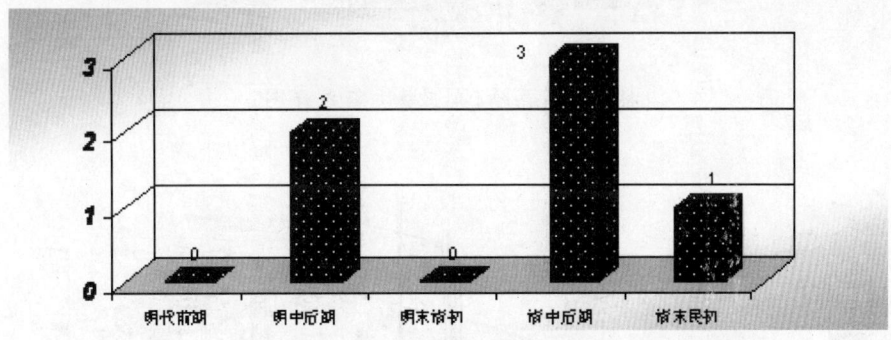

插图11：明清江南及其周边地区矿冶业文献数量增长对比图

二、车船业

年代	籍贯	著作	作者
嘉靖二十年	吴江	《南船纪》	沈启
嘉靖二十五年	南京	《船政》	南京兵部车驾司
嘉靖三十二年	上海	《龙江船厂志》	李昭祥

年代	籍贯	著作	作者
万历十六年	上虞	《船政新书》	倪涷
明末	太仓	《通漕类编》	王在晋
明末	扬州	《金汤借箸十二筹》舟制	李盘
乾隆	无锡	《洴澼百金方》舟制	惠麓酒民
乾隆	嘉定	《车制考》	钱坫
乾隆	仪征	《考工记车制图解》	阮元
道光	晋江	《浙江海运全案初编》	黄宗汉
道光	善化	《江苏海运全案》	贺长龄

中国传统造船技术在宋元时期已经进入成熟阶段，到了明代达到顶峰，主要表现有三点：

一是在船舶实际建造过程中，明代造船技术实现了整体尺度的突破。最为典型的就是出现了当时世界上最大的木制帆船——郑和宝船。郑和宝船长四十四丈四尺，宽十八丈。尽管对于宝船尺寸大小如何计算的问题学术界曾有不同说法，但其在当时世界上之无与伦比性永远不可怀疑。同一时期其他较大型船舶，如二千料、一千五百里料海船等，都曾被广泛建造并运用到生产实践中。

插图 12：嘉靖《船政》快船式样图

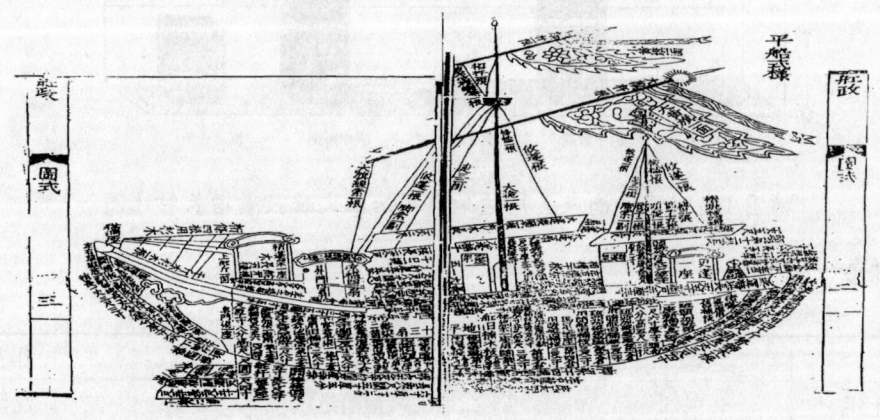

插图 13：嘉靖《船政》平船式样图

二是此时所生产的船型更加多样化,种类繁多但并不凌乱。仅以战船为例,"明代的战船除了承袭前代七八种船型外,出现了三十几种新船型"①。一些古旧船型随着时代发展被逐渐淘汰,新式船型又继续不断地派生。不仅船型分类更加细化,具体种类各异,而且在总体型制上开始呈现出百川归海的态势,条缕清晰,并不是更加混乱复杂。席龙飞的《中国造船史》曰:"中国三大船型:沙船、福船、广船"②。在明代就已形成。除沙船、福船、广船中国古代三大船型外,也有学者认为鸟船是另一大船型,所以有四大船型说。

三是明代在具体造船技术细节上有了新的进步。如在船舶装置属具上,船尾舵开始出现了升降式类型;在船体拼接技术上,明代船舶工艺发展有锹钉、铁锔、铲钉、蚂蟥钉等,这些都保证了船体结构的坚固和耐航性。另外还有"桅帆总体设计上采用纵帆型布局、硬帆式结构……带爪木杆石碇(锚)与带横棒多爪铁锚等,普遍用在海船上"③。

进入清代后,因为海禁政策影响,东南沿海造船业受到严重限制。清代前期造船技术沿袭前代,虽然很难说其是否落后于明朝,但是在技术创新方面已逐渐落后于同时期的西方国家,这也是造成晚清中国航海技术一蹶不振的缘由之一。历史事实说明,即使有先进的传统技术,如果长时间不运用到生产过程中,也会逐渐被消磨进而萎缩。

插表7:明清江南及其周边地区车船业文献数量增长变化表(剔除时间不明文献)

数量\时间\行业	明代前期	明中后期	明末清初	清中后期	清末民初
车船	0	4	2	5	0

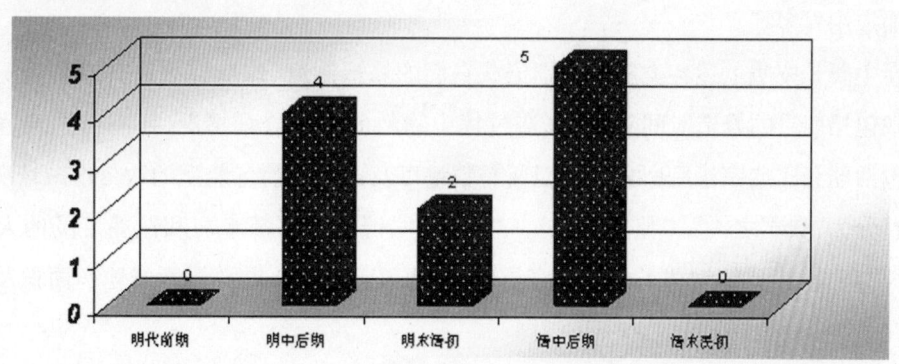

插图14:明清江南及其周边地区车船业文献数量增长对比图

在中国传统的车船业技术文献中,以《南船纪》最为著名。作者沈棨,字子由,号江村,江苏吴县人。其于嘉靖十七年(1538年)中进士,后授职南京工部营缮清吏司主事,奉当时南京工部尚书

---

① 唐志拔:《中国舰船史》,海军出版社,1989年,第116—117页。
② 席龙飞:《中国造船史》,湖北教育出版社,2000年,第246页。
③ 程晓:《我国古代造船技术的兴衰及其启示》,武汉科技大学2007年硕士学位论文,第23页。

之命开始撰修《南船纪》,于嘉靖二十年(1541年)完稿成书。沈棨既是明代一位贤明的地方官,又是历史上有名的水利和造船专家。他一生中的重要科技著作有《南船纪》《吴江水利考》等。《南船纪》是中国较早记载造船技术和船政管理方面的专著,全书共分四卷:卷首有两幅船舶图式,分别标注船体零构件名称,因为透视角度和中国式画法技巧的缘故,图式部分"关头板十块"的画法显得较粗,但还是能够表现零构件在船舶整体结构中的安装位置。书中根据船型进行分类:如黄船包括预备大黄船、大黄船、小黄船以及匾浅黄船等;战巡船包括四百料战座船、二百料战船、一百五十料战船、一百料战船、三板船、划船、桥船、四百料巡座船、二百料巡沙船、二百料一颗印巡船、九江式哨船、安庆哨船、大胜关哨船、轻浅便利船等;湖船包括后湖一号楼船、后湖二号楼船、后湖平船、金水河渔船;裁革船包括一千料海船、四百料钻风海船、蜈蚣船、两头船及快船等。

第一卷船型分为"黄船图数一"、"战巡船图数二"、"后湖金水河船图数三"、"快船图数四"、"裁革船图数五"。根据文中所划分的船型,分别配图并记载五大类船型零构件尺寸、结构设计技术参数以及所用物料定额等,是介绍明代中期造船技术的重点部分。前四种基本上同时记载了技术尺寸和用料额数,只有裁革船因为部分船型停止建造或档案散佚等缘故,只有用料定额记载,两头船则只配图式,而无技术尺寸和用料定额等记载。在有关具体的船型技术参数方面,船舶外部结构记载了船底板、侧面栈板、前后头板、梢板以及支撑船体纵向强度构件的用材长度、宽度与厚度;船舶内部结构重点记载了水密隔舱的数目及长度、舱面梁尺寸以及维持船体横向强度的梁材尺寸等。在船舶的上层建筑或部件、属具方面,记载了将军柱、土墙、车关、橹梭、舵夹板、大小桅夹等用材尺寸。关于所用物料额数记载,分为木材和杂料两类。木料是船舶建造使用最多的材料,使用的是楠木、杉木;杂料则作舱缝、装饰等之用,有桐油、石灰、黄麻、铜青、靛花、水胶等,根据船型不同而确定用料多寡。

第二卷主要是按照上述各类船型分别记载它们的修造制度、建造额数及其沿革情况等。修造制度的记载包括船只的修造时间年限、修造过程中物料的来源分配情况,还有修造流程。建造数额与沿革包括船只建造完毕后所分配的卫所与数量以及嘉靖之前各船型的数量增减情况等。

第三卷分为"典司之一"、"典司之二"。"典司一"记载工部都水司和造船工场的人员设置与机构安排。"典司二"具体记载了提举司官员以及工匠杂役数量、提举司所属地产面积及地课的物料出产情况。

第四卷分为"造船例一"、"收船例二"、"收料例三"、"余料例四"、"稽考例五"等部分。"造船例"主要记载了船只建造的用工额数以及工食预算;"收船例"记载船只建造完毕后交付使用的诸多事项;"收料例"记载船舶建造过程中的物料领取事宜和使用种类;"余料例"说明船舶建造完毕后剩余物料的管理情况;"稽考例"记载船舶建造完毕后的保管维护事宜。

三、军器类

年代	籍贯	著作	作者
永乐	青田	《火龙经二集》	刘基

年代	籍贯	著作	作者
嘉靖三十八年	武进	《武编·前集》	唐顺之
嘉靖四十一年	昆山	《筹海图编》	郑若曾
嘉靖	金山卫	《两浙兵制·卷二》	侯继国
隆庆二年	昆山	《江南经略·卷八》	郑若曾
万历二十六年	乐清	《神器谱或问》	赵士桢
万历二十六年	乐清	《备边屯田车铳议》	赵士桢
万历二十六年	乐清	《备边屯田车铳图》	赵士桢
万历二十六年	乐清	《车铳图》	赵士桢
万历二十六年	乐清	《神器谱》	赵士桢
万历二十七年	乐清	《续神器谱》	赵士桢
万历二十七年	淮阴	《登坛必究·卷29》	王鸣鹤
万历二十七年	淮阴	《火攻答》	王鸣鹤
万历	余姚	《利器图考》	何良臣
万历	江宁	《五火玄机》	陈喆
万历三十四年	苏州	《兵录·卷11—13》	何汝宾
天启元年	归安	《武备志·军资乘》	茅元仪
天启	嘉定	《经武全编》	孙元化
天启	上海	《兵机要诀》	徐光启
天启	绩溪	《火器图说》	胡宗宪
天启	绩溪	《秘刻武略神机火药》	胡宗宪
崇祯二到四年	上海	《守城制器疏稿》	徐光启
崇祯五年	嘉定	《西法神机》	孙元化
崇祯八年	歙县	《军器图说》	毕懋康
崇祯十二年	上海	《制火药法》	徐光启
崇祯十六年	宁国	《火攻挈要》	汤若望述,焦勖整理
崇祯	归安	《火龙经三集》	茅元仪
崇祯	徽州休宁	《东嘉神器谱》	程宗猷
崇祯	秀水	《武备三大秘书》	施永图
明末	钱塘	《西洋火攻图说》	张焘
明末	慈溪	《弩考》	孙堪
明末	宁波	《武备新书》	谢三宾
清初	婺源	《戊笈谈兵·卷10》	汪绂
乾隆	富阳	《兵部军器则例》	董诰
嘉庆二十一年	富阳	《钦定兵部军器则例》	董诰
道光二十二年	长州	《铁模图说》	龚振麟
道光	长洲	《枢机炮架新式图说》	龚振麟

年代	籍贯	著作	作者
咸丰	江苏	《防守集成·卷9、卷10》	朱璐
光绪	钱塘	《炮法图解》	丁乃文
光绪	吴县	《枪法准绳》	吴大澂
光绪	海宁	《火器真诀释例》	李善兰
光绪	德清	《火器测远图说》	方恺
光绪	桐乡	《火器真诀解证》	沈善蒸
光绪	宣城	《火器命中》	梅鼎
光绪	德清	《考空气炮工记》	傅云龙
光绪十四年	钱塘	《子药准则》	丁乃文

宋元时期为冷热兵器并用时期,出现了竹火枪、铜火铳等管型火器,这些管型火器形制较为简单,并未配备照星照门等部件,命中率和威力均较小,在士兵装备中尚未占据主导地位。明代是传统火器技术发展鼎盛期。洪武至正德年间是中国传统火器技术自主发展阶段,有专门火器制造管理机构,火器制造规模大,有专业火器部队神机营,火器在实战中充当愈来愈重要的角色。明代嘉靖至天启年间是中国传统火器发展的高峰。这一阶段佛郎机和鸟铳传入,中国传统火器在吸收这两种外来火器基础上,创制和仿制出多种新式火器,开启了中国火绳枪炮的历史。同时照星照门等配件广泛应用,火器射程和命中率等技术指标得到提升,并出现多种火器技术文献。天启至崇祯年间是明代火器发展的新高峰,红衣大炮的传入和仿制成为主要特征,西方火器制造技术被主动引进,出现了对西方火器技术和中国传统火器技术的融合总结性技术文献。

清代顺治至道光时期,中国传统火器技术衰落。清初设置了完备的火器制造管理机构,在康熙年间出现了造炮高潮,也有专业的火器部队,戴梓等人在火器技术创新上大有进步。但清政府对汉族知识分子进行压制,戴梓遭诬陷被流放关外,所以从火器技术文献上看,清初火器技术只是对明末火器技术的继承,戴梓等人发明技术也被湮没在了历史尘埃中。随着清初战争结束,火器技术逐渐被束之高阁。到嘉庆时期,火器技术甚至出现倒退。清代咸丰之后西方新式火器开始逐渐取代传统火器成为清朝军队的主要装备,随着近代兵工厂的建立,传统火器被逐渐淘汰。

插表8:明清江南及其周边地区军器业文献数量增长变化表(剔除时间不明文献)

数量\时间\行业	明代前期	明中后期	明末清初	清中后期	清末民初
军器	1	15	18	4	9

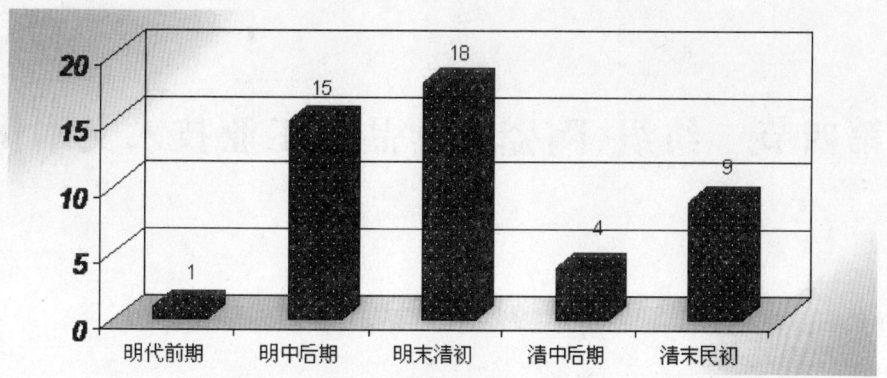

插图15：明清江南及其周边地区军器业文献数量增长对比图

军器业著作有明孙元化撰的《西法神机》。孙元化万历九年(1581年)生，字初阳，号火东，上海嘉定人，天启年间举于乡，崇祯元年，任兵部员外郎，迁郎中。袁崇焕任辽东经略时，孙元化主动请缨。崇祯三年六月，累迁右佥都御史，巡抚登莱。崇祯五年，孔有德等在吴桥兵变，孙元化主抚。登州陷落后，是年七月孙元化被明廷处死。孙元化曾随徐光启和利玛窦合译《几何原本》(前6卷)，协助徐光启完成《勾股义》的编写。独立撰写《泰西算要》、《几何用法》、《几何体论》、《西学杂著》等科学著作。受徐光启影响，孙元化皈依基督教并从徐光启学习火器和算数，得西洋火器法，受西学影响较深。他所著的《西法神机》是中国明末一部系统介绍西洋火器技术并总结中国古代火器技术的军事科技著作。

《西法神机》成书于天启初年，上卷内容包括泰西火攻总说、铸造大小战铳尺量法、铸造大小攻铳尺量法、铸造大小守铳尺量法、造西洋铜铳说、造铳车说、铳台图说；下卷包括造铁弹法、火药库图说、炼火药总说、铳杂用宜图说、点放大小铳说等部分。两卷共两万余字，有插图34幅。《西法神机》较为完整的刻本现藏于中国科学院自然科学史研究所图书馆，共两卷，前有康熙元年金造士书于古香草堂的识语，末有光绪二十八年杨恒福之跋。另外，上海图书馆和日本京都大学人文科学研究所也各有一部藏本。

工业技术的文本化是工业技术科学化的首要标志，它表明江南及其周边地区传统工业技术由经验形态向理论形态转变。产业技术文本文献数量的增长是衡量产业技术理论化水平的刻度尺。传统工业技术的文本化是产业技术科学化的前提，它在明代中后期江南及其周边地区的空前发展，表明江南及其周边地区传统工业技术已具备经验形态向理论形态转变的条件，其主要内容是传统工业文献形成及其科学内涵增长。明清江南及其周边地区工业技术的理论化，不仅表现为工业著作数量的增长，更重要的是表现为工业著作中科学技术含量的增加，而这种科学技术含量增加的过程也就是传统工业技术的科学化过程。明代中期以后，每一工业行业系列文献中所包含的工业生产的科技含量都有显著的提高，这一现象在江南及其周边地区的传统工业科技著作中表现最突出。

第四节 纺织、陶瓷及食品加工业技术文本化

一、纺织刺绣类

年代	籍贯	著作	作者
洪武	青田	《多能鄙事·染色法》	刘基
明中后期	钱塘	《冠谱》	顾孟容
明末	新城	《木棉谱》	王象晋
清初	秀水	《服制图考》	朱子建
乾隆	上海	《木棉谱》	褚华
乾隆十六年	嘉定	《布经》	范铜
乾隆三十年	桐城	《御题棉花图册》	方观承
乾隆、嘉庆	歙县	《织绣史札记》	叶瀚
道光元年	华亭	《丁佩绣谱》	丁佩
光绪二十七年	崇川	《蚕政萃编》	袁俊德
光绪二十七年	崇川	《缫政萃编》	袁俊德
光绪二十七年	崇川	《纺政萃编》	袁俊德
光绪二十七年	崇川	《织政萃编》	袁俊德
光绪二十七年	崇川	《染政萃编》	袁俊德
清末民初	苏州	《雪宧绣谱》	沈寿
清代	桐城	《布经要览》	汪裕芳
民国初年	盛泽	《顾绣考》	徐蔚南

上述纺织业著作中，《御题棉花图册》为清乾隆年间直隶总督方观承"条举棉事十六则绘图列说，装演成册"。

图册前后有方观承的奏折、圣祖仁皇帝御制赋、序和跋等，叙述有关棉花的种植、推广和棉花纺织等情况。方观承，字退谷，号问亭，一号宜田，安徽桐城人，康熙三十七年生，乾隆二十三年卒。方观承历任道员、按察使、布政使，乾隆十三年擢浙江巡抚，次年迁直隶总督，为政重农桑，治绩彰显。著有《棉花图册》等十余种。

《御题棉花图册》绘图16幅，附以解说。所绘为耕织图，所说为耕种、纺织、炼染诸法。图上有题诗，包括布种、灌溉、耘畦、摘尖、采棉、拣晒、收贩、轧核、纺线、挽经、布浆、上机、织布、炼染等十六部分内容，反映了当时棉花种植在选种、摘尖、灌溉等操作技术上的新水平。"布种"图题记云：

插图 16：御制棉花图册·纺线图

"种选青黑核，冬月收而曝之，清明后淘取坚实者，沃以沸汤。""耕畦"为植棉之又一技术，题记云："苗密宜芟，苗长宜耘。古法一步留两苗，虽不可尽拘，大要欲使根科疏朗耳。时维夏至，千锄毕兴，一月三耘、七耘，而花繁茸细，犹之谷五耘，而糠秕悉除也，苗有壮硕异于常茎为雄本，不结实，然不可尽去，备其种斯有助于结实者又或杂植脂麻云能利棉。""轧核"和"弹花"是棉加工工序，当时去除棉核用的是轧车，"轧车之制为铁木、二轴上下叠置之，中留少罅，上以毂引铁，下以钩持木，左右旋转，喂棉于罅中，则核左落而棉右出。"这种轧车一个人就可以操作，使用起来非常方便。弹花用的是长四尺许的木制大弓，蜡丝为弦。弹花人操作时把系弹弓的竹竿扎在腰中，用椎击弦即可。织布机"与丝织同，轴受经，二人理之，杼受纬，一人行之"。这种织布机有踏板装置，用脚踏板使两组经线上下移动，形成交口，把带有纬线的梭从交口中穿过。这样"手足并用，尽一日之力，成一布，长二十尺，粗者倍之，拙工得半而已。"织出的布"惟以续密匀细为贵"①。

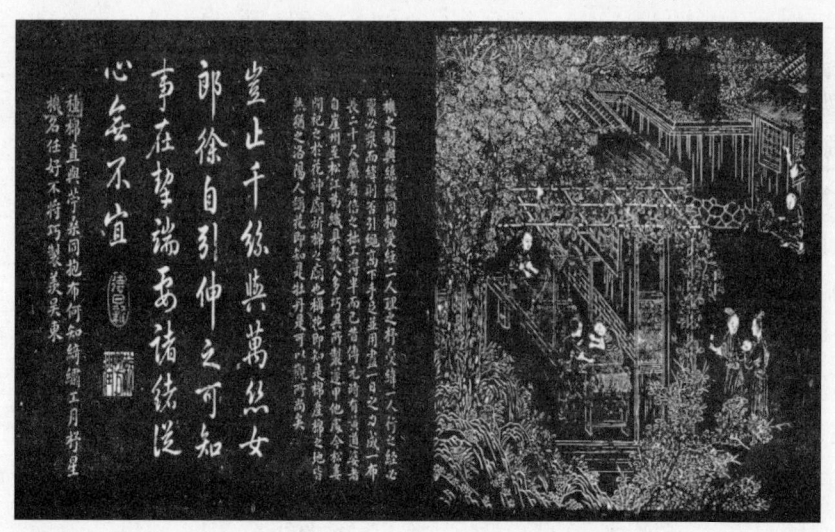

插图 17：御制棉花图册·织布图

---

① 方观承：《乾隆〈御题棉花图册〉》，乾隆石刻拓印本，中国基本古籍库下载。

此外,丝织业类科技水平高的著作还有《丁氏绣谱》和《雪宧绣谱》两部刺绣杰作。《雪宧绣谱》是清末民初刺绣艺术家和刺绣艺术教育家沈寿口述、实业家张謇笔录整理,1918年成书。该书不仅集中了江南传统刺绣工艺的精华,而且作者还亲自考察并吸收了国外的刺绣技术,又经著名学者兼实业家张謇润笔,无疑是现代刺绣的经典文献。

插表9:明清江南及其周边地区纺织刺绣业文献数量增长变化表(剔除时间不明文献)

数量＼时间 行业	明代前期	明中后期	明末清初	清中后期	清末民初
纺织刺绣	1	1	2	5	7

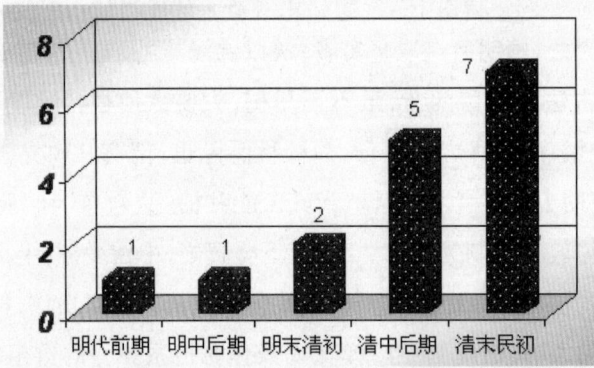

插图18:明清江南及其周边地区纺织刺绣业文献数量增长对比图

二、食品加工类

年代	籍贯	著作	作者
元末明初	吴县	《易牙遗意》	韩奕
嘉靖九年前后	常熟	《制茶新谱》	钱椿年
嘉靖二十年	长洲	《茶谱》	顾元庆
隆庆年间	常熟	《毛荣食谱》	毛荣
万历三年前后	山阴	《茶经》	徐渭
万历十六年	淳安	《茶谱外籍》	孙大绶
万历二十一年	钱塘	《茶集》	胡文焕
万历三十七年	宁波	《茶解》	罗廪
万历三十七年前后	华亭	《茶录》	冯时可
万三十八年前后	江阴	《茶董》	夏树芳
万历四十年前后	华亭	《茶董补》	陈继儒
万历四十三年	丹阳	《品茶要录补》	程伯二
万历	海宁	《山东盐法志》	查志隆
万历	钱塘	《酝造品》	高濂
万历	钱塘	《法制品》	高濂

第六章 明清江南工业技术的文本化

年代	籍贯	著作	作者
万历	钱塘	《甜食品》	高濂
万历	钱塘	《粉面品》	高濂
崇祯	秀水	《古今鲊略》	汪砢玉
崇祯三年前后	四明	《茶笺》	闻龙
崇祯十六年	丹阳	《品茶要录补》	程伯二
明代	昆山	《茶经》	张丑
明代	嘉定	《茶经》	张应文
顺治十二年	长洲	《虎丘茶经注补》	陈鉴
康熙十四年	淮安	《茶史》	刘源长
康熙廿二年前后	如皋	《岕茶汇钞》	冒襄
雍正	丰县	《两浙盐法》	李卫
雍正十三年	嘉定	《续茶经》	陆廷灿
乾隆	钱塘	《随园食单》	袁枚
嘉庆十四年前后	乌程	《释茶》	张鉴
道光	扬州	《淮卤备要》	李澄
道光	仪征	《两广盐法志》	阮元
光绪二十九年	祁门	《红茶制法说略》	康特璋
光绪三十一年	慈溪	《印锡种茶制茶考察报告》	郑世璜
清末	苏州	《醇华馆饮食胝志》	醇华馆漱
清末	苏州	《随园食单补正》	夏曾传

在食品工业著作中,关于制茶工艺的书最多,从而反映出中国传统的茶叶经济比其他食品工业经济更为发达。制茶工艺书中,陆廷灿的《续茶经》对明清制茶工艺做了全面系统的论述,反映了当时茶叶生产最新水平。陆廷灿,字秩昭,嘉定人,官崇安县知县候补主事。武夷山即在崇安境,故廷灿官是县时,习知其说,创为草稿,归田后订辑成编,冠以陆羽《茶经》原本,而从其原目采摭诸书以续之。上卷续其"一之源"、"二之具"、"三之造",中卷续其"四之器",下卷自分三子卷:下之上,续其"五之煮"、"六之饮";下之中,续其"七之事"、"八之出";下之下,续其"九之略"、"十之图",而以历代茶法附为末卷。自唐以来,阅数百载,凡产茶之地,制茶之法,业已历代不同,即烹煮器具亦古今多异,故陆羽所述,其书虽古,而其法多不可行于今。不仅征引繁富,而且颇切实用。

插表10:明清江南及其周边地区食品加工业文献数量增长变化表

数量\时间\行业	明代前期	明中后期	明末清初	清中前期	清末民初
食品加工	1	16	6	6	4

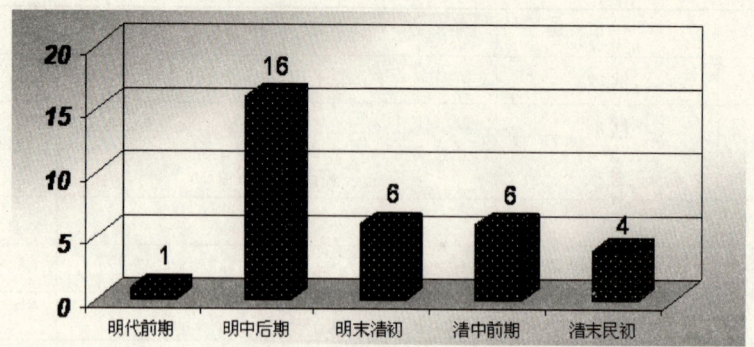

插图19：明清江南及其周边地区食品加工业文献数量增长对比图

三、陶瓷类

年代	籍贯	著作	作者
洪武二十年	松江	《格古要论·古窑器论》	曹昭
嘉靖	临海	《江西大志·陶书》	王宗沐
崇祯	丹阳	《定窑鼎记》	姜绍书
明末	钱塘	《舜为陶器》	田艺蘅
明末	江阴	《阳羡茗壶系》	周高起
乾隆	钱塘	《古窑器考》	梁同书
乾隆	海盐	《陶说》	朱琰
乾隆	海宁	《阳羡名陶录》	吴骞
同治	饶州	《饶州府志·陶厂》	不详
清代	景德镇	《景德镇陶录》	蓝浦
清代	歙县	《成宣窑器》	王棠
清代	歙县	《窑器说》	程哲
清代	钱塘	《浮梁陶政志》	吴允嘉
清代	丹徒	《陶雅》	陈浏
清代	丹徒	《杯史》	陈浏
民国初年	如皋	《哥窑谱》	冒广生
民国初年	歙县	《唐陶史札记》	叶瀚
民国初年	歙县	《瓷史札记》	叶瀚

传统制瓷技术有着悠久的历史和光辉的成就，对此很早就有文献记载。但是这些文本只是记述了制瓷史实，而无技术内容。真正意义上的第一部记述景德镇制瓷技术的文本是清代朱琰的《陶说》。《陶说》是记述我国最著名的瓷器产地——景德镇窑业情况的第一篇专文，也是世界上最早的瓷器论著。由于古文献中对陶瓷行业缺少比较具体的文字，所以《陶记》更显得珍贵。清代陶

第六章 明清江南工业技术的文本化

瓷业在历代基础上进一步发展,制瓷技术发展到炉火纯青的地步,制瓷技术的文本化也发展到一个新的时期,出现了水平较高的陶瓷专著。

插表11:明清江南及其周边地区陶瓷业文献数量增长变化表(剔除时间不明文献)

数量 行业	时间	明代前期	明中后期	明末清初	清中前期	清末民初
陶瓷		1	1	4	3	4

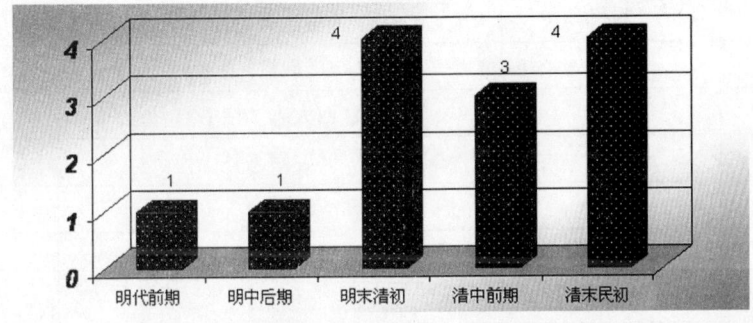

插图20:明清江南及其周边地区陶瓷业文献数量增长对比图

《陶说》是乾隆时期朱琰所作。朱琰,字桐川,号笠亭,又号樊桐山人,清代浙江海盐人。他博学好文,擅长写诗、画山水,精于鉴赏。朱琰是乾隆三十一年丙戌科(1766年)进士,因担任江西巡抚吴绍诗的幕僚而客居江西,留心关注景德镇制瓷业。他不仅研读经史子集中有关文献,还亲身访问制瓷老艺人,考察当代窑器的烧制方法和成品,为著《陶说》奠定了基础。《陶说》在清乾隆三十九年(1774年)初次刻印出版。

清后期出现的制瓷技术的文本总结《景德镇陶录》是清代蓝浦(字滨南,又字耕余)所写,由其学生郑廷桂(字问谷,景德镇人)补辑而成。这是第一部较全面总结陶瓷业发展的专著。该书共分六卷,即"说今"、"说古"、"说明"、"说器上"、"说器中"和"说器下"。分别有饶州窑,陶冶图说;原始、古窑考;饶州窑、造法;唐虞器、周器、汉器、魏器、晋器、南北朝器、隋器、唐器、宋器、元器和明器等方面的论述。清代吴允嘉的《浮梁陶政志》记述了江西景德镇官窑之始末。清代梁同书的《古铜瓷器考》二卷,其中卷一有"古铜色辨"、"土古水古传世古之辨"、"辨色兼审式样"、"鉴古先审款识"、"鉴古不专款识"、"三代古器"、"新铜器"、"伪古铜色"、"清秘藏论古铜器";卷二有"古今诸窑"、"陶器青为贵"、"陶器画彩盛于明"、"釉水"、"火候窑变"、"以旧补旧"、"制瓷器不裂法"、"古瓷合评"、"明窑合评"、"清秘藏论窑器"等篇章,对明清时期瓷器制造使用技术一一做了论述。

第五节 文化用品及综合杂业技术文本化

一、文化用品类

年代	籍贯	著作	作者
洪武	苏州	《墨法集要》	沈继孙
明中期	仁和	《砚谱》	沈仕
嘉靖	临海	《江西大志·楮书》	王宗沐
嘉靖万历	淮海	《装潢志》	周嘉胄
隆庆、万历	新安	《墨海》	方瑞生
万历十八年	鄞县	《笺谱铭》	屠隆
万历	嘉兴	《纸录》	项元汴
万历	鄞县	《纸墨笔砚笺》	屠隆
万历	嘉兴	《墨录》	项元汴
万历	会稽	《墨杂说》	陶望龄
万历	昆山	《论墨》	张丑
万历	嘉兴	《砚录》	项元汴
万历	钱塘	《砚谱》	高濂
明末	宣城	《志墨》	麻三衡
明末清初	秀水	《砚录》	曹溶
明末清初	徐州	《墨表》	万寿祺
清初	宣城	《砚林拾遗》	施闰章
清初	吴江	《砚铭》	潘耒
顺治	常熟	《水坑石记》	钱朝鼎
康熙	休宁	《徽州府志·物产志·宣纸》	赵吉士
康熙	歙县	《艺粟斋墨品》	曹素功
康熙	秀水	《说砚》	朱彝尊
康熙乾隆	钱塘	《赏延素心录》	周二学
乾隆	钱塘	《笔史》	梁同书
乾隆	歙县	《纪砚》	程瑶田
乾隆	秀水	《淄砚录》	盛百二
乾隆	钱塘	《端溪砚谱记》	袁树
乾隆四十三年	金坛	《钦定西清砚谱》	于敏中
清中期	绩溪	《鉴古斋墨薮》	汪近圣

年代	籍贯	著作	作者
清中期	秀水	《墨欲赘稿》	计楠
清中期	钱塘	《冬心斋砚铭》	金农
清中期	秀水	《端溪研坑考》	计楠
清中期	阳湖	《石隐砚谈》	李兆洛
嘉庆	海盐	《金粟笺谱》	张燕昌
嘉庆	泾县	《艺舟双楫·记两笔工语》	包世臣
嘉庆	常州	《墨决》	费庚吉
道光十七年	嘉应	《端溪砚史》	吴兰修
道光三十年	钱塘	《造纸说》	黄兴三
光绪	归安	《砚笺校》	陆心源
清代	秀水	《纪墨小言》	汪绍焻
清代	长洲	《窳叟墨录》	徐康
民国	泾县	《纸说》	胡朴安
民国	泾县	《笔志》	胡朴安

在文化用品制造业科技著作中,明末周嘉胄的《装潢志》最受学界注目。作者周嘉胄(1582—1661年),生于扬州,居于江宁,为"金陵三老"之一。《装潢志》将书画装裱的程序分为"古迹重装如病延医"、"妙技"、"优礼良工"、"宾主相参"、"审视气色"、"洗"、"揭"、"补"、"衬边"、"小托"、"全"、"式"、"瓖攒"、"覆"、"上壁"、"下壁"、"安轴"、"上杆"、"上贴"、"贴签"、"囊"、"染古绢托纸"、"治画粉变黑"、"忌"、"手卷"、"册叶"、"表房"、"知重装潢"、"用糊"、"纸料"、"绫绢料"、"轴品"、"佳候"、"表房"、"知重装潢"35 部分。

在"古迹重装如病延医"中,作者说装潢的重要性曰:"前代书画,传历至今,未有不残脱者。苟欲改装,如病笃延医。医善,则随手而起。医不善,则随剂而毙。所谓'不药当中医'不遇良工,宁存故物。嗟乎!上品名迹,视之匪轻。邦家用以华国,艺士尊之为师。师犹父也,为人子者,不可不知医,宝书画者,不可不究装潢。"在"妙技"中,作者介绍了全国装潢质量最好、装潢大师最集中的江南吴中地区的装裱盛况,曰:"装潢能事,普天之下,独逊吴中。吴中千百之家,求其尽善者,亦不数人。往如汤、强二氏,无忝国手之称。后虽时不乏人,亦必主人精审,于中参究,料用尽善,一一从心,乃得相成合美。俾妙迹投胎所得,芳名再世,功岂浅鲜哉?"在"序言"中,作者指出:"窃谓装潢者,书画之司命也。""故装潢优劣,实名迹存亡系焉。"①特别强调装潢的技术质量是书画存亡的关键。《装潢志》为中国古代装裱理论集大成之作。该书现代注释本有山东美术出版社 1987 年版杨正旗的《装潢志标点注译》、上海书画出版社 1993 年版杜秉正的《书画装裱技艺辑释》、山东画报出版社 2003 年版田君的《装潢志图说》等多种。

---

① 周嘉胄著、田君图说:《装潢志图说》,山东画报出版社,2003 年,第 4—9 页,11—18 页。

插表12：明清江南及其周边地区文化用品业文献数量增长变化表（剔除时间不明文献）

数量\时间\行业	明代前期	明中后期	明末清初	清中前期	清末民初
文化用品	1	12	10	15	3

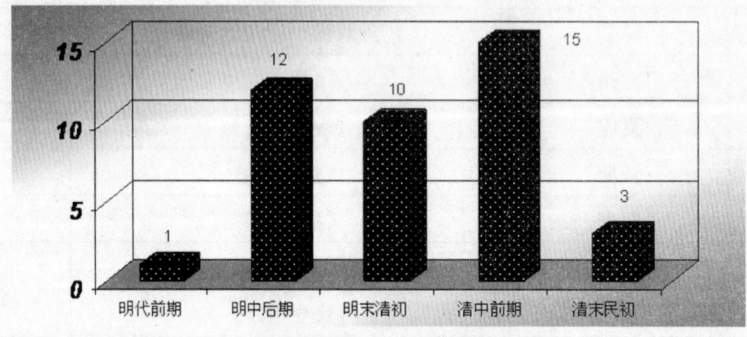

插图21：明清江南及其周边地区文化用品业文献数量增长对比图

二、综合杂业类

年代	籍贯	著作	作者
洪武	青田	《多能鄙事》	刘基
洪武二十一年	松江	《格古要论》	曹昭
成化嘉靖	吴	《厚生训纂》	周臣
嘉靖万历	常州	《香本纪》	吴从先
嘉靖	钱塘	《遵生八笺》	高濂
隆庆年间	嘉兴	《髹饰录》	黄成
万历	嘉兴	《群物奇制》	周履靖
万历	鄞县	《香笺》	屠隆
万历	嘉兴	《香录》	项元汴
万历	宣城	《考工记通》	徐昭庆
万历	上海	《三才图会》	王圻
明中后期	鄞县	《游具雅编》	屠隆
万历	歙县	《考工记纂注》	程明哲
天启元年	长洲	《长物志》	文震亨
天启	常熟	《蝶几谱》	严澄
天启	上海	《南京工部志》	朱长芳
崇祯十二年	上海	《农政全书》	徐光启
崇祯十四年	扬州	《香乘》	周嘉胄

年代	籍贯	著作	作者
崇祯十六年	桐城	《物理小识》	方以智
明末	苏州	《浑天仪器图说》	薄珏
明末	常熟	《香国》	毛晋
明末清初	乌程	《非烟香法》	董说
明末清初	归安	《黄熟香考》	万泰
明末清初	吴县	《镜史》	孙云球
康熙初年	吴江	《艺林汇考》	沈自南
康熙十年	雉皋	《一家言·居室器玩部》	李渔
康熙二十二年	歙县	《红术轩紫泥法》	汪镐京
康熙	仁和	《古乐书》	应㧑谦
康熙	歙县	《格物须知》	朱本中
乾隆	歙县	《考工创物小记》	程瑶田
乾隆	婺源	《物诠》	汪绂
乾隆	南京	《废艺斋集稿八册》	曹雪芹
乾隆	海盐	《羽扇谱》	张燕昌
嘉庆十二年	嘉定	《竹人录》	金元钰
清中期	休宁	《考工记图》	戴震
道光十八年	金匮	《履园丛话》	钱泳
道光二十六年	歙县	《镜镜詅痴》	郑复光
道光咸丰	吴县	《桐桥倚棹录》	顾禄
清末	仁和	《秋芬室七巧八分图》	钱芸吉
清末	震泽	《杖扇新录》	王廷鼎
民国初年	歙县	《角工雕刻札记》	叶瀚

在工业、农业等各行业综合性的科技著作中，《农政全书》最有名，前文已有介绍。另外，《一家言·居室器玩部》是李渔在康熙初年于金陵所著的《闲情偶寄》的八至十一卷内容，收入康熙十年（1671年）刻印《笠翁偶集》第四卷。其中内容分为"居室部"与"器玩部"两部分，该书认为，园林房舍之美不仅与其外观装修有关，而且室内装饰与家具陈设也是重要组成因素。书中述及清初房舍布局与构筑、空间界面的装修图式与构造、室外环境中的墙壁与山石、室内器玩与陈列原则以及环境保养等方面。一部论述传统住宅建筑和室内环境设计的著作，对研究清代社会、制度、建筑营造、装修与室内陈设等有很高的参考价值。

李渔（1611—1680年），原名仙侣，字谪凡，号天徒，中年改名为李渔，字笠鸿，号笠翁，祖籍浙江兰溪县，出生地在江苏雉皋（今如皋）。李渔自谓平生有两大绝技，一则辨审音乐，一则制造园亭。他一生遨游大江南北，游览名园，是一位优秀的园林鉴赏家和卓越的造园家。他曾先后为自己营造过三个园居，即早年浙江兰溪老家的伊园、居金陵时的芥子园、终老杭州时的层园。他总结丰富的造园经验,形成独到而系统的园林美学理论,见于其《闲情偶寄》的"居室部"、"器玩部"和"种植部"之中。他被《中国大百科全书》称为"中国古代园林匠师"。

《一家言·居室部》包括"房舍第一"、"窗栏第二"、"墙壁第三"、"联匾第四"、"山石第五"。在"房舍第一"篇,作者以便于人体活动和居住为标尺,讨论了房舍空间与人的尺度相宜问题;批判了通侯贵戚"事事皆仿名园"的做法,提倡"令出自己裁"①。《窗栏第二》认为,"窗栏之制,日异月新","制体宜坚"、"取景在借";"窗棂以明透为先,栏杆以玲珑为主"②。绘出"纵横格"、"欹斜格"的窗格图式与栏杆的"屈曲体"图式。"墙壁第三"认为,"家之宜坚者墙壁,墙壁坚则家始坚","厅壁不宜太素,亦忌太华"③。务求清雅净朴,以免俗气。"联匾第四"逐次介绍所谓蕉叶联、此君联、碑文额、手卷额、册页匾、庐白匾、石光匾与秋叶匾等联匾样式,并绘出图式。"山石第五"认为,"然能变城市为山林,招飞来峰使居平地,自是神仙妙术"。提出"一花一石,位置得当,主人神情,已见乎此矣"。他反对那种石多于土或全部用石的石山做法,提倡沿袭宋以来石土相间或土多于石的土石山做法,对流俗的富贵气和市井气加以鄙夷。

在该书"甃地"、"界墙"、"取景"、"借景"等节中,李渔说:

"极糙之砖,犹愈于极光之土。但能自运机杼,使小者间大,方者合圆,别成文理,或作冰裂,或肖龟纹。收牛溲马渤入药笼,用之得宜,其价值反在参苓之上。""若以砌砖墙挂线之法,先定高低出入之痕,以他物建标于外,然后以筑板因之,则有斾墙粉堵之风而无败壁颓垣之象矣"。"己酉之夏,骤涨滔天,久而不涸,斋头淹死榴、橙各一株,伐而为薪。因其坚也,刀斧难入,卧于阶除者累日。予见其枝柯盘曲,有似古梅,而老干又具盘错之势,似可取而为器者,因筹所以用之。……遂语工师,取老干之近直者,顺其本来,不加斧凿,为窗之上下两旁,是窗之外廓具矣。再取枝柯之一面曲、一面稍站者,分作梅树两株,一从上生而倒垂,一从下生而迎接。其稍平一面则略施斧斤,去其皮节而向外,以便糊纸;其盘曲之一面,则匪特尽全其天,不稍戕斫,并疏枝细梗而留之。既成之后,剪彩作花,分红梅、绿萼二种,缀于疏枝细梗之上,俨然活梅之初着花者。"

《一家言·器玩部》特别记述作者对江南民居及室内装修的见解,内容包括"制度第一","位置第二"。该部分先总述室内家具制度,认为家具乃家庭必用之物、粗用之具亦可同于玩好,再分述几案、椅杌、床帐、橱柜、箱笼、古董、罐瓶、屏轴、茶具、碗碟、灯烛等的审美形制。"位置第二"认为室内家具器玩的空间布置务在纵横得当,讲究"方圆曲直,齐整参差,皆有就地立局之方,因时制宜之法"④。认为居家所需之物,唯房舍不可动移,此外皆可活变。

---

① 李渔:《一家言·居室器玩部》,上海科学技术出版社,1983年,第2页。
② 李渔:《一家言·居室器玩部》,上海科学技术出版社,1983年,第6页。
③ 李渔:《一家言·居室器玩部》,上海科学技术出版社,1983年,第14页。
④ 李渔:《一家言·居室器玩部》,上海科学技术出版社,1983年,第22页。

插表13：明清江南及其周边地区综合杂业文献数量增长变化表（剔除时间不明文献）

数量\时间\行业	明代前期	明中后期	明末清初	清中前期	清末民初
综合杂业	2	10	16	9	3

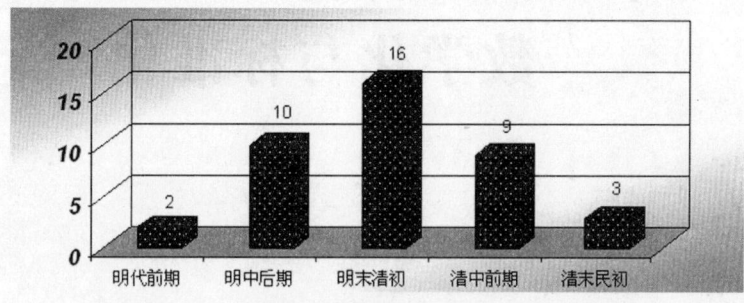

插图22：明清江南及其周边地区综合杂业文献数量增长对比图

第七章　江南传统工业技术的数学化与标准化

第一节　数学的科学特征及其产业科技功能

一、传统算术数学向现代科学数学转变

中国古代"数"的概念包含天数、命数、道数、律数、度数、术数和算数等多种意蕴,具有规律、道理、技艺、方术等各种意义。中国传统算数中的数学称为"算术",这个名称反映了传统数学具有计算与算法为主要功能的实用性特征。算术是数学的最初形式,它按照特定规则来进行具体数字的运算。常用的算术运算有加法、减法、乘法、除法,有时候复杂的算术运算如指数和平方根,也包括在算术运算的范畴之内。这种数学以解决社会生活中实际问题为目标,而当时各种实际问题皆以具体数据呈现出来,要快速计算并解决问题,就要迅速地进行数据处理,得出具体的可以利用的数据来,简称实用数学,以区别于近现代数学科学,故称"算术"。

中国传统数学著作通常遵循《九章算术》体例,大多以应用问题集的形式进行表述。每一个应用问题都有"问"和"答","问"中给出具体数据,"答"中把"问"中数据代入由"术"给出的算法进行数值计算。这种算法体系实质就是要快捷得出直接可以利用的结果,为了得到这样的结果,就要有一种简洁的计算步骤,并且一定是实用可行的步骤。于是,传统数学形成算法化特点,不注重向纵深的抽象、分析、推理等纯思辨方向发展,也不重视向观察、归纳、实验的纯经验方向发展,而是横向铺开,向事物之间相互关系、联系的整体把握方向开拓①。这种现象到明代中后期才开始转

---

① 李泽厚:《秦汉思想简史》,《中国社会科学》,1984年第2期。

变。明代中后期,商品经济的发展要求基层民众也要获得基本数学知识,以便在高度竞争的商业化环境中得以生存,于是"筹算"开始被"珠算"所取代。作为数值计算工具和计算方法,珠算是由筹算发展而来的,它包含了筹算的功能,但其计算迅速便捷却是筹算远远不能相比的。珠算取代筹算成为日常生活和工商业经济活动的计算工具和计算方法,使计算工效获得极大提高。同时,西方笔算数学也在明末传入中国并得到迅速传播,促使中国传统算学开始向近代数学转变。正是珠算和笔算的兴起,奠定了传统数学向近现代数学发展的基础。

明末西方笔算开始系统地传入中国,李之藻与利玛窦的《同文算指》广为流传,在其影响下,徐光启的学生孙元化撰写了第一部中国人自己著的笔算著作《太西算要》。笔算方法的采用,基本能够涵盖各种筹算功能,而且可以发展出符号化程度更高的演算系统,使各种科技思维程序记录和推导过程更为便捷,也便于迅速完成演算步骤和检验演算结果,因而有利于复杂推导过程的展开。笔算体系的独特功能,使它在实用性数学向学术性数学科学的转变中扮演了重要的角色。笔算成为明末以来数学研究中的主要计算和演算手段,因而使演算方式发生了重要转变,也使算学开始向近代数学转变。

明末中国传统数学基本具备了近现代数学的几个重要特征,一是具有精确性,即逻辑的严密性及结论的准确性,二是具有应用的广泛性,三是具有抽象性。万历三十五年,意大利传教士利玛窦和徐光启合翻译的《几何原本》前六卷刊印。随着《几何原本》的翻译,西方公理化演绎体系也相继传入中国,这个体系是由不定义概念和命题(公理和公设)出发,在需要的地方定义出相应的概念,按一定的逻辑规则演绎出其他命题。在演绎体系中,公理是最一般的命题,它是一系列演绎推理的前提,这个体系所有的其他命题都是通过适当定义从公理中推导出来的。《几何原本》以严密的逻辑推理形式,由公理、定理、定义出发,用一系列定理的方式,把平面几何学知识整理成一个完备的体系。《几何原本》经过历代数学家,特别是中世纪阿拉伯数学家们注释后再传入欧洲,对文艺复兴以后近代科学的兴起产生了很大的影响。"许多学者认为《几何原本》所代表的逻辑推理方法,再加上科学实验,是世界近代科学产生和发展的重要前提。换言之,《几何原本》的近代意义不单单是数学方面的,更主要的乃是思想方面的。"[1]徐光启在《〈几何原本〉杂议》中说:"此书为益,能令学理者祛其浮气,学事者资其定法,发其巧思,故举事无一人不当学。好学此书者,无一事不可学。"又云"此书有四不必,不必疑、不必揣、不必试、不必改;有四不可得,欲脱之不可得,欲驳之不可得,欲减之不可得,欲前后更置之不可得;有三至三能:似至晦,实至明,故能以其明明他物之至晦;似至繁,实至简,故能以其简简他物之至繁;似至难,实至易,故能以其易易他物之至难。易生于简,简生于明,综其妙在此书为用至广,在此时尤所急需。"[2]这段话充分反映了徐光启对演绎方法的正确认识,以及对《几何原本》科学价值的高度评价。

二、数学中的数量与数理特征

美国数学家莫里茨(Robert Edouard Moritz)在《数学与数学家》一书中列举了数以百计的数学

---

[1] 卢嘉锡:《中国科学技术史·人物卷·徐光启》,科学出版社,1998年,第585—593页。
[2] 徐光启:《几何原本杂议》,见《丛书集成初编》第1294册,第1页,商务印书馆,1939年。

定义及其对数学性质的描述。美国数学家皮尔斯(B. Peirce)在《线性结合代数》一文中指出:"数学是导出必要结论的科学"。恩格斯在《反杜林论》一书中指出:"纯数学的对象是现实世界的空间形式和量的关系,所以是非常现实的材料。"可以说,"数学是研究现实世界的空间形式和量的关系的科学"。"数学是量的科学"这个定义可以追溯到古希腊亚里士多德。类似定义还有孔德的"间接度量的科学"说,如测量一座山的高度,并不需要直接去山上测量,只要根据仪器观测数据,再通过数学计算便有结论。此外,法国数学家笛卡儿称数学是"序和度量"的科学,英国哲学家培根的"数学是进入科学的大门和钥匙",从这些说法可以看出,数学的核心是研究各种数量之间的关系[①]。"数量"是一个广义的概念,既可以是"数",也可以是"形式结构"。数量的本质是多与少,因此,数字就是那些能够由小到大进行排列的符号,这个抽象过程经历了计数和符号两个阶段。数来源于对数量本质的抽象。原始人采用"结绳记数"——就是把猎获物等现实物体集合与绳子的"结"的集合进行对应。当然,这是认识数的初级阶段。正如恩格斯所言:"人们曾用来学习计数,从而用来做第一次算术运算的十个指头,也可以是任何别的东西,但总不是悟性的自由创造物。为了计数,不仅要有可以计数的对象,而且还要有一种在考察对象时撇开对象的其他一切特性仅仅顾及到数目的能力,而这种能力是长期的以经验为依据的历史发展的结果。"[②]"数量"可以用来数各种集合中对象的个数,它和对象所特有的性质(物理性质或化学性质等)无关。譬如数"三"是从包含三个东西的实际集合中抽象而得,它不依赖这些对象的任何特殊性质,也不依赖表示它的象征符号。

现代数学,拉丁文是 mathemetica,英文是 mathematics,原意是数和运算的技术,希腊文是 μαθηματικ,指研究量、结构、变化以及空间模型的学科,源自古希腊语 μθημα(máthēma),具有学习、学问、科学,以及数研究等含义。后来变成主要研究数和形的科学,重点探讨现实世界中的数量关系和空间形式。随着社会生产力发展,越来越多的人要求对自然现象作定量研究,通过抽象化和逻辑推理的使用,计数、计算、量度和对物体形状及运动的观察,研究数量、结构、变化以及空间模型。数学运算包括数量运算、图形运算和代数运算。数量运算的知识是在生活和生产实践经验中抽象出来的,并且逐渐形成了"法则"。

现代数学大致分成基础数学和应用数学两大类。前者包括数理逻辑、数论、代数学、几何学、拓扑学、函数论、泛函分析和微分方程等分支;后者包括概率论、数理统计、计算数学、运筹学和组合数学等分支。数量研究即数学运算,所以说数学是关于数量关系的科学。数量运算,又包括具体数字的运算和代数运算。图形运算就是几何,又包括平面图形运算即平面几何和立体图形运算即立体几何。代数,是指不确定的数,或称未知数,或称符号。代数运算就是符号运算,它是任何具体数字都适用的运算,可以看做具体数字运算的规律化和延伸化。数学属性即任何事物的可量度属性,它是事物最基本的属性。可量度属性的存在与参数无关,但结果却取决于参数的选择。人们为了公式化以及从合适的公理及定义中建立起真理推导,就是所谓的数理化,于是,现代数学

[①] 参见梁宗巨的《世界数学通史》上册,辽宁教育出版社,2005年,第8页。
[②] 恩格斯:《反杜林论》,人民出版社,1970年,第35页。

成了哲学与产业科技的中介和桥梁。

三、数学在产业科技中的功能和地位

研究客观事物中的空间形式与数量关系,而客观世界的任何一种物质形态及其运动形式都具有空间形式和数量关系,这就决定了数学方法可以广泛运用于其他科学,或云,数学为科技与产业经济搭建桥梁,这说明了数学最重要的功能特点。数学的功能特点,一是广泛的适用性,二是高度的抽象性,三是严格的逻辑性,四是语言的简明性。这些特点促使数学日益成为一切科学的基础和工具。数学方法就是运用数学所提供的概念、处理方式及技巧对所研究的对象进行量的分析、描述、计算和推导,从而找出以数学形式表达事物内在联系的一种方法。它是理论思维和对事物进行逻辑分析的重要形式,是人们认识客观世界辩证发展的基本手段。只有运用数学方法,才能从纷繁复杂的事物中精确地描绘状态与规律。人们对客观自然界的认识既有定性的方面,也有定量的方面,科学认识的一般过程是由定性研究深入到定量分析,由定量分析再具体揭示出客观事物的本质。任何一门学科,如果没有成功地运用数学工具和数学方法,就不能精确地揭示出事物的运动规律。所以,一门学科是否运用数学,或运得成功与否,是该学科是否成熟的重要标志。

秦九韶在《数书九章·序》中说:"周教六艺,数实成之。学士大夫,所从来尚矣;其用本太虚生一,而周流无穷,大则可以通神明,顺性命;小则可以经世务,类万物,讵容以浅近窥哉。"古代中国天文学就运用了数学工具和方法,如天文测量、历法推算、天体运行轨道的计算等。在传统产业技术中,数学方法的应用首先出现在建筑设计、地图制作、艺术彩绘、工业技术以及武器制造等生产实践部门。在建筑、水利等工程技术领域,数学的应用更加广泛。任何一项生产技术工程,要揭示其中各项技术间的内在联系和规律,必须进行评估预算,测定各种数据,因而都要使用多种数学理论和方法,最主要的就是数量和数理的理论方法[1]。如汉代刘歆在《前汉书·律历志》中所说,"夫推历生律,制器规圆矩,方,权重衡平,准绳嘉量,探颐索隐,钩深致远,莫不用焉。度长短者不失毫厘,量多少者不失圭撮,权轻重者不失黍絫。"可见推算历法、确定音律以及制造器具时掌握形状、确定度量衡标准、测量远近深广度时都要用数学方法。故《孙子算经》说:"立规拒、准方圆、谨法度,约尺寸、立权衡、平重轻、剖毫厘、折黍絫,历亿载而不朽,施八权而无疆。"就是说,设立规矩,定准方圆,制定尺码,设定衡器,分辨轻重,判断长短,不能有毫厘之差,且用之四海而皆准[2]。

但是,由于技术条件的时代限制,在不同的领域以及不同的历史时期,数学所发挥的作用也有不同。如果数学只研究事物量的规定性及其相互关系,而表现事物量的那些概念和因素只有在科学抽象达到一定程度时才能建立起来。所以,数学方法的应用,其重要形式之一就是数学模型的建立。为了建立研究对象的数学模型,就需要根据有关科学理论确定几个基本量确定边界条件,找出影响事物的各种因索,并分清主次,还要确定哪些是常量,哪些是变量,再抽象出系统的状态、特征和变化规律等概念。所有这些过程与途径都和数学学科发展水平及抽象程度有关,在学科发

---

[1] 康振黄:《自然辩证法概论》,成都科技大学出版社,1987年,第70页。
[2] 王鸿钧、孙宏安:《数学思想方法引论》,人民教育出版社,1992年,第66页。

展能够达到基本要求之前,要想顺利地运用数学方法是难以想象的。同时,数学运算需要数据,而这些数据是通过技术测量来实现的。一门技术只有当它发展到一定阶段,"对现实对象的各种特性、相互关系有了一定的认识,科学抽象达到了一定程度,并且能在技术上完成对表现事物特性的那些量的测量以后,才真正成为可能"①。这主要取决于数学工具发展水平以及对所研究对象熟悉程度两大要素。

明清时期由于数量与数理知识的发展,学者及工匠日益拥有科学的数学知识。江南及其周边地区由于教育发达,精通数学的学者及哲匠也最多。学者徐光启、方以智、梅文鼎、王锡阐、方中通等都是代表人物。说明在西方的新式学堂出现以前,中国的传统科学中就已包含着近代数学知识在内,加上不断引进的西方数学知识也被有机地融入中国传统数学,使中国传统的学者及哲匠具备应用科学的数学方法证明一些技术原理和应用新的数学方法不断完善技术理论的专业技术和科学素养。

第二节 传统工业技术的数量化

科技文本内容的数量化是指运用量化的数据、模型或符号去表达定性的技术要素和科学理论,使经验技术通过定性变量的描述变为具有算术运算功能。美国科学家史蒂文斯根据尺度值观点将数量化的数字分为四类:一是名义尺度表示不同组别的符号,其中数量化所赋予的数字仅是某一现象的代码,数字之间不能进行代数运算,只是用于表示不同的数别,以便于技术信息的表达和存贮;二是序数尺度表示某些工艺流程的顺序排列,多用于表示某些现象的排列顺序,其尺度数字可以比较其大小,但不能进行四则运算;三是距离尺度,又称间隔尺度,是指数值间的距离(间隔),要求其有等价的单位,但不要求确定的零点位置,具有可加减性;四是比例尺度数字,除具有距离尺度的性质外,还要求有确定的零点位置,这是一种具有确定零点位置的距离尺度值,其对比例尺度的数字可进行各种统计处理。可见数量化的数字的量度水平因尺度值的不同而不同,将它按从低向高的顺序排列,其排列顺序是名义尺度——序数尺度——距离尺度——比例尺度②。名义尺度的数字相当于概数,其量度水平最低,比例尺度数字的量度水平最高,具有实数和实数之间的函数关系。

一、概数和实数的运用

传统工业技术理论总结中的数量主要表现为概数和实数两大内容。概数不求精确值,是工艺理论总结中所使用的简单的不确切的数字,可以有少量的差异,但具有可靠性与可参考的价值。

---

① 关西普、季子林:《科学学纲要——理论科学学基础》,天津科学技术出版社,1981年,第220页。
② 转引自李国柱主编的《统计学》,科学出版社,2004年,第15页。

概数使用并没有一定的标准,虽然在一些特殊的情境中人们在使用时有一些约定俗成的选择,但未指定时很难确定哪一种选择是对的还是错的。明清时期工匠文化水平比较低,有的目不识丁,有的只认识少量的汉字,对数学缺少敏感度。而传统工业技术书籍大部分又是文人写的,或者是由技术工人口述由文人记录的,如果没有亲身经历,所记录下来的就不是很准确。在日常生活中,对于无法用精确数字加以确切描述的数量,一般都会用模糊的方法加以预估。传统工业技术书籍中的数量运用大致有以下有三种情形:

一是只需大概知道数量大小就可以操作时,为了沟通方便,也便于记忆,一些技术类书籍用概数而不用实数。如《乃服·边维》篇曰:"凡帛不论绫罗,皆别牵边,两傍各二十余缕。"[①]织帛时需要牵边,至于要牵多少缕丝,按书中所载,也就是二十以上,三十是以下,没有一定规定。"二十余缕"这个概数使得丝织工人能根据环境或织作需要灵活应用。又如《乃服·经具》篇曰:"以直竹竿穿眼三十余,透过篾圈,名曰溜眼。"[②]凡丝织品都有"经"和"纬",在织丝之前都需要把"经"丝制作好,制作"经"丝这项工作就叫"牵经"。牵少了,"牵经"的时间会延长;牵多了,丝丝缠绕,不便于织工"穿综就织"。因此,每次所牵的经大概在三十根以上,熟练者一次可以多牵几根丝,生疏者则可以少牵几根丝。

二是记录者对技术中的某个问题不很明确时,也使用概数来表示。中国传统的科技类书籍出现较晚,大部分技术工匠会做不会写,而文人则会写不会做,他们对生产技术和技术操作中的数量把握不准,所写书籍中概数便大量运用。

三是记录测量结果时,常会因工具上或人为测量上的误差而无法得到"真值",所以通常会取概数。很多丝织业工人在操作时并不会用测量工具来测量出正确的数值。他们在凭经验目测时,得出的数据都是概数,于是记录的时候也都用概数,一代一代往下传,容易造成数据偏差,因此,明代中后期技术书籍中渐渐出现了实数化的趋势。

技术的概数化规定可以使工艺操作更加灵活。《髹饰录坤集·裹衣第十五·纸衣》中说:"纸衣,贴纸三四重,不露胚胎之木理者佳。"[③]纸衣指用纸糊在器物胎骨上再上漆的做法。纸必糊三四层,以免将木纹透露出来。糊纸的层数和漆纸的原则是漆不透纸。计成在《园冶》中谈到九架梁时说:"九架梁屋,巧于装折,连四、五、六间,可以面东、西、南、北。或隔三间、两间、一间、半间,前后分为。"[④]意思是九架梁屋在空间分隔及其装修上是很灵活的,进深和朝向乃至正面分间都可以任意。

除了概数的大量运用,明代中后期的技术书籍中也渐渐出现了实数化趋势。实数相对于概数而言,一般直观地定义为和数轴上的点一一对应的数,它是一个精确的唯一的数。实数运用意义:

一是理论化(科学化)的作用;

二是技术传承与创新的作用;

---

① 宋应星:《天工开物》,《乃服第二》,《边维》,岳麓书社,2002年,第57页。
② 宋应星:《天工开物》,《乃服第二》,《经具》,岳麓书社,2002年,第58页。
③ 王世襄:《髹饰录解说——中国传统漆工艺研究》,文物出版社,1998年,第161页。
④ 张家骥:《园冶全释》,山西古籍出版社,1993年,第234页。

三是实际使用中标准化作用。

如《工程做法则例·卷三》"九檩单檐庑殿周围廊单翘重昂斗科斗口二寸五分大木做法"中檐柱做法条曰:"凡檐柱以斗口七十分定高,如斗口二寸五分,得檐柱、平板方、斗科通高一丈七尺五寸。内除平板方、斗科之高,即得檐柱净高尺寸。如平板方高五寸,斗科高二尺八寸,得檐柱净高一丈四尺二寸。……以斗口六份定径寸,如斗口二寸五分,得柱径一尺五寸。"又如《工程做法则例·卷三》对房间面阔尺寸的规定:"凡面阔、进深以斗拱攒数面定。每攒以斗口十一份定宽。如斗口二寸五分,以科中分算,得斗科每攒宽二尺七寸五分。如面阔用平身斗科六攒,加两边柱头科各半攒,共斗科七攒。得面阔一丈九尺二寸五分。如次间收分一攒,得面阔一丈六尺五寸。稍间同,或再收一攒,临期酌定。如廊内用平身斗科一攒。两边柱头科会半攒,共斗科二攒,得廊子面阔五尺五寸。如进深每山分间各用平身斗科三攒,两边挂头科各半攒,共斗科四攒,明间、次间各得面阔一丈一尺,再加前、后廊各深五尺五寸,得通进深四丈四尺。"①这些样式中所规定的数据都是实数。其尺寸规定得十分细致和具体。

《天工开物·乃服第二》在介绍绫罗绸缎这些丝织品及其织作方法的时候,即采用了大量准确无误的实数。"凡绫罗必三十丈、五立十丈一穿,以省穿接繁苦。""凡织帛,罗纱筘以八百齿为率。绫绢筘以一千二百齿为率。每筘齿中度经过糊者,四缕合为二缕,罗纱经计三千二百缕,绫绸经计五千六千缕。古书八十缕为一升,今绫绢厚者,古所谓六十升布也。"②"概数化"和"实数化"构成"数量化",它使工艺操作更加准确和灵活,大大提高了工作效率和产品的质量。

二、传统建筑技术理论对数量的使用

1. 数量在建筑砖瓦件使用计量中的使用

明清建筑设计和施工中,所用砖瓦件数量极大,种类繁多,每一构件又有许多不同尺寸,在计算这些构件的尺寸及单位面积或单位长度的瓦件数量时,用到样等模数,即二样、三样……九样。在明清建筑文献中从砖瓦的制作、规格到营造时用料、用工都有明确的规定,如洪武二十六年规定:"凡在京营造合用砖瓦,每岁于聚宝山置窑烧造,所用芦柴,官为支给,其大小、厚薄、样制及人工、芦柴数目,俱有定例。"③这些规定从内容及形式上保证了人员、规格和质量。

明清建筑砖料的规格在各地砖窑生产中规定比较严格,精确度相对较高。下面列举一些图表(表14—17)说明:

---

① 允礼:《工程做法则例》,第3卷,见《续修四库全书》第879册,上海古籍出版社,1995年,第149页。
② 宋应星,《天工开物》《乃服·第二》"经数",岳麓书社,2002年,第57页。
③ 申时行:《大明会典》第190卷《物料》,上海商务印书馆,1936年,第3847页。

第七章 江南传统工业技术的数学化与标准化

插表 14：清代官窑产品名称一览表[①]

名称	别名与说明	名称	别名与说明	名称	别名与说明
临清城砖	产于山东临清，一般为澄浆或停泥砖	常行尺二方砖	形尺二方砖。该类砖不足一尺二寸	望板砖	望砖，用于椽望，即砖望板作法
澄浆城砖	该类砖泥料经制浆，沉淀后取上面细泥制成，故质地细致，强度较好	足尺四方砖	该类砖大于一尺四寸	大开条	开条砖中部有一道细长浅沟，便于开做条头。该类砖质地介于停泥砖与沙滚子砖之间
停泥城砖	细泥停泥城砖、庭泥城砖、澄浆停泥城砖	常行尺四方砖	形尺四方砖该类砖不足一尺四寸	二尺方砖	
新样城砖		足尺七方砖	该类砖大于一尺七寸	二尺二方砖	
旧样城砖		常行尺七方砖	形尺七方砖，该类砖不足一尺七寸	二尺四方砖	
尺五加厚砖	属于城砖类	停泥砖	停泥砖、停泥滚子砖。该类砖质地较细	细泥方砖	规格多为尺四和尺七，该类砖质地较细，强度较好
大新样开条砖	大城样开条砖，开条即砖的中间有一细长浅沟，便于改制条头	二新样砖沙城	二城样、二号城砖沙滚子城砖、随式城砖.该类砖质地较粗	澄浆方砖	规格从尺二至尺四。该类砖为澄浆方法制成的方砖，故质地细致，强度好，适于雕琢
大新样砖	大城样、大号城砖	斧刃砖	停泥斧刃砖、庭泥斧刃砖	金砖	规格从尺七至二尺四。产于苏州及上海市松江县一带，该类砖质地极细，强度很好
金墩砖	城砖类、质地较好，便于雕凿加工	大沙滚子	该类砖质地较粗		
足尺二方砖	该类砖大于一尺二寸	小沙滚子	该类砖质地较粗		

[①] 刘大可：《中国古建筑瓦石营法》，中国建筑工业出版社，2006年，第33—34页。

插表15：清代官窑产品尺寸规格一览表①

名称		主要用途	清代官窑规格
城砖	澄浆城砖	宫殿墙身干摆、丝缝、宫殿墁地、檐料、杂料	480×240×112
	停泥城砖	大式墙身干摆、丝缝、大式墁地、檐料、杂料	480×240×128
	大城样	小式下碱干摆、大式地面、基础、大式糙砖墙、檐料、杂料、消白墙	484×233.6×112
	二城样	同大城样	416×208×86.4
	沙城砖	随其他城砖背里	同其他城砖规格
停泥滚子	大停泥	大、小式墙身干摆、丝缝、檐料、杂料	
	小停泥	小式墙身干摆、丝缝、檐料、杂料	288×144×64
沙滚子	大沙滚	随其他砖背里、糙砖墙	288×144×64　304×150.4×64
	小沙滚	同大沙滚	240×120×48
开条砖	大开条	淌白墙、檐料、杂料	288×160×63
	小开条	同大开条	

插表16：清代工部砖瓦用料及用工统计表②

构件名称	白灰用量	砍砖匠1工砍砖数	瓦匠1工墁地数	砍砖匠1工砍砖头捌字数	瓦匠1工摆砌砖数	瓦匠1工用壮夫数
二尺金砖	7斤	3个	4个			1名
尺二金砖	12斤	4个	5个			1名
二尺方砖	12斤	12个	16个			2名
尺七方砖	7.8斤	12个	16个			2名
尺四方砖	3斤	24个	28个			2名
尺二方砖	2.8斤	36个	4个			1名
临清城砖	3斤	18个		12个	20个	2名
澄浆城砖	3斤	23个		16个	28个	2名
新样城砖	3斤	25个		18个	28个	2名
新样斗板城砖	2.8斤	35个	35个		32个	2名
旧样城砖	3斤	28个		20个	32个	2名
墭白旧样城砖	3斤	40个		32个	16个	2名
旧样斗板城砖	2.8斤	38个	40个			2名

---

① 刘大可：《中国古建筑瓦石营法》，中国建筑工业出版社，2006年，第33—34页。
② 清工部：《简明做法则例》卷3，见《故宫珍本丛刊》第340册，海南出版社，2000年，第277页。

插表17：圆明园内工用瓦规格①

种类		二样	三样	四样	五样	六样	七样	八样	九样	备注
脊瓦用料		5斤8两	5斤	4斤8两	4斤	3斤	2斤8两	2斤	1斤8两	用料为白灰
调定旧琉璃脊料尺寸		4.2尺	3.9寸	3.6尺	2.2尺	1.9尺	1.7尺	1.2尺	0.8尺	正脊高
		2尺	1.8尺	1.3尺	1.2尺	1.1尺	1尺	0.7尺	0.5尺	垂脊高
		1.5尺	1.3尺	1.3尺	1尺	0.9尺	0.8尺	0.6尺	0.4尺	岔脊高
琉璃脊瓦料夹陇捉节折见方丈		110	120	125	140	110	120	60	70	白灰斤数
		80	86	92	100	60	65	30	35	红土斤数
		8	9	10	11	6.5	9	5	6	麻刀斤数
		535	6	6.3	7	5.5	6	3	3.5	江米合兑
		9	10	10	11	9	10	5	6	白矾两数
		1工	1工	1工	1工	1.5工	1.5工	0.5工	0.5工	每2丈瓦匠
		3名	3名	3名	3名	4.5名	4.5名	1.5名	1.5名	每2丈壮夫

以上只列出了清代常用砖瓦规格的一部分，从这一部分就足见官方对各个型号砖瓦定分的严格。以金砖为例，从上表可以看出，金砖又分为二尺金砖和尺七金砖，主要用途为宫殿室内墁地、宫殿建筑杂料。二尺金砖的规格为640mm×640mm×96mm，砍净后的规格为糙砖尺寸扣减10—30毫米，大约为630mm×630mm×86mm，每使用一个金砖，需要同时搭配7斤白灰，每砍砖3块需砍砖匠1工，每墁地4块需瓦匠1工，而每瓦匠1工又要同时搭配1名壮夫。也就是说，只要建筑设计图确定，根据比例测算出实际建筑尺寸以后，就可以确定工程所需二尺金砖数目，以及使用白灰和所需建筑工匠的数量，精确度达到毫米，可见规格制定之详细。

营造工程所需砖瓦数量在建筑设计完成以后即已知晓，因此可以按量烧造，精确控制。如明代规定营建工程需用砖瓦必须呈报营缮司，营缮司核查后发文于相关窑厂，注明某工，需用某号瓦若干，该窑照数烧完即止。如无行文到达该窑，则不许擅造②。这在明代以前是很难实现的。

营建工程所需砖瓦数量的计算是这样的，以城墙修筑为例，一丈宽重城，需砌45层砖，每层用砖7块，侧向宽度为4层砖，共用砖1260块。都城所需砖料为重城4倍。又如拦马墙每宽一丈需砌45层砖，每层双砌，共需用砖210块，此三项皆为每丈全估数，若有旧砖可利用，则查数扣除新砖，若有一段旧墙坚牢可用，即查数扣除新砖数③。这样即可计算出修筑整段城墙所需砖料的数量。

计算出营建工程所需砖料的数量后，窑厂即开始准备砖瓦烧制所需原材料。这些材料是定量供应的，《工部厂库须知》规定每瓦料1万个用两火烧出，每一火用柴15万斤，共需用材30万斤；需坩子土25万斤，黄土200车，煤炭5000斤。烧造有色砖瓦所需各色料数量如下：以烧造1000块所需为一料，若用黄色料，则需黄册306斤，马牙石102斤，黛赭石8斤；若用青色料，则需焇10斤，

---

① 王世襄：《圆明园内工现行则例》，见《清代匠作则例》第1卷，大象出版社，2000年，第152页。
② 郭尚友：《缮部纪略》，见《续修四库全书》第878册，上海古籍出版社，1995年，第382页。
③ 何士晋：《工部厂库须知》卷4《用夫匠规则》，见《续修四库全书》第878册，上海古籍出版社，1995年，第487页。

马牙石10斤,铅末10斤,素嘛呢青8两,紫青石6两,若用绿色料,则需铅末306斤,马牙石102斤,铜末15斤8两;若用蓝色料,则需紫英石6两,铜末10两,焟10斤,马牙石10斤,铅末1斤4两;若用黑色料,则需铅末306斤,马牙石20斤,铜末22斤,无名黑20斤;若用白色料,则需黄丹50斤,马牙石15斤①。

对常用砖瓦的价格、运费,明清时期官方有极详细的规定。如明代原本运砖瓦多赖漕运船只夹带,不另给运费;对运送数目也有极明确的规定。如《明会典》永乐三年规定:凡漕运粮船每百料船需带砖二十块,沙砖三十块,天顺间令粮船每只带城砖四十块,民船照依梁头尺寸每尺六块;嘉靖三年定粮船每只带砖九十六块,民船每尺十块②。又如清史贻直编修的《钦定工部续增则例》规定临清城砖,每块长1尺5寸、宽7寸5分厚5寸,其中敲击声音响亮砖每块价银1厘7毫,运输时原本随粮船搭解并无运价,如遇工程紧急,则需雇佣民船,每块砖给水脚银2分6厘③。分类明确到敲击的声音,可谓精细。陆上运输的砖瓦明代每车四百额定片,每车每里运价4厘,如施工地点离厂十里以外者用车装运,十里以内者用夫抬运,每日抬四次,每扛重120斤,以长工工钱计算④。

《钦定工部续增则例》又规定江苏省制造金砖2尺2寸,正砖每块核准砖价9钱1分,包装所用稻草蒲包草价格为9分6厘,副砖每块核准砖价6钱3分7厘,包装所用稻草蒲包草价格为8分4厘;2尺金砖,正砖每块核准砖价银4钱9分4厘8毫,包装所用稻草蒲包草系银8分6厘,副砖每块核准砖价银3钱3分3厘8毫,包装所用稻草蒲包草系银7分4厘。1尺7寸金砖,正砖每块核准砖价银4钱8分7毫,包装所用稻草蒲包草系银7分4厘,副砖每块核准砖价银2钱7分7厘,包装所用稻草蒲包草系银6分2厘。该《则例》并明确规定以上各项金砖每正砖10块备副砖3块,以备不时之需。运输时经由水路到通州时每块给上岸雇佣脚夫、租赁房屋等运输费用给银1钱2分3厘6毫4丝4忽5微。运输时原本随粮船搭解并无运价,如遇工程紧急时,需雇民船自江苏省运至通州见方2尺金砖,每块运价银3银7分;自通州运送至京,见方2尺金砖,每块运价银1钱3分7厘5毫3丝4忽;如需自通州运至圆明园,按路程70里,照通州运京例计程核给⑤。

2. 数量在木料计量中的作用

明清建筑技术文献在"料例"的内容中对木材的使用和损耗所作的规定相当严格、细致。如福长安主编的《钦定工部则例》对各省进贡木材数量、尺寸以及价格进行了详细规定。如江苏省每年定额进贡长6丈,大径4.5尺,小径2.1尺的楖木20根,每根价银24两,另补充规定倘若难以购齐,折算添补最多不能超过4根。每年定额进贡杉木384根,其中头等128根,各长3丈,大径3.9尺,小径2.1尺,每根价10.822两;二等126根,各长3丈,大径3.6尺,小径1.8尺,每根价9.74

---

① 何士晋:《工部厂库须知》卷4《琉璃厂烧造琉料瓦料合用物料工匠规则》,见《续修四库全书》第878册,上海古籍出版社,1995年,第509页。
② 陈梦雷:《古今图书集成·经济汇编·考工典》第139卷《砖瓦部》,见《古今图书集成》第791册,中华书局,1934年,第37页。
③ 史贻直:《钦定工部续增则例》卷4《临清城砖尺寸价值》,见《故宫珍本丛刊》第295册,海南出版社,2000年,第72页。
④ 何士晋:《工部厂库须知》卷5《运瓦料料脚价》,见《续修四库全书》第878册,上海古籍出版社,1995年,第509页。
⑤ 史贻直:《钦定工部续增则例》卷4《金砖尺寸价值》,见《故宫珍本丛刊》第295册,海南出版社,2000年,第73页。

两;三等126根,各长3丈,大径3.3尺,小径1.5,每根价8.658两。每年定额进贡架木2400根,其中头等800根,各长3丈,木料直径1.5尺,每根价2.4钱;二等800根,各长2.9丈。木料直径1.35尺,每根价2.9钱;三等800根,各长2.8丈,木料直径1.2尺,每根价1.6钱。另有年例架木1000根,其中头等334根,各长2丈,尺木料直径1.3尺,每根价1.6钱;二等333根,各长2.7丈,木料直径1.2尺,每根价1.44钱;三等333根,各长2.6丈,木料直径1.5尺,每根价1.21钱①。

对木料的运输也有详细的规定:

鲇鱼头架木每12根装1车

通梢架木每20根装1车

桐皮槁每40根装1车

头号长短架木自长2丈至3丈者每40根装1车

二号长短架木自长1.5丈至1.9丈每50根装1车

三号长短架木自长1丈至1.4丈者每60根装1车

四号长短架木自长5尺至19尺者每70根装1车

柏木地丁松椽每70根装1车

《则例》还解释以上各项物体俱按件数目核定装车,如论件数装载者仍照各项论件装载,如论斤两数装车者,每1300斤装1车;凡京城内不论里数每车给制钱百文,如出城10里之内给制钱300运价。② 这样就可以精准控制购买木材所需花费。

木料不仅可以按件数核定装车,也可论斤两数装车。如板材等无法以数量来衡量,便以重量来控制运送。故《工部厂库须知》规定:

楠木板枋(每见方1尺重33斤)

连四每车每里银2.33分

连三每车每里银2.23分

单料每车每里银1.93分

以上楠木板枋内有长阔厚比旧则不同。如单料一块长1.3丈尺,阔2.4尺,厚7寸,称重700斤,每车2200斤,照通州运价银一两一钱。

杉木板枋

连四每车每里银2.13分

连三每车每里银2.13分

单料每车每里银2.13分

以上杉木板枋,内有长阔厚比旧则不同。如单料一块长8.5尺,阔2尺,厚7寸,称重300斤,每车2200斤,照通州运价银1.1两③。

---

① 福长安:《钦定工部则例》卷19"各工行取木植"条,见《故宫珍本丛刊》第294册,海南出版社,2000年,第106页。
② 李宗昉:《九卿议定物料价值》卷4《运价》,见《故宫珍本丛刊》第317册,海南出版社,2000年,第202页。
③ 何士晋:《工部厂库须知》卷5《运价规则》,见《续修四库全书》第878册,上海古籍出版社,1995年,第528页。

在营建工程开始时，要先将所做工程的做法尺寸清单送部查验，经查验必须用桅木截木者方准发给大木，其余一切零星工作则按丈尺径寸俱于累年积存架木内截取①。

对于截取木料的规定则更加详细，如《钦定工部则例》就规定，建筑工程领取木植每100根，内廷工程准许截锯20根，外工每100根准其截锯10根，搭盖天棚架木准其截锯二成，筵宴供应一切棚座架木准其截锯一成。又规定锯解杉木段，以木植大小径寸折见方尺70尺，用锯匠1工。锯解杉木板片平面折见方尺70尺，用锯匠1工。锯解柏木、檀木等硬木，以锯板平面折见方尺，70尺用锯匠1工2分②。木料在工程中的使用情况见下表。

插表18：清内廷工程各斗口墩木用料统计表③

构件名称＼斗口尺寸＼墩木用料	1寸	1.5寸	2寸	2.5寸	3寸	3.5寸	4寸	4.5寸	5寸	5.5寸	6寸
斗口单昂平身斗科	0.04	0.02	0.27	0.49	0.83	1.28	1.87	2.62	3.56	4.68	6.3
斗口单昂柱头科	0.03	0.11	0.24	0.44	0.73	1.13	1.66	2.34	3.34	4.32	5.42
斗口单昂角科	0.11	0.36	0.81	1.57	2.48	3.82	5.84	9.4	10.82	13.96	18.07
斗口重昂平身斗科	0.08	0.22	0.51	0.94	1.56	2.41	3.53	4.616	6.72	8.85	11.39
斗口重昂柱头科	0.08	0.24	0.53	0.98	1.66	2.57	3.79	5.33	7.24	9.57	12.35
斗口重昂角科	0.26	0.76	1.81	3.25	5.38	9.17	12.8	18.38	23.43	30.8	34.82
单翘单昂平身斗科	0.07	0.22	0.48	0.8	1.49	2.31	3.38	4.74	6.42	8.46	10.89
单翘单昂柱头科	0.07	0.3	0.45	0.89	1.53	2.37	3.49	4.91	6.66	8.88	11.35
斗口单昂角科	0.23	0.72	1.71	3.7	5.8	8.71	11.3	16.4	20.21	29.5	32.55
单翘单昂平身斗科	0.12	0.36	0.76	1.44	2.41	3.83	5.46	7.66	10.8	13.67	17.6

注：墩木用料单位为（料）

插表19：清内廷工程斗口单昂平身斗科制作所需物料与功限④

构件名称	构件尺寸	每攒用料	工种	工时
斗口单昂平身斗科	斗口4寸—3.1寸	墩木2料	木工	11工
			雕匠	1.25工
	斗口3寸—2.1寸	墩木1.5料	木匠	8工
			雕匠	1工
	斗口2寸—1.1寸	墩木1.2料	木匠	6.5工
			雕匠	0.75工

---

① 翁同龢：《钦定工部则例》卷15《各工行取木植》，见《故宫珍本丛刊》第297册，海南出版社，2000年，第148页。
② 史贻直：《钦定工部续增则例》卷4《锯解木植》，见《故宫珍本丛刊》第295册，海南出版社，2000年，第60页。
③ 金简：《内廷工程做法·各项斗口用料》，见《故宫珍本丛刊》第339册，海南出版社，2000年，第156页。
④ 王世襄：《内廷圆明园内工诸作现行则例》，见《清代匠作则例》第1卷，大象出版社，2000年，第17页。

由上面两表可以看出建筑工程中对所用木料的规定是何等详细,精确到了寸,且对所需工种、工时都做了详细规定。

3. 数量在建筑石料使用计量中的作用

明清建筑技术书籍中关于石作的用料、用工规定,不再以整体器物为单位出现,而是折合成表面积等共同标准来统一计量,即"各山石料运至各工地有远近,石有大小新旧,估内号数颇繁难以概开,惟计里计尺递加增减磨算,皆可类推,共折方止以一块折成方数,不得以零星小石积算"①。这一现象与明清时期建筑构造程式化有关,每件器物均有标准作法,且其做法已甚为固定,故可以列为制度,形成标准。

明《工部厂库须知》记载了石料表面积的计算方法,以长一丈、阔二尺、厚二尺的石料为基本单位,折算时以长一丈为主,以阔二尺乘之得积二丈,再以二丈为主,以厚二尺乘之共得见方四丈,其余各样尺寸石料均依此法类推②。

折合石料共同标准则从采集石料、运送石料到石料安装所需工匠以及匠人工粮均以折方计算。如《工部厂库须知》记载:大石窝采集白玉石折方每一寸需工石匠一工,青白石折方每六寸需石匠一工;马鞍山采集青砂石折方每1尺一寸需石匠一工,紫石折方每六寸需石匠一工;白虎涧采集豆渣石每一尺一寸需石匠一工;牛栏山采集青砂石每一尺一寸需石匠一工③。清代继续采用这种计算方法。清内务府编《圆明园石料价值则例》规定:汉白玉石折宽厚一尺长一丈,采运价银八两五钱,每见方一尺重一百八十斤。小件青白石折宽厚一尺长一丈,采运价银五两五钱,每见方一尺重一百八十斤,石灰青砂石折宽厚一尺长一丈;清漪园与静明园采运价银二两四钱五分,静宜园运价银二两一钱,每见方一尺重一百六十斤。韩家川青砂石折宽厚一尺长一丈,采运价银二两,豆渣石折宽厚一尺长一丈,清漪园与静明园采运价银一两五钱,静宜园运价银一两六钱八分,每见方一尺重一百四十斤。杏子口青砂石折宽厚一尺长一丈,采运价银二两四钱。虎皮石折宽厚一尺长一丈,采运价银二两,每见方一尺重一百斤。山子石每车,银二钱四分。采石场多位于山区,离施工地点有一定距离,这就要求当时建筑主管部门制定详细的石材运输规范,故《圆明园石料价值则例》定:"大石窝至城一百四十里,至沙河桥一百七十里,至山陵陆路二百四十里。马鞍山至城计五十里,至沙河桥九十六里,至山陵一百四十里。白虎涧至城计一百五里,至沙河桥朝字桥人行径路三十六里,车路三五十九里,至山陵七十里。牛栏山至城计一百五里,至沙河六十八里,朝怀柔厂至山陵九十里。方石每方堆垛长一丈高五尺阔五尺,自八角山等处运至桥南、西岸,三宫庙前至河中就堤一带交卸者每方给匠运价3两4钱,自旧堤迄南至河东堤每方给银四两,自束堤至合南高婆

---

① 何士晋:《工部厂库须知》卷4《运石脚价》,见《续修四库全书》,第878册,上海古籍出版社,1995年,第485页。
② 何士晋:《工部厂库须知》卷4《石料折见方规则》,见《续修四库全书》,第878册,上海古籍出版社,1995年,第483页。
③ 何士晋:《工部厂库须知》卷4《开石折价规则》,见《续修四库全书》,第878册,上海古籍出版社,1995年,第484页。

者每方给银四两五钱,大约计里增减。"①

传统建筑技术理论中数量的应用不但给营建施工提供了内部经济核算的依据,也是在营建初期编制预算定额的基础。中国传统工匠很早就运用数学方法来编定用料、用工标准。明代中后期斗口制逐步确立以后,这种数学表达方式被进一步强化,使营造所用工时、耗料数量以及重量、运费等成为有案可查、有章可循的规则和定例②。

三、数量化在建筑技术歌诀中的使用

中国传统工匠历来重视使用数量表达建筑技术,清代一位匠人曾经说:"孟子曰:'离娄之明,公输子之巧,不以规矩,不能成方圆',虽神而明之犹不过于度量之间,我辈何人,岂可不遵绳尺乎?"③意思是度量对建筑技术具有控制标准的作用。明清江南传统建筑技术的标准化是从数量化开始的。

雍正十二年《工程做法》胪列了二十七种房屋样式,对其各个部件的规格和尺寸一一采用实制记载。比如该书第19卷介绍十一檩挑山仓房大木时说:"凡檐枋以面阔定长短。如面阔一丈三尺,内除柱径一分,外加两头入榫分位各按柱径四分之一,得长一丈一尺五寸。以檐柱径寸定高,如柱径一尺,即高一尺。厚按木身高收三寸,得厚七寸。"④清代江南流传的各种匠作则例,其内容也都以实数化的技术为主。比如李斗在介绍"木材比重"时说,每立方尺桅杉为二十斤。每立方尺黄杨为五十六斤;介绍瓦作时说,头号筒板瓦的口宽为八寸,二号的口宽为七寸,三号为六寸。而《圆明园则例》中介绍"搭材作"时说:"凡搭油画作架子,歇山庑殿、亭座四檐凑长若干丈,以柱高或连斗科通高俱搭,宽五尺折见方丈,每丈用絮木八根,撬棍十六根,扎缚绳十六条,搭材匠一工,壮夫半名。"⑤

另外,在装修作、石作、木作等与建筑相关的技术领域中都有大量实数的记载。可见,在江南传统建筑技术则例化时期,技术的实数化在建筑技术内部各个领域中都有所反映,已经成为传统建筑技术数量化的主流。

这些技术的实数化有一个重要的来源,就是以往匠师流传下来的口诀和则例抄本的内容。例如《营造法原》介绍六檩二开间平房时说:"二间三贴三脊柱,六步六廊六矮柱。六条双步十几川(穿),步枋四条廊相同。脊金短机十二头,十四桁条八连机。六橡二百零四根,眠檐勒望用四路。"⑥这则口诀将建造六檩二开间平房所需要的脊柱、矮柱、连机、橡等部件的实际数量巧妙地编在一起,读起来朗朗上口,而且便于记忆。《营造法原》中还记载了建造楼房、屋料定例、全宅檐高

---

① 清内务府:《圆明园石料价值则例》,见《清代匠作则例》,第1卷,大象出版社,2000年,第1154页。
② 参见何伟的《明清官式建筑技术标准化及其经济影响——以17—19世纪木作石作为案例》,余同元指导,苏州大学2010年硕士学位论文。
③ 清人编:《瓦作做法》序,引自梁思成《清式营造则例》,中国建筑工业出版社,1981年,第132页。
④ 允礼:《工程做法则例》,见《续修四库全书》第879册,上海古籍出版社,2002年,第307页。
⑤ 王世襄:《内廷圆明园内工诸作现行则例》,见《清代匠作则例》第1卷,大象出版社,2000年,第17页。
⑥ 姚承祖:《营造法原》,中国建筑工业出版社,1986年,第8页。

之比例、提栈歌诀等口诀。

技术歌诀中的数量分实数和概数两大类,技术概数化具有一定的灵活性,但是技术实数化则有利于工匠具体操作。比如在《鲁班经》(《鲁班经匠家镜》的简称)中记载了各种房屋的样式,都是用实数表示,非常便于工匠在实际的工程操作中参考。曾在江南地区流传的宋代《营造法式》,其内容大到建筑的样式和等级,小到大木作构件的规格和形状,都有大量相关的数据。运用数学方法来表达建筑的规格和标准是中国传统工匠很早就采用的手段,也是江南传统建筑技术发展史上的优良传统。一方面便于控制和管理工程质量,另一方面也便于传播和发展传统建筑技术。

用于建筑技术的歌诀流传下来的有很多,现按类区分如下:

1. 实数在建筑技术歌诀中的使用

(1)木作

《八方亭做法口诀》

四大四小八方亭对径一丈,

合每面大面五尺三寸,小面三尺二寸三分,

如算大面五三因,小面用三二三因,即得面阔尺寸。

意思是:八方亭对径为1丈,每个大面径5.3尺,每个小面径3.23尺,如要算大面面阔则用0.53乘之,小面用0.323乘之,即得面阔尺寸。即:

大面阔尺寸 = 0.53 × 对径

小面阔尺寸 = 0.323 × 对径。

以下的这些口诀给出了六方亭、五方亭、圆亭、角柱等做法,用数字做了详细具体的描述,无需过多的解释,一看都会明白。

六方亭对径一丈,合每面阔五尺八寸,

如若算按五八因,即得面阔尺寸。

即:面阔尺寸 = 0.58 × 对径。

角梁加斜核准一一六因,长宽厚同前法。

扒头长按面阔尺寸一分半再加两头。

即:扒头长 = 面阔尺寸 + 两头 = 0.58 × 对径 + 两头。

扒头每头加桁条机面半分,五檩按此。

七角每面求角至面中二八三扣。

即:七角每面角至面中距离 = 对径 ÷ 0.283。

每面求角至中用一四五九扣。

即:每面求角至中距离 = 对径 ÷ 0.1459。

每面求面至中用一三七一扣。

即:每面求面至中距离 = 对径 ÷ 0.1371。

每面求五角至五角用二八七四扣。

即：每面求五角至五角距离 = 对径 ÷ 0.2874。

每面求四角至四角用二五七四扣。

即：每面求四角至四角距离 = 对径 ÷ 0.2574。

五方亭对径一丈,合每面阔六尺六寸二分二厘五毫。

如算按六六二二五因,即得面阔尺寸。

即：面阔尺寸 = 0.66225 × 对径。

十六角每面求角至中用二五七六五扣。

即：十六角每面求角至中距离 = 对径 ÷ 0.25765。

每面求三角至三角用一九七二扣。

即：每面求三角至三角距离 = 对径 ÷ 0.1972。

每面求面至中二五二七扣。

即：每面求面至中距离 = 对径 ÷ 0.2527。

每面求四角至四角用二八六七扣。

即：每面求四角至四角距离 = 对径 ÷ 0.2867。

每面求五角至五角用三六四四扣。

即：每面求五角至五角距离 = 对径 ÷ 0.3644。

每面求六角至六角用四二八一扣。

即：每面求六角至六角距离 = 对径 ÷ 0.4281。

每面求七角至七角用四七六二扣。

即：每面求六角至六角距离 = 对径 ÷ 0.4762。

每面求面对面用五零五五扣。

即：每面求面对面距离 = 对径 ÷ 0.5055。

每面求角至角用五一五三扣。

即：每面求角至角用距离 = 对径 ÷ 0.5153。

每对面求每面用二零零八扣。

即：每对面求每面距离 = 对径 ÷ 0.2008。

每面对面求角至角用一零一八扣。

即：每面对面求角至角距离 = 对径 ÷ 0.1018。

《论角柱诀》

角柱何处安,竟在墀(台阶上面的空地)头下碱间。

三分之一翻檐柱,古镜一分要加添。

减去押砖板之厚,宽以山出去金边。

还在咬中过一寸,厚以阶条气相连。①

这些口诀简单易记,朗朗上口,操作时首先记住这些口诀,再在师傅指点下操做,即使是初学者也很快能够掌握一些基本要领。

此外,还有些口诀采用诗词歌赋的写法,可能是文人学者和工匠师傅共同创作的结果。例如:

《论柱顶》(西江月)

柱顶未取方正,先看金檐柱径。

柱大二分遵法令,厚则以柱为定。

古镜柱大分半,高以二寸相应。

临时增减无争竞,方显数家作用。

即:柱顶径 = 金檐柱径 × 3/2

　　柱顶厚 = 金檐柱厚。

《论土衬(西江月)》

土衬长按阔间山出二分凑添,

包砌分位加金盘并来并得宽。

然问厚莫向他取,三寸四寸任安。

巧机妙算总相连,惟有此法捷鉴。②

即:土衬长 = 0.2 × 阔间山尺寸

西江月是宋词中常用的词牌名,用这种表达形式将柱顶和土衬的做法记述下来,既说明了情况,读起来也押韵上口,便于传播记忆。这种形式下面还列举了很多。

(2) 石作

《论下基石诀》

下基之长照上基,垂带一块少不的,

两头金边各二寸,凑来通长尺知,

宽以上宽加二寸,厚与土衬一般齐。

即:下基长 = 上基长;

　　下基垂带数 = 上基垂带数;

　　通尺长 = 上基长 + 上金边长 = 上基长 + 2寸;

　　下基宽 = 上基宽 + 2寸;

　　下基厚 = 土衬厚。

---

① 以上口诀均来自蒋博光的《"样式雷"家传有关古建筑口诀的秘籍》,《古建园林技术》1988年第3期,第53—63页。

② 以上口诀来自蒋博光的《"样式雷"家传有关古建筑口诀的秘籍》,《古建园林技术》1988年第3期,第63—70页。

《论混沌埋头》(清江引)

埋头另有名混沌,听我细评论。

阶条宽是方,或收一二寸。

高以台通高,减去阶条不用问。

即:埋头宽 = 阶条宽 ± 1≈2;

　　埋头高 = 台通高 − 阶条。

《论中基》(清江引)

论讨中基石长,上基亦载详。

宽按上基面一寸,

榫口量厚按四寸,

定增减不可忘。

《论栓架石诀》

栓架也按规矩成,总以栓大尺寸行。

高取栓方三分半,宽则三分厚半停。

即:栓架高 = 0.35 栓方高

　　栓架宽 = 0.3 栓方宽

《论朴头古诀》

朴头古儿幞头樾,做法持来问数家。

更依下槛高中论,十四乘之高里加。

十分之五定其厚,十分之七宽不差。

即:朴头高 = 0.5 下槛高

　　朴头宽 = 0.7 下槛宽

《论分券脸石诀》

金门一丈一尺生,三围折半覆月形。

五七九块分券脸,惟有龙门不类同。

先构龙门石一块,余或四六八块行。

相其式势如意会,卜城卜桥便方明。

以上这些歌诀里都有详细的数字,可以说代表了建筑技术歌诀的实数化趋势。但是早期的建筑歌诀中实数表示的技术内容比较单一,且内容多属于描述性质,不能完整地反映当时技术的发展情况。

2. 概数在产业技术歌诀中的使用

(1) 石作

《论栓眼诀》

栓眼石儿系四方,以栓三分用八锵。

厚以一柱晋一半,规模依此定其昌。

《论门槛古石》(清江引)

门槛古石要着眼,高里依下槛。

径亦不相增,更不须加点。

莫来当其文,力在君酌简。

(2) 木作

《论象眼》(西江月)

象眼算法难明,原有妙法可成。

级数净宽凑长形,减去垂尖莫吝。

还有金边去也,问宽另有例行。

去了垂带是台明,厚与阶条同证。

《论门枕(西江月)》

鼓儿门枕式样,也按槛框较量。

应加应减各相当,仿照前法一样。

下节也按槛高,上节鼓儿形状。

即:门枕下节=门槛高。

门枕折半是古腔,古面收些现象。

角梁加斜核准一空九八因,

系上檐柱中至檐柱中。

老角梁长按檐椽长加斜共长若干,再加后尾按桁径一个半,

再加前出翘按本身宽半分共凑即是长,

如重檐用金柱不加后尾,宽按椽三分,厚按二分。

梓角梁长按檐椽加飞头共凑长加斜得长若干,

再加前出翘按本身宽半分,如有套兽再加榫长,按椽径二分,宽厚同前。

《象眼陡板规范》

欲算象眼陡板之高,以级数净宽尺寸分其垂带之长。再以垂带之厚乘之,可得垂带后口所占分位。即以所得尺寸,于台明净高内除之,自得象眼陡板之宽。若问其长以台明净高尺寸分其垂

带之长,亦以垂带之厚乘之可得垂尖分位了即是垂尖尺寸,于级数净宽内除之,自得象眼陡板之长。①

以上石作、木作歌诀体现出了概数化的技术特点,没有出现具体的数字,而是应用简单而不确切的数字、比例等来说明建筑技术,凡是从事这个行业的工匠一看即明。

概数化的特点就是,无需每项技术都言明尺寸、给出数字,只要掌握规范就行,其余的要在具体操作时工匠自己来拿捏。由于这些歌诀所表现出的很多的技术是隐性知识,所以工匠学习时具有实践性特点,即是要从做中学,光记住口诀不见得就能实际操作,这在一定程度上契合了中国传统文化中的知行合一观。

通过以上的各种歌诀的列举,可以得出以下结论:

首先,明清江南地区工匠已经把算法歌诀运用到建筑技术的各个细部,几乎构成建筑的每一个要件都有对应的歌诀,例如:柱顶、角柱、扇面、廊墙、门枕、石阶、土衬等等,只要按着口诀操作就会建成符合规格的建筑。

其次,这些歌诀都是工匠在长期实践的基础上总结出来的,说明中国传统建筑技术的发展很大程度上是来自于经验的积累,同时这些歌诀成了中国传统建筑技术传承的重要内容,也是中国传统文化的重要组成部分。

再次,这些歌诀算法非常明确,技巧性强,蕴含一定的科学性,只要经过实际操作就能掌握,有助于传统建筑技术的传承和发展,对今天中国建筑实践仍有一定的借鉴意义。

第三节 传统工业技术的数理化

一、数理化范式特征

工业技术理论数理化中的数,不仅限于数字的简单记录和积累,更多的是考虑数量之间的因果关系以及对数学方法的运用,这种因果联系必须建立在技术本身内在运行规律的基础上。根据库恩的"范式论",因果关系和规律即被认为是"公认的模型或模式"的规范或范式,而在科学表述中,它们是"需要进一步分析并具体化的东西"。建筑技术中的数理关系属于范式的第二个层次,即"基本定律和基本理论",因此,建筑技术的数理化就是建筑技术的范式化,或是建筑技术的科学化。数理化和科学化之间的关系可表述为:数理化是科学化的具体表现,科学化是数理化的抽象概括。

---

① 以上口诀均来自蒋博光的《"样式雷"家传有关古建筑口诀的秘籍》,《古建园林技术》1988 年第 3 期,第 70—75 页。

二、数理化要素内容

首先,数理化在人为制定的规则中应用,如建筑模数(材分制、斗口制)、步架与举架的数量比例关系等。

中国传统建筑计算中很早就形成了某种比例关系,就是以斗拱中的一个栱子的用材定为衡量整个建筑构件的标准单位,称为"材"。《工部工程做法》一书确定以"口份"为标准单位。口份也叫斗口,即斗口垂直于面宽方向的刻口尺寸的宽度。《工部工程做法》还规定把斗口分为十一等,最大的口份是6寸,最小口份是1寸,每一等材之间以半寸递减。

斗拱分为单材栱和足材栱两种。单材宽为1斗口,材高1.4斗口,宽与高比为1∶1.4;足材宽为1斗口,材高为1.4加0.6斗口成为2斗口,其比例为1∶2。构件所处位置不同,用材也不同。可见,传统建筑模数的采用,只要丈量一个构件尺寸的宽窄即可以推算该建筑物的高宽大小,也可以根据建筑物的大小来确定用材大小与多少。

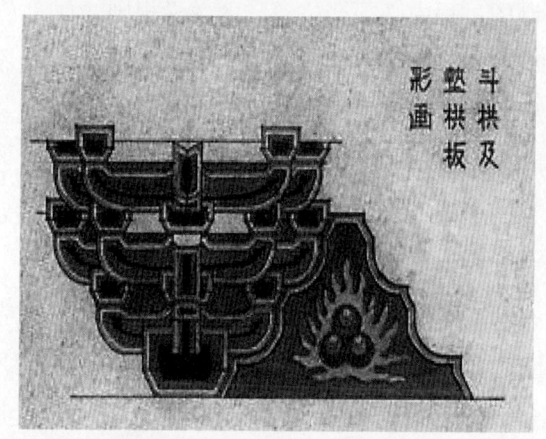
插图23:《清代营造则例》斗栱原型图

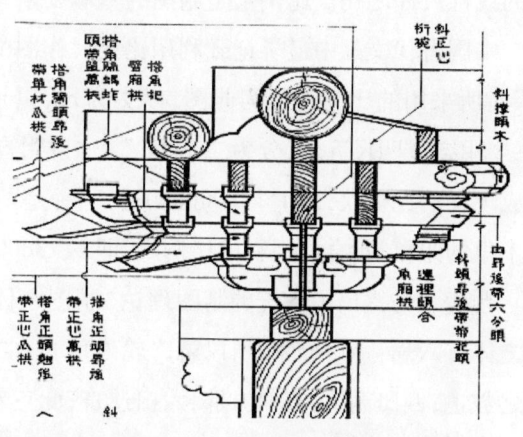
插图24:《清代营造则例》斗栱结构图

关于步架与举架:"步架"指大梁之上竖立的木构架上每一个节间长度的尺寸。梁的长短随进深而定,而步架尺寸又是根据梁的长短而定。"举架"是指每一个建筑要求屋面的坡度,举架高低是由步架按举数计算出来的。举就是三角形勾股弦的勾,步是股,举架和步架的关系即是勾和股的百分比。说明步架制、举架制是与材分制、斗口制并行的框架搭配比例。

另外,对木料出材率的规定,如《工程作法则例》卷48《木作用料做法》中载有"凡大、小额方,金脊、檐方、天花、随梁、博脊、压科等方……长一丈以外,高一尺内外者用圆木,以本身高、厚尺寸凑高,将凑高尺寸均分一半,用七归归之,即得用圆木径寸之数。如枋子一根,高一尺六寸,厚一尺四寸,得凑高三尺。均分之得一尺五寸,即以一尺五寸七归之,得用径二尺一寸肆分圆木一根。"[①]

若将其简化为公式,则为:

$$E = \frac{h+b}{2 \times 0.7}$$ (E 为圆木直径,h 为枋子高,b 为枋子宽)

---

① 允礼:《工程做法则例》第48卷《木作用料》,见《续修四库全书》第879册,上海古籍出版社,1995年,第573页。

一般规定出材率在70%,而在加工望板之类的构件时,所要求的出材率还要高,接近80%。"望板每块连荒厚一寸,宽九寸,九块并一块,得见方九寸。即以见方九寸八归之,得用径一只一寸二分有零圆木一根。"①在木材出材率规定的过程中,还要考虑到木材锯、刨在加工时的损失,故提出了"加荒"的概念。如卷48载:"凡各项柱子、戗木径五寸起至贰尺,以净径尺寸之外加荒径一寸,再长壹丈以外每丈加小头荒径壹寸。"②

其次,采用几何方法对物体构型进行解释。几何学诠释传统技术的合理性,不仅在《工程做法》图例中有明确的"比例尺",而且在清代一系列考据型的技术著作里面也有具体图解,如《考工记车制图解》、《轮舆私笺》、《考工创物小记》等书中都列有图解,图解普遍采用了几何学中的勾股定理对器物构型进行数的分析。

应用标准制图比例尺绘制图样是传统产业技术数理化的重要标志之一。比例尺表示图上距离比实际距离缩小的程度,因此也叫缩尺,运用到建筑制图中是指建筑图中图形与其实物相应要素的线性尺寸之比。比例尺是制图的基本要素,是制图过程中必须严格遵守的数学规则。

中国古代文献中最早记载利用比例尺作图的文献是《周髀算经》,此书曾明确记载绘制"七衡图"时所采用的比例:"凡为此图,以丈为尺,以尺为寸。以寸为分;分为一千里,凡用缯方八尺一寸;今用缯方四尺五分,分为二千里。"③这说明当时作图已采用两种比例,一种是"分为一千里",折合成现在的比例尺,即1:18000000;另一种是"分为二千里",就是在制图时用一分的长度来表示二千里的距离,折合成现在的比例尺,即1:36000000。

晋代裴秀提出了系统的制图理论"制图六体",提出了"分率"概念。《晋书·裴秀传》载:"制图之体有六焉:一曰分率,所以辨广轮之度也;二曰准望,所以正彼此之体也;三曰道里,所以定所由之数也;四曰高下,五曰方邪,六曰迂直,此三者各因地而制宜,所以校夷险之异也。……然远近之实,定于分率。"④在"制图六体"中,"分率所以辨广轮之度也",即用以区别地域长宽和面积的大小的比例尺。在《禹贡九州制地图论》中,裴秀把当时制图理论介绍得很清楚。他强调"分率"的重要性,指出当时所能见到的"诸杂图"因"各不设分率","虽有粗形皆不精审,不可依据,或荒外迂诞之言,不合事实,于义无取"。他认为:"图书之设,由来尚矣,自古立象垂制,而赖其用",于是根据制图实践提出"今制地图之体有六",其中首要的就分率。所谓"远近之实,定于分率"中的分率就是比例。裴秀强调"有图象而无分率,则无以审远近之差。远近之差,有分率而无准望,虽得之于一隅,必失之于他方;虽有准望,而无道里,则施之于山海绝隔之地,不能以相通;有道里而无高下、方邪、迂直之校,则径路之数必与远近之实相违,失准望之正。"⑤利用比例尺作图已成为晋代工

---

① 允礼:《工程做法则例》第48卷《木作用料》,见《续修四库全书》第879册,上海古籍出版社,1995年,第573页.
② 允礼:《工程做法则例》第48卷《木作用料》,《续修四库全书》第879册,上海古籍出版社,1995年,第572页。
③ 赵君卿:《周髀算经》,见《四库全书》第786册,上海古籍出版社,1987年,第72页。
④ 房玄龄:《晋书》第35卷《裴秀传》,见《二十五史》,上海古籍出版社、上海书店,1986年,第1364—1365页。
⑤ 房玄龄:《晋书》第35卷,《裴秀传》,见《二十五史》,上海古籍出版社、上海书店,1986年,第1365页。

匠制图必须遵循的基本原则之一。

唐代柳宗元在《梓人传》中描写,当时的建筑工匠先在墙上画房屋缩小图样:"画宫于堵,盈尺而曲尽其制",然后"计其毫厘而构大厦,无进退焉"[①]。反映出唐代建筑设计施工图是按固定比例尺绘制的。

宋代沈括在《梦溪补笔谈·杂志》中记载:"予尝为《守令图》,虽以二寸折百里为分率,又立准望、牙融傍验高下方斜迂直七法,以取鸟飞之数。""二寸折百里",就是在制图时用二寸的长度来表示百里的距离,折合成现在的比例尺,亦即1∶36000000。

宋代李诫在《营造法式》"举折"中说:"举折之制,先以尺为丈,以寸为尺,以厘为分,以毫为厘。侧画所建之屋于平正壁上,定其举之峻慢,折之圆和,然后可见屋内梁柱之高下,卯眼之远近。"书中注释明确指出:"今俗谓之定侧样,亦曰点草架。"文中的"举"就是等腰或直角三角形的高,"折"就是长。所谓"举折之制",就是首先选定适当的作图比例,然后画出房屋的侧视图,作图时就根据房屋瓦面的斜度决定房屋梁柱高和卯眼位置。这是正确的按比例作图的方法和步骤。《营造法式》"诸作看样"中还强调:"图依其逐作,造作名件内或有须于画图可见规矩者,皆别立图样,以明制度。""逐",就是逐步,"作"就是制作,相当于现代的制造工序,根据工序要求,画出分图样以说明其规格,这也成为当时工程图样采用的原则。

这些文献记载都讲到了使用的比例,讲到了数学方法的运用。应用比例"至详至悉","无亏"、"无差"。由此可知,中国古代工程制图,从粗略的示意图到严格意义上的工程制图,是从定性到定量的分析计算。工程制图的这一进步是与数学理论指导和数学方法的运用分不开的。

从这些文献讲到的古代作图比例应用以及比例的重要性可以看出,应用作图比例绘制图样,是中国传统制图走向数理化、精确化的标志。只有运用数学方法,才能使图样准确地表现所描绘物体的大小比例和空间关系。

建筑模数、步架和举架的采用,体现了在建筑实务中寻求一种操作上的合理性和规制上的统一性。尽管还不能完全从物理学上解释其合理性,但是已融入了数学和几何学的基本方法。清代考据学者将几何学应用于对古代器物形制的诠释尽管也未能融入物理学的解释,但也能体现出当时的学者对古代技术寻求一种理的解释和数的把握。如《镜镜诊痴》、《火器真诀》都比较系统地采用了现代物理学和数学的理论与方法。

三、数理化过程及意义

中国传统建筑模数是数量在人为制定的规则中应用的典型事例。模数是选定的标准尺度单位,也是建筑物、建筑构配件、建筑制品及有关设备尺寸相互协调的基础。模数数列是以选定的模数基数为基础而展开的数值系统[②]。建筑模数的出现是提高建筑设计标准化、构件生产产业化、施工机械化的重要条件。中国传统建筑的间架结构以木材为主,称为大木作。大木构件规格多样,

---

[①] 柳宗元:《梓人传》,见《古今图书集成》第781册《经济汇编·考工典》,中华书局,1986年,第34页。
[②] 杨永祥、赵素芳:《建筑概论——给水排水专业》,中国建筑工业出版社,1990年,第12页。

多数构件是分件加工预制,然后通过榫卯连接组成一个整体。这就要求规格严谨,尺寸准确,而且全部工程木料消耗量又占很大比重,简材定量,合理运用,必须要有周密的计划和统一的标准才能成功。中国早在商周时期的建筑设计中就已采用了标准的建筑模数,即选定标准尺度单位,以便于建筑设计的标准化,并针对不同的建筑对象制定相应的建筑模数。如《周礼·考工记》载:"室中度以几,堂上度以筵,宫中度以寻,野度以步,涂度以轨。"这表明以不同精度的度量单位来控制不同大小的建筑空间尺度。再有"周人明堂,度九尺之筵,东西九筵,南北七筵,堂崇一筵。五室,凡室二筵"①又表明"筵"已成为控制建筑规模的标准模数了。

至宋代,《营造法式》所定的"材、分"制已有建筑模数的意义。即"凡构屋之制,皆以'材'为祖,材有八等,度屋之大小而用之"。"各以其材之广分为十五分,以十分为其厚。凡屋宇之高深,各物之短,曲直举折之,规矩绳墨之宜,皆以所用材之分以为制度焉。"②"材、分"制中"材"是木构建筑构件"栱"的断面。它本身的高宽比为3∶2,再将高分成15份,宽分成10份,其中一份称为"分",对于材的高称为"广"。有时还用"栔"为衡量单位,"栔"是重叠的两层栱或枋之间的断面,广6分厚4分。材加栔为足材。

斗口制确立以后,各部分及构件尺寸则都是以斗口为基本模数的。清工部《工程做法则例》卷28《斗科各项尺寸做法》有如下规定:"斗口有头等材、二等材,以至十一等材之分。头等材迎面安翘昂,斗口六寸;二等材斗口宽五寸五分;自三等材以至十一等材各递减五分,即得斗口尺寸。"③显而易见,这十一等材大小是一个以五分为公差的等差数列。对于设计与施工工匠来说,可以根据所用斗口等级准确地把握建筑尺度,所有尺寸都用"几斗口"来确定。对于现场施工工匠来说,只要掌握一套用材标准,就保证了他们所加工的构件具有标准化的节点,从而准确无误地拼装。"斗口"模数制的进步还在于施工中简化了复杂的尺寸。同一类型的构件,它们的斗口尺寸是相同的,在不同等级的建筑上使用时,只需了解它的斗口尺寸,而不必去记忆它的实际尺寸。

构成数理化的基本要素是数与理,数即是数学,理即是因果关系和模式规律。斗口模数即技术数理化中的"数",不仅限于数字的简单记录和累计,更多的还是考虑数量之间的因果联系及其对数学运用的"理",这种因果联系必须建立在技术客体内在运行规律的基础上。

第四节 传统工业技术的标准化

一、标准化内涵要素

标准化即"法式化"基础上的"则例化",它是指某一行业技术理论在法式化基础上再以"则

---

① 阮元:《十三经注疏》,《周礼注疏》第42卷《冬官考工记第六》,中华书局,1980年,第963页。
② 李诚:《营造法式》第4卷《大木作制度》一,见《四库全书》第673册,上海古籍出版社,1987年,第428页。
③ 允礼:《工程做法则例》第28卷,见《续修四库全书》第879册,上海古籍出版社,1995年,第343页。

例"(标准)的形式出现、流传和使用。标准化对象是重复性的问题、事物或概念,涵盖非常广泛,目的是追求最佳生产秩序和社会经济效益。关于"标准化"的定义主要有以下几种:

(1) 现行《辞海》认为,标准化是对工业产品或零件、部件的类型、性能、尺寸、所用材料、工艺装备、技术文件的符号与代号等加以统一规定,并予以实施的技术措施。标准化可分为国际或全国范围内的标准化,以及工业部门或工厂范围内的标准化,它是现代产业化的前提条件。

(2) 英国学者桑德斯在《标准化的目的与原理》[①]中认为,标准化是为了所有有关方面的利益,特别是为了促进最佳的综合效益,并适当考虑到产品使用条件与安全要求,在所有有关方面的协作下,为进行有秩序的特定活动而制订并实施各项规划的过程。

(3) 国际标准化组织定义为对科学、技术与经济领域内重复的问题,给出解决的准则,其目的在于获得最佳秩序。一般说来,包括制定、发布与实施标准的过程。

(4) 中国标准化组织定义为在经济、技术、科学及管理等社会实践中,对重复性事物和概念通过制定、发布和实施标准达到统一,以获得最佳秩序和社会效益[②]。

综合各家所述,所谓标准化,本质上即制订—实施—修订—再实施标准过程的实践活动。英国标准化专家桑德斯从标准化的目的、作用和方法上提出标准化的七项原理,并阐明其本质就是有意识地努力达到简化,以减少目前和预防以后的复杂性。1972年国际标准化组织出版了桑德斯所著的《标准化的目的与原理》一书,内容如下。

原理一,从本质上来说,标准化是社会有意识地努力达到简化的行为。标准化不仅是为了减少当前的复杂性,而且也是为了预防将来产生不必要的复杂性。

原理二,标准化不仅是经济活动,也是社会活动,应该通过所有相关者的互相协作来推动。标准的制定必须建立在个体协商一致的基础上。

原理三,制定标准如果不实施就没有任何价值,在实施标准时为了多数利益而牺牲少数利益的情况是常有的。

原理四,在制定标准时,最基本的活动是选择标准以及将其固定。因此,要慎重地从中选择对象和时机。而且,标准应该在某一时期内固定不变,以利实施。

原理五,标准要在规定时间内复审,必要时还应进行修订。

原理六,制定产品标准时,必须对有关的性能规定出能测定或能测量的数值,必要时还应规定明确的试验方法和必要的试验装置,以及规定抽样方法、样本大小和抽样次数等。

原理七,标准是否以法律形式强制实施,应根据其性质、社会工业化程度、现行法律和客观情况等加以考虑。[③]

[①] (英)桑德斯著,中国科学技术情报研究所编译:《标准化的目的与原理》,科学技术文献出版社,1974年汉译本。

[②] 中国标准化协会:《全国专业标准化技术委员会章程》,1990年8月24日国家技术监督局发布。国际标准化组织简称ISO,中国标准化组织即中国标准化协会,均有章程可循。

[③] 参见舒辉:《标准化理论与实务》,经济管理出版社,2000年,第36—45页;参考桑德斯著,中国科学技术情报研究所编译的《标准化的目的与原理》,科学技术文献出版社,1974年。

国内学者提出了标准化的"八字"原理,即"统一、简化、协调、选优"。对具体有等效功能的标准化对象(物质的、文字的),或其技术要素(如尺寸、参数)进行合理归并,使之达到通用互换或成为共同遵循的依据,再根据标准化目的,评价和求解标准目标的最优解答。

二、标准化目标环节

产业技术标准化是一项技术改进过程。它要求在产业技术发展过程中利用数学原理,将工业产品结构形式化,赋予其确定的数学结构,并将此结构应用于产业技术,通过制定、发布和实施标准来规范其中重复性使用的结构。对工业产品或零(部)件的类型、性能、尺寸、所用材料、工艺装备、技术文件的符号与代号逐步加以统一规定后予以实施。就传统产业技术本身而言,它是传统产业技术文献中对技术本身的描述,所运用数字要不断精确。更进一步的则是传统技术文献中采用数学理论和利用数学逻辑关系来表达技术理论,以达到生产实践中统一、节约和高效的目的。标准化内容包括各类工业活动中具有重复性的或需要共同遵守的事项,从生产程序上看包括以下四个环节:

(1)工业生产前期的规划、预算、设计等标准化工作。
(2)工业材料、构件、组件的标准化、产业化生产。
(3)工业产品的安装、验收评定等标准化技术。
(4)工业产品的管理、维护等环节。

工业技术标准化的目标如下:

(1)使工业生产达到最大的节约和高效。尽最大可能提高效率,节约成本,获取最佳的综合效益。

(2)确保使用的便捷性。这通常会导致简约化、合理化与产品、设备和构件的互换性及其临界尺寸的固定,以保证与相关部件的兼容性。

(3)规定质量要求的等级。使质量的实际评定方法及其结果符合前两者的要求,并能保证生产技术及艺术成果的有效传承。

(4)天然的标准化或有组织的标准化,无论其是否经济科学,都力图给事物一种统一的秩序。其所根植的因素并不囿于经济,还包括社会、政治、文化等多方面综合因素。如《左传》隐公元年所云:"诸侯国自筑城,大都、中都、小都之城各有定制,不得僭越。"这种对礼仪等级的规定,除了经济因素外,还有社会秩序方面的综合考虑。

三、中国传统产业技术标准化历程

中国传统工匠在很早就重视运用数学方法设立规格和制定标准,中国现知最早也是最重要的浙江余姚河姆渡村干阑遗址,距今约七千年,已广泛使用榫卯结合,构件用石凿、骨凿和石斧加工而成,板材则用石楔劈成,甚至还做出了企口板和直棂栏杆,构件规格统一规整。按其性能和作用的不同,大致可分为柱头和柱脚榫卯、平身柱与梁枋交接榫卯、转脚柱榫卯、受拉杆件带梢钉孔的榫卯、柱杆榫卯、企口板六种类型,已有标准化的雏形。

《周礼·考工记》百工制作中即载有一定的比例标准,如王城规划,版筑技术,道路、门墙以及建筑内部的模数标准;此外,还记载有产品和工程的技术规格、工艺方法、技术要求与标准规范等等,开创了中国古代有文字可考的标准化先河。而保存在洛阳的周代王城,城墙采用方块夯筑方法,即夯筑时用木板隔成方块,方块大小都有统一的标准。在方块内分层夯筑后拆板另组方块,上下方块交错叠压,层次分明。这种成方块的夯筑和交错叠放的标准施工方法增强了墙体的坚固性。这种筑墙方法作为标准一直为后世所沿用,成为中国传统的筑墙技术一大特色。

秦灭六国,建立统一的郡县制国家,其废藩置县,令出中央,统一全国的文字、律令、度量衡,修驰道,开鸿沟,凿灵渠,建万里长城,筑宫殿,各地的差异大为减少,技术经验得到了总结提高,初步形成了相应的技术标准。因为统一既为标准化的发展提供了条件也使其发展成为时代所需。隋唐时期是自秦汉以来中国标准化发展的又一个高峰。以建筑技术为例,在此前的建筑技术发展的基础上,形成了完整的以木结构为主的建筑体系,建筑工程已进入定型化、标准化和规范化阶段。如隋朝已使用百分之一比例尺的图样和模型,而且将中央政府制定的标准设计图样颁送各地施工使用。《唐六典》中有很多有关建筑标准方面的条文。

宋代始有"则例"称呼。《木经》和《营造法式》更是集当时建筑营造"法式化"之大成。宋代哲宗元祐六年(1091年),将作监编成《营造法式》颁行曰《元祐法式》。北宋绍圣四年(1097年)工程专家李诫重新编修。他收集工匠讲述的各工种操作规程、技术要领及各种建筑物构件的形制、加工方法,编成流传至今的《营造法式》,于崇宁二年(1103年)刊行全国。

明代则例流传日益增多,除朱长芳的《南京工部志》十八卷、张问之的《造砖图说》一卷、贺仲轼的《冬官纪事》一卷、何士晋的《工部厂库须知》十二卷、童华的《铜政条议》一卷、李昭祥的《龙江船厂志》、午荣的《鲁班经匠家镜》、《两宫鼎建记》、《工部新刊事例》等有关工程和手工业工艺的则例外,还有大量有关礼仪、制度、宫馆、机构的则例,如《明内廷规矩考》三卷、吕维祺的《四译馆增订馆则》二十卷等。一些地方条规和制度也刊为"则例",如明嘉靖三十二年《八闽政议》三卷等。明代中期以后由于商品经济的发展,对于应用数学要求迫切,数学的发展出现了新的特点。主要表现在强化数学的社会实用性,并且改变应用方向,扩大应用范围,明代数学的最大发展在于民间数学知识的普及,这使得工匠们能够获得一定的数学知识,并利用这些数学知识改善产业技术,特别是在控制预算、设计构件和利用几何学知识将产业技术科学化,并进一步促进产业技术标准化等方面发生作用。在此基础上形成了各式建筑则例,明清建筑技术的则例化,在民间与官方互动,以建筑的各种设计标准、规范和有关材料、施工定额、指标规范化为主要内容,借以明确房屋建筑的等级制度、艺术形式及料例功限等。

有清一代则例特别繁多,大体分为两个大类,即有关礼仪与行政法规的制度则例和有关工程技术与手工业行作的匠作则例。

前者多为官修且往往奉敕修撰,如康熙十八年敕撰《刑部则例》二卷、乾隆三十七年傅恒等奉敕撰《吏部则例》六十六卷、乾隆四十一年于敏中等奉敕撰《户部则例》一百二十卷、同治十二年潘祖荫等奉敕撰《户部则例》一百卷、乾隆四十九年德保等奉敕撰《礼部则例》一百九十四卷、道光五年明亮等奉敕撰《兵部处分则例》三十九卷、咸丰三年步军统领衙门奉敕撰《金吾事例》十卷、光绪十年福锟等奉敕撰《内务府则例》四卷、光绪十四年世铎等奉敕撰《宗人府则例》二十卷、光绪十七年松森等奉敕撰《理藩院则例》六十四卷、《光禄寺则例》九十卷、乾隆三十七三十七年傅恒等奉敕撰《吏部则例》六十六卷、乾隆四十一年于敏中等奉敕撰《户部则例》一百二十卷、同治十二年潘祖荫等奉敕撰《户部则例》一百卷、乾隆四十九年德保等奉敕撰《礼部则例》一百九十四卷、道光五年明亮等奉敕撰《兵部处分则例》三十九卷、咸丰三年步军统领衙门奉敕撰《金吾事例》十卷、光绪十年福锟等奉敕撰《内务府则例》四卷、光绪十四年世铎等奉敕撰《宗人府则例》二十卷、光绪十七年松森等奉敕撰《理藩院则例》六十四卷、乾隆三十七年福龙安等撰《八旗则例》十二卷、乾隆二年徐本等奉敕撰《督捕则例》二卷等。也有私家撰写或编辑的，如万斯同撰《庙制图考》一卷、福申补辑《科场则例》一卷。这些则例是研究清代社会制度、政治生活、仪礼遗规等必不可少的文献。

清代匠作则例的搜集首创于朱启钤，后为王世襄所发展。迄今为止，据不完全统计，清代匠作则例计92种，这些则例多数是抄本。清代匠作则例中，多数是有关建筑、营造和园艺的，涉及清代许多重大工程的各个方面和清代手工业的各个门类，包含了土作、搭材作、大木作、石作、瓦作、琉璃作、小木作、漆作、泥金作、油作、画作、铜作、锭铰作、铁作、镞作、锡作、玉作、珐琅作、竹作、帘子作、藤作、棕作、箭作、缠筋作、绣作、裁缝作、毛衼作、绦作、缨作、皮作、毡作、墨作、香作、刻书作等，所含技艺术语、名辞数以万计，远远超过任何辞书的容量，从而具有极高的文献价值和学术价值。如《工程做法》在工料应用额限方面篇幅占全书一半以上，有的条款比《营造法式》的规定更严密具体，如《工程做法》卷50"铜作用料"，规定了隔扇、门钉、门钹、大门包门叶、寿山福海、菱花钉、锭龙叶小泡钉、殿角风铃、琉璃吻、二块琉璃合角吻、琉璃兽、二样铜瓦帽、大黄米条铜丝网、小黄米条铜丝网等处的用料。王世襄先生自1960年开始，一方面搜集清代匠作则例文本，另一方面着手按匠作种类分别辑录条款进行汇编。先后将漆作、油作、泥金作、佛作、门神作、石作、小木作、铁作、画作、铜作、镞作等条款从所搜集的则例中辑录了出来，并刻印成册，成为这一领域的拓荒者①。

《总管内务府现行则例》的定义是"聚已成之事，删定编次之也"。匠作则例记录是技术经济特别是建筑技术经济的珍贵资料，它首先包含了丰富、翔实的技术内容，详列了各地各种物料名称规格、生产工具以及有关工艺。在列出用工用料时，一律按照制作的过程，由个别构件到整体产品的名称进行叙述。我们可以从中看出操作的程序和各个构成部件之间的关系。比如在《惠陵工程纪略》中的"看小夯做法规矩"中规定："第二步须在此步上趁湿打流星拐眼一次，泼江米汁一层。水先七成为好，渗江米汁，再洒水三成，为之催江米汁下行。再上虚为之第二步土，其打法同前。"②详细记载了清代陵寝建筑的地基处理技术。

匠作则例所制定的规则和定例非常详细精确，为政府部门进行经济核算和管理提供了操作性很强的依据。清代很多匠作则例就是专门为了经济核算和管理制定的，目的是为了官吏们不能够"高下其手，以滋弊窦"。例如《总管内务府现行则例》中有"领取纸张笔墨炭斤"条："凡本衙门每

---

① 苏荣誉、华觉明：《清代匠作则例的学术价值和研究现状》，《中国科技典籍研究——第一届中国科技典籍国际会议论文集》，大象出版社，2008年，第218页。
② 王其亨：《清代陵寝建筑工程小夯灰土做法》，《故宫博物院院刊》，1983年第3期，第48—51页。

年应领本纸十五张,棉料榜纸八百四十张,台连纸五百七十张,银朱八两,呈明移咨户部领取。每年应用笔二百四十只,墨二斤,印色八两,呈明移付广储司领取。每年自十一月初一日至次年正月三十日,每日应用烤砚炭一斤八两,移付营造司领取。"①则例中这类的规章制度说明详尽,十分便于遵循。很多匠作则例还对清代的俸银工资制度以及各工种工匠的工价有十分详细的记载。关于工匠的工价更是大部分匠作则例中都涉及的一个专门内容,如:"顺治十六年题准,内工每匠给银二钱四分,每夫给银一钱二分,冬月每匠给银一钱九分,每夫给银一钱,外工匠夫比内工减给银二分。康熙四年题准内工每匠给银二钱四分,每夫给银一钱二分,外工每匠给银二钱二分,每夫给银八分,冬月不论内工外工每匠给银一钱四分,每夫给银七分。五年题准嗣后凡有工程工匠夫役,俱照时价给发。雍正元年,定各项匠役每工给银一钱八分,冬月给银一钱四分,夫役仍旧。"②匠作则例还详列了各种物料的名称规格、生产工具以及有关工艺。其在列出用工用料的时候,还按照制作过程辑录整体以及构件的名称,人们可以从中看出操作的程序和各个构成部件之间的关系。则例化是生产率提高与工艺水平提高的前提条件,是传统工业生产走向近代产业化的基础。

雍正十二年由工部编定并刊行的《工程做法则例》一书,包括有大木作、小木作、搭材起重、油画裱糊等十七个专业的内容和九檩庑殿大木、九檩歇山转角大木等二十七种典型建筑的设计实例。《工程做法则例》是中国建筑史上一部重要的技术法规,其内容是集建筑设计和施工技术手册、技术标准和规范、劳动定额为一体的技术理论化专著。其中的斗口模数制和对物料、功限的预算对传统建筑标准化都起了重要的参考作用。其所载建筑则例极其严格。刊行后作为当时官式建筑设计标准规范,详于建筑规格条例与料例功限,可以使设计有所凭依,估算有所依据,施工备样、人工调度各有凭依。其内容:

第一部分,从卷1至卷27,用长篇文字和少量附图详尽地说明了九檩庑殿大木、九檩歇山转角大木等二十七种建筑的形式、构件的大小尺寸及其确定这些尺寸的基本原则。它包括了从九檩到四檩大式建筑、七檩到四檩小式建筑大本部分的构件尺寸,以及庑殿、歇山、转角、楼房、前出廊转角、川堂、三滴水歇山正楼、重檐歇山角楼、歇山箭楼、歇山转角闸楼、硬山闸楼、挑山仓房、硬山库房、垂花门、方亭等不同形式、不同功能的建筑大木部分的构件尺寸。这部分内容实际上是用文字详细地描述了二十七个典型设计。它是以后整个工料计算的基础。

第二部分从卷28到卷40是斗栱作法。这部分内容详细地规定了以斗口为基准的斗拱各部尺寸、斗口尺寸的变化范围,各种不同斗口尺寸的斗拱的应用对象以及不同类型、不同大小的斗拱的做法和安装顺序,并提出了以斗口为整个有斗拱建筑的基本模数的概念。《工程做法则例》通过这前40卷详细、具体地规定了建筑物木构件部分的做法,以及这些构件相互间的比例关系,反映了这一时期清代木构建筑的基本风格和构造特点。

第三部分从卷41到卷47,规定了确定各项装修、石作、瓦作、发券、土作尺寸的原则。

---

① 清工部编:《钦定总管内务府现行则例》,见《故宫珍本丛刊》第310册,海南出版社,2000年,第11页。
② 允禄:《大清会典》(雍正朝)卷198《工部》二,见《近代中国史料丛刊三编》第787册,文海出版社,1986年,第13376页。

第四部分从卷48到卷74，为各项用料、各工种劳动力计算和定额。第四部分的篇幅与第一部分相同，也是27卷。它所确定的计算方法和定额是建立在前三部分基础之上的，反映了清代初期建筑行业的工种分配、材料供应情况及劳动组织、施工管理的水平。

《工程做法则例》(即《工部工程做法则例》)反映了当时建筑设计与建筑施工的内容。首先当时的建筑设计，即官工设计，"外工"掌在工部营缮司，"内工"属于内府营造司承办。后来，圆明园又设有"内工部"专门办理"园工"设计事务。营造司分设样房、算房，设计图式，绘制图样，制作烫样，应用工料估算，都根据《工程做法则例》规定标准，针对具体工程编制做法说明和经费预算、完工结算，都具有一整套严密的管理制度。其次，做法说明以文为主。烫样式其形象轮廓，图式显其建筑结构，并标注主要尺寸做法，与文字说明相辅为用，按说核样。文字越复杂，其做法越明了，施工据以放样核算，百无一失。由大木匠掌握全局总尺寸，分丈竿标注局部，分件尺寸，瓦、石各作均以大木作丈量尺度为准，分别安排作业施工。最后工料估算、有关工程经济之核定，掌在官府，人力调度、物材供应，各有保证，更有利于现场施工，掌握好规矩尺寸，把住质量关，按期分工，别无他物①。统一规定建筑做法、等级标准是控制工料消耗的基础。限定用工、用料是为了便于制定预算，检查质量，控制开支。

除官修则例外，还有施工单位组织也会抄录以作为施工的脚本，或是工匠艺人在各处修造留下记录，后作为向徒弟传授经验的课本。明清官式建筑的营建，大量工匠是从民间招募。"洪武营南京，悉为吴匠。吴匠聚于苏州之香山。永乐营北京，复用北匠，聚于冀州。"②工程完工后，工匠可能会将所抄录的建筑则例携带回乡，在民间不断传抄。当时不少官方建筑设计师参与各地官式建筑设计，随着这些工程的修建，大量官方则例也渐渐被传抄，并对江南建筑技术产生影响。《营造法原》说："北方建筑翘头(向檐外挑出的栱头)有作六分头、菊花头、蚂蚱头等，南方营造无此规定。但在个别古建筑中尚保存此制，想系应用法式与则例遗制。"③这段话证明了清代中期官方建筑则例在民间流传的事实。

建筑则例中建筑技术标准化规范，对民间建筑行业标准的影响有绝对和相对两个层面。所谓绝对层面是指传统建筑技术照搬官式建筑标准，而相对层面是指传统建筑技术采用与官式相似的标准。如"重宁寺佛作，则造内工作法"④，说明重宁寺是以官式做法完成的。又如《营造法原》第七章殿庭总论最后有一个"殿庭屋架木料名称件数尺寸工数表"，该表格中以殿庭各个部件的尺寸作为计算工数的依据，这种技术管理的标准与斗口制下各则例中的标准有很大相似性⑤。综上可见，建筑行业已经吸收官式建筑技术的标准。官方建筑则例在民间流传，对民居的设计也产生巨大的影响，形成了系列性的民居样式，如北京四合院、浙江"十三间头"等。它们都是在民间建筑定型化过程中形成的各种平面布置，组成系列化的设计，以适应不同环境要求。北京四合院可以从

---

① 梁思成：《清式营造则例》，中国建筑工业出版社，1981年，第1—2页。
② 朱启钤：《中国营造学社开会演词》，见《建筑百家杂识录》，中国建筑工业出版社，2004年，第2页。
③ 姚承祖：《营造法原》，中国建筑工业出版社，1986年，第17页。
④ 李斗：《工段营造录》，"附录·扬州画舫录涉及营造之记述"，上海科学技术出版社，1984年，第22页。
⑤ 马峰燕：《江南传统建筑技术的理论化》，苏州大学2007年硕士学位论文，第31页。

一正一厢、三合院、四合院、两进院、多进四合院、带侧院及花厅的四合院,以及开设侧轴线的大型四合院等,都有标准的建筑则例可循。

北京四合院与浙江的几间几厢房式皆为一系列从简到繁的标准住宅形式。这种系列性设计可简化工作程序,保证平面、立面的比例、尺度关系及组合群体的协调性。而且施工简便,构件统一,面积灵活,可适应各种使用要求。由于这种系列设计使住宅设计变得十分简单,承包工匠与住户要求十分容易沟通,仅有间架、开间尺寸在容许程度内的选择变动,即可完成全部设计工作,这已经具有标准单元设计的特征。另外建筑则例中所包含的对技术管理的方式为民间所使用,也促进了传统建筑行业在技术管理方面的进步。比如清代形成的官式建筑工程的包工制度及其相应的技术管理制度,在清代中期的江南建筑行业中已被广泛应用。

第八章 明清江南工业技术理论的学科化

学科化是技术理论化的最终阶段,也是科学理论返归技术的开始阶段。技术理论的学科化必须完成自己的语言标准、学术规范和教育教学中的学科范式。虽然这一现象在明末清初便已出现,但作为技术理论化实现的最终标志,到晚清江南产业技术理论学科化才是普遍现象。学科是构成科学技术体系的各分支科学,是在一定研究领域形成的专门知识体系,具有从事该学科研究工作的专业队伍、教学队伍及其相应教学、科研设施等要素。基本要素包括:第一,专业知识和系统理论。第二,特定研究对象、统一规范和相应技术方法。第三,专门教材、专职队伍和相应的教学设备。传统学校的分科教育,及专业学校职业技术教育的出现,都是传统工业技术理论学科化的主要标志,而学科化本身又是技术理论化完成的最后标志。以下所要阐述的16世纪20年代到20世纪20年代江南八府一州及其周边地区各个传统工业行业的学科化,一是直接反映了明清以来江南早期工业化过程中具体工业技术传承的连续性;二是重点说明了16世纪20年代到20世纪20年代江南区域传统工业技术科学化发展的继承性;三是显示了16世纪20年代到20世纪20年代江南区域早期工业化过程中传统工匠技术现代转型的趋向性。

第一节 建筑业技术理论的学科化

以下列出16世纪20年代到20世纪20年代江南及其周边区域传统建筑业技术理论化的几部著作,从中不难看出中国传统建筑木作业、建筑堪舆业和园林营造业技术理论化过程中的学科化趋势。这种趋势首先表现为各种专业教材或准教学书的生成。

明代直隶庆云县人张问之,嘉靖二年(1523年)进士,官至工部郎中,奉命到苏州陆墓督办宫廷所用铺地之细料方砖,目睹窑户之造作细节,乃撰《造砖图说》一卷,书成于嘉靖十三年(1534年)。

江苏宜兴人何士晋于万历四十三年纂辑完成的《工部厂库须知》10卷[①],对工部所掌各厂库的编制、职掌、例行任务、工程和制造器物的物料来源、规则制度、用工用料的限额等,均有较详的记述。第一卷,巡视题疏、本部复刊、载奏疏六篇;第二卷,厂库议约、节慎司条约,议约为何士晋提出的厂库公约31条;第三卷,营缮司;第四卷,三山大窝、都重城、修仓厂、清匠司、缮工司;第五卷,琉璃黑窑厂、神木厂、山西大木厂、台基厂;第六卷,虞衡司;第七卷,宝源局、街道厅、验试厅;第八卷,盔甲王恭厂;第九卷,都水司;第十卷,通惠河。该书自卷三至卷十详细记载了工部所属各机构召买各项物料数额及单价以及一些部门匠役工钱,总数达400余种。其他如琉璃瓦釉料配方:黄色一料,黄丹306斤,马牙石102斤,黛赭褚石8斤;青色一料,硝10斤,马牙石10斤,铅末7斤,苏嘛呢青8两,紫英石6两;绿色一料,铅末306斤,马牙石102斤,铜末15.8斤;黑色一料,铅末306斤,马牙石102斤,铜末22斤,无名异108斤。琉璃制品名称和用工数量:皇极殿脊上吻,每只13块,高1.05丈,制造用150工,安装用170工;建极殿、中极殿同;乾清宫吻每只11块,高1.05寸,制造90工,安装92工;皇极门、午门、端门、承天门同;各陵地宫上伏檐下伏檐共9座,每座用吻5对,用兽头8个,每座安装用6工,地宫琉璃香炉、花瓶亦有记载;台基厂为宫殿附近储材之所,也是宫殿设计的场所,内有砖砌的方形地面一片,用于规画、绘制施工大样。卷三规定:"以上各监局、各工所仓库一应物料,除会有者照旧取用,其会无者召商买补,临期照依原估价值移会。"[②]可知书中所记物价属于政府会估价格,只是究属何年估价未加说明。卷三《营缮司条议》还有:"买办各项物料价值,载在《会估》。然亦与时低昂。往例年一行之,自三十七年后会估法废,未免偏肥偏枯,官商两碍。以后以两年为限,公同科道,备细酌定,上下公平,庶措办易而督责易行。"[③]《工部厂库须知》一书的运用使建筑工程精确预算成为可能。

《工部厂库须知》卷四中"修仓厂",及"鼎新仓厂"中的记载与禄米仓、北新仓建筑的构架形式基本一致。北京东城区新太仓胡同中的北新仓是明清时期的皇家粮库。现存仓房九廒,每廒座内为五间,明间开门,面阔23.6米,进深17米。建筑屋顶采用悬山合瓦皮条脊,有的前后出檐椽,不用飞头。有的为封护檐做法,檐下施菱角檐,山墙上还设有石制檩垫,用以代替山墙上的木制梁架来承托檩子,这种做法被称为"硬山搁檩"。两种出檐处理的廒房均于前坡推出面阔4.2米、进深2.6米的悬山垂檐廒门,并于仓廒屋顶末间开设气窗。廒房用五花山墙,墙体用黑城砖,以糙淌白砌法砌成,厚重以求保温,墙底部厚达1.7米,顶部约1米,收分显著。仓房内部结构为七架椽屋,共用金柱八根,每缝梁架中用三架梁,前后双步梁。禄米仓是南北大运河的终点所在,对研究中国运河史有着重大价值。

著名明清史专家谢国桢先生曾到各地鉴定古籍,每见善本、孤本,则作笔记,记述版本情况、史

---

① 黄卓越:《中国大书典》科技卷"工部厂库须知条",中国书店,1994年,第1142页。
② 何士晋:《工部厂库须知》卷3《营缮司》,见《续修四库全书》第878册,上海古籍出版社,1995年,第466页。
③ 何士晋:《工部厂库须知》卷3《营缮司》,见《续修四库全书》第878册,上海古籍出版社,1995年,第482页。

料价值。《江浙访书记》①是其生前最后一部著作,记录了他在江苏、浙江、四川等地图书馆寻访到的古籍善本。该书所涉书籍范围广泛,文史经哲、天文地理、风俗人情、医理科技无所不有;所记内容详尽,书名、卷数、馆藏、版本、作者生平、内容提要、有关逸闻以及对是书的评点等等无不一一列举。其中所述《鲁班经》为郑振铎先生所藏明崇祯刻本。又有《鲁班经匠家镜》3卷,署明午荣等编,为明万历年间(1573—1602年)汇贤斋刻《平砂玉尺经》附集第四种一册增编本。卷端题名《新镌京板工师雕刻正式鲁班经匠家镜》,版心上题《鲁班经》,卷端下署"北京提督工部御匠司司正午荣汇编,居匠所把总章严全集,南京御匠司司承周言校正"。"匠家镜"意为营造房屋和生活用家具的指南。该书原出自南方,历代流传,不断补充完善,五六百年不衰。卷1从鲁班仙师漂流作工始,叙述了各种房屋建造法,到凉亭水阁式止。前文后图,以图释文,文中多为韵文口诀。卷2全面介绍了建筑、畜栏、家具、日用器物的做法和尺寸,从仓敖式开始,至围棋盘式止。内容翔实,亦为前文后图。卷3记载建造各类房屋的吉凶图式72例。版面为上图下文,文字说明多为阴阳五行、吉凶风水对盖房造屋的影响。书中还记载了制作家具的原料及构件的尺寸,所述家具包括杌子、板凳、交椅、八仙桌、琴桌、衣箱、衣柜、大床、凉床、藤床、衣架、面盆架、座屏、围屏等。该书增编年代正值明式家具制作高度兴盛之时。当时绘制、雕刻图式者也有相当高的水平,因此本书比较真实地描绘了各种家具的形状。书中插图线条流畅,人物姿态生动,画面完美,是我国古代仅存的一部民间木工的营造专著。浙江宁波天一阁文物保存所藏明代无名氏撰《新编营造正式》六卷,为明刻黄绵纸印本,则是明代木匠授徒的营造技艺之书。

而明代嘉靖年间黄鹤撰《槎居谱》一卷,叙述其宫室器服构造之制而各系以铭。鹤字修翎,宜兴人,嘉靖乙未进士。所居宅名槎居,有仰陶亭、空中阁诸胜,皆自出意匠为之。《四库全书总目提要》说该书"语意纤仄,体近俳谐。"

明天启年间严澄撰《蝶几谱》一卷,作者是常熟人,因《燕几图》而变通之,燕几以方几长短相参,此则以勾股之形作三角相错,形如蝶翅,故曰蝶几。其式有三,其制有六,其数十有三,其变化之式凡一百有余。

明末周宗彝撰《修备纪略》一篇。宗彝,号五重,海宁人,崇祯十二年举人。此书记崇祯末年修备关厢水栅事宜。明末吴江人周永年著《邓尉圣恩寺志》十八卷,书成于崇祯十五年。清初昆山人顾炎武撰《历代帝王宅京记》二十七卷,记历代帝王建都之制。又撰《东京考古录》一卷,载吴震方《说铃》中,有大学士英廉家藏本。清代宜兴人任启运撰《宫室考》十三卷,于李如圭《释宫》之外别为类次,考据颇为详核。

明清建筑风水学与堪舆理论专著也日益增多。明代周景一撰《山洋指迷》,作者称越地(浙江)儒生,有乾隆刊本。该书既讲山法又讲洋法(平原),以开面为关键准则。"开面"分八个字:分、敛、仰、覆、向、背、合、割。同时重视"地步",即纵横、收放、偏全、聚散,并讲环境容量大小,凡纵方向长,横方向广,收局小而放局大,聚众地之势者为上地。

民国初年成立了苏州工业学校,聘请苏州木匠协会会长姚承祖为讲师,他所撰写的《营造法

---

① 参见谢国桢的《江浙访书记》,上海书店出版社,2004年,第138页。

原》便是苏州工业学校最早的建筑学教材,不仅被学界誉为"中国南方建筑唯一宝典",而且是现代建筑师及工程技术人员必读的专业教材。

以上所列几种建筑书之外,晚清堪舆师钱塘人沈绍勋撰《沈氏玄空学》三卷,内容丰富,理论性强。沈绍勋生于道光二十九年,卒于光绪三十二年。死后其子及众门人搜集其生前手稿,并将之辑录成《沈氏玄空学》。书中详尽介绍了堪舆理论中理气法的基本理论和用法,是第一本完备的玄空风水学专著,亦是现代学习建筑堪舆技术的入门书。《沈氏玄空学》共分六卷,第一、二卷为《自得斋地理丛说》,包括"缘起"、"论玄空"、"论天心"、"论罗经"、"论紫白"、"论父母子息"等36篇,第三卷包括"阴宅秘断"和"阳宅秘断"两部分,为沈竹礽对章仲山《宅断》之注解,集中体现了其对阴阳两宅选址的基本理论。如其中"阳宅秘断"一章,就如何取生旺气运,旺山旺向,如何与人事之配合,总结阳宅秘断三十法如下:

(1)城乡取裁不同——乡村气涣,立宅取裁之法,以山水兼得为佳;城市气聚,虽无水可收,而有邻屋之凹凸高低,街道之阔狭曲直。凹者低者阔者曲动者为水;直者凸狭者特高者为山。

(2)挨星——阳宅挨星,与阴阳无异,以受气之元运为主,山向飞星,与客星之加临为用。阴宅重向水,阳宅重门向。然门向所以纳气,如门外有水放光,较路尤重。衰旺凭水,权衡在星之理,盖亦无稍异也。

(3)屋向门向——凡新造之宅,屋向与门向并重。先从屋向断外六事之得失,倘不验再从门向断之。若屋向既验,不必复参门向;反之,验在门向,亦可不问屋向也。

(4)堂局环境——凡看阳宅,先看山川形势气脉之是否合局,后看路与周围之外六事及邻家屋脊牌坊旗杆坟墩古树等物,落何星宫,辨衰旺以断吉凶。

(5)大门旁开——凡阳宅以大门向首所纳之气断吉凶,大门旁开者,则用大门向与正屋向,合两盘观之,外吉内凶,难除瑕疵;内吉外凶,仅许小康。

(6)屋大门小——凡屋与门须大小相称,若屋大门小,主不吉,然屋向门向皆旺,屋大门小亦无妨。

(7)乘旺开门——凡旧屋欲开旺门,须从旧屋起造时,某运之飞星推算,如一白运立壬山丙向,旺星到坐,原非吉屋,到三碧运在甲方开门,方能吸收旺气,缘起造时向上飞星三碧到震,交三运乘时得令,非为地盘之震三也。若开卯门亦须兼甲,以能山向元同之气也。

(8)新开旺门——凡旧屋新开旺门后,其断法,可竟用门向,不用屋向也。打灶作房,亦从门向上定方位。

(9)旺门蔽塞——凡所开旺门,前面有屋蔽塞,不能直达,从旁再开一低小便门,以通旺门,则小门只作路气论,不必下盘。

(10)旺门地高——旺门门外有水,本主大吉。但门基反高于屋基者,虽有旺水不能吸收;门基高于门内之明堂者亦然。若门外路高,当别论也。

(11)里同——凡宅内有里同,不见日光者,作阴气论。二黑或五黄加临,主其家见鬼。即使不逢此二者,亦属不吉。

(12)造灶——不论宅之生、旺、衰、死方,均可打灶。但生、旺方可避则避。以火门为重,灶神坐庙可弗问焉。火门向,一白为水火既济向,三碧四绿为木生火,均为吉灶。灶门向,八白,火生土为中,吉向,九紫亦作次吉论,但宫究嫌火大炽盛耳。六白七赤,火门不宜向,因火门所朝之向,乃造屋时向上飞星所到之活方位;兆指地盘九星言也。

(13)粪窖牛池——秽浊不宜响迩,五黄加临则主瘟疫,二黑飞到亦罹疾病,以较远之退气方为宜。

(14)隔运添造——凡屋同运起造,固以正屋为主,如后运添造前后进,或侧屋而不开另大门者,亦仍作初运论,不作两运排也。若添造之屋另开一门独自出入,方作两运排,倘因后运添造而更改大门,则全宅概作后运论可也。

(15)分房挨星——凡某运起造之宅,至下运分作两房者,仍以起造时之宅星图为主,而以两边私门为用,盖星运定于起造,不因分房而变动。分房以后,各以所住局部之星气推断吉凶可也,同运分房者类推。

(16)数家同居——宅之中数家或数十家同居,断法以各家私门作主,诸家往来之路为用,看其路之远近衰旺,即知其气之亲疏得失也。

(17)分宅——宅划作内室,另立私门者,从私门算;但全宅通达毗连,仍作一家排,不从两宅断也。

(18)逢囚不囚——向星入中之运,如二四六八进之屋,逢囚不囚者何也,因中宫必有明堂,气空可作水论,向星入水,故囚不往。若一三五七进之屋,中宫为屋,入中便囚,但向上有水放光者,亦囚不住。

(19)店铺——凡看店铺,以门向为君,次格柜台,又次格财神,俱要配合生旺。若门吉,柜台凶,财神凶,吉中有疵,主伙友不和或多阻隔,其衰旺之气,皆从门向吸受。

(20)吉凶方高——宅之吉方高耸,年月飞星来生助越吉;来克泄则凶。若凶方高耸,年月飞星来克泄反吉;来生助则凶。此指山上龙之方位也(按:即山星挨到之方位也)。

(21)竹木遮蔽——阳宅旺方有树木遮蔽,主不吉。竹遮则无碍,然亦须疏朗,因竹通气故也。衰死方有树木反宜。

(22)一白衰方——阳宅衰气之一白方,有邻家屋脊冲射者,主服盐卤死,兽头更甚。

(23)财丁秀——财气当从宅之向水或旁水,看旺在何方,加太岁断之。功名当从向上飞星之一白四绿方,看峰峦或三交会,流神屈曲处,加太岁合年命断之。丁气当从宅之坐下及当运之山星断之,其验乃神。

(24)流年衰死重临与旺星到向——阳宅衰死到向是某字,逢流年飞星到向又为某字(即岁星运星并临)主伤丁。旺星不到向之衰宅,逢流年旺星到向,亦转主发祸,阴宅同断(若生气到向或有城门诀可用者例外)。

(25)鬼怪——衰死方屋外有高山或屋脊,屋内不见,名为暗梁屋运衰时,阴卦主出鬼,阳主出怪,然必须太岁月日时加临乃应,初现时有影无形,久而弥显,或颠倒物件,捉弄生人。枯树冲射,屋运衰时,阴卦亦主鬼,阳卦主神,阴阳互见主妖怪。

(26)路气——路为进气之由来,衰旺随之吸引,离宅远者应微,然亦忌冲射,名为穿砂,有凶无吉,二宅皆然。贴宅近路与宅中内路,尤关吉凶,故内路宜取向上飞星之生旺方,合三般者吉;而外路,亦须论一曲之首尾,察三湾之两头,看其方位落何星卦,湾曲处作来气,横直者作止气,其法系从门上所风者排也。天无五歌云:"酸浆入酪不堪斟",即言屋吉路凶之咎也。

(27)井——井为有源之水,光气凝聚而上腾,在水里龙神之生旺方作"文笔"论,落在衰死,主凶祸,阴宅亦然。

(28)塔——塔是挺秀之形,名曰"文笔",在飞星之一四一六方,当运主科名,失运亦主文秀。若在飞星七九二五方,主兴灾作祸,克煞同断,阴宅亦然。

(29)桥——桥在生旺方能受荫,落衰死方则招殃。

(30)田角——取兜情,忌反背尖射,二宅皆然。①

在理论总结基础上,江南建筑业的职业技术教育与科学技术化进程也在清末民初正式开启。清光绪三十二年七月,江苏开设土木建筑类专业学校。光绪三十四年初,中国著名实业家张謇创办的通州师范增设测绘科,学制一年半,首批毕业学生43人。同年二月通州师范又增设土木科,学制一年,测绘科毕业的学生有9人升入土木科,宣统元年毕业。光绪三十三年,如皋乙种工业学堂开设木工、漆工、染织、贴纸等专业。民国元年创立省立第二工业学校(后改为公立苏州工业专科学校),内设土木、染织、机织三科,这是江苏省高等学校中最早开始的土木专业。民国十六年(1927),国民政府将苏州工业专业学校与东南大学合并组建成第四中山大学,第二年改为中央大学。从苏州工专转来的两届建筑科学生成为中央大学工学院建筑系的第一、二届学生②。

以下列出16世纪20年代到20世纪20年代江南及其周边区域园林园艺业技术理论化的系列著作,从中可看出中国传统园林园艺业技术理论化过程中的学科化趋势。

明代苏州人计成撰《园冶》三卷,崇祯七年(1634年)刊行,被称为"世界上最古的造圆名著"。晚明苏州人文震亨著《长物志》,对室庐、书画、几榻、器具、衣饰、舟车、位置(陈设布置)等均有论述。清初上元人黄周星撰《将就园记》一卷。吴江人沈自南撰《艺林汇考》二十四卷,凡"栋宇"、"服饰"、"饮食"、"植物"、"称号"五编。钱塘人诸九鼎撰《石谱》一卷,仁和人沈心撰《怪石录》一卷,海宁人马汶撰《绉云石图记》一卷,1811年成书。造园理论在众多明人著述中都有反映,如文震亨的《长物志》中室庐、花木、水石等部分。

刊行于万历年间的《鲁班经》是一部木工行业技术书籍,该书对房舍施工构筑、建筑工具和定位技术以及常用建筑的类型尺寸和生活工具、家具的形制都有着详细的说明,同时也对研究江南地区的园林建筑提供了积极的帮助。但是,作为造园思想和技术水准的最高规范,首推计成的《园冶》。《园冶》是中国最早的专门以造园为内容的园林典籍,全文约18万字,各类插图共235帧。其中的造园理论,对于理解明代中后期的园林艺术有着重要作用。所谓"世之兴造,专主鸠匠,独不闻三分匠、七分主人之谚乎?"其造园设计理念完全体现了中国设计文化的内蕴,总结并发展了

---

① 沈绍勋:《沈氏玄空学》三卷,民国手抄本,现行整理本由陕西师大出版社出版,2010年。
② 江苏省地方志编纂委员会:《江苏省志·建筑志》,江苏古籍出版社,2001年,第628页。

中国古典造园思想,表现了中国造园设计的最高水平①。

中日甲午战争后,国内开始译刻国外农书,选派农学留学生,兴办新式农校和农业试验场,以实验科学为指导的近代园林园艺学应时诞生。光绪二十四年(1898年),苏州孝廉范炜、蔡俊镛等开设"农务学馆",向农民宣传推广新农具和改进农具,进行农机教育;同时上元县(现江宁县)农民教育馆教官张是保向学员讲授新式农具,教农民使用"美犁",进行深耕。民国初年,我国先后创办了几所中等园艺学校,培养了第一批园艺专业人才。20年代以后,高等农业院校相继组建了园艺系,中国自己培养的园艺人才日益增多。在园艺教育发展的基础上,园艺科研得以逐步发展。到抗日战争前,已初步形成了具有中国特色的教育教学、科研与推广体系,在园艺基础理论研究和应用推广方面取得了一批成果。1907年苏州府官立农业学堂宣告成立,创始人为何刚德。何刚德,福建闽侯人,1904年任抚州(今江西临川市)知府,劝农兴学。1906年任苏州知府,1907年在盘门内小仓口创立"苏州府官立农业学堂"。办学初,他就对实验教学十分重视,在盘门内百花洲设桑场一区,胥门外设果园一区。办学后,何聘请留学归来者任教。1912年,江苏省临时省议会委派汪扬宝在苏州筹建省立第二农业学校。1913年选定阊门外下津桥运河沿岸屋基荒地76亩为学校新址,扩大农校规模。在全国率先招收园艺科学生,开设了园艺泛论、果树园艺、蔬菜园艺、花卉园艺、造园园艺等专业课程②。

第二节 水利工程业技术理论的学科化

以下列出16世纪20年代到20世纪20年代江南及其周边区域水利工程业技术理论化的系列著作,从中看出中国传统水利工程业技术理论化过程中的学科化趋势。

明弘治十年姚大灏撰《浙西水利书》三卷,收集前人论述太湖水利的论文47篇,取其是而舍其非。明正德五年伍余福撰《三吴水利论》,分别讨论五堰、九阳江、荆溪、百渎、震泽、七十三楼、长桥百洞等处水利建设利弊得失。明嘉靖年间归有光撰《三吴水利录》四卷,前三卷收集前人关于三吴水利的著作,后一卷录归有光自作水利论两篇,续录《奉熊司水利集》和《记王太守书》等水利建议。主张治吴中之水,宜专力于松江;松江既治,则太湖之水东下,而他水不劳余力。明嘉靖年间沈㾗撰《吴江水考》五卷,对水道、水图、水源、水官、水则、水栅、水堤、水年、水蚀、水治、分别研究讨论,内容丰富,评议精详。明万历时潘季驯撰《河防一览》十四卷。潘季驯,乌程人,万历七年撰《塞断大工录》,复加增削,辑为是编。《塞断大工录》首《敕谕图说》一卷,次《河议辨惑》一卷,次《河防险要》一卷,次《修守事宜》一卷,次《河源河决考》一卷,共九卷。

明万历十年张内蕴、周大韶撰《三吴水考》十六卷,分水利诏令、水利大纲、水利总考、三吴水

---

① 计成著,赵农注释:《园冶图说》,山东画报出版社,2003年,第6—8页。
② 江苏省地方志编纂委员会:《江苏省志·农机具志》,江苏古籍出版社,1999年,第226页。

系、三府(苏、松、常)水利、水文水田、太湖水灾、水年水官、水议水论、水利文献等十一大部分。明万历三十四年耿橘撰《常熟县水利全书》十卷,专记万历三十三年到三十四年常熟浚河筑圩技术措施。是书内容详细,图文并茂。明万历四十三年王圻撰《东吴水利考》十卷。王圻,上海人。是书首列东吴七郡水利总图,尤详于苏、松、常、镇四府。明崇祯年间张国维撰《吴中水利全书》二十八卷,分类汇编苏、松、常、镇四府水利书,先列东南水利图,次列水源水脉、水名,再辑水利诏令章奏及论考议序等,具有重要的学术价值。

清初陈瑚《筑围说》,专记作者家乡昆山蔚村洼地圩田图式,叙论圩田工程技术事宜17条。顺治年间钱中谐撰《三吴水利条议》一卷,内容分别是论设水官以专责成、论太湖三江五堰、论吴淞江、论刘河白茆及江海支流、论水势冈身、论五堰不可决等。清乾隆十六年方观承撰《两浙海塘通志》二十卷。乾隆二十九年翟均廉撰《海塘录》二十六卷,作者仁和人。清乾隆时期金友理撰《太湖备考》十六卷,叙述太湖水利与环湖水利建设,包括人物、物产、风俗、名胜、边防等。光绪年间,郑言绍著《太湖备考续编》。清代傅泽洪编纂《行水金鉴》一百七十五卷,是总结性的水利书。该书署名虽为傅泽洪,实际上由傅泽洪的幕僚郑元庆修撰(郑元庆是湖州归安人,清初学者,见《四库全书·史部·地理类》)。另外,后人还编有《续行水金鉴》和《再续行水金鉴》。清沈恺曾撰《东南水利》八卷,作者归安人。清嘉庆年间张崇傃著《东南水理论》。道光年间陶澍著《江南水利全书》七十五卷,附录八篇。光绪年间李庆云著《续纂江苏水利全案》(宣统刻印称《江苏水利图说》)五十二篇首一卷。

江南地区很早就开始有水利工程技术教育,皆以治水技术、引水技术、蓄水技术、凿井技术、挡潮技术、灌溉技术等水利工程技术理论化为基础。明清时期,江南水利工程技术方面的著作数以百计,除《农政全书·水利》,以及《明史·河渠志》、《清史稿·河渠志》、《续编文献通典》、《续通志》、《续通考》等文献中的《陂渠》、《水利》、《海塘》等水利科技文献外,江南及其周边地区区域性水利著作也空前激增。宋代学堂教育开始设置水利课程,胡瑗在苏州郡学任教时,曾设经义、治事二斋,"堰水以利田"即为治事之一。清乾隆年间,已把河渠、水利与算法、律令同列为教学科目。光绪二十九年(1903年)公布的《奏定大学堂章程》和《奏定中等农工商实业学堂章程》中,规定工科农科学堂需设水力学、水力机、排水及开垦法等课程。其中土木科需设水利工学、河海工、施工法、测量等课程。清末民初,为治理江河的需要,开始兴办水利专业学校和聘请外国专家。清光绪三十二年(1906年)著名实业家、教育家张謇在通州师范学校附设土木科测绘班。民国四年(1915年),张謇在南京创办了全国第一所水利高等学校——河海工程专门学校。同年,筹浚江北运河工程局在高邮成立"江北水利工程讲习所"[①]。

---

① 江苏省地方志编纂委员会:《江苏省志·水利志》,江苏古籍出版社,2001年,第636页。

第三节 纺织业技术理论的学科化

16世纪20年代到20世纪20年代江南及其周边区域传统纺织业技术理论化的系列著作出现,从中可看出中国传统纺织业技术理论化过程中的学科化趋势。

明中后期钱塘人顾孟容著《冠谱》一卷,载历代冠制。清初秀水人朱子建撰《服制图考》八卷,考论历代丧服及丧服礼制。清代乾隆年间阳湖举人恽敬著《大云山房十二章图说》二卷。乾隆十六年范铜撰《布经》八卷。乾隆时人孙琳撰《纺织图说》。乾隆时上海诸生褚华著《木棉谱》一卷,从棉花种植讲到轧花、弹花、纺纱、织布、踹染及工具等。任大椿著《释缯》,对历代文献记载中的丝织物进行分类,并考证了中国丝绸发展中的一些问题(该书刊于乾隆年间,有《皇清经解》、《燕禧堂五种》等收录本)。

清人汪裕芳抄录《布经要览》二卷,原书不著撰者,作者自称是"维新程先生"的弟子。是书讲清代中后期江南苏、松、杭、嘉、太地区的棉布生产经营情况。清人丁佩撰《丁氏绣谱》,1821年成书,以论刺绣技法为主,书中提出了"能、巧、妙、神"的刺绣原则。清人张淑英撰《刺绣图》一卷,收入《绿窗女史·闺阁部女工》。清代侨居江宁的余怀撰《妇人鞋袜考》一卷。民国初年,沈寿述、张謇笔录《雪宧绣谱》一卷,1919年翰墨林书局出版,收入《喜咏轩丛书》甲编。

上述各部纺织业著作中,科技水平最高的是《丁氏绣谱》和《雪宧绣谱》两部。《丁氏绣谱》的作者丁佩是清代杰出的刺绣名家,字步珊,松江华亭人。她性聪慧,工刺绣,并把刺绣技法总结成书,传之于世。《雪宧绣谱》是在《丁氏绣谱》的基础上形成的中国刺绣经典。另外,新发现的三部《布经》中,也是包含较高水平的江南棉纺织技术理论总结。

《布经》的作者范铜,字西山,山西绛州人(今山西运城),乾隆年间来到松江开设布号。他看到当时江南旧《布经》内容与当地实际情况不符,"见夫产布之不一其地,织布之不一其类,与染布之不一其色,踹布之不一其弊,因为之究源探本而斟酌增损之","《旧经》叙事甚详而繁文屡出,使初学者不知所从来,几茫然莫识其指归也。然历年久远人更物变,其中讹舛难辨真赝",于是就决定重新编写"布经"。在编写过程中,他深入乡村,进行实地调查,"偶于长夏余闲,潜心旧典,访诸里老,乡落产布优劣、地里、桥梁、方向,有革有因,或增或损,皆有据依,纤悉条纲,具载于篇"[①],于乾隆十八年(1751年)编写完成。

全书共分八卷,分别是"地理图"、"乡落方向"、"土产"、"白布经""染色经"、"光布经"、"总论"和"发货篇"。地理范围主要是介绍松江地区:"凡苏松出布乡区,看布之法度,治布之规略,各省之去路,靡不细为注释,间补前人之未备。更有心领神会,不能为言语传者,深得格物穷理之要。

---

① 范铜:《布经·序》,见四库未收书辑刊编纂委员会所编《四库未收书辑刊》第3辑第30册,北京出版社,2000年,第83页。

是诚布业中之先觉,使后世之业斯业者一览洞悉,遂为楷模,孰非范子之功也。"以其中第五卷"染色经"为例,内容包括染色论、深色、浅色、杂色、大染、半染、诸瑕、(染色)脚底、(靛缸)伤灰、毛灰、失灰、花布十二部分,包含了布匹染色的全部技术程序,可以窥见《布经》整体内容的科学理论性。

染色论:染色者,乃白布之辅弼也。夫色染周到兼之白胚细结,另有一番华彩。若经承之人不敏,立即败北,岂儿戏哉?看双天蓝市底,必有样布比较,仿佛即收,或色有憎恶或出水不清或染头不洁或盦霉不法。判明病处令匠复染,微见吾井井有条,自不敢欺,而吾亦当其任矣,如矣!如重复之色不佳。疾审缸水好否?染司劣者黜,优者倍赏,非惟有益于号亦可作看毛之外藩。

深色:双蓝市底者,脚子究深,加色必紫寔,浅必樗红云。红市乃市底,盖矾梧者,颜料用足而色无不绀。黑市取黑,凡众颜色须督出水。

浅色:宝翠蓝,脚底取浅中厚,重活泛望,其盖色鲜明,不昏暗也。若脚底昏或灰碱不到,俱能致暗其色,取亮里青翠,平正为是。月白要亮里带青,亦看各家销路。鱼白浅匀,听其自然。总要染习工妙,无色不佳。但诸色有瑕,还可再修,惟此二色,复染必深,若摆去前色,又起白筋路,所以月鱼白为浅色之更难做者也。寒白及暗蓝之色,是染司无能,流水退回改更,不容再详。

杂色:黄红绿等各色,系用青矾、槐花、红花、苏木、橡斗、栌木之类,总要颜色饱满,出水清爽,不花即妙。

大染:洁白之染,自是可人。若出水欠工,色必分黄白也。碱重则伤布,灰轻不发硬碱斑,纯黄色灰斑必暗昏,水斑是黑润,斜看辨假真。

半染:看染头者,预清色内之病,使出色俱无瑕也,此乃倒树寻根之法。若草草不专,工作再不坚心,夫灰不沰清,有灰斑蒸不透,有油纱甑头露出布,有气水斑碱不清,有碱斑染上,水上不透有水斑,批浆批不到有柳条斑。已上设一有之,务必再染,不可勉强带用,岂等闲比也哉。

诸瑕:脚缸灰重有润斑,失灰有青斑,月白起迟有田鸡斑,缸内枯脚多必有起白细点,糟壳粘布上亦然,拉边不拍开必有扫帚花,又有月白点风,盦霉不谨有油纱。

(染色)脚底:乏靛先打蓝底者也,深色取深者,加色必紫实。浅色取浅者,上色必华艳,杂色亦有用蓝底之色者,看加色深浅酌之。

(靛缸)伤灰:有灰白色者,伤石灰也。乃看色之人欠通,又遇懂懂染匠,正所谓吏皆如面糊,必要双罚,使其切心。救伤灰死缸法,用热酒水泡糟下缸,须养三日为则。其布因灰糊紧子眼,所以有此恶色,必下酸缸提出灰来。酸缸者系养成发过面浆水,其味酸,能去诸垢云。

毛灰:毛灰有四等,或染司把不稳缸水,或阴雨布浸在家,或寒暑不均缸水变迁,或看色之人目昏误退覆缸多次,更有毛灰。果系缸内有毛灰出,必用热水泡糟下缸(再染方法),取起颜色更要提防。

失灰:缸水失灰染来之物,难分何色,随意名之曰虾红。看来且是鲜明,岂堪与真者比。若有此色出,急下灰浆取出颜色,再下糟缓缓养成,不尔死无求矣。

花布:花者,或脚缸石灰轻重不均,或鲜缸不洁,或天阴雨俱能致花(原因)。有花边者,系拉边不拍开也,可喔小童当心。

范铜虽是商人,但是在贩布的过程中,对布匹的好坏、瑕疵的原因和补救手段等积累了丰富经验,因此无论是在专业术语还是在技术操作上都成了非常地道的匠人,与专业工匠相差无几。此书一出,初学者一目了然,能够掌握有关棉布各项技能。正如范铜好友刘汉乘所言:"此篇一出,使后之学得有所从,更有所谓以先知先觉而觉后知,以先觉而觉后觉,其有功于斯业也。"①

1995年安徽图书馆发现了一本《布经》(暂称皖图《布经》),这本《布经》没有署名,前文没有序言,文中也没有透露任何信息,因此很难得知作者情况。写作年代也不明确,可从四个方面框定成书时间:

一是从"铁锭"的大量使用来判断年代。从锭子的发展历史来看,最初一般系用竹或木制,故在古籍写作梃或筵。由于冶金技术的普及,曾有使用铜、铁杆作锭子的,但是因金属锭杆需要专门的生产技术,普通农户不能制作,所以在民间使用并不普遍。直到清代上海开始有专业生产的商品铁锭,铁锭才得以在民间普及。皖图《布经》中有两处大标题"指明东路铁锭木锭诀"、"认刷纱病处并木锭铁锭分解"出现了"铁锭"字样。同时又出现如下语段:"夫看东路铁锭纱线,即叶榭庄、行南桥是也,内有白净勍朴,上眼好看,下缸变而毛松。""有一种铁锭浆纱,不用刷帚,故纱线毛软松,配号者,亦当细辨之。其木锭布与铁锭布大同小异,无非取细紧光洁为主。"②故可以粗略判断此书写于清代。

二是从"踹布"的工艺名称上判断。砑光为我国古代的整理方式之一,是利用石块的光滑面,在织物上进行碾压加工,从而增进织物的外观效果。砑光最早叫硙,《说文解字》中说:"硙,以石扞缯。"早在汉代以前,这种整理方法就已经出现。汉代以后,砑光整理继续发展。明代《天工开物》记载:在织物上,还可以用先浆后碾压方式砑光,使表面更为平整光洁。砑光技术发展到清代,其工艺名称亦由硙、砑、碾而演进为踹。除练染坊生产踹布外,更有专业的踹布坊和踏步坊。皖图《布经》文中使用了"踹布"这一名称,并且介绍了踹布的各种踹法及注意事项:"凡石上踹布,或有背地踹,或有抽套踹,或有削提踹,或有擦皮踹,或有擦纸踹。盖背踹因有湾边绉者,不能踹,只得用背踹法,但背踹法极难,新学手不敢背踹,故绉破者。抽套踹乃正踹法,踹得透,必有宝色。提削踹法乃偷工踹法也,容易发亮,重水不能踹干,则外面亮内里黑,有绉破者多,不可取也。用擦皮擦纸踹者,因人不识货,故将此法欺之,并害他生意,其布必然上霉也。"③

三是与乾隆年间范铜的《布经》相比,记载松江各地出产布匹等级几乎相同。以上等布产地为例,《布经》有:"东路庄行、叶谢、红桥、亭林、华阳桥周围地方,纱线紧结,各色俱佳,深色之王也。张泽、松隐、里旺、潘泽、陶宅、杨店、张堰秀熟者多,浅色之王也。好织手,一机多则四匹刷得透,故细紧光结,为天下最。"④安徽图书馆藏《布经》则记有:"庄行、叶榭、虹桥、亭林周围地方,此路布签门,纱线各色俱全者多。倘有别路道布放在内,亦搭不上,看者不必多疑。张泽、松隐、旺里、潘陶

---

① 范铜:《布经·序》,见四库未收书辑刊编纂委员会所编《四库未收书辑刊》第3辑第30册,北京出版社,2000年,第86页。
② 皖图《布经》,"指明东路铁锭木锭口诀"。
③ 皖图《布经》,"石上踹布法"。
④ 范铜:《布经》第四卷《白布经》,见四库未收书辑刊编纂委员会所编《四库未收书辑刊》第3辑第30册,北京出版社,2000年,第102页。

泽、杨家店、张家堰此路布秀者多……浅色最妙。"①安徽图书馆藏《布经》只多记华阳桥一镇,两书所列举乡镇相差无几。

四是参考范金民教授的《清代江南棉布字号探析》一文,文中也对安徽图书馆藏《布经》写作年代进行了推测,认为:"至迟形成于乾隆初年的《布经》一书,大约就是由专门为字号看布之人传授的经验总结。"②据此可以看出,《布经》一书写于清代乾隆时期。

在研究区域上,它以江南松江地区为重点。介绍江南棉纺织业有很多,如松江产布情况:"南翔、白鹤、江青蒲、紫地、蟠龙、徐泾、小涞、纪王庙、朱家角、泗泾、七宝、陈坊桥、辛庄左近地方等处布……至西路而枫泾、平湖、吕巷、新仓、广成、嘉善等处,此乃出浆纱线路道,布以前东路、西路各处处有好布,处处有低布,亦听各人取法不一,但毛布、光布取法合而为一,惟白布取法各有不同也。"③

从全书来看,皖图《布经》中最显著的特点是在介绍染料时运用了数量化的记述方法。不仅列出每种颜色的配料种类,而且用数字表示出配料多少:"沉香:川棓四斤、槐米卅三斤、白凡八斤、青凡五斤、广灰半斤。水绿:月白脚地、黄柏卅五斤。中明:川棓四斤、槐米卅斤、白凡八斤、青凡二斤、广灰半斤。豆绿:深宝蓝脚地、槐米廿五斤、白凡七斤、广灰半斤。圆眼:川棓三斤、槐米廿五斤、白凡八斤、青凡贰斤、广灰半斤。柳绿:深月白地、槐米廿五斤、白凡七斤、广灰半斤。"④同时对布的各要素做了详细定义,用语更加专业:"经:直者为经。纬:横者为纬。箆:如篦样取紧密为上,以纱线念砠为满,箆每砠五十根。细:经纬纱俱要匀细,光洁为上。紧:纬纱织得足紧密……朴:纺纱时,手中捻不紧,则虚空,比如空心萝葡或孩童学纺织纱,即刷得好布无甚美。"⑤

总的来说,尽管皖图《布经》的作者尚未明确,但从书中内容看,可以确定成书年代应在乾隆时期。更加重要的是,书中用数量来表示颜料的搭配比例,对布各要素也做了详细的定义,这些变化都是当时同类书中少有的。

清中期汪裕芳抄本《布经要览》,无作者姓名,但自称是"维新程先生"的弟子,正文中也没有提到关于作者身份的语句,因此作者的身份背景就很难确定。但从文中看,"磨布要诀"开头说:"大凡学布业生意,必先磨布,须要讲究布之身分",可以断定书的作者是一位来自松江的棉布经营商,为了培养学徒,特编纂本书。所以,王家范教授在《清抄本〈布经要览〉释读》一文中认为,此抄本为徽商土布行业富有经验的"看布先生"对收布、赔布、复布、磨布经验交流的总结⑥。

《布经要览》的成书时间,文中也没明确写明,汪裕芳只注明抄书时间为乙亥四月,在清代历史中共出现五次乙亥年,分别是顺治十六年(1659年)、康熙五十八年(1719年)、乾隆二十年(1755

---

① 皖图《布经》,"刷经布路道大略"。
② 范金民:《清代江南棉布字号探析》,《历史研究》,2002年第1期。
③ 皖图《布经》,"半东路大略布言"。
④ 皖图《布经》,"染坊总诀"。
⑤ 皖图《布经》,"指明布中一切条款"。
⑥ 王家范:《清抄本〈布经要览〉释读》,引自饶玲一的《器物与记忆:近世江南文化学术研讨会综述》,《史林》,2004年第6期。

年)、嘉庆二十年(1815年)和光绪元年(1875年)。从书题目看,"要览"二字应是在汇总前人《布经》内容的基础上,根据经商的需要,把相关看布技巧汇于一体的书籍。鉴于此,《布经要览》只能出现在各类《布经》之后,也应在乾隆时期范铜《布经》和皖图《布经》成书后出现;另外光绪元年(1875年)时国门已经打开,洋布和外来纺织技术已进入中国,洋务派早在19世纪60年代联合一些地方绅士,在"振兴实业、挽回利权"的口号下,先后筹集资金从国外引进纺织机械建厂,传统纺织技术和棉布在市场中所占的比率越来越小,如《布经要览》在此时编写可能性较小。因此可把《布经要览》成书时间框定在乾隆二十年(1755年)到嘉庆二十年(1815年)之间①。

科学理论成果为纺织业的职业技术教育发展奠定了基础。中国是"纤维之王"蚕丝的故乡。公元前2000年中国已有养蚕业。公元200年左右中国养蚕技术传入日本。光绪二十三年(1897年),杭州知府林启在西子湖畔金沙港关帝庙和怡贤王祠附近创办蚕学馆,揭开了我国近代纺织丝绸教育的帷幕,被誉为"开全国蚕桑改良之先声"。在蚕学馆的影响下,各地陆续兴办了一批蚕桑丝绸教育机构。光绪三十一年(1905年)初,刺绣家沈寿从日本回国任工商部(次年改名农工商部)绣工科总教习,并在北京开办了中国第一所公立刺绣艺术学校,此前还在苏州还创立"同立绣校",皆亲自执教。民国元年(1912年),在天津创办自立绣工传习所,创建了中国第一所民办刺绣艺术学校。民国三年(1914年),张謇创办南通女红传习所,聘沈寿为所长兼教习。江苏的苏州、丹阳、无锡、常熟等地分别举办了刺绣传习所、绣工科、绣工会等。先后培养了大批专业刺绣人才。作为苏州才女的代表人物,沈寿天资聪颖,勤奋好学。她七岁学刺绣,八岁即能脱手绣作《鹦鹉图》。十二岁开始,将吴中沈周、唐伯虎、文徵明、仇英四大画家的画幅作刺绣蓝本,并绣制唐伯虎所绘的《秋雨月上图》,惟妙惟肖,闻名乡里。沈寿在张謇的帮助下,通过办学,将传统刺绣技艺专门化和职业化了,探索了传统刺绣技艺在新的社会形态中存在价值和方式②。

第四节 食品工业技术理论的学科化

以下列出16世纪20年代到20世纪20年代江南及其周边区域食品加工业技术理论化的系列著作,从中可以看出中国传统食品加工业技术理论化过程中的学科化趋势。

明清江南及其周边区域食品加工业技术理论化最著名的,除了明代万历年间钱塘人高濂所撰《遵生八笺》十九卷及其《法制品》、《甜食品》、《脯鲊品》、《粉面品》、《粥糜品》、《蔬制品》、《汤品》、《酝造品》(详见《居家必备·饮馔》)诸著作,特别多的要数苏州传统饮食加工技术及烹饪工艺方面的书籍,此外还有明代吴县人周臣辑《厚生训纂》六卷,明末江阴人夏树芳撰、华亭人陈继儒增《酒颠》二卷,陈继儒辑《酒颠补》三卷等专著。清代嘉兴人顾仲撰《养小录》三卷一册,海宁人杨

---

① 参见黄康健的《明清江南棉纺织业技术的理论化》,余同元指导,苏州大学2008年硕士论文。
② 沈寿口述、张謇整理、王逸君译注:《雪宧绣谱图说》,山东画报出版社,2004年,第12—17页。

中讷撰《药房心语》一卷,钱塘人袁枚撰《随园食单》一卷(见《随园三十种》和《随园三十八种》)等书,都非常有名。

明清江南及其周边区域茶叶生产工艺著作数量最多。对古代茶书等茶文化典籍进行搜集整理方面的著作有胡山源的《古今茶事》(世界书局1941年版,后有重印);万国鼎的《茶书总目提要》(南京农业遗产研究室,1958年版);阮浩耕等点校注释的《中国古代茶叶全书》(浙江摄影出版社1999年版),收入唐代陆羽的《茶经》以下57种茶书及7种久佚茶书的辑本,为茶叶生产史研究提供了重要文献资料。谨列部分如下:

常熟人钱椿年撰《茶谱》,约1530年前后成书。

华亭人徐献忠撰《水品全帙》二卷,约1554年成书。

华亭人陆树声撰《茶寮记》二卷,约1570年前后成书。

长洲人顾元庆撰《茶谱》,约1541年成书。

宝应人朱曰藩、金陵人盛时泰撰《茶事汇辑》,约1550年前后成书。

钱塘人田艺蘅撰《煮泉小品》,约1554年成书。

钱塘人陈师撰《茶考》,约1593年前后成书。

苏州人张源撰《茶录》,约1595年前后成书。

华亭人陈继儒撰《茶话》,约1595年前后成书。

昆山人张谦德撰《茶经》,约1596年成书。

钱塘人胡文焕撰《茶集》,约1596年前后成书。

钱塘人许次纾撰《茶疏》,约1597年成书。

长兴知县熊明遇撰《罗岕茶记》,约1608年前后成书。

华亭人冯时可撰《茶录》,约1609年前后成书。

江阴人夏树芳撰《茶董》,约1610年前后成书。

华亭人陈继儒撰《茶董补》,约1612年前后成书。

江阴人周高起撰《洞山岕茶系》,约1640年前后成书。

此外,明代苏州人陈鉴撰《虎邱茶经注补》,清代嘉定人陆廷灿撰《续茶经》三卷《附录》一卷,均有盛名。特别值得一提的,还有明代万历年间新安人孙大绶校刊的《茶经》以及他撰写的《茶谱》(由明代新安人汪士贤辑校)、《茶谱外集》(明新安人汪士贤辑校)等书,都很有影响。《茶谱》内容有"茶略"、"茶品"、"艺茶"、"采茶"、"藏茶"、"制茶诸法"、"煎茶四要"、"点茶三要"、"茶效"等部分。明万历二十一年(1593年)汪士贤辑《山居杂志》,其中有《茶谱外集》。《茶谱外集》内容包括:吴正仪的《茶赋》,黄鲁直的《煎茶赋》,苏子瞻的《煎茶歌》,刘禹锡的《试茶歌》,蔡君谟的《茶垅》、《采茶》、《造茶》、《试茶》以及黄鲁直的《惠山泉》、《茶碾烹煎》等。

食品工业著作中制茶工艺的书所占最多,由此反映出中国传统的茶叶经济比其他食品工业经济更发达。中国最早的茶书是唐朝陆羽的《茶经》,其中有关于茶叶制作的记载。此后茶书也都涉及茶叶制作工艺,但大都是模仿陆羽的《茶经》格式而来。对于为什么要将茶叶的制作工序写出来?目的不很明确,理论性也不强。明清时期的茶书数量与内容都有了新发展。万国鼎先生的

《茶书总目提要》收录了中国从唐至清茶书98种,其中,唐五代7种、宋代25种、明代55种、清代11种。在明清两代五百多年中,共撰刊茶书66种,其余32种则是唐宋元750年撰写的。明清60种茶书全部都是在明成化至清雍正的300多年间撰刊的。"我国古代茶书或传统茶学在经过一千多年的发展和淀积,登上明朝后期的高峰和走完清初盛期之路以后,就基本退出了历史。经过一个多世纪的萧条和沉寂以后,代之而起的便是近代的茶学技术了。"[①]

在明代中期以前,中国茶书和有关文献中谈茶树栽培,一般都沿用"种茶下子,不可移植"之旧说。方以智的《物理小识》中对此明确否认,提出"种以多子,稍长即移,大即难移"。由此可知,明代中期以前中国茶树栽培主要如《四时纂要》所说的丛直播,明代中期以后则由单一的丛直播发展为育苗移栽。与此同时,明代"开千古饮茶之宗",出现废团茶、倡散茶的改革,呼唤茶人写出适合时代需要的茶书。朱佑槟的《茶谱》集前人论茶之作,屠本畯的《茗笈》摘录陆羽的《茶经》、蔡襄的《茶录》等成书,林大绶将张又新的《煎茶水记》、欧阳修的《大明水记》及《浮槎山水记》等编辑成《茶经水辨》,朱权的《茶谱》提倡蒸青叶茶饮法,等等。清代茶书专业化、学科化日益加强。如程渝的《龙井访茶记》专门介绍龙井茶,程雨亭的《整饬皖茶文牍》专门叙述清末出口茶叶的"着色掺杂"及改良茶叶品质问题,陆廷灿的《续茶经》专列茶书72种。在明清的众多茶书中,关于茶树栽培技术,以罗廪的《茶解》最为系统和具体。《四时纂要》是五代宋元时期对我国茶树栽培记述最为详细的一部著作,但其采种、保种和栽培等方面较上引《茶解》相比,就显得简单和原始得多。由此也反映出明清时由于掌握一定的选种、种子处理技术,茶种的发芽率和成活率较以前明显提高。

在茶叶制作工艺文献中,最能代表清代中期茶叶生产水平的,首推陆廷灿的《续茶经》,该书对明清制茶技术做了全面系统的总结。

江南传统食品加工业职业技术理论多附在农学之内,农学高等技术教育也在清末民初广泛兴起。关于中国近代食品工业职业技术教育与学科教育的历史,是与中国古代农学一脉相承的。1907年在紫金山成立并于青龙山设分所的江南植茶公所,内附设茶务讲习所,招生120人。入民国后,此类茶务讲习所继续举行。1918年安徽省在屯溪建立茶务讲习所,学制2年,开设的课程有茶树栽培、茶叶制造、茶树病虫害、茶业经济等,并去试验场、实验厂实习和到茶区调查,培养了一批茶业科技人才。学员毕业后,大部分从事茶叶生产、教育和科研工作。

第五节 机械制造与冶铸业技术理论的学科化

以下列出16世纪20年代到20世纪20年代江南及其周边区域机械制造技术理论化的系列著作,从中可以看出中国传统机械制造技术理论化过程中的学科化趋势。

[①] 朱自振:《茶史初探》古代篇第六章"传统茶学的由盛转衰",中国农业出版社,1996年,第89页。

明中期吴江人沈启撰《南船纪》四卷,嘉靖年间成书,沈启嘉靖年间任南工部营缮司主事、监督龙江提举司。嘉靖二十五年(1546年),南京兵部车驾司编撰《船政》,南直隶上海人李昭祥撰《龙江船厂志》八卷,嘉靖三十二年(1553年)成书,现有江苏古籍出版社1999年版、王亮功校点本。还有万历十六年(1588年),浙江上虞人倪涷撰《船政新书》等,都是明中后期造船业技术理论化与学科化发展的表现。

明中后期上海人陆深撰《古奇器录》一卷,载录古器具。另撰《古奇器录》一卷,附《江东藏书目小序》。万历年间钱塘人胡文焕撰《古器具名》,乾隆至嘉庆年间望江人檀萃撰《滇海虞衡志》志金石。明末上海人徐光启崇祯二年到崇祯四年(1629—1631年)撰《守城制器疏稿》,收入上海古籍出版社1984年版《徐光启集》上册。明末清初苏州光学仪器发明与制造技术专家孙云球撰《镜史》,明末清初成书,是一部著名的光学仪器发明与制造技术专著,现存上海图书馆。

清中期松江人倪慎枢作《采铜炼铜记》一书,清中后期松江人徐朝俊撰《自鸣钟表图说》一卷,嘉庆十四年(1809年)成书。清代江苏嘉定(今属上海嘉定区)人钱坫撰《车制考》一卷,共分六部分,分别为轮、盖、舆、轴、马、器,对车的各主要部件进行介绍,使用大量数据来进行说明,有充足的资料作为支持。书中使用的技术数据均给以定量描述,注重引入理论概念,而非单纯技术描述,显示出技术的科学理论性。歙县人郑复光撰《镜镜诊痴》五卷,道光年间成书。全书约七万字,分五卷281条。第一卷"明原"包括原色、原光、原景、原线、原目、原镜,第二卷"类镜"包括镜资、镜质、镜色、镜形。第三卷"原色"讲色彩、视角变化和物体远近的关系。第四卷"原目"讲光学原理,远近、近视的成因。第五卷"原景"是阐述有关成像的理论。

明末清初到清末民初,出自江南地区的机械制造业科技书中,如《浑天仪器图说》所反映的科学方法和技术水平基本达到了现代机械制造业的科技水平。明代苏州人薄珏"通晓阴阳占步,制造水火诸器"。他发明的望远镜与西方人发明的望远镜异曲同工,其所撰《浑天仪器图说》是一部重要的学者撰写的机械制造业著作,此外他还撰有《格物论》(百卷)等著作20多种,其中《经天该》有康熙年间梅文鼎刻本[①]。

中国机械工程类专业学科历史悠久。早在光绪二十一年(1895年),北洋大学就建立了我国第一个机械系并开办了"机械工程学门"。当时的办学思想是注重专业教育,如培养方案中写道:"一人之精力聪明,只有此数,全学不如专学,方能精进而免泛骛。"20世纪初期,在"教育救国"、"实业救国"思想的影响下,中国的机械工程教育着重培养专门的工程应用型人才,机械工程学科分设若干专业,如交通大学当时设有"机厂工务"和"铁路机务"等专业。在课程结构上,技术基础课程和专业课程的比重较大。民国五年(1916年)七月,南京高等师范学校设立了工艺专科学校,聘请留学欧美的工学专家从事机械工程教育。1916—1921年共招生四届,共有学生93人,实际毕业54人。其后中央大学正式成立,设立工学院,有机械工程系和电机工程系[②]。

---

① 详见邹漪的《启祯野乘》卷6,收入谢国桢的《明代社会经济史料选编》中册,福建人民出版社,2004年,第27—29页。

② 江苏省地方志编纂委员会:《江苏省志·机械工业志》,江苏人民出版社,1998年,第766页。

中国是世界上矿产冶炼最早的国家,世界上已知140多种有用矿物中,中国不仅都有矿藏,而且大部分在历史时期皆已开采和冶炼。特别是金属矿藏丰富,决定了中国矿冶历史的丰富性。公元前2500年的龙山文化遗存中发现的青铜器是铜和锡的合金,齐家文化遗存处出土有青铜器、黄铜器、红铜器、铜镜、炼铜坩埚的整体或残片,这说明公元前2000年的齐家文化已进入青铜时期。夏代基本掌握了青铜冶铸技术,在河南偃师二里头出土的一件铜爵含铜92%,含锡7%,系复合范铸造而成。公元前600年中国已掌握冶铁技术,比欧洲早1900多年。中国很早便使用木炭和石炭(又叫黑炭,即煤),而欧洲人16世纪才开始利用煤。公元前200年,中国炼出了球墨铸铁,比英美领先2000年。一千多年前中国就能炼锌,早于欧洲400年。青铜时代的鼎盛期是商、西周、春秋及战国早期,延续时间约1600余年。这个时期的青铜器主要分为礼乐器、兵器及杂器。用陶质的复合范浇铸制作青铜器的和范法,在中国古代得到充分的发展。陶范的选料、塑模、翻范、花纹刻制均极为考究,浑铸、分铸、铸接、叠铸技术及随后发展出的失蜡法工艺技术都非常成熟。

公元前2000年中国已会熔铸红铜。公元前1700年中国已开始冶铸青铜。1700多年前,中国已能炼铅及铜铅合金。早在先秦时期,中国手工业技术专著《考工记》就对制作钟鼎、斧斤、弋戟、大刃、削杀矢、鉴燧六种青铜器的合金比例做了详细的总结,提出金六剂("金有六齐,六分其金而锡居一,谓之钟鼎之齐。")等著名理论。《周礼·考工记》云:"凡攻木之工七,攻金之工六,攻皮之工五,设色之工五,刮摩之工五,抟埴之工二。"其中攻金曰:"金有六奇:六分其金,而锡居一,谓之钟鼎之齐;五分其金,而锡居一,谓之斧斤之齐;四分其金,而锡居一,谓之戈戟之齐;三分其金,而锡居一,谓之大刃之齐;五分其金,而锡居二,谓之削杀矢之齐;金锡半,谓之鉴燧之齐。""齐"同"剂",现在开药方叫做剂量的,是指各药物的配比。"六齐"即是六种合金配料,所表述的配比,对锡青铜配比的掌握走在世界前列。钟鼎之类青铜器的含锡量控制在14%—17%,它可以满足青铜器既要有一定的强度、硬度,也要有一定的韧性,还要敲击后声音洪亮的要求。对于斧斤之类工具,要求较高的强度、硬度,而仍要有一定的韧性,所以含锡量可稍高些。对于刀剑戈一类的兵器,最主要是需要有高的强度和硬度,所含锡量又可再高一些。而鉴燧因要在表面进行磨制达到银白光泽,所以硬度要求更高,因而在"六齐"中含锡量也是最高的。"攻金"已成为专门学科,内容涉及用料标准、选材方法、生产技术规范、规定产品的检验制度、检验规范等。《考工记·栗氏》曰:"凡铸金之状,金与锡黑浊之气竭,黄白次之,黄白之气竭,青白次之,青白之气竭,青气次之,然后可铸也。"为了控制熔炼的温度,当熔炼到"青气次之"之时,也就是熔炼到了所谓"炉火纯青"的火候,必须及时进行浇注,否则合金里的锡与铅都会烧损严重。可见战国时人已充分地认识了青铜合金的熔炼工艺性质[①]。

清长洲人龚振麟著《铁模图说》一卷,道光二十二年(1842年)成书。是书又题曰《铸炮铁模图说》,是世界上较早地全面论述金属型铸造的科学著作,在铸造史上有很高的地位。作者龚振麟原为江苏长洲监生,后从嘉兴县调到宁波,在浙江省炮局监制军械,对火器有专门的研究。铸造火炮

[①] 华觉明:《中国古代冶金史论文集·商周青铜器合金成分的考察——兼论"钟鼎之齐"的形成》,文物出版社,1986年,第162页。

历来都用泥型,而泥型制好后要较长时间才能干透。第一次鸦片战争期间,龚振麟用铁范铸炮,很快试制成功。事后他总结铸炮经验,写成《铁模图说》,收入魏源《海国图志》之中。《铁模图说》详细叙述了铁模铸炮的工艺过程和技术措施,还特别总结了使用铁范"用一工之费而收数百工之利"的优点,既可以因一模多铸而降低成本且提高工效,又可以因铸型不含水汽不出气孔维护方便而减少表面清理和旋洗内膛的工作量,还能在战事紧迫时很快投产以应急需。该书不仅在一些主要技术问题上与现代铸造业中金属型认识基本一致,而且首创铸模铸炮,在当时反侵略战争中作出了较大贡献。《铁模图说》写成问世,中国人创造了具有民族特色的铸造技术,其中最为先进的泥范、铁范和熔模铸造术被称为古代三大铸造技术。

19世纪70年代,煤、铁、金、银等各种重要矿藏的开采均先后用新法代替了旧法,"而铜、锡、铅、锑、石油、硫黄等矿,亦接踵而起"[①]。江南制造局炼钢厂是近代中国第一家炼钢厂,属于军工企业。上海同文馆等部门翻译西方矿冶科技书籍以普及专业知识,其中涉及矿学者,如《汽机发轫》、《汽机新制》、《开矿要法》、《井矿工程》、《宝藏兴焉》等书均先后于这一时期问世。为了培养自己的矿冶人才,1898年,清政府在江南陆师学堂中附设矿务学堂,课程有地质学、矿物学,在地质学专业毕业的有周树人(鲁迅)、顾琅(黄石臣)等。1902年清朝政府成立了商务部,来管理全国矿政,并在1907—1910年间制定颁布了《大清矿务章程》来规范矿业活动。1903年周树人著《中国地质略论》,1905年周树人又与顾德合著《中国矿产志》。1912年孙中山领导的临时国民政府实业部设矿务司负责管理全国矿业生产,矿务司设地质科,由章鸿钊主持工作。这是中国近代第一个管理地质工作的机构。1913年地质科改为地质调查所,丁文江任所长。

第六节 传统化学工业技术理论的学科化

公元前8000—前6000年中国已制造陶器。公元700—800年唐朝孙思邈在《伏硫磺法》中最早记载了黑火药的三组分(硝酸钾、硫磺和木炭)。火药于13世纪传入阿拉伯,14世纪才传入欧洲。魏伯阳的《周易参同契》和葛洪的《抱朴子》记录了汞、铅、金、硫等元素和数十种药物的性状与配制。公元750年中国炼丹术传入阿拉伯。公元200年中国比较成熟地掌握了制瓷技术。3000多年前我国已利用天然染料染色。我国是世界上最早发现漆料和制作漆器的国家,约有7000年历史。公元前4000—前3000年中国已会酿造酒。公元前1000年我国已掌握制曲技术,比欧洲的"淀粉发酵法"制造酒精早2000多年。3000多年前,我们祖先发现石油。宋朝沈括所著《梦溪笔谈》第一次记载石油的用途,并预言:"此物必大行于世"。世界上最早开发和利用天然气的是中国的四川省邛和陕西省鸿门两地。明代徽州人黄成撰、杨明注《髹饰录》二卷,附阚铎撰《笺证》二卷

[①] 赵尔巽:《清史稿·食货五志》,中华书局,1977年,第3668页。

（见文物出版社1983年版王世襄《髹饰录解说》本），科学总结了当时的油漆和漆作技术。清代中期成书的《古铜瓷器考》二卷（钱塘人梁同书撰），有古铜色辨、陶器画彩、釉水、火候窑变、以旧补旧、制瓷器不裂法等内容，也充分总结了清代铜器和瓷器工艺技术。以下列出16世纪20年代—20世纪20年代江南及其周边区域陶瓷工业技术理论化的系列著作，从中可以看出中国传统化学工业技术理论化过程中的学科化趋势。

《天工开物·陶埏》作者宋应星（1587—1666年），崇祯七年（1634年）出任分宜县教谕，收集资料，写成《陶埏》，叙述明代砖瓦、陶器、瓷器的烧造技术和景德镇的白瓷生产技术，从陶瓷采土说起，介绍土质、运土、舂土、淘练泥料、造圆琢器坯、上嘴、接合（大件接合）、印坯、汶水、过刀、晒坯、补整碎缺、打圈、写字、绘画、喷水、过釉、配釉、煅烧青料、装匣、举火、验熟、出窑等生产工序，强调"共计一坯（杯）之功，过手七十二，方克成器"。并在一些工序后附有插图13幅。其中关于制瓷技术内容主要有以下四个方面：

一是炼泥。"造器者将两土等分入臼，舂一日，然后入缸水澄。其上浮者为细料，倾跌过一缸。其下沉底者为粗料。细料缸中再取上浮者，倾过为最细料，沉底者为中料。"①

二是造坯。一曰印器，二是圆器，两种不同器型造法是不一样的。印器造法："先以黄泥塑成模印，或两破，或两截，亦或囫囵，然后埏白泥印成，以釉水图合其缝，烧出时自圆成无隙。"至于圆器制作，相对印器来说简单得多。"凡造杯盘，无有定形模式，以两手捧泥盔冒之上，旋盘使转，拇指剪去甲，按定泥底，就大指薄旋而上，即成一杯碗之形。盔冒上造小坯者，不必加泥；造中盘大碗即增泥大其冒，使干燥而后受功。"②

三是烧火技术。"先发门火十个时，火力从下攻上，然后天窗掷柴烧两时，火力从上透下。器在火中，其软如棉絮，以铁叉取一，以验火候之足。辨认真足，然后绝薪止火。"③

四是青料煅烧技术。"凡画碗青料总一味无名异。此物不生深土，浮生地面，深者掘下三尺即止，各省直皆有之。亦辨认上料、中料、下料，用时先将炭火丛红煅过。上者出火成翠毛色，中者微青，下者近土褐。"④

《陶埏》全面介绍了景德镇炼泥、造坯、烧火、青料煅烧等技术，是研究明代景德镇制瓷技术的重要文本。但宋应星作为文人而不是专门制瓷工匠，对于制瓷"七十二道工序"记述则非常简略。同时，宋应星所记述的仅是造日用杯盘和白瓷、青瓷技术，至于如何绘画、烧成则没有记载。景德镇瓷业生产主流是青花，官窑、民窑都大量生产，他记载的却很少。对于彩瓷，记载更是少之又少。但瑕不掩瑜，与前代《陶记》不同，《陶埏》在文中使用了"造瓦图"、"泥造砖坯图"、"煤炭烧砖窑图"、"造缸图"、"瓷器汶水图"、"瓷器过釉图"、"瓷器窑图"、"打圈图"等图片，这些插图与文字相辅相成，具备清楚明白的说理效果。

晚明江阴人周高起撰《阳羡名壶系》（有《常州先哲遗书》本）一卷，是总结紫砂生产技术的奠

---

① 宋应星：《天工开物·陶埏》，岳麓书社，2002年，第180页。
② 宋应星：《天工开物·陶埏》，岳麓书社，2002年，第181页。
③ 宋应星：《天工开物·陶埏》，岳麓书社，2002年，第182页。
④ 宋应星：《天工开物·陶埏》，岳麓书社，2002年，第181页。

基之作。书中认为紫砂壶创始于金沙寺僧,时制壶工艺为"抟其细土,加以澄炼,捏筑为胎,规而圆之,刳使中空"。书中勾勒出紫砂壶艺的发展脉络,点出各家的大致师承关系,如自李茂林始用匣钵烧壶以避免壶体沾上釉泪,时大彬制壶改大为小,欧正春、陈仲美、沈君用等人是早期制壶大家等。书中总结了明代制壶名家的不同风格,如董翰之工巧、时朋之古拙、时大彬之朴雅、徐友泉之精妍。书中还详细记载了紫砂泥料的种类及产地,评析了泥料的炼制、养土、烧造等工艺,并指出明末制壶已有配土调砂之法,比如徐友泉能配出诸如海棠红、朱砂紫、定窑白、冷金黄等十余种泥色,沈君用配土亦如天成。

清乾隆年间海盐人朱琰撰《陶说》是我国古代第一部全面阐述瓷器制造业的专著。全书六卷,卷一"说今篇"即介绍了清代饶州窑(即景德镇窑)和制瓷生产过程;卷二"说古篇"叙述了陶器的起源;卷三"说明篇"叙述了饶州窑的历史,介绍了明代各时期官窑的特点和瓷器生产技术;卷四至卷六"说器篇"对唐虞至明代陶器进行了考证性的介绍。该书资料丰富,来源广泛,内容编排"先今后古",有唐虞器、周器、汉器、魏器、晋器、南北朝器和隋器七节,对古代陶瓷生产做了详细的介绍。正如裘曰修在该书序中所说:"独窑器并无专书,朱桐川先生乃以《陶说》六卷,说今、说古、说器独致详焉。"(天津古籍书店,1988年影印版)可是从技术上来说,文中的重点是"说今"和"说明"两篇,这两篇介绍了明清两代饶州窑和其他代表性官窑的瓷器及制造技术。

清乾隆年间海宁人吴骞撰《阳羡名陶录》上、下卷续一卷,上卷有原始、选材、本艺和家溯;下卷有丛谈、文翰。清乾隆年间仁和人吴允嘉撰《浮梁陶政志》一卷,记江西景德镇官窑始末。佚名者《南窑笔记》一卷,分别对柴窑、汝窑、观窑、哥窑、定窑、龙泉窑、钧窑、永乐窑、宣窑、成弘窑、正德窑、嘉万窑、厂官窑以及釉炉、彩色、黄绿、金银、法蓝、官窑、高岭、合泥、釉、灰、配釉、坯胎、圆器、琢器、雕削、印器、镇器、画作、匣钵等进行论述,体现了清代前期制瓷技术理论化发展的情况和各地制瓷业经济的面貌。民国仁和人许之衡著《饮流斋说瓷》一卷,分概说、说窑第、说胎釉、说彩色、说花绘、说款识、说瓶罐、说杯盘、说杂具、说疵伪十章。

早在宋元以前,中国不仅有了发达的制瓷业,而且在世界历史上最先发明了火药,说明传统的化学工艺已具有很高的成就。到了明清时期,陶瓷业发展再创纪录,陶瓷业生产技术也被系统地总结成科学理论。

化工业通过学科化而使科学技术化进程也在晚清正式开启。当时江南制造局为训练所需人才,于开办时即附设机器学堂,教授有关制造方面的专业知识,化学为当时教授科目之一。虽然正规学校教育中何时开始讲授化学,由于缺乏资料一时难以考证,但上海江南制造总局成立之年完全可以看成是中国化学学科教育之肇始。清政府还在南京、天津、威海卫、广东等地设立水师、陆师等军备学校,其中也教授化学课程。至于为训练外交人员而设立的京师同文馆、上海广方言馆、广东方言馆等,起初仅教授外语课程,后来有的添设科学课程。如京师同文馆在同治五年(1866年)添设算学馆,教授天文、算学、化学、格致等科。修毕该馆课程共需8年,化学列为第7年的课程。同治五年(1866年)始设化学课,光绪二年(1876年)建化学实验室,开展化学实验教学。光绪二十九年(1903年)年清政府颁布的《奏定学堂章程》,是以政府法令的形式规定化学作为各级各类学堂的必修科目和内容,使化学教育形成体系,并在全国广泛地、逐步地开展起来。《奏定学堂章程》规定:高等小学堂学制4年,第2、3年分别授寻常化学之形象、原质及化合物等化学内容;中学堂学制5年,第5年教授化学,每周4小时;高等学堂学制3年,分3类学科,其中第2、3类学科第2年授化学总论和无机化学,第3年授有机化学和化学实验;大学堂学制3—4年,分为8科,其中格致科设化学门,工科设应用化学门,各门设有相应的化学课程。例如格致科的化学门设无机化学、有机化学、分析化学、化学实验、应用化学、理论及物理化学、化学平衡论等化学类课程,在第3年毕业时要提交毕业课艺或自著论说;医科、格致科、工科、农科等其他各门也设相关的化学课程,如制药化学、卫生化学、生理化学、发酵化学和森林化学等。"癸卯学制"颁布后,全国各级各类学校逐步创造条件,陆续开展化学教育,并开始了较正规的高等化学专门人才的培养。如苏州学者陈调甫(1889—1961年),1913年毕业于苏州东吴大学化学系,1917年获东吴大学硕士学位,是中国最早培养的两位硕士之一。他日后筹建永利碱厂,创办永明漆厂,主持研制出"永明漆",质量(尤其是耐水性)超过酚醛漆,一举成名,永明漆成了名牌。陈调甫是中国涂料工业的创始人。

第九章 明清江南工匠著作数量增加与质量提高

第一节 明清江南工匠著作的数量增加

工匠因长期生产实践而积累经验，部分工匠具备文字书写能力又善于总结经验，便有了工匠专业技术著作问世。北宋建筑专家喻皓、元代木匠薛景石、明代装潢匠人周嘉胄，漆匠黄成与杨明，明末清初制镜工匠孙云球和清代木匠姚承祖等人都是典型代表。除撰写《装潢志》外，周嘉胄还有撰《香乘》二十八卷，初纂于万历四十六年（1618年），十三卷，后续辑此编，崇祯十四年（1641年）刊成。时贤李惟桢作序。该书内容极为繁富，凡"香品"五卷、"佛藏诸香"一卷、"宫掖诸香"一卷、"香异"一卷、"香事分类"二卷、"香事别录"二卷、"香绪余"一卷、"法和众妙香"四卷、"凝合花香"一卷、"薰佩之香""涂傅之香"共一卷、"香属"一卷，"印香方"一卷、"印香图"一卷、"晦斋谱"一卷、"墨娥小录香谱"一卷、"猎香新谱"一卷、香炉诗、香文各一卷。费二十余年之力，凡香之名品、故实以及修合、赏鉴诸法，无不旁征博引，备具始末。谈香事者，固莫详备于斯矣。乾隆四十六年校入《四库全书》。

插表20：明清江南及其周边地区工匠著作表

序号	著作名	年代	内容	作者	地点	版本
1	《山洋指迷》	明初	建筑堪舆	周景一	山阴	清乾隆五十二年版
2	《装潢志》	嘉靖万历	纸张装裱	周嘉胄	淮海	《丛书集成初编》
3	《髹饰录》	隆庆年间	漆器工艺	黄成	嘉兴	文物出版社1983年版

4	《鲁班经匠家镜》	明末	木匠营造	午荣	江南	《续修四库全书》第 89 册
5	《园冶》	崇祯四年	造园技术	计成	吴江	《丛书集成初编》
6	《浑天仪器图说》	明末	天文仪器	薄珏	苏州	谢国祯《明代社会经济史料选编》
7	《镜史》	明末清初	造镜技艺	孙云球	苏州	上海图书馆藏康熙刻本
8	《香乘》	崇祯十四年	香品修合法	周嘉胄	扬州	《四库全书》子部·谱录类
9	《服制图考》	清初	丧服	朱子建	秀水	《四库全书》经部·礼类存目
10	《布经》	乾隆十六年	棉纺织	范铜	嘉定	《四库未收书辑刊》
11	《毛荣食谱》	乾隆中期	烹饪技艺	毛荣	常熟	收入郑光祖《一班录》
12	《丁佩绣谱》	道光元年	刺绣技术	陈丁佩	华亭	《拜梅山房几上书》
13	《雪宧绣谱》	清末民初	刺绣技术	沈寿	苏州	《喜咏轩丛书甲编》
14	《布经要览》	清代	棉纺织	汪裕芳	桐城	《四库未收书辑刊》
15	《营造法原》	清末民初	营造	姚承祖	吴县	民国初年刊本

中国古代手工业具有灿烂辉煌的历史，创造手工业历史的杰出工匠更是代有其人，但很多拥有不朽功绩的工匠却没有写出工业技术著作（一些工业科技文献可能失传），可见能够进行专门研究并将工业生产方面的经验技术上升到科学理论的人很少，使宋元以前与明清以后工匠著作在数量上差别很大。特别是明代中期以后，工匠著作呈明显增长趋势。从上述《明清江南及其周边地区工匠著作统计表》中看出，工匠著作在明末清初到清末民初江南地区出现了数量空前增长的趋势，是全国其他地区难以比拟的。工匠著作的日益增多，标志着工匠经验技术开始上升为理论技术，是传统工匠技术转型的核心标志。

第二节　明清江南工匠著作理论水平的提高

一、《镜史》的理论水平

明末清初，出自江南地区的制造业科技著作中，著名的有《镜史》等书所反映的科学方法和技术水平达到了现代机械制造业的科技水平。《镜史》明末清初成书，是一部著名的光学仪器发明与制造技术专著。作者孙云球是明末清初具有较好文化水平的工匠，后来成长为杰出的制造发明家。他不仅发明了"千里镜"，而且制造光学仪器达七十种之多。《镜史》是他制造镜子的经验总结，其科学技术成就和科学理论价值都是当时国内外机械制造界无可比拟的。

孙云球，字文玉，又字泗滨，明末清初吴江（今苏州）人。《镜史·小引》曰："吴门泗滨孙生，刺史大若孙公令嗣，文学中知名士也。安贫守己，居易存心，惟喜读奇书。间制一奇器，匪奇也，所以为庸也。"孙云球的父亲孙大若本来在福建任莆田县令,"嗣遇鼎革,终以民爱之故,反复攀留,使为刺史。旋归故里,路遭兵燹,家徒四壁,闭户授徒,不出见有司"。因家道中落,孙运球便投身匠伍,学习造镜诸法,习艺求生。他"别无恒产,奉母孺人僦居虎丘,货药利人,得值以市甘旨。尤精于测量、算指、几何之法,制远视、近视诸镜。其术乃亲炙于武林,日如诸生桐溪天枢俞生、西泠逸上高生,私淑于钱塘天衢陈生,远袭诸泰西利玛窦、汤道未、钱复古诸先生者也"。他不仅向江南高手求学制造技术,而且学习传教士介绍过来的西方制造技术,再与同好研究实验。他的"镜法乃陈生所授,文玉寓武林,倾盖如故,即以秘奥相贻。嗣遇俞生,贫而好侠,与文玉萍逢,一晤语即意气相投,倾其所知以赠。高生灵慧天成,技巧靡不研究,挟技游吴,为之较权分寸。诸生载至吴门,复为细加讲解,极致精详。文玉萃诸子之成模,参之几何求论之法,尽洗纰缪,极力揣摩,使无微疵可议,扩为七十二种,量人年岁、目力广隘,随目配镜,不爽毫发。人人若于有生以后,天复赐之以双目也。"(《镜史·张若羲序》)

《镜史》有康熙辛酉序刻本,现藏上海图书馆,主要内容是"二十四种昏眼镜、二十四种近视镜、二十四种童光镜",及"远镜、火镜、端容镜、焚香镜、摄光镜、夕阳镜、显微镜、万花镜"等各种重要的光学制镜法,"外有鸳镜、半镜、多面镜、幻容镜、察微镜、观象镜、佐炮镜、放光镜、一线天、一线光,诸镜种种。人所不恒用,或仅足供戏玩具者,概不列载"(《镜史·目录》)。其中《远镜》文曰:

此镜宜于楼台高处用之,远视山川河海、树木村落,如在目前。若十数里之内、千百步之外,取以观人鉴物,较之觌面,更觉分明。利用种种,具载汤道未先生《远镜说》中,兹不赘列。筒筒相套者,取其可伸可缩也。物形弥近,筒须伸长;物形弥远,筒须收短;逐分伸缩,象显即止。若收至一二里,与二三十里略同。惟一里以内,收放颇多。镜必置架,方不摇动。视欲开广,拉动镜床,左右上下,宜缓勿急。前镜勿对日光,日光眩目,镜光反昏。若必需对日视象,须于暗处置架。视镜止用一目,目力乃专。人目虽同,其光万有不齐,如甲所定之分寸,乙视之则不合。须以筒进退之,极微为得。薄子珏云,须平时习视数日,由显之微,自近至远,转移进退,久久驯熟,然后临时举目便见。倘一毫未合,光明必减,奚镜之咎? 衰目人后镜略伸,短视人后镜略缩,目光亦万不能同,自调为得。镜面勿沾手泽。倘蒙尘垢,以净布轻轻拂拭,即复光明。勿用绸绢揩摩。诸镜仿此。

文中提到另一位苏州造镜名匠薄珏,早于孙运球研究造镜技术,所造望远镜与西方最早的望远镜齐名(详见《中篇》第14章第2节专门介绍)。文中提到"汤道未先生《远镜说》",是指明末来华的西方传教士汤若望所著,介绍当时西方望远镜的专书。虽然从《远镜说》中了解到西方远镜情况,但并没有照搬西方的理论。所以孙运球在此严肃声明:"利用种种,具载汤道未先生《远镜说》中,兹不赘列。"

年轻的苏州人孙运球,正是因明末世乱家道中落转而弃举业习匠作,才有了许多的制造发明和《镜史》写作。孙运球的舅舅董德其的《镜史》弁言曰:

凡人之才,有大用之一时以为荣而不可趋者,亦有才大而甘于小用之,一时之人不及觉,有识者见之以为不可及者,此盖一时之荣不足以动其心也。……然昔人好为蜡屐,工于结毦,皆不掩其风流豪杰本色。若运巧思以为机关运动之法,刻镂玩好之具,则亦何益于人世也? 今文玉之法,能使目之昏者明、近者远,是人之所不能得之于天者,忽然而得之于文玉也。其所利益,岂浅鲜哉?

即予最近视,阅文缮写,在见寸以内。戊午闱中,借吾甥镜,顿使目光远一尺有余,则其他可知矣。第吾甥有才而不大用,纷心于技巧之末,微露其奇,非不拮据勤劬以课朝夕,而静察其布衣霍食,恬淡自形,绝不作犟威态。视世之劳劳攘攘、奔逐利名者,略不足以动其心也,非养之有素欤?是文玉有大才而甘于小用,不必有识者,始知之也,是文玉之不可及也。(康熙庚申春阳华旦母舅董德其书)

如果说孙运球的制造发明是"有大才而甘于小用",那他的《镜史》写作则是符合中国文人文章经世的理想追求。但如果没有制造业工匠的实践经验,要写出科学技术著作谈何容易?"若运巧思以为机关运动之法,刻镂玩好之具,则亦何益于人世也?"孙运球具备了学者和工匠的两种素质,所以能写出高水平的造镜技术理论化著作《镜史》。书中重点介绍生产实践中实际使用的显微镜,近视、老花眼镜等使用方法和原理。

《镜史·昏眼镜》曰:"凡人老至目衰,视象不能敛聚,一如云雾蒙蔽,惚恍不真。或能视钜而苦于视微,或喜望远而不能视近。用镜则物形虽小而微,视之自大而显,神既不劳而自明也。量人年岁多寡,参之目力昏明,随目置镜,各得其宜。"

《镜史·近视镜》曰:"凡人目不去书史,视不逾几席,更于灯烛之下,神光为火光烁夺,则能视近而不能视远。又有非由习贯,因先天血气不足,视象不圆满者,用镜则巧合其习性,视远自明。量人目力广隘,配镜不爽毫厘。"

《镜史·童光镜》曰:"人之年老目衰,皆由平昔过用目力,神明既竭,时至则昏。观诸文人墨士,及钩画刻镂诸艺,专工细视,习久易昏。彼牧竖贩夫,不借两眸者,老至不昏,差足征也。此镜利于少年,俾目光不随时而损,西士谓之存目镜。成童即用,十数年后去镜,目终不衰,至老仍如童子。若颜渊熟视白马,夫子预决其短夭,则目司为一身精气所聚,存养瞳神,可以延年永寿,岂小补哉?"

《镜史·显微镜》曰:"镜用俯视,以极微细之物,置三足之中。视醯鸡,头尾了然,视疥虫,毛足毕现,蚊虻宛如燕雀,蚁虱几类兔猿。博物者不特知所未知,信乎见所未见。"

《镜史·万花镜》曰:"此镜能视一物化为数十物。如视美人,顷刻金钗屏列;视花朵,忽来天女缤纷;远视山林台榭,俨然海市蜃楼,层叠参差,光华灿烂。蓬莱阁上,恐反无此变幻观也。"

这些科技理论都是孙云球制造各种光学仪器的经验总结,其科学技术成就和科学理论价值是当时国内外机械制造界无与伦比的。孙云球还善造各式器械,"尝准自鸣钟,造自然晷,应时定刻,昼夜自旋,风雨晦明,不违分秒"[①]。他对光学制镜尤有研究,在苏州采用水晶为原料,手工磨制镜片,制成了患者需要的"眼镜",人们戴上"随目对光,不爽毫发",远视、近视都有,很受欢迎。在磨制镜片的同时,孙云球巧妙地将凹凸两块镜片加以组合,发明"千里镜"。运用这种仪器登上虎丘远望,"远见城中楼台塔院,若接几席,天平、灵岩,穿窿诸峰,峻嶒苍翠,万象毕见"。这是中国自制的望远镜。

---

① 孙云球:《镜史》,康熙辛酉序刻本。见孙承晟的《明清之际西方光学知识在中国的传播及其影响——孙云球〈镜史〉研究》所录《镜史》原文,《自然科学史研究》,2007年第3期,第363—376页。

孙云球不但研制望远镜,而且精于测量。他制造了一种利用太阳投影来测定时刻的仪器叫自然晷,是一种非常精密的日晷,据说测定时刻"不违分秒"。他制造的光学仪器达七十种之多,后人称他所制的各种镜子为"神明不可思议"。"孙云球的制镜术对之后的光学仪器业产生了深远的影响,苏州因他而成为全国的制镜中心"①。

二、《丁氏绣谱》的理论水平

道光年间,上海人丁佩撰《绣谱》一书。此书是中国较早的专论刺绣技法及品鉴绣艺的作品。文前有作者"自序"。说刺绣之事,古未有谱,而闺阁之女习刺绣可以陶情淑性,所以将平日刺绣的心得和体会写成文字,或可有助于绣艺发展。丁佩所留文字,年代最晚的为《绿凤仙花唱和诗》一首,收录在清代周日蕙②《树香阁诗遗》所附《绿凤仙花唱和诗》一卷中。《丁氏绣谱》道光元年(1821年)成书,全书共分6个部分:

①择地部分,讲述刺绣的环境必须闲、静、明、洁。

②选择部分,讲述选定绣稿时要注意审理、度势、剪裁、点缀、崇雅、传神等要求,并避免失之巧庸和过于繁简。

③取材部分,讲述丝线、绫缎、纱罗、绣针、剪刀、绷架等材料和工具的重要性。

④辨色部分,讲述18种色彩的特点及用法。

⑤程工部分,讲述刺绣工艺技法以及齐、光、直、匀、薄、顺、密等标准。

⑥论品部分,讲述以文品之高下、画理之浅深来品评刺绣的能、巧、妙、神、逸等五个等级,以及精工、富丽、清秀、高超等四个品格。

如此全面系统的刺绣论述,充分表明丁佩《绣谱》(即《丁氏绣谱》)是清代中国有关刺绣技法经验全面总结的专著,对中国刺绣工艺的发展有重要的影响。书中特别强调刺绣要有相适应的地理环境和专注心境,丁佩认为"艺之巧拙因乎心,心之巧拙因乎境。诚使窗明几净,虽拙者亦为之改观;室暗灯昏,虽巧者亦失其故步。而且事迫则潦草甚,境窘则精神不聚。凡艺皆然,而况辨优绌于微茫,争得失于毫末者乎?故刺绣必以择地为最要也。"作者以追求"高超"为目标。曰:"不袭窠臼,别具天机;在人意中,出人意表。是必资性独殊,襟怀潇洒者能之,不可以形迹求也。古人于翰墨可以观人情性,惟绣亦然。眉目分明,楚楚有致,必其道理通达者也;一丝不苟,气静神恬,必其赋性贞淑者也;肌理浑融,精神团聚,必其秉气纯和者也。否则,□头盖面,牵曲支离,即使针神复生亦未如之何。"这里将刺绣业明确定位为高水平的、专业化的行业,根本改变了前人以刺绣为业余杂活或女红末业的观念。这无疑是江南纺织业和广大职业化刺绣妇女的真实写照③。

---

① 孙承晟:《明清之际西方光学知识在中国的传播及其影响——孙云球〈镜史〉研究》,所录《镜史》原文,《自然科学史研究》,2007年第3期,第363—376页。
② 周日蕙,字珮兮,江苏吴县人;周日蕙撰《树香阁诗遗》,佚名辑,清咸丰二年刻本。
③ 参见周行健主编的《华夏妇女名人词典》,华夏出版社,1998年,第1页。

三、《雪宧绣谱》的理论水平

《雪宧绣谱》是著名刺绣家沈寿一生刺绣艺术的理论总结。全书共分绣备、绣引、针法、绣要、绣品、绣德、绣节、绣通八章。《绣备》介绍刺绣用的绷、架、剪、针等工具;《绣引》讲述刺绣的基本功夫;《针法》、《绣要》与《绣通》三章最重要,是全书的精髓。"针法"分列齐针、抢针等18种常用针法。"绣要"叙述绣制对象的光色变换关系和传神要点,总括在"审势"、"配色"两节中,并附有"线色类目表",总计88种色线,"因染而别"则又有745种;《绣通》讲绣理与画理的关系。"绣品"、"绣德"、"绣节"从不同方面叙述刺绣职业中应注意的一些有关身心健康的问题[1]。

在"针法"一章中,介绍了18种针法的基本理论如下:

齐针曰:

齐之云者,务依墨钩画本之边线,不使针孔有毫发参池出入之迹。

抢针曰:

其由浅而深,分批衔接之处,用此针法。抢有正抢、反抢。正则由边而至中,反则由中而至边。

单套针曰:

套者,先批后批、鳞次相复、犬牙相错之谓。

双套针

沿用单套针的方法,具体操作上各批针的入法不同。

扎针曰:

"扎犹扎物之扎"。这是已经学会绣花卉并进展到绣翎毛的人可以采用的方法,适宜用于绣鸟脚的全部。

铺针曰:

铺着准背部之边,用长直针。或仅正面,或兼反面,刺线使满,如平铺然,故谓铺针。绣如凤凰、孔雀等动物的背部,先要用铺针打底。

刻鳞针曰:

因其鳞次而用针以刻画之也,故谓刻鳞。

肉入针曰:

惟花卉、木、石宜之。肉入者,普通品以细白棉一层,先用铺线绷以为地,其上用长短针,与地之线文一纵一横,不可上下同势。花叶枝干,同以棉线衬丝线之里而厚之入肉,故谓肉入。

打子针

打子针是传统针法的一种,沈寿用它来绣花心。这种针法要配合十一号或十号针,以及整根的线。针从下而上传出绣地后,随即用针芒绕线一圈,形成一个线环,针在线环边上穿出后,便落针将它固定。线环就是所说的"子",使子固定不动即是打。

---

[1] 沈寿口述、张謇整理、王逸君译注:《雪宧绣谱图说》,山东画报出版社,2004年,第12—17页。

羼针

即是长短针,长短针交替使用。

接针曰:

必针相近。但必针以第二针紧逼第一针之中,而接针则第二针紧接第一针尾之中。针迹须匀,不可长短参差。

绕针曰:

俗名拉梭子针。针法用大、细二针……其绣法先以大针引全线出地面后,此针随时移插,不复上下。……必从原眼者,取其易于匀整也。法与打子针小同而大异。

刺针曰:

与针相连而刺第二针仍须第一针之原眼。针迹须细如鱼子,俗谓一芝麻三针乃为上品。

必针曰:

必者,针针相逼而紧之谓。……使绣成如一笔写,而不露针迹为上。

施针曰:

施者,加于他针上之谓。其针法疏而不密,歧而不并,活而不滞,参差而不必齐。适于翎毛走兽者十之七八,适于云水石坡者十之二三。

旋针曰:

回旋其针也。……阴阳面、深浅法,与施针同。

散整针曰:

其针法兼施针、套针、接针、长短针而有之。如绣云烟,浓处用套针细线,即整针也。淡处用接针,长短施针,极淡处用稀针,尤细之线,即散针也。

虚实针曰:

其法之异于散整者:散整实而不虚,此则虚实并用,而以实形虚。

虚针、肉入针是沈寿在日本考察时看到,回国后再根据其名称琢磨出来,然后将其加以推广使用的。在分别介绍这些针法时,沈寿注意由易到难、由简到繁、由单一针法到组合针法,既有基本走针方法讲解,也有针法具体操作实例介绍。通览全章十八种针法中,"抢针"篇、"双套针"篇、"扎针"篇、"铺针"篇、"刻鳞针"篇、"肉入针"篇、"打子针"篇、"接针"篇、"必针"篇、"施针"篇、"旋针"篇、"散整针"篇、"虚实针"篇13篇均有例证。如"施针"篇中:"用施针时,须使针如笔。适用于施针之用者最活,例如一正面之虎,额直施,颧斜施辅横施,颔又直施,法略如旋针。项背、肩腹及横纹均斜施,股脚则合抱而施。若侧视或后视之虎,其施法又随势而异。因章法为之,不能尽举。"以绣虎为例解释不同的施针方法,或斜或直亦抑合抱,生动形象。

《雪宧绣谱》中还用表格、数字、对比等方式来加强本书表达的精确性。如,在"绣要"章"配色"篇结束后,附录一名为"附线色类目表"的表格。同时还将此表分为两类:正色、间色,并分别列表。这一严谨的做法旨在阐明各种颜色的不同和相对应的染色差别。

插表21：《雪宧绣谱》附线色正色类目表

青之别	染色别	青之类别	染色别
青（老青）	十五色	老菜青	五色
		老灰青	五色
		老墨青	五色
		老桃青	五色
		老石青	五色
		老杭月青	五色
		天青	二色

表格左侧还附有一段解释和补充曰："右凡为色八十有八，其因染而别者，凡七百四十有五。业染者云：'色随人而变，亦随天气燥湿、技手巧拙而变，往往有以昨日所得之色，试之今日而变，以今日所得之色，试之明日而又变者。变不可得而穷，色不易名而纪，夥颐哉。'如所言虽累千色可也"。

在"绣要"一章中，沈寿提出刺绣创作要以"新意运旧法"。所谓新意，即灵活地运用已有的针法，巧妙地选择色线配色，才能使绣品达到逼真的效果，这是仿真绣的技巧所在。"色有定也，色之用无定。针法有定也，针法之用无定。有定故常，无定故不可有常，微有常弗精，微无常弗妙，以有常求无常在勤，以无常运有常在悟。"[①]也就是说，刺绣针法要根据所绣对象的需要做出相应的变化，再加上绣师勤勉不懈，才能在不变之中求万变。在沈寿苏绣技艺成长过程中，上海露香园的顾绣对其产生了重大的影响。经过对传统苏绣、顾绣的改革与创新，形成了新针法，有齐针、撒针、旋针、缠针、羼针（掺和针）、环针（打籽针）、套针、滚针、缉针（且针）、钉针、施毛针、眉睫针、扎针、刻鳞针、挽针、盘曲针、锁针、接针等针法，并形成了平、齐、细、薄，针法长短参差的新风格。1905年沈寿赴日，她看到用光影表现的美术作品，大受启发，故在刺绣技术上再次创新。对于这些，《雪宧绣谱》中总结如下：

一是国外引进的刺绣技术。

赴日期间，沈寿看到了"肉入针"。所谓肉入针，就是用细白棉线绣一层铺针打底，再将长短针绣在上面，使长短针的针脚与底纹的线条呈现垂直交错而非互相平行的状态，也可将棉线包裹在丝线里面，使它厚得像肉，所以叫做"肉入"。以前中国只用它来绣龙眼，但在日本也用它来绣他物。绣阳面时，"肉"厚一点，绣阴面时，"肉"薄一点，甚至可以露出绣底，这样阴阳对比就非常明显。由于肉入针可以更好地体现仿真绣中的阴阳对比，因此沈寿在回国后就将这种针法运用到苏

---

① 沈寿口述、张謇整理、王逸君译注：《雪宧绣谱图说》，"绣要"、"妙用"，山东画报出版社，2004年，第12—17页。

绣中,成了"仿真绣"发明的基础。"虚针"也是从日本学来的。该针法"由稀而细,而淡,而至于无,使至于无,使与地等,所谓虚也"。虚针适合绣光线较强的地方。沈寿对于虚针的吸纳,"非由日本绣师之指授也,询其名悟其法焉尔"①。可见,沈寿对于刺绣的悟性极高。

二是沈寿自创针法。

为适应仿真绣显示阴阳对比的需要,沈寿自创了旋针、散整针、虚实针三种针法。旋针就是迂回旋转的针法。散整针包含了施针、套针、接针及长短针的针法。绣浓的地方用整针,绣淡的地方用散针。虚实针则施绣阴面用实针(旋针和纵横交错的短针),绣阳面则是用虚针(短针和稀针)。

三是以新意运旧法。

《雪宧绣谱》不仅仅是一本技术性专著,而且善于总结前人针法的不足之处,在"绣要"一章中提出刺绣要创作要以"新意运旧法"。在介绍的十八种针法中,除旋针、散整针、虚实针、肉入针是沈寿自创或由国外引进的,其余十四种皆为中国原来就有的针法。但是这些针法由于运用不当,单一地使用某种针法或某种色线,而使绣品的艺术表现效果不甚理想,呈现出"光而钝,齐而板"的现象。沈寿经过改革创新,将几种针法结合起来用,并把几种色线穿于一根针上,绣出来的人物颇有精神。

四是循画理师真形。

"循画理,师真形"是仿真绣的一大特色。在仿真绣发明之前,"当时中国绣板滞而难得画神,更加设色少学识"。沈寿对此早有不满,欲寻求突破。在她赴日期间,看到了西洋的油画、铅笔画、摄影等作品,深受启发。西洋画立体感强,有明暗阴影的表现,给人以真实的感受。这是仿真绣力求达到的效果——注重仿真肖神、阴阳向背、色彩运用,目的在视觉上给人逼真的效果。仿真绣的绣理与画理是相通的。"忽为易,则易者荒而难易。慎为难,则难者进而易矣"。要想绣出一幅上等绣品,就必须不断努力。

五是缜性。

所谓缜性,就是细致谨慎的性格,是学好刺绣必备的心理素质。沈寿认为,缜性"静中有动,动中有静也"。要绣出对象的阴阳面、高低远近、浓淡深浅、正侧变化,都要在平时就能细致认真地对客观事物进行观察,而这些"非缜其性不能"。其他如审势、配色、求光、妙用无一不需要缜性,因此,"绣之须缜其性,岂非要务哉"②。

由此可见,这本绣谱从线与色的运用、具体刺绣技术到艺人特有的品德修养以至刺绣保健卫生方法,都进行了完整的论述,不愧为中国系统总结刺绣工艺的专著③。

---

① 沈寿口述、张謇整理、王逸君译注:《雪宧绣谱图说》,山东画报出版社,2004年,第22页。
② 沈寿口述、张謇整理、王逸君译注:《雪宧绣谱图说》,《绣要》、《缜性》,山东画报出版社,2004年。
③ 参见阙静红的《明清江南丝织业技术理论化》,余同元指导,苏州大学2008年硕士论文。

第三节　明清江南建筑工匠著作中的科技成就

明代中期以后江南人所写的江南工业技术著作中，有相当一部分是属于工匠写的高水平著作，其中著名的建筑营造业著作有《鲁班经匠家镜》、《髹饰录》、《工程做法则例》、《梓业遗书》、《营造法原》等。从《明清江南及其周边地区建筑业工匠著作统计表》中不难看出，明代中期以后江南及其周边地区建筑营造业著作中，大都具有很高的理论水平。这是明代中期以后出现的新现象。

先看《鲁班经》的科技含量

《鲁班经匠家镜》简称《鲁班经》。《鲁班经》的前身是宁波天一阁所藏的明中叶的《鲁班营造正式》。《鲁班营造正式》成书时间约为元代，全书共分六卷，记录的主要是关于以建筑大木作为主的房屋营建内容。首列地盘真尺、水绳与水鸭子、鲁班真尺、曲尺四种工具均有图及说明，该书基本上沿用宋《营造法式》的体例。该书内容限于大木作，包括一般房舍、楼阁、特殊建筑、钟楼、宝塔、畜栏等。先论述定平、水平、垂直工具，一般房舍地盘样及剖面梁架，然后是特殊建筑、建筑细部和驼峰、垂鱼等，比较切合使用。

从万历年间起，《鲁班经》不断被补充完善，或被更名为《鲁班经匠家镜》，内容和编排也有较大改动，增加了不少生活用具的内容。万历年间出版的《鲁班经匠家境》刊于杭州，稍晚则有根据万历本翻刻的崇祯本。此后的翻刻本均从万历本或崇祯本演化而出，一直到 20 世纪初，仍以木刻或石印本形式流传于长江中下游东南诸省，长达五六百年之久[1]。该书通称为《鲁班经》。

明末崇祯本《鲁班经》，作者署为午荣汇编，章严全集，周言校正，但真正作者应该是江南民间工匠[2]。因为《鲁班经》内容是一本民间木作技术记录汇编，它采用实际生活经验中给出的标准尺度，或以诗句形式来规定做法。如民间"门宽二尺八，死活一齐搭"之说，在《鲁班经》中就规定了单开大门的尺寸应为二尺八寸，这样便于搬运家具及抬轿、抬棺材等进出。此外，为了适合技术传承中传诵要求，其中还采用了不少属于通俗口语的歌诀，其特点是能记易懂。《鲁班经》共四卷（文三卷，图一卷），内容：（1）木匠行业的规矩制度；（2）民间屋舍的施工方法；（3）鲁班真尺的用法；（4）家具与农具做法；（5）常用房屋的构架形式和建筑构成名称；（6）各施工工序的详细事项，构件器具尺度。

午荣的《鲁班经》用了大量的篇幅来叙述各类建筑的施工方法，并且还编了很多通俗顺口的诗句和歌诀，方便人们记忆和运用。如《定盘真尺》曰：

　　世间万物得其平，全仗权衡及准绳。

---

[1] 中国科学院自然科学史研究所：《中国古代建筑技术史》，科学出版社，1985 年。
[2] 潘谷西主编：《中国古代建筑史》卷 4，《元明建筑》，中国建筑工业出版社，2001 年，第 538—539 页。

> 创造先量基阔狭,均分内外两相停。
> 石磉切须安得正,地盘先且镇中心。
> 定将真尺分平正,良匠当依此法真。①

《推造宅舍》曰:新屋插旧栋,不久便相送。②
《作门忌日》曰:
> 春不作东门,夏不作南门。
> 秋不作西门,冬不作北门。③

另外,如《鲁班经》所述,很多规定看似迷信禳解内容,其实有它的科学道理。如造仓廒时,"门要成对,切忌成单"④。又,造牛栏时,"近在人屋左畔,或是二间、四间,不得作单间","门要向东,切忌向北"⑤。因为牛性怕寒,所以牛栏要造在住房东首。门开东向朝阳,可以使牛温暖减少疾病。又,造钟楼时明白规定:"用风字脚,四柱并用浑成梗木,宜高大相称,散水不可太低,低则掩钟声不响于四方。更不宜在右畔,合在左边寺廊之下,或有就楼盘下作佛堂,上作平棋盘顶结,中开楼盘心透上直见钟,作六角栏干,则风送钟声通出于百里之外。"《鲁班经》述及施工时应该注意的事项,如在建造仓廒时候"不可柱枋上留字、留墨",这样就能保持建筑物梁柱的清洁。在造作场上"切忌将墨斗签于口中衔,又忌在造作场上吃食诸物。其仓成后安门,匠人不可着草鞋入内,只宜赤脚进去修造。凡依此例,无不吉庆丰盈"。入粮仓不许吃食物,不许穿草鞋,这是为了防止带入虫卵及其他污秽物和防止残留食物变质发生霉菌,以免有害粮物的储存。

《鲁班经》中还附有大量建筑设计图。《鲁班经》一书对图样的说明是:"用精纸一副,画地盘阔狭深浅,今下间架或三架、五架、七架、九架、十一架,则随主人意。或柱柱落地,或偷柱及梁架使过步梁、梁眉、眉枋、或使斗磉者,皆在地盘上停当。"⑥讲的是在平面图上应标注的项目。文中"按式",即依照《鲁班经》中的规定样式。"柱柱落地",指每檩之柱皆落地,这是民间房屋通用穿逗式构架的基本形式。"偷柱",柱不落地谓之偷柱,即宋式的"减柱造"。"过步梁",宋称乳栿,承两檩。"眉梁",即月梁,承三檩以上。"斗磉",即石柱础。这是在图样上应标注的项目,并在书中附以正七架地盘图示范。

《鲁班经》中大量采用屋架示意图,计有三架屋连一架、五架屋拖后架、楼阁正式、七架之格、九架屋前后合寮、秋迁架等幅。其最可注意者有两幅,即楼阁正式图和秋迁架图。在三架屋连一架、七架之格图中,步柱有用插拱的不用坐斗,以及九架屋前后加"合寮"而构成前后廊。以上所述图样也就是唐柳宗元在《梓人传》里所说的"画宫于堵,盈尺而曲尽其制,计其毫厘而构大厦,无进退

---

① 午荣:《鲁班经》,海南出版社,2006 年,第 61 页。
② 午荣:《鲁班经》,海南出版社,2006 年,第 62 页。
③ 午荣:《鲁班经》,海南出版社,2006 年,第 272 页。
④ 午荣:《鲁班经》,海南出版社,2006 年,第 128 页。
⑤ 午荣:《鲁班经》,海南出版社,2006 年,第 136 页。
⑥ 午荣:《鲁班经》,海南出版社,2006 年,第 39 页。

焉。"它是一种在白粉墙上所作的施工大样,用墨斗引垂线,下垂重物,用曲尺作水平线,至今还很常见。宋《营造法式·举折之制》中则称之"定侧样"或"点草架"。

其次看《髹饰录》的科学理论水平

《髹饰录》,黄成原著、杨明注释。黄成,号大成,新安(安徽徽州)平沙人,是生于隆庆前后的一位漆工。杨明的《髹饰录》序称黄成为一时名匠,精明古今髹法,殆无愧色。《髹饰录》总结了前人和黄成自己的经验,较全面地叙述了有关髹饰业的各个方面工艺做法。分乾、坤两集,共18章186条。

插表22:《髹饰录》主要内容统计表

集别	章名	条数	内容	内容归纳
乾集	(乾集序)	1	总论制造方法	制造方法
	利用第一	40	漆工的原料、工具及设备	
	楷法第二	31	各种漆工容易发生的毛病及所以发生毛病的原因	
坤集	(坤集序)	1	总论漆器分类	分类叙述各类漆器的制造方法
	质色第三	9	单纯一色不加文饰的各种漆器	
	纹䙡第四	5	表面有不平细纹的各种漆器	
	罩明第五	5	打色地上面罩透明漆的各种漆器	
	描饰第六	6	用漆或油描花纹的各种漆器	
	填嵌第七	8	填漆、嵌螺钿、嵌金、嵌银的各种漆器	
	阳识第八	6	用漆堆出花纹的各种漆器	
	堆起第九	4	用漆灰堆出花纹上面再加雕刻描绘的各种漆器	
	雕镂第十	13	雕漆、雕螺钿的各种漆器	
	鎗划第十一	3	刻划细花纹再填金、填银或填色的各种漆器	
	斒第十二	20	两种或两种以上的文饰相结合的各种漆器	
	复饰第十三	6	某漆地与一种或一种以上文饰相结合的各种漆器	
	纹间第十	7	填漆类中的某种做法与鎗划类中的某种做法相结合的各种漆器	
	裹衣第十五	4	胎骨上面不上灰漆而用皮或织品蒙里的各种漆器	
	单素第十六	5	简易速成、只上一道漆的各种漆器	
	质法第十七	8	漆器的基本制造过程	
	尚古第十八	4	修补及摹仿旧漆器	
共计	18章	186条		

(资料来源:王世襄《髹饰录解说》第5—6页,文物出版社1983年版。括号中的名称为原书所无)。

从上表可以看出《髹饰录》的内容分两大类:第一、第二、第十七、第十八章讲制造方法;第三至第十六讲漆器分类及各类中的不同品种。

《髹饰录》在天启五年(1625年)又经嘉兴西塘工匠杨明撰写了序言并逐条加注,使其广泛应用于江南各地的生产实践和教学过程之中。西塘又名斜塘,是元、明两代制漆名家彭君宝、张成、杨茂、张德刚的家乡。杨茂的后裔杨明也精通漆工技法,对《髹饰录》加以注释。经过杨明的注释,《髹饰录》内容更加翔实了。朱启钤的《髹饰录弁言》曰:"北宋名匠,多在定州,如刻丝、如瓷、如髹,靡不精绝。靖康以后,群工南渡,嘉兴髹工,遂有取代定器之势。降逮元明,如彭君宝、张成及子德刚、杨茂、杨埙父及埙等,皆为西塘杨汇人,而张德刚应明成祖面试,官营缮司所副。其时官局果园厂复兴剔红,德刚供奉其间,是为南匠北来之证。至天顺间,西塘又有杨埙父子,习髹于日本,遂以杨倭漆著名。清仲生于西塘,有明之晚季,本其高曾之规矩,乡里所睹,记于黄氏之书,遂条加注,不啻左氏之传《春秋》。"①

西塘在今浙江嘉善县北二十里。西塘在明代是一个工商业相当发达的乡镇。《格古要论》记载元初戗金匠彭君宝就是西塘人。元末陶宗仪的《辍耕录》"嘉兴斜塘杨汇鎗金鎗银"一条,记载的就是西塘同一地方的漆工技法。万历《嘉兴府志》载:"张德刚,嘉兴西塘人。父成,善髹漆剔红器。"光绪《嘉兴府志》卷51"嘉兴艺术门"说:张成、杨茂,嘉兴府西塘杨汇人,剔红最得名。足证西塘是元明之际漆工汇萃的地方②。

再看《营造法原》的科技成就

香山位于太湖之滨,曾孕育了一代又一代以建筑为世业的能工巧匠,他们都是"香山帮"建筑业大师蒯祥的事业传人,姚承祖就是其中杰出的一位。

姚承祖11岁便随叔父姚开盛到苏州城开盛营造厂学木匠,不到20岁即在同行中崭露头角。他一生于苏州城乡设计建造的厅堂馆所、亭台楼阁,寺院庙宇不下百幢,现存的有光福邓尉香雪海梅花亭、木渎灵岩山寺大雄宝殿、木渎严家花园、苏州怡园主体建筑藕香榭等,都堪称是"香山帮"的建筑杰作。《营造法原》的出版,是对江南建筑地域特色的一次系统总结。

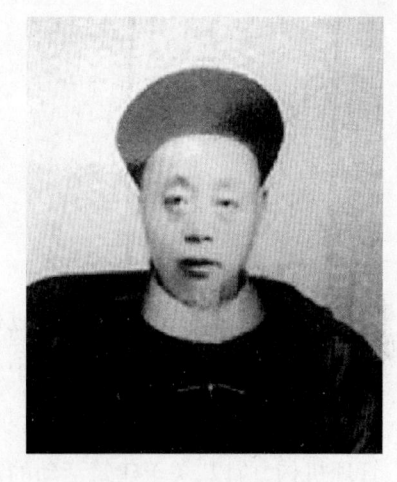

插图25:姚承祖原照

《营造法原》初稿有姚承祖祖父姚灿庭所辑的《梓业遗书》手稿,以及其他家传秘籍、施工图册和姚承祖自己的积淀与实践总结,加上既有的"营造原图"编写而成的。现通行本姚承祖著、张至刚增编的《营造法原》序言引刘敦桢先生话说:"这是姚补云先生晚年根据家藏秘笈和图册,在前苏州工专建筑工程系所编的讲稿,是南方中国建筑之唯一宝典"。并谓"1929年受姚先生之托,整理此书,但因无暇,于1932年介绍该书与营造学社"③。1935年,张至刚受刘敦桢之托整理《营造法原》,到1937年夏脱稿。全文24章12万余言,图版52幅,插图72张。第一章,地面总论;第二章,平房、楼房大木总例;第三章,提栈总论;第四章,牌科;第五章,厅堂总论;第六章,厅堂升楼木架配料之例;第七章,殿庭总论;第八章,装折;第九章,石作;第十章,墙垣;第十一章,屋面瓦作及筑脊;第十二章,砖瓦灰砂纸筋应用之例;第十三章,做细清水砖作;第十四章,工限;第十五章,园林建筑总论;第十六

---

① 王世襄:《髹饰录解说》,文物出版社,1983年,第15页。
② 王世襄:《髹饰录解说》,文物出版社,1983年,第24页。
③ 姚承祖:《营造法原》张至刚序,中国建筑工业出版社,1986年,第3—4页。

章,杂俎。附录:量木制度;检字及辞解;鲁班尺与公尺换算表等。

清末民初,中国从西方引进建筑材料技术,中国建筑技术最后实现了现代转型,特别表现在"砖(石)钢骨混凝土结构"向"砖(石)钢筋混凝土结构"的过渡。如1890年,镇江英国领事馆办公楼开始采用"砖(石)钢骨混凝土结构",在此基础上,"砖(石)钢筋混凝土结构"也很快被采用。

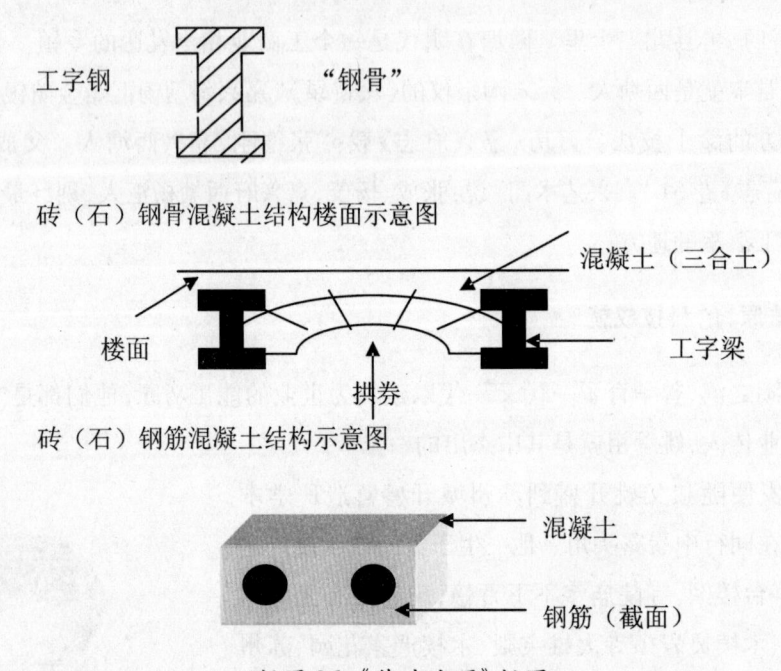

插图26:《营造法原》插图

在镇江英国领事馆的建设过程中,西方人设计绘图或现场施工指导,而施工本身则由中国工匠完成。由于这种技术在运用中所需的钢材较多,很快就被用钢较少而具有更高强度的"砖(石)钢筋混凝土结构"所取代。在这项技术引进过程中,"中国人拥有了一批自己的专业人员和自己的管理机构,所以,关于建筑活动的观念出现了突出行业特点的'专业话语'和官本位文化背景下的'权威话语'。"[1]如是,中国工匠和建筑师开始运用新的技术理论改造中国已有的建筑理论,新的建筑学也就产生了。而张至刚整理的《营造法原》,正是这个新建筑学的重要研究成果之一。

如果说近代科学的技术化是工业现代化的内涵特质,那么传统工业技术的科学化则无疑是早期工业化的核心标志。在这个中西建筑技术交融的背景下,1932年刘敦桢将《营造法原》书稿交给时任中国营造学社社长的朱启钤审定。朱读后给予了充分的肯定,同时认为书内较多的苏州方言及业内行话宜作统一,以适应建筑学界的教学应用。1935年秋,刘敦桢又将书稿交给他的学生张至刚,要他按现代建筑学教学的要求对书稿进行修改,使之成为研究和整理江南建筑的科学经典之作。张至刚详细勘察江南各地的古代建筑,同时虚心地向姚承祖请教,并和姚承祖一起专门制作可装可卸的实物模型,精心研究多年。1937年夏《营造法原》修改稿完成。全书计24章,约12

---

[1] 李海清:《中国建筑现代转型》,东南大学出版社,2004年,第103页。

余万言,附图版52幅,插图71张。由于抗日战争爆发,《营造法原》最终由建筑工程出版社出版的时间已是1959年7月了[①]。由此可知,工匠经验技术上升到理论科学是一个多么曲折的历程;而将理论化的科学通过技术教育再化为新的生产技术更是一个漫长的过程。

---

① 张至刚,字镛森,苏州人。1926年张就读于苏州工业专门学校建筑科,后随校转入中央大学建筑系,毕业后留校任教。参见陆觉的《规矩千秋在、方圆一代新——记建筑经典〈营造法原〉成书始末》,《苏州杂志》,2001,第1期。

第十章 明清江南工业技术理论化之关联性与差异性

第一节 明中后期至明末清初技术文本化的关联性

产业技术理论化的首要标志是经验技术的文本化。所谓产业技术文本化是产业技术理论在学科化之前多种文本形式生成的过程,特指某一产业技术由经验技术上升到理论技术再形成技术著作与科技文献的过程。产业技术文献数量的增长是衡量产业技术理论化水平的刻度尺。

这里将明代中期到清末民初江南及其周边地区四百多种工业科技著作,分为车船类、纺织刺绣业(含印染、裁缝、缫丝等纺织辅助业)、建筑类、军器类、矿业类、食品工业类、水利工程类、陶瓷类、文化用品类、园林园艺类、综合杂业类十一大系列,分为明代中期至明末清初和清代中期至清末民初两个阶段进行分类统计[①]。

先看明代中后期至明末清初(大致将天启年间到康熙年间称作"明末清初")阶段江南及其周边地区工业科技著作文本增长情况:

年代	籍贯	著作	作者
1. 车船类			
嘉靖二十年	吴江	《南船纪》	沈啓
嘉靖二十五年	南京	《船政》	南京兵部车驾司

[①] 参见余同元:《明末清初到清末民初:江南产业技术理论化的差异性与关联性》,《明清论丛》(第九辑)(北京大学与故宫博物院联合主办),2009年,第307—321页。

年代	籍贯	著作	作者
嘉靖三十二年	上海	《龙江船厂志》	李昭祥
万历十六年	上虞	《船政新书》	倪涑
明末	太仓	《通漕类编》	王在晋
明末	扬州	《金汤借箸十二筹·舟制》	李盘
2. 建筑类			
嘉靖	苏州	《造砖图说》	张问之
天启	上海	《南京工部志》	朱长芳
天启	宜兴	《工部厂库须知》	何士晋
明末	江南	《工师雕斫正式鲁班木经匠家镜》	佚名
明末清初	兰溪	《一家言·居室器玩部》	李渔
嘉靖	钱塘	《相宅要说》	高濂
隆庆	松江	《青鸟绪言》	李豫亨
万历	海虞	《葬经翼一卷难解二十四篇》	缪希雍
明末	新城	《阳宅指掌》	黄海山人
明末清初	华亭	《地理辨正》	蒋平阶
明末清初	华亭	《地理录要》	蒋平阶
明末清初	华亭	《天元五歌》	蒋平阶
明末清初	华亭	《地理古镜歌》	蒋平阶
明末清初	新仓	《葬书》	陈确
明末清初	华亭	《阳宅指南》	蒋平阶
明末清初	华亭	《阳宅三格辨》	蒋平阶
明末清初	华亭	《相地指迷》	蒋平阶
康熙	望江	《地学》	沈镐
康熙	古婺	《理气三诀》	叶九升
康熙	华亭	《正义六种》	张受祺
康熙	鄞县	《〈庙制图〉考》	万斯同
3. 军器类			
嘉靖三十八年	武进	《武编·前集》	唐顺之
嘉靖四十一年	昆山	《筹海图编》	郑若曾
嘉靖	金山卫	《两浙兵制》卷2	侯继国
隆庆二年	昆山	《江南经略》卷8	郑若曾
万历二十六年	乐清	《神器谱或问》	赵士桢
万历二十六年	乐清	《备边屯田车铳议》	赵士桢
万历二十六年	乐清	《备边屯田车铳图》	赵士桢
万历二十六年	乐清	《车铳图》	赵士桢
万历二十六年	乐清	《神器谱》	赵士桢
万历二十七年	淮阴	《登坛必究》卷29	王鸣鹤

年代	籍贯	著作	作者
万历二十七年	乐清	《续神器谱》	赵士桢
万历二十七年	淮安	《火攻答》	王鸣鹤
万历三十四年	苏州	《兵录》卷11—13	何汝宾
万历	余姚	《利器图考》	何良臣
万历	江宁	《五火玄机》	陈喆
天启元年	归安	《武备志·军资乘》	茅元仪
天启	嘉定	《经武全编》	孙元化
天启	上海	《兵机要诀》	徐光启
天启	绩溪	《火器图说》	胡宗宪
天启	绩溪	《秘刻武略神机火药》	胡宗宪
崇祯二到四年	华亭	《守城制器疏稿》	徐光启
崇祯五年	嘉定	《西法神机》	孙元化
崇祯八年	歙县	《军器图说》	毕懋康
崇祯十二年	上海	《制火药法》	徐光启
崇祯十六年	宁国	《火攻挈要》	汤若望口述,焦勖整理
崇祯	归安	《火龙经三集》	茅元仪
崇祯	徽州休宁	《东嘉神器谱》	程宗猷
崇祯	秀水	《武备三大秘书》	施永图
明末	宁波	《武备新书》	谢三宾
明末	慈溪	《弩考》	孙堪
明末	钱塘	《西洋火攻图说》	张熹
清初	婺源	《戊笈谈兵》卷10	汪绂
4. 纺织刺绣类			
明中后期	钱塘	《冠谱》	顾孟容
明末	新城	《木棉谱》	王象晋
清初	秀水	《服制图考》	朱子建
5. 矿冶类			
万历	钱塘	《古器具名》	胡文焕
明中期	太仓	《寂园杂记》卷14	陆容
6. 食品加工类			
嘉靖九年前后	常熟	《茶谱》	钱椿年
嘉靖九年前后	常熟	《制茶新谱》	钱椿年
嘉靖二十年	长洲	《茶谱》	顾元庆
隆庆四年前后	朱家角	《茶寮记》	陆树声
万历三年前后	山阴	《茶经》	徐渭
万历十六年	淳安	《茶谱外籍》	孙大绶
万历二十一年	钱塘	《茶集》	胡文焕

年代	籍贯	著作	作者
万历三十七年	宁波	《茶解》	罗廪
万历三十七年前后	华亭	《茶录》	冯时可
万历三十八年前后	江阴	《茶董》	夏树芳
万历四十年前后	华亭	《茶董补》	陈继儒
万历四十三年前后	丹阳	《品茶要录补》	程伯二
万历	海宁	《山东盐法志》	查志隆
万历	钱塘	《酝造品》	高濂
万历	钱塘	《法制品》	高濂
万历	钱塘	《甜食品》	高濂
万历	钱塘	《粉面品》	高濂
崇祯	秀水	《古今卤略》	汪砢玉
崇祯三年前后	四明	《茶笺》	闻龙
顺治十二年	长洲	《虎丘茶经注补》	陈鉴
康熙十四年	淮安	《茶史》	刘源长
崇祯十六年	丹阳	《品茶要录补》	程伯二
康熙二十二年	如皋	《岕茶汇钞》	冒襄
7. 水利工程类			
嘉靖十七年	华亭	《全吴水略》	吴韶
嘉靖二十五年	钟祥	《河南管河道事宜》	商大节
嘉靖三十五年	平湖	《沽头闸志》	陆梦韩
嘉靖	吴江	《吴江水利考》	沈啓
嘉靖	绩溪、昆山	《筹海图编》	胡宗宪、郑若曾
隆庆三年	昆山	《三吴水利录》	归有光
隆庆	太仓	《河渠考略》	曹胤儒
万历十五年	海盐	《海塘录》	仇俊卿
万历十八年	乌程	《河防一览》	潘季驯
万历三十二年	嘉善	《皇都水利》	袁黄
万历	上海	《东吴水利考》	王圻
万历	乌程	《两河管见》	潘季驯
万历	乌程	《河防一览榷》	潘大复
万历	淮安	《淮南水利考》	胡应恩
明末	上海	《泰西水法》	熊三拔,徐光启
明末	太仓	《筑围说》	陈瑚
明末	华亭	《南河全考》	朱国盛
明末清初	东阳	《吴中水利书》	张国维
清初	归安	《东南水利》	沈恺曾
清初	新安	《河防刍议》	崔维雅

年代	籍贯	著作	作者
康熙九年	天长	《河防一览纂要》	陈于豫
康熙二十二年	华亭	《看河纪程》	周洽
康熙二十二年	山阴	《三江闸务全书》	程鸣九
康熙	仁和	《河工见闻录》	邵远平
8. 陶瓷类			
嘉靖	临海	《江西大志·陶书》	王宗沐
万历崇祯	江阴	《阳羡茗壶系》	周高起
崇祯	丹阳	《定窑鼎记》	姜绍书
明末	钱塘	《舜为陶器》	田艺衡
9. 文化用品类			
明中期	仁和	《砚谱》	沈仕
嘉靖	临海	《江西大志·楮书》	王宗沐
嘉靖万历	淮海	《装潢志》	周嘉胄
隆庆万历	新安	《墨海》	方瑞生
万历十八年	鄞县	《笺谱铭》	屠隆
万历	嘉兴	《纸录》	项元汴
万历	鄞县	《纸墨笔砚笺》	屠隆
万历	嘉兴	《墨录》	项元汴
万历	会稽	《墨杂说》	陶望龄
万历	昆山	《论墨》	张丑
万历	嘉兴	《砚录》	项元汴
万历	钱塘	《砚谱》	高濂
明末	宣城	《志墨》	麻三衡
明末清初	秀水	《砚录》	曹溶
明末清初	徐州	《墨表》	万寿祺
清初	宣城	《砚林拾遗》	施闰章
清初	吴江	《砚铭》	潘耒
顺治	常熟	《水坑石记》	钱朝鼎
康熙	休宁	《徽州府志·物产志·宣纸》	赵吉士
康熙	歙县	《艺粟斋墨品》	曹素功
康熙	秀水	《说砚》	朱彝尊
康熙	钱塘	《赏延素心录》	周二学
10. 园林园艺类			
嘉靖	长州	《吴下名园记》	文徵明
嘉靖万历	太仓	《学圃杂疏》	王世懋
明中期	嘉定	《罗钟斋兰谱》	张应文
万历	钱塘	《艺花谱》	高濂

年代	籍贯	著作	作者
万历	嘉兴	《菊谱》	周履靖
万历	钱塘	《兰谱》	高濂
天启元年	长洲	《长物志》	文震亨
崇祯四年	吴江	《园冶》	计成
崇祯	嘉兴	《老圃良言》	巢鸣盛
崇祯	嘉兴	《花佣月令》	徐石麒
明末	新成	《群芳谱》	王象晋
明末清初	金陵	《将就园记》	黄周星
明末清初	慈溪	《兰史》	冯京第
明末清初	如皋	《兰言》	冒襄
明末清初	钱塘	《石谱》	诸九鼎
清初	江都	《琼花志》	朱显祖
顺治康熙	钱塘	《石友赞》	王晫
康熙	杭州	《群芳花镜》	陈淏子
康熙	和州	《选石记》	成性
康熙	萧山	《后观石录》	毛奇龄
康熙	余姚	《北墅抱瓮录》	高士奇
11. 综合杂业类			
嘉靖万历	常州	《香本纪》	吴从先
嘉靖	钱塘	《遵生八笺》	高濂
隆庆年间	嘉兴	《髹饰录》	黄成
万历	嘉兴	《群物奇制》	周履靖
万历	鄞县	《香笺》	屠隆
万历	嘉兴	《香录》	项元汴
万历	宣城	《考工记通》	徐昭庆
万历	歙县	《考工记纂注》	程明哲
万历	上海	《三才图会》	王圻
明中后期	鄞县	《游具雅编》	屠隆
天启元年	长洲	《长物志》	文震亨
天启	常熟	《蝶几谱》	严澄
天启	上海	《南京工部志》	朱长芳
崇祯十四年	扬州	《香乘》	周嘉胄
崇祯十二年	上海	《农政全书》	徐光启
崇祯十六年	桐城	《物理小识》	方以智
明末	苏州	《浑天仪器图说》	薄珏
明末	常熟	《香国》	毛晋
明末清初	乌程	《非烟香法》	董说

年代	籍贯	著作	作者
明末清初	归安	《黄熟香考》	万泰
明末清初	吴县	《镜史》	孙云球
康熙初年	吴江	《艺林汇考》	沈自南
康熙十年	雉皋	《一家言·居室器玩部》	李渔
康熙二十二年	歙县	《红术轩紫泥法》	汪镐京
康熙	仁和	《古乐书》	应撝谦
康熙	歙县	《格物须知》	朱本中

第二节 清中期至清末民初技术文本化的关联性

再看清代中期至清末民初(仅将咸丰到宣统年间称做"清末民初")阶段江南及其周边地区工业科技著作文本数量增长情况:

年代	籍贯	著作	作者
1. 车船类			
乾隆	无锡	《洴澼百金方·舟制》	惠麓酒民
乾隆	嘉定	《车制考》	钱坫
乾隆	仪征	《考工记车制图解》	阮元
道光	晋江	《浙江海运全案初编》	黄宗汉
道光	善化	《江苏海运全案》	贺长龄
2. 建筑类			
雍正	溧阳	《钦定工部则例》	史贻直
雍正	溧阳	《钦定工部续增则例》	史贻直
乾隆	仪征	《工段营造录》	李斗
乾隆	武进	《青囊天玉通义》	张惠言
乾隆	太仓	《葬考》	邵嗣宗
乾隆	海昌	《丧葬杂说》	张朝晋
乾隆	临海	《地理枝言》	洪枰
乾隆	华亭	《阴宅集要》	姚廷銮
乾隆	华亭	《阴阳二宅全书》	姚廷銮
乾隆	金陵	《地学形势集》	倪化南
嘉庆	全椒	《阳宅撮要》	吴鼒

第十章 明清江南工业技术理论化之关联性与差异性

年代	籍贯	著作	作者
嘉庆	归安	《阳宅辟谬》	姚文田
嘉庆	新安	《钦定工部则例》	曹振镛
清中期	湖州	《阴阳指正》	姚承舆
嘉庆道光	青田	《周易葬说》	端木国瑚
嘉庆道光	青田	《周易葬经》	端木国瑚
嘉庆道光	青田	《地理元文》	端木国瑚
道光	无锡	《堪舆指原》	邵涵初
道光	上虞	《地理辨正图说》	徐迪惠
道光光绪	钱塘	《沈氏玄空学》	沈竹礽
清末	上海	《地理八窍》	朱冠臣
民国初年	吴县	《营造法原》	姚承祖
民国	武进	《辨正谈氏新解》	谈浩然
民国	义乌	《金氏地学粹编》	金志安
民国	杭县	《玄空古义四种》	沈祖绵
民国	广德	《钱氏辨正参解》	钱文选
民国	杭县	《玄空秘旨通释》	沈祖绵
民国	杭县	《玄机赋通释》	沈祖绵
民国	杭县	《飞星赋通释》	沈祖绵
民国	杭县	《紫白诀通释》	沈祖绵
3. 军器类			
乾隆	富阳	《兵部军器则例》	董浩
嘉庆二十一年	富阳	《钦定兵部军器则例》	董浩
道光二十二年	长州	《铁模图说》	龚振麟
道光	长洲	《枢机炮架新式图说》	龚振麟
咸丰	江苏	《防守集成》卷9、卷10	朱璐
光绪	钱塘	《炮法图解》	丁乃文
光绪	吴县	《枪法准绳》	吴大澂
光绪	海宁	《火器真诀释例》	李善兰
光绪	德清	《火器测远图说》	方恺
光绪	桐乡	《火器真诀解证》	沈善蒸
光绪	宣城	《火器命中》	梅鼎
光绪	德清	《考空气炮工记》	傅云龙
光绪十四年	钱塘	《子药准则》	丁乃文
4. 纺织刺绣类			
乾隆	上海	《木棉谱》	褚华
乾隆十六年	嘉定	《布经》	范铜
乾隆三十年	桐城	《御题棉花图册》	方观承

年代	籍贯	著作	作者
乾隆、嘉庆	歙县	《织绣史札记》	叶瀚
道光元年	华亭	《丁佩绣谱》	丁佩
光绪二十七年	崇川	《蚕政萃编》	袁俊德
光绪二十七年	崇川	《缫政萃编》	袁俊德
光绪二十七年	崇川	《纺政萃编》	袁俊德
光绪二十七年	崇川	《织政萃编》	袁俊德
光绪二十七年	崇川	《染政萃编》	袁俊德
清末民初	苏州	《雪宧绣谱》	沈寿
民国初年	盛泽	《顾绣考》	徐蔚南
5. 矿冶类			
乾隆嘉庆	望江	《滇海虞衡志·志金石》	檀萃
嘉庆十四年	松江	《自鸣钟表图说》	徐朝俊
清中期	松江	《采铜炼铜记》	倪慎枢
清末	宝应	《矿政辑略》	刘岳云
6. 食品加工类			
雍正	丰县	《两浙盐法》	李卫
雍正十三年	嘉定	《续茶经》	陆廷灿
乾隆	钱塘	《随园食单》	袁枚
嘉庆十四年前后	乌程	《释茶》	张鉴
道光	扬州	《淮卤备要》	李澄
道光	仪征	《两广盐法志》	阮元
光绪二十九年	祁门	《红茶制法说略》	康特璋
光绪三十一年	慈溪	《印锡种茶制茶考察报告》	郑世璜
清末	丹徒	《两淮盐法撮要》	陈庆年
清末	吴兴	《盐法通志》	周庆云
7. 水利工程类			
乾隆	仁和	《海塘录》	翟均廉
乾隆	黄岩	《黄岩河闸志》	刘世宁
嘉庆四年	乌程	《五省沟洫图说》	沈梦兰
道光元年	桐城	《历代河防类要》	徐璈
道光九年	德清	《安澜纪要》	徐端
道光十二年	婺源	《楚北江汉宣防备览》	王凤生
道光十五年	仁和	《东西两防海塘图及有关资料》	严烺
道光二十年	杭县	《芙蓉湖修堤录》	张之果
道光二十五年	仁和	《甲午海塘图记》	严烺
道光	黟县	《高家堰记》	俞正燮
道光	嘉兴	《马棚湾漫工始末》	范玉琨

年代	籍贯	著作	作者
道光	德清	《回澜纪要》	徐端
咸丰	崧厦	《上虞塘工纪略》	连仲愚
光绪二年	盐城	《淮扬水利图说》	冯道立
光绪三十年	崧厦	《上虞塘工纪要》	连蘅
光绪	临海	《治河管见》	董毓琦
8. 陶瓷类			
乾隆	钱塘	《古窑器考》	梁同书
乾隆	海盐	《陶说》	朱琰
乾隆	海宁	《阳羡名陶录》	吴骞
同治	饶州	《饶州府志·陶厂》	不详
民国初年	如皋	《哥窑谱》	冒广生
民国初年	歙县	《唐陶史札记》	叶瀚
民国初年	歙县	《瓷史札记》	叶瀚
9. 文化用品类			
乾隆	钱塘	《笔史》	梁同书
乾隆	歙县	《纪砚》	程瑶田
乾隆	秀水	《淄砚录》	盛百二
乾隆	钱塘	《端溪砚谱记》	袁树
乾隆四十三年	金坛	《钦定西清砚谱》	于敏中
清中期	绩溪	《鉴古斋墨薮》	汪近圣
清中期	秀水	《墨欲赘稿》	计楠
清中期	钱塘	《冬心斋砚铭》	金农
清中期	秀水	《端溪研坑考》	计楠
清中期	阳湖	《石隐砚谈》	李兆洛
嘉庆	海盐	《金粟笺谱》	张燕昌
嘉庆	泾县	《艺舟双楫·记两笔工语》	包世臣
嘉庆	常州	《墨决》	费庚吉
道光十七年	嘉应	《端溪砚史》	吴兰修
道光三十年	钱塘	《造纸说》	黄兴三
光绪	归安	《砚笺校》	陆心源
清代	秀水	《纪墨小言》	汪绍焜
清代	长洲	《窳叟墨录》	徐康
民国	泾县	《纸说》	胡朴安
民国	泾县	《笔志》	胡朴安
10. 园林园艺类			
乾隆	钱塘	《九华新谱》	吴昇
乾隆	武进	《洋菊谱》	邹一桂

年代	籍贯	著作	作者
乾隆六十年	仪征	《扬州画舫录》	李斗
清中期	扬州	《花木小志》	谢堃
清中期	秀水	《菊说》	计楠
清中期	钱塘	《凤仙谱》	赵学敏
嘉庆十六年	海宁	《绉云石图记》	马汶
嘉庆十六年	荆溪	《兰惠镜》	屠用宁
嘉庆	上海	《巩荷谱》	杨钟宝
道光十八年	乌程	《养菊法》	闵廷楷
道光	仪征	《艺兰记》	刘文淇
道光	秀水	《艺兰四说》	杜文澜
道光	德清	《琼英小录》	俞樾
咸丰	吴县	《艺菊须知》	顾禄
咸丰	嘉兴	《唯自勉斋长物志》	唐翰题
同治	江宁	《艺兰琐言》	杨鹿鸣
同治	江宁	《评兰琐言》	杨鹿鸣
光绪	武进	《品芳录》	徐寿基
清末	金陵	《蠢仙石品》	汤蠢仙
清末	震泽	《花信平章》	王廷鼎
11. 综合杂业类			
乾隆	歙县	《考工创物小记》	程瑶田
乾隆	婺源	《物诠》	汪绂
乾隆	南京	《废艺斋集稿》	曹雪芹
乾隆	海盐	《羽扇谱》	张燕昌
嘉庆十二年	嘉定	《竹人录》	金元钰
清中期	休宁	《考工记图》	戴震
道光十八年	金匮	《履园丛话》	钱泳
道光二十六年	歙县	《镜镜诊痴》	郑复光
道光二十二年	吴县	《桐桥倚棹录》	顾禄
清末	仁和	《秋芬室七巧八分图》	钱芸吉
清末	震泽	《杖扇新录》	王廷鼎
民国初年	歙县	《角工雕刻札记》	叶瀚

第三节 晚明到晚清江南技术理论化的差异性

一、著作数量的差异性

从明中后期至清末民初,江南及其周边地区工业著作文献数量分四个时期迅速增长。详见书后附表一"20世纪20年代前中国历代工业科技文献统计总表"和上编第六章第一节插表2"明清江南及其周边地区工业文献数量增长变化总表"。四个阶段情况分别是:明中后期,86;明末清初,100;清中后期,94;清末民初,53。明末清初为第一个高峰期,清末民初53种加上江南制造局翻译的133种西方工业科技文献共为186种,总数超过明末清初而为第二个高峰期。由插表2可以看出:明中后期约占总书数的25%左右,明末清初约占总书数的29%左右,清中后期约占总书数的27%左右,清末民初占总书数的15%左右。但加上133种汉译过来的西方工业科技文献(参见附表3"江南制造局翻译科技书统计表"和附表11"明清西方传教士在华所著科技书统计表"等),总数仍然超过前面几个时期,所占比例仍在39%左右。

二、著作形成途径的差异性

明清江南及其周边地区工业著作的形成途径,从作者身份上看,可分成官员、学者和工匠三大类,实际包括各级工官和地方政府官员、文人学者、方技术数家及传统工匠自己总结经验而成为专业理论著作传世。在上述明中后期、明末清初、清中后期、清末民初四个阶段中,后两个阶段官员著作所占比例日益变小,学者和工匠的专业科技著作数量比例却在迅速增大。工匠著作的出现,标志着工匠经验技术开始上升为理论技术,是传统工业技术理论化的基本标志。另外,还有翻译西方的工业科技书与传教士所写工业科技书(参见附表3"江南制造局翻译科技书统计表"和附表11"明清西方传教士在华所著科技书目统计表"等)。这种引进的西方近代科技理论和科学技术直接应用到中国工业生产之中,与中国已有技术融合而实现本土化,促进了中国传统工业技术的现代转型。

三、著作中科技含量的差异性

明清江南及其周边地区工业技术的理论化不仅表现为工业著作数量的增长,更重要的是表现为工业著作中科学技术含量的增加,而这种科学技术含量增加的过程也就是传统工业技术的科学化过程。上述工业科技书在内容体例上大体分为四种。

第一种是包含在各种农书之中的综合产业科技书。如《农政全书》被称为农学书,其中也包含了很多工业科技内容,大凡农业生产工具制造业、农产品加工业和食品加工业生产技术等在书中都有介绍。

第二种是融诸多工业行业技术于一体的概论性科技书。如《天工开物》是明末以工业技术为主的综合性科技著作。在冶铸方面,《天工开物》重点研究了鼎、钟、釜(锅)、像、炮、镜、钱七种器物的铸造方法,并介绍了造型材料、金属材料的配制成分和熔炼炉制造方法,并特别介绍了用小炉子熔炼、铸造大型铸件的生产程序。在造型技术方面,《天工开物》主要记述泥型的(即古代的陶范)制作法、失蜡铸造法和无模铸造法等。书中还记述了用实物作模型制造铸型,用多熔炉连续浇注铸造大型钟、鼎的方法,熔炼铜、铁的炉子均用耐火泥制造,炉后连接连续鼓风的活塞式木风箱。在锻造和金属热处理方面,《天工开物》记述了大到重数千斤铁锚和小到微细绣花针的制造工艺过程,以及拉丝模制造和金属材料的淬火、退火与制造锯、刨、锉、凿的锻接、焊接等工艺方法。《天工开物》所记载的三四百年前流传于民间的107种工艺技术,其中大部分至今仍存在于民间。

第三种是某工业行业及辅助业产、供、销一体化的专业书。如《布经》和《布经要览》,是棉纺织业及其系列辅助业产、供、销一体化的专业著作。

第四种是某一具体工业行业的专业研究性的科技专著。这类著作都取得了杰出的科技成就,具有很高的科学价值,其中不少著作于所在行业学科中领先于同时代的欧洲。如《浑天仪器图说》、《镜史》、《铁模图说》、《园冶》、《景德镇陶录》、《阳羡名陶录》、《南窑笔记》等。

无论是官员著作、学者著作还是工匠著作,在明中后期到清末江南地区都出现了作品数量和科技含量空前增长的趋势,是全国其他地区难以比拟的。这标志着中国古代科技的发展到明代后期发生了新的变化,正式开启了"技术科学化"的历史进程。

第四节 晚明到晚清江南技术理论化的关联性

一、呈现出工业技术数量化和数理化发展的连续性

明清江南工业技术理论的数量化主要表现为概数化和实数化两大内容。概数是指工艺理论总结中简单而不确切数字的使用。如《天工开物·乃服》:"今女红用二蹑,又为简要。按蹑俗呼踏脚,或一或二或三或四蹑之,多寡视布之花文为增减,不定二蹑也。"[1]概数化使工艺操作更加灵活。实数则指比较精确数字的使用。如《工程做法则例》第49卷载:"斗口单昂平身斗科,斗口壹寸每攒用丈檩贰分,斗口壹寸五分每攒用丈檩贰分……斗口陆寸每攒用丈檩陆料叁厘。"[2]这些样式中所规定的数据都是实数。

宋代大木作技术采用材分制,清代采用斗口制。制度的变化必然要求标准的数量化。《鲁班

---

[1] 宋应星:《天工开物·乃服第二》,岳麓书社,2002年,第56页。
[2] 允礼:《工程做法则例》第49卷《续修四库全书》第879册,第578页,上海古籍出版社,1995年。

经》中有许多木匠祖师留下来的"格"(大木作样式),在《工程做法则例》等文献中也有相似的记载。这种技术标准的数量化是多种因素共同起作用的结果。它使大木作技术的应用更加便利和实用。

实数化不仅在明清江南工业科技应用中有着重要的意义,同时也为工业科技理论的数理化奠定了基础。但正如王世襄先生在《清代匠作则例汇编》中所说的那样:"清代匠作则例有很大的局限性。例如我们最希望知道的造作程序、制造经验、整体及构件的式样等等,偏偏是一般匠作则例所缺少的。在这些方面,他们比起《营造法式》来便大有逊色。这种缺点是由于清代匠作则例不以传授技法而以经济核算为主要目的所造成的。"①

构成数理化的基本要素是数与理,数即是数学,理即是因果和规律,数学本身也是一种理。技术理论的数理化是指重视技术客体在数量上的逻辑关系或在逻辑上的数量关系。技术数理化中的数不仅限于数字的简单记录和累计,更多的是考虑数量之间的因果联系以及对数学方法的运用,这种因果联系必须建立在技术客体内在运行规律的基础上。

二、呈现出工匠著作数量增加与水平提高的关联性

明代中后期到明末清初,经清中后期再到清末民初,工匠著作呈现连续性增长的趋势。如以下几部著作是学界公认的建筑营造业与纺织业的工匠名著,都是明中期以后到清末民初的专业作品。

年代	籍贯	作者	著作
隆庆	新安	黄成	《髹饰录》二卷、《笺证》一卷
明末	南京	午荣	《鲁班营造正式》六卷
明末	吴江	计成	《园冶》三卷
清末	吴县	姚灿庭	《梓业遗书》存姚承祖的《营造法原》
清末民初	吴县	姚承祖	《营造法原》
乾隆	绛州(旅居松江)	范铜	《布经》八卷
道光	松江	丁佩	《绣谱》一卷
清末	徽州	汪裕芳(抄录)	《布经要览》二卷
清末民初	吴县	沈寿	《雪宧绣谱》

其中部分著作包含着很高的现代科技含量。

又如《鲁班经》到《梓业遗书》中建筑理论的发展。崇祯本《鲁班经》卷首存有编集者的姓名:北京提督工部御匠司司正午荣汇编,局匠所把总章严全集,南京御匠司司丞周言较正。这几个人的头衔可能为作者杜撰的职务,真正的作者是江南民间工匠②。而《营造法原》所奠定的江南建筑的基本格调充分显示了江南工匠技术强大的生机与活力,同时也为中国传统建筑工匠吸收西方技

---

① 王世襄:《清代匠作则例汇编》,北京古籍出版社,2002年,第5页。
② 潘谷西主编:《中国古代建筑史》卷4,中国建筑工业出版社,2001年,第538—539页。

术、改进本土技术,并实现现代转型提供了科学理论依据①。

三、科技含量不断提高的内在关联性

产业技术理论化的本质要求是产业技术理论的科技含量日益提高,这方面在明代中后期到清末民初四个发展阶段中,形式上具有差异性,但本质上却具有内在的关联性。表现为:

明中后期:以产业技术文本化为主流。

明末清初:以产业技术标准化为主流。

清中后期:以产业技术数理化为主流。

清末民初:以产业理论学科化为主流。

文本化、标准化、数理化、学科化四者的差异性与关联性一体两面,虽然在不同时期有不同的侧重,但总体上呈现为彼此互动和前后相继。

文本化趋势在传统工业技术理论化过程中出现得比较早,但是这里讲的文本化与宋元时期的稀少文本形式又有较大的不同,主要表现为两个方面:一是文本的流传数量比宋元时期要多,而且作者来自社会的不同阶层,能够反映不同阶层的人对建筑技术的不同认识。宋元时期因为流传的文本稀少,不具备本文所指的文本化这个特点。二是以宋代《营造法式》为代表的工业技术文献编写质量较高,因此宋元时期可以称为传统工业技术理论化的"法式化"阶段。法式化阶段技术文本的质量和意义都是文本化阶段的技术文本所不能比拟的,反映了从法式化到文本化之间存在着因为技术演变而形成的断层。

标准化是指某一行业技术理论以"则例"(标准)的形式出现和流传的过程。"则"就是法则、准则或规则,"例"就是先例、成例或定例。如清代匠作则例就是把已有的建筑和已制成的器物列出整体或部件的名称规格,包括制作要求、尺寸大小、限用工时、耗料数量以及重量、运费等,使它成为有案可查、有章可循的规则和定例②。则例大体可分为官修和私撰两类,其中官修的则例多为抄本。除官修则例外,还有一些抄本则例,这类则例往往不著撰著者,也没有序跋可供找到抄写年代。这些则例有的抄写尚工整,有的抄本则相当潦草,有的书前后笔体抄写不一致,有的随意涂改,其用纸和装订也不讲究。这些抄本原来是官方为了控制大型的土木工程而创制的,民间的抄本则是工匠们根据自己的实际需要,摘抄部分官方的匠作则例或者自己仿写而成,所以名称也多变,大体经历了"法式"、"做法"、"算例"等过程才最终定型③。

则例化即标准化,主要出现在清代中前期,表现为行业技术理论以"则例"(标准)的形式使用和传承的过程。它是江南传统技术理论化的重要阶段。标准化包括制定、发布及实施标准的过程。标准化原则是统一原理、简化原理、协调原理和最优化原理。统一原理就是为了保证事物发

---

① 参见潘力行编审的《蒯祥与香山帮建筑》中"一代宗匠姚承祖"、"香山帮建筑特色"等篇,天津科学技术出版社,1993年,第35—43页;陆觉:《规矩千秋在、方圆一代新——记建筑经典〈营造法原〉成书始末》,《苏州杂志》,2001年第1期,第72页。

② 王世襄编:《清代匠作则例》第1卷前言,大象出版社,2000年,第1页。

③ 参见马峰燕的《明清江南建筑技术的理论化》,苏州大学2007年硕士论文,余同元指导。

展所必需的秩序和效率,对事物的形成、功能或其他特性确定适合于一定时期和一定条件的一致规范,并且这种一致规范与被取代的对象在功能上具有等效性。简化原理就是为了经济有效地满足需要,对标准化对象的结构、形式、规格或其他性能进行筛选提炼,剔除其中多余的、低效能的、可替换的环节,精炼并确定所必要的高效能环节,保持整体构成精简合理,使功能效率最高。协调原理就是为了使标准的整体功能达到最佳,并产生实际效果,必须通过有效的方式协调好系统内外相关因素之间的关系,确定为建立和保持相互一致,适应或平衡关系所必须具备的条件。标准化的重要意义是改进产品、过程和服务的适用性,防止贸易壁垒,促进技术合作。行业技术理论的则例化在清代中期的江南非常普遍,反映出当时官式建筑技术对民间建筑技术的影响。这种影响表现在建筑技术的标准化和工程管理的科学化两个方面。

在技术数理化的过程中,数与理的不同组合构成了数理化的三种主要类型:一是数在人为制定的规则中的应用(如中国古代建筑技术之中建筑模数、步架与举架的数量比例关系等);二是采用几何方法对物体构型进行解释(如在《工程做法》中的图例有明确的"比例尺");三是数与近代物理学的结合(如对建筑物构件的密度及其在抗压力、剪力等方面进行物理学的解释)。技术数理化中的数,主要是考虑数量之间的因果关系以及对数学方法的运用,这种因果联系必须建立在技术本身内在运行规律的基础上。

作为技术理论化最终标志的学科化,是清代后期至清末民初江南产业技术理论化的新特点。学科是科学知识体系的分类,不同的学科就是不同的科学知识体系。在清末新式教育体系中,以职业技术教育为主要内容的技术学科化不仅改变了专业技术的教育方式,而且大大加强了传统产业技术的保护和传承。这就是我们所说的技术科学化基础上的科学技术化,它是早期工业化发展到现代工业化的内在动力和根本标志。因为科学技术化中的专业是在一定学科知识体系的基础上构成的,离开了学科知识体系,专业就丧失了其存在的合理性依据。所以说学科是现代专业的前提和基础,在一个学科可以组成若干专业,在不同学科之间也可以组成跨学科专业。但学科与专业所追求的目标是不同的,学科发展目标是知识的发现和创新,以知识形态的成果服务于社会,一般称之为科研成果,科研成果又可以分为科学型和技术型两种;专业化的目标是为社会培养各级各类专门人才。学科与专业目标的区别表明两者之间既有密切联系又有不可替代性,两者相互依存,相互促进。专业是学科承担人才培养职能的基地;学科是专业发展的基础。科技人才培养质量如何,取决于学科、专业水平。

总而言之,从明末清初到清末民初,江南产业技术理论化的差异性与关联性一体两面,彼此互融,共同构成明清江南经济早期工业化和江南社会早期现代化发展的内在脉络。

第十一章　明清江南织布技术理论化研究案例

明清江南地区棉纺织业已成为家庭副业，家家户户纺纱，正德《松江府志》曰："纺织不止乡落，虽城中亦然。里媪晨抱纱入市，易木绵以归，明旦复抱纱以出。"①《湖州府志》曰："地产木棉甚少，而纺之为纱，织之为布者，家户习为恒业。不止乡落，虽城中亦然。"②

江南纺纱多采用脚踏纺车在上海县："他邑纺纱，皆以一手摇车，一手引一缕而成，俗名手车。吾邑纺车首置木铤三，刻木附于车背，为承铤之颈，以皮弦襻连一输，复以横木名踏条者置输之窍，将两足抑扬运之，输转而纱成。善纺者能四缕三缕，下者亦两缕，名脚车。"③在南汇县："纺纱他邑止用两指，撚一纱者名手车，邑多一手三纱，以足运输名脚车。"④在上海真如镇："但别处纺车用在手，独我乡纺车手足并用，一线三缕，较别处攻倍焉。"⑤在三林塘："三林塘使用脚踏纺车较早。这种车一共四个锭子，其中一个作倒筒子用。纺纱时可以根据各人的技能，使用两锭或三锭。用三个锭子的话，从黎明到傍晚，一般可纺一斤左右。纺一斤以下的已经是慢手。手摇单锭纺车只是些老婆婆和初学纺纱的女孩子才使用它。"⑥江南出现了专业化生产销售纺车的趋势，以纺车和锭子为例，在金泽镇有专门生产纺车的人家："出金泽谢氏，输着于柄，以绳竹为之，旁夹两板，以受柄，底横三板，以为鼻，鼻有钩，以着锭子，左偏而昂，右平而狭。持其柄摇，则输旋而纱自缠焉。古谚有金泽锭子谢家车之语。谢氏业此，已百年矣。"生产锭子："出金泽，以铁为之，其形似针，长八

---

① （正德）《松江府志》，见《天一阁藏明代方志续编》第5册，上海书店，1990年，第214页。
② 宗源瀚修，周学濬纂：（同治）《湖州府志》卷29，见《中国方志丛书·华中地方》第54号，成文出版社有限公司，1970年，第568页。
③ （同治）《上海县志》刊本，见上海市文物保管委员会辑的《上海地方志物产资料汇编》，中华书局，1961年。
④ 金福曾、顾思贤修，张文虎纂：（光绪）《南汇县志》，光绪五年刻本。
⑤ 王德乾纂：（民国）《真如志》，引自《中国地方志集成·乡镇志专辑》第3册，江苏古籍出版社，1992年，第314页。
⑥ 1962年8月30日织户陈秋南口述，引自徐新吾主编的《江南土布史》第一章第二节"纺织工具的变化与停滞"，上海社会科学出版社，1992年，第46页。

寸,首尾皆尖而锐,凹其中,使钩之,以牢于车焉。"①纺车和锭子的优良品质吸引了其他地区的人们前来购买:"金泽为工,东松郡、西吴、江南、嘉兴北、昆山、常熟咸来购买,故'金泽锭子谢家车',方百里间习谚语,谢世其业。"②

《天工开物》和《农政全书》对纺织业技术都有介绍。如宋应星的《天工开物》曰:"凡纺工能者一手握三管。纺于锭上。(捷则不坚)……十室必有,不必具图。"③明末徐光启的《农政全书》也曰:"纺车维用三维,今吴下犹用之。间有容四维者,江西乐安、至容。"④清朝时,政府为了推广棉花种植,乾隆年间在《御制制棉花图册》的基础上编写了《钦定授衣广训》。全书共两卷,有图16幅,依次为布种、灌溉、耘畦、摘尖、采棉、拣晒、收贩、轧核、弹花、拘节、纺线、挽经、布浆、上机、织布、炼染,描述了从种棉到成衣的全过程。每图皆由左右两半幅组成,人物的身形比例虽不够准确,但白描技法运用娴熟,人物神态各异。每图皆附方观承的解说,并附有乾隆皇帝和方观承的七言诗各一首。40多年后,嘉庆皇帝又为书中每幅图各作诗一首,并据古代诗文典故更改书名为《授衣广训》,下令将全书刊刻颁行。这是我国现存最早的一部关于棉花栽培及加工技术的总结性专著。清代江南地区出现的棉纺织业技术专著一共发现了三本《布经》,分别是范铜编著的《布经》八卷和安徽省图书馆藏《布经》(抄本、不分卷,简称皖图《布经》)和汪裕芳抄本《布经要览》(抄本、不分卷)。布商为了更好地收购和贩卖棉布,不仅要学会辨别棉布优劣与染色好坏的经验,而且要研究棉布生产的各项技术。布商把这些经验和技术编成书籍,供学徒们学习,便成了系统总结纺织业技术的《布经》,为我们研究明清江南织布技术理论化提供了很好的资料。以下分三节专门论述江南织布技术理论化情况⑤。

第一节 整经技术理论化

一、传统整经技术种类

整经是棉纺织工序中重要的环节之一,它是将一定长度和根数的经纱,按某种规律平行卷绕在织轴上。整经所用的工具称为经架、经具或纠床。不论是丝、麻还是棉纤维,都需将纺好的线条排列整齐,按一定的规律牵于经轴上,以便穿筘上浆,最后织造。整经依工具可分为齿耙式整经和

---

① 汪祖绶等修,熊其英纂:(光绪)《青浦县志》,光绪五年刊本。
② 周凤池纂,蔡自申续纂:(乾隆)《金泽小志》,引自《中国地方志集成·乡镇志专辑》第2册,江苏古籍出版社,1992年,第430页。
③ 宋应星著:《天工开物·乃服二》,岳麓书社,2002年,第63页。
④ 徐光启著:《农政全书》卷35《蚕桑广类》,见王云五主编的《万有文库》第一集《国学基本丛书》,商务印书馆,1930年,第99页。
⑤ 参见余同元、黄康健的《明清江南织布技术理论化》,《故宫学刊》,2008年总第4辑,第560—575页。

轴架式整经两大类。

齿耙式整经，由地桩发展而来，又分立式和卧式两种。

立式主要部件有：溜眼、掌扇、经耙、经牙、引架等。溜眼是在竹棍上穿孔，作导线用；掌扇是分交用的经牌，也称为扇面，近似近代的分交筘；经耙为钉在竹桩或木桩的牵经架子；经牙为经耙上的竹桩或木桩，它数量的多寡，视整经长度而定；引架为卷经用的架子。整经需要两个人配合，操作如下：一人将纺好的线排放在溜眼下，将线头穿过溜眼，集中于掌扇处，掌扇有上下两排孔眼，将经丝分成上下两层，进行分绞。分绞后的束经交另一人左右往复绕于经耙，达到一定长度后，取下线缕卷在引架上。卷好以后，中间用竹竿两根把线分成上下两层，然后穿过梳筘与经轴相系。①

卧式齿耙整经的主要部件有经牙、木桩、撑框、交墩、竹棍、铁环、绋床等，部件尺寸和用法如下：

用方木桩二根，长八尺，密钉二寸，长木橛一行，相去寸余，每根可钉橛六七十。上下安撑枕二道，阔一丈。左边木桩外侧近顶五寸，钉一木橛，下去地五寸，亦钉一木橛。用时倚墙斜立，经牙之下，近右桩一尺五六寸地上，置交墩一个（用木板一块，长一尺二寸，阔五寸，中安竹棍一行五根，俱高一尺，以左三根编大交，以右二根挂小交）。对经牙相去五尺，用绳悬经竿（长一丈，上钉小铁环五十个），略于人肩齐。下置丝篗五十个，密摆二行，将篗上丝头提起，贯入经竿环内，总收一处，挽成一结，挂在交墩右边第一竹棍上。一人手牵丝绦，又挂在右边桩下第一木橛上。复牵挂在左边桩下第一橛上。如此往来牵挂，层层至顶橛尽处（如经缕只有二三十丈，当间一挂之）。又将丝绦在左桩外侧，木橛之外边，引至桩下橛上，复牵往右行至中间，以左手提住丝绦，以右手大指食指向上，将丝头在二指虎口内，一左一右拾成交，挂在交墩竹竿上（以左字体统一边三竹棍编大交，以右边二棍挂拾下的小交），复挂在右桩下第一橛上，如前层层经挂，回回拾交，周而复始，以足数而止。经毕在交墩外右边空处剪断，将交用丝绳贯在两边拴紧（若绳脱交乱则满架经缕无用矣），将两头俱挽一结，再用绳拴紧，然后用缠篗一个（用木四根各长二尺造成架，阔一尺八寸内锭一钉），将有交一头以北绳子拴聚钉子，一人执定缠篗，缓缓将经牙上丝绦旋旋卸缠，缠讫，再上绋床。②

二是轴架式整经。轴架式整经出现的时间比齿耙式晚，大约宋代才出现。到明清时期在工具上有些变化，早期是倾斜式经架，到清代时变成了水平式经架。同时，元代使用的是木梳理经，到明代则改为分经筘理经。

分经筘理经操作方法是：先排棉纱篗于经架下，纱穿过列环，引到引架上。操作时需要三人，二人在前。一人转动经轵（圆框）卷绕经线，另一人左手拿木梳一把，右手理经，或左手握分经筘一把，理通经线的扭结并均匀地排线在经轵上，第三人站在经架处，将线缕整齐排列，防止乱头。

从倾斜式经架到水平式经架、从木梳理经到用分经筘理经的演变无疑是为了操作者更好地观察操作过程中的纱线状态，高质量地完成理顺纱线扭结并均匀地排纱于绋床之上。轴架式整经与

---

① 引自赵承泽主编的《中国科学技术史·纺织卷》第六章第五节相关织造机具的发展，科学技术出版社，2002年，第259页。

② 杨屾：《豳风广义》，引自任继愈主编的《中国科学技术典籍通汇·农学卷》，河南教育出版社，1994年。

齿耙式整经相比,不仅产量高,质量有保证,还特别适宜于棉纤维整经。①

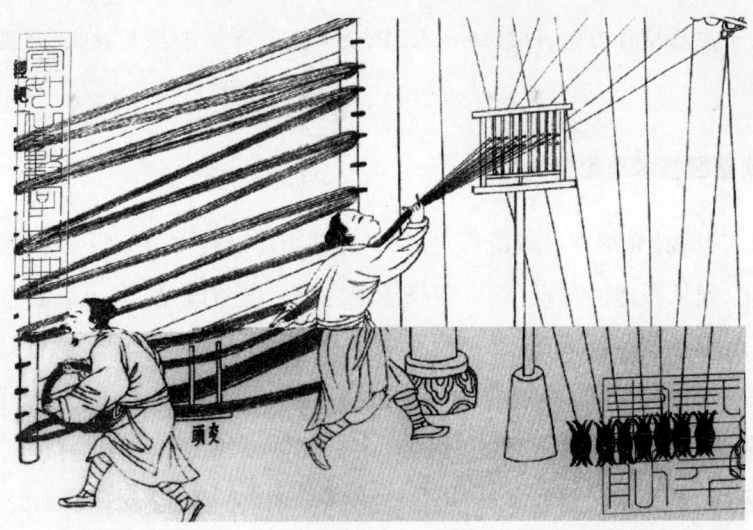

插图27:《整经图》(选自《故宫学刊》2008年第4辑第562页)

二、明清江南整经技术的理论总结

明代宋应星的《天工开物》详细介绍了齿耙式整经技艺:

> 凡丝既篗之后,牵经就织。以直竹竿穿眼三十余,透过篋圈,名曰溜眼。竿横架柱上,丝从圈透过掌扇,然后缠绕经耙之上。度数既足,将印架捆卷。既捆,中以交竹二度,一上一下间丝,然后扱于杔内。②

清代乾隆时《钦定授衣广训》中,具体介绍了南北方所用整经工具之差异:

> 理其绪而络之,以为经。南方用经床枝竖八缲,下控一軒四股,次第旋转。北则持木架引缲而卸络之。势若相婴薄者,一架容数缲,重约四两许。当其心间手敏,茅檐笑语间坐立,皆可从事此经床,为便捷也。③

南方使用的是轴架式整经工具,北方则使用齿耙立式整经工具。南北相比,南方在整经的效率和质量上都高于北方。

关于经车,褚华的《木棉谱》记录云:

> 以棉纱成缲,古用拨车,持一缲,周匝蟠竹,方架上日得无几。继用軒床,制如交椅,其上竖列八缲,以掉枝牵引分布成缲。较便于前,今则取所谓如交椅者,令一人负之而趋,一人随理其绪,往来数过,顷刻就。名其所负者曰经车。④

---

① 引自赵承泽主编的《中国科学技术史·纺织卷》第六章第五节相关织造机具的发展,科学技术出版社,2002年,第261页。
② 宋应星:《天工开物·乃服第二》,岳麓书社,2002年,第56页。
③ 方观承编,乾隆钦定:《授衣广训》,《续修四库全书》第977册,上海古籍出版社,1995年,第91页。
④ 褚华:《木棉谱》,见《续修四库全书》第977册,上海古籍出版社,1995年,第127页。

张春华的《沪城岁事衢歌》也介绍了经车的结构和用法：

取石苇作管，长六寸许，搬纱使满，名"筒子"。有所谓"经车"者，形如算盘，表里透漏。取筒子分左右匀列其中，于广场植竹为架，以纱绕竹人，径数十丈。负经车往复数次，理其经纶，以文竹中分之，平如匹练。①

三、明清江南整经技术理论化的特点

据宋应星《天工开物》介绍："凡丝既箨之后，牵经就织。以直竹竿穿眼三十余，透过篾圈，名曰溜眼。竿横架柱上，丝从圈透过掌扇，然后缠绕经耙之上。度数既足，将印架捆卷。"虽然《天工开物》在介绍整经工具时绘有专门插图，详细说明了经具的结构，增加了读者感性认识，但没有运用数理方法对溜眼、掌扇、经耙、引架等部件的大小、组装顺序作详细说明，让初学者很难仿制。

褚华的《木棉谱》，简要总结了整经工具的演变史。整经的工具最早是拨车，仅一繀，效率很低；后是軠床，用四繀；到康熙时是经车，可用二三十繀。但《木棉谱》没有谈到经车的装配部件和使用方法，只说"令一人负之而趋，一人随理其绪，往来数过，顷刻就"，其在经车结构介绍上过于简略。

张春华的《沪城岁事衢歌》介绍了经軠的长度和操作方法，"取筒子分左右匀列其中，于广场植竹为架，以纱绕竹人，径数十丈"。但对溜眼、掌扇、经耙、经牙、引架等部件使用却未仔细说明，使仿学者无法对经车整体结构和具体用法有全面了解，一定程度上限制了实际推广。

第二节　浆纱技术理论化

一、传统浆纱技术种类

对于棉、麻等短纤维的织制，一定要经过经纱上浆增大经线的强力、减磨和保伸，以改善经线的织造性能。浆纱，又称为"过糊"、"浆经"。中国古代浆纱的方法主要有两种，一种是轴经浆纱，另一种是绞纱上浆。

轴经浆纱主要用于丝织品，棉纱有时也用。操作方法如下：先将整经后的经軠（圆框），放于引架上，用重物压住。经丝展开成片状，约五七尺丈距离，并和经轴连接起来，用分经筘疏通，使经纱均匀整齐。经纱在紧张的情况下，将糯糊涂在分经筘上，推移分经筘，使糯糊染在经纱上。在经纱干燥后，卸去印架上的重物，转动经轴卷经，印架上的经軠逐渐退出经纱五、七丈的长度，再在架上压上重物，以保持经纱的张力。依次反复上浆，直至上浆完毕，卷好经轴为止。

---

① 张春华：《沪城岁事衢歌》，见张智主编的《中国风土志丛刊》第43册，广陵书社，2003年5月。

绞纱上浆的技术方法有两种：一是将两股合成一股的棉线放入糨糊盆里，浸透一夜，取出后除去过多的浆液，然后使纱蓬松、分开、在竹竿上晾干，最后用经车理成经线。二是两股线合一股后，用竹木将纱线绷紧，用刷子蘸上浆料，染于经纱上，候干后整经上机。

在糨糊的调配上，主要是以小麦粉和粳米粉为原料，浆糊比例是："纱一斤，面粉四两，小粉二两，食盐五分"。在调浆时，"调浆不可过熟，熟则令纱线黑；不可太生，生则令纱不紧"①。说明清代江南匠人已经充分掌握了淀粉糨糊化过程的黏度变化，"不可过熟"、"不可过生"。

刷子，元代称为纺刷。"纺刷，疏布缕器也。束草根为之，通柄长可尺许，围可尺余。其纺缕杼轴既毕，架以叉木，下用重物掣之。纺缕以均布者以手执此，就加浆糊"②。刷糨糊要前后均匀刷，在晴天阳光充足时，边刷边晒，待干后卷于经轴上。这种方法在江南地区、江西万载、四川隆昌等棉布生产地区非常普遍。

明清江南地区，浆刷和刷纱技术已广泛使用。以上海为例，嘉定县："布有浆纱、刷纱二种。"③青浦县珠里镇："用帚刷之，谓之刷布，使纱经皆匀。"④宝山江湾："邑之北境皆浆纱，江湾为刷线。刷线工夫远过浆纱，而布值不同。"⑤等等。除了地方志记载外，清代范铜的《布经》也对上海及周边地区浆纱优劣有详细表述：

> 布之经纱，各处俱浆者也。惟松有刷纱之工，不亦异哉！刷者将经纱浆过，牵长路上，二人挟抬竹刷，往来多遍。经纱光细为上。北路马桥、千步泾、陈家行亦系铁锭，纱线略次。南路阮巷、何家桥，内有白璞，里外不均者，必木锭也。西路铁锭浆纱，朱凤泾、平湖县、千巷、小蒸、新仓、广成、嘉善等处。惟朱泾东边出刷线，西边出浆纱。嘉定县西门及外冈镇系出木锭浆纱，甚是光景。大都铁锭，松府甚多木锭，东北路为广。然处处有高低，浆刷不一。若欲细分乡落数道，非浅学所能知也。⑥

二、明清江南浆纱技术初步理论化

徐光启的《农政全书》在浆纱技术上主要介绍了两个方面：一是对明代江南浆纱、刷纱工艺进行了说明："南中用糊有二法，一先将绵、纑作绞糊，盆度过复于拨车转输作纑，次用经车萦回成纴，吴语谓之浆纱；其一线将棉纑入经车成纴，次入糊盆度过，竹木作架，两端用缚急维，竹帚痛刷，候干上机，吴语谓之刷经。"比较准确地记录了浆纱的操作过程，但有些细节还是比较粗略，如糨糊原

---

① （嘉庆）《松江府志》，见上海市文物保管委员会辑《上海地方志物产资料汇编》，中华书局，1961年。
② 王祯：《农书》卷22《农器图谱》20，见王云五主编的《国学基本丛书》第一集，上海商务印书馆，1936年，第534页。
③ 赵昕修、苏渊纂：（康熙）《嘉定县志》，康熙十二年刻本。
④ 周郁滨纂：（嘉庆）《珠里小志》，引自《中国地方志集成·乡镇志专辑》第2册，江苏古籍出版社，1992年，第508页。
⑤ 钱淦修：（民国）《江湾里志》，见《中国地方志集成·乡镇志专辑》第4册，江苏古籍出版社，1992年，第629页。
⑥ 范铜著：《布经》，引自四库未收书辑刊编纂委员编《四库未收书辑刊》第3辑第30册，北京出版社，2000年，第102页。

料配制、纩刷大小和使用技巧等。二是对南方纱线质优、北方纱线粗糙的差异进行了解释。北方气候干燥，纱线不易凝结，即使凝结也比较粗糙易断，而南方气候湿润，刷糨糊后纱线紧凑并很坚实。"北土风气高燥，绵毛断续不得成缕，纵能作布，亦虚疏不堪用耳。南人寓都下者，多朝夕就露下纺，日中、阴雨亦纺，不则徒业矣。南方卑湿，故作缕紧细，布亦坚实。今肃宁人乃多穿地窖，深数尺作屋，其土檐高于平地仅二尺许，作窗棂以通日光，人居其中，就湿气纺织，便得紧实，与南土不异。若阴雨时，窖中湿烝太甚，又不妨移就平地也……亦缘风土高燥，尘沙盆起故耳。"①徐光启对南北方纱线质量差异的分析是现有古代技术文献中记载最早的，后来学者都沿用了这种观点。

插图28：刷纱图（选自《故宫学刊》2008年第4辑第564页，余同元论文）

宋应星的《天工开物》中也有浆纱的介绍："凡糊用面筋内小粉为质。纱罗所必用，绫绸或用或不用。其染纱不存素质者，用牛胶水为之，名曰清胶纱。糊浆承于筘上，推移染透，推移就干。天气晴明，顷刻而燥，阴天必借风力之吹也。"②首先讲了浆糊的原料"小粉为质"，但没有说小粉的数量，其次粗略讲到了轴经浆纱的方法："糊浆承于筘上，推移染透，推移就干。"简略的介绍起不到技术推广应用的效果，实际效果不大。

褚华的《木棉谱》系统描述了江南浆纱工艺。先介绍了浆糊的成分和调配技巧："浆必须细白好面，调法不可太熟，熟则令纱色黑；不可太生，生则令纱不紧。"对糨糊的准确把握说明当时人们已经掌握了糨糊的黏度变化规律，能利用糨糊的最佳黏稠度刷线。其次介绍了刷浆的方法："在糊盆浸过一夕，值晓露未晞或天阴不雨时，植竹架于广场，牵其两端，以竹帚痛刷候干。"刷纱介绍比较简单，与其他著作相比，无特异之处。再是对刷好的经线进行了分类，共分为三类："于分绠处间以交竹，卷如牛腰，然后上机，此种最贵，名刷纱；次则卷之成饼，列肆卖之，名布经团燥者多断，湿者多霉黦。又有以棉纱作绞，入浆水不复，寻刷而成纴，浆纱最下。"最后对南北方刷线进行了对比："盖北方风日高燥，棉维断续不得成缕，纵能作布，亦稀疏不堪用。南方人寓都下者，朝夕就露

---

① 徐光启著：《农政全书》卷35《蚕桑广类》，见王云五主编：《万有文库》第一集《国学基本丛书》，商务印书馆，1930年，第98页。
② 宋应星：《天工开物·乃服·过糊》，岳麓书社，2002年，第56页。

下纺,或遇日中阴雨亦纺,不则徒业矣。"①褚华的观点与徐光启相同,都认为气候的差异是造成南北纱线不同的主要原因。

《钦定授衣广训》也介绍了浆纱工艺:"先以浆渍纱上,取竹帚长二尺余者,两人持帚,左右行刷之使匀,烘以晴日,俾纱燥而不粘,则机口滑润,纱不中绝,省接续之工,易于成布。"②

三、《布经》中浆纱技术的理论化

清代以来,各地商人到江南地区经营棉布生意。在长期的返销过程中,在辨别棉布优劣、染色好坏方面积累了一定的经验,为了能更好地收购和贩卖棉布,于是便把这些经验编成书籍,供学徒们学习。到目前为止一共发现了三本《布经》,分别是范铜编著的《布经》八卷和徽商编写的《布经》两本。

范铜《布经》中关于浆纱内容主要有四个方面,一是以问答的形式介绍了浆纱与刷纱的区别:"夫刷线之布,每匹刷工银一分有余。经纱光洁,愈看愈妙。大小路数……里外稍有不称,其体大概低者多,高者少。铁锭浆粗硬,木锭浆松嗼。较之刷线,天渊之隔。"二是讲述了刷纱与浆纱的工艺流程:"布之经纱,各处俱浆者也,惟松有刷纱之工,不亦异哉!刷者将经纱浆过,牵长路上,二人挟抬竹刷,往来多遍。经纱光细为上,织成匹缎,光紧细结,染踹不变。浆纱环于杆上,以手上浆捋干,故比刷纱有毛头起。但刷浆之日,遇和暖天气方妙;若逢烈日狂风,必致空松。"从技术理论化的角度看,记载比较粗略,没有运用数量化的方法记录经纱与糨糊的调配比例、纩刷的使用方法和浆纱在糊盆中的浸泡时间等。三是刷好的经线如何取舍,范铜把经线分为三大类:"好者通身纱线俱称其体,次者无处不病。木锭刷线取秀熟紧结,不取粗硬,即用粗硬,亦要粗细相配,方可去得;木锭浆纱,取糙硬沉重,不取轻秀;铁锭浆纱尚熟,南浔水纱,取小□二锭浆刷,认清是白布贾师矣。"③最后,对松江及周边地区的刷纱和浆纱优劣分类评述。

安徽图书馆藏《布经》中涉及浆经技艺的有两个方面:一是先介绍了刷纱和浆纱的制作工艺,讲了由于天气的变化对刷纱质量的影响,"何谓刷经,将经纱用面浆浆了,放在路上。二人扶着竹帚刷干,然后上织,用纬纱织成,故此为刷经布也。刷时天气阴凉,其纱线自然细紧光标。否则或赤日,或大风,线纱易干,必然松朴。若遇天雨连日,恐纱线浸坏,候天晴方可刷得,此经织成之布……何谓浆纱?不用刷,只挂在竹头上,用手上浆捋干,故有毛头起,外面松内里紧。"④书中对浆纱技艺介绍比较零散。二是介绍了劣质纱线产生的种类和原因:"浓浆:因用面太多,刷不清凝滞,上看似匹实,下缸稀松;清浆:浆清即刷纱带软,子眼清爽,纱线熟脱,刷得透也;春纱:春日和暖,纱线必好,若留到黄霉,浆必泛,纱线有变之患;热纱:夏天纱线必干燥不润。"⑤书中共介绍了14种因为

---

① 褚华:《木棉谱》,见《续修四库全书》第977册,上海古籍出版社,1995年,第127页。
② 官修《钦定授衣广训》,见《续修四库全书》第977册,上海古籍出版社,1995年,第91页。
③ 范铜:《布经》第四卷《白布经》,见四库未收书辑刊编纂委员会所编《四库未收书辑刊》第3辑第30册,北京出版社,2000年,第102页。
④ 皖图《布经》,"认刷纱病处并木锭铁锭分解"和"指名浆纱水纱而布分解"。
⑤ 皖图《布经》,"指明布中一切条款"。

节气和天气变化对纱线所造成的影响。不仅罗列了名称,而且还进行了详细的解释。初学者通过阅读,可以在实践中避免这些失误。

《布经要览》中涉及浆纱的内容,一处是讲江南各地浆经产品的优劣:"太日镇,纱低线粗;亭陵镇,有浆纱,有刷经;七灶镇,刷浆线子即带毛。"①第二处是对刷纱和浆纱工艺进行了介绍:"何为刷线?乃左路上用扫帚将面浆二人递刷,干者曰刷布。但刷布之日,若遇阴凉天气最好,其线必细紧光滑;若遇赤日大风,纱线必糙松;若遇天雨多时刷者,纱线不能收潮,复放在浆桶内,候天晴再刷者……其浆纱出于黄浦西,不用刷,只挂在竹竿上用浆,手揉干,纱线外松内结,总不能比刷经光亮伏贴。但刷经中次者,亦有内外高低不一,而浆纱内外者少无之。"②与前两本《布经》相比,《布经要览》对刷纱和浆纱的介绍差别不大。

第三节 织造技术理论化

一、明清以前的织造技术

织造技术是把纱线分成经纬两组使其交织成织物的技术。从发展过程看,织造技术和织具的演变有一个从不完善到完善,由低级向高级发展的过程。即从最初的"手经指挂",发展到具备杼、轴、综、蹑、支架等部件的综蹑织机,最后到可以贮存提花信息的花本提花机技术的演变过程。下面分述之:

一是原始织造机具及其操作技术。

在中国古代,编织技术最初是编结捕捉鱼、鸟的网罗,后来发展到编制筐席,再由编制筐席发展到编织织物。筐席和织物的编织方法基本相同,区别在于使用的原料不同,成品的结构、紧密程度和用途不同。据史书记载,在伏羲氏时就已"作结绳而为网罟,以佃以渔。"主要编织方法是"手经指挂",有平铺式和吊挂式两种。平铺式是把两根以上平行状态的纱线,按"×"或"+"的方向,平铺于地,一端固定于一根横木上,扯动相邻或间隔的纱线,反复编制;或者利用骨针和骨梭,在经线中一根根地穿织。用骨匕一类工具,沿着织者的方向,把编入的纱线打紧。吊挂式是把准备织作的纱线垂吊在横杆或圆形物体上,纱线下端一律系以石制或陶制的重锤,使纱线张紧。织作时,甩动相邻或有固定间隔的重锤,使纱线相互纠缠,形成绞结,逐根编织。用这种方法能编织出许多织纹的带状织物。

---

① 《布经要览》,"刷经路道",引自四库未收书辑刊编纂委员会所编《四库未收书辑刊》子部,第10辑第12册,北京出版社,1997年,第581页。
② 《布经要览》,"刷经路道",引自四库未收书辑刊编纂委员会所编《四库未收书辑刊》子部,第10辑第12册,北京出版社,1997年,第581页。

人们在长期的生产、生活中发现,"手经指挂"织出的织物衣物太疏松、不保暖,纱线容易脱落,生产效率也低。随着人们生产经验的积累,逐渐发明了开口、引纬、打纬三者结合的原始织机和织作技术。

原始织机的结构非常简单,实际上就是由几根木棍组成。前后两根横木,相当于现在的卷布轴和经轴。一根比较粗的分经棍,将奇、偶数经线隔开,分为上下两层,形成一个自然梭口。提综杆较细,将奇数或偶数的经线与提综杆连接起来,它可以把全部奇数或偶数经线提起或放下,形成一个个织口。这比用手指把一根根奇数或偶数经线提起来快得多,大大提高了生产效率。引纬的纤子,用比较长的骨针、木板穿引纬线,从织口穿过整个经面,完成投放纬线的动作,后来成为织机的杼子。速度比手经指挂快很多,也提高了效率。打纬工具是骨匕或木匕,作用有二:一是在提综开口后,它可以放在织口中,以扩大、固定织口,便于杼子和纬线通过,加快织作速度;二是在纬线通过以后,可以用它将纬线打紧,使织物较为紧密、牢固①。织工操作如下:织工席地而坐,把卷布轴系于腹前,再用双脚踏住经轴,靠腰和脚的力量控制经线张力,使织机上经线平齐。织造时,先利用分经棍形成一个自然梭口,将木刀(打纬棍)放入梭口,用纤子把纬线从梭口引过。再用木刀将引过的纬线打紧后抽出。织下一梭时,提起综杆,形成前一梭下层经线变为上一层经线的梭口,然后放入木刀打纬。待织完一定长度后,翻转经轴放出若干长度的经纱,卷布轴卷入相应长度的织物,如此反复。

二是综蹑织机的机具及操作技术。

春秋战国时期,织造技术和织机结构在原始织机基础上有较大的发展和提高,结构变化很大,逐步形成了完整的手工机器。代表织机是鲁机。

鲁机也叫双轴织机,是一种用手提综开口,有机架、以卷布轴和经轴为主要特征的织机。"鲁机"名称来自于《列女传·鲁季敬姜传》:"文伯相鲁,敬姜谓之曰:'吾语汝,治国之要,尽在经矣。夫幅者,所以正曲枉也,不可不强,故幅可以为将;画者,所以均不均、服不服也,故画可以为正;物者,所以治芜与莫也,故物可以为都大夫;持交而不失,出入而不绝者,梱也。相可以为大行人也;推而往、引而来者,综也,综可以为关内之师;主多少之数者,均也,均可以为内史;服重任、行远道,正直而固者,摘也,摘可以为相;舒而无穷者,摘也,摘可以为三公。文伯再拜受教。"②此段文字,敬姜把一架织机比做一个国家,把经丝的处理比做国家治理,把织机的各部件功能比做国家对各级官吏的职守和要求。鲁机主要部件包括:幅,即幅撑,控制织物的宽度;画,即筘,打纬用;物,棕刷,梳理经丝或加湿上浆用;梱,开口杆,清理梭口用;综,综杆,提升经线用;均,分经木,使经丝按规律分组;轴,卷布轴;摘,经轴。操作方法如下:织工坐在板上,卷布轴用腰带系于腰间。织工一手拿综(提综棍),提起奇数经纱,形成一个梭口。另一手拿起梱(打纬刀)从梭口中穿过,引进纬纱。然后放下综,靠分绞棍(分经棍)形成自然梭口,拿起梱放入梭口,把上一次引进的纬纱打紧,同时穿

---

① 陈炳应主编:《中国少数民族科学技术史丛书·纺织卷》第二章第五节"织布",广西科学技术出版社,1996年。

② 刘向:《列女传·母仪》"鲁季敬姜传",江苏古籍出版社,2003年。

过梭口引进纬纱。

鲁机是手提综片织机,织工一手拿提综棍,一手拿打纬刀和纡子,操作很不方便。到战国时期织机已逐步在手提综开口的基础上,形成了脚踏提综开口的斜织机。它将织工的双手从提综动作中解脱出来,专门从事投纬和打纬,大大提高了生产效率。

简单综蹑织机按经面角度可分为斜织机、立机和小布卧机三类。

斜织机的机身可分为机台和机架两部分。机台为长方形框架,中后端斜架长方形机架,卷经线的"滕"和卷布的"楗"以及其他一些部件均不在机台上,而是在机架上。经面与水平的机台成50度的斜角。织机中的滕和楗,两端都装有轴牙。两轴牙的配置是:楗用稀疏的板形牙,并备有一个撑杆;滕用较密的凹形牙,用绳套牢后再用小木棍收紧。可随时控制放经量和卷布量的平衡,以保证织造时的经线紧张,并不因放经、卷布而耽误过多的时间。当织好一段布后扳动撑杆放经,一边转动卷布辊张紧纱线,继续织造。宋以后,机座、卷经轴、卷布轴以及其他部件都是安装在机身上,并且经面与机座的角度也变小。这种变化使机座上的织工眼睛在平视的状态下,能最大范围地发现和解决织造时经面上所发生的各种问题,如经线张力是否均匀、是否有断头等①。

斜织机采用踏脚板(蹑)提综开口,这是织机发展史上的一项重大发明。踏板操作方法如下:当织工踏踏板时,由绳子牵引的压纱辊向下压纱,压纱辊连接杠杆另一端的压线板连同半综(提综辊)上升,使半综提起下层纱线到上层梭口的位置。原来的上层纱线,由于压纱辊的作用被压到下层位置,形成了三角形的梭口。当织工投梭引纬、打纬操作完毕后,就将双脚松开。由于经纱张力作用,使压纱辊恢复到原来位置,上层纱和下层纱由于弹性的作用,也回复到原来位置。

立机也叫竖机,因其经纱垂直于地面而得名。薛景石在《梓人遗志》中介绍了立机子零件共29种,漏述3种,可归纳成15条:机身,即支撑整个立机的两根直木;小五木,是机身上端的一根横木,上掌手一对,用于限定掌滕木(卷经轴);大五木,即中轴,是整个织机的中枢,后装引手,通过连杆将中轴与踏板相连牵动脚踏板。前装掌木,支撑掌滕木,下装垂手,推于推拉压径木和推动综片运动;马头,这是一对伸出在机身之前的木板,板上钻眼,以承受豁丝木、高粱木、约缯木(含鸦儿木),其中豁丝木用于分经开口,高粱木用于固定经丝位置,约缯木是为了装配鸦儿木,而鸦儿木实为一杠杆,上端与曲胳肘子连,下端与悬鱼儿连;曲胳肘子,前连鸦儿木上端,后连垂手,中有压经木;悬鱼儿,就是综框(提经辊);掌滕木,用于支撑滕子的木架;滕子,即经轴,脚柱与主轴,脚柱是支撑机身的部分,中有机胳膝,装有卷轴;脚踏五木,是安装踏板的横档;长短脚踏,两个踏脚均有转轴踏动,但与连杆连接处长踏脚在转轴后,短踏脚在转轴前;连杆,采用木质,呈刚性,分别连接左引子与短脚踏、右引手与长脚踏;筴,即筘;梭子②。

立机的操作方法如下:当织工踏下长脚踏时,连杆就顶起与其相连的右引手,中轴就向前转动,前掌手下降,掌滕木随之下降,经轴也因此下降而放松其张力。在中轴向前转动的同时,中轴

---

① 引自赵承泽主编的《中国科学技术史·纺织卷》第六章第二节"综蹑织机的结构和发展",科学技术出版社,2002年,第188页。
② 可参见薛景石著、郑巨欣注释的《梓人遗志图说》"立机子",山东画报出版社,2006年,第79—80页。

上的垂手子①向后移动,拉动与垂手子相连的曲胳肘子,曲胳肘子又拉动鸦儿木一端往后。其另一端就把悬鱼儿②往前拉,这样,综片就提起经线作一次开口。当另一块短脚踏被踏下时,与短脚踏相连的连杆就被往下拉,中轴转动,前掌手上升,顶起掌膝木,经轴也随之上升,垂手子向前移动,推动曲胳肘子,悬鱼儿通过鸦儿木而得到放松,穿过综片的一组经丝被放松。而由曲胳肘子中间压经木控制的一组经线则位于经丝上层,形成新的开口。由于短脚踏与连杆连接处在机身前,踏下时拉动中轴,使与长脚踏相连的连杆也作向下运动,就把与连杆连接处在机身后的长脚踏压下,通过转轴,其机身前的部分就上升,给织工下一次踏板创造了机会③。

踏板立机与踏板织机的不同处在于:其一,经面垂直;其二经轴可以升降;其三,采用刚性连杆及踏板与连杆的巧妙连接方式。可以说立机是我国古代踏板织机中最为巧妙、最为出色的一种。但是由于经轴位于机架上方,更换不便,另外打纬作上下运动,难以掌握纬密的均匀度,因此只能织一些平纹织物,使用远不如斜织机普及。

织造棉布使用最广的是小布卧机。小布卧机是单蹑单综织机,《农书》中的布机、卧机,《蚕桑萃编》中的织绸机,《天工开物》中的腰机,民间称为夏布机。该织机机架由立身子和卧身子构成。立身子是矗立的机身上面的两根直木,它是构成机身的主干。立身子顶端是一对鸦儿木,鸦儿木前端挂着综片,后端则与踏脚板相连。但在两者之间还连有一个悬鱼儿,悬鱼儿中穿一辊轴,就是压经棒。立身子上向后伸出马头,膝子(经轴)就安置于此,卷布轴缚于织工腰上。因此宋应星称其为腰机。卧机利用了张力补偿的原理,脚踏踏脚板使鸦儿木相连的提综上升,相连的经线也上升,同时悬鱼儿上的压经棒则将另一组经丝下压,这样梭口就形成了。当踏脚板放开时,织机恢复到最初的开口。④三是引纬和打纬机具的发展演变。

第一阶段:引纬、打纬工具是分开的。此阶段出现在原始织布时期(夏以前),引纬、打纬的方式非常简单,引纬的工具是一支直接缠绕纱线的小木棒,磕磕碰碰地在织口中通行,称为"梱";打纬工具是一块宽扁的光滑物,能够在织口中来去自如,称为"机刀"。织作时将小木棍由一手经过织口递给另一手后,再用宽扁的机刀将引过的纬线打牢。

第二阶段:引纬、打纬工具合二为一。此阶段出现在春秋战国时期,古代织工从"机刀"得到启示,在机刀上刻一长条槽子,将绕着纱线的荦(梱)嵌进去,这样既可以引纬又可以打纬,称为"砍刀"。元代砍刀的型制为"长二尺八寸,广三寸六分至四寸,厚一寸二分,背上三池槽各长四寸"。

第三阶段:引纬、打纬工具又分开,引纬由梭子完成,打纬由筘子完成。这个阶段不会晚于汉代。梭子是由砍刀演变而来,为了克服砍刀经常磨损纱线的弊病,改成了两头尖、形似小舟的形状。梭子的引纬作用,由纤子承担,纤子的形状和缠纬方法与梱相同。梭引纬后,原来砍刀所承担

---

① 用于支撑膝子的机件。
② 综框的提杆。
③ 陈炳应主编:《中国少数民族科学技术史丛书·纺织卷》第二章第五节"织布",广西科学技术出版社,1996年,第47页。
④ 中华文化通志编委会编:《中华文化通志·科学技术典》第七卷《纺织与矿冶志》第四章第二节"单综单蹑机",上海人民出版社,1998年,第342页。

的打纬任务必须另找工具。织工可能受到木梳的启发,将一把"大梳子"固定在两根木条当中,经纱依次穿入梳齿。这样经纱排列就有了一定宽度,布幅也得到稳定。这一工具称为"箝"。这样织工一手投梭,一手拉箝,既迅速又省力①。薛景石的《梓人遗制》记载了立机子的梭子尺寸为:"长一尺三寸至四寸,中心广一寸五分,厚一寸二分。开口子长六寸五分至七寸,心内广凿得一寸明,两头稍得五分,中心钻蚰蜒眼儿。"华机子的箝尺寸为:"长三尺六寸,广二寸四分,厚一寸二分。内安斗于其斗子内,二尺八分,通高五分,箝扣上下离八分至一寸。斗子上是鹅材,长三寸六分,方广二寸,开口深二寸四分,横钻寨眼子。"②

织机在明清江南使用已非常普遍,当地女孩七八岁就能纺纱,十二三岁就可以纺织,昼夜织纺。在松江府"纺织不止乡落,虽城中亦然。里媪晨抱纱入市,易木绵以归。明旦复抱纱以出。无顷刻间,织者率日成一匹。有通宵不寐者。田家收获输官偿息外,未卒岁室庐已空,其衣食全赖此"③。嘉定县"嘉定斥卤而硗,故俗啬而民织。无锦绮柔丽之玩,独以土宜木棉,民间机杼之声相闻也"④。在苏州甪直镇"东南隅多业蒲屦,迤东南多业织棉布,迤东北多业织夏布,迤西北多业蒲篓"⑤。周庄"棉布以棉纱著,浆理作经,卷于机轴。复以棉纱为纬织成布,细密者与陈墓庄同,故县志并载"⑥。在浙江嘉兴"纺织所成或纱或布,侵城入市易木棉以归,明旦复持以易。纺者日可得纱四五两,织者日成布一匹"⑦。湖州南浔"浔市居其中,四乡之人自农桑外,女工尚焉。推车、蹋弓、纺线、织机率家有之。村民入市买棉归,诸妇妇女日业于此"⑧。在制造织布的器具上,江南出现了专业化生产的作坊,布机以青浦黄渡徐氏最为有名。"徐家布机,出黄渡徐氏,坚致而利于用,价亦稍昂。机之横木,必书其年月某房造"⑨。织布时刷布的刷帚,苏州唯亭陆氏独家生产,"黄金草刷帚,出唯亭,陆氏独造,各处所无。织布者借以刷布。今北街顾氏亦造,系陆姓所传。草出于湖南,名黄金草"⑩。在专业化生产的引领下,江南地区出售纺织工具的店铺也随之发展起来。如江宁,

---

① 引自赵承泽主编的《中国科学技术史·纺织卷》第六章第五节"相关织造机具的发展",科学技术出版社,2002年,第259页。
② 薛景石著、郑巨欣注释:《梓人遗志图说》,"立机子"和"华机子",山东画报出版社,2006年,第80页、第61页。
③ (正德)《松江府志》,见《天一阁藏明代方志续编》第5册,上海书店,1990年,第214页。
④ 韩浚、张应武纂修:(万历)《嘉定县志》卷6,明万历三十三年刻本。
⑤ 彭方周纂修:(乾隆)《吴郡甫里志》卷5,"风俗",见《中国地方志集成·乡镇志专辑》第六册,江苏古籍出版社,1992年,第32页。
⑥ 陶煦纂:(光绪)《周庄镇志》,见《中国地方志集成·乡镇志专辑》第6册,江苏古籍出版社,1992年,第539页。
⑦ 郑凤锵纂:(同治)《新塍琐志》卷1《风俗》,见《中国地方志集成·乡镇志专辑》第18册,江苏古籍出版社,1992年,第766页。
⑧ 周庆云纂:(民国)《南浔志》卷33《风俗》,见《中国地方志集成·乡镇志专辑》第22册,江苏古籍出版社,1992年,第367页。
⑨ (光绪)《青浦县志》,见上海市文物保管委员会辑《上海地方志物产资料汇编》,中华书局,1961年。
⑩ 沈藻采纂:(道光)《元和唯亭志》,见《中国地方志集成·乡镇志专辑》第7册,江苏古籍出版社,1992年,第132页。

在乾隆时期就有"机店、梭店、筘店、篗子绺竹器店"①。

二、明清江南织造技术理论化的标志

明末两部全国性著作《天工开物》和《农政全书》对织机有简单介绍,《天工开物》说明了"凡织杭西、罗地等绢,轻素等绢,银条、巾帽等纱,不必用花机,只用小机。织匠以熟皮一方置坐下,其力全在腰尻之上,故名腰机。普天织葛、苎、棉布者,用此机法,布帛更整齐坚泽。惜今传之犹未广也"②。

《钦定授衣广训》对织机有介绍:"机之制与丝织同柚,受经二人理之杼,受纬一人行之,必鬻必浆而纬,则否引绳高下,手足并用,尽一日之力,成一布长二十尺,粗者倍之,拙工得半而已。"文中先介绍了经纱上机前的整经和浆经:"受经二人理之杼,受纬一人行之,必鬻必浆而纬",其次讲了综蹑织机的织布效率:"尽一日之力,成一布长二十尺,粗者倍之,拙工得半而已"③。《钦定授衣广训》的目的是为了将纺织技术推广到纺织欠发达地区。

褚华的《木棉谱》介绍了乾隆时期江南织布多用双蹑连单综织机,曰:"今女红用二蹑,又为简要。按蹑俗呼踏脚,或一或二或三或四蹑之,多寡视布之花文为增减,不定二蹑也。"④

乾隆时范铜的《布经》和安徽图书馆发现的《布经》分析因织布操作不当造成劣布,指出"综头破:织纬投过经纱,上落不齐,故有空路跳纱;上下手:上手密下手稀,布机不平也"⑤。

张春华的《沪城岁事衢歌》对织机也有介绍,他先将棉布机和丝绸机进行了对比:"机式大象与绸缎机同,而布机较省便,布幅亦较狭"。再讲了织机的工作效率:"织布皆女工,日可得布一匹,亦有极一日半夜之力,得布两匹者,然亦仅见。"⑥

三、明清江南织造技术理论化的特点

虽然宋应星的《天工开物》、徐光启的《农政全书》、褚华的《木棉谱》和张春华的《沪城岁事衢歌》对织机的介绍都较简单,但在织机的大小、结构、操作方法上都有一定的说明,有利于织布技术推广。

乾隆时范铜的《布经》和安徽图书馆藏《布经》两本书提出了劣布出现的原因及补救办法,这是以前所没有的。范铜和皖图《布经》的作者都是在松江经营布匹的商人,为了辨认布匹好坏,必须将劣布出现的原因搞清楚。反过来,织工在看到劣布及其原因的解释后,必然会在织布时谨慎小心,防止出现错误,因此起到鉴戒作用。

---

① 陈作霖:《凤麓小志》卷三《记机业》第七,收入王有立主编的《中华文史丛书》第12辑《金陵琐志》,台湾华文书局,1969年,第184页。
② 宋应星:《天工开物》,《乃服第二·腰机式》,岳麓书社,2002年,第59页。
③ 《钦定授衣广训》,见《续修四库全书》第977册,上海古籍出版社,1995年,第91页。
④ 褚华:《木棉谱》,上海古籍出版社,1995年,第127页。
⑤ 范铜:《布经》,见四库未收书辑刊编纂委员会所编《四库未收书辑刊》第3辑第30册,紫禁城出版社,2000年,第102页。
⑥ 张智主编:《中国风土志丛刊》第43册,广陵书社,2003年5月。

从上述分析来看,明清时期无论是全国性的农书还是江南流行的《布经》,对织机的规模、结构和操作方法的记述都很简明概括。对织机的简明记载并不表明织机技术理论化在倒退,而是因为在江南地区乃至全国地区,织机已被广泛应用。据清代地方志记载,除了江南地区成为棉纺织中心外,北方的棉纺织业已发展起来,以山东、河南、直隶最为显著。如济南府"乡中妇女勤纺织"[1]。寿张县"妇女纺织,几于家喻户晓"[2]。河南孟津县"邑无不织之家,秦陇巨商终岁坐贩,邑中贫民资以为业"[3]。河北献县"妇勤于绩,夏月席门前树荫下,引钩声相应,比户皆然"[4]。南方湖北、湖南、四川、贵州等省份的棉织业也有较大进展,如湖北汉阳县"乡农之家勤于纺织,每夜登机,而昼成匹"[5]。湖南的巴陵县"妇女工织纴……每行乡间,闻机杼声、络纬声"[6]。四川的中江县"邑境悉产木棉,下村尤盛,妇女又能纺,故织者恒多。宽长者曰大布曰连机,小曰台正,其佳者皆曰卓,劣皆曰行,远商贩至滇黔,为大装货"等[7]。各种织机广泛的使用使人们对织机的构造和使用方法已经非常熟悉,再也没有必要运用数量化和数理化的结构分析和机械绘图来介绍织机了,因此当时专业书籍中对织机的介绍就比较简略。

---

[1] 王赠芳、成瓘修:(道光)《济南府志》卷13,道光三十年刻本。
[2] 刘文煃、王守谦修:(光绪)《寿张县志》卷1,光绪二十六年刻本。
[3] 徐元灿续修:(嘉庆)《孟津县志》卷4,嘉庆二十一年刻本。
[4] 万廷兰修,戈涛纂:(乾隆)《献县志》卷4,乾隆二十六年刻本。
[5] 刘嗣孔修,刘湘煃纂:(乾隆)《汉阳县志》卷9,乾隆十三年刻本。
[6] 姚诗德、郑桂星、杜贵墀:(光绪)《巴陵县志》卷52,民国三年刻本。
[7] 杨霈修,范泰衡纂:(道光)《中江县新志》卷1,道光十九年刻本。

中编

江南传统工匠角色转型

ZHONG BIAN

第十二章 传统工匠角色转换的范畴及内容

第一节 角色与角色转换的含义

一、角色与社会角色

所谓角色(role),是指个人在特定社会团体中占有的并被社会团体所规定的身份、地位、位置和行为模式。个体在成长过程中会扮演不同角色,同类角色增长成为特定角色群体。角色群体包含着社会期望下的角色活动类型、行为规范和人格要求。人们通常从以下两个视角对角色进行定义:一是从微观角度出发,把角色看做个人心理机制的一部分,是对社会环境和他人行为回馈的行为集合,强调角色承担者的主体性;二是从宏观的社会结构角度出发,把角色看做社会结构的一部分,强调角色的结构性因素,并分析其社会环境。前者注重研究个体角色的行为和心理,后者注重研究角色群体及其生成的环境和条件。

社会结构是组成社会各个群体之间形成的一种关系体系,或者是社会各群体政治、经济、社会地位差异所形成的可持续的社会关系体系。社会结构中的关系结点是角色的基础,使角色具有社会属性,我们每个人每时每刻都在扮演某种或几种角色,社会对每一种角色也都有一种期待、要求和行为规范,如果你扮演的角色不符合社会的期待、要求与行为规范,人们就会否定你。影响角色行为的因素较多,个人的社会地位、社会的价值标准等等都会使角色行为变化。当一个人不能顺利地扮演他的角色时,即产生角色差距;一个人在社会生活的不同方面须扮演不同角色,因此构成了一个角色丛;当他不能同时扮演这几个角色时便产生角色冲突。

社会角色是一种宏观角色,源于人们对个人与社会群体关系的认识,它是个人在社会关系体系中处于特定的社会地位并符合社会要求的一套行为模式,或者说是与人的社会身份地位相一致的整套行为模式。它既是社会对于处在某种特定社会地位人们的行为期待,又是构成某一社会群体或社会组织的基础,还是社会化的基本单位,是人们对处在一定地位上的人的行为要求,以使社会工作通过角色分工得以分配和完成。社会角色与具体的社会身份地位和社会位置关系最密切,人们处于一定的社会地位,社会就相应地赋予这一地位的权利与义务,同时社会也对其有特定的行为期待与要求。因为社会中的个体通常要承担不同的角色,而且角色除了其外在的行为之外,还有内在的心理活动,所以也有将角色定义为特定位置的个体态度和行为模式的综合①。换句话说,"社会角色就是这种社会地位外在的、动态的表现形式。"②由此引出角色群体概念。角色群体体现为特定的社会团体、适当的社会位置、规定的组织状态和技术行为模式。角色群体与角色群都是一个开放的系统,其构成的元素都是个体所承担角色的集合。界定一个具体的角色,离不开特定的角色群体——即特定的社会组织团体,个体角色过程往往通过角色群体或角色组织状况体现出来。

角色过程是个体社会化过程,角色扮演是一个由模仿到认知,由自发到自觉和由整体到部分的过程。从一定意义上说,角色过程就是人的生命过程,人生的成功就是社会角色扮演的成功,个人如何形成角色品格及如何实现角色转变又是社会发展的关键因素。个人对更好的生活质量追求,就成了社会人员实现角色化的内在动力。社会角色理论将社会看做大舞台,将社会成员视为剧中角色(中国传统名称为"脚色")。"人生如戏"或"戏如人生",指的就是人的角色扮演。正如莎士比亚的《请君入瓮》台词所说:

整个世界就是一个舞台,

所有的男人和女人都只不过是演员;

他们有各自的入口和出口,

一个人在一生中要扮演许多角色。

个人与社会是彼此联系着的个体与整体互动的关系,社会上没有抽象的个人,只有承担着各种社会角色的人。当强调人们在履行某一角色地位的权利与义务时,就是指人在扮演一定的社会角色,如家庭角色、职业角色、社团角色等。"个人的角色当然存在于他所担当的地位之中,但同时也存在于角色的扮演之中,甚至存在于角色的演变之中。从这个意义上讲,角色是社会动力学的一个要素,而且,假如一个社会太拘泥于地位的严格界定而过分限制角色,那么这个社会就有僵化的危险。但相反,我们也可以说,只有当地位或多或少地被人接受并且有机地融入公认的价值体系之中时,群体的存在及其凝聚力才能够得到维持,这也意味着角色与地位之间的某种内聚力。"③围绕社会地位而产生的权利义务、行为规范和行为模式,构成社会角色的本质内涵。从个人与社

---

① 参见秦启文、姚景照的《角色与品格》,安徽教育出版社,2009年,第2—5页。
② 黄学勇:《试论社会角色转换》,《徐州师范学院学报》,1998年第4期,第43页。
③ (法)让·卡泽纳弗著,杨捷译:《社会学十大概念》,上海人民出版社,2003年,第116页。

会组织的关系方面看,社会分工和专业化的过程也就是社会职业角色产生与发展的过程。由于职业分工,一部分人专门从事知识的创造、归纳整理与传播,而另一部分人则为他们提供物质保障;由于社会分工,一部分人负责法律制度,维护和社会不同群体之间、不同个体之间的沟通,而另一部分为他们提供理论基础,提供制度保障。个人单位时间内的精力总是有限的,而个人的需求数量及其需求的质量都是没有限制、没有尽头的,说明分工与专业化以及个人社会化是角色实现的核心途径。

二、角色构成要素

角色要素由人的社会身份、地位、行为、权利、责任、义务及其品质、习惯、行为模式等构成。角色要素具有职业性、可塑性、变动性、扮演性和期待性等特征,作为某种社会结构或系统的基本构成单位或节点的角色,在构成上离不开两大基本要素:一是内在要素(属主观性范畴,主要为心因性或精神性要素,如角色个体的自我认同,共同体的彼此认同,以及角色的社会认同等等),这是从内在角度界定某种角色的基本依据;二是外在要素(属客观范畴,包括制度或环境、角色功能及身份地位、社会组织、行为模式等等),这是从外在角度界定或定位某种角色的基本依据。

社会角色首先是指社会身份的不同。身份指人在复杂社会关系中的社会地位。社会身份有户籍身份、职业身份、级别身份和单位身份等,它把人们分为不同的阶层和不同的群体,一个人身份一经确定就很难改变,甚至决定人的一生命运。社会身份问题和社会职业身份问题是社会学关注的主题。这不仅因为它的现实存在——在每一个社会中都可以观察到社会身份的存在,人们总是试图流动到更好的更高的身份位置上去;而且还因为社会身份、特别是行业职业身份系统以其特有的方式将分散的个体凝聚成统一整体。这就是说,社会学所关心的社会整合,由社会身份系统参与达成。身份系统的基本功能是对社会成员所处的位置和角色进行类别区分,通过赋予不同类别角色以不同的权利、责任和义务,在群体的公共生活中形成有序的身份社会。

人们具有基于不同身份之上的生存状态,以及对身份背后存在的社会地位不平等、资源分配不公平、发展机会不均等现象的复杂心态,如果一个人在社会中所拥有的权利和义务取决于他先天和后天所具有的身份,这种社会就可以称为身份社会。在身份社会,人的发展状况和人格状态均受身份限制,决定命运的因素来自于主体要素之外。理想的社会是人自己决定自己的命运,大家经过协商,达成一致意见或遵照大家都同意的政策法规来行动。《共产党宣言》中的"自由人的联合体"、现代人常说的法制法治社会等,基本精神都是相通的。用契约取代身份,就是用法治取代人治,用自由流动取代身份约束,用后天奋斗取代先赋资格的崇拜,其实质都是人的解放。职业技术身份在很大程度上还关乎权利和资源分配。在职业技术身份主导之下,社会排斥和挤占同时存在,造成某些强势利益群体排斥底层民众进入,挤占了底层民众中人力资源品质提高的机会。一些特权者将人力资源品质不高的亲朋好友安排在管理阶层,垄断专业技术,便会割断底层民众通过努力学习和勤奋刻苦而上进的通路。

其次,社会角色与一定的社会位置和社会地位密切相关。角色和地位是重要的社会学概念,具有结构性和对称性特征。社会地位作为在社会结构中的位置,是独立于个人的一种结构安排,个人只能嵌入它而不能拥有它;社会地位作为社会结构中的关系结点,总是对称出现的,例如丈夫与妻子、双亲与子女、老师与学生、医生与病人等①。角色是与地位相伴随的、并由社会地位所决定的一套行为期待,或者说是他人按照我们的身份地位对我们所提出的行为要求与评价。地位是角色的基础,角色是地位的动态表现。由地位所决定的角色是理想化的角色,这种角色还要通过占据这种地位的个人来表现和实践去实现它。从理想的角色到实际的角色需要一个有效的途径,包含一种角色生成与发展的过程。旧有的身份传统如古代宗法意识、家族关系、家庭出身、阶级成分等无不受到改革开放与市场经济浪潮的冲击而逐渐淡出历史舞台,契约关系越来越普及,平等公平的意识越来越增强,束缚人身份的藩篱在市场经济中受到冲击和荡涤,这是社会进步的重要标志。

三、角色转换的含义

简单地说,人们变换自己的社会身份、地位和责任就是角色转换。温泉信的《角色:人的行为选择》定义角色转换曰:"当人们告别过去,走进一个新的天地;当从一个熟悉的生活环境进入另一个文化圈内,人的行为方式,自我形象,将随着生活环境和主题的变化而变化,通常我们把这种转变称之为角色转换。"②可见角色转换主要指人的传统社会角色向现代社会角色转换,即人的社会地位、权力义务与职业身份的"过去式"变为"现在式"。人们所从事的职业的变化,职务的升迁等,都会产生新旧角色的转换。角色转换之间不仅是对故有文化的继承,更是剔除糟粕,实现人文、科技文化创新发展的一种推陈出新。

在中世纪到近代的历史发展中包含了"从身份到契约"的历史演进,身份给人们的印象多指一种传统的,具有等级、特权的非现代含义。但由角色转换的视角看,从身份到契约并不意味着身份的消失,即使在契约时代,具有等级含义的身份仍然存在,它只意味着社会成员的身份关系发生了转换,他们从一种身份关系转向了另一种身份关系。近代社会变迁造就了现代国家的兴起,它打破了旧的社会身份关系,确立了新的社会身份和角色,并在它们之间逐步形成了新型身份关系(如企业家、工人、农场主、商人、职员、公民等)。这些新的社会身份发展出一系列的社会关系和行动规则,形成了一系列以新身份为基础的标准化行为,即新的行事规则和权利义务关系。这些被社会学看成是新的社会结构,其核心性质是理性化的发展。

传统工匠角色转换的实质内容是由传统技术主体角色(工匠)向社会化工业体系背景下的科技知识主体角色(如操作和应用角色,探索和研究角色,教育和传播角色,以及相关的管理性角色)的转化。针对个人在动态的社会关系系统中所处的位置变更而言,社会角色转换表现为角色生

---

① 社会地位指人们在社会关系网中所处的位置,即每个人都在一定社会中结成多种社会关系,都可能获得多种社会地位;角色意识是角色对自己地位、作用、形象理解才掌握的自觉性、准确性和倾向性的总体反映,即角色意识是否明确,角色意识是否坚定,角色意识是否优良;角色生成主要指职业技术角色的数量与质量之生成,如现代工业生产者角色的生成方式是通过学校职业技术教育和技术培训得以实现的,现代职业技术教育以个体角色的社会化与群体角色的规模化为主要目标。

② 温泉信:《角色:人的行为选择》,军事译文出版社,1992年,第85页。

成、角色意识、角色期待和角色社会化等多种要素的变化,它包括角色认知、角色学习、角色期待、角色扮演、角色冲突和角色调适等具体内容。角色认知是指担当角色的个体对于他人对该角色期望的认识,即他认识到别人对他担当的角色应具有一个什么样的行为模式。角色学习主要包括内在的观念与外在的行为两个方面,外在行为又包括了制度化的行为模式和实现这种行为所需要的技能;观念则是对角色行为的心理的意识,即角色处于什么样的地位、履行何种职责、采取什么方式、具备哪些技能的认识。

角色期待是角色主体对于某一角色应有的行为方式的期望,即认为并希望担当某一角色的个体应该按照该角色的一般行为模式来行动。角色期待包括角色自我期待和社会期待两方面内容,前者指对自己所要扮演的社会角色的选择和期望,后者指他人对自己扮演角色的期望和要求。角色期待是角色转换的重要内容,因为社会角色是人们在公开场合所表现出来的形象,反映了人们的价值观,即人们认为什么是重要的、什么是不重要的。人们期待着世界,世界也在期待人们。角色期待不仅有近期待和远期待的间距性,而且还有具体过程的双向性。自我期待来自于人的多层次需要,如马斯洛所说的生存的需要、安全的需要、爱的需要、尊重的需要和自我实现的需要等。人在多层次需要中的优势需要决定着他的自我期待。人的优势需要随着其生活能力、文化水平、专业知识和社会环境的改变而改变。社会期待既秉承固有的文化法则,又总是随着社会的变迁而赋予新的历史内容,具有鲜明的时代色彩。当自我期待和社会期待在内外期望值上趋向一致之时,角色转换就会实现其最大的社会效应。

角色扮演即角色实现,是与认识角色差距、理解角色距离、提升角色道德、调和角色冲突等角色学习和角色调适同步交替进行的。角色差距是指理解角色与实践角色的距离。角色距离指承担角色的个体有意识地做出某种行为,以显示与某一事物的距离。角色道德即是调整角色之间以及角色与社会整体之间的利益关系的行为规范总和。新旧角色转换过程中必然伴随着新旧角色的冲突。面对角色冲突和角色差距,就需要角色调适。角色调适是人为地缩小角色差距、协调角色冲突,或者说是协调理想角色、领悟角色与实践角色之间关系的过程。主要包括自我调适和社会调适两个方面,自我调适即角色担当者角色学习的继续延伸,社会调适则是对角色环境和角色期望的调整。

第二节 传统工匠角色转换的内容、标志与途径

一、传统工匠角色转换的主要内容

如果说角色转换包含了角色生成、角色期待、角色社会化等多种要素变化,那么传统工匠的角色转换正是以这些要素变化为基础的社会角色转变,特指传统工匠向现代技术工程师、工业科学

家、企业管理者等角色转变中技术主体的身份、地位与职业角色模式的转化。其本质是人的社会化之中的技术主体的社会化过程。如果说人的社会化实质是社会角色的学习和承担的过程,那么,技术主体的社会化也就是技术主体对自身社会角色的学习和实现的过程。[①] 这一角色转换的实现既为早期工业化向现代工业化发展提供了动力条件,又是传统工匠现代转型和传统农业社会向现代工业社会转型的重要标志。这一角色转换主要包含以下几个方面的基本内容:

一是传统工匠身份地位的转变。工匠身份地位随着传统制度环境变化而变化,传统户籍制度的等级身份属性随着该制度的变迁及最终废除,人们身份等级性质发生变化。中国古代对工业劳动者实行"匠籍"管理制度和劳役制度,使工匠有较强的人身依附性和沉重的经济负担。明清时期匠籍制度的演变与消亡是工匠由依附性社会角色向自主性社会角色转变的重要标志。技术知识主体(工匠)在身份等级属性上的演变,是衡量传统社会转型的重要标准。以匠籍制度为代表的制度因素的变化,正是"由身份到契约"变化的典型表现,说明制度变迁是衡量与评价传统工匠角色转换的首要标准。所以说,"匠籍"制度的废除是传统工匠社会身份改变与政治地位提升的标志,工匠劳役制度的废除与雇佣关系的发展是传统工匠人身开始获得自由的标志,工匠依靠技术发家致富,成为工商业企业家,是其经济地位提高的标志。

二是生产社会化趋势下职业角色的分化与角色认同。工业化趋势下生产社会化程度的不断提高,需要工业科技知识主体在角色结构上由原来的多元一体角色集合(传统工匠)状态逐步走向专职、专业、专向的多元分化状态(操作应用者、研究探索者、教育传播者、管理者等)。随着工匠角色分化,角色评价与角色认同也发生变化。既包括工匠自我价值追求与角色评价的转变,也包括社会的角色认同与职业价值认识的转变。特别是工匠通过技术入仕人数增加,集中反映了工匠角色评价与角色认同的转变。传统官吏的任用大都通过科举考试选拔,明清时期工匠因职业技术高超而直接入仕为官者日益普遍,特别是江南工匠被选拔为工部管理人员者的人数空前增多,既反映了工匠身份地位的转变,更反映了工匠角色评价与角色认同的重大变化。

三是主体角色模式的新旧转换,体现在传统工匠现代转型方面,也就是工匠的知识结构与技术素质内涵的综合转换,说到底是传统工匠向现代技术工人工程师的主体模式转换。其中关键的内容是技术型的工匠向专家学者型的工匠转变,这一转变是传统工匠角色转换的根本要素和核心内容。通过技术与科学的相互转化,工匠传统与学者传统实现结合。在经验技术基础上产生理论科学,与在科学理论基础上发展出来的生产技术,都极大地推动了人类社会生产力的发展。

四是工匠生成方式与传承方式的转换。生成方式的转换也就是工匠养成方式或培养方式的转换,它是传统工匠角色转换的一个重要标志。传统工匠的生成方式主要有家传式和学徒式两种形式。现代技术工人与技术专家的生成方式是学校专业培养,主要为学科教育与职业技术教育等形式。传统工艺传承方式向现代学校培养方式转变,必须有产业技术科学理论化为前提,说明传统工匠的技术转型与角色转换彼此互动,互为前提条件。

五是传统工匠组织的角色转换,即封建行会组织向近现代工会组织的职能转换。行会制一方

[①] 参见陈凡的《论技术主体的社会化》,《自然辩证法研究》,1995年第9期,第35页。

面维护了工匠与作坊主的行业利益,同时也阻碍了传统工匠的现代转型。特别到早期工业化向工业现代化过渡时期,行会成了工匠身份转化的绊脚石。特别是中国城市中的行会,统治者与行会双方常常勾结在一起,共同压制工匠的反抗斗争。所以,传统行会最后不得不让位于现代工会。而明清江南会馆、公所职能的一些变化,一定程度上也反映了传统行会正处在向现代工会转变的一种过渡状态。

角色转换就像演员在舞台上扮演不同的角色一样,人处在不同的社会地位,从事不同的社会职业都要有相应的个人行为模式,即扮演不同的社会角色。工业生产者的社会角色是职业社会化的结果。传统工匠社会角色转换能否顺利实现,关键在于传统工匠角色在向现代工程师技术专家转变中的角色社会化过程是否成功。

社会化是个人学习知识技能和行为规范,取得社会生活资格并发展自己社会性的过程。角色社会化指人内化社会价值标准、学习角色技能、适应社会生活的过程,主要包括角色技能社会化与角色定位的社会化。从社会学角度看,学习、扮演社会角色技能是社会化的本质任务。角色定位社会化是某成员适应角色要求,接受群体行为规范、符合群体发展需要的过程。任何一个群体成员在群体中都担任着群体赋予的一定的角色,通过群体成员间的相互影响和系统教育以及成员社会实践,逐步接受群体发展目标,使个人自身发展目标同群体发展目标统一起来。经验型技术向科学理论型技术转型的同时,传统工匠技术主体也开始由经验型向经验与理论结合的技术科学家等素质型生产劳动者转变,从而实现传统工匠角色向现代技术科学家角色的转换[①]。

二、传统工匠角色转换的主要标志

传统工匠角色转换的主要标志是传统工业技术主体向现代工业技术主体的转变,或者说,是由传统工匠向现代技术工人、工程师等技术专家,或技术管理人员,或因技术发家致富的企业家、资本家等角色转变。其中传统工匠向现代工程师、学者型技术专家等科学家共同体转型是最重要的角色转换的标志。对于科学家共同体主要有三种理解,一种将其理解为科学专业共同体(科学共同体是指一个专业的同行),另一种将其理解为科学职业共同体(科学共同体指所有以科学为职业的人),第三种意义上的科学共同体可称作科学研究共同体,即科学家们由于共同体的研究结合而成的群体,这是科学共同体更为普遍的存在方式。

关于"科学家"(scientist)的含义、由来及分类都有很多不同的说法。在美国,科学人员分成三类,即工程师、科学家和技术员。在日本,研究人员、技术人员和技术教育人员统称为科技人员。

[①] 参见张九庆的《牛顿以来的科学家:近现代科学家群体透视》(安徽教育出版社,2002年版)。该书用6编34章对科学家的多维生活进行阐述。第一编关注科学与科研的运行和组织,包括科研方法与步骤、科研管理和科技政策,科研中的规范与越轨行为等;第二编对科学家群体的特征进行介绍,包括性格、能力、年龄等;第三编举例列举各种类型的科学家,如实验型与理论型科学家、保守型与革命型科学家、合作型与竞争型科学家;第四编按科学领域之外的活动特点列举各种类型的科学家,如社会活动家型科学家、文学艺术家型科学家等;第五编介绍特殊时期的科学家,他们所处的时代背景及其思想、行为的选择;第六编则对中国科学家的诺贝尔情结、报酬待遇问题进行讨论。

学术界普遍认为,17世纪的英国科学家是业余科学家,职业科学家出现在法国,科学家的社会职业在德国得到巩固,当代的科学家在美国完全成熟定型。"近代科学家角色是西方近代科学发展几个世纪的结果,经过了文艺复兴时期大学教师与工艺实验家、英国民间业余科学家(以皇家学会会员为代表)、法国科学院专门科学家到真正意义上的近代科学家这样一个发展历程。"①

一般说来,大学、工业领域和政府部门是现代科学家活动的三个主要领域,相应地就形成了学者科学家、技术科学家和政府科学家等不同类型和不同来源。美国科学家即存在于大学、工业及政府机构中,大学、工业和政府机构的科学家呈三足鼎立之势,构成了科学家三大来源。其中以技术专家为代表的工业科学家队伍及其角色群体日益壮大,远远超过其他两类科学家队伍。

插表23:美国1940年工业研究人员职业分类表②

类型	人数	百分比
化学家	15700	22.4
物理学家	2030	2.9
工程师	14980	21.4
冶金学家	1955	2.8
生物学家和细菌学家	979	1.4
其他专业的专家	909	1.3
专业人员小计	36553	52.2
技术人员	16400	23.4
行政、职员、维修	17080	24.4
总计	70033	100

工业研究和其他科学研究在很多方面存在着不同。工业研究都是专题项目研究,更注重利润和成本之间的比率,加上期限短、进展快和变化无常,工业科学家通常要承担失业的风险。德国开创了在企业里使用受过高级训练的科学家和博士学位获得者的先河。1962年美国登记科学家总人数是215000人,其中40%在工业部门,30%在教育机构,20%在国家机构,其余的是私人顾问和其他。早在20世纪40年代,英国著名的科学家J.D.贝尔纳就写过一本专著——《科学的社会功能》,书中列举了科学在工业、军事、教育等方面的作用。科学家角色的首要功能是利用科学知识出色地解决许多社会生活中的现实问题,从而得到了社会的尊敬③。

---

① (以)约瑟夫·本·戴维著,赵佳苓译《科学家在社会中的角色》第4—8章,四川人民出版社1988年版,转引自张剑的《中国近代科学与科学体制化》,四川人民出版社,2008年,第434—435页。
② (美)巴伯著,顾昕等译:《科学与社会秩序》,三联书店,1991年,第188页。
③ 何亚平:《科学社会学教程》第4章第1节"科学家角色的社会功能",浙江大学出版社,1990年。

关于工匠与学者的区别,郑维廉在《工匠传统在心理治疗(咨询)中的复兴》中列举为五个方面:

一是工匠专注于解决实际问题及其实效,学者追求的是理论思维及其成果。

二是工匠只关注问题的直接原因而不关心事物的深层原因,如木匠和铁匠只关心所用材料与生产产品的关系,并不研究材料的分子或原子构成;学者总是喜欢寻求终极原因并追求理论的彻底性,如牛顿企图以力学三大定律作为理论和逻辑来解释一切物质现象。

三是工匠着眼于与效果直接相关的因果联系,善于运用整体论的思维;学者则采用分析性思维,其理论成果往往有悖于人情事理但却深入事物本质。如哥白尼的"日心说"打破了当时大多数人心目中的"地心说"。

四是工匠运用从实践中磨炼出来的技能解决不断变化着的实际问题,学者主要运用想象和推理等理论思维能力,而不一定具备实际操作能力。

五是工匠社会经济地位大多处于蓝领阶层,而作为白领的学者社会地位一般高于工匠。

但工匠与学者的区别是相对的,工匠传统与学者传统可以通过技术与科学的相互转化而实现结合。在经验技术基础上产生理论科学,与在科学理论基础上发展出来的生产技术,都极大地推动了人类社会生产力的发展[①]。

传统工匠角色转换的标志,除了学者型技术专家或科学家群体出现以外,还有身份制度的改变,这主要涉及工匠身份地位随着传统制度环境变化而变化的情况。同时,工业技术主体的角色生成方式与传承方式的转变是另一重要标志,表现为传统工匠家传式、学徒式生成与传承方式向现代社会化教育(学科理论教育与职业技术教育)方式转变。此外,角色共同体与角色组织的转型也是传统工匠角色转换的重要标志,表现为传统社会背景下的血缘性共同体(如家族或宗族)、地缘性共同体、行业性共同体(如行会),向现代社会条件下的权利性共同体(如工会)、职业性共同体(如工程师协会)、知识性共同体(如研究会、学会)转变。从共同体的形成与其内在维系机制(纽带)角度看,这种转型即是由强调团体本位的血缘、地缘及行业纽带走向强调个体本位的权利、职业、与知识纽带。

三、传统工匠角色转换的动力与途径

传统工匠角色转换经历了较长的历史时期,其动力与途径在不同历史阶段有不同的表现,但主要不外乎自然增长型和社会变动型角色转换。社会变动型角色转换又不外乎三个基本渠道。一是指角色(个体或共同体)的主动、自觉追求或自主行为(如学习、奋斗、变革、斗争)来实现转换,二是指由外在环境或制度等因素的变化而促成角色转换;三是内外结合促成转换。江南传统工匠角色转换主要属于社会变动型角色转换。

美国学者塔尔科特·帕森斯(Talcott Parsons,1902—1979)关注个人、社会与文化三个系统的整合问题,从社会行动入手来研究社会,使用"行动"概念以表示与行为主义心理学的"行为"概念

---

① 参见郑维廉的《工匠传统在心理治疗(咨询)中的复兴》,《心理科学杂志》,2004年第4期,第940页。

之间的区别。他认为行动的最基本特征是具有意志性和目标导向,社会行动的基本单位是"基本行动",包括以下结构要素:(1)行动者,主要特征是"自我"而不是人的身体,是主观的意识;(2)目的,它是假设事物的未来状况,由行动者的主观方面决定;(3)情境,它是行动的"外部环境",包括条件和手段,行动者能够通过那些可以控制的因素来控制情境,但要受到那些行动者不能予以改变的条件的限制;(4)规范,行动者被允许的行动方式和范围。

帕森斯所论的行动系统还涉及四个子系统:文化系统、社会系统、人格系统以及行为有机体系统。由此,帕森斯从对单个行动者的社会行动分析进入到四个子系统如何相互联系、相互制约的认识中,使这些系统构成了一个整体的行动体系。其中,个人在角色扮演和角色塑造上并不是完全消极被动的。人们刚出生时,只是行为有机体,随着个体的发展,人们获得了个人认同,经过一个社会价值观的内化过程,人们学会了"角色期望"并由此而成为完全的参与者。价值出自文化系统,生物性的素质则出自行为有机体。行动者有五种可能的行动途径,行动者在完成行动时就已经做了选择。这些途径称之为"模式变项"。模式变项共有五种类型,亦即五种角色转换途径:

(1)特殊性　　普遍性;评判变项:普遍主义　　特殊主义。
(2)扩散性　　专一性;义务变项:具体特定　　广泛弥散。
(3)感情性　　中立性;情感变项:感情投注　　感情无涉。
(4)自赋性　　表现性;自赋变项:成就表现　　身份先赋。
(5)私利性　　公利性;利益变项:自我取向　　集体取向。

大体上说——左边角色代表传统角色要求或传统社会所看重的角色范式,右边代表现代角色要求或现代社会所看重的角色范式的实现途径,都是角色内外动力互动的结果[①]。由此显示,近现代工业生产者的社会角色主要是技术专业化和职业社会化的结果,传统工匠社会角色转换实现与否,关键在于传统工匠技术专业化和角色社会化过程是否成功。"从影响个体社会角色转换的因素来看,社会化过程中的角色转换主要有两种类型:一类是年龄自然增长型的角色转换,另一类是社会变动型的角色转换。"[②]无论是个体还是群体角色转换,都需要通过角色认知、角色期望和角色学习到角色扮演、角色调适等途径,去完成社会变动型角色转换。

在技术专业化和角色社会化过程中,传统工匠角色转换的关键是解决角色冲突。角色冲突指由于不同角色规范要求引起的个人在角色行为过程中的矛盾和冲突,即角色扮演者在角色扮演中的心理上、行为上的不适应、不协调状态。角色冲突有角色间冲突、角色内冲突、角色新旧冲突、角色与承担者冲突多种表现形式。角色间冲突,也称外部冲突,指相互依赖的几个角色承担者之间的冲突,即同一角色丛内两个或两个以上角色之间的矛盾所导致的冲突,或者指一个个体同时担当两个或两个以上的角色,因为不同角色的行为模式不能协调而产生冲突。角色内冲突是由于人们对同一角色有不同的期待,或角色本身对角色期望模糊不清而引起的角色冲突,包括发生在角

---

① (美)帕森斯著,张明德、夏翼南、彭刚译:《社会行动的结构》,译林出版社,2003年;(德)乌塔·格哈特:《帕森斯学术思想评传》,北京大学出版社,2009年;韩永进:《帕森斯社会理论范式对社会与技术研究的方法论意义》,《中共天津市委党校学报》,2004年第1期,第24—29页。
② 黄学勇:《试论社会角色转换》,《徐州师范学院学报》,1998年第4期。

色承担者所扮演的不同角色内部的角色冲突。角色新旧冲突是因为同一个体担当的角色发生转变,由于个体对于角色变换的未适应而导致影响了新角色的正常行为。角色与承担者冲突,是因为角色的规定模式与个体的真实人格存在矛盾,而使得角色无法正常实现。要解决角色间冲突问题,就需要角色调适和角色学习。尤其是角色学习的过程,具有综合性、互动性、渐变性等特性,是最重要的角色转换途径。

四、传统工匠角色转换的价值与意义

社会角色是社会系统结构对结构体系中每一具体纽结的功能要求,它虽然以一个个现实活动的个人作为调节对象,但直接针对的却不是个人而是社会的结构与功能。社会系统结构即是指社会或者团体,具体纽结即是社会中的个体,功能要求即是社会对个体行为模式的规定。每一个人以其在社会结构体系中的具体位置而获得其角色功能的规定性,即角色对于个人而言,随其在社会结构关系体系中的具体位置变化而变化,多重的关系与多重的社会结构决定了多重的角色要求。角色要求所表达的是普遍对于特殊的规定与要求,是结构对于要素的要求,它所追求的是社会系统结构的整体功能优化①。

从哲学意义上说,现代人与传统人最本质的区别在于自主性的差异,也就是人的被解放程度的差异。现代科技生产者的社会角色发生了巨大变化,表现为从先赋角色走向自致角色,从表现性角色趋向功利性角色,从过去的依附性角色向自主性角色过渡。技术主体社会角色的发展,在不同时期不同地域,既有个性差异也有共同特点。传统工匠在社会现代化转型过程中经过了从古代工匠到近代工程师以及现代科技专家的变化,其社会角色也"经历了由被社会轻视的下等公民到受到关注的劳动者,再到备受重视的理想追求者的发展历程。这个发展历程是技术发展和社会分工发展的必然结果"。"由于手艺工人地位的提高以及社会对技术的重视,使得从人类初期文明开始时就已经中断了的技术与科学的联系又重新开始恢复起来。其结果是又造就出了一种新的技术主体角色工程师。"②一些工程师由原来的工人发展而来,"不列颠久为工业革命中心,其中工程师大多数出身于简单工人,既灵巧熟练又有进取心,但通常无文化或靠自学。他们或者是车匠像布累马(Bramah),或者是机器匠像麦多克和佐治·斯蒂芬孙,或者是铁匠像纽可门和摩德斯雷"③。

由此可见,普通工匠通过学习可以变成工程师和技术专家。同时,劳动者社会地位变化及技术角色转换与人力资源开发有着密切的内在联系:一方面,具有专门技术和创新能力的社会角色群体通常是一个区域社会经济发展的生力军,他们站在工业生产和技术革新的前沿,为实现社会生产力转化提供智力与体力支持;另一方面,不断更新的社会环境又要求新兴的或领先行业中的专业生产者不断调整价值观念,促进自身发展,从而不断地实现其社会角色的个体转换和群体整

---

① 参见高兆明的《对个体"社会角色化"的诘问》,《浙江社会科学》,1999年第1期,第83页。
② 王秀华:《论技术主体社会角色的发展》,《东北大学学报》,2001年第4期,第246页。
③ (英)J.D·贝尔纳著,伍况甫译:《历史上的科学》,科学出版社,1959年,第217页、第342页。

合。作为技术主体的劳动力在提高自身技术素质的同时,又对自己的社会角色进行调整与转换,实现技术转型与角色转换并获得社会认同,这就是科技人力资源开发的主要过程,也是传统工匠现代转型的基础过程。

　　传统工匠的社会角色要求不但规定了传统工业技术主体在社会结构中的地位与身份,而且也规定了工匠个人作为社会角色所应尽的责任和应当得到的权益。当社会处于转型阶段时,这种规定性也就随之变化。或者说,体现角色规定性的角色结构是动态的、变化的,随着时间的增长,这种结构日益复杂;不同的历史时期、不同的社会结构方式对其成员会有不同的角色结构要求,这正是角色社会化的前提条件。"个人社会化过程不仅是个人社会角色的获得过程,而且也是个人社会角色不断转换的过程。社会角色能否顺利实现转换,乃是个人社会化是否成功的标志。社会角色转换是经常、普遍的。它在实质上是个体社会关系和社会地位变化的动态形式。"①

第三节　江南传统工匠社会变动型角色转换

　　江南早期工业化是江南传统工匠社会变动型角色转换的重要表现。正是江南早期工业化社会的形成与发展,才为江南传统工匠的技术转型与角色转换提供了坚实的社会基础②。中国早期工业化社会开始于何时? 主要标志是什么? 学界有多种说法。李伯重的《江南的早期工业化(1550—1850)》一书认为,"早期工业化"(Early Industrialization)所指时间是明中后期到清中前期;费维凯的《中国早期工业化:盛宣怀(1844—1916)和他的官督商办企业》认为,中国"早期工业化"(The Early Period of Modern Industrialization)发生于晚清到民国初年;马敏的《中国早期工业化的若干问题》一文认为,"早期工业化阶段,主要指1860年代至1949年的近代工业化,但往前可追溯到明清时期"。之所以分歧大,关键在于缺少统一的标准。樊树志的《明清江南市镇的"早期工业化"》③一文,从江南市镇雇佣工人群体与劳动力市场的形成,地权分散化与田面权、田底权的分离等方面,论证江南市镇的早期工业化。其中一节讨论了以雇佣工人群体、劳动力市场的形成与市镇人口结构的变化作为江南市镇的内部变革和早期工业化的指标,揭示了工商业人口比重的增大与市镇早期工业化发展的内在联系。在此基础上,我们以传统的区域工业,特别是区域支柱产业从业人数增长为关键指标,分期估算明中期到清末民初江南传统工业从业人数增长情况,论述明清时期江南地区早期工业化社会形成、发展的时间和标志,以与上述各家研究相呼应。明代中期以后,江南纺织业等传统支柱产业从业人数空前增加,清中期以后江南工业更为发达,从业人员也

---

　　① 黄学勇:《试论社会角色转换》,《徐州师范学院学报》,1998年第4期,第43页。
　　② 余同元:《明清江南早期工业化社会的形成与发展》,《史学月刊》,2007年第11期;人大《明清史》2008年第1期全文转载。
　　③ 樊树志:《明清江南市镇的"早期工业化"》,《复旦学报》(社会科学版),2005年第4期,第60—70页。

更加众多。根据传统工业从业人口增长这一早期工业化社会形成与发展的关键标准,分期估算明中期到清末民初江南传统工业从业人数,说明江南早期工业化社会形成于明代中后期,此后到清末民初是江南早期工业化社会的发展时期。

一、明清江南棉纺织业从业人数增长

随着棉花生产与棉布产业的发达,明代嘉靖、万历(1522—1620年)以后,棉花棉布产业从业人员也空前增加。乾隆以后江南棉纺织业更为发达,从业人员也更加众多。下面首先根据吴承明、徐新吾、李伯重、范金民等人的相关研究及有关历史资料,运用从棉布产量推测纺织人数的计算方法,对明后期和清中期的江南棉纺织业从业人数作一个初步的估算。

一是明代后期:吴承明估计苏松地区明末棉布的年产约4500万匹,进入长距离运销的,总也有4000万匹[1]。范金民估计明末江南年产棉布2500万匹(仅松江有2000万匹)[2]。李伯重根据江南棉布输出量与本地消费量二者相加的总量之和,推算出明后期(1620年左右)江南棉布输出量1500—2000万匹;本地人口2000万(城市人口占当时总人口的15%),人均消费1.5匹/年(农村人口人均1.65匹/年,城市人口人均1.8匹/年),或按每家5人折为400万户、户均消费棉布8.35匹/年计算,可知江南区域内总消费量为3400万匹,加上输出量共计5000万匹,是为明后期江南棉布的总产量[3]。

二是清代中期:徐新吾估计清代江南商品棉布产量每年二千几百万匹[4]。吴承明推算苏松地区年产4500万匹,进入长距离运销的4000万匹[5]。范金民在《明清江南商业的发展》一书中加进了苏松以外的江南地区,推算松江年产棉布3000万匹,常熟年产2000万匹,嘉定、太仓年产2000万匹,江阴、平湖、海盐、嘉善、乌程等县年产500万匹,无锡年产300万匹,共计江南年产棉布可达7800万匹,进入市场的商品量约在7000万匹左右[6]。

李伯重推算清代中期(1850年前)江南棉布输出量为4000万匹;江南人口3600万口,折为720万户(其中城市人口占全国总人口的20%),按户均消费8.4匹/年估算,得出清中期江南消费棉布6100万匹,加上当时江南输出棉布4000万匹,共计1亿匹左右,为清中期江南棉布总产量[7];又按江南人均消费棉布1.5匹/年、城市人口人均为1.80匹/年、农村纺织户人均消费量1.65匹/年、非纺织户为1.35匹/年等[8]标准估算,同样得出明末江南棉布年产量约5000万匹,清中期(1850年)为1亿匹;再按康熙前织一匹布需7个工作日,此后需6个工作日推算,得出明后期江南一个农妇

---

[1] 许涤新、吴承明:《中国资本主义的萌芽》,人民出版社,2005年,第277—279页。
[2] 范金民:《明清江南商业的发展》,南京大学出版社,1998年,第29—30页。
[3] 李伯重:《江南的早期工业化》,社会科学文献出版社,2000年,第39—40页。
[4] 徐新吾:《鸦片战争前中国棉纺织手工业的商品生产与资本主义萌芽问题》,江苏人民出版社,1981年,第17页。
[5] 吴承明:《中国资本主义与国内市场》,中国社会科学出版社,1985年,第260页。
[6] 范金民:《明清江南商业的发展》,南京大学出版社,1998年,第29—30页。
[7] 李伯重:《江南的早期工业化》,社会科学文献出版社,2000年,第39—40页。
[8] 徐新吾:《江南土布史》,上海社会科学院出版社,1992年,第229页。

一年可纺织29匹，清代中期则约33匹；最后按江南八府一州各地平均每年每个村妇纺织的时间约在200天左右计算，得出明代后期每年生产5000万匹棉布需农妇170万人/年，而清代中期每年生产1亿匹则需农妇300万人/年从事纺织[①]。

在棉布产量的估算上，显然前三者的数字与李伯重的数字差距较大。但本文认为尽管李伯重的估数最高，但也是比较保守的估计。本文在上述各家研究的基础上，估算明后期有340万江南妇女从事纺织业，清中期有570多万江南妇女从事纺织业。

首先，从各方面的资料看，明后期到清中期江南妇女劳力多数从事纺织业（含丝织业）生产是毋庸置疑的。

如明末天启初年，在上海、嘉定等地从事传教活动的葡萄牙传教士鲁德昭，就当地的棉纺织业生产情况记录道："南直隶最东边的地区，殷富肥沃，出产大量的棉花。据当地人们肯定的说法，只在广大的上海城镇及其所辖区内，有以这些棉花为原料的二十万台织机（所谓织机二十万台，可能是当时松江府属七邑或上海县邻各邑的总和。以上海县一县而言，五口之家的户数不会超过十万，不可能拥有二十万台织机）。因此，仅以此一地每年就要向皇帝缴纳四十五万杜卡特（杜卡特亦称杜卡托，初铸于1284年，是威尼斯金币Daucato的音译，为欧洲中世纪最通行的金币。16世纪中叶后，铸造有大型杜卡特银币。上文所指当系银币）。织机和布匹同样是窄幅的，所以在一间屋内可放置多架，几乎全部是妇女从事此项工作。"[②]

又如《利玛窦中国札记》说，天启末年上海县城和郊区人口30余万，其中织布工人达20万；又引用谈迁的《枣林杂俎》说隆庆六年上海全县在籍男妇总数19万余人（男158532人，妇人34425人），如果妇女与在籍男子一样多，就是30多万人了[③]。织布工人占总人口的2/3，几乎是全县全部劳动力的总和。所以清代官员尹会一在奏疏中说："江南苏松两郡最为繁庶，而贫乏之民得以俯仰有资者，不在丝而在布。女子七八岁以上即能纺絮，十二三岁即能织布，一日之经营，尽足以供一人之用度而有余。"[④]真可谓"无论贫富妇女，无不纺织。……女红自针黹外，以布为恒业"[⑤]。说明江南乡村妇女劳力绝大部分都从事纺织业。

其次，明后期到清中期50%以上江南乡村女劳力从事纺织业是保守的估计。

关于明清江南人口数量，明前期洪武二十六年（1393年）和清中期道光三十年（1850年）都有较可靠的记载：根据万历《大明会典》卷19中记载，苏、松、常、镇、应天五府1393年606万人口，再根据康熙《浙江通志》卷15中记载，杭、嘉、湖三府"明初"264万人口，合计1393年江南八府人口

[①] 徐新吾：《江南土布史》，第53、472、505、553页；李伯重：《男耕女织与半边天角色的形成：明清江南农家妇女劳动问题探讨之二》。19世纪末叶常熟农妇每年织布168天，20世纪初江阴妇女每年织布180天，上海郊区一个农妇每年织布200天，1860年松江农户中专门从事棉纺织业生产的农村妇女从事纺织的天数多达265日，因此说江南各地平均每年每个村妇纺织的时间约在200天左右。

[②] （日）西嶋定生：《中国经济史研究》，转引自《江南土布史》，第619—620页。

[③] 利玛窦、金尼阁：《利玛窦中国札记》第589页，引自李伯重的《江南的早期工业化》第73页。

[④] 《皇朝经世文编》卷36尹会一"敬陈农桑四议疏"。

[⑤] 许光墡等纂：《枫泾小志》卷1《食货》光绪十七年（1891年）铅印本；（清）周凤池纂，蔡自申续纂：《金泽小志》卷1《风俗》，乾隆间纂道光十一年（1831）续纂，抄本。

870万,到1400年大约900万;清代中期的江南人口,则以道光三十年《户部清册》中江、浙两省人口总数为基数,再根据嘉庆二十五年(1820年)两省人口分布情况,推出江南八府一州1850年人口3600万左右。最后以1393—1600年全国人口年增长率3.8‰推得明泰昌元年(1620年)江南人口2000万左右①。如果根据徐光启《农政全书》中说的江南"生人之率,大抵三十年而加一倍,自非大兵革,则不得减。"则明末江南人口要远远大于2000万②。

关于明代后期与清代中期江南的城市中的工商业人口占总人口的比例,曹树基教授和李伯重教授分别研究结论为15%和20%③。

在明后期2000万江南人口之中,除掉15%的城市人口300万,再以每户五口人推算,得出从事农业劳动的为340万户;同样,清代中期的3600万江南人口之中,除掉20%的城市人口720万,再以每户五口人推算,得出从事农业劳动的为576万户。就乡村劳力而言则分别为680万人和1152万人。若每户出女劳力一人,则明后期有340万江南妇女从事纺织业,清中期有576万江南妇女从事纺织业。由此可见,李伯重所推算的明后期170万江南乡村妇女劳力(只占女劳力人数的50%)从事纺织业是较为保守的数字。那么,清代中期300万江南乡村妇女劳力(只占当时女劳力人数的52%)从事纺织业也是一种较低的估计。

二、明清江南丝织业从业人数的增加

先看明末清初:主要表现为织机总数增多。

范金民估算明后期江南官营织机是3500台,民营织机约10000台到15000台;清代前期(含乾嘉时期)江南官营织机1836台,民间织机可能达到8万台④。按照明代官营织机平均每机4.2人操作、清代平均每机3.8人操作,民营织机用工少一些⑤,平均每机2人操作计算,明末直接从事丝织业生产的织工数为3到4万人,清前期(含中期)则有16—17万人。因为对清代历史分期方法不同(本文分为前、中、后三期),清前期这个数字在统计中包含了清中期乾嘉时期的情况,若去掉乾嘉时期的增长数,则清前期江南民营织工实际不足16万人。徐新吾推算清代前期南京、苏州、镇江、盛泽、杭州、湖州、双林、绍兴、宁波诸地有织机68900台,织工约有213000人⑥。其中若去掉绍兴、宁波等地的织机数,应与当时实际织工人数相差不大。

---

① 李伯重:《江南的早期工业化(1550—1850)》,第39页、第398页;《"天"、"地"、"人"的变化与明清江南的水稻生产》,载《中国经济史研究》1994年第4期,第103—121页;《"人耕十亩"与明清江南农民的经营规模》,载《中国农史》1996年第1期,第1—10页。
② 引自洪焕椿的《明清时代长江三角洲地区的经济优势和特点》,见洪焕椿、罗仑的《长江三角洲地区社会经济史研究》,南京大学出版社,1989年,第292页。
③ 见葛剑雄主编的《中国移民史》第5卷(曹树基撰写),福建人民出版社1997年版第424—425页和李伯重的《江南的早期工业化(1550—1850)》第414页。
④ 范金民:《明清江南商业的发展》,南京大学出版社,1998年,第31页;《江南丝织史研究》,农业出版社,1993年,第200—204页。
⑤ 许涤新、吴承明:《中国资本主义的萌芽》,人民出版社,2005年,第372页。范金民的《江南丝织史研究》第201页说:"清前期织局每机2.9名,清末民间每机3名工匠。"
⑥ 徐新吾:《近代江南丝织工业史》,上海人民出版社,1991年,第56页。

再看清代中期：主要表现为民营织机增多。

吴承明先生估计清中叶江宁织机有4万台以上，苏、杭两地有织机2万台以上，加上官营织机台数和湖州、常州、松江织机，总数在8万台以上①。范金民认为清代中前期江南丝织业又有较大的发展，19世纪初期江南输往国内市场的各类丝织品相当于1400万匹濮院绸，价值1500万两；从匹数上看增加了25倍，从价值上看增加了38倍②。具体说来：

一是苏州，织机在万台以上。乾隆《元和县志》称苏州："在东城，比户习织，不啻万家。工匠各有专能，计日受值。"③可见乾隆时仅苏州东城工匠就"不啻万家"。特别是民营丝织业较明末清初更为增多。嘉庆九年到十年间苏州大灾，周夔芳等"力募绅富，按户赈恤，全活万众"④。

二是杭州，民间丝织业最盛，乾隆年间织机至少达万台以上。雍正时人厉鹗说："杭东城，机杼之声比户相闻"。乾隆时朱点说："城东蚕桑之利甲于邻封，织纺纠绞之声不绝于耳。"⑤

三是湖州，明代中后期湖州府城丝织业尚不发达，但至乾隆时已有织机四千余台，织工上万人⑥。

四是盛泽镇，当地人以为并峙苏杭、号为诸镇第一。"在乾隆三十五—四十五年间，盛泽镇周围的农村有织机八千多台。"⑦织工不下二三万人。

五是濮院镇，早在万历时，濮院镇就"肆廛栉比，华夏鳞次，机杼声轧轧相闻，日出锦帛千计"。⑧乾隆时杨树本说："他邑之织多散处，濮川之织聚一镇，比户操作，明动晦休，实吾衣食之本……机杼为阖镇恒业。"所以，清中叶该镇有织机上万台，织工三四万人⑨。

六是双林镇，明末清初有居民三千余户，嘉道间增至近万户。清初镇上有衣庄七十余所，乾隆时尚存四十余所，可见产绢之多。估计两镇织机有三千台左右。

七是江宁府，江宁在乾嘉时有织机四万台以上⑩。

综上所述，清代中期江南民间丝织业最为兴盛时，南京、苏州和杭州三大丝织城市的织机总共在5万台左右，盛泽等市镇和乡村织机约有2.5万台，总计约为7.5万台。如果加上镇江、嘉兴等城市和菱湖、乌镇、长安、硖石等市镇及其周围乡村的织机，江南民间织机总数在8万台以上。由

---

① 许涤新、吴承明：《中国资本主义的萌芽》，人民出版社，2005年，第378—379页。
② 范金民：《江南丝绸史研究》，农业出版社，1993年，第203—204页。
③ 乾隆《元和县志》卷16，《物产》，见《中国地方志集成·江苏府县志辑》14，江苏古籍出版社，1991年，第204页。
④ 顾震涛：《吴门表隐》卷19，江苏古籍出版社，1999年，第313页。
⑤ 厉鹗：《东城杂记》，商务印书馆，1936年，第38页；朱点《东郊土物诗·序》，见《丛书集成续编》第52册史部，上海书店出版社，1994年，第307页。
⑥ 朱新予：《浙江丝绸史》，浙江人民出版社，1985年，第104页；裘良儒、蒋遒龙：《浙江丝绸史辑要》，浙江人民出版社，1985年，第21页。
⑦ 宋伯胤：《盛泽镇丝织手工业历史调查随笔》，《中国历史博物馆馆刊》，1983年第5期，第42页。
⑧ 李培：《翔云观碑记》，《濮川所闻记》卷4，中国书店，1992年。
⑨ 杨树本：《濮院琐志》卷1，《濮院志》卷14《织作》，转引自李伯重：《发展与制约：明清江南生产力研究》，联经出版事业公司，2002年，第84—85页。
⑩ 莫祥芝撰：（同治）《上江两县志》卷7《食货考》，见《中国地方志集成·江苏府县志辑》4，凤凰出版社，2008年，159—165页。

此可知,从明后期到清中期的二三百年间,民营丝织业力量大为增长。若清代中后期按每机3人推算,则清中期江南8万台织机从业人员达二三十万人。所以,李伯重教授认为,如加上丝织业辅助业和丝织品流通行业中的从业人数,清中期江南丝织业从业人员总数在50万人以上①。

三、明清江南纺织业辅助行业从业人数的增加

纺织业的辅助行业很多,如棉纺织业辅助行业有治标布、踹布、服装加工(染匠、踹匠、裁缝匠)等系列行业。丝织业的辅助行业更多,以缫丝、纺丝、染色、络丝和刺绣业从业人员最多。明清时期,这些辅助行业的主要从业人员也都是当时手工工匠的重要组成部分。这些工匠中,有一部分属于简单技术操作的行业雇工,只能属于半工匠的性质。

首先看棉布加工业从业人数。明代后期以降,随着江南棉纺织业的发达,治标布、踹布业、服装加工业(染匠、踹匠、裁缝匠)从业人数均随之增加。

踹布作坊,开设者叫"作头",或称"包头"。康熙年间,苏州"踹工多至一二万人"②。其经营情况,雍正年间浙江总督兼管江苏督捕事务李卫、署理两江总督史贻直、江苏巡抚尹继善等皆有说明:"苏郡五方杂处,百货聚汇,为商贾通贩要津。其中各省青兰布匹,俱于此地兑买。染色之后,必用大石脚踹研光。即有一种之人,名曰包头,备置菱角式样巨石、木滚家伙、房屋,招集踹匠居住,垫发柴米银钱,向客店领布发碾,每匹工价银一分一厘三毫,皆系各匠所得,按名逐月给包头银三钱六分,以偿房屋、家具之费。习此匠业者,非精壮而强有力不能。皆江南、江北各县之人,递相传授牵引而来,率多单身乌合不守本分之辈……从前各坊不过七八千人……现在细查苏州阊门外一带,充包头者共有三百四十余人,设立踹坊四百五十余处,每坊容踹匠各数十人不等。查其踹石已有一万九百余块,人数称是。"③苏州城西"阊门外(上下塘)一带,充包头者共有三百四十余人,设立踹坊四百五十余处,每坊踹匠数十人不等。查其踹石已有一万九百余块,人数称是。"④可见清代前期的苏州,仅城西一带踹布作坊的包头与踹布匠就有11240人。

清代苏州整染作坊中,"自漂布、染布及看布、行布各有其人,一字号常数十家赖以举火。中染布一业,远近不逞之徒,往往聚而为之,名曰踏布房"⑤。清代中期,苏州踹坊有六七百家之多,雇有踹匠万人以上,而过去仅有七八千人。染坊数量也不少,染匠也有万人。因染坊、踹坊过多,造成水道污染。乾隆二年,地方政府颁布了保护环境、治理污染的专门法令,即著名的《苏州府永禁虎丘开设染坊污染河道碑》(乾隆二年)。碑文记载元和、长洲、吴县官府告示曰:"因有射利之徒,妄

---

① 李伯重:《江南的早期工业化》,社会科学文献出版社,2000年,第43页。
② 徐新吾、黄汉民主编:《上海近代工业史》,上海社会科学院出版社,1998年,第4页。
③ 江苏省博物馆编:《江苏省明清以来碑刻资料选集》,三联书店,1959年,第53页。
④ 《雍正朱批谕旨》第42册雍正八年七月二十五日《浙江总督李卫奏折》,参见许涤新、吴承明的《中国资本主义萌芽》第405页。
⑤ 李光祚:(乾隆)《长洲县志》卷11《风俗》收入《中国地方志集成·江苏府县志辑》第13册(江苏古籍出版社,1991年,第95页)。

希开设染坊",致使"满河青红黑紫",因此"饬将置备染作器物迁移他处开张"①。

其次是丝织业辅助行业从业人员人数。

丝织业辅助从业人员很多,以缫丝业从业人员和刺绣业从业人员为主,另有纺丝工(车户、纺经户、掉经娘)——如南浔"农人纺经十之六";络纬工——如将纬丝绕到棱管上;牵接匠——如牵经接头工;摇经匠——如苏州有摇经作坊(熟货生产也);染匠——如万历二十九年曹时聘说苏州"染坊罢而染工散者数千人,机坊罢而织工散者数千人"。丝织业辅助业从业人数甚至不少于织工人数②。如绸缎商人开设帐房,用机户为其织造,织挽之前,要加工丝料——如纺丝、染色、络丝等。其中络丝交个体户进行,工匠在商人支配下于自己家中进行丝料加工。络工"日络三四窠,得钱易米,可供一日食"③。1913年苏州开业帐房57家,支配机户1000家,共有织机1524台,使用男女工徒7681人,平均每机5人④。江南缫丝业从业人数的变化,与整个丝织业的发展同步而行。

近代刺绣业从业人数的增长则是异军突起,后来者居上。

再次是晚清至清末民初,传统纺织业转型与现代纺织工人的出现。中国纺织业的发展进入了传统纺织业衰退与现代丝织业兴起的转型期,与此同时,传统纺织工匠出现减少趋势,而现代纺织工人队伍则开始成长起来。根据范金民教授研究,晚清同治年间到光绪年间以后,江南丝织业总体上处于衰退之中。南京、苏州和杭州三大城市民间丝织业衰退尤为明显。南京在同治十一到十二年(1872—1873年),因同治大婚典礼需用缎匹浩繁,缎机添至16700余张。光绪六年(1880年),据统计只有织机4500张,从业者7600余人;光绪十一年为8367张,次年底稍稍上升到12281张。苏州织机在光绪六年降为8000台,清亡时仅为7000台。杭州的情形与苏州相似,太平天国期间机户"幸存者不过数家",光绪六年增加到3000台左右。总计三大城市的民机到清亡时大约只有以前兴盛时的一半⑤,江南传统的纺织工匠自然也大大减额,一部分纺织业从业人员开始向现代纺织业工人转变。如《马关条约》签订后,德商瑞记纱厂就有佣工1000人。与近现代棉纺织业工人队伍出现同时,近现代丝织业工人队伍也在清末民初产生了。如1914年莫觞清创建的久成织丝集团,佣工就达3700人⑥。这些新式纺织业工人大多是直接来源于江南传统纺织工匠。

四、江南早期工业化社会的形成与发展

1. 西方早期工业化中工匠与工人数量比例

根据法国著名史学家费尔南·布罗代尔的研究,17世纪初期的欧洲7000万居民中,有二三百万工匠。他说:"如果城市人口占总人口的10%,即600—700万,若说有200—300万工匠,即占城

---

① 苏州博物馆、江苏师范学院历史系:《明清苏州工商业碑刻资料集》,江苏人民出版社,1981年,第71—73页。
② 《明神宗实录》卷361,万历二十九年七月丙午日。
③ 陈作霖:《凤麓小志》卷3《记机业》,收入《中华文史丛书》第12辑;《金陵琐志》,华文书局,1969年,第178页。
④ 曹允源:(民国)《吴县志》卷51,1933年,苏州文新书局铅印本。
⑤ 范金民:《江南丝织史研究》,农业出版社,1993年,第204页。
⑥ 徐新吾、黄汉民主编:《上海近代工业史》,上海社会科学出版社,1998年,第83页、第153页。

市人口的三分之一或二分之一。"威尼斯的情况特殊,兵工厂工人3000人,毛纺工人5000人,丝织工人5000人,总共有工匠13000人。再把他们的家属包括进去,就占这个城市14万人中的5万人。这个数字"还不包括各种各样的私人造船厂里的工人,以及整个泥水匠大军"。"还应该把制毛毯工人也算进去。在离城市更远一些的地方,还有磨坊工人。……除此之外,还应该再加上铜匠、铁匠、首饰匠、制糖技工、穆拉诺的玻璃工人、吉乌德卡的皮革工。此外还有大批其他工匠,例如印刷工人。16世纪威尼斯印刷的书籍占欧洲的一大部分。""在这个总数里还应加上农村的工匠。每个村庄不论人口多少,总有工匠的存在,总有工业活动为副业。……16世纪的乡村工业在人数方面即使不在质量方面或在收入总量方面,与城市工业处于同等地位。没有任何事实证明这一点,也没有任何事实否认这一点。至多有300万的农村居民和300万城市贫民加在一起,也就是与市场经济相联系的手工作坊的世界。"①

这段话包含了三个早期工业化时期工商业人口指标:一是700万城市人口占城乡总人口的10%,而300万城市工匠占城市人口的42.85%;二是300万乡村工匠人数占乡村6300万总人口的4.76%;三是农村工业人数与城市工业人数共计600万,占城乡总人口的8.57%。

2. 明清江南传统工匠与工人队伍的壮大

先看明代前期官手工业工匠人数,轮班匠以景泰五年(1454年)289000人②为基本数,住坐匠以永乐年间(1403—1424年)北京27000人和嘉靖九年(1530年)南京7600人为基本数③,军匠以宣德年间(1426—1435年)26000人④为基本数,共计工匠349600人。再按当时"一匠伍夫"(即每个工匠配5名工匠助手,称匠夫,为半工匠)的夫役旧例计算,可以得出349600工匠和1748000民夫数,两者相加为2097600人。据此估算,明朝洪武二十六年(1393年)全国人口为1065万户、6055万人,其中官府手工业所占用的劳动力约为2097600人,约占全国总人口的3.46%。若按每户一个劳动力计算,明代前期官手工业工匠及匠夫人数约占全国总劳力的20%左右。这个数字略高于《中国资本主义的萌芽》中17%的估算结果。该书列出《明代前期在籍工匠人数表》,认为官手工业占有工匠30万人左右,加上每个工匠配5名工匠助手计150万,便有占全国人口3%(即30+150万=180万人左右)和占全国家庭劳动力17%(按一户一匠计)的人在官手工业部门服役⑤。

但这个数字未包括商品化生产的乡村家庭纺织业劳力,也没有算入工匠助手的人数。而且,明清江南地区家庭纺织业多是男女劳力一起投入的,所以劳力数应是户数的两倍。如果将上述3.46%乘以2(即增加一倍),则为6.92%,与欧洲早期工业化时期城乡手工业人数占城乡总人口的8.57%相差甚远。

---

① (法)布罗代尔,唐家龙等译:《菲利普二世时代的地中海和地中海世界》上卷,商务印书馆,1996年,第615—617页。
② 《明英宗实录》卷240,景泰五年夏四月甲辰日。
③ 《明世宗实录》卷114嘉靖九年六月甲子日:"南京内府各监局人匠约七千六百余人";《大明会典》卷189《工匠》2载:时由南京迁北京工匠27000户,按每户出工匠1人得27000人。
④ 张廷玉的《明史》卷175载:军匠26000户,按每户一匠计算,为26000人。
⑤ 许涤新、吴承明主编:《中国资本主义的萌芽》,人民出版社,2005年,第117页—118页。

再根据上文江南纺织业从业人数的论述看,仅以50%的乡村妇女劳力从事棉纺织业计算,明代后期乡村棉纺织业妇女也有170万,再相应地加上明代后期江南地区男性手工业劳力170万(从事纺织辅助行业、建筑营造业、食品加工业和器具制造业等行业,按明初工匠6.92%比率推算为134万,明中后期增加是肯定无疑的)共340万,占明后期(1620年)江南2000万总人口的17%,比明前期增加了2.5倍。

同样仅以50%的乡村妇女劳力从事棉纺织业计算,清代中期乡村棉纺织业妇女288万,对应加上清代中期江南地区男性手工业劳力288万以及丝织业劳力50万,共计626万,约占清中期(1850年)江南3600万总人口的17.4%,比明前期增加了2.6倍。

可见明代后期到清代中期江南乡村手工业劳力一直呈增长趋势,工匠与工人队伍日益壮大是无疑的。加上城镇工商业人口,明后期(1620年)300万(以15%比例推算),清中期(1850年)720万(以20%比例推算),分别得出明后期640万和清中期1346万,分别占明后期总人口的32%(而17世纪欧洲只有10%)和清中期总人口的37.4%。这正是早期工业化社会形成的一个核心标志。

3. 江南早期工业化社会形成的有关指标

工业化有广义和狭义之分,狭义的工业化是指一个国家由农业国向工业国转化的过程,而广义的工业化则是"发展"与"现代化"①。对于狭义的"工业化"定义,美国经济学家W.W.罗斯托说:"工业产品和劳动力结构,以及人口居住发生的重要的变动,一般都归结于工业化和城市化。"1971年,诺贝尔经济学奖获得者库兹涅茨说:"产品的来源和资源的去处从农业活动转向非农业生产活动,即工业化的过程;城市和乡村之间的人口分布发生变化,即城市化的过程。"英国经济学家汤姆·肯普说:工业化"根本的特点在于劳动力和资源从农业(粮食生产)转向工业制造及有关部门"。"非农业人口不断增长,从事粮食和初级产品生产的人口在有些阶段反而下降。""随着'非农业化'的发生,居住在城市地区的人口急剧增加"②。

工业化应是一个渐进的过程,工业革命以前有一个"前工业时期"。前工业时期的西方,特别是英国的技术进步和工业增长称为"前工业化"或"原始工业化",主要指乡村工业化。早期工业化的原工业化时代和工业化初级阶段,既是工业化的准备时期,又是工业化发展过程的组成部分。西欧发达国家的早期工业化大约是在16—19世纪进行的。其中16至18世纪西欧开始从封建社会向资本主义社会、从传统农耕社会向现代工业社会转变,被西方史学界称为"原工业化时代"。乡村工业在农业部门之外开辟了新的产业领域,这个领域与传统农业的一个显著区别是以资本而不是以土地为主要资源。资本是可以再生的,而且是直接通过人的劳动创造出来的,这样就从根本上改变了人口或劳动力与资源的关系。

在探讨西欧工业化动因时,国内外学者争议颇大,有皮朗的"贸易根源说"、波斯坦的"新人口论"、布伦纳的"阶级斗争推动说"、瓦勒斯坦的"世界体系论"和诺斯的"产权革命说"以及"农民个

---

① 蔡思复等:《发展经济学概论》,北京经济学院出版社,1991年,第202—203页。
② (美)W.W.罗斯托:《从起飞进入持续增长的经济学》,四川人民出版社,1988年,第26页;(美)西蒙·库兹涅茨:《现代经济增长》,北京经济学院出版社,1989年,第1页;(英)汤姆·肯普著,许邦兴,王恩光译:《现代工业化模式——苏、日、发展中国家》,中国展望出版社,1985年,第5页。

人力量说"、"城市主导论"等主要观点。但另一些学者在探讨工业化的起源时又发现:"工业世界的胞子——乡村工业"业已存在于农耕世界,它的孕育、产生和发展奠定了"现代化基石"[①]。广大乡村农民将农业与手工业相结合,亦工亦农,生活在二元经济之中。

作为早期工业化第一发展阶段的原工业化时期,正是乡村工业将大批附着于土地的农民"解放"出来,使之成为提供工业劳动力的工资劳动者和半工半农者,解决了人口增长与土地数量不足之间的矛盾。劳动力资源由传统农业部门向工商业部门转移,将农业中多余的劳动转移到工商业,又为工业品创造出容量更大的市场。所以,当时的人口职业构成直接透视了早期工业化社会的性质特征。

根据西方学者哈瑞森的《普通的人民——从诺曼征服到现在的历史》介绍,1350年以前,英格兰村庄分布了数量惊人的手工业者,例如木匠、铁匠、马具匠、屋顶匠、车夫、漂洗工、染工、制皂者、硝皮匠、制针匠、黄铜匠等,多来自小土地持有者阶层。村庄手工业者和工资劳动者的人身依附关系较弱,前者经济地位比后者优裕。他们也是农民和商人,用贸易中赚取的利润经营起比邻居规模更大的农业。在14世纪晚期的人头税调查册上,常常可以见到农村中的铁匠、木匠、制革匠、鞋匠、裁缝、屠夫、织工和剪刀匠的名字。14世纪中叶到1520年,德比郡雇工队伍增长了20%;到16世纪末,雇工人数已超过一半。这大概是个别地区的情况。就不列颠全国而言,哈瑞森肯定地说,到16世纪,雇工人口相当于乡村全体人口的1/4—1/3[②]。

根据迪恩和科尔的《英国的经济发展:1688—1957》介绍,18世纪中叶以前,农业是英国国民经济的基础产业。1688年前后,制造业、矿业和建筑业加在一起,仅创造国民收入的21%。当时的工业还处在手工工场和家庭作坊阶段,大部分分散在农村。农业和手工业还没有完全分离,许多农民同时又是手工业者。他们农忙时务农,农闲时做工。手工业所需要的原料就产在农村,所需动力是风力、水力或者畜力。当时在英国工业中大约占30%的毛纺织业也大多分散在农村。全国经济生活的重心在农村,全国人口的绝大多数也生活在农村,1750年农村人口约占全国人口的3/4。这种情况在18世纪中前期无大改变。19世纪六七十年代开始工业革命以后,由于机器生产取代了手工劳动,工厂制取代了手工工场和家庭作坊、蒸汽机成了万能的动力机,工业摆脱了对风力和水力等自然力的依赖[③]。工业生产的机械化和工厂化使工业生产率提高的速度远远超过了农业,工业和与之有关的采矿、建筑、商业、交通运输行业迅速发展,在国民经济中的比重很快超过农业。

相比之下,明代后期历清代前期到清代中期的江南,正处在早期工业化的第一个发展阶段——即所谓的"原工业化时代",这从以下几个数据中可以得到充分说明。

一是从江南乡村工业从业人数比率看,分别为明后期的17%和清中期的17.4%,均高于17世

---

① 袁芳:《原工业化时期乡村工业对英国农村人口的影响》,《文史杂志》,2003年第2期,第58页。

② (英)哈瑞森:《普通的人民——从诺曼征服到现在的历史》,(J. F. Charrision, *The Common People:A History From The Norman Conquest to The Present*,Flamingo.)弗拉敏戈出版社,1985年,第129页、第69—70页;袁芳:《原工业化时期乡村工业对英国农村人口的影响》,《文史杂志》,2003年第2期,第60页。

③ (英)迪恩、科尔:《英国的经济发展:1688—1957》(Phyllls Deane and W. A. Cole, *British Economic Growth, 1688—1957*),剑桥大学出版社,1964年,第156页。

纪欧洲的工业人数 4.76% 的比率。

二是从城市人口占总人口的比率看,采用比较保守的说法,分别为明后期的 15% 和清中期的 20%,均高于 17 世纪欧洲的城市人口 10% 的比率。清代中期,苏州、南京、杭州在当时是工商业发达的大城市,拥有大批的工匠和各类手工业人口。据沈寓《治苏》记载,清代中期苏州府城人口在百万以上①,无疑是当时全国最大的和工商业最发达的城市之一。南京城市人口在乾隆年间可能达到 85 万。至咸丰三年(1853 年),"南京城中的在籍人口'几九十万',加上不在籍者,人口当超过 100 万"。除了大城市以外,江南地区的中小城市和众多的市镇工商业都非常发达。清代前期江苏城市人口等级模式如下:"小市镇约 2000 人,县城及中等市镇约 1.2—1.5 万人(县城计做 1.2 万人,中等市镇计做 1.5 万人)、府城及大市镇约 5 万人,中心城市的人口规模从 15 万至 85 万不等。苏南三级市镇之间的人口级差,大约为 5 倍。"在小市镇之下,江南地区还分布着大大小小几百个"市",有些"市"因人口众多,已经达到了镇的标准②。所以刘石吉认为,清代强盛时期江南城镇人口在总人口中的比重约为 20%,而乾隆时苏州府吴江县城镇人口在总人口的比率为 35%③。

三是从江南城镇工业从业人数比例看,略低于 17 世纪欧洲的城市工业人口比例。从明代中后期至清代中期,江南城镇手工业、商业和服务业均有长足发展。"清代乾隆年间,江南地区的城市和大小市镇达五六百个以上,手工业、商业和服务业的各种行业数以百计"④。全面估算在这些城镇和行业中就业的雇佣劳动者,无疑是困难的,但从一些市镇人口的历史记载中还是能够看出江南城镇工业人口的大致比例。如乾隆初年,苏州木渎镇有制酒"烧锅者二千余家","日耗米万石"⑤。当时木渎镇的总户数也不过二三千户,仅制酒工业人口至少占总人口的 50% 以上。又如同治年间,苏州周庄镇全镇居民五千余人,其中作坊店铺雇工占 1000 余人,占 20% 左右⑥。李伯重教授估计清中期(1850 年)江南城镇人口 720 万,以 20% 工商业人力比例计算,则江南城镇雇工为 150 万人⑦。这只反映江南中小市镇的情况,在苏州、南京、杭州等大城市中,工商业人力则远远大于这个比例,估计接近 17 世纪欧洲的城市工业人口的比例,但总比例要低于欧洲的 42.85% 则是肯定的。

五、江南早期工业化社会的发展

随着晚清现代工业在江南的兴起,现代工人阶级群体也在江南正式出现。江南及其周边地区大量高水平的熟练工匠是江南现代技术工人的直接来源,江南各大城市形成了中国最集中的廉价劳动力市场。特别是晚清时的上海和无锡,迅速成了江南新兴的工业中心城市和发达的工业劳动

---

① 沈寓:《治苏》,《皇朝经世文编》第 14 册,岳麓书社,2004 年,第 447 页。
② 曹树基:《清代江苏城市人口研究》,《杭州师范学院学报》,2002 年第 4 期,第 53 页。
③ 刘石吉:《明清时代江南市镇研究》,中国社会科学出版社,1987 年,第 136—137 页。
④ 方行:《清代前期江南的劳动力市场》,《中国经济史研究》,2004 年第 2 期,第 4 页。
⑤ 罗仑主编:《苏州地区社会经济史》明清卷,南京大学出版社,1993 年,第 469 页。
⑥ 陶煦:《贞丰里庚申见闻录》卷下,(光绪)《周庄镇志·附录》,见上海古籍出版社 1995 年版《续修四库全书》第 17 册。
⑦ 李伯重:《江南早期工业化》,社会科学文献出版社,2000 年,第 417 页。

力中心市场。

上海开埠虽在鸦片战争后,但其工商业龙头都市地位的形成却与明代以来松江府深厚的农业基础和发达的工商业经济一脉相承。徐光启在《农政全书》中曰:"陶宗仪(南村)称松江以黄姬故,有棉布之利。而仲深(邱濬字)先生亦云,其利视丝枲百倍。此言信然。然其利,今不在民矣。尝考宋绍兴中(1134年左右),松郡税粮十八万石耳,今平米九十七万石,会计、加编、征收、耗剩、起解、铺垫、诸色役费,当复称是,是十倍宋也。壤地广袤,不过百里而遥;农亩之入,非能有加于他郡邑也。所繇共百万之赋,三百年而尚存视息者,全赖此一机一杼而已。非独松也,苏、杭、常、镇之币帛枲纻,嘉、湖之丝纩,皆恃此女红末业,以上供赋税,下给俯仰。若求诸田亩之收,则必不可办。"①

综上所述,江南早期工业化社会形成于明末清初,此后到清末民初是江南早期工业化社会发展的时期。其中清末民初已开启了江南工业现代化发展的历史进程,早期工业与现代工业并存,标志着江南早期工业化社会已开始向工业现代化社会转变。正如本书绪论所说,从明末清初开始的江南早期工业化时期,包含了人们常说的原始工业化阶段和工业化初级阶段,主要指以动力机器为基础的近代工业产生之前的以商品生产为目的,以手工工具为基础,程度不同地在手工作坊、手工工场,或在家庭内与农业生产相结合的工业生产时期。它是家庭手工业到现代机器工业的过渡形态。它与自给自足的家庭手工业的共同点在于它们都是手工业,都是手工形态的工业生产;不同点在于它是商品生产,属于市场经济,从一开始就是为了出售,而自给自足的家庭手工业则主要为了自给,自给有余才出售。它与近代工业的共同点在于都是商品生产,区别在于它是手工生产,而近代工业是动力化的机器生产。原始工业化阶段和工业化初级阶段虽然有区别,但其共同的本质特征除了都表现为商品性生产以外,还特别表现为工业生产者在工业生产过程中技术科学化与科学技术化的继承性和延续性。

---

① 徐光启撰,石声汉校注:《农政全书校注》卷35,上海古籍出版社,1979年,第969页。

第十三章　工匠除籍入仕与江南传统工匠社会地位提升

第一节　雇佣关系演变反映工匠社会地位变化

　　传统工匠的现代转型,首先体现在以雇佣工匠及其雇佣关系发展为前提的工匠角色社会化方面。雇佣工匠(含"雇工人")主要是自由的个体手工业者。历史上个别的雇工现象早在战国时期就已出现,但直到唐代中期,雇工劳动才于官私手工业行业中日益增多,称为"和雇工匠"。宋代官府工匠实行"差雇"制(介于雇募与征差之间,差匠雇匠同受雇值),"和雇工匠"普遍出现于官府工业的各个行业之中。与此同时,民间私营工业生产中使用雇工劳动更多,表明工匠的劳役劳动已开始让位于雇佣劳动。元代实行"匠户制度",工匠徭役劳动又一度出现超过雇工劳动的趋势。明初实行"班匠制"加强匠籍管理,再次强化了工匠的劳役劳动。但工匠雇佣劳动不仅始终存在,而且到元末明初很快又随着商品经济发展而成长壮大起来。这从徐一夔的《织工对》中可见一斑。其云:

　　余僦居钱塘之相安里,有饶于财者,率居工以织。每夜至二鼓,一唱众和,其声欢然,盖织工也。……旦过其处,见老屋将压,杼机四五具,南北向列,工十数人,手提足蹴,皆苍然无神色。进工问之曰:"以余观若所为,其劳亦甚矣,而乐何也?"工对曰:"……吾业虽贱,日佣为钱二百缗,吾衣食于主人,而以日之所入,养吾父母妻子,虽食无甘美,而亦不甚饥寒。"……于凡织作,咸极精致,为时所尚。故主人聚易以售,而佣之直亦以入。……倾见有业同吾者,佣于他家,受值略相似。久之,乃曰:"吾艺固过于人,而受值于众工等,当求倍直者而为之佣。"已而他家果倍其直佣之,主者阅其织,果异于人;他工见其艺精,亦颇推之。主者退自喜曰:"得一工胜十工",倍其直不吝也。①

《织工对》这段记载,详细地描述了元朝末年到明朝初年杭州纺织工业作坊中雇佣工匠的劳动生产情况。到明中叶实行"纳银代役"制度后,雇工劳动得到新的发展,资本主义萌芽便在东南沿海地区的一些手工行业中出现。特别是清初匠籍制度废除后,雇佣工匠队伍空前壮大。随着传统工匠身份地位的变化,工匠的技术转型也开启了新步伐。

明清时期工匠制度的一个重要发展,就是以雇佣劳动进行生产的手工作坊和手工工场开始较多地出现,不仅分布到更多的工业行业之中,而且作坊和工场中雇佣关系也更为普遍。明万历十六年(1588年)以前,律令把雇主称为"家长",雇工称为"雇工人"。明初颁行的《大明律》中,即有关于"雇工人"的规定,禁止雇工辱骂家长,凡雇主殴杀"雇工人",可以减等治罪;反之,"雇工人"殴杀雇主,要加等治罪。这种情况到万历年间开始发生变化。万历十六年(1588年)修订的《大明律》在"斗殴"门"奴婢殴家长"律后的"新题例"中规定:"官民之家,凡倩工作之人,立有文券,议有年限者,以'雇工人'论;止是短雇月日,受值不多者,依'凡(人)'论;其财买'义男',如恩养年久,配有家室者,照例同子孙论;如恩养未久,不曾配合者,士庶之家依'雇工人'论。缙绅之家,比照奴婢律论。"②雍正五年(1727年)正式颁行的《大清律例》规定雇工为自由人,不入贱籍,但量刑仍不同于"良人"。乾隆二十四年(1759年)、乾隆五十三年(1788年)、嘉庆六年(1801年),对《大清律》中的雇工条文分别进行了几次修订。乾隆二十四年新条例规定连续雇于同一雇主不足五年的雇工,享有"凡人"的法律地位。乾隆五十三年新条例规定:"若农民佃户雇请耕种工作之人,并店铺小郎之类,平日共坐共食,彼此平等相称,不为使唤服役,素无'主仆名分'者,亦无论其有无文契、年限,俱以凡人科断。"③

清代手工业中,既有大量以出卖劳动力为生("得业则生,失业则死")的雇佣工匠,又出现了不少拥有相当资本的手工业主,甚至"拥资巨万"的大厂商,他们以简单协作或工场手工业的形式吸收大量的城乡工匠。鸦片战争(1840年)前,以雇佣劳动进行生产的作坊或工场,已经遍及丝织业、棉织染业、铁器业、制瓷业、造纸业、制盐业、制糖业、制茶业、碾米业、铜铁等矿冶业、煤业、木材采伐业等各大部门④。

如清代纺织业生产经营就有两种形式:一种经营形式是"代织"(即"包买商"形式,称"帐房"、"纱缎庄"、"包买商"、"包主"等),方法是将"经纬"(丝斤原料)和"货具"提供给机户"揽织",纺织成品后计工授值;另一种经营形式是"自织",分"妻络夫织"、自产自销与雇工生产、集中经营两种。由于纺织技术提高,分工细密,雇工生产和集中经营的形式发展较快,既有"机户出资经营,机匠计工受值",机户雇佣固定工匠(称"常主制")进行生产的形式,又有雇佣"无主之匠"的短雇形式⑤。张研教授认为,清代纺织业"代织"的"包买商"恰恰具备了列宁所说的"包买主"的特征,"其商业

---

① 徐一夔:《始丰稿》卷1,《织工对》,《四库全书》1229册,上海古籍出版社,1987年,第141—142页。
② 《明神宗实录》卷194,万历十六年正月庚戌条,《明实录》第九册,线装书局,2005年,第3655页。
③ 张荣铮、刘勇强、金懋初点校:《大清律例》卷28,天津古籍出版社,1991年,第488页。
④ 彭泽益:《中国近代手工业史资料》第1卷,中华书局,1962年,第251—382页、第162页。
⑤ 江苏省博物馆编:《江苏省明清以来碑刻资料选集》,三联书店,1959年,第53页、第19页。

资本应该说已转化成或正在转化成产业资本"①。

据有关研究,在明清时期江南苏州、松江地区的踹布业中出现了近代化的生产方式。布号与坊户之间有较为稳定的合作关系,而且这种合作关系并非是固定的,双方有重新选择的权利。踹坊主置备生产设施,从布号领取布匹,招募工匠踹布。在这个过程中,棉布商人凭借巨大的资本优势支配了整个生产过程。踹匠一方面是自由的劳动力出卖者,另一方面又被地方政府严密监管。踹坊主体是独立的小生产者,却在经济上被布号支配,在政治上又充当了政府的基层监管者,其本身亦受到政府的严格监管。"在布号、包头与踹匠三者之关系中,布号商人无疑是处在中心地位的。布号凭借巨大的资本优势,不仅在经济上支配了踹坊,实际上也掌握着踹匠的命运。但是,布号对踹匠的支配不是直接的,而是通过踹坊代理。这种代理方式对布号是有利的,至少在布号发展的初期是如此。它使得布号节省了大量人力物力,能集中财力从事棉布的收购和转销工作。踹匠是近代产业工人的前身之一,他们刚从土地上脱离出来。"②

清末民初是中国民族资本主义发展的"黄金时代"。其间所设工厂数以千计,有些企业规模较大,拥有齐全的设备和各种配套生产部门,机械化程度已经很高。如:"黄埔船坞公司与于仁船坞公司都装配着钳机、浮门、蒸汽抽水机等。那儿的工厂都装配着蒸汽推动的镟床、刨床、螺钻床、截斩机、压穿机等,还有锅炉厂和炼钢厂,造船厂和铁工厂。"③中国近代产业工人人数,辛亥革命前不过50—60万人,1919年"五四运动"前夕达到200万人④。

第二节　匠籍制度废除反映工匠社会身份改变

从明代万历年间到清代乾隆年间,中国的户籍制度发生了重大的变化,匠户制度变化及匠籍制度废除最为突出。明初官营手工业的管理机构虽然庞大,但较之元代,无论组织机构与工匠人数都要少得多,反映了明代较元代手工业中劳役范围的缩小,有利于民间手工业的发展。把有技艺的工匠编为匠户,来源有三:一是元代遗留下来的匠户;二是抽选;三是因罪谪充或籍充。工匠按户籍分为民匠、军匠和灶户三种。民匠是具有专业造作技术的劳动者,由工部和内府各监局等部门管辖,是官手工业劳动力中的主力队伍;军匠是具有军器生产技术的劳动者,归都司卫所管理,也是官营手工业的重要组成部分;灶户是生产食盐的专业户,属户部管辖。此外,还有散处在全国各地的矿冶户、窑户、机户等,也由户部管辖。按照工役需要,明代工匠分为轮班匠和住坐匠

---

① 张研:《清代经济简史》,中州古籍出版社,1998年,第460页。
② 张鹏:《论清朝苏州踹布业中布号与踹坊及踹工之关系》,《盐城师范学院学报》,2010年第3期。
③ 《英领事商务报告》(1867年)第54—55页,见孙毓棠:《中国近代工业史资料》第1辑,中华书局,1962年,第6页。
④ 陈旭麓:《近代中国社会的新陈代谢》,上海人民出版社,1992年,第335页。

两种。轮班匠或五年、或四年、或三年、或两年、或一年一班,轮流赴京劳作,也有少量存留地方使用。住坐匠分为民匠和军匠两种,前者主要服务于皇族,由内府的内官司监控制;后者隶于军籍,主要负责制造军器,数量较少①。

明代"匠户"与民户、军户一样,必须承应差役,而且"籍不准变"、"役皆永充"。如《大明会典》卷19"凡立户收籍"条载:"(洪武二年)凡军民医匠阴阳诸色户,许各以原报抄籍为定,不许妄行变乱,违者治罪,仍从原籍。"《明史》卷78《食货》2"役法"条亦载:"凡军、匠、窑户,役皆永充。"

明代匠户虽有此身份的限制,但比元代工匠要自由一些。如住坐匠一个月上工10天,休息20天,一年只上工120天;轮班匠则自景泰五年确定为四年一班后,每年平均只需服役22.5天,上工时间更短。而《大明会典》卷189载,无论住坐匠或轮班匠,"无工可造"时均"听令自行趁作",即可以自由担任雇工,或自己营作。所以明代匠户可以说是半自由的手工业者,身份限制没有军户严,特别是自成化二十一年颁布班匠纳银制后更加自由。

在匠役制度下,明代前期,工匠虽较元代时拥有较多的自由度,但他们所要承担的劳役依旧十分繁重。明初,国家频兴土木,"工役之繁,自营建两京宗庙、宫殿、阙门、王邸、采木、陶甓,工匠造作,以万万计。所在筑城、濬陂,百役具举。迄于洪、宣,郊坛、仓庾犹未迄工"②。轮班入京服役的强制性规定更要消耗工匠们的大量时间和精力,一年一班者每年服役三个月,来往路途需三四个月。以路途三个月计算,他们全年劳动时间被占去了一半;两年一班者每两年被占用六个月,每年平均三个月,约为一年劳动时间的1/4;三年一班者每三年被占用六个月,每年平均两个多月,约为一年劳动时间的1/6;四年一班者每四年被占用六个月,每年平均45天,约为一年劳动时间的1/8;五年一班者每五年被占用六个月,每年平均36天,约为一年劳动时间的1/10。当时这五种轮班匠有61种行业,三年一班至一年一班有51种,也就是说约有82%的班匠每年要服役2—6个月。这种负担相当沉重,因而使得班匠大量逃亡③。

由于手工业者的激烈反抗,明中后期,工匠轮班服役制改为"出银代班"制,规定轮班工匠每名每年征银四钱五分,称"班匠银"。但班匠银仍然是以匠籍为基础,且限于"轮班匠"④。景泰五年,明政府又将班匠改为四年一班,这样每年被占用45天,工匠的劳役负担显著减轻。另外,从洪武至宣德年间还规定入匠籍者一丁服役,可免家中二丁之役,单丁减役或放免。由此可见,明代中期以后,工匠的负担在逐渐减轻,人身束缚也在逐步放松⑤。

明嘉靖、万历以后,全国班匠皆可以银代役,住坐匠数量日益减少,卫所军匠也大都名存实亡,说明已有的匠籍制度废除已成为既成事实。为了适应社会经济发展的客观需要,同时也迫于工匠斗争的压力,清初最终废除了匠籍制度。顺治二年(1645年)上谕明确宣布:"令各省俱除匠籍为

---

① 李龙潜:《明清经济史》,广东教育出版社,1988年,第76—79页。
② 张廷玉:《明史·食货志》卷21《赋役》,中华书局,1985年,第1906页。
③ 李绍强:《略论明代官民匠及农民的身份和负担》,《中国经济史研究》2004年第1期,第76页。
④ 张研:《清代经济简史》,中州古籍出版社,1998年,第421页。
⑤ 李绍强:《略论明代官民匠及农民的身份和负担》,《中国经济史研究》2004年第1期,第76页。

民","免征京班匠价"①。从此官营手工业和公共工程中使用的匠役制均改为计工给值的雇募制。雍正四年(1726年)"摊丁入地"以后,各省陆续将班匠银归并田亩或地丁带征,使"手艺贫民受益良多"②。

明清时期,随着匠籍制度的演变直至最后废除,意味着专制国家对手工业者的人身控制逐步放松,同时也表明传统工匠作为一种职业角色,其身份性色彩逐渐减少,社会化程度不断加深。或者说,随着匠籍制度的改革与废除,传统工匠在身份上获得解放的同时,也开始了社会角色转换的过程。

第三节 明清江南工匠入仕显示工匠角色转换

由于明代匠籍制度依然存在,工匠单列户籍,身份地位相对低下。匠户身份受匠籍制度限制,社会地位较民户低,因此不能像民户一样自由参加科举。《明史·食货二·赋役》记载:"凡军、匠、灶户,役皆永充。"有人据此认为:"元明两代工匠制度相同之处是匠户世袭,'役皆永充',除非除籍,不得跻于士流。"③然而,越来越多的研究表明,明初以来,随着制度环境变得日渐宽松,工匠群体中那些技艺高超、才华出众的佼佼者,先后突破了身份的限制,入仕做官,以至世代为官。这些入仕做官的工匠,既不是一般的文人官吏,也不是普通的传统工匠。他们以自身的生产技术获得身份地位的提升,甚至官至朝廷要职。这是很多士子历尽寒窗都无法企及的人生境界,充分反映了社会对工业技术认识的变化和工匠政治地位日益改善的趋势,同时也是传统工匠通过发展职业技术的途径实现角色转换的重要标志。

中国古代的选官制度有秦"二十等爵"制,汉"方正贤良"制,魏晋南北朝"九品中正"制,唐宋科举制等,无论哪一种制度都不曾以工业技术水平作为选人任官的标准。只有元、明、清三代从工匠中选拔工部官吏④,出现传统社会中较为独特的工匠技术入仕现象,且成为科举、荐举等选官制度之外的又一入仕途径。

传统工匠入仕的主要特点就是凭借"技艺"而登堂为官。朱启钤先生的《哲匠录》及《中国营造学社汇刊》首开该领域研究先河。许大龄先生的《清代捐纳制度》⑤认为,清代捐纳制度始于明景

---

① 《清世祖实录》卷16,引自张研的《清代经济简史》,中国古籍出版社,1998年,第421页。
② 彭泽益:《中国近代手工业史资料》卷1,中华书局,1956年,第391—393页、第162—163页。
③ 彭泽益:《中国近代手工业史资料》卷1,中华书局,1956年,第391—393页、第162—163页。
④ 元代工匠入仕现象,如顺帝至正年间(1341—1368)平江漆匠王某,富创意、巧思,"尝以牛皮制一舟,内外饰以漆,解卸作数节。载至上都,游漾滦河中,可容二十人……又尝奉旨造浑天仪,可以折叠,便于收藏,其巧思出乎意表,遂命为管匠提举"。见((正德)《姑苏志》卷56,《人物·艺术》,天一阁明代方志选刊续编本,上海书店,1991年。另外从明清工匠入仕所任的职官看,也已经不局限于工部。
⑤ 许大龄:《清代捐纳制度》,收入沈云龙主编的《近代中国史料丛刊续编》第40辑,文海出版社,1977年。

泰年间之输纳,清代捐纳制度分为开创、因袭、变更三时期。商衍鎏先生的《清代科举考试述略》①认为科举考试始于隋唐而盛于明清,清代多沿明制。其中第四章"停科举之各项考试"及第三节以"学堂毕业生之考试"、第四节"游学毕业生之考试"补充了科举之外实业学堂学生和留学艺徒获取功名入仕的史料。

关于明清江南工匠的技术入仕研究是一个新课题。台湾学者罗丽馨较系统地研究了明代匠户仕官现象,先后发表了《明代匠籍人数之考察》(《食货》,1988年)、《明代匠户之仕官及其意义》(上、下)(《大陆杂志》第81卷,1990年第1—2期)。前者讨论了明代匠籍构成及其人数占全国总人口的比重,后者重点分析明代由匠籍出身的进士及专业工匠凭技艺传升而入仕的两种途径,同时讨论其对明代社会政治、经济、文化产生的影响。只是该文未涉及清代工匠入仕情况,对工匠入仕的特点及意义也未深入分析。在此基础上,拙作《明清工匠除籍入仕与江南传统工匠现代转型》②对明清江南工匠除籍入仕问题进行了初步的全面论述。另外,胡平的硕士论文《明清江南工匠入仕研究》③认为,"工匠入仕"主要指传统工匠凭借技艺本领,或通过科举考试,或通过捐纳、政府褒奖等途径获取功名并担任官职,跻身士绅阶层。

明代江南地区,由于工匠人数激增和工匠技术水平提高,出现了大量工匠入仕的情况,从附表6《明代江南八府一州工匠入仕情况表》(此统计包括籍贯为江南或者生活工作所在地为江南者)中统计的江南八府一州范围内,共有261人入仕为官,其中明代中期以后的为138人,约占总数的53%(详见附表6)。入仕工匠之中,不少人当上了工部郎官和工部尚书等朝廷高官,大大改变了人们对工匠身份地位和工业生产技术的看法,不失为传统工匠实现角色转换的重要途径和标志之一。

明代工匠入仕的途径既有因技术高超而直接选拔的,也有科举入仕的,还有"传奉官"入仕的。"传奉官"是明代称呼那些由宦官等推荐,不经吏部,不经选拔、廷推和部议等选官过程,由皇帝直接任命的官员。明天顺八年(1464年)二月,朱见深下诏授予工人姚旺为文思院副使。这大概是"传奉官"之始。孝宗后来也喜欢通过内旨授官,在弘治十二年(1499年)曾一次传奉匠官张广宁等120人,再传少卿李纶等180余人。明代内府工匠由宦官统领,这类工匠往往因技术业绩突出而得到宦官的赏识,直接传奉入仕。据《明宪宗实录》各卷及《明孝宗实录》各卷统计,以成化年间升授传奉匠官次数最多,前后23年间共计有24次,升授520余人;其次是弘治时期,18年间有11次,约在240人以上。内府工匠所升授的官职不仅仅局限于内府各衙门,以担任工部文思院副使衔者居多。现据《明宪宗实录》卷262,成化二十一年(1485年)二月己未条各监局匠官数目列表如下:

---

① 商衍鎏:《清代科举考试述略》,收入沈云龙主编的《近代中国史料丛刊续编》第22辑,文海出版社,1975年。
② 收入《故宫博物院八十华诞暨清史国际学术研讨会论文集》,紫禁城出版社,2006年,第362—380页。
③ 胡平:《明清江南工匠入仕研究》,余同元指导,苏州大学专门史专业2009年硕士学位论文。

插表24：《明实录》成化二十一年二月己未条各监局匠官数目表

机构名称	匠官	机构名称	匠官	合计
司礼监	79	御用监	379	1260
尚衣监	87	内官监	365	
司设监	71	内织染局	110	
针工局	38	御马监	3	
银作局	23	供用库	1	
巾帽局	5	兵仗局	99	

匠官是脱离生产的官员，其身份已不属于工匠。匠官人数以宫廷营建联系密切的御用监、内官监两监局为最，合计有744人，占总数的58%，其次是内织染局，占8.7%。同时与军器制造有关的兵仗局也占有较大比重①。

罗丽馨的《明代匠户之仕官及其意义》认为，明代匠户参与科举，可能与军户参加科举一样，多少有所限制。不过匠户比军户要自由宽松一些，特别是实行班匠银以后，匠户所担任的角色也随之变动。根据《明清历科进士题名碑录》记载，明代登进士者24184名，其中匠户出身者854名，占3.5%。明代官匠中的正匠约30万，若每户以5.5口计，则约165万左右具有匠籍身份。据《大明会典》卷19"户口总数"载，明代人口大约6000万，具有匠籍身份者约占总人口3.6%。明代匠户登科率以顺天府最高，而顺天府中又以大兴、宛平二县最高，分别占64.9%和29.8%。但大兴、宛平二县的匠户主要是宣德五年由南京及浙江等处迁来附籍的。应天府和南直隶工匠入仕的人数也很多，其中上元、华亭、常熟三县最多②。

明代不少工匠因在建筑、制器方面有相当大的成就和贡献，因此以工艺技术传奉得官，或特蒙皇帝赏识，而从工官累升至卿贰者亦不少。明代选用匠官并没有明确规定的标准，但从陆贤、蔡信、杨青、陆祥、蒯祥诸人被任用的情况看，升迁工部中较高官阶必须具有卓越的技术、丰富的经验和组织才能、忠诚恭谨及刻苦肯干等先决条件。至于人数多、属工部低官的所副、所丞、副使等则几乎全由工匠传升，且基本上是因为参与工程建设有功而得此赏赐。由于高超技艺出身的匠官增多，以专业人才担任工部官吏，不仅使工部结构产生变化，还使工程得以顺利完工并减少了许多不必要的经济损失。中国传统观念上轻视技艺，视技艺为末流，因此从事技艺工作者，一向社会地位低，不受重视，更遑论仕途。但明代由匠籍出身的工官及凭技艺升至太常寺卿、太仆寺卿、苑马卿和工部等人数相当多，有些甚至累升至郎中、侍郎、尚书。这对明代政治、社会、经济、文化发展都有不可忽视的影响。

明以前工部官职和其他各部一样，大致由中举者转升。工部是主管营建的机构，但主管者却非建筑工程专家，因此难免有许多缺失。明代以具有专业技能的工匠参与建筑等各方面的指挥和

---

① 胡平：《明清江南工匠入仕研究》，余同元指导，苏州大学专门史专业2009年硕士学位论文，第17页。
② 转引自罗丽馨的《明代匠户之仕官及其意义》（上），《大陆杂志》，1990年第1期，第29—48页。

第十三章 工匠除籍入仕与江南传统工匠社会地位提升

管理,尤其是主持工程营建的营缮所和文思院等机构几乎全由工匠出仕充职,使一向列于六部之末的工部和工部官吏,不再被视为冷局和冷职。

明代选拔工匠为官吏是对传统科举取士的巨大冲击,因为工匠不经科举直接以技艺入仕,威胁到士大夫的利益,所以明中期后,士大夫常以"滥名器,坏政体"为由上疏反对工匠为官。只是匠官大都由工匠传升,或因技巧获得皇帝赏识,所以士大夫的反对大多不能得到皇帝认可。如崇祯元年内府各监局匠官带文思院副使衔俸的,就有2250余名,但这只是在内府。登科匠户至明末一直存在。此种具有匠籍身份的人员一旦入仕,即被视为士大夫阶级,待遇同于一般士大夫。但工匠任官仅有极少数削籍,如永乐时玉墨匠陈宗渊即蒙特旨除籍,始为中书舍人,历仕三朝,以刑部主事致仕。而大部分匠官没有除籍。因为没有除籍,当应差无人时,还有应役的责任。不过这种责任,实际上在成化二十一年班匠的纳银制施行后,已无形中消失。只要纳银,即可免役,对于登科匠户而言,等于不再有身份限制①。

这里以建筑营造业为例,特别叙述明代因技术高超而选拔为官的情况。明代先后涌现出许多著名的江南建筑营造工匠。如长于建筑设计的蔡信和瓦工出身的杨青以及陆贤、陆祥、蒯祥、朱信等,都是名扬天下的江南名匠,他们因专业技术特长而被选拔为工部尚书、侍郎、主事和户部郎中等要职。下面仅据附表6"明代江南八府一州工匠入仕情况表"和《哲匠录》中所列建筑营造业名匠加以举例介绍,以说明明代江南建筑工匠入仕的情况。

严震道,字子敏,明乌程县(在浙江,民国废并入吴兴县)人。据张廷玉《明史》卷151《严震道传》载,"洪武时以富民择粮长,岁部粮万石至京师无后期,帝才之。二十三年特授通政司参议,再迁为工部侍郎。二十六年六月进尚书。时朝廷事营建,集天下工匠于京师,凡二十余万户。震道请户役一人,书其姓名所业于官,有役则按籍更番召之,役者称便。乡民诉其弟侄不法,帝付震直讯具,狱上,帝以为不欺,赦其弟侄。已坐事降御史,数雪冤狱。……寻命修广西兴安县灵渠,审度地势,导湘漓二江,浚五千余丈,筑美潭及龙母祠土堤百五十余丈,又增高中江石堤,建陡闸三十有六,凿去滩石之碍舟者,漕运悉通。归奏,帝称善。"

蒯祥,明代苏州府吴县香山木工,因精于工艺而被起隶工部。其家世代为木工,蒯祥子承父业,三十多岁即能主持大型营缮,成为名木匠。据说他能以双手握笔同时画龙,合二为一,一模一样,技艺炉火纯青。营建宫殿楼阁时,他只需略加计算,便能画出设计图来。待施工完毕后,建筑与设计图样大小尺寸分毫不差,就连明宪宗也很敬重他,称他为"蒯鲁班"。

明成祖朱棣重建北京城时,蒯祥同大批能工巧匠一起被征到北京。由于他技艺超群,在营造中充分发挥出建筑技艺和设计才能,深受督工蔡信等人重用。正统十二年(1447年)提升为工部主事,景泰七年(1456年)提升为工部右侍郎,成化二年(1466年)升为工部左侍郎。其后,蒯祥先后主持很多大型工程,包括明英宗正统年间重建三大殿,明英宗时期兴建裕陵。凡店阁楼榭,回廊曲宇,皆随手图之,无不称奇。明成化年间,重建承天门时,蒯祥既主持设计又参与施工。晚年虽辞官隐退,但每有重大营造工程向他请教时,他仍然亲临现场指导。明成化十七年(1481年)蒯祥去

---

① 参见罗丽馨的《明代匠户之仕官及其意义》(下),《大陆杂志》,1990年第2期,第32—48页。

世,享年84岁。子孙多承其技艺。

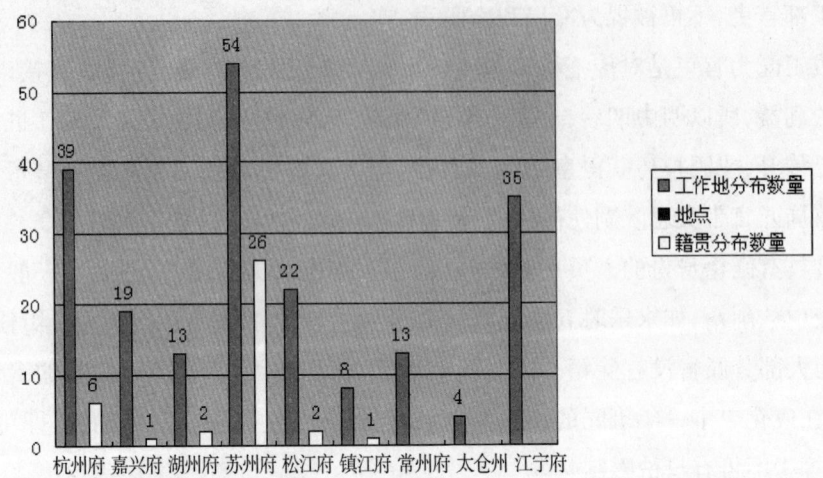

其中黄色柱状体代表籍贯属江南但工作地不在江南的工匠人数

插图29:明代江南八府一州工匠入仕数量分布图

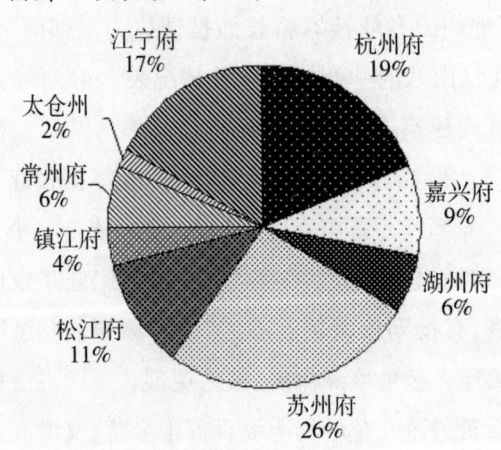

插图30:明代江南八府一州工匠入仕数量对比图

蔡信,明代阳湖(今江苏武进)人。光绪《阳湖县志·人物志·艺术》载:"蔡信奇思,少习工艺,授营缮所正,升工部主事。永乐间营建北京,凡天下绝艺皆征至京,悉遵信绳墨。信累官至工部侍郎。"①

陆贤、陆祥,皆明代江南工匠。据《万历野获编》卷19《工部》记载:"宣德初有石匠陆祥者,直隶无锡人。以郑王之国选工副以出,后升营缮所丞,擢工部主事以至工部左侍郎。祥有母老病至,命光禄寺日给酒馔,且赐钞为养,尤为异数。"②又据康熙《无锡县志·人物志·方技》载:"陆之先

---

① 吴康寿、王具淦:(光绪)《阳湖县志·人物志·艺术》卷26,见《中国地方志集成·江苏府志辑》第37册,凤凰出版社,2008年,第669页。
② 沈德潜:《万历野获编》卷19《工部》,见《笔记小说大观》第15编,台湾新兴书局有限公司,1984年,第484页。

在元时世为可兀阑者,犹言将作大匠也;有陆宪官诸路工匠都总管,赠中奉大夫武备院使;陆庄仕终保定路诸将提举;洪武初朝廷鼎建宫殿,有陆贤陆祥兄弟应诏入都。贤授营缮所丞,祥授府工副食营缮郎俸。历事五朝,至带衔太仆少卿,累加工部侍郎,赐予累巨万,末赐飞鱼服犀带,官其子侄四人。祥年九十余,座赐祭,归葬锡山。"①

杨青,康熙《松江府志·艺术传》记载为金山卫人,瓦工出身,制作内府新墙壁成绩突出。官至工部左侍郎。

朱信,明代松江华亭人。康熙《松江府志·艺术传》记载,朱信,精算术,累官至户部郎中。"时某处城,使信计之,当用砖若干。既而有余,诘之,谢曰:'此失灰缝耳!'如其言度之,不失尽寸。"②

第四节　清代"样式雷"建筑世家的世代入仕

"样式雷"建筑设计世家,不仅建筑技术代代相承,而且世袭北京皇室的建筑设计师职位,七代入仕工官,创造了建筑工匠发家史和职业角色沿承的奇迹。

清朝初年,南京建筑工匠雷发达以技艺应募赴北京,成为"样式雷"建筑设计世家第一人。梁思成先生在《中国建筑和中国建筑师》一文中写道:"在清朝(1644—1911年)260余年间,北京皇室的建筑师成了世袭的职位。在17世纪末年,一个南方匠人雷发达来北京参加营造宫殿的工作。……从他起一共七代直到清朝末年,主要的皇室建筑如宫殿、皇陵、圆明园、颐和园等都是雷氏负责的。这个世袭的建筑师家族被称为'样式雷'。"按雷氏《大成族谱》称,雷氏在明季,"本庄之子景常,又称北山前房支,景升则称北山上房支。景升生子中义,孙正轰,曾孙永虎。景升之玄孙玉成避明末流寇之乱与子振声振宙徙家于金陵之石城,而玉成遂为迁金陵之支祖。发达,振声子,清初与其堂兄发宣(振宙子)以艺应募赴北京,又为样式。雷家发祥之始祖"③。

雷发达生于明万历四十七年(1619年),卒于清康熙三十二年(1693年)。在江西南康出生后即随父亲迁居金陵(今南京)。因父亲是木工,家庭寒苦,雷发达从小就热爱劳动,认真钻研木工技术。他一面当木工,一面加紧学习绘图,很快就掌握了建筑设计技术。特别是到南京后,看到宫殿、庙宇、城楼、高塔等建筑物结构精巧,辉煌壮观,促使他更加热爱建筑设计的研究。30岁时,雷发达在南京已享有盛名。康熙初年,他以工匠身份被征调到北京,参加当时宫殿工程建设,担任

---

① 徐永言等编:(康熙)《无锡县志·人物志·方技》,《无锡文库》第1辑,凤凰出版社,2001年。
② 以上各条引文均出自《哲匠录》各传主中的传记资料。具体出处见附表10各传主文献索引。
③ 根据有关文献记载,最早到北京从事皇家建筑工程的是康熙二十二年(1683年)的雷发达和雷发宣堂兄弟二人,而雷发达在很长时间内被认为是样式雷的鼻祖。但朱启钤先生在《样式雷考》一文中指出,在样式雷家族中,声誉最好,名气最大,最受朝廷赏识的应该是第二代样式雷,即雷金玉。雷金玉在逾花甲之年因圆明园的修建而开始执掌样式房的工作,是雷家第一位担任这个职务的。"样式房一业,终清之世最有声于匠家,系自雷发达之子雷金玉为始"。

"样式房(专业设计)"负责人,是为"样式雷"建筑设计发祥之始。到北京后,雷发达先后完成了太和殿、中和殿和保和殿等设计任务。其后在北京三十多年,一直主持皇宫建筑设计工作。

为了在实践中统一运用标准,清工部根据雷发达等积累的建筑技术知识,编订了《工部工程做法则例》等书,于雍正十二年(1739年)正式出版①。《工部工程做法则例》流传下来,成为建筑业、特别是宫廷建筑施工的重要技术参考书。雷发达死后,他的设计事业由其子雷金玉继续担任,一直续传六辈到雷廷昌。除皇宫外,圆明园、颐和园、静宜园、静明园、万寿山、玉泉山、香山、北海、中南海等宏伟工程,都是雷发达的后代参与设计和修造的。据传"时太和殿缺大木,仓猝拆取明陵楠木旧梁柱充用。上梁之际,圣祖亲临行礼。金梁高举,卯榫(凡剡木相入,以虚入盈谓之卯,以盈入虚谓之榫,亦曰"笋")悬而不合,工部从官相顾愕然,皇恐失措。乃私畀发达冠服,使袖斧猱升,斧落榫入。礼成,上大悦,面敕授工部营造所长班。"时人语曰:"上有鲁班,下有长班,紫薇照命,金殿封官。"发达年七十退役回南京,四年后逝世,葬于金陵②。

雷发达长子雷金玉(1659—1729),字良生,生于顺治十六年,卒于雍正七年。雷金玉继父业任营造所长班,供役圆明园楠木作样式房掌案。他以内廷营造功,钦赐内务府七品官,并食七品俸。雷金玉有子五人,独稚子声澄世其业。

雷金玉子雷声澄(1729—1792),字藻亭,生于雍正七年,卒于乾隆五十七年,生三日而金玉就木,奉旨驰驿归葬江宁。

雷声澄长子雷家玮(1758—1845),字席珍,生于乾隆二十三年,卒于道光二十五年,乾隆中曾奉派查办外省各路行宫及堤工。雷家玮与其弟家玺、家瑞先后承办营建于乾嘉两朝。

雷声澄次子雷家玺(1764—1825),字国贤,生于乾隆二十九年,卒于道光五年,乾隆五十七年承办万寿山、玉泉山、香山园庭、热河避暑山庄及昌陵等工程,又承办宫中年例灯彩、西厂焰火及乾隆八十万寿典景、楼台工程。嘉庆中又承值圆明园东路工程及同乐园演剧之鳌山、珠灯等工程。

雷声澄幼子雷家瑞(1770—1830),字征祥,生于乾隆三十五年,卒于道光十年。雷声澄随其两兄承办内廷工程,任样式房掌案头目。嘉庆中大修南苑,家瑞承办楠木作内檐硬木装修。曾至南京采办紫檀红木、檀香等料,并开雕于南京。

雷家玺三子雷景修(1804—1866),字先文,号白璧,生于嘉庆九年,卒于同治五年。雷家玺年十六即随父在圆明园样式房学习世传差务。勤奋自励,克绍祖业。唯年仅二十二即失怙,以差务繁重,恐办理失当,乃命将掌案名目倩其伙伴郭九代办,而自居其下。至咸丰二年,郭九死,乃收回自办。家中裒集图稿烫样模型甚多,世守之家法,赖之以不坠。

雷景修三子雷思起(1826—1876),字永荣,号禹门,生于道光六年,卒于光绪二年。同治四年营建定陵,思起以力作之功,以监生赏监大使衔。十三年时,有修复圆明园之议,思起与其子廷昌因进呈园庭工程图样,多次蒙皇帝召见。

---

① 麦群忠、魏以成编:《中国古代科技要籍简介》,山西人民出版社,1984年,第39页。
② 参见朱启钤的《样式雷考》,见《〈营造论〉暨朱启钤纪念文选》,天津大学出版社,2009年版;《工部则例》由清工部颁布,此书奏请刻印时领衔官员为和硕果亲王允礼、和硕庄亲王允禄、工部侍郎韩光基、乔世臣,内府总管常明、海望、丁皂保等。

第十三章 工匠除籍入仕与江南传统工匠社会地位提升

雷思起长子雷廷昌(1845-1907),字辅臣,又字恩绶,生于道光二十五年,卒于光绪三十三年。光绪三年,惠陵金券合龙,隆恩殿上梁,廷昌适供差样式房,以候选大理寺丞列保赏加员外郎衔。同时普祥、普陀二陵大工亦方起,而三海、万寿山、庆典工程又先后踵兴,廷昌均与其役。

综上所述,"样式雷"建筑设计世家自清初雷发达起到清末雷廷昌止,一家七代人执掌样式房,是传统工匠技术和角色传承的典型。

明清匠籍制度的改革与废除,加上工匠入仕的大量增加以及工匠世家世代入仕的出现,表明传统工匠的政治经济地位正在逐步地提升并带动角色转变的缓慢进行。

随着工匠群体对国家超经济性依附的逐步消除,工匠角色的社会化程度渐趋深入。其所面临的主要问题是既要巩固已经获得的社会认同,又要进一步取得与其他社会角色平等的政治经济地位。在这个方面,明清政府也采取了一些积极措施,如万历前期1588年的条例解放了短工,使他们在法律上与"凡人"处于平等地位。200年后,乾隆后期1788年的条例又解放农业和商业雇佣的长工,给他们以人身自由。但是在生活实践中,16世纪中叶即有平等对待短工的事例,1588年立法只是予以承认而已。对长工,亦多采取不立文契、不议年限的办法,逃避法律约束。18世纪这种事例更多,1788年条例也仅是予以承认而已[①]。匠籍的废除,大大提高了传统工匠的社会地位,加速了其技术转型和职业角色的社会化进程;工匠政治经济地位的提高又大大增强了工匠自身的主体意识,他们通过种种途径入仕做官,积极参与各种社会活动和公共建设,进一步加速了自身的角色转换。

明清江南工匠入仕具有多方面的社会历史影响。首先是提高了作为技术主体的传统工匠的社会地位。工匠入仕改变了传统视技术为"奇技淫巧"的观念,社会重视技术、尊重人才的风气逐渐深化。同时新式教育机构增加了职业教育的内容,开始设立专门培养科技人才的职业学校,促使传统工匠向现代科技专家和技术工人转换。其次是工匠入仕推动了工匠的技术转型,而其技术转型反过来更推动工匠入仕达到新的高度。技术社会学从社会的视角研究技术,把技术作为一种社会现象、社会过程和社会后果,为技术发展而带来的复杂社会问题寻找解释和解决的办法。而技术官僚从此登堂入室,逐渐取代传统文官而成为官僚主体,这本身就反映了传统社会现代转型的开启。技术社会角色是技术社会学的重要分支,注重社会对技术的影响、期待和要求,从而更全面、完整地揭示技术与社会的互动关系以及技术作为一种社会现象的本质属性。技术社会角色的实质是技术在社会中的地位、作用和社会对技术的期待、要求的统一,主要是通过技术主体的社会地位、作用以及社会对他们的认同来体现的[②]。传统工匠作为古代技术主体,在等级森严的社会制度下凭借其技艺入仕做官,正反映了技术主体社会地位的提升及社会尊重知识、尊重科技之风气的开始出现。

---

① 吴承明:《16、17世纪中国的经济现代化因素与社会思想变迁》,见《中国的现代化:市场与社会》,三联书店,2001年,第33页。
② 参见王秀华的《技术社会角色引论》,中国社会科学出版社,2005年,第4—6页。

第十四章 江南传统工匠角色转换之典型

第一节 从工匠到造园专家的计成与张涟

一、从造园工匠到造园理论家——计成

据明崇祯原刊《园冶》残本正文前题"松陵计成无否父著"和该书自序之图章"计成之印"、"否道人"等记载,可知计成字无否,号否道人,是苏州吴江(现吴江市)人。计成生年据《园冶·自序》"崇祯甲戌岁,予年五十有三"之说推算,当为明万历十年(1582年)。阮大铖所著《咏怀堂诗》[①]乙集中曾写过一首《计无否理石兼阅其诗》曰:

无否东南秀,其人即幽石。

一起江山寤,独创烟霞格。

缩地自瀛壶,移情就寒碧。

精卫服摩呼,祖龙逊鞭策。

有时理清咏,秋兰吐芳泽。

静意迎心神,逸响越畴昔。

露坐虫声间,与君共闲夕。

弄琴复衔觞,悠然林月白。

可见计成以造园一技之长交游江南文人士大夫,除阮大铖外,还有吴玄、汪士衡、郑元勋、曹履

---

① 阮大铖:《咏怀堂诗》,盋山精舍,1928年刻本,铅印本。

吉等人,吴、汪、郑是计成造园的主人,曹元甫是《园冶》起名者,阮大铖系《园冶》资助出版者。

阮大铖(1586—1645),字集之,号圆海、石巢、百子山樵,安徽安庆人,万历四十四年(1616年)进士,天启时任太常少卿,与魏忠贤善。崇祯初年,魏忠贤遭诛,阮因从逆被革职,居南京库司坊。吴玄为计成最早所造园林的主人,《园冶自序》称"晋陵方伯吴又予公闻而招之"。"晋陵方伯吴又予"即吴玄(1565—1625),武进旧称"晋陵"。汪士衡即仪征汪机,曾授文华殿中书。郑元勋(1598—1645),字超宗,号惠东,江都人,崇祯十六年(1643年)进士。曹履吉,字元甫,号根遂,明万历四十四年(1616年)进士,姑孰(今安徽省当涂县)人,著有《博望山人稿》、《渔山堂稿》、《青在堂稿》等书。曹元甫与汪士衡、阮大铖俱有交往,阮大铖有《送楚友之姑孰访曹元甫同年》(《咏怀堂诗集》卷三),曹元甫则有《信宿汪士衡寤园》及《徐昭质相晤真州汪园赋赠》(《博望山人稿》卷四)诸诗。这些人都因共同爱好园林而与计成交往。阮大铖的《园冶·冶叙》云:"无否人最质直,臆绝灵奇,侬气客习,对之而尽。所为诗画,甚如其人,宜乎元甫深嗜之。"可见计成朴实而有灵气。

关于记载计成生平业绩的原始文献,除了《园冶》"自序""自识"及阮大铖崇祯甲戌所写作《冶叙》、郑元勋崇祯乙亥的《题词》等以外,还有同时代与计成交往者留下的有关诗文。吴江计氏,在明清时出现过不少文人画士,如计从龙、计大章、计东、计默等人,但计成谱系却没有线索。由此推测"计成可能生在一个没落家庭,中岁以前'游燕及楚',自称是'业游',而'历尽风尘',很可能是依人作幕"①。

《园冶·自序》曰:

不佞少以绘名,性好搜奇,最喜关仝、荆浩笔意,每宗之。游燕及楚,中岁归吴,择居润州。环润皆佳山水,润之好事者,取石巧者置竹木间为假山;予偶观之,为发一笑。或问曰:"何笑?"予曰:"世所闻有真斯有假,胡不假真山形,而假迎勾芒者之拳磊乎?"或曰"君能之乎?"遂偶为成"壁",睹观者俱称:"俨然佳山也";遂播闻于远近。适晋陵方伯吴又予公闻而招之。公得基于城东,乃元朝温相故园,仅十五亩。公示予曰:"斯十亩为宅,余五亩,可效司马温公'独乐'制。"予观其基形最高,而穷其源最深,乔木参天,虬枝拂地。予曰:"此制不第宜掇石而高,且宜搜土而下,合乔木参差山腰,蟠根嵌石,宛若画意;依水而上,构亭台错落池面,篆壑飞廊,想出意外。"落成,公喜曰:"从进而出,计步仅四里,自得谓江南之胜,惟吾独收矣。"别有小筑,片山斗室,予胸中所蕴奇,亦觉发抒略尽,益复自喜。时汪士衡中翰,延于銮江西筑,似为合志,与又予公所构,并骋南北江焉。暇草式所制,名《园牧》尔。姑孰曹元甫先生游于兹,主人偕予盘桓信宿。先生称赞不已,以为荆关之绘也,何能成于笔底?予遂出其式视先生。先生曰:"斯千古未闻见者,何以云'牧'?斯乃君之开辟,改之曰'冶'可矣。"时崇祯辛未知秋杪否道人暇于扈冶堂中题。

由《园冶·自序》知,计成自小学作画,擅长山水。青年时代曾广游北京、湖广等地。"不佞少以绘名,性好搜奇,最喜关仝、荆浩笔意,每宗之。"荆浩、关仝为师徒关系,是唐末五代开一代新风的山水画家,他们擅写山川、地势、树木,配以行旅、待渡、渔舟等人物活动,点缀以寺庙、山居水亭、栈道等建筑物,形成整体的自然风貌图,与园林建造的布局及主体思想相似,对计成造园设计有很

---

① 曹汛:《计成研究》,载《建筑师》,中国建筑工业出版社,1982年,第13期,第13页。

大影响。计成中年后回江南,定居镇江,因生活所迫,以造园叠山技艺谋生。因他造假山出名,受邀为吴玄、汪士衡造园。最终因"贫无买山力",只能"甘为桃源溪口人"(《园冶·自识》)。

计成生前主持建造名园三处,即常州吴玄的东第园、仪征汪士衡的寤园和扬州郑元勋的影园。东第园最先建造,园主武进吴玄,生于嘉靖四十四年(1565年),万历二十六年(1598年)进士,历任河南南阳府儒学教授、刑部本科、江西参政、分守饶南九江道等职,著《率道人素草》(又名《率道人集》)传世。从《园冶·自序》与吴玄《率道人素草》卷四《骈语》中《上梁祝文》知,东第园大约完成于天启三年,位于吴玄宅旁,在今常州旧城城里东水门内水华桥北。

东第园是计成主持完成的第一处园林作品,他因此一举成名。接着计成完成了汪士衡寤园的建造,使他进一步名声大振。寤园又称"西园",建造于崇祯四年左右,汪士衡即是康熙五十七年《仪真县志》卷二《名迹》中所载之汪机。寤园之名见于阮大铖《冶叙》,还有阮大诚《咏怀堂诗集》,又见于《园冶·屋宇》云:"或蟠山腰,或穷水际,通花渡壑,蜿蜒无尽。斯寤园之'篆云'也。"

计成主持建造的第三座名园是郑元勋的影园。郑元勋在《园冶·题词》中说:"即予卜筑城南,芦汀柳岸之间,仅广于游,经无否略为区画,别现灵幽。"又在《影园自记》中称,"又以吴友计无否善解人意、意之所向指挥匠石百不失一,故无毁画之恨。"影园的设计建造,基本上是《园冶》理论的充分实践,郑元勋在《影园自记》中记录选址规划、研究环境特点的文字就可以明确地说明这一点。《影园自记》云其地无山,却"前后夹水,隔水蜀冈,蜿蜒起伏,尽作山势。环四面,抑万屯,荷千余顷,葭苇生之。水清而多鱼,渔棹往来不绝。……升高处望之,迷楼、平山皆在项背,江南诸山,历历青来。地盖在柳影、水影、山影之间"。当时书画名家董其昌因而书赠"影园"二字。影园动工于崇祯七年(1634年),第二年竣工,位置在扬州城南西南隅,与城墙仅一水之隔,即今荷花池以北,西门桥之南①。

二、《园冶》写作及其理论化水平

在主持建造寤园期间,计成利用工作之暇总结造园经验,于扬州汪士衡扈冶堂著成《园冶》初稿。该书初名《园牧》,遵当时书画名流曹履吉建议改为《园冶》。崇祯七年(1634年),计成将无力印行的《园冶》书稿送请权贵阮大铖资助刊版,大约印行于崇祯八年(1635年)。《园冶·自识》曰:

崇祯甲戌岁,予年五十有三,历尽风尘业游已倦,少有林下风趣,逃名丘壑中,久资林园,似兴世故觉远。惟闻时事纷纷,隐心皆然。愧无买山力,甘为桃源溪口人也。自叹生人之时也,不遇时也;武侯三国之师,梁公女王之相,古之贤豪之时也,大不遇时也!何况草野疏遇,涉身丘壑,暇著斯"冶",欲示二儿长生、长吉,但觅梨栗而已。故梓行,合为世便。

关于撰写《园冶》的原因,"自识"中说是"欲示二儿长生、长吉,但觅梨栗而已",足可证其为下层清寒之人。其"自叹生人之时也,不遇时也"还有另外两个原因:

一是为造园技术传承而作。计成撰写《园冶》时,两个儿子"但觅梨栗而已",尚年幼无知,当时他"故梓行,合为世便",决定刻印出版,以便在社会上广泛流传,造福众人。应该说,这是他人生境

---

① 吴肇钊:《计成与影园兴造》,载《建筑师》,中国建筑工业出版社,1985年第23期,第167—177页。

界升华的体现。如果从绝对自私的角度,他也可以像有些人的家传秘方一样,以手抄本的形式传子,等儿女们长大成人、立身成业时用此绝技。但计成没有保守自私,而是成书以使其技艺流传于社会。

二是为创立造园学说而著书立说。《园冶》"兴造论"说写此书目的是怕造园方法"浸失其源",于是"聊绘式于后,为好事者公"。中国自古以来,各种艺术都有专著流传于世,唯独造园作为一种艺术门类却没有专著问世;造园艺术尚无成法,未形成系统的规则和章法,或者叫造园理论,《园冶》恰好解决了这些问题。所以,张薇的《论计成其人与〈园冶〉其书》认为,《园冶》的出现,填补了中国造园专著及学说的空白①。

《园冶》原名《园牧》,有经管构制之意,友人曹元甫建议改为《园冶》。"冶"字原为铸造熔冶,引申为精心制造。《园冶》刊行时计成已53岁,已有20年造园历史,他已成功构筑了"东第园"、"影园"等私家园林。《园冶》版本主要有以下几种:即日本内阁文库藏崇祯原刊足本三卷、日本东京大学农学部林学科藏书三册、北京图书馆藏明刻原刊残本一卷、明崇祯原刊本缩微胶卷本两卷(缺第三卷)、日本宽政七年(1795年)抄录华日堂翻刻的《名园巧式·夺天工》之再抄本三卷全本。另有1971年日本渡边书店影印桥川时雄所藏宽政七年以前隆盛堂翻刻的《木经全书》本。1932年阚铎参阅日本内阁文库所藏足本校正、句读后,由中国营造学社正式出版。1957年中国城建出版社重刊营造学社本,1981年建筑工业出版社出版《园冶注释》本,1988年《园冶注释》本经过修改出了第二版,现为通行本。

《园冶》全书三卷,分总述性质的"兴造论"与论述造园及相关步骤的"园说"两部分。"园说"下又分"相地、立基、屋宇、装折、门窗、墙垣、铺地、掇山、选石、借景"10个部分。从造园的骨骼——叠山、血脉——理水、五官——建筑、毛发——花木无一不到,高屋建瓴又细致入微。

卷一含"兴造论"、"园说"以及相地、立基、屋宇、装折等部分。"相地"包括山林地、城市地、村庄地、郊野地、傍宅地、江湖地等。"立基"介绍厅堂基、楼阁基、门楼基、书房基、亭榭基、廊房基、假山基等。"屋宇"包括门楼、堂、斋、室、房、馆、楼、台、阁、亭、榭、轩、卷、广、廊、五架梁、七架梁、九架梁、草架、重椽、磨角、地图等。"装折"介绍屏门、仰尘、床桶、风窗、长短槅式、槅棂式、束腰式、风窗式等。

卷二描述"装折"的重要部分——栏杆。书中详细描绘栏杆样式,展示近百种栏杆图式,大都为江南园林中的图案花样。这些图式,直至清末的几百年中,栏杆样式依旧基本没能超出其范围,影响可谓深远。

卷三由门窗、墙垣、铺地、掇山、选石、借景六篇组成。"门窗"介绍"方门合角式"至"圈门式"等31种式样,"墙垣"列举"白粉墙"、"磨砖墙"、"漏砖墙"、"乱石墙"等漏明墙式16种,"铺地"叙述"乱石路"至"诸砖地"等铺地样式,"掇山"列举园山、厅山、楼山、阁山、书房山、池山、内室山、峭壁山、山石池、金鱼缸、峰、峦、岩、洞、涧、曲水、瀑布等诸种造园的假山,"选石"论述太湖石、昆山

---

① 张薇:《论计成其人与〈园冶〉其书》,《中国园林》,2005年第7期;参见张薇的《〈园冶〉文化论》,人民出版社,2006年。

石、宜兴石、龙潭石、青龙山石、灵璧石、岘山石、宣石、湖口石、英石、散兵石、黄石、旧石、锦川石、花石纲、六合石子等其亲自用过的掇山石。

最后的"借景"篇既是《园冶》一书的总结,亦是该书的精粹之一。计成认为"借景"乃"林园之最要者也。如远借,邻借,仰借,俯借,应时而借。然物情所逗,目寄心期,似意在笔先,庶几描写不尽哉"。作为造园"最要者"的"借景",有"远借,邻借,仰借,俯借,应时而借"等诸种方法,但是,"因借无由,触情俱是"(《园冶》卷三《借景》),这就将造园与人的感情生活紧密联系起来,使园林不只是风景的代名词,更是人情感的栖息地。从而使造园不只是设计者谋生的手段,而且成为生命价值的实现方式。

计成造园思想集中体现在"虽由人作,宛如天开"和"巧于因借,精在体宜"等方面。如果说建造园林的最高标准是"虽由人作,宛如天开",那么,达到此一标准的具体造园步骤就是"巧于因借,精在体宜"(《园冶》卷一《兴造论》)。《园冶》特别强调"借景""为园林之最者"。"借者,园虽别内外,得景则无拘远近",原则是"极目所至,俗则屏之,嘉则收之",方法是布置适当的眺望点,使视线越出园垣,使园之景尽收眼底。如遇晴山耸翠的秀丽景色,古寺凌空的胜景,绿油油的田野之趣,都可通过借景的手法收入园中,为我所用。在一特定的自然环境之中,林园之体要做到精、巧、宜,一定要熟悉造园的各种要素,如屋宇、装折、栏杆、门窗、墙恒、铺地、掇山和选石等。

屋宇方面,有门楼、堂、斋、室、房、馆、楼、台、阁、亭、榭、轩、卷、广、廊等15个类型。在建造这些屋宇建筑类型的时候,其内部结构细节上重要的有五架梁、七架梁、九架梁、草架、重椽、磨角、地图等七类①。

装折方面,有屏门、仰尘、床榻、风窗(包括长槅式、短槅式、槅灵式43种、束腰式8种、风窗式2种、冰裂式、两截式、三截式、梅花式、梅花开式3种②。

栏杆方面,有笔管式(包括笔管式、双笔管式和9种笔管变式)、条环式、横环式(4种)、套方式(12种)、三方式(9种)、锦葵式、六方式、葵花式(6种)、波纹式、梅花式、镜光式(4种)、冰片式(4种)、联瓣葵花式(5种)、尺栏式(16种)、短栏式(16种)、短尺栏式(8种)③。

门窗方面,有方门合角式、圈门式、上下卷式、入角式、长八方式、执圭式、葫芦式、莲瓣式、如意式(2种)、贝叶式(2种)、剑环式、汉瓶式(5种)、蓍草瓶式、花觚式、贝窗式、片月式、八方式、六方式、菱花式、梅花式、葵花式、海棠式、鹤子式、六方嵌栀子式、栀子花式、罐式。墙垣方面,有白粉墙、磨砖墙、漏砖墙(16种)、乱石墙④。

铺地方面,有乱石路、鹅石地、冰裂地、砖铺地(包括人字式、席纹式、间方式、斗纹式、六方式、攒六方式、八方间式、套六方式、长八方式、八方式、海棠式、四方间十字式)、香草边式、球门式、波纹式⑤。

---

① 计成原著,陈植注:《园冶全释》,"屋宇",中国建筑工业出版社,2009年。
② 计成原著,陈植注:《园冶全释》,"装折",中国建筑工业出版社,2009年。
③ 计成原著,陈植注:《园冶全释》,"栏杆",中国建筑工业出版社,2009年。
④ 计成原著,陈植注:《园冶全释》,"门窗",中国建筑工业出版社,2009年。
⑤ 计成原著,陈植注:《园冶全释》,"铺地",中国建筑工业出版社,2009年。

第十四章 江南传统工匠角色转换之个案

掇山(包括叠山和理水)方面,有园山、厅山、楼山、阁山、书房山、池山、内室山、峭壁山、山石池、金鱼缸、峰、峦、崖、洞、涧、曲水、瀑布①。

选石方面,有太湖石、昆山石、宜兴石、龙潭石、青龙山石、灵璧石、岘山石、宣石、湖口石、英石、散兵石、黄石、旧石、锦川石、花石纲、六合石子。

《园冶》行文多以"骈四骊六"的形式,具有骈散兼行和骈体散文小品化的风格,是一部充满古典文学形式的科技著作。"兴造论"与"园说"阐明造园的意义与意境。"兴造论"申明造园过程中造园设计者应该起重要作用,因为"园林巧于因借,精在体宜,愈非匠作可为,亦非主人所能自主者"。"园说"从造园艺术角度提出园林建造应当表现的意境,或"山楼凭远,纵目皆然,竹坞寻幽,醉心即是";或"萧寺可以卜邻,梵音到耳,远峰偏宜借景,秀色堪餐";并且应达到"虽由人作,宛自天开"的高妙境界,追求一种将山水画中的意境立体化和现实化的过程。

"相地"与"立基"理论相辅而行。"相地"表述园林选址原则只有"相地合宜",才能"构图得体"。而"立基"确定选址后的园林建筑设计原则。"屋宇"、"装折"、"门窗"、"墙垣"、"铺地"及第二卷"栏杆"都属于园林建筑的具体内容,其形式全为配合造园要求。"掇山"、"选石"阐述造园叠山理论,尤其"掇山",世人公认为其精华所在。因地制宜,详述桩木理论、掇山途径,认为:掇山之始,桩木为先。"借景"是"林园之最要者也"。"虽园别内外,得景则无拘远近"也。《园冶》将中国传统的"借景"内容大大地发展了,并把"借景"提到非常重要的地位,不仅在"借景"篇中专加论述,而且在《园治》开篇的'兴造论"和"园说"里都贯穿着借景的思想内容。

《园冶》展示了作者丰富的知识结构和高超的科学理论水平。书中除了提及羲皇、西王母、嫘母等神话人物外,还娴熟地例举鲁班、庄子、扬雄、诸葛亮等人的典故或作品,例出《尚书》、《左传》、《说文》、《释名》、《文选》等典籍,使《园冶》的写作表现出了较高的文学意境,也使后人看到了一个极具文化水准的造园理论专家的形象。造园不是单纯地模仿自然,再现原物,而是要求创作者真实地反映自然,又高于自然。造园要尽可能做到使远近、高低、大小互相制约,达到有机的统一,要体现出大地的多姿。它有的似山林,有的似水乡,有的庭院深深,有的野味横溢,各具特色。"巧于因借,精在体宜"是《园冶》一书中最精辟的论断,亦是中国传统的造园原则和手段之精华。只有理解了中国哲学的天人合一观,理解了中国传统士大夫出入儒、道、佛、玄的文化底蕴,理解了他们那种由老、庄、易、禅、诗、书、礼、乐、琴、棋、书、画,诗肠酒胆所陶冶出来人格境界,才能理解计成和他的《园冶》②。

《园冶》第一次系统地总结中国造园理论,具有深远的影响。在《园冶》中,计成从园林的扬与抑、藏与露、繁与简、少与多、小与大、虚与实、开与合等多方面对造园理论总结。不仅对匠人实践作镜式复制,而且紧紧依靠人的主观能动性进行审美发现与创造,达到以主体为中心主客体的趋同;既从实践中提升理论,又从儒道释传统哲学中吸取造园法则,将匠人支离破碎的经验上升到全

---

① 计成原著,陈植注:《园冶全释》,中国建筑工业出版社,2009 年,"掇山"。
② 参见潘宝明的《〈园冶〉价值论》,《扬州大学学报》2001 年第 4 期,第 73—75 页;张绿水等的《浅谈我国造园学名著〈园冶〉》,《江西农业大学学报》(社科版)2004 年第 3 期,第 97—99 页。

新的科技理论[1];同时批判"世之兴造,专立鸠匠"的错误观点,提出"三分匠七分主人"之说,要求造出高品位的园林[2]。虽为三个世纪前作品,但其所揭示的造园设计原则、选址立意、构景手法以及师法自然、天人合一的哲学思维,都具有极高的科学与艺术价值[3]。

三、从造园名匠到造园世家"山石张"

张涟为清初造园名匠,所造名园之多、创意之新、工艺水平之高,饮誉大江南北,独成一代园林艺术宗匠。晚年被邀请至京师,供奉朝廷。子孙皆世其业,成为著名的江南造园世家,世称"山石张"。

据考证,张涟(1587—1673),号南垣[4],原籍松江华亭人,后迁嘉兴秀水又称浙江秀水人。他少时学画,善绘人像,兼工山水,以山水画意造园叠山,成明清之际造园名匠。其"治园林有巧思,一石一树、一亭一沼,经君指画即成奇趣。虽在尘嚣中,如入岩谷。诸公贵人皆延翁为上客,东南名园大抵多翁所构也"[5]。明末清初东林名流钱谦益与张涟有交,曾有《云间张老工于累石,许移家相依,赋此招之二首》诗作。

其一云:

百岁平分五十春,四朝阅历太平身。

长衫短屐全家具,绿水红楼半主人。

待杖有儿扶薄醉,缚船无鬼笑长贫。

山中酒伴更相贺,花发应添爱酒邻。

其二云

不是寻花即讨春,偏于忙里得闲身。

终年累石如愚叟,悠忽移出是化人。

无酒过墙长作恶,有钱挂杖已忘贫。

明年肯践南村约,祭灶先须请比邻。

这两首诗出自钱谦益的《牧斋初学集》[6]卷10《崇祯诗集》之六,诗中描绘出一位清贫叠山匠人的形象:"终年累石",年已半百,尚须依人门户。这个人就是张涟。

《清史稿》卷505《艺术四·张涟传》曰:

张涟,字南垣,浙江秀水人,本籍江南华亭。少学画,谒董其昌,通其法,用以叠石堆土为假山。谓世之聚危石作洞壑者,气象蹙促,由于不通画理。故涟所作,平冈小阪,陵阜陂迤,错之以石,就

---

[1] 计成著,陈植注:《园冶全释》,"选石",中国建筑工业出版社,2009年。
[2] 参见张薇的《〈园冶〉文化论》第一章,人民出版社,2006年。
[3] 参见潘宝明的《〈园冶〉价值论》,《扬州大学学报》2001年第4期。
[4] 王宪明:《张涟在北京的活动及其卒年考略》,《故宫博物院院刊》2000年第4期,第88—91页。
[5] 戴名世:《南山全集》卷7《张翁家传》,光绪二十六年刻本;参见王树民编校的《戴名世集》,中华书局,1986年,第198页。
[6] 钱谦益:《牧斋初学集》,上海古籍出版社,1985年,第350页。

其奔注起伏之势,多得画意。而石取易致,随地材足,点缀飞动,变化无穷。为之既久,土石草树,咸识其性情,各得其用。创手之始,乱石林立,踌躇四顾,默识在心。高坐与客谈笑,但呼役夫,某树下某石置某处,不假斧凿而合。及成,结构天然,奇正罔不入妙。以其术游江以南数十年,大家名园,多出其手。东至越,北至燕,多慕其名来请者。四子皆衣食其业。晚岁,大学士冯铨聘赴京师,以老辞,遣其仲子往。康熙中卒。后京师亦传其法,有称山石张者,世业百余年未替。吴伟业、黄宗羲并为涟作传,宗羲谓其"移山水画法为石工,比元刘元之塑人物像,同为绝技"云。

张涟所造园林甚多,最著名的有松江李逢申横云山庄,嘉兴吴昌时竹亭湖墅、朱茂时鹤洲草堂,太仓王时敏乐郊园、南园和西田,吴伟业梅村、钱增天藻园,常熟钱谦益拂水山庄,吴县席本桢东园,嘉定赵洪范南园,金坛虞大复豫园等。适逢明清之际江南园林极盛之时,张涟独以画家眼光设计园林,分析其筑山理水之长短,并尝试用山水画法堆山叠石。所布置的园林,皆似宋、元山水名家画作。以画入园,观园如画。在其生前,清初大文豪吴伟业就为之立传,使南垣叠石之名,声动一时可知。但黄宗羲认为吴伟业写得不好,自己重写一篇《张南垣传》[①],赞颂张涟的艺术见解和建园技巧,一举而成,号传纪名篇。兹录如下:

古今之事,后起之胜于前者多矣。故烹饪起于热石,玉辂基于椎轮。即如画家有人物有山水,汉唐以来,梵天帝释、圣主名臣之像皆以绘画,其后稍稍通之而为塑土、范金、搏换。元刘元欲造岳庙侍臣像,心计久之,未措手也。适阅秘书图画,见唐魏征像,矍然曰:"得之矣,非若此莫称为相臣者。"遽走庙中为之,即日成。以此知雕塑之出于画也。然画师之名者不胜载,而塑土之名者一二耳。至于山水,能、妙、神、逸,笔墨之外,无所用长,未有如人物之变而为塑者,则自近日之张涟始。

张涟,号南垣,秀水人。学画于云间之某,尽得其笔法。久之而悟曰:"画之皴涩向背,独不可通之为叠石乎!画之起伏波折,独不可通之为堆土乎!今之为假山者,聚危石,架洞壑,带以飞梁,矗以高峰,据盆盎之智以笼岳渎,使入之者如鼠穴蚁垤,气象蹙促,此皆不通于画之故也。且人之好山水者,其会心正不在远。"

于是为平冈小坂、陵阜陂陁,然后错之石,缭以短垣,翳以密筱。若是乎奇峰绝嶂,累累乎墙外,而人或见之也。其石脉之所奔注,伏而起,突而怒,犬牙错互,决林莽、犯轩楹而不去。若似乎处大山之麓,截溪断谷,私此数石者为吾有也。方塘石洫,易以曲岸回沙,邃阁雕楹,改为青扉白屋。树取其不凋者,石取其易致者,无地无材,随取随足。或者以平泉为多事,朱勔真笨伯矣。当具土山初立,顽石方驱,寻丈之间,多见其落落难合,而忽然以数石点缀,则全体飞动,若相唱和。荆浩之自然,关同之古淡,元章之变化,云林之萧疏,皆可身入其中也。

涟为此技既久,土石草树,咸能识其性情。每创手之日,乱石如林,或卧或立。涟踌躇四顾,主峰客脊,大誉小磝,皆默识于心。及役夫受命,涟与客方谈笑,漫应之曰,某树下某石可置某所。目不转视,手不再指,若金在冶,不假斧凿,人以此服其精。

涟为人滑稽,好举委巷谐谑以资抚掌。梅村新朝起用士绅饯之,演传奇至张石匠,伶人以涟在坐,改为李木匠,梅村故靳之,以扇确几,赞曰:"有窍。"哄堂一笑。涟不答。及演至买臣妻认夫买

[①] 黄宗羲:《张南垣传》,《南雷文定》第1册,商务印书馆,1936年,第162页。

臣唱"切莫题起朱字",涟亦以扇确几曰:"无窍。"满堂为之愕眙。梅村不以为忤。有窍、无窍,吴中方言也。

三吴大家名园皆出其手。其后东至于越,北至于燕,请之者无虚日。涟有四子,皆衣食其业,而叔祥为最著。

黄宗羲不愧为史传高手和文章大家。读其所撰张涟传文,方知张涟集文士之余韵与巧匠之能事于一身。其叠山善于就地取材,因材施用,随心点缀,成竹在胸,变化无穷。一边高坐与客谈笑,一边指挥工匠,一石一树,一亭一沼,经其指画,各得其所,峦屿涧濑,曲洞远峰,巧夺天工。他认为"世之聚危石作洞壑者,气象蹙促,由于不通画理。"故反对千篇一律地模拟方法,主张从实际出发,或"平冈小坂",或"陵阜陂阤","然后错之以石,棋置其间,缭以短垣,翳以密筱",使人感到园墙外还有"奇峰绝嶂",仿佛"处于大山之麓"。如此截取山角而使人联想大山整体形象的做法,独成一个叠山艺术流派。

虽然吴伟业的《张南垣传》被黄宗羲看不起,但其中保留了张涟的一段话语,从中可以看到其叠山垒石的造园理论与技术创新。

南垣曰:

是岂知为山者耶!今夫群峰造天,深岩蔽日,此夫造物神灵之所为也,非人力所得而致也,况其地辄跨数百里。而吾以盈丈之址、五尺之沟尤而效之,何异市人抟土以欺儿童哉?惟夫平冈小坂,陵阜破陂,版筑之功,可计日以就。然后错之以石,棋置其间,缭以短垣,翳以密筿,若似乎奇峰绝嶂,累累乎墙外,而人或见之也。其石脉之所奔注,伏而起,突而怒,为狮蹲,为兽攫,口鼻含牙,牙错距跃,决林莽、犯轩楹而不去,若似乎处大山之麓,截溪断谷,私此数石者为吾有也。方塘石洫,易以曲岸回沙;邃阁雕楹,改为青扉白屋。树取其不凋者,松杉桧栝杂植成林;石取其易致者,太湖尧峰随意布置。有林泉之美,无登顿之劳,不亦可乎?①

张涟为人孝义,身体肥胖而短黑,性格滑稽而开朗,善与文人士大夫交往。晚年隐居南湖畔,康熙年间去世。其子有四,皆能传其技,以长子张然最著名。其所造园林,水石之妙,有若天然。张然字陶庵,工诗画,跟随张涟的时间最长,也最得其父真传。据陆燕喆的《张陶庵传》,两人建席本祯东园时分工合作,"南垣治其高而大者,陶庵治其卑而小者"。当张涟应冯溥之邀进京时,年已九十,诸事多赖张然。张然于康熙二十八年(1689 年)应召供奉内廷,为皇家构筑"瀛台"、"玉泉"、"畅春苑"等名园。余子张淑、张熊均继父业,并为时所重。嘉兴名园如朱氏"放鹤洲"、曹氏"倦圃"、钱氏"绿溪",均为张熊所造。所谓张涟子孙"世业百余年未替",诚非虚言也。

---

① 吴伟业:《梅村家藏稿》卷 52《张南垣传》,见上海书店编:《四部丛刊初编·集部》第 274 册,1989 年。

第二节 薄珏和戴梓:近代实验家与发明家

一、薄珏的生平与著作

薄珏,字子珏,苏州人,曾就试浙江,补嘉兴县学生。薄珏大约生于明万历三十四年(1606年)到三十八年(1610年)间①,入清后,隐于嘉兴。乾隆《苏州府志》载其生平事迹曰:"其学精微博奥,莫知所授。崇祯中流寇犯安庆,巡抚张国维令珏造铜炮。炮发三十里,每发一炮,设千里镜视贼所在,贼遇之糜烂。又制水车、水铳、地雷、地弩等器,歼贼无算。国维荐于朝,不报,退归吴门,萧然蓬户。……海外亦重其名,然卒以穷死。所著有《浑天仪图说》《格物测地论》等书。"②"其学精微博奥",何以弃学从工,成了民间制造匠人? 回答这个问题,先要弄清薄珏学之所来。苏州地方志记载"其学精微博奥,莫知所授",其他有关薄珏的传记资料也说"其学奥博,不知何所传",这就成了历史悬案。

所幸我们偶然在《梨洲遗著》中发现,有薄珏少时同窗好友、浙江嘉善明崇祯癸未进士魏学濂的墓志铭,其中记录薄珏曾师从浙江蕺山刘宗周先生,"务为左王之学,兵书、战策、农政、天官、治河、战守、律吕、盐铁之类,无不讲求,将以见之行事"③。刘宗周为明末朝廷言官兼理学大家,他为官儿起几落,为人刚直不阿,为学经世致用,是著名学者黄宗羲的业师。薄珏能够受教于刘宗周门下,自然学问非同一般。但由于明末世道混乱,北方农民起义此起彼伏,南方为支付战费而赋税繁重,薄珏家境贫寒,只得放弃举业,"退归吴门,萧然蓬户",以匠作为业。或云薄珏为明末苏州的一个穷秀才,家道非常贫寒,屡考不中④,生活极为困难,"每天在屋子里制作各种机械仪器"⑤。虽然贫穷,却不失志。工作之余,他努力学习天文、历法、算学、水利和武备等知识,专门研究火器、机械、农具、仪器制作之方法,先后发明制作铜炮、水车、水毓、地弩、算筹、起重负担机等诸多机械。

邹漪的《启祯野乘》卷6《薄文学传》⑥是关于薄珏生平业绩史料中最详细的传记资料。其中记载,薄珏天资聪明,又勤奋刻苦。读书过目成诵,能将课本从头背到尾又从尾诵到头,一字不误,听者无不异之。通过自学与刻苦钻研,他掌握了丰富的人文、自然科学知识,且洞晓阴阳、占卜之术。

---

① 卢嘉锡:《中国科学技术史·物理卷》,科学出版社,2001年,第492页。
② 雅尔哈善等等撰:(乾隆)《苏州府志》卷101《艺术》,乾隆十三年刻本,见《中国地方志丛刊》江苏编。
③ 转引自王士平的《薄珏及其千里镜》,《中国科技史料》,1997年第3期。
④ 谢国桢:《明代艰苦朴素的科学家薄珏》,见《明清史谈丛》,辽宁教育出版社,2000年,第39页。
⑤ 李迪:《中国历史上杰出的科学家和能工巧匠·机械仪器制造家薄珏》,内蒙古人民出版社,1978年,第122页。
⑥ 转引自李迪的《中国历史上杰出的科学家和能工巧匠·机械仪器制造家薄珏》,内蒙古人民出版社,1978年,第121—122页。

人们每"叩其七政、盈缩、五行变化",问其有关天文、水利、农事、屯牧、雕镂以及武器、战阵等问题,他都能够"琐屑尽变,谆谆娓娓"地讲给人听,甚至达到"以口代书,以手代口"的水平。若有人"与言世俗语",同他谈科学技术以外之事,则"唯唯不能答"。对机械制造知识,他既能讲,又能画,又能做,成为当时民间有名的制造匠师和工业科学家。

乾隆《苏州府志》所谓"崇祯中流寇犯安庆,巡抚张国维令珏造铜炮"一事,即《启祯野乘·薄文学传》中所云:"崇祯四年,流寇犯安庆,中丞张国维礼聘公为造铜炮。"此经学界考证有误。崇祯四年(1631年)农民军大部没有进入豫、皖地区,自然不会去"犯安庆"。实际是崇祯八年正月,农民军十三家、七十二营大会于荥阳,共议拒敌之计。因战略分歧严重,农民军各部"分兵定所向",高迎祥、张献忠及李自成等部向东进发。只有在此之后,农民军才逐步进入豫中、皖中南地区。同时,张国维是崇祯七年"擢右佥都御史,巡抚应天、安庆等十府的。聘请薄珏造铜炮和使用千里镜等,当在他就任巡抚之后,而不会在此之前。关于农民军进攻安庆府和张国维引兵讨伐,《安庆府志》记载云:"(崇祯)八年乙亥春正月流寇围桐不下,二月破太宿转掠怀境。巡抚张国维率大兵至安庆。"《明史》对此讲得更为详细:"(崇祯)七年……其冬,流寇犯安庆,官军覆没。国维方壮年,一夕须发顿白。明年正月率副将许自强赴援。""国维至,解桐围……安庆山民桀石以投贼,贼多死,乃越英山、霍山而遁。"由上分析,薄珏使用铜炮于安庆之战的时间并不是崇祯四年,而是崇祯八年,即1635年①。

《启祯野乘·薄文学传》又曰:"丙子为仇家所诬,将陷以大逆,幸友人魏学濂证救得免。性不嗜酒色,生止一女,家贫,死不能敛,赖诸友会赙,乃得殡。"乃指崇祯九年(1638年)有人诬害薄珏,告发他犯有"大逆"之罪,实际上是莫须有的诬陷,幸亏朋友"证救得免"。薄珏一生贫苦,尽管生活节俭,不嗜酒色,且只生养一个女儿,无奈天下大乱,政府加重盘剥,人民不堪负担,薄珏家中日益贫穷,"卒以穷死"。死后家中没钱给他买棺收敛,只是在生前友好的资助下才勉强被安葬。

薄珏一生勤奋著作,根据史籍记载,其主要著作有《格物论》百卷,《测地九大小几何法》、《测地度应天度法》、《行海测天知道里远近法》、《浑天仪器图说》、《浑盖通宪图说》、《简平仪图说》、《窥筒定中星图说》、《日晷各地不同论》、《灵漏象天说》、《沙漏定时说》、《袖中天论未议说》、《网度窥天说》、《半觚窥天论》、《各重天厚薄大小各异说》、《各重天有本动有推动有带动论》、《东西岁差天四万九千作一周自西而东动天一日一周自东而西天体欹斜辨天体不碍日月星光说》、《天体无色辨天运之疾无物可喻论》、《因天运征天圆辨察南北二极星辰运说》、《天形北高南下辨》、《天形南北定东西不定说》、《辨素问天倾西北之妄》、《周天径度辨》、《十二度玄捆等名义考》、《荧惑守心论》等,可惜大多未有留传下来。

二、薄珏的实验与发明

为了开展制造发明等研究工作,薄珏自己还开辟了一间试验室,或者可以说是一个小车间,其中设置很多,试验的项目也很多。在这个试验室中,锻(具)、炼(具)、碾(具)、刻(具)等"器具毕

---

① 参见王士平的《薄珏及其千里镜》,《中国科技史料》,1997年,第3期,第26—30页。

备"。"几案之上,即有成图,因地制形,因器成象,了然目前"①。薄珏每天在其中操作实验,并记录各项数据,写成文书,"忽煅(锻)炼、忽碾刻、忽运斤、忽操觚作文字"②。"凡百工伎艺皆身亲其事"。与此同时,薄珏还在这间实验室教授徒工,为徒工们造作示范,讲解机械原理。人或问其劳苦,薄珏则回答曰:"吾所欲造器以意示工,工无解者,故不得不躬为之耳。"③(乾隆)《苏州府志》亦记载薄珏实验室及其实验活动曰:"室中器具毕备,尝造浑天仪,周围不逾尺,而日月之盈缩朓朒,星辰之宿离伏逆,不爽累黍。"④

在机械制造方面,薄珏曾应中丞巡抚张国维之请,制造过铜炮、水车、水铳、地雷、地弩等器,用于安庆之战。邹漪的《启祯野乘》卷6《薄文学传》曰:"崇祯四年(实为崇祯八年),流寇犯安庆,中丞张国维礼聘公为造铜炮。炮药发30里,铁丸所过,三军糜烂,而发后无声。每置一炮,即设千里镜以侦贼之远近。镜筒两端嵌玻璃,望四五十里外如咫尺也。"明崇祯八年,农民起义军进逼安庆。明统治者策划镇压,闻薄珏之名,便请他去效劳,指定让他制造铜炮等武器。薄珏制造的铜炮非常先进,炮的射程30里,"发后无声",每门炮配置一具望远镜。射程30里可能有夸大之处,但铜炮"发后无声"无疑是特别重要的创造发明,是世界上最早的无声火器。

至于望远镜的制造,明清之际,不仅官方机构制造望远镜等器具,以供观象修历之需,更多的是在民间制造眼镜、望远镜、显微镜等器具。从而出现了一批民间光学仪器制造师,如薄珏、孙云球、黄履庄、黄履、郑复光、邹伯奇等。他们成就斐然,但都被认为是西学东渐的结果。人们一般认为,薄珏所制望远镜也是西方传来的"伽利略式"。近年王士平、刘恒亮、李志军等专家对薄珏的望远镜发明进行深入研究,做了文献分析和调查访问,得出了令人信服的新结论。他们的文章指出,薄珏于崇祯八年将望远镜用于安庆之战指挥发炮,显然其制造望远镜时间在此之前。在苏州薄珏之后又出现了一位光学仪器制造家孙云球(约1629—1662年,原籍浙江归安,后寓居苏州虎丘),他创造性地采用水晶为原料,不但能磨制远视眼镜,而且还能磨制近视眼镜。20世纪50年代初,人们曾见过薄珏和孙云球制造的望远镜:单筒、三节、可伸缩,成倒像,显然是"开普勒式"望远镜,即由两具双凸透镜组成的折射望远镜。关于"开普勒式"望远镜的原理,最早是1611年由开普勒(J. Kepler,1571—1630年)提出来的,第一架由两个会聚透镜构成的望远镜是1630年由沙伊纳(Christoph Scheiner,1573—1650年)制成的,但在明末没有传到中国。由此认为薄珏是"开普勒式"望远镜的独立发明者之一。薄珏发明望远镜的时间与西方的沙伊纳如此接近,以致我们完全有理由把由两个会聚透镜构成的望远镜称作"开普勒—薄珏"式望远镜⑤。无论如何,薄珏以自己的实验创制了望远镜,是中国民间最早发明制造望远镜的匠师,也是世界上最早在实战中使用望远镜的人。

---

① 邹漪:《启祯野乘》卷6《薄文学传》,《四库禁毁书丛刊·史部》第40册,北京出版社,1998年,第478—479页。
② (乾隆)《长洲县志》《人物》三,见《中国地方志集成·江苏府县志辑》第14册,上海古籍出版社,1991年,第303页。
③ 邹漪:《启祯野乘》卷6《薄文学传》,《四库禁毁书丛刊》史部40,北京出版社,1998年,第478—479页。
④ 雅尔哈善等撰:乾隆《苏州府志》卷59,乾隆十三年(1748年)刊本。
⑤ 王士平:《薄珏及其千里镜》,《中国科技史料》,1997年,第3期,第26—31页。

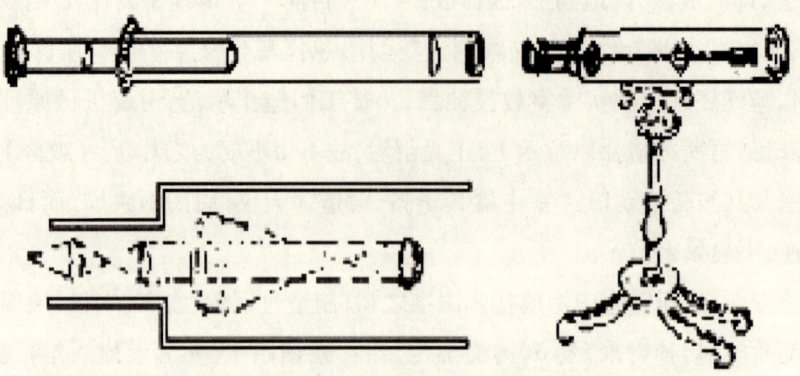

插图31:《皇朝礼器图式》中的望远镜

有人又认为,中国人从西方传教士那里学会了制造望远镜。而著名的中国科技史专家李约瑟博士却通过考证研究,指出中国也有人独立研制过望远镜,这个人是著名工匠薄珏。薄珏制造望远镜的事实被记在江苏的地方志中,尽管他的生卒年月不详,但他从事技术活动的时间却非常清楚。从江苏的《吴县志》中可以看出,薄珏制造望远镜是17世纪20年代的事情,他是与开普勒、伽利略等人活跃在同一时期的光学仪器制造专家。李约瑟在《江苏的光学技艺家》一文中强调,薄珏制造望远镜究竟是否受到西方的启示或是否直接学习西方而来?有两方面的证据可说明薄珏是独立发明者。第一,外国传教士用汉字写的书中,最早提到望远镜的是阳玛诺1615年所著的《天问略》(即对天和天体做出解释),但是,这本书除了讲述望远镜的望远效果外,并没有谈到望远镜的构造和工作原理,甚至在全书中很难找到一个"望远镜"的术语。后来,另一位传教士汤若望在他所著的《远镜说》中,虽然对望远镜的构造和原理,做了介绍,但从时间上讲,这本书的出版在薄珏制造望远镜以后。第二,从当时的历史情况来看,西方来的传教士都集中在北京从事传教活动,而薄珏却在远离北京的苏州,在只有马车的年代里,传教士要跑到苏州去传教是件难以想象的事。因此,完全不应该怀疑薄珏独立地发明了望远镜。"在1550—1610年间,至少有6个人利用双凹以及双凸透镜进行过二重透镜状组合,并且得到了远离物体的惊人的放大效应。如果承认这点,那么薄珏本人是这些人之中的一个可能性就是非常有理由的。"[①]

据《启祯野乘·薄文学传》记载,薄珏还创制了一种新型的浑天仪。"创为手仪,周围不逾尺,而环以铜尺,日月之盈缩,朓朒、星辰之宿离,伏覩留合之于二道,而二十四气定之于中星,其九道十二道,至于鹑昴建弧诸宿,位置分寸,咸以勾股系之,三和三较相求,以直线割圆轮,絜有定之角,御无定之边,远至亿万寻丈,总量于辏心之角,万不失一。"以前的浑天仪体积一般都比较大,直径都在三四尺或五六尺,而薄珏的还不超过一尺。这架小浑天仪周围带有刻度的铜环,能表演日月运行的快慢变化,行星的逆、留等现象,还能反映二十四节气,能够把亿万里以外的天文现象表现出来,非常准确。这是中国天文仪器的新发展。制造的原理是用"直线分割圆轮,以有一定之角,

---

① 李约瑟、鲁桂珍:《江苏的光学技艺家》,见潘吉星主编的《李约瑟文集》,辽宁科学技术出版社,1986年,第532—566页。

掣无定之边",就是数学方法。

薄珏对于古代历法也进行了详细研究,他认为古历法中只有元代郭守敬的《授时历》为最精密。"尝总汉唐宋诸历家推算,独服郭守敬《授时历》为精密。盖天地人各占二千四百一十九万二千合七千二百五十七万六千为一元,从后推则每百年增一,从前推则每百年减一,以子半虚六度积成岁差,每岁差一分五十秒,积六十六年遂退一度,繇是而证之劭子元会世,又上证之汉志章纪苑元,无不符者。每告友曰:'今世配易于历,舞文强比之,吾与之辩,未必胜。然存吾所于后世,令崔浩自悟,高允为是耳。其辩律也,亦以勾股考之,知径三则围非九,围九则径非三,至于损益相生,在三分隔八之间,而详密过于班刘京何。'"薄珏反对把《易经》的说法附会于历法,他指出有些人舞文弄墨强词夺理,与他们辩论没什么用处,要紧的是把学说写出留于后世。

薄珏还研究过乐律,并通过数学计算,找到音律的规律。当时人们对其评价很高,认为他的结果远远超出古代著名乐律家的发现。

薄珏的科学实践是多方面的,打铁、木作等都是亲自动手,他还制造过水车和水铳、地雷、地弩等武器。如《启祯野乘·薄文学传》所说:"吴生怀古钟失声,诉之公,公就地以火煨之,钟声遂如故。又造水车、水铳、地弩、算筹、负担等器,皆逸而功多者。"

三、布衣从军到翰林院侍讲的火器制造家戴梓

戴梓,生于清顺治六年(1649年),卒于雍正四年(1726年)。戴梓字文开,号耕烟,浙江仁和(今杭州)人。戴梓自小跟随父亲戴苍学习军器制造,他博学多能,通晓天文、历法、河渠、诗画、史籍等,是著名的机械、兵器制造家,他制造了"连珠火"铳和"子母炮"①。其父戴苍,明末曾任监军,擅长军械制造,也是当时名画家。戴梓"少有机悟,自制火器,能击百步外"②。12岁时,戴梓作《阴钓台得寒字》一诗中写道:"有能匡社稷,无计退饥寒。"③由于他不断钻研前人制造火器的经验,并大胆创造发明,终于成为清初著名的火器制造家。《清史稿·戴梓传》曰:

> 戴梓,字文开,浙江钱塘人。少有机悟,自制火器,能击百步外。康熙初,耿精忠叛,犯浙江,康亲王杰书南征,梓以布衣从军,献连珠火铳法。下江山有功,授道员札付。师还,圣祖召见。知其能文,试《春日早朝诗》,称旨,授翰林院侍讲。偕高士奇入直南书房,寻改直养心殿。梓通天文算法,预纂修《律吕正义》,与南怀仁及诸西洋人论不合,咸忌之。陈弘勋者,张献忠养子,投诚得官,向梓索诈,互殴构讼,忌者中以蜚语,褫职,徙关东。从赦还家,留于铁岭,遂隶籍。所造连珠铳,形如琵琶,火药铅丸,皆贮于铳脊,以机轮开闭。其机有二,相衔如牝牡,扳一机则火药铅丸自落筒中,第二机随之并动,石激火出而铳发,凡二十八发乃重贮。法与西洋机关枪合,当时未通用。器藏于家,乾隆中犹存。西洋人贡蟠肠鸟枪,梓奉命仿造,以十枪赍其使臣。又奉命造子母炮,母送子出坠而碎裂,如西洋炸炮。圣祖率诸臣亲临视之,赐名"威远将军",镌制者职名于炮后。亲征葛

---

① 赵尔巽:《清史稿》卷505《列传》294,"戴梓"说:"其家浙江钱塘"。
② 赵尔巽、柯劭忞等纂:《清史稿》卷505"列传"292《艺术四》,中华书局,1977年,第13927页。
③ 戴梓:《耕烟草堂诗钞》(附录),《耕烟先生传》,见《辽海丛书》第二集,辽海书社,1985年。

尔丹,用以破敌。(《清史稿》卷505,列传292,艺术4)

康熙十三年(1674年),在福建的耿精忠响应吴三桂起兵叛乱,进犯浙江。朝廷派康亲王杰书为奉命大将军,率清军赴闽浙征讨耿精忠。戴梓以布衣应征,献自己发明制造的"连珠铳"。"连珠铳"又称"连珠火铳",这是一种后装、滑膛、单发的燧发枪,但它能预贮弹丸28发,并使装填弹丸与击发联动,简化装填手续,提高了发射速度。康熙十五年(1676年)十月,戴梓"制冲天炮以献"。①

戴梓所造"连珠火铳"的形状和性能,据纪昀所撰《阅微草堂笔记》中载:"形若琵琶,凡火药铅丸,皆贮于铳背,以机轮开闭。其机有二,相衔如牝牡,扳一机则火药铅丸自落筒中,第二机随之并动,石激火出而铳发矣,计28发,火药铅丸乃尽。"②由上可知,"连珠火铳"是一种多装连发的管形火器,比起以往的鸟铳,简化了装弹药的手续,并提高了发射的速度,类似近代的机关枪,却比西方人发明机关枪早了二百多年。除精通火器制造外,戴梓还是研制高效运输机械的能手。清军进军福建时,因造大型战舰而需要长13丈的大桅杆。为此,闽督姚启圣派戴梓率众入山采木,戴梓带人日夜制造辘轳机械,运木下山③。

戴梓制造的冲天炮,据《清朝文献通考》记载:"冲天炮,各长二尺一寸,重二百八十五斤至三百三十斤,生铁弹重二三斤,大如瓜,中虚,仰穴,两耳铁环。其法先置火药于铁弹内,次用螺鰤转木缠火药捻,裹以朝鲜贡纸插入筒,入于弹内,下留药捻一二寸,以达火药,上留药捻六七寸于弹外,余空处亦塞满火药,以铁片盖穴口,外用蜡封固于小膛底下。火药间以木马加土寸许,乃安铁弹于大膛,又加潮土数寸以隔火。如放二百步至二百五十步,用药一斤三两,百步增二两。如放二三里,用药三斤。火门施烘药,次以炮尺高低变数定之远近,其最远在炮尺四十五度,本变上下若干即减远若干。临时施放,先点弹口火药捻,再速点火门烘药。"④这种"冲天炮"是当时比较先进、威力很大的新式火炮,所以康熙皇帝下令京师和地方皆可制造,用其装备八旗和绿营,以增强清军的攻坚和防御的战斗力。

康熙二十五年(1686年),荷兰国使臣向清廷进献物品,其中有一种鸟枪,叫蟠肠鸟枪,大约是一种旋膛(线膛)枪。康熙命戴梓制造,"珐琅器,中国所无,汝能思得其理乎?"⑤戴梓受命后,观其形状和构造,仅用五天就制造了十支"蟠肠鸟枪"。康熙甚喜,把所造"蟠肠鸟枪"都赏给荷兰来使,以此表明中国火器制造技术不比西方落后。这种"蟠肠鸟枪",是一种轻型的管状射击火器,枪管内有膛线,是我国最早的线膛鸟枪。它射程远,命中率大。

康熙十九年(1680年)十月,因"佐康王平三藩、征台湾"有功⑥,戴梓受到康熙皇帝召见,被任

---

① 张维屏辑:《国朝诗人征略》卷13,道光23年刻本,全国图书馆文献缩印复制中心,2004年。
② 纪昀:《阅微草堂笔记》卷19"滦阳续录一",凤凰出版社,2007年,第379—380页
③ 李桓辑:《国朝耆献类征初编》卷120《词臣六》"戴梓传",《清代传记丛刊》第72册,明文书局,1985年,第641—648页。
④ 刘锦藻:《清朝文献通考》卷194《兵》16,上海古籍出版社,2000年。
⑤ 马如龙:《杭州府志》卷15《人物·艺术》,据1922年铅印本。
⑥ 李桓辑:《国朝耆献类征初编》卷120《词臣》六,台北明文书局,1985年,第641—648页。

为翰林院侍讲,赏学士衔①。不久,又因戴梓"通天文算法",被调到钦天监供职。戴梓"心思巧密,好与西洋人争胜"②。在南书房期间与葡萄牙传教士徐日昇"论律吕不合",后来到钦天监又因制造"冲天炮"与传教士南怀仁有隙,南怀仁"诬其通日本"③。康熙皇帝轻信谗言,将戴梓充军辽东。78 岁时,戴梓获赦返乡,途中病死。

第三节 传统成衣匠到现代企业家叶成忠

一、油坊学徒与裁缝店成衣匠

叶成忠,字澄衷,浙江镇海人,生于道光二十年六月二十日(1840 年 7 月 18 日),卒于光绪二十五年十月初三日(1899 年 11 月 5 日)。成忠六岁丧父,兄弟姐妹五人均未成年,靠母亲洪氏日耕夜织艰难度日。因家贫,成忠九岁才入读村塾④,十一岁便辍学到油坊当学徒。为孝敬寡母,成忠忍受着油坊主刁蛮羞辱,但私下却发誓:"男儿不能立名建业,日逐巡陇亩间,宁非自误耶!"⑤咸丰四年(1854 年),14 岁的成忠被族叔叶启信带往上海学做成衣匠,半年后离开裁缝店到法租界杂货铺当学徒。

"十一岁的时候,他进入了邻近的油坊做雇工,过了三年雇工生活,终以待遇过苛辞去。离油坊后,生活更苦,甚至无以为生。同乡倪先生哀怜他的遭遇,又敬重他的诚实,便邀他来上海。当时从镇海来上海仅需旅费两千文,可是这两千文旅费,也还是他的母亲用田中秋禾抵押得来的。这种艰苦的境遇和磨折,又正是他日后努力奋斗成就事业的动力。到上海后倪先生便荐他到法租界某杂货店里去当学徒。这时候正当鸦片战争之后,帝国主义者已用炮舰闯进了我国的门户,上海亦已开辟为商埠,黄浦江中外商船舶麇集,他每日清晨驾一小船载杂货往来外商船舶间叫卖。回店后,还要洒扫做饭。终日没有片刻的休息,他在这样的生活状态下过了三年,又因店主的昏聩而辞去。这时候他已经是十七岁了。三年的学徒生活,使他学得谋生的门径,更确定了他的独立生活的决心。所以他这一次离开杂货店,便正是他独立生活的起点,也便是他事业的开头。脱离杂货店后,他仍旧日驾一小船,往来浦江中叫卖,刻苦耐劳,和从前在店时一样。这样又过了很久

---

① 昭梿辑:《啸亭杂录》卷 9,"戴学士"条,收于《笔记小说大观》(第二十七编),台北新兴书局有限公司,1979 年,第 4611—4612 页。
② 纪昀:《阅微草堂笔记》卷 19"滦阳续录一",凤凰出版社,2007 年,第 379 页。
③ 徐柯:《戴文开制军用品》,见《清稗类钞》第 17 册"工艺类",中华书局,1984 年。
④ 辜鸿铭:《张文襄幕府纪闻·叶君传》,见《笔记小说大观》(第四编),台北新兴书局有限公司,1978 年,第 5886 页。
⑤ 蔡冠洛:《清代七百名人传》(上),北京市中国书店,1984 年,第 630 页。

的时候,他更学会了经商的本领。"①

当时上海开埠不久,洋商纷纷前来抢滩,黄浦江中洋船拥挤,客商船员上下均由舢板船接送,舢板船生意便应运而生。铺主让成忠白天驾舢板船"往来浦江,与番舶交易",夜晚归店承担焚烹之役②。三年下来,叶成忠既学会了洋泾浜英语,又锻炼出贸易机智才干,还积攒了独立营生本钱。17岁那年,成忠买下店主舢板船,独立向外轮供应日用杂货,兼营外商过往摆渡业务。一天,英国洋行经理劳勃生将皮包遗失在渡船上,内有大量钱票,成忠拾到后竟日寻找失主予以归还。失主劳勃生抽出大叠钞票表示感谢,成忠不但分文不收,还声称理应这般,说完就开船离去。劳勃生深感其诚,便联络英国领事馆对成忠颁发特许证书:"兵舰重地,不许小贩驻足;汝诚实,准一人贩卖勿禁!"有此特许证,成忠得以做"一揽子"交易,凡是洋船上所需要各种货物统由他供应,船上进口五金杂物也由他承包设摊出售。

二、"五金大王"与民族企业家

同治元年(1862年),在劳勃生的帮助下,叶成忠于虹口美租界开设了"顺记洋杂货店"商号,为上海第一家华人五金商店。规模虽小,但成忠节衣缩食,与佣工同苦乐,又善于择人任事,店业不断扩大。不久便移"顺记"总店于百老汇(今大名路),并"延西师,聚贾人子,教异国方言"。沈葆桢与左宗棠在福州设船政局,其中外语翻译人才强半出自上海老顺记③。与此同时,成忠又对商号经营管理进行改革,在资金上确立了同业拆借制度,使资本越做越大,发展出覆盖五金、机械、钢铁直至军需器械等庞大生意,开设众多分号,赢得"五金大王"称号。

叶成忠坚持诚信经商和宽厚待人,在宁波商帮中一直流传"做人当如叶澄衷"的谚语。良好声誉迎来商业机缘。当时正急于在中国扩展火油(煤油)销售的美孚石油公司慕名而来,主动以优惠待遇请"顺记"作上海推销煤油的独家华商字号。于是,叶成忠以Ching thong(澄衷)商号名义与美孚石油公司签订了长期经销合同。从此,顺记不但成为经销五金、火油、洋烛、洋火、洋皂等进口商品的"五洋商号",而且陆续于南京、杭州、汉口、苏州、宁波、天津等地开设南顺记、北顺记、新顺记、义昌成等新商号,分号遍及全国,形成密布通都大邑和各地乡村的层层销售网。人称"凡西人通商所在,无不有君(成忠)之分肆"④。不独五金业权利独享,其他行业之土货洋货,欲销行内外各埠者,价格高下也视成忠为转移⑤。

在同外商交往中,叶成忠认识到,不发展工业便不能抵制外货侵入,只有工业振兴才能开展商业竞争。光绪十六年(1890年),叶成忠在上海创办燮昌火柴厂。最初投资白银5万两,后增至20万两,工厂原料购自欧洲和日本,每日生产50箱。光绪二十年(1894年)创办纶华缫丝厂,厂址设在上海老闸北,资本白银10万两,是我国早期民族资本中最大的缫丝厂之一。在此之后,叶成忠

---

① 黄警顽、赵鸣:《杨斯盛、叶澄衷先生合传》,新青年书店,1936年,第43页。
② 清史委员会编:《清代人物传稿》(下编)卷4,辽宁人民出版社,1988年,第308页。
③ 黄警顽、赵鸣:《杨斯盛、叶澄衷合传》,新青年书店,1936年,第52页。
④ 俞樾:《春在堂杂文》卷6,沈云龙主编:《近代中国史料丛刊》第412册,文海出版社,1971年,第2363页。
⑤ 蒋维乔:《近世兴学三伟人》,《教育杂志》,1909年第7期,商务印书馆,第16—19页。

与严信厚、徐杰淦、郑观应等著名绅商计议集资创办福建南太武煤矿,各认股5万两。光绪二十三年(1897年),叶成忠与宋炜臣在汉口合资创办燮昌火柴厂分厂,投资30万两,雇工一千余人。又合资创办苏州燮昌火柴分厂,均为中国早期民族资本中的大企业①。

办厂同时,叶成忠还将经营商业所获利润投资于金融业。在上海、镇江、杭州、芜湖、湖州等地开设大庆元票号、升大、衍庆、大庆号钱庄,均用叶承永号名义。他又与序春荣合股开办余大、瑞大、承大、志大等钱庄。这些钱庄可以做数十倍于其资本的生意,放账多至数百万。后来钱庄越开越多,最盛时竟达108家。光绪二十二年(1896年),盛宣怀筹备建立中国通商银行,指派叶成忠、张振勋、严信厚、朱葆三等人担任总董,叶成忠的势力又渗入近代银行业。从此"镇海叶家"名噪一时,成为当时著名的钱庄资本家家族集团。

此外,叶成忠还独资创设三元保险公司,还购买了百余艘沙船经营运输业,并创建树德地产公司大量购置土地从事房地产生意。他审时度势,善于机变,敢于开拓为天下先。大胆投资新兴行业,做贸易,办实业,搞金融,经营范围广布于五金、煤油、机器、钢铁、洋烛、罐头食品、火柴、钱庄、运输、保险等领域,无不获利巨厚。最后"累积资产至八百万两"②,成为民族工商业巨子。

三、乐善好施与创办澄衷学堂

发达后,叶成忠乐善好施,热心社会公益事业,被誉为"首善之人"。他兴资通水利,修桥铺路,深得人望。他先后出资建立"忠孝堂"、义塾、义庄、牛痘局、"崇义会"、"广益堂",赈济贫苦,抚恤孤寡。对贫民赈济衣、米、药物、棺木。"奉有饥,首出巨金赴赈"。"晋、豫、燕、鲁诸省,暨苏之淮、徐,浙之新昌、嵊县,先后告饥,靡不输财足赈。"③因屡屡输财赈灾,光绪十四年(1888年)清政府颁"乐善好施"、"勇于为善"匾额对其嘉奖,并荣获二品顶戴候选道及花翎。在其企业内部,他特倡捐二万金建"怀德堂",专门养育同业贫弱子女。凡其肄业中执事,身后或有孤苦无依者,成忠皆岁时存问,俾免饥寒。当时民谚曰:"依澄衷,不忧穷。"④

成忠自憾少年孤贫失学,又亲眼目睹西方殖民势力侵略中国,因此立志兴办教育,培养人才,振兴中华。他认为"兴天下之利,莫大于兴学"。他于同治十年(1871年)创办的叶氏义庄及义塾(位于现宁波市镇海区庄市叶家村),曾先后更名为叶氏中兴学堂、叶氏中兴学校、叶氏中兴小学,后与庄市中学合校为中兴中学。叶氏义庄及义塾创办百余年来,培养出包玉刚、邵逸夫、包从兴等诸多宁波名人,被誉为"宁波帮摇篮"。

光绪二十五年(1899年),叶成忠又捐道契地二十四亩八分五厘四毫为校址,规银十万两充办学费,在虹口区东南隅创办澄衷学堂。据《清稗类钞》记载:

慈溪叶成忠既以居积致富,自恨早岁失学,慨然有启迪童蒙之志。爰于上海张家湾捐地一区,都二十九亩三分八厘,值银十万两,并出规银十万两,谋建校舍,俾寒畯子弟咸来就学。方庀材,忽

---

① 清史委员会编:《清代人物传稿》(下编)卷4,辽宁人民出版社,1988年,第312页。
② 中国人民银行上海市分行编:《上海钱庄史料》,上海人民出版社,1960年,第743页。
③ 黄警顽、赵鸣:《杨斯盛、叶澄衷合传》,新青年书店,1936年,第52页。
④ 赵尔巽:《清史稿》第45册卷286《叶成忠》,中华书局,1977年,第13813页。

逝世,资用不给,长子贻鉴复出十万续之。校舍始构,贻鉴弟六人,复出金十万,佽常年经费。即以成忠之字,名曰澄衷学堂。经始于光绪庚子九月,落成于辛丑二月。当是时,学部未立,风气未开,人人以学校为诟病。有志之士,建学舍以奖励后进者虽踵相接,以资不继而卒垂成垂败者,又复前后相望。成忠独毅然决然,出巨资款以导风气之先焉。①

澄衷学堂建成时,叶成忠请时贤刘葆良代写堂联曰:"余以幼孤旅寓申江,自伤老大无成,有类夜行思炳烛;今为童蒙特开讲舍,所望髫年志学,一般努力惜分阴。"②澄衷学堂是上海第一所由国人开办的班级授课制学校,初名"澄衷蒙学堂",后继增中学、商学、师范等。学生常数百人,毕业生为世效用者踵相接③。澄衷学堂首任校长蔡元培立"诚朴"为校风,胡适、竺可桢等著名学者皆曾就读该校。是为现上海市澄衷中学之前身。校内有民国十九年(1930年)树立的叶成忠全身铜像。

第四节　传统工匠到现代"工界伟人"杨斯盛

一、由传统建筑工匠发迹

杨斯盛,字锦春,川沙厅(现上海浦东)人,生于咸丰元年十月十二日(1851年12月4日),卒于光绪三十四年四月三十日(1908年5月29日)。杨斯盛父母早亡,童年便去上海当建筑工匠④。

初到上海习泥水匠技艺时,杨斯盛才13岁。他聪明好学,不仅勤奋学习建筑技术,还认真习说英语,主动结识欧美人士,先后在海关及西人住所从事房屋修建,很快熟悉西方近代建筑技术,并能操英语与洋人对话,认识欧美人甚多,尤与英商公平洋行大班阿摩尔思关系密切⑤。光绪六年(1880年),得阿摩尔思帮助,创设上海近代建筑史上第一家中国营造厂——杨瑞泰营造厂,按照西方"公司"方式承建业主工程。杨斯盛以颖敏巧思称著于同业。当时市场上有一批国外进口的窗户玻璃,因尺寸比一般窗框设计缩小一圈,无人肯要,他便用廉价全部买下,在玻璃四周镶一圈木边,然后用到住宅工程上,大受业主欢迎。

光绪十七年(1891年),英租界当局计划修建上海海关大楼。新楼设计一幢三层,顶部有钟楼,为当时上海规模最大之西式建筑。招商投标公布,独斯盛一人中标。大楼于光绪十九年(1893年)落成竣工(位于中山东一路13号,现仍为上海海关驻地)。该建筑构筑精致,巍峨牢固,既令中外

---

① 徐柯:《清稗类钞·叶成忠为沪上商雄》,中华书局,1981年,第561页。
② 胡复编,常江点校:《古今联语汇选》(第5册),西苑出版社,2002年,第110—111页。
③ 徐柯:《清稗类钞·叶成忠为沪上商雄》,中华书局,1981年,第561页。
④ 黄警顽、赵鸣:《杨斯盛、叶澄衷合传》,新青年书店,1936年,第5页。
⑤ 据杨斯盛后人传:某日杨斯盛捡到一只皮夹,内有大量银票。他等待三天,等到了失主阿摩尔思。阿摩尔思激动地说:"杨先生,您是我梦中的上帝!您是我有生以来遇见的第一位最诚实的人,最好的中国人。"从此两人情同手足。参见黄警顽、赵鸣的《杨斯盛、叶澄衷合传》,新青年书店,1936年,第24页。

同业叹赏,又使斯盛业务日盛,家资日富①。英商爱尔德洋行慕名聘其为打样间(建筑设计)负责人②。

杨热心帮助同业,为同业所敬重。王发记营造厂承建汇中饭店(今和平饭店南楼),为上海首幢安装电梯的砖木结构房屋,建筑难度高,杨毅然为王发记担保,并帮其解决了地基倾斜的技术难题,使工程顺利竣工,大受同业敬重。

二、近代上海建筑界代表和"工界伟人"

1894年至1895年间,杨斯盛主持重修"鲁班殿",并于1898年召集同业会议,筹建水木工业公所。光绪三十二年(1906年),杨斯盛再度邀集同业,请学者黄炎培莅会演说,倡议组建同业公所,提出公所宗旨:"订同业之规则而和解其争讼","给医药,施棺椁"等,筹集两万元开办费,定于公所下设立小学和艺徒学校,以培养专业建筑人才③。营造厂经营之初,斯盛便着力培养高徒,凡事择人而任,得一人则资助之,使就其所长,自立门户,因此造就出一批建筑人才,如顾兰洲(后自开顾兰记营造厂)、赵增涛(后自开赵新记营造厂)、张来堂(后开张兰记营造厂)等,形成上海建筑界"浦东帮"。光绪三十四年二月二十六日(1908年3月28日),同业共推杨斯盛为水木工业公所领袖董事。从此,杨斯盛成了上海建筑行业的领袖,被称为"近代上海建筑界的代表"和"工界伟人"④。

当了上海建筑行业领袖后,杨斯盛更加积极学习文化知识,提高自己文化素养。当时经常与杨斯盛交往的著名教育家黄炎培记载说:"先生不多识字,仅能阅普通笔札,然吐属恂恂儒雅。年三十后令友人授之读。暇则琅琅背诵,事颇为人所艳道。能操英语,识欧美人颇多。"⑤当时的另一位文化名人胡适也有不少杨斯盛的记述,他曾夸奖杨斯盛的学习能力说:"杨斯盛先生有几种木事:第一样天资极高,他原是没有读过书的,后来不单能读中国书,并且能说英国话;第二样见识甚好,办事极有决断。有了这两种本事,办事自然容易,再加以一种坚忍的气概,独立的精神,自然天下无难事了。"⑥

由建筑起家并积聚资金后,杨斯盛开始兴学助教。"尝自悲因贫失学,比富,慨然有兴学之志。光绪二十八年(1902年),诏废科举,设学校。曰:'吾蓄志毁家,以育材救国,今其时矣。'""见贫人子弟恻然念之,因有教育普及之志。"⑦他在《捐产兴学启》中说:"现在国家是这样的衰弱,这样的危险,我常常听见许多名人说,要救国一定先要兴办教育。因此,我想我也是一个国民,我所有的家产,与其传给子孙,养成他们的依赖性,不如拿它来兴办学校,完成我国民一分子的义务。"⑧于是

---

① 黄警顽、赵鸣:《杨斯盛、叶澄衷合传》,新青年书店,1936年,第5页。
② 上海地方志编写组:《上海建筑施工志》《杨斯盛传》,上海社会科学院出版社,1997年。
③ 范金民:《清代江南会馆公所的功能性质》,《清史研究》1999年第2期。
④ 何重建:《上海近代建筑业的渊源及形成》,《上海地方志》,1994年第1期。
⑤ 黄炎培:《续杨斯盛先生言行记》,《申报》,1908年6月9日第2版。
⑥ 胡适:《胡适文集》第3卷,北京燕山出版社,1995年,第58页。
⑦ 章梫:《一山文存》,见沈云龙编的《近代中国史料丛刊》卷329,文海出版社,1971年,第283—285页。
⑧ 黄警顽、赵鸣:《杨斯盛与叶澄衷合传》,《杨先生的兴学宗旨书》,新青年书店,1936年,第13页。

开始毁家兴学，先捐银作川沙城办学经费，并在家族祠堂办义塾。光绪二十九年（1903年）春捐款帮助黄炎培筹建川沙小学。同年六月，黄炎培因宣传民主思想被清南汇知县逮捕，斯盛巨款营救，并资助黄到日本避难。对黄炎培教育救国之理想，斯盛积极实践，不遗余力。他说："教育为救时唯一办法，斯言良信。"光绪三十二年，江苏学政唐景崇特疏请优奖，诏下学部议。景崇驰书索斯盛行历，谓上意嘉悦，且受上赏。斯盛曰："吾行吾志耳，岂博浮名哉？"婉辞谢之。"师范毕业，斯盛赠词，浦东中学开课，斯盛谆谆以勤朴为诸生戒。"①

三、建同业公所和创办浦东中学

光绪三十年（1904年），杨斯盛借上海蔓盘路（今新昌路）新建别墅为名，独资兴办广明小学。后又增设广明师范讲习所，专门培养师资。"又建小学于川沙之青墩，经费皆独任之。一时教授，皆知名之士。课程井然，大江南北，求学者争赴之。五年之间，捐金十八万有奇，戚友族党，咸訾为狂，不顾也。"②当师范生毕业时，他谆谆赠词曰："苟教员一计较束脩，必大增生徒学费，无力者就业益不易，坐是教育无普及望，于心安乎？""谓教育普及，国庶可强，诸子当以斯旨济世，若斤斤计禄，使贫困学者，莫远其志，非所望也。"第二年（光绪三十一年，1905年），杨斯盛又投资16万元在浦东六里桥购地64亩建筑校舍，筹建浦东中学。三年后学校落成，定名"私立浦东中学"，同时设附属小学，聘黄炎培为首任监督（校长）。杨斯盛在《定学校基金额、订总章程及校董会规则，请两江总督、江苏巡抚、江苏布政司、江苏提学使、苏松太道、松江府、川沙厅、上海县备案禀》中曰：

窃职少起贫贱，长习工商，自憾读书之不多，又慨乡邻子弟之失学。常思补救最要之策，必以教育普及为先。光绪三十年（1904年）七月，就上海公共租界新马路寓所，捐办广明小学，定额四十名，礼聘名师，朝夕讲解，颇收成效。顾念职浦东人也，应为浦东尽义务。爰议设浦东中学，仍附属高等小学、初等小学，庶几浦东民智之开通，人格之完备。三十一年在上海县境六里桥南购地三十余亩，作为校舍基地。……通计五年之内，除别墅、家祠两项财产不计外，由职捐充学堂费用者，前后共合库平足银十九万三千一百四十两。职规划已定，志愿已遂，而财力已殚，精神亦渐耗矣。职窃维事计久长，固在立法，尤在司法者之得人。昔人所谓，有治人无治法也。且职毁家兴学之忱，非为子孙计也。职处置家事，切嘱后世子孙，不得干涉校务。而主持校务之权，悉以委之校董。查有前广东优贡知县李钟钰、举人优贡知县姚文楠、举人同知秦锡田、同知衔王文孝、举人黄炎培、副贡顾次英、美国哈佛大学堂留学生陈容、附生陆家骥、附生张志鹤、附生孟乃钊等，方廉公正，久为乡里所推崇，尤职生平所钦重。职皆请为校董，必能为职尽心。校董即以十员为定额，一员退职，由九员公举足额。似此贤能递嬗，久远可期。敢竭野人献曝之诚，上应圣代育才之诏。③

---

① 黄炎培：《杨斯盛先生言行记》，《申报》，1908年6月8日第4张第2版。
② 台湾"故宫博物院"典藏清史馆档：《货殖列传稿·杨斯盛传记资料》，转引自庄吉发第二届清代档案国际学术研讨会论文《清史馆与清史稿：清史馆未刊纪志表传的纂修及其史料价值》。
③ 朱有瓛：《中国近代学制史料》第2辑（上），《杨斯盛定学校基金额、订总章程及校董会规则，请两江总督、江苏巡抚、江苏布政司、江苏提学使、苏松太道、松江府、川沙厅、上海县备案禀》，华东师范大学出版社，1987年，第467页。

在浦东中学开学典礼上,杨斯盛提出:"学生是中国的主人翁,那么,学生责任,就是担当中国未来的一切事业。担当事业,要用全副的精力,一种是精神的担当,一种是体魄上的担当。换一句话说,就是要注重智育德育。"同时向学生提出"勤、朴、诚"三大学养要求,宣布以"勤、朴"两字为校训,并强调:"我们中国,因为不勤不朴,才弄得这样衰弱。我希望,本校诸位,洗雪这个耻辱,做社会的模范!"①

杨斯盛对学校管理非常关心,常到学校和师生交谈,凡集会必登堂演讲。学校很快办得如火如荼,名噪全国,享有"北南开、南浦东"之盛誉。江苏省学政唐景崇到浦东中学视察,奏请学部奖励,斯盛谢绝曰:"捐资兴学,吾之素志,岂博浮名哉!"②

兴学助教之外,杨斯盛还热心社会公益事业。当时浦东一些绅董设立路政局,企图筑路以抗拒外商,拟向百姓抽取渡捐费充筑路开支,结果导致民众大哗。斯盛冒险劝散众人,宣布自出全部捐费。为方便居民生活,斯盛招集同业出资筑洋泾至陆家渡碎石路(今沈家弄路)十余里,同时捐资创建上海南市医院(今上海市第二医院),改造浦东严家桥、六里桥,修筑黄家渡路及南码头至艾家坟石路(今斯盛路)二千八百余丈。他还多次捐重金赈灾,如光绪二十一年(1895年)捐资直隶赈灾,光绪二十五年(1899年)捐资湖北赈灾,光绪二十九年(1903年)捐资山东赈灾。光绪三十一年(1905年),创议同业捐款修筑川沙海塘,他自己带头捐银三千元,又另募两万余元,皆"假董而不居其名"③。

杨斯盛很注重维护民族利益和国家主权。英国欲修筑并强占苏杭甬铁路,他反复陈述利害,以大义呼吁民众,谓:"路不自筑,以财乏耳,如能集资,何患外国觊觎?吾家虽破,犹愈于亡。"言间涕泪交下,同业无不感动。言毕带头斥万金购买路股,同业应者云集,认购股份,一时集资达数万股④。

杨斯盛生性孝义,穷困时每念及父母棺柩未葬,曾祖父母、祖父母灵柩未安,常泪下不已。他常常激励自己:"凡事想到必做到!"后来有了积蓄,便购地营葬,并建祠筑墓,广植松木,春秋祭拜,毕诚毕敬。同时,安葬同族无后者二十人,并出资为遇难革命家邹容下葬(光绪三十一年);为聋哑族弟杨斯茂娶妻营室,并分田百亩与之,抚养侄儿如己出;还购置祠田四百余亩以助养贫苦族人⑤。

因长年呕心沥血,杨斯盛中年便积劳成疾,光绪三十四年四月三十日(1908年5月29日)长辞于宅邸,享年57岁。临终前,他向黄炎培倾吐自己办学遗憾,曰:"余于校务无他憾,但憾未能悉免诸生学费。苟天假余年,以余工业、商业上基本之名誉,岁入且巨万,誓必悉以付吾校及其余公益。"⑥临终之际,他又凑银十二万两作为浦东中学基金,并在遗嘱中告诫后人:"创业不易,守成亦难。自立者存,倚赖者败。愿我后人,经营实业,注重公德,以勤俭持身,以谦和接物,各尽国民之

---

① 黄警顽、赵鸣:《杨斯盛与叶澄衷合传》,《杨先生的兴学宗旨书》,新青年书店,1936年,第12页。
② 章楳:《一山文存》,见沈云龙编的《近代中国史料丛刊》卷329,文海出版社,1971年,第283—285页。
③ 黄炎培:《八十年来》,文史资料出版社,1982年,第50页。
④ 钱仪吉、缪荃孙、闵尔昌:《清代碑传全集》第55卷,上海古籍出版社,1987年,第1591页。
⑤ 汪兆镛:《清碑传合集》第45卷,上海书店影印出版,1988年,第4509页。
⑥ 黄炎培:《杨斯盛先生言行记》,《申报》,1908年6月8日第2版。

义务,毋止图一己之晏安。"①其遗产仅一小部分留给儿女作生活、学习费用,余者悉交校董管理,还特别告诫后代不得干涉校务。

杨斯盛原本读书不多,但能阅读一般笔札,谈吐举止皆称儒雅。三十岁后,恳请友人教他读书,暇则琅琅背诵,学识益为人称道。他善于治家理财,但囊无私蓄,日有所需,均向管家支取,且一一笔录于簿②。宣统二年(1910年),经江苏巡抚程德全专折奏请,清廷旨令将斯盛事迹付史馆立传,并赠盐运使头衔③。民国六年(1917年),民国政府褒扬其"挺身江东,毁家兴学"之丰功伟业,令立斯盛铜像于浦东中学。著名学者胡适曾著文称斯盛为"中国第一伟人"④。

---

① 黄警顽、赵鸣:《杨斯盛与叶澄衷合传》,《杨斯盛先生遗嘱》,新青年书店,1936年。
② 黄炎培:《续杨斯盛先生言行记》,《申报》,1908年6月9日第4张第2版。
③ 《清实录》(六〇)卷53《宣统政纪》,中华书局影印版,1987年,第967页。
④ 胡适:《中国第一伟人杨斯盛传》,《胡适文集》卷3,北京燕山出版社,1995年,第58页。

第十五章　江南传统工匠群体之角色转换

第一节　明清江南及其周边地区工匠队伍壮大

根据朱启钤先生的《哲匠录》、《女红传征略》①，田自秉、华觉明先生的《历代工艺名家》②，喻学才教授的《中国历代名匠志》③等书统计。自先秦至清末民初约三千年中，中国历代工匠在册人数的各组数字中都显示明清江南及其周边地区工匠队伍空前壮大，发展速度和规模超过全国其他地区。

一、《中国历代名匠志》所收工匠人数

喻学才主编的《中国历代名匠志》一书以时代为纲，以名匠姓名为目，以名匠生平事迹为内容。资料来源于以下材料：一史，二方志，三族谱，四家乘，五经，六子，七集，八出土文物，九金石录，十古人日记，十一书信，十二小说，十三戏剧，十四诗词，十五政府档案，十六报纸，十七笔记及其他。此书是以建筑名匠为主，适当兼顾城市规划、河工、水工、雕塑等方面成就卓著者，也收入了一些对国计民生贡献较大的城市规划官员、治河名臣、家具设计者等，收录的范围比较宽泛。共收录自上古迄至辛亥革命的历代名匠712人，剔除其中年代与籍贯不明者165人，剩余为547人，明清时期为282人（见附表），占总人数547人的51.55%，其中江南及其周边地区86人（见下表），占这282人的30.50%。

---

① 朱启钤：《美术丛书》第四集第5辑，神州国光社，1936年。
② 田自秉、华觉明主编：《历代工艺名家》，大象出版社，2008年。
③ 喻学才主编：《中国历代名匠志》，湖北教育出版社，2006年。

插表25：《中国历代名匠志》所收工匠数量变化表

	明代以前	明代	清代	籍贯及年代不明者
全国	265	181	101	165
江南	27	42	44	0
江南占全国百分比	10.18%	23.20%	43.56%	0

二、《历代工艺名家》所收工匠人数

田自秉、华觉明主编的《历代工艺名家》收入路甬祥总主编的《中国传统工艺全集》一书[①]。该书收录了古代至20世纪60年代出生的工艺名家和工匠，涉及工具及机械制造、纺织、陶瓷、营造、木作、漆艺、金属工艺、化工、造纸、刊刻、印刷、乐器制备、装裱、文物修复、园艺、笔墨砚制、风筝、面人、皮影、竹刻等民间工匠，除去20世纪20年代后工匠，总数3940人。剔除其中籍贯年代不明者，及一些帝王将相和非工匠出身的学者和官员，余2002人。其中明清1270人，占古代至民国初年工匠总数的63.44%，而明清江南及周边地区771人，占明清时期工匠总数的60.33%。

插表26：《历代工艺名家》所收工匠数量变化表

	明代以前	明代	明末清初	清代	籍贯及年代不明者
全国	732	415	10	845	1938
江南及周边	未统计	266	8	497	0
江南占全国百分比	未统计	64.1%	80%	58.82%	0

三、《哲匠录》所收工匠人数

《哲匠录》收录自唐虞迄至明清间的中国哲匠，分营造、叠山、锻冶、陶瓷、髹饰、雕塑、仪象、攻具、机巧、攻玉石、攻木、攻竹等类。凡十四类，其收录全国营造与叠山类传记人物共249人，去除59位籍贯未详工匠，共有190人。其中明清时期为100人（见附表），占总人数的52.60%，其中江南及其周边地区50人（见下表），占这100人的50.00%。《哲匠录》收录标准为"不论其人为圣为凡，为创为述，上而至王侯将相，降而梓匠轮舆，凡于技艺上曾著一事，传一艺，显一技，立一言者，以其于人类文化有所贡献。悉数裒冣。"[②]书中把王侯将相和梓匠轮舆一般看待，凡是对营造之事有所贡献，有一技之长者都尊之为"哲匠"。罗哲文先生在序言中盛赞此书是："理论与实践，士与匠结合的成功范例"。数据表明：明清以来，江南地区建筑匠师的数量在全国所占的比重逐代上升，其中，宋代是变化的关键时期，清朝臻于全盛。尽管《哲匠录》对建筑匠师的收录不一定全面，但反映了江南建筑工匠地位之变化趋势，以及明清时期江南建筑师地位之显赫。

---

① 路甬祥总主编：《中国传统工艺全集》，大象出版社，2008年。
② 朱启钤等：《哲匠录》，中国建筑工业出版社，2005年。

第十五章 江南传统工匠群体的角色转换

插表 27：《哲匠录》明清江南营造与叠山类工匠表

序号	姓名	年代	职务	籍贯	业绩	文献记载
1	陆贤	明洪武	营缮所丞	无锡	建宫殿	（康熙）《无锡县志·人物志·方技》
2	陆祥	明	工部侍郎	无锡	建宫殿	同上
3	柏从桂	明洪武间	营造	宝应	筑塘岸	（康熙）《保应县志·人物志》
4	严震直	明洪武间	工部尚书	乌程县	修广西兴安县灵渠	《明史》卷151·本传
5	袁义	明	楚雄卫指挥使	庐江	垦田筑堰，治城郭	《明史》卷134·宁正传
6	陈珪	明初	都督佥事	泰州	营建北京宫殿	《明史》卷146·本传
7	陈瑄	明永乐间	总兵官	合肥	筑治捍潮堤	《明史》卷153·本传
8	杨青	明永乐间	工部左侍郎	金山卫	制内府新墙壁	（康熙）《松江府志·艺术传》
9	蒯祥	明成祖时	工部左侍郎、匠官	吴县	建北京宫殿	（康熙）《吴县志·人物志·艺术》
10	朱信	明永乐间	户部郎中	华亭	计用砖不失尺寸	（康熙）《松江府志·艺术传》
11	叶宗人	明永乐间	钱塘县知县	华亭	从夏原吉治水	（光绪）《华亭县志·人物志备考》
12	蔡信	明永乐间	工部侍郎	武进	遵信绳墨营建北京	（光绪）《武进县、阳湖县志·人物志·艺术》
13	许从龙	明	营造	昆山	经画石桥	严嵩的《万年桥记》
14	胡瓒	明万历间	江西左参政	桐城	著《泉河史》	《明史》卷223·本传
15	倪元璐	明崇祯间	营造，户部尚书	上虞	筑室	《明史》卷265·本传
16	雷发达	明末清初	营造所长班	居江陵	营建宫殿等	《样式雷考》
17	雷金玉	雍正间	营造所长班	发达子	样式房掌案	《样式雷考》
18	雷声澄	乾隆间	营造	金玉子		《样式雷考》
19	雷家玮	道光间	营造	声澄子	承办营建事业	《样式雷考》
20	雷家玺	道光间	营造	声澄子	承建万寿山等工程	《样式雷考》
21	雷家瑞	道光间	营造	声澄子	南园楠木作	《样式雷考》
22	雷景修	同治间	营造	家玺子	汇集图稿烫样模型	《样式雷考》
23	雷思起	光绪间	营造	景修子	营建定陵	《样式雷考》
24	雷廷昌	光绪间	营造	思起子	参建惠陵等工程	《样式雷考》
25	程兆彪	康熙间	营造	休宁	著《治河书》18卷	《国朝耆献类征初编》卷144
26	嵇会筠	康熙雍正	吏部尚书	江宁	著《防河奏议》	《清史稿》列传97
27	俞兆岳	康熙乾隆	吏部左侍郎	海宁	筑苏松海塘	《碑传集》卷29
28	姚蔚池	乾隆间	营造	苏州	善图样	《扬州画舫录》卷2《草河录下》
29	谷丽成	乾隆间	营造	苏州	内府装修	《扬州画舫录》卷12
30	文起	乾隆间	营造	江都县	精于工程作法	《扬州画舫录》卷12
31	黄晟	乾隆间	营造	歙县	好构名园	《扬州画舫录》卷12
32	黄履暹	乾隆间	营造	歙县	同上	《扬州画舫录》卷12

33	黄履昊、黄履昂	乾隆间	营造	歙县	同上	《扬州画舫录》卷12
34	李斗	乾嘉间	营造	仪征	著《扬州画舫录》	《续纂扬州府志》卷13《人物》
35	杨斯盛	光绪间	营造	川沙	筑洋泾陆家渡	《清史稿》列传285
36	张宁	明太祖时	营造	苏州	修京城	（光绪）《苏州府志》卷146·杂记三
37	鲍彦敬	明洪武间	营造	钱塘	缮修关琴台、二贤祠	（民国）《单县志》卷6·官绩
38	杨麒	明正德间	工部尚书	上饶	尝建卢沟桥	光绪《江西通志》卷158,列传25·广信府
39	秦梁	明嘉靖间	营造	无锡	筑京师外城	（康熙）《无锡县志》卷17·宦望2
40	某甲	清	香山名匠	吴县	造海棠亭	（民国）《吴县志》卷75上·艺术
41	姚承祖	清末民初	营造	吴县	《营造法原》	刘传福的《补云小筑图跋》
42	林有麟	万历间	叠山	华亭	《青莲舫琴雅》	《素园石谱自序》
43	计成	明末	叠山	吴江县	《园冶》	《园冶·自序》
44	陆叠山	明	叠山	杭州	堆垛峰峦	《西湖游览志》
45	张涟	清	叠山	华亭	叠石为假山	黄宗羲的《张南垣传》
46	张然	清	叠山	华亭	布置畅春苑	黄宗羲的《张南垣传》
47	叶洮	清	叠山	青浦	营构畅春园	《柴桑京师偶记》；《国朝画识》卷8
48	李渔	清	叠山	寓金陵	著《一家言》	《麟庆鸿雪因缘图记》
49	戈裕良	清	叠山	常州	建朴园、文园等	《履园业话》艺能·堆假山
50	周师濂	清嘉道间	叠山	会稽	叠浮石,作小山	《碧梧馆业话》

插表28：《哲匠录》营造与叠山类工匠数量变化表

	明代以前	明代	清代	籍贯及年代不明者
全国	90	52	48	59
江南	25	21	29	0
江南占全国百分比	27.78%	40.38%	60.42%	0

四、《20世纪20年代前中国历代名工匠统计总表》所收工匠人数

本书根据朱启钤的《哲匠录》、《女红传征略》，田自秉、华觉明的《历代工艺名家》，喻学才的《中国历代名匠志》，王仲奋的《东方住宅明珠——浙江东阳民居》（天津大学出版社2008年）等书中清末民初以前工匠人数，剔除其中非工匠出身官员，综合整理出《20世纪20年代前中国历代名工匠统计总表》（见书后附表2）。总表中收录自古代至民国初年的历代工艺名家及工匠3930人，剔除其中年代与籍贯不明者1750人，余为2180人。其中明清时期1530人，约占70.18%，而明清江南及周边地区927人，占明清时期工匠总数的60.59%。参见插图30《明清江南及周边各府工匠数量分布图》如下。

第十五章 江南传统工匠群体的角色转换

插表29:《中国历代名工匠统计总表》所收工匠数量变化表

	明代以前	明代	明末清初	清代	籍贯及年代不明者
全国	1751	517	23	990	1750
江南及周边	未统计	303	17	607	0
江南占全国百分比	未统计	58.61%	73.91%	61.31%	0

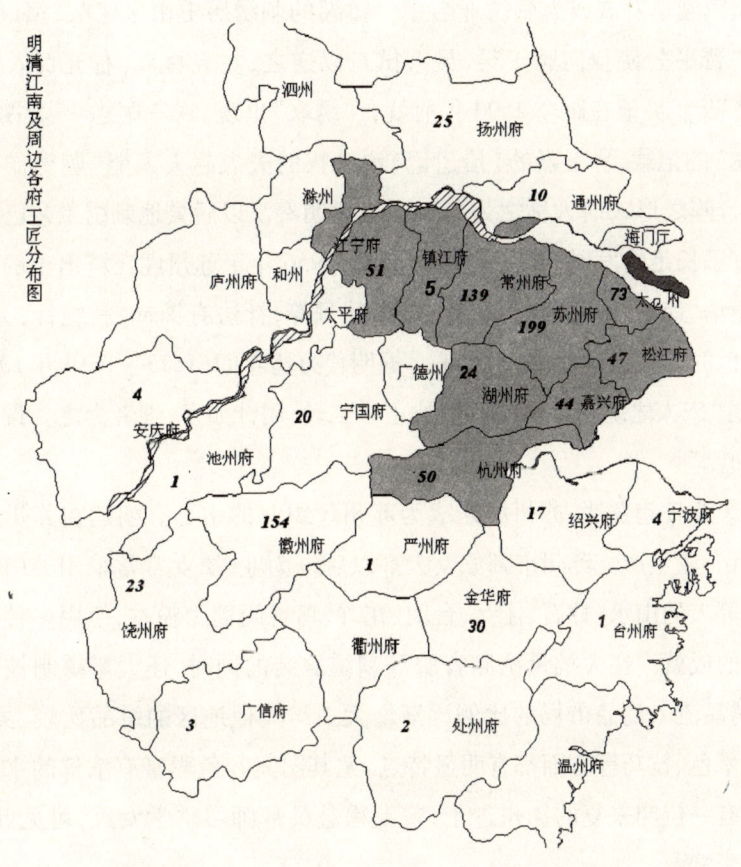

插图32:明清江南及其周边各府工匠数量分布图

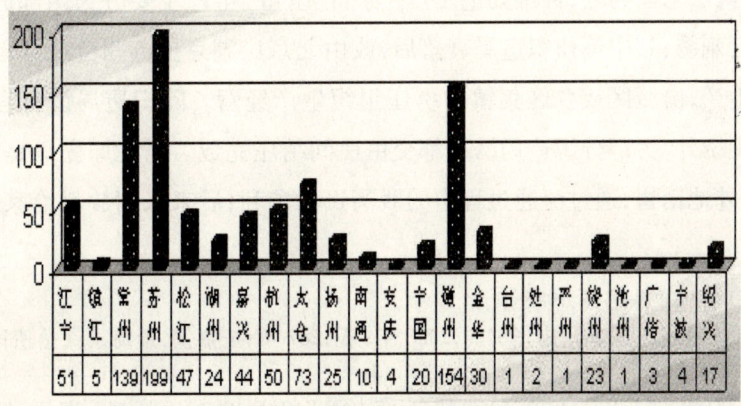

插图33:明清江南及其周边各府工匠数量对比图

第二节　明清以来镇湖镇刺绣业的兴起与发展

明清时期，苏州镇湖镇发展成为刺绣业名镇。镇湖的刺绣历史由来已久，据汉刘向的《说苑》载，早在春秋时期，"晋平公使叔向聘于吴，吴人拭舟以逆之，左五百人，右五百人，有绣衣而豹裘者，有锦衣而狐裘者"①。吴地在距今 2500 年前就有"绣衣"出现。《三国志·吴书·蒋钦传》中有"妻妾衣服悉皆锦绣"的记载，晋王嘉的《拾遗记》说孙权的夫人赵夫人能"刺绣作列国方帛之上，写以五岳河海城邑行阵之形"，时人称之为"针绝"。说明秦汉以后吴地刺绣工艺已相当高超②。宋代，吴地苏绣技艺有了长足的发展，出现了生产作坊。1956 年于苏州虎丘塔出土的北宋刺绣经袱，古朴大方，图案有菱华、莲花、缠枝藤、蔓花叶、凤穿牡丹等，针法有铺针、斜缠针、另接针、施针等，并能运用三色线晕色的方法，具有较高的水平。据明代万历年间（1573—1619 年）苏州人张应文所著的《清秘藏》中说："宋人之绣，针线细密，用绒止一二丝，用针如发，细者为之。设色精妙，光彩射目……佳者较画更胜。"③

明代苏州的丝织业日趋发达，苏州城东成为苏州丝织业的中心。朝廷在苏州设织染局，下设绣作，集中绣工进行专业生产。苏州市郊妇女大都以刺绣为业，绣女常常采用吴门画派代表沈周、唐寅、仇英、文徵明等人的山水、林石、仕女、台阁、花卉、鸟兽画稿为粉本，使用多种色线精心绣制，艺术上达到了很高的成就。在大批量绣制官服等刺绣服装的同时，还大量绣制被面、枕套、帐沿、发禄袋等日用品，绣品流入商品市场的比例逐渐增大。与其他地区的绣品比较，吴县的刺绣在原料、色线染制、针法晕色、技巧等方面都有明显特点，尤其图案和色彩富有浓郁的水乡气息，形成地方特色。万历年间有一位叫来复的扬州进士，曾专程赴吴拜师习绣学女红，可见此时吴县的苏绣在外地已有深远的影响④。

清代的苏绣业在明代基础上又有新的发展。"织绣之巧，写生如画，他处所无。小民亦习以糊口，略似纺织等。其法擘丝为之，针细如毫发。"⑤苏州"绣市"生产主要分为两部分：一部分是由官府控制直接为宫廷刺绣，其中苏州织造局衰落后，改由北京广湖京庄苏州分庄办理宫货绣品；另一部分是民间刺绣生产，由城区或乡区集镇的绣庄组织生产经营。除织造局设有宫营刺绣工场、雇佣专业刺绣艺人刺绣外，大部分织造局绣品都交由民间绣庄完成。绣庄原先只是收购家庭绣妇的产品，转手贩运到外地销售，通过流通过程中的贱买贵卖牟利；后来采用放料给家庭绣妇进行加工

---

① 刘向：《说苑》卷 9，中华书局，1985 年，第 13 页。
② 陈寿撰，裴松之注：《三国志》，中华书局，2006 年，第 1287 页；王嘉撰，萧绮录：《拾遗记》卷 8，中华书局，1981 年，第 179 页。
③ 张应文：《清秘藏》，见《四库全书》第 872 册，上海古籍出版社，1987 年，第 15—16 页。
④ 苏州市地方志编纂委员会编：《苏州市志》第 2 册，江苏人民出版社，1995 年，第 145 页。
⑤ 上海县志编纂委员会编：《上海县志》，上海人民出版社，1993 年，第 1218 页。

和给以工价的经营方式,比收购产品更能控制生产者;少数绣庄也自营手工工场,雇佣绣工在场内刺绣,从进料、设计图稿、描底、绣制到出售均由绣庄包办。最盛时期,手工工场式的绣庄可达150家①。辛亥革命爆发后,宫廷用货告停,吴县各乡镇刺绣工艺均出现短时期的衰落。民国十年(1921年)后各乡镇商品绣又日益兴盛,产品以枕套、被面、门帘、床沿、桌帔、椅垫、台布、床罩等为大宗,戏装、神袍、镜袱等绣品的销售也颇可观②。

苏州民谚曰"苏绣在吴县,吴县出苏绣"。吴县是苏绣工艺最大的生产基地,镇湖镇就是吴县众多的刺绣专业市镇之一。如今镇湖镇数以百计的绣庄组成规模化的"绣品街",形成了集刺绣设计、制作、生产、销售、服务为一体的刺绣专业市场。2000年被文化部命名为"中国民间(刺绣)艺术之乡"称号。在其两万人口中,从事刺绣人员已超过万人,仅绣娘(即绣女)就有八千。这八千绣女中,有许多杰出的刺绣专家,都是沈寿的弟子与再传弟子。她们生产技能高,文化水平也高,既能授业传道,又能设计研究并著书立说③。这是镇湖镇绣娘几百年来共同努力的结果,也是沈寿创办刺绣学校大力进行刺绣业职业技术教育的结果,更是镇湖镇绣娘技术转型与角色转换的结果。

第三节 明清丁蜀镇陶艺业的兴盛与发展

丁蜀镇(又称鼎蜀,由鼎山、蜀山和汤镇三部分组成)地处江苏省宜兴市东南,位于长江三角洲腹地的太湖之滨,为苏、浙、皖三省交界处。丁蜀镇西北的黄泥山矿区、镇南的南山矿区、镇西的香山矿区,分别出产甲泥、白泥、嫩泥等陶艺原料,为其陶瓷制造业提供了得天独厚的资源条件。丁蜀镇陶艺业即紫砂陶器制造业,又称紫砂产业。其中的紫砂茶具以造型古朴、质地细腻、色泽浑厚、雕镂精细而著称。一套紫砂茶具通常都是制壶工艺、诗画、印章、图画的有机结合,极富民族文化品位。

丁蜀镇制作陶器的历史可以追溯到石器时代,但从丁蜀镇羊角山紫砂古窑遗址出土的早期紫砂残片看,紫砂陶器生产的年代大约在北宋中期。明代中期以后,紫砂工艺有了新的发展,紫砂陶器制造业名家辈出,各自形成不同的艺术风格。嘉靖至万历年间(1522—1620年),出现了董时朋、董翰、赵梁和元畅等紫砂壶"四大家"。董翰创制菱花壶,赵梁制作提梁壶,都有佳作传世。明末又有时大彬及其弟子李仲芳、徐友泉等陶艺大师出现,并称"壶家妙手称三大"。时大彬(约1580—1619年)是明中期"四大家"之一时朋之子。他改进了整套制壶工艺,开始在壶底上落名款和制作

---

① 苏州市地方志编纂委员会编:《苏州市志》第2册,江苏人民出版社,1996年,第146页。
② 朱小田:《苏州史记》(近现代),苏州大学出版社,1999年,第83页。
③ 参见叶继红的《手工技艺与文化再生——对苏州镇湖绣女及刺绣活动的社会学考察》,南开大学2004级博士学位论文,第33—50页。

年月,确立了至今仍为紫砂业遵行的打泥片拍打镶接和凭空成形的高难度技术体系,堪称紫砂陶艺巨匠①。

清代制壶名手有陈鸣远和时大彬的高足李仲芳、徐友泉、邵文金、邵文银、蒋柏夸等人。陈鸣远,号鹤峰,又号壶隐,是时大彬之后的陶艺名手。他自制自刻,雕镂兼长,善翻新样,作品纤巧有致。所制茶具雅玩,不下数十种,无不精妙绝伦。到清代中后期,紫砂作品不仅为士人品茗首选,而且走上了国际市场,多次在国际展览中获奖。大体自明末至康熙年间,紫砂的制作以纯手工的捏制为主,到雍正、乾隆年间,出现了模制生产,大大提高了制壶工艺的生产技艺。通过对历代紫砂器具样品进行抽样调查:宋中期,即紫砂始创阶段,紫砂泥团颗粒最大尺寸为 0.7—0.5m/m;清朝前期试样平均值为 0.5m/m;而到乾隆年间,泥团颗粒的最大尺寸仅为 0.3m/m,与现代手工几乎完全一致(现代机器精筛的尺寸为 0.15m/m)②。

明末清初以降,丁蜀陶艺业发展的最大特点:一是工艺名家辈出。根据《江苏省制志·陶瓷工业志》编制的《陶艺名人选录》中 20 世纪 20 年代以前的宜兴紫砂陶艺名家统计,100 多个陶艺名人中(详见书后附表 13:《明清宜兴紫砂陶艺名人表》),只有两人是生于 16 世纪 20 年之前的。二是陶艺工匠与知识分子相结合,造就出代代制壶名家,产生了诸多传世佳品,显示了经验与理论结合的新气象。

一方面是知识分子直接参与到紫砂器具的创制过程中。一些文人雅士热心参与紫砂壶的研制工作,或设计图形、撰拟铭文、绘镌纹饰,或亲自搏泥、寄物寓意,骋志抒怀。如"大影壶"上刻有"茶山之美,含土之精,饮其清者,心恬神宁",乃汪森为时大影所撰;"笠荫喝,茶去渴;是二是一,我佛无说",是脍炙人口的"曼生壶"铭;著名画家吴昌硕多为黄玉麟壶拟写铭文,其"诵秋水篇,试中泠泉,青山白云吾周旋",实为妙语巧思③。

另一方面是善制紫砂壶的工匠们也自觉适应市场之需,学习文化,研究书画,请教文人,结交画家,以提高制器技艺。著名的紫砂艺人常常与文人、画家相交,从此"文人壶"大盛,紫砂壶不仅为工匠手制,也交融了文人的智慧。

最典型的工匠与文人合作首推杨彭年与陈曼生。杨彭年,字二泉,清代嘉庆、道光间(1796—1850 年)宜兴制壶名手。他善制茗壶,或浑朴雅致,或精巧玲珑,且善配泥色。"曼生壶"的创作者为清朝著名文人陈鸿寿(1768—1822 年),号曼生,浙江钱塘人,生活在乾隆、嘉庆年间,同黄易、赵之琛等并称"西泠八大家",他文学、书画、篆刻样样精通。他曾在宜兴任过三年县宰。喜爱陶艺和紫砂器,亲临陶工生产现场,手绘十八壶式。与当时宜兴制壶高手杨彭年、杨宝年、杨凤年三兄妹合作,创作出著名的"曼生壶"。虽然文人参与紫砂壶的制作早在明末就已经出现,但是将紫砂茗壶与诗、书、画、印等艺术相结合的风气无疑是陈曼生开拓与推广的功劳。"曼生壶"将多种技术与

---

① 徐珂:《清稗类钞》,中华书局,1986 年,第 4500—4501 页;江苏省地方志编委会:《江苏宜兴县志》,上海人民出版社,1990 年,第 294—295 页。

② 江苏省地方志编纂委员会编:《江苏省制志·陶瓷工业志》,江苏人民出版社,1994 年,第 331—333 页、679 页;丁蜀镇志编纂委员会编:《丁蜀镇志》,中国书籍出版社,1992 年,第 226—272 页。

③ 史俊棠、盛畔松著:《紫砂春秋》,文汇出版社,1991 年,第 254—256 页。

艺术有机结合在一起,蕴含着深厚的文化底蕴;紫砂陶艺也由于文人知识分子的参与制作,被推进到一个全新的发展阶段[①]。

第四节　明清香山建筑帮的兴起与发展

　　香山是苏州城西香山区的统称,面积约40平方公里,包括106个自然村和行政建制上胥口乡的花墩、外塘、梅舍、水桥、香山、郁舍、小横、蒋墩、墅里和光福乡的梅园、塘村、陈华、舟山、黄巨等15个行政村。狭义的"香山建筑帮"仅指苏州香山一带专门从事建筑营造业的农村工匠称谓;广义的"香山建筑帮"则是苏州建筑业工匠的代称,人们习惯上又称其为"苏派",其建筑作品亦被称为"苏派建筑",简称"香山帮"。香山帮是一个集木作、水作、砖雕、木雕、石雕、彩绘等多种工种工艺于一体的建筑营造业群体,其建筑作品具有结构精巧,布局机变;梁架工整,造型轻巧;外观恢宏,内观华丽;色调淡雅,装饰精美等特点,具有浓郁的江南乡土气息和区域特色。

　　一般将明代杰出的建筑大师蒯祥(1398—1481)视做"香山帮"匠人鼻祖。其实"香山帮"在明代以前就已经颇有影响。早在北宋末年,官府于苏州设立应奉局,征调吴郡能工巧匠赴东京营造苑囿,其中就有很多香山匠人。故南宋范成大在《吴郡志》中说:"江南工匠,皆出于香山。"蒯祥的祖父蒯思明、父亲蒯福都是技术精湛、闻名遐迩的木匠师傅。尤其是蒯福,明初以木工得以封官,主持南京皇宫的木作工程,在建筑界很有声望。蒯祥随父学艺,不仅精通本行木工技术,而且对石、土、竹、油诸工种也掌握自如,所以很快便能"主大营缮"。永乐十五年(1417年),成祖朱棣在北京建造紫禁城。蒯祥随父同大批工匠一起被征召到北京,承担皇家建筑的施工任务。从此他从事皇家建筑达半个世纪之久,先后得到成祖、英宗、代宗、宪宗四个皇帝的信任与器重,分别让他负责北京重要的宫殿、陵寝、园囿、衙署、寺庙等重大工程的建筑。到了明宪宗成化元年(1465年)蒯祥年已八十有余,仍然"执技供奉",参加承天门第二次营造活动,被宪宗皇帝呼为"蒯鲁班"。光绪《苏州府志》杂记三引《皇明纪略》说蒯侍郎"子孙世其业",说明蒯祥确是"香山帮"匠人的开山大师。根据《香山小志》记载,差不多与蒯祥同时的一位同乡、金山石匠陆祥也因参与紫禁城的建造有功而官至工部侍郎。(金山位于香山邻近的木渎镇,金山石匠属于香山帮工匠的一部分,以采太湖石与金山石而出名,参与历代著名工程建筑)[②]。从此以后,香山建筑工匠代代相传,出现了许多建筑世家。如:清明村钟家叠假山世家,梅舍村李家,香山西庄徐家,小横山姚家、张家、贾家,蒋墩村朱家等都以水木著称。这些著名的建筑世家和建筑匠师带动了大批乡村劳动力投入建筑业。

---

　　① 丁蜀镇志编纂委员会编:《丁蜀镇志》,中国书籍出版社,1992年,第272—275页;《宜兴紫砂名壶"曼生壶"》,人民政协报,2004年3月25日。
　　② 见胡金楠的《金山石》,苏州市吴中区吴地历史文化研究会,2003年,第59页。

所以,清末香山区"民习土木工作者十之六七"①。

"香山帮"匠人的另一杰出代表是清末民初苏州鲁班会会长姚承祖。他既是建筑大师又是创办木匠子弟学校并登上苏州工业学校讲堂开讲中国民族建筑学的教育家;他不仅继承和发扬了"香山帮"传统的建筑技艺,而且总结历代"香山帮"建筑技术,写成了著名的中国南方建筑学经典《营造发原》一书(详见上编第五章第三节所述)。

可见"香山帮"匠人的技术转型与角色转换,至迟在清末民初已告完成。

第五节 晚清江南工业科技专家与专家群出现

明末清初到清末民初,江南科技专家层出不穷。其中工业科技专家群体的出现无疑是江南传统科技专家及传统工匠的技术转型与角色转换的重要标志。除开其中传统的文人工官类型的科技专家不讲,仅由工匠成长起来的工业科技专家也是代代有名人,行行有名家,形成了工业科技专家群。明代末年漆匠黄成与杨明,明末清初制镜工匠孙云球,清代"样式雷"世家祖孙六、七代匠官匠师,清代后期工业科技专寿、徐建寅父子,清末民初刺绣专家兼刺绣教育家沈寿和建筑名匠兼建筑教育家姚承祖(著名的香山建筑世家)等可为代表。

江南工业科技专家群在明末清初就开始萌生,如在明末江南文人结社风气的影响下,江南东林党和复社、几社成员的子孙就纷纷投入实学并走上学用结合的道路。明中期以来,江南地区实学思潮大兴,形成经世致用和经邦济国的地缘学派,如明代后期的焦竑(江宁人)、何良俊、徐阶(华亭人)、顾宪成、高攀龙(无锡人),徐光启(松江人)、徐霞客(江阴人)、张溥(太仓人),明末清初顾炎武(昆山人)、王锡阐(吴江人)、陈子龙(华亭人)、陆世仪(苏州人),清代的陆陇其(平湖人)、洪亮吉(常州人)、龚自珍(仁和人)、冯桂芬、王韬(苏州人)、薛福成(无锡人)等人,都是江南实学大师。在他们的影响下,江南及其周边地区工业科技研究蔚然成风,所以才有大量的工业科技书产生。

典型的江南工业科技专家群当首推1865年在上海成立的江南制造局及其附设的文化学术机构。洋务运动早期,清政府本着引进西方新式武器来改变中国军事落后面貌的目的,大力发展近代军工企业。江南制造局以其规模之大、发展之快、持续时间之久,成为洋务派所设军工企业的典型代表。

江南制造局一开始雇佣了部分外国技术人员。如1865年购办旗记铁厂之初,即留用原厂人员,和其他洋匠共八人。虽然这些洋匠被称为"所有轮船、枪炮机器,俱能如法制造",但实际上对制造军火和轮船没有一人是技术专家,原厂仅是一家轮船修理厂而已。1867年,制造局移至高昌

---

① 吴县政协文史资料委员会编:《蒯祥与香山帮建筑》,天津科学技术出版社,1993年,第2页。

庙之时,"造炮厂厂长为英人约翰柯温氏(John cowan),为之副者尚有其同国人数名"①。据1872年1月18日捷报所说,将从乌里治枪炮厂的实验部聘来的一位英籍技师,又据1874年2月19日捷报称:"江南制造局在制炮方面的进展,可从制成第一尊乌理治炮看出了,它是一尊十二磅子前膛来福炮……由倍里(A. Bayley)监制。"再据1872年3月14日捷报,在高昌庙制造局新船坞浮门下水一事中,提到设计师史蒂分生(Stephenson)、总监工罗尔斯(Rolls)、梅因兰(Mainland)三位洋人。1876年制造局聘请英国阿姆斯托朗炮厂之督工员麦金泉来华,委以制炮一事。麦金泉去职后,继任者为韦尔毛德氏(Wilmott)。韦氏不久病卒。随后驻英公使曾纪泽于阿姆斯托朗工厂又觅得军械工程师康尼虚氏(Mr. N. E. Cornish,又作柯尼施),委以炮厂厂长。1886年柯尼施制成一百八十磅阿姆斯托朗大炮②。

江南制造局开始了大量引进西方近代工业生产技术与理论技术的历史进程。1868年,聘请英国学者伟烈亚力,美国人傅兰雅、玛高温和克兰雅、林乐知等人翻译西方科技书籍并担任教习。"阿伦(林乐知)博士以英文授,克兰雅博士以德文授,傅兰雅博士以法文授。其所译之书籍,则包赅有专门学术之全部。如医学、化学、算学、天文学、矿学、矿务工程学、地质学造船学、陆海军学、药学等是也。"1875年,又有美国人健姆斯氏(Rey Huberty James),受聘为英文教习(不久辞职)。继之是美国人威廉氏(Rev E. T. Williams)与李佳白博士教英文。傅兰雅博士离职之后,法文教习聘用法律学家鲍安氏(Boyer),"由中国特向巴黎聘至"。鲍安氏去后,"包多氏(Mr. Adolf Bottu)继起而代之,包亦法人,博通欧洲各大国之言语"。包氏辞职之后,"制造局又有皮孛朋氏(Mr. Bebelmann)出现,以继包氏之任。查皮氏原为铁路工程师"③。据魏允恭的《江南制造局记》附图书统计,江南制造局共计翻译西文图书167种,其中可直接指导生产的技术资料文献40种(详见下编第18章第2节)。这些工业科技书的翻译虽然是外国人,但这些外国来的翻译家兼教习大都不太精通汉语,只是进行初步的口译工作,笔述、校对都是中国学者,著名的有郑昌棪、华蘅芳、赵元益、李风苞、王德均、程瞻洛、丘瑞麟、胡树荣、汪振声、徐寿、徐建寅、颜邦固、徐华封、钟天伟、沈善蒸、王汝骧、范熙庸、王季点、华备玉、丁树棠、李乘时、胡瑞麟等人。这些人共集一堂,形成了庞大的工业科技专家学者群体④。他们的学术研究和生产实践活动,对中国工业技术的现代化贡献是空前未有的。其中最有名的代表人物是徐寿、徐建寅父子。

徐寿、徐建寅、徐华封、徐家保、徐尚武、徐申梅、徐申轮等父子祖孙形成了中国著名的工业科技专家家族群,是江南工业科技专家成长的杰出代表。

徐寿,字雪村,江苏无锡人。《清史稿·徐寿传》说:徐寿"生于僻乡,幼孤,事母以孝闻"。徐寿5岁丧父,读书时又逢"东南兵事起,遂弃举业"⑤。青少年的徐寿就喜好上了工匠手艺制作,曾手工制造指南针、象限仪和墨西哥银元。华世芳《记徐雪村先生轶事》说:"先生少好攻金之事,手制

---

① 甘作霖:《江南制造局简史》,《东方杂志》,1914年第5期,第46页。
② 魏允恭:《江南制造局记》,沈云龙主编:《近代中国史料丛刊》,文海出版社,1965年,第351页。
③ 甘作霖:《江南制造局简史》,《东方杂志》,1914年第6期,第24页。
④ 魏允恭:《江南制造局记》,沈云龙主编:《近代中国史料丛刊》,文海出版社,1965年,第175—191页。
⑤ 赵尔巽等:《清史稿》卷505、《列传》292,中华书局,1977年,第13929—13931页。

器械甚多,若指南针、象限仪等,皆自制之。居余家时,尝仿制墨西哥银元,精镂钢板为模,较准分两,熔银为饼,纳其中,自高楼悬石椎一击而成。顾面幂之纹成矣,而边花作之甚难。屡次修改轧槽,而边花亦成。入市中几无以辩,咸以新板目之。其后西玮廉臣归国,尝从先生易数十枚以去,置伦敦博物院中,今犹存也。……多购电气诸品,归而演之。"①

徐建寅(1845—1901),徐寿次子,才识过人。1845年徐建寅出生于江苏无锡钱桥社冈里(今无锡市郊区山北乡会西村),1860年前随其父徐寿与华蘅芳研习"博物"之学,1861—1866年随父往安庆军械局参与制造黄鹄号轮船。1867—1873年徐建寅在江南制造局做技术工作,并翻译西方科学技术书籍,协助建造轮船数艘,同时又参与弹药、硫酸、硝酸、雷汞爆药等化学品的研制;1874年在天津机械制造局主持制酸的工作。1875年充任山东机器局总办,负责该局的创建和经营。在创建山东机器局的过程中未用洋员一人,全部工作由中国人自行完成。1879—1881年徐建寅以驻德使馆参赞名义去英法等国进行技术考察,参观访问欧洲军工厂家30余家,辑《欧游杂录》一书,该书是当时传播欧洲工业科技的重要书籍。1882—1885年,徐建寅在江南制造总局翻译馆译书、著述;1886—1889年督办金陵机器局,主持技术工作;1890—1893年会办湖北铁路局;1894年奉光绪皇帝特旨召见,派赴天津等地查验船械;1896—1897年任福建船政局提调;1898年,于维新变法中任农工商总局督理;1900年,总办湖北全省营务,督办保安火药局兼汉阳钢药厂总办;1901年在汉阳钢药厂研制无烟火药成功,同年3月在生产火药时因不幸爆炸身亡②。

徐寿特别注意学习西方的机器制造技术。当时"泰西学术流传中国者,尚未昌明,试验诸器绝鲜。寿与金匮华蘅芳讨论搜求,始得十一,苦心研索,每以意求之,而得其真。……久之,于西学具窥见原委,尤精制器"。"尝言格致之理必藉制器以显,而制器之学原以格致为旨归,故于制器之学为尤精。"③

因"研精数理,博涉多通"出名,徐寿父子被曾国藩委之以制造船炮重任。徐寿先是到外国轮船上实地观察,直观地认识蒸汽机的构造和工作原理,绘之以图。同时遣其子徐建寅前往上海收集墨海书馆重印的英人合信著《博物新编》和魏源《海国图志》中收录的《火轮船图说》(郑复光著)、《火轮船说》、《火轮舟车图说》等技术资料。凭借这些仅有的技术资料和简单的手工工具,徐寿等人创制了中国第一艘自造蒸汽轮船,开创了中国人蒸汽机制造的历史。史载:"寿与蘅芳及吴嘉廉、龚芸棠试造木质轮船,推求动理,测算汽机,蘅芳之力为多;造器置机,皆出寿手制,不假西人,数年而成。"接着,徐寿便向曾国藩建议翻译西方科技著作。"创议翻译西书,以求制造根本。于是聘西士伟力亚利、傅兰雅、林乐知、金楷理等,寿与同志华蘅芳、李凤苞、王德均、赵元益孜孜研

---

① 闵尔昌:《碑传集补》卷43,民国十二年(1923)燕京大学国学研究所印本,第15页;李法章:《徐寿传》,民国十年(1921)怡怡堂本《梁溪旅稿·近代名人传》,第236—238页。
② 雷天觉:《中国科学技术家传略·工程技术编·机械》卷1,《徐建寅传》,中国科学技术出版社,1993年,第11—24页。
③ 赵尔巽等:《清史稿》卷505,列传292,中华书局,1977年,第13929—13931页;《雪村徐公家传》,《洋务运动》第8册,第33页。

究,先后成书数百种"①。

同治六年(1867年),徐寿父子调入江南制造局,创办翻译馆。从此徐氏祖孙三代从事翻译西方科技著作的工作近半个世纪,根据徐振亚《徐寿父子著述评述》统计,共译著书102种,744万字。其中徐寿自己译著书41种(含已译未出版的4种)290万字,徐寿次子徐建寅译著书45部170万字(含已译未出版的9部),徐寿三子徐华封译著书12种219万字,徐寿孙徐家保、徐尚武译著书7种60万字②。详见附表9:"徐寿工业科技译作著作表";附表10:"徐建寅工业科技译作著作表"。

在徐寿、徐建寅的影响下,徐氏子孙多承祖业,一直延续至今,成了闻名中外的工业科技世家和科技家族群。下面根据徐明珠等人撰写的《徐氏科技世家》一文,介绍徐寿、徐建寅、徐华封以下徐氏工业科技世家的一些重要的科技人物。

徐家保(1867—1922),又名家宝,字献延,徐建寅长子;清世袭云骑尉兼袭恩骑尉,二品顶戴,四川候补道,附贡生。徐家保曾游历东京,研求西学,并在上海江南制造局翻译西方近代科技著作。其主要译著有《炼钢要言》附镍实验法(1896年出版)、《国政贸易相关书》(1897年出版)、《工艺准绳》及附章(1894年出版)、《航海章程》附初议记录(1895年出版)等。

徐尚武(1872—1958),原名振清,字衡山,小名南宝,徐建寅次子;清癸巳恩科附贡,内阁中书。徐尚武京师大学堂毕业,北洋时期授陆军中将。讲求格致制造之学,出自家传,具有心得,是我国近代研制火炸药取得重大成就的科学家之一。其著有《徐氏火药学》22卷,总结了徐寿、徐建寅、徐华封、徐家保及他本人研制各种火药、炸药的经验,总结了他本人研制新式火炸药的工艺方法。

徐申梅(1879—1929),字文蔚,徐华封次子,他毕业于江南织造局工艺学堂。徐申梅曾任清上海兵工学校教员,兼任无烟药厂无烟火药审检处处长;1922年被聘为广东兵工厂无烟药厂制药技师,为北伐战争生产武器炸药。

徐申轮(1889—1930),字文焕,徐华封的第三子。他是徐华封创办广艺冶炼厂、制冰厂、周浦大明电气厂等科技生产事业的主要助手。他擅长机械设计与安装以及车、铣、轧等加工制造方法。他在科技工作方面的突出成就有:将冷藏技术用于改良养蚕,制成无线电收音机,研制成功一种供扬声器喇叭上用的金属薄膜替代洋货,帮助华生电器厂生产出合格的电扇,制造国产起步马达的触发装置,研制国产合金铜皮等。

徐申慎(1900—1976),字文勇,小名凤宝,徐华封的幼子。徐申慎10多岁起就跟随父兄参与广艺厂冶炼、制冰生活实践,后任副厂长以及大明电气厂的生产技术管理兼董事。抗战期间,他研制成功白色珐琅粉和绿色珐琅粉,用以克服出口货断绝的困境,生产出自己的搪瓷用品。他根据家传冶炼技术及学习徐华封的《化分矿质求数》一书,成功用印刷厂废铅字提炼出纯铅和锡。抗战胜利后,与周翔炳合作开办中熔冶炼厂。20世纪50年代末,徐申慎与中科院冶金专家组成考察小组,赴安徽、江西、云南、贵州、四川等有色金属矿产地区考察,传授中小型炉提炼铅、锌、锡等的实

---

① 赵尔巽等:《清史稿》卷505,《列传》292,中华书局,1977年,第13929—13931页。
② 徐振亚:《徐寿父子著述评述》,《中国近代科学先驱徐寿父子研究》,清华大学出版社,1998年,第367—421页。

用技术。

徐宝鼎(1911—1994),字学固,徐尚武第二子。徐宝鼎秉承家学考入北平大学工学院,主修化学,1941年获法国教育部国家理学博士。他曾任美国标准石油公司研究员,1944年,受聘中国建设银行赴美国橡胶公司各部门实习并任生产工程师、该公司远东区化学部技术代表,后到台湾,创办中国三胶股份有限公司,同时致力于合成橡胶化工研究,并继任台湾区石油化学工业同业公会理事长、台湾区橡胶同业公会理事。他著有《煤炭液化法》(上海商务印书馆,1935年)、《橡胶用化学药品汇编》(台湾徐氏基金会,1995年)等书。

徐志聪(1901—1958),字克敏,徐文蔚长子,后过继给大伯徐申桂(字文良)。徐志聪十七岁任上海科学仪器馆总厂化工技师,后历任化工厂的化工师,抗战前夕任上海江南化工厂厂长兼工程师,在任期间制出纯度99.6%的冰醋酸。1922年起他任上海江苏省第二师范学校自然博物教员,南汇县立、民立、敬业、审美、中华等中学校的理化博物教员。他编写了《徐氏植物学》、《徐杜两氏植物学》以及《实用无机化学》等教科书,填补了当时中文教本不足的空白。他还探获中国金刚石矿,写成《中国金刚石探获记》、《矿区概况》、《矿区详图》3份资料,证明中国产有金刚钻石。

徐志新(1908—1962),徐文蔚次子,一生从事化工产品的研制生产。他曾任上海光华油漆厂、崇实化工厂、开元化工厂、中华染料厂的工程师。他熟悉照相感光底片及相纸的制造技术,在上海化工研究所任工程师期间,他还参加过彩色胶卷和彩色感光染料的研制工作。

徐志毅(1916—1992),字亚光,徐文蔚第五子,自学成材,二十岁开始从事化工技术工作。1947年,徐志毅在上海和徐志聪、徐志新在中华染料厂负责燃料及中间体的研制的技术工作。1950年他进长城染料厂任工程师,研制开发染料中间体"甲萘胺"以及"乙一萘酚",为国内首次试制成功之产品[①]。

---

① 参见徐明珠等的《徐氏科技世家》,《中国近代科学先驱徐寿父子研究》,清华大学出版社,1998年,第649—657页。

第十六章　江南传统工匠组织的角色转换

明清以来,随着工匠人数增加及其社会角色地位提高,工匠组织机制也逐步走向社会化。原来以匠籍制度为主要载体的官方组织形态逐渐被自发、自治的社会化组织形态所取代。这个历史可以从工匠群体组织角色功能的演变中看出。

第一节　明清时期江南工商业组织演变

封建社会的工商业组织统称行会,其在中国历史时期经历了几个时期的演变。《论语》中有"百工居肆,以成其事"的说法。这里的"肆",大多人认为指的就是中国最早的行会组织。行会在秦时代称"肆",汉代称"行列"、"市列",隋唐以后称"行"。手工业者和商人组成行会,一方面是为了限制竞争,另一方面是为了应付官府的差遣,便于行会会员共同承担应尽的义务和分摊应付的份额。行有行头主持本行事务,负责贯彻有关市场规定,向政府交纳税款,并办理与行会以外各界交涉事项。政府则通过行会组织征徭役、派官差和推行各种经济政策,并加强对各行人员的控制。行会在宋代有了一个较大的发展。进入明清朝代,行会则因不同行业、不同地区、不同文化领域开始分别以行帮、帮会、会馆和公所等不同名目和组织形式出现在社会经济生活中。随着带有资本主义性质的手工业工场和近代企业的涌现,要求与之相适应的新行业组织替代旧行会组织。在这种历史条件下,资本主义工商组织性质的同业公会相继在清末民初开始出现并发展起来。行会是在自然经济占统治地位的情况下,由小生产者组成的封建组织,而同业公会则是在商品经济占统治地位的情况下,由资产阶级组成的具有资本主义性质的行业组织。同业公会虽未完全摆脱官府束缚,但对统治阶级的依附性比行会小得多,在维护工商业者的利益方面作用更大。20世纪初在中国各地普遍建立商会。1902年上海出现了"上海商业会议公所",后来改称"上海商务总会",辛亥革命后改组为"上海总商会"。

唐宋以后,随着经济重心南移,江南一带商品经济发展逐渐居全国前列,会馆、公所、行、帮等各种性质的行会组织先后涌现,其中包括许多手工业者的同业组织。根据段本洛、张圻福《苏州手工业史》研究,早在宋神宗元丰年间(1078—1085年),丝织业同行就在苏州祥符寺巷建机圣庙,这是行会的雏形①。明嘉靖、万历以后,随着商品经济和手工业生产的发展,苏州工商业行会发展起来。据调查,明清时期的苏州工商业行会大约在160个左右,见于碑刻资料的有90多个。可以确定属于手工业行会的有70多个,所属行业达几十种,主要分布在丝织、印染、踹整、造纸、印书、冶炼、铜锡、钢锯、张金、包金、金银丝、漆作、红木巧木、红木梳妆、蜡烛、钟表、刺绣、眼镜等行业。从明朝万历年间到清代鸦片战争前,苏州的会馆、公所,有资料可查的有60多个。有的称会馆,有的称公所,还有的称帮或称会②。在称呼、组织形式上会馆和公所有区别,一般来说会馆侧重商业,公所则侧重于手工业,但这只是现象和形式上的区别,实际上会馆和公所都是行会组织。

会馆是同籍商人和手工业者的组织,包含着同乡会的因素,因此往往是同籍而不分行业,但又不同于同乡会。苏州的会馆的兴建,与商品经济的繁盛关系密切。明朝万历以后,苏州的会馆逐渐发展起来,到清朝经康熙至乾隆、嘉庆年间达到极盛。苏州的会馆大体上分为四种:一、外地同籍商帮组成的地域性会馆;二、同一行业的商人组成的商业性会馆;三、同籍官吏与商人组资合建的官商结合的会馆;四、手工业者和商人结合的会馆,这种会馆往往是同籍的前门设店、后门设坊的手工业者所建,这是一种手工业与商业结合的会馆。例如浙江绍兴蜡烛手工业者,"在长、元、吴三邑各处开张,浇造烛铺,城乡共计一百余家",于道光二年捐资建东越会馆。这些手工业者都在店后设坊浇造蜡烛,同时在店前设铺出售产品③。

公所一般是手工业作坊同行业的组织,是随着手工业生产的发达而产生的,随着商品经济的繁荣和手工业市场的相对扩大而发展。乾隆、嘉庆年间是公所建立和发展的全盛时期。苏州最早的公所是元朝元贞元年(1295年)丝织业同行在元妙观内所建的吴郡机业公所,明朝万历年间建机房殿,此后遂以元妙观内的机房殿作会所,并立有行头名色。康熙十二年(1673年)官府革除行头,乃改称行头为呈头④。

明清时期苏州工商业空前发达,各地商贾云集,商人纷纷组织各种会馆、公所,多以馆、所、堂、会、宫、庙、殿等为名。其初期目的是防范外人欺凌侵犯,协调同乡或同行业内部利益。《重修金华会馆碑》云:"吴郡金阊,为四方士商辐辏之所。故建立会馆,备于他省。"最早会馆出现于明万历年间,清乾隆、嘉庆、道光时发展得最快,进入鼎盛时期。如七襄公所,所属行业为绸缎业,地址为文衙弄5号(位于今文衙弄艺圃),创建于清代道光二十三年十二月二十六日,原为明姜贞毅宅,继归文徵明,名

---

① 顾震涛的《吴门表隐》"寺观记"曰:"机圣庙名轩辕宫,在祥符寺巷,宋元丰初建,甚小。"转引自段本洛、张圻福的《苏州手工业史》,江苏古籍出版社,1986年,第128页。
② 段本洛、张圻福:《苏州手工业史》,江苏古籍出版社,1986年,第128—134页。
③ (道光六年)《烛业东越会馆议定各店捐输碑》,苏州博物馆:《明清苏州工商业碑刻集》,江苏人民出版社,1981年,第267页。
④ 孙珮:《苏州织造局志》卷11祠庙,江苏人民出版社,1959年;再据顾震涛的《吴门表隐·寺观》。

"药圃"(初名敬亭山房),后屡易主,于清道光十九年售与绸商胡寿康。张如松邀绸缎同业立公所于此,为同业议事之用。另外,原桃花坞有钱江会馆,清乾隆三十七年(1772年)杭地绸庄公建,为存货及客商住宿之用;原曹家巷有吴兴绸业会馆(一名湖绉公所),清乾隆五十四年(1789年)建;原蒋家桥有武林杭线会馆,乾隆初由杭线庄公建,同治九年(1872年)重修。这些会馆绸业均在民国年间并入七襄公所,为绸缎业同业公会。其他重要会馆、公所还有:

元成宗元贞元年在玄妙观内建立吴郡机业公所,所属行业为纱缎机业,地址为干将路顾亭桥南。明英宗正统年间(1435—1449年)拆玄妙观内三茅殿基建机房殿,为苏州丝织机业的正式行会组织,机匠向机户揽织,后发展至乡匠揽机织造,概向机房殿书立承揽,交户收执。并征收织机月捐,名曰"机捐"。

云锦公所在祥符寺巷,属纱缎行业,账房所在地址为祥符寺巷34号、36号。云锦公所创立于道光(1822年)二年六月十一日,系丝织、宋锦、纱缎业合建,咸丰十年焚毁。同治七年由公所司董杭禄庭等人及司月职员集资重建,同治十三年竣工,并创设蒙养义塾(即后之纱缎小学,在轩辕公所东侧)和消防队(坎一洋龙)。光绪十一年(1885年)办理业中抚恤孤寡、施医施药施棺等慈善事业。云锦公所内后分别成立三个同业公会:

(1)丝织厂业:后分铁机、纱缎、针织、丝边、绒机、经纬、制线7个组;

(2)纱缎庄业;

(3)绸缎号业。

丝业公所在云锦公所东侧,清同治十年(1871年)整顿丝织业行规,光绪元年(1875年)建成公所,1930年改称丝织业同业公会。

作为早期企业主的明清苏州工商业者,他们主要通过工商业行会组织会馆和公所来履行社会责任。明清苏州共有会馆、公所数百处。现存苏州公所、会馆的碑刻拓片档案主要有修建会馆、公所情形,制定业规、办理善举、禁止假冒商品等内容,同时也有地方政府对行业中出现的问题,如踹匠罢工、踹布定价及地匪滋扰等做的有关规定。随着工商业发展,会馆逐渐成为商人们存货、居住、议事、章程和约束会众的重要场所,发展至后期逐渐成为一种以地缘为纽带的商人自我管理及互助济困的行会组织。

隆庆年间,常熟蒋以化的《西台漫记》曰:"我吴市民罔籍田业,大户张机为生,小户趁织为活。每晨起,小户数百人嗷嗷相聚玄庙口,听大户呼织。"清代一则苏州材料记载:"佣工之人,匠有常主,计日受值。有他故,则唤无主之匠代之,曰唤找。无主者,黎明立桥以待。缎工立花桥,纱工立广化寺桥;以车纺织者曰车匠,立濂溪坊。什百为群,延颈而望,如流民相聚,粥后始散。"[①]可见明清苏州、杭州丝织业中广泛存在着大户"呼织"、小户"趁织"的雇佣关系。明代后期出现固定雇佣劳动,清代中期则以固定雇工为主,临时雇工为辅[②]。

---

① 蒋以化:《西台漫记》卷4,《四库全书总目》卷143,中华书局,1965年;沈德潜等:《乾隆重修元和县志》卷10,江苏古籍出版社,1991年,第7页。
② 许涤新、吴承明主编:《中国资本主义的萌芽》,人民出版社,2005年,第160页。

清代,在雇工中出现了行帮组织。这些雇工自己组织的行帮组织(广东称"西家行")与业主的行会组织(广东称"东家行")处于对立地位,因而常遭到封建官府的"禁革"。雍正十二年(1734年)《长洲县永禁机匠叫歇碑》曰:

苏州机户,类多雇人工织。机户出资经营,机匠计工受值。原属相需,各无异议。惟有不法之徒,不谙工作,为主家所弃,遂怀妒忌之心,倡为行帮名色,挟众叫歇,勒加银口(两),使机户停织,机匠废业。致机户何君衡等呈请勒石永禁。……各匠常例酒资,纱机每只常例给发机匠酒资一钱,二月朔日给付四分,三月朔日给付三分,清明给付三分,三次分给,共足一钱之数。缎机每只常例亦给付机匠酒资一钱,六月朔日给付四分,七月朔日给付三分,中秋给付三分,三次分给,共足一钱之数。至于工价,按件而计,视货物之高下、人工之巧拙,以为增减,铺匠相安。详请饬令,各相遵守。①

"倡为行帮名色",讲的就是雇工自己建立行会组织。由此可知苏州丝织业的行帮组织和雇佣劳动的状况,其雇工的工资皆"按件而计",与前面的"计日受值"不同。按清代官织局的工匠,也是按日计值的,但每件(匹)用工也有定额,并非每日支付,所以计日与计件并无区别。

鸦片战争以后,传统工商组织行会开始发生变化,以往限制同业开店设厂、招收学徒,划一产品规格和价格等行规均难以为继。在组织制度上,不少行会也开始由封闭性逐渐向开放性转化,对入会的限制和增设商业店号的限制已不再像过去那样严格②。"一部分固守成规陋俗的行会因此而衰落,另一部分行会则被动或主动地顺应时代进行变革,在组织制度、结构功能等许多方面都加以调整,从而得以继续发挥不可忽视的重要作用,并逐渐向新型同业组织——近代同业公会演变。""行会成员转向对外贸易和投资于新式企业而转化成为拥有巨资的新式工商资本家,是近代行会成员资产阶级化的一个重要途径。"许多行会对待新生的同业者,只需其承认会规,缴纳会费便准其入会,有的甚至还采取自愿入会的办法,体现了近代社团的自愿原则。不仅行会的数量进一步增加,而且各个行会的成员也不断扩大。例如上海洋布业在1858年成立公所时有成员店号16家,1884年增至65家,1900年又增至130余家③。

第二节　江南会馆公所对工匠利益的维护

江南会馆和公所主要是对同行业商品生产经营者的利益进行维护。从明清以来苏州碑刻资料中可以看出,明清苏州手工业会馆、公所功能大致如下:

---

① 苏州博物馆等编:《明清苏州工商业碑刻集》,江苏人民出版社,1981年,第15—16页。
② 刘永成、赫治清:《论我国行会制度的形成和发展》,载南京大学历史系明清史研究室编《中国资本主义萌芽问题论文集》,江苏人民出版社,1983年,第117—140页。
③ 朱英:《中国传统行会在近代的发展演变》,《江苏社会科学》2004年第2期,第98页。

第一,对于行业技术工种与分工的严格限制。民国长、元、吴三县《金线同业公议行单》第一条即明确规定:"根据前清光绪三十三年四月二十四日长洲县苏邑尊之谕饬,张金业不得兼营金线业,吾业亦不得兼营张金业,各分界限,并不得收领该业中人为学徒"。其次,采取各种手段限制行业规模,防止出现同业恶性竞争,维护同乡同行经济利益。首先是对于行业内部招收学徒进行限制。民国十六年(1927),长、元、吴三县《金线同业公议行单》第四条规定:"同行收领学徒,至满师,凭师向公所登记,领取添名领单,以为中行凭证。同业中不得雇佣无师之徒为店伙";第五条规定:"中行不得收领学徒,只可父传子业,再不得在城中设店营业。"再次是对外人入行的限制与规定,如《梳妆业同业章程》规定:"一议外方之人来苏开店,照旧规入行,出七折钱二十两;一议外方之人来苏开店,照旧规入行,出七折钱十两;一议无论开店作欲收学徒,同业公议,照旧由店主出七折钱三两二钱。"民国年间,长、元、吴三县金线业公议行规规定:"外行之人,不得取巧盘项,原有老牌号店主无意经营,须由本业中人盘项,不得租借外业。"①

第二,通过各种举行祭祖、赛会和举办善事、善堂等公共事务加强行业联合,以防止行业内部两极分化。光绪《梳妆同业章程碑》②规定:

一议同业公议遵照旧章,无论开店开作,每日照人数归店主,原出一文善愿。一议同业公议现以历年所捐一文善愿,积资置买公所基地一处,即欲起造。一议年迈孤苦伙友,残疾无依,不能做工,由公所每月筹给善金若干。一议如有伙友身后无着,给发衣衾棺木灰炭等件。一议祖师坟墓,与义冢毗连,每年七月中旬,同业齐集祭扫一次。一议如有公所起造工竣,由同业公议诚实之人,司年司月。

光绪《吴县绣业捐资兴建锦文公所新址禁止地匪滋扰并窃用物料有妨工作碑记》载:"置得治下北利三上图神仙庙西首房屋一所,循旧设立公所,供奉顾绣祖师神像,并办惜字义塾,及同业中如有无力病故者,每名给发棺木钱十千文。嗣后徒费有裕,再当添办恤举。"③

《长元吴三县为钢锯公所移建新址禁止棍徒阻扰窃料妨工碑》记载,光绪二年长、元、吴三县钢锯公所移建新址,"先行起造房屋三间,作为公所,悉照旧章,办理各项善举"④。《吴县禁止不肖之徒滋扰锡善公所碑》记载,吴县锡善公所旧所曾毁于太平天国时期的战乱,同治辛未年间复建,"以备同行集议之处,并兴办善举事宜"。要求会众"悉尽义务,并经同行全体议决,按铺分三等抽收月捐,以备应行善举"⑤。

第三,调节行业内部雇主和劳动者(工匠)之间的矛盾冲突。清代后期出现了雇主和帮工分别建立的行会组织,反映了同行业内部雇主和劳动者(工匠)之间的分化和对立。其中劳动者(工匠)一类的社会团体也许还不足以成为近代工会组织的前身,但它的出现至少反映了生产的社会化所引发的社会分化的历史迹象。事实上,更早些时候,在手工业十分发达的江南一带就出现了类似

---

① 江苏省博物馆编:《江苏省明清以来碑刻资料选辑》,三联书店,1959年,第169、121、170页。
② 江苏省博物馆编:《江苏省明清以来碑刻资料选辑》,三联书店,1959年,第121页。
③ 江苏省博物馆编:《江苏省明清以来碑刻资料选辑》,三联书店,1959年,第141页。
④ 江苏省博物馆编:《江苏省明清以来碑刻资料选辑》,三联书店,1959年,第129页。
⑤ 江苏省博物馆编:《江苏省明清以来碑刻资料选辑》,三联书店,1959年,第126页。

的分化和对立。如丝织手工业内部,机户为了在产品销售市场上占据有利地位,对生产技术差或不熟练的机匠停雇或辞退;机匠为了争取工作机会和维持生存,另外组织手工业工人行会来维护自己的利益。除丝织业外,在踹染等行业中也存在此类组织,有行、帮、会馆等不同的称谓。工匠们以自己的同业组织为依托,向雇主要求增加工资,甚至举行罢工。平时行会受到官府的干涉和管制,但在这种情况下,行会又与官府相勾结,打压工匠的叫歇斗争。所以现存碑刻资料中充斥着大量的严禁"市棍滋扰"、"捏名科派冒收"、"倡议滋事"以及永禁"叫歇"等字样①。

第四,会馆工所组织代表工匠群体维护行业利益。

首先是反抗官府的压迫。如康熙年间的《苏州府永禁捕役不许借盗贼供扳误买金珠手饰借端扰害金珠铺户碑》曰:

> 康熙四十八年五月初五日,奉□□□□部院邵 □本□通详。吴县北利十二图,金珠铺户□□□、□□□、吴晋昭、严纯远、徐文师、范士涵等公呈:请禁捕役,不许借盗贼供扳,误买金珠手饰、借端扰害事由。奉批:如详勒□□□□查,仍候府院批示檄等因。又奉前任布政司宜批开,如详细勒石永禁。……捕役借认赃名色,需索拘扰,苦累店主。今据详金珠铺户,凡有误买赃物者,循照典铺赎赃之例,给还原价取赎。……本年八月初八日,据江宁府等呈送孙时升等,请禁□捕嘱盗扳□一案碑墓到司。据此,查此案前奉□□□□□□□,该府饬禁在案,今□前□□□合就饬行,仰府查照来文事理,即速转饬厅县照式。一体勒石永禁,以杜将来诈害之端。②

同治七年的《苏州府永禁捕役借窃盗贼供扳误买金珠手饰借端向金业铺扰害碑》又曰:

> 窃查康熙四十八年金珠铺户朱静吉等公呈请禁捕役,不许借窃盗贼供扳,误买金珠手饰,借端扰害。缘由奉宪通饬,勒石示禁。兵燹之后,旧碑剥蚀模糊,呈请核示严禁。……至捕役只准起赃,不准提人。如敢肆行拘提,借端索诈,许即指名禀控,以凭从重究办。该铺户于收买之时,亦应详加询明,不得知情故买,致干查办,其各凛遵毋违,特示遵。③

其次,抵制各种不良社会势力的侵扰、勒索,维护行业利益。如同治六年十二月的《长元吴三县永禁烛业行头名目碑》记载:

> 苏州府元和、长洲、吴县三地烛铺业受地方势力的勒索,"烛铺一业,每被陈老七、邵阿二、张庭显、陶岁云、孟大松、沈阿念、王瑞之、张老炳、吴凤三、宋绍锦、阮宝、王阿五等借称行头名目,扰索店铺做工,聚众勒诈,幸蒙提讯禁革,枷责递籍,出示谕禁。惟苏州城内外同业,坐落三邑界辖,匪党时聚时散,第恐日久玩生,故态复萌,另生波端,叩乞会同给示勒石永禁。……据即差提陈老七、邵阿二,并传各烛业做工到案,讯明属实,当查无业游民,巧立行头名目,把持勒诈,最为可恶,节经禁革。今陈老七等故智复萌,自称行头,向同业勒诈钱文,实为地方之害。亟应严行究革,以安贸易,当将陈老七枷责,同邵阿二□籍管束,并因未到之张庭显等,诚恐依然在外,混称行头名目,向各店索扰,即出示晓谕,永禁在案"④。

---

① 以上参考段本洛、张圻福的《苏州手工业史》,江苏古籍出版社,1986年,第139—154页。
② 江苏省博物馆编:《江苏省明清以来碑刻资料选辑》,三联书店,1959年,第149—150页。
③ 江苏省博物馆编:《江苏省明清以来碑刻资料选辑》,三联书店,1959年,第153—154页。
④ 江苏省博物馆编:《江苏省明清以来碑刻资料选辑》,三联书店,1959年,第220页。

光绪十八年,吴县绣业捐资兴办公所新址,为了提防不良分子趁修缮期间盗窃公所资财,因而联合向吴县县衙上书,"伏查该处系人烟稠密之所,现当修理之际,诚恐地匪人等,借端滋扰,窃取料物,有妨工作等情事。除将新契赴房投税,为此抄契禀求示谕禁约"①。申请获准后,他们便把县官下达的文告刻成碑文作为公示。

清中后期,随着商品经济的发展和行业竞争的加剧,各行业突破行会限制的呼声和行为越来越多,行会需要根据社会的要求重新调整自己的角色定位。此后,江南工商各业开始了行业重整。在苏州,至少从18世纪30年代开始,许多手工业行会的行规都被说成是"行之已久,渐就废弛",以致发生乱行事件,要求整顿。清末民初社会动荡影响了江南手工业的发展,行会组织的社会角色难以为继,引发了清末民初的重整行规,试图再一次整合工匠群体。

如《吴县巧木公所议定行规碑记》载:

窃民等巧木公所,向系红木巧木一业合组而成。前清道光元年,在憩桥巷鸠工兴建,禀奉前府尊仓立案给示,勒石遵守,历百十年,各安无异。光复而后,同业四散,每有外来椐椅匠攒入,紊乱行规情事。现经民等邀集同业,将公所略加修葺,重行整理,并检呈旧碑,求请备案给示等情到县。②

又如长、元、吴三县《金线同业公议行单》中记载:

惟查吾业金线向有公所以及行规,行之以久,渐就废弛。前辈同业乃于逊清同治八年间邀集公议,重整旧规,旋即粘呈规条,具禀苏州府宪。……特复邀集同业重整行规,将旧章参酌新情,分别修正。③

总的来说,会馆、公所等手工业组织产生初期,对于促进手工业发展曾经起到积极的作用。当商品经济发展到一定阶段,其消极作用便慢慢显露出来。与旧的行会组织相比,会馆公所等组织虽然有组织功能上的变化,但其本身也是生产社会化过程中的产物。作为工匠群体性角色的组织形态,会馆公所的发展和角色重塑,反映了工匠职业角色的社会化程度,但其自身也是一个充满矛盾的不稳定的联合体,在生产社会化过程中,它只是一种过渡性的社会组织角色,其角色定位具有相当的模糊性。所以说,18世纪以来江南工商业行会的数次整顿固然蕴含着保守的内容,但同时也在努力寻求着新的社会定位。

---

① 江苏省博物馆编:《江苏省明清以来碑刻资料选辑》,三联书店,1959年,第141页。
② 江苏省博物馆编:《江苏省明清以来碑刻资料选辑》,三联书店,1959年,第112页。
③ 江苏省博物馆编:《江苏省明清以来碑刻资料选辑》,三联书店,1959年,第169页。

第三节 清末民初江南工会组织与市民公社出现

晚清以来,随着西方近代科学技术的传入,江南率先出现了新式机器工业,产业工人作为新的技术主体,逐步登上历史舞台。清末民初,在生产工业化与社会化的背景下,社会群体的分化日趋明显,会馆公所等行会组织性质的角色定位已经不再适应新的要求,作为新的工商业者群体角色的代表,不仅有江南城市的工会组织应运而生,而且在江南还产生了著名的、被称为"独立社会之起点"的市民自治组织——市民公社,与传统工匠的角色转换也有一定的伴生关系。

工会是工人阶级为维护自身的利益而结成的组织,它产生在世界资本主义生产关系急剧发展、阶级矛盾空前激烈的时代背景之下。"18世纪末、19世纪初,西欧各国在各行业和工厂里,工人们为了维护自己的切身利益,为了反抗资本家,建立了一些秘密的组织,这些组织当时大多是以'互助会'、'兄弟会'、'友谊会'等名义出现,同时也出现了首批工会组织。"如1816年成立的格拉斯哥纺织工人工会、1827年成立的英国蒸汽机制造工人联合会和木工联合会、1830年成立的英国全国劳工保护协会等[①]。

中国现代意义上的工会组织出现较晚。在传统手工业时代,雇主和雇工之间的阶级对立关系并不明显,往往两者具有一致的利益基础,所以行会组织同时具有维护行内雇主与雇工共同利益的职能。帮会是一种以地域关系结成的劳动集团,会党是具有黑社会性质的暴力利益集团,具有明显的封建性、保守性和野蛮性。在上海近代产业工人产生早期,由于队伍的狭小以及思想上的局限性,使得这些产业工人只得加入传统的行帮和会党组织以保护自身的利益。中国最早的工会出现在19世纪后半叶的广州,但存在时间短暂影响微小。真正意义上的由产业工人自发组织的代表工人阶级利益的工会组织至20世纪初才有。如"1912年,在上海银楼工人组建了工会,并领导一次颇具规模的罢工斗争。航运工人建立了中国沿海船员会,沪宁、沪杭和吴淞机车厂员工也先后创建了同人会、进德会和员工协进会"[②]。至此,工会组织在中国形成了一定的基础。

市民公社是在会馆公所基础上形成的一种市民自治组织,出现于清末民初的苏州。当时由于民族危机不断加深,江南工商业界纷纷加入到反对外来侵略、争取自主、维护民族独立的斗争行列。1905年夏秋之间,苏州商务总会号召各界工商业者投入抵制美货运动,并成立了苏州争约处,曾借玄妙观(即稍后的观前大街市民公社管辖范围)进行集会。七月以后,苏州洋广货公所、妇女界、汀州会馆、泉州会馆、盛泽镇绸业公所、震泽镇公会、同里镇抵制美约会、苏州轩辕宫制衣公所、漆匠业团体,也纷纷集会抗议,形成具有相当声势的反美爱国运动。历次斗争促成了江南一带市民意识的进一步发展,推动了市民公社的产生。

---

① 于文霞:《国际工人运动史》,辽宁人民出版社,1987年,第10页。
② 王永玺主编:《中国工会史》,中共党史出版社,1992年,第48页。

宣统元年(1909年)苏州历史上第一个市民公社——苏州观前大街市民公社建立。第二年,阊门下塘桃坞、渡僧桥四隅、道养三公社相应建成。接着,双塔四隅、城中、胥盘、上山塘、山塘下塘、盘溪、护中、城北、金门、金阊中市、枫江11个市民公社接踵而起。公社不仅覆盖了整个苏州市区,而且辐射至常熟、吴江等周边地区。民国十一年(1922年),常熟城内陆续建成14个市民公社,吴江也先后建起6个市民公社。不仅如此,一些乡还发起组织了乡一级的乡民公社。到1928年公社解散为止,苏州城厢市民公社曾先后出现过29个,前后延续近20年。"公社以建立一种有效的社会联结方式为目的,致力于结构合理、有分有合、运行方便之组织体系的形成"。领导体制方面,实行干事制或社长制和委员制,下设评议部(相当于立法机构)、干事部(相当于行政机构)等9个机构,分工明确,职责分明。到民国十年(1921年),在各社分治的基础上加以整合,建立市民公社联合会,辖境包括全城区和枫桥镇。公社起初致力于卫生、道路、保卫等公益事业。进入民国后,公社进一步向金融、税收、地方捐费等领域渗透,在抵制江宁兑换券、抵制劣质铜圆、抵制税员勒销印花税票和捐局强行摊派,要求改组工巡捐局,维护纳税商民的正当权益等方面,均自觉以"市民代表机关"的地位和身份积极活动,以维持地方秩序。公社职责中,实行"工商自治"是重要的一项。如《黎里市民公社修改简章议事录》中规定的市民公社"工商业事项"一节有五条规定:"1.整顿工商自治;2.和解工商业上轻微纠葛;3.改良工艺;4.保存商业上固有习惯;5.其他关于工商界事业不属于官治行政者。"①这些事项的管理,实际上与商会、工会的职能完全一致。

可见作为"独立社会之起点",苏州市民公社具有民间性(非政府性)、自治性(独立性)、非营利性(公益性)的鲜明特点,其现代意义体现为其对社会整合的全过程。从两个主要方面可以把握市民公社的现代意义:一是内在主体价值系统的更新;二是外在组织与利益的整合②。公社立足基层社会,从体恤城市中下层居民艰难困苦出发,就从最切近街区市民、最能有所作为的领域着手,治理街区公共事务。既在官府支持和认可下处理行政不能或不便处理的事务,同时也让街区成员有机会共同参与治理,这无疑是一种组织制度的历史进步。若没有公社对街区社会的全面整治,就不可能有苏州二十年代末"具备设立市级建制的基本条件和物质基础"③。

"如果说法国市民在还未能从封建领主那里争得地方自治和第三等级的政治权利以前,就已经把自己的新兴城市称作公社,那么,他们的远隔重洋的东方后辈,苏州市民也曾在辛亥革命前夜把自己并不怎么完备的自治团体命名为公社"。苏州市民公社发端于清末,观前公社的性质在成立之初一度引发争论。苏州商会主张将公社定性为商民自治团体,认为"光绪己酉夏,苏州城内玄妙观前大街商民,援光绪三十三年十一月宪政编查馆、民政部会奏结社集会律,合众联合公会,因尽出自商民,故曰市民公社";宣统二年(1910年)苏属地方自治筹办处给苏州总商会的照会中却认为:"该公社虽设于市街繁盛之区,然并无买卖经营之关系。且阅该社章程,即非营业商人,但有

---

① 吴江县档案馆编印:《吴江市民公社报刊资料选辑》第4辑,1985年,第2页。
② 李明:《苏州市民公社的衍变及现代意义》,《史林》,2003年第1期,第32页。
③ 徐云:《二十年代末苏州设市之始末》,苏州地方志编委会编:《苏州文史资料选辑》第5辑,第221页。

社员介绍,年满二十五岁,住居本社范围者,均得为社员,故不能用商人名义,而称市民。"[①]这种解释上的差异源自于商会与自治筹备处之间对公社领导权的争夺。但从总体上看,苏州的市民公社组织曾建立过各类功能完备的公共事务管理机构,由工商业自治团体发展市民自治组织。

1924年《震泽市民公社宣言书》明确指出:"光复以还,举凡国内开通风气之城镇,均有市民公社会之组织。市民公社者,地方自治团体之一种。乃由真实的民意组织而成,势恶土豪无从加以干涉。其宗旨不外乎集思广益,群策群力,共谋地方之公益,确立自治之基础,以增进社会之幸福也。"[②]这无疑是具有典型现代意义的江南市民自治组织角色,因为它直接由会馆公所等工商业组织演化而来,所以一定程度上反映了传统手工业者社会组织转换的历史脉络。

第四节 江南传统工业团体组织的社会责任承担

企业社会责任(corporate social responsibility,简称CSR)是指企业在创造利润的同时,还要承担对员工、对公共事业和环境保护的责任。社会责任是由角色义务责任和法律责任构成的,它分分为两种:第一种是指份内应做的事,如职责、尽责任、岗位责任等,是一种角色义务责任或者说是预期责任;第二种是因没有做好分内之事(没有履行角色义务)或没有履行应尽义务而应承担一定形式的强制义务,即过去责任,如违约责任、侵权责任等。社会责任包括企业环境保护、社会道德以及公共利益等方面,由经济责任、持续发展责任、法律责任和道德责任等构成。随着经济和社会的进步,企业不仅要对赢利负责,而且要对环境负责,并承担相应的社会责任。由中国传统手工业者发展起来的手工业作坊主,大多强调商业诚信,讲究《论语》加算盘的经营艺术,追求儒商的人格理想,因而特别重视社会责任的承担。

明清时期,随着早期工业化社会在江南地区成长,作为江南中心城市的苏州也成为中国最早的一个工业化城市,早期工业化中苏州新的企业家阶层不仅产生时间早,而且人数越来越多,队伍日益壮大。这些人既是工商业企业主,又是新生的社会力量。除了履行本身经济责任外,他们还承担了很多的社会责任。

苏州的会馆、公所大多数由手工业作坊主和商帮所建,与工商业的关系极为密切,是履行企业社会责任的主要职能机构。其中,履行企业社会责任的条规日益增多。特别是公所,成为同行业共同履行社会责任的组织机构,如办理善举、扶贫济困、议定行业条规章程、祭祖拜神、实施行业管理等。其善举主要是同业中有年老无依者,仍由公所养,病则医药,故则殓埋。

工商业者同乡会馆和同行公所这两种组织在苏州发展得非常快、数量非常多,会馆和公所有

---

① 章开沅、叶万忠:《苏州市民公社与辛亥革命》,见苏州市档案局编的《苏州市民公社档案资料选编》第18页,苏州商会档案乙2—1(苏州档案馆藏,第276卷)。
② 吴江县档案馆:《吴江市民公社报刊资料选辑》,1985年。

一项重要的工作就是义行与善举。它以"迓神庥、联嘉会、襄义举、笃乡情"为宗旨,主要特征有三:一是普遍履行企业外社会责任的职能。除停柩、安葬外,还有济贫、医病等项。如三义公所"伙友年迈无依,不能作工,由公所内每月酌给膳金若干。如遇有病,无力医治,由公所延医诊治给药。设或身后无着,给发衣衾、棺木,暂葬义冢,立碑为记。"二是会馆、公所广泛履行企业内社会责任,直接参与生产及经营活动。举凡手工业方面的入行开业、匠人工价、徒弟收留,商业方面的货物存贮、秤斛计量、价格标准等,会馆、公所都要过问,制度相当完备,为北京、上海工商会馆所少见。三是会馆、公所的职能日益规范化和法制化。凡新建馆、所,必须禀报府县,核准立案;议定章程、行规,都要经官府同意才可实行;发生纠葛、冲突,亦需府衙排解、仲裁;各会馆所立的碑碣,多数就是苏州府或下属县所颁告示全文,晓谕各商,"凛遵毋违"。

明清以来,苏州企业家在履行社会责任方面还有几件事情特别值得一提。比如说有钱人办义庄义庄主要是通过捐献来的钱物或田地生息向社会做救济、慈善等方面的事业。最早的义庄是范仲淹家的"范氏义庄",后来苏州兴起的义庄越来越多。统计显示,明清时期苏州的义庄有两百多所。有名的义庄除范氏义庄置田千亩济助族人邻里外,还有潘氏的"丰豫义庄"。丰豫义庄从一开始就是救济社会大众的,不管是亲族还是外人都加以救济。

与会馆、公所、义庄相关联的,还有当时苏州富人捐助兴办义学和各种慈善机构。办学的如康熙初年苏州书坊业就建立崇德书院;慈善机构主要有种类繁多的善会善堂,比如同善会、同善堂等,有各种各样的名称。比较有名的就是康熙年间办的苏州"普济堂"和"育婴堂",功能类似今天的福利院。一些善堂与会馆、公所往往互为一体。如苏州的东越会馆建有"公善堂",染坊业公所亦称"培德堂",皮货业公所也称"楚玉堂"等。还有一些会馆、公所附设"恤嫠会",专为孤儿寡母安排工作或救济她们的生活起居。根据历史记载,明清时期苏州像会馆、公所等机构的社会捐助已经形成社会风气和基本规范。这些机构资金来源有自愿捐款也有业内分摊,但不是政府强制,而是行业自定标准,大家共同执行。像布业公所和钢锯公所,每个月每家都捐一部分钱出来做社会公益事业和慈善事业。

除了承担上述社会责任以外,清代苏州的企业主还加强环保意识并承担环境保护责任。乾隆二年(1737年),苏州诞生了目前世界上发现最早的地方环保法,叫《苏州府永禁虎丘开设染坊污染河道碑》,刻在石碑上,至今仍保存在苏州虎丘门口右侧墙壁内。石碑高150.5厘米,宽73厘米,呈长方形,碑文34行,每行4—65字不等,总计1400余字。这个碑文中的内容是世界上最早的水质保护成文法。世界上同样的保护法有1833年英国的《水质污染控制法》,比苏州的晚96年。1899年美国的《河川保护法》则比苏州的晚162年。《苏州府永禁虎丘开设染坊污染河道碑》出现的原因就是工业化污染带来的企业社会责任问题。那个时候苏州城区围绕山塘街开设了很多染布业的染坊、踹坊,使河道受到污染。地方政府便颁布法令,令染坊向郊区迁移,后来苏州城区的工业主要就是污染较少但又利润高的丝织业。明清时像苏州这样的法令其实有很多,如光绪年间长洲县颁布《永禁在太子码头摆设粪缸开挖尿槽碑》也是专门的环境保护法。虽然较早地显示了"先污染,后治理"的不良发展模式,但总归是提醒了人们的环保意识和责任担当。企业主动遵守环保法令是履行社会责任的基本要求。

明清时期,苏州产业经济发展比较快,早期工业化进程走在全国前面,当时的企业主对员工、消费者承担社会责任方面也有较强的意识。如社会上流行很多劝善书,说明行善事得善报的道理。善会善堂也有自己的条例,都强调义行善举的重要性和紧迫性。企业要有强劲的生命力,必须要履行好两大方面的社会责任:一是企业在发展中外部社会责任要履行好;同时要更好地履行企业内部的社会责任,要保证内部员工的各项权利,才能提高员工生产积极性,保证产品或服务质量。最重要的还是内部,要在质量上加以保证。难能可贵的是,传统苏州企业主并没有把承担社会责任单纯作为一种负担,他们不仅将传统文化中的精髓朴素地理解为做善事得好报,还将社会责任和企业自身发展联系在一起。比如像《中国十大商帮》一书中讲到的,商人在苏州赚了钱以后办各种各样的义学,既为社会培养人才,也为自己企业持续发展培养了人才。再比如修路铺桥,看起来似乎是一种纯粹的投资,但是桥上面刻有"某某某捐建",广告效益和企业形象效益也是不可估量的[①]。

[①] 参见余同元的《苏州传统企业家如何履行社会责任》,《传统文化研究》,群言出版社,2008年,第26—31页。

下编
XIA BIAN

江南传统工匠现代转型的背景与特征

第十七章　行业分化、职业分工与江南工匠现代转型的时代特征

第一节　明清之前工业行业与工匠职业变化概况

传统工匠职业分工是与传统工业行业分化密切相关的一体两面的历史运动,行业分化与职业分工彼此互动相辅相成,体现了明清江南社会经济中分工与专业化的高度发展,构成了传统工匠技术转型与角色转换的基本动力。

何谓"职业"?"职"指执掌,中国古代所谓"六卿分职"是也;"业"的含义是事,原指把要做的事在木棒上刻成锯齿状,做完一件即销去齿,叫做"修业"。"职业"即份内应做的事。对个人而言,职业一般指人们在社会生活中所从事的、作为自己主要生活来源的、在社会分工中具有专门职能的工作。从分工角度看,职业系指从业人口从事相对稳定的、有报酬的工作种类。

职业是社会分工的产物,它包含着丰富的社会内涵:一是职业的种类反映着社会生产力发展的水平和社会分工的水平,社会分工的水平越高,职业的分类越细;二是职业反映着社会权益的分配,职业的层次结构反映着基本的生产关系、社会的组织结构和社会的权益分配,不同的职业在社会中有不同的权、责、利;三是职业的社会构成反映了社会的产业结构、人力资源的配置、构成关系与比例,如一、二、三产业的构成,劳动力的开发与储备状况;四是职业活动反映了社会运转的运作方式,包括不同职业的职能、职责,各行各业间的相互关系和合作形式、职业道德、职业纪律等;五是职业反映着不同行业所形成的不同职业群体所特有的社会地位、群体利益和特征[1]。

---

[1] 国家教委职业技术教育中心研究所编:《职业技术教育原理》,经济科学出版社,1998年,第1—3页。

传统工匠除了有男性工匠与女性工匠(女性工匠又称"女工")的性别分类,以及根据身份地位分为官府工匠和民间工匠、徭役工匠与雇佣工匠等类型外,最基本的同时也是最重要的分类就是行业部门与职业工种分类。从手工业行业部门和职业工种划分及其演变上看,历代工匠的职业工种不仅众多繁杂,而且呈现日益增多的趋势。特别是民间手工业行业与职业工种比官营工业还要复杂多样,但因缺乏完整的历史文献记载,一时难以进行系统的介绍。这里先对几个主要历史时期官营手工业中工匠行业、职业与工种的发展加以概要叙述,以便了解明清江南地区工匠行业和职业工种的数量、类型、规模及其来龙去脉。

1. 先秦时期工业行业与工匠职业的演变

从文献资料记载上看,夏朝手工业生产已经有了相当程度的专业分工。《韩非子》曰:"禹作食器,墨染其外,而朱画其内"。说明当时不仅有专门的食器(即陶器)生产部门,而且生产工艺很高。到了商代,政府管理手工业生产的制度已经形成,手工业管理机构已逐渐完备。所谓"殷制,天子六工。司空董之,量地与民,记其事而食之"。根据《礼记·曲礼》记载,"天子之六工,曰土工、金工、石工、木工、兽工、草工,典制六材,五官致贡。"《考工典》认为:"此亦殷时制也,周则皆属司空。"①

殷商时期青铜器制造业进入全盛期,大量的青铜工具、青铜武器和各种日常生活用的青铜制品的生产,特别是殷墟出土"司母戊大方鼎"的制作,都充分展示了殷商王朝青铜制造业的辉煌成就。在这些手工业中,除了青铜制造业外,还有土木营造业、舟车制造业、麻丝纺织业、皮革加工业、酿酒业、制裘业、缝纫业等等,都已见于甲骨文和当时的部分遗物之中。童书业先生研究认为,从事这些官府手工业的工匠,有一部分是官府奴隶,也有一部分是自由人身份的工匠②。

日本学者佐藤武敏在《中国古代工业史研究·殷周时代的手工业》中专门研究了殷商时期手工业行业和专门从事手工业生产的职业氏族。统计甲骨文中有200多个氏族名称,历史文献中有28个氏族记载。这些氏族之中,索氏(绳工)、陶氏(陶工)、长勺氏、尾勺氏(酒器工)、施氏(旗工)、锜氏(釜工)、繁氏(马缨工)、樊氏(篱笆工)、亚橐氏(金属工)、宁氏(织造工)等相当多的氏族是专门的手工业职业团体,也就是当时的工匠群体③。

文献记载中,中国较早的工匠行业分类有《礼记》中的"《曲礼》六工说"和《周礼》中的"《考工记》六工说"。④《礼记·曲礼下》"天子之六工"是商代工业和工匠的分类,涵盖了二十多个职业工种。如《礼记·正义》郑玄注此曰:"此亦殷时制也,周则皆属司空。土工,陶旗也;金工,筑、冶、凫、栗、锻、桃也;石工,玉人、磬人也;木工,轮、舆、弓、庐、匠、车、梓也;兽工,函、鲍、䩡、韦、裘也;惟草工职亡,盖谓作萑苇之器。疏曰:陶人,为瓦器也;旗人,为篱篚之属。筑氏为书刀,冶氏为箭镞,凫

---

① 本段引文见何庆先整理:《中国历代考工典》卷1《考工总部·汇考一》第1册,江苏古籍出版社,2003年,第2页。
② 童书业:《中国手工业商业发展史》,齐鲁书社,1981年,第4页。
③ (日)佐藤武敏:《中国古代工业史研究》,吉川弘文馆,1962年。其中《殷周时代的手工业》一节,林保尧汉译,刊于《食货》半月刊,第11卷11—12期,1981年。
④ 何庆先等整理:《中国历代考工典》卷1《考工总部·汇考一》,江苏古籍出版社,2003年。

第十七章　行业分化、职业分工与江南工匠现代转型的时代特征

氏为钟也,锻氏为钱镈,函人为甲铠,韗人为鼓。"①《礼记·曲礼》所记述的工业生产,具体时间难以确定②,但比《考工记》所记述的"六工"时间要早一点。

《考工记》中的"六工"分别是木工、金工、皮工、设色工、刮摩工、抟埴工这六工。大体可以看做是先秦时期的工匠分类。《考工记》卷上说:"凡攻木之工七,攻金之工六,攻皮之工五,设色之工五,刮摩之工五,抟埴之工二。攻木之工:轮、舆、弓、庐、匠、车、梓;攻金之工:筑、冶、凫、段、桃;攻皮之工:函、鲍、韗、韦、裘;设色之工:画、缋、钟、筐、;刮摩之工:玉、楖、雕、矢、磬;抟埴之工:陶、旊。有虞氏上陶,夏侯氏上匠,殷人上梓,周人上舆。"我们将这些行业门类及职业工种列成一览表为附表7。从附表7中可以看到,《考工记》所列行业及职业包含了六大工业行业中的30多个工种和30多种工匠职业,基本反映了周代手工业行业分类情况。

当然,《考工记》所记的只是大类的手工业行业,每个行业下面还要分若干职业技术工种。《周礼》在《考工记》内容以外所记载的工业职官与行业职官所管辖的职业工种中,也有不少是属于职业工匠性质的手工业部门生产者和管理者。如膳夫(厨师管理者)、庖人(屠宰夫管理者)、内饔(烹煎师管理者)、外饔(祭物制作管理者)、亨人(烹煮师管理者)、腊人(干肉制作管理者)、医师(医疗兼制药师管理者)、食医(营养品加工管理者)、疾医(民间医生兼制药管理者)、疡医(外科医生兼制药管理者)、兽医(兽医兼为制药管理者)、酒人(酿造师管理者)、浆人(饮料加工师管理者)、凌人(制冰管理者)、笾人(祭祀笾制献管理者)、醢人(祭祀豆制品管理者)、醯人(调制酱醋管理者)、盐人(制盐管理者)、幂人(巾幂师管理者)、宫人(渗井管理者)、幕人(加工并管理帷幕者)、掌次(王室帷幕加工并管理者)、玉府(金玉制作管理者)、司裘(大裘制作管理者)、掌皮(掌管皮革加工者)、典枲(管理麻布加工者)、缝人(管理服装加工者)、染人(管理煮染丝帛者)、追师(管理装饰品加工业者)、屦人(管理鞋业者)、羊人(管理羊肉加工业者)等。每个手工业职业部门管理者都直接管理普通工匠、技术工匠和工头进行生产劳动。如膳夫、司裘、典枲等职官的下属分别有上士、中士、下士、府、史、胥、贾、徒之称号,实际就是工官(工头)、工师和技术程度、种类不同的工匠名称。(详细情况见附表8:《〈考工记〉之外的〈周礼〉工官职业表》)。

2. 汉唐时期工业行业与工匠职业的演变

秦汉时期的手工业工匠不仅分布的行业众多,而且各个行业中的职业分工也日益细密。司马迁在《史记·货殖列传》中曰:

夫用贫求富,农不如工,工不如商,刺绣文不如倚市门。此言末业,贫者之资也。通邑大都,酤一岁千酿,醯酱千瓨,浆千甔,屠牛羊彘千皮,贩谷粜千钟,薪槁千车,船长千丈,木千章,竹竿万个,其轺车百乘,牛车千两,木器髹者千枚,铜器千钧,素木铁器若卮茜千石,马蹄躈千,牛千足,羊彘千双,僮手指千,筋角丹砂千斤,其帛絮细布千钧,文采千匹,榻布皮革千石,漆千斗,糵曲盐豉千答,鲐鲞千斤,鲰千石,鲍千钧,枣栗千石者三之,狐貂裘千皮,羔羊裘千石,旃席千具,佗果菜千钟,子贷

---

① 《礼记·正义》卷4《曲礼下第二》,见《丛书集成续编》第9册,上海书店,1994年,第164—165页。
② 祝慈寿:《中国工业劳动史》,上海财经大学出版社,1999年,第56页。即认为是商代工业和工匠的分类。

金钱千贯,节驵会,贪贾三之,廉贾五之,此亦比千乘之家,其大率也。佗杂业不中什二,则非吾财也。①

这段记述涉及的30多个工农业门类中包含有13个较大的手工业行业,分别是采矿业、冶金业、铸造业(包括铁器工业、铜器工业、兵器工业、铸钱工业)、陶瓷业、纺织业、漆器业、制车业、造船业、皮革业、酿酒业、煮盐业、竹木采伐业、骨角器业。每一个工业行业都有行业内部的分工与再分工,仅以当时的漆器制造业内部的工种分类情况看,便有髹工(漆工)、素工、上工(细漆工)、铜扣黄涂工、画工、阴工(铭刻工)、清工、造工(检查)、供工(供应器物)、涂工(鎏金工)、护工卒史、长、丞、掾、令史、佐、啬夫等,共计17种职业和职务名称。漆器生产过程中,最多的有12种工序名称,开始于素工(制胎工),完成于清工(清理工);其余"造工"为进行检查的工师,"供工"为供应器物者,等等,各有所司,分工协作②。

唐代官手工业分属三大体系,一是少府、内廷、将作监管辖的皇室工业系统,二是军器监所管辖的军事工业系统,三是工部等政府工业系统。其中政府工业系统又分中央和地方两大部分,地方政府管辖盐铁矿冶等重要的工业行业③。唐代手工业的发展既包括传统手工业部门的扩大,也表现为新部门的兴起。

唐代的工商业在分工上比隋代更为细密。如唐代韦述《两京新记》云:"大业六年,诸夷来朝,请入入市交易。炀帝许之。于是修饰诸行,葺理邸店,皆使门市齐正,高低如一,环货充积,人物甚盛。""东都丰都市,东西南北,居二坊之地,四面各开三门,邸凡三百一十二区,资货一百行。"刘义庆《大业杂记》"大业元年"条亦曰:"丰都市因八里,通门十二,其内一百二十行,三千余肆,甍瓦齐平,遥望如一榆柳交荫,通衢相注。""唐南市,隋曰丰都市,东西南北,居二坊之地,其内一百二十行,三千余肆,四壁有四百余店,货贿山积。"宋敏求《长安志》卷八"东市"条:"市内货财二百二十行"。由隋代洛阳各市的"六十六行""一百二十行"一跃而变为唐代"二百二十行"。又:"夜三更,东市失火,烧东市曹门以西十二行,四千余家。"隋代丰都市中"一百二十行"只有"三千四肆",而唐代"东市曹门以西十二行"却有"四千余家"。可见由隋至唐,不单是"行"的总数有所增加,就是每行的家数,都有很大的增长④。

3. 宋元时期工业行业分化与工匠职业分工的演变

少府监是宋代官手工业中最大的生产和管理部门,它的主要职能是"掌造六载、神衣、旌节、郊庙诸坛,镇江玉法物,铸牌印朱记,百官拜表案褥之事。凡祭祀,则供祭器、爵、瓒、照烛"。少府监下属文思院、绫锦院、染院、裁造院、文秀院、铸钞监等部门。"凡乘舆服御、宝册、符印、旌节、度量权衡之制,与夫祭祀,朝会展采备物,皆率其属以供焉。庀其工徒,察其程课作止劳逸及寒暑早晚之节,视将作法,物勒工名,以法式察良窳。凡金玉,犀象、羽毛、齿革、胶漆、材竹,辨其名物而改其

---

① 司马迁:《史记》卷129《货殖列传》,中华书局,1957年,第3274页。
② 祝慈寿:《中国工业劳动史》,上海财经大学出版社,1999年,第69页。
③ 参见张泽咸:《唐代工商业》,中国社会科学出版社,1995年,第11、39、62、78页。
④ (日)僧圆仁:《入唐求法巡礼行记》卷4"会昌三年六月二十七日"条,引自全汉升著、陶希圣校:《中国行会制度史》,新生命书局,1934年,第30—31页。

制度,事当益损,则审其可否,议定以闻。所隶官属五:文思院,掌造金银、犀玉工巧之物,金采绘素装细之饰,以供舆辇、册宝、法物凡器之用;绫锦院掌织锦绣,以供乘舆凡服饰之用;染院,掌染丝枲币帛;裁造院,掌裁制服饰;文绣院,掌纂绣,以供乘舆服御及宾客祭祀之用。"文思院的内部原有32作,外加合并过来的10作,共计42作,分别是:打作、稜作、钑作、镀金作、钨作、钉子作、玉作、玳瑁作、银泥作、碾作、钉腰带作、生色作、装銮作、藤作、拔条作、揍洗作、杂钉作、场裹作、扇子作、平画作、裹剑作、面花作、花作、犀作、结条作、捏塑作、旋作、牙作、销金作、镂金作、雕木作、打鱼作、绣作、裁缝作、真珠作、丝鞋作、琥珀作、弓梢作、打弦作、拍金作、玵金作、缂丝作①。

绫锦院、内染院、裁造院、文绣院等部门直接管辖匠工、兵匠、绣工等2200多人②,同时在开封、洛阳、润州(江苏镇江)等地还设有分支机构,拥有绫锦局、绣局、锦院等纺织生产实体。如汴京官营绫锦院有织机400多张,成都的锦院有织机154张和织造军匠500人,成都设有转运公司、茶马司锦院等。南宋官营的杭州、苏州、成都三大织锦院雇佣工匠达数千人。铸钱监规模也很大,如北宋时江南福建路铸钱四监共有兵匠3800余人,每监大约平均1000人。将作监是主持皇宫、官邸、城郭等建筑和缮修工程的机构,其所属机构有:修内司掌宫城、太庙缮修之事;东西八作司掌京城内外修缮之事;竹木务掌修诸路,水运材植及抽算诸河商贩竹木;事材场掌计度材物;麦䴷场掌受京畿诸县夏租等事;窑务掌陶器砖瓦;丹粉所掌烧变丹粉;作坊物料库掌储积材物;退材场掌受京城内外退弃木材;帘箔场掌抽算竹木。这些部门内部还有详细分工,如东西八作司就有泥作、赤白作、桐油作、石作、砖作、瓦作、竹作、井作八种不同的分工;同时各自拥有人数众多的工匠,仅修内司就领用兵匠1000余人③。

两宋时期商品经济日益发达,为手工业行业部门的增加提供了条件。特别是农民兼业,形成了农、工、商三位一体的复合式经济单元,促进了社会结构的变动,使之成为更具有弹性、韧劲和张力的稳定结构。李晓在《宋代工商业经济与政府干预研究》中认为,宋代手工业经济出现了结构性变革迹象,表现为生产部门移动(分离出独立的手工业部门),劳动力要素移动(分离出独立的工商者),空间布局移动(原料供应、加工制造和消费市场分布变化)和资本要素移动(商业资本以种种方式向手工业生产领域渗透)④。所以说:"古者四民分,后世四民不分。……此宋元明以来变迁之大较也。"⑤

宋代城市经济的繁荣促进了城市工商业行业分化。《西湖老人繁胜录》言杭州共有"四百十四行",把它与唐代最多的"二百二十行"比较一下,可见当时分工之细致,并可推知此行与彼行间的工作虽然相近,但却是互不侵犯。各行的名称如下:

---

① 脱脱等撰:《宋史》卷165,中华书局,1957年;参见刘国良编著:《中国工业史》古代卷,江苏科学技术出版社,1990年版,第339—340页有关内容。
② 徐松:《宋会要辑稿》,职官二九之八《绫锦院》、职官二九之七《西内染院》、职官二九之八《裁造院》、职官二九之八《文绣院》第3册,中华书局,1957年,第2991页。
③ 脱脱等撰:《宋史》卷165,中华书局,1957年,第3918—3920页。
④ 李晓:《宋代工商业经济与政府干预研究》,中国青年出版社,2000年,第53页。
⑤ 沈垚:《落帆楼文集》卷24,《费席山先生七十双寿序》,吴兴刘氏嘉业堂刊本。

诸行市:川广生药市、象牙玳瑁市、金银市……银朱彩色行、金漆桌凳行、南北猪行、青器行、处布行、麻布行、青果行、海鲜行、纸扇行、麻线行、蟹行、鱼行、木行、竹行、果行、笋行;京都有四百十四行,略而言之:开慢道业、履历班朝、风筝药线、胶矾斗药、五色箭翎、银朱印色、茶坊吊挂、琉璃泛子、粘顶胶纸、染红牙梳、诸般缠令、修飞禽笼、修骨恩骨、成套筛儿、接象牙梳、诸般耍曲、札熨斗、丁看窗、修砧头、路路遣、扫金银、蠲糨纸、造翠纸、乾红纸、筒笏袋、幞头笼、腰带匣、读书灯、笔砚匣、牌子匣、了事匣、黄草罩、修合溜、淹猪丈、医飞禽、接旧条、修破扇、醋碗儿、丁鞋络、掩漆子、搭罗儿、面花儿、香果合、截板尺、印香脱、画眉笼、造槐简、开科套、教虫蚁、剔图书、起鱼鳞、攀脖儿、手巾架、头巾盆、蛉粉桶、花夹儿、肥皂团、淋了灰、茶花子、出衣粉、做饽糒、注水管、旧铺帛、木仙宫、字牌儿、洗衣服、钻真珠、赁花檐子、解玉板、钉鱼带、碾玉槅、赁茶酒器、锦褥子、发驼儿、烟突帚、扇牌儿、织鞋带、锦胭脂、七香丸、稳步膏、雁牌额、开先牌、鹁鸽铃、葫芦笛、牛粪灰、系筒孙、细扣子、闹城儿、消息子、揪金线、真金条、香饼子、香炉灰、打香印、卖朝报、金莲子、竹夫人、算子筒、食罩儿、食辟子、白及末、解粥米、熟水草、选官图、批刷儿、屿鱼尾剔、供席草、卖插药、写文字、纸画儿、提茶瓶、花架儿、卖字本、笛谱儿、小螃蟹、虼蚪儿、便桥、试卷、试卓、交床、试篮、拄杖、粘竿、胡梯、水草、风袋、使锦、劈柴、炭击、捉漏、担帚、钓钩、绪底、拂子、高粉、占坐、歌舞、歌琴、歌棋、歌乐、歌唱、棕索、发索、蟰蟟、金麻、虭虫、端亲等。①

城镇发展的过程一定程度上就是手工业劳动力自农村向城市集中的过程。临安"府城之外,南北相距三十里,人烟繁盛,各比一邑"。仅南厢一地,宋孝宗时户口14万,宋宁宗时达40万②。杭州"城之南、西、北三处,各数十里,人烟生聚,市井坊陌,数日经行不尽,各可比外路一小州郡"③。漆侠认为,元丰年间,全国镇市数达1871个,王曾瑜据《元丰九域志》统计为1878个④。斯波义信估计宋代城镇人口占总人口20%左右,赵冈、陈钟毅推算南宋城镇人口占总人口的22.4%,漆侠还认为宋神宗元丰年间,全国总户数1600万户,城镇人口占12%以上,达200万户⑤。李晓算出南宋城市人口比重占18.56%,即使去掉首都杭州不算,平均也占15.6%⑥。

宋代坊郭户指城镇人口,乡村户指农村人口。工商业者构成了坊郭户的主体。有人根据耐得翁《都城纪胜》说的"京师四百十四行",以及周密《武林旧事》说工商业每行数十人至百人计算,得出南宋杭州工商业户为41400多户,以每户5人计,有207000人,占城区60万居民的30%⑦。苏州城中工商业户更多。范成大《吴郡志》记载:苏州"织纴之功,苞苴之利,水浮陆转,无所不至。故

---

① 西湖老人:《西湖老人繁胜录》,中国商业出版社,1982年。
② 周淙:《乾道临安志》卷2《城南北两厢》,《四库全书》第484册,上海古籍出版社,1987年,第66页。潜说友:《咸淳临安志》卷53《城南厢厅》,《四库全书》第490册,上海古籍出版社,1987年,第568—569页。
③ 耐得翁:《都城纪胜·坊院》,见《四库全书》第590册,上海古籍出版社,1987年,第11页。
④ 漆侠:《宋代经济史》,上海人民出版社,1987—1988年,第936—937页;王曾瑜:《宋朝阶级结构》,河北教育出版社,1996年,第417页。
⑤ (日)斯波义信著,庄景辉译:《宋代商业史研究》,台湾稻乡出版社,1997年,第335—336页;(美)赵冈、陈钟毅:《中国历史的城市人口》,《食货》第3—4期;漆侠:《宋代经济史》,中华书局,2009年,第932—933页。
⑥ 李晓:《宋代工商业经济与政府干预研究》,中国青年出版社,2000年,第92—93页。
⑦ 王曾瑜:《宋朝的坊郭户》,载《宋辽金史论丛》第1辑,中华书局,1985年,第64—65页。周峰主编:《南宋京城杭州》,浙江人民出版社,1997年,第96页。

其民不耕耨而多富足,中家壮子无不贾贩以游者。由是商贾以吴为都会,五方毕至"①。

汴京总人口约有 100 万,其中工商业人口占总居民数,周宝珠认为是 10%。魏天安《宋代行会制度史》则认为汴京工商行户大约有 36750 户,占城市总户数的 29.7%,另加东京官营手工业中的 2 万名军匠、民匠,总数占城市人口的 30% 以上②。城市手工业者以官府手工业机构中的工匠为主。宋代官手工业中最大的生产部门分别为军器监与少府监,它们管辖的工匠皆有详细的行业职业工种分类。如军器监,北宋初年在京师有南北两作坊,每年造铠、甲、刀、剑等 3.2 万件;弓弩院造弓箭等 1650 万余件;诸州作坊每年造各种武器 620 余万件,都拥有大批工匠。神宗时特设军器监负责京城内外的军器制造,京师设御前军器所拥有兵匠 3700 人,东西作坊有工匠 5000 人,合计达 8700 人③。

元朝统治者几乎把全国的工匠都集中在官府的手中。这些工匠有的直接隶属于官府,有的归各贵族管辖。根据《元史·百官志》记载:总理匠户的官府机关分属于朝廷和贵族。他们经营所有手工业,这种手工业发展阻碍了民间手工业的自由经营。同时,元朝统治者确立了"匠户"制度,匠户大致分为三类:第一类"系官匠户",他们在官府工作,物料从官库支领,或支领物料钱,由官府或匠户自行收买;第二类是隶属于贵族和一部分隶属于寺院的匠户,他们实际也都是一种官府匠人;第三类是"民匠户",他们虽然比较自由,但也受官府的控制,常要受差遣。虽然匠户不是完全自由的人,但元代民营手工业生产仍然有较大的发展。根据《马可·波罗游记》的记载,当时杭州:"此城有十二种职业,各业有一万二千户,每户至少有十人,中有若干户多至二十人、四十人不等。其人非尽主人,然亦有仆役不少,以供主人指使之用。诸人皆勤于作业,盖其地有不少城市,皆依此城供给也。"④

第二节 明清工业行业分化与 江南工匠职业分工的发展

李伯重教授在《江南的早期工业化》中,对明清江南手工业进行"轻工业"(从事消费资料生产工业部门)与"重工业"(从事生产资料生产的工业部门)等现代性行业划分,具体分类如下:"轻工业包括:(一)纺织业:(1)丝织业,(2)棉织业。(二)食品业:(1)谷物加工业,(2)酿酒业与制曲业,(3)制茶业,(4)食品再加工业,(5)制盐业,(6)榨油业。(三)其他行业:(1)服装加工业,(2)

---

① 范成大:《吴郡志》卷 37,见《四库全书》第 485 册,上海古籍出版社,1987 年,第 267 页。
② 周宝珠:《宋代东京城市经济的发展及其在中外经济文化交流中的地位》,《中国史研究》,1981 年第 2 期,第 52 页;魏天安:《宋代行会制度史》,东方出版社,1997 年,第 91—95 页。
③ 参见刘国良:《中国工业史·古代卷》,江苏科学技术出版社,1990 年,第 338—341 页。
④ (意)马可·波罗著,冯承钧译:《马可·波罗游记》,商务印书馆,1947 年,第 570—571 页。

日用百货制造业,(3)烟草加工业,(4)造纸业,(5)印刷业。重工业包括:(一)工具制造业,(二)造船业与修船业,(三)矿冶业与建材业。"①采用现代工业分类法对江南传统工业展开系列研究,为传统手工业工匠的行业职业分类研究打开了新的思路。本书为了保持与中国传统手工业内容的衔接,特采用中国传统行业分类与现代工业分类法相结合的方式进行叙述。

明代前期官府控制管理下的工匠行业与职业种类,可根据轮班匠和坐班匠分别进行估计。坐班匠又称住坐匠,根据户籍的区别有民匠与军匠两种。洪武年间坐班匠主要在南京,据顾炎武《天下郡国利病书》第14卷《江南应天府》记载:洪武十三年(1380年),"取苏浙等处上户45000余家,填实京师,壮丁发给各监局充匠,余为编户,置都城之内外,爰有坊厢。"永乐年间将首都迁到北京,由南京迁到北京的民匠共有27000户,按户派役一人计算,应有工匠27000多人。明代后期,嘉靖十年(1531年)对住坐工匠进行清查,查出工匠25167人,革去12912人,存留军民匠12255名。轮班工匠的轮班方法于洪武二十六年(1393年)进行改革。根据各部门的实际需要,轮班办法分别定于五年一班、四年一班、三年一班、二年一班、一年一班五种。根据这种轮班新制编定了62个行业工种的班次如下:

五年一班:木匠和裁缝匠。

四年一班:锯匠、瓦匠、油漆匠、竹匠、五墨匠、妆銮匠、雕銮匠、铁匠和双线匠。

三年一班:土工匠、熟铜匠、穿甲匠、搭材匠、笔匠、织匠、络丝匠、拘花匠和染匠。

两年一班:石匠、艌匠、船木匠、箸篷匠、橹匠、芦篷匠、戗金匠、绦匠、刊字匠、熟皮匠、扇匠、鱿灯匠、毡匠、毯匠、卷胎匠、鼓匠、削藤匠、木桶匠、鞍匠、银匠、销金匠、索匠和穿珠匠。

一年一班:裱褙匠、黑窑匠、铸匠、绣匠、蒸笼匠、箭匠、银珠匠、刀匠、琉璃匠、锉磨匠、弩匠、黄丹匠、藤枕匠、刷印匠、弓匠、旋匠、缸窑匠、洗白匠和罗帛花匠②。

明代后期官府工匠的行业职业情况,从《大明会典》所记嘉靖十年清查内务府住坐匠匠役定额中可见一斑③。计存留军民匠12255名④,其中分属司礼监工匠39种1583名、尚衣监工匠61种1249名、御马监工匠55种416名、印绶监工匠14种61名、司设监工匠70种1435名、内承运库工匠27种315名、供用库工匠4种401名、织染局工匠32种1317名、针工局工匠27种690名、银作局工匠13种274名、兵仗局工匠61种3163名、巾帽局工匠32种442名、工部织染所工匠8种195名、钦天监工匠3种31名、崇文门外大木二厂683名。合计447个工种12255名工匠。详细情况

---

① 李伯重:《江南的早期工业化(1550—1850)》中没有江南"矿冶业"的内容;另一本著作《发展与制约:明清江南生产力研究》中增加江南"矿冶业",台北联经出版事业股份有限公司2002年版。
② 申时行重修:《大明会典》卷189《工部9·工匠二》第5册,江苏广陵古籍刻印社,1989年,第2572—2584页。
③ 申时行重修:《大明会典》卷189《工部九·工匠二》第5册,江苏广陵古籍刻印社,1989年,第2585页。
④ 关于清查匠役的程序和数字,《大明会典·工部九》(2572页)说:"嘉靖十年奏准,差工部堂上官、及科道官司礼监官各一员,会同各监局掌印官,清查军民匠役,革老弱残疾有名无人15167名,存留12255名,著为定额。遇缺,该部清匠官止于额内佥补。各该管内外官员不许奏请招收,违者听本部并科道官劾治。"又奏准:"内承运库并木厂二处夫匠,俱以今次点到查明,册定数目存留,其余悉从开除。军发原卫差操,民发原籍当差。候册内人数有逃绝者,指缺行文清,匠官转行各该衙门取补。"

见附表4"嘉靖十年匠役工匠分类表"。

从附表4所列的447个皇室内府手工业工匠行业工种中可见，去掉其中织匠、铁匠、铜匠、木匠、银匠、锡匠、染匠、漆匠、锁匠、索匠、弓匠、缨匠、漆匠、绦匠、毡匠等246个重复的工种，再去掉与明初相同的41个工种，明代后期比明初新增了160个手工业行业和职业工种。它们分别是：

军工制造业：弓弦匠、剑匠、弩匠、刀匠、箭匠、神箭匠、甲匠、火药匠、鞭子匠、鞍辔匠、秋辔匠、火器匠。

民用制造业：油漆匠、象牙匠、雕凿匠、钉铰篦、竹篦匠、卷胎匠、桶匠、锡匠、铁匠、镀金匠、钑花匠、减铁匠、锁匠、妆銮匠、抹金匠、刺金匠、漆匠、木梳匠、缠梭匠、油伞匠、销金匠、铜匠、铸匠、箍桶匠、锉匠、蒸笼匠、扇匠、穿交椅匠、伞匠、草席匠、藤枕匠、梭篷匠、鱿灯匠、皮匠、钉底匠、镜儿匠、竹匠、锉磨匠、熟皮匠、锁子匠、针匠、剪子匠、钻珠匠、穿珠匠、磨镜匠、凉胎匠、银朱匠、裁金匠、斜皮匠、凉胎匠、水绳匠、骨作匠、烧珠匠、钑花匠、碾玉匠、边儿匠、钉铰匠、打角匠、索匠、挣磨匠、铺箸匠、铰钉匠、簑匠、篦子匠、钑花匠、厢嵌匠、磨光匠、星儿匠、揭俎匠、车匠。

建筑营造业：瓦匠、木匠、石匠、锯匠、碹匠、砚瓦匠、泥水匠、槅头匠。

化学工业：浇烛匠、胭脂匠、罐儿匠。

纺织印染业：裁缝匠、神帛匠、双线匠、绣匠、缝匠、毛袄匠、绦匠、打线匠、毡匠、麻鞋匠、钉带匠、履鞋匠、纲巾匠、捻棉线匠、织罗匠、绵线匠、绵匠、草帽匠、刺金线匠、浣衫匠、缨子匠、梭巾匠、纺棉花匠、缉麻匠、毯匠、三梭布匠、挑花匠、刻丝匠、染织匠、花毡匠、帘子匠、毯子匠、鬃巾匠、帮巾匠、弹棉花匠、冠帽匠、累丝匠、皮帽匠、研磨匠、鞋带匠、线子匠、络纬匠、捻梭匠、结梭匠、肚带匠、驼毛匠、驼子匠、梭鞋匠、名绦匠、双线匠、毡匠、旗匠、包头匠。

农林园艺业：花匠、蔻匠。

文娱工艺业：刷印匠、黑墨匠、笔匠、画匠、刊字匠、销金匠、合香匠、笺纸匠、表背匠、折配匠、裁历匠、颜料匠、纸匠、笙匠、喇叭匠、鼓匠、铜鼓匠、响铜匠、牌匠、捶纸匠、球棒匠、打角匠、香匠。

食品加工业：油户匠。

综合工艺类：背什物匠、副千户、罕答胲匠、匠、川字匠、宛平县铺户、大兴县铺户、医兽匠。

但是，除开民间工匠种类不说，仅就官府工匠门类看，上述内容还只是当时工匠职业工种的一部分。与此同时，随着社会分工的日益发达，明清时期民间工匠的行业职业工种同样也越来越多，如井盐开采业中就有司井、司牛、司车、司篾、司梆、司漕、司涧、司锅、同火、司饭、司草，又有医工、井工、铁匠、木匠等工匠工种[①]；又如景德镇制瓷工场制坯工一项中，不仅有淘泥工、拉坯工、印坯工、镟坯工、画坯工、抬坯工等复杂的劳动分工，而且仅画坯工一项，又细分为乳颜料工、画样工、绘事工、配色工、填彩工、烧炉工等小项[②]。其他如纺织业、矿冶业等行业内部分工都比前代更加发达，远远超过了官府手工业工匠的职业工种。

---

① 参照祝慈寿：《中国工业劳动史·民间工业雇佣劳动与劳动分工》中有关内容，上海财经大学出版社，1999年，第130页。
② 蓝浦：《景德镇陶录》卷3，见傅振伦：《景德镇陶录详注》，书目文献出版社，1993年，第34—35页。

特别是江南地区,由于工商业经济发达,工匠职业分工更加细密。如顾炎武在《天下郡国利病书·江南应天府》中记载,仅明代南京上元坊,曾按行业将工匠编成176类,每一类工匠都是"有人工而无田赋,止供勾摄而无征派"的专业生产劳动力①。

清代前期工匠行业职业种类可从《古今图书集成·考工典》的分类目录中进行统计。清朝雍正四年(1726年)编成的"清代第一大书"《古今图书集成》,收罗宏富,内容广博,体例周详,分类细密。全书一万卷,分六汇编,三十二典,六千一百零九部。其中《经济汇编·考工典》(现有单行本,称《中国历代考工典》),共列手工业行业工种154部。分别属于:

1. 器具制造业99部:金工部、锥部、针部、钩部、剪部、椎凿部、铃柝部、砧杵部、管钥部、鞍辔部、皂枥部、鞭篝部、绳索部、杂什器部、耒耜部、锹锄部、镰刀部、水车部、桔槔部、杵臼部、磨碨部、连枷部、箕帚部、杂农器部、纲罟部、奇器部、古玩部、棺椁部、溺器部、邮传部、实业部等、规矩准绳部、度量权衡部、旛幢部、卤部、壶部、盂部、罂部、瓷部、瓶部、缶部、瓦部、瓿部、爵部、罍部、觯部、觚部、斗部、角部、杯部、卮部、瓯部、盏部、觥部、瓢部、勺部、玉瓒部、杂饮器部、鼎部、釜部、甑部、鬲部、甗部、篮篓部、笾豆部、盘部、匜部、敦部、洗部、钵部、盂部、盆部、碗部、匕箸部、几案部、座椅部、床榻部、架部、柜椟部、筐笞部、囊橐部、机杼部、梳枇部、杖部、笏部、扇部、拂部、枕部、席部、镜部汇、奁部、屏障部、帘泊部、笼部、炉部、唾壶部、汤婆部、竹夫人部、熨斗部、伞盖部。

2. 建筑营造业37部:木工部、土工部、石工部、漆工部、馆驿部、坊表部、第宅部、堂部、斋部、轩部、楼部、阁部、亭部、厨灶部、厩部、台部、园林部、池沼部、山居部、村庄部、旅邸部、厕部、门户部、梁柱部、窗牖部、墙壁部、阶砌部、藩篱部、窦部、砖部、瓦部、城池部、桥梁部、宫室总部、宫殿部、苑囿部、公署部。

3. 其他工业行业18部:交通运输业:车舆部、舟楫部;化学化工业:陶工部、瓷器部、灯烛部;纺织印染业:染工部、织工部、帷帐部、被褥部;文体工艺业:玺印部、仪仗部、符节部、尊彝部、如意部;食品加工业:食禀部、杂食器部;工艺综合类:库藏部、器用总部。

这150多个部门划分,代表着清朝初年的官手工业工匠在行业工种上的基本分类。其中不少行业内部都还包含诸多的工种,如"木工"至少要分大木作与小木作两大行,土工、金工、石工、陶工、染工、漆工、织工等行业内部分工的职业工种更多。但即便如此,这些还仅仅是清代手工业行业职业工种的一部分。乾隆二十三年(1768年),清代内务府造办处十六作中的工匠就有61大类。其名称及隶属如下:

(1)如意馆有雕玉匠、牙匠、画匠、托裱匠、帖匠、轴匠。

(2)金玉作有镀金匠、螺丝匠、磨玉匠、琢玉匠、錾花匠、镶嵌匠、摆锡匠、砚匠。

(3)匣裱作有旋匠、匣匠、裱匠、彩画匠、广木匠。

(4)油木作有木匠、漆匠、雕匠、刻字匠。

(5)铸炉处有铸匠、锉匠。

(6)造钟处有钟匠。

---

① 顾炎武:《天下郡国利病书》卷14《江南应天府》,蜀南桐花书屋薛氏家塾,光绪五年刻本。

(7) 炮枪处有铁匠。

(8) 鞍甲作有鞍匠、皮匠、甲匠。

(9) 弓作有箭匠、弦匠、弓匠。

(10) 珐琅作有珐琅匠。

(11) 玻璃厂有吹玻璃匠、烧匠、碾匠。

(12) 铜镀作有镀匠、铜匠、凿匠、风枪(即气枪)匠、眼镜匠、刀匠。

(13) 灯裁作有煤匠、穿珠匠、裁匠、花匠、绦匠、染皮匠、彩绣匠。

(14) 盔头作有盔头匠、切末匠。

(15) 舆图作有画线匠、绘图匠。

(16) 花爆作有花爆匠、南盒子匠、北盒子匠、洋花匠、洋盒子匠、软灯匠、起花匠。①

在《古今图书集成》的工业分类记载中，将兵器制造业列入《经济汇典·戎政典》，将冠服带佩制造业列入《经济汇编·礼仪典》，将水利工程等按其地理位置列入《方舆汇编·山川典》，将文房工具制造业列入《理学汇编·字学典》，将乐器制造业列入《经济汇编·乐律典》。这些也都是规模庞大、体系复杂的工业部门，只是暂时还没有人进行系统的梳理。这里仅举《经济汇典·戎政典》及茅元仪《武备志》中记录的军事工业情况略加说明。

清代前期制造军器业中绣蟒铁盔的制造，所用工匠有铁匠、铮磨匠、锭铰匠、攒焊匠、扎缨匠、裁缝匠、画匠等七种；制造长矛，所用工匠有铁匠、湛水匠、焊匠、铮磨匠、锉匠、装锭匠、木匠、油匠、皮匠、漆匠等十种；制造背刀，所用工匠也有铁匠、起线匠、湛水匠、焊匠、铮磨匠、火漆匠、装锭匠、木匠、油匠、绦匠等十种。根据明末学者茅元仪的巨著《武备志》所列，当时军事制造业中不同于民用工业的职业工种就不下百种②。若将《古今图书集成》"山川典"中的工程营建业(上百种)以及"礼仪典"中的服饰业、"乐律典"中的乐器制造业、"字学典"中的文具玩具制造业等手工业职业工种(上百种)，加上《考工典》中的150多个行业工种和百余种军事制造业中不同于民用工业的职业工种，清代前期官手工业中的工匠职业工种就远远超过宋代的414行和明清时期民间所谓的360行。

至于民间手工业工匠的行业职业种类，一般都以宋应星《天工开物》中所列为标准。《天工开物》一书原分做18卷，依次为：乃粒(五谷)、乃服(纺织)、彰施(染色)、粹精(粮食加工)、作咸(制盐)、甘嗜(制糖)、陶埏(陶瓷)、冶铸(铸造)、舟车(车船)、锤锻(锻造)、燔石(烧造)、膏液(油脂)、杀青(造纸)、五金(冶金)、佳兵(兵器)、丹青(朱墨)、曲蘖(制曲)、珠玉。但《天工开物》的分类标准是人民群众日常衣食住行等生活的内容，目的是要向人们系统地介绍农业、手工业生产知识。这样一种排列次序，一定程度上反映了作者贵五谷而贱金玉的思想。该书主要篇幅是农业技术，其次才是金属冶铸技术。尽管其门类多技术范围广，包含了我国古代农业、手工业的各主要部门，但只能看做是总体上的大类划分，每大类都还可以分为若干工种。如明代的瓷器制造，在每一个

---

① 崇璋：《造办处之作坊及匠役》，《中华周报》第2卷第9期第8页。
② 茅元仪：《武备志》，见《续修四库全书》963—966册，上海古籍出版社，1995年。

过程中,都有专行专司,分工协作。具体行业工匠的分布情况可以以清代蓝浦《景德镇陶录》卷三记载的"窑"、"户"、"工"、"作"、"家"等序列为例,加以说明:

"窑"有"户"。称为窑户,包括烧窑户、搭坯窑户、烧图窑户、柴窑户、槎窑户。凡户,或设坯厂,或置窑座。

"户"有"工"。列计各工,人数不一。计有:淘泥工(兼练泥工)、拉坯工、印坯工、镟坯工、画坯工、春灰工(兼合灰)、合釉工、上釉工、挑槎工、抬坯工、制坯工、满搭工、烧窑工、开窑工、乳料工、春料工、砂土工、彩之工(内分:乳颜料工、画样工、绘事工、配色工、填彩工、烧炉工)。这些工种,有长年工,有临时工。

"工"有"作"。所谓作,系一户所作器,或各户有兼作。计有官古器作、上古器作、中古器作、釉古器作、小古器作、常古器作、粗器作、冒器作、子法器作、脱胎器作、大琢器作、洋器作、雕镶作、定单作、仿古作、填白器作、碎器作、紫金器作。"作"的规模有大有小,大的就是手工业工场,小的则为家庭手工业。

"作"有"家"。凡精粗分画,各有家,即家庭手工业或个体手工业者。计有青花家、淡描家、各彩家。

此外,尚有间接与制瓷工业生产有关的各项分工,如补窑工、芝草工,与柴户、槎户、匣户、砖户、白土户、青料户、篾户、木匠户、桶匠户、铁匠户、修模户、盘车户、乳钵荡口户、打篮户、炼灰户、刀户等。这些匠户都是围绕着瓷业生产而附设的。①

明中期以后至清代,民间手工业发展程度远远超过了官府手工业,不仅行业职业分工发达,而且民间作坊和手工工场规模都在不断扩大。如清代顾禄《桐桥倚棹录》卷10记载:

所卖满汉大菜及汤炒小吃,则有烧小猪、哈儿马肉、烧肉、烧鸭、烧鸡、烧肝、红炖肉、黄香肉、木犀肉、口蘑肉、金银肉、高丽肉、东坡肉、香菜肉、果子肉、麻酥肉、火夹肉、白切肉、白片肉、酒焖肉、硝盐蹄、风鱼蹄、绉纱蹄、蜜炙火蹄、酱蹄、大肉圆、炸圆子、拦圆子、上三鲜、汤三鲜、炒三鲜、小炒、爔火腿、爔火爪、炸排骨、爔紫盖、炸八块、炸里脊、炸肠、烩肠、爆肚、汤爆肚、醋溜肚、芥辣肚、烩肚丝、片肚、十丝大采、鱼翅三丝、汤三丝、拦三丝、黄芽三丝、清炖鸡、黄焖鸡、麻酥鸡、口蘑鸡、风鱼鸡、滑鸡片、鸡尾搧、炖鸭、火夹鸭、海参鸭、八宝鸭、黄焖鸭、风鱼鸭、口磨鸭、香菜鸭、京东菜鸭、胡葱鸭、鸭羹、汤野鸭、酱汁野鸭、炒野鸡、醋溜鱼、爆参鱼、参糟鱼、豆豉鱼、炒鱼片、炖江鲚、煎江鲚、炖鲫鱼、汤鲫鱼、剥皮黄鱼、汤黄鱼、煎黄鱼、汤䰾甲、黄焖䰾甲、斑鱼汤、蟹粉汤、炒蟹斑、汤蟹斑、鱼翅蟹粉、鱼翅肉丝、清汤鱼翅、烩鱼翅、黄焖鱼翅、拦鱼翅、炒鱼翅、烩鱼肚、烩海参、十景海参、蝴蝶海参、炒海参、拦海参、烩鸭掌、炒腰子、炒虾仁、炒虾腰、拆炖、炖吊子、黄菜、溜下蛋、芙蓉蛋、金银蛋、蛋膏、烩口蘑、蘑菇汤、烩带丝、炒笋、荬肉、汤素、炒素、鸭腐、鸡粥、十锦豆腐、杏酪豆腐、炒炖肝、炸炖肝、烂熩脚鱼、出骨脚鱼、生爆脚鱼、炸面筋、拦胡菜、口蘑细汤。点心则有:八宝饭、水饺子、烧卖、馒头、包子、清汤面、卤子面、清油饼、夹油饼、合子饼、葱花饼、馅儿饼、家常饼、荷叶饼、荷

---

① 蓝浦:《景德镇陶录》卷3《陶务》,书目文献出版社,1993年,第34—41页。

第十七章 行业分化、职业分工与江南工匠现代转型的时代特征

叶卷蒸、薄饼、片儿汤、饽饽、拉糕、扁豆糕、蜜橙糕、米丰糕、寿桃、韭合、春卷、油饺等,不可胜纪。①

每一个行业作坊中工匠人数也在增长,以嘉靖六年(1527 年)浙江张大纶校刻宋代姚铉的《重校唐文粹》一百卷的刻书业为例,明确记录所用刻字工匠姓名者分别为:

艾毛、陈兵、陈佛赐、陈伯郎、陈用正、陈友、陈铜郎、陈铁、陈圭、陈才郎、陈林、陈四、程聂、程亨、蔡生、蔡七、大郎、范自求、范著、范天得、范满、范右、佛童、华天寿、黄成茂、黄员福、黄奇、黄禄、黄其、黄福英(黄福)、黄毛狗、黄友、黄保、江张权、江元真(江元、江真)、江永达、江盛、江元贵、江元富、见天友、卢钞、陆马郎、陆长进、陆文、陆奎(六奎)、陆寿进、陆文进、陆进得、陆得(六朝)、罗元成(罗成)、黎汉、李潮、李泽、李清、李堂、李受、李长贵、李本、刘龙、刘龙泽、刘政、刘正、刘立、刘友得(刘得)、刘章、刘景福、刘道福、刘福真、刘旦、刘佛贵、刘成郎、刘松、彭挛、彭銮岩、漆佑、孙贤堂(孙贤)、石郎、三友、施记富、施永宝(施永保)、施永兴、施肥、廷涎、王富、王进安(王安)、王进福、王贤、王寿、王文浩、王长庆、王仕荣、王玉元、匠人王贵、吴佛生、吴左郎(吴左)、吴兴郎(吴兴)、吴大耳、吴得月、吴富、吴娈、吴起、吴宪、吴惠郎、吴阔、吴发、吴贵、吴再郎、文正、魏桢、熊文林、熊三、熊七、熊如、熊贵、谢元林、余昭、余景先、余天进、余荣郎、余宗、余仕贵、余荣、余员、余本正、余十、余马、余元善、余四、余立本、叶深进、叶深山、叶再发、叶再生、叶进二(叶进)、叶得贵(叶得)、叶顺、叶昭、叶招、叶远、叶亮、叶生、叶百茂、叶元赐(叶赐)、叶伯、叶杰、叶三、杨得、杨书、杨才、杨紫轻、杨四、杨仕、一日、姚岩、游文、朱仕启、朱名、朱元安、朱再友、朱顺、詹长祥、张礼春、张尾、张佑、张敖、张柯、张巴、张寿、郑坛、曾记安、周纪、周清、周巴、周禄、章景华、章祥。另外还有书工龚道仙、刘仕中、王沃保、熊永贵、余景仙、詹三、郑乔年等 170 多人。②

鸦片战争后手工业行业又有新的变化。据吴承明先生考察,鸦片战争后 36 个传统手工业行业(艺术品除外)中受摧残的有手纺、土钢、土针、土烛、踹布、制靛、烟丝、木版印刷等 8 个行业,而其余行业大多是有所发展的。此外,鸦片战争后还出现了 20 多个新手工行业。到 20 世纪 20 年代,在其所考察的 36 个传统手工业行业中,"除了被毁的 8 个外,有 16 个(恰好一半)行业,已有部分手工工厂逐渐采用了机械动力,开始向机器工业过渡。……鸦片战争前已有资本主义萌芽的行业,除了被摧毁的以外,基本上都有了向机械化过渡的现象。其中资本主义萌芽发生最早的丝织业,在这种过渡中也最典型,出现了一些现代化的大绸厂。""在近代中国,正如我们所见到的洋布与土布、洋铁与土铁、洋纸与土纸以至西药与中药都在争夺市场那样,机器工业与手工业也常是平行发展的。20 世纪是民族近代工业发展最快的时候,也是手工业发展最快的时候。"这一新的变化也体现了同期江南地区手工业发展变化的历史脉络③。

---

① 顾禄:《桐桥倚棹录》卷10,上海古籍出版社,1980 年,第 144—145 页。
② 李国庆:《明代刊工姓名索引》,上海古籍出版社,1998 年,第 397 页。
③ 许涤新、吴承明:《中国资本主义的萌芽》,人民出版社,2005 年,第 35 页。

第三节　明清江南重点工业行业及其分工的发展

如果说行业分化推动了职业分工的发展,那么,重点行业的发展则既反映了行业分化的深入,又折射出专业化程度的加强。

一、工业已成为明清江南经济中的主要产业

从现已整理出版的几部明清以来江南地区工商业碑刻资料集(如三联书店1959年版《江苏省明清以来碑刻资料选集》、江苏人民出版社1981年版《明清苏州工商业碑刻集》、上海人民出版社1984年版《上海碑刻资料选辑》、苏州大学出版社1998年版《明清以来苏州社会史碑刻集》等)中可以看出江南工商业人口的有关资料。

《江苏省明清以来碑刻资料选集》分类目录中共有17个工商业门类,其中属于工业行业的有10类29种,即:

丝织、丝业、绸缎类;染坊、踹坊、布坊类;纸作坊、书坊、纸业类;水木作、石作、木行、红木巧木业类;冶坊、铜锡、铁器类;刺绣、珠宝玉器、银楼类;南北货、粮食、酱酒类;猪行、府厨、菜业类;煤炭、蜡烛类;药业类;其他类等。

《明清苏州工商业碑刻集》分类目录中有工商业行业20目,其中属于工业行业的有15目,即:

丝绸刺绣业、棉布洋布业、造纸印书业、土木建筑业、木器制造业、油漆业、铜锡铁器业、粮食业、南北货业、酱酒菜厨面饼行、柴炭煤烛业、渔业、烟草业、生活服务业、交通运输业等。

另外,据范金民《明清江南商业的发展》统计,明清江南各地至少有会馆226个,公所356个,共计582个。其中行业性会馆12个、行业性公所314个,共计326个;又其中上海的会馆公所154个,包括有关商业服务业的76个和有关工业行业的78个。有关工业行业的分别是:

丝业、丝厂茧业、绸业、丝绸业、绉业、染业、踹布业、布业、纱布业、洋布业、靛业、衣庄业、成衣业、水木作、木作业、漆业、砖业、砖灰业、石匠业、裘业、鞋业、皮鞋业、袜业、京货帽业、洋货业、棉花业、旧花业、麻袋业、铁锚、南货业、北货业、花糖洋货、日本海产杂货业、海味业、蛋业、腌腊业、鲜鱼业、牛肉业、火腿业、鲜肉业、(鲜)水果业、果桔业、烟业、茶业、酒业、糖业、酱业、冰业、药业、药业饮片、参业、面业、菜馆、酒馆米业、米麦杂姿业、油豆饼业、烛业、煤炭业、桐油苎业、乡柴业、沙柴业、木业、竹业、铁钻业、铜锡业、纸业、刻字业、印刷业、书坊业、花业、花树业、珠宝业、玉器业、工艺业、金业、银楼业、沙船业、木船业等。[①]

[①] 范金民:《明清江南商业的发展》,《会馆公所数量考》、附表1—3"江南会馆公所分布表"南京大学出版社,1998年,第242—251页、第284—309页。

二、棉花棉布产业是明清江南经济的支柱产业

中国传统经济是农业与手工业密切结合的经济,习惯上称为男耕女织的小农经济(或称为自给自足的自然经济,与现代商品经济和市场经济相对应)。这种经济形式主要是将吃饭与穿衣两大基本生活要素的生产劳动有机结合,成为社会生产的主要形态。在这个基本的经济结构之中,真正与农业密切结合的手工业行业主要是纺织业,所以研究传统手工业和传统工匠,不得不从传统的纺织业和纺织工匠谈起。明代中期以后,江南地区棉花与棉布产业迅速发展,商业性的棉花与棉布产业已明显成为支柱产业。

江南棉花与棉布产业最发达的地区首先要算松江府。明代中后期,"松(江)一郡耳,岁赋京师至八十万,其在上海者十六万有奇。重以土产之饶,海错之异,木棉、文绫衣被天下"①。明代后期的南翔镇,"仅种木棉一色,以棉织布,以布易银,以银籴米,以米充兑"②。明末崇祯年间纂修的《松江府志》说:"自二三十年来,松江之民多倚织布为生。"③由崇祯年间(1628—1644年)上溯二三十年是明代后期的万历年间(1573—1620年)。明代后期的华亭县,"纺织不止村落,虽城市中亦然。……织者率日成一匹"④。不仅乡村劳力主要从事纺织业,城市居民也以纺织业为主要产业,每个劳力每天能织布一匹。明代后期的青浦县"男耕女织,外内有事。田家妇女,亦助农作,镇市男子,亦晓女红"⑤。不仅妇女从事纺织业,而且男劳力、特别是"镇市男子"也投入纺织业生产,打破了男耕女织的陈规。

清代松江地区棉布产业更加发达。"松江棉花布,衣被天下。……而女红自针黹外,以布为恒业。……女生五六岁,即教以纺棉花,十岁学织布,无间寒暑,自幼习劳。比嫁,咸善操作,而依其夫。"⑥妇女从小就学习纺织,生产的产品销往全国各地。金山百姓"朝拾园中花,暮作机上纱。织妇不停手,姑纺不停车"⑦。种棉纺纱织布一体化生产。外冈"土瘠则秋收必薄,故躬耕之家,无论丰稔,必资纺织以供衣食,即我镇所称大户亦不废焉。每夜静,机杼之声达于户外"⑧。乡村所有的劳力都是亦农亦工,专门从事农业生产的纯粹农户已很少存在。

其次是苏州府与太仓州,棉花与棉布产业之发达与松江齐名。据嘉靖《常熟县志·食货志》记

---

① 史彩修、叶映榴等纂:《上海县志》旧序《(明)弘治十七年甲子闰月之吉吴郡王鏊序》,康熙二十二年刻本。按:史彩是当年上海知县。

② 张承先撰,程攸熙增订:《南翔镇志》卷12,引(明)张鸿磐:《请照旧永折疏》,乾隆四十七年修,嘉庆十二年寻乐草堂增订刻本,详见徐新吾主编:《江南土布史》,上海社会科学院出版社,1992年。

③ 方岳贡修,陈继儒纂:《松江府志》10,赋额下,崇祯三年刻本,转引自徐新吾主编:《江南土布史》,上海社会科学院出版社,1992年。

④ (正德)《华亭县志》卷3《风俗》,正德十六年刻本。

⑤ 屠隆:《由拳集》卷16,"与王百穀二首"。按:屠隆系万历时青浦县令。

⑥ 乾隆年间周凤池纂,道光十一年蔡自申续纂:《金泽小志》卷1《风俗》,抄本载上海市文物保管委员会编《上海史料丛编》,1962年,第20页。

⑦ 董宪良:《织布谣》,收入(清)常琬修、焦以敬纂:《金山县志》卷19《艺文一》,乾隆十八年刻本。

⑧ 钱肇然编:《续外冈志》卷1《风俗》,载上海市文物保管委员会编:《上海史料丛编》1961年,第2页。

载,明代后期的常熟县"彼民之衣缕往往为邑工也"①。据万历《嘉定县志·物产》记载,嘉定县"邑之民业,首藉棉布,纺织之勤,比户相属,家家租庸服食器用,交际养生送死之费,胥从此出"。棉布纺织业是首位产业。万历《嘉定县志·风俗》记载:"妇女勤纺织,早作夜休一月常得四十五日。"②织女勤奋劳动,生产效率比以往提高50%,一月产出抵得上以往一个半月的劳动所得。嘉庆《直隶太仓州志·风俗》记载,清代太仓所属各地更是"比户纺织,机杼之声相闻也"③。清后期嘉定县"比户纺织,负贩遍海内"④。故嘉定流传着"阿奶日一筐,小姑日五两"的民谚⑤。

再次是江南其他地区,明中后期以后也都以棉花与棉布产业为主要产业。如北边的常、镇、宁地区,棉纺织业大有后来者居上的趋势。特别是清代乾隆年间的常州府无锡县,专业化的棉布业生产异军突起。由于棉布产量大,各地商贾纷纷前来采购,使无锡成了全国闻名的"布码头"。据光绪《无锡金匮县志·物产》记载,直到清末,无锡、金匮二县依然是"邑中女红最勤纺织,故不出棉而出布特盛"⑥。

地处苏州、松江南边的浙江杭州、嘉兴、湖州等地区。如天启年间《海盐县图经·风土记》曰:"地产木棉花甚少,而纺之为纱,织之为布,家户习为恒业"⑦。康熙《嘉兴府志》卷12《风俗》载嘉兴平湖、新城"妇女勤机杼"、"比户勤纺织"。嘉兴石门在清前期"纺织者众,本地所产(棉花)殊不足以应本地之需"⑧。

三、丝织业是明清江南经济中最发达的产业

钱泳《履园丛话》曰:"机杼之盛,莫过于苏杭"⑨。江南丝织业集中在苏州、杭州、南京等大城市和嘉、湖、苏、杭等地的广大乡村及濮院、王江泾、双林、王店、临平、盛泽、黄溪、震泽等丝织业市镇。

明清时期江南地区丝绸产品有缎、锦、纱、罗、绸、绢、绫等种类,色彩已达120种以上。其生产规模日益扩大,生产技术不断提高,从业人员日益增多,产品之精之多无不在全国首屈一指。

另外,明清时期江南丝织业生产还早于棉纺织业走向专业化,且有从农村向市镇乃至大城市集中的规模化趋势。

苏州丝绸的主要产地在震泽、吴江和吴县。乾隆年间编修的《吴江县志·物产》曰:"富商大贾数千里辇万金来者,摩肩连袂。"⑩隆庆年间编修的《长洲县志·风俗》记载,苏州民间"以织造为业

---

① 冯汝弼修,邓钹撰:《常熟县志》卷4《食货志》,嘉靖十八年刻本。
② 韩浚修:(万历)《嘉定县志》卷6《物产》、卷2《风俗》,万历三十三年刻本。
③ (嘉庆)《直隶太仓州志》卷16《风俗》,见《续修四库全书》,上海古籍出版社,1995年,第1079页。
④ 程其珏修:(光绪)《嘉定县志》卷8《土产》,光绪七年刻本。
⑤ 赵俞:《纺车曲》,收入程国栋等纂修:《嘉定县志》卷12《风俗》,上海人民出版社,1992年,第7页。
⑥ 裴大中等:(光绪)《无锡金匮县志》卷31《物产》,见《中国地方志集成》第24册,江苏古籍出版社,1992年,第500页。
⑦ 樊维城:(天启)《海盐县图经》卷4《风土记》,天启四年刻本。
⑧ 金丽元:(光绪)《石门县志》卷3《物产》,光绪五年刻本。
⑨ 钱泳:《履园丛话》卷23《机神庙》,见《笔记小说大观》第2编第5册,台北新兴书局,1978年,第3230页。
⑩ 沈彤:(乾隆)《吴江县志》卷5《物产》,见《中国地方志集成》第19册,江苏古籍出版社,1992年,第381页。

者,俗曰机房"①。这种"机房"生产以"东城为盛,比屋皆工织作"②。所谓"机坊罢而织工散者数千人",说明苏州城内专业机户是数以千计,故顾炎武称万历末年苏州"城中机户数千人"③。

冯梦龙《醒世恒言·施润泽滩阙遇友》说,嘉靖年间,吴江盛泽镇施复夫妇经营丝织业,"夫妻省吃俭用,昼夜营运,不上十年,就长有数千余家事","开起三四十张绸机"④。

位于浙江省湖州市中部的双林镇兴起较早,汉唐时已成村落,名东林;南宋时,北方商贾随宋室南迁集居于此,故又称商林。明永乐三年(1405)与其西二里的西林村合并,更名为双林镇。明成化时"溪左右延袤数十里,俗皆织绢"⑤。

万历《秀水县志·市镇》记载,王江泾镇万历年间也成为大镇,"多织绸收丝缟之利,居者可七千余家,不务耕绩"⑥。

明代人张瀚《松窗梦语·商贾纪》说杭嘉湖一带"桑麻遍野,茧丝绵苎之所出,四方咸取给焉"⑦。可见杭州等地民间丝织力量强大。

除纺织业外,明清江南的其他手工业行业还有很多。各个行业的经营方式,既有家庭作坊式的,也有手工工场式的,普遍使用雇工生产。如明代"主仆之分有定,然风俗亦有不同。常郡之无锡则于此分最轻,朝秦暮楚,恬不为怪"⑧。又如康熙中叶,吴江县陈去病的祖父开油坊,"雇工百人左右"⑨。

四、建筑业与加工业制造业是明清江南经济中的基础产业

先看明清江南的建筑业。

明清江南的建筑业专业市镇和行业团体的出现是明清江南建筑业发达的典型标志。明清时期,兼具地域性与行业性双重特色的建筑群体的出现是江南建筑业发展的一个重要标志。万历年间,宜兴、荆溪二县,"近石山者焚石为灰;祝陵、上千诸村或世石工;臣溪任氏世铁冶;土美者抟土,黄土作坯烧成瓦甓"⑩。

特别是苏州香山一带,位于太湖之滨,自古出建筑工匠,擅长复杂精细的中国传统建筑技术,

---

① 张德夫修,皇甫汸纂:(隆庆)《长洲县志》卷1,《风俗》,见《天一阁藏明代方志选刊续编》第23册,上海书店,1990年,第36页。
② 杨循吉等纂修:(嘉靖)《吴邑志》卷14,《物货》,明嘉靖刻本。
③ 顾炎武:《亭林余集·中宪大夫山西按察使副使寇公墓志铭》,载《学古斋金石丛书》,光绪癸未年四明葛氏刊巾箱本。
④ 冯梦龙:《醒世恒言》卷18《施润泽滩阙遇友》,见《冯梦龙全集》,上海古籍出版社,1993年,第353页。
⑤ 张廉:《重建化成桥碑铭》,(民国)《双林镇志》卷12《碑碣》,见《中国地方志集成·乡镇志专辑》第22册下,江苏古籍出版社,1992年,第536—537页。
⑥ 李培修,黄洪宪纂:(万历)《秀水县志》卷1,《舆地志·市镇》,民国十四年(1925)金蓉镜据万历原刻本校补铅字印行。
⑦ 张瀚:《松窗梦语》卷4,《商贾纪》,上海古籍出版社,1986年,第75页。
⑧ 蒋廷锡、陈梦雷:《古今图书集成·职方典》卷715《常州府郡》,中华书局,1934年。
⑨ 范金民:《明清江南商业的发展》,南京大学出版社,1998年版,第34—36页。
⑩ 周邦杰修:(万历)《无锡县志》卷8《土产》,明万历二年刻本。

出现了行业性的地域群体——"香山建筑帮",显示了建筑业发展与江南工商业经济中其他行业发展齐头并进的趋势。

光绪《光福志》记载,香山"民习土木工作者十之六七,尤多精巧,凡大江以南有大兴作,必藉其人"[①]。除了香山帮这样的行业性地域性工业群体外,江南其他地区建筑营造业也很发达。如明初常熟县各种行业工匠户数有1338户,分别为:

土工匠(49)、索匠(2)、石匠(28)、瓦匠(27)、锯匠(21)、竹匠(33)、洗白匠(15)、船木匠(1)、攒线匠(1)、络线匠(1)、线匠(1)、铁匠(20)、染匠(65)、裁缝(20)、挑花匠(45)、墨匠(6)、熟铜匠(15)、锡匠(5)、穿甲匠(124)、毡匠(3)、玻璃坯匠(1)、墨窑匠(3)、官帽匠(10)、银匠(6)、油漆匠(8)、铸匠(5)、熟皮匠(1)、卷胎匠(2)、纸灯匠(1)、涂金匠(2)、船匠(45)、箬篷匠(1)、刊字匠(2)、罗帛匠(1)、蒸笼匠(1)、刷印匠(1)、木桶匠(19)和戗金匠(1)。[②]

其中建筑营造业共计254人,约占工匠总数的19%。可见建筑营造业无疑是当地产业经济中极为重要的基础产业。

再看明清江南的生产工具与生活用具制造业发展情况。江南地区生产与生活用具制造业的发达情况从当时织机使用数量上可见一斑。丝织工具生产地主要有南京、苏州、杭州等丝织业集中的几个大城市。清中期南京、苏州、杭州丝织机数量均在3万台以上,其他丝织业发达的城市乃至市镇,也各有织机数千乃至上万台[③]。南京在乾嘉时"通城机以三万记"[④],道光间,"缎机以三万记,纱绸绒绫不在此数"[⑤]。所以吴承明先生估计清中叶江宁地区至少有织机4万台以上,清中叶苏、杭二地各有丝织机3万台以上[⑥]。

江南生活用具制造业非常发达。万历年间,无锡县"铁来自闽蜀,而邑人善铸为炉、鼎、投壶之类。"宜兴、荆溪二县各乡则随土而产,各有所工,"近竹山者治竹为器,北川诸村专制箩筐;离市远者木或烧炭、竹或剖篾;傍茶山者采茶……紫砂之泥为茗壶花盆,或仿古式作盂碗及几案间器玩。白泥为瓶缶。……其间非业陶者亦多捻土澄泥、采石乳取土骨"[⑦]。

交通工具制造业发展情况也居于全国领先地位。施彦士《海运议》载:"苏松常镇四十七帮,约计军船二千四百余只,每年约须造船二百数十只。"[⑧]英和《筹漕运变通全局折》则说道光五年江苏

---

① 徐傅:(光绪)《光福志》卷1,见《中国地方志集成·乡镇志专辑》第7册,江苏古籍出版社,1992年,第17页。
② 姚宗仪:(万历)《常熟私志》卷3《叙户》,南京大学图书馆藏万历四十六年修,传抄本。
③ 李伯重:《发展与制约:江南生产力研究》,台湾联经出版公司,2002年,第14页。
④ 陈作霖:《凤麓小志》卷3《记机业·第七》,见王有立主编的《中华文史丛书》第12辑《金陵琐志》,台湾华文书局,1969年,第177页。
⑤ 汪士铎等纂:(光绪)《续纂江宁府志》卷15,光绪六年(1880年)刻本。
⑥ 许涤新、吴承明:《中国资本主义的萌芽》,人民出版社,1985年,第370页。
⑦ 周邦杰修:(万历)《无锡县志》卷8《土产》,明万历二年刻本。
⑧ 施彦士:《海运议》,见《皇朝经世文编》卷48《户政》,沈云龙编:《近代中国史料丛刊》,台湾文海出版社有限公司,1985年,第1701页。

第十七章 行业分化、职业分工与江南工匠现代转型的时代特征

出运船二千四百只,浙江出运船千余只。"①可见道光时江南共有漕船3000艘以上,约占漕船总数的1/2。康熙中期,河南拟造每艘载量大约100石的"扒河船"2000艘,估计需要"船锯铁等匠三千六百人"②。江南年造漕船300艘,总载量在30万石左右,是河南"扒河船"总载量的1.5倍。因此江南漕船建造业从业人员当亦在数千人至万人之间③。

再看明清江南的食品加工业。据沈寓《治苏》记载,清代中期苏州府城人口在百万以上④。按"男女合计概算每人岁食米三石"⑤计算,则府城人口年食米达300万石以上,加上酿酒等用粮,估计嘉庆时苏州每年耗米500万石以上,江宁每年耗米200万石以上。再按使用传统的木砻石臼计算,平均一个工人年加工稻谷1000石,按容量出米率为50%,得米500石。据此,则嘉庆时苏州的500万石和南京的200万石米粮加工需专业砻坊工人为10000人和7000人⑥。由于众多的工人和木砻不是集中在一处,所以在此17000人以外,还需要相应数量的木砻及其他设备造作人员。

嘉庆二十五年江南总人口约2640万⑦,以清代中期江南城镇人口占江南总人口的20%计算⑧,即近530万人。若人均年食米3石,共约1600万石,根据以上砻坊生产情况,当需专业砻坊工人3万余人,木砻3万余台。再加上酿酒所需的脱粒程序,其工作人数还要更多。明清江南菜籽一般是亩产2石,975万亩产菜籽约1950万石。亦需上述规模油坊4300余家,工人约20万名(按"间日而作"计),油车约2.6万余部,方能敷用。一个中型油坊,每日作业工人约24人,使用油车(榨床)6部,日加工菜籽2000余斤。一年开工以300日记,则年加工能力为菜籽4500石(明清量)。道光时江南每年输入大豆约2000万官石。大豆加工工艺相同,原料投入量按容积计也大致相似。榨2000万石大豆需油坊4400余家、工人20万余名⑨。

关于明清江南民间工匠职业工种,可从《苏州市志》所列苏州会馆、公所中看出大致情形。该书按时间顺序列出明清苏州会馆59个,公所199个,共计苏州会馆、公所258个。其中属于手工业行业的135个,列表如下⑩:

---

① 英和:《筹漕运变通全局折》,见《皇朝经世文编》卷48《户政》,载沈云龙编:《近代中国史料丛刊》,台湾文海出版社有限公司,1972年,第1702页。
② 朱云锦:《洛浙二运说》,《皇朝经世文编》卷47《户政》,沈云龙编:《近代中国史料丛刊》,台湾文海出版社有限公司,1985年,1162页。
③ 李伯重:《发展与制约:江南生产力研究》,台湾联经出版公司,2002年,第35—38页。
④ 沈寓:《治苏》,《皇朝经世文编》卷23《吏政九守令下》,沈云龙编:《近代中国史料丛刊》第731册,台湾文海出版社,1985年,第893—894页。
⑤ 包世臣:《齐民四术》卷2《农二》,《安吴四种》卷26,见《近代中国史料丛刊》第294册,台湾文海出版社,1985年,1767页。
⑥ 李伯重:《唐代江南农业的发展》,北京大学出版社,1992年,第12—16页;《发展与制约:江南生产力研究》,台湾联经出版公司,2002年,第55—57页。
⑦ 梁方仲:《中国历代人口、土地与田赋统计》甲表88中数字统计,上海人民出版社,1980年,第273—279页。
⑧ 刘石吉:《明清时代江南市镇研究》,中国社会科学出版社,1987年,第136—137页。
⑨ 李伯重:《发展与制约:江南生产力研究》,台湾联经出版公司,2002年,第57—61页。
⑩ 苏州市地方志编纂委员会:《苏州市志》卷40,江苏人民出版社,1995年,第3册,第446—458页。参见吴建华博士论文:《江南人口与社会研究》(2000年,苏州大学)第129—130页。

插表30：《苏州市志》所列苏州行业会馆公所统计表

纺织业	餐饮业	器具制造业	综合杂业
丝织业	饭铺业	木行业	旧货业
丝经业	膳食业	锯木业	洋广杂货业
丝边业	庖厨业	竹业	人力车业
丝行业	炉饼业	竹箸业	理发业
染丝业	茶食业	小木竹艺业	水龙业
丝织宋锦业	粮食业	红木梳妆作铺	浴业
绒业	粮果业	柜橱业	甕业
织绒业	糕团业	木器业	寿器业
绸缎业	荤油业	制刷业	冥器业
绉绸业	米店业	扇面扇骨业	寿衣业
湖绉业	豆米行业	扇骨业	香业
杭绉业	粮食行业	扇面业	香粉业
纱缎账房业	腿业	纸业	烛铺业
金线业	猪商业	书坊业	花爆业
杭线业	肉店业	染纸业	水木作
顾绣业	豆腐业	蜡笺业	回须业
晞布染纺业	鲜果业	梅花纸业	石作业
染纺业	南枣橙橘业	账簿业	硝皮业
踹布业	南北杂货海货业	粗纸箸业	皮业
印花作坊业	腌腊鱼蛋咸货等业	冶炼业	辫绳业
贡带业	皮蛋业	炉坊（化铜）业	明瓦业
成衣业	羊肉面店业	金银丝抽拔业	装修置器业
零剪绘绣业	饭馆业	金箔业	花业
洋布洋货业	面馆业	箔业	花树业
绒领业	酒馆业	捶打金箔业（圆金业）	煤炭业
棉夏土布业	酒楼菜馆业	银楼业	树柴业
麻业	腌腊鱼货业	铜锁业	煤炭树柴业
织造业		铜丝业	柏油业
红布、头绳业		铜锡业	颜料业
估衣业		锡器业	漆商业
洋布业		钢铁锯锉店业	漆作店铺业
皮制品业		剪刀业	石粉业
鞋业		白铁业	刻字业
瓜帽艺业		打铁业	裱画业
弹花业		钟表业	水灶业
		眼镜业	机造工匠业
		琢造玉器业	

从普通意义上讲,"职业"是劳动者长期从事并赖以生活的工作,是劳动分工体系中的重要环节;从社会学角度上看,"职业"是劳动者获得的社会角色,是与劳动分工中某环节产生联系的劳动者的社会角色标志;从管理学角度来看,每一种"职业"都是社会分工中的部门种属。无论从哪个角度去看,"职业"都是社会分工的产物,而且随着社会分工的发展而发展;社会分工愈发达,生产专业化程度越高,职业劳动者的技术转型与角色转换速度越快。

第四节 江南传统工匠转型起步较早进程缓慢

与国内其他地区相比,明清江南工匠不仅数量多,而且工匠的技术素质和文化素质高,特别是以现代技术工人、工程师和工业科技专家产生为主要标志的工匠角色转换早,由此导致现代工人阶级队伍率先形成并迅速发展壮大。

《中国历代考工典》第5卷《名流列传》所列明代工巧名流17人中,明确属于江南籍贯的有11人,他们分别是:单俊良(浙江萧山人,发明新牛车)、王某(苏州吴县人,发明铜锁等)、蒯祥(苏州吴县人,主持修建北京故宫等)、张德刚(浙江嘉兴人,以家具巧匠升营缮所副)、洪粲(浙江嘉兴人,油漆巧匠)、杨青(松江府金山卫人,以瓦工升工部左侍郎)、蒋烈卿(武进人,雕刻匠)、蔡信(武进人,以工匠升工部左侍郎)、陆子刚(苏州人,制玉匠)、朱鹤(苏州人,绘图匠)、赵萼(苏州人,制灯匠);属于江南周边的有3人,分别是包壮行(扬州人,建筑工匠)、濮澄(太平府人,镂刻匠)、芮伊(宣城人,制自鸣钟);籍贯不明者一人,名赵得秀(木工,于武夷学艺);属于北方的只有牛存喜(怀庆人,建筑工匠)和来复(三原人,称三秦异人)两人[①]。《考工典·名流列传》中没有收列清代名流巧匠,但从《哲匠录》和各类中国科技人物词典中所收著名工匠人数上看,清代江南及其周边地区的技术工匠和匠师工官人数占了很大的比例,可谓是名流巧匠辈出。如《哲匠录》所收明清时期营造叠山类哲匠118人,除去籍贯不详者18人,余下100人之中,江南占36人,即占全国同类哲匠数的36%,比例之高可以想见。详见附表12"《哲匠录》明清营造叠山类传记人物统计表"。

在能工巧匠辈出的基础上,江南地区率先出现了工匠经验和技术的理论化与科学化趋势,同时也有了初步的运用科学理论指导生产实践的工业科学理论技术化趋势,标志着明清江南工匠踏上了现代技术转型与角色转换的历史征程。出现这种明显的地域特征,是与明清时期江南社会经济发展与经济结构的变化有着密切关系的。自明代后期开始,出现了以下几方面传统工匠现代转型的历史背景和历史事实:

一是工匠队伍与组织迅速成长,为江南传统工匠组织的角色转换提供了前提条件。主要表现为民间私营工匠增加超过官府工匠和江南地区工匠人数增加超过其他地区两方面。据统计,明代

---

① 《中国历代考工典》卷5《工巧部·名流列传》,江苏古籍出版社,2003年,第56—57页。

后期苏州丝织业官局纺织工匠有1万人①,民间机户至少是官匠的三倍,即3万人以上②。清代仅有的江宁(南京)、苏州、杭州三个官府织造局,生产全部由招雇的民间机户承担,机户凭着"官机执照"招雇织匠进行织造。关于江南工匠人数增加情况,详见书后附表2"20世纪20年代前中国历代名工匠统计总表"。

二是工匠政治经济地位上升与工匠生产性质发生变化,为江南传统工匠角色转换提供了前提条件。首先表现为工匠徭役征银,官府工匠由轮班服役制改为雇佣制。成化二十一年(1485年)开始纳银当差的改革,因规定南匠与北匠纳银数量不平等而难以推行。弘治十八年(1505年)重新颁布工匠纳银当差令,降低了南匠纳银数量,而且规定南匠与北匠纳银数量相同,才真正将工匠的徭役变成了货币税。接着又于嘉靖八年(1529年)在全国实施班匠银制度。至此纳银当差的改革基本成功。其次表现为近代性质的作坊、工场增多和自由雇佣劳动的出现。工匠人数的增加只不过是生产扩大的外延方面,生产扩大的内涵应是生产者专业化程度的提高和生产方式的进步,亦即明末清初以降的江南地区,政治经济地位日益上升的工匠有的扩大经营规模,开始使用雇佣工人,变成了资本主义性质的作坊主或工场主。如《醒世恒言》卷18《施润泽滩阙遇友》中的施复就是当时作坊主或工场主的典型形象。另外还表现为江南传统工匠社会经济地位提高。16世纪20年代到17世纪20年代是明代嘉靖万历时期,属于明代后期。明后期工匠虽有匠籍身份,但已经不是原先匠籍的内涵了。他们不但没有匠户职业世袭的限制,而且还可以通过技艺入仕为官,地位明显上升。王夫之《噩梦》说:"班匠之制,一以开国之初所定为额,阅数百载后,其子孙或耕,或商,或读,或吏,不复知有先世之业,而犹使之供班。或令折银,徒为无穷之累。若彼操技术以食于民者,曾不供一王之役。此致大不平者也。"③明末江阴的匠户也是"子孙不为匠者多矣"④。不少工匠发家致富,成为名流。如明末袁宏道《瓶花斋杂录》说:"古今尚好不同,薄技小器皆得著名","近日小技著名者尤多","扇面称何得之,锡器称赵良璧"⑤。明末张岱的《陶庵梦忆》说:"竹与漆与铜与窑,贱工也。嘉兴之腊竹,王二之漆竹,苏州姜华雨之莓篆竹,嘉兴洪漆之漆,张铜之铜,徽州吴明官之窑,皆以竹与漆与铜与窑名家,起家,而其人且与缙绅先生列坐抗礼焉。"⑥

三是江南地区传统工匠现代转型比国内其他地区早而快,其动力何在?其原因又是什么?工业行业分化与江南传统工匠职业分工发展,提供了江南传统工匠现代转型的动力基础。特别是以工匠著作纷纷出现为主要标志的工匠经验技术开始上升为理论技术,为江南传统工匠现代转型奠定了科技基础。无论是官员著作、学者著作,还是工匠著作,在明中后期到清末江南地区都出现了作品数量和科技含量空前增长的趋势,是全国其他地区难以比拟的。这标志着中国古代科技的发展到明代后期发生了新的变化,正式开启了"技术科学化"的历史进程。

---

① 洪焕椿:《关于明代资本主义生产的萌芽问题》,《历史教学问题》,1958年第4期,第11—15页。
② 许涤新、吴承明:《中国资本主义的萌芽》,人民出版社,1985年,第149页。
③ 引自汤刚、南炳文的《明史》上册,上海人民出版社,1995年,第622页。
④ 顾炎武:《天下郡国利病书》第7册,上海科技文献出版社,2002年,第64页。
⑤ 引自汤刚、南炳文的《明史》上册,上海人民出版社,1995年,第624页。
⑥ 张岱:《陶庵梦忆》卷5《诸工》,上海古籍出版社,1982年,第42页。

第十七章 行业分化、职业分工与江南工匠现代转型的时代特征

但在明中后期江南地区开启了工业技术的理论化进程以后,中国传统工业技术的科学理论化呈现出曲折漫长的发展进程。与同时期西欧地区,特别是英国相比,江南传统工匠现代转型的历史进程虽然在差不多的时期内开启,却有着明显的转型过程漫长和转型程度不高的表现,总体上表现出转型缓慢的特征。在传统工匠的技术转型方面,现代工业科技体系与机器生产体系的形成时间都在清末民初,这时西欧地区皆已跨入工业化时代。在传统工匠的角色转换方面,中国江南地区更显得比西欧迟缓。特别是在传统工匠身份地位的转变、传统工匠组织的角色转换以及现代技术工人队伍与工业科技专家群体的形成等方面,江南地区都在一定程度上落后于西欧。而在传统工匠现代转型的关键要素——作为工业科技人力资源开发的职业技术教育方面,更是远远落后于西方工业发达国家。

以建筑业中的木作为例。我国在宋朝初年就出现《木经》,相传是工匠喻皓所撰。据北宋沈括《梦溪笔谈》记载,《木经》对建筑物各部分之规格和各构件之间的比例有详细具体的规定,一直为后人广泛应用。喻皓在著作时,努力找出各构件之间的相互比例关系,此法有助于简化计算、指导设计、加快施工进度。《木经》对后世建筑技术发展有很大影响。百年后才有李诫编纂《营造法式》一书,亦多参照《木经》。再过二三百年,才有工匠著作《鲁班营造正式》、《园冶》等出现。明代天一阁藏本《鲁班营造正式》是一本纯技术的书,流传于东南沿海诸省民间工匠之中,主要内容是关于一般民间房舍和楼阁的建造样式。清初杭州人李渔撰《一家言居室器玩部》(《一家言》的第四五两部),书中大都讲述小木作内容,比如,窗栏、墙壁、匾额等。再过二三百年,《营造法原》才写成。1923年,姚承祖应邀去苏州工业专科学校建筑工程系讲授建筑学,才撰写了《营造法原》讲稿作为教学讲义,其成书离宋朝初年的《木经》已达千年之久。

与全国其他地区比较,江南传统工匠的现代转型时间早,转型的程度也较高,主要原因在于其获得了较好的社会条件与时代契机。而同西欧发达国家比较,明清江南传统工匠现代转型过程既漫长又曲折微弱。那么,江南传统工匠的现代转型缓慢的原因是什么呢?将在下编第二十章详谈。

第十八章　实学发展、科技引进与江南工匠现代转型的地域特征

江南及其周边地区传统工匠无疑是南方传统工匠队伍的中坚力量和典型代表,与中国北方传统工匠相比较,明显地具有从业人员数量较多、社会分工与专业化程度高、专业技术素质较好的地域特征。这里所说的江南工匠及其现代转型的地域特征,主要是指江南区域与全国其他区域以及与国外有关区域相比较而言的、一种整体上的区域时空差异性。这种区域特点构成区域发展的个性特征,既是江南区域内多种自然地理要素和人文环境要素互动互化的结果,又是一定时间内人们物质生产与精神创造相结合的文明成就及文化成果,还是一定时空范围内人口与劳动力生产技能与身心素质特征的综合反映。将江南传统工匠作为一个独特的群体,进行其空间的横向的差异性比较研究,首先要看到它所具有的整体特征及其历史文化背景。

第一节　江南实学发展与西学东渐

一、晚明科学精神的复兴

中国古代不乏科学精神,唯宋明理学盛行后,学术走向空泛。到明代中后期,随着商品经济的发达,学术研究也冲破了理学的束缚。晚明科学精神再度兴起,形成时代潮流。正如陈进传在《峰回路转:明代的科技》一文中所云:"近代文化深受科学技术的影响,但科学技术的产生,背后必有其精神基础,如采取狭义的解释,此精神就是科学精神。换言之,数百年来科学技术之能一日千里,创造发明之能日新月异,科学精神的蕴育激发功不可没。"陈进传总结晚明有怀疑精神、客观精神、批判精神、实用精神、实践精神、创造发明精神等六种科学精神开始复兴。实际上,这六种科学

第十八章　实学发展科技引进与江南工匠转型的地域特征

精神的复苏首先都出现在江南及其周边地区：

一是怀疑精神。怀疑与存疑精神首推徐光启，他有着相当严肃的研究态度，自己不能解决的问题便暂时存疑，以俟再考。刘宗周和他的弟子黄宗羲论学也重怀疑，黄宗羲认为："小疑则小悟，大疑则大悟，不疑则不悟。……彼泛言而轻信之者，非能信也，乃是不能疑也。"①

二是客观精神。明代后期是理学的反动时期，反动的结果是由主观的冥想趋向客观的考察。徐光启强调研究学问必须"其中有理、有义、有法、有数。理不明不能立法，义不辨不能著数，明理辨义，推究颇难，法立数著，遵循甚易"②。"有理、有义、有法、有数"就是具体的客观精神。顾炎武反对向内的主观学问，而提倡向外的客观学问。宋应星在《天工开物》序文中说："天覆地载，物数号万，而事亦因之曲成而不遗，岂人力也哉？"③充分强调自然界是不依赖于人的客观存在。

三是批判精神。东林党人对现实社会的批判，黄宗羲对君主专制的批判和顾炎武抨击科举制度④，都说明明末学者富有别开生面的批判精神。

四是实用精神。儒家的外王思想是一种积极入世的思想主张，必须落实到"用"上才有意义，因此儒者大都有经世致用的抱负，而明末之学术则专以实用为目的。如大谈经世致用的顾炎武就主张一切学问期于致用⑤。又如《天工开物》中有关食品的生产技术，包括第一、四、五、六、十二、十七六篇，约占全书的三分之一，实用精神非常突出。

五是实践精神。在实践方面，重实学与实行⑥。薄珏曾造铜炮、水车、水铳、地弩、算筹、负担等器。凡百工技艺，皆身亲其事。所居室，器具毕备，忽锻炼，忽碾刻，忽操觚作文字。并曰："吾所欲造器以意示工，工无解者，故不得不穷为之耳。"⑦

六是创造发明精神。顾炎武说著书"必古人所未及，就后世之所不可无，而后为之"⑧。强调创新是著书立说的第一要义。徐光启在科学上的发明与发现相当繁富精彩，时人称他"其所著述，皆迥绝千古"。《农政全书》既大量引用前代著述，也有作者自己的创新。宋应星的《天工开物》则坚持在自己考察研究的基础上总结发明。

晚明科学精神的复兴还表现为以科学方法进行学术研究。根据陈进传在《峰回路转：明代的科技》一文中研究，认为当时所运用的科学方法主要有观察法、实验法、归纳法、计量法、考据法、调查访问法等研究方法。特别是实验方法和计量法，明末经过传教士从西方介绍到中国，为中国学者所采用。如徐光启在京、津、沪等地都设立试验农场，对作物的性味、形态、生态及种植方法都亲

---

① 黄宗羲：《南雷文定后集》第3卷，台湾世界书局，1964年，第40页。
② 阮元：《畴人传》第32卷第4册《徐光启传》，商务印书馆，1955年，第394页。
③ 潘吉星：《天工开物译注》，上海古籍出版社，1993年，第228页。
④ 余同元：《崇祯十七年：社会动荡与文化变奏》，台湾老古文化出版社与香港经世书库2002年同时出版，第429—433页。
⑤ 江藩：《汉学师承记》，台湾商务印书馆，1963年，第134页。
⑥ 陈进传：《峰回路转：明代的科技》，刘岱主编：《中国文化新论·科技篇——格物与成器》，三联书店，1992年，第229—282页。
⑦ 谢国桢：《明代社会经济史料选编》中册，福建人民出版社，1980年，第28页。
⑧ 顾炎武著，黄汝成集释：《日知录集释》卷19《著书之难》，中州古籍出版社，1990年，第447页。

自做试验。

方以智的"质测之学"就包含了科学实验的方法,计量法也为耶稣会士推广应用,强调数量的衡量。计量法"即以量的数值,指出质的意义"。对新科学方法的运用当首推徐光启和方以智。徐光启上呈奏疏,在拟定屯田、水利、漕运、练兵、制炮、修历各种计划中都使用了科学的方法,包含四个步骤:第一,广泛地搜集研究资料并精确考证资料;第二,综合分析所收集的材料并从中总结出规律;第三,追踪过去的趋势并预告将来的变化;第四,以所推得的结论作为制定政策的方针。

方以智认为精确的科学方法要合乎四个原则:

第一是即事显理,从事实出发;

第二是通达其故,此"故"指的是事物的实然或事物的原因;

第三是从事物的所以然而求得"义"来辨审名物;

第四是探究其所自来,寓通几于质测之中。

只要根据上述方法,就可认识一切自然与社会的事物。方以智特别重视观察方法的运用,曾作诗曰:"宇观人间宙观世,山谷狼藉三藏秘;是谁点燧照一际,不攀断贯索凡例。"第一句是说要观察宇宙、自然和人间。第二句是说书籍并不能为人们解决问题。第三句是说各人应当自己点起火把去观照事物。第四句是说不要按照旧传统来订立治学的凡例。其科学著作《物理小识》中的科学理论,很多都是精细观察的结果①。

二、吴中实学兴起与江南实学的发展

吴中实学在明代以前就开始兴起,到明代中后期兴盛。其特点表现在:第一,崇文重教与造就实学英才的社会风气。最早有范仲淹在苏州创办府学县学,开全国风气之先。从此,"欲求大治,必先兴学","善国者,莫先育材;育材之方,莫先劝学","教不本于学校,士不察于乡里,则不能核实名"等崇文重教和兴学劝学的理念成为社会共识。如顾炎武强调"学术为人才之本",以"明道救世"为当务之急。与顾炎武同时代的太仓人陆桴亭主张,教育目的在于重建"人格",教学目标在于造就"英才"(救世之才),反对"俗才"(追求功名利禄);要求推广"实修""实行""实践"结合的、推陈出新的实学学习方法②。

第二,明道救世与经世致用的学术旨归。学校要"立师资","师必通经有道之师","明经籍之旨,练霸王之术,修经济之业"。为了办好府学县学,范仲淹邀请教育大师胡瑗来苏州执掌教学。"安定胡瑗设教苏、湖间二十余年,世方尚辞赋,湖学独立经义、治事斋,以敦实学。"③这种开创性的"分斋"教学,实则是中国真正的学校职业教育体制建立的标志,同时也是吴中经世致用的实学兴起的标志。

---

① 陈进传:《峰回路转:明代的科技》,刘岱主编:《中国文化新论·科技篇——格物与成器》,三联书店,1992年,第229—282页。

② 参见陈来:《陆世仪"讲求实用为事"的思想》;陈祖武《顾炎武:清初务实学风的倡导者》,载陈鼓应、辛冠洁、葛荣晋:《明清实学思潮史》卷2,齐鲁书社,1989年,第1043—1065页、1099—1128页。

③ 脱脱:《宋史》卷157《志》第110《选举志》,中华书局,1957年,第3—4页。

第十八章 实学发展科技引进与江南工匠转型的地域特征

第三，敦尚实践与学以致用的学术风气。自春秋言子"文开吴越,道启东南","使孔子之道渐于吴,吴俗乃大变,千载之下,学者益众,家诗文而户礼乐";到胡安定创"苏湖教法",以经义斋、治事斋分科教学,并"发愤叫呼,手提古道以披障末流,使东南之士有所模法";再到顾炎武反对空谈虚悟之学,倡修己治人之实学。可谓代代相传,积习成俗。

有人认为,晚明江南士人走上了世俗化的生存道路,开始了由"至君尧舜"向"至民尧舜"和由"道德人"向"世俗人"等社会角色的转化;这种转化促动了"士"与社会之间的交融与互动,拓展了其通过社会而存在的能力①。这种转化由王阳明肇其端,其"致良知"之说便是从日常生活中着手,要遍及"愚夫愚妇";主张只要通过"致良知"的修养,"人皆可以为尧舜"②。泰州学派的王艮进一步发展了这一思想,他将"道"建立于"百姓日用"的基础上,认为"百姓日用即道",从而将"四民"作为立教的对象。所以他的弟子王栋说:"农、工、商、贾虽不同,然人人皆可共学。"③这一变化为实学的进一步发展提供了社会基础。明代后期东林党人大力提倡学以致用的学术,兴起经世致用的学风。吴中实学昌盛一时,实则渊源有自。

德国哲学家费希特曾云:"学者的使命主要是为社会服务,因为他是学者,所以他比任何一个阶层都更能真正通过社会而存在,为社会而存在。"④中国古代社会的"士"虽不乏"为社会而存在"的使命感与责任心,却缺乏"通过社会而存在"的能力。在政治高度一统化的中国传统社会中,学者首先要通过"为政治服务"才能得以"为社会服务",这就大大限制了知识"为社会服务"的作用。因此,晚明士人的世俗化,不仅促动了学者从"道德人"向"世俗人"转化,也拓展了学者"通过社会而存在"的入世能力⑤。

明清之际,江南实学的发展,最突出的特点是科学精神的增长、科学研究方法的运用和经世思潮的兴起。吴中实学是江南实学发展的基础,晚明江南科学精神的复兴与科学研究方法的运用则是江南实学发展的精髓。

徐光启(1562—1633)是明末清初经世思潮的代表人物,他主张"实学",一生为学"务求实用",志在"率天下之人而归于实用"⑥。明末江南地区出现的一批科学家,比他们的前辈更加注重实地考察,甚至亲自试验。徐光启的《农政全书》虽然多辑录前人成果,但在他自著的那一部分中,却有他自己亲自实践的基础。他在天津做过屯种实验,在上海试种过甘薯。宋应星的《天工开物》,其中许多记载都经过他的亲自观察和试验。他反对凭"臆度"著书立说,批评一些人不经过试验就著书议论火药火器。他对炼铜、制纸、制糖工艺流程的叙述都给出了量的规定,这些量的规定不经过认真的调查研发是写不出来的。至于著名的《徐霞客游记》,每一篇都是作者亲自考察的结

---

① 刘晓东:《世俗人生:儒家经典生活的窘境与晚明士人社会角色的转化》,《西南师范大学学报》,2001年第5期,第121—126页。
② 王阳明:《传习录》,见《王阳明全集》卷1,上海古籍出版社,1992年。
③ 黄宗羲:《明儒学案》卷32《泰州学案》一,见《明代传记丛刊》第1册,明文书局,1991年,第733页。
④ (德)费希特著,梁志学等译:《论学者的使命·人的使命》,商务印书馆,1984年,第42页。
⑤ 刘晓东:《世俗人生:儒家经典生活的窘境与晚明士人社会角色的转化》,《西南师范大学学报》,2001年第5期,第125页。
⑥ 徐光启著,王重民辑:《徐光启集》上册,上海古籍出版社,1984年,第77页。

果。这些人的科学研究活动,不仅提供了新的科学理论,而且提供了一些新的方法和新的精神,这正是发展科学技术所需要的科学方法与科学精神①。

针对当时学界末流空谈心性的学风,东林党人提倡学、事统一。高攀龙说:"事即是学,学即是事。无事外之学、学外之事也。"②东林党人之后,黄宗羲、顾炎武进一步把学问和事功统一起来,强调经世之学的重要性。黄宗羲说:"心无本体,工夫所至,即其本体。"③主张学道与事功、治体与治法的统一,反对理学家们的"明体"才能"达用"的思想。顾炎武说:"君子之为学,以明道也,以救世也。徒以诗文而已,所谓雕虫篆刻,亦何益哉?"强调以"明道救世"为学术归宿④。

"经世文编"的大量涌现与"经世文编"学者群体的形成是明清之际江南实学发展的突出标志。明朝万历以后,"经世文编"明显增多。根据《晚清经世实学》一书的统计,有黄训编《皇明名臣经济录》、万表编《皇明经济文录》、黄仁溥编《皇明经世要略》、郑善夫著《经世要谈》、冯应京编《皇明经世实用编》、万廷言著《经世要略》、郑璧著《经世宏策》、俞琳斩编《经世奇谋》、沈一贯编《经世宏词》、冯琦、冯瑗等编《经济类编》、陈其愫编《经济文辑》、张文炎编《经济文钞》、张谏编《经济录》、陈仁锡编《八编经世类纂》、颜季亨著《经世急切时务》、陈子壮编《昭代经济言》和《经济宏词》、陈子龙等编《皇明经世文编》等。这 18 部经世文编,刊行于万历以前的只有 3 部,其余 15 部均刊行于万历以后。其中影响最著者为《皇明经世文编》。为了转移"士无实学"的空疏学风,开创"通今"、"实用"的学术新路,晚明陈子龙、宋征璧、徐孚远等复社君子编印了大部头的《皇明经世文编》。全书共 508 卷、400 万字。在"以资世用"的选编原则下,特别强调了"明治乱"、"重经济"、"详军事"、"存异同"。内容涉及边防、边墙、兵饷、马政、海防、火器;财政、赋税、徭役、商课、工匠、钱币、盐茶、漕运、屯田、水利、农事、灾荒等。这"不仅是一部内容翔实的史书,又是一部'治乱攸关'的政书,更是一部晚明经世实学的巨著"⑤。与"经世文编"增多的同时,"经世文编"的作者和编者共同构成了实学群体,其中不少人是工业科技的研究者和工业科技书的著作者。

黄宗羲(1610—1695),提倡实学,主张研究自然科学,实施科技教育,内涵大大超越南宋事功学派之实学,深刻反映了明中叶以后东南沿海地区商品经济空前发展的需要。他主张"工商皆本",反对"重农抑商";他认为历代税赋改革,每改革一次,税就加重一次,而且一次比一次重,形成"积累莫返之害"。为了促进工业和国防事业发展,积极提倡研究和传习历算、乐律、测望、占候、火器、水利等"绝学",主张考核奖励科学研究和发明,并以此作为取士手段;提倡"儒者之学"要"经天纬地",把研究天文、地理以及各门自然科学纳入儒生必究之业。他曾撰写《易学象数论》六卷,对我国传统纯数学的传授有所贡献。他所著《气运算法》、《勾股图说》、《开方命算》、《测圆要》诸

---

① 参见李申:《中国古代哲学和自然科学》,上海人民出版社,2002 年,第 860—862 页。
② 高廷珍等撰:《东林书院志》卷 5《东林论学语》上,《续修四库全书》第 721 册,上海古籍出版社,1995 年,第 57 页。
③ 黄宗羲:《明儒学案·原序》,见《明代传记丛刊》第 1 册,明文书局,1991 年,第 9 页;黄宗羲:《南雷文定五集》卷 3《姜定庵先生小传》,台湾世界书局,1964 年。
④ 顾炎武:《与人书二十五》,《亭林文集》卷 4,《续修四库全书》第 1402 册,上海古籍出版社,1995 年。
⑤ 上两段未加注释的引文均出自冯天瑜等著:《晚清经世实学》,上海社会科学院出版社,2002 年,第 39—43 页。

书,虽然未见于今,但从书名可知黄宗羲传授过几何、代数等数学知识,而且还将数学运用于我国古代重要的"气运"学说。他还研究传授过历法知识,撰写了《春秋日食历》一卷、《授时历故》一卷、《大统历推》一卷、《按时历假如》一卷、《西历假如》一卷、《回历假如》一卷。其所著《今水经》一卷和《四明山志》九卷,有表有论,条理清楚,简明地介绍了全国水道,后来《明史·地理志》大半依据此书,其高足万斯同则继承发扬此学。"黄宗羲实施的科技教育门类众多,兼综古今中外,专业化程度高,影响深远,为古代教育史写下了别开生面的一页。"①

昆山人顾炎武(1613—1682)"感四国之多虞,耻经生之寡术"。青少年时即发愤为经世致用之学,于国家典制、郡邑掌故、天文仪象、河漕、兵农及经史百家、音韵训诂之学,皆有研究。晚年治经重考证,开清代朴学风气。其学以博学于文,行己有耻为旨归,力求学与行、治学与经世合一。顾炎武从17岁起就开始搜集全国有关地理沿革的资料,历时20余年,撰写了《天下郡国利病书》和《肇域志》两部著名的历史地理学著作。万斯同继承吕祖谦、黄宗羲以来的实学传统,心怀经邦济世大志。撰写《昆仑河源考》二卷和《河渠考》十二卷。主张兼综中、西学法,制造观测仪器进行科学观测和实验,对明末清初大科学家梅文鼎"既贯通旧法,而兼精乎西学","又能制器",尤其推崇备至。

顾祖禹(1631—1692),江苏无锡人,居常熟。其高祖顾大栋撰有《九边图说》,曾祖顾文耀、父亲顾柔谦都通晓舆地之学。在家庭的影响下,他毕生专攻历史地理学,以历史沿革地理和历史军事地理研究为精深。从清顺治十六年(1659年)起,他参考二十一史、100多种地方志和其他大量文献,并尽一切可能"览城廓,按山川,稽道里,问关律",实地考核异同,历时30余年,编著成130卷《读史方舆纪要》。

由此可见,正是晚明江南及其周边地区科学精神的兴起和江南实学的发展,才导致了大批工业科技著作的出现。而江南大批工业科技著作的出现,无疑又是江南实学发展的重要标志和基本特点。

三、西学东渐与东西会通

晚明还兴起了东西"会通精神",这也是一种新兴的实学精神。16、17世纪之交,以利玛窦为代表的耶稣会士纷纷来华,将西方文化导入中国,从而揭开了近代中西文化交融的序幕。耶稣会士传入的西学主要包括西方的自然科学知识和人文知识两个方面。在自然科学方面,他们带来了西方的天文学、地理学、数学、物理学、生理学、医学、生物学等学科的新知识,其中也包括西方新兴的工业科技知识。详见书后附表11"明清西方传教士在华所著科书目统计表"。

明代西方科技向中国的传入开始于军事。明代中后期,西方殖民势力东来。在中外军事冲突中,中国人了解到西方火器技术较本土技术优越。如张星烺《欧化东渐史》所云:"明末,中国炮铳之落后,亦不下马雷人。不与欧人冲突则已,一有冲突,无不败衄。明人亦知其然。"最早的西方火

---

① 梅汝莉、李生荣:《实学传授科技知识的基本形式》,《中国科技教育史》,湖南教育出版社,1992年,第386页—402页。

器技术传入中国是在正德年间,时"葡船至广东白沙,巡检何儒得其制。以铜为之,长五六尺。大者重千余斤,小者百五十斤。巨腹长颈,腹有修孔。以子铳五枚,贮药置腹中,发及百余丈,所击则糜碎"①。此后又有佛朗机炮和红夷大炮等传入,火炮性能逐渐提高

明末战事紧急,迫使政府更加重视火器技术的利用和掌握,所以延请西方传教士为之铸造火炮。清初仍因战事频仍,迫使清廷继续任用西方传教士发展国内的火器技术。除火器之外,西方其他方面的科技也随传教士一同来华,有历算、西医、地图测绘及机械技术等。其中因机械技术形式新颖、应用性强而最有影响力。在机械技术引进方面,比较典型的著作有徐光启的《泰西水法》、王徵的《新制诸器图说》(即《远西奇器图说》)等书。《泰西水法》内容主要涉及水利工具的制造,而《新制诸器图说》的内容则较为广泛,包括了水利、钟表、计量工具、车辆等多方面。在明末清初,耶稣会士南怀仁还曾在中国设计制造蒸汽机,但此技术后来没有在中国发展完善。

一般来讲,近代科学技术发展应该是科学理论与方法的产物,而很少是经验的积累。"一是科学技术强调的是方法性,二是科学技术不是万能的。科学与经验完全可以并驾齐驱,但绝不能混淆。失去其方法论、系统性和社会性,科学即不成为科学。缺乏方法论、系统性和社会性,经验即使再正确,也不是科学,也没有必要称为科学。即便是所谓的经验科学,它强调的也不是经验而是归纳经验的方法与程序……由于历史条件的限制,或者准确地说由于历史条件的要求,耶稣会士在传播西方科学技术方面偏重于技术。这是历史的要求,但同时也迎合了中国学者习惯于把经验与科学、科学与技术混为一体的心理。具体反映是,以中土之传统中的经验发明类比通过方法论而产生的技术发明。"②

徐光启、李之藻等人高度赞美西学务实精神。他们曾设计过一个宏伟的科学发展规划,准备在十年内将传教士带到中国的图书择其"有益于世用者,渐次广译"。他们以开放的文化心态,广采博纳异域新知,并自觉地把西学融入自己的实学思想体系。他们对传教士输入的"格致穷理之学"表现出极大的热情,并将介绍传播西学作为富国强兵的重要内容。如徐光启著作《勾股义》,是因为在他看来,"西北治河,东南治水利,皆目前救时至计",为此有必要"广其术而以之治水治田之为利臣、为务急也,故先之"。他呼吁学习西洋火器制造术,是为了抵御关外清兵的进攻,"惟尽用西术,乃能胜之"③。

明清之际的经世学者不仅广采博纳外域新知,而且还主张会通中西。徐光启认为:"欲求超胜,必先会通。"他曾计划根据"度数旁通之十事"的构想,以西学全面改造中国的气象学、水利学、音乐学、医学、会计学、建筑学、机械工程学、军事学等学科。他负责的修历工作,"熔西人之精算,入大统之型模;正朔闰月,从中不从西;定气整度,从西不从中"。既吸收了西洋历法中的有关技

---

① 张星烺:《欧化东渐史》,商务印书馆,2000年,第50—51页。
② 李文潮:《〈奇器图说〉与西学东渐初期的几个问题》,《中国科技典籍研究——第一届中国科技典籍国际会议论文集》,大象出版社,2008年,第187页。
③ 徐光启著,王重民辑:《徐光启集》上册,上海古籍出版社,1984年,第84、82页,第289页。

术,又继承了传统历法中的合理成分①。

李之藻(1565—1630),字振之,浙江仁和人,长于天文历算和数学,学识渊博。他20岁作《中国十五省地图》,后在利玛窦处见到《世界全图》,即翻译刻制《万国地图》。万历三十六年(1607),他译成《圜容较义》1卷,其后再译《同文算指》,至万历四十一年(1613)译成前编2卷、通编8卷、别编1卷。天启间(1621—1627),李之藻与葡萄牙人傅汛际合译亚里士多德名著《寰有铨》6卷、《名理探》10卷。此外还译有《经天盖》、《简平仪说》、《坤舆万国全图》等著作,撰写有关于数学、历算等的序、跋、奏、疏30余篇,对介绍西方科学做出了杰出贡献。他还协助徐光启翻译《几何原本》和修订《大统历》,于万历四十一年(1613)上奏"西洋天文学论十四事",请开馆局翻译西法。他力主会通中西,《浑盖通宪图说》、《同文算指》便是他"会通"的成果。

方以智(1611—1671),明末清初安庆府桐城县人,是最杰出的大科学家,有《周易图像几表》、《学易纲宗》、《一贯问答》、《切韵源流》、《流寓草》、《诸子燔痏》、《四韵定本》、《性故》、《内经经络》、《医学会通》等著作百余种,以《通雅》和《物理小识》最流行。他把中国传统科学精神和部分西方科学观念融会贯通,创立了"质测之学"和"通几之学",为中国古代科学向近代科学的转型注入了生机活力。《清史稿·方以智传》说:"以智生有异秉,年十五群经子史略能背诵。博涉多通,自天文、舆地、礼乐、律数、声音、文字、书画、医药、技勇之属,皆能考其源流,析其旨趣。"其学博涉多通,融古今中外于一炉,在许多领域都有自己独到见解。

徐光启、李之藻、方以智等人的会通主张,在清初为王锡阐、梅文鼎等人所继承。如梅文鼎在西学问题上,既反对"专已守残而废兼收之义",也反对"喜立异而缺稽古之功",而主张"法有可采,何论东西;理所当明,何分新旧"。正是在这一会通过程中,中国传统科技开始突破重实用、轻理论的思维局限,形成具有近代意义的"质测之学"和"通几之学"②。

第二节 西方科技书引进与江南机器工业兴起

一、西方近代工业科技书的翻译引进

中国学者在明末就已开始翻译西方工业书籍,如《远西奇器图说》、《泰西水法》等,但大规模地译书还是晚清江南制造局开展的。这里将江南制造局译馆所翻译的西文图书(共计167种)中主要的工业科技书40部列表如下:

---

① 徐光启著,王重民辑:《徐光启集》下册,上海古籍出版社,1984年,第374页;阮元:《畴人传》第42卷,商务印书馆,1955年。
② 引自冯天瑜、黄第义:《晚清经世实学》,上海社会科学出版社,2002年,第35—38页。

插表31：江南制造局翻译40部工业科技书列表

序号	书名	册数	卷数	附图	原著者	翻译者	笔述者	校对者	出版年代
1	炮乘新法	6	3	141	英制造局	舒高第	郑昌棪		光绪十六年
2	水雷秘要	6	5	224	（英）史理孟	舒高第	郑昌棪		光绪六年
3	爆药纪要	1	6	4	美水雷局	舒高第	赵元益		光绪五年
4	炮法画谱	1	1	27	丁乃文			程瞻洛	光绪十五年
5	炮准心法	2	2	23	布军政局	金楷理	李凤	苞丘瑞麟	光绪年间
6	子药准则	1	1		丁乃文				光绪十四年
7	克房伯炮图说	2	4	35	布军政局	金楷理	李凤苞	胡树荣	同治十三年
8	洋枪浅言	2	1	15		颜邦固			光绪元年
9	艺器记珠	1	1	57		徐建寅			光绪十年
10	西艺知新	6	10	395	（英）诺格德	傅兰雅	徐寿	徐华封	光绪四年
11	西艺知新续刻	9	13	744		傅兰雅	徐寿	徐华封	光绪十年
12	化学工艺	13	10	711	（英）能智	傅兰雅	汪振声	徐华封	光绪年间
13	工程致富	8	13	76	（英）马体生	傅兰雅	钟天伟		光绪二十四年
14	船坞论略	2	2		傅兰雅	钟天伟	程瞻洛		光绪年间
15	化学材料中西名录	1	1						光绪年间
16	电气镀线	1	1	5		傅兰雅	徐华封		光绪十二年
17	物体遇热改易说	2	4	6	（英）瓦特斯	傅兰雅	徐寿	赵元益	光绪二十五年
18	电气镀金略法	1	1	12	（英）华特	傅兰雅		沈善蒸	光绪年间
19	冶金录	2	3	42	（英）阿发满	傅兰雅	赵元益		光绪年间
20	考工纪要	8	17	195	（英）马体生	傅兰雅	钟天纬	汪振声	光绪二十年
21	铸金论略	6	6	351	（英）司布勒村	傅兰雅	汪振声		光绪二十八年
22	金工教范	1	1	95	（美）康泼吞		王汝骧		光绪三十年
23	炼金新语	3	1	83	（英）奥其吞	舒高第	郑昌棪		光绪年间
24	制羼金法	2	2	12	（日）桥本奇策		王季点		光绪二十七年
25	炼石编	2	3	66	（英）亨利·黎特	舒高第	郑昌棪		光绪年间
26	铸钱工艺	2	3	32	摘译	傅兰雅	钟天纬	程瞻络	光绪十六年
27	炼钢要言	1	1	4		徐家宝			光绪二十二年
28	汽机必以	6	12	199	（英）蒲尔捺	傅兰雅	徐建寅	赵元益	同治十二年
29	制机理法	4	8	242	（英）觉显禄斯	傅兰雅	华备玉		光绪二十六年
30	汽机发轫	4	9	83	（英）美以纳	伟烈	徐寿		同治十年
31	汽机新制	2	8		（英）白尔格	傅兰雅	徐建寅		同治十一年
32	汽机中西名目表	1	1						光绪年间
33	兵船汽机	8	6	262	（英）息尼德	傅兰雅	华备玉		光绪二十年
34	制火药法	1	3	58	（英）利加逊	傅兰雅	丁树棠	李乘时	同治九年
35	克房伯炮药弹造法	3	4	152	布军政局	金楷理	李凤苞	胡瑞麟	同治十三年
36	煤油法	1	1		佚名				光绪年间

37	取滤火油法	1	1	15	(美)日德乌特	卫理	汪振声	光绪二十七年
38	造洋漆法	1	1	8	(日)田原长纯	藤田	汪振声	光绪二十九年
39	考试司机	6	7	190	(英)施尔纳	傅兰雅	徐华封	光绪二十一年
40	照相镂板印图法	1	1	1	(美)贝列尼	卫理	王汝骧	光绪二十七年

清末洋务运动时期,在上海江南制造总局从事西方近代科学著作翻译的洋员中,做出杰出贡献者有三人:即傅兰雅、林乐知与金楷理。

金楷理1839年出生于德国萨克森州一个小镇,年轻时随家人移居美国。1863年他毕业于美国罗切斯特大学,1866年5月被美国浸信传教会派到中国,携夫人赴任浙江。当时华东教区除宁波外还管辖杭州、金华、绍兴、湖州等地,而金楷理被委任负责杭州的传教。他在杭州租房子开设新的布道站,还创办学校,招收8岁到16岁的孩子讲授教理问答并诵读《马可福音》与《正道启蒙》。1869年,他接受江南制造局中新设学校的教习之职,大部分时间用于翻译西方科学文献。同治二年(1863年)江苏巡抚李鸿章奏请,仿京师同文馆之例于上海设立外国语言文字学馆,后来改称广方言馆,并于同治八年十月决定并入江南制造局。广方言馆设英文、法文、德文三馆,金楷理任德文教习,英文教习是林乐知[①],法文教习是傅兰雅[②]。金楷理积极从事西文科学书的翻译。他在江南制造局工作期间翻译出来的书籍有如下23种:

1.《行军指要》六卷图一卷,英国哈密撰,赵元益笔受。

2.《临阵管见》九卷,布国斯拉弗司撰,赵元益笔受。

3.《营垒图说》一卷,比国伯里牙芒撰,李凤苞笔述。

4.《克虏伯炮说》四卷,布国军政局撰,李凤苞笔述。

5.《克虏伯炮操法》四卷,布国军政局撰,李凤苞笔述。

6.《克虏伯炮表》八卷,布国军政局撰,李凤苞笔述。

7.《克虏伯炮准心法》一卷图一卷,布国军政局撰

8.《克虏伯炮腰箍炮说》一卷附图一卷,布国军政局撰,李凤苞笔述。

9.《克虏伯炮架说》一卷附图一卷,布国军政局撰,李凤苞笔述。

10.《克虏伯炮螺绳炮架说》一卷附图一卷,布国军政局撰,李凤苞笔述。

11.《克虏伯炮弹造法》二卷附图一卷,布国军政局撰,李凤苞笔述。

12.《攻守炮法》一卷,布国军政局撰,李凤苞笔述。

---

① 林乐知,字荣章,生于美国佐治亚州,清代进士,基督教美国监理会传教士。咸丰十年(1860年),林乐知偕夫人来上海传教。同治三年(1864年)3月林乐知经冯桂芬介绍,担任上海广方言馆首任英文教习,聘期6个月。期满后参加江南制造局翻译馆译书工作,后又再次受聘担任英文教习,直到光绪七年。

② 傅兰雅是英国人,于1861年来华任香港圣保罗学院院长,嗣后于1863年受聘赴任京师同文馆英文教习,从1865年开始在江南制造局从事西文科学书籍的翻译。1875年以后,傅雅兰参与格致书院的创立,而于1877年开始主编科学杂志《格致汇编》。傅雅兰在中国普及近代科学上的功绩已为大家所公认。1896年傅雅兰赴美国任加州大学东方语言文学教授。

13.《饼药造法》一卷附图一卷,布国军政局撰,李凤苞笔述。

14.《喇叭吹法》一卷,蔡锡龄笔述。

15.《兵船炮法》六卷,美国水师书院撰,朱恩锡笔述。

16.《航海简法》四卷,英国那丽撰,王德均笔受。

17.《行海要术》四卷,李凤苞笔述。

18.《御风要术》三卷,英国白尔特撰,华衡芳笔受。

19.《绘地法原》一卷附表一卷图一卷,英国阙名撰,王德均笔述。

20.《光学》二卷《视学诸器图说》一卷,英国田大理撰,赵元益笔述。

21.《测候丛谈》四卷,华蘅芳笔述。

22.《电学镀金》四卷,徐华封笔述。

23.《海战指要》一卷,赵元益笔述。①

光绪五年(1879年)九月,徐建寅以驻德使馆二等参赞的名义被派往欧洲进行技术考察。光绪九年,金楷理被选定为柏林使馆的翻译官,光绪二十九年(1903年)退休。

江南制造局翻译的工业科技书,除引进西方新兴产业知识(如电力工业方面的《电气镀线》、《电气镀金略法》、《物体遇热改易说》等)以外,重点是引进了西方机器工业技术方面的理论文献。

以往所说的机器工业都强调蒸汽动力的因素,而忽视了机器结构和机器材料的因素。传统手工业时代并非没有机器和机械,但大都是木结构机器,现代机器的一个重要特征是金属锻制器件以及传动装置的复杂化。在木结构机器时代,蒸汽动力不能正常发挥效力。正如李伯重教授所说的,江南未能产生工业革命是缺乏了两项必需因素——煤和铁,前者是动力之源,后者是结构之本。只有这两项条件满足,才能促使蒸汽动力驱动的机械化生产手段产生。

二、西方机械技术的引进

现代工厂工业与传统工场手工业界限并非是截然对立的。在1957年出版的《中国近代工业史资料》序言中,孙毓棠先生提出:"近代机器工业的发生与发展,在欧美资本主义各国都引起巨大的生产技术变革和社会变革。这种变革使资本主义生产方式最后战胜了资本主义以前的一切生产方式,为社会生产力的蓬勃发展和劳动的大规模社会化铺平了道路。"近代工业是采用蒸汽动力驱动机器或者说是动力革命推动下产生的新式工业体系,实际上在这个体系里并非所有工业或所有工厂都采用了蒸汽推动机器的生产手段。"这些近代工业的出现,在不小程度上是受了外国资本主义侵入的影响和刺激。但是在它们的发生和发展的过程中,它们和中国固有的手工业的基础不能不具有密切的不可分离的联系。"②

虽然狭义的机器工业在鸦片战争以后才出现,但广义上中国机器工业的开端,即以手工机械

---

① (日本)高田时雄:《金楷理传略》,日本京都大学人文科学研究所主编:《日本东方学》第一辑,中华书局,2007年汉译本,第260—263页。这23种书皆金楷理口译,执笔者有李凤苞(3—13、17)、赵元益(1、2、20、23)、王德均(16、19)、华蘅芳(18、21)、蔡锡龄(14)、朱恩锡(15)和徐华封(22)前后七人。

② 孙毓棠:《中国近代工业史资料·序言》,科学出版社,1957年,第1页。

第十八章 实学发展科技引进与江南工匠转型的地域特征

进行的纺织业、制造业和船舶修造业等活动,在中国古代早已存在。根据李伯重教授研究,在近代动力化机器工业出现以前,中国传统的重工业——即生产资料(金属、能源、机器、建筑材料等)的工业部门中皆已出现广义的机器生产。"明清江南的重工业,主要包括四个部门:(一)生产工具制造业;(二)建筑材料业;(三)矿冶业;(四)造船业。……除了农具与纺织工具以外,江南使用最多的生产工具是染色、踹布、缝纫、碾米、磨面、酿酒、炸油、制盐、造纸、打箔等行业中所用的各种工具。"①在这些行业的工业生产中,不少程序都使用机械工具进行生产,可以看做是江南机器工业的萌芽。但真正的现代机器生产的开始,必须具备几个要求:一是蒸汽机或电动机的使用;二是技术工人的使用;三是制器之器的生产。

虽然机械种类繁多,但其主要技术要素不外乎以下几项:一曰构架材料,二曰驱动动力,三曰联结传动结构,四曰功能作用,五曰力学原理。在明清时期,大体情况如下:(1)功能作用方面,机械主要用于纺织生产、农业生产、铸造冶炼、武器生产、车船制造、陶瓷制作,以及计量工具、测绘仪器、提升工具、文娱器具等生产。(2)构架材料方面,古代的机械设备以木结构为主要构架,兼有石、革、金属器件,如磨盘、风箱、弩机等。(3)驱动动力方面,古代机械的驱动力有人力、牲畜力、风力、水力、热力(如走马灯,人为制造气动力)。(4)联结传动方式方面,传统的机械联结传动方式主要有绳缚、榫卯联结结构、钉接结构、销轴结构和连杆传动、绳带传动、链带传动、齿轮传动、凸轮传动、摩擦传动等。(5)力学原理有推拉力、摩擦力、重垂力等。

明末,《农政全书》《天工开物》等著作对中国古代传统机械技术做了总结,徐光启和熊三拔翻译的《泰西水法》、王徵的《新制诸器图说》(《远西奇器图说》)是中国机械技术受西方影响的开始。王徵在西方传教士启发下制造了虹吸、鹤饮、轮激、风磨、自行磨、自行车、轮壶等器具。其中自行车、自行磨和轮壶等采用了重垂动力原理。这种动力方法除了三国时期的"木牛流马"之外,在中国历史上未见广泛运用。这个时期机械演变的情况是,一些专门化的工作机原理有所创新,如龙尾车,传动机构中传入了立轴摆杆式擒纵机构和蜗轮蜗杆式的传动装置等新技术,它具有调速功能,机械整体结构更加精密复杂。特别是这个时期的机械技术的应用,开始采取中西结合的方式,如轮壶,其中立轴摆杆式擒纵机构是引自西方,而更漏和木人击钟机构是中国自有。

清朝初年,比利时传教士南怀仁(1623—1688)在中国成功试制并试用蒸汽机作为机械驱动动力的四轮模型车,康熙二十年(1681年)南怀仁就此事上书康熙皇帝,六年后发表于德国出版的《欧洲天文学》(*Astronomia Europea*)②。李约瑟(Joseph Needham)在他的《中国之科学与文明》③一书中记述了这个重要的历史事件。这比1698年英国托马斯·萨弗里(Thomas Savery,1649—1715)在欧洲最早演示蒸汽水泵早17年④。但是,由于当时没有工业革命时代的能源和材料条件,所以这种发明未在中国进一步发展起来。

16—17世纪中西机械化技术发生了碰撞,相比较而言,西方机械工作原理较为玄奥但结构组

---

① 李伯重:《发展与制约:明清江南生产力研究》,台湾联经出版公司,2002年,第11—15页。
② 卢嘉锡总主编、陆敬严著:《中国科学技术史·机械卷》,科学出版社,2001年,第399—401页。
③ 李约瑟著,钱昌祚等译:《中国之科学与文明》第8册,台北商务印书馆,1975年,第381—382页。
④ 中国科学技术史学会技术史委员会编:《技术史研究》,冶金工业出版社,1987年,第161页。

织较为简单,中国机械的工作原理较为直观而结构组织较为巧妙;西方的机械技术重在以科学理论指导发明创新,中国的机械技术则重在经验积累的基础上改进完善。由于西方科技的传入,中国的机械技术发生了一定的变化,但此时的西方还没有发生产业革命,对中国影响不是很大。

至清代中期,即李伯重所说的江南早期工业化时期,经济发展主要是依靠人力的投入,即工业人口的增加,而不是生产工具发生了质的变化。在生产的重要部门,也有一些工具技术的改良进步,如纺织业部门,三锭纺车和足踏织机的发明,但这只是一种对旧技术的重新组合,并没有发生西方工业革命时代的大规模机械化生产。鸦片战争前后,中国开始意识到与西方在科技方面的差距,于是逐渐由零散到系统地引进西方科技。江南制造局是中国近代第一家全面系统地采用机械化生产的企业。这个时期机械技术新的发展成果基本上全部引进自西方,主要的表现有,在动力方面蒸汽动力机的采用,在构架材料方面金属材料的采用,在联结方式上金属螺丝的采用,以及在前三者基础上产生的金属切削机器,如车床刨床等。特别是机械化金属切削工具的使用,使得机械生产走向标准化和规模化。

三、江南现代机器工业的兴起

众多的学术研究成果表明,清末民初工业生产体系的革新主要表现为机械化生产方式的采用。这种变革的决定性因素主要有三个方面,即蒸汽动力、金属构架与以机械生产机械。通常所说的工业革命的主要标志是蒸汽动力的采用,实际上只是考虑了动力的方面,而忽视了结构的因素,两者必须结合才能发挥效用。木结构无法满足蒸汽动力的机械运转速度和承受力提高的要求,而金属具有熔化特性,可以铸造出精确的标准化器件,并满足机器自动运转的速度强度要求。但如果光有金属架构而没有蒸汽机的采用,同样也不能达到生产功效。因为金属机械的重型化,其运转使得人畜不堪重负,若使用风力和水力等自然力,则受地理环境限制太多,既不能随时利用,也不能任意调节速率。

至于机械生产的标准化,须以机械来生产机械,这类机械设备的完备又有三个要素——机动刀架、精密导轨、变速装置。可以想象,即使技艺再精湛的工匠生产出来的工具也难以做到标准划一,工具不能标准化,以致工具生产的产品也难以实现标准化和高效化。所以说工业革命首先应具备上述三大因素。李伯重教授所说的江南没有从早期工业化阶段通过工业革命向工业化时代过渡,是缺少煤和铁的说法也是由此而发的,因为煤和铁正是代表了动力和构架两个要素。

通常认为蒸汽动力技术是由国外传入的,那么中国古代有没有发明出蒸汽机的可能因素呢?答案是肯定的。如古代的走马灯,是用热能驱动气流促使物体运动,蒸汽机也是由热能产生动能促使物体运动,两者有异曲同工之妙。到鸦片战争以后,由于西方机器生产方式的引进,使中国东南沿海地区,特别是长江三角洲和珠江三角洲等对外开放较早的地区,机器工业有了新的发展,具有工业动力化技术的机器生产真正发展起来。按其经营主体和业务内容来分类,可以分为外资船舶修造业、政府军工制造业、民办机器修造业这几个各具特点的发展阶段。

19世纪四五十年代,在香港、广州、上海等地出现了外国在华投资开办的船舶修造业。虽说外资船坞最先在广州、九龙和香港等地开办(一般认为,1843年英国人榄文在香港设立的阿白丁船坞和1845年英国人柯拜在黄埔设立的柯拜船坞可能是中国最早出现的外资船坞),但上海大有后来居上之势。1852年成立的伯维公司被认为是上海出现最早的外资船舶修造业。自1857年到1863年,上海船厂、祥安顺、旗记、上海老船澳等船厂中除造船外,已经有了铁工、机器工程、炼铜等生产部门。在浦东也有五家船厂,其中有三家在美国人莫海德名下。至19世纪70年代以后,上海的外资船舶修造业集中以祥生和耶松两家大规模的企业为主①。

人们通常将1861年成立的安庆军械所作为中国近代军工业的开端,但1853年湖南巡抚骆秉章已经在湖南设立炮局并任命黄冕主持铸炮,1855年至1856年曾国藩也曾在江西建立过铸造枪炮的小型兵工厂。实际上真正使用蒸汽机生产的还是苏州洋炮局。1863年,李鸿章创办上海洋炮局,后又在上海洋炮局名下增设丁日昌和韩殿甲所属两个分局。这两个局条件非常简陋,"除了锤子和锉刀之外,什么机器、熔铁炉或其他的工具一概都没有。临时用附近田野里的黏土造了一座熔化器"②。太平天国失败,清军攻陷苏州,洋炮局迁至苏州。1864年1月,李鸿章买下阿思本舰队的一些制造军火的机器设备,有汽炉、镟木、打眼、铰螺床、铸弹诸机器,"皆绾于汽炉,中盛水而下炽炭,水沸气满,开窍由铜喉达入气筒;筒中络一铁柱,随气升降俯仰,拨动铁轮;轮绾皮带,系绕轴心,彼此连缀,轮旋则带旋;带旋则机动,仅资人力之发纵,不靠人力之运动"③。从此中国的军工业正式进入机器生产阶段。

另外,1863年归国学者容闳曾向曾国藩建议,要学习西人制造枪炮之根本,应先建造一所"母厂",由母厂生产出各种"制器之器"。于是清廷派遣容闳赴美国购买各种工作母机,容闳在麻省朴得南公司购得各种大小机器设备一百多件,于1865年投入江南制造局。1865年,李鸿章让丁日昌在上海虹口买下美商旗记铁厂,并以此为基础建立江南制造局。旗记铁厂以修造轮船为主,制造军火之器为辅。"铁厂所有系制器之器,无论何种机器,逐渐依法仿制,即用以制造何种之物,生生不穷,事事可通"。从此中国开始有了自己的机器工业,同时也有了自己的技术工匠和工程师。如上海洋炮局"所用外国匠人四五名……所用中国匠人五六十名"④。1864年,总理衙门派遣京营弁兵48员和跟役12名往苏州学习军工制造,后来分派至江南制造局、金陵制造局和天津机器局等处。

差不多在军用企业使用机器生产的同时,中国民用工业中也开始出现机器生产。如中国出现最早的机器缫丝企业是在1859年,该年怡和洋行的美哲经理在上海创办上海纺丝局,一开始便引进了全套的西欧缫丝机器。1878年开始,美国旗昌洋行试车,1881年正式开始开办旗昌丝厂,有缫丝车200辆。1882年怡和洋行再次开办缫丝厂,有缫丝车200辆。1882年以后,机器缫丝开始发展,当时的几个外资缫丝厂都雇佣不少中国人。"它们雇佣了好几百中国工人,使用在法、意等国已风行的缫制方法。"⑤

---

① 孙毓棠:《中国近代工业史资料》第1辑,科学出版社,1957年,第42页注释1。
② 孙毓棠:《中国近代工业史资料》第1辑,科学出版社,1957年,第13页。
③ 同治三年四月二十八日《总理各国事务衙门奏折附江苏巡抚李鸿章致总理各国事务衙门函》,孙毓棠:《中国近代工业史资料》第1辑,科学出版社,1957年,第259页。
④ 孙毓棠:《中国近代工业史资料》第1辑,科学出版社,1957年,第274页、260页。
⑤ 孙毓棠:《中国近代工业史资料》第1辑,科学出版社,1957年,第66页。

第三节 江南职业教育兴起与技术传承方式改变

一、中国历代技术传承与职业教育

1. 职业技术教育的基本理念

职业技术教育是职业教育与技术教育的统称。职业源于社会分工,技术源于人对客观世界的改造;职业的载体是人,技术的载体包括人和物,所以职业与技术属于两个范畴。职业教育就是以职业为目标的教育。社会化是教育的总目标,职业化则是社会化的核心内容之一。人的社会化就是使人的个性能够得以形成、完善并能够全面和谐的发展,亦即通过教育使自然人成为社会人,使个体成员成为社会的合格成员。因为职业是一个合格的社会成员所必须从事的、在人的一生中占主要地位的劳动。不同职业对从业者的不同要求形成了职业教育多层次的特性和丰富的内涵,由此而产生的职业教育的社会功能也是多重的。在人的全面发展和社会进步方面,职业教育不仅具有政治、经济、文化功能,而且是社会文化融合、创新、传递与传播的重要手段,为人的创造性的发挥提供了前提条件。人是教育和职业的主体,人的职业化是教育的目标。因为人既是教育的主体又是职业的主体,社会经济发展要以人与职业和人与教育的关系为纽带,联结教育与职业,建立以职业为目标的职业教育。从这个意义上讲,凡教育皆具有职业性。职业教育是实现劳动力资源平衡的一个杠杆。

技术教育根据其目的分为两类:一类是为取得某种职业资格或为从事某种职业而进行的技术教育,称之为技术教育;另一类是不针对某种职业需要而进行的技术教育,称为一般劳动技能教育。后者主要在基础教育阶段进行,属于生活技能和劳动教育。技术能力是职业的主要能力,职业教育与技术教育密不可分,故统称为职业技术教育。职业技术教育是使自然劳动力变成社会劳动力的中介。自然的劳动力只是一种可以参与社会劳动的可能性,要使其变为现实,就需要通过职业教育,改变一般人的本性,使之获得一定劳动部门的技能和技巧,成为发达的和专门的劳动力。也就是说,要获得一定社会中某种职业资格。而这种职业资格是一种综合能力,包括从事某种职业所需要的生理、心理素质、思想品德、职业道德、职业知识、技能和技巧,也包括从事某种职业必需的实践经验等[①]。

2. 中国古代技术传承方式与职业教育沿革

中国古代职业技术教育以父子相传和师徒相传为主。《礼记·学记》载:"良冶之子,必学为裘,良弓之子,必学为箕。"意指冶炼与制弓世家,必行父兄之教与子弟之学。《管子》一书中将"士

---

① 参见国家教委职业技术教育中心研究所编:《职业技术教育原理》,经济科学出版社,1998年,第3—7页。

农工商"视为"国之石民(支柱)",提出了"定民之居,成民之事"的职业技术教育方式。如《管子·小匡》说:"令夫工群萃而州处,相良材,审其四时,辨其功苦,权节其用,论比、计制、断器,尚完利。相语以事,相示以功,相陈以巧,相高以智。旦昔从事于此,以教其子弟。少而习焉,其心安焉,不见异物而迁焉。是故其父兄之教,不肃而成,其子弟之学,不劳而能。夫是,故工之子常为工。"意思是说,最有效的办法是使各行业父子相传,子承父业,不杂其居,不迁其业,达到《荀子·儒效》所谓"工匠之子莫不继事,而都国之民安其服"的社会目标。

在中国历史上,学校职业技术教育大概始于唐代以前。唐代是中国职业技术教育的一个黄金时代,其职业技术学校有三种类型:

第一种是国家教育系统的技术学校。如中央到地方的医学校和国子监领导下的律学、书学、算学三种高等技术专科学校,其设制、教学都非常完备、正规。

第二种是相关行政部门附设的技术学校,采取带徒弟的方式进行专门职业技术培养。如专管手工业制造的少府监所属工艺专科学校,培养方式是聘请技工中技艺高的"国手"为师傅进行技艺传授。学习期限根据不同技艺难易而定,学习内容从刻金缕玉到做礼帽头巾无所不包:如司历专业学习国家历法的推算和制定,漏刻专业专学漏刻术,校书专业学习校理文献典籍等。

第三种是属于民间私学性质的技术学校。隋唐时期,凡身怀绝技的人都可开门授徒。如一代名医孙思邈就收徒传医,他不但自编教材并绘制教学挂图《明堂图》;居士崔良佐隐居授徒,还编著了《历像》、《浑仪》教材。甚至佛、道等宗教界也进行一些科学技术传播,如佛学"五明"中的"工巧明"就是专讲历算和工艺技术的,道教方士的教术中也包含化工冶炼技术,东渡日本的鉴真和尚既是建筑师又是医师[①]。

唐代官府手工业技工学校,集中学徒工让匠师传授技术,可见技术传授和训练已转入规模性的职业教育。学校视工种不同培训时间不等,每季考试一次,年终大考一次。但这种职业技术教育仍然没有改变学徒制的教育性质,师傅传授给徒弟的多是一般技术,技术诀窍不轻易外传,即所谓授人以"规矩",而不授人以"技巧"。技术保密,传子不传婿,容易造成某些技术失传。

不过学徒制是传统工匠技术代代相传的主要方式,它大体包括如下几个特点:第一,师徒双方具有密切的经济关联度;第二,学徒制度与行会制度密不可分;第三,师徒关系具有较强的宗法性。宗法性特点又体现在以下几个方面:首先,学徒入门后,事实上成为师傅家庭成员,学徒工的任务不限于学习手艺,还要帮师傅做种种手艺之外的事情;其次,学徒在学习期间,除了食宿之外,没有工资形式的收入(并不等于学徒一无所获);再次,学徒制度还得到了宗法家族制度的强力支撑;最后,由于手工业与农业的天然联系以及明清以来人口增加、人地矛盾加剧等因素,低廉劳动力主要来自于农村[②]。分析学徒制度下师徒角色行为特点及其互动机制,是考察传统工匠职业角色养成的重要环节。

---

① 参见王素琴:《浅谈中国古代科学技术的传播方式》,《湖南教育学院学报》,1999年第4期,第33—37页。
② 参见彭南生:《行会制度及其近代命运》,人民出版社,2003年,第196—202页,第213页。

3. 近代技术工人与技术专家的来源

近现代产业技术工人的来源有两种,一种是直接由原来的农林畜牧业生产者成为产业技术工人,一种是由传统工匠或手工业者转变而成的产业技术工人。而其转变的途径亦有两种,一种是直接进入工厂,只接受一些上岗培训即实现转变。一种是进入专门化的职业学校,接受较为系统的职业教育而后上岗。近代职业教育和工人培训方式是与传统学徒制完全不同的职业技术教育制度。晚清以来,产业工人伴随着新式机器工业的兴起而出现,传统工匠的技术传承方式已经不再适应社会化生产的需要,新的职业教育模式应运而生。需要说明的是,在传统工匠和手工业者中可以分为专门拜师学艺且学艺时间较长的匠人,如木匠、泥瓦匠、铁匠等,以及不需专门拜师学艺,只是掌握一些普通生产技术的熟练工人,如纺织业者、缫丝业者、制茶业者等。在现代工厂里,同样也有操作工、技工、技师、工程师等不同类别的工业生产者。尽管类型层次有别,但作为技术工人或科技专家式的工业生产者,其生成方式与学校职业技术教育是密切关联的。

二、江南实业教育及工匠角色生成方式改变

1. 分斋教学与江南职业技术分科教育兴起

在江南及其周边地区,学校式职业技术教育实则发轫于宋代,北宋范仲淹在苏州创办府县学以及胡瑗在苏州、湖州推行"苏湖教学法"是典型标志。

胡瑗(993—1059年),泰州海陵人,以经术教授吴中,倡明体达用之教。北宋仁宗初年(1034—1039年)胡瑗到苏州讲学(1035年范仲淹办苏州府县学,延胡瑗首师席)。庆历二年(1042年),湖州知州滕宗亮"表请于朝,建学于州,延先生主学,先生乃以保宁节度推官,兼教授湖州州学"①。在苏州、湖州,胡瑗大胆改革教学体制,实行分科教学(时称"分斋教学"),此即"苏湖教法"。"立经义、治事二斋。经义,则选择其心性苏通、有器局、可任大事者,使之讲明六经。治事,则一人各治一事,或专或兼,各因其所长而教之。如治民以安其生,讲武以御其寇,堰水以利田,算历以明数是也。"②其中心内容便是分设两斋:经义斋与治事斋。经义斋以传授儒家经典为主,培养治国平天下的政治人才。治事斋以传授应用科学为主,培养具有科学技术修养的专业人才,分科设教。所分学科与唐代武、律、医、算、书的分法明显不同,其中民、兵、农、算都是实用科学。所谓"一人各治一事",又兼摄一事,即设立必修课与选修课。可以说,治事斋将科技教育纳入了普通正规学校,与经义斋并列,提高了科技教育的地位。所以《宋史》说胡瑗"教人有法,科条纤悉备具,以身先之。虽盛暑必公服坐堂上,严师弟子之礼。视诸生如其子弟,诸生亦信爱如其父兄,从之游者常数百人。庆历中,兴太学,下湖州取其法著为令。……瑗既居太学,其徒益众,太学至不能容,取旁官舍处之"③。"德行、言语、政事、文学,皆圣人之学也。惟圣人能兼而备之,诸贤则各为一科,所谓学焉而得其性之所近也。惟诸贤各为一科,故合之而圣人之学乃全。"④"其教学之法最备,行之数年,东南

---

① 胡鸣盛:《安定先生年谱》,引自孟宪承等编:《中国古代教育史资料》,人民教育出版社,1985年,第337页。
② 黄宗羲著,全祖望点校:《宋元学案》卷1《安定学案》,《四部备要》本,第1页。
③ 脱脱:《宋史》卷432《列传》第191《胡瑗传》,中华书局,1957年,第12837页。
④ 陈澧:《东塾读书记》卷2,《四部备要》本,第6—7页。

之事,莫不以仁义礼乐为学"①。全祖望《宋元学案序录》曰:"宋世学术之盛,安定、泰山为之先河,程朱二先生皆以为然"②。

明清之际,北宋胡瑗分斋教学法又在江南普遍受重视。太仓学者陆世仪在批判王学末流空疏学风的同时,提出了立学设教推行实学的主张。他推崇宋代胡瑗的教育改革,认为"治事则宜分为天文、地理、河渠、兵法诸科"。"各聘请专家名士以为之长,为学校之师者,则兼总而受其成。如此则为师者不劳而造就人才亦易"。在大力提倡分斋教学的同时,陆世仪还特别重视数学教育和研究,明确指出数学是"天文、律历、水利、兵法、农田"学科之基础,如果"不知算,虽知其而不精,未可用世也"。强调"数为六艺之一,似缓而实急"。主张在学校中"当仿安定湖学教法,而更损益之。如经义则当分为《易》、《诗》、《书》、《礼》、《春秋》诸科,治事则宜分为天文、地理、河渠、兵法诸科"③。清初颜元亦十分推崇胡瑗的学术思想,他指出:"惟安定胡先生,独知救弊之道在实学不在空言。其主教太学也,立经义、治事斋,可谓深契孔子之心矣。"又说:"秦汉以降,则著述讲论之功多而实学实教之力少。宋儒惟胡学立经义、治事斋,虽分析已差而其事颇实矣。"④

李伯重教授的《江南早期工业化中的人力资源问题》和《八股之外:明清江南的教育及其对经济的影响》两篇文章,对明清江南人口总数的变化及其工业中劳动力数量、质量的变化问题进行了专门的研究,为明清江南早期工业化中的人力资源开发问题研究提供了示范。在《八股之外:明清江南的教育及其对经济的影响》一文中,李伯重教授对明清江南的精英教育及大众教育的内容、教育对经济的影响进行了分析,指出明清江南的精英教育与科学技术知识的学习不是冰炭不相容,而是彼此影响、相互促进。在明清江南受过精英教育的人士中,出了众多的优秀科技人才。

其中最著名的科学家,有数学家与天文学家李之藻(1565—1630,仁和人),数学家项名达(1789—1850,仁和人)、戴熙(1806—1860,钱塘人)与李善兰(1811—1882,海宁人),天文学家王锡阐(1628—1682,吴江人)与陈杰(嘉道时人,生卒年不详,乌程人),天文气象学家王贞仪(1768—1797,江宁人),地理学家徐宏祖(1586—1641年,江阴人)与顾祖禹(1631—1692,无锡人),地理学家与人口学家洪亮吉(1746—1809,阳湖人),医学家王肯堂(1549—1613,金坛人)、吴有性(1528—1652,吴县人)、叶天士(1667—1745,吴县人)、徐大椿(1693—1772,吴江人)与王士雄(1808—?,海宁人),药物学家赵学敏(1719—1805,钱塘人)等。这些人大多数都受过精英教育。

同时,明清时代中国最著名的技术专家和发明家泰半出于江南。在江南籍的技术专家和发明家中,有水利工程专家沈启(1496—1568,吴江人)、潘季驯(1521—1596,乌程人)、陈潢(1637—1688,秀水人),农学家张履祥(1613—1677,桐乡人)与姜皋(道光时华亭人)、兵器

---

① 欧阳修:《欧阳文忠公全集》卷25《胡安定先生墓表》,《四部丛刊》本,第7页。
② 全祖望:《宋元学案·序录》,《增补宋元学案》卷首《四部备要》本,第1页。
③ 陆世仪:《思辨录辑要》卷20,见《丛书集成初编·陆桴亭思辨录辑要》第3册,商务印书馆,1937年,第200页。
④ 颜元:《习斋四存编·存学编》第1卷、第3卷,见《丛书集成初编·存学编》,第1卷第5页、第3卷第38页,商务印书馆,1937年。

制造专家龚振麟(嘉道时长洲人),化学家与机械制造专家徐寿(1818—1884,无锡人),数学家与机械制造专家华蘅芳(1833—1902,无锡人),等等。这些科学技术人才大都受过高等教育。

而明清江南大众教育的主要对象是普通民众,这种教育的目标是为了从事工商业活动,教育内容主要是使受教育者获得起码的读写能力和计算能力。元明之际江南民间就已出现珠算盘,到了明代中期算盘更为普及。万历二十年(1592年)徽州数学家程大位的《算法统宗》问世,标志着由筹算向珠算转变的彻底完成,从此珠算成了最主要的计算手段。中国原来没有笔算,到了明末,松江府嘉定县人孙元化在徐光启指导下学习西方数学,后来撰写了《泰西算法》,这是研究西方笔算的代表作。到了清代,口算(心算)也变得普遍起来。此外,明清时期商业会计通用方法的进步也有助于民间算术的普及。我国历史上所用的会计数码,原来主要是汉体数码(即一、二、三等)和会计体数码(即壹、贰、叁等)。到了明清时期,出现了草码苏州码字(简称苏州码子,既Ⅰ、Ⅱ、Ⅲ等),苏州码子简捷明了,书写方便,适于运算。从此商人簿记是会计体数码、汉体数码、苏州数码三种数码合用。这种简易数码的普及,使得计算变得更为容易[①]。

2. 晚清江南实业教育兴起

一般认为,中国近现代学校职业技术教育始于晚清的洋务学堂,科目限于农工商科,称实业教育。张百熙、荣庆、张之洞1903年在《重订学堂章程折》中认为:"国民生计,莫要于农工商业;兴办实业学堂,有百益而无一弊,最宜注重。"在光绪二十九年十一月二十六日颁布的《奏定实业学堂章程通则》中写到:"实业学堂所以振兴农工商各项实业,为富国裕民之本计;其学术专求实际,不尚空谈,行之最为无弊。"[②]近现代机器生产为学校职业技术教育开辟了道路,工人的生产条件发生了变化。工人所面对的是物化的智力和工艺学所确定的生产流程,工厂的全部活动不是从工人出发,而是从机器出发。因此,改善管理与更新技术都需要劳动者具有一定的专业知识和技能。而这些专业知识和技能都需要通过职业技术教育去完成。

1917年陶行知在南京设立中华职业教育社,1918年黄炎培在上海开办中华职业学校,标志着中国职业技术教育走向成熟[③]。黄炎培认为职业教育是"图存者在此"、"图强者在此"的头等大事,接受职业教育以实现就业是公民的基本权利。他强调学业、就业、乐业是职业教育三大要素,并指出:"职业教育的定义,是用教育方法,使人人依其个性获得生活的供给和乐趣,同时尽其对群之义务。而其目的:一谋个性之发展;二为个人谋生之准备;三为个人服务社会之准备;四为国家及世界增进生产力之准备。"职业教育的最终目标是:使无业者有业,使有业者乐业[④]。由此可见,清末民初,现代职业技术教育理论也已经在中国建立起来。

关于晚清实业学校建设及其职业技术教育的情况,《清史稿》有详细的记载。下面摘录《清史

---

① 李伯重:《江南的早期工业化》第9章"江南早期工业化中的人力资源问题",社会科学文献出版社,2000年;《八股之外:明清江南的教育及其对经济的影响》,《清史研究》,2004年2月第1期,第1—14页。
② 国家教委职业技术教育中心研究所编:《职业技术教育原理》,经济科学出版社,1998年,第12—21页。
③ 江苏省地方志编纂委员会:《江苏省志·轻工业志》,江苏科学技术出版社,1996年,第387—388页。
④ 黄炎培:《黄炎培教育文集》第3卷,文史出版社,1995年,第216页。

稿》"学校"条以供备览。其文曰:

实业学堂之种类,曰实业教员讲习所,曰高等农、工、商实业学堂,曰中等农、工、商实业学堂,曰初等农、工、商实业学堂,及高等、中等、初等商船学堂,曰实业补习普通学堂,曰艺徒学堂。

实业教员讲习所,以备教成各项实业学堂之教习。分农、商、工三种。……均二年毕业。

工业教员讲习所,置完全科及简易科。完全科凡六:曰金工科、木工科、染织科、窑业科、应用化学科、工业图样科。……简易科分金工、木工、染色、机织、陶器、漆工六科。课目较略。一年毕业。

高等实业学堂程度视高等学堂,分豫科、本科。……高等工业分科十三:曰应用化学科,曰染色科,曰机织科,曰建筑科,曰窑业科,曰机器科,曰电器科,曰电气化学科,曰土木科,曰矿业科,曰造船科、曰漆工科,曰图稿绘画科,各授以本科原理、原则、应用方法及补助科目,多者至三十余门。得斟酌地方情形,择合宜数科设之。均三年毕业。

中等实业学堂程度视中学堂,亦分预科、本科,课目较高等为略。初等实业学堂程度视高等小学堂,分普通、实习两种科目。均三年毕业。商船学堂亦分三等,以授航海机关之学术及驾运商船之知识技术。五年或三年毕业。

实业补习普通学堂,以简易教法授实业必须之知识技能,并补习小学科目。艺徒学堂,授平等程度之工筑技术,俾成良善。工艺徒学堂,授平等程度之工筑技术,俾成良善工匠,均可于中、小学堂便宜附设。①

对传统的学徒制与近代学校职业技术教育制度加以比较分析,便可看出两种社会背景下工匠职业角色生成方式的差异。学徒制度是传统社会中的工商业技术与人才培训制度,它表现在学徒的来源、招收、培养、就业等方面,也体现在与此相关的学艺年限、费用、违规处罚等方面的规定或惯例之中;而近现代职业技术教育则是学校班级的课程式教育教学制度,简称技术学科化教育制度。这种教育培养出来的工业生产劳动者是真正实现了近代化角色转换的"工匠"——现代技术工人和工业科技专家。

3. 江南传统工匠技术传承方式的变化

明清民间技艺的传习方式不外乎家族父子传承、民间师徒传承、官府机构培训和通过书籍自学成才四种渠道。除"父兄之教"和"子弟之学"外,学徒制是明清工匠最重要的技术传授和训练方式。

学徒制有利于培养更多的工匠,著名的传授纺织技术的黄道婆就是一个典型的范例。她是宋末元初松江白泥泾镇人,出身贫苦,从小给人当童养媳。她流落到海南岛崖州三十年,向黎族人学习纺织技术回家乡传播。当时白泥泾十分穷困,棉花加工工艺落后,没有踏车、推弓等棉花加工工具。黄道婆教授当地群众制作并推广杆、弹、纺、织等一整套棉花加工工具,同时传授了"错纱"、"配色"、"综线"、"挈花"等先进的纺织技术,所织被、褥、带、巾等用品上的花纹、折枝、团凤、棋局、字样等如写如画。乡里乡亲竞相师从,使松江一带棉纺织工业繁荣发展,成为棉纺业中心,织物远

---

① 赵尔巽等:《清史稿》卷107《志》82《选举志二·学校条二》第12册,中华书局,1977年,第3139—3140页。

销各地。

在师徒传习制度中,师傅为了使自己的技术、经验得以传承,便要招收学徒;学徒学得一技之长以谋生,是求得生存的一种手段。师傅与徒弟之间实施的教育形式,集培养、使用于一身。实用性是民间师徒传授的最主要的特征。师徒相传以实用技术为主,绝大多数是口耳相传和言传身教,很少有系统理论。"师傅领进门,修行在个人"。少有师父告诉其中学理原由。学徒制广泛存在于明清社会。"商事尚无学堂,必须投入商号学习。故各种商号,皆收徒弟"[①]。到了20世纪,学徒教育仍然广泛存在。自明代以来,严格的行会制度规定,没有学徒经历,不能从事工商业。明清江南城市中每一个独立的手工业都有行会,有行规约束同行。

中国古代有"投师如投胎"的说法,徒弟必须对师傅唯命是从,十分恭敬。师傅则将所掌握的技术技巧、方式方法、知识经验等传授给徒弟。在传授的过程中,师傅一方面将一些经验技术以口诀或顺口溜形式传授给学徒,另一方面则传授专业性语言及行话,这些专门性的简洁凝练的口诀行话是从业者的经验总结。学徒在实际生产过程中边看、边干、边学,熟练的技艺是靠动手实践后才能掌握的。徒弟从识别材料和打磨修理工具这些基本工作做起,到能够完全独立地完成一件产品,形成一个不断实践、不断探讨、不断摸索的过程,也是一个用心领悟技巧的过程。

一无教材二无模式的工匠技能学习只能依靠师徒之间口头授受和心理领悟,凭感觉行事。徒弟一旦心领神会,便能在生产制作过程中有所创新。师傅通过自己演示和在指导徒弟操作的过程中传授经验技术,通过具体实例说明行业规范,不仅让徒弟重复操作,自身也非常重视技术经验和行业规范的遵守,追求言传身教的效果。一般程序是徒弟先在旁边看师傅干,了解生产的基本情况以后,再帮着师傅做一些简单辅助活计。辅助工作干得越来越多、越来越熟练,达到胜任基本操作以后,便可在师傅指导下开始系统工作并逐步过渡到独立工作。对于一些难度大、技艺性强的技术,师傅采用语言解说和实际操作、具体示范相结合的方式传授技艺,称作"相示以巧,相陈以巧"。

明清江南会馆、公所及行会开始举办职业技术培训和教育,一定程度上改变了传统工匠技术家传制和师徒制传承方式。"行会"一词是由日本传入的,是日本学者对中世纪欧洲城市中出现的基尔特组织的译名。行会是随着封建社会内商品经济的发展而产生,同时又是商品生产发展不充分、市场狭小、社会分工不发达的产物。早在宋神宗元丰年间(1078—1085年),丝织业同行就在苏州祥符寺巷建机圣庙,这是行会的雏形[②]。明神宗万历(1573—1620年)以后随着商品经济和手工业的发展,苏州"为东南一大都会,五方商贾,辐辏云集,百货充盈,交易得所,故各省郡邑易于斯

---

① 彭泽益:《中国工商行会史料集》上册,中华书局,1985年,第527页。
② 顾震涛辑:《吴门表隐》记:"机圣庙名轩辕宫,在祥符寺巷,宋元丰初建,甚小。"道光十四年小辟疆园刻本。

者,莫不建立会馆"①。苏州香山建筑帮工种漆作、红木②巧木、红木梳妆也出现了公所③,但绝大多数的行会是地域性的会馆,都是由流寓的同乡人出资共建的,是同乡之人"迎神麻、联嘉会、襄义举、笃乡情"④的场所。清道光三十年(1850年),香山帮水木作匠人在苏州市中心洙泗巷清洲观前,建立起自己的行会组织——梓义公所,奉鲁班为祖师爷,这是香山帮建筑业最早的行会组织⑤。清道光三十年十二月初七,地方政府为梓义公所的建立正式立碑,碑名为《苏州府为吴县香山帮水木匠在城修葺公所并置义冢禁止匪棍阻扰碑记》,梓义公所的成立得到政府的认可。根据民国《吴县志》制作的《苏州公所简况表》,可以看到香山帮陆续成立了石业公所、巧木公所、小木公所、三义公所等具有行会性质的公所。

公所是一个相对严密的组织,有一套明确规定其成员活动的规则和规章,对于本行学徒的招收等都有一定的规定,如收受学徒的礼节、数额、条件和出师的年限、业务的标准、师徒之间的权利与义务等。首先是严格限制招收学徒和使用帮工的数目。如长元吴三县梳妆公所规定:"议无论开店开作,欲收学徒,遵照旧规入行,由店主出七折大钱三两二钱。"学徒满师入行,"伙友司出七折大钱六两四钱"⑥。有的更严格规定收徒必须出一招一,不能多招。对于违反规定多招学徒者,行会往往会给予不同形式的处罚,有的甚至十分残酷。下引一条史料虽并不具普遍性,但却可窥见其一斑。"苏州金箔作,人少而利厚,收徒只许一人,盖规例如此,不欲广其传也。有董司者,违众独收二徒。同行闻之,使去其一,不听。众忿甚,约期召董议事于公所。董既至,则同行先集者百数十人矣。首事四人,命于众曰:董司败坏行规,宜寸磔以释众怒。即将董裸而缚诸柱,命众人各咬其肉,必尽乃已。四人者率众向前,顷刻周遍,自顶至足,血肉模糊,与溃腐朽烂者无异,而呼号犹未绝也。"⑦类似的情况在其他地区和其他行业中很少见,不能说是行会在限制竞争过程中出现的普遍现象,但这种例外或许也能从另一方面证实行会在限制竞争时偶尔会采取极端举措。纸坊公所议定纸匠"每月每工给九九平,九五色银七钱二分"⑧。设定开设作坊的条件,"外方之人来苏开作,遵照旧规入行,出七折大钱十两"。本地人开作也是如此⑨,同时限定数量及开设地点。苏州小木业公所的公议规定,对外开业严格规定:"一议外行开张吾业,先交行规钱四两八钱;一议外来伙友开张,先交行现钱四两八钱;一议本城出师开张,先交行规钱二两四钱;一议要带本地之徒,先交行规钱五两;一议倘有不交行规私开,照规加倍;一议新开作户,要领行单为据;一议此钱入与公

---

① 江苏省博物馆编:《江苏省明清以来碑刻资料选集》,三联书店,1959年,第351页。
② 据香山帮传统建筑营造技艺传承人陆耀祖介绍,专做器具之类的小木工匠,有"红木"(专做红木家具的)、"白木"(做红木之外其他木质家具的,档次要低于红木)、"村装"(指做农用家具的)、"箍桶匠"(专做圆桶的木匠,浙南称圆木)等等不同种类。
③ 段本洛、张圻福:《苏州手工业史》,江苏古籍出版社,1986年,第128页。
④ 江苏省博物馆编:《江苏省明清以来碑刻资料选集》,三联书店,1959年,第340页。
⑤ 吴县地方志编纂委员会编:《吴县志》,上海古籍出版社,1994年,第460页。
⑥ 江苏省博物馆编:《江苏省明清以来碑刻资料选集》,三联书店,1959年,第119页。
⑦ 黄钧宰:《金壶七墨·金壶逸墨》卷2《金箔作》,藏苏州图书馆。
⑧ 江苏省博物馆编:《江苏省明清以来碑刻资料选集》,三联书店,1959年,第70页。
⑨ 江苏省博物馆编:《江苏省明清以来碑刻资料选集》,三联书店,1959年,第119页。

所,款神祝献公用。"[①]

从苏州香山帮技术传承史看,清末以来,其建筑技艺与其他传统技艺一样,开始发生新的变化,一方面受到西方现代工业文明的影响,老工匠日渐减少,经济发展急需大量新式建筑专业人才,同时建筑技术理论化发展使旧有的技术传承方式相形见绌,父子师徒口耳相传的方式将要失去主导地位,学校职业教育应运而生。宣统三年(1911年)官立中等工业学堂在苏州三元坊创建,设染织、图稿绘画两科,学制三年。1912年将1908年创办的铁路学堂并入,仍在原址成立省苏州第二工业学校,设土木、机织、染色三科。1919—1920年自东京高等工业学校毕业留日归国的学者柳士英(苏州人)、刘敦桢(湖南人)、朱士圭(江苏人)和黄祖淼(浙江人)共同投入建筑科筹备工作,1921年开始筹办建筑科,1923年成立苏州工业专门学校。苏州工业专门学校创立建筑科开启了香山帮建筑技术传承的职业教育制度的里程碑,香山帮建筑技术开始形成自己的学科系统,这是中国建筑技术学科化的重要标志。

三、江南职业技术教育学科化发展

1. 职业技术教育的学科化

中国古代十分重视职业技术教育,宋代以后府县学中的职业技术教育就开始孕育。在江南地区,真正与学徒式教育不同的学校式职业技术教育实则发轫于宋代范仲淹在苏州创办府县学和胡瑗在苏州、湖州推行的"苏湖教学法"。明清时期由于商品经济的发展,社会实用技术的进步,江南职业技术教育的发展也有了学科化的新特点。明清江南职业技术教育学科化特点主要表现在:

一是传统私学教育与职业教育的结合,增加研讨和传播自然科学与技术应用的教学内容,在民间私人开办的学校中,都开设有珠算课;

二是出现了大量职业教育的教材,如反映综合农业技术的教材有《沈氏农书》、《补农书》、《三农纪》、《农言著实》、《知本提纲》和《豳风广义》,反映水稻生产技术的教材有《江南催耕课稻篇》,反映烟草生产技术的教材有《烟草谱》,反映棉花生产技术的教材有《木棉谱》,反映甘薯生产技术的教材有《金薯传习录》,反映畜牧兽医技术的教材有《元亨疗马集》和《养耕集》,传授种棉织布的有《木棉图说》,传授园林建筑技术的有《园冶》,传授经商计算服务的有《算法统宗》、《盘珠算法》,等等;

三是专门职业技术学校进一步发展,如明清盛行于江南的社学是一种兼有文化教育和职业技术教育的新式学校。

中国传统经济思想是以"农本业,商末业"、"重农抑商"、"重本抑末"等观念为基础,到明代中期开始了从"重农抑商"的传统"四民(士农工商)社会",向"工商皆本"的近代"工商社会"转型。明清之际黄宗羲等思想家明确提出"工商皆本"论,浙东学派中"四民皆本"、"义利并重"等治生思想也已走进时代思潮的前列。清末民初以工商立国、振兴实业为主要内容的实业救国思潮兴起。甲午战争后,"实业救国论"作为一种思想主张迅速在资产阶级知识分子和维新派人士中流行开

[①] 苏州历史博物馆等编:《明清苏州工商业碑刻集》,江苏人民出版社,1981年,第136页。

来,并逐渐为人们所接受,成为颇具规模和影响的一种社会思潮。① 甲午战争后,空前严重的民族危机使更多的中国人投入到爱国救亡运动中,实业救国思潮在资产阶级知识分子中迅速流传。1895年,郑观应在《盛世危言》中说:"中日战后,时势变迁,大局愈危,中西方利弊昭然若揭。"② 实业救国思潮把振兴工商、发展实业放在至关重要的地位,因为只有兴办实业,国家才能富强,最终才能救国。实业救国论者主张工商立国,反对重农抑商,用资本主义工商业取代传统的小农经济,动员全社会各阶层投入到实业建设中来,促进了清末民初的实业教育。

2. 实业救国与教育救国中的教育学科化

19世纪中期,为了振兴实业,清政府部分官僚推行"洋务运动",输入新机器,开办新工厂,故需要新型的技术人才。因而,"洋务派"官僚在各地开办工厂的同时,纷纷设置工艺局、实业学堂、艺徒学堂、师范学堂等新式教育机构。各地"工艺局"从国内外招募工匠技师,分科制造器物,教习艺徒。1898年,张之洞写成《劝学篇》,在《设学》一章规定了学堂里的学习方针及中、西学说的内涵:"一曰新旧兼学。《四书》《五经》、中国史事、政书、地图为旧学;西政、西艺、西史为新学。旧学为体,新学为用,不使偏废。一曰政艺兼学。学校、地理、度支、赋税、武备、律例、劝工、通商,西政也;算、绘、矿、声、光、化、点,西艺也。""中体西用"是清末实业教育的指导思想与教育原则。

清末民初以来,一批深受西方文化教育思想影响的爱国知识分子,倡导以发展教育、培养人才、提高国民素质来拯救中国。他们认为近代中国之所以贫弱落后不发达,备受外国侵略者的欺凌,根本原因是教育不发达,不注重培养人才。因此,要想挽救民族的危亡,实现国家的独立富强,就必须将改革和发展教育视为救亡图存的要津。只有将教育作为突破口,才能使中国转弱为强。

实业救国与教育救国两种思想的结合促进了实业教育学科化的兴起,实业教育标志着现代职业技术学科教育的兴起。1904年,清政府推行"癸卯学制"。在这个学制中,实业教育专门构成了一个独立的体系,艺徒学堂与初等小学堂平行,实业补习学堂和初等实业学堂与高等小学平行,中等实业学堂与中学堂平行,高等实业学堂和实业教员讲习所与高等学堂分科大学平行。如无锡工商业学科教育就此起步。1903年无锡富商周舜卿在家乡开设"商业半日学校",现无锡一中前身就是1912年创办的公立初等工业学校。到辛亥革命前,无锡城乡已有职业学堂10余所。状元企业家张謇于1896年后开始创办实业教育机构,认为"实业教育,富强之大本也",提出"父教育而母实业"的口号,一生创办了三百多所学校,囊括工业、垦牧、医疗、水利、交通运输、金融商贸等学科专业,润泽惠及四方。

3. 工业学科教育的发展

学科化实业教育的普遍兴起标志着现代工业技术理论真正步入现代学科化轨道。19世纪后期几十年间中国各地出现了一批实业学堂,如同治四年(1865)开办的上海江南制造局附设机器学堂、同治五年(1866)开办的福州船政学堂、光绪七年(1881)开办的天津水师学堂、光绪八年(1882)开办的上海电报学堂、光绪十一年(1885)开办的天津武备学堂、光绪十三年(1887)开办的广东水

---

① 姚琦:《清末民初实业救国思潮及其影响》,《韶关学院学报》,2004年第1期。
② 郑观应:《盛世危言》,见《续修四库全书》第953册,上海古籍出版社,1995年,第227页。

师学堂、光绪十九年(1893)开办的湖北自强学堂、光绪二十一年(1895)开办的天津中西学堂、光绪二十二年(1896)开办的南京陆军学堂、光绪二十四年(1898)开办的江南船政局工艺学堂、同年设立的湖北工艺学堂、光绪二十九年(1903)设立的直隶高等工业学堂、光绪三十一年(1905)开办的湖南醴陵瓷业学堂、光绪三十二年(1906年)开办的商部艺徒学堂。光绪三十三年(1907),清政府农工商部所设工艺局奏请添筑新厂,拟分设织工、绣工、染工、木工、皮工、藤工、纸工、料工、铁工、画漆、图画、井工等科,招收生徒,聘募工师,分科传习,并附设讲堂,授以普通教育;设立成品陈列室,罗列货品,以资研究;设立考工楼,搜集中外新奇制品,以备参考。从拟定的试办简章可以看出,这种生产与教育相结合的办学方式是从中国传统手工作坊师徒传授向现代职业技术教育的过渡形态。

光绪三十二年(1906年),苏州创办纱缎公立初等学堂,为行业办学之先河。翌年建省经纬业公立初级小学。稍后,盛泽镇开办绸业小学,震泽镇开办丝业公学,均系行业出资,招收业中人士子弟入学。课程除了与普通小学相似外,还在高小部分增设会计和簿记,以造就丝绸专业人才。为适应行业发展的需要,还因地制宜进行一些形式多样的基础专业技术教育,如民国六年(1917)苏州开办的织工传习所。民国十一年(1922),南京国立东南大学农科设立蚕桑系,是为丝业高等教育之始[1]。早在宣统元年(1909),上海恒生纺织新局主持人聂云台亲自主办"训练班"培养纺织技术人才。民国五年(1916)以后,无锡、常州、苏州、南通等地纺织厂(公司)举办工人补习学校、工人养成所等,多种形式的职工教育蓬勃兴起[2]。

明清江南区域早期工业化进程的开启与当时职业技术教育和工业科技研究的发展密不可分。江南人才兴旺,科技领先,经济繁盛。明代后期开始,江南地区工业生产技术的发展和科学精神的复兴为职业技术教育学科课程体系的初步建立提供了条件。而晚清以来,随着机器工业的率先出现,生产的社会化要求技术知识传播的社会化,作为传统科技传承的主体,传统工匠与工业科技专家起着至关重要的作用。他们有的通过著书立说,将传统经验技术加以总结与提升,使长期积累的技术经验以一种理论化、普遍化的面目流传于世;有的突破工匠技术经验传承的固有方式,借助新式教育办学授徒。

清末民初建筑技术理论化过程中,建筑文献文本形成了自己的规范用语和专门概念,它是江南传统建筑技术理论化的成熟标志。建筑技术文献中有关概念方面有了比较完整的界定,而传统建筑技术理论也逐步被划分到现代学科分类体系之中,以形成自己的专门学科,这是学科化的重要标志。其流传的方式不再限于抄本或私家著述,而是采用比较完整的教学讲义等相关教材进入专业教学之中。在清末实业教育体系里,建筑技术教学开始崭露头角。以职业技术教育为主要内容的技术理论学科化不仅改变了专业技术的教育传承方式,而且使传统产业技术知识也得到了应有的保护和传承,大大加强了行业技术自身的完善。在技术学科化基础上开展的职业技术教育,培养出一批新型技术人才去从事产业技术工作,就是上文所说的科学技术化。清末民初江南地区

---

[1] 江苏省地方志编纂委员会:《江苏省志·蚕桑丝绸志》,江苏科学技术出版社,1997年,第438—439页。
[2] 江苏省地方志编纂委员会编:《江苏省志·纺织工业志》,江苏科学技术出版社,1997年,第325页。

在完成技术学科化的同时,也开启了以实业教育为标志的科学技术化进程,它是早期工业化社会开始向现代工业化社会发展的基本标志。

科学理论转化为现实生产力从而推动经济发展和社会进步是一个极其复杂的过程,其中科学必须经过技术化和产业化途径才能转化为实际生产力。科学技术化是以实用为目的,把科学理论转化成技术实践的过程;技术产业化是以盈利为目的,把技术成果转化成产业实践的过程,由单纯的技术运作方式转向技术与资本相结合的运作方式是技术产业化的本质变化。科学技术化是技术产业化的前提条件。生产力所含的科学都是技术化或物化的科学,所以,科学技术化是一个由理论到实践、由诠释到创造、由抽象到具体和由精神变物质的过程。这一过程至少可分为科学理论对象化(即科学原理的技术原理化)和技术原理产品化两大阶段。技术产品化是指把专利或实验室形态技术转化为技术发明而进入市场,技术产品进入市场就是技术产品的商品化①。

第四节 传统工匠南北差异与江南工匠转型之地域特征

一、中国传统工匠的南北差异性

因为中国传统社会中血缘与地缘文化十分发达,所以中国传统工匠在社会文化特征上乡土性与地域性特征也非常突出。与此同时,工匠技术素质的地域差异主要取决于工业经济的地域差异,工业经济的地域差异又首先取决于劳动的地域分工。以多种自然地理要素和人文环境要素为前提,以劳动地域分工为基础,各具产业特色的地理区域,构成了人们所谓的经济区域,不同的经济区域之间自然条件与人文传统有很大的差异,由此导致社会经济与人文现象的差异性②。中国社会的地理差异最明显的表现是南北差异性,这种差异性也明显体现在传统工匠的社会文化特征与技术素质特征上③。

秦岭-淮河是中国划分南北的主要界线。秦岭-淮河以北和以南地区,自然景观和人文景观有显著差别,社会经济和文化的发展也有着明显的差异。所以说,南北差异是中国最重要的地区差异,南北凝聚是中国最重要的凝聚方向。早在旧石器时代,中国石器工具就出现了显著的南北差异,尤其是旧石器时代晚期,以细石器为传统的北方体系与以砾石石器为传统的南方体系便各自发展到鼎盛之势。从此以后,中国南北方手工业发展便有了各自不同的风格特征,南北方工匠

---

① 参见万长松:《对科学的技术化与技术产业化的哲学思考》,《东北大学学报》,2007年第4期。
② 邹逸麟:《我国古代经济区的划分原则及其意义》,《中国史研究》,2001年第4期,第157—165页。
③ 参见(日)桑原骘藏:《从历史上看南北中国》,《白鸟博士还历纪念东洋史论丛》,岩波书店,1925年,第387—480页;加藤繁:《从经济史方面看中国北方与南方》,《中国学杂草》,生活社,1944年,第250—266页。

也便有了不同的数量、素质与技艺特色。

历史事实说明,江南经济的发展有其自身的规律性。这种体现区域经济内涵的规律性是江南社会经济长期发展的结晶。正如人们所说,"江南经济的基础是千百年积累的"①。经过长时期的积累和发展,江南地区社会经济与文化日益兴盛并自成体系,不仅成为中国南方各地经济发展的典型代表,而且至唐宋时期,随着经济重心的逐步南移,江南地区已作为一个颇具特色的基本经济区域,逐渐成了全国的经济中心地和重心地。

郑学檬先生《中国古代经济中心南移和唐宋江南经济研究》将中国古代经济中心南移的起点定在唐代安史之乱以后,将"可比的工农业产值"和"商品经济繁荣"作为中国古代经济中心南移完成的重要指标,据此研究了唐宋时期中国经济中心南移的过程、途径、动力和江南商品经济发展方面的标志,指出了这一时期江南地区农业商品化的扩大、地方性市场的扩大和对外贸易发达等商品经济发展的特点②。吴松弟教授在葛剑雄教授主编的《中国移民史》第三册中对唐五代时期北方人民大批南迁及其南迁的途径、过程、影响等问题进行了全面系统的论述,并编成了《移民实例》,详细说明了当时北方移民进入江南的时间与地区分布情况。书中强调指出:北方移民"不仅给南方带来了可观的劳动力,也将北方比较先进的生产工具和生产技术带入南方"。移民在江南"促进了工商业的发展"③。江南地区的工匠队伍也由此迅速发展壮大起来。

日本著名汉学家斯波义信在《宋代江南经济史研究》一书中,运用区域经济史的理论和方法,对宋代江南社会经济诸层面进行了系统考察。认为宋代开国至明永乐初年(960—1421年)是中国历史上的一个辉煌的经济大周期。这一周期上承汉唐,下启明清,在经济上是中国古代走向近世的转折期。作为这一转折期开头的宋代,"既是发明印刷术、火药、制铁技术、造船航海术、农业技术、商业金融技术等的世纪,又是在思想、美学、行政方面关心空间发展、昂扬地理学的世纪,也是学术、工艺、美术的时代。宋代是世界上最早的海上帝国时期,又可以说是交通革命、农业革命、商业革命、都市革命各自产生的时代。"特别是长江下游的江南区域在宋代获得了重大的发展。"南宋的长江下游流域地区,平均一县约有2—4个市镇。……为了应付幅员广泛的都市人口的商业、手工业的需要,加上供给其他城市和农民的商品及手工业制品,这些大中小城市渐渐演变成为商业城市,重要的商业城市成长、发展的事例不胜枚举。赵宋一代期间,长江下游流域的苏州、常州、建康、杭州、越州、湖州等地,由于超过当初预计的人口密集于这些城市,采取一府州的州治治所析置两个附郭县的措施,这类例子屡见不鲜。"④

明清时期,官府工匠中"南匠"与"北匠"的不同称呼和管理上的区别,充分说明了南、北方工匠具有各自不同的地域特征。明代《大明会典》第189卷"工匠二"载,成化二十一年(1485年)始令轮班匠以银代役:"轮班工匠有愿出银价者,每名每月南匠出银九钱,免赴京,所司点赍勘合,赴部

---

① 张剑光:《唐五代江南工商业布局研究》,江苏古籍出版社,2003年,第453页。
② 郑学檬:《中国古代经济中心南移和唐宋江南经济研究》,岳麓书社,1996年,第13—17页。
③ 葛剑雄主编,吴松弟撰写:《中国移民史》第三册,福建人民出版社,1997年,第357—369页。
④ (日)斯波义信著,方键、何忠礼译:《宋代江南经济史研究》,江苏人民出版社,2001年,第66页、第71页。

批工;北匠出银六钱,到部随即批放。不愿者,仍留当班。"弘治十八年(1505年)又定,"南北二京班匠,每班征银一两八钱。"这两处所说的"南匠"与"北匠",除了明代特指的南北两京工匠外,也是南方工匠和北方工匠的习惯指称。

清代内务府造办处所属作坊中的工匠也分为南北二匠。北匠又分旗匠(即满人和蒙古人工匠)、汉匠(即服役食饷与招募雇佣的汉族工匠)两大类。明代北匠有时指北京工匠,但其籍贯并非皆为北京,不仅华北各省都有(如玉匠中的新疆回人亦列入北匠),而且还有相当一部分是从南方征调过来的,如永乐年间从南京调迁27000户工匠到北京为"住坐匠";又如《明史·食货志》载:"成祖时,复选应天、浙江富民三千户,充北京宛、大二县厢长,附籍京师,仍应本籍徭役。"① 清代南匠分三类:一为抬旗南匠,乃不论种族,隶籍内务府,永不归南者;二为供奉南匠,年老始放回原籍;三为传差南匠,即因某种制造的需要而招募入京的南匠,工竣后给资返籍,为临时性的工匠。"南匠"虽然包括江淮以南广大地区的手工业工匠,但在明清时期的主要代表则是长江下游江南地区的手工业工匠。所以祝慈寿先生说"南匠以江南工匠居多,故称南匠"②。

明清时期江南经济的发展不仅表现为各行业经济的增长,同时也表现在商品化与市场化程度提高和产业结构变化等特点之上。特别是明清时期江南纺织业的发展,不仅表现为量的增长(即生产规模的扩大和产品数量的增加),更重要的还表现在生产技术、生产组织、生产效率和生产性质发生了重要的变化。正如李伯重教授所说:"明清江南纺织业生产具有相当强烈的地域专业化特色。"③

二、明清江南工匠队伍的结构与类型特征

1. 江南工匠占人口数比例高

在本书"中编"第十二章第三节"传统工匠角色转换与江南早期工业化"和"中编"第十五章第一节"明清江南及其周边地区工匠队伍壮大"等内容显示,明代中期以后,江南市镇及中、大城市人口中,工商业人口占绝对多数。在广大乡村,男女劳动力也主要从事棉纺织业、丝织业、建筑业、加工业、服务业等行业。特别是江南纺织业等传统支柱产业从业人数空前增加,清中期以后江南工业更为发达,从业人员也更加众多。估计明后期有340万江南妇女从事纺织业,清中期有570多万江南妇女从事纺织业,占当时江南妇女劳力的50%以上。说明江南早期工业化社会形成于明代中后期,此后到清末民初是江南早期工业化社会的发展时期。④ 这里再补充一些材料说明,在明代嘉靖万历年间,江南及其周边地区工匠人数不仅比全国同类地区多,而且占当时全国工匠总数比例也很高。

---

① 申时行重修:《大明会典》卷189《工匠》2 第5册,江苏广陵古籍刻印社,1989年,第2572页;张廷玉:《明史》卷77第7册,中华书局,1974年,1880页。
② 祝慈寿:《中国工业劳动史》,重庆出版社,1995年,第122—123页。
③ 李伯重:《江南的早期工业化》,社会科学文献出版社,2000年,第42页。
④ 参见余同元:《明清江南早期工业化社会的形成与发展》,《史学月刊》,2007年11期;人民大学:《明清史》2008年第1期全文转载。

《中国历代考工典》卷3所列嘉靖四十一年重定班匠银及应班工匠数中,全国应班工匠142486人(工匠银64117两8钱),其中浙江应班工匠39546人(工匠银17800两6钱5分)、应天府应班工匠2595人(工匠银1167两7钱5分)、苏州府应班工匠6601人(工匠银3978两)、松江府应班工匠4286人(工匠银1928两7钱)、常州府应班工匠2120人(工匠银954两)、镇江府应班工匠1789人(工匠银805两5分),江南各地共有应班工匠56937人(班匠银26634.6两,占总银数的41.5%),约占全国工匠总人数的40%。江南周边地区如徽州府(3066人)、庐州府(2101人)、安庆府(2075人)、淮安府(1959人)、太平府(1681人)、凤阳府(1641人)、扬州府(1420人)、宁国府(1228人)、广德州(851人)、和州(251人)、滁州(56人)等府州工匠数共计16329人,约占全国工匠总数的11%。两者相加共计有应班工匠73266人,占全国工匠总数的51%(详见附表5"嘉靖四十一年重定班匠银数表")①。

此外,本书附表2"20世纪20年代前中国历代名工匠统计总表"根据朱启钤的《哲匠录》、《女红传征略》,田自秉、华觉明《历代工艺名家》,喻学才《中国历代名匠志》,王仲奋《东方住宅明珠——浙江东阳民居》②等书中清末民初以前工匠人数3930人,剔除其中年代与籍贯不明者1750人,余为2180人,其中明清时期1530人,约占总数的70.18%,而明清江南及周边地区927人,占明清时期工匠总数的60.59%。

2. 江南城镇人口及工匠数量多

明清时期,江南城市与市镇发达,城市化水平与市镇人口比例高。随着城镇工商业的发达,城镇人口中工商业从业人口日益增多。根据曹树基教授和李伯重教授研究,明后期与清中期江南城镇工商业人口分别占总江南人口的15%—20%左右,其中有着大批的官府手工业工匠和民间加工服务业工匠。有人对1912—1928年全国著名工商业人士的籍贯进行统计,浙江占32.4%,江苏占26.5%,广东占17.2%。东南沿海工商业人士占全国著名工商业人士的81.4%③。正如范成大在《吴郡志》中所说:苏州"民不耕耨而多富足,中家壮子无不贾贩以游者。由是商贾以吴为都会,五方毕至"④。可见苏州城早在宋代就以工商业户众多而闻名。由于中国社会很早就有城乡之别,城市既是政治中心又是达官贵人聚居消费的中心,大批的官府工业集中于城市,所以传统工匠也因之分为城市工匠(以官府工匠为主)与乡村工匠(以民间工匠为主)。明代的住坐匠就是城市工匠,轮班匠就是乡村工匠。清代官府织造局全部设在江南地区的苏州、杭州、江宁三府。城市各个行业工匠中,往往根据其匠籍籍贯分成不同的行帮。需要说明的是,明清时期江南城市化水平以及市镇工匠人口比例只是较同时期国内其他地区为高;若与同时期西欧相比,虽然城市人口不少,但城市人口中的手工业人口比例却不高(详见本书中编第十二章第三节有关论述)。

3. 乡村兼业工匠日益增多

以工匠职业为主,农忙时兼作农业者称乡村兼业工匠。由于商品经济发展,江南农民不仅在

---

① 《考工典》第3卷《考工总部·汇考三》,见《中国历代考工典》第1册,江苏古籍出版社,2003年,第31页。
② 王仲奋:《东方住宅明珠——浙江东阳民居》,天津大学出版社,2008年。
③ 苏云峰:《民初之商人(1912—1928)》,台北中研院:《近代史研究集刊》,1982年第11期。
④ 范成大:《吴郡志》卷37,江苏古籍出版社,1986年,第530页。

生产经营上充分进入市场,而且在职业选择上也出现了轻农弃农现象,大批劳动力投入工商行业成为工匠和商人。如苏州震泽檀丘市,"明成化中,居民四五十家,多以冶铁为业,至嘉靖间数倍于昔"①。苏州庑村"嘉靖间开始为市,时居民将百家,铁工过半"。又如乾隆时金匮县荡口镇,"居民四千余家,务本者什一,逐末者什九"②。中国传统工匠大多来源于乡村,不少工匠未与土地脱离关系,所以不像西方那样,有一个明显的城市手工业时期(15世纪后期到16世纪前期)和农村家庭手工业时期(16世纪中期到18世纪中期),工匠也没有明显地从手工业行会控制下的城市生产者向农村手工业生产者转变。但在乡村工匠的生产与生活演变中,东西方却有着"类似的经济变化过程"。"许多最为著名的手工业中心,位于人口密集的长江三角洲、珠江三角洲等地,与欧洲相仿,纺织业是农村的主要手工业。尤其在江浙地区的许多农村,越来越多的农民在16世纪已开始大批转向纺纱织布和丝织",特别是18世纪以后,"对于欧亚农村居民来说,农村工业创造的经济机会也明显相似:农村居民并没有普遍地把劳动转移到乡村以外,但却可以得到非农业性质的收入来源"③。这些所谓原始工业化中的工匠生活同17—18世纪的江南情况差不多。详见本书中编第十二章第三节有关论述。

4. 从事商品生产的女工人数多

由于重工业发展相对受限,明清江南轻工业各主要部门都有着迅速的发展。特别是江南纺织业,可谓一枝独秀。明清时期的纺织业主要包括棉织业和丝织业两个行业,以江南地区最为发达。特别是明代中期以后,随着市镇经济和农村商品经济的迅速发展,市场空前扩大,江南纺织业更是遥遥领先于全国其他地区。城市妇女从事纺织业等手工业生产的人数多不必说,江南广大农村妇女到明清时期也几乎都成了专业与半专业的纺织工匠(称为"红女")④。明代松江徐献忠《布赋》云:"嫠妇卷袖,妖姬解佩;含愁入机,凝寒弄杼;流苏绺综,一伏一起;踏蹴相次,上下不已;缕断苦接,梭涩恐腻;手习槛筐,声扬宫徵;长夜凄然,得尺望咫;寒鸡喔喔,解轴趋市。"⑤清代川沙地区"半载禾稻半棉花,丰歉还征谚语嘉,白露看花秋看稻,农家卜岁未全差。火轮那管炙肌肤,辛苦田间汗血锄。完却官租囊欲罄,叩门月米又追呼。茅檐犹有古淳风,纺织家家课女工。博得机头成匹布,朝来不怕饭箩空。"⑥官府棉布课税沉重,使纺织业生产者过着艰苦的生活。道光时期塘湾乡《织女叹》曰:"织布女,首如飞蓬面如土。轧轧千声梭若飞,手快心悲泪流面。……雪白绵柔好女功,来朝知属何人主。停梭向天发浩叹,空际悲风自旋舞。"⑦劳苦的纺织生活造就了出色的江南好

---

① 陈和志修:(乾隆)《震泽县志》卷4《镇市村》,见《中国地方志集成·江苏府县志辑》第23册,江苏古籍出版社,1991年,第44页。
② 曹一麟修,徐师曾纂:(嘉靖)《吴江县志》,嘉靖四十年刻本;(清)王允谦修:(乾隆)《金匮县志》卷11《市镇》,乾隆七年刻本。
③ 李伯重著,连玲玲译:《转变的中国:历史变迁与欧洲经验的局限》,江苏人民出版社,1998年,第33—38页。
④ 班固:《汉书》卷43《郦食其传》:"农夫释耒,红女下机。"中华书局,1957年,第2108页。
⑤ 徐献忠:《布赋》,见(清)程国栋等纂修的《嘉定县志》卷12杂类志,乾隆七年刻本。
⑥ 祝悦霖:《川沙竹枝词》,收入何士祁修的《川沙抚民厅志》卷11,《杂志·风俗》,光绪五年刻本。
⑦ 何文源纂:《塘湾乡九十一图里志》下编《物俗·织女叹》,见上海市文物保管委员会编《上海史料丛编》1962年版刊本,第29—31页。

女红。清末川沙厅(属上海)朱凤洲《棉花谣》亦曰:"大妇弓弹中妇绩,绿鬓小妇当窗织。"①在棉纺织业劳动力中,专事"女红"的江南妇女已成为独特的社会群体,"织女"成了她们的专门称呼。织女们拥有专业化的纺织技术并日夜进行商品化生产。所以说:"虽然在许多情况下(特别是在明代)农家妇女只是把棉纺织当作副业来从事……明清江南纺织业生产具有相当强烈的地域专业化特色,因此在棉纺织业最为集中的松江、太仓、苏州等地,农妇所从事的棉纺织生产已不能说是副业生产。"②据估计,甲午战争前后上海近代工业中女工和童工的人数几乎占到了工人总数的3/4③。由于缫丝业多使用女工,所以附近乡村的女工大量聚集到市镇,改变了市镇传统男多女少的人口性别构成。据统计,20世纪30年代震泽镇开办现代缫丝厂的时候,全镇人口为9778人,其中男性4799人,女性4979人,性别比例为96.39∶100④。

5. 外来工匠多

由于市场的日益扩大,辐射到江南及其周边以外各地,大大吸引了整个长江中下游地区和江淮之间的工商业人口,使江淮之间大批工匠和商人来到江南地区营生(到晚清还来了一些外国洋工匠),大大壮大了江南区域的工匠和工人队伍。乾隆《吴县志》卷24曰:"百工技艺,吴人为众,而常苦不足。"遂不得不引用外地人工匠来补充,如双林镇:"皂坊工匠则来自安徽泾县"。又如濮院镇:"成衣木局多宁波人,镊工多句容人,染坊银匠多绍兴人,漆工多江西人"⑤。又如苏州染坊"除青坊工匠多来自近郊唯亭外,黑坊镇江人、红坊句容人居多。绸布印布坊则是绍兴人"⑥。1910—1915年间,上海新增人口71.78万人,平均每年增加14万人。其中不少是来自外地的工匠和工人。1927—1937年,年平均增加人口12万人以上。其中非上海籍人口增加7.8万人,占每年新增人口的65%⑦。"但上海劳动力市场仍然供不应求,企业家们纷纷到内地招工"⑧。

吴江的盛泽镇是著名的丝绸大镇。上海开埠以后盛泽绸商的势力渗入到上海,与洋行直接交易。清光绪以后,随着市场需求量的剧增和先进技术、工具的引进,盛泽镇丝绸业由手工业向现代工业过渡。由于现代生产对技术要求比较高,而本地熟练工人有限,"乃往杭湖各地召集织工来盛,约增四五百人,以后各处来的织工,日渐加多,迄今约千人"。由于同样的原因,震泽镇的缫丝业也向现代工业转变。嘉定县的江湾镇在近代工业经济影响下,开始兴办机器纺织业,四乡农民纷纷进厂谋生,市镇人口由此大量集聚。据宣统二年(1910年)调查统计,江湾镇共有5692户、28562口人,到了民国五年(1916年)时,江湾镇有9721户、65549口人,人口比1910年增加了将近130%。之后,镇上的户口进一步增加到22748户,人口达到100468人。另外在浙北地区,塘栖镇

---

① 陈方瀛等修,俞樾等纂:《川沙厅志》卷4《民赋》,光绪五年刻本。
② 李伯重:《江南的早期工业化》,社会科学文献出版社,2000年,第42页。
③ 徐新吾、黄汉民主编:《上海近代工业史》,上海社科院出版社,1998年,第66页。
④ 徐占春:《试论近代江南市镇的人口城镇化》,《江苏城市规划》,2008年08期。
⑤ 蔡蓉升、蔡蒙:(民国)《双林镇志》卷15《风俗》,上海书店出版社,1992年;杨树本:《濮院琐记》卷2,《中国地方志集成·乡镇志专辑》。
⑥ 罗仑主编:《苏州地区社会经济史·明清卷》,南京大学出版社,1993年,第468页。
⑦ 邹依仁:《旧上海人口变迁的研究》,上海人民出版社,1980年,第90—118页。
⑧ 徐新吾、黄汉民主编:《上海近代工业史》,上海社科院出版社,1998年,第123页。

兴办缫丝厂,聚集了几千名工人;邻近的瓶窑镇在20世纪40年代拥有丝厂工人1100人①。

6. 从事轻工业行业的工匠多

在江南传统工业行业经济中,除了交通器具等生产工具制造业外,纺织业、食品加工业等轻工业行业偏重发展,被李伯重教授称为"超轻结构"。这一产业结构的特点决定了明清时期江南及其周边地区手工业工匠的职业构成,无疑是以棉纺织业、丝织业、建筑业和食品加工业等轻工业行业工匠为主。纺织业是明清江南地区最主要的产业,其中棉纺织业是支柱产业。如松江府"中户以下,自织小布"②。松江府属各县"俗务纺织,他技不多"③。丝织业是明清江南最发达的产业。如吴江盛泽镇,"至明熙、宣间,邑民始事机事,犹往往雇郡人织挽"。成化弘治以后,"盛泽、黄溪四五十里间,居民尽逐绫绸之利。有力者雇人织挽,贫者皆自织"。"居民以绫绸为业,户口万余"④。乾隆时编纂的《吴江县志》记载:"绫绸之业……贫者皆自织,而令其童稚挽花,女工不事纺绩,日夕治丝,故儿女自十岁以外,皆早暮拮据以糊其口。而丝之丰欠,绫价之低昂,即小民有岁无岁之分也。"⑤在建筑业中,不少江南建筑工匠在全国有名,如苏州的香山建筑帮,在明代就很出名。在食品工业中,明清时期全国重点产酒区也数江南。崇祯《吴县志》说苏州郊区"新郭、横塘、李墅诸村,比户造酿烧糟发客。横金下保水东人,并为酿工,远近皆用之"⑥。崇祯《横溪录》说横金一带"中人十金之产亦必为之,大力者用秫数千斛,俟四方行旅之酤"⑦。金文榜《榷酤说》说苏州横金方圆30里、70余图,在道光年间有"横一万"之称,"言日出烧酒一万斤也。况春冬大酒之数,十倍于烧酒,核计岁耗米麦,附郭各乡总不下数十万石"⑧。所以晚清包世臣《安吴四种》说苏州每年用于酿酒的稻米达"数百万石"⑨。

7. 现代工人队伍成长快速

现代"工人"概念主要有"职业的工人"与"阶级的工人"两种。职业的工人概念强调工人在职业分工中的位置,它是按劳动方式进行区分的,是一种职业身份;阶级的工人概念强调工人在社会阶级分层体系中的地位,它是按经济关系或生产关系区分的,从生产工具所有权的关系来区分,是一种阶级身份。一般认为,既是职业的又是阶级的中国早期产业工人是晚清外国资本在中国经营

---

① 徐占春:《试论近代江南市镇的人口城镇化》,《江苏城市规划》,2008年08期。
② 徐献忠:《吴兴掌故集》卷12《风土》,转引自江苏省社联历史学会、江苏省社会科学院历史研究所编《江苏史论考》,江苏古籍出版社,1989年,第254页。
③ 陈威、顾清:(正德)《松江府志》卷4《风俗》,见《天一阁藏明代方志续编》第五册,上海书店,1990年,第213页。
④ 费善庆:《垂虹识小录》卷1《镇市村》,江苏古籍出版社,1991年。
⑤ 金福曾:(光绪)《吴江县续志》卷12《熊晋传》,光绪五年刻本。
⑥ 牛若麟、王焕如:(崇祯)《吴县志》卷10《风俗》,见《天一阁藏明代方志选刊续编》第15册,上海书店,1990年,第891页。
⑦ 徐鸣时:(崇祯)《横溪录》卷3《风俗》,见《中国地方志集成·乡镇志专辑》第5册,江苏古籍出版社,1992年,第279页。
⑧ 金文榜:《榷酤说》,盛康:《皇朝经世文续编》卷55《户政》,见沈云龙编《近代中国史料丛刊》,台湾文海出版社有限公司,1972年。
⑨ 包世臣:《齐民四术》卷2《农二》;《安吴四种》卷26,收入《近代中国史料丛刊》第294册,台湾文海出版社,1985年,第1768页。

企业和洋务运动下官办企业的产物。南京条约(1842年)规定五口通商后不久,外国资本主义侵略者就在中国建立了他们的近代企业。中国的第一批产业工人主要就是由破产农民和失业的城市手工业者转化并构成的。其实,在甲午战争前,上海中外资工业企业的工人总数约有37000余人,占当时全国近代工业工人总人数的40%。如果再包括一大批近代船运业的船员,以及中外贸易商行与码头的搬运工人在内,上海整个产业工人的总数至少有5万人。上海近代工业工人大部分集中在织丝、棉纺织以及船舶与机器修造等少数几个行业规模较大的工厂中,这几个行业的工人总人数达26000余人,约占上海近代工业工人总数的2/3。上海的机器缫丝业自19世纪80年代起逐步发展起来了,公和永丝厂1881年由黄佐卿创立于苏州河畔,时有丝车百部。继起者有1884年创办的坤记丝厂,有丝车232部、职工500人;1890年创办的裕慎丝厂,有丝车200部;1893年创办的延昌丝厂,有工人600名;1894年创办的正和丝厂、纶华丝厂分别雇用工人400名和千余人。此外,祝大椿于1894年(一说1895年)创办源昌丝厂,丝车325架,雇工人数在700人。以上合计,甲午战争前上海机器缫丝女工大体在3500—4000人左右。加上广东同期缫丝女工数,1894年前全国机器缫丝女工当不少于两万人。棉纺织业最大的企业要属上海机器织布总局。该厂1890年投产,资本来源有公款、商股,初招成目银50万两,后投资至100万两,由李鸿章等人筹办。该厂购买英、美两国机器,包括轮花、纺纱、织布等全套机器设备,纱锭35000枚,布机530台,雇用工人约4000名,其中大部分为女工[①]。另外,工人比较多地集中在与进出口贸易有密切关联的工厂中,人数不下3500人,占上海近代工业工人总数的1/10。造纸、印刷、火柴、制皂、食品、卷烟等行业,工人人数约占上海近代工业工人总数的1/5[②]。

工人作为一种阶级身份的概念涵盖了众多的职业身份,包括机械化程度很高的技术工人、使用工具生产的普通工人、矿冶工人、轮船海员、码头工人、铁路工人、水电工人,以及公共部门搬运工人、人力车夫、清洁工人等都是工人,等等,但一般统计数字多为工厂产业工人。上海城市人口,1893年统计达90余万,1913年统计已经有120万人,此后至1915年,平均每年增加14万人[③]。新增加的上海人主要是工商业人口,其中工业人口又占了50%以上的比例。仅以上海公共租界为例,1876年华人数量为9.5万余人,1885年已有12.5万余人,1895年达到24.1万余人[④]。1930—1936年增长的452982人之中,产业工人占有210707人,占人口增长总数的46.6%,另有39000人进入剩余劳动力市场(即无业人口),加起来占增长总数的55.2%[⑤]。无锡地处沪宁铁路和江南运河的中心,据估计清末人口达20万左右,也已是一个大型的工商业城市了[⑥]。

[①] 郑永福:《中国近代产业女工的历史考察》,《郑州大学学报》,1992年第4期。
[②] 徐新吾、黄汉民主编:《上海近代工业史》,上海社科院出版社,1998年,第65页。
[③] 邹依仁:《旧上海人口变迁的研究》,上海人民出版社,1980年,第90—91页。
[④] (美)霍塞:《出卖的上海滩》,商务印书馆,1962年,第69—70页。
[⑤] 邹依仁:《旧上海人口变迁的研究》,上海人民出版社,1980年,第90—118页。
[⑥] 引自曹树基:《清代江苏城市人口研究》,《杭州师范学院学报》,2002年第4期,第54页。《支那省别全志》及《支那经济全书》均估计光绪三十三年(1907年)无锡人口约为10万人。

第十九章 明清社会近代转型呼唤工匠角色转换

社会转型的核心标志就是社会主体的角色转换。社会角色是一个动态社会系统,它包括"社会圈子"、"行动者的自我"、"行动者的社会地位"、"行动者的社会功能"四个相互作用的要素①。明清江南工匠的现代转型离不开明清社会近代转型(这里特将中国传统社会现代转型的早期称为"近代转型")的背景。特别是传统工匠的角色转换,更是传统社会近代转型的重要内容之一。因为社会转型的外在表现是指人类社会由一种存在类型向另一种存在类型转变,内在的标志主要是指社会有机系统的结构转变过程,中心内容则是基本社会要素的转变,中心环节是以人的解放为轴心的社会角色转换。

第一节 明清社会转型定义及研究范式

一、社会转型与传统社会近代转型的界说

何谓转型?"型"者,铸造器物之模形也。引申为模型、样式、形态、类型。"转型"者,指某种形态模式或类型样式之转变或转化也。含义是转变、变化、过渡、变迁等,强调事物由一种样式变为另一种样式。

何谓社会转型?"社会转型"的"转"是社会发展的一种状态、一个历史阶段、一种趋势,更是一个动态的过程,它具有明显的时代特色。作为专有名词的"社会转型"(Social Transformation),其学

---

① (波兰)弗·兹纳涅茨基著,郑斌祥译:《知识人的社会角色》,译林出版社,2000年汉译本,第139页。

术含义十分丰富,需要从社会学、历史学、经济学、文化学等角度或层面做出界说①。

(1)社会转型的概念和一般的社会变化相联系,社会变化是所有社会的特征,但并不是所有的社会变化都被称为社会转型,只有那些密集的、大范围的、根本性的、影响了几乎所有人日常生活变化的才被称为社会转型。

(2)社会转型是代表着历史发展趋势的实践主体自觉推进历史转折的历史创造性活动。表征人类社会全面发展和进步,体现社会结构及社会形态的变迁,是人类社会由低级向高级前进的上升运动。

(3)社会转型是社会结构转型,意味着社会系统结构的变迁,意味着人们的生产方式、生活方式、心理结构、价值观念等各方面深刻的革命性变革。它不是社会局部的改变,而是社会整体系统从一种结构状态向另一种结构状态的过渡。

(4)法国史学家布罗代尔给社会转型一个长时段的概念:社会转型是一个长时段,在这样一个长时段的过程中,宏观世界由一系列的社会转折(转折及变迁是短时段,或至多是中时段内发生的事变)的不断蓄积而产生的,是在一个社会母体内经历长期与不断的量变所导致的社会结构性转化的质变。这种结构性的转变包括经济、政治、文化等诸多领域,是一个包容人类社会各个方面发生结构性转变的长期的发展过程②。

(5)社会转型具有明显的时空特色。本文所说的社会转型指中国社会从传统向现代转变的过程,说详细一点,就是从农业的、乡村的、封闭的半封闭的传统社会,向工业的、城镇的、开放的现代型社会的转型。

西方社会学家以西方社会转型的历史经验为蓝本,将传统社会近(现)代转型的内容和要素概括为五大方面。

一是社会经济转型,即工业化。

二是社会生活转型,即城市化。

三是社会思想世俗化与社会观念理性化。理性化是指人们的观念和行为动机从只受宗教的或情感因素支配到遵循普遍理性原则的转化。世俗化打破了圣灵社会宿命论,从依附宗教到相信科学,相信科学和技术创新可以改造世界。

四是社会组织转型,即科层化。从家长制到科层制是社会转型的重要内容和表现。现代组织的科层化是基于精细分工的职位专业化,是根据抽象规则建立的职阶体系以及凭借业绩升迁的准则。

五是社会政治转型,即民主化。从专制走向民主是社会转型的重要内容和表现。所谓民主化是指社会大众对政治由冷漠、疏远到热情并普遍参与的过程。在这一过程中,人们不仅对政治产出部分(如政策、法规)发表自己的看法,而且对政治投入部分(如参加选举和决策)表现为越来越

---

① 郑杭生:《转型中的中国社会和中国社会的转型》,首都师范大学出版社,1996年,第1页;张辉美:《社会转型与社会问题》,湖南大学出版社,2004年,第1—6页。

② (法)费尔南·布罗代尔著,顾良、施康强译:《15至18世纪的物质文明、经济和资本主义》,三联书店,2002年,第7—11页。

二、明清社会转型界说

明清社会转型是传统社会形态向近代社会形态的转变,它与中国社会现代化过程是重合的。学术界从不同角度讨论的资本主义萌芽、早期工业化、早期近代化或早期市场化等问题,都强调明清社会转型首先是一种由传统社会经济模式向近现代社会经济模式的转变。而从传统社会向近现代社会转变,又是封闭社会转向开放社会、机械社会转向有机社会。

有人提出明清社会属"三元经济形态",即农村工副业在现代经济影响下形成的一种既有别于近代工业经济,又有别于传统农业经济的新型结构。这种结构一方面仍然顽强保持着传统产业的一些基本的重要特征,一方面又和现代部门发生种种联系,产生了不同于传统的重要变革。这种结构既突破传统又未隔绝传统,从产业形式看,它或是农民家庭手工业生产,或是农副业生产,生产组织形式仍然是家庭,生产地域仍然是农村,生产者仍然是家庭成员,生产对象中农副产品仍然是基本物。这种兼有二者特点的新型经济类型——新型农村商品性工副业,又称之为"中元经济"。中国现代化不可能是简单的现代部门取代传统部门的过程,而是要通过多种途径,特别是新兴的"中元经济"的发展壮大,通过传统部门自身的近代化来吸收大量农村剩余劳动力来实现①。

由此可见,明清整个社会正从自给半自给的产品经济社会向商品经济社会转型;从农业社会向工业社会转型;从乡村社会向城镇社会转型,从封闭半封闭社会向开放社会转型。

三、明清社会转型的研究范式

研究范式是指用已被认可的知识体系、组织和解释方式处理未曾解决难题的方针与解决难题的一套方法。美国学者库恩的《科学革命的结构》中有范式的定义:在某一学科的研究实践中,科学工作者赞同的统一的哲学框架,有一致的理论重点,使用公认的方法程序,并用这些方法程序去解决那个理论框架中确认的问题,从而增加知识(即积累解决的问题),扩展理论。这些理论框架、方法程序、研究范例等都编入教科书——这就是所谓的范式。一个科学共同体由使用同一范式的人组成,或者说科学家结合在一个研究领域并径直从那些尚未解决的问题着手研究,这样对已知问题的求解便是范式的核心。一个问题解决又引出另一个问题,如此导致科学进步。明清社会近代转型研究中主要存在三大范式:封建晚期(或许称帝国晚期)、近代早期(或称现代早期)、传统到现代的转型期。

1. 封建晚期或帝国晚期范式

将明清时期看做中国封建晚期,又称中华帝国晚期,又称前资本主义或前近代时期。讨论的中心论题是"中国封建社会长期延续"的问题,主要进行中国社会经济问题探源研究②。与此研究

---

① 参见林刚:《长江三角洲近代经济三元结构的产生与发展》,《中国经济史研究》,1997年第4期;《关于中国经济的二元结构与三元结构问题》,《中国经济史研究》,2000年第3期。
② 翁之镛:《中国经济问题探源》,台兆正中书局,1923年。

范式相关联的有"明清停滞论"或"封建延续论"等西方中心论的范式说。

停滞论者强调中国历史发展至明清时期便停滞不前了。该说兴起于19世纪初的欧洲,最早由法国学者提出中国思维停滞。19世纪中期英国又出现整个亚洲的制度缺乏能动说。20世纪初德国社会学家马克斯·韦伯在《中国之宗教》中认为,中国没有西方资本主义兴起时的新教伦理与资本主义精神竞争,所以停滞不前。二战时期日本学界鼓吹中国社会停滞论。二战后,美国学者费正清在停滞论基础上提出"西方冲击—中国回应"的理论模式。认为中国传统社会是稳定的、平衡的、有惰性的和停滞落后的,中西文化差异是中西冲突的原因。中国不与西方接触便不能发生变化,推动中国前进的力量只能是外来的,晚清西方大侵略以后中国社会才发生演变。因此中国传统社会发展的历史进程是外来社会入侵的过程。在此基础上,西方学者又提出传统与现代"二分论",强调传统文化是停滞的,没有现代价值观念,明清时代的政治制度、经济制度和思想文化都是落后的,不能在永恒的沉睡中醒来,只有等待西方的帮助才能唤醒中国。

旅美学者魏特夫说中国是东方专制主义,属于"治水文明",与西方不同;历史发展的模式很复杂,有的发展,有的停滞;西欧、日本是发展的,而中国、印度是循环、倒退、缓慢的。其后伊懋可在《中国过去的格局》中提出了"高水平平衡陷阱论",认为宋代社会经济已经达到高度发达水平,宋以后就停滞了;明清时期只有量变没有质变,陷入了高水平的陷阱,一方面高度的农业集约化要求增加资本,另一方面人口过度增长阻碍了资本积累,因此中国只能高水平地停滞了。20世纪70年代以来,西方学者又相继提出了中国明清时期"有增长无发展论"、"过密型商品化论"、"明代倒退论"等,从而把"停滞论"提升到更高的理论形态。特别是美国学者黄宗智,提出明清社会经济"过密化与内卷化理论",即过密性商品化,也叫内卷化。他认为明清社会商品经济虽然快速发展,但没有发生质的变化;农业经济落后,工业化受到制约;人口压力造成的过密型商品化,不是发展而是倒退。认为凡是近代的就是西方的,中国传统社会是停滞不变的,如果没有西方资本主义的入侵,中国根本无力产生近代性变化,西方是中国近代转变的创始者。

张显清先生指出,中国历史"停滞论"的表述多种多样,但共同点都是认为中国古代社会稳定不变,没有发展,自身不可能产生近代性因素。只有靠西方文明的冲击才能打破平衡状态,向近代转变[①]。国内也有学者自觉或不自觉地呼应西方中心论,认为资本主义文明是欧洲的特产,中国不能内生出资本主义萌芽;市民阶级是资产阶级,中国也生产不出来;中国城市是在皇朝控制之下的,是统治者的摇钱树;西方有罗马的法权观念,而中国是儒家伦理政治不会产生现代法制,等等。在此基础上,出现了中国封建社会长期延续的原因的讨论,这一讨论最后归结为环境论、制度论、文化论、技术论和经济结构论等结论之中。

2. 资本主义萌芽与早期工业化范式

早在二十世纪三四十年代,中国史学家就已经对明末清初资本主义生产方式萌芽问题有所探讨。1955年1月9日,邓拓先生在《人民日报》发表《论〈红楼梦〉的社会背景和历史意义》,指出

---

① 张显清:《近二十年来国内关于明代社会变迁问题研究状况读书札记》,《中国史研究动态》,2003年第4期。

第十九章 明清社会近代转型呼唤工匠角色转换

《红楼梦》所反映的18世纪上半期,"当时的中国是处在封建社会开始分解,从封建经济体系内部生长起来的资本主义经济因素正在萌芽的时期",这一观点引起了一场大讨论。侯外庐、尚钺等专家学者肯定中国封建社会内部存在资本主义萌芽,但对什么是资本主义萌芽和何时产生资本主义萌芽有不同的看法。李文治、经君健、魏金玉先生著《明清时代的农业资本主义萌芽问题》,许涤新、吴承明先生主编《中国资本主义萌芽》,傅衣凌先生著《明清社会经济变迁》等著作分别于1983年、1985年、1989年出版,成为中国资本主义萌芽问题研究的代表性成果。他们认为,中国资本主义萌芽是中国资本主义发展史的一部分,明代中叶(嘉靖万历年间)东南沿海地区的农业、棉纺织业和丝织业等行业中出现了手工工场和雇佣劳动生产的资本主义萌芽,清代前期有所发展,鸦片战争后并未中断[①]。

20世纪90年代初,有人对资本主义萌芽的理论范式提出了反思和批评。李伯重先生认为资本主义萌芽的理论范式是中国史学界的"资本主义萌芽情结",从认识基础来说是一种"单一直线进化"史观的产物。他认为摆脱这种情结才能开创中国经济史研究的新局面。事实上,有不少学者在研究中突破了"资本主义萌芽"的分析框架,从市场发育等角度探讨中国近代化过程。1995年,中国的资本主义萌芽问题研究专家吴承明先生也公开提出:"在历史研究上不要提研究资本主义萌芽了。与其说资本主义萌芽,不如叫现代化萌芽,即市场经济的萌芽。"[②]

经济学的现代化理论有两种:一是增长经济学的"经济增长论",关注国民提供日益增长的不同商品经济能力的增长,以技术进步、制度创新、意识形态调整为基础;二是发展经济学认为发达国家的现代化是工业化的结果。早期工业化即近代工业化的早期发展,是以农业为主的社会经济向以工业为主的社会经济演化的历史阶段。伴随着经济结构的转变,传统的自然经济向现代市场经济转变,传统的生存方式也向现代生存方式转变,社会文化也开始了从传统农业文明向现代工业文明的转变,这些统称为国家或民族的现代化实现过程。大多数现代化理论研发者或明或暗地提出现代化实现过程的诸多特征,即所谓:现代化是革命的过程,是复杂的过程,是系统的过程,是全球的过程,是长期的过程,是有阶段的过程,是同质化到异质化的过程,是不可逆转的过程,是进步的过程,等等。也就是我们所要说的传统社会现代转型的主要特征。

近代早期论是在近代化或现代化理论指导下的明清社会形态研究范式论[③]。作为发展社会学的现代化理论者将人类的历史总结为传统到现代的发展,认为人类的发展就是从传统到现代的过渡和转变。作为世界体系论的现代化理论是华勒斯坦提出的,他认为现代世界体系大约在500年前的欧洲出现,以资本主义贸易体系为基础,突破民族国家的界限,成为资本主义世界经济体

[①] 尚钺:《中国资本主义发生和演变的初步研究》(三联书店1956年)和许涤新、吴承明主编:《中国资本主义萌芽》(《中国资本主义发展史》第1卷,人民出版社2005年)等等皆主明清萌芽说。钱宏:《鸦片战争以前中国若干手工业部门中的资本主义萌芽》(《中国科学院历史研究所第三所集刊》第2集,上海人民出版社1956年)主张元代萌芽说。吴海若:《中国资本主义生产的萌芽》(《经济研究》1956年第4期)、束世澂:《论北宋时期资本主义关系的产生》(《华东师范大学学报》1956年第3期)等文则提出唐宋萌芽说。

[②] 张显清:《近20年来国内关于明代社会变迁问题研究状况读书札记》,《中国史研究动态》,2003年第4期。

[③] (美)黄宗智:《中国研究的范式问题讨论》,社会科学文献出版社,2003年。

系——相互关联的中心社会、边陲社会和半边陲社会三个部分;资本运动就是边陲半边陲社会不断地将经济剩余转移到中心社会,是一种不公平的现代性,它使中心越来越富裕;边陲社会希望和平实现现行世界体系的现代化是很难的,人类只是通过社会冲突的道路才能实现现代化。

3. 传统向近现代转型范式

主张明清社会转型是一种由传统社会发展模式向近现代社会发展模式的转变。认为传统与现代并非绝对对立,在一定条件下传统可能发展并转化为现代化的因素。吴承明先生在《市场·近代化与经济史论》中指出近代化即现代化,主要内容是市场化①。他把过渡到市场经济作为传统社会现代转型的主要标志,代替过去资本主义化标志。认为早期市场化是从16世纪开始的,这一转变过程迄今尚未完成。许檀教授认为,明清时期城乡市场网络的形成和发展是中国现代化过程的一项重要内容。中国近代市场体系从明代中叶已经起步,到清代中叶已具有相当规模。鸦片战争后,侵略者选择的通商口岸都是原来重要的流通枢纽。他们不是创建了一个新的市场体系,而是利用和部分改造了中国原有的市场体系来为之服务。这一范式强调社会转型过程中经济市场化的基础先行性,社会系统结构转化的内涵标志性和社会经济、文化、政治诸要素之整体形态全面转化的程序性②。

围绕市场化这个核心,传统社会系统的近代转型主要表现为相互联系的三个层面:其一是结构转化,即社会整体结构、社会资源结构、社会区域结构、社会组织结构以及社会身份结构等发生转化;其二是机制转换,即社会利益分配机制、社会控制机制、社会沟通机制、社会流动机制及社会保障机制等发生转换;其三是观念转变,即人们的价值观念发生转变,正在从过去重义轻利向既重义又重利的观念转变,正在从过去重社会轻个人向既重社会又重个人的观念转变。与三个层面变化相应的,必然体现为社会要素的变迁,首先指社会经济结构变动,其次为社会政治体制转型,再次是社会文化形态的变迁,最后表现为发达区域社会整体的结构变化。它不仅意味着结构转换、机制转轨、利益调整和观念转变,而且意味着人们行为方式、生活方式、价值体系发生显著变化。传统工匠现代转型中的技术科学化与科学技术化是区域工业化的基本动力,传统工匠角色转换则是社会主体现代转型的突出表现。

传统社会近代转型过程本质上就是现代化过程,表现在经济上就是工业化过程。这种变革渗透到人的价值观念与生活态度、信念、行动等各方面,是一种现代性成长的漫长过程。作为社会生活和心理结构的一种表征,现代性促进科学运用于生产过程,既是人们所承担的旧社会经济心理义务崩溃的过程,也是人们获得新社会化模式的过程。它使社会文化和个人各自获得经过检验的知识,并把它运用于日常生活。从15世纪文艺复兴开始,经过科技进步、工业革命和资产阶级革命,近代欧洲诞生了。但现代化理论则到20世纪50年代才出现。此理论一出现便成了新兴民族国家知识分子的理想与价值追求,同时也得到各发展中国家政府的支持,成为官方的信息和意识

---

① 吴承明:《市场·近代化·经济史论》,云南大学出版社,1996年;林刚:《长江三角洲近代经济三元结构的产生与发展》,《中国经济史研究》,1997年第4期;林刚:《关于中国经济的二元结构与三元结构问题》,《中国经济史研究》,2001年第3期。

② 许檀:《明清时期城乡市场网络体系的形成及其历史意义》,《中国社会科学》,2000年第3期。

形态,从此以发展社会学和发展经济学为核心内容的现代化理论才成为学术研究的主要对象。有人将世界各国划分为已经实现现代化的现代社会和尚未实现现代化的传统社会两类,传统社会总是处在不断的现代化过程之中。

第二节 明清社会近代转型的开启时间及条件

多年来,历史教材都把1840年发生的鸦片战争作为中国近代史的开端。但在学术研究中,究竟中国古代社会的近代转型从何时开始,存在诸多争议。这些争议主要有明代中后期、明清之际或1644年、1840年、1861年、1905年等多种说法。其中15世纪、16世纪与19世纪中叶等说法最有代表性。

19世纪中叶开始说认为,鸦片战争为中国近代史开端。因为中国近代社会是半殖民地半封建社会,中国人民面临反帝反封建的革命(即旧民主主义革命);或云中国近代化是在外国资本主义入侵的影响下产生的,所以是从鸦片战争开始的。这种划分方法把1840年前中国社会经济结构与1840年后中国社会经济结构的变化割断了。其中有何联系?实际上,经济史分期的基本标志是经济因素的变化——生产方式的变革,其中关联性比差异性要大得多[1]。

16世纪开始说认为,中国传统社会近代转型的标志为明代中后期社会经济与思想文化方面空前的系列变化,即资本主义萌芽、市场经济萌芽、早期工业化、早期启蒙思潮等现象在东南沿海地区率先出现。此说的代表有侯外庐、尚钺、傅衣凌、吴承明等著名学者。

侯外庐先生认为,明清之际社会转型开始的标志是早期启蒙思潮的出现,肯定在16、17世纪之交,中国历史正处在一个转变时期。有多方面的历史资料证明,当时出现了资本主义的萌芽,在社会意识上也产生了个人自觉的近代人文主义[2]。

尚钺先生《明清社会经济形态的研究》认为,明末清初中国社会内部资本主义萌芽的增长已经引起社会性质变化,使那个时代具备近代,即资本主义时代的许多特征,因此,划分中国近代的标志不在19世纪,而是16世纪。中国封建社会内部由于商品经济的发展,孕育了资本主义萌芽,这种变化从明代中叶正德、嘉靖年间(1506—1566年),即16世纪前期开始,到16世纪中叶渐渐发展成为有力的社会势力[3]。

傅衣凌先生的《明代江南市民经济试探》认为:"在商品货币经济的高度发达的明代社会里,这

---

[1] 黎澍:《中国的近代始于何时》,《历史研究》,1959年3期;刘大年:《中国近代史研究中的几个问题》,《历史研究》,1959年10期。

[2] 侯外庐:《17世纪中国社会和启蒙思想的特点》,《新建设》,1955年5月第6期;《中国早期启蒙思想史》,人民出版社,1956年。

[3] 尚钺:《明清社会经济形态的研究·序言》,上海人民出版社,1957年;《有关中国资本主义萌芽问题的二三事》,《历史研究》1959年7期;《尚钺史学论文选集》,人民出版社,1984年。

多种经营经济更有助于商品的流通,而给商品的国内市场创造了可能出现的条件。"①

近年出版了万明研究员主编的《晚明社会变迁问题与研究》和张显清先生主编的《明代后期社会转型研究》②,这两部书都是研究15—16世纪中国社会近代转型开始的力作。张显清先生认为,在明成化、弘治与正德年间(15世纪中叶至16世纪初叶),向近代社会转型的苗头已经出现;明嘉靖年间至明末(16世纪初叶至17世纪中叶),新的近代社会因素更为普遍而显著地增长起来,向近代社会的转型开始启动③。

具体时间在何时?本文初步断定在16世纪中叶的隆庆时期(1567—1572年)。16世纪中叶中国社会发生根本性的转变,有着深厚的国内国外历史背景,突出表现在打破明初推行的"边禁""海禁""银禁"等三禁为中心的重农抑商与闭关锁国政策。明初推行"边禁""海禁"和"银禁"政策,很大程度上影响了当时商业与商人资本的发展。隆庆年间,商品货币经济获得了空前的发展,不仅影响到国内外税收政策的变化(主要是"银禁"的放开),而且直接推动了"海禁"和"边禁"的进一步放开,内地商人、边镇商人与沿海商人因此活跃起来,推动了中国早期市场经济的形成。所以说明代中期的"三禁开放"是明代中后期东南社会近代转型的主要前提条件。

1. "银禁"开放

明代中期商品货币经济发展首先表现在商品生产方面。农业和手工业两个物质生产部门的分工、部门内部的分工、地区之间的分工有了很大的发展。特别是手工业内部分工愈来愈细。据《天工开物》载,纺织业中有丝织、棉织、毛织、麻织等专门的作坊,同时,纺与织、织与染、染与踹的分工都很发达。随着各科分工的日益扩大,相互之间要互换劳动产品,商品交换也就日益繁荣。其次,表现在交换方面。国内市场的空前扩大,原来大、中城市商品交换继续繁荣的同时,出现了一批工商业城市和新兴城镇,特别是大批工商业市镇的勃兴,成为城乡交换的中介和商业中心,促进了国内统一市场的形成。不仅民间的生产资料和生活资料成了市场上的主要商品,而且民间贸易完全打破了政府禁止白银流通的规定。再次,边境和海上走私贸易日益猖獗。无论边疆还是沿海地区,朝贡贸易已越来越不能适应商品经济发展的需要,私人越境走私贸易的队伍日渐壮大。在长城沿线,边镇商人"多以铁货与虏交易,村井居民亦相率犯禁"。在沿海地带,"豪门巨室,间有乘巨舰贸易海外者,奸人阴开其利窦,而官人不得显收其利权"。"漳闽之人,与番舶夷商贸贩方物,往来络绎于海上。"由此可见,明初"抑商"政策中的"银禁""边禁"和"海禁"皆已到了非全面打破不可的时候了。④

关于商税征收中的"本色"折银和货币白银化,在明代经历了较长的过程。早在洪武年间,印

---

① 傅衣凌:《明代江南市民经济试探》,上海人民出版社,1957年,第10页、15页。
② 万明:《晚明社会变迁问题与研究》,商务印书馆,2005年;张显清:《明代后期社会转型研究》,中国社会科学出版社,2008年。
③ 张显清:《晚明:中国早期近代化的开端》,《河北学刊》,2008年第1期;《新华文摘》2008年第8期转载。参见张显清、林金树:《明代政治史》第一章第一节"社会转型与阶级关系变动",广西师大出版社,2003年。
④ 《明孝宗实录》卷150;张燮:《东西洋考》卷7;《明经世文编》卷243,张时彻:《招宝山重建宁波知府凤峰沈公祠碑》。

行大明宝钞,禁止民间贸易使用金银,商税征米或征钞,皆称"本色"。永乐年间又重申,用金银交易者,以奸恶论。但没有钞本,政府滥发宝钞,很快钞值大贬,造成了极大的混乱,所以正统六年允许赋税征银,始开放银禁。据《明史》记载,正统初年明英宗"弛用银之禁"、"朝野率皆用银"。到嘉靖年间(16世纪40年代),白银货币化过程已经基本完成。其中成化二十一年实行了"班匠银"制度,大大加速了税收征银的进程。至弘治元年起,各税课司、局逐步将商税折银征收,规定征银或钱钞兼收。弘治五年,叶淇变盐法,改开中纳粮为纳银,大大促进了"银禁"的放开。至嘉靖四十三年,国家停止大规模铸钱,使铜钱正式降为白银的辅助货币①。隆庆元年(1567年),明穆宗颁令:凡买卖货物,值银一钱以上者,银钱兼使;一钱以下只许用钱。这是在白银货币化客观现实下明确的法令,是明朝首次以法律形式肯定了白银为合法货币,且用法律形式把白银作为主币固定下来。万历九年,张居正下令于全国推行"一条鞭法",规定赋役"计亩征银"。由于白银成了主要货币,举凡全国农工商税、官俸军饷、京库岁需、民间贸易等无不用白银。

货币的白银化打破了明初以来的银禁,方便了商人的商业活动。其最显著的意义,在于既标志着中国古代社会向近代社会转型的开端,又标志着中国由此主动走向世界并开启了经济全球化的航程。明代是中国历史上货币发展变动最大的时期,内部产生的白银货币化进程形成了强劲的发展趋势。不仅完成了货币体系的转变,而且引发了社会巨变。以贵金属白银作为本位金属货币为标志,出现了中国古代社会向近代社会转型的开端②。

2. "海禁"开放

关于"海禁"的打破,说到底是对明初以来的朝贡贸易的革命。在海禁政策下,明初的海外贸易不仅归政府完全垄断,而且规定了严格的贡期、贡船和贡使的人员数量,致使每次贸易数量和规模都很小。这样的贸易不仅满足不了海外各国越来越大的贸易量,而且严重地阻碍了中国沿海商民的商业活动。于是一方面外国因请求扩大贸易不成而"冒称入贡"和"漫不知禁";另一方面明中叶后,中国的海商私自造船出洋贸易日益增多,禁不胜禁。史称:"在福建者,则于广东之高潮等处造船,浙江之宁绍等处置货,纠党入番。在浙江广东者,则于福建之漳泉等处,造船置货,纠党入番。"这样,内外商人联合起来,便共同构成了反对明政府闭关政策的武装斗争③。

所谓嘉靖"倭乱",便是典型的事例。当时领导过平寇的官员茅坤说:"今之海寇,动计数万,皆托言倭奴,而其实出于日本者,不下数千。其余则皆中国之赤子无赖者,入而附之耳。大略福之漳郡,居其大半;而宁、绍往往亦间而有之,夫岂尽为奴也。"④海禁实行的目的在于加强海防,结果反而成了海防大患。所以朝廷有识之士指出:"寇与商同是人也,市通则寇转而为商,市禁则商转而

---

① 唐文基:《明朝对行商的管理和征税》,《中国史研究》,1982年第3期。
② 万明:《关于明代白银货币化的思考》,《河北学刊》,2004年第3期。
③ 《明世宗实录》卷2,上海书店版;胡宗宪:《广福浙兵当会哨论》,《明经世文编》卷267,见《台湾文献史料丛刊》第三辑(53),台湾大通书局,1984年,第44页。
④ 胡宗宪:《筹海图编》卷11《经略一·叙寇原》,见《四库全书》第584册,上海古籍出版社,1987年,第276页。

为寇。"在形势的逼迫下,明政府于隆庆元年(1567年)开放海禁,"准贩东西二洋"①。海禁开放,海商贸易走向合法化,国家增加了商税税收。

3."边禁"开放

关于明代"边禁"的开放,自永乐年间开放辽东等地"马市"后,正统二年开设大同马市,天顺八年开设抚顺马市,成化年间增设开原新安关市,嘉靖三十年开设大同镇羌堡市,宣府新开口堡市等,皆为时开时闭的官市。自正统年间"土木之变"至嘉靖"庚戌之变"期间,明蒙战争不断升级,"边禁"政策也日益严厉。除了辽东"马市"常设以外,长城沿线其他各镇马市开设皆反复无常。到隆庆五年(1571年)"俺答封贡"、明蒙互市后,长城沿线九边各镇普遍开设马市,马市市场增至50多个。不仅马市市场数量大增,而且性质发生了巨大的变化。前一时期官办的"朝贡优赏贸易"至此变成了"华夷兼利"的民间自相往来的民族贸易,朝贡贸易发展为互市贸易,官市过渡到民市。在更大规模的民族贸易市场上,民族之间有无互通的市易占据了主导地位。隆庆五年明蒙之间的马市市场广泛设置,中原地区农耕民族与塞北、东北、西北地区的游牧民族之间的贸易畅通。既是游牧政权以武力胁迫中原王朝通贡互市的结果,也是中原人民、尤其是九边边镇商民违禁走私贸易的公开化和合法化。更为重要的是,它表明明代的国内统一市场真正形成了②。

明代中期"边禁"和"海禁"的先后开放,是与当时商品货币经济发展、统一市场的形成和商人队伍的壮大互为表里,相辅相成的。宋应星在《天工开物》序中说:"滇南车马,纵贯辽阳;岭南宦商,衡游蓟北。"由此可见明代中后期各地市场之繁华。这些市场大致可分为先后对外开放的沿海港口城市市场,政府曾设市舶司收取官税,如漳州月港、泉州、广州及宁波双屿港、香山县澳门港等;北边长城地带的民族贸易市场,又称马市、茶市;内地长江沿岸、大运河沿线的商贸市场及各省各地的各类贸易市场,分为全国性的大市场、区域性市场、一般城市市场和地方小市场,以国家设立钞关城市和江南新兴市镇为典型。其时商人之活跃,主要表现在边地商人、沿海商人和内地商人三大队伍的壮大上。

边地商人主要指参与"马市"交易的民族贸易商,分布在明代的长城沿线九边地区和蒙古、新疆等地区。隆庆五年,"俺答封贡"、明蒙通贡互市后,长城沿线九边地区的马市市场广泛开设,官办马市逐渐向民办过渡,入市的商人日益增多,又形成了庞大的边商队伍。《明史·王崇古传》载:"自此边境休息,东起延、永,西抵嘉峪七镇,数千里军民乐业,不用兵革。"各镇市场上,"官市毕,听民私市"。民市贸易迅速发展,规模不断扩大。

沿海商人主要由东南沿海的走私商和海盗商两部分组成,其在明代后期的发展壮大,以隆庆三年开放福建海禁为重要契机。明代海禁的放开,实则是中国沿海商民长期斗争的结果。特别是嘉靖年间的"倭乱",以中国海上走私商为主要领导,形成了海上武装走私集团,迫使政府承认走私贸易合法化,于是才有了"易私贩为公贩"的改革。这次改革首先是月港开禁,获准领得船引的海

---

① 张燮:《东西洋考》卷7,《税饷考》,见《中外交通史籍丛刊》,中华书局,1981年,第131页。
② 详见余同元:《明后期长城沿线民族贸易市场》,《历史研究》,1995年第5期;《明代马市场考》,《民族研究》,1998年第1期;《中国历史上农牧民族的二元一体化》,《烟台大学学报》,1999年第3期。

商,由此出海,前往"东、西洋"经商。福建沿海居民出海贸易人数大幅度增长,从1571年到16世纪末,开往菲律宾的中国船只由每年三四艘增至三四十艘;17世纪初,中国沿海商民到吕宋经商者便达数万人;万历三十一年,西班牙殖民者在吕宋屠杀华侨25000人,其中福建商民占80%以上。明中后期内地商人队伍的扩大,在隆庆、万历时人张瀚在《商贾记》中有详细的记述。其云:"四方财货,骈集于五都市,彼其车载肩负,列市贸易者……凡山海宝藏,非中国所有,而远方异域之人,不避间关险阻,而鳞次辐辏,以故畜聚为天下饶。"[1]张瀚的记录首先指出了明中后期内地商人阶层的活跃,同时吐露出这些商人的作用和影响在日益扩大。

明中后期商人队伍的壮大,最突出的特点是出现了颇具特色的商人团体——商帮。所谓商帮,是以地域为中心,以血缘、乡谊为纽带,以"相亲相助"为宗旨,以会馆、公所为其在异乡的联络、计议之所的一种既亲密而又松散的自发形成的商人团体。明清时期,有名的商帮大都崛起于明代中后期,直接由明中后期兴起的边地商人、沿海商人和内地商人中分化组合而成,成为中国传统商人队伍中的一支支劲旅,影响很大。明中叶以前,中国的商人活动从未出现过很有特色的商人群体,大都处于有"商"无"帮"的分散经营状态,明中后期商帮的形成,正是当时商人队伍壮大,商人地位提高和商业竞争激烈的典型反映[2]。

第三节 明清社会近代转型的要素、过程与表现

一、开启转型的关键要素

综合各家说法,传统社会近代转型的要素主要有:①农业社会向工业社会转化;②乡村社会向城镇社会转化;③身份社会转向契约社会转化;④宗教社会转向世俗社会转化;⑤伦理社会向法制社会转化;⑥单一同质社会向多元异质社会转化;⑦价值观念从重农抑商到工商皆本的转变;⑧赋役货币由食物力役向货币税转变与货币白银化;⑨科技层面以产业技术理论化与科学化为主要标志;⑩民族关系上由农牧对峙向农牧一体化转变。这些转变要素之中首先是社会经济各要素的市场化转变最显著,集中体现为东南沿海经济发达地区的早期工业化和北部中国农牧经济二元一体化;同时并行的是思想文化发展与科学技术进步;其次人身关系与社会组织制度变化尾随而来。

吴承明先生《市场·近代化·经济史论》一书中"16与17世纪的中国市场"一节认为,从16世纪开始,中国市场化出现新动向。此前他还发表了《明代国内市场和商人资本》、《论清代前期我国国内市场》等重要论文,从商路、商镇、主要商品的运销和大商人资本的兴起来考察市场;而《16与17世纪的中国市场》进一步从人口、物价、财政、商税、白银几方面探讨。吴承明先生系统地考

---

[1] 张瀚:《松窗梦语》卷4《商贾记》,上海古籍出版社,1986年,第72—73页。
[2] 张海鹏、张海瀛:《中国十大商帮》,黄山书社,1993年。

察了16世纪(明嘉、万年间)以来数百年间中国的市场、物价、人口与耕地、税收、货币、社会和思想等各方面的变迁情况,从中寻找和发现中国现代化的脉络与轨迹。他认为新的经济因素及其运行方式大量地、集中地出现,而且其发展趋势不可逆,那么它就是现代化因素。这种新的经济因素,必然引发适合于它制度上的变革。而新的经济因素及由此而来的制度变革,必然会反映到社会上,引起社会结构、家族制度、等级和群体权利、人们行为和习俗的变迁。这种变迁对现代化进程可以起正反两方面不同的作用。经济发展、制度变革、社会变迁,这一系列变化,在最终或最高层次上,还要受到民族思想文化的制约。

明清史学者着重研究的还有价值观念变化、民族关系变化、白银货币化、货币地租发展、生产者人身依附关系变化等方面要素。如毛佩琦教授认为,就明朝中后期的情况而言,中国社会已经明显表露出向近代转型的征兆,处于社会转型时期是明代社会的基本特点。在这一时期,政治经济体制、道德价值观念、思想认知模式都呈现出打破旧有体系和范式的趋势,诞生出许多推动社会发展的新兴因素。明中叶以后,由于新经济因素的增长,商品经济日益发达,以商贾和百工为主体的市民阶层逐渐壮大,社会影响日益扩大。市民阶层所要求的商业社会的原则和封建传统体系产生冲突,既有经济基础的矛盾,又表现在上层建筑方面,从而影响到晚明社会的整体风貌[①]。又如,万明研究员在《明代白银货币化》中指出,社会变动原因需要深入到极为复杂多变的社会内部去寻找,中国白银由贵重走向货币形态变化在明代;白银货币化过程是中国社会经济货币化的过程,是转型变革中的中国与正在形成中的整体世界相联系的产物,也即中国与世界互动关系的产物;由于中国社会内部发生的变化,白银货币化产生了巨大的社会需求,市场经济萌发并以前所未有的发展趋势极大地扩展,中国由此主动走向了世界;白银货币化过程也是中国市场经济萌发的过程,它不仅是研究晚明社会的一把钥匙,而且证明了晚明社会变迁带有根本性社会转型的性质,是中国古代社会向近代社会转型的开端[②]。

二、近代转型的主要过程

拙作《明清江南早期工业化社会的形成与发展》等论文认为,现代化是一个由传统社会向现代社会转型的整体历史过程。在这个整体过程中,建立在区域社会分工与专业化基础上的区域工业化是人们首先关注和研究的重点。作为区域近代化根本标志的区域工业化,一般都要经历早期工业化和工业现代化两个阶段。明代中期以后,江南纺织业等传统支柱产业从业人数空前增加,清中期以后江南工业更为发达,从业人员也更加众多。根据传统工业从业人口增长这一早期工业化社会形成与发展的关键标准,分期估算明中后期到清末民初江南传统工业从业人数,说明江南早期工业化社会形成于明代中后期的嘉、万年间,此后到清末民初是江南早期工业化社会的发展时期。从科学技术驱动区域工业化发展的角度看,早期工业化过程与工业现代化过程本质上就是技

---

① 毛佩琦:《明清易代与中国近代化的迟滞》,《河北学刊》,2008年第1期;《说在前头:重新审视明朝》,《毛佩琦细解明朝十七帝》,光明日报出版社,2006年。
② 万明:《关于明代白银货币化的思考》,《中国社会科学院院报》,2004年第5期;《河北学刊》2004年第3期。

术科学化过程和科学技术化过程。由经验性技术或技术的经验形态向理论知识形态转变的明清江南产业技术理论化现象,是明清江南早期工业化持续发展的内在动力和根本标志①。在拙作《论中国历史时期农牧民族二元一体化发展》等论文中,还论述了明清时期以"隆庆和议"(即"俺达封贡")为主要开端的中原农耕民族社会与北方游牧民族社会二元一体化发展也是中国传统社会近代转型的重要内容②。

张显清先生强调,判断一个社会是否发生了较大变化,是否发生了结构性变化,是否发生了转型,应该做全方位的、综合的与整体的评估。既要看其社会经济,也要看其阶级关系、社会生活、政治变革、思想意识、文学艺术和科学技术等。至明代中后期,新的近代社会因素更为普遍而显著地增长起来,它们首先出现在经济领域,然后引起阶级关系、社会生活、政治关系、思想意识、文学艺术与科学技术发生相应的变化,传统古代封建社会已经发生局部结构性变换。新生的先进社会因素代表了社会的未来,显示了社会的新走向,因而,各种新因素纷纷出现的明代后期显然就成为中国早期近代化的开端。

总之,由传统社会向现代社会转变的社会转型是一转百转的——各项相关事物和制度的转型需要一个漫长的历史过程。特别是社会政治制度的转变,一如唐德刚先生在《晚清七十年》中说,中国不像英、法、德、意那样单纯的"民族国家"(Nation-state),是千百个民族融合之后的一个共名——"汉语民族"(英语民族则至今未能形成),其转型有量变和质变的过程,量变为改良,质变为改制(改制,文改称"变法",或改称"革命")。第一次中国社会政治制度大转型是封建制变化为郡县制,从此变为"国家强于社会"这一帝国模式定型;第二次社会制度大转型便是秦汉帝国模式向现代社会转变,内容更加复杂,形式更为多样,所以此次转变比上一次转变的时间可能会更长。

三、近代转型的主要表现

近年来关于明清社会近代转型的研究成果众多,系统论述的以吴承明与张显清二先生为代表。吴承明先生在《16、17世纪中国的经济现代化因素与社会思想的变迁》中论述了中国16、17世纪的经济变迁、社会变迁和思想变迁三方面标志。张显清先生在《晚明:中国早期近代化的开端》一文中则全面论述了晚明早期近代化开端的各方面标志。其他分别就某一方面转变进行专门研究的学者很多,出版和发表了众多的研究成果,分别从经济基础、上层建筑、思想观念与文学艺术等方面讨论了明清社会转型的标志。总括起来,主要内容如下:

首先,经济基础与经济结构的变化。

第一,明后期,商品性农业空前发展,引起农业经济和农村社会发生深刻的结构性变异;16世纪开始推行的以佃权的商品化和货币化为前提的押租制和永佃制,使佃农不仅有完备的经营自

---

① 余同元:《明清江南早期工业化社会的形成与发展》,《史学月刊》,2007年第10期;《明末清初到清末民初:江南产业技术理论化的差异性与关联性研究》,北京大学与故宫博物院联合主办:《明清论丛》第9辑(2008)。

② 余同元:《论中国历史时期农牧民族二元一体化发展》,《烟台大学学报》,1999年第1期;《明后期长城沿线的民族贸易市场》,《历史研究》,1995年第5期;《清代中原人口北移与农牧经济二元一体化发展》,北京大学与故宫博物院联合主办:《明清论丛》第6辑(2005)。

由,还可出卖田面,导致经营权和土地所有权分离;传统社会经济结构的变异促使新的农业生产关系和经营方式出现,与万历年间解放短工条例出现同时,等级雇佣向自由雇佣过渡,出现农业资本主义生产关系萌芽。

第二,手工业的历史性变革与发展:一是官营手工业向商品化和民营化转变;二是新兴手工业勃然兴起并占据生产主导地位;三是形成苏杭丝织业、松江棉纺织业、芜湖浆染业、佛山矿冶业、景德镇制瓷业、铅山造纸业、石门榨油业与南京印刷业等著名手工业中心;四是民营手工业的新发展有力地推动了商业繁荣、市场扩展进程;五是主要手工业部门出现了资本主义生产最初阶段的手工作坊、手工工场或包买商。这些在明清江南集中体现为早期工业化时代的开启。

第三,形成于16世纪以徽商、晋商、陕商三个最大商帮为代表的早期大商人资本的兴起和全国性市场网络的形成:一是商品种类增多,商品流通范围扩大;二是商人势力空前壮大与社会地位随之提高,地域性商帮形成;三是商人不仅在本地区开展贸易,而且还进行跨区域的大规模长途贩运和从事进出口国际贸易,把全国市场联成网络;四是一些商帮实施的自由雇佣制、合伙制、伙计制及领本制等都是与传统商业不同的新的经营方式和劳资关系;五是一部分商人将商业资本转向产业资本,经营手工业或商品性农业。

第四,赋役货币化与货币白银化。明中后期不仅开始赋役货币化,货币以银为本位,而且白银流通量和储存量巨增,货币权力空前增大。与此同时,从事货币兑换、汇兑和保存的货币经营业应运而起,它们已具有近代金融业的某些因素;信用借贷需求旺盛,不仅出现生息资本巨增,借贷利率下降趋势的现象,而且农业生产性借贷增多、生息资本与商业资本结合、部分生息资本向手工业资本转移;特别是正德以后,赋役、财政的白银化(中国在16世纪确立贵金属本位),隆庆末开放海禁后大量白银内流(16世纪后叶和17世纪前叶流入白银近1.5亿两,17世纪后叶流入2600余万两),大大推动了货币白银化进程。

第五,资本主义生产关系萌芽与早期市镇化进程开启。在16世纪苏、杭的丝织业、广东佛山的冶铁和铸造业、浙江崇德的榨油业以及江西铅山的造纸业中已有10人以上的工场手工业出现。大量史料表明,资本主义萌芽不仅出现在丝织业、矿冶业,而且还出现在棉织业、制瓷业、造纸业、榨油业、印刷业、商业和农业。江南早期市镇化和早期工业化进程开启。明后期,以往延续下来的城市、市镇与集市,无论是居民规模还是工商业繁荣程度都超过了前代,工商业贸易中心的经济功能明显上升;一批新的工商业城市、市镇与集市蓬勃兴起,构成中国古代城镇发展史上前所未有的新的时代特色。工商业城镇是当时先进生产力和生产关系的聚集地,带动着周围地区的经济发展和社会进步。

其次,是社会关系与社会政治的变化。

在区域民族关系方面,中国历史上农、牧民族社会的二元一体化发展以历代塞外游牧人口的南移和中原农耕人口的北移及农、牧人口的叠移为前提,以农、牧民族的经济共生关系特别是民间自由贸易关系的发展为动因,以历代长城文化带的演变,尤其是它的过渡功能和内边疆形态的变化为脉络,以明末长城地带民族贸易市场的兴盛和清代"满汉一家"的政策的颁行为驱动力,既是中华民族多元一体格局形成的核心内容,也是明清时期社会转型的重要标志。然而,这一重大的

第十九章 明清社会近代转型呼唤工匠角色转换

社会转型虽然开端于公元1571年的"隆庆和议",但延续至清代才告一段落。在阶级关系方面,晚明社会基本矛盾和主要阶级关系虽未发生根本变化,但已出现了具有近代资本主义劳资关系萌芽的新型劳资关系,农业雇工经营者与农业雇工之间以经济契约为纽带建立起新型雇佣关系,工商业城镇的发展和城镇人口的增加导致中国历史上的市民阶层开始出现。社会关系变化必然体现到社会政治方面,政府改革运动、民间党社运动和市民运动都在明后期蓬勃兴起,构成社会政治新气象,孕育出了某些带有近代政治色彩的新因素。

再次,是社会风气与思想观念变化。

明中后期,兴起了突破传统观念束缚的思想解放运动:16世纪阳明心学思潮与反传统思潮兴起,17世纪实学思潮与早期启蒙思潮兴起。宋明理学自身理性化(或哲学化,李约瑟称为科学化)而形成新的思想体系(又称新儒学),反传统思潮以批判为主,在批判中迸发出若干新的思想因素。李贽反传统思想更全面激进,怀疑孔孟、批判唐宋以来道德的伪善,借评历史人物来抨击儒家政治的乖戾,其中有关现代化思想的因素超过前人。李贽的"人必有私"、"穿衣吃饭即是人伦物理"论,特别是王艮的"尊身立本"、"爱身如宝"论,都闪耀着近代人本主义的思想光辉。在充分肯定自我与人的欲望的前提下,伦理观、财富观、权威观与政治观都在发生变化,呈现着近代人文主义色彩。黄宗羲对君主专制的批判和对开明君主制的设计更是那个时代新型政治思想发展的高峰。吴承明先生指出,所有的社会经济变迁上升到最高层次上都要受占统治地位的文化思想所制衡(conditioned)。此制衡有二义,一是不合民族文化传统的经济、制度变革往往不能持久;二是文化思想变革又常是社会和制度变革的先导,这种先导在思想史上称为"启蒙"。17世纪启蒙思潮是建立一种全新的思想体系以代替宋明理学,这种新思想体系走上"经世致用"或实学的道路,与当时社会动荡、民生涂炭、国家危亡的环境有关,但也是儒学本身发展的规律[①]。

人的行为是由过去的习惯、当前的情境和对未来的期待所共同决定的,而人类社会对创新力和创造力的偏爱和追求则是共同特性。随着各大商帮的崛起和商业资本的扩大,"以贾代耕"和弃儒从商风气开始形成,社会结构发生变动,从商观念也发生了巨大变化。其表现:

一是轻本重末和弃学经商风气的形成。以徽州府而论,弃农经商的风气自正德末、嘉靖初年开始形成,至万历年间进而出现了"轻本重末"、"以贾代耕"的局面。据万历《歙志》载:徽州歙县人原来是"佃则有田,薪则有山,艺则有圃"。"寻至正德末、嘉靖初,则稍异矣:出贾既多,土田不重。……迨至嘉靖末隆庆间,则尤异矣:末富居多,本富尽少。富者愈富,贫者愈贫。……迄今三十余年则迥异矣:富者百人而一,贫者十人而九;贫者既不能敌富,少者反可以制多。金令司天,钱神卓地。"于是"轻本重末,舞文珥笔,乘间策肥,世变江河莫测底止"。时歙县人汪道昆亦云:"吾乡业贾者十家而七","其民率以贾代耕。"除歙县外,徽州其他各县风俗变化也大体相似,故云:"大抵徽俗,十三在邑,十七在天下,其所蓄聚则十一在内,十九在外。"在社会下层舍本逐末的同时,社会上层知识分子也开始弃儒业贾和弃学经商。明人何良俊记松江府的情况说:"宪、孝两朝以前,士

[①] 吴承明:《16、17世纪中国的经济现代化因素与社会思想的变迁》,见《中国的现代化:市场与社会》,三联书店出版社,2001年,第30—50页。

大夫尚未积聚。……至正德间，诸公竞营产谋利。"徽州士子或以儒而贾，或以贾而儒，或左贾右儒，或儒贾结合，早已视商贾为"第一等生业，科第反在次着"。甚至，一邑之士人业贾者常达十之七八①。除了追逐名利外，价值观念的转变和重商理念的形成无疑也是士人经商和儒贾结合的重要原因。

二是价值取向的变化。宋明理学强调修身养性的功夫，形成了社会重义轻利、重本抑末和尚德重教、崇儒好仕的普遍心理，学而优则仕、读书做官成为人们共同的人生追求。明代中后期，一心只读圣贤书，不求治生，不事末业的儒生个个穷困潦倒，斯文扫地；而经营商业则日益有利可图，出现了"以贾为生"的现象，形成了"以商贾为第一等生业"和"末富居多"的局面。于是，一些文人学士开始喊出"治生尤切于读书"的口号。这些理论至少反映了当时人们改变了单纯的读书做官的价值取向。转而将读书、治生相结合，以实现"贾为厚利，儒为名高"，名利双收的人生追求。所以当时人总结说："夫贾为厚利，儒为名高。夫人毕事儒为效，则弛贾而张儒；一张一弛，迭相为用。"②如果将这种理想同"官本位"价值取向结合起来，便是后人所说的"官官商商，商商官官"，大抵为官不成便经商，经商不景气便做官，"儒"不过是官商之间的桥梁而已。

三是重商思潮的萌生。首先是大思想家王阳明提出了"四民同道而异业"的"新四民论"，为商人社会地位正名。他指出："古者四民异业而同道，其尽心为一也。士以修治，农以具养，工以利器，商以通货，各就其资之所近，力之所及者而业焉，以求尽其心。其当要在于有益于生人之道。"③其次是与王阳明同时的思想家李梦阳提出了"士商各守其业，异术而同心"的理论。他说："夫商与士，异术而同心，故善商者处财货之场而修高明之行，是故虽利而不污。善士者引先王之经，而绝货利之经，是故必名而有成。故利以义制，名以清修，各守其业。"④大思想家李贽论证了重利求财是人的本性。他在《焚书》中指出："财之与势，固英雄之所必资，圣人之所必用也。何可言无？……则知势利之心，亦吾人禀赋之自然矣。""且商贾亦何可鄙之有？挟数万之资，经风涛之险，受辱于官吏，忍诟于市易，所挟者众，所得者末。"⑤大政治家张居正也提出了"厚商""资商"的主张，他认为"商不得通有无以利农，则农病；农不得利本穑以资商，则商病。故商农之势常若权衡"，故"省征发以厚农而资商，轻关市以厚商而利农"⑥。这些思想的发展最后到黄宗羲那里便形成了"工商皆本"的思想。

此外，还有文学艺术的变化。明中后期，公安派、竟陵派诗文兴起和市民通俗文学繁盛也都具有全新的意义。以小说、戏曲和市井民歌为主要形式的反映城镇商业手工业繁荣，反映市民阶层

---

① 张涛、谢陛：(万历)《歙志》、《风土》"序五"；汪道昆：《太函集》卷16、卷14、17；王世贞：《弇州山人四部稿》卷61，《赠程君五十叙》；何良俊《四友斋丛说摘抄·正俗》。
② 张涛、谢陛：(万历)《歙志·货值》，见陈确的《陈确集》卷5；蔡羽：《辽阳海神传》；汪道昆：《太函集》卷25。
③ 王阳明：《王阳明全集》卷25《节庵方公墓表》，上海古籍出版社，1992年。
④ 李梦阳：《空同先生文集》卷44《明故王文显墓志铭》，《明代社会经济史选编》下册，福建人民出版社，2004年，第339页。
⑤ 李贽：《焚书》卷1《答周友山》，卷2《又与焦弱侯》，中华书局，1974年，第1册第70页，第195页。
⑥ 张居正：《赠水部周汉浦榷竣还朝序》，《张居正文集》第3册《文集》，湖北人民出版社，1994年，第465—466页。

和广大民众、下层知识阶层生活及思想情绪、审美观念的市民通俗文学构成了明后期文学艺术的主要特色。徐渭、李贽、汤显祖、袁宏道与冯梦龙等文学巨匠提出了具有近代人文启蒙性质的文学理论。其主要内容是：主张抒发"童心"、"真情"、"性灵"，反对封建礼法束缚，宣扬人的个体价值，鼓吹人性解放与个性自由；追求"本色"、"率真"与自然，反对伪饰矫作和刻意模拟古人；推崇新奇，不拘格套，开创积极浪漫主义新风。这种文学思潮实质上反映了市民阶层与普通民众的生活、思想愿望和审美情趣。

最后，集中表现为江南早期工业化社会的形成与发展。

无论是社会经济与社会政治变化，还是思想观念与文学艺术变化，在明清中国经济文化最发达的江南区域都集中体现为早期工业化社会的形成与发展。工业革命是从传统的农业社会向现代工业社会转变的一个独特时期，由于它在发展生产力和变革社会方面独具的深刻性，所以包含技术变革和社会变革两个方面。技术革命是人类在一定历史时期内进行的关于制和作的系统知识和技艺的变革，是技术领域内的变革；社会变革则产生了新的阶级和近代工厂制度。一般都认为，西欧工业革命以19世纪70年代为界，分为早期工业化与工业现代化两个阶段，19世纪70年代至20世纪初属于工业革命的第二阶段。工业革命的第一阶段是以蒸汽机为主要标志的，工业革命的第二阶段是以电力、内燃机的应用为主要标志的。这只是以生产工具变化为标准的工业化理论，以此作为中国早期工业化社会形成与发展的唯一指标是片面而不科学的做法。王国斌教授认为："明清经济史清楚地证实了斯密主义的原动力，可以在没有城市工厂工业化的情况一下发生作用。""尽管原始工业化不一定导向城市工厂工业，但是原始工业化的过程仍然有助于一个无产者阶级。"[1]与西欧不同的是江南许多农村工业并未顺利导向城市工厂工业。这一特点决定了中国后来乡村工业化的道路。

第四节　明清社会近代转型曲折缓慢的原因

明中后期经济、社会、政治以及思想文化各个领域新因素的涌现，表明中国传统社会近代转型至迟在公元16世纪中叶已开始起步。从世界史或全球史立场看，明初中国封建王朝鼎盛时期正是欧洲黑暗的中世纪，西方资本主义曙光与明中叶中国资本主义萌芽几乎同时。所以陈支平教授认为："西方的兴起，英国资产阶级革命的成功，正是中国的明清之际，西方文明赶上东方文明，中国从先进到滞后，就是在这一时期内开始发生的。"[2]毛佩琦教授则认为，明清易代是中国近代化迟

---

[1] （美）王国斌著，李伯重译：《中国与西欧农村工业与经济发展的比较研究》，《中国社会经济史研究》，1992年第4期，第5—8页。
[2] 陈支平：《明代后期社会经济变迁的历史思考》，《河北学刊》，2008年第1期。

滞以及中国从先进走向落后的转折点①。但是,"'传统',包括被发明的传统,其目标和特征在于不变性。与这些传统相关的过去,无论是真实的还是被发明的,都会带来某些固定的(通常是形式化的)活动,譬如重复性的行为。传统社会的'习俗'则具有双重功能,即发动机和惯性轮。虽然它并不妨碍一定程度的革新与变化,但显而易见的是,必须与先例相适应甚至一致的要求给其带来了众多限制。它所做的是,为所期望的变化(或是对变革的抵制)提供一种来自历史上已表现出来的惯例、社会连续性和自然法的认可。""'习俗'是法官做什么,'传统'(这里指的是被发明的传统)则是与他们的实际行动相关联的假发、长袍和其他礼仪用品与仪式化行为。'习俗'的衰微不可避免地改变了通常与其紧密关联的'传统'。"②

关于明清社会近代转型缓慢原因的研究,最初是讨论中国封建社会长期延续的原因③,后来变为探讨明清资本主义萌芽发展缓慢的原因。近来学者多从社会经济中寻找根源,重点研讨早期工业化与早期市场化发展缓慢的原因,或从内外环境的特殊性、专制制度政策的反动性、传统农业经济结构的单一性、科学技术落后性、思想文化的保守性等方面加以寻找。

1. 专制王朝制度与政策的落后性

多数学者认为,清王朝专制制度与政策的反动性是明清社会转型曲折缓慢的主要原因。一方面,政府与民争利,实行重农抑商与闭关锁国的反动政策,严重地阻碍了社会经济的发展;另一方面,等级特权制度及其所造成的政治腐败导致激烈的社会动荡,阻碍了社会转型的进程。张显清先生认为,封建等级特权制度是造成封建社会社会矛盾与阶级矛盾全面激化、财政危机与社会危机全面爆发的根本性体制原因。明中后期封建等级特权肆虐,纪纲废弛,机体瘫痪,吏治败坏,贪贿公行,贫富差距不断拉大,一方面激化了社会阶级矛盾,酿成全国范围的社会大动荡;另一方面,削弱了对后金地方割据势力发动掠夺战争的抵御能力,使内地经济惨遭破坏。加上商品货币经济发展带来的负面冲击,封建政治腐败愈演愈烈,商品法则、金钱关系不仅支配着社会经济生活,而且还充斥于政治领域。封建统治阶级的贪婪欲望日益失控,无限制地掠夺财富,导致社会资源和利益分配极度失衡,贫富悬殊极度加剧,社会阶级矛盾空前激化。明末农民大起义持续了近二十年,明清战争持续近三十年,这二三十年蔓延不断的战火和动荡,对社会经济的发展,对明后期出现的社会转型趋势都是严重打击和挫折。

2. 小农经济结构的早熟性与单一性

傅衣凌先生认为,中国传统社会经济结构具有早熟又不成熟的二重特征,它包容多种生态环境、历史发展背景、经济文化发展程度等各不相同的民族与区域于一体,互为补充、互为牵制,有其他社会所无法比拟的适应性和弹性。一方面,它可以比较灵活地改变自己表层结构以适应各种变化;另一方面,又善于抵御各种变化,保持深层结构的不变。这样,新的社会经济因素往往成长到

---

① 毛佩琦:《明清易代与中国近代化的迟滞》,《河北学刊》,2008年第1期。
② (英)E·霍布斯鲍姆、T·兰杰编,顾杭、庞冠群译:《传统的发明》,译林出版社,2003年,第2—3页。
③ 白纲:《中国封建社会长期延续问题论战的由来与发展》对1983年以前有关讨论进行了详细总结,收集了专门论著224篇,分为四个论战时期进行了全面介绍。

一定限度便被化解或吸收,反传统最终被导向补强、完善传统①。

傅衣凌先生的高足陈支平教授认为,实际上明代中后期的社会经济形态已经向世人展示了一个极富社会经济多元化色彩的雏形。那么,明代中叶以后开始的原始工业化为什么没有成功而且迅速退潮呢?从根本上说,这与中国传统社会多元结构的影响和制约密切相关。在这一社会结构内进行的原始工业化,如果不被中断的话,本来有可能自行发展为与西欧资本主义发展模式截然不同的"近代化"②。

陈平教授认为,单一小农经济结构是我国长期动乱贫穷的病根。中国历代以粮为主的单一小农经济结构与西欧历史时期农牧林混合经济结构不同,它是产生地主官僚专制制度的深厚土壤,它顽强地抵抗商品生产的发展和科学技术的进步。中国地形复杂,全国分割为许多大大小小的经济自给区。由于地理环境的影响,中国历史上长期农、牧分区,北部地区游牧民族与中原及其以南的农耕民族,由于社会经济上的差异性,彼此对峙分合,造成了长期双轨并行发展的局面。筑长城虽然是基于军事上的考虑,但在客观上强化了单一农业的封闭体系,阻止混合经济的发展。单纯游牧经济是极不稳定的经济结构,以放牧、劫掠为生的民族具有极大的流动性,历史上的亚历山大帝国和伊斯兰帝国都是短暂的军事行政联合,很快就归于瓦解,只留下部分稳定的已开发的农业区,如埃及和叙利亚。单一小农经济是超稳定的经济结构,这是中国尽管动乱频繁,却始终维持一个军事专制的封建帝国的重要原因。历史上以游牧为生的鲜卑人、金人、蒙古人、满人等少数民族几次入侵内地,最后都从军事贵族转化为农业地主。其主要原因不在儒家文化的影响,而在于生态破坏是难以逆转的历程③。

3. 思想观念的保守性

南炳文教授回顾明清两朝的所作所为后认为,中国之由明朝时期处于世界先进国家之列至19世纪中期彻底沦为被列强欺凌的殖民地半殖民地,实非出于偶然。它给后人留下了深刻的教训。这个教训集中起来就是,一个国家要想永远处于主动地位,永远立于不败之地,就必须时刻注意将会发生深远影响的最新动向,在其刚刚出现之时,就要敏感地觉察到,就要以清醒的头脑对之进行深入的分析,就要研究正确对待的详尽方案并付诸实施④。

自汉武帝至清末,中国统治阶级选择的治国模式是外儒内法而剂之以道。即以儒家文饰政治,以法家支持政治,以道家调剂政治。这种治国模式的形成,在秦汉以来经历了较长时期的选择和探索过程。一些人认为,其中长期占统治地位的儒家思想,积极维护封建专制统治,在封建社会前期,对加强中央集权、维护社会稳定和促进经济发展起了积极作用;在封建社会后期,逐渐僵化保守,禁锢人们思想,阻碍了科技进步。但也有人认为,中国近代科技落后有很多原因,完全归罪于儒家思想显然是不公正的,并且以现代的观念去苛责几百上千年前古人的思想也是不恰当的,

---

① 傅衣凌:《中国传统社会:多元的结构》,《中国社会经济史研究》,1988年第3期。
② 陈支平:《明代后期社会经济变迁的历史思考》,《河北学刊》,2008年第1期。
③ 陈平:《单一小农经济结构是我国两千年来动乱、贫穷、闭关自守的病根》,《学习与探索》,1979年第4期。
④ 南炳文:《明清时期古代中国社会的终结及其教训——明清时代的历史特点及其走向》,《河南师范大学学报》,2005年第6期;《明清史》,2006年第2期。

毕竟近代科学体系那时还没有产生,那时的科技概念跟现代的科技也不是一个含义。通过从传统经济到现代化转变的历史实际考察,至少有两条普遍规律,一条是经济上市场化,由商业革命导致工业革命;另一条是文化上理性化,包括思想、经济行为、社会组织、政治法律制度的理性化。"中国在16世纪也有了现代化的萌芽。有清一代生产增长,市场繁荣,18世纪达于高峰。但由于理性主义中断,中国在科技和制度改革上已经落后于西方。"①

4. 环境特殊性与民族融合的漫长性

吴承明先生在《早期中国近代化过程中的内部和外部因素》中认为:"中国没有一个工场手工业时代,这是中国工业化迟缓的一个原因。"虽然中国自16世纪就有手工工场出现,只是这种资本主义萌芽的形式在鸦片战争后才有了较大发展。而西欧的工业化有个长达两个半世纪的工场手工业时代(1500—1750年),那时的西欧和明清时的中国一样。所谓近代化,就是破除封建障碍,实现资本主义化。西欧经济力量的膨胀、社会结构的变革和资本价值观念的确立,都出现在这个时代。

这个工场手工业时代就是西欧对外殖民开拓的时代。"非洲、印度的征服,澳洲、美洲殖民地的开拓,荷兰和英国的资产阶级革命,美国的独立,都是手工工厂和农场发展的结果"。西方学者把以纺织工业为主导的英国产业革命结束在1842年,而把自此至1897年作为"蒸汽和钢铁时代",这两个年份恰巧是鸦片战争和甲午战争左右。这一时期,"西方拼命地向中国推销纺织品和鸦片,而中国人向西方寻求的却是如当时洋务派所说的'机船矿路'。然而,纺织工业后来却成为中国唯一略有发展的工业。这也许可以看作是'机船矿路'路线失败的结果,也是中国近代化步履蹒跚的原因。"②

与此同时,中国国内却有一个大规模的农、牧民族融合与农、牧社会整合的过程未结束(西方13—15世纪结束,中国到19世纪仍在整合)。特别是唐宋到明清时期三次大的农牧民族融合与农牧社会整合,一是两宋300年,二是元朝100年,三是明末到清朝300年。

中国历史自然条件的差异形成以农耕与游牧两个区域长期的双轨发展,同时又发生和发展着两个区域的各种交往和矛盾,构成清末以前整个中国历史发展的基本内容。由周秦到明清,长城内外的对峙农牧民族的分合,正是历史上农牧世界二元一体化的历史缩影。农、牧社会的二元一体化发展首先是以农牧民族人口的迁移和融合为前提的。纵观中国农牧人口迁移史,游牧民族的迁徙和人口移动不仅次数多、规模大,而且成为其他民族人口迁移的重要动因。中国历史上游牧民族迁徙与人口迁移的方向基本上是南移和西迁。形成这样的迁移方向,主要是由于中国游牧民族居住在蒙古高原及其东部的呼伦贝尔大草原一带,由此向北是贫瘠的高寒地带,向东过兴安岭是太平洋,只有向南和向西才有迁移的余地。历代游牧人口之所以持续不断地南移,并成为一种规模性的现象,既有经济上的动因,也有环境上的根源,更有各民族自身的性格特点和价值取向方

---

① 吴承明:《高峰、发展与落后:清代前期封建经济发展特点与水平》,《中国经济史研究》,2003年第2期。
② 吴承明:《早期中国近代化过程中的内部和外部因素》,见《市场·近代化·经济史论》,云南大学出版社,1996年,第116页。

面的因素。在古代世界中,人们只能用双脚去丈量大地,用肩挑背驮完成运输任务,唯独游牧民族有着骑马驾车、长驱千里的条件,加以驯养动物的经历和逐水草而生的传统,决定了他们好动好胜的性格,所以一遇环境的变化,或是有了新的物资需求,就必然有迁徙的现象。但是直接的背景还是各游牧民族组成政权、形成强大的武装、并以此为后盾去推动每次人口的大迁移[1]。

中国历史上的农耕区和游牧区大致以长城为界,中间长城沿线两边向南向北伸展形成一个半农半牧的农牧过渡带,正好处于哈·麦金德《历史的地理枢纽》所说的"心脏地带"的东部。在这一中间地带上,农耕与游牧两个民族几乎几千年来不断发生各种交往关系,形成一条特殊的区域文化带——长城文化带[2]。在长城文化带演变过程中,虽然民族冲突与战争常常构成其历史发展的悲壮画面,但经济共生、文化互补与民族融合则始终构成其历史发展的主流脉络。而长城内外农、牧民族人口的迁移杂居则一直作为内在的根本的动力在驱动着农牧民族融合向前发展。

但民族融合的进程总是曲折且缓慢的,其中充满着荆棘与坎坷。正如张显清先生所说的那样,新王朝开国之初一般皆实行休养生息政策,明清嬗递则不同,清初统治者带来的并不是和平与发展,而是四十多年的民族征服战争,商品经济最发达的长江中下游及东南沿海地区所遭涂炭尤甚。不仅如此,清朝统治者还在很长时间内残酷地实施民族歧视与压迫,并将其在关外实行的落后的农奴制经济、政治、文化政策移至关内,使内地先进的物质文明和精神文明遭到严重摧残,致使明后期出现的社会转型趋势发生逆转。这种历史的倒退持续了九十多年,到清乾隆初期社会经济才逐渐恢复到明代最高水平,并逐渐与明后期出现的社会转型趋势重新接轨[3]。

总之,转型本身就意味着一种过渡性和不稳定状态。这种状态往往是漫长的,甚至要几百年时间,被人们称为"转型期贫困"。因为作为由某种社会模式转化为另一种社会模式的社会转型,是一转百转的结构模式变化,"转型期贫困"就是转型的"瓶颈";一旦冲出转型瓶颈,社会便实现了结构模式的质变,达到了实质上的突破。这种突破的直接动力是社会生产力的发展,根本的动力则是推动生产的科学技术的提高。

明清江南社会的近代转型已经为传统工匠的角色转换提供了必要的基础。"从下层的角度看,国家越来越成为那些决定人类是臣民还是公民的至关重要的活动在其中展开的最大舞台。事实上,它日渐界定和记录他们的身份。它可能并不是唯一的这种舞台,但是它的存在、边界和日益定期与深入地干预公民生活,归根到底是决定性的。在发达国家中,其领域是由某个国家或其下属的地域确定的'民族经济',是经济发展的基本单位。国家边界或是其政策中所发生的变化,对于它的公民来说有持续的物质影响,国家中的行政和法律的标准化,尤其是国家教育的标准化,将人民转变成一个特定国家的公民,用一本切合实情的书的题目来说,就是'农民变成法国人'。国家是公民集体活动的框架,只要这些活动是被官方承认的。影响或改变国家政府或是它的政策自

---

[1] 参见余同元:《崇祯十七年:社会动荡与文化变奏》,《尾声:农牧一体,满汉一家》,台湾老古文化出版社,2002年,第465—490页。

[2] 参见余同元:《明代长城文化带的形成与演变》,《烟台大学学报》,1990年第3期。

[3] 张显清:《晚明:中国早期近代化的开端》,《河北学刊》,2008年第1期;《近二十年来国内关于明代社会变迁问题研究状况读书札记》,《中国史研究动态》,2003年第4期。

然成为国内政治的主要目标,而普通人也逐渐有资格参与其中。事实上,新的19世纪意义上的政治,本质上是国家范围内的政治。总之,社会('市民社会')和它活动于其中的国家实际上已变得越来越不能分离。"①

社会是复杂的,历史是在特定的时空中通过多重因素相互交叉、网络式的反馈环路和非线性不可逆过程而形成的,所以明清社会近代转型具有"平行四边形"的互动法则和复合效应。虽然因清代历史的曲折而造成中国传统社会近代转型格外缓慢,但以明清江南区域早期工业化社会成长为主要标志的中国社会近代转型进程的开启,为江南传统工匠现代转型提供了必要的基础。这一历史说明,时间的存在决定着社会变迁永远是一种演进过程,这个过程不仅包含着未来的不确定性与非决定性,而且还包括过去沉积的历史对未来发展所起到的制约作用。所以在社会形态变迁中,人们约定俗成的价值观念、思维范式、行为模式、生活方式、风俗习惯等,通过制度的作用、传统的惯性和正确信念的守护来维系着文化遗传命脉,是一个国家或民族连续性的生命保障。除非发生"间断均衡"式的革命,否则它根本上就不可能被完全重构! 因此,社会转型必须考虑历史传统、社会规范和文化遗产的传承性,只有这样才能体现温故知新与推陈出新的发展原则。

事实上,明清江南区域早期工业化的发展已对这一区域传统工匠的角色转换发出了频频呼唤。要说明江南区域早期工业化是否发展,关键要说明该区域乡村手工业发展在整个区域经济发展中所占比例的增大,同时还要研究乡村劳动生产者从事农业与工商业的比例即经济结构的新变化。本书根据传统工业从业人口增长这一早期工业化社会形成与发展的关键标准分期估算明中期到清末民初江南传统工业从业人数及其比例的增长,说明江南早期工业化社会形成于明代中后期,此后到晚清是江南早期工业化社会的发展时期②。当然,还要看到工业部门内部的重工业与轻工业比例变化。正如李伯重指出,江南是明清时期中国原始工业化水平最高的地区,在18世纪中期,英国工业革命爆发前夕,江南的原始工业化程度绝不亚于英国,而双方都以轻工业为主。彼此不同之处在于,英国的重工业在工业上所占比重日渐增加,原因基于资源条件和地理因素。但另一方面,江南却拥有丰富的人力资源——江南人口自明末的2000万增至太平天国运动前夕的3600万,人口密度由每平方公里465人增至837人,为当时全球之冠。加以普及教育发达,劳动人口质素高,明清时期中国著名的工业技术专家和发明家过半出自江南,既是明清江南早期工业化的特点,也可以看做是江南传统工匠现代转型的特点。

---

① (英)E·霍布斯鲍姆 T·兰杰著,顾杭、庞冠群译:《传统的发明》,译林出版社,2003年,第301页。
② 余同元:《明清江南早期工业化社会的形成与发展》,《史学月刊》,2007年第10期。

第二十章　中国文化背景下的技术科学化及相关问题

余英时先生认为,以往关于工业文明起源的研究者,"所注重的是各种技术上的变迁如何构成了我们目前处身其间的机器化的世界。在这种观念支配下,他们显然只注意经济条件的变动,人的主观作用遂未能得到应有的估价。他们在涉及思想以及知识的发现与经济进步的关系时,则仅仅着眼于前者的'效用'。而所谓'效用'则不过是指科学知识与发明应用于物质方面的效果而言,尤以机器劳动代替人力劳动一点最受重视。但是精神的'效用'如信仰、伦理以及艺术对现代生活的推动力量,却已完全被遗忘或否定了。因此近代世界的特征之一便是科学与信仰、伦理以及艺术的分离"。所以"事实上早在近代工业文明形成之前,我们已经历了一个新思想的运动。这一思想运动大约是发生在1570至1660年之间,为工业文明之一远源。……人们已开始在政治与经济生活中要求数量上的精确了(如人口调查与税收率的统计即是著例)。这说明科学革命不过是当时整个思想运动的一个方面而已。更重要的,此一全面性的思想运动所带来的革新绝不仅限于科学和经济范围之内,它在人的内心生活上亦同样产生了不可磨灭的影响。"[1]《易传》以天、地、人并列为"三材",将人放在中心地位。天之道在"始万物",地之道在"生万物",人之道在"成万物"[2]。明确提出了人是技术创造的主体,要以技术制作、应用等活动"参赞天地之化育"[3]。明清江南区域早期工业化的发展脉络显示出:早期工业化是明清江南区域社会发展的核心内容,以传统工业技术理论化为主要标志的传统工匠现代转型是江南区域工业化的基本动力,以传统工匠技术转型为核心的工业人力资源开发是传统工匠现代转型的本质内涵,以传统工匠身份地位改变为中心的角色转换是传统工匠技术转型的前提条件。而这一切都孕育于中国文化传统、首先是人生价值选择与基本道德信仰等精神文化背景之中,其次是社会制度文化背景发生作用的结果。有鉴于此,本章特述中国文化背景下的技术科学化及相关问题。

---

[1] 余英时:《工业文明之精神基础》,收入何俊编:《余英时学术思想文选》,上海古籍出版社,2010年,第141—145页。
[2] 蒙培元:《天·地·人——谈〈易传〉的生态哲学》,《周易研究》,2000年第1期。
[3] 赵慧臣:《〈易传〉蕴含的技术思想对教育技术的启示》,《电化教育研究》,2009年第04期。

第一节　习艺求名志在不朽的匠人信仰

一、"不朽"信仰与工匠技术理论化

唐朝人魏式《工先利器赋》曰：

工有习艺求名，志在不朽。乃言曰："艺未达，不可求诸己；器未精，徒劳措其手。"安得轻进自贻，伊丑于是。磨砺为先，动用为后。试旨趣之可尚，实果决之不苟。所谓作事谋始，本立道生；绳墨尽索，斤斧毕呈。虑妍媸之稍违，而或愆规矩；省锋芒以求锐，必取专精。勤勤不怠，砣砣有营，欲尽心于镂镂，用度木于林衡。亦如舟楫良，然后可思济涉；耒耜利，始得议及耦耕。于其发硎，可视以为精为贵。不然，何以能久用之不既。验朴斫之有辞，惧剞劂之犹未，爰究爰度，无或不良。揣八材之质，淬百炼之钢，然后切磨效奇，成至宝之美。剞劂中度，用巨材之长，呈机巧以尽善。岂滥滥之是，将且斟酌，不挠矜名。尝巧雕镌非他，施工几何，既适心而便手，因投刃以攒柯。向使因循为心，则器必残缺；若苟且从事，则人亦谇诃。安得不分班倕之元妙，就玉石之琢磨。观夫欲展而能先砺其器，以工立喻则人不二。可为庶事之规，宁比匹夫之志。故曰：用艺者儆戒不远，立身者得失由斯。若幸而滥进，则人必尔窥。是以君子不容易于所为。[①]

人生在世，名、利二字。孔子曰："君子疾没世而名不称焉。"(《论语·卫灵公》)屈原《离骚》亦曰："老冉冉其将至兮，恐修名之不立。"司马迁在《报任安书》中更是强调："立名者，行之极也。"求名之极，在乎美名之不朽也。故曰"习艺求名，志在不朽"。正是这个"不朽"的人生信仰和追求，才构成了中国传统的产业技术理论化的动力源泉。

如何"习艺求名"？从魏式的《工先利器赋》所强调的内容可见，在生产过程中，器具不仅重要，而且往往是先决条件。"舟楫良，然后可思济涉；耒耜利，始得议及耦耕。"但人不能可完全依赖器具，也不能受器具束缚。"欲展而能先砺其器"，"器未精，徒劳措其手。"器具与劳动者的技术素质和人生追求相比，后者作用更大。"作事谋始，本立道生；绳墨尽索，斤斧毕呈。虑妍媸之稍违，而或愆规矩；省锋芒以求锐，必取专精。"所以强调"磨砺为先，动用为后"。"艺未达，不可求诸己。"最后的成就价值是"习艺求名，志在不朽"，与儒家提倡的"不朽"价值观完全一致。《左传》襄公二十四年(前549年)讨论"不朽"曰：

二十四年春，穆叔如晋。范宣子逆之，问焉，曰："古人有言曰'死而不朽'，何谓也？"范宣子答："昔匄之祖，自虞以上为陶唐氏，在夏为御龙氏，在商为豕韦氏，在周为唐杜氏，夏之盟为范氏，其是之谓乎？"穆叔曰："以豹所闻，此之谓世禄，非不朽也。鲁有先大夫曰臧文仲，既没，其言立。其是

---

① 《考工典》第4卷《考工总部·汇考四》，见《中国历代考工典》第1册，第39—40页；《工先利器赋》原文又见《全唐文》卷757，文字有异。

第二十章 中国文化背景下技术科学化及相关问题

之谓乎！豹闻之，太上有立德，其次有立功，其次有立言，虽久不废，此之谓不朽。若夫保姓受氏，以守宗祊，世不绝祀，无国无之，禄之大者，不可谓不朽。"

"不朽"即获取人生永恒价值和注重主体精神永存的意义，大体相当于西方哲学中"存在"之谓也。《左传·襄公二十四年》所载，春秋时鲁国叔孙豹（穆叔）与晋国范宣子就何为"死而不朽"展开讨论。范宣子认为，其祖先从虞、夏、商、周以来世代为贵族，家世显赫，香火不绝，这就是"不朽"。叔孙豹则认为这只能叫做"世禄"而非"不朽"。在他看来，真正的不朽乃是"太上有立德，其次有立功，其次有立言，虽久不废，此之谓三不朽。"言及"立言"的不朽，叔孙豹特以鲁卿臧文仲为例，说："鲁有先大夫曰臧文仲，既没，其言立，其是之谓乎！"《国语·晋语八》对此亦有记述："鲁先大夫臧文仲，其身殁矣，其言立于后世，此之谓死而不朽。"

根据叔孙豹理解，子孙繁衍，家业发达，世祀不绝只是一姓一氏的繁衍不绝，这种"保姓受氏，以守宗祊"的现象具有"世禄"的特征，只是传宗接代意义上的氏族延续，并无个人的努力建树在内。同时，这种现象对治国建邦并无普遍的参照及指导意义，所以不能称为普遍意义上的"不朽"。实际上，春秋时所谓诸侯国都是从早先一姓一氏的原始氏族发展而来，皆带有"世禄"特征，只不过其规模有大小之别。先秦政权的特征是以宗法制为基石的"家天下"，其公私观念也有着鲜明的等级差序特色，可表述为大宗为"公"小宗为"私"。比如，对诸侯而言，天子之事为"公"诸侯之事则为"私"；而对卿大夫而言，诸侯之事为"公"卿大夫之事则为"私"。从"保姓受氏"、"世不绝祀"的意义上看，如果维护一国一邦的利益可称为"不朽"，那么，维护一姓一氏的利益亦可称为"不朽"。但只有脱离了自己一姓一氏之私利，为国家君民尽忠，为国家政事操劳，才称得上真正"不朽"。这就是胡适在《不朽——我的宗教》中所说的"社会的不朽"与"大我的不朽"[①]。

这里讨论的就是儒家人生终极价值与信仰——"三不朽"：立德、立功、立言也。三不朽之中，对科技学人来讲，最重要的是立言。"究天人之际，通古今之变，成一家之言"。所以，鲁先大夫臧文仲虽死，但"其言立"，可以不朽。臧文仲系春秋时鲁国大夫，屡建事功，且长于辞令，就为政立国之事多有高论，在诸侯国间广为流传。无论"立德"、"立功"或者"立言"，其实都旨在追求某种"身后之名"与"不朽之名"。而对身后不朽之名的追求，正是古圣先贤超越个体生命而追求永生不朽、超越物质欲求而追求精神满足的独特形式。唐人孔颖达在《春秋左传正义》中对德、功、言三者分别做了界定："立德谓创制垂法，博施济众"；"立功谓拯厄除难，功济于时"；"立言谓言得其要，理足可传"。在后人对"三不朽"的解读中，"立德"系指道德操守而言，"立功"乃指事功业绩，而"立言"指的是把真知灼见形诸语言文字，著书立说，传于后世。

曹丕《典论》一书虽已失传，但其中《论文》这一篇因被选入《昭明文选》而得以保存下来，此文第一个将文章不朽的价值落实到个体的人格与生命之中。《典论·论文》说：

盖文章，经国之大业，不朽之盛事。年寿有时而尽，荣乐止乎其身，二者必至之常期，未若文章之无穷。是以古之作者，寄身于翰墨，见意于篇籍，不假良史之辞，不托飞驰之势，而声名自传于后。故西伯幽而演易，周旦显而制礼，不以隐约而弗务，不以康乐而加思。夫然，则古人贱尺璧而

---

① 胡适：《不朽——我的宗教》，1919年2月15日《新青年》第6卷第2号。

重寸阴,惧乎时之过已。而人多不强力;贫贱则慑于饥寒,富贵则流于逸乐,遂营目前之务,而遗千载之功。日月逝于上,体貌衰于下,忽然与万物迁化,斯志士之大痛也!

文章关乎国家治理、民族兴旺之大业,是可以流传后世而永远不朽的大事。人的年龄寿夭与荣誉欢乐皆有时空之限制,而文章却能永久流传,没有穷期。因此,古代志士仁人投身于写作,将自己的技术、思想表现在文字书籍中,就不必借学者的言辞,也不必托高官的权势,而声名自然能流传后世,千古不朽。文王不因困厄而不著书立言,周公不因显达而放弃著作志向。所以周文王被囚禁而推演出《周易》,周公旦显达而制作《周礼》。由此可见,所谓古人看轻一尺璧玉而看重一寸光阴,就是惧怕浪费了著书立说的宝贵时间。但有些人则不愿努力于此道,贫穷者耽搁于饥寒之迫,富贵者沉湎于安逸之乐,大多只知忙于眼前杂务,而忘记了流传千载的不朽功业。日月流转移动,而人身日日衰老,如此变迁老死,有志之士安不痛心。

这是中国传统文化中关于人生"不朽"的精辟论述。它强调中国社会文化中除了立功、立德之外的另一种追求,就是立言,就是学术著作,这是一种典型的重名不重利和重义轻利的价值取向。文章最重要的功能是不朽地"存在"。优秀的技术理论作品能够把人的思想和技术鲜活地保存下来,使其传之久远,从而也使作者声名长在。这种英名"不朽"的功能是文字作品的力量,不依赖权势,与作者肉体生命的长短也没有关系。所以,技术理论化首先体现为文字"不朽",它解释了中国传统工匠技术理论化写作的根本动机。

中国近代科学兴起是中国传统技术理论化发展的必然结果,虽然其间穿插着引进西方近代自然科学的强大推力,但根本力量还是本土内生的,特别表现于"习艺求名,志在不朽"的中国文化背景之中。余英时先生指出:"在未来若干世代中,工业文明的前途似乎并不操纵在科学家、工程师与经济学家之手,它毋宁仰赖于我们如何在此机械化与庸俗化的世界中重新探求人格的完美。此种探求首先需要建立一种以人生情趣为中心的新经济,而不必顾及大量生产、自动化与原子能种种的价值。这种新经济应该导引目前尚统治着世界的量的经济——工业主义,向更高的境界发展。""美与德的结合,辅之以科学知识的日新月异,造成了十八九世纪以来辉煌的工业文明。目前我们所见的西方文化中科学与技术之过度发展以致与宗教、道德、艺术等脱节乃是 19 世纪以后的事。十七八世纪的欧洲文化面貌则并非如此。这也是 19、20 世纪的中国人所以特别感到中西文化在性格上大相径庭之一根本原因。""如果对眼前西方文化弊病的诊断为不误,更假定具有自由意志的人之奋斗最后能够改变历史的自然进程,那么十七八世纪时中国文化影响西方文化的历史也极有重演之可能。中国文化在目前世界上之所以不能发挥它的潜力,并不是由于它已死亡,而是由于机缘未至。"[①]

二、"学甲天下"与传统工匠技术转型

传统工匠技术转型问题,本质上是早期工业化中工业科技人力资源开发的问题。江南早期工

---

① 余英时:《工业文明之精神基础》,收入何俊编的《余英时学术思想文选》,上海古籍出版社,2010 年,第 160—162 页。

业化的历史证明,工业科技人力资源开发的程度高低决定了江南区域社会经济发展的差异性。从明清江南的中心区域——苏州府的发展脉络中,我们不难看出科技人力资源开发的巨大作用;同时也看到传统学术与文化教育的发展,才是江南传统工匠技术转型和区域早期工业化的内生动力。明代华盖殿大学士、苏州吴县人徐有贞曾说:"吾苏也,郡甲天下之郡,学甲天下之学,才甲天下之才。伟哉!其有文献之足征也。"这个"三甲说",是对传统苏州发展的高度概括①。

首先,"郡甲天下之郡"。说的是明清时期的苏州经济发达、综合实力强大,是全国的经济重心之所在。征之历代文献,至少在宋以后大体如此。宋代江南商品经济走向兴盛,明代中后期江南地区资本主义萌芽率先出现,清末民初江南工业现代化进程率先启动,改革开放后长江三角洲经济再度起飞,等等,无不由此发凡开端。

其次,"才甲天下之才"。照通俗的话说,是认为苏州经济文化之所以发达,关键在人才数量多、素质高、比例高,人文荟萃。苏州不仅称"状元之乡",而且有大批的工商、金融、文教、科技等实业人才、文艺人才、科学教育人才和技术实用人才等,其中尤以技艺百工、能工巧匠之多而闻名天下。如明万历三十三年《嘉定县志》曰:"苏州当江淮、岭海、楚蜀之趋集,其人浮游逐末,奇技淫巧之所出也。"②

再次,"学甲天下之学"。指范仲淹在苏州创办府县学校,延请天下名师前来主持教学,开中国地方政府主办教育的风气之先。兴学育才的重点在"通经致用"与"经世致用",崇学重教的结果是化民成俗。经济、人才、学术三者良性互动,成为区域发展的内生动力。

从明清苏州郡甲天下、才甲天下、学甲天下之间的关系看,社会经济发达首先是因为人才资源丰富,人才资源丰富是因为科学技术与教育的先行。苏州区域"三甲说"高度概括了苏州地区文化的总体特征,其中以"学甲"构成苏州文化传统的核心内容。此"学"者,"吴中实学"也。"实学"实在哪里?实在学用结合,实在实用技术以及技术理论的发达。这是苏州最早推行府县教育和职业技术教育(自范仲淹在苏州首办府县学校和胡瑗行"苏湖教学法"、并推广"分斋教学"开始)的结果。以往说"才甲"往往以状元多为标志,其实吴中更主要的是科技人才多。特别是作为技术主体的能工巧匠,不仅数量多,而且素质高于其他地区,这首先得益于江南已有的"实学"学统与"经世致用"的学风。

传统工匠生成方式、身份地位、行业组织、职业角色认同与角色主体模式的改变共同构成其角色转换的内容标志,其中主要标志是角色主体模式的改变。这种角色主体模式的改变,综合体现为传统工匠向现代技术工人和技术专家学者的角色转换。这种转换不仅仅是名称的改变,也不仅表现为身份地位、角色认识和角色组织的转换,最关键的是体现在工匠知识结构与技术素质的内涵特征及其生成方式的综合转变上。

在早期工业化过程中,能否提供足够数量和质量的人力资源,以保障一个地区社会经济的增

---

① 引自余同元:《徽学研究的开拓与创新》,《安徽史学》,2003年第4期,第102页。
② 韩浚修、张应武纂:(万历)《嘉定县志》卷2《疆域考·风俗》,见《四库全书存目丛书·史部》第209册,齐鲁书社,1996年。

长和发展,是问题的关键。每一地区经济增长的模式由依赖劳动力数量型向主要依靠劳动力质量型发展,是人力资本积累和人力资源开发的必然趋势。一般说来,中国近代农村人口向城镇转移的过程,同时也是人力资源数量转换的过程。但从质量要求上看,人力资源开发的主要途径是劳动力科技水平的不断提高,并能够实现科技主体的技术科学化和科学技术化转化。

现代技术工人与工业科技专家队伍的形成,既是传统工匠现代转型的结果,也是工业化社会形成的核心标志。学术界往往只强调机器化生产是工业化的主要标志,很少研究工业生产力中劳动生产者的素质、地位、作用及其变化规律问题,从根本上忽略了人的因素。有些专家注意到了技术主体的社会作用,但往往只强调技术转变,却忽略了技术主体角色转换的重要性。本文从技术转型与角色转换两方面进行综合认识,从人与物互动的角度来研究中国传统工匠的现代转型问题,以探讨江南传统工匠转型的动力、途径、表现和发展规律,并借以揭示中国文化背景下的技术科学化与科学技术化的科技互化模式。

一个区域工业化的过程如同一国工业化过程一样,既是多阶段多层面的变化过程,又是多种要素相互作用和共同发展的过程,其中学术传承与文化教育发展中科技人力资源开发过程最关键,由此决定了工业化标志的多样性。虽然工业化的含义多种多样,但具有代表性的解释主要为四类:(1)着眼于工业发展角度的理解,认为工业化的过程本身就是工业发展。工业化是一种过程,是使大工业在国民经济中取得优势地位的发展过程。即工业化是指工业持续发展并在国民经济中占据优势地位的过程。(2)着眼于整个国民经济结构转变的理解,强调通过发展工业实现农业部门向非农业部门的转变。认为工业化指一个国家由农业国向工业国转化的过程,或者是国民经济结构中以农业为主的经济向以工业为主的经济转化的过程。(3)由生产要素投入组合与产出关系的变化来理解,强调生产的物质技术结构的变化。张培刚先生早在20世纪40年代中期就把工业化定义为"一系列基要的生产的函数连续发生变化的过程"。所谓基要生产函数是指在整个经济中居于支配地位的生产函数,或"联系效应"很大的生产函数,而"基要生产函数的变化,最好是用交通运输、动力工业、机械工业、钢铁工业诸部门来说明"[①]。根据这个解释,工业化不仅包括工业的发展还包含了"工业化了的农业"的发展。(4)着眼于工业化内容全面把握的解释,强调工业化内涵的综合性。它包含了几个层次的内容:第一,工业化首先是近现代工业自身的变革即工业革命的过程。第二,工业化是工业以自己的产品、生产方式和生产制度去改造国民经济的过程。第三,工业化是工业以自己的产品和文化去发展整个社会的过程[②]。

从以上不同的理解中,可以总结出一个共同的认识,那就是一国实现工业化的过程既是由农业国向工业国转变的过程,又是农村人口向城市转移实现人口城市化的过程;既是手工操作被机器生产代替的过程和农业劳动力向产业转移的过程,又是工业产值超过农业产值、工业经济成为国民经济主体的转化过程;既是以工业革命为主要标志的一个社会变迁过程,同时也是以科技革命和技术转型、角色转换为重要标志的一个社会发展过程。所以说社会现代化就是人们利用科学

[①] 张培刚:《农业与工业化》上卷,华中工学院出版社,1984年,第70—81页。
[②] 参见吴天然:《中国农村工业化论》,上海人民出版社,1997年,第126—127页。

技术全面改造自己生存的物质条件和精神条件的过程,是在技术科学化和科学技术化发展的带动下,以经济发展为主导,包括社会组织、社会文化和社会生活等各个方面全面发展的整体社会变迁。正如美国学者吉尔伯特·罗兹曼说:"我们使用'现代化'一词并非等同于'工业化'或'西方化'。""我们把现代化看做是一个在科学和技术革命影响下,社会已经或正在发生着变化莫测的过程。""是影响社会的各个方面的一个过程。"①在这个全面的转型过程中,社会生产者、特别是作为技术主体的社会生产者的技术转型与角色转换同时构成了社会转型的核心标志。

三、"操术者视学为不足轻重"

比较说来,中国的哲匠对著作不朽的追求同西方科技学者有一样的执著。只是立言不朽这个写作的终极目标和写作过程中严格遵守的准则是什么?其中所包含的"学"与"术"两者关系如何?东西方传统存在着差异性,显示了东西方工匠传统与学者传统结合的不同历史路径。如中国传统文化崇尚实用理性与传统数学思维横向发展就是重视学以致用的结果。中国科学发展向来具有传统的实用理性,只发展实用技术。传统技术诸如农学、天文学、医学、算学等均以实用理性为其特点。中国传统数学往往被视为解决具体问题的计算工具。从《九章算术》以来,数学著作长期按"九章"的模式发展,大都是以解决具体问题为主要目的。

技术理论化的发展是以数学理论的深层次发展为核心的,而实用理性导致传统数学的横向发展,直接制约了产业技术的标准化发展。对数学抽象思维的忽视,使我国古代数学长期停留在满足于经验水平上,缺乏理论体系的深入研讨,形成了以《九章算术》为代表的中国特有的机械化(算法化)数学传统,即寓理于算,理论高度概括,以算法为中心,具有较强的实用性;同时注重解决实际问题而不关心数学理论的数量、数理与实验、测量等形式化内容。"中国数学的主流是朝着代数学的方向发展的。在中国从未发展过理论几何学,即与数量无关、而纯粹依靠公理和公式作为讨论的基础来进行证明的几何学。"②英国哲学家迈克尔·奥克肖特认为:"如果一项研究是遵循一定方法进行的,并且其结果也是按照一定的方式加以阐述的,那么这一研究就是科学的。为获得一个共同、可言传的观念世界这一科学经验目标,科学方法被构造了出来(或者从另一个角度来看,科学方法已经完善起来了)。我认为,在追寻这一目标当中,科学方法——它同时也是一种观察和解释方法——的主要特征在于其定量化。从观察角度来看,科学不能满足于纯粹的观察。科学观察之所以被清晰地设计出来,其目的是为了用依靠定量化观测方法所获取的绝对稳定的观察资料,来取代借助个人情感所获取的观察资料。无论什么科学观察都是这样或那样的一种测量。"不仅如此,"关于科学所进入的这个世界的一般特征并没有什么疑义。这是依据数量范畴所建构出来的世界。因为,为了一个根据数量范畴所建构出来的世界,为了一个精确度量而建构起来的观察资料世界,而摈弃一个根据普通名称建构起来的世界,摈弃一个根据感官而建构起来的观察资料世界,这样做其实就是为了能满足科学明确目标的世界而摈弃一个不能实现这一目标的世界。

---

① (美)吉尔伯特·罗兹曼:《中国现代化》,上海人民出版社,1989年,第3页。
② (英)李约瑟:《中国科学技术史》第3册《数学卷》,科学出版社,1978年,第201页。

由于科学世界是一个绝对可言传的经验世界,涉及绝对可言传的关于实在的断言,因而它是一个纯粹数量化的经验世界,并包含着根据数量范畴所作出的关于实在的判断"①。

正因为中国古代数学思维是从解决问题出发,而不是从推理论证出发,这就妨碍了数学自身数量化与数理化的发展,也相应的阻碍抽象化、系统化科学知识体系的形成。特别是明代中期以后,由于商品经济的发展,对于应用数学要求迫切,尤其对于计算技术要求简单、快速。社会需要使应用数学普及,因此数学发展也出现了新特点,主要表现在强化数学的社会实用性,并且改变应用方向,扩大应用范围。由于明代数学的最大发展在于数学知识的普及,这使得传统工匠能够获得良好的应用数学知识,并利用这些数学知识去改善生产技术,特别是在精确控制生产预算、精确设计产品构件和利用几何学知识将工程制图科学化等方面,但在一定程度上推进了产业技术的数量化的同时,也遏制了数学理论思维的进一步深化,相应的也阻碍了生产技术标准化与数理化的发展。

"学"的本质在于探求和揭示隐藏在现象背后的因果关系和事物的内在规律,形成理性认知;"术"则是对理性认知的具体运用。严复在译《原富》一书的按语中写道:"盖学与术异。学者考自然之理,立必然之例。术者据既知之理,求可成之功。"梁启超在《学与术》②一文中对中国传统的"学""术"内涵及相互关系作了重要论述。其文曰:

吾国向以学术二字相连属为一名辞。惟《汉书霍光传赞》,称光"不学无术",学与术对举始此。近世泰西,学问大盛,学者始将学与术之分野,厘然画出,各勤厥职以全民用。试语其概要,则学也者,观察事物而发明其真理者也;术也者,取所发明之真理而致诸用者也。例如以石投水则沉,投以木则浮。观察此事实,以证明水之有浮力,此物理学也;应用此真理以驾驶船舶,则航海术也;研究人体之组织,辨别各器官之机能,此生理学也;应用此真理以疗治疾病,则医术也。学与术之区分及其相关系,凡百皆准此。

善夫生计学大家倭儿格之言也,曰:"科学也者,以研索事物原因结果之关系为职志者也,事物之是非良否非所问;彼其所务者,则就一结果以探索其所由来,就一原因以推断其所究极而已。术则反是。或有所欲焉者而欲致之,或有所恶焉者而欲避之,乃研究致之避之之策以何为适当,而利用科学上所发明之原理原则以施之于实际者也。由此言之,学者术之体,术者学之用。二者如辅车相依而不可离。学而不足以应用于术者,无益之学也;术而不以科学上之真理为基础者,欺世误人之术也。"

……夫学者之职,本在发明原理原则以待人用耳;而用之与否,与夫某项原则宜适用于某时某事,此则存乎操术之人。必责治学者以兼之,甚无理也。然而操术者视学为不足轻重,则其不智亦甚矣。

"操术者视学为不足轻重",意谓学者缺乏"为学术而学术"的精神,著作多强调实用层面的"术"而轻视理论层面的"学";而西学既重视"实用"层面的"术",也重视"理论"层面的"学",这也

---

① (英)迈克尔·奥克肖特著,吴玉军译:《经验及其模式》,文津出版社,2005年,第171页、第168页。
② 梁启超:《学与术》,收于梁氏:《清代学术概论》,中国人民大学出版社,2004年。

许是中国学术与西方学术的根本差异之所在。

"科学归纳总是断言一种关系或一种结果,而从不断言与之相关的那些东西的存在。它只关注形容词。它所断言的并不是主语或谓语的存在(仅仅假设它们存在而已),而是主语和谓语之间的关系。这一点也表明了科学判断的假设性特征。所有科学归纳的严格表述方式是:'如果这样,那么会……'或者是:'假定 A 和 B,那么会 C'。对于这一点的解释并不需要深入到关于原因(那种能足以解释一个普遍结果中任何事例的最小程度的先前因素)的科学概念。"① 有了逻辑归纳的方法,但没有进一步研讨"原因",特别是不研究"那种能足以解释一个普遍结果中任何事例的最小程度的先前因素",这对解释中国传统工匠著作的特点,以及中国传统工业技术理论化发展缓慢的原因,正可谓一语中的。

"实用"价值取向使中国科学基础不够坚实,科学家角色一时难以完全独立。西方科学传入中国后,虽对中国思想文化冲击很大,改变了许多观念和看法,但并未改变中国人本质中最重要的一点,即李泽厚所谓的"实用理性"②。数学史家钱宝琮 1944 年在浙江大学夏令营演讲说:"我国历史上亦曾提倡过科学,而科学所以不为人重视者,实因中国人太重实用。如历法之应用早已发明。对于地圆之说,亦早知之。然因不再继续研究其原理,以致自然科学不能继续发展。而外国人则注重实用之外,尚能继续研究,由无用而至有用,故自然科学能大有发展。"③

美国数学家 N. 维纳说:

学者的行为准则是为追求真理而献身。这包括一种意愿,即愿意作出这种献身所要求的那种牺牲,无论是金钱上的牺牲,还是名誉上的牺牲,甚至是在极端情况下(并非绝无仅有)的人身安全的牺牲。然而,这一行为准则基本上是内在的,属于人和自然本身的关系,而不是人对于科学所处的那个外部环境的反应。④

法国哲学家于连·本达也说:

学者是这样一种人,他们的活动本质上不追求实用目标,他们是在艺术、科学或形而上学的思考中,简言之,是在获得非物质的优势中寻求乐趣的人,也就是以某种方式说"我的国度不属于这个世界"的人。⑤

用这样的标准衡量,20 世纪 20 年代,江南的科学家角色还只是初步形成。1919 年 9 月,留美学生任鸿隽、杨铨等回国,上海报纸以《科学家回沪》予以报道,任鸿隽因此在环球中国学生会做了《何为科学家》的演讲,从科学共同体这一角度对科学家社会角色进行了阐述⑥。他说:"这'科学家'三个字,若是认真说起来,我是不敢当的;若是照旁的意思讲起来,我是不愿意承受的。"所谓

---

① (英)迈克尔·奥克肖特著,吴玉军译:《经验及其模式》,文津出版社,2005 年,第 204 页。
② 张剑:《科学社团在近代中国的命运——以中国科学社为中心》,山东教育出版社,2005 年,第 291 页。
③ 钱宝琮:《吾国自然科学不发达的原因》,转引自张剑:《科学社团在近代中国的命运——以中国科学社为中心》,山东教育出版社,2005 年,第 290 页。
④ (英)哈代等著,毛虹等译:《科学家的辩白》,江苏人民出版社,1999 年,第 149 页。
⑤ (美)刘易斯·科塞著,郭方等译:《理念人:一项社会学的考察》,中央编译出版社,2001 年,第 1 页。
⑥ 任鸿隽:《何为科学家》,《科学》第 4 卷第 10 期(1918)

"旁的意思",就是当时对科学家的几种错误说法。一说科学家不过是一些"江湖术士"、"魔术师";二说科学家即科举时代的文章家,只会抄袭不会发明;三说"科学家也不过是一种贪财好利、争权徇名的人物。"任鸿隽指出,科学是通过实验进行研究与推理,"本质是事实,不是文字"。因此"科学家是个讲事实学问以发明未知之理为目的的人","一个科学家的养成不是大学毕业或者博士毕业就成的。得了博士学位后,如其人立意做一个学者,他大约仍旧在大学里做一个助教,一面仍然研究他的学问。等他随后的结果果然是发前人所未发,于世界人类的智识上有了的确的贡献,我们方可把这科学家的徽号奉送与他。"①虽然任鸿隽的演讲体现了当时科学家对自身社会角色的自觉,但20世纪30年代中国科学家的社会声望与地位还不能与17世纪的英国相提并论。17世纪中叶的英国,"科学毫不含糊地跃升到社会价值体系中一个受人高度尊重的位置",富人也要求加入皇家学会寻求科学家的身份,文人骚客们对杰出的科学家大加歌颂②。

第二节 制度文化与社会制度性问题

　　一种制度如果能允许思想自由和创新自由,就一定能将科技进步的潜力挖掘出来。当欧美国家消除专制制度,纷纷走上民主道路的时候,康熙、乾隆皇帝却在一步步加强专权独裁,把帝国皇权推上了专制的巅峰。当代学者乔尔·莫凯尔认为,技术变化最可能发生在那些没有强大政府的国家,因为强大的政府有能力压制技术变化;所以在那些政治力量弱小、技术变化又被导向与市场价值相关的历史进程的地方,技术变化最有可能发生。在《转变的中国——历史变迁与欧洲经验的局限》一书中,美国学者王国斌介绍乔尔·莫凯尔的《富庶的水平》③并加以评论,强调"我们不应当对中国技术变化的明显减缓太多地感到迷惑,相反倒应当对欧洲的技术发明更多地提出疑问,因为对于前者,我们的认识还很肤浅,而且因为资料缺少而不得不使用负面证据来加以研究;而后者在规模与持续时间上,却是18世纪最敏锐的经济观察家也未曾预见的。在19世纪后期到20世纪初的几十年中,世界其他地区逐渐懂得了欧洲所取得的胜利。"④在传统中国缺少约束和监督的政治体制下,官吏以权谋私,权钱交易,贪污腐化,贿赂公行,最终必然阻碍整个社会的经济发展。同政治体制相适应,明清政府在文化上大力提倡程朱理学并实行思想禁锢,一方面引导知识分子专注儒家经典与科举考试,另一方面采取高压政策并大兴文字狱,迫使知识分子在思想上不敢越雷池半步。如此禁锢思想,也就禁锢了人的创造力。有无学术自由、人的思想是否受到约束,

---

① 张剑:《科学社团在近代中国的命运——以中国科学社为中心》,山东教育出版社,2005年,第283页。
② 参阅(美)罗伯特·金·默顿著、范岱年等译:《17世纪英国的科学、技术与社会》,商务印书馆,2000年,第57—60页。
③ Joel Mokyr, *The Lever of Riches*, New Yoek: Oxfrd University Press, 1990。
④ (美)王国斌著,李伯重、连玲玲译:《转变的中国——历史变迁与欧洲经验的局限》,江苏人民出版社,2008年,第49—51页。

人的才能到底有多大的发挥空间,这些制度机制对科学技术的发展至关重要。

一、重本抑末与闭关排外

重本抑末是中国历代王朝一贯奉行的基本国策。直到清代中期,雍正皇帝还强调说:"农为天下之本务,而工贾皆其末也。今若欲于器用服玩之物,争尚华巧,必将多用工匠。市肆之中多一工作之人,即田亩之中少一耕稼之人。且愚民见工匠之利多于力田,必群趋而为工,则物之制造者必多,物多则售卖不易,必至壅滞而价贱。是逐末之人多,不但有害于农,而并有害于工也。小民舍轻利而逐重利,故逐末易而务本难。苟遽然绳之以法,必非其情之所愿,而势所难行。惟在平日留心劝导,使民知本业之为贵,崇尚朴实,不为华巧。如此日积月累,遂成风俗。虽不必使为工者尽归于农,然可免为农者相率而趋于工矣。"①

由于政府将工商业定位为"末业",所以传统的士、农、工、商四民之中,工匠社会地位就排在农民之下,不能读书做官,不能穿丝绸乘车马,不能与士民通婚。这种状况一直到明代才开始改变,但明代匠籍制度亦未最终废除,工匠身份地位没有得到根本改善。清代虽然废除了匠籍制度,但重本抑末的政策依然未变,工匠职业还是处在"末业"位置。加上政府超经济剥削,又造成了工匠的低收入、重负担和生活困苦等不良状况。正如清末严复所指出的那样:"百工九流之业,贤者不居。即居之,亦未尝有乐以终身之意。是故其群无医疗、无制造、无建筑、无美术,甚至农桑之重、军旅之不可无,皆为人情所弗歆,而百工日绌。"②

公元16—17世纪,西方各国不仅重视发展工商业,而且更重视工业科技的发展。如亨利八世(1491—1547)为了创建英国海军,亲自建立了铸造大炮的工厂。查尔斯二世(1630—1685年)1662年支持设立科学家团体皇家协会。皇家协会的职责就是协调有关自然科学知识和一切实用技术(包括制造工业、机械设备、发动机的发明创造以及实验等)的改进。1717年建立的斯皮塔尔菲尔兹数学协会,是为从事纺织工业的工人和工匠解决有关纺织技术问题,特别是为希望学习几何学和实验科学的人们而成立的。1718年在曼彻斯特也成立了具有同一性质的协会(Manchester Mathematical Society)。从18世纪中叶开始,在英国各地成立了向群众广泛普及知识的多种多样的协会,以促进科学和工艺发展。如1735年的"奖励学习协会",1755年成立的"工艺促进协会"(该协会后来改为皇家工艺协会,给工艺关系方面的教育以很大影响),1768年伯明翰的"月光协会"(参加者有约瑟夫·普里斯特利、伊拉兹马斯·达尔文、乔赛亚·韦奇伍德、詹姆斯·瓦特等近代科学技术教育的先驱者),还有1783年曼彻斯特的"文艺、哲学协会",计划筹建工艺科学学院,即著名的曼彻斯特学院。1831年,英国仿照德国自然科学工作者会议而成立了科学振兴会,并在振兴会里设立了"机械技术"(Mechanical Arts)分会,不久又改称为"工学"分会。该分会以普及科学原理并在此基础上普及工艺学为宗旨,其地位越来越高,并有了"科学家"一词。而这时也正是法拉第(Michael Pres Faraday,1791—1867年)发现电磁诱导作用,随后又发明电气分解法则(法拉第法

---

① 《清世宗实录》卷57雍正五年五月己未条,中华书局,1985年,第867页。
② 严复:《严复集》,中华书局,1986年,第1000页。

则),从而奠定了电气化学基础的时代。而且还是在法拉第刺激之下,朱尔斯(James Prescott Joule,1889年)认识了一定量的电流热作用,从而预言电磁气将取代蒸汽机而成为机械动力源泉的时代即将到来。①

明朝后期匠籍制逐渐被代役银制所取代,但官方并没有利用征集到的班匠银来发展手工业生产,更无意将官营手工业推向工场工业化,而是让工匠为官府从事低偿甚至无偿的劳动。如在江南丝织业中实行的领织制和在景德镇瓷业中推行的"官搭民烧",都是官营手工业僵化机制的延续,对民间工场手工业和个体工匠经济发展极为不利。而西欧手工业工场的最大特点之一,恰恰就是工匠都拥有自己独立的经济,拥有较为充分的人身自由权。他们大多是通过逃跑或赎买自由而离开农村的封建庄园,奔向便于贸易的城堡、寺庙、交通要道处汇集,或者流入城市,从而成为这些新兴城市中手工业骨干的。"由于专制王权无法渗入到封建庄园的内部,其建立和巩固就有赖于城市的支持,于是,政府对手工业的控制也就底气不足,只能采取曲折、迁就的政策,如靠颁布法规和专利权实行管理,不对工匠进行人身强制。于是自由工匠就成了自由出卖劳动力的雇佣劳动者,这就为资本主义生产关系的确立提供了重要条件。"②

自哥伦布发现新大陆以后,世界历史进入了新的大海通时代。大海通时代也就是全球化时代的开始,同时又是人类历史由分散走向整体的一体化时代的开始,是区域社会经济市场国际化趋势日益明显的新时代。而此时的明、清王朝依然坚持闭关锁国与自大排外的政治传统。在对外关系上仍然采取厚往薄来的古老原则,企图怀柔远人和宣扬德威,以保持国内统治稳定。只是迫于国内外形势发展,明代中后期才一度改变闭关锁国政策,取消"海禁"、"银禁"和"边禁",实行改革开放,允许西方传教士来华传教并引进西方科学技术③。可惜时间不长。进入清代,一方面禁止西方传教士来华,一方面抑制国内汉人学者研究科技,使中国的产业科学技术从此又止步不前。正如朱诚如先生所说的那样,明王朝中前期,"中国在科学技术方面并不落后于世界其他国家。正是在长期的积累和发展的基础上,到了嘉靖万历年间,在中国1000多年封建经济发展的条件下,在一些地区和一些行业内,孕育出新的资本主义萌芽。……如果从明代万历年间努尔哈赤兴起(1583年)算,到康熙年间统一台湾(1683年),前后一个世纪。在这个动乱的世纪里,中国这个古老的文明古国,长期以来一直站在世界民族之林前列的国家,却因为民族矛盾、阶级矛盾引发战乱,使自己丧失了一个世纪的发展机会"④。

康、乾时期,清廷仍将闭关锁国当做对外交往的基本国策,对航海探险、远洋贸易、对外扩张一律没有兴趣。当英国商人要求与清朝扩大通商时,乾隆皇帝却说:"天朝物产丰盈,无所不有,原不

---

① 日本世界教育史研发会编,李永连等译:《六国技术教育史》,教育科学出版社,1984年,第87—91页、第99—100页。
② 王素琴:《从转型时期中西生产方式中的差异看中国工场手工业发展缓慢的原因》,《湘潭师范学院学报》,1999年第2期,第66页。
③ 余同元:《明代的商人与商帮》,《八届明史国际学术讨论会论文集》,湖南人民出版社,2001年。
④ 朱诚如:《论清前期历史走向》,《管窥集——明清史散论》,紫禁城出版社,2002年,第252—253页。

藉外夷货物以通有无。"① 可见贸易只是一种怀柔远方的政治行为。这种漠视经济市场的内政与外交原则,决定了清朝对外交往的排斥态度。当西方竭力寻找新航线,拓展海外殖民地,大力发展海外贸易之际,清朝统治者却对于远道而来的西方国家以夷狄视之,企图构筑藩篱将其隔绝于国门之外。康熙初年一度开放海禁,允许沿海居民出海贸易,但不准外国商人来华贸易。康熙五年后,连传统朝贡贸易也宣布停止,严重贻误了中国发展国际市场的大好时机。特别是中国本来能制造巨大的帆船出航远洋,到康乾时期却规定严禁打造双桅五百石以上的船只出海②。另外,"清朝对对外交流进行严厉限制,首先对出口商品有严格限制。军器、火药、硝碳、铜铁可以制造武器,均在严禁之列,米麦、杂粮、马匹因内地缺少,亦禁出口。书籍则可能泄露中国状况,也不许运往国外。……这种以天朝大国自居,采取不与西方通商的闭关锁国政策,完全堵塞了可能给中国近代科学技术和经济发展提供外部刺激的渠道。"③

此时西欧,日益扩大的海外殖民及海外贸易却在不停地刺激和促进着其本土工场手工业的发展。海外殖民与贸易所开辟的广阔国际市场成为西欧资本主义原始积累的杠杆,而手工业工场的发展与不断出现的新发展要求,又为西欧海外殖民与贸易增加着原动力。除了国际市场外,国内市场,尤其是混合型农业经济之下农村市场的发展与繁荣,也对西欧工场手工业的发展起着重要的作用。如英国,手工工场首先在农村中建立起来,其意义既在于不断地扩大着国内市场,又在于它为自身发展提供客观条件,新的生产者、新的制度、新的生产力都在这深厚的土壤中孕育着。可见,正是国际市场与国内市场彼此激荡,相互接应,才构筑起社会工业化发展的良好环境。

二、文化专制与科举取士

发端于14、15世纪的西方文艺复兴,逐渐把西欧国家从中世纪专制独裁、王权、宗教的禁锢中解放出来,人们有了创造的自由和思想的自由。文艺复兴既是文化艺术复兴,又是思想观念解放,为近代科学技术发展提供了良好的制度空间。而此时的东方大明王朝,统治者实行思想禁锢,对老百姓进行严格控制。随着科举考试、八股取士的日益兴旺,人们在价值选择上更倾向于选择科举做官,认为这样才是人生价值的最高体现。而学习科学技术与创造发明只是雕虫小技,不能成大气候。特别是清朝,政府实行反动的文化专制统治,大兴文字狱,编织文网,镇压异己,严重地阻碍了科学文化的发展。不仅如此,清朝政府还无耻地实行"捐纳"卖官制度,促使买官卖官之风日盛一日,甚至连科举考试的监生都可以随便"捐纳",导致科举制度有名无实,更弄得文人学者斯文扫地,整个社会对科学技术的鄙夷发展到了极致地步。由此可见,正是清朝政府在思想文化上的反动与腐败,使明代后期新兴的科技传播力度和广度大大收缩,新兴的工业科学技术直到洋务运动以后才重新发展起来。

王家范先生在《晚明江南士大夫的历史命运》中说:"晚明江南的社会经济,已跃居全国首位,

---

① (乾隆)《粤海关志》卷23,成文出版社,1968年,第8页。
② 康熙二十三年《大清会典事例》卷776,台湾文海出版社有限公司,1991年。
③ 《学习时报》编辑部:《落日的辉煌——17、18世纪全球变局中的康乾盛世》(理论版),《光明日报》,2000年6月19日。

成为具有某种新气息的先进地区。……江南各地拥有的生员总数无从统计。据顾炎武的估算,全国平均每县三百,江南繁剧大县,往往千人以上。人数累增,充斥社会,被称为'三害'之一。"江南生员人数多何以成害?原因是晚明50万生员都走向科举仕途的单一通道,造成职业价值指向单一化,大大消耗了宝贵的社会人力资源①。

　　正在中国科举考试八股取士盛行的时候,西欧工业革命与科技革命中的职业技术教育已蓬勃兴起,工业科技人力资源由此开始获得充分开发。从1662年皇家协会成立与1799年"皇家讲习所"(该讲习所的目的就是把科学上的发明创造应用于工业和产业,以提高人们生活水平和为人们带来方便)创立,到19世纪前期止,英国在各地举办了各种类型的职业技术讲习所。例如1799年安德森(Anderson)在格拉斯哥大学向工人讲授实验哲学。在这之前,曼彻斯特市曾为职工举办了应用化学讲座,尼科尔森(Peter Nicholson)在伦敦的索豪开设了供木匠、职工学习应用数学的夜校(从1789—1800年)。亚当·史密斯(Adam Smith,1723—1790年)提出了国民教育主张。本瑟姆在其著作中设想为中产阶级实行中等教育,学习包括历史、地理、制图、数学、自然史、机械学、磁学、电学、地质学、生理学,甚至还有工业和产业等内容。本瑟姆的设想被J.米尔(James Mill,1773—1836年)发展成为功利主义教育观。皇家学院在1838年决定设置土木工艺学和机械工艺学的两门课程,1844年在上述的两门课程的基础上设立了应用科学的综合学部以开展工艺学教育。伦敦学院也开设了土木工艺学(1841年)、机械工艺学(1846年)和机械学(1846年)讲座,开始了新的工艺学教育。这些新的工艺学教育已经不仅仅以产业革命为背景,而且已是以科学家实验发明的原理、法则为主的"专门性训练"。与此同时,西欧的成人教育,特别是作为工匠与工人教育之一环的职工讲习所也迅速开办起来。1799年,格拉斯哥的安德森讲习所开设了工人学习班。1817年,伦敦的机械工人克拉克斯顿成立包括工艺、科学、产业、贸易等内容的职工讲习所。1821年,伦纳德·霍纳开办了爱丁堡工艺学校,目的是为了给手表制造工业的职工以充分的技术训练。伦敦职工讲习所的创立宗旨是由《职工杂志》的主编罗伯逊(Joseph Clinton Robertson)和霍奇金(Thomas Hodgskin)执笔的,但伦敦讲习所是依靠职工们自身力量创建的,并且是使用机器生产的职工们建立的。到1850年,职工讲习所已经发展到600多所,拥有10万名以上的会员和70多万册图书。正如培根所说,知识就是力量,"获得知识是大英帝国的职工们取得提高其应有地位之力量的最基本手段"②。

　　面对这样的国际发展形势,对西方略有了解的梁启超对科举教育进行了猛烈的抨击,他认为官学与书院只是科举八股的附庸,培养出来的人不过是义理、考据、辞章之辈。梁启超对洋务教育也提出了尖锐的批评,认为洋务派虽然办有同文馆、水师学堂、自强学堂等新式学堂,但培养不出科技人才。主要原因是只学皮毛,不学根本。"言艺之事多,言政与教之事少。其所谓艺者,又不过语言文字之浅,兵学之末。不务其大,不揣其本,即尽其道,所成已无几矣!"他指出其中病根有三条:"一曰科举之制不改,就学乏才也。二曰师范学堂不立,教习非人也。三曰专门之业不分,致精

---

① 王家范:《百年颠沛与千年往复》,上海远东出版社,2001年,第353—354页。
② 日本世界教育史研究会编,李永连等译:《六国技术教育史》,教育科学出版社,1984年,第91—100页。

无自也。"①

职业教育是人力资源开发的重要途径,职业教育的开展与社会对职业技术教育的重视体现出人力资本的经济功能。人力资源开发的前提条件是人力资本投资,一定程度上讲,人力资源开发也就是人力资本投资的对象化。人力资源的素质也就是人力资本的状况。人力资源是一定社会组织范围内人口总量中所蕴含着的劳动能量的总和,人力资本是指体现在劳动者身上的资本,两者既有联系又有区别。人力资本是由劳动者的知识、技能、体力(体质、健康状况等)等所构成的,或者说,体现于劳动者身上的以其数量和质量的形式表现的资本就是人力资本。在这里,人力资本可以体现在不同层次的劳动者身上②。人力资本投资内容包括:(1)教育与培训投资,以提高人的能力、素质,增进人的知识、技能结构。(2)医疗保健投资,以维护劳动者体质,保证劳动力再生产。(3)人力流动投资,劳动力流动、迁徙以及由此产生的信息、交通与管理投资,以优化劳动力配置。人力资本投资的方式主要有:家庭教育投资、国家教育投资、社会团体投资教育、个人投资教育、企业投资教育、教育部门投资教育和其他教育投资等。人力资本投资的主体主要由政府,团体、家庭和个人等构成。通过人力资本投资,一是使劳动者改善精神和体力素质,提高知识和技能素质,加强科技创新和市场竞争能力;二是培养新型人力,促进科技开发型人力资本积累;三是影响劳动、技术、资本进步并使技术主体的技术理论化和技术使用者的技术创新同步发展③。

人力资源开发对于社会的贡献取决于两个关键因素,一是提高智力,即通过教育使得人的智力得到有效提高,从而具备从事职业工作所要求的知识和技能;二是发挥创造力,即通过生产实践、科学研究和科学实验来开发人的创造能力。这两个因素必须通过职业技术教育和科学理论研究才得以实现。现代技术工人和技术专家的生成方式及其技术结构、知识素质的获得,离不开职业技术教育的基本渠道。传统工匠角色转换的主要途径和标志是职业技术教育,从本质上看,职业技术教育也是人力资源开发的主要内容。

同时,智力与创造力的开发分为几个层次:一是"自我开发",即个人主动地给自己确立成材的目标,促使自己的知识、能力等得到提高;二是"培养性开发",即通过教育与培训,以便更好地适应社会发展和工作变革的要求;三是"使用性开发",使用即开发,个人从学校所获得的知识只占其一生所用知识的一小部分,而大部分知识都在工作中再学习;四是"政策性开发",即是政府部门或有关单位通过制定各种政策、措施来促进人才培养、人才流动或调动职工的工作积极性,从而使优秀人才脱颖而出,达到人才辈出的目的和要求。这四个开发层次都离不开教育与科研。所以说,教育与科研是人力资源开发的核心内容。同样,工业技术教育与工业科技研究也是工业技术主体实现角色转换的主要途径。

在西方社会现代化进程中,人力资源中的科技人力资源的开发和利用起着最为关键的作用。作为"第一资源"和"核心资源"的人力资源在区域发展中的战略地位已经越来越被人们所重视。

---

① 梁启超:《学校总论》,《梁启超全集》第1册《变法通议》,北京出版社,1999年,第20页。
② 孙达林:《技术工人在企业人力资本中的定位解析》,《三峡大学学报》,2002年第3期,第72—74页。
③ 于桂兰、袁宁:《人力资本投资推动经济增长的作用机理》(理论版),《光明日报》,2004年8月25日。

在国内区域社会经济发展中,人力资源作为首要的前提条件,其开发与利用程度的高低,直接影响了各个区域之间发展的差异性,而区域之间的差异又恰是区域发展的内在前提。特别是作为科技主体的人力资源,因其在人力资源系统构成中所处的核心地位,更以核心资源的中坚成分而成为区域发展的决定因素。所以说,人力资源的数量和质量决定着一个国家、一个地区的经济发展水平、科技创新能力和可持续发展潜力。明清江南区域早期工业化进程的开启也与当时职业技术教育与工业科技研究的发展密不可分。

但作为人力资源开发的障碍与欠缺,江南传统工匠现代转型中的问题恰恰也出在教育与科研的不足之上。虽然明清江南地区出现了几部重要的工匠科技著作,但总体数量还是非常少的,与江南社会经济发展要求极不相称。直接原因就在于传统工匠社会地位低,接受学校教育太少。到清末民初实业教育兴起后,很多工匠仍然是文盲,根本就没有写作能力,使工匠经验技术无法上升为科学理论技术。连大刺绣家沈寿的著作《雪宦绣谱》,如果没有学者张謇的润笔,恐怕也是难以很快问世的。工匠教育的不足,无疑是由社会认识不足和政府重视不够造成的。

国运兴衰系于教育发展与人力资源开发。中国的人力资源开发和技术教育发展"不仅要造就数以亿计的能够应用新技术的劳动者,更要培养出大量的具有国际竞争力的高级人才"[1]。国际竞争力包含环境竞争力、基础竞争力和核心竞争力三个层次[2]。其中以科技竞争力为主的核心竞争力是一个国家国际竞争力的关键。所以说,教育发展与人力资源开发不仅是一个国家国民素质竞争力和科技竞争力的前提,而且是形成国际竞争力的关键所在。

三、传统行会对工匠转型的束缚

传统工匠在社会中的地位和身份都是世袭不变的,由此导致工匠职业的代代相传与固定少变。西周时士农工商不相杂居,官匠祖祖辈辈在官府作坊中劳动、生活。春秋时期,管仲在向齐桓公陈述治国方针时说:"令夫工群萃而州处,审其四时,辨其功苦,权节其用,论比协材,旦暮从事,施于四方,以饬其子弟,相语以事,相示以巧,相陈以功。少而习焉,其心安焉,不见异物而迁焉。是故其父兄之教不肃而成,其子弟之学不劳而能。夫是故工之子恒为工。"[3]《国语·周语》所谓"庶人工商各守其业"、"商工皂隶不知迁业"等,都清楚地说明了传统工匠负担重和社会地位低下的情况。统治者从维护切身利益出发,总是要极力强化行会的政治功能性。清代手工业行会的创立和行规的制定,一般都要经封建官府的批准。有了官府撑腰,行会推行垄断,奉行关门主义,严格控制就业人数,制定统一价格,强制划一标准,扼杀了新工艺和新机制生产的基本动力。

相对于中国会馆、公所等形式的行会来说,西欧手工业行会的封建保守性要弱一些。在资本主义萌芽兴起之时,手工业行会也起过阻碍作用,但随着工场手工业的兴起,城市手工业行会的阻碍很快就被打破了,手工业行会纷纷向公会转化。在公会内部,生产活动完全被置于公会商人和

---

[1] 胡鞍钢、孙文正等:《大国兴衰与人力资源开发》,《新华文摘》,2003年第8期,第22页。
[2] 中国教育与人力资源问题报告课题组:《从人口大国迈向人力资源强国》,高等教育出版社,2003年,第11—12页。
[3] 邬国义、胡果文等:《国语译注·齐语》,上海古籍出版社,1994年,第184页。

一部分负责产品加工和成品销售者的直接支配之下,实际上已经成了"一种资本家的联盟"。"这种资本家的联盟,主要从事有利于工商业发展的经济活动,对社会生产与发展起到了协调作用"。①

英国早在1563年就制定了徒工法。随后,詹姆斯一世(1566—1625年)为了谋求造船技术而承认造船木工工会组织。1792年英国成立了最早的工人政治团体——伦敦通讯协会。由于受到佩因(Thomas Paine,1737—1809年)、本瑟姆(Jeremy Bentham,1748—1832年)、科贝特(Willam Cobbett,1762—1835年)等当时的激进中产阶级改革者的思想影响,他们要求改革议会。到19世纪中期,职工讲习所超越了"技术"教育范畴而变成了为新兴中产阶层进行成人教育的场所,并且正在计划普及以青年工人为对象的民众教育,开始发展国民教育工作。与此同时,新兴的产业工人已经壮大到能够组织工会,并使工会从旧的手艺人集团向近代产业工人工会过渡。在这个过程中,职工讲习所对职工、机械工人个人进行技术教育的机能不断发生变化,有的职工讲习所开始发展成工科大学②。

本书"中编"第十六章提到明清江南会馆、公所等行会组织的积极作用,但其对工商业发展的束缚也同样存在。段本洛、张圻福先生的《苏州手工业史》认为,鸦片战争后苏州手工业行会的变化表现在四个方面:(1)日益用加强经济上的限制来控制行外手工业者开业和行内人数的增加,以此防止和排斥竞争。(2)行会为了筹集修建会址基金和行会经费,向同行硬性抽捐,所捐的款项数目比过去增大,捐款的方法比过去增多。(3)比过去更为加强对相近行业之间的分工限制,以维护原来形成的独占利益,借助行规的强制力量,控制产、供、销各个环节,以防止竞争。(4)对苏州市场的控制比过去更为加强。不仅限制同业铺坊营业区域和产品销售形式,而且按不同产品的品种规定划一价格,统一工价,以限制手工业商品价格和劳动力的自由雇佣,以控制市场竞争和劳动力市场的形成③。

在清代江南地区,行会束缚工匠转型与阻碍工业发展的例子很多。特别是为了垄断本行业的生产技术,对行内的生产经营加以种种约束,以排斥行内的竞争。行会限制行内增添帮工与学徒,统一控制市场,统一产品规格,限制竞争,严重地阻碍了手工业扩大再生产,使手工业者年复一年地重复着简单再生产。这里特举苏州金箔作一例加以说明。《申报》同治十一年十一月二十一日报道:

苏州金箔一作,其生意则甚大,其工价则甚昂。每一字号之中,只准留学生一名,以习此业,不欲广其传也。该行中向来规例如此,亦相承至今不变耳。……有双林巷开金箔作之董司,已犯成例,不与众谋,另收一徒。同行中之人闻之,无不大怒。强行禁止,该董司不从,且赴县署控告,谓其同业把持。宪堂讯两造,谕以该业私立规条,本非国例所当管办,特既有此规条,则将来宁勿犯之,以免拂人心而肇衅端云云,此案姑宽深究焉。乃董司因此遂任意不肯改从,仍收其徒而不遣。且又结衙役为护符,自以为同业虽多且横,可以无我何矣。众工匠俱各愤怒不平,其势汹汹,会集

---

① 王素琴:《从转型时期中西生产方式中的差异看中国工场手工业发展缓慢的原因》,《湘潭师范学院学报》,1999年第2期,第67页。
② 日本世界教育史研发会编,李永连等译:《六国技术教育史》,教育科学出版社,1984年,第92、99页。
③ 段本洛、张圻福:《苏州手工业史》,江苏古籍出版社,1986年,第318—323页。

定计,召董司者于某日来公所议事。董司不敢不应召,而又畏其凶顽,姑偕衙役数人同往,以作保卫之计。及甫到公所内,见有一二百人早已聚集。见董司既已入门,遂将衙役驱之门外,紧闭公所之门,衙役捶门不得入,但闻门内呼号之声甚惨,喧闹之声甚厉而已。衙役心知有变,且门内者呼曰:"尔如欲启门,除非请县尊来。"遂飞奔回署,报之邑宪。邑宪至,破门而入,则见一裸尸系于柱侧,自头至足,血肉模糊,不分上下,盖几如腐烂朽败者一般矣。而此一二百人者,见邑尊来,则皆木立如塑,既不哄散,亦不畏惧。视其唇齿之间,则皆血污沾染,如出一辙焉。盖此人已为大众口咬而死矣。于是令闭大门,使众无从逃逸,皆就擒焉。此本月十四日事也。夫工匠者虽系愚蠢之辈,何至居心悍毒如此所为者,只同行私利,乃出此极刑,亦惨刻之至矣。是非亟申王法戢此习风不可也。又传邑尊于公所讯问时,有一儿在侧,系亲见者。供云初将董司裸缚柱,有四人者,令于众曰:"董司坏我行规,可恶已极,理宜寸磔,方快我辈之心。今与众议,不用凶器,而置之惨刑,则王法所不能及,官刑所不能加也。尔众人各咬其肉,肉必尽乃已。"于是众人争相上前,摇唇鼓吻,登时肉尽,血溢满地,而其人转辗数刻方毕命云。距邑尊之至公所,盖董司方绝气耳。呜呼,奇酷异惨矣哉。①

由于双林巷金箔作董司破坏了行规,多收了一个徒弟,行会的同行就决定每人咬他一口,一直到把他活活咬死。而且咬得"自头至足,血肉模糊,不分上下,盖几如腐烂朽败者一般"。可见封建的行规是何等的厉害!在苏州的金箔业中,一直到鸦片战争前夕的1837年还能看到造箔工匠"倡众停工"、"倡议停收教徒三年"的记载②。苏州的手工业行会多至七十多个,许多手工业行会在19世纪70以至80年代还对产品规定划一价格并实行统一工价,以限制竞争和自由雇佣。苏州小木公所和梳妆公所在19世纪90年代的行规中仍然规定控制学徒人数和限制入行的各种措施③。

四、专利法与知识产权法的缺失

明清时期,由于没有以专利法为核心的知识产权的制度保护,传统工匠在技术的传承上便不得不采用一种保密式的父子师徒传承制度,这种制度不利于技术科学化的发展。中国传统工匠大都有各自的专门技艺,这些技艺都是工匠经过一代代经验的积累。这些技艺一旦泄漏人人都可以掌握,因此就有了保密的必要,久而久之便成为祖传的绝技和特殊的资产。在生产规模扩大、工艺较复杂的产业中,技术的保密就显得更为重要。手工技艺无论是家庭内部传授还是师徒间的传授,都尽量不扩大范围,由此产生了一个不可避免的弊端,即有些技艺往往在家庭传继中出现断代,或是师徒传授时因师傅突然死亡等意外情况而造成失传。由于少数人掌握了这些技艺,并且同一工种绝不交流,这就造成了技术的封闭性,使技术缺乏创新的土壤,使民间缺乏发明创造的动力。

专利法是确认发明人(或其权利继承人)对其发明享有专有权,并规定专利权人的权利和义务

---

① 《申报》同治十一年十一月二十一日;参阅彭泽益:《中国近代手工业史资料》卷1,中华书局,1957年,第190—192页。
② 苏州博物馆、江苏师范学院历史系、南京大学明清史研究室合编:《明清苏州工商业碑刻集》,江苏人民出版社,1981年,第165页。
③ 段本洛、张圻福:《苏州手工业史》,江苏古籍出版社,1986年,第128页、第318—319页。

的法律规范的总称。专利制度作为鼓励发明创造、保护技术成果的一项法律制度，产生于中世纪的欧洲，最初是君主授予发明人的一种垄断特权。随着1474年威尼斯专利法的诞生以及1623年英国《垄断法》的颁布，专利制度走上了近代化发展的道路，专利的"私权"性质得到确认。15世纪以后，一方面是当时的欧洲大陆宗教迫害与战争迫使手艺工匠向外迁移，另一方面是当时英国采取鼓励政策吸引大批外国工匠迁入英国，欧洲经济中心从地中海地区移到英格兰。与此同时，英国新技术拥有者极力要求使自己的技术得到保护，于是专利制度从萌芽状态中发展起来。1624年英国"垄断法规"承认专利权人在一定的期限内有制造和使用其发明产品的垄断权。这项法令可以说是世界上具有现代化雏形的第一部专利法。它对以后各国专利立法的影响很大，促进了工业革命的发展，使得欧美各国进一步认识到发明创造的社会经济价值，更加意识到专利制度对促进技术发展的重大作用，于是各国继英国之后纷纷建立了专利制度。美国于1790年、法国于1791年、奥地利于1810年、瑞典于1819年、比利时于1854年、加拿大于1869年、德国于1877年、日本于1885年都先后制定了本国的专利法。

西方近代的知识产权制度让创造发明的个人和企业大大获益。与此同时，17世纪英国"光荣革命"之后所建立的宪政制度又开始限制王权对私人财产的随意侵犯，这就从更高的程度上激励着科学技术创新。这一时期西方其他国家也开始出现司法独立、规定私人财产神圣不可侵犯等原则，都为18世纪的工业革命提供了前提条件。之后，美国、英国等在私人财产、专利、知识产权等方面出台了一系列法律，使私有企业和知识产权得到了可靠的保护，人们更愿意作最大的投入从事科学研究和技术创新。

知识产权制度是通过专利法来实现的，它保护和鼓励发明创造、促进科学技术发展，是一种法律和经济手段并用的管理制度。由于中国传统的儒家文化根深蒂固的影响，"习艺求名，志在不朽"的思想深入人心，造成社会上普遍的"重义轻利"风气。加上中国传统社会中忽视个人权利的法律观念和社会制度，使人们将发明创造视为"奇技淫巧"，更谈不上有知识产权制度来保障发明创造和理论研究成果。虽然国家有一些知识资产的保护，其宗旨多在于加强对人们思想控制而非激励创新。这就使得民间工匠或学者不可能通过出版科技书籍来获得专利。中国专利形式的真正出现是在清朝光绪年间。1881年资产阶级改良派郑观应向清朝北洋大臣李鸿章上书，要求给予上海机器织布局的机器织布工艺以10年专利。1882年经光绪核准，给予上海机器织布局10年专利权。但中国专利制度的建立与形成，严格地讲还是从辛亥革命以后开始的。当时的工商部于1912年12月公布了《奖励工艺品暂行章程》，规定对发明或者改良的产品，除食品和药品外，授予5年以内的专利权。但普遍的知识产权保护意识在中国至今仍然比较淡薄。

第三节 文化观念与思想认识问题

吴承明先生在《多视角看历史:地域经济史研究的新方向》一文中说:"我以为文化思想对经济和社会制度的发展起制衡作用。我用制衡有二义:一方面,不合民族文化传统的社会变革是行不通的,如'人民公社';另一方面,文化思想的变革又常是社会经济变革的先导,这在历史上称为'启蒙'。"①江南传统工匠现代转型过程的漫长,也是深受中国传统思想文化"制衡"的结果。

一、重道轻器

作为技术本原认识论的"道器观",中国很早就有"道形而上"与"器形而下"的思想认识。由于缺少"形而中"的理论联接形态,致使"道"与"器"日益分离。

《易传》非常重视对技术的哲学思考,其中"道器说"、"观象制器说"、"开物成务说"、"裁成辅相说"等都含有技术理论。"道器说"表达了技术制作的本原理论,"观象制器说"阐释了技术制作具体的活动过程,"开物成务说"叙述了技术发明的途径,而"裁成辅相说"强调辅万物之自然而有所为的性格特征。技术制作既是"开物"的过程,又是"成务"的过程。《易传·系辞》曰:"形而上者谓之道,形而下者谓之器。"道是指事物运动变化的规律,如"一阴一阳之谓道"、"君子之道"、"变化之道"等,是无形的、抽象的、一般的;器是指具体的人造器物,有形的、具体的、个别的。从技术制作的角度看,《易传》认为器由道出,提出"形而上之道"并依此制造出"形而下之器"。②

至明清时期,"道形而上"与"器形而下"分别走向极端,缺少"形而中"的独立主体理想和实践。这种"形而中"的形态,也许就是人们常说的独立的职业科学家阶层,他们在中国明清时期还没有牢固的生存基础。唐才常《尊专》曰:"学问之道,不专不成,古今之通病,天地之达忧也。"他认为经史辞章可以质性聪颖"袭其华以盗名欺世",而"惟泰西格致之学,及一切公法律例专科,则断不能剿窃绪余,卤莽灭裂,蕲为世用。故往往攻一艺终其身焉,且师弟相传,子孙世守,靡明靡晦。极巧研机,无他,专故也"③。

明清江南科技工业书的数量和内容都显示了重道轻器的特点,体现为工匠作品评价上的艺术化伦理化倾向。从数量上看,纯粹谈技术的书较少,而大部分工业书都是关于工艺或与工艺有关的书。从内容上看,即使是纯粹研究工业制造技术的科学著作,如《园冶》、《阳羡名陶录》、《营造法原》、《雪宦绣谱》等书,也都是强调"四善合、五采备"的道德艺术境界。在工匠作品评价上之所以存在艺术化伦理化倾向,是与中国文化精神中重视人文伦理的基本特点分不开的。

---

① 李伯重、周春生、龙登高:《江南的城市工业与地方文化(960—1850)》,清华大学出版社,2004年,第1页。
② 赵慧臣:《〈易传〉蕴含的技术思想对教育技术的启示》,《电化教育研究》,2009年第4期。
③ 唐才常:《尊专》,见湖南省哲学社会科学研究所编:《唐才常集》,中华书局,1980年,第138页。

在明末周嘉胄《装潢志》的"优礼良工"一节中,作者对装裱匠提出了具体的职业标准和严格的能力素质要求,曰:"良工须具补天之手,贯虱之睛,灵惠虚和,心细如发。充此任者,乃不负托。又须年力甫壮,过此则神用不给矣。好事者,必优礼厚聘。其书画高值者,装善则可倍值,装不善则为弃物,讵可不慎于先,越格趋承此辈,以保书画性命?书画之命,我之命也。趋承此辈,趋承书画也。"作者从手、眼、心、灵等方面提出了书画装裱的艺术标准,强调"书画之命,我之命也"。这是一种严格的人文精神和艺术追求。另外,在具体叙述书画装裱技术过程中,作者又提出了"朴于外而坚于内"的工艺美学要求。通览全文,作者对书画装裱的工艺美学论述涵盖了造型美、色彩美、线条美、结构美、材料美、实用美等各个领域,从而给书画装裱业一个艺术性极强的价值定位①。

按伦理化要求,要用器物规范去维护社会规章制度,就必须阻止用奇技淫巧去从事创造发明,以防出现"过制之巧"。"旧来制度大小,及容受程限多少,勿得有过制之巧,摇动在上,生其奢侈之心。苟功力密致,斯为上矣。每物之上,刻所造工匠之姓名,于后以考其诚信与否。若用材精美,而器不坚固,则必行罪以穷其诈伪之情也。方氏慤曰:功工所成者,效犹呈也。祭器未成,不造燕器,故陈祭器焉。黄氏震曰:诚即功致者也,不当即不功致者也。"就是说工匠不能违背技术指标制作淫邪奇巧的器物,只有这样,才能"上方稽古,道而复淳,立是工也,体圣明之所作"②。

但光有道德伦理化的要求还不够,艺术化的审美要求是仅次于伦理化要求的评价标准。当然,伦理化与艺术化齐备的作品才是最好的作品。所以,器物的最高技术要求是"四善合、五采备"的道德艺术境界。"凡工人之作为器物,犹天地之造化。所以有圣者有神者,皆以功以法,故良工利其器。然而利器如四时,美材如五行。四时行、五行全而物生焉。四善合、五采备而工巧成焉。"③

艺术化与技术要求有密切的关系。艺术是人类以情感和想象为特性的、把握和反映世界的一种特殊方式。即通过审美创造活动再现现实和表现情感理想,在想象中实现审美主体和审美客体的互相对象化。具体说,它是人们现实生活和精神世界的形象反映,也是艺术家知识、情感、理想、意念综合心理活动的有机产物。作为一种社会意识形态,艺术主要满足人们多方面的审美需要,从而在社会生活尤其是人类精神领域内起着潜移默化的作用。在文明社会里,艺术往往带有鲜明的阶级阶层审美倾向性。根据表现手段和方式不同,可分为表演艺术(音乐、舞蹈)、造型艺术(绘画、雕塑)、语言艺术(文学)和综合艺术(戏剧、影视)。根据表现的时空性质,又可分为时间艺术(音乐)、空间艺术(绘画、雕塑)和综合艺术(戏剧、影视)等。技术是以科学与理性为原则,根据生产实践经验和知识原理而形成的各种工艺操作方法、技能以及相应的生产工具、物资设备和生产过程、作业程序、方法等。④ 传统工匠产品与现代工人产品最大的工艺差别在于是否采用机器生产。所以艺术与技术在传统工匠产品生产过程中的主要区别在于生产手段及生产工具不同。传统工匠以手工生产为主,但不是绝对的手工劳动,而是很重视劳动工具的使用。所以,伦理化与艺术化至上的价值取向,加上

---

① 周嘉胄著,田君注译:《装潢志图说》,山东画报出版社,2003年,第4—9页。
② (乾隆)《钦定礼记义疏》卷25,见《四库全书》第124册,上海古籍出版社,1987年,第693页。
③ 王世襄:《髹饰录解说》,文物出版社,1983年,第25页。
④ 夏征农:《辞海》,上海辞书出版社,2009年,第627页、第758页。

手工劳动的生产方式,必然造成传统技术改进与传统工具发明的落后性。

中国文化中的人文主义精神最终体现为道德伦理本位观。墨子是春秋战国之际的能工巧匠,又是一位发明家和科学家,《墨子》《公输篇》和《鲁问篇》记载他与公输般竞技故事。公输般又称鲁班,是当时鲁国一位能工巧匠,被历代工匠奉为祖师。《墨子·公输》载,墨子用木片制成守城器械,公输般九设攻城机变,而墨子九拒之;公输般攻城之计穷尽,而墨子守城之策有余,终于使公输般认了输。故事说明公输般仅仅是个杰出工匠,没有崇高的政治主张和文化理想,而墨子则是从工匠中脱颖而出的思想家,所思非一时一处之胜负,而是从人生社会根本问题出发去看一切。这是他与公输般区别之所在,他视人生理想和社会正义高于一切,认为优秀的工匠技术产品首先是善良兼爱之物。

《墨子·鲁问》中墨子与公输般的另外三个故事也反映了墨子以道德伦理本位的技术观如何战胜公输般技巧为上的技术观。

公输子善其巧,以语子墨子曰:"我舟战钩强,不知子之义亦有钩强乎?"子墨子曰:"我义之钩强,贤于子舟战之钩强。我钩强,我钩之以爱,揣之以恭。弗钩以爱则不亲,弗揣以恭则速狎,狎而不亲则速离。故交相爱,交相恭,犹若相利也。今子钩而止人,人亦钩而止子,子强而距人,人亦强而距子,交相钩,交相强,犹若相害也。故我义之钩强,贤子舟战之钩强。"

公输子削竹木以为鹊,成而飞之,三日不下,公输子自以为至巧。子墨子谓公输子曰:"子之为鹊也,不如匠之为车辖。须臾刘三寸之木,而任五十石之重。故所为功,利于人谓之巧,不利于人谓之拙。"

公输子谓子墨子曰:"吾未得见之时,我欲得宋。自我得见之后,予我宋而不义,我不为。"子墨子曰:"翟之未得见之时也,子欲得宋,自翟得见子之后,予子宋而不义,子弗为,是我予子宋也。子务为义,翟又将予子天下。"①

公输般企图以自己精制的战船钩镶与墨子"义之钩"比美,墨子驳斥说,义钩是用仁爱和恭敬制成的,比你作战的钩镶要好得多。你用钩镶去钩住别人,别人也能用钩镶来对付你。互相钩,互相镶,就是互相残害。公输般又制成一只木鹊,放到天空飞了三天,自以为巧妙之极。墨子又批评说,何谓巧妙?有利于人的技术才叫"巧",无利于人的技术叫"拙"。公输盘终于屈服于墨子,最后对墨子说:"我没有见到你的时候,我想得到宋国。自从我见了你之后,给我宋国,假如是不义的,我不会接受。"墨子回答说:"我没有见你的时候,你想得到宋国。自从我见了你之后,给你宋国,假如是不义的,你不会接受,这是我把宋国送给了你。你努力维护义,我又将送给你天下。"

作为人文主义和人道主义崇尚者,墨子热爱和平,反对战争,主张兼爱,倡导非攻,所以总是以道德伦理标准去衡量技艺。这也是当时儒家所倡导的、后来成为中国历史主流的技术观。按照传统儒家道德礼仪要求,工匠之巧拙主要不是决定于其产品的技术含量,而是决定于其产品所显示的道德伦理准则,即所谓"器之善恶"者也。故曰:"修乐以道,己志若能以礼节事,以乐道志,则国治;不尔,则国乱。故治乱可知也。观其器之善恶,而知工匠巧拙;观其人之发动所为,而知其人之

---

① 毕沅校注,吴秀民标点:《墨子》卷13"鲁问""公输",上海古籍出版社,1995年,第199—205页。

有知。礼乐犹是也,礼正而乐和,则知其国治;礼慢而乐淫,则知其国乱也。礼乐者与人相接之具,君子治国谨慎,其所以与人相接者,将以是观也。"①正是这种"以礼节事,以乐道志"的人文道德追求,决定了中国传统技术评价上重道轻器和道器分离的唯道主义取向。所以《考工记》强调说:"百工之事,皆圣人之作也。烁金以为刃,凝土以为器,作车以行陆,作舟以行水,此皆圣人之所作也。"认为能体现圣人道德理想和不朽意志的作品才是最合格的作品。

二、蔑视工巧

王家范先生的《中国历史通论》指出:"进至大一统帝国时代,手工业者,不管是国营还是民营,其社会身份大多仍不能与一般的编户齐民相侔,始终被看低一格。这是与西欧中世纪大异其趣的地方,中国传统社会手工业发展命运之不济,这像是一道难以打破的铁幕。"②

蔑视工匠的世俗观与官本位的价值观严重影响了传统工匠的角色生成和角色转换。即便是创造了重大成果的著名工匠,也很难获得相应的经济报酬及社会地位。工艺创造常常被视为"玩物丧志",技术发明往往被责骂为"奇技淫巧"。这种由小农意识积久而成的歧视工艺的态度,为传统工业技术的发展蒙上了层层阴影,不能不说是中国传统工匠现代转型的一大阻力。严复说:"中国重士,以其法之效果,遂令通国之聪明才力,皆趋于为官。"又说中国"顾功名之士多有,而学问之人难求。"还说中国读书人"非群居于官,觅差求任,则无从衣食。""故鄙人居平持论,谓中国欲得实业人才,如英之大斐(Devy)、法拉第(Farady)、瓦德(James Watt)、德之杜励志(Dreyse)、克鹿卜(Krupp)等,乃为至难。何则? 中西国俗大殊。吾俗之不利实业,犹北方风土之难生橘柚也。"③由于职业观念的限制,实业科技人才最为可贵难得。职业观念是人们在职业追求和选择方面的思想观念,它关系到每个人的前程和自我价值的实现。在分析17世纪英国科学、技术和文化互动关系时,美国学者默顿认为影响科学发展进程的社会文化因素包括人们职业兴趣、爱好及择业观念之转移④。

如果说造成中国传统蔑视工匠职业观的直接原因是传统工匠政治经济地位低下,那么其理论基础则是与中国固有的人生价值选择分不开的。《大学》中以"三纲领"、"八条目"为核心的"内圣外王"之道,是儒家一贯倡导的人格修养之道,也是实现中国传统学者孜孜以求的"三不朽"成就价值的根本途径⑤。这个"内圣外王"之道强调"修身、齐家、治国、平天下"的社会政治目标追求,同时也体现为"重道轻器"的价值取向。这些思想与源远流长的尚农意识和崇本意识融为一体,便铸成"重本轻末"的经济思想与轻视科技、蔑视工匠的世俗观,这从根本上左右着人们对社会职业的认识,并成为技术职业选择的障碍。

特别是清朝前期,传统工匠政治经济地位异常低下,不少工匠死后无钱安葬。整个社会弥漫

---

① 卫湜:《礼记集说》卷62,见《四库全书》第118册,上海古籍出版社,1987年,第314页。
② 王家范:《中国历史通论》,华东师范大学出版社,2000年,第209页。
③ 严复:《严复集》,中华书局,1986年,第29页、第4页、第206页。
④ 参见马来平:《科技与社会引论》第17章"传统职业兴趣观念与科学",人民出版社,2001年,第201页。
⑤ 余同元:《儒家读经教育及其现代启示》,《儒学与全球化》,齐鲁书社,2003年,第420页。

着轻视和蔑视科技之风,把科技知识视为形而下,把发明创造看做邪恶之物。清初的科技发明家戴梓发明火器连珠铳,一次可填发28发子弹,又造出蟠肠枪和威远将军炮,然而清朝最高统治者以骑射为满洲根本,不仅不重用汉人戴梓,反而听信谗言将其充军关外。1792年,英特使马戛尔尼送给乾隆的寿辰礼物中,有天球仪、地球仪、西瓜大炮、铜炮、各种自来火炮、西洋船模型、望远镜等,清廷只将之作为玩好收藏,不明白其中的真正技术功能和科学含义。康熙皇帝对自然科学似乎怀有一点兴趣,其宫廷中罗致一批懂科学的耶稣会传教士,聘请了一些天文家和数学家研究天文数学。但是那些西方科技成果未跨出宫廷一步,只供皇帝个人欣赏把玩。随着康熙末年礼仪之争与闭关锁国政策的再次实行,耶稣会传教士被赶出国门。此后百余年中,西方科学技术的传入和中西文化交流遭到严重阻滞①。

竺可桢先生在《为什么中国古代没有产生自然科学》一文中指出:"据伟大哲学家亚里士多德之意见,生产劳动者不具有公民资格,希腊社会组织为有阶层的,希腊人之奴隶即希腊人之机器,只需奴隶之代价便宜,即不需另觅代替品。反观我国社会情形,亦和希腊相似。孟子谓劳心者役人,劳力者役于人。士大夫阶级是劳心者,而农民苦力是劳力者。这样阶层机构,迄今还存在。长衫阶级以及学农学工的大学生,仍认动手做工为可耻。这种观念不改变,中国自然科学亦难望能发达。"②中国传统工匠的政治经济地位长期处于低下的状态,是江南传统工匠技术转型和角色转换艰难的直接原因,也是中国近现代科学技术落后的一大根源。

三、功利至上

中国文化背景下的科学具有很强的功利色彩。学问就是学做人,做学问先学做人。人们在追求"内圣外王"(南怀瑾先生称作"内明外用")的目标与修齐治平的理想过程中,表现出特别的崇尚功利和济世实用的精神。套用时髦的话说,就是功利最大化。功利最大化的结果是将学问构建成实用的"治术",阻碍了科学理论思维的发展。大体自汉代董仲舒改造儒家思想以后,儒家渐渐变得重"术"而轻"学",学术日益变得少学而多术,学习目的在于通经致用,使科学走向了"术化"和"术数化"。术数即方术,包括传统的预测术、长生术与三教九流杂术等。方技术数盛行现象在明清时期表现得十分突出。

元末明初中国数学出现大变革,主要计算工具由算筹转化为算盘,珠算代替了筹算。珠算较之筹算更加直观实用,这便造成宋代以后中国的"数学中断"。究其原因,徐光启在《同文算指序》中指出:"算数之学,特废于近世数百年间尔。废之缘有二:其一为名理之儒土苴天下之实学;其一为妖妄之术谬言数有神理。""土苴"者,粪草也。中国古代科学中的"术化"和"术数化"应对数学"中断"负重要责任③。

在数学方面,明清时期还在进一步向着实用技术的方向发展。明朝前期吴敬的《九章算法比

---

① 参见《学习时报》编辑部:《落日的辉煌——17、18世纪全球变局中的康乾盛世》(理论版),《光明日报》,2000年6月19日。
② 竺可桢:《为什么中国古代没有产生自然科学》,收入《竺可桢文录》,浙江文艺出版社,1999年。
③ 孙宏安:《中国古代科学教育史略》,辽宁教育出版社,1996年,第23、25、560页。

类大全》就是一部实用性很强的商业算术书。程大位的《算法统宗》则是把应用数学的运算落实到广泛使用的新的计算工具之上。《武备志》是实用的军事技术理论书,《本草纲目》中的本草学在医学范围内应用性质最为明显。

在思维方式上,中国传统思想以主体自身为思维对象,而较少以自然为思维对象,因而表现出伦理本位的思维取向,重人伦而轻物理。针对这一现象,徐光启曾提出重视"形而下"之"器"、"物"的主张,特别提出要学习西方"由数达理"的思维方法。同时,中国传统科学不重视严谨的形式逻辑思维,徐光启认识到西方科学思维对中国传统思维的互补性,因而提出学习"由数达理"之方法。李之藻则称西方科学为"缘数达理",认为"西学不徒论其数而已,又能论其所以然之理"。之所以如此,是因为重形式逻辑推理。"由有形入无形,由固性达超性",是中国"千古以来所未有者"①。16世纪至18世纪初,西方自然科学传入中国。但为什么没有学到西方"由数达理"与"缘数达理"的研究方法,反而进一步朝着实用主义的方向走下去呢?原因在于明末清初的社会文化背景发生了变化,或者说是时代发展的共性与民族发展的个性相互作用彼此激荡的结果②。

16—17世纪欧洲产生了科学革命,由哥白尼发起了天文学革命(1543年),自伽利略起至牛顿创立了经典力学理论体系,奠定了近代科学方法论原则。特别是实验方法、数学方法和演绎法的运用,成了近代科学和古典科学的根本分野。

而中国的明朝末年,虽然经济领域有资本主义因素的较大发展,思想上既有王学的盛行又有对王学的深刻批评,并且出现了东林党人那样的家事、国事、天下事事事关心的知识分子群体,但同时却出现了严重的社会危机——即体现阶级矛盾的农民大起义与体现长城内外农、牧民族矛盾的边民边兵大起义——张献忠、李自成、努尔哈赤等三位明朝九边边兵起兵造反③。为救亡图存,知识分子便致力于经世致用的学问,实用主义更有了进一步发展的理由。朱舜水说:"昔有良工能于棘端沐猴,耳目口鼻宛然,毛发咸具。此天下古今之巧匠也,若使不佞目眩玄黄,忽然得此,则必抵之沙砾矣……何也?工虽巧,无益于世用也。"故主张"为学当有实功,有实用"④。晚清又一次大规模的西学东渐,但又一次伴随着严重的社会危机一起到来,时代共性与民族个性再次碰撞。当务之急又要富国强兵,而且要急速地实现这一切,最需要的是能生产机器和制造枪炮的实用技术,即所谓"师夷长技以制夷"是也。虽然科学的精神开始传入,但实用主义不但没有退减之势,反而在"中体西用"的新潮中获得了发展的动力⑤。

中国主流学者缺乏"为学术而学术"精神,这是与西方学术的重要差异。中国传统学术强调致用,为学在于明道,在于经世,必然视学术为手段,势必导致学术依附于政治。历史学家傅斯年曾云:"中国学人,好谈致用,其结果乃至一无所用。学术之用,非必施于有政,然后谓之用。凡所以

---

① 李申:《中国古代哲学和自然科学》,上海人民出版社,2002年,第860—862页。
② 余同元:《论清末历史发展中的时代共性与民族个性》,《传统文化研究》,2004年第12辑。
③ 余同元:《历史争议人物张献忠》第3—10页;《王朝鼎革与英雄悲歌》第66—70、101—112页。
④ 李申:《中国古代哲学和自然科学》,上海人民出版社,2002年,第860—862页。
⑤ 余同元:《清朝通史》光绪宣统卷序言,见朱诚如总主编多卷本《清朝通史》第13册,紫禁城出版社,2003年,第1—23页。

博物广闻,利用成器,启迪智慧,镕陶德性,学术之真用存焉。中国学人,每以此类之大用为无用,而别求其用于政治之中。……但就政学言之,政学固全在乎致用者。历来谈政之士,多为庞大之词,绝少切时之论;宋之陈同甫叶水心,清之龚定庵魏默深,皆大言炎炎,凭空发抒,不问其果能见诸行事否也。"因此,傅斯年强调应该注意者为:"第一、宜知学问之用,强半在见于行事,而施于有政者尤希;第二、宜于致用之道,审之周详,勿复汗漫言之,变有用为无用也。"①

  理论研究是技术创新的基础,西方学者曾认为古代中国没有真正的科学,缺乏科学生存的内在性土壤和从事理论研究的真正的科学兴趣,其实是"西方中心论"者的错误看法。传统产业技术理论化是东西方近代科学产生的共同途径,更是中国匠人习艺名志在不朽的信仰与追求的必然结果。中国传统工业技术理论化和科学化进程之开启时间与西方不相上下,只是到清代(特别是清代中、后期)发展转入缓慢。究其主要原因,除了落后的社会政治制度阻碍以外,还在于宋明以来由学界兴起的实用主义与功利主义这对孪生兄弟,它们迅速成长并相伴而行,由学术渗透到社会政治、经济各个方面,表现为改革派、革命派共有的渴于求变、焦于求治和急于求成等系列做法,共同构筑急功近利的高楼广厦,在较大程度上阻碍了中国产业技术科学理论化进程。

---

① 傅斯年:《中国学术思想界之基本误谬》,《新青年》第 4 卷第 4 号,1918 年 4 月 15 日。

附　录

附录一　附表目录

附表1：20世纪20年代前中国历代工业科技文献统计总表

总号	分类号	书名及卷数	成书时间	内容	著者	籍贯	职务	版本
1	冷兵器1	神机制敌太白阴经·战具	唐代	军器制造	李筌	陇西	仙州刺史	《中国兵书集成》
2	2	行兵攻具图	宋代	军器图	佚名			《宋史·艺文志》
3	3	武经总要·器图	宋仁宗	军器图	曾公亮	晋江	贤殿大学士	《四库全书》
4	4	弩守书	宋神宗	弩箭	姚宽	嵊县	户部员外郎	《绍兴府志·经籍志》
5	5	翠微先生北征录·弓制	南宋末	弓箭制作	华岳	贵池		《中国兵书总目》
6	6	利器图考	明中期	军器图	何良臣	余姚	游击将军	《阵纪》
7	7	车剑篇	嘉靖	刀剑	俞大猷	泉州	都督同知	《尊经阁》
8	8	利器解	万历廿八年	军器	温编		卫指挥佥事	《历代兵书目录》
9	9	武库制造录前后集	崇祯	军器	佚名			华师大藏抄本
10	10	武备志·军资乘	崇祯	军器	茅元仪	归安	副总兵	《中国兵书集成》
11	11	军器图说	崇祯八年	军器图	毕懋康	歙县	右佥都御史	《四库禁毁书丛刊》
12	12	弩考	明末	弓箭	孙堪	慈溪		《千顷堂书目》
13	13	军器图说	明代	军器图	傅廷藻			《骊珠武经大全》
14	14	军器图说	明代	军器图	朱铮			《禁书总目》
15	15	三戎记	明末清初	弓箭	郭宗昌	华州		《中国兵书总目》
16	16	钦定军需则例	乾隆	军器	阿桂	正蓝旗	大学士	《清代兵事典籍档册汇览》
17	17	钦定工部军器则例	乾隆	军器	刘权之	长沙	督安徽学政	《中国兵书总目》
18	18	兵部军器则例	乾隆	军器	董诰	富阳	《四库》副总裁	《故宫珍本丛刊》
19	19	皇朝礼器图式·卷14	乾隆三十一年	军器	允禄	北京	总理事务大臣	《四库全书》
20	23	军需全备	嘉庆	军器制造	佚名			《中国兵书总目》
21	20	弧矢谱	清代	弓箭制作	佚名			《虞山钱遵王藏书目录汇编》
22	21	兵器图说	清代	军器图	佚名			军事科学院藏抄本
23	22	兵器图谱	清代	军器图	佚名			《中国兵书总目》

24	火器1	武经总要前集	北宋康定中	火药火器	曾公亮	晋江	端明殿学士	《四库全书》
25	2	守城录	南宋初	管型火器	陈规	安丘	德安知府	《四库全书》
26	3	火龙神器阵法	洪武	火器	刘应瑞			清钞本
27	4	火龙经全集	永乐	火器	焦玉	东宁		清咸丰七年南阳石室重刻本
28	5	火龙经一集	永乐	火器	焦玉	东宁		清咸丰七年南阳石室重刻本
29	6	火龙经二集	永乐	火器	刘基	青田	诚意伯	清咸丰七年南阳石室重刻本
30	7	火龙万胜神药图	永乐	火攻水战器	佚名			《虞山钱遵王藏书目录汇编》
31	8	火龙阵图阴符说	永乐	火器	焦玉	东宁		旧钞本
32	9	火龙神器阵法	永乐	火器	焦玉	东宁		清道光二十年陔华吟馆翁心存钞本
33	10	武编·前集	嘉靖三十八年	火器	唐顺之	武进	凤阳巡抚	《四库全书》
34	11	纪效新书	嘉靖三十九年前后	火器	戚继光	蓬莱	太子太保	《四库全书》
35	12	筹海图编	嘉靖四十一年	火器	郑若曾	昆山	贡生	中华书局2007年李致忠点校本
36	13	两浙兵制·卷2	嘉靖	火器	侯继国	金山卫	指挥使	《台湾文献丛刊》
37	14	火攻秘诀	嘉靖	火器	戚继光	蓬莱	太子太保	《五火玄机》
38	15	江南经略·卷8	隆庆二年	火器	郑若曾	昆山	贡生	《四库全书》
39	16	神器谱或问	万历二十六年	火器	赵士桢	乐清	鸿胪寺主簿	玄览堂丛书本
40	17	备边屯田车铳议	万历二十六年	火器	赵士桢	乐清	鸿胪寺主簿	玄览堂丛书本
41	18	备边屯田车铳图	万历二十六年	火器	赵士桢	乐清	鸿胪寺主簿	《玄览堂丛书》
42	19	车铳图	万历二十六年	火器图	赵士桢	乐清	鸿胪寺主簿	《艺海丛书》
43	20	神器谱	万历二十六年	火器	赵世桢	乐清	文华殿中书	《千顷堂书目》
44	21	登坛必究·卷29	万历二十七年	火器	王鸣鹤	淮阴	骠骑将军	《续修四库全书》
45	22	兵录·卷11—13	万历三十四年	西洋火器	何汝宾	苏州	都督佥事	《四库禁毁书丛刊》

46	23	续神器谱	万历二十七年	火器	赵世桢	乐清	文华殿中书	《玄览堂丛书》
47	24	利器图考	万历	火器图	何良臣	余姚	游击将军	《阵纪》
48	25	火攻答	万历	火器	王鸣鹤	淮阴	骠骑将军	《兵鉴全集》
49	26	增订武备新书	万历	十四卷讲火器	戚继光	蓬莱	太子太保	明万历刊本
50	27	五火玄机	万历	火器技术	陈喆	江宁		明万历二十八年钞本
51	28	火器图	万历	火器图	顾斌	晋江	蜀府左长史	《世界兵器图鉴》
52	29	武备志·军资乘	天启元年	火器图	茅元仪	归安	副总兵	《续修四库全书》
53	30	喻子秘书兵衡	天启三年	火器	喻龙德	豫章		《四库禁毁书丛刊》
54	31	经武全编	天启	火器	孙元化	嘉定	巡抚登莱	《明史·艺文志》
55	32	火攻纪要	天启	火药火器	曹飞			《火攻阵法》
56	33	兵机要诀	天启	火药法	徐光启	上海	礼部尚书	莫文骅藏
57	34	火器图说	天启	火器图	胡宗宪	绩溪	巡按御史	《武备全书》
58	35	秘刻武略神机火药	天启	火器	胡宗宪	绩溪	巡按御史	明天启元年茅氏刻印本
59	36	练兵纪效	天启	火药	佚名			明钞本
60	37	守城制器疏稿	崇祯二年到崇祯四年	火器	徐光启	上海	大学士	《徐光启集》
61	38	西法神机	崇祯五年	西方火器	孙元化	嘉定	巡抚登莱	清光绪二十八年刊本
62	39	军器图说	崇祯八年	火器图	毕懋康	歙县	南京户部右侍郎	《四库禁毁丛刊》
63	40	火攻挈要	崇祯十六年	火器	汤若望口述,焦勖整理	宁国		《丛书集成初编》
64	41	火龙经三集	崇祯	火器	茅元仪	归安	副总兵	清咸丰七年南阳石室重刻本
65	42	经世挈要·卷12	崇祯	火药	张燧,字仲和	湘潭	国子监	明崇祯六年傅昌辰刻本
66	43	挈要登坛必究兵录大成	崇祯	火攻	宋祖舜			明崇祯八年刊本
67	44	城守筹略	崇祯	火器	钱栴	武水		明崇祯十七年钱默当刊本
68	45	东嘉神器谱	崇祯	火药火器	程宗猷	徽州休宁	武术家	《历代兵书目录》
69	46	兵镜·卷11	崇祯	火器用法	吴惟顺	新都		《四库禁毁书丛刊》
70	47	续神器谱	崇祯	火药火器	佚名			《赵定宇书目》
71	48	武备三大秘书	崇祯	武备火攻	施永图	秀水		《四库禁毁书丛刊》

72	49	新编张靖峰家藏火攻急务韬略世法	崇祯	火器	张皇威			《武书大全新编韬略世法》
73	50	葛仙神火略	崇祯	火器	焦玉	东宁	东宁伯	清钞本
74	51	火龙神书	崇祯	火器	焦玉	东宁	同上	清钞本
75	52	海外火攻神器图说	崇祯	火器	焦玉	东宁	同上	清刻本
76	53	利器解	崇祯	火器	温纶			《历代兵书目录》
77	54	管斑录	崇祯	火器	佚名			清钞本
78	55	军器图说	崇祯	火药图	傅廷囍			《骊珠武经大全》
79	56	军器图说	崇祯	火药图	朱铮			《禁书总目》
80	57	火器大全	崇祯	火器	佚名			《虞山钱遵王藏书目录汇编》
81	58	秘刻武略神机火药妙卷	崇祯	火药火器	胡心廷			《胡氏三书合刻》
82	59	火药妙品	崇祯	火药火器	佚名			《徐氏红雨楼书目》
83	60	火器图说	崇祯	火器图	黄庄甲			《千顷堂书目》
84	61	武备新书	明末	火器	谢三宾	宁波		《武备新书十种》
85	62	武备要略·卷2	明代	火器总论	程子颐			《四库禁毁丛刊》
86	63	火攻	明代	火器	止止道人			此书见东宁焦玉《元戎济阵风雷集序》
87	64	洴澼百金方·制器第四	清初	火炮等	佚名			咸丰五年恬爱吾庐珍刊本
88	65	戊笈谈兵·卷10	清初	火器	汪绂	婺源	诸生	《中国兵书集成》
89	66	治平胜算全书·卷15、卷21	清雍正二年	火器	年羹尧	镶黄旗	抚远大将军	《续修四库全书》
90	67	皇朝礼器图式·卷16	乾隆三十年	御用火器	允禄		总理事务大臣	《四库全书》
91	68	钦定工部军需则例	乾隆五十八年	火器	阿桂	满洲	大学士	《续修四库全书》
92	69	钦定兵部军器则例	嘉庆二十一年	军器制造	董诰	富阳	大学士	《续修四库全书》
93	70	钦定工部军器则例	嘉庆十六年	铜铁炮铳	刘权之	长沙	翰林院侍讲	《续修四库全书》
94	71	铸炮说	道光二十年	新式火炮	汪仲洋	成都	钱塘知县	收入魏源《海国图志》
95	72	西洋自来火铳制法	道光二十年	火器	丁守存	日照	广平防务	收入魏源《海国图志》
96	73	铁模图说	道光二十二年	铸炮	龚振麟	长州	嘉兴县丞	收入魏源《海国图志》

97	74	平海心筹·卷上	道光二十三年	火器	林福祥	香山	浙江布政使	1960年广州古籍书店油印本
98	75	用地雷法	道光	地雷用法	丁守存	日照	广平防务	清道光二十二年本
99	76	西洋器艺杂述	道光	西方火器	魏源	邵阳	高邮知州	清道光二十二年刊本
100	77	枢机炮架新式图说	道光	火器图	龚振麟	长洲	监生	清道光二十二年刊本
101	78	攻船水雷图说	道光	水雷图	潘仕成	广州	兵部侍郎	清道光二十三年海山仙馆初刊本
102	79	铸枪图说	道光	火器图	潘廷辉	南海		清道光二十五年钞本
103	80	炸弹飞炮说	道光	火器	黄冕	湖南	署常州府	清道光二十五年刊本
104	29	地雷图说	道光	地雷图	黄冕	湖南	同上	清道光间刊本
105	81	造化究原	道光	军器制造	丁守存	日照	军机章京	《中国兵书总目》
106	82	防守集成·卷9、卷10	咸丰	火器制作	朱璐	江苏	进士	《四库未收书辑刊》本
107	83	火器略说	同治	西方火器	黄达权	岭南		清光绪十年敦怀书屋刊本
108	84	兵镜类编·卷21、39、40	光绪九年	火炮诸法	李蕊	广州		光绪十年宝庆务本书局刻本
109	85	炮法图解	光绪	火器图	丁乃文	钱塘		清光绪五年金陵算学局刻本
110	86	枪法准绳	光绪	火器	吴大徵	吴县		清光绪九年江西书局刊本
111	87	火器真诀释例	光绪	火器	李善兰	海宁	总理衙门	清光绪十年湖北抚署刊本
112	88	连珠炮操法	光绪	火器	佚名			光绪十一年天津机器局活字印本
113	89	海战用炮说	光绪	火器	佚名			光绪十一年天津机器局活字印本
114	90	鱼雷图解秘本	光绪	鱼雷图	佚名			光绪十一年天津机器局铅本
115	91	毛瑟枪图解	光绪	火器图	顽民			光绪十一年影印本
116	92	克虏伯电光瞄准器具图说	光绪	火器	佚名			清光绪十六年天津水师学堂刊本
117	93	水雷电器问答	光绪	水雷	王平	天津	鱼雷艇管带	清光绪十六年刊本
118	94	鱼雷图说	光绪	鱼雷图	黎进贤			清光绪十六年天津机器局石印本
119	95	洋枪练法	光绪	火器	颜君			清光绪十七年刻本
120	96	子药图说	光绪	火器图	关钟崝	郝乡		清光绪十七年天津石印本

121	97	火器测远图说	光绪	火器图	方恺	德清	国子监典簿	清光绪间刊本
122	98	炮法撮要	光绪	火器	董祖修			清光绪十七年刊本
123	99	火器真诀解证	光绪	火器	沈善蒸	桐乡		清光绪十八年刻本
124	100	克虏伯四磅后膛炮操法	光绪	火器	佚名			清光绪二十年宁绍台署刊本
125	101	炮说	光绪	火器	许文峰			清光绪二十年刊本
126	102	炮说	光绪	火器	陆桂星		候补知府	清光绪二十年刊本
127	103	火器命中	光绪	火器	梅鼎	宣城		清光绪二十四年刊本
128	104	武侯火器图说	光绪	火器图	胡林翼	益阳	湖北巡抚	《兵法七种》本
129	105	水雷撮要	光绪	水雷技术	陆汝成			清光绪三十年刊本
130	106	炮学六种	光绪	发炮法等	赵镜波			光绪三十二年北洋陆军编译局石印本
131	107	考空气炮工记	光绪	火器	傅云龙	德清	兵部郎中	清光绪间刊本
132	108	火炮量算通法	光绪	火器	张秉枢			清光绪间陕西味经书院刊本
133	109	火器新术	光绪	火器	黄方庆	福建		清光绪间黄岩喻氏刻本
134	110	火器要言	光绪	火器	宜今室			清光绪间刊本
135	111	火器考	光绪	火器	陈寿彭	侯官		清光绪间求是报馆刊本
136	112	改造兵器制造学	清宣统	火药	佚名			清宣统二年军官学堂石印本
137	113	中西火法	清代	西方火器	薛凤祚	益都		《重修清史艺文志》
138	火药1	诸家神品丹法·伏火硫黄法	唐初	火药			孙思邈	华原
139	2	太平御览·药部四·石硫磺;硝石	宋太宗	火药	李昉	饶阳	参知政事	《四部丛刊》
140	3	癸辛杂识前集.炮祸	宋理宗	火药	周密	吴兴	帅司幕官	《历代史料笔记丛刊》
141	4	纪效新书·火药解	嘉靖三十九年	火药	戚继光	登州	左都督	《戚继光研究丛书》
142	5	火龙经	嘉靖万历	火药	焦玉	东宁		北京图书馆藏清南阳石室刻本
143	6	火龙神器阵法	嘉靖万历	火药	焦玉	东宁		北京图书馆藏明末抄本
144	7	海外火攻神器图说	嘉靖万历	火药	焦玉	东宁		北京图书馆藏清咸丰三年刻本
145	8	火攻答	万历二十七年	火药	王鸣鹤	淮安	南京右府都督佥事	《兵鉴全编》
146	9	制火药法	崇祯十二年	火药	徐光启	上海	大学士	《国学基本丛书》

147	10	则克录	崇祯十七年	火药	焦勖	宁国		《海山仙馆丛书》
148	11	火药妙品	崇祯	火药	佚名			《徐氏红雨楼书目》著录
149	12	秘刻武略神机火药钞卷	崇祯	火药	胡心廷			《胡氏三书合刻》
150	13	祝融佐理	崇祯	火药	佚名			《火攻挈要序》著录
151	14	西洋火攻图说	明末	西洋军器	张熹	钱塘		《千顷堂书目》
152	15	增补则克录	咸丰元年	火药	丁拱辰	晋江	候补县丞	泉州图书馆藏咸丰刻本
153	16	子药准则	光绪十四年	火药	丁乃文	钱塘		江南制造局排印本
154	17	阿墨士庄子药图说	光绪十六年	火药	佚名			天津水师学堂刻本
155	18	火药问答	光绪	火药	邹凌沅	高安		《通学斋丛书》
156	19	火龙经集证	宣统	火药	佚名			北大图书馆藏抄本
157	20	火龙神书	宣统	火药	佚名			北京图书馆藏抄本
158	车船1	船样	宋代	船只建造	制置司			原书已佚
159	2	漕船志·船式	嘉靖	漕船建造	席书	遂宁	礼部尚书	《淮安文献丛刻》
160	3	漕运通志·漕船表	嘉靖	漕船建造	杨宏、谢纯			《淮安文献丛刻》
161	4	南船纪	嘉靖二十年	造船	沈啓	吴县	南京工部营缮司主事	《续修四库全书》
162	5	船政	嘉靖二十五年	修造船	南京兵部车驾司	南京		《续修四库全书》
163	6	龙江船厂志	嘉靖三十二年	造船	李昭祥	上海	南京工部主事	《续修四库全书》
164	7	洗海近事	隆庆	造船	俞大猷	晋江	都督同知	《正气堂集》
165	8	图书编·古今漕船总论	万历	漕船修造	章潢	南昌	顺天训导	《四库全书》
166	9	漕船经制疏	万历	漕船修造	汪宗伊	崇阳	吏部尚书	《古今图书集成》
167	10	使琉球录·造舟	万历	造船	萧崇业	建水	右佥都御史	《台湾文献丛刊》
168	11	使琉球录·造舟	万历	造船	夏子阳	玉山	兵部给事中	《台湾文献丛刊》
169	12	船政新书	万历十六年	造船	倪涷	上虞	南京兵部车驾司员外郎	《续修四库全书》
170	13	通漕类编	明末	造船	王在晋	太仓	刑部尚书	《四库全书存目丛书》
171	14	金汤借箸十二筹·舟制	明末	造船	李盘	扬州		《粤雅堂丛书》
172	15	北新关志	雍正	船谱讲造船	许梦闳	正白旗	江宁织造	国家图书馆藏雍正九年刻本

173	16	台海使槎录·赤嵌笔谈	雍正	海船	黄叔璥	顺天府	巡台御史	台北大通书局，1984年，苏州大学图书馆藏
174	17	洴澼百金方·舟制	乾隆	造船	惠麓酒民	无锡		《续修四库全书》
175	18	车制考	乾隆	车制	钱坫	嘉定	副贡	《续修四库全书》
176	19	考工记车制图解	乾隆	车制	阮元	仪征	大学士	《续修四库全书》
177	20	考工释车	乾隆	车制	张象津	新城	济宁学正	《白云山房集》
178	21	舟师绳墨	乾隆三十七年	造船	林君陞	同安	广东提督	《续修四库全书》
179	22	轮舆私笺	清中期	车制	郑珍	遵义	道光举人	《续修四库全书》
180	23	浙江海运全案初编	道光	海船修造	黄宗汉	晋江	浙江按察使	同治六年刻本
181	24	江苏海运全案	道光	海船修造	贺长龄	善化	江苏按察使	道光六年刻本
182	25	川船记	道光	造船	谢鸣篁	南丰		《赐砚堂丛书新编》
183	26	江苏省内河外海战船则例	清代	内河战船				《清代匠作则例》
184	27	钦定江苏省内河战船则例	清代	外海战船				《清代匠作则例》
185	矿冶1	地镜图	南朝	找矿法	佚名			《说郛》
186	2	宝藏论	辽神册三年	矿物鉴别	飞霞子			已佚
187	3	浸铜要略	北宋哲宗	取铜技术	张潜	德兴		《宋史·艺文志》
188	4	岭外代答	淳熙五年	金石门讲矿冶	周去非	永嘉		《丛书集成初编》
189	5	浸铜要略序	元末明初	铜矿水提取	危素	金溪	参知政事	《危学士集》
190	6	铁冶志	正德	遵化铁厂	傅浚	南安	工部郎中	《四库全书》
191	7	古器具名	万历	古器具绘图	胡文焕	钱塘		《格致丛书》
192	8	诸器图说	天启	器具图说	王徵	泾阳	扬州府推官	《四库全书》
193	9	寂园杂记	明中期	卷14讲铜冶	陆容	太仓	浙江右参政	《寂园丛书》
194	10	远西奇器图说	明末	西方器具	邓玉函、王徵译	瑞士	王徵，进士	《丛书集成初编》
195	11	矿厂采炼篇	乾隆、嘉庆	采矿冶炼	王崧	浪穹	武乡县令	收入《滇南矿厂图略》后
196	12	滇海虞衡志·志金石	乾隆、嘉庆	矿物开采	檀萃	望江	禄劝知县	《丛书集成初编》
197	13	自鸣钟表图说	嘉庆十四年	钟表结构	徐朝俊	松江	贡生	《高厚蒙求》

198	14	云南铜志	嘉庆	铜矿冶炼	戴瑞征	呈贡	巡检	国家图书馆藏抄本
199	15	铜政便览	嘉庆、道光	铜矿冶炼				《续修四库全书》
200	16	采铜炼铜记	清中期	铜矿冶炼	倪慎枢	松江		收入《滇南矿厂图略》
201	17	滇南矿厂图略	道光	矿厂冶炼	吴其濬	固始	兵部侍郎	《续修四库全书》
202	18	矿政辑略	清末	矿物鉴别	刘岳云	宝应	绍兴知府	光绪二十九年石印本
203	19	凫氏为钟图说	清代	钟铸造	郑珍	遵义	县学教谕	《续修四库全书》
204	20	凫氏为钟图说补义	民国	钟铸造	陈矩	不详		《灵风草堂丛书》
205	陶瓷1	窑变	南宋绍兴	出窑技术	周辉	钱塘		《知不足斋丛书》
206	2	陶记	南宋	瓷器	蒋祈	景德镇		收入《浮梁县志》
207	3	格古要论·古窑器论	洪武二十年	瓷窑	曹昭	松江		《四库全书》
208	4	江西大志·陶书	嘉靖	瓷器	王宗沐	临海	南京中军都督府	《中国陶瓷古籍集成》
209	5	阳羡茗壶系	万历崇祯	紫砂	周高起	江阴		《中国陶瓷古籍集成》
210	6	定窑鼎记	崇祯	定窑	姜绍书	丹阳	南京工部郎	《韵石斋笔谈》
211	7	舜为陶器	明末	陶瓷	田艺衡	钱塘		《留青日札》
212	8	阳羡名壶系	明末清初	宜兴陶器	周高起	江阴		《檀几丛书》
213	9	西江志·烧造大端	康熙间	瓷器	白潢	汉军镶白旗	大学士	《中国陶瓷古籍集成》
214	10	陶冶图说	雍正乾隆	瓷器	唐英	沈阳	景德镇督陶官	《中国陶瓷古籍集成》
215	11	江西通志·陶政	雍正乾隆	瓷器	唐英	沈阳	景德镇督陶官	清光绪刻本
216	12	古窑器考	乾隆	瓷器	梁同书	钱塘	侍讲学士	《古铜瓷器考》
217	13	陶说	乾隆	瓷器	朱琰	海盐	知县	《万有文库》
218	15	阳羡名陶录	乾隆	紫砂陶器	吴骞	海宁	诸生	上海古籍出版社1996年
219	16	南窑笔记	乾隆	瓷器	佚名			《中国陶瓷古籍集成》
220	17	饶州府志·陶厂	同治	饶州瓷器	不详	饶州		江苏古籍出版社1996年
221	18	江西通志·御器厂	光绪	瓷器		江西		《中国陶瓷古籍集成》
222	19	茗壶图录	光绪	紫砂陶器	奥玄宝	日本		《中国陶瓷古籍集成》
223	20	景德镇陶录	清代	瓷器	蓝浦	景德镇		国家图书馆藏本
224	21	成宣窑器	清代	瓷器	王棠	歙县		《知新录》
225	22	景德镇陶歌	清代	瓷器	龚鉽	南昌	候选教谕	《中国陶瓷古籍集成》
226	23	窑器说	清代	瓷器	程哲	歙县		《中国陶瓷古籍集成》
227	24	浮梁陶政志	清代	瓷器	吴允嘉	钱塘		《中国陶瓷古籍集成》
228	25	陶雅	清代	瓷器	陈浏	丹徒	盐法道	《寂园丛书》
229	26	杯史	清代	瓷器	陈浏	丹徒	盐法道	《寂园丛书》
230	27	窑民行	清代	瓷器	沈嘉征		浮梁知县	收入《浮梁县志》
231	28	饮流斋说瓷	民国四年	瓷器	许之衡	番禺		《美术丛书》
232	29	哥窑谱	民国初年	陶瓷	冒广生	如皋		《如皋冒氏丛书》

233	30	竹园陶说	民国十四年	陶器	刘子芬	清梅		《美术丛书》
234	31	唐陶史札记	民国	陶器	叶瀚	歙县		《晚学庐丛稿》
235	32	瓷史札记	民国	瓷器	叶瀚	歙县		《晚学庐丛稿》
236	建筑1	梓人传	唐后期	木工技艺	柳宗元	河东	州刺史	《柳河东文集》
237	2	木经	北宋初年	营造	喻皓	杭州	都料匠	《说郛》
238	3	营造法式	北宋末年	营造	李诚	管城	将作少监	《万有文库》
239	4	元内府宫殿制作	明初	宫殿制作	佚名	不详	不详	《文渊阁书目》
240	5	故宫遗录	洪武初年	宫殿规制	萧洵	吉水	工部郎中	《丛书集成初编》
241	6	洪武京城图志	洪武二十八年	城市规划	王俊华	不详	詹事府右春坊右赞善	《北京图书馆古籍珍本丛刊》
242	7	造砖图说	嘉靖年间	金砖烧造	张问之	庆云	苏州督办	《四库全书》史部·政书类存目二
243	8	修城	嘉靖	城池修筑	吕坤	宁陵	刑部左侍郎	《吕新吾全集》
244	9	两京鼎建记	万历	宫殿建造	贺仲轼	获嘉	进士	《丛书集成初编》
245	10	冬官纪事	万历	皇宫修缮	贺仲轼	获嘉	进士	《宝颜堂秘笈》
246	11	缮部纪略	万历	营缮	郭尚友	潍县	户部尚书	《续修四库全书》
247	12	两宫鼎建记	万历	修缮皇宫	贺仲轼	获嘉	进士	《丛书集成初编》
248	13	南京工部志	天启	工部典制	朱长芳	上海	南京国子监生	《四库全书》史部·职官类存目
249	14	工部厂库须知	天启	明工部规则	何士晋	宜兴	巡抚广东	《续修四库全书》
250	15	工师雕斫正式鲁班木经匠家镜	明末	木作	佚名	江南	不详	《续修四库全书》
251	16	一家言·居室器玩部	明末清初	房舍家具	李渔	兰溪	秀才	上海科学技术出版社，1984年
252	17	天府广记	清初	城池建置	孙承泽	益都	吏部左侍郎	《续修四库全书》
253	18	庙制图考	康熙	庙制营造	万斯同	鄞县	不详	《四库全书》
254	19	工程作法则例	雍正	官式工程作法	允礼	北京	果毅亲王	《续修四库全书》
255	20	钦定工部则例	雍正	官式工程作法	史贻直	溧阳	吏部尚书	《故宫珍本丛刊》
256	21	钦定工部续增则例	雍正	官式工程作法	史贻直	溧阳	吏部尚书	《故宫珍本丛刊》
257	22	工部简明做法册	雍正	官式工程作法	允礼	北京	果毅亲王	《清代匠作则例》

258	23	工部工程做法则例	乾隆四年	官式建筑做法	雷发达等	建昌	居江陵	内府藏本
259	24	内廷工程做法	乾隆	内廷工程做法	会同内务府			《故宫珍本丛刊》
260	25	工段营造录	乾隆	工程作法	李斗	仪征	诸生	上海科学技术出版社,1984年
261	26	物料价值则例	乾隆三十二年	工程建设材料	陈宏谋	临桂		国家图书馆藏本
262	27	工部简明做法则例	清中期	官式工程作法	清工部			《故宫珍本丛刊》
263	28	钦定工部则例	嘉庆	官式工程作法	曹振镛	新安	武英殿大学士	《故宫珍本丛刊》
264	29	砖坝成案	嘉庆	水利	栗毓美	浑源	河道总督	《续修四库全书总目提要稿本》
265	30	钦定总管内务府现行则例	清中期	内廷工程做法	清工部			《故宫珍本丛刊》
266	31	圆明园工程则例	清中期	工程作法				抄本
267	32	圆明园工程则例	清中期	工程作法				抄本
268	33	圆明园转轮藏开花献佛木作定例	清中期	佛作做法				抄本
269	34	万寿山工程则例	清中期	工程作法				抄本
270	35	热河工程则例	清中期	工程作法				抄本
271	36	总管内务府现行则例	咸丰二年	内务府条例	裕诚	满洲镶黄旗	大学士	《故宫珍本史料丛刊》
272	37	钦定工部则例	光绪九年	官式工程做法	文煜	满洲正蓝旗	江宁政使	蝠池书院出版有限公司,2004年
273	38	工程备要随录	光绪十八年	官式工程做法				抄本
274	39	算房图稿	晚清	官式工程算法	清代算房			《续修四库全书总目提要稿本》
275	40	惠陵工程备要	光绪	惠陵工程做法	延昌			惠陵工程处编写本
276	41	光绪辛丑筸路等处工程档案	光绪	工程做法				《续修四库全书总目提要稿本》
277	42	工程摘要	清代	官式工程做法	佚名	不详	不详	《续修四库全书总目提要稿本》

278	43	圆明园殿座做法册	清代	工程做法	佚名	不详	不详	《续修四库全书总目提要稿本》
279	44	独乐寺行宫工程丈尺做法	清代	工程做法	佚名	不详	不详	《续修四库全书总目提要稿本》
280	45	帝阙城垣规制	清代	官式工程做法	佚名	不详	不详	《四库未收书辑刊》
281	46	钦派承修三坛工程奏咨全卷	清代	官式工程做法	佚名	不详	不详	抄本
282	47	琉璃瓦料做法	清代	瓦料做法	佚名	不详	不详	《续修四库全书总目提要稿本》
283	48	万寿点景工程做法	清代	工程做法	佚名	不详	不详	《续修四库全书总目提要稿本》
284	49	清代匠作则例	清代	木作工程做法				大象出版社陆续出版
285	50	地宫作法	清代	地宫营造				《四库未收书辑刊》
286	51	营造法原	民国初年	营造	姚承祖	吴县		民国初年刊本
287	堪舆1	相地骨经	汉代	建筑堪舆	青鸟子			《居家必备》
288	2	青鸟先生葬经	汉代	建筑堪舆	青鸟子			《小十三经》
289	3	地理存菁	西晋	建筑堪舆	郭璞	闻喜	丹阳参军	民国九年版
290	4	葬经	西晋	建筑堪舆	郭璞	闻喜	丹阳参军	《地理大全一集》
291	5	古本葬经	西晋	建筑堪舆	郭璞	闻喜	丹阳参军	《津逮秘书第四集》
292	6	曾氏水龙经校	后梁	堪舆	曾文迪	雩都		《地理真诀卷一》
293	7	青囊叙	后梁	堪舆	曾文迪	雩都		《杨曾地理元文四种》
294	8	杨公倒杖法	唐僖宗	建筑堪舆	杨救贫	窦州	光禄大夫	抄本
295	9	撼龙十卷	唐僖宗	建筑堪舆	杨救贫	窦州	光禄大夫	《菊逸山房地理正格》
296	10	疑龙三卷	唐僖宗	建筑堪舆	杨救贫	窦州	光禄大夫	《菊逸山房地理正格》
297	11	葬法倒杖十二法	唐僖宗	建筑堪舆	杨救贫	窦州	光禄大夫	《四库全书》
298	12	杨公金函经删定	唐僖宗	建筑堪舆	杨救贫	窦州	光禄大夫	《地理真诀卷一》
299	13	青囊奥语	唐僖宗	建筑堪舆	杨救贫	窦州	光禄大夫	《四库全书》
300	14	天玉经	唐僖宗	建筑堪舆	杨救贫	窦州	光禄大夫	《四库全书》
301	15	灵城精义	南唐	建筑堪舆	何博			《四库全书》
302	16	地理正经	唐代	建筑堪舆	无着禅师	永嘉		抄本
303	17	地理铁案	宋哲宗	建筑堪舆	司马头陀	南康		清光绪五年版
304	18	赖公葬法秘旨	宋徽宗	建筑堪舆	赖文俊	定南		抄本
305	19	赖刘越中钳记	宋徽宗	建筑堪舆	赖文俊	定南		抄本

306	20	浙中钳记	宋徽宗	建筑堪舆	赖文俊	定南		抄本
307	21	地记国说	宋徽宗	建筑堪舆	赖文俊	定南		抄本
308	22	地理骊珠	南宋光宗	建筑堪舆	张沄	吴兴		《檀几丛书第四帙》
309	23	扒砂经	宋代	建筑堪舆	廖禹	宁都		明万历四十二年
310	24	地理玉髓经	宋代	建筑堪舆	张子微			《续修四库全书》
311	25	地钳杂记	宋代	建筑堪舆	吴景銮			抄本
312	26	珠神真经	宋代	建筑堪舆	李德鸿	浮梁		《木犀轩丛书续刻》
313	27	金函经	元代	建筑堪舆	谭宽	雩都		旧抄本
314	28	玉尺经全书真机	元初	建筑堪舆	刘秉忠	邢州	中书省事	万历三十四年版
315	29	阳明按索	元代	建筑堪舆	陈复心	桂阳		《选择丛书集要》
316	30	地理葬书集注	元代	建筑堪舆	郑谧	金华		《十万卷楼丛书初编》
317	31	风水问答	元代	建筑堪舆	朱震亨	金华		《奚囊广要》
318	32	宅法定论全书	元末明初	建筑堪舆	李时英	钱塘		清嘉庆十五年抄本
319	33	山洋指迷	明初	建筑堪舆	周景一	山阴		清乾隆五十二年版
320	34	地理四家	明初	建筑堪舆	张亘			明永乐十一年
321	35	潋浦钳记	洪武	建筑堪舆	刘基	青田	诚意伯	抄本
322	36	披肝露胆经	洪武	建筑堪舆	刘基	青田	诚意伯	《地理大全一集》
323	37	安徽名地钳记	洪武	建筑堪舆	刘基	青田	诚意伯	清咸丰时抄本
324	38	地理正言	永乐	建筑堪舆	朱权	南京	宁献王	《奚囊广要》
325	39	谢氏地理	明英宗	建筑堪舆	谢复	祁门		抄本
326	40	辟径集	嘉靖	峦头技术	李秩			明嘉靖二十年抄本
327	41	相宅要说	嘉靖	堪舆技术	高濂	钱塘	鸿胪寺官	《居家必备》
328	42	地理仙婆集	隆庆	建筑堪舆	张鸣凤	临桂	应天通判	明万历十五年
329	43	青鸟绪言	隆庆	堪舆技术	李豫亨	松江		《学海类编》
330	44	地理心法	嘉靖万历	建筑堪舆	杨芸			明万历四年
331	45	地理醒心录	万历	建筑堪舆	傅振商	汝南	兵部尚书	明天启五年
332	46	人子须知	万历	建筑堪舆	徐善继			明万历十一年
333	47	天机会元	万历	建筑堪舆	徐之镆	建阳	诸生	清光绪十六年版
334	48	阴阳五要奇书	万历	建筑堪舆	江之栋			清乾隆五十五年版
335	49	地理金锁秘	万历	建筑堪舆	邓恭	潮州		清嘉庆二十一年版
336	50	宅法全书选择集要	明中期	阳宅堪舆	黄一凤			明天启六年版
337	51	石函平砂玉尺经	明中期	建筑堪舆	赖从谦			《地理真诀》卷二
338	52	罗经顶门针	万历	建筑堪舆	徐之镆	建阳	诸生	明天启三年版
339	53	葬经冀	万历	建筑堪舆	缪希雍	海虞		《学津讨原第四集》
340	54	地理微绪	万历崇祯	建筑堪舆	罗明祖	贡川		《罗纹山先生全集》
341	55	龙部	明末	建筑堪舆	黄复初	洎阳		《地理真诀卷二》
342	56	穴部	明末	建筑堪舆	黄复初	洎阳		《地理真诀卷二》
343	57	作用部	明末	建筑堪舆	黄复初	洎阳		《地理真诀卷二》

344	58	警世要言	明末	建筑堪舆	黄复初	洎阳		《地理真诀卷二》
345	59	理气部	明末	建筑堪舆	黄复初	洎阳		《地理真诀卷二》
346	60	水部	明末	建筑堪舆	黄复初	洎阳		《地理真诀卷二》
347	61	砂部	明末	建筑堪舆	黄复初	洎阳		《地理真诀卷二》
348	62	搜玄旷览	明末	建筑堪舆	李国木	汉阳		《地理大全一集》
349	63	素隐玄宗	明末	建筑堪舆	李国木	汉阳		《地理大全二集》
350	64	地理理气秘旨	明末	建筑堪舆	李国木	汉阳		清康熙年版
351	65	阳宅指掌	明末	建筑堪舆	黄海山人	新城	诸生	清光绪十六年版
352	66	义经秘旨	明末	建筑堪舆	无极子			清嘉庆二十一年抄本
353	67	阳基部	明末	建筑堪舆	黄复初	洎阳		《地理真诀卷二》
354	68	一贯堪舆	明代	建筑堪舆	唐世友			明天启四年版
355	69	三式秘窍全书	明代	建筑堪舆	甘霖	怀宁	御史	明崇祯版
356	70	罗经秘窍图书	明代	建筑堪舆	甘霖	怀宁	御史	《五种秘窍全书》
357	71	罗经秘窍	明代	建筑堪舆	甘霖	怀宁	御史	明崇祯元年版
358	72	新镌唐氏寿域	明代	建筑堪舆	五福贤			《五种秘汇全书》
359	73	地理秘窍	明代	建筑堪舆	甘时望			《五种秘窍全书》
360	74	江氏百问目讲禅师地理书	明代	建筑堪舆	释目讲			《三余堂丛刻》
361	75	山水忠胆集摘要	明代	建筑堪舆	萧克			《续知不足斋丛书》
362	76	董公选要览	明代	建筑堪舆	董潜	德兴		清嘉庆二十二年版
363	77	阴阳宝海三元玉镜奇书	明代	建筑堪舆	释目讲			《选择丛书集要》
364	78	地理辨正	明末清初	建筑堪舆	蒋平阶	华亭		清初版
365	79	堪舆正论	明末清初	建筑堪舆	叶远			清康熙十八年版
366	80	直指原真	明末清初	建筑堪舆	僧如玉	云南		清康熙三十一年版
367	81	地理录要	明末清初	建筑堪舆	蒋大鸿	华亭		清嘉庆七年版
368	82	天元五歌	明末清初	建筑堪舆	蒋大鸿	华亭		清道光三年版
369	83	地理古镜歌	明末清初	堪舆技术	蒋平阶	华亭		《艺海珠尘草集》
370	84	葬书	明末清初	堪舆技术	陈确	新仓	诸生	《葬书五种》
371	85	阳宅指南	明末清初	堪舆技术	蒋平阶	华亭		《四秘全书》
372	86	阳宅三格辨	明末清初	堪舆技术	蒋平阶	华亭		《四秘全书》
373	87	相地指迷	明末清初	堪舆技术	蒋平阶	华亭		《凌氏传经堂丛书》
374	88	地理四弹子	康熙	建筑堪舆	张凤藻	巴县		清康熙年版
375	89	地学	康熙	建筑堪舆	沈镐	望江	知县	清康熙五十二年
376	90	琢玉斧	康熙	建筑堪舆	张九仪	严陵		清康熙四十年
377	91	地理金丹	清初	建筑堪舆	方行慎			清雍正九年版
378	92	地理大成	康熙	建筑堪舆	叶泰			清康熙二十五年

379	93	地理铅弹子	康熙	建筑堪舆	张凤藻	巴县		清康熙二十年版
380	94	地理六经注	康熙	建筑堪舆	叶泰			清康熙二十六年版
381	95	理气三诀	康熙	建筑堪舆	叶九升	古婺		清康熙三十二年版
382	96	穿透真传	康熙	建筑堪舆	张凤藻	巴县		清康熙五十七年版
383	97	天玉经说	清初	建筑堪舆	黄越			清康熙六十年版
384	98	阴宅镜	清初	建筑堪舆	陈泽泰			清乾隆六十年版
385	99	象吉备要通书	清初	堪舆选择	魏鉴	黔阳		清康熙五十一年版
386	100	天玉经注	清初	建筑堪舆	黄越			清康熙六十年版
387	101	地理度金针	清初	建筑堪舆	舒凤仪			清雍正八年版
388	102	地理孝思集	清初	建筑堪舆	舒凤仪			清雍正八年版
389	103	正义六种	康熙	建筑堪舆	张受祺	华亭		清乾隆八年版
390	104	宅谱迩言	乾隆	建筑堪舆	魏青江			《阳宅大成》
391	105	选时造命	乾隆	建筑堪舆	魏青江			《阳宅大成》
392	106	宅谱修方	乾隆	建筑堪舆	魏青江			《阳宅大成》
393	107	葬经笺注	乾隆	建筑堪舆	吴元音			《借月山房汇钞第十二集》
394	108	青囊天玉通义	乾隆	建筑堪舆	张惠言	武进	翰林院编修	《大亨山馆丛书》
395	109	葬考	乾隆	建筑堪舆	邵嗣宗	太仓	侍读	《娄东杂著土集》
396	110	诚是录	乾隆	建筑堪舆	孟超然	闽县	考功郎中	《亦园亭全集》
397	111	丧葬杂说	乾隆	建筑堪舆	张朝晋	海昌		《葬书五种》
398	112	地理枝言	乾隆	建筑堪舆	洪枰	临海		《赤诚遗集汇刊》
399	113	地理天人共宝	乾隆	建筑堪舆	黄慎	宁化		明崇祯六年
400	114	阴宅集要	乾隆	建筑堪舆	姚廷銮	华亭		清乾隆九年
401	115	阴阳二宅全书	乾隆	建筑堪舆	姚廷銮	华亭		清乾隆十七年
402	116	地理唉蔗录	乾隆	建筑堪舆	袁守定	丰城	礼部主事	清乾隆二十年
403	117	地学形势集	乾隆	建筑堪舆	倪化南	金陵		清乾隆二十年
404	118	乾坤法窍	乾隆	建筑堪舆	范宜宾	汉军镶黄旗	安徽布政使	清乾隆二十三年版
405	119	堪舆正传	乾隆	建筑堪舆	刘凝一			清乾隆二十七年版
406	120	地理五诀	乾隆	建筑堪舆	赵廷栋	磁洲		乾隆五十一年版
407	121	山洋宝镜	乾隆	建筑堪舆	许坤			清乾隆五十一年版
408	122	堪舆一贯	乾隆	建筑堪舆	陆金			清乾隆五十二年版
409	123	宅谱迩言	乾隆	建筑堪舆	青江子			清康熙五十六年版
410	124	相宅新编	乾隆	建筑堪舆	青江子			清嘉庆四年版
411	125	协纪辨方	乾隆	建筑堪舆	清高宗	北京	皇帝	清乾隆六年版
412	126	选择通德类情	乾隆	建筑堪舆	沈重华			清乾隆三十六年版
413	127	崇正辟谬	乾隆	建筑堪舆	李奉来			清乾隆三十六年版
414	128	诹吉便览	乾隆	建筑堪舆	漫士			清嘉庆二年版

415	129	地理新知录	乾隆	建筑堪舆	张受棋			清乾隆二十五年版
416	130	征验图考	清中期	堪舆技术	尹有本	湘楚		《四秘全书》
417	131	地理四秘全书	清中期	建筑堪舆	尹有本	湘楚		清嘉庆元年版
418	132	人地眼全书	清中期	建筑堪舆	万树华	南昌	秀才	清道光元年版
419	133	地理括要	清中期	建筑堪舆	王邦			清道光二十年版
420	134	理气图说	嘉庆	建筑堪舆	周惇庸			清嘉庆二年版
421	135	阳宅爱众篇	嘉庆	阳宅堪舆	张觉正			清光绪六年版
422	136	阳宅撮要	嘉庆	阳宅堪舆	吴鼒	全椒	侍讲学士	《借月山房汇钞第十二集》
423	137	阳宅辟谬	嘉庆	阳宅堪舆	姚文田	归安	礼部尚书	《丛书集成初编》
424	138	阴阳指正	清中期	建筑堪舆	姚承舆	湖州		清咸丰二年版
425	139	地理末学	乾隆嘉庆	建筑堪舆	纪大奎	临川	合州知州	《纪慎斋先生全集》
426	140	地理水法要诀	乾隆嘉庆	建筑堪舆	纪大奎	临川	合州知州	《纪慎斋先生全集》
427	141	周易葬说	嘉庆道光	阴宅堪舆	端木国瑚	青田	内阁中书	《杨曾地理元文四种》
428	142	周易葬经	嘉庆道光	建筑堪舆	端木国瑚	青田	内阁中书	清道光三年版
429	143	地理元文	嘉庆道光	建筑堪舆	端木国瑚	青田	内阁中书	清道光五年抄本
430	144	堪舆指原	道光	建筑堪舆	邵涵初	无锡	南和知县	清道光二十八年版
431	145	图书奥义	嘉庆道光	建筑堪舆	梁同新	广东	国史馆协修	清同治二年版
432	146	地理辨正图说	道光	建筑堪舆	徐迪惠	上虞		《杨曾地理元文四种附》
433	147	沈氏玄空学	道光光绪	建筑堪舆	沈竹礽	钱塘		民国十四年版
434	148	水龙经	清末	建筑堪舆	贾履上			清咸丰六年版
435	149	地理八窍	清末	建筑堪舆	朱冠臣	上海	训导	清光绪九年版
436	150	地理拾铅	清末	建筑堪舆	程承瀚	新安		清光绪十年版
437	151	地经图说	清末	建筑堪舆	余九皋			清光绪十一年版
438	152	地理一盘珠	清末	建筑堪舆	刘统才	宜章		清宣统元年版
439	153	选择正宗	清末	堪舆选择	钟透述			清光绪三年版
440	154	苏州大地记略	清代	建筑堪舆	胡玉书			清同治元年抄本
441	155	苏州来龙记	清代	建筑堪舆	胡玉书			清同治元年抄本
442	156	罗盘解	清代	建筑堪舆	赵榆森			《三余堂丛刻》
443	157	八宅明镜	清代	建筑堪舆	箬冠道人			《阴阳五要奇书》
444	158	翻卦挨星图诀考著	清代	建筑堪舆	戴鸿	松江		《艺海珠尘革集》
445	159	菊逸山房山法备收	清代	建筑堪舆	寇宗			《菊逸山房地理正书》
446	160	堪舆诸概	清代	建筑堪舆	张桂林			《张氏杂著》
447	161	地理精语	清代	建筑堪舆	尹有木			《四秘全书》

448	162	罔极录	清代	建筑堪舆	许楹			《葬书五种》
449	163	慎终录要	清代	建筑堪舆	王载宜			《葬书五种》
450	164	撼龙经批注	清代	建筑堪舆	寇宗			清光绪十八年版
451	165	兆域微机	清代	建筑堪舆	佚名			抄本
452	166	地理大略	清代	建筑堪舆	佚名			抄本
453	167	倒杖图说	清代	建筑堪舆	佚名			抄本
454	168	辩证直解	清代	建筑堪舆	无心道人			清道光元年版
455	169	杨曾地理元文	清代	建筑堪舆	许迪惠			清道光抄本
456	170	天心正运	清代	建筑堪舆	华湛恩			清道光十五年版
457	171	心眼指要	清代	建筑堪舆	无心道人			清道光十六年版
458	172	地理仁孝必读	清代	建筑堪舆	周梅染			清光绪三年版
459	173	地理说略	清代	建筑堪舆	裘晋斋			清光绪十六年版
460	174	立宅赋	清代	建筑堪舆	陆乐山			清光绪四年版
461	175	八宅明镜	清代	建筑堪舆	箬冠道人			清光绪十六年新铸版
462	176	易学蒋针	清代	建筑堪舆	张丹			庚申石印版
463	177	历史基础	民国	建筑堪舆	傅守洞			民国十九年版
464	178	辨正谈氏新解	民国	建筑堪舆	谈浩然	武进		民国十四年版
465	179	金氏地学粹编	民国	建筑堪舆	金志安	义乌		民国十九年版
466	180	玄空古义四种	民国	建筑堪舆	沈祖绵	杭县		民国十九年版
467	181	钱氏辨正参解	民国	建筑堪舆	钱文选	广德		民国十九年抄本
468	182	玄空秘旨通释	民国	建筑堪舆	沈祖绵	杭县		《玄空古义四种通释》
469	183	玄机赋通释	民国	建筑堪舆	沈祖绵	杭县		《玄空古义四种通释》
470	184	飞星赋通释	民国	建筑堪舆	沈祖绵	杭县		《玄空古义四种通释》
471	185	紫白诀通释	民国	建筑堪舆	沈祖绵	杭县		《玄空古义四种通释》
472	186	撼龙经传订本注	民国	建筑堪舆	廖平	井研		《新订六译馆丛书·地理类》
473	187	地理答问	民国	建筑堪舆	廖平	井研		《新订六译馆丛书·地理类》
474	188	地理辨正补正	民国	建筑堪舆	廖平	井研		《新订六译馆丛书·地理类》
475	造园1	花九锡	唐僖宗	插花技术	罗虬	台州		《说郛》
476	2	荔枝谱	宋仁宗间	园林园艺	蔡襄	莆田	礼部侍郎	《百川学海》
477	3	洛阳花木记	元丰四年	园林园艺	周师厚	鄞县	荆湖南路转运判官	《丛书集成初编》
478	4	洛阳名园记	崇宁四年	私家园林	李格非	历下	礼部员外郎	《说郛》

479	5	刘氏菊谱	宋徽宗	园林园艺	刘蒙	彭城		《百川学海》
480	6	艮岳记	宋徽宗	园林园艺	张淏	开封	奉议郎	《丛书集成初编》
481	7	史氏菊谱	南宋初年	园林园艺	史正志	江都	礼部侍郎	《百川学海》
482	8	梅谱	南宋初年	园林园艺	范成大	吴郡	处州知府	《百川学海》
483	9	桂海花志	南宋初年	园林园艺	范成大	吴郡	处州知府	《唐宋丛书》
484	10	范村梅谱	南宋初年	园林园艺	范成大	吴郡		《四库全书》
485	11	太湖石志	南宋初年	园林园艺	范成大	吴郡		《说郛》
486	12	云林石谱	南宋初年	园林园艺	杜绾	山阴		《丛书集成初编》
487	13	菊谱	南宋孝宗	园林园艺	史正志	江都	左司兼检正	《百川学海》
488	14	菊谱	南宋孝宗	园林园艺	范成大	吴郡	处州知府	《百川学海》
489	15	梅品	绍熙五年	园林园艺	张镃	临安	司家少卿	《百川学海》
490	16	玉药辩证	南宋宁宗	园林园艺	周必大	庐陵	益国公	《丛书集成初编》
491	17	桂隐百课	南宋中期	园林园艺	张镃	临安		《古今文艺丛书》
492	18	石谱	宋代	园林园艺	渔阳公			《说郛》
493	19	菊谱	宋代	园林园艺	刘蒙			《百川学海》
494	20	海棠谱	宋代	园林园艺	陈思			《百川学海》
495	21	百菊集谱	宋代	园林园艺	史铸	山阴		《山居杂志》
496	22	兰易	宋代	园林园艺	鹿亭翁			《四明丛书》
497	23	艺菊	弘治	园林园艺	黄省曾	吴县		《广百川学海》
498	24	吴下名园记	嘉靖	园林园艺	文徵明	长州	翰林待诏	《丛书集成初编》
499	25	琼花集	嘉靖	园林园艺	曹璿			《丛书集成初编》
500	26	学圃杂疏	嘉靖万历	园林园艺	王世懋	太仓	太常少卿	《丛书集成初编》
501	27	罗钟斋兰谱	明中期	园林园艺	张应文	嘉定	监生	《美术丛书》
502	28	荔枝谱	万历四十年	园林园艺	曹蕃	华亭		《说郛》
503	29	艺花谱	万历	园林园艺	高濂	钱塘		《广百川学海》
504	30	菊谱	万历	园林园艺	周履靖	嘉兴		《丛书集成初编》
505	31	兰谱	万历	园林园艺	高濂	钱塘		《广百川学海》
506	32	荔枝谱	万历	园林园艺	徐	闽县		《说郛》
507	33	荔枝谱	万历	园林园艺	宋珏	莆阳		《说郛》
508	34	长物志	天启元年	园林园艺	文震亨	长洲	中书舍人	《丛书集成初编》
509	35	荔枝谱	崇祯二年	园林园艺	邓庆采			《说郛》
510	36	园冶	崇祯四年	园林园艺	计成	吴江		《丛书集成初编》
511	37	老圃良言	崇祯	园林园艺	巢鸣盛	嘉兴		《丛书集成初编》
512	38	花佣月令	崇祯	园林园艺	徐石麒	嘉兴	通政使	《传砚斋丛书》
513	39	群芳谱	明末	园林园艺	王象晋	新成	浙江右布政使	内府藏本
514	40	荔枝谱	明末	园林园艺	吴载鳌	晋江	广东佥事	《说郛》
515	41	种菊法	明代	园林园艺	陈继儒	华亭		《古今文艺丛书》

516	42	花历	明代	园林园艺	程羽文	新安		《水边林下》
517	43	花小名	明代	园林园艺	程羽文	新安		《水边林下》
518	44	药圃同春	明代	园林园艺	夏旦			《说郛》
519	45	将就园记	明末清初	园林园艺	黄周星	金陵	户部主事	《丛书集成初编》
520	46	《荔枝话》1卷	明末清初	园林园艺	林嗣环	晋江	提督学政	《檀几丛书》
521	47	兰史	明末清初	园林园艺	冯京第	慈溪	兵部侍郎	《四明丛书》
522	48	兰言	明末清初	园林园艺	冒襄	如皋	贡生	《昭代丛书》
523	49	石谱	明末清初	园林园艺	诸九鼎	钱塘		《丛书集成初编》
524	50	琼花志	清初	园林园艺	朱显祖	江都		《昭代丛书》
525	51	石友赞	顺治康熙	园林园艺	王晫	钱塘	秀才	《丛书集成续编》
526	52	荔谱	康熙二十二年	园林园艺	陈定国			《昭代丛书》
527	53	群芳花镜	康熙	园林园艺	陈溟子	杭州		大美书局1914年版
528	54	选石记	康熙	园林园艺	成性	和州	工科给事中	《格致镜原》
529	55	后观石录	康熙	园林园艺	毛奇龄	萧山	翰林院检讨	《丛书集成续编》
530	56	怪石赞	康熙	园林园艺	宋荦	商丘	礼部尚书	《丛书集成续编》
531	57	观石录	康熙	园林园艺	高兆	闽县		《丛书集成初编》
532	58	北墅抱瓮录	康熙	园林园艺	高士奇	余姚	礼部侍郎	《丛书集成初编》
533	59	御定广群芳谱	康熙四十七年	园林园艺	康熙钦定	北京		《四库全书荟要》
534	60	九华新谱	乾隆	园林园艺	吴昇	钱塘	候补知府	《古今说部丛书》
535	61	洋菊谱	乾隆	园林园艺	邹一桂	武进	内阁学士	《昭代丛书》
536	62	扬州画舫录	乾隆六十年	园林园艺	李斗	仪征		中华书局2007年
537	63	花木小志	清中期	园林园艺	谢堃	扬州	国子监生	《春草堂集》
538	64	菊说	清中期	园林园艺	计楠	秀水	严州教授	《昭代丛书》
539	65	树蕙编	清中期	园林园艺	方时轩			《邀园丛书》
540	66	谈石	清中后期	园林园艺	梁九图	岭南		《美术丛书》
541	67	凤仙谱	清中期	园林园艺	赵学敏	钱塘		《昭代丛书》
542	68	绉云石图记	嘉庆十六年	园林园艺	马汶	海宁		《丛书集成初编》
543	69	兰蕙镜	嘉庆十六年	园林园艺	屠用宁	荆溪		《艺海一勺》
544	70	巩荷谱	嘉庆	园林园艺	杨钟宝	上海		《艺海一勺》
545	71	艺菊简易	嘉庆四年年	园林园艺	徐京			《艺海一勺》
546	72	养菊法	道光十八年	园林园艺	闵廷楷	乌程		《艺海一勺》

547	73	艺兰记	道光	园林园艺	刘文淇	仪征	优贡生	《美术丛书》
548	74	艺兰四说	道光	园林园艺	杜文澜	秀水	两淮运使	《美术丛书》
549	75	琼英小录	道光	园林园艺	俞樾	德清	河南学政	《武林掌故丛编》
550	76	艺菊须知	咸丰	园林园艺	顾禄	吴县		《艺海一勺》
551	77	唯自勉斋长物志	咸丰	园林园艺	唐翰题	嘉兴	吴县知县	《丛书集成续编》
552	78	艺兰琐言	同治	园林园艺	杨鹿鸣	江宁		《兰言四种》
553	79	评兰琐言	同治	园林园艺	杨鹿鸣	江宁		《兰言四种》
554	80	品芳录	光绪	园林园艺	徐寿基	武进	进士	《志学斋集》
555	81	艺菊新编	光绪五年	园林园艺	萧清泰			《甲戌丛编》
556	82	蠹仙石品	清末	园林园艺	汤蠹仙	金陵		《汤氏丛书》
557	83	花信平章	清末	园林园艺	王廷鼎	震泽	浙江县丞	《紫薇花馆集》
558	84	笺卉	清代	园林园艺	吴菘	歙县		《昭代丛书》
559	85	岭南荔枝谱	清代	园林园艺	吴应达			《丛书集成初编》
560	86	徐园秋花谱	清代	园林园艺	吴仪			《昭代丛书》
561	87	艺兰要诀	清代	园林园艺	吴传沄	元和		《艺海一勺》
562	88	艺兰说	清代	园林园艺	王璧			《杨素轩丛录》
563	89	怪石录	清代	园林园艺	沈心	仁和	诸生	《丛书集成续编》
564	90	雨花石子记	民国	园林园艺	王猩酋	武清		《丛书集成续编》
565	水利1	吴中水利书	宋元祐三年	水利	单锷	宜兴	进士	《四库全书》
566	2	四明它山水利备览	南宋	水利	魏岘	鄞县	官朝奉郎	《四库全书》
567	3	治河图略	至正	水利	王喜	不详	不详	《四库全书》
568	4	至正河防记	至正十一年	水利	欧阳玄	浏阳	翰林院直学士	《水利珍本丛书》
569	5	河防通议	元代	水利	沙克什	色目人	秘书少监	《四库全书》
570	6	浙西水利书	弘治九年	水利	姚文灏	贵溪	工部主事	《四库全书》
571	7	治河总考	正德十一年	水利	车玺	宛平	按察司佥事	《四库全书》
572	8	治河通考	嘉靖十五年	水利	吴山	高安		《续修四库全书》
573	9	全吴水略	嘉靖十七年	水利	吴韶	华亭		《四库全书》史部·地理类存目四
574	10	河南管河道事宜	嘉靖二十五年	水利	商大节	钟祥	进士	《续修四库全书》
575	11	沽头闸志	嘉靖三十五年	水利	陆梦韩	平湖	进士	《平湖经籍志》
576	12	吴江水利考	嘉靖	水利	沈启	吴江	营缮司主事	《四库全书》
577	13	筑海图编	嘉靖	水利	胡宗宪	绩溪	进士	明刊本八册

578	14	三吴水利录	隆庆三年	水利	归有光	昆山		《四库全书》
579	15	河渠考略	隆庆	水利	曹胤儒	太仓	知县	《续修四库全书》
580	16	治水筌蹄	万历元年至万历二年	水利	万恭	南昌	进士	《中国水利古籍丛书》
581	17	海塘录	万历十五年	海塘	仇俊卿	海盐	国子监博士	《四库全书》
582	18	水部备考	万历十五年	水利	周梦旸	南漳	工部都水司郎中	《四库全书》史部·政书类存目二
583	19	河防一览	万历十八年	水利	潘季驯	乌程	工部尚书	《四库全书》
584	20	皇都水利	万历三十二年	水利	袁黄	嘉善	兵部主事	《四库全书存目丛书》
585	21	东吴水利考	万历	水利	王圻	上海	布政司参议	《四库全书存目丛书》
586	22	两河经略	万历	水利	潘季驯	乌程	工部尚书	《四库全书》
587	23	河防一览榷	万历	水利	潘大复	乌程	进士	国家图书馆藏本
588	24	淮南水利考	万历	水利	胡应恩	淮安		《续修四库全书》
589	25	北河纪	万历末年	水利	谢肇淛	长乐		《四库全书》
590	26	河闸公言	崇祯	水闸修筑	黄鸣俊	莆田	进士	《尊经阁文库》藏本
591	27	泰西水法	明末	水利	熊三拔,徐光启	上海		《四库全书》
592	28	筑围说	明末	水利	陈瑚	太仓	昆山讲学	《棣香斋丛书》
593	29	南河全考	明末	水利	朱国盛	华亭	太常卿	《续修四库全书》
594	30	吴中水利书	南明	水利	张国维	东阳	弘光尚书	《四库全书》
595	31	闸务全书	明代	水闸修筑	程鹤	山阴		《绍兴志》
596	32	东南水利	清初	水利	沈恺曾	归安		《四库全书存目丛书》
597	33	河防刍议	清初	水利	崔维雅	新安	举人	《续修四库全书》
598	34	河防一览纂要	康熙九年	水利	陈于豫	天长		《续修四库全书》
599	35	看河纪程	康熙二十二年	水利	周洽	华亭		《续修四库全书》
600	36	三江闸务全书	康熙二十二年	水闸	程鸣九	山阴		《续修四库全书》
601	37	治河方略	康熙二十八年	水利	靳辅	辽阳	河道总督	《续修四库全书》
602	38	居济一得	康熙	水利	张伯行	仪封	礼部尚书	《四库全书》
603	39	河工见闻录	康熙	水利	邵远平	仁和		《续修四库全书》
604	40	行水金鉴	雍正三年	水利	傅泽洪	不详	淮扬道副使	《四库全书》
605	41	治河要语	雍正	水利	丁恺曾	日照	拔贡	《望奎楼遗稿》

606	42	木龙书	乾隆十六年	木龙	李昞	汉阳	泰州同知	《故宫珍本丛刊》
607	43	两浙江塘通志	乾隆三十六年	水利	查祥、杭世骏	仁和	查祥进士杭世骏御史	续修四库全书》
608	44	南河成案	乾隆五十六年前后	南河工程	江南河道总督衙门			《续修四库全书》
609	45	海塘录	乾隆	海塘	翟均廉	仁和		《四库全书》
610	46	太镇海塘纪略	乾隆	海塘	宋楚望	不详		《续修四库全书》
611	47	三江水利纪略	乾隆	水利	苏尔德	满洲		《续修四库全书》
612	48	海塘说	乾隆	海塘	高晋	凉州	漕运总督	《小方壶斋舆地丛钞》
613	49	黄岩河闸志	乾隆	水闸工程	刘世宁	黄岩	知县	《台州今籍志》
614	50	五省沟洫图说	嘉庆四年	水利	沈梦兰	乌程	举人	《菱湖沈氏丛书》
615	51	河工则例章程	嘉庆十三年年	水利	佚名			《续修四库全书》
616	52	黄淮安澜编	嘉庆二十三年	水利	龚元玠	南昌		《十三经客难》
617	53	南河成案续编	嘉庆二十四年前后	南河工程	江南河道总督衙门			《续修四库全书》
618	54	河渠纪闻	嘉庆	水利	康基田	兴县	河道总督	《水利珍本丛书》
619	55	海塘揽要	嘉庆	海塘	杨镕			嘉庆年刊本
620	56	浙江海塘事宜册	嘉庆	海塘	佚名			南京图书馆手抄本
621	57	捍海塘志	嘉庆	海塘	钱文瀚			《续修四库全书》
622	58	历代河防类要	道光元年	海塘	徐璈	桐城	学者	《续修四库全书》
623	59	海盐兴办塘工成案	道光四年	海塘	汪仲洋	成都	举人	清华大学藏道光四年刻
624	60	安澜纪要	道光九年	水利	徐端	德清	河道总督	《续修四库全书》
625	61	楚北江汉宣防备览	道光十二年	水利	王凤生	婺源	两淮盐运使	北京图书馆藏道光十二年刊本
626	62	续行水金鉴	道光十二年	水利	黎世序、潘锡恩	罗山	进士	《四库未收书辑刊》
627	63	东西两防海塘图及有关资料	道光十五年	海塘	严烺	仁和	河道总督	道光十五年刊本
628	64	平滩纪略	道光二十年	水利	李本忠	汉阳	商人	北京图书馆藏道光二十年刻本
629	65	芙蓉湖修堤录	道光二十年	湖堤工程	张之果	杭县	扬州知府	《续修四库全书》
630	66	重濬江南水利全书	道光二十一年	水利	陈銮	江夏	两江总督	《四库未收书辑刊》

631	67	甲午海塘图记	道光二十五年	海塘图	严烺	仁和	河道总督	南京图书馆藏道光二十四年刊本
632	68	海塘新志	道光	海塘	琅玕	满洲	内阁学士	《续修四库全书》
633	69	续海塘新志	道光	海塘	富呢扬阿	满洲	浙江巡抚	《续修四库全书》
634	70	重新都江堰工程纪略	道光	水利	强望泰	韩城	水利同知	《续修四库全书》
635	71	砖工记	道光	水利	栗毓美	浑源	河道总督	《续修四库全书》
636	72	高家堰记	道光	水利	俞正燮	黟县	举人	《扬州丛刻》
637	73	马棚湾漫工始末	道光	水利	范玉琨	嘉兴	淮海道	小灵兰馆家乘
638	74	河工器具图说	道光	河工器具	麟庆	满洲	河道总督	《四库未收书辑刊》
639	75	回澜纪要	道光	水利	徐端	德清	河道总督	《续修四库全书》
640	76	沟洫水利辑说	咸丰元年	水利	陈仲良	番禺		《续修四库全书》
641	77	修防琐志	咸丰五年	水利	李世禄	洪洞	监生	《水利珍本丛书》
642	78	疏河钯障图说	咸丰七年	水利	戚宗海			《续修四库全书》
643	79	上虞塘工纪略	咸丰	水利	连仲愚	崧厦	上海县训导	《续修四库全书》
644	80	河工备考	同治	水利	袁青绶	新化		北京图书馆藏写本
645	81	淮郡文渠志	同治十一年	水利	吉元、何庆芬			《续修四库全书》
646	82	荆楚修疏指要	同治十一年	水利	胡祖翩	宜城	进士	同治十一年湖北崇文书局刻本
647	83	螺机车图说	光绪元年	螺机车图	苏凤文	贵阳	举人	《续修四库全书》
648	84	淮扬水利图说	光绪二年	水利	冯道立	盐城	学者	《续修四库全书》
649	85	黄运两河修防章程	光绪三年	水利	佚名			《故宫藏书目录丛编》
650	86	澹灾蠡述	光绪五年	水利	范鸣和			北京图书馆藏有光绪五年刊本
651	87	河务所闻集	同治、光绪	水利	李大镛			水利珍本丛书本第2辑
652	88	河工简要	光绪十三年	水利	邱步洲	汉阳		《续修四库全书》
653	89	合龙大工全图	光绪十三年	水利	沙致良			《续修四库全书》
654	90	河工策要	光绪十三年	水利	佚名			《续修四库全书》
655	91	河防要览	光绪十四年	水利	砚北主人			《续修四库全书》

656	92	江苏海塘新志	光绪十六年	水利	李庆云		江苏水利督办	北京图书馆藏有光绪十六年刻本
657	93	沟洫私议	光绪二十二年	水利	王晋之	蓟州	举人	《龙泉师友遗稿合编》
658	94	河上语	光绪二十三年	水利	蒋楷	荆州		光绪三十二年刻本
659	95	清河宣防纪略图说	光绪二十九年	水利	裴季伦	洛阳	官直隶	《续修四库全书》
660	96	上虞塘工纪要	光绪三十年	水利	连蘅	崧厦		光绪三十年刊本
661	97	海宁石塘图说	光绪	水利	李辅耀	湘阴	浙江候补道	《续修四库全书》
662	98	河务初模	光绪	水利	林绍清	昆明	知县	《续修四库全书》
663	99	治河管见	光绪	水利	董毓琦	临海	江南算学局	《续修四库全书》
664	100	续浚南湖图志	光绪	水利	官书			《续修四库全书》
665	101	河防辑要	清末	水利	周家驹	不详		清宣统三年刻本
666	102	筑圩图式	清代	水利	孙峻	孙家圩		北京图书馆藏清刻本
667	103	定齐河工书牍	清代	水利	陈沄			《黔南丛书别集》
668	104	续河渠志	清代	水利	佚名			《续修四库全书》
669	105	河防要诀	清代	水利	佚名			《续修四库全书》
670	106	河工书	清代	水利	佚名			《续修四库全书》
671	107	河工摘录	清代	水利	黄之纪	江宁		《续修四库全书》
672	108	钦定河工实价则例章程	清代	河工则例	工部			《续修四库全书》
673	109	河南治河工程旧册	清代	水利	佚名			《续修四库全书》
674	110	修筑宝山海塘全案	清代	水利	佚名			《续修四库全书》
675	111	横桥堰水利纪事	清代	水利	王纯	不详		《花近楼丛书》
676	112	太湖备考	清代	水利	金友理	吴县		《四库全书存目丛书》
677	纺织1	刺绣图	三国	刺绣技术	张淑媖	东吴		《绿窗女史》
678	2	新室志	唐初	成衣	褚遂良	钱塘		《方氏丛钞》
679	3	香闺韵事	唐大历	成衣	夏侯审	谯		《方氏丛抄》
680	4	记锦裾	唐后期	成衣	陆龟蒙	苏州		《说郛》
681	5	锦裙记	唐代	成衣	佚名			《唐代丛书》
682	6	蚕书·化治;钱眼;锁星;添梯;缫车	元丰	丝织织机	秦观	高邮	编修	《知不足斋丛书》
683	7	熙宁新定时服式	熙宁	成衣	佚名			《方氏丛抄》
684	8	耕织图	绍兴	纺织	楼俦	鄞县	于潜令	《知不足斋丛书》
685	9	野服考	南宋末年	成衣	方凤	浦江	容州文学	《美术丛书》
686	10	带格	南宋末年	成衣	陈世崇	崇仁		《说郛》

687	11	内外服制通释	南宋末年	成衣	车垓	天台		《四库全书》
688	12	梓人遗制	元初	纺织织机用法	薛景石	万泉		《中国古代物质文化经典图说丛书》
689	13	大元毡罽工物记	元代	毛纺织	佚名			《广仓学宭丛书》
690	14	蜀锦谱	元代	丝织	费著	双流	府总管	《四库全书》
691	15	多能鄙事·染色法	洪武	染色	刘基	青田	诚意伯	《续修四库全书》
692	16	汝水巾谱	明中后期	巾式	朱术蟸			《四库全书存目丛书》
693	17	冠谱	明中后期	冠制	顾孟容	钱塘		《四库全书存目丛书》
694	18	木棉谱	明末	棉纺织	王象晋	新城	右布政使	《元明事类钞》
695	19	服制图考	清初	丧服	朱子建	秀水		《四库全书》
696	20	妇人鞋袜考	清初	衣物	余怀	莆田		《香艳丛书》
697	21	苏州织造局志	康熙	纺织	孙珮	吴县	诸生	江苏人民出版社1959年
698	22	豳风广义	康熙	丝织	杨屾	兴平		《关中丛书》
699	23	纺织图说	乾隆	纺织	孙琳	不详		原本藏北京图书馆
700	24	木棉谱	乾隆	纺织	褚华	上海		《丛书集成初编》
701	25	布经	乾隆十六年	纺织	范铜	嘉定		《四库未收书辑刊》
702	26	御题棉花图册	乾隆三十年	纺织	方观承	桐城	直隶总督	中华农业文明研究院藏本
703	27	织绣史札记	乾隆、嘉庆	刺绣	叶瀚	歙县		《晚学庐丛稿》
704	28	丁佩绣谱	道光元年	刺绣	陈丁佩	华亭		《拜梅山房几上书》
705	29	蚕桑萃编·缫水丝图说	光绪二十年	丝织	卫杰	四川	直隶候补道	光绪二十六年浙江书局刻本
706	30	蚕政萃编	光绪二十七年	丝织	袁俊德	南通崇川		《富强斋丛书续全集》
707	31	缫政萃编	光绪二十七年	缫丝	袁俊德	崇川		《富强斋丛书续全集》
708	32	纺政萃编	光绪二十七年	纺丝	袁俊德	崇川		《富强斋丛书续全集》
709	33	织政萃编	光绪二十七年	织丝	袁俊德	崇川		《富强斋丛书续全集》
710	34	染政萃编	光绪二十七年	丝织印染	袁俊德	崇川		《富强斋丛书续全集》
711	35	棉业图说	宣统二年	纺织	农工商部			《续修四库全书》
712	36	雪宦绣谱	清末民初	织丝	沈寿	苏州		《喜咏轩丛书甲编》
713	37	布经要览	清代	织丝	汪裕芳	桐城		《四库未收书辑刊》

714	38	顾绣考	民国初年	顾绣	徐蔚南	盛泽		中华书局1936年
715	39	丝绣笔记	民国初年	刺绣	朱启钤	开州	国务总理	《丝绣丛刊》
716	40	清内府藏刻丝书画录	民国	刻丝	朱启钤	开州		《丝绣丛刊》
717	41	女红传征略	民国	刺绣	朱启钤	开州		《丝绣丛刊》
718	42	存素堂丝绣录	民国	刺绣	朱启钤	开州		《丝绣丛刊》
719	纸业1	评纸帖	宋徽宗	纸业	米芾	镇江	礼部员外郎	《美术丛书二集第二辑》
720	2	纸笺谱	元初	纸业	鲜于枢	大都	太常典簿	《说郛》
721	3	蜀笺谱	元代	纸业	费著	双流	府总管	《说郛》
722	4	笺纸谱	元代	纸业	费著	双流	府总管	《四库全书》
723	5	江西大志·楮书	嘉靖	纸业	王宗沐	临海	刑部侍郎	《中国地方志集成》
724	6	装潢志	嘉靖万历	纸张装裱	周嘉冑	淮海		《丛书集成初编》
725	7	笺谱铭	万历十八年前后	纸业技术	屠隆	鄞县	吏部主事	《说郛》
726	8	纸录	万历	纸业	项元汴	嘉兴		《丛书集成初编》
727	9	纸墨笔砚笺	万历	纸业	屠隆	鄞县	吏部主事	《美术丛书》
728	10	徽州府志·物产志·宣纸	康熙	纸业	赵吉士	休宁	国子监学正	《中国地方志集成》
729	11	赏延素心录	康熙乾隆	纸张装裱	周二学	钱塘		《美术丛书》
730	12	武英殿聚珍版程序	乾隆四十一年	刻书工艺	金简	满洲正黄旗	户部侍郎	《励志斋丛书》
731	13	金粟笺谱	嘉庆	纸业	张燕昌	海盐	孝廉方正	《丛书集成初编》
732	14	纸业说	道光三十年	纸业	黄兴三	钱塘		《骨董琐记》
733	15	纸说	民国	纸业	胡朴安	泾县		《朴学庵丛刊》
734	制笔1	笔经	东晋	毛笔制作	王羲之	临沂	江州刺史	《说郛》
735	2	咏宣州笔	唐代	毛笔制作	耿伟			《全唐诗》
736	3	文房四谱·笔谱	宋初	毛笔制作	苏易简	铜山	中书舍人	《历代文房四宝谱选择》
737	4	山谷别集·笔说	宋英宗	毛笔制作	黄庭坚	分宁	涪州别驾	《四库全书》
738	5	笔录	宋神宗	毛笔制作	项元汴	嘉兴		《丛书集成初编》
739	6	笔史	乾隆	毛笔制作	梁同书	钱塘	侍讲学士	《丛书集成初编》
740	7	艺舟双楫·记两笔工语	嘉庆	毛笔制作	包世臣	泾县	县令	《艺林名著丛刊》
741	8	笔志	民国	毛笔制作	胡朴安	泾县		《古今文艺丛书》
742	制墨1	墨谱法式	哲宗绍圣	墨作	李孝美		南京教官	《四库全书》
743	2	墨经	宋代	墨作	晁贯之	钜野	检讨	《美术丛书初集》
744	3	墨记	宋代	墨作	何薳			《丛书集成初编》
745	4	畴斋墨谱	元代	墨作	张仲寿	钱塘	翰林学士	《十六家墨说上册》

746	5	墨史	元代	墨作	陆友	吴		《四库全书》
747	6	墨法集要	洪武	墨作	沈继孙	姑苏		《四库全书》
748	7	墨海	隆庆、万历	墨作	方瑞生	新安		涉园墨萃
749	8	墨录	万历	墨作	项元汴	嘉兴		《丛书集成初编》
750	9	墨谭	万历	墨作	邢侗	临邑	太仆寺少卿	《十六家墨说上册》
751	10	墨记	万历	墨作	邢侗	临邑	太仆寺少卿	《十六家墨说上册》
752	11	程君房墨赞	万历	墨作	邢侗	临邑	太仆寺少卿	《十六家墨说上册》
753	12	墨苑序	万历	墨作	焦竑	日照	南京司业	《十六家墨说上册》
754	13	墨杂说	万历	墨作	陶望龄	会稽	国子监祭酒	《十六家墨说上册》
755	14	论墨	万历	墨作	张丑	昆山		《十六家墨说上册》
756	15	墨志	明末	墨作	麻三衡	宣城		《丛书集成初编》
757	16	墨表	明末清初	墨作	万寿祺	徐州		《艺术丛书》
758	17	雪堂墨品	明末清初	墨作	张仁熙	广济		《丛书集成初编》
759	18	潘方凯墨序	明代	墨作	颜起元			《十六家墨说上册》
760	19	漫堂墨品	康熙	墨作	宋荦	商丘	吏部尚书	《丛书集成初编》
761	20	艺粟斋墨品	康熙	墨作	曹素功	歙县		《墨品三种》
762	21	鉴古斋墨薮	清中期	墨作	汪近圣	绩溪		《涉园墨萃》
763	22	墨欲赘稿	清中期	墨作	计楠	秀水	严州教授	《美术丛书三集》
764	23	墨决	嘉庆	墨作	费庚吉	常州	礼部主事	《逊敏堂丛书》
765	24	中州墨录	清末	墨作	袁励淮			《涉园墨萃》
766	25	南学制墨记	清末	墨作	谢崧岱	湘乡		《涉园墨萃》
767	26	砚笺校	光绪	砚台	陆心源	归安		《潜园总集·群书校补》
768	27	砚山斋墨谱	清代	墨作	孙炯			《十六家墨说上册》
769	28	纪墨小言	清代	墨作	汪绍焻	秀水	岁贡生	《十六家墨说下册》
770	29	百二十家墨录	清代	墨作	邱学敏			《十六家墨说下册》
771	30	借轩墨存	清代	墨作	借轩居士			《十六家墨说下册》
772	31	瘐叟墨录	清代	墨作	徐康	长洲	诸生	《十六家墨说下册》
773	32	内务府墨作则例	清代	墨作	内务府			《涉园墨萃》
774	制砚1	砚谱	宋初	砚台	苏易简	铜山	中书舍人	《说郛》
775	2	砚录	宋仁宗	砚台	唐询	钱塘	给事中	《四库全书》
776	3	砚史	宋徽宗	砚台	米芾	镇江	礼部员外郎	《说郛》
777	4	砚笺	南宋中期	砚台	高似孙	鄞县	处州知州	《四库全书》
778	5	歙州砚谱	宋代	砚台	唐积			《丛书集成初编》
779	6	砚谱	宋代	砚台	李之彦	永嘉		《说郛》
780	7	端溪砚谱	宋代	砚台	佚名			《四库全书》
781	8	砚谱	明中期	砚台	沈仕	仁和		《说郛》
782	9	砚录	万历	砚台	项元汴	嘉兴		《丛书集成初编》

783	10	砚谱	万历	砚台	高濂	钱塘		《重订欣赏编》
784	11	端溪砚石考	崇祯	砚台	高兆	闽县	邑庠生	美术丛书初集》
785	12	砚录	明末清初	砚台	曹溶	秀水	御史	《学海类编》
786	13	砚林	明末清初	砚台	余怀	莆田		《昭代丛书》
787	14	砚林拾遗	清初	砚台	施闰章	宣城	乡试正考官	《美术丛书二集》
788	15	砚铭	清初	砚台	潘耒	吴江	翰林院检讨	《花近楼丛书》
789	16	水坑石记	顺治	砚台	钱朝鼎	常熟	太常卿	《艺术丛书》
790	17	说砚	康熙	砚台	朱彝尊	秀水	翰林院检讨	《美术丛书初集》
791	18	辑砚琐言	康熙	砚台	张在辛	安邱	拔贡生	《琐言》
792	19	钦定西清砚谱	乾隆四十三年	砚台	于敏中	金坛	大学士	《四库全书》
793	20	纪砚	乾隆	砚台	程瑶田	歙县		《美术丛书四集》
794	21	淄砚录	乾隆	砚台	盛百二	秀水	知县	《昭代丛书》
795	22	端溪砚谱记	乾隆	砚台	袁树	钱塘	知府	《昭代丛书》
796	23	冬心斋砚铭	清中期	砚台	金农	钱塘		《花近农丛书》
797	24	端研记	清中期	砚台	江藩	甘泉	监生	《合众图书馆丛书第二集》
798	25	端溪研坑考	清中期	砚台	计楠	秀水	严州教授	《化近楼丛书》
799	26	石隐砚谈	清中期	砚台	李兆洛	阳湖	凤台知县	《美术丛书三集》
800	27	砚缘记	清中后期	砚台	王寿迈	大兴		《砚缘集录》
801	28	重订唐说砚考	嘉庆	砚台	曾兴仁	善化	分宜知县	《罗卷汇编》
802	29	端溪砚史	道光十七年	砚台	吴兰修	嘉应		《榆园丛刻附》
803	30	宝砚堂砚辨	道光	砚台	何传瑶	端州		《喜咏轩丛书》
804	盐业1	熬波图	元代	煮海盐	陈椿	天台	下沙场盐司	《四库全书》史部·政书类
805	2	盐法考略	成化	盐业	丘浚	琼山	翰林学士	《学海类编》
806	3	（嘉靖）盐政志	嘉靖	盐业	朱廷立	通山	礼部右侍郎	嘉靖刻本
807	4	山东盐法志	万历	盐业	查志隆	海宁	盐司同知	万历庚寅刻本
808	5	古今卤略	崇祯	盐业	汪砢玉	秀水	盐运使判官	清抄本
809	6	盐政全书	明代	盐业	李樱	不详	不详	1983年故宫图书馆静电复印本
810	7	两浙盐法	雍正	盐业	李卫	丰县	浙江巡抚	雍正元年刻本
811	8	敕修两淮盐法志	雍正	盐业	噶尔泰	满洲	巡视两浙盐课	清雍正六年刻本
812	9	两淮盐法志	乾隆	盐业	王世球	甘泉	转运府署中经师	清乾隆十三年刻本
813	10	河东盐务备览	乾隆	盐业	蒋兆奎	渭南	盐运使	乾隆五十五年刻本

814	11	钦定重修两浙盐法志	嘉庆	盐业	延丰	不详	两浙盐政	嘉庆六年刻本
815	12	两淮盐法志	嘉庆	盐业	铁保	满洲正黄旗	两江总督	同治九年扬州书局重刊本。
816	13	淮北票盐志略	道光十八年	盐业	童濂	江夏	海州司运判	同治七年刻本
817	14	淮卤备要	道光	盐业	李澄	扬州	贡生	道光三年刻本
818	15	两广盐法志	道光	盐业	阮元	仪征	云贵总督	道光十六年刻本
819	16	论盐	清道光间	盐业	孙鼎臣	善化	庶吉士	《中国盐政纪要》
820	17	光绪《重修两淮盐法志》	咸丰	盐业	王定安	东湖	道台	光绪三十一年刻本
821	18	淮北票盐续略	光绪	盐业	许宝书	不详	署海分司	同治九年刻本
822	19	醇华馆饮食脞志	清末	饮食	醇华馆漱	苏州		《苏州史志资料选辑》
823	20	筹吐篇	清末	盐业	魏源	邵阳	知县	《中国盐政纪要》
824	21	随园食单补证	清末	饮食	夏曾传	苏州		《中国烹饪古籍丛书》
825	22	两淮卤务考略	清代	盐业	佚名			《四库未收书辑刊》
826	23	淮盐纪要	清末民初	盐业	林振翰	宁德	县教谕	商务印书馆,民国十七年
827	24	中国盐税与盐政	民国	盐业	田斌	江苏		江苏省印刷局1929年版
828	25	中国盐政纪要	民国	盐业	林振翰	宁德		盐务稽核支所助理商务印书馆,民国十九年版
829	26	盐法纲要	民国	盐业	左树珍	不详		民国二年铅印本
830	造酒1	酒诰	西晋	酒业	江统	陈留圉	太子洗马	《古今图书集成》
831	2	上九酝酒法奏	三国	酒业	曹操	沛国谯	魏王	《齐民要术》
832	3	酒谱	仁宗天圣二年	酒业	窦苹	不详	不详	《说郛》
833	4	桂海酒志	宋高宗	酒业	范成大	平江吴郡	处州知府	《唐宋丛书》
834	5	酒经	宋神宗	酒业	苏轼	眉州	杭州通判	《说郛》
835	6	北山酒经	北宋	酒业	朱肱	不详	博士	《知不足斋丛书》
836	7	曲本草	北宋	酒业	田锡	京兆	学士	《说郛》
837	8	续北山酒经	北宋	酒业	李保	不详	不详	《说郛》
838	9	酒小史	宋理宗	酒业	宋伯仁	广平	不详	《说郛》
839	10	新丰酒法	宋代	酒业	林洪	莆田	不详	《说郛》
840	11	酒名记	宋代	酒业	张能臣	不详	不详	《说郛》
841	12	酒尔雅	宋代	酒业	何剡	不详	不详	《说郛》
842	13	酒乘	元代	酒业	韦孟	不详	不详	《说郛》

843	14	轧赖机酒赋	元代	酒业	朱德润	睢阳	国史编修	《说郛》
844	15	葡萄酒	元代	酒业	周权	处州	不详	《说郛》
845	16	酝造品	嘉靖	酒业	高濂	钱塘	鸿胪寺官	《居家必备》
846	17	觞政	万历	酒业	袁宏道	公安	吴县县令	《怡情四书》
847	18	酒史	明代	酒业	无怀山人	不详	不详	《宝颜堂秘笈》
848	19	酒谱	明代	酒业	徐炬	不详	不详	《山居杂志》
849	20	胜饮编	康熙	酒业	郎廷极	广宁	江宁府同知	《笔记小说大观》
850	21	绍兴酒酿造法之研究	民国	绍兴酒酿造	周清			新学会社1928年版
851	茶业1	茶经	唐玄宗	茶业	陆羽	竟陵		《四库全书·子部·谱录类》
852	2	补茶经	大中祥符五年前后	茶业	周绛	溧阳	尚书都官员外郎	《茶学大典》
853	3	茶录	宋皇祐	茶业	蔡襄	仙游	端明殿学士	《茶书全集》
854	4	东溪试茶录	治平元年前后	茶业	宋子安	不详	不详	《百川学海》
855	5	本朝茶法	宋熙宁	茶业	沈括	钱塘	翰林学士	《说郛》
856	6	斗茶记	政和二年	茶业	唐庚	丹陵	终议郎	《说郛》
857	7	续茶谱	元光二年前后	茶业	桑茹芝	不详		《茶学大典》
858	8	茶具图赞	咸淳五年	茶具图	审安老人	不详		国家图书馆藏本
859	9	茶谱	宣德四年至正统十三年间	茶业	朱权	南京	宁献王	《说郛续》
860	10	茶马志	正统七年前后	茶业	谭宣	不详		《千顷堂书目》
861	11	茶马志	嘉靖三年	茶业	陈讲	遂宁	山西巡抚	《四库全书》政书类存目
862	12	茶谱	嘉靖八年前后	茶业	朱佑槟	北京	益端王	《茶书全集》
863	13	易牙遗意	元末明初	饮食	韩奕	常熟		《夷门广牍》
864	14	茶业新谱	嘉靖九年前后	茶业	钱椿年	常熟		清光绪乙亥年上海书局石印1册
865	15	茶谱续编	嘉靖十四年前后	茶业	赵之履	不详		《茶书全集》
866	16	茶谱	嘉靖廿年	茶业	顾元庆	长洲		《古今图书集成》

867	17	茶经外集	嘉靖廿一年	茶业	吴旦	沙头镇	山西按察司金事	《山居杂志》
868	18	茶事汇辑	嘉靖廿九年前后	茶业	朱曰藩、盛时泰	不详		《千顷堂书目》
869	19	茶马类考	嘉靖廿九年前后	茶业	胡彦	沔阳	茶马御史	《四库全书存目丛书》
870	20	毛荣食谱	乾隆年间	饮食	毛荣	常熟		《一斑录》
871	21	茶经	万历三年前后	茶业	徐渭	山阴	廪生	《浙江采集遗书总录》
872	22	茶谱外籍	万历十六年	茶业	孙大绶	淳安		《山居杂志》
873	23	茶集	万历二十一年	茶业	胡文焕	钱塘	不详	《格致丛书》
874	24	茶录	万历二十三年	茶业	张源	不详		《茶书全集》
875	25	茶录	万历二十八年前后	茶业	程国宾	新都	不详	《茶书全集》
876	26	茶品要论	万历三十二年前后	茶业	佚名	不详		《澹生堂藏书目》
877	27	茶品集录	万历三十二年前后	茶业	佚名	不详		《澹生堂藏书目》
878	28	罗岕茶记	万历三十六年	茶业	熊明遇	进贤	兵部尚书	《古今图书集成》
879	29	茶解	万历三十七年	茶业	罗廪	宁波		《古今图书集成》
880	30	茶录	万历三十七年前后	茶业	冯时可	华亭	贵州布政司参政	《说郛续》
881	31	茶董	万历三十八年前后	茶业	夏树芳	江阴	举人	《故宫珍本丛刊》
882	32	茶董补	万历四十年前后	茶业	陈继儒	华亭		《丛书集成初编》
883	33	茶集	万历四十年	茶业	喻政	不详		《茶书全集》
884	34	茶书	万历四十年	茶业	喻政	不详		《茶书全集》
885	35	品茶要录	万历四十三年前后	茶业	程伯二	丹阳		国家图书馆缩微制品

886	36	茶约	万历四十七年	茶业	何彬然	蕲州		《四库全书》存目
887	37	茶说	崇祯三年	茶业	黄龙德	不详		《程氏丛刻》
888	38	茶乘	崇祯三年	茶业	高元	不详		《中国茶叶历史资料选辑》
889	39	茗林	崇祯三年	茶业	陈克勤	不详		《千顷堂书目》
890	40	茶荚	崇祯三年	茶业	郭三辰	不详		《红雨楼书目》
891	41	茶笺	崇祯三年前后	茶业	闻龙	四明		《说郛续》
892	42	茗史	崇祯三年前后	茶业	万邦宁	不详		《续修四库全书》
893	43	洞山岕茶系	崇祯十三年前后	茶业	周高起	江阴	诸生	《檀几丛书》
894	44	岕茶笺	崇祯十五年前后	茶业	冯可宾	益都	湖州司班	《广百川学海》
895	45	品茶要录补	崇祯十六年	茶业	程伯二	丹阳		国家图书馆缩微制品
896	46	茗笈	顺治三年	茶业	洪炜、汪铉	不详		《千顷堂书目》
897	47	茶具图赞	明末	茶具图	茅一相	不详		《丛书集成初编》
898	48	茶苑	明代	茶业	黄履道	不详		国家图书馆缩微制品
899	49	六茶纪事	明代	茶业	王毗翁	不详	霍山令	《四库全书》
900	50	茶经	明代	茶业	张丑	昆山		民国三十六年神州国光社四版增订排印版
901	51	茶经	明代	茶业	张应文	嘉定	监生	《张氏藏书》
902	52	茶乘	明代	茶业	高元浚	不详		《千顷堂书目》
903	53	虎丘茶经注补	顺治十二年	茶业	陈鉴	长洲	国子监祭酒	《檀几丛书》
904	54	松寮茗政	顺治十七年—顺治十八年	茶业	卜万祺	不详		《中国茶叶历史资料选辑》
905	55	茶苑	康熙元年前后	茶业	余怀	不详		《中国茶叶历史资料选辑》
906	56	茶史	康熙十四年	茶业	刘源长	淮安		清雍正年间刻本
907	57	茶史补	康熙十七年稍前	茶业	余怀	黄石		清雍正年间刻本（附《茶史》后）

908	58	茶谱	康熙十九年前后	茶业	朱硕儒	不详		《中国茶叶历史资料选辑》
909	59	岕茶汇钞	康熙二十二年前后	茶业	冒襄	如皋		《昭代丛书》
910	60	续茶经	雍正十三年	茶业	陆廷灿	嘉定	崇安知县	《四库全书》
911	61	北苑贡茶录注	嘉庆五年	茶业	汪继壕	不详		《中国茶叶历史资料选辑》
912	62	释茶	嘉庆十四年前后	茶业	张鉴	乌程	副贡生	同治《湖州府志》卷60
913	63	湘皋茶说	嘉庆七年—嘉庆二十五年	茶业	顾蕙	不详		《中国茶叶历史资料选辑》
914	64	茶务佥载	光绪三年稍前	茶业	胡秉枢	不详		《中国历代茶书汇编校注本》
915	65	整饬皖茶文牍	光绪二十二年	茶业	程雨亭	不详	主管安徽茶厘局	《农学丛书》
916	66	红茶制法说略	光绪二十九年	茶业	康特璋	祁门	贡生	《中国历代茶书汇编校注本》
917	67	茶说	光绪二十九年	茶业	震钧	北京	江宁八旗学堂总办	《中国历代茶书汇编校注本》
918	68	印锡种茶茶业考察报告	光绪三十一年	茶业	郑世璜	慈溪		《中国历代茶书汇编校注本》
919	69	枕山楼茶略	光绪三十四前	茶业	陈元辅	不详		《茶书总目提要》
920	食品1	食珍录	刘宋	食品	虞悰	余姚	祠部尚书	《说郛》
921	2	食经	隋代	食品	谢讽			《说郛》
922	3	玉食批	南宋	食品	司膳内人		司膳内人	《说郛》
923	4	糖霜谱	南宋绍兴	制糖	王灼	遂宁		《四库全书》
924	5	颐堂先生糖霜谱	南宋绍兴	制糖	王灼	遂宁		《美术丛书》
925	6	酝造品	万历	食品	高濂	钱塘		《居家必备》
926	7	法制品	万历	食品	高濂	钱塘		《居家必备》
927	8	甜食品	万历	食品	高濂	钱塘		《居家必备》
928	9	粉面品	万历	食品	高濂	钱塘		《居家必备》
929	10	随园食单	乾隆	食品	袁枚	钱塘	翰林院庶吉士	《随园三十种》
930	综合1	考工记	先秦	综合技艺	齐国人	齐国		《十三经注疏》
931	2	博物志	西晋	综合技艺	张华	方城		《说郛》

932	3	齐民要术	北魏永熙二年	综合技艺	贾思勰	益都	高阳郡太守	中国农业出版社 1998 年
933	4	耒耜经	唐末	农具	陆龟蒙	苏州		《百川学海》
934	5	格物粗谈	宋神宗	综合技艺	苏轼	眉州	杭州通判	《丛书集成初编》
935	6	香谱	宋哲宗	古今香法	洪刍	南昌	谏议大夫	《四库全书》
936	7	燕几图	北宋末年	家具	黄伯思	邵武		《说郛》
937	8	名香谱	北宋末年	香料	叶廷珪	建瓯		《说郛》
938	9	桂海器志	南宋初年	器具	范成大	吴郡	处州知府	《唐宋丛书》
939	10	桂海香志	南宋初年	香料	范成大	吴郡		《唐宋丛书》
940	11	鬳斋考工记解	南宋理宗	综合技艺	林希逸	福清	中书舍人	《四库全书》
941	12	陈氏香谱	宋末元初	香料	陈敬			《四库全书》
942	13	农桑辑要	元初	综合技艺	大司农司			《四库全书》
943	14	官民准用	元代	综合技艺	佚名			《四库》史部·政书类存目二
944	15	居家必用事类全集	元代	综合技艺	佚名			《北京图书馆古籍珍本丛刊》
945	16	多能鄙事	洪武	综合技艺	刘基	青田	诚意伯	《四库未收书辑刊》
946	17	格古要论	洪武二十一年	综合技艺	曹昭	松江		《夷门广牍》
947	18	新增格古要论	天顺三年	综合技艺	王佐	江西吉水		《丛书集成初编》
948	19	博物志补	弘治	综合技艺	游潜	丰城	宾州知州	《梦蕉三种》
949	20	琴瑟谱	明中期	综合技艺	汪浩然	琼州		《四库全书》
950	21	厚生训纂	成化嘉靖	综合技艺	周臣	吴		《格致丛书》
951	22	博物要览	嘉靖四十年	综合技艺	谷泰		府长史	《续修四库全书》
952	23	香本纪	嘉靖万历	综合技艺	吴从先	常州		《香艳丛书》
953	24	遵生八笺	嘉靖	综合技艺	高濂	钱塘	鸿胪寺官	《四库全书》
954	25	髹饰录	隆庆年间	油漆工艺	黄成	嘉兴		文物出版社 1983 年版
955	26	群物奇制	万历	综合技艺	周履靖	嘉兴		《丛书集成初编》
956	27	香笺	万历	综合技艺	屠隆	鄞县	吏部主事	《美术丛书》
957	28	香录	万历	综合技艺	项元汴	嘉兴		《丛书集成初编》
958	29	考工记述注	万历	综合技艺	林兆珂	莆田	安庆知府	《四库全书存目丛书》
959	30	批点考工记	万历	综合技艺	郭正域	江夏	礼部侍郎	重庆图书馆藏本
960	31	考工记通	万历	综合技艺	徐昭庆	宣城		《四库全书存目丛书》
961	32	考工记纂注	万历	综合技艺	程明哲	歙县		《四库全书存目丛书》
962	33	长物志	天启元年	综合技艺	文震亨	长洲	中书舍人	《丛书集成初编》

963	34	三才图会	万历	综合技艺	王圻	上海	布政参议	《四库全书存目丛书》
964	35	图书编	万历	综合技艺	章潢	南昌	顺天训导	《四库全书》
965	36	游具雅编	明中后期	综合技艺	屠隆	鄞县	吏部主事	《丛书集成初编》
966	37	蝶几谱	天启	蝶几样式	严澄	常熟		《群芳清玩十二种》
967	38	南京工部志	天启	综合技艺	朱长芳	上海	南京国子监生	《四库全书》
968	39	天工开物	崇祯十年	综合技艺	宋应星	奉新	亳州知府	《国学基本丛书》
969	40	香乘	崇祯十四年	综合技艺	周嘉胄	扬州		《四库全书·子部谱录类》
970	41	农政全书	崇祯十二年	综合技艺	徐光启	上海	大学士	《国学基本丛书》
971	42	物理小识	崇祯十六年	综合技艺	方以智	桐城		《四库全书·子部杂家类》
972	43	浑天仪器图说	明末	天文仪器图	薄珏	苏州	嘉兴县学生	谢国桢《明代社会经济史料选编》
973	44	香国	明末	香料	毛晋	常熟		《美术丛书》
974	45	非烟香法	明末清初	香料	董说	乌程		《美术丛书》
975	46	黄熟香考	明末清初	香料	万泰	归安	户部主事	《檀几丛书》
976	47	镜史	明末清初	光学制镜	孙云球	吴县		上海图书馆藏本
977	48	艺林汇考	康熙初年	综合工艺	沈自南	吴江	知县	《四库全书》
978	49	琉璃志	康熙四年	琉璃业	孙廷铨	益都	吏部尚书	《昭代丛书》
979	50	一家言·居室器玩部	康熙十年	综合技艺	李渔	雉皋		《中国古代闲情丛书》
980	51	红术轩紫泥法	康熙廿二年	印泥制作	汪镐京	歙县		藏山东省图书馆
981	52	古乐书	康熙	乐器	应撝谦	仁和		《四库全书》
982	53	格物须知	康熙	综合技艺	朱本中	歙县		《四种须知》
983	54	乘舆仪仗做法	乾隆十三年	仪仗做法	工部			《故宫珍本丛刊》
984	55	考工创物小记	乾隆	综合技艺	程瑶田	歙县		《皇清经解》
985	56	物诠	乾隆	综合技艺	汪绂	婺源	诸生	《汪双池先生丛书·浙刻双池先生遗书十二种》
986	57	废艺斋集稿	乾隆	风筝等	曹雪芹	南京		现藏日本,国内有抄本一册
987	58	羽扇谱	乾隆	羽扇制作	张燕昌	海盐		《昭代丛书》
988	59	竹人录	嘉庆十二年	竹刻	金元钰	嘉定		嘉定博物馆

989	60	七巧合璧图	嘉庆十八年	七巧板	碧梧居士			嘉庆手抄本
990	61	七巧新谱	嘉庆	七巧板	桑下客			剑桥大学图书馆藏本
991	62	考工记图	清中期	综合技艺	戴震	休宁	庶吉士	《皇清经解》
992	63	履园丛话	道光十八年	综合技艺	钱泳	金匮		《中国古代记小品丛书》
993	64	镜镜詅痴	道光廿六年	光学制镜	郑复光	歙县	监生	《丛书集成初编》
994	65	考工记辨	道光	综合技艺	王宗涑			《皇清经解续编》
995	66	周礼正义·冬官考工记	道光	综合技艺	孙诒让	瑞安	江宁布政使	《续修四库全书》
996	67	桐桥倚棹录	道光咸丰	综合技艺	顾禄	吴县		《清代史料笔记丛刊》
997	68	中国矿产志略	光绪	矿产	曹□室			光绪间铅印本
998	69	续广博物志	清末	综合技艺	徐寿基			《志学斋集》
999	70	金壶七墨	清末	综合技艺	黄均宰	淮安	奉贤训导	《丛书集成三编》
1000	71	秋芬室七巧八分图	清末	七巧板	钱芸吉	仁和		商务印书馆1918年版
1001	72	杖扇新录	清末	杖扇	王廷鼎	震泽	浙江县丞	《美术丛书》
1002	73	匡几图	清代	家具				《存素堂校写几谱》
1003	74	角工雕刻札记	民国初年	雕刻	叶瀚	歙县		《晚学庐丛稿》

说明：本表主要根据《四库全书》（含续修、存目、禁毁、未收）系列，《丛书集成》（初、续、三、新编）、《中国丛书综录》、《中国近现代丛书目录》、《中国农学书目》、《中国科学技术典籍通汇》、《中国古建筑文献指南》、《江南制造局记》（译书表）等书所收工业文献进行统计。还要说明的是：(1)剔除"考工艺文"类书目，(2)籍贯为出生地或工作、生活地点。(3)其中五部文献为存目。

附表 2:20 世纪 20 年代前江南及其周边地区名工匠统计总表

序号	人名	年代	地点	职业身份	技术成就	著作
1	干将	东周	吴国	铸造师	铸剑	
2	莫邪	东周	吴国	铸造师	铸剑	
3	土弥牟	春秋		工匠	造城	
4	蔿爱猎	春秋	楚	令尹	筑城	
5	伍子胥	春秋	楚国	吴国大夫	建城	
6	范蠡	春秋	宛	越国大夫	筑城	
7	襄	战国	楚共王	工尹		
8	寿	战国	楚国	工尹		
9	商阳	战国	楚国	工尹		
10	赤	战国	楚国	工正	筑城	
11	张元	东汉	吴郡	铸镜工匠	铸镜	
12	袁宜	孙吴	会稽	陶瓷工匠	烧瓷器	
13	潘芳	三国	东吴	雕镂工匠	镂凤	
14	赵慨	东晋	浮梁	陶瓷工匠	制陶	
15	范休可	南朝	上虞	陶瓷工匠	烧窑	
16	项升	炀帝	浙	建筑工匠	造宫殿	
17	陆羽	唐玄宗	竟陵	茶学家	制茶	茶经
18	杨惠之	唐玄宗	吴	雕塑家	雕塑	
19	凤楼	唐朝	旌德	绣工	刺绣	
20	李少微	南唐	歙县	墨务官	制砚	
21	葛祚	南唐	合肥	刊刻匠	刻钟	
22	倪成	南唐	合肥	铸镜匠	铸镜	
23	房宗	南唐	合肥	铸镜匠	铸镜	
24	姚易	南唐	合肥	铸镜匠	铸镜	
25	张彦	五代	合肥	铸镜匠	铜镜	
26	樊知古	宋太祖	池州	水利工师	江面测量	
27	喻皓	北宋初	杭州	都料匠	造塔	木经
28	知礼	宋太宗	越州	版刻匠	刻菩萨像	
29	陈智洪	宋真宗	九江	造桥工匠	修桥	
30	项霸	宋真宗	上虞	窑匠	粮罂瓶	
31	赵宗霸	宋真宗	杭州	木刻工匠	刻佛经	
32	曾公亮	宋仁宗间	泉州	火药家	火药	武经总要
33	陈满	宋仁宗	瑞安	银匠	银神王	
34	博士吴	宋仁宗	婺州	制瓷工匠	葵口碗	
35	义波	宋仁宗	泉州	造桥师	修洛阳桥	

36	徐公彦	宋英宗	景德镇	碑刻匠	碑刻	
37	朱冲	宋徽宗	平江	园林师	修园林	
38	朱勔	宋徽宗	平江	园林师	修园林	
39	邬竖同	宋徽宗	温州	建筑工匠	白象塔	
40	郑仁安	宋徽宗	温州	建筑工匠	白象塔	
41	陈保	宋徽宗	温州	建筑工匠	白象塔	
42	李公亮	宋徽宗	九江	刻碑匠	刻墓志铭	
43	吴惠诚	宋徽宗	景德镇	制瓷匠	制瓷	
44	詹吴	宋徽宗	浙江	铸镜匠	铸镜	
45	马希仁	北宋	扬州	斫琴师	制琴	
46	刘三郎	北宋	南京	金匠	造金柙	
47	张处厚	北宋	黄山	墨工	制墨	
48	李明	北宋	歙县	砚工	制砚	
49	汪沽	北宋	景德镇	制瓷匠	瓷座支垫	
50	倪成	北宋	九江	铸镜匠	铸镜	
51	张遇	北宋	黟县	墨工	烟油墨	
52	诸葛高	北宋	宣州	制笔工匠	散卓笔	
53	黄二郎	北宋	平江	漆匠	朱漆托子	
54	周小四	北宋	江州	金匠	银梳	
55	吴彬	宋宁宗	江西	石刻工	石刻	
56	余士	宋宁宗	福建	刻工	刻《育德堂奏议》	
57	王老成	宋理宗	杭州	制扇名家	黑纸扇	
58	陈宁	宋理宗	平江	版画艺人	木刻版画	
59	陈升	宋理宗	平江	版画艺人	木刻版画	
60	郭立	南宋	吉州	陶瓷工匠	制瓷	
61	余仁仲	南宋	建安	刻书名家	刻书	
62	谢汶	南宋	吉州	陶瓷工匠	制瓷	
63	曾家	南宋	抚州	制镜工匠	制镜	
64	杨家	南宋	宜春	制镜工匠	制镜	
65	华坚	南宋	无锡	雕刻名工	铜活字印书法	
66	雷潮	南宋	平江	塑像名手	塑像	
67	黄二郎	南宋	常州	漆工	漆器	
68	朱文明	南宋	镇江	彩塑艺人	彩塑	
69	徐士明	南宋	镇江	彩塑艺人	彩塑	
70	柯山	南宋	镇江	彩塑艺人	彩塑	
71	叶惠实	南宋	镇江	彩塑艺人	彩塑	
72	汪四郎	南宋	安徽	银匠	银器	
73	王方	南宋	扬州	砖窑匠	制砖	

74	肖道	南宋	扬州	砖窑匠	制砖	
75	尹朝	南宋	扬州	砖窑匠	制砖	
76	成蕴	南宋	扬州	砖窑匠	制砖	
77	胡令明	南宋	扬州	砖窑匠	制砖	
78	陈金	南宋	扬州	砖窑匠	制砖	
79	陈洪	南宋	扬州	砖窑匠	制砖	
80	郭思	南宋	扬州	砖窑匠	制砖	
81	黄宾	南宋	扬州	砖窑匠	制砖	
82	赵宗	南宋	扬州	砖窑匠	制砖	
83	曹金罩	南宋	扬州	砖窑匠	制砖	
84	胡延美	南宋	扬州	砖窑匠	制砖	
85	李章节	南宋	扬州	砖窑匠	制砖	
86	涂术	南宋	扬州	砖窑匠	制砖	
87	徐怀远	南宋	扬州	砖窑匠	制砖	
88	张本	南宋	扬州	砖窑匠	制砖	
89	张宰	南宋	扬州	砖窑匠	制砖	
90	章琪	南宋	扬州	砖窑匠	制砖	
91	刘武	南宋	扬州	砖窑匠	制砖	
92	刘彦洪	南宋	扬州	砖窑匠	制砖	
93	赵必胜	南宋	扬州	砖窑匠	制砖	
94	李四郎	南宋	溧阳	银匠	银器	
95	张四郎	南宋	溧阳	银匠	银器	
96	俞旺	南宋	扬州	砖匠	制砖	
97	杜旺	南宋	扬州	砖匠	制砖	
98	耿佐	南宋	扬州	砖匠	制砖	
99	王方	南宋	扬州	砖匠	制砖	
100	王蕴	南宋	扬州	砖匠	制砖	
101	方道	南宋	扬州	砖匠	制砖	
102	尹朝	南宋	扬州	砖匠	制砖	
103	成蕴	南宋	扬州	砖匠	制砖	
104	胡令昭	南宋	扬州	砖匠	制砖	
105	陈全	南宋	扬州	砖匠	制砖	
106	陈洪	南宋	扬州	砖匠	制砖	
107	郭思	南宋	扬州	砖匠	制砖	
108	董宾	南宋	扬州	砖匠	制砖	
109	赵宗	南宋	扬州	砖匠	制砖	
110	赵弘远	南宋	扬州	砖匠	制砖	
111	赵弘让	南宋	扬州	砖匠	制砖	

112	刘祐	南宋	扬州	砖匠	制砖	
113	苏蕴	南宋	扬州	砖匠	制砖	
114	王初	南宋	扬州	砖匠	制砖	
115	王暗	南宋	扬州	砖匠	制砖	
116	徐通	南宋	扬州	砖匠	制砖	
117	孙彦	南宋	扬州	砖匠	制砖	
118	许春	南宋	扬州	砖匠	制砖	
119	高蕴	南宋	扬州	砖匠	制砖	
120	汤义	南宋	扬州	砖匠	制砖	
121	藏谦	南宋	扬州	砖匠	制砖	
122	曹铎	南宋	扬州	砖匠	制砖	
123	赵初	南宋	扬州	砖匠	制砖	
124	王七	南宋	扬州	砖匠	制砖	
125	王禔	南宋	扬州	砖匠	制砖	
126	方通	南宋	扬州	砖匠	制砖	
127	史褒	南宋	扬州	砖匠	制砖	
128	况瑄	南宋	扬州	砖匠	制砖	
129	章蕴	南宋	扬州	砖匠	制砖	
130	许觐	南宋	扬州	砖匠	制砖	
131	闵求	南宋	扬州	砖匠	制砖	
132	童威	南宋	扬州	砖匠	制砖	
133	黄规	南宋	扬州	砖匠	制砖	
134	解景	南宋	扬州	砖匠	制砖	
135	藏彦	南宋	扬州	砖匠	制砖	
136	刘武	南宋	扬州	砖匠	制砖	
137	刘殷	南宋	扬州	砖匠	制砖	
138	刘彦洪	南宋	扬州	砖匠	制砖	
139	范景	南宋	扬州	砖匠	制砖	
140	李章	南宋	扬州	砖匠	制砖	
141	涂术	南宋	扬州	砖匠	制砖	
142	涂师进	南宋	扬州	砖匠	制砖	
143	张彦思	南宋	扬州	砖匠	制砖	
144	张本	南宋	扬州	砖匠	制砖	
145	张宰	南宋	扬州	砖匠	制砖	
146	章洪	南宋	扬州	砖匠	制砖	
147	余志	南宋	扬州	砖匠	制砖	
148	胡彦美	南宋	扬州	砖匠	制砖	
149	花瑜	南宋	扬州	砖匠	制砖	

150	赵必胜	南宋	扬州	砖匠	制砖	
151	祝兴	南宋	丽水	铸工	铸佛像	
152	金四郎	南宋	溧阳	银匠	铸银	
153	葛文颜	南宋	溧阳	银匠	铸银	
154	王一保	南宋	溧阳	银匠	铸银	
155	余姜	南宋	溧阳	银匠	铸银	
156	蔡景温	南宋	浙江	雕梓艺人	刻经	
157	驼宝	南宋	浙江	雕梓艺人		
158	顾渊	南宋	浙江	雕梓艺人		
159	石昌	南宋	浙江	雕梓艺人		
160	张瑾	南宋	浙江	雕梓艺人		
161	方全	南宋	浙江	雕梓艺人		
162	朱春	南宋	浙江	雕梓艺人		
163	金荣	南宋	浙江	雕梓艺人		
164	金嵩	南宋	浙江	雕梓艺人		
165	徐琪	南宋	浙江	雕梓艺人		
166	陈彦	南宋	浙江	雕梓艺人		
167	孙勉	南宋	杭州	雕刻艺人	雕刻	
168	黄二郎	南宋	常州	漆匠	制漆	
169	袁遇昌	南宋	平江	泥塑名家	泥塑	
170	赖九郎	南宋	赣州	造船师	造船	
171	刘生	南宋	吉安	琢砚工	制砚	
172	王吉	南宋	平江	铸造工匠	铸铜	
173	王用和	南宋	金华	刻碑工	刻玉	
174	吕文质	南宋	宁波	制笔名工	制笔	
175	杜志皋	南宋	江西	刻工	刊刻	
176	唐积	宋代		制砚匠	砚台制作	歙州砚谱
177	李之彦	宋代	永嘉	制砚匠	砚台制作	砚谱
178	何莲	宋代		制墨匠	墨鉴赏制作	墨记
179	廖禹	宋代	宁都	堪舆师	峦头技术	扒砂经
180	仲璋	宋代	湖州	笔工	制笔	
181	舒翁	宋代	吉州	制瓷名家	制瓷	
182	舒娇	宋代	吉州	制瓷名家	制瓷	
183	叶王	宋代	漳州	制瓷名家	制瓷	
184	刘法	金代	常州	墨工	制墨	
185	王正卿	元世祖	杭州	刻工	刻《大元一统志》	
186	胡进之	元世祖	杭州	刻工	刻《大元一统志》	
187	袁云卿	元世祖	杭州	刻工	刻《大元一统志》	

188	乔壁	元世祖	杭州	刻工	刻《大元一统志》	
189	姚行	元泰定	吴江	造桥工匠	长桥	
190	陆颐	元惠宗	甫里	铸铜匠	铸铜	
191	丁寿	元惠宗	绍兴	石匠	光和桥	
192	徐信卿	元代	归安	笔工	制笔	
193	沈日新	元代	归安	笔工	制笔	
194	冯应科	元代	归安	笔工	制笔	
195	陆文宝	元代	归安	笔工	制笔	
196	杨均显	元代	归安	笔工	制笔	
197	张进中	元代	归安	笔工	制笔	
198	吴升	元代	归安	笔工	制笔	
199	姚恺	元代	归安	笔工	制笔	
200	陆震	元代	归安	笔工	制笔	
201	杨升	元代	归安	笔工	制笔	
202	柳含春	元代	明州	绣工	刺绣	
203	管道升	元代	吴兴	绣工	刺绣	
204	黄道婆	元代	松江	机匠	织布	
205	王芝	元代	杭州	装裱匠	装裱	
206	马称德	元代	奉化	印刷匠	活字印刷	
207	谢君余	元代	平江	银匠	铸银	
208	谢君和	元代	平江	银匠	铸银	
209	姜娘子	元代	杭州	冶铸匠	冶铸	
210	王吉仁	元代	平江	冶铸匠	冶铸	
211	杨汇	元代	嘉兴	制造工匠	剔犀器	
212	陈石堂	元代	福州	制造工匠	计时器	
213	俞良甫	元代	建阳	刻书工	雕版印刷	
214	韩文善	元代	钱塘	制砚工匠	石砚	
215	叶珏	元代	婺源	琢砚工匠	琢砚	
216	朱珪	元代	娄东	石印工匠	石印	名远录
217	于寿	元代	杭州	雕梓工	刻《大藏经》	
218	管主八	元代		刻工	刻经	
219	都罗慧性	元代	西夏	工匠	刻工	
220	焦庆安	元代		装裱匠	装裱	
221	张子良	元代	北京	刻工	刻书	
222	王信	元代	湖南	金银匠	银锭	
223	朱华玉	元代	嘉兴	银匠	银器	
224	杨茂	元代	嘉兴	雕漆工	漆器	
225	何正德	元代	南昌	制镜匠	制镜	

226	胡东有	元代	吉安	制镜匠	制镜	
227	彭均宝	元代	西塘	戗金匠	漆器	
228	张成	元代	嘉兴	雕漆家	漆器	
229	张敏德	元代	嘉兴	雕漆家	漆器	
230	王举直	明初	金陵	刻书匠	刻书	
231	周景一	明初	山阴	堪舆师	建筑堪舆	山洋指迷
232	姚焕	洪武	饶州	陶瓷工匠	白釉瓦	
233	吴林	洪武	饶州	陶瓷工匠	白釉瓦	
234	瞿志高	洪武	赵州	陶瓷匠师	烧瓷	
235	潘成	洪武	景德镇	制瓷匠	黑釉瓦	
236	樊道名	洪武	景德镇	制瓷匠	黑釉瓦	
237	方南	洪武	景德镇	制瓷匠	黑釉瓦	
238	羊远之	洪武	景德镇	制瓷匠	黑釉瓦	
239	张宁	洪武	东山	营造	营建	
240	蒯福	洪武永乐	长洲	建筑师	木工	
241	卢溶	永乐—成化	东阳	建筑师	卢宅	
242	陈献章	宣德—弘治	新会	制笔名工	制笔	
243	徐晖	永乐	武进	建筑师	木工	
244	蒯祥	永乐	长洲	建筑师	营建	
245	周秉忠	永乐	吴县	建筑师	叠石	
246	周廷策	永乐	吴县	建筑师	叠石	
247	虞衡	永乐	汤山	石匠	阳山碑材	
248	杨青	永乐	金山卫	工部左侍郎	营造宫殿	
249	张德刚	永乐	嘉兴	漆艺人	漆器	
250	杨埙	宣德	吴中	髹漆名匠	屏风	
251	邹大秀	宣德	苏州	制陶名女	蟋蟀盆	
252	邹小秀	宣德	苏州	制陶名女	蟋蟀盆	
253	赖智五	宣德	德化	铸铁匠	铁炉	
254	朱端	宣德	吴县	锡器工匠	锡器	
255	学道	宣德		铸铜炉匠	铸炉	
256	陈文显	宣德	景德镇	陶瓷名匠	制瓷	
257	陈守钊	宣德	景德镇	制瓷名匠	制瓷	
258	陈守贵	宣德	景德镇	制瓷名匠	制瓷	
259	谢复	明英宗	祁门	堪舆师	峦头技术	谢氏地理
260	彭君宝	明中期	宜兴	紫砂匠	紫砂壶	
261	沈仕	明中期	仁和	工艺师	砚台制作	砚谱
262	陆叠山	明中期	杭州	造园师	叠山	
263	李昭	成化弘治	金陵	制扇名工	扇骨	

264	马勋	成化弘治	吴县	成扇名工	制扇	
265	程存功	成化弘治	景德镇	工匠	制瓷	
266	周臣	成化嘉靖	吴	养生家	养生技艺	厚生训纂
267	华燧	弘治	无锡	制版艺人	印《容斋随笔》	
268	潘凤	弘治	丹阳	工艺师	绘画	
269	朱承爵	正德	江阴	刻工	刻书	
270	李泽	正德	苏州	刻工	刻《申鉴注》	
271	刘永晖	正德	吴县	成扇匠	扇骨	
272	曹大本	嘉靖	苏州	艺匠	扇骨	
273	张南阳	正德万历	松江	名匠	日涉园	
274	文肇祉	正德—万历	长洲	园林师	塔影园	
275	黄钟	正德—万历	新安	木刻家	刻《注解伤寒论》	
276	李清	嘉靖	苏州	刻工	刻《文选》	
277	章悦	嘉靖	苏州	刻工	刻《文选》	
278	李经	嘉靖	苏州	刻工	刻《文选》	
279	李朴	嘉靖	苏州	刻工	刻《文选》	
280	沈与文	嘉靖	苏州	刻工	刻《西京杂记》	
281	黄省曾	嘉靖	苏州	刻工	刻《山海经》	
282	黄贯曾	嘉靖	苏州	刻工	刻《唐诗二十六家》	
283	黄鲁曾	嘉靖	苏州	刻工	刻《孔子家语》	
284	徐毕	嘉靖	赣城	砖匠	城砖	
285	中廷恩	嘉靖	赣城	砖匠	城砖	
286	何应贞	嘉靖	苏州	刻工	擅刻	
287	何大节	嘉靖	苏州	刻工	擅刻	
288	陆信	嘉靖	苏州	刻工	擅刻	
289	何朝志	嘉靖	苏县	刻工	擅刻	
290	王诰	嘉靖	苏州	刻工	擅刻	
291	何应元	嘉靖	苏州	刻工	擅刻	
292	何应亨	嘉靖	苏州	刻工	擅刻	
293	何钿	嘉靖	苏州	刻工	擅刻	
294	何钥	嘉靖	苏州	刻工	擅刻	
295	何邦本	嘉靖	苏州	刻工	擅刻	
296	何铃	嘉靖	苏州	刻工	擅刻	
297	邵青丘	嘉靖	休宁	名匠	制墨	
298	张本	嘉靖	无锡	刻工	刻《类笺唐王右丞诗集》	
299	蒋旸	嘉靖		版画艺人	《博古图录》	
300	尚鲁	嘉靖	山西	泥匠	泥作	
301	薛守艺	嘉靖	山西	泥匠	泥作	

302	钱椿年	嘉靖	常熟	茶艺师	茶叶制法	茶谱
303	张百川	嘉靖	苏州	装裱艺人	装裱	
304	何朝宗	嘉靖	德化	瓷塑艺人	塑像	
305	赵萼	嘉靖	苏州	艺匠	彩灯	
306	吴为	正德—？		制瓷名师	制瓷	
307	时大彬	嘉靖—万历	宜兴	紫砂艺人	制壶	
308	顾丛义	嘉靖—万历	上海	刻工	刻《淳化阁帖》	
309	徐福登	嘉靖—万历	临汾	营造师	修永祚寺	
310	丁云鹏	嘉靖—万历	休宁	绘墨手	绘墨	
311	崔国懋	嘉靖隆庆	景德镇	制瓷名工	制瓷	
312	洪梗	嘉靖隆庆	钱塘	刻工	刻《雨窗集》	
313	董翰	嘉靖隆庆	宜兴	紫砂名匠	制壶	
314	赵梁	嘉靖隆庆	宜兴	紫砂名匠	制壶	
315	元畅	嘉靖隆庆	宜兴	紫砂名匠	制壶	
316	时朋	嘉靖隆庆	宜兴	紫砂名匠	制壶	
317	汪中山	嘉靖隆庆	休宁	名墨工	集锦墨	
318	陆子冈	嘉靖隆庆	太仓人	艺人	琢玉	
319	汤翰	嘉靖隆庆	苏州	装裱名工	装裱	
320	汤毓灵	嘉靖隆庆	苏州	装裱名工	装裱	
321	灵偃	嘉靖隆庆	苏州	装裱名工	装裱	
322	殳叟	嘉靖隆庆	苏州	装裱名工	装裱	
323	虞猗兰	嘉靖隆庆	苏州	装裱名工	装裱	
324	强百川	嘉靖隆庆	苏州	装裱名工	装裱	
325	庄希叔	嘉靖隆庆	苏州	装裱名工	装裱	
326	吴从先	嘉靖万历	常州		香料	香本纪
327	欧子明	嘉靖万历	宜兴	陶艺师	均陶	
328	爱闲老人	嘉靖万历	宜兴	陶艺师	均窑笔	
329	李豫亨	隆庆	松江	堪舆师	建筑堪舆	青鸟绪言
330	黄成	隆庆	嘉兴	漆师	漆器工艺	髹饰录
331	朱鹤	隆庆	华亭	竹刻名手	竹刻	
332	方信川	隆庆	新安	髹漆名匠	漆器	
333	张士金	隆庆		工匠	琉璃	
334	张士瑞	隆庆		工匠	琉璃	
335	张士泽	隆庆		工匠	琉璃	
336	张士川	隆庆		工匠	琉璃	
337	周时臣	隆庆万历	景德镇	名瓷工	制瓷	
338	黄应祖	嘉靖	新安	木刻家	刻《孔圣家画图集校》	
339	黄应端	万历—崇祯	新安	木刻家	刻《女范编》	

340	黄德修	万历—顺治	新安	木刻家	刻《古杂剧》	
341	黄一凤	万历十一年—?	新安	木刻家	刻《古杂剧》	
342	黄一彬	万历十四年—?	新安	版刻名工	刻《北西厢记》	
343	宁廷鸾	万历	华阳	造桥师	修桥	
344	鹏恺	万历	华阳	造桥师	修桥	
345	翟升	万历	华阳	造桥师	修桥	
346	曹蕃	万历	华亭	园艺家	荔枝栽培	荔枝谱
347	徐	万历	闽县	园艺家	荔枝栽培	荔枝谱
348	宋珏	万历	莆阳	园艺家	荔枝栽培	荔枝谱
349	孙大绶	万历	淳安	茶艺家	茶叶制法	茶谱外籍
350	胡文焕	万历	钱塘	茶艺家	茶叶制法	茶集
351	贺盛瑞	万历	获嘉	建筑师	营造	
352	张丑	万历	昆山	制墨匠	墨类制作	论墨
353	朱樱	万历	嘉定	竹刻名手	竹刻	
354	方于鲁	万历	歙县	名墨师	制墨	
355	潘一驹	万历	歙县	名匠	集锦墨	
356	吴叔大	万历	休宁	墨工	制墨	
357	陈仲美	万历	婺源	陶瓷艺人	制壶	
358	易左山	万历	临安	冶铁匠	铁炉	
359	程延梓	万历		制瓷艺人	制瓷	
360	梁蒿	万历	瑞州	刻工	擅刻	
361	方林宗	万历	休宁	名墨工	制墨	
362	汪元一	万历	休宁	名墨工	制墨	
363	汪鸿渐	万历	休宁	名墨工	制墨	
364	汪文宪	万历	休宁	名墨工	制墨	
365	汪凯	万历	休宁	名墨工	制墨	
366	吴玄象	万历	休宁	名墨工	制墨	
367	邵瑗林	万历	休宁	名墨工	制墨	
368	黄长青	万历	休宁	名墨工	制墨	
369	詹云鹏	万历	休宁	名墨工	制墨	
370	汪季常	万历	休宁	名墨工	制墨	
371	黄昌伯	万历	休宁	名墨工	制墨	
372	甘文堂	万历	金陵	铸铜匠师	铸铜	
373	黄应孝	万历	歙县	版画名工	刻《帝鉴图说》	
374	黄秀野	万历	歙县	版画名工		
375	吴勉学	万历	歙县	刻书名匠	刻《二十四史》	

376	毛晋	万历	苏州	刻书名匠	刻《十三经注疏》	
377	黄桂芳	万历	歙县	版画名工	刻《青楼韵语》	
378	黄镐	万历	歙县	版画名工	刻《古烈女传》	
379	黄奇	万历	歙县	版画名工	绘《养正图解》	
380	赵用贤	万历	常熟	刻工	刻《韩非子》	
381	黄应澄	万历	歙县	版画艺人	绘《状元图考》	
382	汪耕	万历		画工	《入镜阳秋》	
383	唐锦池	万历	金陵	印书匠	印《易鞋记》	
384	唐惠时	万历	金陵	印书匠	印《古城记》	
385	唐振吾	万历	金陵	印书匠	印《葵花记》	
386	唐绣谷	万历	金陵	印书匠	印《千金记》	
387	肖腾鸿	万历	金陵	印书匠	印《警世通言》	
388	唐鲤跃	万历	金陵	印书匠	印《丹溪心法》	
389	唐鲤飞	万历	金陵	印书匠	印《丹溪心法》	
390	唐少桥	万历	金陵	印书匠	刻《大字伤寒指掌圈》	
391	周近泉	万历	金陵	印书匠	《御制大明律例诏拟御指南》	
392	任希泉	万历	南昌	铸镜匠师	铜镜	
393	张梦征	万历	歙县	版画画工	印《青楼韵语》	
394	申子燕	万历	吴门	木版画工	《小瀛洲社会图》	
395	陈一贯	万历	钱塘	版画画工	《海内奇观》	
396	蔡元勋	万历		版画画工	《图绘宗彝》	
397	吴文伯	万历	休宁	墨工	制墨	
398	汪仲嘉	万历	休宁	墨工	制墨	
399	黄兼宠	万历	新安	刻工	刻《仙媛记事》	
400	吴卿	万历	南平	刻工	刻《高豫章罗先生墓文》	
401	黄端甫	万历	新安	刻工	刻《青楼韵语》	
402	杭元孝	万历	苏州	艺匠	骨扇	
403	邵二孙	万历	宜兴	艺匠	制壶	
404	吴明官	万历	徽州	制瓷名家	瓷器	
405	徐友泉	万历顺治	宜兴	艺人	仿古器	
406	欧正春	万历顺治	宜兴	园艺师	花卉造型	
407	邵文金	万历顺治	宜兴	陶艺匠	制壶	
408	邵文银	万历顺治	宜兴	陶艺匠	制壶	
409	蒋时英	万历顺治	宜兴	陶艺匠	制壶	
410	邵盖	万历顺治	宜兴	陶艺匠	制壶	
411	陈仲美	万历顺治	婺源	陶艺匠	制壶	
412	周后谿	万历顺治	宜兴	陶艺匠	制壶	
413	闵鲁生	万历顺治	宜兴	陶艺匠	制壶	

414	邵二荪	万历顺治	宜兴	陶艺匠	制壶	
415	陈用卿	万历顺治	宜兴	陶艺匠	制壶	
416	陈光甫	万历顺治	宜兴	陶艺匠	制壶	
417	沈君盛	天启崇祯	宜兴	陶艺匠	制壶	
418	梁小玉	万历崇祯	宜兴	陶艺匠	制壶	
419	陈正明	万历崇祯	宜兴	陶艺匠	制壶	
420	刘次泉	万历天启	武林	刻工	刻唐诗	
421	冯巧	万历天启		建筑师	建筑	
422	闵齐汲	万历天启		名刻工	印书	
423	施间	万历天启		铸铜炉匠	铸炉	
424	熊伯龙	万历—顺治		光学家	探照灯	
425	计成	万历崇祯	吴江	造园家	造园	园冶
426	周高起	万历崇祯	江阴	陶艺师	紫砂生产	阳羡茗壶系
427	严澄	天启	常熟	制造师	蝶几	蝶几谱
428	黄惟敬	天启	歙县	版画名工	刻《远西奇器图说》	
429	杨明	天启	西塘	髹漆名手	《髹漆录》序	
430	李枝	天启		斫琴师	制琴	
431	茂甫生	天启		斫琴师	制琴	
432	周秀山	天启崇祯	宜兴	陶艺匠	制壶	
433	熊一染	天启崇祯	丰城	建筑工匠	明塔	
434	黄士吉	天启崇祯	丰城	建筑工匠	明塔	
435	项真	天启崇祯	宜兴	陶器名工	茗壶	
436	陈辰	天启康熙	宜兴	陶艺匠	镌刻壶款	
437	陈和之	天启康熙	宜兴	陶艺匠	紫砂花樽	
438	陈挺生	天启康熙	宜兴	陶艺匠	制壶	
439	承云从	天启康熙	宜兴	陶艺匠	制壶	
440	周季山	天启康熙	宜兴	陶艺匠	制壶	
441	侯崤曾	崇祯	嘉定	竹刻艺人	竹刻	
442	黄真如	崇祯	歙县	木刻工	刻《盛明杂剧》	
443	方景阳	崇祯	休宁	墨工	制墨	
444	黄重	崇祯	泉州	石匠	《水心亭记》	
445	巢鸣盛	崇祯	嘉兴	园艺师	园艺	老圃良言
446	黄庄甲	崇祯		制造工艺师	火药图	火器图说
447	焦勖	崇祯	宁国	制造工艺师	火药配方制	则克录
448	项不损	崇祯康熙	嘉兴	陶艺匠	制壶	
449	沈子澈	崇祯康熙	宜兴	陶艺匠	制壶	
450	王友兰	崇祯康熙	宜兴	陶艺匠	制壶	
451	项圣思	崇祯康熙	宜兴	陶艺匠	制壶	

452	陈子畦	崇祯康熙	宜兴	陶艺匠	制壶	
453	张介子	晚明	山阴	营造师	土木	
454	麻三衡	明末	宣城	制墨匠	制墨	墨志
455	李茂林	明末	宜兴	陶艺匠	制壶	
456	陈闵闲	明末	婺源	陶艺匠	制壶	
457	周季先	明末	婺源	陶艺匠	制壶	
458	孙堪	明末	慈溪	发明师	弓箭制作	弩考
459	李仲芳	明末	宜兴	陶艺匠	制壶	
460	毛晋	明末	常熟		香料	香国
461	欧阳云台	明末	福建	漆器艺匠	漆器	
462	吴龙	明末	歙县	铸造工匠	铸炉	
463	陈孟长	明末	新会	食箸工匠	食箸	
464	吴民质	明末	歙县	陶瓷名匠	均窑	
465	陈继儒	明代	华亭	学者园艺家	菊花栽培	种菊法
466	蒋诚	明代	金陵	制扇名工	扇骨	
467	林洪	明代	福州	织造名手	织机	
468	蒋回回	明代	吴中	漆器艺人	漆器	
469	归思德	明代	嘉兴	锡器工匠	锡器	
470	郑约	明代	新安	雕塑匠	雕塑	
471	潘铁	明代	浙江	金银匠	金银器	
472	仰侍川	明代	江宁	扇工	制扇	
473	伊莘野	明代	江宁	扇工	制扇	
474	王凤江	明代	嘉兴	铸铜炉匠	铸炉	
475	王常	明代	江西	制墨名手	制墨	
476	赵士元	明代	南京	彩灯匠	彩灯	
477	胡了凡	明代	会稽	工匠	制箫	
478	戈蓼汀	明代	云间	工匠	制箫	
479	王竹林	明代	苏州	捏像艺人	捏像	
480	李玉台	明代	吴县	成扇艺人	制扇	
481	丘山	明代	常州	雕刻名手	核雕	
482	杨士廉	明代	常熟	艺人	雕漆	
483	袁九叔	明代	通州	刺绣名女	刺绣	
484	黄汉宫	明代	莆阳	刺绣名女	刺绣	
485	顾玉兰	明代	上海	刺绣名女	刺绣	
486	项丽贞	明代	上海	刺绣名女	刺绣	
487	肖翠贞	明代	上海	刺绣名女	刺绣	
488	曹治之	明代		染织工	染织	
489	施复	明代		丝绸工匠	制丝	

490	顾文英	明代		刺绣名女	刺绣	
491	蒋丘	明代		皓纱创制	纺织	
492	朱柿	明代		成扇名工	制扇	
493	韩文善	明代	钱塘	艺匠	铸铜	
494	孟仁父	明代		雕刻艺人	雕刻	
495	严望云	明代	嘉兴	巧匠	银器	
496	崔士顺	明代		木雕艺人	木雕	
497	邢献之	明代	高淳	艺人	雕刻	
498	孙雷	明代		雕刻艺人	木作	
499	孔谋	明代	连江	木雕艺人	木雕	
500	李耀	明代	金陵	工匠	制扇	
501	孙静源	明代		骨扇名手	制扇	
502	梁褒	明代	扬州	篆刻家	制印	
503	王子慎	明代	苏州	工匠	均窑	
504	统明	明代	吉安	嵌螺艺人	嵌螺	
505	刘良弼	明代	吉安	嵌螺艺人	嵌螺	
506	周尔森	明代	吴县	玉雕工	玉器	
507	陈六如	明代	宜兴	紫砂壶手	制壶	
508	徐令音	明代	宜兴	紫砂壶手	制壶	
509	戴进	明代	钱塘	工艺师	银饰品	
510	王麻子	明代		金属工匠	剪刀	
511	吕爱山	明代		金银匠	铸金银	
512	蒋彻	明代	金陵	铸造工匠	铜器	
513	邹英	明代	金陵	铸造工匠	铜器	
514	李文甫	明代		巧匠	雕花香筒	
515	黄元吉	明代	嘉兴	锡匠	锡壶	
516	归复	明代	吴	锡匠	锡壶	
517	吕国华	明代	常熟	银工	铸银	
518	王小溪	明代	苏州	艺匠	玛瑙器	
519	王蟠	明代		工匠	装潢	
520	汪砚伯	明代	徽州	琢砚名手	制砚	
521	詹淡如	明代	钱塘	装裱	裱帖	
522	芮伊	明代		机械名匠	计时机械	
523	顾昕	明代	苏州	玉雕匠	玉雕	
524	张之贵	明代	杭州	制笔名匠	制笔	
525	王云	明代	丹阳	艺人	料灯	
526	王新建	明代		艺人	彩灯	
527	赵虎	明代	福建	彩灯艺人	彩灯	

528	顾后山	明代	太仓	制灯名匠	制灯	
529	高云逸	明代	山阴	巧匠	多种技艺	
530	周廉夫	明代	嘉兴	名匠	葫芦器	
531	潘君仲	明代	云间	名匠	棋子	
532	袁宏道	明代		瓶花家	瓶花	瓶史
533	林晋白	明代	莆田	雕刻名匠	镌水晶	
534	杨清仲	明代		髹漆家		《髹漆录》序
535	罗小华	明代	歙县	制墨名手	制墨	
536	常德盛	明代		制陶艺人	蟋蟀盆	
537	顾仕成	明代	庆元	陶瓷工匠	钧窑	
538	郭兴祖	明代	句容	银匠	铸银	
539	刘庆	明代	句容	银匠	铸银	
540	平子	明代	句容	银匠	铸银	
541	韩益	明代	句容	银匠	铸银	
542	徐金	明代	无锡	装潢工	装潢	
543	刘观	明代	无锡	装潢工	装潢	
544	赵经	明代	无锡	装潢工	装潢	
545	邵格之	明代	休邑	制墨名匠	制墨	
546	沈阿狗	明代	苏州	锦缎工匠	锦缎	
547	程君房	明代	歙县	名匠	制墨	程氏墨苑
548	刘希贤	明代	金陵	雕版匠	刻《三遂平妖传》	
549	马傲	明代	磁州	制瓷名匠	制瓷	
550	汤时新	明代	苏州	装裱匠	装裱	
551	徐依轮	明代	赣州	砖匠	制砖	
552	黄铤	明代	歙县	版画名工	插图	
553	汪延纳	明代	休宁	刻书名匠	刻《入镜阳秋》	
554	濮仲谦	明代	金陵	工匠	雕刻	
555	汪忠信	明代	新安	版刻名工	刻《新镌海内奇观》	
556	张敬	明代	南昌	铜匠	铜镜	
557	黄应光	明代	新安	刻工	刻《西厢记》	
558	黄德新	明代	新安	刻工	刻《牡丹亭》	
559	王毅	明代	常熟	核雕手	核雕	
560	胡正言	明代	休宁	刻印名手	刻印	十竹斋笺谱
561	汪成甫	明代	新安	刻工	刻《白日斋选订乐府》	
562	朱雅征	明代	嘉定	工艺家	竹刻	
563	黄君倩	明代	新安	刻工	刻《彩笔情辞》	
564	吴羽吉	明代		制墨名工	制墨	
565	朱良栋	明代	苏州	缂丝艺人	缂丝	

566	刘文华	明代	旌德	刻工	刻《牧斋初学集》	
567	汪光	明代	娄东	治印师	治印	
568	周鼎	明代	六安	名匠	琢砚	
569	何震	明代	婺源	篆刻家	篆刻	
570	刘贞甫	明代	安徽	铜匠	印章	
571	金光先	明代	休宁	篆刻家	汉印	金一甫印选
572	沈大生	明代	嘉定	竹刻艺人	竹刻	
573	项圣恩	明代	宜兴	工匠	制陶	
574	周嘉胄	明代		装裱家	装裱	装潢志
575	汪光华	明代	徽州	刻书艺人	刻《元本出相北厢记》	
576	张鸣岐	明代	嘉兴	铸铜炉手	铸铜	
577	刘谂	明代	苏州	艺人	玛瑙器	
578	蒋烈卿	明代	武进	艺人	犀角图章	
579	甘旸	明代	江宁	篆刻家	篆刻	集古印证
580	吴晋	明代	莆田	篆刻家	篆刻	
581	江千里	明代	扬州	名匠	软螺钿器物	
582	张寅	明代	常熟	琢砚名手	琢砚	
583	黄汝耀	明代	歙县	刻画名工	刻《黄河精》	
584	金玄甫	明代	休宁	名墨工	制墨	
585	方澹玄	明代	休宁	名墨工	制墨	
586	郑圣卿	明代	歙县	版画名工	刻《琵琶记》	
587	姜体乾	明代	歙县	版画名工	刻《红拂记》	
588	汪士衍	明代	歙县	版画名工	刻《唐诗画谱》	
589	汪文宦	明代	歙县	版画名工	刻《仙佛奇踪》	
590	刘君裕	明代	歙县	木刻版画	木版画	
591	曹和初	明代	休宁	制墨工匠	制墨	
592	方子封	明代	歙县	制墨工匠	制墨	
593	方嘉树	明代	歙县	制墨工匠	制墨	
594	叶玄卿	明代	休宁	制墨工匠	制墨	
595	吴季元	明代	休宁	制墨工匠	制墨	
596	程羽文	明代	新安	园艺师	花卉技术	花历
597	夏永	明代	钱塘	绣匠	刺绣	
598	陆继翁	明代	归安	笔工	制笔	
599	王古用	明代	归安	笔工	制笔	
600	施文用	明代	归安	笔工	制笔	
601	黄文用	明代	归安	笔工	制笔	
602	小黄生	明代	归安	笔工	制笔	
603	诸九鼎	明末清初	钱塘		名石品评	石谱

604	龙驼子	明末清初	常州	工匠	铸银	
605	田弘遇	明末清初	休宁	工匠	制墨	
606	吴闻诗	明末清初	休宁	工匠	制墨	
607	吴闻礼	明末清初	休宁	工匠	制墨	
608	沈汉川	明末清初	嘉定	竹刻艺人	竹刻	
609	沈廉	明末清初	嘉定	竹刻艺人	竹刻	
610	张文贵	明末清初	钱塘	制笔名工	制笔	
611	韩希孟	明末清初	武陵	刺绣名女	刺绣	
612	薄珏	明末清初	长洲	匠师	制造	
613	董说	明末清初	乌程		香料	非烟香法
614	孙云球	明末清初	吴县	发明家	制镜	镜史
615	叶远	明末清初		堪舆师	堪舆	堪舆正论
616	蒋大鸿	明末清初	华亭	堪舆师	堪舆	地理录要
617	张熊	明末清初	华亭	园林建筑	叠山造园	
618	张鈇	明末清初	华亭	园林建筑	叠山造园	
619	徐次京	明末清初	宜兴	仿制	善仿古器	
620	郑宁候	明末清初	宜兴	制壶匠	制壶	
621	惠孟臣	明末清初	宜兴	制壶匠	制壶	
622	梁九	明末清初		工师	董造宫殿	
623	张淑	清初	华亭	园林师	叠山造园	
624	周之礼	清初	长洲	竹刻艺人	竹刻	
625	许荫松	清初	如皋	造园家	水绘园	
626	叶洮	清初	青浦	造园家	造园	
627	张琏	清初	华亭	造园家	叠山造园	
628	张然	清初	华亭	造园家	长叠山	
629	张钺	清初	华亭	造园家	叠山	
630	俞颖	清初	海宁	绣女	刺绣	
631	程公望	清初	休宁	制墨名手	制墨	
632	程公瑜	清初	休宁	制墨名手	制墨	
633	阮溪	清前期		刻书名匠	刻《古歙山川图》	
634	陶正祥	清前期	吴县	刻工	刻书	
635	李渔	1611—1679	金华	文人园艺师	造园叠石	
636	雷发达	1619—1693	南康	营造长班	营造	
637	蔡思璜	1620—1670	萧山	版刻名工	王瑞生画	
638	曹定远	1659—1739	歙县	制墨名师	制墨	
639	江永	1681—1762	婺源	发明家	原始留声机	
640	沈凤	1685—1755	江阴	篆刻家	金石篆刻	谦斋印谱
641	雷金玉	1659—1729	南康	营造	营造	

642	雷声澄	1729—1792	南康	营造	营造	
643	雷家玮	1758—1845	南康	营造	营造	
644	雷家玺	1764—1825	南康	营造	避暑山庄	
645	雷家瑞	1770—1830	南康	样式房	承营造	
646	雷景修	1803—1866	南康	样式房	定陵	
647	雷思起	1826—1876	南康	样式房	定陵	
648	雷廷昌	1845—1907	南康	员外郎	定陵、惠陵	
649	刘瑛	顺治	旌德	版刻名手	刻《太平山水图画》	
650	汤尚	顺治	旌德	版刻名工	同上	
651	汤义	顺治	旌德	版刻名工	同上	
652	刘荣	顺治	旌德	版刻名工	同上	
653	汤复	顺治	歙县	竹刻名手	刻《离骚图》	
654	吴尹友	顺治	休宁	制墨名手	制墨	
655	朱圭	康熙	苏州	版刻名手	版画	
656	文如璧	康熙	广州	陶瓷艺人	制陶瓷	
657	鲍承勋	康熙	旌德	版刻名手	刻像	
658	陈瑞生	康熙		铜匠	铜珐琅	
659	黄异人	康熙	歙县	艺人	制各种奇器	
660	陈鸣远	康熙	宜兴	制紫名师	制紫砂壶	
661	胡星聚	康熙	休宁	名墨工	制墨	
662	曹冠五	康熙	休宁	名墨工	制墨	
663	程馨九	康熙	休宁	名墨工	制墨	
664	高素侯	康熙	休宁	名墨工	制墨	
665	程楚岗	康熙	休宁	名墨工	制墨	
666	叶元卿	康熙	休宁	名墨工	制墨	
667	叶元英	康熙	休宁	名墨工	制墨	
668	胡圣臣	康熙	休宁	名墨工	制墨	
669	王度昭	康熙		制墨师	制墨	
670	吴天章	康熙	休宁	名墨工	制墨	
671	程凤池	康熙		墨工	制墨	
672	刘功臣	康熙	休宁	雕版名工	刻《白岳凝烟》	
673	鲍天赐	康熙	苏州	刻书名匠	刻《秦月楼》	
674	鲍子勋	康熙	苏州	刻书名匠	刻《秦月楼》	
675	赵澄	康熙	苏州	版画画工	绘《隋唐演义》插图	
676	姚进孝	康熙		碑刻艺人	镌《重修释源白马寺碑记》	
677	尹邦振	康熙		铸炮匠	铸炮	
678	顾公望	康熙	吴门	琢砚名手	琢砚	
679	梁林	康熙	铅山	织造艺人	织帘	

680	黄经	康熙	如皋	制印家	制印	
681	周彬	康熙	漳州	石雕艺人	石雕	
682	项天成	康熙	苏州	泥塑艺人	捏塑	
683	杨璇	康熙	漳浦	石雕艺人	石雕	
684	伊孚九	康熙	吴兴	瓷绘师	瓷绘	
685	鹏玉鲲	康熙	泉州	篆刻家	印章篆刻	印章篆说
686	陈云龙	康熙		工艺家		格致镜原
687	汤鹏	康熙	溧水	工艺家	铁画	
688	钮元卿	康熙	扬州	制灯艺人	料丝灯	
689	徐振明	康熙	长洲	工匠	海棠亭	
690	叶陶	康熙	青浦	工艺家	画山水	
691	陈定国	康熙		园艺师	荔枝栽培	荔谱
692	陈溟子	康熙	杭州	园艺师	花卉栽培	群芳花镜
693	曹素功	康熙	歙县	制墨	墨类制作	艺粟斋墨品
694	余忱	康熙	龙游	营造	镜园	
695	程兆彪	康熙	休宁	水利师	治河	
696	汪镐京	康熙	歙县	工艺家	印泥制作	红术轩紫泥法
697	应撝谦	康熙	仁和	工艺家	乐律乐器	古乐书
698	朱本中	康熙	歙县	工艺家	综合技艺	格物须知
699	张受祺	康熙	华亭	堪舆师	堪舆技术	正义六种
700	周灏	康熙—乾隆	嘉定	刻竹名匠	竹刻	
701	丁敬	康熙—乾隆	钱塘	篆刻家	篆刻	
702	徐坚	康熙—乾隆	吴县	篆刻匠	篆刻	西京职官印录
703	施天章	康熙—乾隆	嘉定	竹刻艺人	竹刻	
704	蒋仁	乾隆	仁和	篆刻匠	篆刻	
705	邓石如	乾隆、嘉庆	休宁	篆刻家	篆刻	完白山人篆刻偶存
706	陈远	康熙雍正	宜兴	雕塑	雕镂	
707	陈介溪	康熙雍正	宜兴	制壶师	制壶	
708	潘虔雄	康熙雍正	宜兴	制壶师	制壶	
709	周二学	康熙乾隆	钱塘	装裱匠	纸张装裱	赏延素心录
710	谭容	雍正	景德镇	窑画家	珐琅器	
711	叶公侣	雍正	歙县	制墨师	制墨	
712	邹文玉	雍正	景德镇	画工	珐琅器	
713	封岐	雍正	嘉定	象牙雕手	牙雕	
714	李景严	雍正	歙州	漆器名匠	彩漆	
715	秦景严	雍正	江南	髹漆艺匠	髹漆艺	
716	郑子玉	雍正	江南	髹漆艺匠	髹漆艺	

717	王南观	雍正	元和	机匠	纺织	
718	陈汉文	雍正乾隆	宜兴	陶艺师	制壶	
719	杨季初	雍正乾隆	宜兴	陶艺师	制壶	
720	张怀仁	雍正乾隆	宜兴	陶艺师	制壶	
721	邵玉亭	雍正乾隆	宜兴	陶艺师	制壶	
722	王南林	雍正乾隆	宜兴	陶艺师	制壶	
723	杨继元	雍正乾隆	宜兴	陶艺师	制壶	
724	杨友兰	雍正乾隆	宜兴	陶艺师	制壶	
725	邵基祖	雍正乾隆	宜兴	陶艺师	制壶	
726	邵德馨	雍正乾隆	宜兴	陶艺师	制壶	
727	金士衡	雍正乾隆	宜兴	陶艺师	制壶	
728	华凤翔	雍正乾隆	宜兴	陶艺师	制壶	
729	陈文伯	雍正乾隆	宜兴	陶艺师	紫砂花盆	
730	陈文居	雍正乾隆	宜兴	陶艺师	紫砂花盆	
731	筠如	乾隆	苏州	年画艺师	绘《百工图》	
732	詹应虬	乾隆	婺源	制墨师	制墨	
733	王奇	乾隆	江宁	机匠	织造	
734	吴广裕	乾隆	泰州	塑像名手	塑像	
735	胡开文	乾隆	休宁	制墨名手	制墨	
736	郑炳元	乾隆	金陵	刻书名匠	刻《四体字法》	
737	竹堂	乾隆	上元	竹刻艺人	竹刻	
738	胡信侯	乾隆	景德镇	珐琅匠	珐琅工艺	
739	茹蕊	乾隆	会稽	艺人	写细字	
740	倪秉南	乾隆	苏州	琢玉名匠	琢玉	
741	张象贤	乾隆	苏州	琢玉名匠	琢玉	
742	张君先	乾隆	苏州	琢玉名匠	琢玉	
743	贾文运	乾隆	苏州	琢玉名匠	琢玉	
744	蒋均德	乾隆	苏州	琢玉名匠	琢玉	
745	平七	乾隆	苏州	琢玉名匠	琢玉	
746	朱云辛	乾隆	苏州	琢玉名匠	琢玉	
747	顾觐光	乾隆	苏州	琢玉名匠	琢玉	
748	金振寰	乾隆	苏州	琢玉名匠	琢玉	
749	黄淑元	乾隆	吴县	泥塑艺人	泥塑	
750	邹景德	乾隆	苏州	琢玉名匠	琢玉	
751	顾彭年	乾隆	江宁	牙雕名匠	牙雕	
752	朱宏晋	乾隆	长洲	艺人	制金银瓷	潄芳草堂印
753	程后村	乾隆	歙县	制墨名手	制墨	
754	王国铰	乾隆		工匠	雕刻	

755	沈绍安	乾隆	福州	漆器名匠	漆器	
756	厉之锷	乾隆		天文仪器	刻漏壶	
757	汪节庵	乾隆		制墨艺人	制墨	
758	贵庆	乾隆		宗伯	制墨	
759	敦惠	乾隆	北京	风筝匠人	风筝	
760	汪惟高	乾隆	绩溪	制墨名手	制墨	鉴古斋墨谱
761	任大椿	乾隆	兴化	工艺名匠	丝织品验赏	释缯
762	殷女	乾隆	嘉定	女织工	高丽布	
763	张树庭	乾隆	杭州	剪刀名手	剪刀	
764	梁应达	乾隆	建德	艺人	铁画	
765	盛馥	乾隆	嘉兴	工匠	刻字	
766	王绥之	乾隆	休宁	制墨名手	制墨	
767	程振甲	乾隆	歙县	制墨名手	制墨	
768	程洪博	乾隆	歙县	制墨名手	制墨	
769	陆祥经	乾隆	福州	石雕石匠	图章古钮	
770	姚蔚池	乾隆	苏州	设计师	图样	
771	史松乔	乾隆	苏州	设计师	建模	
772	谷丽成	乾隆	苏州	设计师	图样	
773	潘承烈	乾隆		装修师	宫室装修	
774	黄晟	乾隆	歙县	营造匠	造园	
775	黄履暹	乾隆	歙县	营造匠	造园	
776	黄履昊	乾隆	歙县	营造匠	造园	
777	黄履昂	乾隆	歙县	营造匠	造园	
778	张燕昌	乾隆	海盐	制扇匠	羽扇制作	羽扇谱
779	洪枰	乾隆	临海	堪舆技师	堪舆技术	地理枝言
780	姚廷銮	乾隆	华亭	堪舆技师	堪舆技术	阴宅集要
781	倪化南	乾隆	金陵	堪舆技师	堪舆技术	地学形势集
782	张受棋	乾隆		堪舆技师	堪舆技术	地理新知录
783	武龙台	乾隆	金陵	工匠	造园	
784	戈裕良	乾隆	常州	工匠	叠山	
785	蕙风	乾隆	扬州	伶匠	参设剧场	
786	程客	乾隆	扬州	门客	参设剧场	
787	杜士元	乾隆	吴郡	雕工	雕刻	
788	杨屾	康熙	兴平		丝织技术	豳风广义
789	孙琳	乾隆			纺织技术	纺织图说
790	褚华	乾隆	上海		纺织技术	木棉谱
791	范铜	乾隆	嘉定	布商	纺织技术	布经
792	巴慰祖	乾隆	歙县		仿制古铜器	

793	潘西凤	乾隆	绍兴	刻竹艺人	刻竹	
794	葛明祥	乾隆嘉庆	宜兴	制壶师	制壶	
795	葛源祥	乾隆嘉庆	宜兴	制壶师	制壶	
796	黄易	乾隆嘉庆	仁和	篆刻家	篆刻	
797	奚冈	乾隆嘉庆	杭州	篆刻家	篆刻	
798	陈豫钟	乾隆嘉庆	钱塘	篆刻家	篆刻	
799	陈鸿寿	乾隆嘉庆	钱塘	篆刻师	篆刻	
800	程怡甫	乾隆嘉庆	新安	制墨名手	制墨	
801	许龙久	乾隆嘉庆	宜兴	制壶师	制壶	
802	范章恩	乾隆嘉庆	宜兴	制壶师	制壶	
803	惠逸公	乾隆嘉庆	宜兴	制壶师	制壶	
804	潘大和	乾隆嘉庆	宜兴	制壶师	制壶	
805	汪淮	乾隆嘉庆	休宁	制壶师	制壶	
806	陈鸿寿	乾隆嘉庆	宜兴	制壶师	制壶	
807	杨彭年	乾隆嘉庆	宜兴	制壶师	制壶	
808	郭麟	乾隆嘉庆	宜兴	制壶师	制壶	
809	陈绶馥	乾隆嘉庆	宜兴	制壶师	制壶	
810	齐彦槐	乾隆道光	婺源	器械制造家	天文器械	
811	陈正道	乾隆道光	义乌	工匠	黄山八面厅	
812	卢栋	乾隆道光	苏州	漆艺师	漆砚	
813	瞿应昭	乾隆道光		砂壶名手	制壶	
814	赵之琛	乾隆道光	钱塘	篆刻家	篆刻	
815	于硕	嘉庆—同治		微雕师	牙雕	
816	姚灿庭	清中期	苏州	木匠	木作	
817	汪近圣	清中期	绩溪	制墨师	墨类制作	鉴古斋墨薮
818	倪慎枢	清中期	松江	矿冶家	铜矿采冶	采铜炼铜记
819	姚承舆	清中期	湖州	堪舆技师	理气	阴阳指正
820	赵学敏	清中期	钱塘	园艺师	凤仙栽培	凤仙谱
821	杨汝兰	清中期	昆明	建筑师	筑昆明西山龙门	
822	马汶	嘉庆	海宁	赏石家	观赏石	绉云石图记
823	沈慈	嘉庆	松江	刻书艺人	刻《玄机诗》	
824	昌启宜	嘉庆	江西	石刻名匠	石刻	
825	徐朝俊	嘉庆	松江	木工	龙尾车	
826	朱海山	嘉庆	苏州	雕刻名工	雕刻	
827	刘茂吉	嘉庆	旌德	制作师	天文仪器制作	
828	张荣贵	嘉庆	苏州	钟表艺人	制钟表	
829	孟臣	嘉庆	桐城	陶塑名匠	制壶	
830	金元钰	嘉庆	嘉定		录嘉定刻竹艺师	竹人录

831	屠用宁	嘉庆	荆溪	园林园艺	兰花栽培	兰蕙镜
832	杨钟宝	嘉庆	上海	园林园艺	玒荷栽培	玒荷谱
833	朱长根	嘉庆	苏州	钟匠	制钟	
834	姜源昌	嘉庆	苏州	钟匠	制钟	
835	姜荣生	嘉庆	苏州	钟匠	制钟	
836	姚义源	嘉庆	苏州	钟匠	制钟	
837	姚瑞根	嘉庆	苏州	钟匠	制钟	
838	刘永兴	嘉庆	苏州	钟匠	制钟	
839	刘福尧	嘉庆	苏州	钟匠	制钟	
840	姚永顺	嘉庆	苏州	钟匠	制钟	
841	刘福源	嘉庆	苏州	钟匠	制钟	
842	潘信康	嘉庆	苏州	钟匠	制钟	
843	潘老四	嘉庆	苏州	钟匠	制钟	
844	易顺兴	嘉庆	苏州	钟匠	制钟	
845	易中和	嘉庆	苏州	钟匠	制钟	
846	王源兴	嘉庆	苏州	钟匠	制钟	
847	王民仁	嘉庆	苏州	钟匠	制钟	
848	张余源	嘉庆	苏州	钟匠	制钟	
849	红成根	嘉庆	苏州	钟匠	制钟	
850	袁万成	嘉庆	苏州	钟匠	制钟	
851	袁敬宽	嘉庆	苏州	钟匠	制钟	
852	易隆昌	嘉庆	苏州	钟匠	制钟	
853	易金海	嘉庆	苏州	钟匠	制钟	
854	潘信昌	嘉庆	苏州	钟匠	制钟	
855	潘兴隆	嘉庆	苏州	钟匠	制钟	
856	吴慎泰	嘉庆	苏州	钟匠	制钟	
857	黄五福	嘉庆	苏州	钟匠	制钟	
858	吴同富	嘉庆	苏州	钟匠	制钟	
859	李长吉	嘉庆	苏州	钟匠	制钟	
860	成元盛	嘉庆	苏州	钟匠	制钟	
861	成桂亭	嘉庆	苏州	钟匠	制钟	
862	潘德昇	嘉庆	苏州	钟匠	制钟	
863	潘小林	嘉庆	苏州	钟匠	制钟	
864	严保昌	嘉庆	苏州	钟匠	制钟	
865	严春鼎	嘉庆	苏州	钟匠	制钟	
866	叶御夫	嘉庆道光	吴县	装裱艺人	装裱	
867	张万金	嘉庆道光	浙江	雕塑艺人	泥塑	
868	杨凤年	嘉庆道光	宜兴	陶艺师	制壶	

869	杨宝年	嘉庆道光	宜兴	陶艺师	制壶	
870	瞿应绍	嘉庆道光	上海	陶艺师	制壶	
871	邓奎	嘉庆道光	宜兴	陶艺师	制壶	
872	张香修	嘉庆道光	宜兴	陶艺师	制壶	
873	邵二泉	嘉庆道光	宜兴	陶艺师	制壶	
874	朱坚	嘉庆道光	绍兴	陶艺师	制壶	壶史
875	周师濂	嘉庆道光	会稽	造园师	叠山	
876	吴熙载	嘉庆—同治	仪征	篆刻家	篆刻	师慎轩印谱
877	钱松	嘉庆—咸丰	钱塘	篆刻家	篆刻	未虚室印谱
878	卢陵	道光	南昌	银匠	铸银锭	
879	李瑶	道光	吴县	印书匠	胶泥活字排印	
880	胡家禄	道光	江西	砖窑户	制砖	
881	陈景陶	道光	昆山	碑刻工	碑刻	
882	杨澥	道光	吴县	篆刻名手	篆刻	
883	张立夫	道光	歙县	漆器艺人	漆器	
884	刘守宪	道光	安徽	天文仪器	自鸣钟	
885	韩潮	道光	归安	竹刻艺人	竹刻	
886	钱大田	道光	嘉定	铸匠	仿铸壶爵	
887	钱秉田	道光	嘉定	铸匠	铸造	
888	徐致祥	道光	建德	竹灯艺人	竹灯	
889	徐玉	道光	华亭	机械师	计时器	
890	包钧	道光	常州	艺人	剪纸	
891	项春江	道光	苏州	捏塑艺人	捏像	
892	谭松坡	道光	长洲	竹刻艺人	竹刻	
893	郭凤熙	道光	嘉兴	木雕艺人	木雕	
894	胡有声	道光	海盐	刻工	刻竹	
895	余春	道光	黟县	石雕名工	石箫石笛	
896	吴松泉	道光	苏州	刻工	刻《怀米山房吉金图》	
897	王善才	道光	扬州	锡壶名手	锡壶	
898	朱贞士	道光	扬州	锡壶名手	锡壶	
899	刘仙山	道光	扬州	锡壶名手	锡壶	
900	杨代	道光		木雕艺人	木偶雕刻	
901	陈慕卿	道光	吴县	竹刻艺人	竹刻	
902	吴玉田	道光	福建	竹刻艺人	竹刻	
903	胡绍箕	道光	安化	建筑师	凿路	
904	闵廷楷	道光	乌程	园艺师	菊花栽培	养菊法
905	黄兴三	道光	钱塘	造纸师	造纸	造纸说
906	郭凤熙	道光	东阳	雕刻艺人	北京故宫修缮	

907	程明资	道光	东阳	名艺人	刻《孙石台先生遗集》	
908	程明质	道光	东阳	名艺人	同上	
909	周凤鸣	道光	东阳	名艺人	同上	
910	吴桂枝	道光	东阳	名艺人	同上	
911	葛全章	道光	东阳	名艺人	同上	
912	蔡梦蕾	道光	东阳	名艺人	同上	
913	程光楠	道光	东阳	名艺人	同上	
914	程光松	道光	东阳	名艺人	同上	
915	程明贡	道光	东阳	名艺人	同上	
916	程光柏	道光	东阳	名艺人	同上	
917	程九柏	道光	东阳	名艺人	同上	
918	金渭	道光	东阳	名艺人	同上	
919	邵大亨	道光咸丰	宜兴	制壶匠	制壶	
920	吴式芬	道光咸丰	山东	琢砚名工	琢砚	
921	岳鸿庆	道光咸丰	嘉兴	竹刻艺人	竹刻	
922	周永福	道光同治	宜兴	制壶匠	制壶	
923	邵赦大	道光同治	宜兴	制壶匠	制壶	
924	邵友廷	道光同治	宜兴	制壶匠	制壶	
925	蒋德林	道光同治	宜兴	制壶匠	制壶	
926	何心舟	道光同治	宜兴	制壶匠	制壶	
927	王东石	道光同治	宜兴	制壶匠	制壶	
928	乔重禧	道光同治	上海	工艺师	刻绘	
929	吴咨	嘉庆—咸丰	武进	工艺师	篆刻	
930	邹伯奇	嘉庆—同治	南海	光学家	摄影研究	摄影之器记
931	蔡照初	道光—同治	萧山	雕刻家	刻竹木	
932	丁溶	道光—光绪	南通	工艺师	芸香炉	印香图谱
933	胡莲仙	道光—光绪	苏州	刺绣艺人	刺绣	
934	沈竹礽	道光光绪	钱塘	堪舆师	建筑堪舆	沈氏玄空学
935	黄玉麟	道光民国	宜兴		掇球	
936	顾禄	咸丰	吴县	园艺家	菊花栽培	艺菊须知
937	朱泰	咸丰	南昌	银匠	铸银锭	
938	张乔	咸丰	江阴	篆刻师	摹刻	
939	王守明	清中期	常熟	刺绣名女	刺绣	
940	金士恒	咸丰光绪	宜兴	制壶师	制壶	
941	冯彩霞	咸丰光绪	宜兴	制壶师	制壶	
942	杜世伯	咸丰光绪	嘉定	制壶师	制壶	
943	陈伯亭	咸丰光绪	宜兴	制壶师	制壶	
944	俞国良	咸丰光绪	无锡	制壶师	制壶	

945	范鼎甫	咸丰光绪	宜兴	制壶师	制壶	
946	程寿珍	咸丰民国	宜兴	制壶师	制壶	
947	陈光明	咸丰民国	金陵	制壶师	紫砂玩具	
948	杨鹿鸣	同治	江宁	园艺家	兰花栽培	艺兰琐言
949	周秉锟	同治	金匮	刻碑名工	碑刻	
950	王孝林	同治	江宁	制钟匠	制钟	
951	张文炳	同治	江宁	钟匠	制钟	
952	陈庆会	同治	江宁	钟匠	制钟	
953	白万兴	同治	扬州	钟匠	制钟	
954	钱杏生	同治光绪	上海	画师	杨柳青年画	
955	吴永	同治光绪	苏州	篆刻师	篆刻	庚子西狩丛谈
956	魏忠明	同治光绪	宜兴	园艺家	花盆	
957	严光芝	同治光绪	宜兴	陶瓷艺人	陶瓷	
958	鲍明亮	同治光绪	宜兴	陶瓷艺人	制壶	
959	戈根大	同治光绪	宜兴	陶瓷艺人	琉璃瓦构件	
960	葛保林	同治光绪	宜兴	园艺师	堆花	
961	彭再生	同治光绪	宜兴	园艺师	花盆、花瓶	
962	范大生	同治光绪	宜兴	陶瓷艺人	制壶	
963	杨斯盛	咸丰元年—道光三十年	上海	建筑师	图式	
964	袁俊德	光绪	南通	煮茧师	选茧煮茧	蚕政萃编
965	陆心源	光绪	归安	工艺师	砚台制作	砚笺校
966	丁乃文	光绪	钱塘	工艺师	火药配制	子药准则
967	金品卿	光绪	黟县	画瓷艺人	画瓷	
968	任鹤声	光绪	绍兴	画师	绘方坛花雕	
969	王寿荣	光绪	上海	墨模雕刻	墨模	
970	王芳达	光绪	上海	墨模雕刻	墨模	
971	项琴舫	光绪	苏州	捏像艺人	捏像	
972	金士垣	光绪	苏州	紫砂匠	制壶	
973	顾文彬	光绪	苏州	造园师	怡园	
974	汪宝洲	光绪民国	宜兴	陶艺师	制壶	
975	李宝珍	光绪民国	宜兴	陶艺师	制传炉	
976	秦根三	光绪民国	宜兴	陶艺师	堆花大缸	
977	秦根林	光绪民国	宜兴	陶艺师	堆花大缸	
978	鲍六芝	光绪民国	宜兴	陶艺师	堆花	
979	汪六吉	宣统	泾县	造纸名手	造纸	
980	邵全章	宣统民国	宜兴	陶艺师	制壶	
981	仇好石	清晚期		造园师	叠山造园	

982	刘蓉峰	清晚期	苏州	造园师	寒碧山庄	
983	姚承祖	清晚期	吴县	建筑师	设计营造	营造法原
984	徐寿	清晚期	无锡	工程师	治火器	化学鉴原
985	黄玉麟	清晚期	苏州	紫砂艺人	制壶	
986	郭金局	清后期	东阳	名艺人	雕花	
987	陈声远	清后期	东阳	名艺人	雕花	
988	申屠章诩	清后期	东阳	名艺人	雕花	
989	马富进	咸丰—民国	东阳	竹编艺人	雕花	
990	朱启钤	清末民国	紫江	工艺学家	研究古建	
991	沈寿	清末民初	吴县	刺绣名工	刺绣	
992	斯达山	清末民初	东阳	细木名师	雕花	
993	汤蠹仙	清末	金陵	造园工匠	观赏石	蠹仙石品
994	贾履上	清末		堪舆师	建筑堪舆	水龙经
995	程承瀚	清末	新安	堪舆师	建筑堪舆	地理拾铅
996	余九皋	清末		堪舆师	建筑堪舆	地经图说
997	李裕元	清末	景德镇	制瓷名家	反瓷	
998	王石谷	清代	苏州	刺绣艺人	秀谷	
999	徐湘莱	清代		刺绣名女	绣大士像	
1000	钱惠	清代	吴县	刺绣名女	刺绣	
1001	余颖	清代	海宁	织绣名女	绣《妙法莲华经》	
1002	顾圣之	清代	苏州	琢砚名手	琢砚	
1003	顾启明	清代	苏州	琢砚名工	琢砚	
1004	沈存周	清代	嘉兴	名锡匠	锡壶	
1005	程以藩	清代	歙州	名漆工	漆器镶嵌	
1006	杨和	清代	吴江	刺绣匠师	绣佛	
1007	周芳	清代	钱塘	玉石琢匠	琢玉石印、砚	
1008	浦灿	清代	嘉定	竹刻艺人	刻竹	
1009	王之羽	清代	嘉定	竹刻艺人	竹刻	
1010	王质	清代	嘉定	竹刻名手	竹刻	
1011	刘起	清代	嘉定	竹刻艺人	竹刻	
1012	封颖谷	清代	嘉定	竹刻艺人	竹刻	
1013	王易	清代	吴门	竹刻艺人	雕镂	
1014	杨裒	清代	嘉定	竹刻艺人	竹刻	
1015	杨谦	清代	嘉定	竹刻艺人	竹刻	
1016	封始镐	清代	嘉定	竹刻艺人	雕镂	
1017	封始岐	清代	嘉定	竹刻艺人	刻竹	
1018	封始幽	清代	嘉定	竹木雕匠	竹刻	
1019	张希乔	清代	歙县	竹刻名匠	竹刻	

1020	乔林	清代	如皋	雕刻名匠	刻竹	
1021	乔显	清代	如皋	雕刻名匠	刻竹	
1022	朱宏晋	清代	长洲	雕刻名匠	刻竹	
1023	吴士杰	清代	歙县	雕刻名手	篆刻	
1024	王万恭	清代	嘉兴	雕刻名匠	刻竹	
1025	岳鸿庆	清代	嘉兴	雕刻名手	刻竹	
1026	杨秉桂	清代	秀水	雕刻名手	刻竹	
1027	朱宝蹈	清代	德清	雕刻名匠	刻竹	
1028	文鼎	清代	秀水	竹刻名匠	竹刻	
1029	张志	清代	吴中	核雕能手	核雕	
1030	吉坦然	清代	江宁	制钟匠	制钟	
1031	赵彦衡	清代	漳浦	制钟匠	制钟	
1032	武恬	清代	武定	艺匠	火绘	
1033	刘光扬	清代	宣城	刻碑名手	刻碑	
1034	戴鹤	清代	苏州	艺人	玻璃肖像画	
1035	沈羽辰	清代	长兴	巧匠	夹纱灯	
1036	余香	清代	歙县	石工	石箫	
1037	翁伍章	清代	广州	牙雕名匠	牙球雕琢	
1038	葭轩	清代	桐城	陶塑名匠	制壶	
1039	汪芬	清代	歙县	琢玉名匠	琢玉	
1040	汪智	清代	歙县	琢玉名匠	琢玉	
1041	吴完夫	清代	太仓	琢玉名匠	琢印	
1042	顾珏	清代	嘉定	竹刻艺人	竹刻	
1043	周锷	清代	嘉定	竹刻艺人	镂刻	
1044	王梅邻	清代	嘉定	竹刻艺人	竹刻	
1045	马国珍	清代	嘉定	竹刻艺人	竹刻	
1046	李竹友	清代	嘉定	竹刻艺人	竹刻	
1047	蔡时敏	清代	嘉定	竹刻艺人	竹刻	
1048	贺其吉	清代	嘉定	竹刻艺人	竹刻	
1049	沙神芝	清代	嘉定	竹刻艺人	竹刻	
1050	徐枢	清代	嘉定	竹刻艺人	竹刻	
1051	徐裕基	清代	嘉定	竹刻艺人	竹刻	
1052	汤祖	清代	宁国	竹刻艺人	竹刻	
1053	汪鸿	清代	休宁	木雕艺人	木雕	
1054	朱熊	清代	秀水	雕刻工	雕刻	
1055	张乔	清代	江阴	刻工	雕刻	
1056	江金榜	清代	泉州	木雕艺人	木雕	
1057	卢元泰	清代		刺绣名女	刺绣	

1058	顾茂纶	清代		艺匠	发绣	
1059	吴宝骥	清代		艺人	扇骨	
1060	薛怀	清代	山阳	砂壶艺人	制壶	
1061	郭福衡	清代	松江	核雕艺人	核雕	
1062	徐炳钗	清代	福州	雕刻艺人	透空雕刻	
1063	徐炳琛	清代	福州	木雕艺人	木雕	
1064	柯敬煊	清代	福州	木雕艺人	雕刻	
1065	胡中用	清代	歙县	木雕艺人	核雕	
1066	程文在	清代	休宁	艺人	刻竹	
1067	顾嘉颖	清代	长洲	碑刻名手	碑刻	
1068	夏漆工	清代	扬州	髹漆艺人	漆器	
1069	宁逊工	清代	景州	髹漆艺人	髹漆	
1070	王兰荪	清代	华亭	女艺人	贴绒花卉	
1071	钱慧	清代	吴县	刺绣名女	发绣	兰余小草
1072	王春林	清代	无锡	塑泥名手	塑泥	
1073	姚汝锟	清代	嘉善	竹刻艺人	竹刻	
1074	姚荣	清代	新安	雕刻匠	雕刻	
1075	张万园	清代	扬州	剪纸艺人	剪纸	
1076	汪潭	清代	钱塘	竹刻艺人	竹刻	
1077	周湘花	清代	元和	刺绣名女	绣花	
1078	乔小红	清代	如皋	女艺人	贴绒花	
1079	金元钰	清代		工艺学者	竹刻	竹人录
1080	王云	清代	苏州	竹刻艺人	竹扇	
1081	蒯增	清代	吴江	竹刻艺人	刻竹	
1082	陆湘鬟	清代	闽人	女艺人	剪纸	
1083	汪志斋	清代	绩溪	刻工	刻象牙	
1084	张开福	清代	海盐	竹刻	竹刻	
1085	周义	清代	长沙	木雕	木雕	
1086	张纯	清代	桐城	砚工	琢砚	
1087	陶计椿	清代	秀水	艺人	篆刻	
1088	葛朝祺	清代	东阳	木雕艺人	木雕	
1089	戴延年	清代	长洲	木雕艺人	木雕	
1090	朱雪松	清代	苏州	艺人	木雕	
1091	沈国淇	清代	秀水	艺人	竹刻	
1092	陈道灿	清代	福州	木雕艺人	木雕	
1093	陈宗禅	清代	福州	木雕艺人	木雕	
1094	陈光贺	清代	福州	木雕艺人	木雕	
1095	陈瑞年	清代	福州	木雕艺人	木雕	

1096	王清清	清代	福州	木雕艺人	木雕	
1097	陈兴梅	清代	福州	木雕艺人	木雕	
1098	陈天赐	清代	福州	木雕艺人	木雕	
1099	朱宝骝	清代	德清	竹刻艺人	竹刻	
1100	黄宗炎	清代	余姚	琢砚名手	琢砚	
1101	沈则庵	清代	桐乡	艺人	画花鸟	
1102	黄文光	清代	桐乡	艺人	画花鸟	
1103	张涛	清代	嘉兴	艺人	竹刻	
1104	沈君玉	清代	吴	艺人	雕刻	
1105	于啸仙	清代	江都	牙雕艺人	牙雕	
1106	柯传灿	清代	福州	木雕	根雕	
1107	柯传钟	清代	福州	木雕艺人	根雕	
1108	柯昌贺	清代	福州	木雕艺人	木雕	
1109	柯玉开	清代	福州	木雕艺人	木雕	
1110	俞连料	清代	福州	木雕名手	木雕	
1111	柯庆元	清代	福州	木雕名手	木雕	
1112	柳伴月	清代	浙江	刺绣名女	刺绣	
1113	方贞吉	清代	平江	名匠	刻碑	
1114	张步青	清代	嘉定	竹刻艺人	竹刻	
1115	曹星池	清代	嘉兴	竹刻艺人	竹刻	
1116	方塘	清代	长洲	装潢匠	装潢	
1117	沈松年	清代	平湖	石雕艺人	篆刻	
1118	沈嘉年	清代	归安	琢砚名工	琢砚	
1119	孔千秋	清代	江阴	篆刻家	篆刻	《玉台印谱》
1120	吴南愚	清代	江州	雕刻名手	微雕	
1121	沈崇益	清代	娄县	琢砚名手	琢砚	
1122	鲍嘉阴	清代	蜀源	天文学者	星球浑天仪	
1123	张洪兴	清代	成都	蜀绣名手	蜀绣	
1124	考功卿	清代		核雕艺人	核雕	
1125	周乃始	清代	嘉定	竹刻艺人	竹刻	
1126	蔡辛	清代	归安	竹刻艺人	竹刻	
1127	王定	清代	无锡	工艺师	图章印钮	
1128	于子安	清代	吴江	扇匠	制扇	
1129	黄山泉	清代	吴江	扇匠	扇骨	
1130	蒋伯	清代	宜兴	紫砂名手	制壶	
1131	廉绶	清代	上海		鸽铃	
1132	汪大仓	清代	浮梁	瓷绘名手	瓷绘	
1133	蒋撒	清代	金陵	名工匠	仿制古铜器	

1134	丁福亭	清代	无锡	彩塑艺人	彩塑	
1135	汪从云	清代	苏州	艺匠	白银水烟袋	
1136	宋峨源	清代	嘉兴	竹刻艺人	竹刻	
1137	乔林	清代	如皋	篆刻家	篆刻	
1138	游长子	清代	福建	瓷塑艺人	瓷塑	
1139	翁玉章	清代	广东	牙雕艺人	牙雕	
1140	赵琪	清代	仪征	竹刻艺人	竹刻	
1141	杜世柏	清代	嘉定	治印名匠	治印	
1142	张圻	清代	吴兴	琢砚名手	琢砚	
1143	李信	清代	金陵	工艺师	古铜器修复	
1144	朱旭	清代	漱浦	琢砚名手	琢砚	
1145	张溶	清代	娄县	治印名手	治印	
1146	郭绍高	清代	吴县	治印名手	治印	
1147	陈喈	清代	海宁	竹刻匠	竹刻	
1148	梁仪	清代	镇江	琢砚名手	琢砚	
1149	仲升	清代	嘉定	陶塑艺人	塑像	
1150	江春	清代	歙县	陶塑艺人	陶塑	
1151	吴麟	清代	歙县	制瓷艺匠	制瓷	
1152	沈乾定	清代	安南	漆匠	漆器	
1153	李德光	清代	华亭	琢玉名匠	琢玉	
1154	陈春熙	清代	秀水	竹刻艺人	竹刻	
1155	杨瑞云	清代	吴县	工艺名匠	琢玉	
1156	金素绢	清代	长洲	工艺名匠	琢玉	
1157	许延祚	清代	钱塘	工艺名匠	琢玉	
1158	俞廷槐	清代	嘉兴	工艺名匠	琢玉	
1159	王心鲁	清代	嘉兴	琢玉名手	琢玉	
1160	黄仙	清代	平湖	刺绣名女	刺绣	
1161	孙坤	清代	昆山	琢砚名匠	琢砚	
1162	陈筠	清代	嘉兴	竹刻艺人	刻竹	
1163	卫凫溪	清代	江宁	琢砚名手	琢砚	
1164	张长荣	清代	江宁	织绣艺人	织绣	
1165	杨老五	清代	南京	制扇名匠	扇骨	
1166	李绿	清代	嘉兴	刺绣名女	刺绣	
1167	殷根富	清代	苏州	核雕艺人	核雕	
1168	支慈庵	清代		竹刻艺人	竹刻	
1169	陈英	清代	杭州	制扇名手	制扇	
1170	严远庄	清代	海宁	艺人	竹刻	
1171	严少庆	清代	海宁	艺人	灯片	

1172	黄广华	清代	南海	木雕名手	朱漆贴	
1173	厉明火	清代	东阳	木雕艺人	木雕	
1174	赵石	清代	虞山	治印师	治印	
1175	刘亚昂	清代	潮州	丝绣名女	丝绣	
1176	蒋国荣	清代	惠安	石刻名手	石刻	
1177	蒋堂老	清代	惠安	石刻名手	石刻	
1178	陈杏芳	清代	惠山	彩绘艺人	泥塑	
1179	严煜	清代	嘉定	竹刻艺人	竹刻	
1180	张希黄	清代	江阴	竹刻艺师	竹刻	
1181	戴鸿	清代	松江	堪舆师	堪舆	翻卦挨星图诀考著
1182	程门	清代	歙县	制瓷名家	制瓷	
1183	吴菘	清代	歙县	园艺家	植物	笺卉
1184	吴传澐	清代	元和	园艺家	栽培	艺兰要诀
1185	王璧	清代		园艺家	兰花栽培	艺兰说
1186	孙炯	清代		墨工	墨类制作	砚山斋墨谱
1187	邱学敏	清代		墨工	墨类制作	百二十家墨录
1188	借轩居士	清代		墨工	墨类制作	借轩墨存
1189	蓝浦	清代	景德镇	瓷艺家	景德镇瓷器	景德镇陶录
1190	王棠	清代	歙县	瓷艺家	成化宣德窑	成宣窑器
1191	程哲	清代	歙县	瓷艺家	瓷器	窑器说
1192	吴允嘉	清代	钱塘	瓷艺家	瓷器	浮梁陶政志
1193	张天锡	清代	归安	笔工	制笔	
1194	王兴源	清代	归安	笔工	制笔	
1195	曹觐王	清代	归安	笔工	制笔	
1196	沉集元	清代	归安	笔工	制笔	
1197	郑伯清	清代	归安	笔工	制笔	
1198	王廷佐	清代	泾县	制瓷名家	制瓷	
1199	徐履安	清代	歙县	绣工	刺绣	
1200	陆授诗	清代	嘉定	绣工	刺绣	
1201	杨继棠	清代	宁乡	绣工	刺绣	
1202	黄嗣姑	清代	荆州	绣工	刺绣	
1203	周湘花	清代	吴中	绣工	刺绣	
1204	恽珠	清代	武进	绣工	刺绣	
1205	丁佩	清代	华亭	绣工	刺绣	
1206	金星月	清代	鄞县	绣工	刺绣	
1207	俞韫玉	清代	海宁	绣工	刺绣	
1208	殳默	清代	嘉善	绣工	刺绣	

1209	钱蕙	清代	吴县	绣工	刺绣	
1210	金采兰	清代	长沙	绣工	刺绣	
1211	钱芬	清代	武进	绣工	刺绣	
1212	薛芳	清代	无锡	绣工	刺绣	
1213	钟氏	清代	铅山	蒋士铨母	针工	
1214	孙氏	清代	会稽	陶篁村妻	针工	
1215	吴珏	清代	京口	邹鬻妻	针工	
1216	高氏	清代	桐城	叶元美妻	针工	
1217	胡氏	清代	江都	李天祈妾	针工	
1218	郭沅女	清代	维扬	针工	针工	
1219	褚载	清代	杭州	绣工	针工	
1220	宫婉兰	清代	海陵	绣工	杂工	
1221	石学仙	清代	如皋	绣工	杂工	
1222	柏俞龄	清代	吴江	绣工	杂工	
1223	金佩芳	清代	吴江	绣工	杂工	
1224	杨卯君	清代	吴江	绣工	刺绣	
1225	沈关关	清代	吴江	绣工	刺绣	
1226	余韫珠	清代	扬州	绣工	刺绣	
1227	陈淑兰	清代	金陵	绣工	刺绣	
1228	陈氏	清代	杭州	郑牧生母	刺绣	
1229	赵慧君	清代	昆山	绣工	刺绣	
1230	程景凤	清代	长洲	绣工	刺绣	
1231	陈芸	清代	扬州	绣工	刺绣	
1232	濮又翃	清代	南京	雕刻工	雕刻	
1233	侯松音	清代	嘉定	竹刻艺人	竹刻	
1234	侯松鹤	清代	嘉定	竹刻艺人	竹刻	
1235	王纪常	清代	嘉定	竹刻艺人	竹刻	
1236	王幼芳	清代	嘉定	竹刻艺人	竹刻	
1237	赵学海	清代	嘉定	竹刻艺人	竹刻	
1238	封文官	清代	嘉定	竹刻艺人	竹刻	
1239	封品官	清代	嘉定	竹刻艺人	竹刻	
1240	封小姐	清代	嘉定	竹刻艺人	刻蟾蜍	
1241	潘凤	清代	丹阳	巧匠	制丝灯	
1242	汪复庆	清代	歙州	琢砚名工	琢砚	
1243	杨龙士	清代	歙州	琢砚名工	琢砚	
1244	谢平邱	清代	歙州	琢砚名工	琢砚	
1245	周汝成	清代	嘉兴	工匠	修补古物	
1246	姜华	清代	苏州	竹雕艺人	竹雕	

1247	王二	清代	嘉兴	竹雕艺人	竹雕	
1248	王星斋	清代	杭州	制扇名手	制扇	
1249	胡祥均	清代	上海	制墨名手	制墨	
1250	赵甸	清代	山阴	刺绣艺人	刺绣	
1251	杜书坤	清代	嘉定	竹刻艺人	竹刻	
1252	徐枢	清代	嘉定	竹刻艺人	竹刻	
1253	侯支鹤	清代	嘉定	竹刻艺人	竹刻	
1254	赵得山	清代	嘉定	竹刻艺人	竹刻	
1255	封鼎	清代	嘉定	竹刻艺人	竹刻	
1256	时钰	清代	嘉定	竹刻艺人	竹刻	
1257	时其祥	清代	嘉定	竹刻艺人	竹刻	
1258	时其吉	清代	嘉定	竹刻艺人	竹刻	
1259	时其泰	清代	嘉定	竹刻艺人	竹刻	
1260	时澄之	清代	嘉定	竹刻艺人	竹刻	
1261	沈全林	清代	嘉定	竹刻艺人	竹刻	
1262	李宝函	清代	嘉定	竹刻艺人	竹刻	
1263	李希乔	清代	歙县	竹刻艺人	竹刻	
1264	郑宁侯	清代	宜兴	砂壶艺人	制壶	
1265	殷永清	清代	嘉定	竹刻艺人	竹刻	
1266	吴慎容	清代	山阴	女艺人	绘画	
1267	张石女	清代	保定	女剪纸家	剪纸	
1268	庄绶纶	清代	嘉定	竹刻艺人	竹刻	
1269	张宏裕	清代	嘉定	竹刻艺人	竹刻	
1270	曹世模	清代	秀水	竹刻艺人	竹刻	
1271	王岫筠	清代	江南	琢砚名手	山水砚	
1272	雷家伟	清代		建筑师	颐和园	
1273	张树泰	清代	贵阳	工匠	铸银	
1274	熊新盛	清代	贵阳	工匠	铸银	
1275	李源茂	清代	贵阳	工匠	铸银	
1276	吕盛茂	清代	贵阳	工匠	铸银	
1277	余顺	清代	贵阳	工匠	铸银	
1278	唐恒美	清代	上海	刻书艺人	刻《训俗遗观》	
1279	文通	清代	苏州	制造工匠	织造	
1280	文治	清代	苏州	制造工匠	织造	
1281	福祥	清代	杭州	制造工匠	织造	
1282	盛桂	清代	杭州	制造工匠	织造	
1283	忠诚	清代	江南	制造工匠	织造	
1284	增崇	清代	江南	制造工匠	织造	

1285	程国治	清代	祁门	制瓷名手	雕瓷	
1286	马慎	清代	安徽	建筑名匠	建筑	
1287	杨凤林	清代	安徽	建筑名匠	建筑	
1288	王凤章	清代	吴中	碑刻名手	碑刻	
1289	周春奎	清代	苏州	捏像师	捏像	
1290	沈顺生	清代	苏州	捏像师	捏像	
1291	黄广生	清代	佛山	木刻艺人	木刻	
1292	刘作荣	清代	江西	铸铁工	铸铁	
1293	翟金生	清代	泾县	印刷制版	泥活字制作	泥版试印初稿
1294	翟一堂	清代	泾县	印刷制版	泥活字制作	
1295	翟一杰	清代	泾县	印刷制版	泥活字制作	
1296	翟一新	清代	泾县	印刷制版	泥活字制作	
1297	翟发曾	清代	泾县	印刷制版	泥活字制作	
1298	王端木	清代	浙江	石刻工	碑刻	
1299	詹有乾	清代	徽州	制墨师	制墨	
1300	赵慧君	清代	昆山	刺绣名女	刺绣	
1301	袁馨	清代	海宁	刻印	刻印	
1302	凌杼	清代	吴县	刺绣名女	刺绣	
1303	濮森	清代	钱塘	篆刻艺人	篆刻	
1304	姜炜	清代	上元	篆刻师	篆刻	
1305	邓邠	清代	嘉定	竹刻艺人	刻竹	
1306	汤能匠	清代	旌德	版刻名手	《黄山志》插图	
1307	詹振升	清代		制墨师	制墨	
1308	徐裕基	清代	嘉定	竹刻艺人	刻竹	
1309	王永芳	清代	嘉定	竹刻艺人	刻竹	
1310	蔡时敏	清代	嘉定	竹刻艺人	刻竹	
1311	朱文右	清代	嘉定	竹刻艺人	刻竹	
1312	程正路	清代	安徽	制墨师	制墨	
1313	黄一遇	清代	歙县	版刻名工	版刻	
1314	贺尚义	清代	旌德	版刻名手	《祁门县志》图	
1315	李光明	清代	金陵	刻书艺人	刻书	
1316	吴圻	清代	苏州	缂丝艺人	缂丝	
1317	王琦	清末民初	安徽	瓷像家	瓷像	
1318	鄢国珍	清末民初	景德镇	制瓷名家	制瓷	
1319	吕加水	清末民初	东阳	名艺人	雕花	
1320	施新华	清末民初	东阳	名艺人	雕花	
1321	徐福根	清末民初	东阳	名艺人	雕花	
1322	何其今	清末民初	东阳	名艺人	雕花	

1323	许树田	清末民初	东阳	名艺人	雕花	
1324	周惠南	清末民初	上海	设计师	建筑设计	
1325	王大凡	清末民初	黟县	瓷绘艺人	瓷绘	
1326	刘雨岑	清末民初	太平	瓷绘艺人	瓷绘	
1327	邓碧珊	清末民初	余干	瓷绘艺人	瓷绘	
1328	田鹤仙	清末民初	绍兴	瓷绘艺人	瓷绘	

注：本表据朱启钤《哲匠录》（中国建筑工业出版社2005年）、《女红传征略》（朱启钤：《美术丛书》第四集第五辑，神州国光社1936年），田自秉、华觉明《历代工艺名家》（路甬祥总主编：《中国传统工艺全集》，大象出版社2008年），喻学才《中国历代名匠志》（湖北教育出版社2006年）等书中所记工匠剔除其中帝王将相、王后妃嫔、非工匠出身之学者官员，以及年代籍贯均不详者，然后按年代先后统计。需要说明的是：1.所录工匠年代多为大致生活年代。2.所录江南及其周边工匠地点或为籍贯，或为工作、生活地点。3.所录匠师著作只取其代表性一部。

附表3：江南制造局翻译科技书统计表

总号	类别	书名及卷数	成书时间	内容体例	口译者	笔述者	笔述者籍贯	笔述者职务	常见版本
1	物理学类	声学	1874年	西方声学介绍	傅兰雅	徐建寅	无锡	汉阳钢药厂督办	江南制造局1874年刊本
2		光学	1876年	西方光学介绍	金楷理	赵元益	新阳	任职江南制造局翻译馆	江南制造局1876年刊本
3		电学	1879年	西方电学介绍	傅兰雅	徐建寅	无锡	汉阳钢药厂督办	江南制造局1879年刊本
4		格致启蒙·格物学	1880年	西方物理学介绍	林乐知	郑昌棪	海盐	任职江南制造局翻译馆	江南制造局1880年刊本
5		电学纲目	1881年	西方电学纲目	傅兰雅	周郇	临海	任职江南制造局翻译馆	江南制造局1874年刊本
6		格致小引	1886年	西方物理学介绍	罗亨利	瞿昂来	宝山	任职江南制造局翻译馆	江南制造局1886年刊本
7		物体遇热改易记	1899年	西方热力学介绍	傅兰雅	徐寿	无锡		江南制造局1899年刊本
8		通物电光	1899年	西方电学介绍	傅兰雅	王季烈	长洲	专门司郎中	江南制造局1899年刊本
9		无线电报	1900年	无线电报技术	卫理	范熙庸	上海	任职江南制造局翻译馆	江南制造局1900年刊本
10		物理学	1901年至1903年刊	西方物理学介绍	藤田丰八	王季烈	长洲	专门司郎中	江南制造局刊本
11	化学类	电学测算	1906年至1908年间	西方电力技术		徐兆熊	长洲	任职江南制造局翻译馆	江南制造局刊本
12		化学鉴原	1871年	西方化学技术	傅兰雅	徐寿	无锡		江南制造局1871年刊本
13		化学分原	1871年	西方化学技术	傅兰雅	徐建寅	无锡	汉阳钢药厂督办	江南制造局1871年刊本
14		化学鉴原续编	1875年	西方化学技术	傅兰雅	徐寿	无锡		江南制造局1875年刊本
15		格致启蒙·化学	1880年	西方化学技术	林乐知	郑昌棪	海盐	任职江南制造局翻译馆	江南制造局1880年刊本
16		化学鉴原补编	1882年	西方化学技术	傅兰雅	徐寿	无锡		江南制造局1882年刊本

17		化学考质	1883年	西方化学技术	傅兰雅	徐寿	无锡		江南制造局1883年刊本
18		化学求数	1883年	西方化学技术	傅兰雅	徐寿	无锡		江南制造局1883年刊本
19		化学源流论	1903至1905年间	西方化学技术		王汝□	乌程	任职江南制造局翻译馆	江南制造局约刊于1903至1905年间
20		无机化学教科书	1908年	西方化学技术		徐兆熊	长洲	任职江南制造局翻译馆	江南制造局1908年刊本
21	矿冶类	金石识别	1871年	矿石鉴别	玛高温	华蘅芳	金匮		江南制造局1871年刊本
22		开煤要法	1871年	煤矿开采	傅兰雅	王德均	怀远	任职江南制造局翻译馆	江南制造局1871年刊本
23		冶金录	1873年	冶金技术	傅兰雅	赵元益	新阳	任职江南制造局翻译馆	江南制造局1873年刊本
24		历览英国铁厂记	1873年刊	英国铁厂介绍	傅兰雅	徐寿	无锡		江南制造局1873年刊本
25		造铁全法	1874年	炼钢技术	傅兰雅	徐寿	无锡		江南制造局1874年刊本
26		井矿工程	1879年	矿井挖掘技术	傅兰雅	赵元益	新阳	任职江南制造局翻译馆	江南制造局1879年刊本
27		宝藏兴焉	1884年	采矿技术	傅兰雅	徐寿	无锡		江南制造局1884年刊本
28		银矿指南	1891年	采银矿技术	傅兰雅	应祖锡	永康	任职江南制造局翻译馆	江南制造局1891年刊本
29		炼钢要言	1896年	炼钢技术		徐家宝	无锡	任职江南制造局翻译馆	江南制造局1896年刊本
30		开矿器法图说	1899年	开矿机器用法	傅兰雅	王树善	上海	任职江南制造局翻译馆	江南制造局1899年石印本
31		求矿指南	1899年刊	探矿技术	傅兰雅口译	潘松	乌程	任职江南制造局翻译馆	江南制造局1899年刊本
32		探矿取金	1903年	探矿技术	舒高第	汪振声	六合	任职江南制造局翻译馆	江南制造局1903年刊本
33		相地探金石法	1903年	探矿技术		王汝□	乌程	任职江南制造局翻译馆	江南制造局1903年刊本
34		炼金新语	约刊于1903—1905年	冶炼技术	舒高第	郑昌棪	海盐	任职江南制造局翻译馆	江南制造局刊本

序号	类别	书名	年份	内容	译者	笔述者	籍贯	任职	版本
35		矿学考质上编	1907年	矿学介绍	舒高第	沈陶璋	海盐	任职江南制造局翻译馆	江南制造局1907年刊本
36		矿学考质下编	1907年	矿学介绍	舒高第	陈洙	江浦	任职江南制造局翻译馆	江南制造局1907年刊本
37	船政类	航海简法	1871年	航海技术	金楷理	王德均	怀远	任职江南制造局翻译馆	江南制造局1871年刊本
38		御风要术	1875年	航海技术	金楷理	华蘅芳	金匮	任职江南制造局翻译馆	江南制造局1875年刊本
39		测候丛谈	1877年刊	气象学介绍	金楷理	华蘅芳	金匮	任职江南制造局翻译馆	江南制造局1877年刊本
40		航海章程	1895年	航海技术	蒙古风仪	徐家宝	无锡	任职江南制造局翻译馆	江南制造局1895年刊本
41		行海要术	1890年	航海技术	金楷理	李凤苞	崇明	任职江南制造局翻译馆	江南制造局1890年刊本
42		船坞论略	1894年	船坞建造技术	傅兰雅	钟天纬	上海	任职江南制造局翻译馆	江南制造局1894年刊本
43		行船免撞章程	1895年	航海技术	傅兰雅	钟天纬	上海	任职江南制造局翻译馆	江南制造局1895年刊本
44	测绘类	行军测绘	1873年	行军地图测绘	傅兰雅	赵元益	新阳	任职江南制造局翻译馆	江南制造局1873年刊本
45		海道图说附长江图说	1874年	海道地图测绘	卷1、2、5傅兰雅译其余为金楷理译	王德均	怀远	任职江南制造局翻译馆	江南制造局1874年刊本
46		绘地法原	1875年	地图测绘	金楷理	王德均	怀远	任职江南制造局翻译馆	江南制造局1875年刊本
47		测地绘图	1876年	地图测绘	傅兰雅	徐寿	无锡		江南制造局1876年刊本
48		测绘海图全法	1876年	地图测绘	傅兰雅	赵元益	怀远	任职江南制造局翻译馆	江南制造局1876年刊本
49	机械工程类	汽机发轫	1871年	蒸汽动力技术	传烈亚力	徐寿	无锡		江南制造局1871年刊本
50		汽机必以	1872年	蒸汽动力技术	傅兰雅	徐建寅	无锡	汉阳钢药厂督办	江南制造局1872年刊本

51		器象显真	前4卷1877年刊,附图1卷1879年刊	蒸汽动力技术	傅兰雅	徐建寅	无锡	汉阳钢药厂督办	前4卷 江南制造局1877年刊,附图1卷江南制造局1879年刊
52		行军铁路工程	1886年	军事铁路工程	傅兰雅	汪振声	六合	任职江南制造局翻译馆	江南制造局1886年刊本
53		兵船汽机	1894年	蒸汽船技术	傅兰雅	华备钰	金匮	任职江南制造局翻译馆	江南制造局1894年刊本
54		工程致富论略	1894年	民用工程	傅兰雅	钟天纬	上海	任职江南制造局翻译馆	江南制造局1894年刊本
55		考工记要	1895年	工程技术	傅兰雅	钟天纬	上海	任职江南制造局翻译馆	江南制造局1895年刊本
56		考试司机	不迟于1894年刊	驾驶技术	傅兰雅	徐华封	无锡	任职江南制造局翻译馆	不迟于1894年刊
57		美国铁路记要	1897年	美国铁路介绍	傅兰雅	潘松	乌程	任职江南制造局翻译馆	江南制造局1897年刊本
58		美国铁路汇考	1899年	美国铁路介绍	傅兰雅	潘松	乌程	任职江南制造局翻译馆	江南制造局1899年刊本
59		制机理法	1899年	机器制造技术	傅兰雅	华备钰	金匮	任职江南制造局翻译馆	江南制造局1899年刊本
60		工艺准绳	约1900年刊	机器制造技术	傅兰雅	徐家宝	无锡	汉阳钢药厂督办	约1900年刊
61		汽机新制	1873年	机器制造技术	傅兰雅	徐建寅	无锡	汉阳钢药厂督办	江南制造局1873年
62		海塘辑要	1873年	海塘修筑	傅兰雅	赵元益	新阳	任职江南制造局翻译馆	江南制造局1873年刊本
63		艺器记珠	1879年	机器制造技术	傅兰雅	徐建寅	无锡	汉阳钢药厂督办	江南制造局1879年刊本
64	工艺制造类	匠诲与规	1877年	机器制造技术	傅兰雅	徐寿	无锡		江南制造局1877年刊本
65		回特活特钢炮	1877年	火器技术	傅兰雅	徐寿	无锡		江南制造局1877年刊本
66		造管之法	1877年	炮管制作	傅兰雅	徐寿	无锡		江南制造局1877年刊本
67		回热炉法	1877年	炼钢技术	傅兰雅	徐寿	无锡		江南制造局1877年刊本

68		周幂知裁	1877年	算学计数	傅兰雅	徐寿	无锡		江南制造局1877年刊本
69		水衣全论	1877年	潜水服制作	傅兰雅	徐寿	无锡		江南制造局1877年刊本
70		电气镀金略法	约1880年	电气镀金法	傅兰雅	周郇	临海	任职江南制造局翻译馆	约1880年
71		埦𦆝致美	1884年	化学工艺	傅兰雅	徐寿	无锡		江南制造局1884年刊本
72		制肥皂法	1884年	制肥皂法	林乐知	郑昌棪	海盐	任职江南制造局翻译馆	江南制造局1884年刊本
73		制油烛法	1884年	制油烛法	林乐知	郑昌棪	海盐	任职江南制造局翻译馆	江南制造局1884年刊本
74		电学镀金	1884年	电学镀金工艺	金楷理	徐华封	无锡	任职江南制造局翻译馆	江南制造局1884年刊本
75		制玻璃法	1884年	制玻璃法	傅兰雅	徐寿	无锡		江南制造局1884年刊本
76		铁船针向	1884年	铁船制作	傅兰雅	徐寿	无锡		江南制造局1884年刊本
77		机动图说	1884年	蒸汽动力机械	傅兰雅	徐寿	无锡		江南制造局1884年刊本
78		电气镀镍	1886年	电气镀镍法	傅兰雅	徐华封	无锡	任职江南制造局翻译馆	江南制造局1886年刊本
79		铸钱工艺	1890年	铸钱工艺	傅兰雅	钟天纬	上海	任职江南制造局翻译馆	江南制造局1890年刊本
80		炼石编	约刊于1886—1889年	冶金工艺	舒高第	郑昌棪	海盐	任职江南制造局翻译馆	约刊于1886—1889年
81		化学工艺	1898年	化学工艺	傅兰雅	汪振声	六合	任职江南制造局翻译馆	江南制造局1898年刊本
82		取滤火油法	1900年	制造滤火油法	卫理	汪振声	六合	任职江南制造局翻译馆	江南制造局1900年刊本
83		制羼金法	1901年	制羼金法	桥本奇策辑译	王季点转译			江南制造局1901年刊本
84		照相镂版印图法	1901年	照相技术		王汝□	乌程	任职江南制造局翻译馆	江南制造局1901年刊本
85		铸金论略	1902年	铸造工艺	傅兰雅	汪振声	六合	任职江南制造局翻译馆	江南制造局1902年刊本

86		造洋漆法	1903年	洋漆制作法	藤田丰八译	汪振声重编	六合	任职江南制造局翻译馆	江南制造局1903年刊本
87		金工教范	1904年	金工教程	王汝聃	范熙庸	上海	任职江南制造局翻译馆	江南制造局1904年刊本
88		美国提炼煤油法	1905年	美国提炼煤油法		孙士颐、苏锐利		中国驻美商务随员	江南制造局1905年刊本
89		颜料编	1909年	颜料种类与制法	藤团丰八译	汪振声重编	六合	任职江南制造局翻译馆	江南制造局1909年刊本
90		染色法	1912年	颜料种类与制法					江南制造局1912年刊本
91		机工教范	1912年	机工教程		王汝聃	乌程	任职江南制造局翻译馆	江南制造局1912年刊本
92		造硫强水法	1877年	硫强水制作法	傅兰雅	徐寿	无锡		江南制造局1877年刊本
93		色相留真	1877年	照相技术	傅兰雅	徐寿	无锡		江南制造局1877年刊本
94	兵制类	舫海新论	1873年	航海技术	傅兰雅	华衡芳			江南制造局1873年刊本
95		水师章程	1879年	海军训练	林乐知	郑昌棪	海盐	任职江南制造局翻译馆	江南制造局1879年刊本
96		临阵管见	不迟于1886年	新式兵法	金楷理	赵元益	新阳	任职江南制造局翻译馆	不迟于1886年
97		列国陆军	1889年	西方陆军兵法		林乐知、瞿昂来			江南制造局1889年刊本
98		海军调度	1890年	海军训练	舒高第	郑昌棪	海盐	任职江南制造局翻译馆	江南制造局1890年刊本
99		英国水师考	1895年至1896年间	英国海军介绍		傅兰雅、钟天纬	上海	任职江南制造局翻译馆	1895年至1896年间
100		美圏水师考	1895年至1896年间	美国海军介绍		傅兰雅、钟天纬	上海	任职江南制造局翻译馆	1895年至1896年间
101	兵学类	法国水师考	不迟于1896年刊	法国海军介绍		罗亨利、瞿昂来			不迟于1896年刊
102		英国水师	不迟于1896年刊	英国海军介绍	舒高第	郑昌棪	海盐	任职江南制造局翻译馆	不迟于1896年刊
103		俄国水师考	1900年前刊	俄国海军介绍		傅绍兰、李岳蘅			1900年前刊

104		德国陆军制	1904年前刊	德国陆军制	吴宗濂	潘元善	嘉定	任职江南制造局翻译馆	1904年前刊
105		西国陆军制考略	1902年刊	西方陆军制	傅兰雅	范本礼	上海	任职江南制造局翻译馆	江南制造局1902年刊本
106		制火药法	1871年	制火药法	傅兰雅	丁树棠	番禺	任职江南制造局翻译馆	江南制造局1871年刊本
107		克虏伯炮说	1872年	克虏伯炮制法用法	金楷理	李凤苞	崇明	任职江南制造局翻译馆	江南制造局1872年刊本
108		克虏伯炮法	1872年	克虏伯炮制法用法	金楷理	李凤苞	崇明	任职江南制造局翻译馆	江南制造局1872年刊本
109		克虏伯炮操法	1872年	克虏伯炮制法用法	金楷理	李凤苞	崇明	任职江南制造局翻译馆	江南制造局1872年刊本
110		克虏伯炮表	1872年	克虏伯炮制法用法种类	金楷理	李凤苞	崇明	任职江南制造局翻译馆	江南制造局1872年刊本
111		克虏伯炮弹造法	1872年	克虏伯炮弹造法	金楷理	李凤苞	崇明	任职江南制造局翻译馆	江南制造局1872年刊本
112		克虏伯炮药饼造法	1872年	克虏伯炮药饼造法	金楷理	李凤苞	崇明	任职江南制造局翻译馆	江南制造局1872年刊本
113		水师操练	1872年	海军训练法	傅兰雅	徐建寅	无锡	汉阳钢药厂督办	江南制造局1872年刊本
114		轮船布阵	1873年	海军阵法	傅兰雅	徐建寅	无锡	汉阳钢药厂督办	江南制造局1873年
115		攻守炮法	1875年	火器阵法	金楷理	李凤苞	崇明	任职江南制造局翻译馆	江南制造局1875年刊本
116		克虏伯腰箍炮说、炮架说、螺绳炮架说	1875年	克虏伯腰箍炮说、炮架说、螺绳炮架介绍	金楷理	李凤苞	崇明	任职江南制造局翻译馆	江南制造局1875年刊本
117		炮准心法	1875年	火炮瞄准法	金楷理	李凤苞	崇明	任职江南制造局翻译馆	江南制造局1875年刊本
118		兵船炮法	1875年	海军火炮用法	金楷理	朱恩锡	嘉兴		江南制造局1875年刊本
119		营城揭要	1876年	西方营城法	傅兰雅	徐寿	无锡		江南制造局1876年刊本
120		营垒图说	1876年	西方军营法	金楷理	李凤苞	崇明	任职江南制造局翻译馆	江南制造局1876年刊本

121	爆药记要	1880年刊	爆药制法	舒高第	赵元益	新阳	任职江南制造局翻译馆	江南制造局1880年刊本
122	水雷秘要	1880年刊	水雷制法	舒高第	赵元益	新阳	任职江南制造局翻译馆	江南制造局1880年刊本
123	格林炮操法	1875年	格林炮用法	傅兰雅	徐建寅	无锡	汉阳钢药厂督办	江南制造局1875年刊本
124	喇叭吹法	1880年后	军事喇叭吹法	金楷理	蔡锡龄	历城		江南制造局1880年后
125	前敌须知	1890年	西方兵法	舒高第	郑昌棪	海盐	任职江南制造局翻译馆	江南制造局1890年刊本
126	炮乘新法	1890年	西方火炮用法	舒高第	郑昌棪	海盐	任职江南制造局翻译馆	江南制造局1890年刊本
127	开地道轰药法	1891刊	开地道轰药法	傅兰雅	汪振声	六合	任职江南制造局翻译馆	江南制造局1891刊本
128	营工要览	1896刊	军营建法	傅兰雅	汪振声	六合	任职江南制造局翻译馆	江南制造局1896刊本
129	水保保身法	1896年前刊	海军技术	伯克雷英译	程鋆赵元鋆重译			1896年前刊本
130	行军指要	1901刊	西方行军法	金楷理	赵元益	新阳	任职江南制造局翻译馆	江南制造局1901刊本
131	淡气爆药新书上编	1909年	淡气爆药法	舒高第	沈陶璋	海盐	任职江南制造局翻译馆	江南制造局1909年刊本
132	淡气爆药新书下编	1909年	淡气爆药法	舒高第	陈洙	江浦	任职江南制造局翻译馆	江南制造局1909年刊本
133	英国定准军药书	1912年	英国定准军用火药标准	舒高第	汪振声	六合	任职江南制造局翻译馆	江南制造局1912年刊本

附表4：嘉靖十年匠役工匠分类表

管理部门	工匠种类	工匠人数(名)	管理部门	工匠种类	工匠人数(名)
司礼监	笺纸匠	62		减铁匠	2
（1583名）	表背匠	293		锁匠	1
	摺配匠	189		毡匠	1
	裁历匠	81		锉磨匠	1
	刷印匠	134	尚衣监	双线匠	67
	黑墨匠	77	（1239名）	绣匠	366
	笔匠	48		缝匠	185
	画匠	76		毛袄匠	69
	刊字匠	315		碾玉匠	30
	铁匠	25		冠帽匠	53
	销金匠	25		漆匠	13
	合香匠	8		草帽匠	7
	木匠	71		钻珠匠	5
	瓦匠	6		穿珠匠	11
	油漆匠	67		泥水匠	7
	象牙匠	25		箍桶匠	2
	鏇匠	10		斜皮匠	17
	砚瓦匠	7		棉线匠	3
	名绦匠	10		竹匠	3
	石匠	8		毡匠	24
	锯匠	6		捲胎匠	14
	神帛匠	1		麻鞋匠	7
	裁缝匠	5		卷带匠	15
	罐儿匠	5		履鞋匠	25
	铜匠	4		鏇匠	11
	雕凿匠	2		缠梭匠	16
	钉铰匠	8		画匠	23
	竹篦匠	1		油伞匠	3
	铸匠	1		销金匠	4
	卷胎匠	2		梭巾匠	22
	桶匠	2		锉磨匠	1
	双线匠	4		熟皮匠	66
	锡匠	2		纲巾匠	32
	镀金匠	2		石匠	1
	钑花匠	2		凉胎匠	25
				边儿匠	9

	绵匠	19		背什物匠	8
	磨镜匠	2		络丝匠	16
	锡匠	2		水绳匠	3
	铁匠	12		弦匠	1
	刺金匠	4		护衣匠	3
	浣衫匠	8		索匠	25
	木匠	9		描金匠	3
	油漆匠	2		副千户	1
	钉铰匠	2		毡匠	8
	绦匠	8		表背匠	3
	表背匠	9		雕銮匠	2
	打线匠	1		绦匠	6
	锯匠	1		铺箸匠	7
	香匠	1		肚带匠	5
	皮匠	1		打线匠	5
	钉底匠	1		减铁匠	21
	镜儿匠	1		五墨匠	3
	妆銮匠	2		事件匠	3
	抹金匠	3		铜匠	18
	刺金匠	1		木匠	6
	鞭子匠	1		腰机匠	4
	刺金线匠	1		匠	2
	花匠	1		双线匠	20
	毯子匠	1		熟皮匠	13
	鬃巾匠	1		斜皮匠	3
	帮巾匠	1		抹金匠	3
	楦头匠	6		砑磨匠	2
	打角匠	1		鞍辔匠	2
	索匠	1		拔丝匠	2
御马监	裁缝匠	55		鞦辔匠	6
（416名）	鞭子匠	63		穿珠匠	1
	缨子匠	5		罕答胲匠	1
	锉磨匠	3		镟匠	1
	油漆匠	12		戗金匠	2
	砍轿匠	7		钉铰匠	2
	铁匠	9		钉带匠	1
	绣匠	16		绳匠	2
	弓匠	2		画匠	1

	挣磨匠	1		索匠	34
	镀金匠	11		缨匠	5
	骨作匠	2		熟皮匠	10
	捻梭匠	1		漆匠	65
	烧珠匠	1		绦匠	24
	彩漆匠	1		穿交椅匠	9
	钑花匠	10		毯匠	38
	匠	2		毡匠	86
印绶监	木匠	5		绵匠	15
（61名）	熟皮匠	3		木匠	86
	铜匠	2		拔丝匠	4
	表背匠	25		抹金匠	7
	油漆匠	4		雕銮匠	36
	戗金匠	2		铜匠	26
	铰钉匠	2		卷胎匠	4
	双线匠	3		洗白匠	4
	绦匠	5		油漆匠	5
	打线匠	1		表背匠	13
	挽花匠	3		鞍辔匠	10
	染匠	1		镞匠	11
	攒丝匠	1		钉铰匠	12
	络丝匠	4		铁匠	45
司设监	销金匠	23		车匠	11
（1480名）	络丝匠	44		背金匠	6
	锯匠	17		减铁匠	1
	绣匠	105		弓弦匠	1
	打线匠	10		交椅匠	11
	腰机匠	20		搭材匠	5
	戗金匠	13		妆銮匠	30
	描金匠	1		伞匠	20
	锉磨匠	15		草席匠	39
	裁缝匠	182		铁匠	6
	竹匠	51		藤枕匠	9
	花毡匠	3		梭篷匠	4
	鞭子匠	3		银匠	23
	双线匠	68		鱿灯匠	2
	帘子匠	65		瓦匠	5
	川字匠	4		棉花匠	13

	铸匠	2		攒丝匠	2
	蒸笼匠	1		打线匠	2
	石匠	1		铁匠	1
	事件匠	1		宛平县铺户	21
	锡匠	1		大兴县铺户	19
	锁匠	1	供用库	浇烛匠	155
	砍桥匠	12	(401名)	香匠	101
	护衣匠	4		医兽匠	1
	弓匠	14		油户	144
	木桶匠	2	织染局	银匠	23
	冠帽匠	3	(1317名)	络丝匠	141
	刷印匠	2		打线匠	60
	五墨匠	1		腰机匠	22
	花匠	14		摺配匠	1
	扇匠	9		织匠	87
	摺配匠	8		揭俎匠	14
内承运库	染匠	52		挑花匠	83
(311名)	颜料匠	9		刻丝匠	23
	木匠	19		染匠	263
	刷印匠	16		染织匠	11
	表背匠	14		纺棉花匠	12
	金箔匠	5		缉麻匠	1
	摺配匠	8		捻棉线匠	5
	索匠	14		织罗匠	2
	棉花匠	1		捻金匠	18
	银匠	14		篦匠	2
	织匠	22		捶纸匠	3
	挽花匠	31		络纬匠	53
	牙匠	4		裁金匠	6
	称匠	5		背金匠	17
	五墨匠	6		包头匠	13
	缨匠	7		木匠	3
	络丝匠	25		胭脂匠	9
	漆匠	3		洗白匠	17
	纸匠	1		三梭布匠	16
	裁历匠	3		蔻匠	14
	裁缝匠	3		花匠	19
	腰机匠	4		驼毛匠	26

	挽花匠	220		拔丝匠	2
	攒丝匠	123		累丝匠	5
	结梭匠	10		钉带匠	5
针工局	绣匠	232		花匠	1
（690名）	驼子匠	1		表背匠	4
	裁缝匠	211	兵仗局	弓匠	163
	表背匠	11	（3153名）	剑匠	129
	线匠	2		锉磨匠	220
	木匠	7		木匠	177
	毛袄匠	27		皮帽匠	69
	碾玉匠	14		表背匠	9
	弹棉花匠	2		铁匠	169
	锁匠	1		漆匠	174
	熟皮匠	3		棉花匠	22
	捻金匠	2		刷牙匠	24
	双线匠	1		剪子匠	8
	锉磨匠	1		刀匠	53
	搭材匠	1		锁子匠	21
	刊字匠	2		针匠	67
	络丝匠	69		星儿匠	7
	油漆匠	8		泥水匠	7
	毡匠	1		绳匠	77
	花匠	8		钉铰匠	15
	销金匠	17		络丝匠	99
	旗匠	13		拔丝匠	5
	打线匠	20		窑匠	87
	冠帽匠	14		弦匠	84
	穿珠匠	8		铜匠	55
	绦匠	13		铸匠	39
	皮匠	1		鞓带匠	141
银作局	鈒花匠	50		裁缝匠	215
（274名）	器火匠	42		减铁匠	39
	厢嵌匠	11		木梳匠	11
	抹金匠	7		缨匠	159
	金箔匠	14		镞匠	68
	磨光匠	15		绣匠	8
	镀金匠	35		饯金匠	12
	银匠	83		线子匠	2

机构	工种	人数
	银匠	27
	锡匠	3
	拔丝匠	6
	弩匠	17
	笙匠	2
	镀金匠	9
	箭匠	6
	喇叭匠	4
	表背匠	12
	神箭匠	52
	甲匠	164
	火药匠	84
	花匠	81
	笸子匠	7
	球棒匠	55
	彩漆匠	13
	鼓匠	19
	竹匠	22
	雕銮匠	16
	刊字匠	3
	砍桥匠	4
	铜鼓匠	2
	毡匠	27
	染匠	64
	响铜匠	11
	牌匠	1
	锉匠	2
	窑匠	5
巾帽局 (342名)	打角匠	11
	雕銮匠	1
	双线匠	180
	梭鞋匠	19
	裁缝匠	19
	油漆匠	6
	凉胎匠	14
	毡匠	51
	草帽匠	3
	冠帽匠	66

机构	工种	人数
	钉带匠	4
	镞匠	2
	表背匠	6
	檀头匠	4
	绦匠	4
	木桶匠	1
	熟皮匠	15
	斜皮匠	3
	银硃匠	1
	毛袄匠	3
	履鞋匠	3
	竹匠	1
	络丝匠	5
	索匠	4
	销金匠	1
	铜匠	1
	铁匠	3
	拔丝匠	2
	银匠	1
	绣匠	4
	五墨匠	1
	妆銮匠	3
工部织染所 (195名)	染匠	86
	织匠	2
	机匠	2
	挽花匠	15
	络丝匠	62
	打线匠	15
	缨匠	1
	攒线匠	12
钦天监 (21名)	裁历匠	2
	表背匠	1
	刷印匠	18
崇文门外木厂 (683名)	大木二厂	683

注：尚衣监、内承运库、兵仗局原文为1249名、315名、3163名。

附表5：嘉靖四十一年重定班匠银数表

地名	工匠数	银两数
浙江	39546	17800两6钱5分
河南	18004	4598两5钱
山东	22362	10070两5钱5分
山西	16201	7279两2钱
陕西	10685	4760两6钱5分
应天府	2595	1167两7钱5分
苏州府	6601	3978两
松江府	4286	1928两7钱
常州府	2120	954两
镇江府	1789	805两5分
徽州府	3066	1379两7钱
宁国府	1228	552两6钱
池州府	478	215两1钱
太平府	1681	756两4钱5分
安庆府	2075	933两7钱5分
广德州	851	386两1钱
庐州府	2101	945两4钱5分
凤阳府	1641	728两4钱5分
淮安府	1959	881两5钱5分
扬州府	1420	1089两
徐州	904	406两8钱
滁州	56	25两2钱
和州	256	70两2钱
顺天府	1614	726两3钱
东平府	340	153两
保定府	971	436两9钱5分
河间府	400	180两
顺德府	234	205两3钱
广平府	343	109两3钱5分
真定府	802	360两9钱
大名府	701	315两4钱5分
总数	142486	64117两8钱

注：以上数字均来自原文。

资料来源：《考工典》第3卷《考工总部·汇考三》，《中国历代考工典》第1册第31页。

附表6：明代江南八府一州工匠入仕情况表

编号	姓名	所在地	技术门类	年代官职	备注（身份籍贯等）
1	陆贤	无锡	建筑营造	明初工部侍郎	《太祖实录》卷20
2	蔡信	武进	木工	明初工部侍郎	北京九门城楼营建
3	杨青	金山卫	瓦工	永乐间工部侍郎	北京三殿、二宫营建
4	陆祥	南直无锡	石工	宣德年间工部侍郎	《常州府志》卷30/五下
5	蒯祥	吴县香山	木工	宣德工部侍郎	崇祯《吴县志》卷53
6	陈祚	直隶吴县	匠籍	永乐九年登科	
7	谢瑶	直隶吴县	匠籍	永乐十三年登科	
8	赵忠	直隶长洲	匠籍	宣德五年登科	
9	徐昌	直隶昆山	匠籍	正统十年登科	
10	王豪	直隶金坛	匠籍	正统十三年登科	
11	吴璘	应天府上元	匠籍	景泰二年登科	直隶昆山人
12	李秉彝	顺天府大兴	匠籍	景泰二年登科	直隶昆山
13	相杰	直隶华亭	匠籍	景泰二年登科	
14	周澄	武功中卫	军匠籍	景泰二年登科	直隶吴县
15	章亮	浙江仁和	匠籍	景泰二年登科	
16	倪谦	应天府上元	匠籍	正统二年登科	
17	朱华	应天府上元	匠籍	景泰二年登科	
18	相杰	顺天府大兴	匠籍	景泰二年登科	直隶华亭
19	杨峦	顺天府大兴	匠籍	景泰二年登科	浙江仁和人
20	顾瑾	武功左卫	军匠籍	景泰五年登科	直隶昆山
21	高举	顺天府宛平	匠籍	景泰五年登科	直隶上海人
22	徐毅	应天府上元	匠籍	景泰五年登科	
23	冯定	南京锦衣卫	匠籍	景泰五年登科	
24	杨懋	顺天府宛平	匠籍	景泰五年登科	浙江钱塘人
25	赵博	直隶昆山	匠籍	景泰五年登科	
26	颜正	直隶华亭	匠籍	景泰五年登科	
27	唐珣	直隶华亭	匠籍	天顺元年	县学生
28	张祚	浙江钱塘人	匠籍	天顺元年	
29	凌文	应天府上元	匠籍	天顺元年	
30	莫谦	浙江仁和	匠籍	天顺元年	顺天府学增广生
31	张珇	浙江湖州	匠籍	天顺四年	
32	于宽	工正所官	匠籍	天顺八年	直隶武进人
33	金肅	武功中卫	军匠籍	成化二年	直隶吴江人
34	顾福	顺天府大兴	匠籍	成化二年	直隶吴县人
35	胡琮	直隶长洲	匠籍	成化二年	

36	徐博	直隶嘉定	匠籍	成化二年	
37	赵祯	顺天府大兴	匠籍	成化二年	直隶长洲人
38	吴珵	顺天府大兴	匠籍	成化五年	直隶吴江人、国子生
39	朱绅	锦衣卫	军匠籍	成化五年	直隶昆山人、国子生
40	瞿俊	直隶常熟	匠籍	成化五年	国子生
41	李良	直隶嘉定	匠籍	成化五年	县学生
42	丁铺	应天府上元	匠籍	成化五年	国子生
43	吴宽	直隶长洲	匠籍	成化八年	国子生
44	瞿明	直隶常熟	匠籍	成化八年	国子生
45	陈谦	浙江钱塘	匠籍	成化八年	县学生
46	吴钦	顺天府大兴	匠籍	成化十一年	浙江仁和人
47	吴洪	直隶吴江	匠籍	成化十一年	
48	泰巘	直隶昆山	匠籍	成化十一年	
49	姚昺	南京锦衣卫	匠籍	成化十一年	直隶吴县人
50	孙宾	锦衣卫	军匠籍	成化十一年	直隶交河人
51	王钦	应天府上元	匠籍	成化十四年	直隶长洲人
52	伊乘	应天府上元	匠籍	成化十四年	直隶吴县人
53	宋礼	顺天府大兴	匠籍	成化十四年	浙江钱塘人
54	许璘	直隶华亭	匠籍	成化十四年	
55	周洪	直隶上海	匠籍	成化十四年	
56	王进	应天府上元	匠籍	成化十四年	
57	章启	武功中卫	军匠籍	成化十七年	直隶丹徒人
58	沈庠	应天府上元	匠籍	成化十七年	直隶吴江人
59	王敞	南京锦衣卫	军匠籍	成化十七年	
60	倪黻	直隶华亭	匠籍	成化十七年	
61	杨纶	直隶丹阳	匠籍	成化十七年	
62	吕因	直隶无锡	匠籍	成化十七年	
63	贾宗锡	直隶常熟	匠籍	成化十七年	
64	顾景祥	顺天府大兴	匠籍	成化十七年	直隶长洲
65	马瓛	南京锦衣卫	匠籍	成化二十年	江阴人
66	陈恺	直隶昆山	匠籍	成化二十年	
67	莫骢	直隶无锡	匠籍	成化二十年	
68	毛广	浙江平湖	匠籍	成化二十年	
69	夏昂	顺天府宛平	匠籍	成化二十年	直隶吴县人
70	陆瓛	顺天府大兴	匠籍	成化二十年	吴县人
71	方荣	锦衣卫	匠籍	成化二十年	浙江钱塘人
72	汤珍	顺天府大兴	匠籍	成化二十年	浙江秀水人
73	鲁昂	应天府江宁	匠籍	成化二十三年	直隶吴江人

74	倪天民	武功中卫	军匠籍	成化二十三年	直隶长洲人
75	钱福	直隶华亭	匠籍	弘治三年	
76	时中	顺天府大兴	匠籍	弘治三年	直隶常熟人
77	石璇	不详	匠籍	弘治三年	浙江嘉兴人
78	庐翔	直隶常熟	匠籍	弘治三年	
79	马庆	直隶昆山	匠籍	弘治六年	
80	董清	武功中卫	匠籍	弘治六年	直隶昆山人
81	徐潭	浙江钱塘	匠籍	弘治六年	
82	蔡栻	顺天府大兴	匠籍	弘治九年	浙江钱塘人,国子生
83	吕元夫	直隶无锡	匠籍	弘治九年	国子生
84	杨玮	直隶华亭	匠籍	弘治九年	府学生
85	顾璘	应天府上元	匠籍	弘治九年	直隶吴县人、附学生
86	陈言	直隶常熟	匠籍	弘治九年	县学生
87	许铭	顺天府宛平	匠籍	弘治十二年	直隶吴县人
88	莫息	直隶无锡	匠籍	弘治十二年	
89	徐江	顺天府大兴	匠籍	弘治十二年	直隶吴江人
90	倪议	顺天府宛平	匠籍	弘治十二年	直隶吴县人
91	张元良	浙江湖州	匠籍	弘治十二年	
92	陈霆	浙江德清	匠籍	弘治十五年	
93	姚钦	武功左卫	匠籍	弘治十五年	直隶吴县人
94	崔杰	锦衣卫	匠籍	弘治十八年	直隶吴县人、国子生
95	金毅	锦衣卫	匠籍	弘治十八年	昆山人,顺天府学附学生
96	沈环	应天府上元	匠籍	弘治十八年	长洲县人,儒士
97	王良翰	直隶常熟	匠籍	弘治十八年	国子生
98	倪璋	顺天府宛平	匠籍	弘治十八年	直隶吴县人、国子生
99	邵锐	浙江仁和	匠籍	正德三年	
100	吴山	直隶吴江	匠籍	正德三年	
101	蔡芝	武功中卫	匠籍	正德三年	直隶昆山人
102	郑谏	应天府江宁	匠籍	正德三年	直隶长洲人
103	吴岩	直隶吴江	匠籍	正德三年	
104	丁致祥	直隶武进	匠籍	正德三年	
105	谢显	浙江仁和	匠籍	正德三年	
106	徐明	顺天府大兴	匠籍	正德六年	直隶长洲人
107	陆俸	直隶吴县	匠籍	正德六年	
108	杨璨	直隶华亭	匠籍	正德六年	
109	王以旂	浙江海宁	匠籍	正德六年	直隶吴县人
110	金符	武功中卫	军匠籍	正德六年	直隶吴江人
111	陶麟	直隶吴县	匠籍	正德六年	

112	章纶	锦衣卫	匠籍	正德六年	浙江嘉兴人
113	顾琼	应天府上元	匠籍	正德九年	直隶吴县人
114	葛桧	锦衣卫	匠籍	正德九年	浙江嘉兴人
115	吴鸾	直隶太仓州	匠籍	正德九年	
116	王舜渔	直隶常熟	匠籍	正德十二年	
117	高璧	锦衣卫	匠籍	正德十二年	浙江秀水人
118	王舜耕	直隶常熟	匠籍	正德十二年	
119	朱应昌	顺天府大兴	匠籍	正德十六年	浙江钱塘人
120	李翔	直隶上海	匠籍	正德十六年	国子生
121	郁山	直隶华亭	匠籍	正德十六年	国子生
122	郑晓	浙江海盐	军匠籍	嘉靖二年	
123	范箕	顺天府大兴	军匠籍	嘉靖二年	直隶吴江人
124	单钺	武功中卫	军匠籍	嘉靖二年	直隶嘉定人
125	沈南金	浙江钱塘	匠籍	嘉靖二年	
126	金璐	浙江钱塘	军匠籍	嘉靖五年	
127	蔡子举	武功中卫	军匠籍	嘉靖五年	直隶昆山人
128	沈寅	直隶常熟	军匠籍	嘉靖五年	
129	孙济	浙江湖州	军匠籍	嘉靖八年	
130	张裕	直隶嘉定	军匠籍	嘉靖八年	长洲人
131	钱亮	直隶丹徒	军匠籍	嘉靖十一年	
132	王椿	浙江钱塘	军匠籍	嘉靖十一年	
133	沈越	南京锦衣卫	军匠籍	嘉靖十一年	
134	严宽	直隶丹徒	军匠籍	嘉靖十一年	
135	朱怀干	浙江湖州	匠籍	嘉靖十一年	
136	傅珮	浙江仁和	匠籍	嘉靖十四年	国子生
137	童汉臣	浙江钱塘	匠籍	嘉靖十四年	府学增广生
138	姚良弼	浙江钱塘	匠籍	嘉靖十四年	
139	茅瓒	浙江钱塘	匠籍	嘉靖十七年	县学增广生
140	吴昆	直隶吴江	匠籍	嘉靖十七年	国子生
141	陈鎏	直隶吴县	匠籍	嘉靖十七年	县学附学生
142	卜大同	浙江秀水	匠籍	嘉靖十七年	国子生
143	郭惟清	武功中卫	匠籍	嘉靖十七年	昆山学生
144	张情	直隶昆山	匠籍	嘉靖十七年	国子生
145	陈洪范	浙江仁和	匠籍	嘉靖二十年	
146	陈洪濛	浙江仁和	匠籍	嘉靖二十年	
147	谢应徵	直隶华亭	匠籍	嘉靖二十年	
148	朱应奎	锦衣卫	匠籍	嘉靖二十年	直隶丹阳人
149	吴情	直隶无锡	匠籍	嘉靖二十三年	

150	瞿景淳	直隶常熟	匠籍	嘉靖二十三年	
151	冯觐	浙江海宁	匠籍	嘉靖二十三年	浙江钱塘人、国子生
152	王会	直隶华亭	匠籍	嘉靖二十三年	国子生
153	杨允绳	直隶华亭	匠籍	嘉靖二十三年	
154	戈九章	锦衣卫	匠籍	嘉靖二十三年	直隶吴县人
155	季德甫	直隶太仓州	匠籍	嘉靖二十三年	国子生
156	张勉学	直隶长洲	匠籍	嘉靖二十六年	
157	顾柄	直隶常熟	匠籍	嘉靖二十六年	
158	彭辂	浙江嘉兴	匠籍	嘉靖二十六年	
159	卜大有	浙江秀水	匠籍	嘉靖二十六年	
160	钦拱极	直隶吴县	匠籍	嘉靖二十九年	太仓州人
161	汤日新	浙江秀水	匠籍	嘉靖二十九年	
162	吕焯	浙江秀水	匠籍	嘉靖二十九年	
163	钱铸	顺天府大兴	匠籍	嘉靖二十九年	直隶吴县人
164	王杰	浙江乌程	匠籍	嘉靖二十九年	
165	祝世廉	浙江海宁	匠籍	嘉靖三十二年	
166	吴邦桢	直隶吴江	匠籍	嘉靖三十二年	
167	吴承熹	直隶吴江	匠籍	嘉靖三十二年	
168	卜大顺	浙江秀水	匠籍	嘉靖三十二年	
169	戚元辅	浙江嘉兴	匠籍	嘉靖三十二年	
170	沈瑶	武功左卫	匠籍	嘉靖三十二年	浙江德清人
171	盛周	浙江秀水	匠籍	嘉靖三十二年	
172	燕仲义	直隶吴县	匠籍	嘉靖三十二年	
173	张书绅	直隶常熟	匠籍	嘉靖三十二年	
174	柴祥	浙江仁和	匠籍	嘉靖三十五年	
175	陈所学	浙江海盐	匠籍	嘉靖三十五年	
176	夏时	直隶华亭	匠籍	嘉靖三十五年	
177	郭孝	浙江仁和	匠籍	嘉靖三十八年	
178	顾名世	直隶上海	匠籍	嘉靖三十八年	
179	张士纯	浙江安吉州	匠籍	嘉靖三十八年	
180	戚元佐	浙江嘉兴	匠籍	嘉靖四十一年	国子生
181	朱润身	应天府江宁	匠籍	嘉靖四十一年	直隶泰兴人、国子生
182	陈希文	浙江钱塘	匠籍	嘉靖四十一年	国子生
183	叶朝阳	浙江秀水	匠籍	嘉靖四十四年	
184	钱立	浙江仁和	匠籍	嘉靖四十四年	
185	李志学	浙江钱塘	匠籍	嘉靖四十四年	
186	沈梗	浙江仁和	匠籍	嘉靖四十四年	
187	陆万垓	浙江平湖	匠籍	隆庆二年	

188	须用宾	直隶武进	匠籍	隆庆二年	
189	蔡汝贤	直隶华亭	匠籍	隆庆二年	
190	汤聘尹	直隶嘉定	匠籍	隆庆二年	长洲人
191	陆志孝	浙江平湖	匠籍	隆庆二年	
192	阙成章	直隶长洲	匠籍	隆庆二年	
193	沈涵	武功左卫	匠籍	隆庆五年	浙江德清人
194	杨德	直隶武进	匠籍	隆庆五年	
195	冯笏	直隶吴县	匠籍	隆庆五年	长洲人
196	李大吉	浙江仁和	匠籍	隆庆五年	
197	陈王庭	浙江仁和	匠籍	万历二年	
198	毛在	直隶太仓州	匠籍	万历二年	
199	冯梦祯	浙江秀水	匠籍	万历五年	
200	张文奇	直隶长洲	匠籍	万历五年	
201	陈禹谟	浙江仁和	匠籍	万历五年	
202	钟宇淳	直隶华亭	匠籍	万历五年	
203	钱濬	应天府上元	匠籍	万历八年	苏州长洲人、府学生
204	王永宁	浙江乌程	匠籍	万历八年	县学生
205	盛万年	浙江秀水	匠籍	万历十一年	
206	姚思仁	浙江秀水	匠籍	万历十一年	
207	唐文献	直隶华亭	匠籍	万历十四年	
208	祝以豳	浙江海宁	匠籍	万历十四年	
209	浦士衡	直隶太仓州	匠籍	万历十四年	
210	葛孔明	浙江海宁	匠籍	万历十四年	
211	章宪文	直隶华亭	匠籍	万历十四年	
212	沈天启	南京宝源局	匠籍	万历十四年	直隶昆山人
213	钱养廉	浙江仁和	匠籍	万历十七年	
214	朱凤翔	浙江长兴	匠籍	万历十七年	
215	沈麟祥	直隶吴县	匠籍	万历十七年	
216	朱汝器	浙江长兴	匠籍	万历十七年	
217	祝以庭	浙江海宁	匠籍	万历十七年	
218	储纯臣	直隶吴江	匠籍	万历十七年	
219	姚文蔚	浙江钱塘	匠籍	万历二十年	武功中卫人
220	夏九鼎	浙江嘉善	匠籍	万历二十年	
221	俞思冲	浙江仁和	匠籍	万历二十三年	
222	华钰	直隶丹徒	匠籍	万历二十三年	
223	翁汝遇	浙江仁和	匠籍	万历二十三年	
224	黄汝亨	浙江仁和	匠籍	万历二十三年	
225	姚履素	应天府上元	匠籍	万历二十九年	

226	瞿汝说	直隶常熟	匠籍	万历二十九年	
227	周铉	直隶武进	匠籍	万历三十二年	
228	朱汝鳌	浙江归安	匠籍	万历三十二年	长兴人
229	祝以岱	浙江海宁	匠籍	万历三十二年	
230	陆键	浙江平湖	匠籍	万历三十五年	
231	章谟	浙江德清	匠籍	万历三十五年	
232	吴瑞徵	直隶吴江	匠籍	万历三十八年	
233	陈必谦	直隶常熟	匠籍	万历四十一年	
234	郎兆玉	浙江仁和	匠籍	万历四十一年	
235	吴焕	直隶吴江	匠籍	万历四十四年	
236	瞿式耜	直隶常熟	匠籍	万历四十四年	
237	魏浣初	直隶常熟	匠籍	万历四十四年	
238	王廷泰	直隶长洲	匠籍	万历四十七年	
239	潘士遴	浙江乌程	匠籍	天启二年	安吉州人
240	汤本沛	直隶长洲	匠籍	天启二年	
241	周士登	直隶武进	匠籍	天启五年	
242	唐昌世	直隶华亭	匠籍	天启五年	
243	王梦锡	直隶金坛	匠籍	天启五年	
244	钱辉裔	应天府上元	匠籍	天启五年	长洲人
245	陈观阳	直隶丹徒	匠籍	天启五年	
246	李恢先	直隶金坛	匠籍	崇祯元年	
247	葛徵奇	浙江海宁	匠籍	崇祯元年	
248	张意	直隶昆山	军匠籍		

资料来源:罗丽馨:《明代匠户之仕官及其意义》(《大陆杂志》第80卷第1期);朱启钤等:《哲匠录》(《中国营造学社汇刊》3—11卷各期)

附表7:《考工记》行业职业一览表

序号	工种	职业	行业门类	工艺范畴
1	轮	制作车轮、车盖	攻木之工	木工艺
2	舆	制作车箱		
3	弓	制作弓架		
4	庐	制作戈戟类兵器柄杆		
5	匠	制作城郭、宫室、修筑水利工程		
6	车	制作大车、农具		
7	梓	制作乐器悬架、饮器和侯(箭靶)		
8	筑	制作书刀	攻金之工	金属工艺
9	冶	制作箭镞、戈、戟		
10	凫	铸造钟(乐器)		
11	栗	铸造量器		
12	段	制作金属农具		
13	桃	铸造剑		
14	函	制作护身皮甲	皮之工	皮革工艺
15	鲍	鞣制皮革		
16	韗	制作鼓		
17	韦	制作祭服蔽膝之衣		
18	裘	制作皮衣		
19	画	绘或绣制五彩文饰	设色之工	画绘、染织工艺
20	缋	绘或绣制五彩文饰		
21	钟	染织羽毛		
22	筐	染制布帛		
23	㡓	练丝、练帛		
24	玉	琢磨礼用玉器	刮摩之工	玉石、骨工艺
25	柳	制作梳篦		
26	雕	制作骨质用器		
27	矢	制作箭		
28	磬	制作石质打击乐器		
29	陶	制作甂、甑、鬲等饮食用陶器	埴之工	制陶工艺
30	旊	制作簋、豆盛食物用陶器		

注:韗;㡓;资料来源:根据《周礼·考工记》并参照戴吾三编著《考工记图说》第24页图表改制(山东画报出版社2003年出版)

附表8：《考工记》之外的《周礼》工官职业名称表

名称	职员	职责	出处
膳夫	上士2人、中士4人、下士8人、府2人、史4人、胥12人、徒120人。	掌理周王室所食用的饭食酒肉菜肴。	天官冢宰第一
庖人	中士4人、下士8人、府2人、史4人、贾8人、胥4人、徒40人	掌管供献六畜、六兽、六禽等肉食品。	天官冢宰第一
内饔	中士4人、下士8人、府2人、史4人、胥10人、徒100人。	掌王室肴馔的割切烹煎调味等事务。	天官冢宰第一
外饔	中士4人、下士8人、府2人、史4人、胥10人、徒100人	掌管宗庙祭祀祭物的烹割、供应。	天官冢宰第一
亨人	下士4人、府1人、史4人、胥5人、徒人	掌理食物的烹煮等事情。	天官冢宰第一
腊人	下士4人、府2人、史2人、徒20人	掌理加工干肉的事务。	天官冢宰第一
医师	上士2人、下士4人、府2人、史2人、徒20人	掌医务并采制药材，以供医疗之用。	天官冢宰第一
食医	中士2人	调配六食、六饮、八珍的滋味和凉热。	天官冢宰第一
疾医	中士2人	治疗疾病并调配所服药剂。	天官冢宰第一
疡医	下士8人	治疗痈疽疔疮并调配所服药剂。	天官冢宰第一
兽医	下士4人	医疗兽类的疾病并调配所服药剂。	天官冢宰第一
酒人	奄10人、女酒30人、奚300人	职务是掌管酒的酿造。	天官冢宰第一
浆人	奄5人、女浆15人、奚150人	培植供给周王室的各种饮料。	天官冢宰第一
凌人	下士2人、府2人、史2人、胥8人、徒80人	掌制冰、藏冰和出冰事务。	天官冢宰第一
笾人	奄1人、女笾10人、奚20人	配制并掌理祭祀荐献笾之食物。	天官冢宰第一
醢人	奄1人、女醢20人、奚40人	配制并掌理祭祀荐献豆之食物。	天官冢宰第一
醯人	奄2人、女醯20人、奚40人	掌管以醋调制五齑、七菹等食物。	天官冢宰第一
盐人	奄2人、女盐20人、奚40人	掌理盐业加工与供给。	天官冢宰第一
幂人	奄1人、女幂10人、奚20人	掌管巾幂加工与供给。	天官冢宰第一
宫人	中士4人、下士8人、府2人、史4人、胥8人、徒80人	掌理宫中建造渗井和路厕。	天官冢宰第一
幕人	下士1人、府2人、史2人、徒40人	掌理帷、幕、幄加工与供给。	天官冢宰第一
掌次	下士4人、府4人、史2人、徒80人	掌管周王外出居息供给。	天官冢宰第一
玉府	上士2人、中士4人、府2人、史2人、工8人、贾8人、胥4人、徒48人	掌理周王的金玉玩好兵械车辆旗帜及一切珍贵的物品。	天官冢宰第一
司裘	中士2人、下士4人、府2人、史4人、徒40人	掌管制作大裘，供给周王祭天时用。	天官冢宰第一
掌皮	下士4人、府2人、史4人、徒40人	掌理周王室的皮革加工业。	天官冢宰第一

典枲	下士2人、府2人、史2人、贾4人、徒12人	掌理麻布、细麻布等织制、加工等。	天官冢宰第一
缝人	奄2人、女御8人、女工80人、奚30人	掌理王室裁缝的事务。	天官冢宰第一
染人	下士2人、府2人、史2人、徒20人	掌理煮染丝帛。	天官冢宰第一
追师	下士2人、府1人、史2人、工2人、徒4人	掌理后宫服饰等。	天官冢宰第一
屦人	下士2人、府2人、史1人、工8人、徒4人	掌理周王室鞋业。	天官冢宰第一
羊人	下士2人、史1人、贾2人、徒8人	掌管祭祀用羊及祭祀品配制。	夏官司马第四

附表9:徐寿工业科技译作、著作统计表

分类	书名	原著出版年	原著者	译者	出版年
化学	化学鉴原	1858	韦尔司	傅兰雅、徐寿	1872
	化学鉴原续编	1867	蒲陆山	傅兰雅、徐寿	1875
	化学鉴原补编		蒲陆山	傅兰雅、徐寿	1879
	化学考质	1875	富里西尼乌斯	傅兰雅、徐寿译,徐华封校对	1883
	化学求数	1876	富里西尼乌斯	傅兰雅、徐寿译,徐华封校对	1883
	物体遇热改易记	1873	乔治·富思特	傅兰雅、徐寿	1899
	制铁剂法		徐寿	徐寿	1880
	化学材料中西名录表	1885		傅兰雅、徐寿	1885
医药	法律医学	1881	该·惠连	傅兰雅、徐寿、赵元益	1884
	医学论		徐雪村		1876
	西药大成药品中西名目	1887		傅兰雅、徐寿、赵元益译,徐华封校对	1887
工艺	汽机发轫		美以纳、白劳那	伟列亚力、徐寿	1871
	汽机中西名目表			傅兰雅、徐寿、徐建寅	1890
	西艺知新初集		诸格德	傅兰雅、徐寿	1878
	西艺知新续集	1876	诸格德	傅兰雅、徐寿译,徐华封、林乐知、郑昌棪、徐华封校	
	宝藏兴焉	1868—1870	克鲁克斯	傅兰雅、徐寿	1884
	试验铁煤法			傅兰雅、徐寿	
	答读者问二则		徐寿		1876
	汽机命名说		徐寿		1876
	火药机器		Haye	傅兰雅、徐寿	1881
	历览英国铁厂记略	1873	傅兰雅	徐寿	1874年 1881年
	燥湿表说			傅兰雅、徐寿	
	造指南针法			傅兰雅、徐寿	1884
	造汽机等手工			傅兰雅、徐寿	
	造橡皮法			傅兰雅、徐寿	
	电气镀金法		徐寿		1877
兵学	营城揭要		储意比	傅兰雅、徐寿	1876
	营城要说			傅兰雅、徐寿	
	测地绘图	1862	富路玛	傅兰雅、徐寿	1876

数理	格致须知		傅兰雅	徐寿、徐建寅	1882—1898
	椭圆新术		李善兰	徐寿校对	1867
	声学在中国		徐寿	傅兰雅	
	代数学		傅兰雅	徐寿、徐建寅	1881
其他	《格致汇编》序		徐寿		1876
	上海格致书院拟设铁嵌玻璃房为博物院		徐寿		1877
	考证律吕说		徐寿		1880
	格致书院章程六条		徐寿		1874

附表 10：徐建寅工业科技译作、著作统计表

分类	书名	原著成书年	著者	译者	出版年
化学	化学分原	1866	蒲陆山、包门	傅兰雅、徐建寅	1871
数理	运规约指	1855	白起德	傅兰雅、徐建寅	1870 年
	器象显真	1855	白力盖	傅兰雅、徐建寅	1871
	声学	1869	田大理	傅兰雅、徐建寅	1874
	级数回求		李善兰	徐建寅校对	1867
	电学	1867	瑙挨德	傅兰雅、徐建寅	1880
工艺	汽机新制	1864	白尔格	傅兰雅、徐建寅	1872
	汽机必以	1865	蒲尔捺	傅兰雅、徐建寅	1872
	艺器记珠	1871	暮司活德	傅兰雅、徐建寅	1884
	欧游杂录		徐建寅		
	造铁全法		非尔奔	傅兰雅、徐建寅	
	论造火砖火泥风管法		徐建寅		1880
	论造玻璃瓶及灯罩		徐建寅		1880
	炼铜铸铜轧铜板铸铜管抽铜管焊铜管各法		徐建寅		1880
	阅克鲁伯厂造炮记		徐建寅		1881
	造石灰法		徐建寅		1881
	阅博物会内纺纱机器记略		徐建寅		1881
	水雷外壳造法		徐建寅		1881
	汽机尺寸		约翰·波恩	傅兰雅、徐建寅	
	造船全法	1865 年	勒色里	傅兰雅、徐建寅	
	摄铁器说	1875 年	亨利	傅兰雅、徐建寅	
	绘图船线		Pook	徐建寅	
	石板印法		Straker	傅兰雅、徐建寅	
	造硫强水法		Various	金楷利、徐建寅	
天文	谈天	1851	侯失勒	伟烈亚力、徐建寅、李善兰	1881

附表11：明清西方传教士在华所著科技书统计表

总号	书名	成书时间	内容体例	作者	国籍	常见版本
1	《万国舆图》	崇祯	世界各国地图	利玛窦	意大利	清光绪十二年石印本
2	《乾坤体义》	崇祯	西方地理知识	利玛窦	意大利	《四库全书》子部
3	《矿冶全书》翻译	崇祯	采矿冶金工序	汤若望	德国	《在华耶稣会士列传及书目》
4	《职方外纪》	明末	西方地理知识	艾儒略	意大利	《四库全书》史部
5	《空际格致》	明末	介绍西方地震知识	高一志	意大利	《四库存目丛书》子部
6	《泰西水法》	明末	西方水利知识	熊三拔	德国	《四库全书》子部
7	《简平仪说》	明末	简平仪用法	熊三拔	德国	《徐光启著译集》
8	《表度说》	明末	文、机械及有关记载研究	熊三拔	德国	《天学初函理论十种》
9	《奇器图说》	明末	西方机械介绍	邓玉函	德国	《四库全书》子部
10	《远镜说》	明末清初	望远镜介绍	汤若望	德国	《艺海珠尘》
11	《中国新地图志》	清初	中国地图绘制	卫匡国	意大利	《在华耶稣会士列传及书目》
12	《果与树》	清初	果树种植	卫匡国	意大利	《在华耶稣会士列传及书目》
13	《中华帝国地图》	清初	中国地图绘制	卜弥格	波兰	《在华耶稣会士列传及书目》
14	《中国植物》	清初	中国植物种类	卜弥格	波兰	《在华耶稣会士列传及书目》
15	《坤舆全图》	康熙	世界地图	南怀仁	比利时	清康熙十三年刻本
16	《坤舆外纪》	康熙	世界地图	南怀仁	比利时	《说铃》
17	《验气说》	康熙	湿度计介绍	南怀仁	比利时	《在华耶稣会士列传及书目》
19	《进呈铸炮术》	康熙	铸炮技术	南怀仁	比利时	《在华耶稣会士列传及书目》
20	《穷理学》	康熙	弹道学知识	南怀仁	比利时	国立北平图书馆1936年摄影本
21	《中国若干城市方位之测验》	康熙	中国若干城市方位测量	洪若翰	法国	《在华耶稣会士列传及书目》
22	《中国大地图》	康熙	中国地图绘制	冯秉正	法国	《在华耶稣会士列传及书目》
23	《陕西里海间地图》	清初	陕西里海间地图	费隐	奥地利	《在华耶稣会士列传及书目》
24	《北京内外城图说》	清初	北京内外城图说	严嘉乐	捷克	《在华耶稣会士列传及书目》
25	《广州城图说》	乾隆	广州城地图	宋君荣	法国	《在华耶稣会士列传及书目》
26	《小金川地图》	乾隆	小金川地图	傅作霖	葡萄牙	《在华耶稣会士列传及书目》
27	《华人制造灯角之异法》	乾隆	中国制造灯角方法	汤执中	法国	《在华耶稣会士列传及书目》
28	《中国漆记》	乾隆	中国油漆工艺	汤执中	法国	《在华耶稣会士列传及书目》
29	《中国烟火制法》	乾隆	中国烟火制法	汤执中	法国	《在华耶稣会士列传及书目》
30	《抽气筒说》	乾隆	抽气筒制法	蒋友仁	法国	《在华耶稣会士列传及书目》
31	《康熙几暇格物编》	乾隆	科技介绍	韩国英	法国	清光绪间石印本
32	《中国陶器》	乾隆	中国陶瓷制作介绍	韩国英	法国	《在华耶稣会士列传及书目》

33	《说琉璃瓦》	乾隆	中国琉璃瓦制作介绍	韩国英	法国	《在华耶稣会士列传及书目》
34	《说玉》	乾隆	中国玉器瓦制作介绍	韩国英	法国	《在华耶稣会士列传及书目》
35	《说蜂蜜与蜜变白色之法》	乾隆	蜂蜜与蜜变白色之法	韩国英	法国	《在华耶稣会士列传及书目》
36	《小蓝之调制》	乾隆	小蓝调制之法	金济时	法国	《在华耶稣会士列传及书目》
37	《法国传教会建筑之气象台之修理与扩充》	乾隆	法国传教会建筑气象台之修理与扩充	金济时	法国	《在华耶稣会士列传及书目》

附表12：《哲匠录》明清营造叠山类传记人物统计表

序号	姓名	年代	职务	籍贯	贡献	资料来源
1	单安仁	明洪武间	工部尚书	濠州	诸所营造	《明史》卷138本传
2	陆贤	明洪武	营缮所丞	无锡	建宫殿	（康熙）《无锡县志·人物志·方技》
3	陆祥	明	工部侍郎	无锡	建宫殿	（康熙）《无锡县志·人物志·方技》
4	柏从桂	明洪武间	营造	宝应	筑塘岸	（康熙）《保应县志·人物志》
5	李新	明太祖时	都金事	濠州	督开脂胭河	《明史》卷132本传
6	高铎	明洪武时	营造	绛州	筑金陵留都城	（乾隆）《直隶绛州志·人物下》
7	严震直	明洪武间	工部尚书	乌程县	修灵渠	《明史》151本传
8	袁义	明	卫指挥使	庐江	筑堰治城郭	《明史》卷134宁正传
9	陈珪	明初	都督金事	泰州	营建北京宫殿	《明史》卷146本传
10	吴中	明初	工部尚书	武城	营造北京宫殿	《明史》卷151本传
11	宋礼	明永乐间	工部尚书	永宁	开会通河，营建北京	《明史》卷153本传
12	陈瑄	明永乐间	总兵官	合肥	筑治捍潮堤	《明史》卷153本传
13	杨青	明永乐间	工部左侍郎	金山卫	制内府新墙壁	（康熙）《松江府志·艺术传》
14	阮安	永乐、景泰	营造，太监	交趾	奉命营建北京城池	《水东日记》卷11
15	蒯祥	明成祖时	工部左侍郎	吴县	建北京宫殿	（康熙）《吴县志·人物志·艺术》
16	朱信	明永乐间	户部郎中	华亭	计用砖不失尽寸	（康熙）《松江府志·艺术传》
17	杨严平	明永乐间	匠人	万载	重建宜春县慈化寺	（同治）《宜春县志·杂类轶事》
18	叶宗人	明永乐间	钱塘知县	华亭	从夏原吉治水	（光绪）《华亭县志·人物志备考》
19	蔡信	明永乐间	工部侍郎	武进	遵信绳墨营建北京	（光绪）《武进县志·人物志·艺术》
20	汪洪	明宪宗时	营造	蒲圻	创修石磬七堰	（乾隆）《蒲圻县志·人物志·忠烈传》
21	柴世需	明	营造	阳谷	督修内苑工程	（康熙）《阳谷县志·人物志》
22	朱成	明宣德间	营造	彭山	建龙门河桥	（嘉庆）《四川通志·舆地志·津梁》
23	朱鉴	明	营造	彭山	复甃桥	
24	朱方正	明嘉靖间	营造	彭山	督工修坊	
25	万恭	明嘉靖间	营造	南昌	与朱衡总理河道	《明史》卷223本传
26	赵全	明嘉靖间	营造	不详	筑"板升"城	《明史》卷327
27	雷礼	明世宗时	工部尚书	丰城	督修北京三殿	明史》卷305李芳传
28	徐杲	明世宗时	工部尚书	不详	料三殿规制	《野获编》卷2列朝类工匠见知
29	许从龙	明	营造	昆山	经画石桥	严嵩《万年桥记》
30	郭文英	明	工部侍郎	韩城	不详	（乾隆）《韩城县志·人物志·方技》
31	周承源	明	营造典史	不详	建万年桥	《万年桥记》
32	张浍	明	营造耆老	不详	建万年桥	《万年桥记》
33	王治隆	明	营造耆老	不详	建万年桥	《万年桥记》
34	张梧	明	营造耆老	不详	建万年桥	《万年桥记》

35	毛凤彩	明隆庆间	营造 西充主簿	南充	筑堤	（嘉庆）《南充县志·艺文志》
36	鹏荣	明万历间	营造	不详	修洪济桥回澜塔	（嘉庆）《四川通志·艺文志》
37	宁廷鸾、鹏恺、翟昇	明万历间	营造	不详	修桥	（嘉庆）《四川通志·艺文志》
38	葛镜	嘉靖、天启间	平越卫指挥	不详	捐资葛镜桥	乾隆《贵州通志·孝义·津梁志》
39	胡瓒	明万历间	江西左参政	桐城	著《泉河史》	《明史》卷223本传
40	冯巧	明万历间	京师工师	不详	董造宫殿	王士祯的《梁九传》
41	朱由校	明熹宗	营造皇帝	不详	制楼阁、宫殿	《明史》卷22熹宗本纪
42	朱家民	明天启年间	营造贵阳守	曲靖	建"铁索桥"	（乾隆）《贵州通志·秩官志·名宦总部》
43	倪元璐	明崇祯间	营造 户部尚书	上虞	筑室	《明史》第265卷·本传
44	赵得秀	明	营造木工	肥乡	造林州南石桥	《康熙畿辅志·人物志·艺学》
45	梁九	明末清初	营造工师	顺天	重建太和殿	王士祯：《梁九传》
46	雷发达	明末清初	营造所长班	居江陵	营建宫殿等	《样式雷考》
47	雷金玉	雍正间	营造所长班	发达子	样式房掌案	《样式雷考》
48	雷声澄	乾隆间	营造	金玉子		《样式雷考》
49	雷家玮	道光间	营造	声澄子	承办营建事业	《样式雷考》
50	雷家玺	道光间	营造	声澄子	承建万寿山等工程	《样式雷考》
51	雷家瑞	道光间	营造	声澄子	南园楠木作	《样式雷考》
52	雷景修	同治间	营造	家玺子	汇集图稿烫样模型	《样式雷考》
53	雷思起	光绪间	营造	景修子	营建定陵	《样式雷考》
54	雷廷昌	光绪间	营造	思起子	参建惠陵等工程	《样式雷考》
55	贾汉复	明末清初	营造	曲沃	补葺汉南栈道	《碑传集》卷62
56	姚之夔	顺治间	营造	宣化	修建州滩河	（乾隆）《宣化府志》卷29
57	高第	顺治间	营造	阜平	开栈道七百里	《畿辅通志》卷237列传45
58	马鸣萧	顺治间	营造 工部主事	青县	监修乾清宫	《大清畿辅书征》卷21 天津府一
59	张自德	顺治间	营造 工部尚书	丰润	《四要六弊》	《碑传集》卷62
60	黄攀龙	康熙间	营造	桂东	修复武昌黄鹤楼	《国朝耆献征初编》卷481 方技一
61	余忱	康熙间	营造	龙游	筑藏书楼、镜园	余绍宋《龙游县志》卷19人物
62	程兆彪	康熙间	营造	休宁	著《治河书》18卷	《国朝耆献类征初编》卷144
63	嵇会筠	康熙雍正	吏部尚书	江宁	著《防河奏议》	《清史稿》列传97
64	张衡	康熙间	工部郎中	景州	督造瀛台及内殿	《大清畿辅先哲传》卷19文学

65	陈仪	康熙雍正	营造	文安	勘定直隶大小河	《清史稿》列传卷78本传
66	俞兆岳	康熙乾隆	吏部左侍郎	海宁	筑苏松海塘	《碑传集》卷29
67	僧祖印	乾隆间	营造	眉州	重修洪塔寺石桥	（清）《四川通志》卷33舆地志"津梁"
68	姚蔚池	乾隆间	营造	苏州	善图样	《扬州画舫录》卷2草河录下
69	史松乔	乾隆间	营造	不详	出样异常	《扬州画舫录》卷二草河录下
70	谷丽成	乾隆间	营造	苏州	内府装修	《扬州画舫录》卷12
71	潘承烈	乾隆间	营造	不详	精宫室装修	《扬州画舫录》卷12
72	文起	乾隆间	营造	江都县	精于工程作法	《扬州画舫录》卷12
73	黄晟	乾隆间	营造	歙县	好构名园	《扬州画舫录》卷12
74	黄履暹	乾隆间	营造	歙县	好构名园	《扬州画舫录》卷12
75	黄履昊、黄履昂	乾隆间	营造	歙县	好构名园	《扬州画舫录》卷12
76	李毓德	乾隆间	营造	不详	督修直隶大慈寺	《乐亭县志·奇观》；张作霖：《大慈寺记》
77	李斗	乾嘉间	营造	仪征	著《扬州画舫录》	《续纂扬州府志》卷13人物志
78	吴学成	乾嘉间	营造	义宁州	凿燕子崖山道	（同治）《南昌府志》卷五十人物志
79	王明颂	乾嘉间	营造	武宁	凿洋坑石栈数里	（光绪）《江西道志》卷140南昌府
80	胡绍箕	道光间	营造	安化	凿鹿角寨鸟道	（光绪）《湖南道志》卷182安化人物
81	袁保龄	光绪间	营造	项城	督筑旅顺港	《一山文存》卷5
82	陈璧	咸丰间	邮传部尚书	闽县	重建正阳门城楼	《清史·本传》
83	杨斯盛	光绪间	营造	川沙	筑洋泾陆家渡	《清史稿》列传285
84	谢甘棠	光绪间	兵部主事	南城县	《万年桥志》8卷	洪汝濂：《重修万年桥序》
85	詹天佑	咸丰间	营造	南海	建京张铁路等	《碑传集补》
86	熊罗宿	光绪间		丰城	《明堂图说》	熊罗宿：《明堂图说》序
87	张宁	明太祖时	营造	苏州	修京城	光绪《苏州府志》卷146杂记三
88	鲍彦敬	明洪武间	营造	钱塘	缮修关琴台、二贤祠	民国《单县志》卷6官绩
89	王顺	明永乐间	营造绘工	保德州	应征绘太庙	《雍正山西通志》卷68人物志"艺术"
90	胡良	明永乐间	营造绘工	保德州	应征绘太庙	《雍正山西通志》卷68人物志"艺术"
91	唐荣	明景泰间	营造知新宁	全州	制城池坛庙	《广西通志》卷257列传2
92	杨麒	明正德间	工部尚书	上饶	尝建卢沟桥	《光绪江西通志》卷158列传25广信府
93	秦梁	明嘉靖间	营造	无锡	筑京师外城	《康熙无锡县志》卷17宦望2明
94	朱宽	明万历间	知西宁	桂林	筑城凿池	《雍正广东通志》卷41名宦

95	谭继统	明万历间	工部主事	建水	督修京城	《临安县志》
96	卢学礼	明万历间	营造	东明	重修阙里孔林庙	明重修《关里林庙碑》
97	王俟吉	明万历间	营造	河州	重修阙里孔林庙	明重修《关里林庙碑》
98	贺盛瑞	明万历间	缮司郎中	获嘉	《辨京察疏》	（明）陈继儒：《凤山贺公传》
99	某甲	清	香山名匠	吴县	造海棠亭	（民国）《吴县志》卷75上·艺术
100	姚承祖	清末民初	营造	吴县	《营造法原》	（刘传福）《补云小筑图跋》
101	米万钟	明中后期	叠山	锦衣籍	尝构漫园	《野获编》卷24
102	高倪	万历间	叠山	不详	制宣武门内桂杏宅	《竹叶亭杂记》卷7
103	林有麟	万历间	叠山	华亭	著《青莲舫琴雅》4卷	《素园石谱自序》
104	计成	明末	叠山	吴江县	著《园冶》三卷	《园冶自序》
105	陆叠山	明	叠山	杭州	堆垛峰峦	《西湖游览志》
106	张涟	清	叠山	华亭	叠石为假山	黄宗羲：《张南垣传》
107	张然	清	叠山	华亭	布置畅春苑	黄宗羲：《张南垣传》
108	叶洮	清	叠山	青浦	营构畅春园	《柴桑京师偶记》、《国朝画识》卷8
109	李渔	清	叠山	寓金陵	著《一家言》	《麟庆鸿雪因缘图记》
110	道济	清	叠山	梧州	筑万石园于扬州	《国朝画徵续录》卷下
111	仇好石	清	叠山	不详	垒性堂宣石山	《扬州画舫录》卷2
112	董道士	清	叠山	淮安	叠九狮山	《扬州画舫录》卷2
113	戈裕良	清	叠山	常州	建朴园、文园等	《履园丛》艺能"堆假山"
114	大汕	清	叠山	不详	叠石为山	《分甘余话》卷下
115	陈英猷	清	叠山	潮阳	著《演周易》	同治《广东通志》卷295列传
116	刘蓉峰	清	叠山	不详	自筑寒碧山庄	《履园丛话》园林
117	周师濂	清嘉道间	叠山	会稽	叠浮石，作小山	《碧梧馆丛话》
118	王松	清	叠山	义宁	叠山	《同治南昌府志》卷53人物方技

附表13：明清宜兴紫砂陶艺名人表

姓名	年代	籍贯	技术贡献
金沙寺僧	明弘治正德年间	宜兴	紫砂壶创始人
供春	明正德嘉靖年间	不详	紫砂名工，制壶
董翰、赵梁、元畅、时朋	明嘉靖至隆庆期间	宜兴	明代紫砂"四大家"
李茂林	明末	宜兴	擅长制作小圆壶，世称"名玩"
时大彬	明万历年间至清顺治五年间	宜兴	选泥及铭刻等造诣高，称"壶艺正宗"
李仲芳	明末	宜兴	以文巧著称
徐友泉	明万历四年至崇祯十六年	宜兴	仿古器
欧正春	明万历至崇祯	宜兴	精花卉果物造型，式度精研
邵文金	明万历四年至清顺治三年	宜兴	制作精巧，饶有时门风格
邵文银	明万历四年至清顺治四年	宜兴	制作精巧
蒋时英	明万历十年至崇祯十四年	宜兴	作品坚致不俗，制天籁阁壶
邵盖	明万历四年至崇祯九年	宜兴	制壶工巧，与大彬同时而自树规模
陈仲美	明万历至清顺治年间	婺源	善于配置壶土和重镂精琢
周后豀	明万历至崇祯年间	宜兴	善制小壶，汉扁、汉方为其代表作
闵鲁生	明万历至清顺治年间	宜兴	后期作品刻意创新
邠二荪	明万历至崇祯年间	宜兴	制壶手段不凡
陈用卿	明万历至清顺治年间	宜兴	制品工整规范，不落俗套
陈光甫	明万历四十四年至顺治六年	宜兴	仿供春、茂林、大彬之传器
沈君用	明万历年间	宜兴	制品多浮雕，玲珑剔透，形象逼真
沈君盛	明天启至崇祯年间	宜兴	品种十分丰富
梁小玉	明万历至崇祯年	宜兴	所创砂壶别出心裁，并自撰诗文
陈正明	明万历至崇祯年	宜兴	制壶精雅不俗，盛名于天启年间
项不损	明崇祯至清康熙年间	嘉兴	壶制朴素雅致，其雕刻有晋唐风格
沈子澈	明崇祯至清康熙年间	宜兴	善制菱花壶
惠孟臣	明末清初	宜兴	精制茗壶，形制浑朴
王友兰	明崇祯至清康熙年间	宜兴	善摹古器仿制诸家而渐入佳境
项圣思	明崇祯至清康熙年间	宜兴	紫砂精品"桃杯"流传后世
陈子畦	明崇祯至清康熙年间	宜兴	仿徐友良壶最佳，工壶杯瓶盒诸物
陈辰	明天启至清康熙年间	宜兴	工书法篆刻力度相宜，以镌刻壶款为业
陈和之	明天启至明崇祯年间	宜兴	善制紫砂花樽、手盘、什锦杯等
陈挺生	明天启至清明祯年间	宜兴	其技艺与徐士衡、陈用卿诸人并列
徐次京	明末清初	宜兴	善仿古器
郑宁候	明末清初	宜兴	善摹古器，砂壶胎薄而坚致，制作精巧
承云从	明天启至清明祯年间	宜兴	善制紫砂大壶，气势非凡，造型别致

周季山	明天启至清明祯年间	宜兴	善制紫砂茶具、雅玩等，式样新颖
欧子明	明嘉靖至万历	宜兴	宜兴烧制均陶较为有名的艺人
爱闲老人	明嘉靖至万历	宜兴	作品有宜均窑笔?
陈远	清康熙至雍正	宜兴	制品新颖,善翻花样,雕镂善长
陈汉文	清雍正至乾隆	宜兴	工茗壶,尤善铺砂
杨季初	清雍正至乾隆	宜兴	善制菱花壶
陈介溪	清康熙至雍正	宜兴	善仿古,尤以盖工为一绝
潘虔雄	清康熙至雍正	宜兴	工制茗壶
许龙久	清乾隆至嘉庆	宜兴	善制花卉像生壶
范章恩	清乾隆至嘉庆	宜兴	所制茗壶风格闲雅,骨肉停匀
惠逸公	清乾隆至嘉庆	宜兴	制壶工巧,书法楷行草齐备
张怀仁	清雍正至乾隆	宜兴	善于壶技篆刻、仿唐怀素笔法
邵玉亭	清雍正至乾隆	宜兴	所制砂壶周身绕彩体现宫廷装饰情趣
王南林	清雍正至乾隆	宜兴	善制彩釉砂壶
杨继元	清雍正至乾隆	宜兴	善制紫砂宫廷御器,以用色见长
杨友兰	清雍正至乾隆	宜兴	善彩绘,壶身山水人物用泥砂嵌贴
邵基祖	清雍正至乾隆	宜兴	以制式精雅、体质坚净著称
邵德馨	清雍正至乾隆	宜兴	善绕彩施釉
金士衡	清雍正至乾隆	宜兴	着重于仿古器及名家作品,造工精巧
华凤翔	清雍正至乾隆	宜兴	善仿古器,不失古朴风味
陈文伯、陈文居	清雍正至乾隆	宜兴	所制紫砂花盆畅销日本
潘大和	清乾隆至嘉庆	宜兴	善制紫砂中壶
汪淮	清乾隆至嘉庆	休宁	所制茗壶极精雅
葛明祥 葛源祥	乾隆元年—嘉庆十六年；乾隆七年—嘉庆二十五年	宜兴	烧制宜钧窑的名艺人,世称"葛窑"
陈鸿寿	清乾隆至嘉庆	宜兴	设计出新壶十八式,世称"曼生壶"
杨彭年	清乾隆至嘉庆	宜兴	善制茗壶,且善配泥色
杨凤年	清嘉庆至道光	宜兴	紫砂工艺史上最早的女名家
杨宝年	清嘉庆至道光	宜兴	善制茗壶,擅长捏制法
郭麟	清乾隆至嘉庆	宜兴	常在茗壶上镌字,制作醇雅
瞿应绍	清嘉庆至道光	上海人	自制砂壶,并在其上铭文、刻画
邓奎	清嘉庆至道光	宜兴	擅正草隶篆,能文,砂壶刻画工整雅致
张香修	清乾隆至嘉庆	宜兴	艺极精雅
邵二泉	清嘉庆至道光	宜兴	工镌壶铭,且善制壶
潘仕成	清嘉庆至道光	番禺	善制茗壶,广东人称之"潘壶"
朱坚	清嘉庆至道光	绍兴	首创砂胎锡壶,著有《壶史》
邵大亨	清道光至咸丰	宜兴	制壶以浑朴取胜,玉色晶光,气韵温雅
周永福	清道光至同治	宜兴	学邵大亨法,善制鹅蛋壶

邵赦大	清道光至同治	宜兴	其壶讲究水流
邵友廷	清道光至同治	宜兴	精工壶艺,所制鹅蛋、掇球等砂壶独绝
蒋德林	清道光至同治	宜兴	善制壶、盆、盘、书案陈设等紫砂壶
何心舟	清道光至同治	宜兴	精练简巧,为陈鸣远后巧手之最
王东石	清道光至同治	宜兴	造壶得古法,刻工精细
乔重禧	清道光至同治	上海	工刻绘,尤以梅花居多
陈绶馥	清乾隆至嘉庆	宜兴	善制紫砂大壶,工刻绘
金士恒	清咸丰至光绪	宜兴	采用白泥制成似壶非壶的"蛹壶"
冯彩霞	清咸丰至光绪	宜兴	陶艺女作家,善制功夫壶
杜世伯	清咸丰至光绪	嘉定	工书法刻绘,所制茗壶周身刻字款
陈伯亭	清咸丰至光绪	宜兴	书画铭刻,无不追踪前人
俞国良	清咸丰至光绪	无锡	擅长"传炉壶",仿佛天成
程寿珍	清咸丰八年至民国十八年	宜兴	擅长掇球、仿古壶等
陈光明	清咸丰八年至民国十九年	金陵	善作紫砂玩具和果品等
黄玉麟	道光二十二年至民国三年	宜兴	善制掇球、供春、鱼化龙诸式
范鼎甫	清咸丰至民国	宜兴	善制壶,还擅长雕塑
范大生	同治十三年至民国三十一年	宜兴	善制合菱、鱼化龙等壶
汪宝洲	清光绪至民国	宜兴	所制鱼化龙壶颇负盛誉
李宝珍	清光绪至民国	宜兴	所制传炉甚精巧
邵全章	清宣统至民国	宜兴	所作之壶,兼有工艺、实用之特点
魏忠明	清同治八年至民国十一年	宜兴	大胆创新,花盆式样新颖美观
严光芝	清同治七年至民国十六年	宜兴	善做陶瓮,时人称他"瓮状元"
鲍明亮	同治十一年至民国二十五年	宜兴	善人物,物陶塑尤善配各色釉彩
戈根大	清光绪六年至民国二十六年	宜兴	能生产整套琉璃瓦构件的第一人
葛保林	清光绪十五年至民国十九年	宜兴	堆花技艺高人一等,风格独特。
彭再生	同治五年至民工国三十六年	宜兴	善制花盆、花瓶,又擅长鼓凳等器
秦根林、秦根三	清光绪至民国	宜兴	制作堆花大缸
鲍六芝	清光绪至民国	宜兴	堆花名手

资料来源:《江苏省制志·陶瓷工业志》第149—157页宜兴"陶艺名人选录"

附录四 参考文献

甲、综合历史文献

1. 阮元校刻：《十三经注疏》，中华书局，1980 年。
2. 李格非：《洛阳名园记》，文学古籍刊行社，1955 年。
3. 孟元老：《东京梦华录》，中华书局，1959 年。
4. 张瀚：《松窗梦语》，上海古籍出版社，1986 年。
5. 沈德符：《万历野获编》，中华书局，1959 年。
6. 李乐：《见闻杂记》，上海古籍出版社，1986 年。
7. 凌蒙初：《二刻拍案惊奇》，上海古籍出版社，1983 年。
8. 张岱：《陶庵梦忆》，上海古籍出版社，1982 年。
9. 冯梦龙：《醒世恒言》，《冯梦龙全集》，上海古籍出版社，1993 年。
10. 黄宗羲：《南雷文定后集》，台湾世界书局，1964 年。
11. 黄宗羲：《宋元学案》，中华书局《四部备要》。
12. 黄宗羲：《明儒学案》，中华书局，1985 年。
13. 徐一夔：《始丰稿》，《四库全书》第 1229 册。
14. 申时行重修：《大明会典》，江苏广陵古籍刻印社，1989 年影印本。
15. 利玛窦与金尼阁：《利玛窦中国札记》，中华书局，1983 年。
16. 台湾"中研院"历史语言研究所校印：《明实录》，上海书店，1966 年。
17. 陈子龙等辑：《明经世文编》，《四库禁毁书丛刊·集部》第 29 册，北京出版社，2000 年。
18. 顾炎武著、黄汝成集释：《日知录集释》，中州古籍出版社，1990 年。
19. 顾炎武：《天下郡国利病书》，上海科技文献出版社，2002 年。
20. 顾炎武：《顾亭林诗文集》，华忱之点校，中华书局，1983 年。
21. 全祖望：《宋元学案序录》，中华书局《四部备要》。
22. 江藩：《汉学师承记》，台湾商务印书馆，1963 年。
23. 胡鸣盛：《安定先生年谱》，收入孟宪承等编《中国古代教育史资料》，人民教育出版社，1985 年。
24. 茅元仪：《武备志》，光绪活字排印本。
25. 王夫之：《噩梦》，中华书局，1956 年。
26. 张应文：《清秘藏》，《四库全书》第 872 册子部 178 杂家类。
27. 张廷玉等：《明史》，中华书局标点本，1974 年。

28. 赵尔巽等:《清史稿》,中华书局标点本,1977年。

29. 清代官修:《大清历朝实录》,中华书局,1985年。

30. 段玉裁:《说文解字注》,上海古籍出版社,1981年。

31. 任继愈主编:《中国科学技术典籍通汇》(共11卷),河南教育出版社,1993—1996年。

32. 颜元:《习斋四存编·存学编》,古籍出版社,1957年。

33. 孙珮:《苏州织造局志》,江苏人民出版社,1959。

34. (清)《大清会典事例》,台湾文海出版社有限公司,1991年。

35. 徐珂:《清稗类钞》,中华书局标点本,1986年。

36. 贺长龄、魏源等:《清皇朝经世文编》,见沈云龙的《近代中国史料丛刊》,台湾文海出版社有限公司,1972年。

37. 盛康:《清皇朝经世文续编》,见沈云龙的《近代中国史料丛刊》。

38. 陈忠倚:《清皇朝经世文三编》,见沈云龙的《近代中国史料丛刊》。

39. 麦仲华:《皇朝经世文新编》,见沈云龙的《近代中国史料丛刊》。

40. 顾禄:《桐桥倚棹录》,上海古籍出版社,1980年。

41. 魏允恭:《江南制造局记》,《续修四库全书》第89册。

42. 严复:《严复集》,中华书局,1986年。

43. 蒋廷锡等辑:《古今图书集成》,中华书局,1934年。

44. 永瑢、纪昀等:《四库全书》,台湾商务印书馆,1986年。

45. 顾廷龙、傅璇琮等:《续修四库全书》,上海古籍出版社,2003年。

46. 四库全书存目丛书编纂委员会编:《四库全书存目丛书》,齐鲁书社,1997年。

47. 王钟翰等:《四库禁毁书丛刊》,齐鲁书社,1997年。

48. 傅振伦、罗琳等:《四库未收书辑刊》,北京出版社,1998年。

50. 王云五主编:《丛书集成》初编,商务印书馆,1937年。

51.《丛书集成》续编,上海书店,1994年。

52.《丛书集成》新编,新文丰出版公司,1984年。

乙、方志文献

1. 范成大:《吴郡志》,江苏古籍出版社,1986年。

2. 周淙:《乾道临安志》,《四库全书》第484册。

3. 潜说友:《咸淳临安志》,《四库全书》第490册。

4. 正德:《松江府志》,上海书店1990年。

5. 曹一麟修、徐师曾纂:《吴江县志》,嘉靖四十年刻本。

6. 冯汝弼修:《常熟县志》,嘉靖十八年刻本。

7. (嘉靖)《吴邑志》,上海书店,1990年。

8. (隆庆)《长洲县志》,上海书店,1990年。

9. (万历)《嘉定县志》,上海人民出版社,1992年。
10. 韩浚修、张应武纂:《嘉定县志》,万历三十三年刻本。
11. (万历)《无锡县志》,上海古籍出版社,1987年。
12. (万历)《常熟私志》,南京大学图书馆藏万历四十六年传抄本。
13. 周永年:《邓尉圣恩寺志》,《四库存目丛书》史部,第244册。
14. (乾隆)《震泽县志》,《中国地方志集成》,江苏古籍出版社,1991年。
15. 许治修:《元和县志》,乾隆二十六年刻本,藏苏州图书馆。
16. 顾震涛:《吴门表隐》,江苏古籍出版社,1992年。
17. 莫祥芝修:(同治)《上元江宁两县志》,同治十三年刻本。
18. (光绪)《嘉定县志》,上海人民出版社,1992年。
19. (光绪)《无锡金匮县志》,江苏古籍出版社,2003年。
20. (光绪)《光福志》,《中国地方志集成》,江苏古籍出版社,1992年。
21. 金福曾、熊其英纂修:《吴江县续志》,光绪三年修,光绪五年刻本。
22. (光绪)《续纂江宁府志》,光绪六年刻本。
23. 陈作霖:《凤麓小志》《金陵琐志》五种,光绪年间江宁陈氏可园刊本。
24. 程国栋等纂修:《嘉定县志》,上海人民出版社,1992年。
25. 周凤池纂,蔡自申续纂:《金泽小志》,《中国地方志集成》。
26. 许光埔等纂:《枫泾小志》,光绪十七年铅印本。
27. 钱肇然编:《续外冈志》,上海市文物保管委员会编:《上海史料丛编》,1961年版。
28. 何文源:《塘湾乡九十一图里志》,上海文物保管委员会编:《上海史料丛编》,1962年。
29. 陈方瀛等修,俞樾等纂:《川沙厅志》,光绪五年(1879年)刻本。
30. 朱栋:《朱泾志》,民国五年排印本按太仓县东。
31. 程思乐:《太湖志略》,嘉庆葑山堂刻本。
32. 齐召南:《太湖源流编》,小方壶斋舆地丛钞第4帙。
33. 范君博:《吴下名园记》,吴中文献小丛书。
34. 范广宪:《吴门园墅文献》,苏州大学、苏州园林管理处藏抄本。
35. 童寯:《江南园林志》,中国工业出版社,1963年。
36. 范烟桥:《拙政园志》(初稿),苏州博物馆藏稿本。
37. 陆世榕:《拙政园志初稿》,苏州博物馆藏稿本。
38. 释道恂:《狮子林记胜集》,咸丰年间刊本。
39. 宋荦:《沧浪小志》,光绪十年江苏书局刊本1册。
40. 蒋瀚澄:《沧浪亭新志》,民国十七年铅印本。
41. 梁章钜:《沧浪亭志》,苏州博物馆藏抄本二册。
42. 史伟堂:《半园志》,光绪刊本。
43. 王沄:《云间第宅志》,《艺海珠尘土集》(已集)。

44. 周密:《吴兴园林记》,《说郛》(宛委山堂本)。
45. 祁彪佳:《越中园亭记》,越中文献辑存书。
46. 张金圻:《如是观园记》,《申报馆丛书续集》。
47. 高士奇:《江村草堂纪》,《昭代丛书乙集》第6帙。
48. 余怀:《三吴游览志》,《笔记小说大观第八辑》。
49. 张樨山等:《苏州风物志》,江苏人民出版社,1982年。
50. (民国)《双林镇志》,《中国地方志集成》。
51. 曹允源、李根源纂:(民国)《吴县志》,民国二十二年苏州文新公司铅印本。
52. 徐傅编,王镛等补辑:《光福志》,光绪二十三年刻本。
53. 张郁文撰:《光福志补编》,民国十八年苏城毛上珍铅印本。
54. 沈藻采纂:《元和唯亭志》,民国二十三年元和沈三益堂铅印本。
55. 柳商贤纂:《横金志》,光绪年间稿本,苏州博物馆藏抄本。
56. 徐翯先纂:《香山小志》抄本,民国六年纂。
57. 张郁文纂:《木渎小志》,民国十年苏州华兴印书局铅印本。
58. 张郁文纂:《光福诸山记》,民国十年苏州华兴印书局铅印本。
59. 朱福熙等修:《黄埭志》,民国十一年苏州振新书社石印本。
60. 李楚石纂:《齐溪小志》,民国十五年铅印本。
61. 陶惟坻修:《相城小志》,民国十九年上艺斋活字本。
62. 杨振藻修,钱陆璨等纂:(康熙)《常熟县志》,康熙二十六年刻本。
63. 劳必达修,陈祖范纂:(雍正)《昭文县志》,雍正九年刻本。
64. 王锦等修,言如泗纂:(乾隆)《常昭合志稿》,光绪二十四年活字本。
65. 郑钟祥、张瀛修,庞鸿文纂:《常昭合志稿》,光绪三十年活字本。
66. 张镜寰修,丁祖荫纂:(民国)《重修常昭合志稿》,民国三十八年铅印本。
67. 倪赐纂:《唐市志》,抄本,乾隆五十七年原纂,道光十四年补纂。
68. 吴存礼编:《梅里志》,道光四年华干重刊本。
69. 吴熙编:《泰伯梅里志》,光绪二十三年刊本。
70. 顾崇善纂:《里睦小志》,抄本。
71. 程心龛撰:《里睦小志艺文志补》,稿本。
72. 马幼良纂:《四镇略迹》,抄本。
73. 金鹤翀纂:《金村小志》,民国十二年铅印本。
74. 王鸿飞纂:《双滨小志》,民国未完稿本。
75. 陆晶生纂:《新庄乡小志》,抄本。
76. 张鸿等修,王学浩等纂:(道光)《昆新两县志》,道光六年刻本。
77. 金吴澜等修、汪堃等纂:(光绪)《昆新两县续修合志》,光绪六年刻本。
78. 连德英修,李传元纂:(民国)《昆新两县续补合志》,民国十二年刊本。

79. 陈至言纂:《信义志》,光绪三十三年吉晖堂抄本。
80. 赵诒翼纂:《信义志稿》,抄本。
81. 朱保熙纂修:《巴溪志》,民国二十四年铅印本。
82. 曹暲纂:《庵村志》,民国二十三年《甲戌丛编》铅印。
83. 孙阳顾纂:《儒林六都志》,民国抄本。
84. 钱墀纂:《黄溪志》,道光十一年亦陶轩刊本。
85. 阎登云纂:《同里志》,民国六年叶嘉棣铅印本
86. 徐达源纂:《黎里志》,嘉庆十年吴江徐氏孚远堂刊本。
87. 蔡丙圻纂:《黎里续志》,光绪二十五年褉湖书院刊本。
88. 里人公辑:《平望镇志》,清西郊草堂抄本。
89. 翁广平纂:《平望志》,光绪十三年吴江黄兆柽重刊本。
90. 黄兆柽撰:《平望续志》,光绪十三年吴江黄氏刊本。
91. 纪磊、沉眉寿纂:《震泽镇志》,道光二十四年刊本。
92. 钱肃乐修,张采纂:(崇祯)《太仓州志》,康熙十七年刻本。
93. 王昶等修:(嘉庆)《直隶太仓州志》,嘉庆七年本影印,《续修四库全书》。
94. 钱宝琛纂:《咸丰壬癸志稿》,光绪六年刻本。
95. 闻在上修,许自俊等纂:(康熙)《嘉定县志》,康熙二十三年刻本。
96. 程其珏修,杨震福等纂:(光绪)《嘉定县志》,光绪八年刻本
97. 范钟湘、陈传德修等纂:(民国)《嘉定县续志》,民国十九年铅印本。
98. 殷聘尹纂:《外冈志》,《上海史料丛编》,1961年。
99. 钱肇然纂:《续外冈志》,《上海史料丛编》,1961年。
100. 陆立纂:《真如里志》,上海图书馆藏传抄乾隆三十七年刊本。
101. 洪复章纂:《真如里志》,上海图书馆藏稿本。
102. 王德干纂:《真如志》,民国二十四年稿本。
103. 陈树德、孙岱纂:《安亭志》,民国二十六年安定吴廷铨铅印本。
104. 陈曦编:《娄塘志》,民国二十五年娄塘梅祖德铅印。
105. 张承先纂:《南翔镇志》,民国十三年南翔凤矞楼铅印本。
106. 张充高等修,钱淦、袁希涛纂:(民国)《宝山县续志》,民国十年铅本。
107. 吴葭修,王钟琦纂:(民国)《宝山县再续志》,民国二十年铅印本。
108. 赵恩矩修,王钟琦纂《民国宝山县新志备稿》,民国二十年铅本。
109. 陈云煌纂:《淞南续志》,嘉庆十八年活字印本。
110. 陈至言纂:《二续淞南志》,嘉庆十八年活字印本。
111. 林达泉等修,李联琇等纂:(光绪)《崇明县志》,光绪七年刻本。
112. 曹炳麟纂修:(民国)《崇明县志》,《中国方志丛书》。
113. 顾清修:(正德)《松江府志》,《天一阁藏明代方志选刊续编》。

114. 宋如林等修,孙衍星等纂:(嘉庆)《松江府志》嘉庆二十三年刻本。
115. 博润等修,姚光发等纂:《松江府续志》,光绪十年刊本。
116. 冯鼎高修,王显曾等纂:(乾隆)《华亭县志》,乾隆五十六年刻本
117. 穆相遥修,杨逸等纂:(民国)《上海市自治志三编》,民国四年铅印本。
118. 殷聘尹纂:《外冈志》,《上海史料丛编》。
119. 钱肇然纂:《续外冈志》,《上海史料丛编》。
120. 王钟纂:《法华乡志》,民国十一年铅印本。
121. 何文源、王霭如纂:《塘湾乡九十一图里志》,道光十四年抄本。
122. 周凤池纂:《金泽小志》道光十一年刊本。
123. 周郁滨纂:《珠里小志》,嘉庆二十年刊本。
124. 金惟鳌纂:《盘龙镇志》,上海图书馆藏传抄本。
125. 叶世熊纂:《蒸里志略》,宣统二年青浦叶桐叔铅印本。、
126. 高如圭原纂:《章练小志》民国七年铅印本。
127. 张奎修,夏有文纂:(正德)《金山卫志》,民国二十一年传真社影印明正德本。
128. 常琬修,焦以敬纂:(乾隆)《金山县志》,乾隆十八年刻本。
129. 浙江通志馆修,余绍宋等纂:(民国)《重修浙江通志初稿》,1983年浙江图书馆重誊本。
130. 郑沄修,邵晋涵纂:(乾隆)《杭州府志》,《续四库》本。
131. 龚嘉俊修,李榕纂:(民国)《杭州府志》,民国十一年铅印本。
132. 范祖述:《杭俗遗风》,《中国方志丛书》。
133. 魏原修,裘琏等纂:(康熙)《钱塘县志》,康熙五十七年刻本。
134. 沉朝宣纂修:(嘉靖)《仁和县志》,《四库全书存目丛书》本。
135. 赵安世修,顾豹文等纂:(康熙)《仁和县志》,康熙二十六年刻本。
136. 何琪纂:《唐栖志略稿》,光绪七年钱塘丁氏嘉惠堂刊本。
137. 舒景蘅等纂:(民国)《怀宁县志》,《中国地方志集成·安徽府县志辑》第11册,江苏古籍出版社,1998年。
138. 胡必选修:(康熙)《桐城县志》,《中国地方志集成·安徽府县志辑》第12册,江苏古籍出版社,1998年。
139. 高寿恒修:(民国)《太湖县志》,《中国地方志集成·安徽府县志辑》第16册,江苏古籍出版社,1998年。
140. 李载阳修:(民国)《潜山县志》,《中国地方志集成·安徽府县志辑》第17册,江苏古籍出版社,1998年。
141. 李蔚,王峻修:(同治)《六安州志》(一)《中国地方志集成·安徽府县志辑》第18册,江苏古籍出版社,1998年。
142. 李蔚,王峻修:(同治)《六安州志》(二)《中国地方志集成·安徽府县志辑》第19册,江苏古籍出版社,1998年。

143. 朱肇基修:(乾隆)《太平府志》《中国地方志集成·安徽府县志辑》第 19 册,江苏古籍出版社,1998 年。

144. 梁启让修:(民国)《芜湖县志》《中国地方志集成·安徽府县志辑》第 38 册,江苏古籍出版社,1998 年。

145. 李青岩:(乾隆)《铜陵县志》《中国地方志集成·安徽府县志辑》第 41 册,江苏古籍出版社,1998 年。

146. 洪亮吉、凌廷堪撰:(嘉庆)《宁国府志》(一)《中国地方志集成·安徽府县志辑》第 41 册,江苏古籍出版社,1998 年。

147. 洪亮吉、凌廷堪:(嘉庆)《宁国府志》(二)《中国地方志集成·安徽府县志辑》第 41 册,江苏古籍出版社,1998 年。

148. 李应泰、章绶:(光绪)《宣城县志》《中国地方志集成·安徽府县志辑》第 45 册,江苏古籍出版社,1998 年。

149. 李德淦、周鹤立修:(嘉庆)《泾县志》《中国地方志集成·安徽府县志辑》第 46 册,江苏古籍出版社,1998 年。

150. 马步蟾纂修:(道光)《徽州府志》(一)《中国地方志集成·安徽府县志辑》第 48 册,江苏古籍出版社,1998 年。

151. 马步蟾纂修:(道光)《徽州府志》(二)《中国地方志集成·安徽府县志辑》第 49 册,江苏古籍出版社,1998 年。

152. 马步蟾纂修:(道光)《徽州府志》(三)《中国地方志集成·安徽府县志辑》第 50 册,江苏古籍出版社,1998 年。

153. 石国柱等修:(民国)《歙县志》《中国地方志集成·安徽府县志辑》第 51 册,江苏古籍出版社,1998 年。

154. 谢永泰修,程鸿诏等纂:(同治)《黟县三志》《中国地方志集成·安徽府县志辑》第 57 册,江苏古籍出版社,1998 年。

155. 陈汝霖:(嘉庆)《太平县志》《中国地方志集成·安徽府县志辑》第 62 册,江苏古籍出版社,1998 年。

156. 杨树达:《濮院琐记》,《中国地方志集成·乡镇志专辑》。

157. 梁绍年:《粤海关志》,成文出版社,1968 年。

158. 张智主编:《中国风土志丛刊》,广陵书社,2003 年。

159. 丁蜀镇志编纂委员会编:《丁蜀镇志》,中国书籍出版社,1992 年。

160. 江苏省博物馆编:《江苏省明清以来碑刻资料选辑》,三联书店,1959 年。

161. 江苏省地方志编纂委员会:《江苏省志·轻工业志》,江苏科学技术出版社,1996 年。

162. 江苏省地方志编纂委员会编:《江苏省志·陶瓷工业志》,江苏人民出版社,1994 年。

163. 江苏省地方志编纂委员会编:《江苏省志·文化艺术志》,江苏古籍出版社,2003 年。

164. 江苏省地方志编纂委员会编:《江苏宜兴县志》,上海人民出版社,1990 年。

165. 苏州市地方志编纂委员会编:《苏州市志》,江苏人民出版社,1996年。

丙、传统工业科技文献

1. (唐)柳宗元:《梓人传》,《柳河东集》,商务印书馆,1924年。

2. (宋)李诫著,邹其昌点校:《营造法式》,人民出版社,2006年。

3. (明)何士晋:《工部厂库须知》,《续修四库全书》第878册。

4. (明)午荣著,李峰整理:《工师雕斫正式鲁班木经匠家镜》,海南出版社,2003年。

5. (清初)李渔:《一家言·居室器玩部》,《李渔全集》点校本,浙江古籍出版社,1991年。

6. (清)允礼:《工程作法则例》,《续修四库全书》第879册。

7. (清)史贻直:《钦定工部则例》,《故宫珍本丛刊》第295册,海南出版社,2003年。

8. (清)史贻直:《钦定工部续增则例》,《故宫珍本丛刊》第295册。

9. (清)《内廷工程做法》,《故宫珍本丛刊》第339册。

10. (清)李斗:《工段营造录》,陈文和校注:《扬州画舫录》卷17,广陵书社,2010年。

11. (清)《工部简明做法则例》,《故宫珍本丛刊》第340册。

12. (清)曹振镛:《钦定工部则例》,《故宫珍本丛刊》第298册。

13. (清)《钦定总管内务府现行则例》,《故宫珍本丛刊》第45册。

14. (清)文煜:《钦定工部则例》,蝠池书院出版有限公司,2004年。

15. (清)《地宫作法》,《四库未收书辑刊》。

16. 姚承祖著,张志刚增编,刘敦桢校:《营造法原》,中国建筑工业出版社,1989年。

17. (唐)杨救贫著,杨一靖编校:《青囊奥语》,大众文艺出版社,2009年。

18. (唐)杨救贫著,杨一靖编校:《天玉经》内传三卷外一卷,大众文艺出版社,2009年。

19. (宋)司马头陀:《地理铁案》进源书局,1996年。

20. (宋)张子微著,李非注:《地理玉髓经》,《续修四库全书》中州古籍出版社,1996年。

21. (明)周景一著,李祥注译:《山洋指迷》,大众文艺出版社,2009年。

22. (明)徐善继著,李祥注译:《人子须知》,大众文艺出版社,2009年。

23. (明)徐之镆著,李非校释:《天机会元》,中州古籍出版社,1996年。

24. (明)江之栋著,李峰整理:《阴阳五要奇书》,海南出版社,2006年。

25. (明)徐之镆著,武陵出版社点校:《精校罗经顶门针》,武陵出版社,1994年。

26. (明)缪希雍:《葬经翼一卷难解二十四篇》,《学津讨原》第四集。

27. (明)黄复初:《龙部》,《地理真诀卷二》卷二。

28. (明)黄复初:《穴部》,《地理真诀卷二》卷二。

29. (明)黄复初:《作用部》,《地理真诀》卷二。

30. (明)黄复初:《警世要言》,《地理真诀》卷二。

31. (明)黄复初:《理气部》,《地理真诀》卷二。

32. (明)黄复初:《水部》,《地理真诀》卷二。

33. (明)黄复初:《砂部》,《地理真诀》卷二。

34. (明)李国木:《搜玄旷览》,《地理大全》一集。

35. (明)李国木:《素隐玄宗》,《地理大全》二集。

36. (明)黄复初:《阳基部》,《地理真诀》卷二。

37. (明末清初)僧如玉著,李非校释:《直指原真》,中州古籍出版社,1996年。

38. (明末清初)蒋平阶著,李非白话讲解:《相地指迷》,中国广播电视出版社,2010年。

39. (清)吴元音:《葬经笺注》,《借月山房汇钞》第十二集。

40. (清)袁守定著,李非白话注译:《地理啖蔗录》,华龄出版社,2007年。

41. (清)赵廷栋著,陈明、李非白话释意:《地理五诀》,大众文艺出版社,2009年。

42. (清)佚名著,陈明白话注译:《协纪辨方》,中国文联出版社,2007年。

43. (清)沈重华:《选择通德类情》,清乾隆三十六年。

44. (清)李奉来著,台湾武陵出版有限公司点校:《崇正辟谬·永吉通书》校正标点珍本,台湾武陵出版有限公司,1996年。

45. (清)尹有本著,罗超白话释义:《绘图地理四秘全书》,中州古籍出版社,1998年。

46. (清)张觉正著,陈明、李祥注译:《阳宅爱众篇》,中国广播电视出版社,2009年。

47. (清)吴鼒著:《阳宅撮要》,中华书局,1991年。

48. (清)沈竹礽著,陈明注译:《沈氏玄空学》,大众文艺出版社,2009年。

49. (清)箬冠道人著,陈明、李非注译:《八宅明镜》,大众文艺出版社,2009年。

50. (清)戴鸿撰:《翻卦挨星图诀考著》,中华书局,1991年。

51. (宋)车垓著:《内外服制通释》,《四库全书》经部礼类二。

52. (元)薛景石著,朱启钤校:《梓人遗制》,中国营造学社,1933年。

53. (明)刘基著:《多能鄙事》,《续修四库全书》子部杂家类。

54. (明)朱术垫:《汝水巾谱》,《四库全书》子部谱录类。

55. (明)顾孟容:《冠谱》,《四库全书》子部谱录类。

56. (明)王象晋:《木棉谱》,《元明事类钞》卷24。

57. (清)朱子建:《服制图考》,《四库全书》经部礼类。

58. (清)余怀:《妇人鞋袜考》,《香艳丛书》。

59. (清)杨屾:《豳风广义》,《关中丛书》。

60. (清)孙琳:《纺织图说》,原本藏北京图书馆。

61. (清)褚华:《木棉谱》,《丛书集成初编》。

62. (清)范铜:《布经》,《四库未收书辑刊》。

63. (清)方观承:《御题棉花图册》,乾隆刻本。

64. (清)叶瀚:《织绣史札记》,《晚学庐丛稿》。

65. (清)丁佩:《丁佩绣谱》,《拜梅山房几上书》。

66. (清)卫杰:《蚕桑萃编·缲水丝图说》,光绪二十六年浙江书局刻本。

67.（清）袁俊德：《蚕政萃编》，《富强斋丛书续全集》。

68.（清）袁俊德：《缫政萃编》，《富强斋丛书续全集》。

69.（清）袁俊德：《纺政萃编》，《富强斋丛书续全集》。

70.（清）袁俊德：《织政萃编》，《富强斋丛书续全集》。

71.（清）袁俊德：《染政萃编》，《富强斋丛书续全集》。

72.（清）农工商部《棉业图说》，《续修四库全书》。

73.（清末民初）沈寿：《雪宦绣谱》，《喜咏轩丛书甲编》。

74.（清）汪裕芳：《布经要览》，《四库未收书辑刊》。

75. 徐蔚南：《顾绣考》，中华书局1936年版。

76. 朱启钤：《丝绣笔记》，《丝绣丛刊》。

77. 朱启钤：《清内府藏刻丝书画录》，《丝绣丛刊》。

78. 朱启钤：《女红传征略》，《丝绣丛刊》。

79. 朱启钤：《存素堂丝绣录》，《丝绣丛刊》。

80.（唐）李筌编撰，刘乐贤整理：《神机制敌太白阴经·战具》，山东画报出版社，2004年。

81.（宋）曾公亮编撰，刘乐贤整理：《武经总要·器图》，海南国际新闻出版中心，1995年。

82.（宋）华岳编撰，刘乐贤整理：《翠微先生北征录》，海南国际新闻出版中心，1995年。

83.（南宋）陈规等编撰，刘乐贤整理：《守城录》，山东画报出版社，2004年。

84.（明）焦玉：《火龙经全集》，清咸丰七年南阳石室重刻本。

85.（明）焦玉：《火龙神器阵法》，清道光二十年陔华吟馆翁心存钞本。

86.（明）唐顺之编撰，郭小武等整理：《武编·前集》，海南国际新闻出版中心，1995年。

87.（明）戚继光编撰，曹文明等校释：《纪效新书》，中华书局，2001年。

88.（明）郑若曾编撰，李致忠点校：《筹海图编》，中华书局，2007年。

89.（明）郑若曾：《江南经略》，《四库全书》子部兵家类。

90.（明）赵士桢编撰，蔡克骄点校：《神器谱或问》，上海社会科学院出版社，2006年。

91.（明）赵士桢撰，蔡克骄点校：《备边屯田车铳议》，上海社会科学院出版社，2006年。

92.（明）赵士桢撰，蔡克骄点校：《备边屯田车铳图》，上海社会科学院出版社，2006年。

93.（明）赵士桢编撰，蔡克骄点校：《车铳图》，上海社会科学院出版社，2006年。

94.（明）赵士桢编撰，蔡克骄点校：《神器谱》，上海社会科学院出版社，2006年。

95.（明）王鸣鹤：《登坛必究》，《续修四库全书》子部兵家类。

96.（明）何汝宾：《兵录》，《四库禁毁书丛刊》子部兵家类。

97.（明）王鸣鹤：《火攻答》，《兵鉴全集》。

98.（明）戚继光：《增订武备新书》，明万历刊本。

99.（明）顾斌：《火器图》，《四库全书》子部十兵家类。

100.（明）茅元仪：《武备志·军资乘》，《续修四库全书》子部兵家类。

101.（明）喻龙德：《喻子秘书兵衡》，《四库禁毁书丛刊》子部兵家类。

102. （明）徐光启著，王重民辑校：《守城制器疏稿》，《徐光启集》。
103. （明）徐光启：《兵机要诀》，苏州大学图书馆藏。
104. （明）胡宗宪：《火器图说》，《武备全书》。
105. （明）胡宗宪：《秘刻武略神机火药》，明天启元年茅氏刻印本。
106. （明）孙元化：《西法神机》，清光绪二十八年刊本。
107. （明）汤若望口述，焦勖整理：《火攻挈要》，《续修四库全书》子部兵家类。
108. （明）张燧：《经世挈要》，明崇祯六年傅昌辰刻本。
109. （明）宋祖舜：《挈要登坛必究兵录大成》，明崇祯八年刊本。
110. （明）钱栴：《城守筹略》，明崇祯十七年钱默当刊本。
111. （明）吴惟顺、吴鸣球：《兵镜》，《四库禁毁书丛刊》子部兵家类。
112. （明）施永图：《武备三大秘书》，《四库禁毁书丛刊》子部兵家类。
113. （明）张皇威：《新编张靖峰家藏火攻急务韬略世法》，《武书大全新编韬略世法》。
114. （明）傅廷囍：《军器图说》，《骊珠武经大全》。
115. （明）胡心廷：《秘刻武略神机火药妙卷》，《胡氏三书合刻》。
116. （明）程子颐：《武备要略》，《四库禁毁丛刊》子部。
117. （清）佚名：《洴澼百金方》，咸丰五年恬爱吾庐珍刊本。
118. （清）汪绂编撰，叶世琦等译：《戊笈谈兵》，湖北美术出版社，1993年。
119. （清）阿桂：《钦定工部军需则例》，《续修四库全书》史部政书类。
120. （清）董诰：《钦定兵部军器则例》，《续修四库全书》史部政书类。
121. （清）刘权之：《钦定工部军器则例》，《续修四库全书》史部政书类。
122. （清）汪仲洋：《铸炮说》，收入魏源编撰、王继平等整理的《海国图志》，山东画报出版社，2004年。
123. （清）丁守存：《西洋自来火铳制法》，收入《海国图志》。
124. （清）龚振麟：《铁模图说》，收入《海国图志》。
125. （清）林福祥：《平海心筹》，广州古籍书店，1960年。
126. （清）潘仕成：《攻船水雷图说》，道光二十三年海山仙馆初刊本。
127. （清）朱璐：《防守集成》，《四库未收书辑刊》。
128. （清）黄达权：《火器略说》，清光绪十年敦怀书屋刊本。
129. （清）李蕊编撰，王治来等点校：《兵镜类编》，岳麓书社，2007年。
130. （清）丁乃文：《炮法图解》，清光绪五年金陵算学局刻本。
131. （清）吴大澂：《枪法准绳》，清光绪九年江西书局刊本。
132. （清）李善兰：《火器真诀释例》，清光绪十年湖北抚署刊本。
133. （清）佚名：《连珠炮操法》，光绪十一年天津机器局活字印本。
134. （清）佚名：《海战用炮说》，光绪十一年天津机器局活字印本。
135. （清）佚名：《鱼雷图解秘本》，光绪十一年天津机器局铅印本。

136. (清)佚名:《克虏伯电光瞄准器具图说》,光绪十六年天津水师学堂刊本。

137. (清)黎进贤:《鱼雷图说》,清光绪十六年天津机器局石印本。

138. (清)关钟崎《子药图说》,清光绪十七年天津石印本。

139. (清)佚名:《克虏伯四磅后膛炮操法》,清光绪二十年宁绍台署刊本。

140. (清)赵镜波:《炮学六种》,光绪三十二年北洋陆军编译局石印本。

141. (清)张秉枢:《火炮量算通法》,清光绪间陕西味经书院刊本。

142. (清)黄方庆:《火器新术》,清光绪间黄岩喻氏刻本。

143. (清)宜今室主人《火器要言》,清光绪间刊本。

144. (清)陈寿彭:《火器考》,清光绪间求是报馆刊本。

145. (清)佚名:《改造兵器制造学》,清宣统二年军官学堂石印本。

146. (宋)周去非编撰,杨武泉校注:《岭外代答》,中华书局,1999年。

147. (明)陆容:《寂园杂记》,《寂园丛书》。

148. (明)邓玉函口述,王徵译《远西奇器图说》,《丛书集成初编》。

149. (清)徐朝俊:《自鸣钟表图说》,《高厚蒙求》。

150. (清)刘岳云:《矿政辑略》,光绪二十九年石印本。

151. (清)郑珍:《凫氏为钟图说》,《续修四库全书》。

152. 陈矩:《凫氏为钟图说补义》,《灵风草堂丛书》。

153. (唐)陆羽编撰,沈冬梅校注:《茶经》,宇河文化出版有限公司,2009年。

154. (宋)窦苹:《酒谱》,《说郛》宛山堂本。

155. (宋)范成大:《桂海酒志》,《唐宋丛书》。

156. (宋)苏轼:《酒经》,《说郛》宛山堂本。

157. (宋)朱肱编撰,李斌整理:《北山酒经》,山东画报出版社,2004年。

158. (宋)田锡:《曲本草》,《说郛》宛委山堂本。

159. (宋)李保:《续北山酒经》,《说郛》宛山堂本。

160. (宋)宋伯仁:《酒小史》,《说郛》宛山堂本。

161. (宋)林洪:《新丰酒法》,《说郛》宛山堂本。

162. (宋)张能臣:《酒名记》,《说郛》,宛山堂本。

163. (宋)何剡:《酒尔雅》,《说郛》,宛山堂本。

164. (宋)司膳内人:《玉食批》,《说郛》,宛委山堂本。

165. (宋)王灼:《糖霜谱》,《四库全书》。

166. (宋)王灼:《颐堂先生糖霜谱》,《美术丛书》三集第五辑。

167. (宋)周绛:《补茶经》,《茶学大典》,汉密堂辑校本。

168. (宋)蔡襄:《茶录》,《茶书全集》第二册。

169. (宋)沈括:《本朝茶法》,《五朝小说本》第76册。

170. (宋)唐庚:《斗茶记》,《说郛》,宛山堂本。

171. 元)韦孟:《酒乘》,《说郛》,宛山堂本。
172. 元)朱德润:《轧赖机酒赋》,《说郛》,宛山堂本。
173. 元)周权:《葡萄酒》,《说郛》宛山堂本。
174. (明)丘浚:《盐法考略》,《学海类编》。
175. (明)高濂:《酝造品》,《居家必备》。
176. (明)袁宏道编撰,薛友编注:《觞政》,崇文书局,2004年。
177. (明)无怀山人:《酒史》,《宝颜堂秘笈》。
178. (明)徐炬:《酒谱》,《山居杂志》。
179. (明)李樱:《盐政全书》,1983年故宫图书馆静电复印本。
180. (明)朱权撰,叶羽晴川整理:《茶谱》,《中华茶书选辑》,中国轻工业出版社,2005年。
181. (明)钱椿年:《制茶新谱》,清光绪乙亥年上海书局石印1册。
182. (明)赵之履《茶谱续编》,《茶书全集》。
183. (明)顾元庆:《茶谱》,《古今图书集成》。
184. (明)吴旦:《茶经外集》,嘉靖壬寅刊《茶经》进附刻诗集。
185. (明)胡文焕:《茶集》,《格致丛书》。
186. (明)张源:《茶录》,《茶书全集》乙本。
187. (明)程国宾:《茶录》,《茶书全集》。
188. (明)高濂:《酝造品》,《居家必备·饮馔》。
189. (明)高濂:《法制品》,《居家必备·饮馔》。
190. (明)高濂:《甜食品》,《居家必备·饮馔》。
191. (明)高濂:《粉面品》,《居家必备·饮馔》。
192. (明)熊明遇:《罗岕茶记》,《古今图书集成》。
193. (明)罗廪:《茶解》,《古今图书集成》。
194. (明)冯时可:《茶录》,《说郛续》。
195. (明)夏树芳:《茶董》,《四库全书》子部谱录类存目。
196. (明)陈继儒:《茶董补》,《丛书集成初编》应用科学类。
197. (明)喻政:《茶集》,《茶书全集》乙本(万历四十一年序刊本)卷末。
198. (明)喻政:《茶书全集》,《茶书全集》。
199. (明)高元:《茶乘》,《中国茶叶历史资料选辑》。
200. (明)闻龙:《茶笺》,《说郛续》。
201. (明)周高起:《洞山岕茶系》,《檀几丛书》(二集卷47)。
202. (明)冯可宾:《岕茶笺》,《广百川学海》丛书。
203. (明)茅一相:《茶具图赞》,《丛书集成初编》应用科学类。
204. (明)王毗翁:《六茶纪事》,《四库全书》子部杂家类。
205. (明)张丑:《茶经》,民国三十六年神州国光社版。

206. (清)陈鉴:《虎丘茶经注补》,《檀几丛书》第五帙。
207. (清)卜万祺:《松寮茗政》,《中国茶叶历史资料选辑》。
208. (清)余怀:《茶苑》,《中国茶叶历史资料选辑》。
209. (清)朱硕儒:《茶谱》,《中国茶叶历史资料选辑》。
210. (清)冒襄:《岕茶汇钞》,《昭代丛书》。
211. (清)陆廷灿:《续茶经》,《四库全书》子部谱录类。
212. (清)汪继壕:《北苑贡茶录注》,《中国茶叶历史资料选辑》。
213. (清)顾蔼:《湘皋茶说》,《中国茶叶历史资料选辑》。
214. (清)胡秉枢:《茶务佥载》,《中国历代茶书汇编校注本》。
215. (清)程雨亭:《整饬皖茶文牍》,江南总农会:《农学丛书》石刻本。
216. (清)康特璋:《红茶制法说略》,《中国历代茶书汇编校注本》。
217. (清)震钧:《茶说》,《中国历代茶书汇编校注本》。
218. (清)郑世璜:《印锡种茶制茶考察报告》,《中国历代茶书汇编校注本》。
219. (清)袁枚编撰,陈克明译注:《随园食单》,《养生四书》崇文书局,2010年。
220. (清)铁保:《两淮盐法志》,同治九年扬州书局重刊本。
221. (清)周庆云《盐法通志》,文明书局,1914年铅印本。
222. (清)佚名:《两淮卤务考略》,《四库未收书辑刊》第一辑。
223. (清)郎廷极:《胜饮编》,《笔记小说大观》第五辑。
224. 周清:《绍兴酒酿造法之研究》,新学会社,1928年。
225. (宋)单锷:《吴中水利书》,《四库全书》史部·地理类。
226. (宋)魏岘:《四明它山水利备览》,《四库全书》史部·地理类。
227. (元)王喜:《治河图略》,《四库全书》史部·地理类。
228. (明)姚文灏:《浙西水利书》,《四库全书》史部·地理类。
229. (明)商大节:《河南管河道事宜》,《续修四库全书》史部地理类。
230. (明)郑若曾著,李致忠点校:《筹海图编》,中华书局,2007年。
231. (明)归有光:《三吴水利录》,《四库全书》史部地理类。
232. (明)曹胤儒:《河渠考略》,《续修四库全书》史部地理类。
233. (明)万恭著,朱更翎整理:《治水筌蹄》,中国水利电力出版社,1985年。
234. (明)熊三拔、徐光启等:《泰西水法》,《四库全书》子部农家类。
235. (明)陈瑚:《筑围说》,《棣香斋丛书》。
236. (明)朱国盛:《南河全考》,《续修四库全书》史部地理类
237. (明)张国维:《吴中水利书》,《四库全书》史部地理类
238. (清)程鸣九:《三江闸务全书》,《续修四库全书》史部地理类
239. (清)邵远平:《河工见闻录》,《续修四库全书》史部地理类》。
240. (清)傅泽洪:《行水金鉴》,《四库全书》史部地理类。

241. （清）李昞：《木龙书》,《故宫珍本丛刊》。
242. （清）翟均廉：《海塘录》,《四库全书》史部地理类。
243. （清）宋楚望：《太镇海塘纪略》,《续修四库全书》史部地理类。
244. （清）苏尔德：《三江水利纪略》,《续修四库全书》史部地理类。
245. （清）高晋：《海塘说》,《小方壶斋舆地丛钞》。
246. （清）沈梦兰：《五省沟洫图说》,《沈氏丛书》。
247. （清）康基田：《河渠纪闻》,中国水利珍本丛书。
248. （清）杨镕《海塘揽要》,嘉庆年刊本。
249. （清）佚名：《浙江海塘事宜册》,南京图书馆手抄本。
250. （清）钱文瀚：《捍海塘志》,《续修四库全书》史部地理类。
251. （清）汪仲洋：《海盐兴办塘工成案》,清华大学藏道光四年刻本。
252. （清）黎世序、潘锡恩：《续行水金鉴》,《四库未收书辑刊》第7辑。
253. （清）严烺：《东西两防海塘图及有关资料》,道光十五年刊本。
254. （清）陈銮：《重浚江南水利全书》,《四库未收书辑刊》第7辑。
255. （清）严烺：《甲午海塘图记》,南京图书馆藏道光二十四年刊本。
256. （清）琅玕：《海塘新志》,《续修四库全书》史部地理类。
257. （清）富呢扬阿：《续海塘新志》,《续修四库全书》史部地理类。
258. （清）强望泰：《重新都江堰工程纪略》,《续修四库全书》史部地理类。
259. （清）栗毓美：《砖工记》,《续修四库全书》史部地理类。
260. （清）俞正燮：《高家堰记》,扬州丛刻本。
261. （清）麟庆：《河工器具图说》,《四库未收书辑刊》第10辑。
262. （清）陈仲良：《沟洫水利辑说》,《续修四库全书》史部地理类。
263. （清）李世禄：《修防锁志》,《水利珍本丛书》。
264. （清）苏凤文：《螺机车图说》,《续修四库全书》史部地理类。
265. （清）冯道立：《淮扬水利图说》,《续修四库全书》史部地理类。
266. （清）李庆云：《江苏海塘新志》,北京图书馆藏有光绪十六年刻本。
267. （清）李辅耀：《海宁石塘图说》,《续修四库全书》史部地理类。
268. （清）官编：《续浚南湖图志》,《续修四库全书》史部地理类。
269. （清）孙峻：《筑圩图式》,北京图书馆清刻本。
270. （清）佚名：《修筑宝山海塘全案》,《续修四库全书》史部地理类。
271. （清）王纯：《横桥堰水利纪事》,《花近楼丛书》。
272. （清）金友理：《太湖备考》,《四库全书》史部·地理类,江苏古籍出版社,1998年。
273. （明）曹昭：《格古要论·古窑器论》,《四库全书》。
274. （明）王宗沐：《江西大志·陶书》,收入熊寥、熊微主编的《中国陶瓷古籍集成》,上海文化出版社,2006年。

275.（明）周高起：《阳羡茗壶系》，收入熊寥、熊微主编《中国陶瓷古籍集成》，上海文化出版社，2006年。

276.（明）田艺衡：《舜为陶器》，《留青日札》卷六。

277.（清）唐英：《陶冶图说》，收入熊寥、熊微主编《中国陶瓷古籍集成》，上海文化出版社，2006年。

278.（清）梁同书：《古窑器考》，《古铜瓷器考》神州国光社本。

279.（清）朱琰：《陶说》，《万有文库》本。

280.（清）吴骞：《阳羡名陶录》，上海古籍出版社，1996年版。

281.（清）佚名：《南窑笔记》，收入熊寥、熊微主编《中国陶瓷古籍集成》，上海文化出版社，2006年。

282.（清）佚名：《饶州府志·陶厂》，江苏古籍出版社，1996年。

283.（清）：《江西通志·御器厂》，收入熊寥、熊微主编《中国陶瓷古籍集成》，上海文化出版社，2006年。

284.（清）奥玄宝：《茗壶图录》，收入熊寥、熊微主编《中国陶瓷古籍集成》，上海文化出版社，2006年。

285.（清）龚鉽：《景德镇陶歌》，收入熊寥、熊微主编《中国陶瓷古籍集成》，上海文化出版社，2006年。

546.（清）程哲：《窑器说》，收入熊寥、熊微主编《中国陶瓷古籍集成》，上海文化出版社，2006年。

286.（清）吴允嘉：《浮梁陶政志》，收入熊寥、熊微主编《中国陶瓷古籍集成》，上海文化出版社，2006年。

287.（清）陈浏：《陶雅》，《寂园丛书》。

288.（清）陈浏：《杯史》，《寂园丛书》。

289.（北魏）贾思勰：《齐民要术》，中国农业出版社，1998年。

290.（宋）苏易简：《文房四谱》，收入林渊、王铁柱注《历代文房四宝谱选择》，中国青年出版社，1998年。

291.（明）王宗沐：《江西大志·楮书》，见《中国地方志集成》。

292.（明）周嘉胄：《装潢志》，《丛书集成初编》。

293.（明）屠隆：《笺谱铭》，《说郛》。

294.（明）项元汴：《纸录》，《丛书集成初编》。

295.（明）屠隆：《纸墨笔砚笺》，《美术丛书》第二集第九辑。

296.（明）项元汴：《砚录》，《丛书集成初编》。

297.（明）高濂：《砚谱》，《重订欣赏编》。

298.（明）高兆：《端溪砚石考》，《美术丛书初集》第7辑。

299.（明）沈继孙：《墨法集要》，《四库全书》。

300. (明)麻三衡:《墨志》,《丛书集成初编》。

301. (清)赵吉士:《徽州府志·物产志·宣纸》,《中国地方志集成》。

302. (清)周二学:《赏延素心录》,《美术丛书》初集第九辑。

303. (清)金简:《武英殿聚珍版程序》,《励志斋丛书》。

304. (清)张燕昌:《金粟笺谱》,《丛书集成初编》。

305. (清)黄兴三:《造纸说》,骨董琐记》。

306. (清)包世臣:《艺舟双楫·记两笔工语》,《艺林名著丛刊》,中国书店。

307. (清)内务府:《内务府墨作则例》,《涉园墨萃》。

308. (清)袁树:《端溪砚谱记》,《昭代丛书》。

309. (清)金农:《冬心斋砚铭》,《花近楼丛书》。

310. (宋)范成大:《太湖石志》,《说郛》。

311. (明)黄省曾:《艺菊》,《广百川学海》。

312. (明)文徵明:《吴下名园记》,《丛书集成初编》。

313. (明)王世懋:《学圃杂疏》,《丛书集成初编》应用科学类。

314. (明)张应文:《罗钟斋兰谱》,《美术丛书》四集。

315. (明)高濂:《艺花谱》,《广百川学海》。

316. (明)周履靖:《菊谱》,《丛书集成初编》应用科学类。

317. (明)高濂:《兰谱》,《广百川学海》。

318. (明)文震亨著,赵菁编:《长物志》,金城出版社,2010年。

319. (明)巢鸣盛:《老圃良言》,《丛书集成初编》应用科学类。

320. (明末清初)黄周星:《将就园记》,《丛书集成初编》。

321. (明末清初)冯京第:《兰史》,《四明丛书》第二集。

322. (明末清初)诸九鼎:《石谱》,《丛书集成初编》。

323. (清)朱显祖:《琼花志》,《昭代丛书》。

324. (清)李斗:《扬州画舫录》,中华书局,2007年。

325. (清)谢堃:《花木小志》,《春草堂集》。

326. (清)马汶:《绉云石图记》,《丛书集成初编》。

327. (清)唐翰题:《唯自勉斋长物志》,《丛书集成续编》。

328. (清)杨鹿鸣:《艺兰琐言》,《兰言四种》。

329. (明)席书:《漕船志·船式》,《淮安文献丛刻》。

330. (明)杨宏、谢纯:《漕运通志·漕船表》,《淮安文献丛刻》。

331. (明)沈启:《南船纪》,见《续修四库全书》第878册。

332. (明)南京兵部车驾司《船政》,见《续修四库全书》第878册。

333. (明)李昭祥:《龙江船厂志》,见《续修四库全书》第878册。

334. (明)俞大猷:《洗海近事》,见《正气堂集》,盋山精舍影印本。

335. （明）章潢：《图书编·古今漕船总论》,《四库全书》第 972 册。
336. （明）汪宗伊：《漕船经制疏》,《古今图书集成·经济汇编·食货典》。
337. （明）萧崇业：《使琉球录·造舟》,《台湾文献丛刊》。
338. （明）夏子阳：《使琉球录·造舟》,《台湾文献丛刊》。
339. （明）倪涷：《船政新书》,见《续修四库全书》第 878 册。
340. （明）王在晋：《通漕类编》,《四库全书存目丛书》。
341. （清）许梦闳：《北新关志·船谱》,国家图书馆藏雍正九年刻本。
342. （清）黄叔璥：《台海使槎录·赤嵌笔谈·海船》,台北大通书局,1984 年。
343. （清）惠麓酒民：《洴澼百金方·舟制》,见《续修四库全书》第 967 册。
344. （清）钱坫：《车制考》,《续修四库全书》。
345. （清）阮元：《考工记车制图解》,《续修四库全书》。
346. （清）张象津：《考工释车》,《白云山房集》。
347. （清）林君陞：《舟师绳墨》,见《续修四库全书》第 967 册。
348. （清）黄宗汉：《浙江海运全案初编》,同治六年刻本。
349. （清）贺长龄：《江苏海运全案》,道光六年刻本。
350. （清）谢鸣篁：《川船记》,道光十年长洲顾氏刊《赐砚堂丛书新编》丁集。
351. （先秦）《考工记》,《十三经注疏》。
352. （西晋）张华：《博物志》,《说郛》。
353. （唐）陆龟蒙：《耒耜经》,《百川学海》。
354. （宋）苏轼：《格物粗谈》,《丛书集成初编》。
355. （宋）洪刍：《香谱》,《四库全书》子部谱录类。
356. （宋）黄伯思：《燕几图》,《说郛》。
357. （宋）叶廷珪：《名香谱》,《说郛》。
358. （宋）范成大：《桂海器志》,《唐宋丛书》。
359. （宋）范成大：《桂海香志》,《唐宋丛书》。
360. （宋）林希逸：《鬳斋考工记解》,《四库全书》。
361. （明）王佐：《新增格古要论》,《丛书集成初编》。
362. （明）游潜：《博物志补》,《梦蕉三种》。
363. （明）周臣：《厚生训纂》,《格致丛书》。
364. （明）吴从先：《香本纪》,《香艳丛书》。
365. （明）高濂：《遵生八笺》,《四库全书》。
366. （明）黄成著,王世襄注《髹饰录》,中国人民大学出版社,2002 年。
367. （明）周履靖：《群物奇制》,《丛书集成初编》。
368. （明）屠隆：《香笺》,《美术丛书》二集第九辑。
369. （明）项元汴：《香录》,《丛书集成初编》。

370.（明）章潢：《图书编》，《四库全书》。

371.（明）屠隆：《游具雅编》，《丛书集成初编》。

372.（明）宋应星著，管巧灵点校：《天工开物》，《国学基本丛书》，岳麓书社，2002年。

373.（明）徐光启著，陈焕良等校注：《农政全书》，《国学基本丛书》，岳麓书社，2002年。

374.（明）方以智：《物理小识》，《四库全书·子部杂家类》。

375.（明末清初）万泰：《黄熟香考》，《檀几丛书》。

376.（清）沈自南：《艺林汇考》，《四库全书》子部·杂家类三。

377.（清）孙廷铨：《琉璃志》，《昭代丛书》。

378.（清）李渔：《一家言·居室器玩部》，《中国古代闲情丛书》。

379.（清）应撝谦：《古乐书》，《四库全书》经部乐类。

380.（清）清工部：《乘舆仪仗做法》，《故宫珍本丛刊》。

381.（清）程瑶田：《考工创物小记》，《皇清经解》。

382.（清）汪绂：《物诠》，《汪双池先生丛书·浙刻双池先生遗书十二种》。

383.（清）张燕昌：《羽扇谱》，《昭代丛书》。

384.（清）戴震：《考工记图》，《皇清经解》。

385.（清）钱泳：《履园丛话》，《中国古代记小品丛书》。

386.（清）郑复光：《镜镜詅痴》，《丛书集成初编》。

387.（清）王宗涑：《考工记辨》，《皇清经解续编》。

388.（清）顾禄：《桐桥倚棹录》，收入清代欧阳兆熊、金安清著，谢兴尧点校的《清代史料笔记丛刊》，中华书局，1997年。

389.（清）钱芸吉：《秋芬室七巧八分图》，商务印书馆，1918年。

390.（清）王廷鼎：《杖扇新录》，《美术丛书》。

391.（清）佚名：《匡几图》，《存素堂校写几谱》三种。

392.叶瀚：《角工雕刻札记》，《晚学庐丛稿》。

丁、当代论著

（一）国内著作（含港、澳、台地区）

1. 邹逸麟：《椿庐史地论稿》，天津古籍出版社，2005年。

2. 邹逸麟主编：《中国历史人文地理》，科学出版社2001年。

3. 戴逸：《简明清史》，人民出版社出版，1980年、1984年。

4. 李文海：《世纪之交的晚清社会》，中国人民大学出版社，1995年。

5. 傅衣凌：《明代江南市民经济试探》，上海人民出版社，1963年。

6. 朱诚如总编：《清史图典》，紫禁城出版社，2003年。

7. 朱诚如总编：《清朝通史》，紫禁城出版社，2003年。

8. 朱诚如：《管窥集》，紫禁城出版社，2002年。

9. 洪焕椿、罗仑主编:《长江三角洲地社会经济研究》,南京大学出版社,1989年。

10. 陈诗启:《明代官手工业的研究》,湖北人民出版社,1958年。

11. 王日根:《乡土之链——明清会馆与社会变迁》,天津人民出版社,1996年。

12. 戴鞍钢:《港口·城市·腹地——上海与长江流域经济关系的历史考察(1843—1943)》复旦大学出版社,1998年。

13. 戴吾三编著:《考工记图说》,山东画报出版社,2003年。

14. 段本洛:《苏州手工业史》,江苏古籍出版社,1986年。

15. 范金民、金文:《江南丝织史研究》,农业出版社,1995年。

16. 范金民:《明清江南商业的发展》,南京大学出版社,1998年。

17. 范金民等:《苏州地区社会经济史》(明清卷),南京大学出版社,1993年。

18. 曹焕旭:《中国古代的工匠》,商务印书馆国际有限公司,1996年。

19. 樊树志:《明清江南市镇探微》,复旦大学出版社,1990年。

20. 冯天瑜、黄笫义:《晚清经世实学》,上海社会科学出版社,2002年。

21. 冯贤亮:《明清江南地区的环境变动与社会控制》,上海人民出版社,2002年。

22. 葛剑雄主编:《中国移民史》第三册(吴松弟著)、《中国移民史》第五册(曹树基著),福建人民出版社,1997年版。

23. 国家教委职业技术教育研究所编:《职业技术教育原理》,经济科学出版社,1998年。

24. 崔勇:《中国营造学社研究》,东南大学出版社,2004年。

25. 胡金楠:《金山石》,苏州市吴中区吴地历史文化研究会,2003年编印。

26. 黄世瑞:《中国古代科学技术史纲》(农学卷),辽宁教育出版社,1996年。

27. 黄炎培:《黄炎培教育文集》,文史出版社,1995年。

28. 贾华强、翁天真、王长城、方栓喜:《经济可持续发展的人力资源开发》,中国环境科学出版社,2002年。

29. 蒋兆成:《明清杭嘉湖社会经济研究》,浙江大学出版社,2002年。

30. 鞠清远:《唐宋官私工业》,新生命书店,1934年。

31. 李伯重:《多视角看江南经济史(1250—1850)》,三联书店,2003年。

32. 李伯重:《发展与制约明清江南生产力研究》,台湾联经出版公司,2002年。

33. 李伯重:《江南的早期工业化(1550—1850)》,社会科学文献出版社,2000年。

34. 李伯重:《理论、方法、发展趋势中国经济史研究新探》,清华大学出版社,2002年。

35. 李伯重、周春生、龙登高主编:《江南的城市工业与地方文化(960—1850)》,清华大学出版社,2004年。

36. 李海清:《中国建筑现代转型》,东南大学出版社,2004年。

37. 李法章:《徐寿传》,民国十年怡怡堂本《梁溪旅稿·近代名人传》。

38. 李国庆:《明代刊工姓名索引》,上海古籍出版社,1998年。

39. 吴建华:《明清江南人口社会史研究》,群言出版社,2005年。

40. 李申：《中国古代哲学和自然科学》，上海人民出版社，2002年。
41. 李晓：《宋代工商业经济与政府干预研究》，中国青年出版社，2000年。
42. 徐维则、顾燮光：《增版东西学书录》，上海，1902年石印本。
43. 刘岱主编：《中国文化新论·科技篇·格物与成器》，三联书店，1992年。
44. 梁方仲：《中国历代人口土地与田赋统计》，上海人民出版社，1980年。
45. 梁思成整理：《清式营造则例》，《中国营造学社会刊》，中国营造学社，1934年。
46. 林刚：《长江三角洲近代大工业与小农经济》，安徽教育出版社，2000年。
47. 林洙：《叩开鲁班的大门——中国营造学社史略》，中国建筑工业出版社，1995年。
48. 王家范：《百年颠沛与千年往复》，上海远东出版社，2001年。
49. 刘国良：《中国工业史》（古代卷），江苏科学技术出版社，1990年。
50. 刘淼：《明代茶业经济研究》，汕头大学出版社，1997年版。
51. 樊炳清编译：《科学丛书》，教育世界出版社出版，1901年。
52. 刘石吉：《明清时代江南市镇研究》，中国社会科学出版社，1987年。
53. 栾成显：《明代黄册研究》，中国社会科学出版社，1998年。
54. 罗荣渠：《现代化新论》，北京大学出版社，1993年。
55. 罗荣渠：《现代化新论续篇》，北京大学出版社，1997年。
56. 罗荣渠：《从西化到现代化》，北京大学出版社，1997年。
57. 马来平：《科技与社会导论》，人民出版社，2001年。
58. 麦群忠、魏以诚编著：《中国古代科技要籍简介》，山西人民出版社，1984年。
59. 方豪：《中国天主教史人物传》（上、下），中华书局影印本，1988年。
60. 潘谷西主编：《中国古代建筑史》，中国建筑工业出版社，2001年。
61. 潘吉星：《明代科学家宋应星》，科学出版社，1981年。
62. 潘吉星译注：《天工开物译注》，上海古籍出版社，1993年。
63. 潘力行编审：《蒯祥与香山帮建筑》，天津科学技术出版社，1993年。
64. 彭南生：《行会制度及其近代命运》，人民出版社，2003年。
65. 彭泽益编：《中国近代手工业史资料》，中华书局，1957年。
66. 裘良儒、蒋遒龙：《浙江丝绸史辑要》，浙江人民出版社，1985年。
67. 全汉升著，陶希圣校：《中国行会制度史》，新生命书局，1934年。
68. 张海鹏、王廷元主编：《徽商研究》，安徽人民出版社，1995年。
69. 朱铭、董占军：《壶中天地——道与园林》，山东美术出版社，1998年。
70. 沈关宝：《一场悄悄的革命——苏南农村工业与社会》，云南人民出版社，1993年。
71. 晁福林：《天玄地黄：中国上古文化溯源》，巴蜀书社，1990年。
72. 熊月之：《西学东渐与晚清社会》，上海人民出版社，1994年。
73. 史俊棠、盛畔松：《紫砂春秋》，文汇出版社，1991年。
74. 孙宏安：《中国古代科学教育史略》，辽宁教育出版社，1996年。

75. 孙毓棠:《中国近代工业史资料》第一辑,科学出版社,1957年。

76. 汤刚、南炳文:《明史》,上海人民出版社,1995年。

77. 唐德刚:《晚清七十年》,岳麓书社,1999年。

78. 童书业:《中国手工业商业发展史》,齐鲁书社,1981年。

79. 汪敬虞编:《中国近代工业史资料》第二辑,科学出版社,1957年。

80. 罗仑主编:《苏州地区社会经济史》(明清卷),南京大学出版社1993年。

81. 罗志田:《权势转移:近代中国的思想,社会与学术》,湖北人民出版社,1999年。

82. 王尔玺:《中国工会史》,中共党史出版社,1992年。

83. 王卫平:《明清时期江南城市史以苏州为中心》,人民出版社,1999年。

84. 王毓瑚:《中国农学书录》,农业出版社,1964年。

85. 魏明孔:《隋唐手工业研究》,甘肃人民出版社,1999年。

86. 魏天安:《宋代行会制度史》,东方出版社,1997年。

87. 吴松弟:《港口—腹地和中国现代化进程》,齐鲁书社,2005年。

88. 吴承明:《中国资本主义与国内市场》,中国社会科学出版社,1985年。

89. 吴承明:《中国的现代化市场与社会》,三联书店,2001年。

90. 吴承明主编:《中国企业史》(近代卷),企业管理出版社,2002年。

91. 葛兆光:《七世纪至十九世纪中国的知识、思想与信仰:中国思想史》,复旦大学出版社,2000年。

92. 吴天然:《中国农村工业化论》,上海人民出版社,1997年。

93. 吴熙敬主编:《中国近现代技术史》,科学出版社,2000年。

94. 吾淳:《古代中国科学范型》,中华书局,2002年。

95. 谢国桢:《江浙访书记》,上海书店出版社,2004年。

96. 徐明珠:《徐氏科技世家》,清华大学出版社,1996年。

97. 徐新吾、黄汉民主编:《上海近代工业史》,上海社科院,1998年。

98. 徐新吾:《江南土布史》,上海人民出版社,1992年。

99. 徐新吾:《近代江南丝织工业史》,上海人民出版社,1991年。

100. 徐新吾:《近代缫丝工业史》,上海人民出版社,1995年。

101. 徐新吾:《鸦片战争前中国棉纺织手工业的商品生产与资本主义萌芽问题》,江苏人民出版社,1981年。

102. 徐云:《二十年代末苏州设市之始末》,苏州市档案局、苏州市地方志编纂委员会编:《苏州文史资料选辑》第6辑。

103. 徐振亚:《徐寿父子著述评述》,《中国近代科学家徐寿父子研究》,清华大学出版社,1996年版。

104. 沈定平:《明清之际中西文化交流史——明代:调适与会通》(增订本),商务印书馆,2007年。

105. 许涤新、吴承明主编：《中国资本主义发展史》第一卷《中国资本主义的萌芽》，人民出版社，2005年。
106. 许涤新、吴承明主编：《中国资本主义发展史》第二卷《旧民主主义革命时期的中国资本主义》，人民出版社，1990年。
107. 严中平：《中国棉纺织史稿》，科学出版社，1955年。
108. 余英时：《士与中国文化》，上海人民出版社，2003年。
109. 余英时：《余英时文集》，广西师范大学出版社，2004年。
110. 余同元：《历史争议人物张献忠》，台湾文津出版社，1994年。
111. 余同元主编：《清朝通史》光绪宣统卷，朱诚如总主编多卷本《清朝通史》第13册，紫禁城出版社，2003年。
112. 余同元：《王朝鼎革与英雄悲歌》，河北大学出版社，1999年。
113. 余同元：《崇祯十七年社会动荡与文化变奏》，台湾老古文化出版社与香港经世书库，2002年同时。
114. 赵农注释：《园冶图说》，山东画报出版社，2003年。
115. 章宏伟：《十六—十九世纪中国出版研究》，上海人民出版社，2011年。
116. 汪旦、张复合：《中国近代建筑史研究讨论会论文集》（第3、4、5届），中国建筑工业出版社，1991年、1993年、1998年。
117. 张培刚：《农业与工业化》上卷，华中工学院出版社，1984年。
118. 张星烺：《欧化东渐史》，商务印书馆，2000年。
119. 张研著：《清代经济简史》，中州古籍出版社，1998年。
120. 张玉法：《中国现代化的动向》，载《现代史论集》，台北联经出版公司，1980年。
121. 汪敬虞：《中国近代经济史1895—1927》全三册，人民出版社，2000年。
122. 王世华：《富甲一方的徽商》，浙江人民出版社，1997年。
123. 郑学檬：《中国古代经济中心南移和唐宋江南经济研究》，岳麓书社，1996年。
124. 郑学檬主编：《中国企业史》（古代卷），企业管理出版社，2002年。
125. 仲伟民：《茶叶与鸦片：十九世纪经济全球化中的中国》，三联书店，2010年。
126. 赵慧峰：《近代转型社会中的集团与人物》，山东大学出版社，2005年。
127. 中国教育与人力资源问题报告课题组：《从人口大国迈向人力资源强国》，高等教育出版社，2003年。
128. 左玉河：《从四部之学到七科之学：学术分科与近代中国知识系统之创建》，上海书店，2004年。
129. 严立贤：《中国与日本的早期工业化与国内市场》，北京大学出版社，1999年。
130. 上海通社：《上海研究资料》，上海中华书局有限公司，1936年。
131. 朱启钤：《朱启钤自撰年谱》，中国文史出版社，1991年。
132. 高翔：《康雍乾三帝统治思想研究》，中国人民大学出版社，1995年。

133. 朱新予:《浙江丝绸史》,浙江人民出版社,1985年。
134. 龚书铎:《近代中国与文化抉择》,北京师范大学出版社,1992年。
135. 胡适:《实验主义》,见《胡适文集》第二册,北京大学出版社,1998年。
136. 周振鹤:《随无涯之旅》,三联书店,1996年。
137. 祝慈寿:《中国古代工业史》,学林出版社出版,1988年。
138. 祝慈寿:《中国近代工业史》,重庆出版社出版,1989年。
139. 祝慈寿:《中国工业劳动史》,上海财经大学出版社,1999年。
140. 祝慈寿:《中国工业技术史》,重庆出版社出版,1995年。
141. 郑肇经:《太湖水利技术史》,农业出版社,1987？年。
142. 陈鼓应、辛冠洁、葛荣晋:《明清实学思潮史》,齐鲁书社,1989年。
143. 陈春生、张文辉、徐荣编著:《中国古建筑文献指南》,科学出版社,2000年。
144. 邹振环:《西方传教士与晚清西史东迁》,上海古籍出版社,2007年。
145. 邹振环:《影响中国近代社会的一百种译作》,中国对外翻译出版公司,1996年。
146. 陈真:《中国近代工业史资料》第三辑,三联书店,1961年。
147. 陈旭麓:《近代中国社会的新陈代谢》,上海人民出版社,1992年。
148. 曹幸穗:《旧中国苏南农家经济研究》,中央编译出版社,1996年。
149. 陈怀荃:《黄牛集》,安徽教育出版社,2000年。
150. 张修桂:《中国历史地貌与古地图研究》,社会科学文献出版社,2006年。
151. 李孝聪:《中国区域历史地理》,北京大学出版社,2004年。
152. 陈梧桐:《中国文化通史·明代卷》,北京师范大学出版社,2009年。
153. 周武:《海外上海学》,上海古籍出版社,2004年。
154. 池子华:《曾国藩传》,安徽人民出版社,1997年。
155. 吴仁安:《明清江南著姓望族史》,上海人民出版社,2010年。
156. 戴念祖主编:《中国科学技术史·物理学卷》,收入卢嘉锡总主编《中国科学技术史》,科学出版社2008年。
157. 金秋鹏主编:《中国科学技术史·图录卷》,收入卢嘉锡总主编《中国科学技术史》,科学出版社2008年。
158. 傅熹年主编:《中国科学技术史·建筑卷》,收入卢嘉锡总主编《中国科学技术史》,科学出版社2008年。
159. 韩汝玢、柯俊主编:《中国科学技术史·矿冶卷》,收入卢嘉锡总主编《中国科学技术史》,科学出版社2008年。
160. 李家治主编:《中国科学技术史·陶瓷卷》,收入卢嘉锡总主编《中国科学技术史》,科学出版社2008年。
161. 赵承泽主编:《中国科学技术史·纺织卷》,收入卢嘉锡总主编《中国科学技术史》,科学出版社2008年。

162. 周魁一主编:《中国科学技术史·水利卷》,收入卢嘉锡总主编《中国科学技术史》,科学出版社2008年。
163. 陆敬严主编:《中国科学技术史·机械卷》,收入卢嘉锡总主编《中国科学技术史》,科学出版社2008年。
164. 董恺忱、范楚玉主编:《中国科学技术史·农学卷》,收入卢嘉锡总主编《中国科学技术史》,科学出版社2008年。
165. 赵匡华主编:《中国科学技术史·化学卷》,收入卢嘉锡总主编《中国科学技术史》,科学出版社2008年。
166. 金秋鹏主编:《中国科学技术史·人物卷》,收入卢嘉锡总主编《中国科学技术史》,科学出版社2008年。
167. 张芳主编:《中国古代灌溉工程技术史》,收入路甬祥总主编《中国古代工程技术史大系》,山西教育出版社,2009年。
168. 卢本珊主编:《中国古代金属矿和煤矿开采工程技术史》,收入路甬祥总主编《中国古代工程技术史大系》,山西教育出版社,2009年。
169. 王菊华主编:《中国古代造纸工程技术史》,收入路甬祥总主编《中国古代工程技术史大系》,山西教育出版社,2009年。
170. 王兆春主编:《中国古代军事工程技术史:宋元明清》,收入路甬祥总主编《中国古代工程技术史大系》,山西教育出版社,2009年。
171. 钟少异主编:《中国古代军事工程技术史:上古至五代》,收入路甬祥总主编《中国古代工程技术史大系》,山西教育出版社,2009年。
172. 河唐坤主编:《中国古代金属冶炼和加工工程技术史》,收入路甬祥总主编《中国古代工程技术史大系》,山西教育出版社,2009年。
173. 李允鉌:《华夏意匠》,中国建筑工业出版社,1958年。
174. 梁思成:《清式营造则例》,中国建筑工业出版社,1981年。
175. 井庆升:《清式大木作操作工艺》,文物出版社,1985年。
176. 冯钟平:《中国园林建筑》,清华大学出版社,1985年。
177. 代钦:《儒家思想与中国传统数学》商务印书馆,2003年。
178. 张培刚英文著作,曾启贤、万典武汉译:《农业与工业化》上卷《农业国工业化问题初探》,《附录一对"工业"概念的探讨》《附录二"农业作为一种'工业'"与农业对等于工业》,华中科技大学出版社,2002年。
179. 刘大可:《中国古建筑瓦石营法》,中国建筑工业出版社,1993年。
180. 王璞子:《工程做法注释》,中国建筑工业出版社,1995年。
181. 李琳琦:《徽商与明清徽州教育》,湖北教育出版社2003年。
182. 马炳坚:《中国古建筑木作营造技术》,科学出版社,1997年。
183. 邹依仁:《旧上海人口变迁的研究》,上海人民出版社,1980年。

184. 梁思成:《中国建筑史》,百花文艺出版社,1998年。
185. 吴文俊:《中国数学史大系》北京师范大学出版社,2000年。
186. 张良皋:《匠学七说》,三联书店,2001年版。
187. 戴家璋主编:《中国造纸技术简史》,中国轻工业出版社,1994年。
188. 李瑞坤等主编:《上海造纸志》,上海社会科学院出版社,1996年。
189. 梅汝莉、李生荣:《中国科技教育史》,湖南教育出版社,1992年。
190. 庄心在:《中国工业科技教育》,科教图书出版社,1982年。
191. 刘秀生、杨雨青:《中国清代教育史》,人民出版社,1994年。
192. 费侠莉:《丁文江——科学与中国新文化》,新星出版社2006年。
193. 陈达:《中国劳工问题》,见《民国丛书》第二编,上海书店,1929年。
194. 陈真、姚洛、先知编:《中国近代工业史资料》(共四卷8册),三联书店,1958年。
195. 邓中夏:《中国职工运动简史》,载《民国丛书》第二编,上海书店,1989年。
196. 刘明逵、唐玉良主编:《中国近代工人阶级和工人运动》第一册《鸦片战争至大革命时期工人阶级队伍和劳动生活状况》、第二册《中国工人阶级的早期斗争与组织》,中共中央党校出版社,2002年。
197. 娄承浩、薛顺生:《老上海营造业及建筑师》,同济大学出版社,2004年。
198. 梁启超:《西学书目表序例》,《饮冰室合集》,文集之一《近代译书目》,北京图书馆出版社,2003年。
199. 何德明编著:《中国劳工问题》,商务印书馆发行,1937年。
200. 裴宜理著,刘平译:《上海罢工:中国工人政治研究》,江苏人民出版社,2001年。
201. 上海社会科学院经济研究所编:《英美烟公司在华企业资料汇编》共四册,中华书局,1983年。
202. 茅家琦:《晚清史论》,河南人民出版社,1989年。
203. 陈宏忠:《工匠转型对空间设计影响之探讨以台中地区室内设计变迁为例》,"国立"云林技术学院,1996年。
204. 杜仙洲:《中国古建筑修缮技术》,台北明文书局,1984年。
205. 盖瑞忠:《中国工艺史导论》,台北幼狮文化公司,1984年。
206. 汉宝德:《明清建筑二论》,台中境象出版社,1972年。
207. 井庆升:《清式大木作操作工艺》,台北丹青图书公司,1987年。
208. 李干朗:《传统营造匠师派别之调查研究》,台湾"行政院"文化建设委员会,1988年。
209. 李国豪:《中国土木建筑史料汇编》,台北商务印书馆,1992年。
210. 伍江:《上海百年建筑史》,同济大学出版社,1997年。
211. 台湾民政司:《台闽地区传统工匠之调查研究》,台湾"内政部民政司",1994年。
212. 杨裕富:《从传统工匠系统中分析建筑与工业设计的设计资源》、《从传统工匠系统中分析建筑与工业设计的设计资源(二):设计的史学基础》、《建筑与工业设计的设计资源(四):传统工匠的转型基础》,"国立"云林技术学院,1993年、1994年、1996年。

213. 杨裕富:《设计、艺术史学与理论》,台北田园城市文化公司,1997年。

214. 杨裕富:《设计史文选设计、本土与设计史》(design history anthology),"国立"云林技术学院工业设计研究所,1996年。

215. 陈启天:《近代中国教育史》,台北中华书局,1969年。

216. 王婷婷:《清末女子教育思想》,台北中国文化大学史学研究所硕士论文,1981年。

217. 周谈辉:《中国职业教育发展史》,台湾"国立"教育发展资料馆,1985年。

218. 吴润祯:《清末实业教育之研究》,台中东海大学历史研究所硕士论文,1974年。

(二)日本著作

219. 吉田寅著:《元代制盐技术资料〈熬波图〉研究》,汲古書院,1983年。

220. 安場保吉、斎藤修主編:《フロト工業化期の經濟と社会原始工业化期经济社会》,东京經濟新聞社,1983年。

221. 薮内清著:《中国古代の科学》,角川書店,1964年。

222. 薮内清著:《中国の科学文明》,岩波書店,1970年。

223. 坂出祥伸著:《中国近代の思想と科学》,同朋舍,1983年。

224. 山田慶兒译:《东と西の学者と工匠》上、下(Clerks and Craftsmen in China and the West, Cambridge),河出书房新社,1974—1977年。

225. 日本世界教育史研发会编,李永连、赵秀琴、李秀英译:《六国技术教育史》,教育科学出版社,1984年。

226. デーヨピ(Pierre Deyon)《"原基的工业化"—モデルの意义と限界》。

227. 斯波义信:《宋代江南经济史研究》,方健、何忠礼汉译:《海外研究中国丛书》本,江苏人民出版社,2001年。

228. 斯波义信著,庄景辉汉译:《宋代商业史研究》,台湾稻乡出版社,1997年。

229. 西岛定生:《中国早期棉业的形成》(1966),(Linda Grove 英译,题为 The Formation of the Early Chinese Cotton Industry,收于 Linda Grove ed. State and Society in China,東京大学出版会,1984年。

230. 小岛淑男:《辛亥革命期苏州府吴江縣の农村絹織手工业》,见小岛淑男的《近代中国の經济と社会》(汲古书院,1993年)。

231. 滨下武志、川胜平太编:《アジア交易圈日本工業化,1500—1900》,リプロート株式会社,1991年。

232. 斎藤修:《プロト工業化の时代》,東京日本經濟新聞社,1985年。

233. 佐藤武敏:《中国古代工业史研究》,吉川弘文馆,1962年初版,1977年再版。

234. 薮内清等著,章熊、吴杰译:《天工开物研究论文集》,商务印书馆,1959年。

235. 安場保吉:《ブロト工業化の展开》,收于安場保吉、斎藤修主編的《ブロト工業化期の經濟と社会》,日本经济新闻社,1983年。

236. 斯波义信:《宋代商業史研究》,风间書店,1968年。

237. ギャンペル,ジ.(Gimpell,J.)《中世の産業革命》(日译本)岩波書店,1978年。

238. 岡崎文夫、池田静夫:《江南文化開發史》,弘文堂书房,1943年。

239. 森时彦:《中国近代棉业史之研究》,京都大学学术出版会,2001年。

240. 石井摩耶子:《近代中国与英国資本》,東京大学出版社,1998年。

(三)欧美著作

241. (美)马文·佩里主编,胡万里汉译:《西方文明史》(上、下),商务印书馆,1993年。

242. (英)迈克尔·奥克肖特著,吴玉军汉译:《经验及其模式》,北京出版社出版集团文津出版社,2005年。

243. (意)利玛窦,何高济等译,何兆武校:《利玛窦中国札记》,中华书局,1983年。

244. Elvin Mark, ("Skills and Resources in Late Imperial China"). In Dwight Perkins ed., Chinas Modern Economy in Historical Perspective, Stanford University Press (Stanford), 1977.

245. NaquinSusan, and Evelyn S. Rawski Chinese Society in the Eighteenth Century. New Haven: Yale University Press, 1987.

246. (英)怀特海著,何钦译:《科学与近代世界》,商务印书馆,1989年。

247. (英)亚·沃尔夫著,周昌忠汉译:《16、17世纪科学、技术和哲学史》,商务印书馆,1985年。

248. (英)E.霍布斯鲍姆、T.兰杰编著顾杭、庞冠群汉译本:《传统的发明》,译林出版社,2008年。

249. (法)费尔南·布罗代尔著,唐家龙、曾培耿译:《菲利普二世时代的地中海和地中海世界》,商务印书馆,1996年。

250. (法)让·卡泽纳弗著,杨捷汉译:《社会学十大概念》,上海人民出版社,2003年。

251. (英)肯尼思·弗兰姆普敦著,原山等译:《现代建筑——一部批判的历史》,中国建筑工业出版社,1988年。

252. (美)黄宗智著:(The Peasant Family and Rural Development in the Yangzi Delta, 1350-1988), Stanford University Press, 中华书局中译本, 1992年。

253. (法)裴化行著,萧濬华汉译:《天主教十六世纪在华传教志》,商务印书馆,1937年。

254. (美)费正清主编,中国社会科学院历史研究所编译室译:《剑桥中国晚清史》(上、下),中国社会科学出版社,1985年。

255. 马克思、恩格斯著:《马克思恩格斯选集》,人民出版社汉译本,1972年。

256. 马克思著:《资本论》,中国社会科学出版社汉译本,1983年。

257. (美)刘易斯·芒福德著,陈允明等译:《技术与文明》,中国建筑工业出版社,2009年。

258. (美)费维凯著,虞和平译:《中国早期工业化——盛宣怀(1844—1916)和他的官督商办企业》,中国社会科学出版社,1990年。

259. (美)吉尔伯特·罗兹曼著,陶骅等汉译:《中国现代化》,上海人民出版社,1989年。

260. (美)加里·S. 贝克尔著,梁小民汉译:《人力资本》,北京大学出版社,1987年。

261. (美)库恩著,纪树立汉译:《必要的张力》,福建人民出版社,1981年。

262. (美)R. K. 默顿著,范岱年等汉译:《17世纪英国的科学、技术与社会》,四川人民出版社,1986年。

263. (美)舒尔茨著:《人力资本教育和研究的作用》(中译本)商务印书馆,1990年。

264. (美)舒尔茨著:《制度和不断增长的人的经济价值》,北京经济学院出版社,1990年。

265. (美)希克斯著:《经济史理论》,商务印书馆,1987年。

266. (美)牟复礼等著,张书生等译:《剑桥中国明代史》,中国社会科学出版社,1992年。

267. 汤姆·肯普著:《现代工业化模式:苏日及发展中国家》,中国展望出版社,1985年。

268. 王国斌著,李伯重、连玲玲译:《转变中的中国历史变迁与欧洲经验的局限》,江苏人民出版社,1998年。

269. (美)罗斯托:《从起飞进入持续增长的经济学》,四川人民出版社,1988年。

270. (美)赵冈:The Growth of a Modern cotton Textile Industry and the Competition with Handicrafts),in Dwight Perkins ed,China's Modern Economy in Historical Perspective ,StanfordStanford University Press,1975.

271. (美)赵冈:The Development of Cotton Textile Production in China, Harvard University Press, 1977.

272. (英)科林伍德著,何兆武译:《历史的观念》,中国社会科学出版社,1986年。

273. (美)西蒙·库兹涅茨,李伯重、连玲玲汉译本《现代经济增长》,北京经济学院出版社,1989年。

274. (英)贝尔纳,伍况甫译:《历史上的科学》,科学出版社,1959年。

275. (英)辛格主编《技术史》,上海科技教育出版社,2004年。

276. (英)李约瑟、王铃编:《中国科学技术史》机械工程分册,1965年。

277. (英)李约瑟、王铃编:《中国科学技术史》机械工程分册,1965年。

278. (英)李约瑟、王铃编:《中国科学技术史》科学思想史分册,1965年。

279. (英)李约瑟、王铃编:《中国科学技术史》数学分册,1965年。

280. (英)李约瑟、王铃编:《中国科学技术史》天学分册,1965年。

281. (英)培根:《培根论人生》,上海人民出版社,1983年。

282. (英)亚当·斯密:《关于国民财富的性质和原因的研究》,陕西人民出版社,2001年。

283. (英)玛丽娜·弗拉斯卡-斯帕达(Marina Frasca - Spada)、尼克·贾丁(Nick Jardine)主编,苏贤贵等译:《历史上的书籍与科学》,上海科技教育出版社,2006年。

284. Gilbert · Rozman :*The Modernization of China* , The Free Press , 1982.

285. De Bary, Theodore, ed. *Self and Society in Ming Thought.* New York:Columbia University Press. ,1970.

286. (英)托马斯马丁·林赛著,孔祥民等译:《宗教改革史》,商务印书馆,1992年。

287.（法）米歇尔·博德著,吴艾美等译:《资本主义史(1500—,1980)》,东方出版社,1986年。

(四)国内论文(含港、澳、台地区)

1. 蔡尚思:《墨子十大宗旨主次问题》,张知寒:《墨子研究论丛》4,齐鲁书社,1998年。
2. 柴德赓:《记永禁机匠叫歇碑发现经过》,《文物参考资料》,1956年第7期。
3. 纪庸:《明代苏州的织染局》,《光明日报》1956年7月5日,1956年8月16日。
4. 邹逸麟:《我国古代经济区的划分原则及其意义》,《中国史研究》,2001年第4期。
5. 陈锋:《日本明清社会经济史研究的进展》,《光明日报》,2000年11月10日。
6. 陈佳贵、黄群慧:《工业现代化的标志、衡量指标及对中国工业的初步评价》,《中国社会科学》2003年第3期。
7. 陈进传:《峰回路转——明代的科技》,刘岱主编:《中国文化新论·科技篇——格物与成器》,三联书店,1992年。
8. 陈诗启:《明代的工匠制度》,《历史研究》,1957年5期。
9. 陈寅恪:《陈垣〈敦煌劫余录〉序》,《陈寅恪文集》,上海古籍出版社,1980—1982年。
10. 樊树志:《苏松棉布业市镇的兴衰》,《中国经济史研究》1987年第4期。
11. 方行:《清代前期江南的劳动力市场》,《中国经济史研究》2004年第2期。《明清史》2004年第5期。
12. 傅衣凌:《明代苏州织工、江西陶工反封建史料类辑》,《厦门大学学报》1954年发表。
13. 高兆明:《对个体"社会角色化"的诘问》,《浙江社会科学》1999年第1期。
14. 洪焕椿、罗仑等:《论明清苏州地区会馆的性质及其作用——苏州工商业碑刻资料剖析之一》,《中国史研究》1980年第2期。
15. 洪焕椿、罗仑等:《明清苏州地区资本主义萌芽的初步考察》,收入上海人民出版社1981年版《明清资本主义萌芽研究论文集》、《明清苏州农村经济资料》(江苏古籍出版社1988年版)、《长江三角洲地区社会经济史研究》(南京大学出版社1989年版)。
16. 洪焕椿、罗仑:《清代苏州手工业工匠的工资状况和叫歇斗争》,《群众论丛》1980年第4期。
17. 侯念祖:《确当的劳动、教育与文化工匠劳动的意义》,台北,《思与言》2004年第1期。
18. 胡小鹏:《元代的民匠》,《西北师大学报》2006年第6期。
19. 黄学勇:《试论社会角色转换》,《徐州师范大学学报》1998年第4期。
20. 鞠清远:《元代系官匠户研究》,《食货》1935年第1卷第9期。
21. 来新夏:《清代前期江浙地区的饮食业》,《中国烹饪》1982年第3期。
22. 吴松弟:《明清时期主要商港北移趋势及上海港崛起》,《复旦学报》2001年第6期。
23. 李伯重:《八股之外——明清江南教育及其对经济影响》,《清史研究》2004年第1期。
24. 李伯重:《从"夫妇并作"到"男耕女织"——明清江南农家妇女劳动问题探讨之一》,《中国经济史研究》1996年第3期。
25. 李伯重:《"男耕女织"与"半边天"角色的形成——明清江南农家妇女劳动问题探讨之

二》,《中国经济史研究》1997年第3期。

26. 李伯重:《清代前中期江南人口的低速增长及其原因——清代江南人口问题探讨之一》,《清史研究》1996年第2期。

27. 李伯重:《节制生育,控制增长——清代前中期江南人口问题探讨》,《计划生育研究》1996年第3期,《人口研究》1999年第1期。

28. 李伯重:《人耕十亩与明清江南农民的经营规模——明清江南农业经济发展特点探讨之五》,《中国农史》1996年第1期。

29. 李伯重:《工业发展与城市变化明中叶至清中叶的苏州》上、中、下,《清史研究》2001年第3期、2002年第1—2期。

30. 李伯重:《历史上的经济革命与经济史的研究方法》,《中国社会科学》2001年第6期。

31. 李伯重:《理论、方法、发展趋势——中国经济史研究新探》的"英国模式、江南道路与资本主义萌芽理论"。

32. 李伯重:《"天"、"地"、"人"的变化与明清江南的水稻生产》,《中国经济史研究》1994年第4期。

33. 李华:《从"盛世滋生图"看清代前期苏州工商业的发展》,《文物》1960年第1期。

34. 李明:《苏州市民公社的衍变及现代意义》,《史林》2003年第1期。

35. 罗丽馨:《明代匠户之仕官及其意义》,《大陆杂志》第80卷第1期。

36. 李绍强:《略论明代官民匠及农民的身份和负担》,《第十届明史国际学术研讨会会议论文集》,人民日报出版社,2005年。

37. 廖志豪:《概述明朝末年苏州手工业工人和市民斗争》,《江苏师院学报》1977年第3—4期。

38. 刘晓东:《世俗人生儒家经典生活的窘境与晚明士人社会角色的转化》,《西南师范大学学报》2001年9月第5期。

39. 刘炎:《明末城市经济发展下的初期市民运动》,《历史研究》1955年第6期。

40. 刘永成:《乾隆苏州元长吴三县"议定纸坊条议章程碑"》,《历史研究》,1958年第2期。

41. 刘永成:《试论清代苏州手工业行会》,《历史研究》1959年第1期。

42. 陆觉:《规矩千秋在,方圆一代新——记建筑经典〈营造法原〉成书始末》,《苏州杂志》2001年第1期。

43. 邹振环:《晚清西书中译对中国文化的影响》,连载于叶再生主编的《出版史研究》1994年、1995年第三辑、第四辑。

44. 邹振环:《江南制造局翻译馆与近代科技的引进》,《出版史料》1986年第6期。

45. 吴松弟:《市的兴起与近代中国区域经济的不均衡发展》,《云南大学学报》2006年第5期。

46. 马敏:《中国早期工业化的若干问题》,《光明日报》2003年9月7日。

47. 彭泽益:《从明代官营织造的经营方式看江南丝织业生产的性质》,《历史研究》1963年第2期。

48. 彭泽益：《清代前期江南织造的研究》，《历史研究》1963年第4期。
49. 彭泽益：《鸦片战争前清代苏州丝织业生产关系的形式与性质》，《经济研究》1963年第10期。
50. 王国平：《东吴大学的创办》《苏州大学学报》（哲学社会科学版）2000年第2期。
51. 齐功：《明末市民反封建斗争》，《文史哲》1957年第2期。
52. 宋伯胤：《盛泽镇丝织手工业历史调查随笔》，《中国历史博物馆馆刊》1983年第5期。
53. 熊月之：《〈海国图志〉征引西书考释》，载刘泱泱等编《魏源与近代中国改革开放》，湖南师范大学出版社，1995年。
54. 孙达林：《技术工人在企业人力资本中的定位解析》，《三峡大学学报》2002年第3期。
55. 孙定、黄伟敏：《"技术中国"觉醒》，《计算机世界》2002年12月30日。
56. 汪槐令：《明万历年间的市民运动》，《历史教学》1959年第6期。
57. 王奋、张平淡、韩伯棠：《科技人力资源的区域集聚》，《北京理工大学学报》社会科学版2002年第2期。
58. 王树松：《从近代科学技术发展历史辨析科学与技术的关系》，《高师理科学刊》2002年第4期。
59. 王家范：《"西学东渐"还是"西学东变"——彭慕兰的〈大分流〉打破"欧洲中心主义"了吗》，《文汇报》2004年5月21日。
60. 王素琴：《从转型时期中西生产方式中的差异看中国工场手工业发展缓慢的原因》，《湘潭师范学院学报》1999年第2期。
61. 王素琴：《浅谈中国古代科学技术的传播方式》，《湖南教育学院学报》1999年4期。
62. 王卫平：《论太湖地区文化重心地位的确立》，《史学月刊》1993年第4期。
63. 王秀华：《论技术主体社会角色的发展》，《东北大学学报》2001年第4期。
64. 徐新照：《试论明代火器研制者探讨弹道学理论的特点》，《明史研究》1998年第8辑。
65. 王智汪：《考据学与清人的思想家园》，《甘肃社会科学》2008年第3期。
66. 陈平原：《传统书院的现代转型》，《现代中国》2001年第1期。
67. 何兆武：《中学、西学与近代化》，《社会科学战线》2009年第4期。
68. 肖峰：《论技术的社会形成》，《中国社会科学》2002年第6期。
69. 徐道稳：《科学与社会的互动——"默顿命题"评析》，《深圳大学学报》（人文社会科学版）1998年第1期。
70. 徐少锦：《中国传统工匠伦理初探》，《审计与经济研究》2001年第4期。
71. 许檀：《明清时期中国经济发展轨迹探讨》，《天津师范大学学报》社科版2000年第2期。
72. 严立贤：《中日两国的早期工业化与国内市场》，《战略与管理》1995年第4期。
73. 叶继红：《手工技艺与文化再生——对苏州镇湖绣女及刺绣活动的社会学考察》，南开大学2004届博士论文。
74. 范毅军：《明中叶以来江南市镇的成长趋势与扩张性质》，台湾《历史语言研究所集刊》第

73本第3分册。

75. 应岳林:《"江南"初析》,《江南论坛》1998年第8期。

76. 于桂兰、袁宁:《人力资本投资推动经济增长的作用机理》,《光明日报》2004年8月25日第三版理论版。

77. 董元胜、龚昌奇:《大型郑和宝船复原研究》,《航海工程》2005年第3期。

78. 叶宗翰:《明代的造船事业——造船发展背景的历史考察》,中国文化大学史学研究所硕士学位论文,2002年。

79. 程雯慧:《中国古代船舶的审美特征》,武汉理工大学硕士学位论文,2003年。

80. 程晓:《我国古代造船技术的兴衰及其启示》,武汉科技大学硕士学位论文,2007年。

81. 袁芳:《原工业化时期乡村工业对英国农村人口的影响》,《文史杂志》2003年第2期。

82. 郑维廉:《工匠传统在心理治疗(咨询)中的复兴》,《心理科学》2004年第4期。

83. 中国教育与人力资源问题报告课题组:《中国教育与人力资源问题报告》辑要《从人口大国迈向人力资源强国》,《新华文摘》2003年第11期。

84. 万明:《郑和下西洋与明中叶社会变迁》,《明史研究》1994年第4辑。

85. 周振鹤:《释江南》,上海古籍出版社《中华文史论丛》第49辑。

86. 朱小田:《江南乡村妇女职业结构的近代变动》,"家庭、社区、大众心态变迁"国际学术研讨会论文,苏州大学出版社,1998年。

87. 陈凡:《论技术主体的社会化》,《自然辩证法研究》,1995年第9期。

88. 李琳琦:《明清徽州书院的官学化与科举化》,《历史研究》,2001年第6期。

89. 王世华:《徽商与长江文化》,《安徽师范大学学报》,2003年第1期。

90. 王世森译《杭州之丝织业》,《东方杂志》,1917年14卷2期。

91. 蒋明宏:《明代江南乡村经济变迁之个案研究》,《第十届明史国际学术研讨会论文集》人民日报出版社,2005年。

92. 李绍强:《略论明代官民匠及农民的身份与负担》,《第十届明史国际学术研讨会论文集》,人民日报出版社,2005年。

93. 古小水:《近代中国的职业教育(1866—1927)》,《历史档案》,2000年第2期。

94. 张求会:《略论中国近代职业教育的几个特征》,《广东行政学院学报》,2004年第5期。

95. 夏奇:《清末新政时期的职业教育》,《郑州铁路职业技术学院学报》,2003年6月。

96. 黄公英:《浙江之手工造纸业》,《工商半月刊》,1933年第14—15期。

97. 焕倩:《浙东农村的手工业》,《经济周报》,1949年8卷第7期。

98. 宁千:《湖笔徽墨》,《大公报》,1951年3月22日。

99. 朱契:《苏州的缂丝》,《人民日报》,1956年10月29日。

100. 刘耀林:《湖笔》,《浙江日报》,1961年2月22日。

101. 陈义方:《我国丝织业中心的南移》,《大公报》,1962年7月30日、8月28日。

102. 浙江丝绸史料编辑室:《辑里丝》,《浙江丝绸》,1963年第7期。

103. 韩其楼:《宜兴陶瓷史初探》,《群众论坛》,1980年第3期。

104. 朱凤:《苏绣发展简史》,《姑苏工艺美术》,1982年第3期。

105. 俞剑明:《湖笔古今谈》,《浙江工艺美术》,1982年第3期。

107. 杨锡旦:《试论苏绣与苏州——兼对工艺品与产地关系的探讨》,《苏州大学学报》,1984年第1期。

108. 王骧:《旧镇江手工丝织业的兴起》,《镇江史专学报》,1985年第1期。

109. 黄云鹤:《缂丝》,《姑苏工艺美术》,1986年第2期。

110. 马俊超:《浅述缂丝的演变与发展》,《姑苏工艺美术》,1986年第2期。

111. 徐华铛等:《湖笔及其起源》,《学习与思考》,1987年第1期。

112. 李宾泓:《我国历史上丝织业重心南移及其因素分析》,《经济地理》,1989年第1期。

113. 林正秋:《浙江古代名酒史话》,《商业经济与管理》,1989年第4期。

114. 李少明:《古代东南越人的造船业》,《中国社会经济史研究》,1990年第2期。

115. 史方:《论湖州工业产业结构的演变》,《湖州师专学报》,1991年第1期。

116. 陈友益:《论湖州丝绸文化》,《湖州师专学报》,1993年第4期。

117. 樊树志:《苏松棉布业市镇的兴衰》,《中国经济史研究》,1987年第4期。

118. 大经:《东南书院考》,《东南》,1943年第5—8期。

119. 严敦杰:《上海算学文献述略》,《科学》,1939年第2期。

120. 沈思孚:《上海龙门书院纪略》,《人文月刊》,1937年第9—10期。

121. 约斋:《东南学术源流》,《东南》,1943年第1期。

122. 徐益棠:《南京紫竹林与古代分科大学》,《中国文化研究汇刊》,1947年第6卷。

123. 俞润生:《南京书院述略》,《南京师范大学学报》,1985年第4期。

124. 廖志豪:《苏州的府学、书院、社学与义塾》,《铁道师院学报》,1993年第2期。

125. 杜信孚:《明清及民国时期江苏刻书概述》,《江苏图书馆学报》,1994年91期。

126. 来裕恂:《论两浙学派》,《国学》,1927年1卷第6期。

127. 碧瑶:《浙江学术源流考》,《大陆》,1932年1卷第2期。

128. 顾志兴:《浙江教育发展述略》,《湖北方志》,1988年第5期。

129. 周学军:《明清江南儒士群体的历史变动》,《历史研究》,1993年第1期。

130. 郑克晟:《明代江南士大夫与东林党人》,《江南论坛》,1994年第6期。

131. 王仲:《明清江南农业劳动中妇女的角色地位》,《中国农史》,1995年第4期。

132. 戴庆珏:《明清苏州名门才女群的崛起》,《苏州大学学报》,1996年第1期。

133. 许周鹣:《论明清吴地儒士的商业意识》,《苏州大学学报》,1997年第2期。

134. 范金民:《明清进士数量、地域分布及其特色分析》,《南京大学学报》,1997年第2期。

135. 邹莉:《明清士子心态的变迁》,《华东师范大学学报》,1997年第2期。

136. 马斌、陈晓明:《明清苏州会馆的兴起——明清苏州会馆研究之一》,《学海》,1997年第3期。

137. 余新忠:《清中后期乡绅的社会救济——苏州丰豫义庄研究》,《南开学报》,1997年第3期。

138. 郑利华:《明代中叶吴中文人集团及其文化特征》,《上海大学学报》,1997年第4期。

139. 范金民:《明代江南进士事功述论》,《史学集刊》,1997年第4期。

140. 孟彭兴:《17世纪江南社会之丕变及文人反应》,《史林》,1998年第2期。

141. 谢俊美:《清代上海会馆公所述略》,《华东师范大学学报》,2000年第2期。

142. 汪维真、牛建强:《明代中后期江南地区风尚取向的更移》,《史学月刊》,1990年第5期。

143. 周学军:《心学与晚明士风》,《华东师范大学学报》,1991年第1期。

144. 王卫平:《明清时期江南的重商思潮》,《徐州师范大学学报》,2000年第1期。

145. 陈学文:《明代一次市民意识的觉醒——万历十年杭州兵变和民变研究》,《浙江社会科学》,1992年第2期。

146. 王翔:《明清商品经济与江南市民生活》,《苏州大学学报》,1993年第3期。

147. 唐力行:《从碑刻看明清以来苏州社会的变迁兼与徽州社会比较》,《历史研究》,2000年第1期。

148. 谷依:《清朝前期对浙江海塘的修筑》,《史学月刊》,1958年第10期。

149. 汪家伦:《明清长江中下游圩田及其防汛工程技术》,《中国农史》,1991年第2期。

150. 王社教:《明代苏皖浙赣地区的水利建设》,《中国历史地理论坛》,1994年第3期。

151. 潘清:《明代太湖流域水利建设的阶段及其特点》,《中国农史》,1997年第2期。

152. 项文惠:《明清杭嘉湖地区农业经济结构之演变》,《江苏社会科学》,1991年5期。

153. 陆树枬:《顾绣源流小考》,《江苏研究》,1936年2卷第12期。

154. 顾良:《读顾绣考并论新的中国刺绣艺术》,《书人》,1937年第1期。

155. 辰伯:《明初之杭州织工业、明初之南京旅馆业》,《文史杂志》,1941年第12期。

156. 君实:《再谈苏南三织造》,《大公报》,1949年12月20日。

157. 李景林等:《对鸦片战争前苏松地区棉纺织业中商业资本和资本主义萌芽问题的探讨》,《史学集刊》,1956年第2期。

158. 刘永成:《对苏州〈织造经制记〉碑文的看法》,《历史研究》,1958年4期。

159. 彭雨新:《从清代前期苏松地区丝绸手工业的生产来看资本萌芽》,《武汉大学学报》,1958年第8期。

160. 陈守实:《跋苏州织造局志——明清间特种史料考释之一》,《复旦月刊》,1959年第10期。

161. 彭雨新:《从清代前期苏州的踹布业看资本主义萌芽》,《理论战线》,1959年第12期。

162. 杜黎:《明代松江府城在棉纺织业中的地位》,《文汇报》,1962年9月21日。

163. 浙江丝绸史料编辑室:《明朝的浙江丝绸业》(上、下),《浙江丝绸》,1962年第10—11期。

164. 杜黎:《关于鸦片战争前苏松地区棉布染踹业的生产关系》,《学术月刊》,1962年第12期。

165. 彭泽益:《从明代官营织造的经营方式看江南丝织业生产的性质》,《历史研究》,1963年第2期。

166. 彭泽益:《鸦片战争前清代苏州丝织业生产关系的形成与性质》,《经济研究》,1963年10期。

167. 陈学文:《明清时期湖州的丝织业》,《浙江学刊》,1993年第3期。

168. 王廷元:《论明清时期江南棉纺织业的劳动受益及其经营形态》,《中国经济史研究》,1993年1期。

169. 王廷元:《明清徽商与江南棉织业》,《安徽师范大学学报》,1991年第1期。

170. 徐新吾、张守愚:《江南丝绸业历史综述》,《中国经济史研究》,1991年第4期。

171. 郑家统:《浅谈明清宜兴紫砂壶的发展基础及艺术成就》,《浙江工艺美术》,1991年第2期。

172. 陈耀廷:《明代江南丝织业》,《丝绸史研究》,1992年第2期。

173. 晓峰摘译《田中正俊对明末清初江南农村手工业研究简介》,《中国史研究动态》,1983年第5期。

174. 杨伯达:《清代苏州雕漆始末》,《中国历史博物馆馆刊》,1982年第4期。

175. 张毅中:《明清间苏宁杭湖丝织业的新发展》,《湖南师院学报》,1982年第3期。

176. 陈凯歌:《清代苏州的钟表制造》,《故宫博物院院刊》,1982年第4期。

177. 翟屯建:《徽商与明清时期江南经济的发展》,《东南文化》,1993年第3期。

178. 封越健:《明代京杭运河的工程管理》,《中国史研究》,1993年第1期。

179. 吴仁安:《论明清时期上海地区的徽州商人》,《上海研究资料论丛》,1992年第6期。

180. 吴仁安:《清代上海地区的盐场、盐务与盐业城镇论述》,《上海研究论丛》,第7辑。

181. 何泉达:《吴中水利与滨海盐利——兼论明清两代上海盐业衰颓的原因》,《史林》,1991年第3期。

182. 王翔:《论江南丝绸业中的资本主义萌芽》,《苏州大学学报》,1992年第2期。

183. 张海英:《明清江南地区劳动力市场探研》,《历史教学问题》,1991年第1期。

184. 张海英:《明清江南地区商品市场功能与社会效果分析》,《学术界》,1990年第3期。

185. 管玉春:《江南枢要江宁府》,《南京史志》,1985年第1期。

186. 周荣:《略论明清时期长江流域商品经济发展的区域性特点》,《社会科学动态》,2000年第3期。

187. 许檀:《明清时期区域经济的发展——江南、华北等若干区域的比较》,《中国经济史研究》,1999年第2期。

188. 杨建华:《明清浙江经济结构变迁论》,《浙江师范大学学报》,1993年第4期。

189. 秦佩珩:《清代江南经济发展实况蠡测》,《财经科学》,1987年第5期。

190. 史建云:《从棉纺织业看清前期江南小农经济的变化》,《中国经济史研究》,1987年第3期。

191. 李伯重：《明清江南社会生产中的铁与其他贱金属》，《中国史研究》，1987年第2期。

192. 张华：《明代太湖流域专业市镇兴起的原因及其作用》，《南京大学学报》，1990年第4期。

193. 罗仑、夏维中：《明清时代江南运河沿岸市镇初探》，《南京大学学报》，1990年第4期。

194. 王日根：《明清时代会馆的演进》，《历史研究》，1994年第4期。

195. 王日根：《明清时期社会管理中官民的"自域"与"共域"》，《文史哲》，2006年第4期。

196. 王日根：《明清江南区域经济史研究的又一力作——读〈明清杭嘉湖社会经济史研究〉》，《中国社会经济史研究》，1995年第4期。

197. 季君勉：《江苏棉业的过去与现在》，《纺织周刊》，1946年7卷31期。

198. 樊树志：《上海农村副业的变迁：传统农业新模式的历史透视》，《学术月刊》，1992年第5期。

199. 郁永言译：《上海的企业组织》，《中央大学半月刊》，1930年2卷6期。

200. 可泉：《苏锡虞一带之轻工业概况》，《中央经济月刊》，1942年2卷5期。

201. 李丕兴：《无锡之蚕丝业》，《组织建设》，1949年2卷1期。

202. 史群：《浙江民族资本主义近代工业的产生和发展——杭州、宁波、湖州、温州和绍兴五个城市的初步调查》，《浙江学刊》，1964年第2期。

203. 宋心：《江苏省早期民族资本主义工业的发展》，《中学历史》，1982年第4期。

204. 夏林根：《从上海地方志看棉纺织手工业衰落》，《中国地方志通讯》，1983年第1期。

205. 顾纪瑞：《江苏近代资本主义工业发展的特点》，《江海学刊》，1983年第2期。

206. 蒋顺兴：《江苏近代民族企业兴起的几种模式》，《学海》，1999年第5期。

207. 邹农俭：《苏南农村工业化与社会变迁》，《浙江学刊》，1994年第2期。

208. 张忠民：《近代上海农村地方工业的演变及其趋向》，《上海社会科学院学术季刊》，1994年第2期。

209. 张卓帆：《早期上海外资工业同民族资本主义发展的关系》，《档案与历史》，1989年第2期。

210. 夏东元：《上海近代工业的产生和地位》，《上海研究论丛》，1989年第2辑。

211. 陈正书：《近代上海外资企业的起源及早期发展》，《上海社会科学院学术季刊》，1988年第1期。

212. 林刚：《南京工业近代化的历史道路》，《江海学刊》，1986年第5期。

213. 韦少波：《上海近代工业发展的考察》，《社会科学》，1984年第6期。

214. 夏林根：《论近代上海地区棉纺织手工业的变化》，《中国社会经济史研究》，1984年第3期。

215. 汝仁：《经过手工业生产阶段发展起来的上海若干近代工业》，《经济学术资料》，1983年第6期。

216. 赵明远：《江苏近代棉纺织工业史略》，《中国近代纺织史研究资料汇编》，1991年第13期。

217. 李琴生:《江南"丝绸之府"地位的形成与发展》,《中国蚕业》,1991 年第 1 期。

218. 鲁晨海:《中国古代木构建筑榫卯初探》,同济大学 1986 年硕士学位论文。

219. 郭涛:《数学在古代水利工程中的应用》,《农业考古》,1994 年第 1 期。

220. 丁华东:《清代会典及其则例的编纂及其制度》,《档案学通讯》,1994 年第 4 期。

221. 傅熹年:《中国古代的建筑画》,《文物》,1998 年第 3 期。

222. 王世仁:《中国最早的建筑尺度观念》,《建筑学报》,1963 年第 4 期。

223. 周志初:《辛亥革命前江苏资本主义经济的发展及特点》,《扬州师院学报》,1991 年第 3 期。

224. 王世襄:《谈清代的匠作则例》,《文物》,1963 年第 7 期第 19 页。

225. 王世襄:《清代匠作则例汇编刍议》,《燕京学报》,1995 年第 1 期。

226. 刘临安:《中国古代建筑的纵向构架》,《文物》,1997 年 6 期。

227. 张十庆:《古代建筑的设计技术及其比较——试论从〈营造法式〉至〈工程做法〉建筑设计技术的演变和发展》,《华中建筑》,1999 年第 4 期。

228. 刘克明:《中国古代工程几何作图的科学成就》,《中国科学基金》1999 年第 3 期。

229. 元敏:《界画与中国古代建筑》,同济大学 2000 年硕士学位论文。

230. 郭华瑜:《明代官式建筑大木作研究》,东南大学博士学位论文,2001 年。

231. 李伯重:《工业发展与城市变化——明中叶至清中叶的苏州》,《清史研究》,2001 年第 3 期。

232. 白静:《建筑图形媒介的发展与比较》,《新建筑》,2002 年第 2 期。

233. 张十庆:《建筑技术史中的木工道具研究》,《古建园林技术》第 54 期。

234. 张十庆:《古代营建技术中的"样"、"造"、"作"》,张复合主编《建筑史论文集》第 15 辑。

235. 关增建:《〈考工记〉角度概刍议》,《自然辩证法通讯》,2002 年第 2 期。

236. 蔡军:《〈工程做法则例〉成立体系的研究》,《华中建筑》,2003 年第 2 期。

237. 郭黛姮:《〈圆明园内工则例〉评述》,张复合主编《建筑史》,2003 年第 2 辑。

238. 吴琨:《建筑标准化对多样化的调节机制初探》,华南理工大学硕士论文,2003 年。

239. 程婧:《〈物料价值则例〉和有关数据的分析》,清华大学 2004 年硕士论文。

240. 张玉瑜:《实践中的营造智慧——福建传统大木匠师技艺抢救性研究》,东南大学 2004 年硕士学位论文。

241. 郝钢:《多元化背景下对建筑标准化的再认识》,东南大学硕士学位论文,2005 年。

242. 张颖:《中国工程建造模式的历史研究》,东南大学 2005 年硕士论文。

243. 刘克明:《中国建筑图学的科学成就及其文化内涵》,《华中建筑》,2005 年第 6 期。

244. 杨泽忠:《明末清初西方画法几何在中国的传播》,上海交通大学博士论文,2005 年。

245. 乔迅翔:《〈营造法式〉功限、料例的形式构成研究》,《自然科学史研究》,2007 年第 4 期。

246. 李雪梅:《明清江南棉纺织业的历史考察》,郑州大学硕士学位论文,2000 年。

147. 邓亦兵:《清代前期棉花棉布的运销》,《史学月刊》,1999 年第 3 期。

248. 包铭新、于颖:《中国古代的五锭棉纺车》,《东华大学学报》(自然科学版),2005年第6期。

249. 贺晓丽:《我国棉纺织技术的发展历程研究》,天津工业大学硕士学位论文,2005年。

250. 苏全有:《近代中国生丝出口缘何落败于日本》,刊于《北京商学院学报》(社会科学版),2000年11月第6期。

251. 张日升:《试议南通丝织业发展的对策》,《丝绸》,2001年第9期。

252. 王翔:《国际竞争与近代中国传统丝织业的转型——以浙江省为中心的考察》,《浙江社会科学》,2005年第3期。

253. 史建云:《从棉纺织业看清代前期江南小农经济的变化》,《中国经济史研究》,1987年第3期。

254. 郑至章:《明清江南雇工经营的利润问题》,收于洪焕椿、罗仑主编的《长江三角洲地区社会经济研究》,南京大学出版社,1989年。

255. 史兵:《明代苏松地区的阶级矛盾》,《人民日报》,1966年3月29日。

256. 尹金翔:《商钺同志有关明末市民斗争问题的几个错误观点》,《教学与研究》,1960年第7期。

257. 金易占:《从明末江南"奴变"事件谈到明代豪奴》,《光明日报》,1963年10月9日。

258. 潘一安:《明朝苏州丝织工人的一次罢工抗税斗争》,《浙江丝绸》,1963年第12期。

259. 李苹:《从葛成的更名谈起》,《江海学刊》,1962年11期。

260. 陆晋濠:《丝织工人打臬台》,《新苏州报》,1957年3月1日。

261. 曹树基:《清代江苏城市人口研究》,《杭州师范学院学报》,2002年第4期。

262. 赵燕石:《清初繁荣的工场手工业——踹坊》(上、下),《新苏州报》,1957年3月6——7日。

263. 赵燕石:《几块有关镇压踹坊、染纸坊手工业工人的碑刻资料》,《文物参考资料》,1957年第9期。

264. 沙郑军:《试论明清时期的江南脚夫》,《中国史研究》,1988年第4期。

265. 钱正:《天安门是谁设计的(明代苏州香山人蒯祥)》,《苏州工农报》,1962年10月1日。

266. 汪亚波:《中国古代木结构法式与郑和宝船尺度》,《船舶设计技术交流》,2005年第1期。

267. 树村:《清代虎丘花农》(上、下),《新苏州报》,1957年7月11日,7月15日。

268. 王冰:《明清时期物理学译著书目考(1610-1910)》,《中国科技史料》,1986年第七卷第5期第3—20页。

269. 陈守实:《谈〈永禁机匠叫歇碑记〉》,《复旦月刊》,1959年第7期。

270. 西濠:《清代织造府每年从苏州刮去多少钱》,《新苏州报》,1957年3月3日。

271. 西濠:《甲午战争给苏州丝织业的影响》,《新苏州报》,1957年3月24日。

272. 西濠:《谈谈苏州织造府制的龙袍》,《新苏州报》,1957年7月14日。

273. 西濠:《苏州的席子》,《新苏州报》,1957年7月17日。

274. 西濛:《苏州丝织业的生产关系》,《新苏州报》,1957年3月26日。

275. 姚天祜:《明清时期的丝织巨镇——盛泽》,《中学历史》(江苏师院),1981年第1期。

276. 季军勉:《江苏棉业的过去和现在》,《纺织周刊》1946年7卷31期;《苏州纺织染学会概况》,《纺织染季刊》,1939年1卷第1期。

277. 樊洪业:《从格致到科学》,《自然科学辩证法通讯》,1988年第10卷第3期。

278. 宁晓玉:《〈笑庵新法〉与〈新法算书〉计算太阳地心黄经方法的比较》,收入傅汉思等主编《中国科技典籍研究》,大象出版社2006年。

279. 易博:《明代的手工业及期符牌》,《新闻日报》,1952年12月30日。

280. 茶田:《苏州的制茶工业》,《新苏州报》,1957年3月14日。

281. 宋伯胤:《苏州制造的自鸣钟》《新苏州报》,1957年7月18日。

282. 宋伯胤:《清代末年南京苏州造钟手工业调查》,《文物》,1960年第1期。

283. 宋伯胤:《苏州清代公所调查》,《江海学刊》,1958年第5期。

284. 阳言:《苏钟春秋》,《苏州报》,1979年8月16日。

285. 高俊卿:《"张小泉"今昔》,《苏州报》,1979年7月24日。

286. 马伯煌:《论旧中国刘鸿生企业发展中的几个问题》,《历史研究》,1980年第3期。

287. 苏可泉:《锡虞一带之轻工业情况》,《中央经济月刊》,1942年2卷第5期。

288. 全汉升:《清末的西学源出中国说》,《岭南学报》,1935年第4卷第2期57—102页。

289. 赵祖德:《新学书目提要跋》,《新学书目提要》卷1,上海通雅书局,1903年。

290. 茅以升:《中国工程师学会简史》,《文史资料选辑》第100辑。

291. 严复:《西学门径功用》,《严复集》第1册,中华书局,1986年。

292. 朱炳炎:《苏州轮船事业沿革》(上),《新苏州报》,1957年6月12日。

293. 朱炳炎:《苏州轮船事业沿革》(中),《新苏州报》,1957年6月13日。

294. 朱炳炎:《苏州轮船事业沿革》(下),《新苏州报》,1957年6月14日。

295. 洪书行:《江南铁路与江南地理》,《大公报史地周刊》,1935年15卷26期。

296. 丁后昆:《喜逢佳节谈苏灯》,《苏州报》,1980年2月16日。

297. 毕浩湛:《金山花岗石》(上),《新苏州报》,1957年4月26日。

298. 毕浩湛:《金山花岗石》(中),《新苏州报》,1957年4月28日。

299. 毕浩湛:《金山花岗石》(下),《新苏州报》,1957年4月30日。

300. 方邺森:《阳山白泥》,《新苏州报》,1957年5月15日。

301. 张宏图:《苏氏蜜饯琐谈》,《苏州报》,1980年1月31日。

302. 翁洋洋:《糖年糕的来历》,《苏州报》,1980年2月7日。

303. 钱国盛:《名扬四海的苏式糕点》,《苏州报》,1980年6月19日。

304. 谢长法:《实业教育的改革与职业教育的兴起》,《教育与职业》,2002年第2期。

305. 费越西:《驰名中外的张小全剪刀》,《新苏州报》,1957年4月25日。

306. 蔡振生:《近代译介西方教育的历史考察》,《北京师范大学学报》,1989年第2期。

307. 冯立、王轶铭：《苏州乐器的今昔》，《苏州报》，1980年9月18日。
308. 丁伟志：《〈校邠庐抗议〉与中国文化近代化》，《历史研究》，1993年第5期。
309. 曹振声：《苏州采芝斋来沪始末》，《解放日报》，1981年2月28日。
310. 史铭、徐浩：《中世纪晚期英国农村的变迁与现代化的启动——评〈现代化第一基石〉》，《〈历史研究〉五十年论文选》，科学文献出版社，2005年。
311. 杨超：《明清时期纺织业中资本主义手工工场的两种发生过程》，《光明日报》，1955年12月8日。
312. 孔经纬：《中国封建社会手工业中的资本主义萌芽》，《新史学通讯》，1955年第12期。
313. 邓拓：《从万历到乾隆——关于中国资本主义萌芽时期的一个论证》，《历史研究》，1956年第5期。
314. 李龙潜：《试论明代矿业中资本主义因素的萌芽及其特点》，《理论与实践》，1959年第6期。
315. 彭雨新：《我国资本主义萌芽时期的铺户作坊》，《江汉学报》，1962年第5期。
316. 彭雨新：《从清代前期苏松地区丝绸手工业的生产看资本主义萌芽》，《武汉大学学报》，1959年第8期。
317. 罗耀九：《明代中叶雇佣劳动是资本主义性质吗》，《历史研究》，1961年第1期。
318. 罗耀九：《再论明朝万历年间雇佣劳动的性质》，《历史研究》，1962年第4期。
319. 夏重宜：《关于明代中叶以后雇佣劳动性质问题的商榷》，《宁波师院学报》，1962年第2期。
320. 朱宗宙：《明末清初太湖地区的农业雇佣劳动》，《南京大学学报》，1965年第2期。
321. 金济思：《17世纪末到19世纪初中国封建社会的几种手工业和手工业工场的史料》，《经济研究》，1955年第5期。
322. 欧阳凡修：《明清两代"雇工人"的法律地位问题》，《新建设》，1961年第4期。
323. 翦伯赞：《论18世纪上半期中国社会经济性质》，《北京大学学报》，1955年第2期。
324. 李景林、刘耀：《对鸦片战争前苏松地区棉纺织业中资本和资本主义萌芽问题的探讨》，《史学集刊》，1956年第2期。
325. 邓允建：《谈在"三言"、"二拍"中所反映的市民生活特色》，《光明日报》，1958年3月30日。
326. 沈燮元：《明代江苏刻书事业概述》，《学术研究》，1957年第9期。
327. 郑万煜：《浩如烟海的苏州书林》，《苏州报·书目》，1937年5月5卷13期。
328. 袁农、华实：《沧桑历尽话苏农（苏州农校）》，《苏州报》，1979年12月13日。
329. 冯立、锡旦：《苏州工艺美术史略》（上下），《苏州报》，1980年7月8日—10日。
330. 世英、玉祺：《苏州的玉器》，《新苏州报》1956年8月28日。
331. 陈廉贞：《苏州琢玉工艺》，《文物》，1959年第4期。
332. 肖鹿、钱正：《苏州玉器的渊源》，《苏州报》，1979年6月7日。

333. 濮安国：《苏州砖雕》，《苏州报》，1980年7月17日。
334. 濮安国：《苏州园林的家具陈设》，《苏州报》，1980年5月6日。
335. 矫毅等：《核雕简说》，《苏州报》，1980年7月24日。
336. 陈玉寅：《苏州泥人》，《新苏州报》，1956年10月10日。
337. 陈玉寅：《苏州的捏像》，《文物》，1959年第12期。
338. 陈玉寅：《苏州桃花坞木刻年画的艺术及其影响》，《文物》，1960年第2期。
339. 吴山：《苏州泥塑》，《光明日报》，1963年2月26日。
340. 谢潜渊：《湖州杭州苏州之养鱼业》，《水产月刊》，1946年1卷5期。
341. 尤玉琪：《桃花坞的木版年画》，《人民日报》，1959年2月8日。
342. 凌虚：《桃花坞的木刻年画》，《文汇报》，1961年12月17日。
343. 施霄蕾：《苏绣》，《新苏州报》，1956年10月7日。
345. 文示羊等：《说古论今话苏绣》，《苏州报》，1979年10月20日。
346. 孙承晟：《明末传华的水晶球宇宙体系及其影响》，《自然科学史研究》，2011年第2期。
347. 李金生：《苏州的宋锦》，《苏州报》，1979年7月7日。
348. 黄金根等：《光彩夺目的苏州宋锦》（上、下）《苏州报》，1981年1月1—3日。
349. 李文潮：《〈奇器图说〉与西学东渐初期的几个问题》，《中国科技典籍研究——第一届中国科技典籍国际会议论文集》，大象出版社，2008年，第187页。
350. 张国辉：《中国自制的第一艘轮船——"黄鹄号"》，《学术月刊》，1962年第2期。
351. 粟一：《人力飞机和苏州历史上的"飞车"》，《苏州报》，1979年7月10日。
352. 宋海文：《鸦片战争以来外国资本主义侵蚀下的江南农村》，《复旦学报》，1955年第2期。
353. 范放：《旧上海"三百六十行"》，《文汇报》，1961年7月23日。
354. 尚思棣：《上海城市的历史发展》，《科学普及资料》，1973年第5期。
355. 余德仁：《发展资本主义工商业可以解决晚清"人满之患"吗？——评薛福成的人口思想》，《人口与经济》，1983年第5期。
356. 赵国亮：《清代踹匠斗争碑刻在苏州发现》，《光明日报》，1957年2月27日。
357. 吴晗：《江苏藏书家小史》，《图书馆学季刊》，1934年3月6月，8卷第1、2期。
358. 冯家昇：《我国纺织家黄道婆对于棉纺业的伟大贡献》，《历史教学》，1954年第4期。
359. 张履安：《童养媳黄道婆革新纺织技术》，《文汇报》，1958年6月10日。
360. 世英等：《建筑大师——蒯祥》，《苏州报》，1980年3月11日。
361. 维群：《机械制造家薄珏》，《苏州报》，1981年4月14日。
362. 陈从周：《苏州留园垒山者——周秉忠》，《文汇报》，1961年12月19日。
363. 王锦光：《清初光学仪器织造家孙云球》，《科学史集刊》，1963年第5期。
364. 朱铭：《科技与艺术——文明腾飞的双翅》，《中国古代设计思想撷拾》，《园林艺术与道家思想》，皆见《朱铭自选集——如是我思》（上），山东科学技术出版社，2010年。
365. 宋大仁：《明代江苏名医王履及其所著〈溯回集〉简介》，《江苏中医》，1958年第3期。

366. 黄朝南：《吴又可氏的学术思想及其〈瘟疫论〉》，《人民保健》，1959 年第 12 期。

367. 陈植：《记明代造园学家计成氏》，《东方杂志》，1944 年 8 月 40 卷 16 期。

368. 丁格兰：《中国铁矿志》，《地质专报》甲种第二号，1924 年。

369. 杨小佛：《我国第一个民间科学团体——中国科学社》，《百科知识》，1979 年第 5 期。

370. 何堂坤：《关于明代炼钢术的两个问题》，《自然科学史研究》，1988 年第 1 期。

371. 何堂坤《我国古代炼钢技术初论》、《百炼钢及其工艺》、《关于灌钢的几个问题》，见《科技史文集》第 13 辑，第 14 辑，第 15 辑，上海科学技术出版社，1985—1989 年。

372. 钱宏：《中国买办阶级产生于什么时候》，《历史教学》，1963 年第 2 期。

373. 徐凤先、何驽：《"日影千里差一寸"观念起源新解》，《自然科学史研究》，2011 年第 2 期。

374. 章文钦：《从封建官商到买办商人》，《近代史研究》，1984 年第 4 期。

375. 刘振群：《窑炉的改进和我国古陶瓷发展的关系》，《中国古陶瓷论文集》，文物出版社，1982 年。

376. 南京博物院《明代南京聚宝山琉璃窑》，《文物》，1960 年第 2 期。

377. 汪熙：《买办和买办制度》，《近代史研究》，1980 年第 2 期。

378. 张九皋：《濮家与芜钢》，《安徽史学通讯》，1959 年第 3 期。

379. 张万全等：《中国民族资产阶级究竟何时形成的》，《学术月刊》，1963 年第 9 期。

380. 青峰：《中国民族工业资本家的发家和剥削问题》，《经济研究》，1966 年第 1 期。

381. 朱光照：《中国资本家是怎样起家的》，《历史研究》，1976 年第 2 期。

382. 赵匡华等《明代铜钱化学成分剖析》，《自然科学史研究》，1988 年第 1 期。

383. 丁日初：《辛亥革命前上海资本家的政治活动》，《近代史研究》，1982 年第 2 期。

384. 黄逸峰：《关于旧中国买办阶级的研究》，《历史研究》，1964 年第 3 期。

385. 陈垣：《雍乾间奉天主教之宗室考》，《辅仁学志》，1932 年第 3 卷第 2 期。

386. 徐宗泽：《中国天主教史——自清人关至康熙朝》，《圣教杂志》，1937 年第 6 期。

387. 尚钺：《关于中国无产阶级发生、发展及形成的问题》，《新建设》，1962 年第 8 期。

388. 何堂坤：《关于〈天工开物〉所记炼锌技术之管见》，《化学通报》，1984 年第 7 期。

389. 赵亲、黄杜：《五四运动前中国工人运动史的分期问题》，《学术月刊》，1960 年第 3 期。

390. 章鸿钊：《中国用锌的起源》、《再述中国用锌的起源》，《科学》，1923 年第 3 期、1925 年第 9 期。

391. 梅建军：《中国和印度古代炼锌术的比较》，《自然科学史研究》，1993 年第 4 期。

392. 周卫荣：《关于宣德炉中的金属锌问题》，《自然科学史研究》，1990 年第 2 期。

393. 赵匡华：《中国古代的金银分离术与黄金鉴定》，《化学通报》，1984 年第 12 期。

394. 郭正谊：《"墨娥小录"辑录考略》，《文物》，1979 年第 8 期。

395. 傅兰雅：《江南制造总局翻译西书事略》，《格致汇编》，1880 年第 5 卷。

396. 南京市文物保管委员会《南京太平门外岗子村明墓》，《考古》，1983 年第 6 期。

397. 陈遇春：《明清科技课程的兴起及其原因浅析》，《西北农林科技大学学报》（社会科学版),2003年第6期。

398. 姚翁望:《汤天池和梁应达的铁画》,《文物参考资料》,1957年第3期。

399. 张九皋:《芜湖手工炼钢业的片段史料》,《安徽史学通讯》,1958年第1期。

400. 吴坤仪:《明永乐大钟铸造工艺研究》,北京钢铁学院《中国冶金史论文集》,《北京钢铁学院学报》编辑部出版,1986年。

401. 谭德睿:《中国青铜时代陶范铸造技术研究》,《考古学报》,1999年第2期。

402. 王立兴:《古代印章工艺中的金工技术初探》,《科学史集刊》,1963年第6期。

403. 张临生:《明朝早期的掐丝珐琅工艺》,《东吴大学中国艺术史集》第15卷,1986年。

404. 张光远:《大明宣德炉》,《故宫文物月刊》(台),1985年第3卷第8期。

405. 王琎:《中国黄铜业全盛时代之一斑》,《科学》,1925年第10卷第4期。

406. 钱存训:《近世译书对中国现代化的影响》,《文献》,1986年第2期。

407. 杨维增:《宋应星的自然哲学初探》,《哲学研究》,1980年第12期。

408. 王宠佑:《中国冶业史》,《矿冶》,1928年第1卷第4期。

409. 施若谷:《科学共同体在近代中西方的形成与比较》,《自然科学史研究》,1999年第18卷第2期。

410. 王文海:《鎏金工艺考》,《故宫博物院院刊》,1984年第2期。

411. 温廷宽:《几种有关金属工艺的传统技术方法》,《文物参考资料》,1958年第3期。

412. 王卫平:《清代苏州的慈善事业》,《中国史研究》,1997年第3期。

413. 王卫平、金兵:《民国时期的职业指导》,《历史研究》,2010年第6期。

414. 陈忠平:《论明清江南农村生产的多样化发展》,《中国农史》,1988年第3期。

415. 苏荣誉、华觉明:《清代匠作则例的学术价值和研究现状》,《中国科技典籍研究——第一届中国科技典籍国际会议论文集》,大象出版社,1998年。

416. 方利山:《析戴震〈考工记图〉之"奇"》,《中国科技典籍研究——第一届中国科技典籍国际会议论文集》,大象出版社,1998年。

417. 张柏春:《〈奇器图说〉和〈欧洲天文学〉中的欧洲农业机械》《中国科技典籍研究——第二届中国科技典籍国际会议论文集》,河南教育出版社,2003年。

418. 郭书春:《试论〈算数书〉的数学表达方式——兼论〈九章算术〉对中国传统数学表达方式的规范化》,《中国科技典籍研究——第三届中国科技典籍国际会议论文集》,大象出版社,2006年。

419. 冯尔康:《十七世纪中叶至十八世纪中叶江南商品经济中的几个问题》,《清史论丛》1986年第7辑,中华书局。

420. 欧阳凡修:《明清两代农业雇工法律上人身隶属关系的解放》,《经济研究》,1961年第6期。

421. 秦佩珩:《明清长江三角洲市镇的发达与手工业的关系》,收入秦佩珩《明清社会经济史论稿》,中州古籍出版社,1984年。

422. 吴建华:《明清太湖流域市镇密度及其人口结构变动》,《城市史研究》1996 年第 11—12 辑,天津古籍出版社,1996 年。

423. 吴建华:《清代江南人口文化教育观念》,《东南文化》1990 年第 1—2 期。

424. 萧少秋、陈景彪:《15 至 17 世纪苏松地区农户生产生活状况初探》,载《中外封建社会劳动者状况比较研究论文集》,南开大学出版社,1989 年。

425. 江苏省水利厅水利学会:《中国古代太湖水利技术成就·海塘工程》,《江苏水利科技》1983 年第 2 期。

426. 张剑:《中国科学家社会角色的形成与变异》,见张剑的《科学社团在近代中国的命运》第 8 章,山东教育出版社,2005 年,第 265—292 页。

427. 王诗文:《中国传统竹纸的历史回顾及其生产技术特点的探讨》,《纸史研究》,1996 年第 15 辑。

428. 荣元恺:《关于泾县宣纸名称起源与发展浅见》,《纸史研究》,1992 年第 10 辑。

429. 潘德熙:《谈古今宣纸》,《纸史研究》,1997 年第 16 辑。

430. 黄元庆等:《宣纸史实与泾县宣纸考》,《纸史研究》,1989 年第 6 辑。

431. 陈启新:《清代浙江圆筒侧理纸制造方法初探》,《浙江造纸》,1999 年第 4 期。

432. 潘吉星:《从圆筒侧理纸的制造到圆网造纸机的发明》,《文物》,1994 年第 7 期。

433. 倪文君:《清末教科书研究综述》,复旦大学历史系、复旦大学中外现代化进程研究中心编《中国现代学科的形成》,上海世纪出版股份有限公司,上海古籍出版社,2007 年。

434. 王扬宗:《〈六合丛谈〉中的近代科学知识及其在清末的影响》,《中国科技史料》1999 年第 20 卷第 3 期。

435. 韦承兴:《晚清时期我国机器造纸工业的兴起及其失败原因的研讨》,《纸史研究》,1991 年第 9 辑。

436. 李海清:《中西建筑体系交汇》,《中国建筑现代转型》,东南大学出版社,2004 年。

437. 段本洛:《明清之际苏州丝织业中的牙行》,《光明日报》,1981 年 5 月 18 日。

438. 洪焕椿:《论明清苏州地区会馆的性质及其作用》,《中国史研究》,1980 年第 2 期。

439. 陈呈耳:《中国与欧洲手工造纸的初步比较》,《纸和造纸》,1987 年第 4 期。

440. 殷舒飞、范钦烁:《浙江造纸工业史》,《浙江造纸》,1993 年第 1、2 期合刊。

441. 殷舒飞:《浙江木本韧皮纤维造纸术史稿》,《浙江造纸》1990 年增刊。

442. 潘一安:《明代官营织造的封建剥削》,《浙江丝绸》1963 年第 8 期。

443. 冯天瑜:《从明清之际的启蒙文化到近代科学》,《历史研究》,1985 年第 5 期。

444. 刘敦桢:《明鲁般营造正式钞本校读记》,《中国营造学社汇刊》1937 年第 4 期。

445. 刘敏:《试论明清时期户籍制度的变化》,《中国古代史论丛》1981 年 2 辑。

446. 郭湖生:《关于〈鲁般营造正式〉和〈鲁班经〉》,《科技史文集·第 7 辑建筑史专辑(3)》,上海科学技术出版社,1981 年。

447. 陈增弼:《〈鲁班经〉与〈鲁班营造正式〉》,《建筑历史与理论》第 3、4 辑,江苏人民出版社,

1984年。

453. 马炳坚:《〈清式营造则例〉图版中若干问题的探讨》,《古建园林技术》,1989年第1期。

454. 黄兴涛、胡文生:《论戊戌维新时期中国学术现代转型的整体萌芽——兼谈清末民初学术转型的内涵与动力问题》,复旦大学历史系、复旦大学中外现代化进程研究中心编:《中国现代学科的形成》,上海世纪出版股份有限公司,上海古籍出版社,2007年。

455. 潘向明:《鸦片战争前的中西火炮技术比较研究》,《清史研究》,1993年第3期。

456. 王珂:《明代的火器制造及其管理制度》,《河南大学学报》,1998年第5期。

457. 尹晓冬、仪德刚:《明末清初西方火器传华的两个阶段》,《内蒙古师范大学学报》,2007年第4期。

459. 尹晓冬:《明末清初几本火器著作的初步比较》,《哈尔滨工业大学学报》2005年第2期。

460. 徐新照:《我国明代的火器文献及其科学成就》,《大自然探索》,1999年第68期。

461. 徐新照:《从〈西法神机〉与〈火攻挈要〉看明末对铳炮弹道学的认识》,《历史档案》,2002年第1期。

462. 刘鸿亮:《徐光启与红夷大炮问题研究》,《上海交通大学学报》,2004年第4期。

463. 刘鸿亮:《明清王朝红夷大炮的盛衰史及其问题研究》,《哈尔滨工业大学学报》,2005年第1期。

464. 刘鸿亮:《关于16—17世纪中国佛郎机火炮的射程问题》,《社会科学》,2006年第10期。

465. 刘鸿亮、宋琳:《明清两朝红夷大炮的射程问题再析》,《历史档案》,2007年第4期。

466. 刘鸿亮:《明清之际红夷大炮的威力概述》,《河南大学学报》,2003年第1期。

467. 刘鸿亮:《明清之际红夷大炮在清八旗军与李自成大顺军决战中的作用》,《北京科技大学学报》,2004年第4期。

468. 谢贵安:《西器东传与前近代中国社会》,《学术月刊》,2003年第8期。

469. 李洵:《明代火器的发展与封建军事制度的关系》,《史学集刊》,1989年第3期。

470. 宋海龙:《论哲学思想对技术创新的影响——以明代中期以后中西方火药、火器理论及技术的发展为例》,《哈尔滨工业大学学报》,2005年第6期。

471. 李婷婷、朱亚宗:《中国火器落后于西方的时间节点及原因初探》,《自然辩证法通讯》,2009年第2期。

472. 杨嘉信:《明代江南造园之风与士大夫生活》,《社会科学战线》,1981年第3期。

473. 胡建中:《清代火炮》、《清代火炮》(续),《故宫博物院院刊》,1986年第2期,第4期。

474. 章清:《中体西用论与中西学术交流——略论体用之辩的学科史意义》,复旦大学历史系、复旦大学中外现代化进程研究中心编《中国现代学科的形成》,上海世纪出版股份有限公司,上海古籍出版社,2007年。

475. 李斌:《西式武器对清初作战方法的影响》,《自然辩证法通讯》,2002年第4期。

476. 顾卫民:《明末耶稣会士与西洋火炮流入中国》,《历史教学问题》,1992年第5期。

477. 舒理广、胡建中、周铮:《南怀仁与中国清代铸造的大炮》,《故宫博物院院刊》,1989年第1

期。

478. 林文照、郭永芳：《明末一部重要的火器专著——西法神机》，《自然科学史研究》，1987年第3期。

479. 洪震寰：《赵士祯——明代杰出的火器研制家》，《自然科学史研究》，1983年第1期。

480. 黄一农：《红夷大炮与皇太极创立的八旗汉军》，《历史研究》，2004年第4期。

481. 王涛：《清火器营初考》，《军事历史研究》，2007年第3期。

482. 寇润平、朱龙：《登州火炮营及其对华贡献》，《鲁东大学学报》，2007年第4期。

483. 方豪：《中国天主教人物传》，中华书局，1988年。

484. 李斌：《明清火器技术研究》，中国科学技术大学1991年博士论文。

485. 徐新照：《明代火器文献中若干问题之研究》，中国科学技术大学2000年博士学位论文。

486. 姚娟娟：《西方火器技术的冲击与晚清中国科技的发展》，国防科技大学2006年硕士学位论文。

487. 魏央：《论传教士对中国明末清初科技发展的影响》，武汉科技大学2008年硕士学位论文。

488. 童鹰：《世界近代科学技术发展史》，上海人民出版社，1990年。

489. 王淼：《清代回族科学家丁拱辰研究》，内蒙古师范大学2000年硕士学位论文。

490. 姚家荣：《西炮的应用与明代的国防》，香港岭南大学2003年硕士学位论文。

491. 顿贺、刘斌：《从龙江厂看明代船厂的建制与管理系统》，《武汉船舶职业技术学院学报》，2006年第4期。

492. 王冠倬：《从文物资料看中国古代造船技术的发展》，《中国历史文物》，1983年。

493. 王世襄：《略谈明清家具款识及作伪举例》，《故宫博物院院刊》，1979年第3期。

494. 李伯重：《江南地区造船业的发展》，《中国社会经济史研究》，1989年第1期。

495. 陈希育：《18世纪中国人在东南亚的造船活动》，《南洋问题研究》，1989年第3期。

496. 郑明：《郑和宝船复原考析》（节选）（郑和下西洋舟师的古船研究之二），《船舶工程》，2005年第3期。

497. 郑明：《郑和下西洋与宝船复原考析》，《航海》，2005年第2期。

498. 顿贺：《郑和下西洋船舶结构与制造工艺探讨》，《上海造船》，2005年第2期。

499. 封越健：《明代漕船修造制度述略》，《中国社会经济史研究》，1997年第4期。

500. 徐建青：《清代前期的民间造船业》，《中国经济史研究》，1992年第4期。

501. 周世德：《中国古船桨系考略》，《自然科学史研究》，1989年第2期。

502. 顿贺、程雯慧：《中国古代船舶的造型特征研究》《武汉理工大学学报（交通科学与工程版）》，2004年第3期。

503. 唐志拔：《中国舰船发展史略（三）——古代战船发展的鼎盛和衰落时期》，《船海工程》，1991年第1期。

504. 许路：《〈漳州海澄郑氏造船图谱〉解读》，《海交史研究》，2007年第1期。

505. 郑明、范中义、倪鹤鸣:《对八橹船船型、尺度的考证与复原研究》(二稿)北京郑和二千料宝船船模复原研究论坛论文,2004年。

506. 许路:《清初福建赶缯战船复原研究》,《海交史研究》,2008年第2期。

507. 曾树铭、陈政宏:《四百料战座船之创复模型及其性能分析》,《中国造船暨轮机工程学刊》,2006年第1期。

508. 辛元欧:《中国古代造船技术中的四项发明》,第二届中日机械技术史国际学术会议论文,2000年。

509. 杨熹:《中国木帆船建造技术简介》,《海交史研究》,2009年第1期。

510. 顿贺、罗世恒:《中国古代对船舶安全性的论述与实践》,《武汉造船》,1999年第4期。

511. 朱晓军、钟书华:《从中国古代造船史看科学和技术发展的规律》,《船舶工程》,2006年第6期。

512. 谭羚雁:《我国宋代造船科技政策研究》,《安徽广播电视大学学报》,2008年第1期。

513. 顿贺:《中国古代造船业对世界的贡献与影响》,《舰船电子工程》,2004年第1期。

514. 傅朗:《〈明实录〉中永乐元年至宣德六年造海船记录有关问题试析》,《海交史研究》,2003年第2期。

515. 席龙飞:《中国传统船舶研究现状(1962—2008年)》,《中国科技史杂志》,2009年第3期。

516. 赵慧峰:《近代来华西方人对中国国民性的评析》,《东岳论丛》,2002年第2期。

517. 陈慈玉:《19世纪后半叶江南农村的蚕丝业》,梁庚尧、刘淑芬主编:《城市与乡村》,中国大百科全书出版社,2005年。

518. 巫仁恕:《明末清初城市手工业工人的集体抗议行动——以苏州城为探讨中心》,梁庚尧、刘淑芬主编:《城市与乡村》,中国大百科全书出版社,2005年。

519. 余同元:《明末清初到清末民初:江南产业技术理论化的差异性与关联性研究》,《明清论丛》第九辑,紫禁城出版社,2009年8月版。

520. 余同元:《明清江南早期工业化社会的形成与发展》,《史学月刊》2007年11期,人大《明清史》2008年第1期全文转载。

521. 余同元:《传统工匠及其现代转型界说》,《史林》2005年第4期原刊,人大复印资料《经济史》2005年第6期全文转载。

522. 余同元:《明清江南工业技术的文本化与理论化》,收入《张其凡教授荣开六秩纪念文集》上海人民出版社,2009年。

523. 余同元:《论清末历史发展中的时代共性与民族个性》,《传统文化研究》第13辑,群言出版社,2005年。

524. 余同元:《明代的商人与商帮》,《八届明史国际学术讨论会论文集》,湖南人民出版社,2001年。

525. 余同元、黄康健:《明清江南织布技术的理论化》,《故宫学刊》2008年第四辑;紫禁城出版社,2009年。

526. 余同元:《中国传统工业文献初步统计与明清江南工业著作的地域分布》,收入《明清时期江南社会史研究》,群言出版社2006年,第1—52页。

527. 余同元:《文化及中国文化概念述论》,《传统文化研究》第十七辑,群言出版社,2009年。

528. 余同元:《江南市镇早期工业化中工业行业与职业团体之发展》,《安徽师范大学学报》2009年第2期。

529. 余同元:《明清工匠除籍入仕与江南传统工匠现代转型》,收入《故宫博物院八十华诞暨国际清史学术研讨会论文集》紫禁城出版社,2006年。

530. 余同元、施春煜:《跛足的先行者:江南制造总局》,《21世纪经济报道》2005年12月25日年终特刊。

531. 余同元:《中国传统工业行业分化与明清工匠职业分工的发展》,《第十一届明史国际学术讨论会论文集》,天津古籍出版社,2007年。

532. 黄遐:《晚清寓华西洋建筑师述录》,收入汪旦、张复合:《第五次中国近代建筑史研讨会论文集》,中国建筑工业出版社,1998年。

533. 施春煜:《江南制造局技术引进及其工业技术体系的建构》(余同元指导)苏州大学2006年硕士学位论文。

534. 黄康健:《明清江南棉纺织业技术的理论化》(余同元指导)苏州大学2008年硕士论文。

535. 阙静红:《明清江南丝织业技术理论化》(余同元指导)苏州大学2008年硕士论文。

536. 马峰燕:《明清江南建筑技术的理论化》(余同元指导)苏州大学2007年硕士论文。

537. 何伟:《明清官式建筑技术标准化及其经济影响——以17—19世纪木作石作为案例》(余同元指导)苏州大学2010年硕士学位论文。

538. 胡平:《明清江南工匠入仕研究》(余同元指导)苏州大学专门史专业2009年硕士学位论文。

539. 刘娟娟:《明清景德镇制瓷技术理论化研究》(余同元指导)苏州大学2010年硕士学位论文。

540. 索宇:《明清算学歌诀化及其在江南产业技术中的运用》(余同元指导)苏州大学2010年硕士学位论文。

541. 王新田、汪立祥《明清商人与教育》,《教育评论》,1993年第4期。

542. 方豪:《明末传入的西洋教育》,《东方杂志(复刊)》,1975年第8卷第11期。

543. 刘经华:《范仲淹对宋代教育事业的贡献》,《武汉教育学院学报》,1986年第4期。

544. 王兰荫:《明代之社学》,《师大月刊》,21期、25期,1935年。

545. 毛礼锐:《唐代科技教育》,《高教战线》,1982年第3期。

546. 余书麟:《胡瑗教育思想研究》,《台湾教育辅导月刊》,1970年20卷第6期。

547. 吕达:《元、明、清三代的社学考略》,《上海师范大学学报》,1986年第3期。

548. 卓金秀、李新华:《明清之际启蒙思想家的教育观》,《史学月刊》,1995年第5期。

549. 李国钧:《论明清之际启蒙教育家知行结合教学思想》,《华东师范大学学报》,1982年第6

期。

550. 李国钧：《明清数学教育的复兴和发展》，《华东师范大学学报》，1984年第3期。

551. 李国钧：《明清蒙学教育述评》，《华东师范大学学报》，1992年第1期。

552. 周致元：《明代徽州的教化措施及其影响》，《安徽大学学报》，1996年第2期。

553. 柳诒徵：《五百年前南京之國立大學》，《学衡》，13、14期，1923年。

554. 崔鸣昌：《颜元教育思想辨析》，《高教研究》，1991年1、2期合刊。

555. 朱沛莲：《清代苏州的区域及科名》，《江苏文献》，1982年第24期。

556. 洪昌之：《晚清杭州近代教育的兴起》，《杭州师院学报》，1993年第2期。

557. 阎爱民：《明代南方的人口教育和人口素质》，《历史教学》，1993年第6期。

558. 赵克王：《明清时期的徽州教育》，《历史教学问题》，1996年第2期。

559. 高正方：《清末的安徽新教育》（上、中、下），《学风》，1932年第2卷8、9、10期。

560. 张珊：《清末安徽的高等教育》，《安徽史志通讯》，1993年第2期。

561. 陈东原：《庚子以前之中国新教育》，《学风》，1933年第3卷第7期。

562. 陈东原：《清末之新教育》，《教育通讯（复刊）》，1946年第1卷第3期、4期。

563. 黄炎培：《清季各省兴学史》，《人文》，1930年第1卷第7、8、9、10期。

564. 沈国威：《译名"化学"的诞生》，《自然科学史研究》2000年第19卷第1期。

565. 王冰：《我国早期物理学名称的翻译与演变》，《自然科学史研究》1995年第14卷第3期。

566. 金观涛、刘青峰：《"科举"和"科学"：重大社会事件和观念转化的案例研究》，《科567. 学文化评论》第2卷第3期，2005年。

568. 干前：《"以道驭术"——我国先秦时期的技术伦理及其现代意义》，《自然辩证法通讯》2008年01期 第8—15页。

569. 李次山：《上海劳动状况》，载《新青年》第7卷第6期，1920年。

570. 汪敬虞：《再论中国资本主义和资产阶级的产生》，《历史研究》，1983年第5期。

571. 汪敬虞：《略论中国资本主义产生的历史条件》，《历史研究》，1984年第2期。

572. 张亚群：《废科举与学术转型———论清末科学教育的发展》，《东南学术》2005年第4期。

（六）日本论文

573. 宫崎市定：《明清时代の苏州と輕工业の發達》，《東方学》第2辑，1951年。

574. 加藤繁：《从经济史方面看中国北方与南方》，《中国学杂草》，生活社，1944年。

575. 桑原隲藏：《从历史上看南北中国》，《白鸟博士还历纪念东洋史論丛》，岩波书店1925年。

576. 寺田隆信：《苏州踹布业の經營形态》，《山西の商人研究》，同朋舍出版，1972年。

577. 田中正俊：《16、17世纪の江南的农村手工业》（16、17世纪の江南における农村手工业，收入《中国近代经济史研究》），Linda Grove 与 Christian Daninels 英译，题为 Rural Handicraft in Jiangnan in the Sixteenth and Seventeenth Centuries，收于其主编的 States and Society（東京大学出版会,1973年）。

578. 佐伯有一：《明代匠役制の崩坏と都市絹織物業流通市場の展開》（收于《東洋文化研究所紀要》，第10册，1956年）。

579. 新宫学著，杨宁一译：《明末清初苏州府常熟县的同业组织与徽州商人》，《江淮论坛》1996年2期。

580. 北田英人：《中国江南三角洲にぉける感潮地域の変迁》，《東洋学報》，第63卷第3、4号。

581. 藤井宏：《新安商人の研究》，《東洋学報》，第36卷第1—4号。

582. 根岸秀行：《幕末開港期にぉける生系、繰系技术转换の意义について》，刊于《社会經济史学》，第53卷第1期。

583. 宫崎市定：《明清时代の苏州と輕工業の發達》，《東方学》第2辑。

584. 宫崎市定：《宋代にぉける煤と鉄》，《東方学》第13辑。

585. 松浦章：《日清貿易について——清代鳥船速中心に》，開西大学《史泉》47—49号（1973-1974年）。

586. 山田金一：《ロシアと清の貿易について》，刊于《東洋学報》，第45卷，第4号。

（七）欧美论文

587. （美）西蒙·库兹勒茨：《现代经济的增长：发现和反映》，《现代国外经济论文选》第2辑，商务印书馆，1981年。

588. （美）席文：《一个研究古代科技史的文化多面性的方法》，《中国科技典籍研究——第三届中国科技典籍国际会议论文集》，大象出版社，2006年。

589. Van Glahn, Richard. "Municipal Reform and Urban Social Conflict in Late Ming Jiangnan." The Journal of Asian Studies. 50(2)：280-307,1991。

590. 王国斌：《政治经济体制在中国历史上的重要性》，《新史学》，2011年第4期。

591. 王国斌（Wong, R Bin）：《中国与西欧农村工业和经济发展的比较研究》，《中国社会经济史研究》，1992年第4期。

592. （美）余英时：《工业文明之精神基础》，收入何俊编的《余英时学术思想文选》，上海古籍出版社，2010年，第140—162页。

593. Dwight H·Perkins, "Government as an Obstacle to Industrialization: The Case of Nineteenth-century China." The Journal of Economic History 27：478-492,1967.

594. Li, Lillian：China's Silk Trade：Traditional Industry in the Modern World, 1842-1937, Harvard University Council on East Asian Studies (Cambridge), 1981.

595. Leung, Angela：Elementary Education in the Lower Yangtze Region in the Seventeenth and Eighteenth Centuries, in Papers in Social Sciences (Taipei) No.94—5

596. Rowe, T William："The Problem of 'Civil Society' in Late Imperial China" Modern China 19(2)139-157,1993.

597. Etzger A Thomas "On the Historical Roots of Economic Modernization in China：The Increasing Differentiation of the Economy from the Polity During Late Ming and Early Ch'ing Times" Conference on

Modern Chinese Economic History. Taipei, The Institute of Economics, Academia Sinica, 1977.

598. (美)赵冈,陈钟毅:《中国历史的城市人口》,《食货》V13 第3—4 期。

599. 萨布尔·查尔斯(Sabel, Charles)和乔纳森·赛特林(Jonathan Zeitlin) Historical Alternatives to Mass Production : Politics, Markets and Technology in Nineteenth - Century Industrialization, Past and Present, 108133 – 176, 1985.

600. Merriman, John Proto - industrialization : The First Phase of the Industrialization Process, Journal of Economic History, 32. 1241 – 261, 1972.

601. Merriman, John Desindustries rurales a Laprotoindustrialisationhistorigued'unchangement deperspective, Annales, Economics, Societes, Civilisations, 39. 5 (Sept – Oct 1984) 977 – 1008, 1984.

602. 科尔曼·D. C. (Coleman D. C.) Proto - Industrialization:A Concept Too Many, Economic History Review, 36. 3(August 1983) 435 – 448, 1983.

603. 怀特·蒂姆(Wright Tim): Coal Mining in China's Economy and Society 1895 – 1937, CambridgeCambridge University Press, 1984.

604. (美)鲍则岳:《〈墨经〉中的力学部分:文本问题》,《中国科技典籍研究——第三届中国科技典籍国际会议论文集》,大象出版社,2006 年。

605. (丹麦)华道安:《三部明代著作中的钢铁生产》,《中国科技典籍研究——第三届中国科技典籍国际会议论文集》,大象出版社,2006 年。

606. (法)牟冕:《〈天工开物〉"燔石"、"五金"、"丹青"章中插图的技术内容》,《中国科技典籍研究——第三届中国科技典籍国际会议论文集》,大象出版社,2006 年。

607. (德)李文潮:《〈奇器图说〉与西学东渐初期的几个问题》,《中国科技典籍研究——第一届中国科技典籍国际会议论文集》,大象出版社,1998 年。

608. (德)图宾根:《中国近代盐业生产技术史文献》,《中国科技典籍研究——第一届中国科技典籍国际会议论文集》,大象出版社,1998 年。

609. (美)艾尔曼:《从前现代的格致学到现代的科学》,刊《中国学术》2000 年第2 辑,商务印书馆,2000 年。

610. (美)席文:《一个研究古代科技史的文化多面性的方法》,《中国科技典籍研究——第三届中国科技典籍国际会议论文集》,大象出版社,2006 年。

后　记

谨以拙作敬献恩师邹逸麟先生！恭祝先生健康长寿！

这本拙作，乃作者多年前博士学位论文增补修改而成。论文从选题到写作一直受到邹先生的悉心指导，他不仅为全文制订了基本的研究路向，而且对各个章节的写作和主要观点的论证、修改都给予了全面督责和精心指导。最难忘的是，先生在北京参加全国政协大会期间，还随身带上拙稿，不顾古稀高龄，每天利用夜晚休息时间进行审阅，并及时从北京发快件指示改正意见。如今博士毕业已多年，先生教导督促之声依然不绝于耳。这次论文出版，先生又拨冗作序，详加圈点。拳拳慈爱可柔石，殷殷期盼重如山。先生对弟子授业解惑，爱护栽培，和风煦煦。他那执著于真理、严谨认真的治学态度及其淡泊名利、宽容谦和的长者风范，充分体现了"博学于文，行己有耻"的学者本色。从先生那里，我们不仅看到了名师的治学方法，更感受到了他那高尚的做人品格。

攻读博士学位是自己多年的理想，自以为现代知识人能够完成学士论文、硕士论文和博士论文三篇学位论文写作乃是幸福人生。但硕士研究生毕业后一直未能如愿，先是因生活在大别山的父母先后中风卧床而忙于医药负担，父母过世后又忙于自己成家育子并挣讲课费聊补无米之炊，当时在烟台师院(现名鲁东大学)历史系担任中国古代史教研室主任，同时讲授《中国历史地理概论》、《中国古代史》、《中国传统文化》（全校公选课，最多时1000多人选修，每天晚上阶梯大教室授课，忙时请李炳勇、梁一仁等老师共同讲授）等几门主课，还有选修课、专题课和无休无止的函授课，教学任务繁重令人难以自拔。直到1998年破格晋升教授后，原单位老校长宋萧平教授、时任校长刘大文教授和科研处长宋洁人教授都希望我能继续深造，但又因外语考试难以过关而作罢。2000年调入苏州大学社会学院，院长刘淼教授希望我调整研究方向，加入江南区域经济史研究行列，借此机会于2002年获准报考复旦大学历史地理研究中心博士研究生，不觉已至不惑之年。所幸复旦大学历史地理研究中心是高水平的学术团体，其高标准的要求、高质量的指导和良好的学术交流氛围都让我受益良多。衷心感谢中心的葛剑雄先生、周振鹤先生、张修桂先生、姚大力先生的谆谆教诲！感谢曹树基、满志敏、王振忠、张伟然、王建革、张晓虹、韩昭庆、陈伟庆等各位老师给

后　记

予的指导和帮助。

感谢华东师大王家范教授、上海社科院熊月之教授、复旦大学樊树志教授、吴松弟教授和朱荫贵教授！2005年5月30日，他们共同主持我的博士论文答辩，并在答辩中给予鼓励和指导，提出了很多宝贵的修改意见。

感谢国家清史编委会副主任朱诚如教授提供诸多资料线索，并介绍历史档案馆、故宫博物院同仁帮助查找资料。感谢清华大学李伯重教授，中国人民大学李文海教授、陈桦教授，中央民族大学陈梧桐教授，厦门大学陈支平教授，南京大学范金民教授，中国社会科学院张显清教授、栾成显教授、卜宪群教授，山东大学晁中辰教授、陈尚胜教授，烟台大学崔明德教授，明史学会高寿仙秘书长、故宫博物院章宏伟教授，上海师大吴仁安教授，安徽大学李修松教授，安徽师大王世华教授、李琳琦教授，苏州大学晁福林教授、王钟陵教授、臧知非教授、吴建华教授及池子华教授、朱从兵教授，鲁东大学赵慧峰教授、王庆教授等，他们在我的博士论文写作修改期间分别给予热情帮助、指导和鼓励。清华大学戴吾三研究员、苏州档案局沈慧瑛局长和吴江档案馆王来刚馆员等人帮助查询资料，在此深表谢意。还要感谢复旦大学、北京大学、清华大学、南京大学、同济大学、苏州大学图书馆及北京图书馆、上海图书馆古籍部工作人员，是他们给予了资料查阅之方便。

感谢已经故去的父母，只有他们对我穷困潦倒中的史学研究始终表示赞赏。先母(姓华讳名翠兰)在世时，虽处纷扰荣辱劳苦忧患之中，但总以读书、行善二事勉励子孙，每每向我讲起外婆家多少念书的能人，要我们引为榜样。先父(讳名本成)在世时，常言"经书不可不读"、"伦常不可不讲"，多以家族(安徽潜山官庄余氏"五世堂"支系)三位"史学先贤"余谊密(1873—1935年，民国时曾任安徽省代理省长，著《疏园诗集》、《疏园遗作集存》，整理《天文韵言》)，余协中(1898—1983年，燕京大学历史系毕业后留学美国，曾任中正大学校长，著作多卷本《西洋通史》)和余英时(余协中次子，曾任哈佛、耶鲁、普林斯顿等大学史学教授)之"盛德大业"对我加以鞭策和督促。父母的忠厚、勤劳、勇敢、质朴和对科学研究的无限敬重，永远是我学术追求的精神动力。还要感谢哥哥余同印和妹妹余江涛及其家人，是他们替我在父母多年患病卧床期间承担了全部的抚养陪护工作，夜以继日，无怨无悔，诚孝诚敬，让我感到终生难以报答。感谢妻子江玲和儿子润泽，他们给予我生活上悉心照顾，才使我有充足的时间潜心于学术研究。

感谢苏州大学有关领导和同事。特别是苏州大学社会学院原院长刘淼教授，原书记江作军教授，现院长王卫平教授等领导的支持，没有他们提供工作和生活条件，我就不能顺利进行博士论文写作和修改出版。感谢苏州市有关领导和朋友，特别是苏州市传统文化研究会会长蔡镜浩教授、副会长陆承曜先生和《苏州日报》张建雄总编，他们对我的课题研究给予鼓励和赞扬。感谢天津古籍出版社社长刘文君女士和总编杨连霞女士，她们为本书出版付出了辛苦。

感谢上海交通大学李玉尚教授、天津社科院张献忠编审和青岛大学唐伟华教授，他们本科曾随我读书，不久皆至京津沪投奔名师攻取硕士博士学位，给我的论文写作提供修改意见，让我由衷地感到青出于蓝而胜于蓝之欣慰。苏州大学社会学院王晗老师帮助修正插图，还有我的博士研究生何伟、邹桂香、裘晓强、博士后王智汪，以及硕士研究生吴瑞、程宇铮、刘杰、霍聃、吴洋飞等帮助查找资料和核对数据，其中何伟伴我通校全文，在此一并致谢。

需要说明的是,为了开展相关专题研究,2005年以来,我分别指导研究生撰写江南技术经济史系列学位论文如下:

1. 施春煜:《江南制造局技术引进及其工业技术体系建构》,苏州大学专门史专业2006年硕士研究生学位论文。

2. 马峰燕:《明清江南建筑技术的理论化》,苏州大学专门史专业2007年硕士论文。

3. 王宇川:《明清太湖水利工程技术的理论化》,苏州大学专门史专业2007年硕士论文。

4. 黄康健:《明清江南棉纺织业技术的理论化》,苏州大学专门史专业2008年硕士论文。

5. 阚静红:《明清江南丝织业技术理论化》,苏州大学专门史专业2008年硕士论文。

6. 胡平:《明清江南工匠入仕研究》,苏州大学专门史专业2009年硕士论文。

7. 何伟:《明清官式建筑技术标准化及其经济影响——以17—19世纪木作石作为案例》,苏州大学专门史专业2010年硕士论文。

8. 刘娟娟:《明清景德镇制瓷技术理论化研究》,苏州大学专门史专业2010年硕士论文。

9. 索宇:《明清算学歌诀化及其在江南产业技术中的运用》,苏州大学专门史专业2010年硕士论文。

10. 王大文:《明清火器制造技术的理论化》,苏州大学专门史专业2011年硕士论文。

11. 陈伟:《明代江南造船业技术的理论化》,苏州大学专门史专业2011年硕士论文。

这些论文都是对我博士论文和江南技术经济史课题展开的专题研究。与此同时,我自己也分别发表了相关研究论文如下:

1. 《传统工匠及其现代转型界说》,《史林》2005年第4期原刊,人大复印资料《经济史》2005年第6期全文转载。

2. 《传统工匠的现代转型》,《光明日报》2005年7月20日理论版。

3. 《跛足的先行者:江南制造总局》(与施春煜合作),《21世纪经济报道》2005年12月25日年终特刊。

4. 《中国传统工业文献初步统计与明清江南工业著作的地域分布》,收入《明清时期江南社会史研究》,群言出版社2006年,第1—52页。

5. 《明清工匠除籍入仕与江南传统工匠现代转型》,收入《故宫博物院八十华诞暨国际清史学术研讨会论文集》,紫禁城出版社,2006年。

6. 《中国传统工业行业分化与明清工匠职业分工的发展》,《第十一届明史国际学术讨论会论文集》,天津古籍出版社,2007年。

7. 《明清江南早期工业化社会的形成与发展》,《史学月刊》2007年11期,人大《明清史》2008年第1期全文转载。

8. 《苏州传统企业家如何履行社会责任》,《传统文化研究》第16辑,群言出版社2008年12月版。

9. 《明末清初到清末民初:江南产业技术理论化的差异性与关联性研究》,北京大学与故宫博物院联合主办《明清论丛》第9辑,紫禁城出版社,2009年8月版。

后 记

10.《明清江南工业技术的文本化与理论化》，收入《张其凡教授荣开六秩纪念文集》，上海人民出版社，2009年。

11.《明清江南织布技术的理论化》（与黄康健合作），《故宫学刊》2008年第4辑，紫禁城出版社，2009年。

12.《江南市镇早期工业化中工业行业与职业团体之发展》，《安徽师范大学学报》2009年第2期。

13.《传统工匠现代转型及其历史意义》，《鲁东大学学报》2010年第5期。

14.《明清社会近代转型概论》，收入《第十三届明史国际学术讨论会论文集》，湖南人民出版社，2011年。

15.《明清社会近代转型及转型障碍》，《江南大学学报》2011年第5期，《新华文摘》2012年第3期摘要介绍。

16.《清代〈匠作则例〉之建筑技术标准化及其技术经济效应》（与何伟合作），刊于北京大学与故宫博物院联合主办《明清论丛》第11辑，紫禁城出版社，2011年。

以上这些论文，从不同角度分别对原博士论文中的一些具体问题进行深入研究。

独学无友必孤陋寡闻。2002—2005年，在复旦读博期间，历史地理研究中心在读博士、硕士研究生多达30余位，如周晓光、巴兆祥、魏向东、黄忠怀、林荣琴、高凯、吴滔、杨雨蕾、石超艺、杨煜达、胡云生、杨蕤、游欢孙、李智君、毋有江、王大学、徐建平，以及博士后陈业新、李庆新、谢丽、段伟，历史系周奇、王冬青，等等，能与他们同学，我感到荣幸。当时常有集体活动，有时还邀请导师一起参加。平时聚餐聚会，互相学习，彼此帮助，幕幕情景历历在目，最最难忘。

自2002年进入复旦大学历史地理研究中心攻读博士学位，选择"江南传统工匠技术转型与角色转换研究"作为博士论文选题，到2005年5月以《中国传统工匠现代转型问题研究——以江南早期工业化中工匠技术转型与角色转换为中心》一文完成博士论文答辩获得博士学位，再到2012年5月向出版社交付最后增补修改稿，已是整整十年光阴。

十年只此一书，疏懒又拖拉，十年之路曲曲折折歪歪斜斜，十年的脚印凌乱又散漫无归。但这十年，正是风雨雷电交加的大变革时期，也是时风学风空前病痛之时期。功利至上、利益最大化主导世界，人们急于求变，焦于求治，渴于求成，学界浮浅混乱，离本走邪，日盛一日。"频年风雨鸡鸣夕，洒泪挑灯自卷舒"，当年黄遵宪著书救亡之情景，与自己日日浸染于典籍之中，像疯子徘徊于每道路口，何其相似？也许只是信了爱因斯坦的说法，认为"对真理和知识的追求并为之奋斗，是人的最高品质之一"，所以不惜大年除夕也在阅读工匠著作与中国传统工业文献，不带半点利益之心。尤其是几度去北京、天津、上海各大图书馆查阅资料时的酸甜苦辣，回想起来别有一番滋味，从中也体会到恩师邹先生的教诲："作好一篇博士论文是人生一大幸福。"

十年来捐弃杂念，专心投身于论文写作和修改，试图解读中国传统技术典籍，分类清理其源流演变，分析江南传统产业技术文本化、理论化与科学化之途径，并探讨它们对江南早期工业化和现实生活之影响，自称为江南技术经济史研究。有如望云之情，恋之思之，念兹在兹，无时或忘。如此一念执著似乎只缘于一眼之念，那就是对时贤所谓的中国"内在超越"或"生命中心"的学问传统，与西方"外在超越"或"知识中心"的科学传统，如何分野又如何归同之追问；相信中国"内在超越"与"生命的学问"必包含科学的知识和技术，因为《中庸》"成己成物"早已成为国人之核心信仰，"成己仁也，成物智也，合内外之道也"；更相信陈寅恪先生之教导："其真能于思想上自成系统，有所创获者，必须一方面吸收输入外来之学说，一方面不忘本来民族之地位。此二种相反而适相成之态度，乃道教之真精神，新儒家之旧途径，而二千年吾民族与他民族思想接触史之所昭示者也。"

尽管付出不少努力，但面对眼前的成果仍然感到惶恐不安。中国传统工匠及江南传统工匠现代转型问题，是一个全新的、难度很大的研究课题，以前相关研究成果很少，本人自身研究能力又极有限，加上牵涉面广，资料多而零散，对每个问题既要全面梳理又要重点研讨，真是千头万绪，很多方面只得大胆渡河、截流而过。特别感到材料搜集、文本解读与问题分析等方面离要求还差得较远。但论文力图从技术转型与角色转换两方面探讨江南传统工匠现代转型的动力、途径、表现与发展规律，并借以揭示中国文化背景下的技术科学化与科学技术化的科技互化规律。不敢说达到了研究目标，只能说先行提出问题、梳理基本资料、构建研究思路并搭成研究框架。

一念之差，天堂地狱。执著既是做学问的一剂良方，同时也可能是一种虚妄。《菩提心论》说："凡夫执著名闻利养资生之具，务以安身。"心生虚想，形取实物，"大胆设想、小心求证"之谓乎？博学之，审问之，慎思之，明辨之，笃行之，其必心形合一才能心境相应相随也。本书相信，当今社会科学中，专题研究不止于某种固有经验之验证，只有追求多种研究复合与融合方能推陈出新。所以，当已有的资料和知识经过反复研究并构建起一般假说之后，才能确定可以将什么内容作为把握问题实质及发展趋势的学术起点。为学之道，或要求"观水有术，必观其澜"的宏大气势；或强调"变中见异，异中见性"的专深精进。总归为章学诚"高明者多独断之学，沉潜者尚考索之功"之定说。高明与沉潜结合，既要提出独到的见解，又要具备考索的功力，谈何容易。所以本书仅属发凡起例之作，诸多方面尚未深入研究，所述所论难免诸多错误漏洞，敬请学者同仁多加批评指正。

2012 年 5 月 1 日

作者于苏州大学国学研究所